Pharma Kodex 2020

Verordnungen
Richtlinien
Mitteilungen

Band 6: Europa II

Arzneimittelentwicklung und -prüfung
Medizinprodukterecht
Biomedizinrecht
Gewerbliche Schutzrechte, Parallelimporte
Arzneimittelmarkt

BPI SERVICE

Herausgeber: Heacon Service GmbH, Berlin
Satz:
Bundesverband der Pharmazeutischen Industrie e.V. (BPI); Heacon Service GmbH;
Barbara Reiser | Grafik-Design, Münster
Druck und Verarbeitung: Druckerei Zeidler GmbH & Co. KG, Mainz-Kastel
26., aktualisierte Auflage, Oktober 2020

ISBN 978-3-9819004-4-6

klimaneutral gedruckt www.klima-druck.de ID-Nr. 2092518 bvdm.

Dieses Klimaschutzmodell der Druckindustrie sieht eine Kompensation unvermeidbarer CO_2-Emissionen bei der Produktion von Druckerzeugnissen vor.

Inhalt

Seite

Seite

XVIII. Biomedizinrecht

XIX. Gewerbliche Schutzrechte, Parallelimporte

XX. Arzneimittelmarkt

*) dieses Dokument finden Sie in der Onlineversion in der jeweils geltenden Fassung

Richtlinie 2001/20/EG des Europäischen Parlaments und des Rates

vom 4. April 2001
zur Angleichung der Rechts- und Verwaltungsvorschriften der Mitgliedstaaten über die Anwendung der guten klinischen Praxis bei der Durchführung von klinischen Prüfungen mit Humanarzneimitteln*)

(ABl. L 121 vom 1.5.2001, S. 34),
zuletzt geändert durch Verordnung (EG) Nr. 596/2009 vom 18. Juni 2009
(ABl. L 188 vom 18.7.2009, S. 14, 20),
berichtigt durch ABl. L 339 vom 26.11.2014, S. 14

Das Europäische Parlament und der Rat der Europäischen Union –

gestützt auf den Vertrag zur Gründung der Europäischen Gemeinschaft, insbesondere auf Artikel 95,
auf Vorschlag der Kommission[1]),
nach Stellungnahme des Wirtschafts- und Sozialausschusses[2]),
gemäß dem Verfahren des Artikels 251 des Vertrags[3]),

in Erwägung nachstehender Gründe:

(1) Nach der Richtlinie 65/65/EWG des Rates vom 26. Januar 1965 zur Angleichung der Rechts- und Verwaltungsvorschriften über Arzneimittel[4]) sind zusammen mit den Anträgen auf Genehmigung für das Inverkehrbringen eines Arzneimittels Unterlagen mit Angaben und Nachweisen für die Ergebnisse der mit dem Erzeugnis durchgeführten Versuche und klinischen Prüfungen vorzulegen. Die Richtlinie 75/318/EWG des Rates vom 20. Mai 1975 zur Angleichung der Rechts- und Verwaltungsvorschriften der Mitgliedstaaten über die analytischen, toxikologisch-pharmakologischen und ärztlichen oder klinischen Vorschriften und

*) Die Richtlinie wird durch die Verordnung (EU) Nr. 536/2014 vom 16. April 2014 (ABl. L 158 vom 27. Mai 2014, S. 1) aufgehoben. Diese Verordnung trat am **16. Juni 2014** in Kraft. Gemäß Artikel 99 gilt sie ab sechs Monate nach der Veröffentlichung der Mitteilung gemäß Artikel 82 Absatz 3, keinesfalls jedoch vor dem **28. Mai 2016.** Die Verordnung (EU) Nr. 536/2014 ist im Anschluss an diese Richtlinie abgedruckt (s. S. 43ff.).

1) ABl. C 306 vom 8.10.1997, S. 9, und ABl. C 161 vom 8.6.1999, S. 5.

2) ABl. C 95 vom 30.3.1998, S. 1.

3) Stellungnahme des Europäischen Parlaments vom 17. November 1998 (ABl. C 379 vom 7.12.1998, S. 27), Gemeinsamer Standpunkt des Rates vom 20. Juli 2000 (ABl. C 300 vom 20.10.2000, S. 32) und Beschluss des Europäischen Parlaments vom 12. Dezember 2000 (noch nicht im Amtsblatt veröffentlicht). Beschluss des Rates vom 26. Februar 2001.

4) ABl. 22 vom 9.2.1965, S. 1/65. Richtlinie zuletzt geändert durch die Richtlinie 93/39/EWG (ABl. L 214 vom 24.8.1993, S. 22).

Nachweise über Versuche mit Arzneimitteln[5]) legt einheitliche Vorschriften für die Zusammenstellung und Aufmachung der Unterlagen fest.

(2) Die anerkannten Grundsätze für die Durchführung klinischer Prüfungen am Menschen stützen sich auf den Schutz der Menschenrechte und der Würde des Menschen im Hinblick auf die Anwendung von Biologie und Medizin, wie beispielsweise in der Erklärung von Helsinki in der Fassung von 1996 ausgeführt wird. Der Schutz der Prüfungsteilnehmer wird durch eine Risikobewertung auf der Grundlage der Ergebnisse toxikologischer Untersuchungen vor Beginn jeder klinischen Prüfung, der Prüfungen der Ethik-Kommissionen und der zuständigen Behörden der Mitgliedstaaten sowie durch die Bestimmungen zum Schutz persönlicher Daten sichergestellt.

(3) Personen, die nicht rechtswirksam in eine klinische Prüfung einwilligen können, sollten besonders geschützt werden. Es ist Aufgabe der Mitgliedstaaten, entsprechende Bestimmungen zu erlassen. Diese Personen dürfen nicht in klinische Studien einbezogen werden, wenn dieselben Erkenntnisse auch durch klinische Prüfungen mit einwilligungsfähigen Personen gewonnen werden können. Diese Personen sollten in der Regel nur dann in klinische Studien einbezogen werden, wenn die begründete Annahme besteht, dass die Verabreichung des Arzneimittels einen unmittelbaren Nutzen für den betroffenen Patienten hat, der die Risiken überwiegt. Aber gerade bei Kindern ist es notwendig, klinische Studien durchzuführen, um die Behandlung dieser Bevölkerungsgruppe zu verbessern. Kinder bilden eine besonders schutzbedürftige Bevölkerungsgruppe. Sie unterscheiden sich in ihrer Entwicklung sowie physiologisch und psychologisch von Erwachsenen, so dass zum Wohle dieser Bevölkerungsgruppe Forschungen wichtig sind, die Alter und Entwicklungsstand berücksichtigen. Arzneimittel für Kinder, einschließlich Impfstoffe, müssen vor einer allgemeinen Anwendung wissenschaftlich getestet werden. Dies kann nur dadurch erreicht werden, dass Arzneimittel, die bei Kindern von erheblichem klinischen Wert sein können, eingehend geprüft werden. Die dafür erforderlichen klinischen Studien sollten unter optimalem Schutz der Prüfungsteilnehmer stattfinden. Daher ist es notwendig, Kriterien zum Schutz von Kindern bei klinischen Prüfungen festzulegen.

(4) Bei sonstigen nichteinwilligungsfähigen Personen, z. B. Demenzkranken, psychiatrischen Patienten usw., sollte die Einbeziehung in klinische Prüfungen noch restriktiver erfolgen. Zu prüfende Arzneimittel dürfen an diese Personen nur verabreicht werden, wenn die begründete Annahme besteht, dass der direkte Nutzen für die betroffenen Patienten die Risiken überwiegt. In diesen Fällen ist vor der Teilnahme an jedweder klinischen Prüfung ferner die schriftliche Einwilligung des gesetzlichen Vertreters des Patienten, die in Absprache mit dem behandelnden Arzt erteilt wird, einzuholen.

(5) Der Begriff des gesetzlichen Vertreters bezieht sich auf geltendes nationales Recht und kann daher natürliche oder juristische Personen, eine durch nationales Recht vorgesehene Behörde und/oder Stelle umfassen.

[5]) ABl. L 147 vom 9.6.1975, S. 1. Richtlinie zuletzt geändert durch die Richtlinie 1999/83/EG der Kommission (ABl. L 243 vom 15.9.1999, S. 9).

(6) Um einen optimalen Gesundheitsschutz zu erzielen, werden weder in der Gemeinschaft noch in Drittländern überholte oder wiederholte Versuche durchgeführt. Die Harmonisierung technischer Anforderungen für die Entwicklung von Arzneimitteln sollte daher durch geeignete Gremien, wie die Internationale Harmonisierungskonferenz, erfolgen.

(7) Arzneimittel, die unter Teil A des Anhangs der Verordnung (EWG) Nr. 2309/93 des Rates vom 22. Juli 1993 zur Festlegung von Gemeinschaftsverfahren für die Genehmigung und Überwachung von Human- und Tierarzneimitteln und zur Schaffung einer Europäischen Agentur für die Beurteilung von Arzneimitteln[6]) fallen und zu denen auch für die Gen- und Zelltherapie bestimmte Erzeugnisse zählen, müssen im Hinblick auf die Erteilung einer Genehmigung für das Inverkehrbringen durch die Kommission unter Einbeziehung des Ausschusses für Arzneispezialitäten von der Europäischen Agentur für die Beurteilung von Arzneimitteln (nachfolgend „Agentur" genannt) wissenschaftlich geprüft werden. Der Ausschuss kann im Laufe der Beurteilung umfassende Informationen über die Ergebnisse und folglich die Art der klinischen Prüfung, auf deren Grundlage eine Zulassung beantragt wird, fordern und vom Antragsteller sogar ergänzende klinische Prüfungen verlangen. Deshalb sollten Bestimmungen vorgesehen werden, die es der Agentur ermöglichen, über sämtliche Informationen über die Durchführung klinischer Prüfungen mit solchen Arzneimitteln zu verfügen.

(8) Dadurch, dass für jeden betroffenen Mitgliedstaat nur eine einzige Stellungnahme abgegeben wird, verringert sich die Zeit, die bis zum Beginn einer Prüfung verstreicht, ohne dass das Wohlergehen der Prüfungsteilnehmer gefährdet wird, wobei nicht ausgeschlossen ist, dass die Prüfung in bestimmten Prüfstellen abgelehnt wird.

(9) Die Mitgliedstaaten, in denen die klinische Prüfung stattfindet, sollten über den Inhalt, den Beginn und die Beendigung dieser klinischen Prüfung informiert sein. Über diese Informationen sollten auch alle anderen Mitgliedstaaten verfügen. Deshalb sollte eine europäische Datenbank geschaffen werden, in der diese Angaben unter Einhaltung der Vertraulichkeitsregelungen gesammelt werden.

(10) Bei klinischen Prüfungen handelt es sich um komplexe Tätigkeiten, die in der Regel länger als ein Jahr dauern und sich sogar über mehrere Jahre erstrecken können; meist sind zahlreiche Personen und verschiedene Prüfstellen beteiligt, die sich häufig in verschiedenen Mitgliedstaaten befinden. Die derzeitigen Praktiken in den Mitgliedstaaten weisen erhebliche Unterschiede im Hinblick auf die Modalitäten für den Beginn und die Durchführung und vor allem im Hinblick auf die Anforderungen an die klinischen Prüfungen auf. Deshalb treten Verzögerungen und Komplikationen auf, die eine wirkungsvolle Durchführung in der Gemeinschaft behindern. Die Verwaltungsvorschriften über diese Prüfungen sollten daher vereinfacht und harmonisiert werden, indem ein eindeutiges, transparentes Verfahren

[6]) ABl. L 214 vom 24.8.1993, S. 1. Geändert durch die Verordnung (EG) Nr. 649/98 der Kommission (ABl. L 88 vom 24.3.1998, S. 7).

eingeführt und günstige Voraussetzungen für eine effiziente Koordinierung der klinischen Prüfungen durch die betreffenden Stellen in der Gemeinschaft geschaffen werden.

(11) In der Regel sollte eine implizite Genehmigung vorgesehen werden, d. h., falls ein positives Votum der Ethik-Kommission vorliegt und die zuständige Behörde innerhalb einer bestimmten Frist keine Einwände erhebt, sollte mit den klinischen Prüfungen begonnen werden können. In Ausnahmefällen bei besonders schwierigen Fragestellungen sollte jedoch eine explizite schriftliche Genehmigung erforderlich sein.

(12) Für die Prüfpräparate sollten die Anforderungen der guten Herstellungspraxis gelten.

(13) Es sollten besondere Vorschriften für die Etikettierung dieser Prüfpräparate vorgesehen werden.

(14) Nichtkommerzielle klinische Prüfungen, die von Wissenschaftlern ohne Beteiligung der pharmazeutischen Industrie durchgeführt werden, können einen hohen Nutzen für die betroffenen Patienten haben. Daher sollte die Richtlinie die besondere Situation der Prüfungen berücksichtigen, deren Konzept keine besondere Herstellung oder Verpackung erfordert, falls diese Prüfungen mit Arzneimitteln, für die im Sinne der Richtlinie 65/65/EWG eine Genehmigung für das Inverkehrbringen erteilt wurde und die gemäß den Vorschriften der Richtlinien 75/319/EWG und 91/356/EWG hergestellt oder importiert wurden, durchgeführt werden, und zwar bei Patienten mit denselben Merkmalen wie die, die von dem in der Genehmigung für das Inverkehrbringen genannten Anwendungsgebiet abgedeckt sind. Die Kennzeichnung der Prüfpräparate für derartige Prüfungen sollte den vereinfachten Bestimmungen unterliegen, die in den Leitlinien über gute Herstellungspraxis bei Prüfpräparaten und in der Richtlinie 91/356/EWG niedergelegt sind.

(15) Die Beteiligung von Personen an klinischen Prüfungen lässt sich nur dann rechtfertigen, wenn geprüft ist, ob die Anforderungen der guten klinischen Praxis eingehalten werden, und wenn die Daten, Informationen und Unterlagen daraufhin kontrolliert worden sind, dass sie ordnungsgemäß erstellt, aufgezeichnet und wiedergegeben wurden.

(16) Die Prüfungsteilnehmer müssen darin einwilligen, dass bei Inspektionen durch die zuständigen Behörden und dazu ermächtigten Personen ihre persönlichen Daten geprüft werden, wobei diese jedoch als streng vertraulich behandelt und nicht der Allgemeinheit zugänglich gemacht werden.

(17) Die Richtlinie 95/46/EG des Europäischen Parlaments und des Rates vom 24. Oktober 1995 zum Schutz natürlicher Personen bei der Verarbeitung personenbezogener Daten und zum freien Datenverkehr[7]) bleibt von dieser Richtlinie unberührt.

(18) Ferner muss für die Überwachung von während der klinischen Prüfungen auftretenden Nebenwirkungen gesorgt werden. Dabei sind gemeinschaftliche Überwachungsverfahren (im Sinne der Pharmakovigilanz) anzuwenden, um die sofortige Einstellung einer klinischen Prüfung sicherzustellen, sofern ein nicht hinnehmbares Risiko besteht.

[7]) ABl. L 281 vom 23.11.1995, S. 31.

(19) Die zur Durchführung dieser Richtlinie erforderlichen Maßnahmen sollten gemäß dem Beschluss 1999/468/EG des Rates vom 28. Juni 1999 zur Festlegung der Modalitäten für die Ausübung der der Kommission übertragenen Durchführungsbefugnisse[8]) erlassen werden.

Erwägungsgründe der Verordnung (EG) Nr. 1901/2006:

(1) Bevor ein Humanarzneimittel in einem oder mehreren Mitgliedstaaten in den Verkehr gebracht wird, muss es normalerweise umfassende Studien, einschließlich vorklinische und klinische Prüfungen, durchlaufen haben, um sicherzustellen, dass das Arzneimittel sicher, von hoher Qualität und in der Zielgruppe wirksam ist.

(2) Derartige Studien sind unter Umständen nicht für die Verwendung bei der pädiatrischen Bevölkerungsgruppe durchgeführt worden, und viele der zurzeit in der Kinderheilkunde verwendeten Arzneimittel wurden für eine solche Verwendung weder untersucht noch zugelassen. Es hat sich erwiesen, dass die Marktkräfte alleine nicht hinreichend in der Lage sind, adäquate Forschungsarbeiten sowie die Entwicklung und die Genehmigung für das Inverkehrbringen von Kinderarzneimitteln anzuregen.

(3) Das Fehlen von eigens an die pädiatrische Bevölkerungsgruppe angepassten Arzneimitteln führt zu Problemen; so erhöhen inadäquate Dosierungsinformationen das Risiko von Nebenwirkungen, einschließlich solcher mit tödlichem Ausgang, oder die Behandlung ist aufgrund zu niedriger Dosierung unwirksam, therapeutische Fortschritte werden für die pädiatrische Bevölkerungsgruppe nicht erschlossen, kindgerechte Zubereitungen und Verabreichungswege stehen nicht zur Verfügung, und auf ärztliche Verschreibung hin zubereitete Arzneimittel (formula magistralis und formula officinalis) zur Behandlung der pädiatrischen Bevölkerungsgruppe können von mangelhafter Qualität sein.

(4) Zweck dieser Verordnung ist es, die Entwicklung und die Zugänglichkeit von Arzneimitteln zur Verwendung bei der pädiatrischen Bevölkerungsgruppe zu erleichtern, zu gewährleisten, dass die zur Behandlung der pädiatrischen Bevölkerungsgruppe verwendeten Arzneimittel im Rahmen ethisch vertretbarer und qualitativ hochwertiger Forschungsarbeiten entwickelt und eigens für die pädiatrische Verwendung genehmigt werden, sowie die über die Verwendung von Arzneimitteln bei den verschiedenen pädiatrischen Bevölkerungsgruppen verfügbaren Informationen zu verbessern. Diese Ziele sollten verwirklicht werden, ohne die pädiatrische Bevölkerungsgruppe unnötigen klinischen Prüfungen zu unterziehen und ohne die Genehmigung eines Arzneimittels für andere Altersgruppen zu verzögern.

(5) Zum einen ist zu berücksichtigen, dass Vorschriften über Arzneimittel im Wesentlichen auf die Sicherstellung der öffentlichen Gesundheit ausgerichtet sein müssen, zum anderen muss dieses Ziel so erreicht werden, dass der freie Verkehr von sicheren Arzneimitteln in der Gemeinschaft nicht behindert wird. Die Unterschiede zwischen den nationalen Rechts- und Verwaltungsvorschriften über Arzneimittel können den innergemeinschaftlichen Handel behindern und haben daher direkte Auswirkungen auf das Funk-

[8]) ABl. L 184 vom 17.7.1999, S. 23.

tionieren des Binnenmarktes. Maßnahmen zur Förderung der Entwicklung und der Zulassung von Arzneimitteln für die pädiatrische Verwendung sind daher im Hinblick auf die Vermeidung oder Beseitigung dieser Hindernisse gerechtfertigt. Artikel 95 des Vertrags ist daher die geeignete Rechtsgrundlage.

(6) Es hat sich erwiesen, dass ein System, das sowohl Verpflichtungen als auch Bonusse und Anreize umfasst, erforderlich ist, damit diese Ziele verwirklicht werden können. Die genaue Art der Verpflichtungen, Bonusse und Anreize sollte dem Stellenwert des betroffenen Arzneimittels entsprechen. Diese Verordnung sollte für alle Arzneimittel gelten, die für die pädiatrische Verwendung benötigt werden; daher sollte ihr Geltungsbereich in der Entwicklung befindliche und noch zuzulassende Arzneimittel, zugelassene Arzneimittel, für die noch Rechte des geistigen Eigentums bestehen, sowie zugelassene Arzneimittel, für die keine Rechte des geistigen Eigentums mehr bestehen, umfassen.

(7) Vorbehalte gegen die Durchführung von Prüfungen in der pädiatrischen Bevölkerungsgruppe sollten abgewogen werden gegenüber ethischen Bedenken gegen die Verabreichung von Arzneimitteln an eine Bevölkerungsgruppe, in der diese Arzneimittel nicht angemessen geprüft wurden. Gegen die Bedrohung für die öffentliche Gesundheit, die sich aus der Verabreichung nicht eigens geprüfter Arzneimittel an die pädiatrische Bevölkerungsgruppe ergibt, kann verlässlich durch Studien für Kinderarzneimittel vorgegangen werden; diese Studien sollten auf den spezifischen Anforderungen zum Schutz der pädiatrischen Bevölkerungsgruppe in klinischen Prüfungen basieren, die die Gemeinschaft in der Richtlinie 2001/20/EG des Europäischen Parlaments und des Rates vom 4. April 2001 zur Angleichung der Rechts- und Verwaltungsvorschriften der Mitgliedstaaten über die Anwendung der guten klinischen Praxis bei der Durchführung von klinischen Prüfungen mit Humanarzneimitteln*) festgelegt hat, und sorgfältig kontrolliert und überwacht werden.

(8) Es ist angezeigt, innerhalb der Europäischen Arzneimittel-Agentur, im Folgenden „Agentur“ genannt, einen wissenschaftlichen Ausschuss, den „Pädiatrieausschuss“ einzurichten, in dem Expertise und Kompetenz für die Entwicklung von Arzneimitteln zur Behandlung pädiatrischer Bevölkerungsgruppen und die Beurteilung all ihrer Aspekte vertreten sind. Für den Pädiatrieausschuss sollten die Vorschriften für wissenschaftliche Ausschüsse der Agentur, wie sie in der Verordnung (EG) Nr. 726/2004**) festgelegt sind, gelten. Die Mitglieder des Pädiatrieausschusses sollten daher keinerlei finanzielle oder sonstige Interessen in der pharmazeutischen Industrie haben, die ihre Unparteilichkeit beeinflussen könnten, sie sollten sich dazu verpflichten, im Interesse des Gemeinwohls und unabhängig zu handeln, und sie sollten jährlich eine Erklärung über ihre finanziellen Interessen abgeben. Der Pädiatrieausschuss sollte in erster Linie für die wissenschaftliche Beurteilung und die Billigung pädi-

*) ABl. L 121 vom 1.5.2001, S. 34.

**) Verordnung (EG) Nr. 726/2004 des Europäischen Parlaments und des Rates vom 31. März 2004 zur Festlegung von Gemeinschaftsverfahren für die Genehmigung und Überwachung von Human- und Tierarzneimitteln und zur Errichtung einer Europäischen Arzneimittel-Agentur (ABl. L 136 vom 30.4.2004, S. 1).

atrischer Prüfkonzepte sowie für das System von Freistellungen und Zurückstellungen verantwortlich sein; außerdem sollte er eine zentrale Rolle bei verschiedenen Fördermaßnahmen spielen, die in dieser Verordnung vorgesehen sind. Bei seiner Arbeit sollte der Pädiatrieausschuss prüfen, ob die Studien einen potenziell signifikanten therapeutischen Nutzen für die daran teilnehmenden pädiatrischen Patienten bzw. für die pädiatrischen Bevölkerungsgruppen im Allgemeinen haben, und darauf achten, dass unnötige Prüfungen vermieden werden. Der Pädiatrieausschuss sollte sich nach den bestehenden Gemeinschaftsvorschriften richten, einschließlich der Richtlinie 2001/20/EG und der Leitlinie E11 der Internationalen Harmonisierungskonferenz (ICH) über die Entwicklung von Kinderarzneimitteln, und sollte jegliche Verzögerung bei der Genehmigung von Arzneimitteln für andere Bevölkerungsgruppen infolge der Anforderungen an Kinderarzneimittelstudien vermeiden.

(9) Es sollten Verfahren eingeführt werden, nach denen die Agentur ein pädiatrisches Prüfkonzept – das Dokument, auf das die Entwicklung und Genehmigung von Kinderarzneimitteln gestützt werden sollte, – billigen und ändern kann. Das pädiatrische Prüfkonzept sollte Einzelheiten zum Zeitplan und zu den Maßnahmen enthalten, durch die Qualität, Sicherheit und Wirksamkeit des Arzneimittels in der pädiatrischen Bevölkerungsgruppe nachgewiesen werden sollen. Da sich die pädiatrische Bevölkerungsgruppe aus einer Reihe von Untergruppen zusammensetzt, sollte im pädiatrischen Prüfkonzept angegeben sein, in welchen Untergruppen auf welche Weise und bis zu welchem Zeitpunkt Prüfungen durchgeführt werden müssen.

(10) Mit der Einführung des pädiatrischen Prüfkonzepts in den rechtlichen Rahmen für Humanarzneimittel wird bezweckt, dass die Entwicklung von Arzneimitteln, die möglicherweise für die pädiatrische Bevölkerungsgruppe verwendet werden, zu einem festen Bestandteil der Arzneimittelentwicklung wird, der in das Entwicklungsprogramm für Erwachsene integriert wird. Daher sollten pädiatrische Prüfkonzepte zu einem frühen Zeitpunkt der Entwicklungsphase vorgelegt werden, und zwar gegebenenfalls so frühzeitig, dass pädiatrische Prüfungen durchgeführt werden können, bevor der Antrag auf Genehmigung gestellt wird. Es ist angezeigt, eine Frist für die Vorlage pädiatrischer Prüfkonzepte festzusetzen, um sicherzustellen, dass frühzeitig ein Dialog zwischen dem Sponsor und dem Pädiatrieausschuss aufgenommen wird. Außerdem wird durch die frühzeitige Vorlage eines pädiatrischen Prüfkonzepts, zusammen mit der Einreichung eines Antrags auf Zurückstellung, wie nachstehend beschrieben, verhindert, dass sich die Genehmigung für andere Bevölkerungsgruppen verzögert. Da die Entwicklung von Arzneimitteln ein dynamischer Prozess ist, der vom Ergebnis der laufenden Studien abhängt, sollte vorgesehen werden, dass ein einmal genehmigtes Konzept erforderlichenfalls geändert werden kann.

(11) Es ist eine Anforderung vorzusehen, nach der für neue Arzneimittel und für bereits zugelassene Arzneimittel, die durch ein Patent oder ein ergänzendes Schutzzertifikat geschützt sind, bei der Stellung eines Genehmigungsantrags oder eines Antrags für eine neue Indikation, eine neue Darreichungsform oder einen neuen Verabreichungsweg entweder die Ergebnisse pädiatrischer Studien entsprechend einem gebilligten pädiatrischen Prüf-

konzept vorgelegt werden müssen oder aber Belege dafür, dass eine Freistellung oder Zurückstellung gewährt wurde. Das pädiatrische Prüfkonzept sollte die Grundlage darstellen, auf der die Einhaltung dieser Vorschrift bewertet wird. Diese Vorschrift sollte jedoch nicht für Generika gelten oder für vergleichbare biologische Arzneimittel und Arzneimittel, die im Rahmen des Verfahrens der allgemeinen medizinischen Verwendung zugelassen sind, sowie für homöopathische und traditionelle pflanzliche Arzneimittel, die im Rahmen der vereinfachten Registrierungsverfahren der Richtlinie 2001/83/EG des Europäischen Parlaments und des Rates vom 6. November 2001 zur Schaffung eines Gemeinschaftskodexes für Humanarzneimittel*) zugelassen sind.

(12) Für Forschung über die pädiatrische Verwendung von Arzneimitteln, die nicht durch ein Patent oder ein ergänzendes Schutzzertifikat geschützt sind, sollten Finanzmittel im Rahmen der Forschungsprogramme der Gemeinschaft bereitgestellt werden.

(13) Damit Forschung an der pädiatrischen Bevölkerungsgruppe ausschließlich entsprechend dem therapeutischen Bedarf betrieben wird, werden Verfahren benötigt, nach denen die Agentur von der in Erwägungsgrund 11 genannten Anforderung besondere Arzneimittel, Arzneimittelgruppen oder -untergruppen freistellen kann, die dann von der Agentur bekannt gegeben werden. Da sich das Wissen in den Bereichen Wissenschaft und Medizin im Laufe der Zeit fortentwickelt, sollte vorgesehen werden, dass diese Freistellungsliste geändert werden kann. Wird jedoch eine Freistellung widerrufen, so sollte die Vorschrift erst nach Ablauf einer bestimmten Frist gelten, damit ausreichend Zeit zumindest zur Billigung eines pädiatrischen Prüfkonzepts und zur Einleitung pädiatrischer Studien vor dem Antrag auf Genehmigung für das Inverkehrbringen zur Verfügung steht.

(14) In bestimmten Fällen sollte die Agentur die Einleitung oder den Abschluss einiger oder aller Maßnahmen des pädiatrischen Prüfkonzepts zurückstellen, damit gewährleistet werden kann, dass die Forschungsarbeiten nur dann durchgeführt werden, wenn sie sicher und ethisch vertretbar sind, und dass die Vorschriften über Studiendaten der pädiatrischen Bevölkerungsgruppe die Genehmigung von Arzneimitteln für andere Bevölkerungsgruppen nicht blockieren oder verzögern.

(15) Als Anreiz für Sponsoren zur Entwicklung von Kinderarzneimitteln sollte die Agentur eine gebührenfreie Beratung anbieten. Um die wissenschaftliche Kohärenz zu gewährleisten, sollte die Agentur als Schnittstelle zwischen dem Pädiatrieausschuss und der Arbeitsgruppe für wissenschaftliche Beratung des Ausschusses für Humanarzneimittel fungieren sowie die wechselseitigen Beziehungen zwischen dem Pädiatrieausschuss und den anderen Gemeinschaftsausschüssen und -arbeitsgruppen im Bereich Arzneimittel betreuen.

(16) Die bestehenden Verfahren für die Genehmigung von Humanarzneimitteln sollten nicht geändert werden. Aus der in Erwägungsgrund 11 genannten Anforderung folgt jedoch, dass die zuständigen Behörden im Rahmen der Zulässigkeitsprüfung eines Genehmigungsantrags die Übereinstimmung mit dem gebilligten pädiatrischen Prüfkonzept sowie

*) ABl. L 311 vom 28.11.2001, S. 67. Zuletzt geändert durch die Richtlinie 2004/27/EG (ABl. L 136 vom 30.4.2004, S. 34).

mit Freistellungen und Zurückstellungen kontrollieren sollten. Die Beurteilung von Qualität, Sicherheit und Wirksamkeit von Kinderarzneimitteln und die Erteilung von Genehmigungen sollten weiterhin den zuständigen Behörden obliegen. Es sollte vorgesehen werden, dass der Pädiatrieausschuss um Stellungnahme zur Übereinstimmung und um Stellungnahme zu Qualität, Sicherheit und Wirksamkeit eines Arzneimittels in Bezug auf die pädiatrische Bevölkerungsgruppe ersucht wird.

(17) Zur Information der im Gesundheitswesen tätigen Fachkräfte und der Patienten über die sichere und wirksame Verwendung von Arzneimitteln bei der pädiatrischen Bevölkerungsgruppe sowie als Transparenzmaßnahme sollten die Produktinformationen auch Aufschluss über die Ergebnisse pädiatrischer Studien sowie über den Status der pädiatrischen Prüfkonzepte, der Freistellungen und Zurückstellungen geben. Wenn allen Maßnahmen des pädiatrischen Prüfkonzepts entsprochen wurde, so sollte dies in der Genehmigung vermerkt werden und als Grundlage dafür dienen, dass den Unternehmen die Bonusse für die Einhaltung des Prüfkonzepts gewährt werden.

(18) Um die Arzneimittel, die für die Verabreichung an die pädiatrische Bevölkerungsgruppe zugelassen werden, erkennen und ihre Verschreibung ermöglichen zu können, sollte vorgesehen werden, dass das Etikett von derart zugelassenen Arzneimitteln ein Symbol tragen muss, das von der Kommission nach Empfehlung des Pädiatrieausschusses noch ausgewählt wird.

(19) Als Anreiz im Hinblick auf zugelassene Arzneimittel, für die keine gewerblichen Schutzrechte mehr gelten, ist die Einführung eines neuen Genehmigungstyps erforderlich, nämlich der Genehmigung für die pädiatrische Verwendung. Eine Genehmigung für die pädiatrische Verwendung sollte im Rahmen der bestehenden Genehmigungsverfahren erteilt werden, jedoch eigens für Arzneimittel gelten, die zur ausschließlichen Verabreichung an die pädiatrische Bevölkerungsgruppe entwickelt wurden. Es sollte möglich sein, dass als Name des Arzneimittels, für das eine Genehmigung für die pädiatrische Verwendung erteilt wurde, der Markenname des entsprechenden für Erwachsene zugelassenen Mittels beibehalten werden kann, damit der Bekanntheitsgrad und der Unterlagenschutz im Zusammenhang mit einer neuen Genehmigung genutzt werden können.

(20) Bei Stellung eines Antrags auf Genehmigung für die pädiatrische Verwendung sollten Daten zur Verwendung des Mittels in der pädiatrischen Bevölkerungsgruppe vorgelegt werden, die in Übereinstimmung mit einem gebilligten pädiatrischen Prüfkonzept gesammelt wurden. Diese Daten können aus der veröffentlichten Fachliteratur oder aus neuen Studien stammen. Daneben sollte man in einem Antrag auf Genehmigung für die pädiatrische Verwendung auf Daten in Dossiers für Arzneimittel verweisen können, die in der Gemeinschaft zugelassen werden oder zugelassen sind. Dies soll für kleine und mittlere Unternehmen einschließlich Unternehmen, die Generika herstellen, ein zusätzlicher Anreiz sein, patentfreie Arzneimittel für die pädiatrische Bevölkerungsgruppe zu entwickeln.

(21) Die Verordnung sollte Maßnahmen umfassen, durch die der Zugang der Bevölkerung der Gemeinschaft zu neuen an der pädiatrischen Bevölkerungsgruppe geprüften und an die

pädiatrische Verwendung angepassten Arzneimitteln bestmöglich verbreitert wird und durch die nach Kräften vermieden wird, dass gemeinschaftsweite Bonusse und Anreize gewährt werden, ohne dass Teile der pädiatrischen Bevölkerungsgruppe in der Gemeinschaft von einem neu zugelassenen Arzneimittel profitieren können. Ein Antrag auf Genehmigung des Inverkehrbringens (einschließlich eines Antrags auf Genehmigung für die pädiatrische Verwendung), der die Ergebnisse von Studien, die in Übereinstimmung mit einem gebilligten pädiatrischen Prüfkonzept durchgeführt wurden, enthält, sollte für das zentrale Genehmigungsverfahren der Gemeinschaft nach den Artikeln 5 bis 15 der Verordnung (EG) Nr. 726/2004 in Betracht kommen.

(22) Hat ein gebilligtes pädiatrisches Prüfkonzept zur Genehmigung einer pädiatrischen Indikation für ein bereits für andere Indikationen zugelassenes Arzneimittel geführt, so sollte der Genehmigungsinhaber dazu verpflichtet werden, innerhalb von zwei Jahren nach Genehmigung der Indikation das Mittel unter Berücksichtigung der pädiatrischen Informationen in den Verkehr zu bringen. Diese Vorschrift sollte ausschließlich für Arzneimittel gelten, die bereits zugelassen sind, und nicht für Arzneimittel, die eine Genehmigung für die pädiatrische Verwendung erhalten haben.

(23) Es sollte ein fakultatives Verfahren festgelegt werden, nach dem es möglich ist, eine einzige gemeinschaftsweit geltende Stellungnahme für ein auf nationaler Ebene zugelassenes Arzneimittel zu erhalten, wenn Daten über die Anwendung bei der pädiatrischen Bevölkerungsgruppe, die unter Befolgung eines gebilligten pädiatrischen Prüfkonzepts erhalten wurden, Bestandteil des Genehmigungsantrags sind. Hierzu könnte das Verfahren der Artikel 32, 33 und 34 der Richtlinie 2001/83/EG verwendet werden. Dies ermöglicht die Annahme einer gemeinschaftsweit harmonisierten Entscheidung über die Anwendung des Arzneimittels an der pädiatrischen Bevölkerungsgruppe und die Aufnahme der Entscheidung in sämtliche nationale Produktinformationen.

(24) Es ist von wesentlicher Bedeutung sicherzustellen, dass die Verfahren der Pharmakovigilanz angepasst werden, um den besonderen Anforderungen an die Erhebung von Sicherheitsdaten bei der pädiatrischen Bevölkerungsgruppe, einschließlich von Daten über mögliche Langzeitwirkungen, zu entsprechen. Auch Fragen der Wirksamkeit bei der pädiatrischen Bevölkerungsgruppe können ergänzende Untersuchungen im Anschluss an die Genehmigung erforderlich machen. Daher sollte für Anträge auf Genehmigung, die die Ergebnisse von Studien, die in Übereinstimmung mit einem gebilligten pädiatrischen Prüfkonzept durchgeführt wurden, enthalten, die zusätzliche Verpflichtung eingeführt werden, dass der Antragsteller angeben muss, wie er die langfristige Beobachtung etwaiger Nebenwirkungen im Anschluss an die Verabreichung des Arzneimittels und seiner Wirksamkeit in der pädiatrischen Bevölkerungsgruppe sicherstellen will. Besteht besonderer Anlass zur Besorgnis, so sollte der Antragsteller als Voraussetzung für die Genehmigung ein Risikomanagementsystem vorlegen und anwenden und/oder spezifische Studien im Anschluss an das Inverkehrbringen durchführen.

(25) Im Interesse der öffentlichen Gesundheit muss sichergestellt werden, dass stets sichere und wirksame, für eine pädiatrische Indikation zugelassene Arzneimittel, die gemäß dieser Verordnung entwickelt wurden, zur Verfügung stehen. Für den Fall, dass der Inhaber einer Genehmigung für das Inverkehrbringen eines derartigen Arzneimittels beabsichtigt, das Arzneimittel vom Markt zu nehmen, sollten Vorkehrungen getroffen werden, damit die pädiatrischen Bevölkerungsgruppen weiterhin Zugang zu dem Arzneimittel haben. Deshalb sollte die Agentur rechtzeitig von einer solchen Absicht unterrichtet werden und sie sollte ihrerseits die Öffentlichkeit darüber informieren.

(26) Für Arzneimittel, für die pädiatrische Daten vorzulegen sind, soll Folgendes gelten: Wenn alle Maßnahmen des gebilligten pädiatrischen Prüfkonzepts durchgeführt wurden, wenn das Arzneimittel in allen Mitgliedstaaten zugelassen ist und wenn einschlägige Informationen über die Ergebnisse von Studien in den Produktinformationen enthalten sind, sollte ein Bonus in Form einer sechsmonatigen Verlängerung des ergänzenden Schutzzertifikats gemäß der Verordnung (EWG) Nr. 1768/92 des Rates*) gewährt werden. Beschlüsse von Behörden der Mitgliedstaaten betreffend die Festsetzung der Preise für Arzneimittel oder ihre Einbeziehung in den Anwendungsbereich der nationalen Krankenversicherungssysteme haben keinen Einfluss auf die Gewährung dieses Bonusses.

(27) Ein Antrag auf Verlängerung der Laufzeit eines Zertifikats nach dieser Verordnung sollte nur zulässig sein, wenn ein Zertifikat im Sinne der Verordnung (EWG) Nr. 1768/92 erteilt wird.

(28) Da der Bonus für die Durchführung von pädiatrischen Studien gewährt wird und nicht für den Nachweis, dass ein Arzneimittel bei der pädiatrischen Bevölkerungsgruppe sicher und wirksam ist, sollte der Bonus auch dann erteilt werden, wenn die pädiatrische Indikation nicht zugelassen wird. Damit jedoch die verfügbaren Informationen über die Verwendung von Arzneimitteln in pädiatrischen Bevölkerungsgruppen verbessert werden, sollten relevante Informationen über eine derartige Verwendung in die Produktinformationen aufgenommen werden.

(29) Gemäß der Verordnung (EG) Nr. 141/2000 des Europäischen Parlaments und des Rates vom 16. Dezember 1999 über Arzneimittel für seltene Leiden**) erhalten Arzneimittel, die als Arzneimittel für seltene Leiden ausgewiesen sind, eine zehnjährige Marktexklusivität in Bezug auf die Erteilung einer Genehmigung für die Indikation für das ausgewiesene seltene Leiden. Da derartige Mittel häufig nicht patentgeschützt sind, kann in solchen Fällen der Bonus eines verlängerten ergänzenden Schutzzertifikats nicht angewendet werden; sind sie patentgeschützt, würde eine solche Verlängerung zu einem doppelten Anreiz führen. Bei Arzneimitteln für seltene Leiden sollte daher statt einer Verlängerung des ergänzenden Schutzzertifikats die zehnjährige Marktexklusivität auf zwölf Jahre verlängert werden, wenn die Anforderung in Bezug auf Daten über die Verabreichung an die pädiatrische Bevölkerungsgruppe uneingeschränkt erfüllt ist.

*) ABl. L 182 vom 2.7.1992, S. 1. Zuletzt geändert durch die Beitrittsakte von 2003.
**) ABl. L 18 vom 22.1.2000, S. 1.

(30) Die Maßnahmen dieser Verordnung sollten nicht die Anwendung sonstiger Anreize oder Bonusse ausschließen. Um Transparenz über die verschiedenen auf Ebene der Gemeinschaft und auf Ebene der Mitgliedstaaten verfügbaren Maßnahmen zu gewährleisten, sollte die Kommission auf der Grundlage der Informationen der Mitgliedstaaten ein ausführliches Verzeichnis aller vorhandenen Anreize erstellen. Die in dieser Verordnung dargelegten Maßnahmen, darunter die Billigung pädiatrischer Prüfkonzepte, sollten keine Grundlage sein für die Gewährung anderer Gemeinschaftsanreize zur Unterstützung der Forschung, etwa für die Förderung von Forschungsprojekten im Rahmen der Aktivitäten des mehrjährigen gemeinschaftlichen Rahmenprogramms für Forschung, technologische Entwicklung und Demonstration.

(31) Um mehr Informationen über die Verabreichung von Arzneimitteln an die pädiatrische Bevölkerungsgruppe verfügbar zu machen und um weltweit eine unnötige Wiederholung pädiatrischer Studien, die nichts zum allgemeinen pädiatrischen Wissen beitragen, zu vermeiden, sollte die in Artikel 11 der Richtlinie 2001/20/EG vorgesehene Datenbank ein europäisches Register klinischer Prüfungen von Kinderarzneimitteln beinhalten, das alle in der Gemeinschaft und in Drittstaaten laufenden, frühzeitig abgebrochenen und abgeschlossenen pädiatrischen Studien erfasst. Teile der in der Datenbank gespeicherten Informationen über klinische Prüfungen von Kinderarzneimitteln und Einzelheiten der den zuständigen Behörden unterbreiteten Ergebnisse sämtlicher klinischer Prüfungen von Kinderarzneimitteln sollten von der Agentur veröffentlicht werden.

(32) Der Pädiatrieausschuss sollte nach Konsultation der Kommission, der Mitgliedstaaten und der interessierten Kreise ein Inventar des Therapiebedarfs bei der pädiatrischen Bevölkerungsgruppe erstellen und regelmäßig aktualisieren. In dem Inventar sollten die bestehenden an die pädiatrische Bevölkerungsgruppe verabreichten Arzneimittel genannt und der therapeutische Bedarf der pädiatrischen Bevölkerungsgruppe sowie die Prioritäten für Forschung und Entwicklung herausgestellt werden. Auf diese Weise sollten Unternehmen imstande sein, Möglichkeiten zum Ausbau ihrer Geschäftstätigkeit leicht zu ermitteln. Der Pädiatrieausschuss sollte in der Lage sein, bei der Beurteilung von pädiatrischen Prüfkonzepten, Freistellungen und Zurückstellungen den Bedarf an Arzneimitteln und Studien besser einzuschätzen; den im Gesundheitswesen tätigen Fachkräften und den Patienten sollte eine Informationsquelle zur Verfügung stehen, auf die sie ihre Arzneimittelwahl stützen können.

(33) Klinische Prüfungen in der pädiatrischen Bevölkerungsgruppe können spezifische Expertise, eine spezifische Methodik und in einigen Fällen spezifische Einrichtungen erfordern und sollten von entsprechend ausgebildeten Prüfern durchgeführt werden. Ein Netzwerk, das bestehende nationale und gemeinschaftliche Initiativen und Studienzentren miteinander verbindet, um die notwendige Kompetenz auf Gemeinschaftsebene aufzubauen, und das auch Daten der Gemeinschaft und von Drittstaaten berücksichtigt, würde dazu beitragen, die Zusammenarbeit zu erleichtern und unnötige Doppelstudien zu vermeiden. Dieses Netzwerk sollte im Kontext der gemeinschaftlichen Rahmenprogramme für Forschung, technologische Entwicklung und Demonstration einen Beitrag dazu leisten, das Fundament des

Europäischen Forschungsraums zu stärken, es sollte der pädiatrischen Bevölkerungsgruppe zugute kommen und der Industrie als Quelle der Information und des Fachwissens dienen.

(34) Die Pharmaunternehmen verfügen für bestimmte zugelassene Arzneimittel gegebenenfalls bereits über Daten zu Sicherheit oder Wirksamkeit bei der pädiatrischen Bevölkerungsgruppe. Um die verfügbaren Informationen über die Verwendung von Arzneimitteln in pädiatrischen Bevölkerungsgruppen auszubauen, sollten Unternehmen, die im Besitz derartiger Daten sind, diese allen zuständigen Behörden, bei denen das Arzneimittel zugelassen ist, vorlegen müssen. So könnten die Daten beurteilt werden, und gegebenenfalls sollten Informationen für die im Gesundheitswesen tätigen Fachkräfte und die Patienten in die Produktinformation des zugelassenen Mittels aufgenommen werden.

(35) Die Gemeinschaft sollte alle Aspekte der Arbeit des Pädiatrieausschusses und der Agentur finanzieren, die sich aus der Anwendung der Verordnung ergeben, wie die Beurteilung von pädiatrischen Prüfkonzepten, Gebührenfreiheit für wissenschaftliche Beratung sowie Informations- und Transparenzmaßnahmen, einschließlich der Datenbank für pädiatrische Studien und des Netzwerkes.

(36) Die zur Durchführung dieser Verordnung erforderlichen Maßnahmen sollten gemäß dem Beschluss 1999/468/EG des Rates vom 28. Juni 1999 zur Festlegung der Modalitäten für die Ausübung der der Kommission übertragenen Durchführungsbefugnisse*) erlassen werden.

(37) Die Verordnung (EWG) Nr. 1768/92, die Richtlinien 2001/20/EG und 2001/83/EG sowie die Verordnung (EG) Nr. 726/2004 sollten dementsprechend geändert werden.

(38) Da das Ziel dieser Verordnung, nämlich die Verbesserung der Verfügbarkeit von Arzneimitteln, die hinsichtlich der pädiatrischen Verwendung untersucht wurden, auf Ebene der Mitgliedstaaten nicht ausreichend verwirklicht werden kann und daher besser auf Gemeinschaftsebene zu erreichen ist, weil dadurch ein möglichst großer Markt erschlossen und eine Aufsplitterung der begrenzten Mittel vermieden werden können, kann die Gemeinschaft im Einklang mit dem in Artikel 5 des Vertrags niedergelegten Subsidiaritätsprinzip tätig werden. Entsprechend dem in demselben Artikel genannten Verhältnismäßigkeitsgrundsatz geht diese Verordnung nicht über das zur Erreichung dieses Ziels erforderliche Maß hinaus.

Erwägungsgründe der Verordnung (EU) Nr. 596/2009:

(1) Der Beschluss 1999/468/EG des Rates vom 28. Juni 1999 zur Festlegung der Modalitäten für die Ausübung der der Kommission übertragenen Durchführungsbefugnisse**) wurde durch den Beschluss 2006/512/EG***) geändert, mit dem für den Erlass von Maß-

*) ABl. L 184 vom 17.7.1999, S. 23. Geändert durch den Beschluss 2006/512/EG (ABl. L 200 vom 22.7.2006, S. 11).

**) ABl. L 184 vom 17.7.1999, S. 23.

***) ABl. L 200 vom 22.7.2006, S. 11.

nahmen von allgemeiner Tragweite zur Änderung nicht wesentlicher Bestimmungen eines nach dem Verfahren des Artikels 251 des Vertrags erlassenen Basisrechtsakts, auch durch Streichung einiger dieser Bestimmungen oder Ergänzung dieses Rechtsakts um neue nicht wesentliche Bestimmungen, das Regelungsverfahren mit Kontrolle eingeführt wurde.

(2) Gemäß der Erklärung des Europäischen Parlaments, des Rates und der Kommission*) zum Beschluss 2006/512/EG müssen Rechtsakte, die bereits in Kraft getreten sind und die gemäß dem Verfahren des Artikels 251 des Vertrags erlassen wurden, nach den geltenden Verfahren angepasst werden, damit das Regelungsverfahren mit Kontrolle auf sie angewandt werden kann.

(3) Da die zu diesem Zweck an den Rechtsakten vorgenommenen Änderungen technischer Art sind und ausschließlich die Ausschussverfahren betreffen, müssen sie, sofern Richtlinien betroffen sind, von den Mitgliedstaaten nicht in nationales Recht umgesetzt werden.

Was die Richtlinie 2001/20/EG betrifft, sollte die Kommission insbesondere die Befugnis erhalten, Grundsätze im Zusammenhang mit der guten klinischen Praxis und ausführliche Vorschriften, die diesen Grundsätzen entsprechen, zu erlassen, besondere Bedingungen festzulegen und einige Bestimmungen anzupassen. Da es sich hierbei um Maßnahmen von allgemeiner Tragweite handelt, die eine Änderung nicht wesentlicher Bestimmungen der Richtlinie 2001/20/EG, auch durch Ergänzung um neue nicht wesentliche Bestimmungen, bewirken, sind diese Maßnahmen nach dem Regelungsverfahren mit Kontrolle des Artikels 5a des Beschlusses 1999/468/EG zu erlassen,

haben folgende Verordnung erlassen:

Inhaltsübersicht**)

*) ABl. C 255 vom 21.10.2006, S. 1.
**) Die Inhaltsübersicht ist nicht Teil des amtlichen Textes.

Artikel 1
Geltungsbereich

(1) Diese Richtlinie enthält, insbesondere im Hinblick auf die Anwendung der guten klinischen Praxis, spezifische Vorschriften für die Durchführung von klinischen Prüfungen, einschließlich multizentrischer klinischer Prüfungen, die an Menschen mit Arzneimitteln gemäß der Definition in Artikel 1 der Richtlinie 65/65/EWG vorgenommen werden. Nicht-interventionelle Prüfungen fallen nicht unter diese Richtlinie.

(2) Die gute klinische Praxis umfasst einen Katalog international anerkannter ethischer und wissenschaftlicher Qualitätsanforderungen, die bei der Planung, Durchführung und Aufzeichnung klinischer Prüfungen an Menschen sowie der Berichterstattung über diese Prüfungen eingehalten werden müssen. Die Einhaltung dieser Praxis gewährleistet, dass die Rechte, die Sicherheit und das Wohlergehen der Teilnehmer an klinischen Prüfungen geschützt werden und dass die Ergebnisse der klinischen Prüfungen glaubwürdig sind.

(3) Die Kommission nimmt die Grundsätze im Zusammenhang mit der guten klinischen Praxis und die ausführlichen Vorschriften, die diesen Grundsätzen entspre-

chen, an und überarbeitet sie gegebenenfalls, um dem technischen und wissenschaftlichen Fortschritt Rechnung zu tragen. Diese Maßnahmen zur Änderung nicht wesentlicher Bestimmungen dieser Richtlinie werden nach dem in Artikel 21 Abs. 3 genannten Regelungsverfahren mit Kontrolle erlassen.

Die Kommission veröffentlicht die Grundsätze und ausführlichen Vorschriften.

(4) Bei allen klinischen Prüfungen, einschließlich der Bioverfügbarkeits- und Bioäquivalenzstudien, erfolgen die Planung, Durchführung und Berichterstattung im Einklang mit den Grundsätzen der guten klinischen Praxis.

Artikel 2
Begriffsbestimmungen

Im Sinne dieser Richtlinie bedeutet der Begriff:

a) „Klinische Prüfung" jede am Menschen durchgeführte Untersuchung, um klinische, pharmakologische und/oder sonstige pharmakodynamische Wirkungen von Prüfpräparaten zu erforschen oder nachzuweisen und/oder jede Nebenwirkung von Prüfpräparaten festzustellen und/oder die Resorption, die Verteilung, den Stoffwechsel und die Ausscheidung von Prüfpräparaten zu untersuchen, mit dem Ziel, sich von deren Unbedenklichkeit und/oder Wirksamkeit zu überzeugen.

   Dies umfasst klinische Prüfungen, die in einer oder mehreren Prüfstellen in einem oder mehreren Mitgliedstaaten durchgeführt werden.

b) „Multizentrische klinische Prüfung" eine nach einem einzigen Prüfplan durchgeführte klinische Prüfung, die in mehr als einer Prüfstelle erfolgt und daher von mehr als einem Prüfer vorgenommen wird, wobei die Prüfstellen sich in einem einzigen Mitgliedstaat, in mehreren Mitgliedstaaten und/oder in Mitgliedstaaten und Drittländern befinden können.

c) „Nicht-interventionelle Prüfung" eine Untersuchung, in deren Rahmen die betreffenden Arzneimittel auf übliche Weise unter den in der Genehmigung für das Inverkehrbringen genannten Bedingungen verordnet werden. Die Anwendung einer bestimmten Behandlungsstrategie auf den Patienten wird nicht im voraus in einem Prüfplan festgelegt, sie fällt unter die übliche Praxis, und die Entscheidung zur Verordnung des Arzneimittels ist klar von der Entscheidung getrennt, einen Patienten in eine Untersuchung einzubeziehen. Auf die Patienten darf kein zusätzliches Diagnose- oder Überwachungsverfahren Anwendung finden, und zur Analyse der gesammelten Daten werden epidemiologische Methoden angewandt.

d) „Prüfpräparat“ eine pharmazeutische Form eines Wirkstoffs oder Placebos, die in einer klinischen Prüfung getestet oder als Referenzsubstanz verwendet wird; ferner ein zugelassenes Produkt, wenn es in einer anderen als der zugelassenen Form verwendet oder bereitgestellt wird (andere Darreichungsform oder Verpackung) oder für ein nicht zugelassenes Anwendungsgebiet eingesetzt oder zum Erhalt zusätzlicher Informationen über die zugelassene Form verwendet wird.

e) „Sponsor“ Person, Unternehmen, Institution oder Organisation, die bzw. das die Verantwortung für die Einleitung, das Management und/oder die Finanzierung einer klinischen Prüfung übernimmt.

f) „Prüfer“ einen Arzt oder eine Person, die einen Beruf ausübt, der in den Mitgliedstaaten für Forschungsarbeiten wegen des wissenschaftlichen Hintergrunds und der erforderlichen Erfahrungen in der Patientenbetreuung anerkannt ist. Der Prüfer ist für die Durchführung der klinischen Prüfung in einer Prüfstelle verantwortlich. Wird eine Prüfung in einer Prüfstelle von einem Team vorgenommen, so ist der Prüfer der verantwortliche Leiter des Teams und kann als Hauptprüfer bezeichnet werden.

g) „Prüferinformation“ eine Zusammenstellung der für die Untersuchungen mit Prüfpräparaten am Menschen relevanten klinischen und nichtklinischen Daten über die betreffenden Präparate.

h) „Prüfplan“ Unterlagen, in denen Zielsetzung(en), Planung, Methodik, statistische Überlegungen und Organisation einer Prüfung beschrieben sind. Der Begriff „Prüfplan“ bezieht sich auf den Prüfplan an sich sowie auf seine nachfolgenden Fassungen und Änderungen.

i) „Prüfungsteilnehmer“ eine Person, die entweder als Empfänger des Prüfpräparats oder als Mitglied einer Kontrollgruppe an einer klinischen Prüfung teilnimmt.

j) „Einwilligung nach Aufklärung“ Entscheidung über die Teilnahme an einer klinischen Prüfung, die in Schriftform abgefasst, datiert und unterschrieben werden muss und nach ordnungsgemäßer Unterrichtung über Wesen, Bedeutung, Tragweite und Risiken der Prüfung und nach Erhalt einer entsprechenden Dokumentation freiwillig von einer Person, die ihre Einwilligung geben kann, oder aber, wenn die Person hierzu nicht in der Lage ist, von ihrem gesetzlichen Vertreter getroffen wird. Kann die betreffende Person nicht schreiben, so kann in Ausnahmefällen entsprechend den einzelstaatlichen Rechtsvorschriften eine mündliche Einwilligung in Anwesenheit von mindestens einem Zeugen erteilt werden.

k) „Ethik-Kommission“ ein unabhängiges Gremium in einem Mitgliedstaat, das sich aus im Gesundheitswesen und in nichtmedizinischen Bereichen tätigen Personen zusammensetzt und dessen Aufgabe es ist, den Schutz der Rechte, die Sicherheit und das Wohlergehen von an einer klinischen Prüfung teilnehmenden Personen zu sichern und diesbezüglich Vertrauen der Öffentlichkeit zu schaffen, indem es unter anderem zu dem Prüfplan, der Eignung der Prüfer und der Angemessenheit der Einrichtungen sowie zu den Methoden, die zur Unterrichtung der Prüfungsteilnehmer und zur Erlangung ihrer Einwilligung nach Aufklärung benutzt werden, und zu dem dabei verwendeten Informationsmaterial Stellung nimmt.

l) „Inspektion“ offiziell von einer zuständigen Behörde durchgeführte Überprüfung von Unterlagen, Einrichtungen, Aufzeichnungen, Qualitätssicherungssystemen und allen sonstigen Ressourcen, die nach Ansicht der zuständigen Behörde im Zusammenhang mit der klinischen Prüfung stehen und die sich in der Prüfstelle, in den Einrichtungen des Sponsors und/oder des Auftragsforschungsinstituts oder in sonstigen Einrichtungen befinden können, die nach dem Dafürhalten der zuständigen Behörde inspiziert werden sollten.

m) „Unerwünschtes Ereignis“ jedes schädliche Vorkommnis, das einem Patienten oder einem Prüfungsteilnehmer widerfährt, dem ein Arzneimittel verabreicht wurde, und das nicht unbedingt in kausalem Zusammenhang mit dieser Behandlung steht.

n) „Nebenwirkung“ jede schädliche und unbeabsichtigte Reaktion auf ein Prüfpräparat in jeglicher Dosierung.

o) „Schwerwiegendes unerwünschtes Ereignis oder schwerwiegende Nebenwirkung“ unerwünschtes Ereignis oder Nebenwirkung, das bzw. die unabhängig von der Dosis tödlich oder lebensbedrohend ist, eine stationäre Behandlung oder deren Verlängerung erforderlich macht, zu einer bleibenden oder schwerwiegenden Behinderung oder Invalidität führt oder eine kongenitale Anomalie oder einen Geburtsfehler zur Folge hat.

p) „Unerwartete Nebenwirkung“ eine unerwünschte Wirkung, die nach Art oder Schweregrad aufgrund der vorliegenden Produktinformation (z. B. Prüferinformation für ein nicht zugelassenes Prüfpräparat oder Merkblatt in der Zusammenfassung der Produkteigenschaften für ein zugelassenes Produkt) nicht zu erwarten ist.

Artikel 3
Schutz von Prüfungsteilnehmern

(1) Diese Richtlinie berührt nicht etwaige Maßnahmen, die in den Mitgliedstaaten zum Schutz von Prüfungsteilnehmern getroffen werden, wenn diese Bestimmungen eine größere Tragweite als die der vorliegenden Richtlinie haben und sofern sie mit den darin vorgesehenen Verfahren und Fristen im Einklang stehen. Die Mitgliedstaaten erlassen, sofern noch nicht vorhanden, detaillierte Regelungen zum Schutz nichteinwilligungsfähiger Personen vor Missbrauch.

(2) Eine klinische Prüfung darf nur durchgeführt werden, wenn insbesondere

a) die vorhersehbaren Risiken und Nachteile gegenüber dem Nutzen für den Prüfungsteilnehmer und für andere gegenwärtige und zukünftige Patienten abgewogen worden sind. Eine klinische Prüfung darf nur beginnen, wenn eine Ethik-Kommission und/oder die zuständige Behörde zu der Schlussfolgerung kommt, dass der erwartete therapeutische Nutzen und der Nutzen für die öffentliche Gesundheit die Risiken überwiegen, und nur fortgeführt werden, wenn die Einhaltung dieser Anforderung ständig überwacht wird;

b) der Prüfungsteilnehmer, oder wenn dieser seine Einwilligung nach Aufklärung nicht erteilen kann, dessen gesetzlicher Vertreter Gelegenheit hatte, sich in einem vorherigen Gespräch mit dem Prüfer oder einem Mitglied des Prüfungsteams ein Bild von den Zielen der Prüfung, ihren Risiken und Nachteilen und den Bedingungen ihrer Durchführung zu machen, und er außerdem über sein Recht informiert wurde, seine Teilnahme an der Prüfung jederzeit zu beenden;

c) das Recht des Prüfungsteilnehmers auf körperliche und geistige Unversehrtheit sowie das Recht des Prüfungsteilnehmers auf Achtung der Privatsphäre und auf den Schutz der ihn betreffenden Daten entsprechend der Richtlinie 95/46/EG gewährleistet werden;

d) der Prüfungsteilnehmer oder, wenn dieser seine Einwilligung nach Aufklärung nicht erteilen kann, dessen gesetzlicher Vertreter seine schriftliche Einwilligung gegeben hat, nachdem er über Wesen, Bedeutung, Tragweite und Risiken der klinischen Prüfung aufgeklärt und beraten worden ist. Kann die betreffende Person nicht schreiben, so kann in Ausnahmefällen entsprechend den einzelstaatlichen Rechtsvorschriften eine mündliche Einwilligung in Anwesenheit von mindestens einem Zeugen erteilt werden;

e) der Prüfungsteilnehmer durch Widerruf der Einwilligung nach Aufklärung seine Teilnahme an der klinischen Prüfung jederzeit beenden kann, ohne dass ihm daraus Nachteile entstehen;

f) Vorschriften über Versicherung oder Schadenersatz zur Deckung der Haftung des Prüfers und des Sponsors bestehen.

(3) Für die medizinische Versorgung eines Prüfungsteilnehmers und die medizinischen Entscheidungen in Bezug auf denselben ist ein angemessen qualifizierter Arzt oder gegebenenfalls ein angemessen qualifizierter Zahnarzt verantwortlich.

(4) Dem Prüfungsteilnehmer steht eine Kontaktstelle zur Verfügung, bei der er weitere Informationen einholen kann.

Artikel 4
Minderjährige als Prüfungsteilnehmer

Zusätzlich zu allen relevanten Einschränkungen darf eine klinische Prüfung an Minderjährigen nur durchgeführt werden, wenn

a) die nach Aufklärung erteilte Einwilligung der Eltern oder des gesetzlichen Vertreters vorliegt. Die Einwilligung muss dem mutmaßlichen Willen des Minderjährigen entsprechen und kann jederzeit widerrufen werden, ohne dass dem Minderjährigen dadurch Nachteile entstehen;

b) der Minderjährige von pädagogisch erfahrenem Personal eine seiner Fähigkeit, dies zu begreifen, entsprechende Aufklärung über die Prüfung, die Risiken und den Nutzen erhalten hat;

c) der von einem Minderjährigen, der sich eine eigene Meinung bilden kann und die erhaltenen Informationen zu beurteilen weiß, ausdrücklich geäußerte Wunsch, nicht an der klinischen Prüfung teilzunehmen oder sie zu irgendeinem Zeitpunkt zu beenden, vom Prüfer und gegebenenfalls vom Hauptprüfer berücksichtigt wird;

d) keine Anreize oder finanzielle Vergünstigungen mit Ausnahme einer Entschädigung gewährt werden;

e) die klinische Prüfung für die Patientengruppe mit einem direkten Nutzen verbunden ist und nur dann, wenn derartige Forschungen für die Validierung von Daten, die bei klinischen Prüfungen an zur Einwilligung nach Aufklärung fähigen Personen oder mittels anderer Forschungsmethoden gewonnen wurden, unbedingt erforderlich sind. Außerdem müssen sich derartige Forschungen unmittelbar auf einen klinischen Zustand beziehen, unter dem der betroffene Minderjährige leidet, oder ihrem Wesen nach nur an Minderjährigen durchgeführt werden können;

f) die einschlägigen wissenschaftlichen Leitlinien der Agentur befolgt wurden;

g) die klinischen Prüfungen so geplant sind, dass sie unter Berücksichtigung der Erkrankung und des Entwicklungsstadiums mit möglichst wenig Schmerzen, Beschwerden, Angst und anderen vorhersehbaren Risiken verbunden sind; sowohl die Risikoschwelle als auch der Belastungsgrad müssen eigens definiert und ständig überprüft werden;

h) der Prüfplan von einer Ethik-Kommission, die über Kenntnisse auf dem Gebiet der Kinderheilkunde verfügt oder die sich in klinischen, ethischen und psychosozialen Fragen auf dem Gebiet der Kinderheilkunde beraten ließ, befürwortet wurde; und

i) die Interessen des Patienten stets über den Interessen der Wissenschaft und der Gesellschaft stehen.

Artikel 5
Nichteinwilligungsfähige Erwachsene als Prüfungsteilnehmer

Bei anderen Personen, die nicht in der Lage sind, eine rechtswirksame Einwilligung nach Aufklärung zu erteilen, gelten alle relevanten Anforderungen, die für einwilligungsfähige Personen aufgeführt sind. Zusätzlich zu diesen Anforderungen ist die Einbeziehung von nichteinwilligungsfähigen Erwachsenen, die vor Eintritt der Unfähigkeit zur Einwilligung ihre Einwilligung nicht erteilt oder verweigert haben, in eine klinische Prüfung nur dann möglich, wenn

a) die Einwilligung nach Aufklärung des gesetzlichen Vertreters eingeholt wurde; die Einwilligung muss dem mutmaßlichen Willen des Prüfungsteilnehmers entsprechen und kann jederzeit widerrufen werden, ohne dass dem Prüfungsteilnehmer dadurch Nachteile entstehen;

b) die Person, die nicht in der Lage ist, eine rechtswirksame Einwilligung nach Aufklärung zu erteilen, je nach ihrer Fähigkeit, dies zu begreifen, Informationen hinsichtlich der Prüfung, der Risiken und des Nutzens erhalten hat;

c) der von einem Teilnehmer, der sich eine eigene Meinung bilden kann und die erhaltenen Informationen zu beurteilen weiß, ausdrücklich geäußerte Wunsch, nicht an der klinischen Prüfung teilzunehmen oder sie zu irgendeinem Zeitpunkt zu beenden, vom Prüfer und gegebenenfalls vom Hauptprüfer berücksichtigt wird;

d) keine Anreize oder finanzielle Vergünstigungen mit Ausnahme einer Entschädigung gewährt werden;

e) derartige Forschungen für die Bestätigung von Daten, die bei klinischen Prüfungen an zur Einwilligung nach Aufklärung fähigen Personen oder mittels anderer Forschungsmethoden gewonnen wurden, unbedingt erforderlich sind und sich unmittelbar auf einen lebensbedrohlichen oder sehr geschwächten klinischen Zustand beziehen, in dem sich der betreffende nichteinwilligungsfähige Erwachsene befindet;

f) die klinischen Prüfungen so geplant sind, dass sie unter Berücksichtigung der Erkrankung und des Entwicklungsstadiums mit möglichst wenig Schmerzen, Beschwerden, Angst und anderen vorhersehbaren Risiken verbunden sind; sowohl die Risikoschwelle als auch der Belastungsgrad müssen eigens definiert und ständig überprüft werden;

g) der Prüfplan von einer Ethik-Kommission, die über Kenntnisse auf dem Gebiet der betreffenden Krankheit und in Bezug auf die betroffene Patientengruppe verfügt oder die sich in klinischen, ethischen und psychosozialen Fragen auf dem Gebiet der betreffenden Erkrankung und in Bezug auf die betroffene Patientengruppe beraten ließ, befürwortet wurde;

h) die Interessen des Patienten immer denen der Wissenschaft und der Gesellschaft vorgehen; und

i) die begründete Erwartung besteht, dass die Verabreichung des Prüfpräparats einen Nutzen für den betroffenen Patienten hat, der die Risiken überwiegt oder keinerlei Risiken mit sich bringt.

Artikel 6
Ethik-Kommission

(1) Die Mitgliedstaaten ergreifen mit Blick auf die Durchführung klinischer Prüfungen die erforderlichen Maßnahmen, um Ethik-Kommissionen einzurichten und diesen ihre Arbeit zu ermöglichen.

(2) Die Ethik-Kommission muss ihre Stellungnahme vor Beginn der klinischen Prüfung, zu der sie befasst wurde, abgeben.

(3) Die Ethik-Kommission berücksichtigt bei der Ausarbeitung ihrer Stellungnahme insbesondere:

a) die Relevanz der klinischen Prüfung und ihrer Planung,

b) die Angemessenheit der in Artikel 3 Abs. 2 Buchstabe a) vorgeschriebenen Bewertung des erwarteten Nutzens und der erwarteten Risiken und die Begründetheit der Schlussfolgerungen,

c) den Prüfplan,

d) die Eignung des Prüfers und seiner Mitarbeiter,

e) die Prüferinformation,

f) die Qualität der Einrichtungen,

g) die Angemessenheit und Vollständigkeit der zu erteilenden schriftlichen Auskünfte sowie das Verfahren im Hinblick auf die Einwilligung nach Aufklärung und die Rechtfertigung für die Forschung an Personen, die zur Einwilligung nach Aufklärung nicht in der Lage sind, was die spezifischen in Artikel 3 niedergelegten Einschränkungen anbelangt,

h) die Vorschriften für Wiedergutmachung oder Entschädigung bei Schäden oder Todesfällen, die auf die klinische Prüfung zurückzuführen sind,

i) jede Art von Versicherung oder Schadenersatz zur Deckung der Haftung des Prüfers und des Sponsors,

j) die Beträge und die Modalitäten für die etwaige Vergütung oder Entschädigung für Prüfer und Prüfungsteilnehmer und die einschlägigen Elemente jedes zwischen dem Sponsor und der Prüfstelle vorgesehenen Vertrags,

k) die Modalitäten für die Auswahl der Prüfungsteilnehmer.

(4) Ungeachtet dieses Artikels kann ein Mitgliedstaat beschließen, die von ihm für die Zwecke des Artikels 9 benannte zuständige Behörde zu beauftragen, die in Absatz 3 Buchstaben h), i) und j) des vorliegenden Artikels genannten Elemente zu prüfen und hierzu eine Stellungnahme abzugeben.

Wendet ein Mitgliedstaat diese Bestimmung an, so unterrichtet er darüber die Kommission, die anderen Mitgliedstaaten und die Agentur.

(5) Die Ethik-Kommission übermittelt dem Antragsteller und der zuständigen Behörde des betreffenden Mitgliedstaats innerhalb von höchstens 60 Tagen nach Eingang des ordnungsgemäßen Antrags ihre mit Gründen versehene Stellungnahme.

(6) Während der Prüfung des Antrags auf eine Stellungnahme kann die Ethik-Kommission nur ein einziges Mal zusätzliche Informationen zu den vom Antragsteller bereits vorgelegten Informationen anfordern. Die in Absatz 5 vorgesehene Frist wird bis zum Eingang der zusätzlichen Informationen ausgesetzt.

(7) Eine Verlängerung der 60-Tage-Frist nach Absatz 5 darf nicht eingeräumt werden, es sei denn, es handelt sich um Prüfungen im Zusammenhang mit Arzneimitteln für Gentherapie oder somatische Zelltherapie oder mit allen Arzneimitteln mit genetisch veränderten Organismen, bei denen eine Verlängerung des Zeitraums um höchstens 30 Tage zulässig ist. Bei diesen Produkten kann diese 90-Tage-Frist um weitere 90 Tage nach Konsultation einer Gruppe oder eines Ausschusses gemäß den Regelungen und Verfahren der Mitgliedstaaten verlängert werden. Im Falle der xenogenen Zelltherapie gibt es keine zeitliche Begrenzung für den Genehmigungszeitraum.

Artikel 7
Einzige Stellungnahme

Für multizentrische klinische Prüfungen im Hoheitsgebiet eines einzigen Mitgliedstaats legen die Mitgliedstaaten ein Verfahren fest, wonach für den betreffenden Mitgliedstaat ungeachtet der Anzahl der Ethik-Kommissionen eine einzige Stellungnahme abgegeben wird.

Bei multizentrischen klinischen Prüfungen, die zugleich in mehreren Mitgliedstaaten durchgeführt werden, wird für jeden der betroffenen Mitgliedstaaten jeweils eine einzige Stellungnahme einer Ethik-Kommission abgegeben.

Artikel 8
Ausführliche Anleitungen

In Konsultationen mit den Mitgliedstaaten und den betreffenden Parteien erstellt und veröffentlicht die Kommission ausführliche Anleitungen für die Antragstellung und die Unterlagen, die mit dem Antrag auf Stellungnahme der Ethik-Kommission vorzulegen sind – insbesondere im Hinblick auf die den Prüfungsteilnehmern vorzulegenden Informationen – sowie für geeignete Garantien zum Schutz persönlicher Daten.

Artikel 9
Beginn einer klinischen Prüfung

(1) Die Mitgliedstaaten ergreifen die erforderlichen Maßnahmen, damit der Beginn einer klinischen Prüfung nach dem Verfahren dieses Artikels verläuft.

Der Sponsor kann mit der klinischen Prüfung erst beginnen, wenn die Ethik-Kommission eine befürwortende Stellungnahme abgegeben hat und sofern die zuständige Behörde des betreffenden Mitgliedstaats dem Sponsor keine mit Gründen versehenen Einwände übermittelt hat. Diese Beschlussfassungsverfahren können je nach Wunsch des Sponsors gleichzeitig oder nicht gleichzeitig durchgeführt werden.

(2) Vor Beginn einer klinischen Prüfung reicht der Sponsor bei der zuständigen Behörde des Mitgliedstaates, in dem er eine klinische Prüfung durchzuführen beabsichtigt, einen ordnungsgemäßen Genehmigungsantrag ein.

(3) Übermittelt die zuständige Behörde des Mitgliedstaats dem Sponsor mit Gründen versehene Einwände, kann dieser ein einziges Mal den Antrag gemäß Absatz 2 inhaltlich ändern, um die vorgebrachten Einwände zu berücksichtigen. Ändert der Sponsor den Antrag nicht entsprechend ab, gilt dieser als abgelehnt, und die klinische Prüfung kann nicht beginnen.

(4) Die Prüfung eines ordnungsgemäßen Genehmigungsantrags durch die gemäß Absatz 2 zuständige Behörde muss so schnell wie möglich abgeschlossen werden und darf nicht länger als 60 Tage dauern. Die Mitgliedstaaten können in ihrem Zuständigkeitsbereich eine kürzere Frist als 60 Tage festlegen, wenn dies der bisherigen Praxis entspricht. Die zuständige Behörde kann jedoch dem Sponsor vor Ende dieser Frist mitteilen, dass sie keinen Grund für eine Nichtakzeptanz hat.

Eine weitere Verlängerung der Frist nach Unterabsatz 1 darf nicht eingeräumt werden, es sei denn, es handelt sich um Prüfungen im Zusammenhang mit den in Absatz 6 aufgeführten Arzneimitteln, für die eine Verlängerung der Frist um höchstens 30 Tage zulässig ist. Bei diesen Produkten kann diese 90-Tage-Frist um weitere 90 Tage nach Konsultation einer Gruppe oder eines Ausschusses gemäß den Regelungen und Verfahren der Mitgliedstaaten verlängert werden. Für xenogene Zelltherapie gibt es keine zeitliche Begrenzung für den Genehmigungszeitraum.

(5) Unbeschadet des Absatzes 6 kann jedoch bei Arzneimitteln, die keine Genehmigung für das Inverkehrbringen im Sinne der Richtlinie 65/65/EWG haben und die unter Teil A des Anhangs der Verordnung (EWG) Nr. 2309/93 fallen, und bei anderen Arzneimitteln mit besonderen Merkmalen wie Arzneimitteln, deren aktive Substanz(en) ein biologisches Produkt menschlichen oder tierischen Ursprungs ist (sind) oder biologische Bestandteile menschlichen oder tierischen Ursprungs enthält (enthalten) oder die zu ihrer Herstellung derartige Bestandteile erfordern, vor Beginn der klinischen Prüfungen eine schriftliche Genehmigung verlangt werden.

(6) Einer schriftlichen Genehmigung vor Beginn der Prüfung unterliegen klinische Prüfungen im Zusammenhang mit Arzneimitteln für Gentherapie, somatische Zelltherapie, einschließlich der xenogenen Zelltherapie, sowie mit allen Arzneimitteln,

die genetisch veränderte Organismen enthalten. Es dürfen keine Gentherapieprüfungen durchgeführt werden, die zu einer Veränderung der genetischen Keimbahnidentität der Prüfungsteilnehmer führen.

(7) Die Genehmigung wird unbeschadet der Anwendung der Richtlinie 90/219/EWG des Rates vom 23. April 1990 über die Anwendung genetisch veränderter Mikroorganismen in geschlossenen Systemen[9]) und der Richtlinie 90/220/EWG des Rates vom 23. April 1990 über die absichtliche Freisetzung genetisch veränderter Organismen in die Umwelt[10]) erteilt.

(8) In Konsultation mit den Mitgliedstaaten erstellt und veröffentlicht die Kommission ausführliche Anleitungen für

a) die Vorlage und den Inhalt des Antrags gemäß Absatz 2 sowie für die mit dem Antrag vorzulegenden Unterlagen in Bezug auf Qualität und Herstellung des Prüfpräparats, die toxikologischen und pharmakologischen Prüfungen, den Prüfplan und die klinischen Angaben zum Prüfpräparat, einschließlich der Prüferinformation,

b) die Vorlage und den Inhalt des in Artikel 10 Buchstabe a) genannten Änderungsvorschlags im Zusammenhang mit signifikanten Änderungen am Prüfplan,

c) die Mitteilung bei Abschluss der klinischen Prüfung.

Artikel 10
Durchführung einer klinischen Prüfung

Die Durchführung einer klinischen Prüfung kann nach folgendem Verfahren geändert werden.

a) Nach dem Beginn der klinischen Prüfung kann der Sponsor am Prüfplan Änderungen vornehmen. Wenn diese Änderungen signifikant sind und sich auf die Sicherheit der Prüfungsteilnehmer auswirken können oder die Auslegung der wissenschaftlichen Dokumente, auf die die Durchführung der Prüfung gestützt wird, beeinflussen können oder wenn sie unter irgendeinem anderen Gesichtspunkt von Bedeutung sind, dann unterrichtet der Sponsor die zuständigen Behörden des bzw. der betreffenden Mitgliedstaaten über die Gründe und den

[9]) ABl. L 117 vom 8.5.1990, S. 1. Richtlinie zuletzt geändert durch die Richtlinie 98/81/EG (ABl. L 330 vom 5.12.1998, S. 13).

[10]) ABl. L 117 vom 8.5.1990, S. 15. Richtlinie zuletzt geändert durch die Richtlinie 97/35/EG der Kommission (ABl. L 169 vom 27.6.1997, S. 72).

Inhalt der Änderungen und informiert die zuständige Ethik-Kommission bzw. die zuständigen Ethik-Kommissionen gemäß den Artikeln 6 und 9.

Die Ethik-Kommission gibt auf der Grundlage der in Artikel 6 Absatz 3 aufgeführten Elemente und nach Artikel 7 innerhalb von höchstens 35 Tagen ab dem Zeitpunkt des Eingangs des ordnungsgemäßen Änderungsvorschlags eine Stellungnahme ab. Bei einer ablehnenden Stellungnahme darf der Sponsor den Prüfplan nicht ändern.

Wenn die Ethik-Kommission eine befürwortende Stellungnahme abgibt und die zuständigen Behörden der Mitgliedstaaten keine mit Gründen versehenen Einwände gegen diese signifikanten Änderungen vorgebracht haben, führt der Sponsor die klinische Prüfung nach dem geänderten Prüfplan fort. Im gegenteiligen Fall muss der Sponsor entweder die Einwände berücksichtigen und die geplante Änderung des Prüfplans entsprechend anpassen oder seinen Änderungsvorschlag zurückziehen.

b) Unbeschadet des Buchstabens a) ergreift der Sponsor sowie der Prüfer unter bestimmten Umständen, insbesondere bei jeglichem neuen Umstand betreffend den Ablauf der Prüfung oder die Entwicklung eines Prüfpräparats, der die Sicherheit der Prüfungsteilnehmer beeinträchtigen kann, die dringend gebotenen Sicherheitsmaßnahmen, um die Prüfungsteilnehmer vor unmittelbarer Gefahr zu schützen. Der Sponsor unterrichtet unverzüglich die zuständigen Behörden über diese neuen Umstände und die getroffenen Maßnahmen und sorgt dafür, dass gleichzeitig die Ethik-Kommission unterrichtet wird.

c) Innerhalb von 90 Tagen nach Beendigung einer klinischen Prüfung unterrichtet der Sponsor die zuständigen Behörden des bzw. der betreffenden Mitgliedstaaten und die Ethik-Kommission über die Beendigung der Prüfung. Bei vorzeitiger Beendigung der klinischen Prüfung verkürzt sich diese Frist auf 15 Tage und sind die Gründe für den Abbruch eindeutig anzugeben.

Artikel 11
Informationsaustausch

(1) Die Mitgliedstaaten, in deren Hoheitsgebiet die Prüfung durchgeführt wird, geben folgendes in eine europäische Datenbank ein, auf die nur die zuständigen Behörden der Mitgliedstaaten, die Agentur und die Kommission Zugriff haben:

a) Auszüge des Genehmigungsantrags gemäß Artikel 9 Abs. 2;

b) etwaige Änderungen dieses Antrags gemäß Artikel 9 Abs. 3;

c) etwaige Änderungen des Prüfplans gemäß Artikel 10 Buchstabe a);

d) die befürwortende Stellungnahme der Ethik-Kommission;

e) die Mitteilung über den Abschluss der klinischen Prüfung;

f) den Hinweis auf durchgeführte Inspektionen zur Überprüfung der Übereinstimmung mit der guten klinischen Praxis.

(2) Auf begründete Anfrage eines Mitgliedstaats, der Agentur oder der Kommission teilt die zuständige Behörde, bei der der Genehmigungsantrag eingereicht wurde, alle ergänzenden Informationen im Zusammenhang mit der betreffenden Prüfung mit, die noch nicht in die europäische Datenbank eingegeben wurden.

(3) In Konsultationen mit den Mitgliedstaaten erstellt und veröffentlicht die Kommission ausführliche Anleitungen für die Informationen, die in die europäische Datenbank einzugeben sind, die sie mit Unterstützung der Agentur verwaltet, sowie für die Methoden der elektronischen Datenübermittlung. Bei der Erstellung der ausführlichen Anleitungen ist streng auf die Vertraulichkeit der Daten zu achten.

(4) Abweichend von Absatz 1 veröffentlicht die Agentur gemäß den Bestimmungen der Verordnung (EG) Nr. 1901/2006 des Europäischen Parlaments und des Rates vom 12. Dezember 2006 über Kinderarzneimittel*) teilweise die in die europäische Datenbank eingegebenen Informationen über pädiatrische klinische Prüfungen.

Artikel 12
Aussetzung der Prüfung bzw. Verstöße

(1) Sofern ein Mitgliedstaat objektive Gründe zu der Annahme hat, dass die Bedingungen des Genehmigungsantrags gemäß Artikel 9 Absatz 2 nicht mehr gegeben sind, oder über neue Informationen verfügt, die zu Zweifeln hinsichtlich der Unbedenklichkeit oder der wissenschaftlichen Grundlage der klinischen Prüfung Anlass geben, kann der Mitgliedstaat die klinische Prüfung aussetzen oder untersagen; diese Entscheidung muss dem Sponsor mitgeteilt werden.

Bevor der Mitgliedstaat seine Entscheidung trifft, ist – außer bei Gefahr im Verzug – der Sponsor und/oder der Prüfer zu hören, der seine Stellungnahme innerhalb einer Woche abgeben muss.

In diesem Fall unterrichtet die zuständige Behörde unverzüglich die anderen zuständigen Behörden, die betreffende Ethik-Kommission, die Agentur und die Kom-

*) ABl. L 378 vom 27.12.2006, S. 1.

mission über ihre Entscheidung, die Prüfung auszusetzen bzw. zu untersagen, und gibt ihre Gründe hierfür an.

(2) Hat eine zuständige Behörde objektive Gründe für die Annahme, dass der Sponsor oder der Prüfer oder jeder sonstige an der Prüfung Beteiligte seine Verpflichtungen nicht mehr erfüllt, so informiert sie den Betreffenden umgehend und teilt ihm einen Aktionsplan mit, den er durchführen muss, um Abhilfe zu schaffen. Die zuständige Behörde unterrichtet die Ethik-Kommission, die anderen zuständigen Behörden und die Kommission unverzüglich über diesen Aktionsplan.

Artikel 13
Herstellung und Einfuhr von Prüfpräparaten

(1) Die Mitgliedstaaten treffen alle geeigneten Maßnahmen, um sicherzustellen, dass die Herstellung und die Einfuhr von Prüfpräparaten genehmigungspflichtig sind.

Die Kommission legt die Mindestbedingungen fest, die der Antragsteller sowie später der Inhaber der Genehmigung erfüllen müssen, um die Genehmigung zu erhalten.

Diese Maßnahmen zur Änderung nicht wesentlicher Bestimmungen dieser Richtlinie durch Ergänzung werden nach dem in Artikel 21 Abs. 3 genannten Regelungsverfahren mit Kontrolle erlassen.

(2) Die Mitgliedstaaten treffen alle zweckdienlichen Maßnahmen, um sicherzustellen, dass der Inhaber der Genehmigung gemäß Absatz 1 ständig und ununterbrochen über mindestens eine sachkundige Person verfügt, die insbesondere für die Erfüllung der Verpflichtungen gemäß Absatz 3 dieses Artikels verantwortlich ist und die die Voraussetzungen des Artikels 23 der Zweiten Richtlinie 75/319/EWG des Rates vom 20. Mai 1975 zur Angleichung der Rechts- und Verwaltungsvorschriften über Arzneispezialitäten[11]) erfüllt.

(3) Die Mitgliedstaaten treffen alle zweckdienlichen Maßnahmen, um sicherzustellen, dass die in Artikel 21 der Richtlinie 75/319/EWG genannte sachkundige Person unbeschadet ihrer Beziehung zum Hersteller oder Einführer im Rahmen der Verfahren des Artikels 25 jener Richtlinie die Verantwortung dafür trägt, dass

[11]) ABl. L 147 vom 9.6.1975, S. 13. Richtlinie zuletzt geändert durch die Richtlinie 93/39/EG (ABl. L 214 vom 24.8.1993, S. 22).

a) bei in dem betreffenden Mitgliedstaat hergestellten Prüfpräparaten jede Charge des Präparats entsprechend den Anforderungen der Richtlinie 91/356/EWG der Kommission vom 13. Juni 1991 zur Festlegung der Grundsätze und Leitlinien der guten Herstellungspraxis für zur Anwendung beim Menschen bestimmte Arzneimittel[12]), den Unterlagen über die Produktspezifikation und den gemäß Artikel 9 Abs. 2 der vorliegenden Richtlinie übermittelten Informationen hergestellt und kontrolliert wurde;

b) bei in einem Drittland hergestellten Prüfpräparaten jede Produktionscharge gemäß den Unterlagen über die Produktspezifikation nach Standards einer guten Herstellungspraxis hergestellt und kontrolliert wurde, die denen der Richtlinie 91/356/EWG mindestens gleichwertig sind, und dass jede Produktionscharge nach den gemäß Artikel 9 Abs. 2 der vorliegenden Richtlinie übermittelten Informationen kontrolliert wurde;

c) bei einem Prüfpräparat, das ein Vergleichspräparat aus einem Drittland ist und für das eine Genehmigung für das Inverkehrbringen vorliegt, jede Produktionscharge allen einschlägigen und erforderlichen Analysen, Prüfungen und Überprüfungen unterzogen wurde, um die Qualität des Präparats gemäß den nach Artikel 9 Abs. 2 der vorliegenden Richtlinie übermittelten Informationen zu bestätigen, falls die Unterlagen, die bestätigen, dass jede Produktionscharge nach Standards einer guten Herstellungspraxis hergestellt wurde, die den zuvor genannten Standards mindestens gleichwertig sind, nicht erhältlich sind.

Die ausführlichen Anleitungen zu den bei der Bewertung des Produkts im Hinblick auf die Freigabe der Chargen in der Gemeinschaft zu berücksichtigenden Einzelheiten sind in dem Leitfaden für die gute Herstellungspraxis, insbesondere in dessen Anhang 13, niedergelegt. Diese Anleitungen werden nach dem Verfahren des Artikels 21 Abs. 2 der vorliegenden Richtlinie erlassen und gemäß Artikel 19a der Richtlinie 75/319/EWG veröffentlicht.

Sofern die Buchstaben a), b) und c) eingehalten sind, werden die Prüfpräparate von späteren Kontrollen befreit, wenn sie mit Bescheinigungen der Freigabe der Chargen, die von der sachkundigen Person unterzeichnet sind, in einen anderen Mitgliedstaat eingeführt werden.

(4) In jedem Fall muss die sachkundige Person in einem Register oder einem gleichwertigen Dokument bescheinigen, dass jede Produktionscharge dem vorliegenden

[12]) ABl. L 193 vom 17.7.1991, S. 30.

Artikel entspricht. In das Register oder das gleichwertige Dokument müssen die einzelnen Vorgänge fortlaufend eingetragen werden und den Beauftragten der zuständigen Behörde während eines nach den Rechtsvorschriften des betreffenden Mitgliedstaats vorgesehenen Zeitraums zur Verfügung stehen. Dieser Zeitraum darf auf keinen Fall fünf Jahre unterschreiten.

(5) Jede Person, die zum Zeitpunkt des Beginns der Anwendung dieser Richtlinie in dem Mitgliedstaat, in dem sie sich befindet, im Zusammenhang mit Prüfpräparaten die Tätigkeit der in Artikel 21 der Richtlinie 75/319/EWG genannten sachkundigen Person ausübt, ohne jedoch die Bedingungen der Artikel 23 und 24 jener Richtlinie zu erfüllen, ist befugt, diese Tätigkeit in dem betreffenden Mitgliedstaat weiterhin auszuüben.

Artikel 14
Etikettierung

Für Prüfpräparate werden die Angaben, die zumindest in der bzw. den Amtssprachen des Mitgliedstaats auf der äußeren Verpackung von Prüfpräparaten oder, sofern keine äußere Verpackung vorhanden ist, auf der Primärverpackung aufgeführt sein müssen, von der Kommission in dem gemäß Artikel 19a der Richtlinie 75/319/EWG zu erstellenden Leitfaden für die gute Herstellungspraxis für Prüfpräparate veröffentlicht.

Zusätzlich legt dieser Leitfaden angepasste Bestimmungen über die Kennzeichnung von Prüfpräparaten für klinische Prüfungen mit folgenden Merkmalen fest:

- das Konzept der Prüfung erfordert keine besondere Herstellung oder Verpackung;
- die Prüfung wird mit Arzneimitteln durchgeführt, für die in den von der Studie betroffenen Mitgliedstaaten eine Genehmigung für das Inverkehrbringen im Sinne der Richtlinie 65/65/EWG erteilt wurde und die gemäß den Vorschriften der Richtlinie 75/319/EWG hergestellt oder importiert wurden;
- die an der Prüfung beteiligten Patienten besitzen dieselben Merkmale, wie die, die von dem in der oben erwähnten Genehmigung genannten Anwendungsgebiet abgedeckt sind.

Artikel 15
Überprüfung der Übereinstimmung mit der guten klinischen Praxis und der guten Herstellungspraxis

(1) Zur Überprüfung der Übereinstimmung mit den Bestimmungen zur guten klinischen Praxis und zur guten Herstellungspraxis benennen die Mitgliedstaaten Inspektoren, die die Aufgabe haben, in den an einer klinischen Prüfung beteiligten Stellen, insbesondere in der Prüfstelle bzw. den Prüfstellen, am Herstellungsort des Prüfpräparats, in allen an der Prüfung beteiligten Laboratorien und/oder in den Einrichtungen des Sponsors, Inspektionen durchzuführen.

Für die Inspektionen sorgt die zuständige Behörde des betreffenden Mitgliedstaats, die die Agentur darüber informiert; die Inspektionen erfolgen im Namen der Gemeinschaft, und die Ergebnisse werden von allen anderen Mitgliedstaaten anerkannt. Für die Koordinierung der Inspektionen ist die Agentur im Rahmen ihrer Befugnisse nach der Verordnung (EWG) Nr. 2309/93 zuständig. Die Mitgliedstaaten können hierbei andere Mitgliedstaaten um Unterstützung bitten.

(2) Im Anschluss an die Inspektion wird ein Inspektionsbericht erstellt. Dieser Bericht muss dem Sponsor zur Verfügung stehen, wobei jedoch der Schutz vertraulicher Aspekte sichergestellt sein muss. Auf einen mit Gründen versehenen Antrag kann er den übrigen Mitgliedstaaten, der Ethik-Kommission und der Agentur zur Verfügung gestellt werden.

(3) Die Kommission kann auf Antrag der Agentur im Rahmen ihrer Befugnisse nach der Verordnung (EWG) Nr. 2309/93 oder eines betroffenen Mitgliedstaats nach Konsultation der betreffenden Mitgliedstaaten eine erneute Inspektion fordern, wenn sich bei der Überprüfung der Einhaltung dieser Richtlinie Unterschiede zwischen den einzelnen Mitgliedstaaten zeigen.

(4) Vorbehaltlich der gegebenenfalls zwischen der Gemeinschaft und Drittländern getroffenen Vereinbarungen kann entweder die Kommission auf einen mit Gründen versehenen Antrag eines Mitgliedstaats oder aus eigener Initiative oder aber ein Mitgliedstaat vorschlagen, dass in einem Drittland in der Prüfstelle und/oder in den Einrichtungen des Sponsors und/oder bei dem Hersteller eine Inspektion durchgeführt wird. Die Inspektion wird von entsprechend qualifizierten Inspektoren der Gemeinschaft durchgeführt.

(5) Die ausführlichen Anleitungen betreffend die als fortlaufende Akte zu führende Dokumentation über die klinische Prüfung, die Archivierungsmethoden, die Qualifikation der Inspektoren sowie die Inspektionsverfahren zum Nachweis der Über-

einstimmung der betreffenden klinischen Prüfung mit dieser Richtlinie werden nach dem Verfahren des Artikels 21 Abs. 2 angenommen und überarbeitet.

Artikel 16
Berichte über unerwünschte Ereignisse

(1) Der Prüfer erstattet dem Sponsor unverzüglich Bericht über alle schwerwiegenden unerwünschten Ereignisse, ausgenommen Ereignisse, über die laut Prüfplan oder Prüferinformation nicht unverzüglich berichtet werden muss. Auf die unverzügliche Berichterstattung folgen ausführliche schriftliche Berichte. Bei der unverzüglichen Berichterstattung und in den Folgeberichten sind die Prüfungsteilnehmer mit einer Codenummer zu benennen.

(2) Unerwünschte Ereignisse und/oder Laboranomalien, die im Prüfplan für die Unbedenklichkeitsbewertungen als entscheidend bezeichnet werden, sind dem Sponsor gemäß den Berichterstattungsanforderungen innerhalb der im Prüfplan angegebenen Fristen mitzuteilen.

(3) Im Falle des festgestellten Todes eines Prüfungsteilnehmers übermittelt der Prüfer dem Sponsor und der Ethik-Kommission alle zusätzlich geforderten Auskünfte.

(4) Der Sponsor führt ausführlich Buch über alle unerwünschten Ereignisse, die ihm von den Prüfern mitgeteilt werden. Diese Aufzeichnungen werden den Mitgliedstaaten, in deren Hoheitsgebiet die klinische Prüfung durchgeführt wird, auf Antrag vorgelegt.

Artikel 17
Berichte über schwerwiegende Nebenwirkungen

(1) a) Der Sponsor sorgt dafür, dass alle wichtigen Informationen über mutmaßliche unerwartete schwerwiegende Nebenwirkungen, die zu einem Todesfall geführt haben bzw. führen können, aufgezeichnet und den zuständigen Behörden aller betreffenden Mitgliedstaaten sowie der Ethik-Kommission so rasch wie möglich, auf jeden Fall aber binnen sieben Tagen, nachdem der Sponsor von dem betreffenden Fall Kenntnis erhalten hat, mitgeteilt werden und dass anschließend innerhalb einer erneuten Frist von acht Tagen entsprechende Auskünfte über die weiteren Maßnahmen übermittelt werden.

b) Alle anderen mutmaßlichen unerwarteten schwerwiegenden Nebenwirkungen werden den betreffenden zuständigen Behörden sowie der betreffenden Ethik-Kommission so rasch wie möglich, auf jeden Fall aber binnen 15 Tagen von dem Zeitpunkt an gerechnet, zu dem der Sponsor zuerst davon Kenntnis erhalten hat, mitgeteilt.

c) Jeder Mitgliedstaat sorgt dafür, dass alle mutmaßlichen unerwarteten schwerwiegenden Nebenwirkungen eines Prüfpräparats, die ihm zur Kenntnis gebracht worden sind, aufgezeichnet werden.

d) Der Sponsor unterrichtet hierüber auch die übrigen Prüfer.

(2) Einmal jährlich während der gesamten Dauer der klinischen Prüfung legt der Sponsor den Mitgliedstaaten, in deren Hoheitsgebiet die klinische Prüfung durchgeführt wird, und der Ethik-Kommission eine Liste mit allen mutmaßlichen schwerwiegenden Nebenwirkungen vor, die während der gesamten Prüfungsdauer aufgetreten sind, sowie einen Bericht über die Sicherheit der Prüfungsteilnehmer.

(3) a) Jeder Mitgliedstaat trägt dafür Sorge, dass alle mutmaßlichen unerwarteten schwerwiegenden Nebenwirkungen eines Prüfpräparats, die ihm zur Kenntnis gebracht wurden, unverzüglich in eine europäische Datenbank eingegeben werden, auf die entsprechend Artikel 11 Abs. 1 nur die zuständigen Behörden der Mitgliedstaaten, die Agentur und die Kommission Zugriff haben.

b) Die vom Sponsor mitgeteilte Information wird von der Agentur den zuständigen Behörden der Mitgliedstaaten zur Verfügung gestellt.

Artikel 18
Anleitungen für Berichte

Die Kommission erstellt in Konsultation mit der Agentur, den Mitgliedstaaten und den betroffenen Parteien ausführliche Anleitungen für die Erstellung, Prüfung und Vorlage der Berichte über unerwünschte Ereignisse/Nebenwirkungen sowie für die Dekodierungsmodalitäten bei den schwerwiegenden unerwarteten Nebenwirkungen.

Artikel 19
Allgemeine Bestimmungen

Diese Richtlinie berührt nicht die zivil- und strafrechtliche Haftung des Sponsors oder des Prüfers. Zu diesem Zweck muss der Sponsor oder ein gesetzlicher Vertreter des Sponsors in der Gemeinschaft niedergelassen sein.

Die Prüfpräparate und gegebenenfalls die zu ihrer Verabreichung verwendeten Vorrichtungen werden vom Sponsor kostenlos zur Verfügung gestellt, es sei denn, die Mitgliedstaaten haben genaue Bedingungen für Ausnahmefälle festgelegt.

Die Mitgliedstaaten teilen der Kommission solche Bedingungen mit.

Artikel 20
Anpassung an den wissenschaftlichen und technischen Fortschritt

Die Kommission passt diese Richtlinie an den wissenschaftlichen und technischen Fortschritt an.

Diese Maßnahmen zur Änderung nicht wesentlicher Bestimmungen dieser Richtlinie werden nach dem in Artikel 21 Abs. 3 genannten Regelungsverfahren mit Kontrolle erlassen.

Artikel 21
Ausschuss

(1) Die Kommission wird von dem Ständigen Ausschuss für Humanarzneimittel unterstützt, auf den in Artikel 121 Abs. 1 der Richtlinie 2001/83/EG des Europäischen Parlaments und des Rates vom 6. November 2001 zur Schaffung eines Gemeinschaftskodexes für Humanarzneimittel*) Bezug genommen wird.

(2) Wird auf diesen Absatz Bezug genommen, so gelten die Artikel 5 und 7 des Beschlusses 1999/468/EG unter Beachtung von dessen Artikel 8.

Der Zeitraum nach Artikel 5 Abs. 6 des Beschlusses 1999/468/EG wird auf drei Monate festgesetzt.

(3) Wird auf diesen Absatz Bezug genommen, so gelten Artikel 5a Abs. 1 bis 4 und Artikel 7 des Beschlusses 1999/468/EG unter Beachtung von dessen Artikel 8.

Artikel 22
Beginn der Anwendung

(1) Die Mitgliedstaaten erlassen und veröffentlichen vor dem 1. Mai 2003 die erforderlichen Rechts- und Verwaltungsvorschriften, um dieser Richtlinie nachzukommen. Sie unterrichten die Kommission unverzüglich davon.

*) ABl. L 311 vom 28.11.2001, S. 67.

Sie wenden diese Vorschriften spätestens ab dem 1. Mai 2004 an.

Wenn die Mitgliedstaaten die Vorschriften nach Absatz 1 erlassen, nehmen sie in diesen Vorschriften oder durch einen Hinweis bei der amtlichen Veröffentlichung auf diese Richtlinie Bezug. Die Mitgliedstaaten regeln die Einzelheiten dieser Bezugnahme.

(2) Die Mitgliedstaaten teilen der Kommission den Wortlaut der innerstaatlichen Rechtsvorschriften mit, die sie auf dem unter diese Richtlinie fallenden Gebiet erlassen.

Artikel 23
Inkrafttreten

Diese Richtlinie tritt am Tag ihrer Veröffentlichung im Amtsblatt der Europäischen Gemeinschaften in Kraft.

Artikel 24
Adressaten

Diese Richtlinie ist an alle Mitgliedstaaten gerichtet.

Verordnung (EU) Nr. 536/2014 des Europäischen Parlaments und des Rates

vom 16. April 2014
über klinische Prüfungen mit Humanarzneimitteln und zur Aufhebung der Richtlinie 2001/20/EG*)

(ABl. L 158 vom 27.5.2014, S. 1),
berichtigt durch ABl. L 311 vom 17.11.2016, S. 25

Das Europäische Parlament und der Rat der Europäischen Union –

gestützt auf den Vertrag über die Arbeitsweise der Europäischen Union, insbesondere auf Artikel 114 und Artikel 168 Absatz 4 Buchstabe c,

auf Vorschlag der Europäischen Kommission,

nach Zuleitung des Entwurfs des Gesetzgebungsakts an die nationalen Parlamente,

nach Stellungnahme des Europäischen Wirtschafts- und Sozialausschusses[1]),

nach Anhörung des Ausschusses der Regionen,

gemäß dem ordentlichen Gesetzgebungsverfahren[2]),

in Erwägung nachstehender Gründe:

(1) In einer klinischen Prüfung sollten die Rechte, die Sicherheit, die Würde und das Wohl der Prüfungsteilnehmer geschützt werden, und die in ihrem Rahmen gewonnenen Daten sollten zuverlässig und belastbar sein. Die Interessen der Prüfungsteilnehmer sollten stets Vorrang vor sonstigen Interessen haben.

(2) Damit auf unabhängige Weise kontrolliert werden kann, ob diese Grundsätze eingehalten werden, sollten klinische Prüfungen vorab genehmigungspflichtig sein.

(3) Die derzeit geltende Definition einer klinischen Prüfung, die in der Richtlinie 2001/20/EG des Europäischen Parlaments und des Rates[3]) enthalten ist, sollte präzisiert werden. Dazu sollte das Konzept der klinischen Prüfung genauer definiert werden, indem das weiter gefasste Konzept der „klinischen Studie“ eingeführt wird, zu deren Kategorien die klinische Prüfung gehört. Diese Kategorie sollte auf der Grundlage spezieller Kriterien definiert wer-

*) Die Verordnung trat am **16. Juni 2014** in Kraft. Gemäß Artikel 99 gilt sie ab sechs Monate nach der Veröffentlichung der Mitteilung gemäß Artikel 82 Absatz 3, keinesfalls jedoch vor dem **28. Mai 2016.**

[1]) ABl. C 44 vom 15.2.2013, S. 99.

[2]) Standpunkt des Europäischen Parlaments vom 3. April 2014 (noch nicht im Amtsblatt veröffentlicht) und Beschluss des Rates vom 14. April 2014.

[3]) Richtlinie 2001/20/EG des Europäischen Parlaments und des Rates vom 4. April 2001 zur Angleichung der Rechts- und Verwaltungsvorschriften der Mitgliedstaaten über die Anwendung der guten klinischen Praxis bei der Durchführung von klinischen Prüfungen mit Humanarzneimitteln (ABl. L 121 vom 1.5.2001, S. 34).

den. Dieser Ansatz berücksichtigt in angemessener Weise die internationalen Leitlinien und entspricht dem Unionsrecht für Arzneimittel, das auf der Aufteilung in die zwei Teile „klinische Prüfung“ und „nichtinterventionelle Studie“ aufbaut.

(4) Mit der Richtlinie 2001/20/EG sollen die Verwaltungsvorschriften für klinische Prüfungen in der Union vereinfacht und harmonisiert werden. Die Erfahrung hat jedoch gezeigt, dass der harmonisierte Ansatz der Regulierung klinischer Prüfungen nur teilweise verwirklicht wurde. Dadurch gestaltet sich insbesondere die Durchführung einer klinischen Prüfung in mehreren Mitgliedstaaten schwierig. Die wissenschaftliche Entwicklung lässt jedoch vermuten, dass zukünftige klinische Prüfungen auf genauer definierte Bevölkerungsgruppen ausgerichtet sein werden, wie beispielsweise über ihre Genominformation bestimmbare Untergruppen. Um eine ausreichende Zahl Patienten in solche klinischen Prüfungen einzubeziehen, könnte es erforderlich sein, die Prüfung in zahlreichen oder gar allen Mitgliedstaaten durchzuführen. Mit den neuen Verfahren zur Genehmigung klinischer Prüfungen sollte die Beteiligung möglichst vieler Mitgliedstaaten gefördert werden. Um die Verfahren zur Einreichung eines Antragsdossiers zur Genehmigung klinischer Prüfungen zu vereinfachen, sollte daher eine mehrfache Einreichung weitgehend identischer Informationen vermieden und durch die Einreichung eines einzigen Antragsdossiers ersetzt werden, das über ein zentrales Einreichungsportal an alle betroffenen Mitgliedstaaten übermittelt wird. Da klinische Prüfungen, die in einem einzigen Mitgliedstaat durchgeführt werden, für die europäische klinische Forschung gleichermaßen bedeutsam sind, sollte das Antragsdossier für solche klinische Prüfungen ebenfalls über dieses zentrale Portal übermittelt werden.

(5) Die Erfahrungen mit der Richtlinie 2001/20/EG zeigen auch, dass die Rechtsform der Verordnung Vorteile für Sponsoren und Prüfer bieten würde, beispielsweise im Zusammenhang mit klinischen Prüfungen, die in mehr als einem Mitgliedstaat stattfinden, da sie sich unmittelbar auf ihre Bestimmungen stützen können, aber auch im Zusammenhang mit der Sicherheitsberichterstattung und der Etikettierung von Prüfpräparaten. Abweichende Ansätze unter den verschiedenen Mitgliedstaaten werden so weitgehend vermieden.

(6) Die betroffenen Mitgliedstaaten sollten bei der Bewertung eines Antrags auf Genehmigung einer klinischen Prüfung zusammenarbeiten. Diese Zusammenarbeit sollte sich aber nicht auf Aspekte erstrecken, die ihrem Wesen nach nationaler Natur sind, wie die Einwilligung nach Aufklärung.

(7) Damit sich der Beginn einer klinischen Prüfung nicht aus verwaltungstechnischen Gründen verzögert, sollte das Verfahren flexibel und effizient sein, ohne die Patientensicherheit oder die öffentliche Gesundheit zu beeinträchtigen.

(8) Die Fristen für die Bewertung eines Antragsdossiers sollten ausreichen, um das Dossier zu prüfen, zugleich aber einen raschen Zugang zu neuen, innovativen Behandlungen sicherstellen und so gestaltet sein, dass die Union ein für die Durchführung klinischer Prüfungen attraktiver Standort bleibt. In diesem Zusammenhang war mit der Richtlinie 2001/20/EG das Konzept der stillschweigenden Genehmigung eingeführt worden. Dieses Konzept sollte beibehalten werden, um die Einhaltung der Zeitvorgaben sicherzustellen. Im Fall einer Kri-

sensituation im Bereich der öffentlichen Gesundheit sollten die Mitgliedstaaten die Möglichkeit haben, einen Antrag auf Genehmigung einer klinischen Prüfung schnell zu bewerten und zu genehmigen. Daher sollte kein Mindestzeitraum für die Genehmigung festgelegt werden.

(9) Klinische Prüfungen zur Entwicklung von Arzneimitteln für seltene Leiden im Sinne der Verordnung (EG) Nr. 141/2000 des Europäischen Parlaments und des Rates[4]) und von Arzneimitteln für Prüfungsteilnehmer, die an schweren, zu Invalidität führenden und oft lebensbedrohlichen Krankheiten leiden, von denen nicht mehr als eine Person unter 50 000 in der Union betroffen ist (äußerst seltene Krankheiten), sollte gefördert werden.

(10) Die Mitgliedstaaten sollten innerhalb der festgesetzten Fristen alle Anträge auf klinische Prüfungen effizient bewerten. Eine rasche, aber gründliche Bewertung ist bei klinischen Prüfungen besonders wichtig, die Krankheiten betreffen, die zu schwerer Invalidität führen und/oder lebensbedrohlich sind und für die die therapeutischen Möglichkeiten begrenzt oder nicht vorhanden sind, wie im Falle seltener und äußerst seltener Krankheiten.

(11) Bei klinischen Prüfungen geht das Risiko für die Sicherheit der Prüfungsteilnehmer hauptsächlich von zwei Quellen aus: dem Prüfpräparat und der Intervention. Bei vielen klinischen Prüfungen besteht jedoch im Vergleich zur normalen klinischen Praxis nur ein minimales zusätzliches Risiko für die Sicherheit der Prüfungsteilnehmer. Dies ist insbesondere dann der Fall, wenn das Prüfpräparat bereits über eine Zulassung verfügt, seine Qualität, Sicherheit und Wirksamkeit also bereits im Rahmen des Zulassungsverfahrens bewertet wurden, oder, wenn das Prüfpräparat nicht gemäß den Bedingungen der Zulassung verwendet wird, seine Anwendung evidenzbasiert und durch veröffentlichte wissenschaftliche Erkenntnisse über die Sicherheit und Wirksamkeit des Prüfpräparats untermauert ist, und wenn die Intervention im Vergleich zur normalen klinischen Praxis nur ein sehr begrenztes zusätzliches Risiko für die Sicherheit der Prüfungsteilnehmer darstellt. Diese „minimalinterventionellen klinischen Prüfungen“ sind oft von grundlegender Bedeutung für die Bewertung von Standardbehandlungen und -diagnosen, und dienen der Optimierung der Arzneimittelanwendung und tragen so zu einem hohen Gesundheitsschutzniveau bei. Solche klinischen Prüfungen sollten weniger strengen Regeln hinsichtlich der Überwachung, der Anforderungen an den Inhalt des Master Files und die Rückverfolgbarkeit des Prüfpräparats unterliegen. Zur Gewährleistung der Sicherheit der Prüfungsteilnehmer sollten sie allerdings dem gleichen Antragsverfahren wie andere klinische Prüfungen unterliegen. Die veröffentlichten wissenschaftlichen Erkenntnisse, die die Sicherheit und Wirksamkeit eines Prüfpräparats untermauern, das nicht gemäß den Bedingungen der Zulassung angewendet wird, könnten hochwertige Daten, die in Artikeln in wissenschaftlichen Zeitschriften veröffentlicht sind, sowie nationale, regionale oder institutionelle Behandlungspläne, Bewertungsberichte zu Gesundheitstechnologien oder sonstige geeignete Nachweise umfassen.

(12) Durch die am 10. Dezember 2012 vom Rat der Organisation für wirtschaftliche Zusammenarbeit und Entwicklung (OECD) verabschiedete Empfehlung zur Regelung klini-

[4]) Verordnung (EG) Nr. 141/2000 des Europäischen Parlaments und des Rates vom 16. Dezember 1999 über Arzneimittel für seltene Leiden (ABl. L 18 vom 22.1.2000, S. 1).

scher Prüfungen („Recommendation on the Governance of Clinical Trials“) wurden verschiedene Risikokategorien für klinische Prüfungen eingeführt. Diese Kategorien sind mit den in dieser Verordnung definierten Kategorien für klinische Prüfungen vereinbar, denn die OECD-Kategorien A und B(1) entsprechen der Definition für minimalinterventionelle klinische Prüfungen gemäß dieser Verordnung, und die OECD-Kategorien B(2) und C entsprechen der Definition für klinische Prüfungen nach dieser Verordnung.

(13) In die Bewertung eines Antrags auf Genehmigung einer klinischen Prüfung sollten insbesondere der erwartete therapeutische Nutzen und der Nutzen für die öffentliche Gesundheit („Relevanz“) sowie das Risiko und die Unannehmlichkeiten für die Prüfungsteilnehmer einbezogen werden. Bei der Bewertung der Relevanz sollten verschiedene Faktoren berücksichtigt werden, z. B. ob die klinische Prüfung von den für die Bewertung von Arzneimitteln und die Zulassung ihres Inverkehrbringens zuständigen Regulierungsbehörden empfohlen oder angeordnet wurde und ob die Surrogat-Endpunkte – sofern sie verwendet werden – gerechtfertigt sind.

(14) Die an einer klinischen Prüfung teilnehmenden Prüfungsteilnehmer sollten repräsentativ für die Bevölkerungsgruppen, z. B. die Geschlechter- und Altersgruppen, sein, die voraussichtlich das in der klinischen Prüfung untersuchte Arzneimittel anwenden werden, sofern nicht der Prüfplan eine begründete andere Regelung enthält.

(15) Um die Behandlungsmöglichkeiten für schutzbedürftige Personengruppen, wie gebrechliche oder ältere Menschen, Menschen, die an mehreren chronischen Krankheiten leiden, und psychisch Kranke, zu verbessern, sollten Arzneimittel, die voraussichtlich von erheblicher klinischer Bedeutung sind, eingehend und angemessen auf ihre Wirkung bei diesen spezifischen Bevölkerungsgruppen geprüft werden, auch hinsichtlich der Anforderungen, die sie angesichts der Besonderheiten dieser Bevölkerungsgruppen und zum Schutz von Gesundheit und Wohl der zu diesen Gruppen gehörenden Prüfungsteilnehmern erfüllen müssen.

(16) Damit der Sponsor auf Fragen oder Anmerkungen eingehen kann, die während der Bewertung des Antragsdossiers aufkommen, sollte im Genehmigungsverfahren die Möglichkeit einer Verlängerung der Fristen für die Bewertung vorgesehen werden. Außerdem sollte gewährleistet sein, dass innerhalb der verlängerten Fristen immer ausreichend Zeit für die Bewertung der zusätzlich übermittelten Informationen verbleibt.

(17) Bei der Genehmigung der Durchführung einer klinischen Prüfung sollten alle Aspekte des Schutzes der Prüfungsteilnehmer und der Zuverlässigkeit und Belastbarkeit der Daten einbezogen werden. Diese Genehmigung sollte daher in einer einzigen Entscheidung des betroffenen Mitgliedstaats enthalten sein.

(18) Die Bestimmung der an der Bewertung des Antrags auf Durchführung einer klinischen Prüfung zu beteiligenden geeigneten Stelle(n) und die Organisation der Beteiligung von Ethik-Kommissionen innerhalb der in dieser Verordnung festgelegten Zeitpläne für die Genehmigung dieser klinischen Prüfung sollten dem betroffenen Mitgliedstaat überlassen bleiben. Diese Entscheidungen hängen von der internen Organisation des jeweiligen Mit-

gliedstaats ab. Bei der Auswahl der geeigneten Stelle(n) sollten die Mitgliedstaaten darauf achten, dass auch Laien einbezogen werden, insbesondere Patienten oder Patientenorganisationen. Sie sollten auch sicherstellen, dass das erforderliche Fachwissen vorhanden ist. Im Einklang mit den internationalen Leitlinien sollte die Bewertung von einer angemessenen Anzahl von Personen gemeinsam vorgenommen werden, die insgesamt über die erforderlichen Qualifikationen und Erfahrungen verfügen. Die die Bewertung vornehmenden Personen sollten unabhängig vom Sponsor, der Prüfstelle und den beteiligten Prüfern sowie frei von jeder anderen unzulässigen Beeinflussung sein.

(19) Die Bewertung von Anträgen auf Genehmigung klinischer Prüfungen sollte auf der Grundlage des Fachwissens geeigneter Experten erfolgen. Die Beiziehung spezifischer Experten sollte in Erwägung gezogen werden, wenn klinische Prüfungen bewertet werden, an denen Prüfungsteilnehmer in Notfallsituationen, Minderjährige, nicht einwilligungsfähige Prüfungsteilnehmer, schwangere und stillende Frauen sowie gegebenenfalls andere identifizierte spezifische Bevölkerungsgruppen, wie ältere Menschen oder Menschen, die an seltenen oder äußerst seltenen Krankheiten leiden, beteiligt sind.

(20) In der Praxis verfügen Sponsoren nicht immer über sämtliche Informationen, die sie zur Übermittlung eines vollständigen Antrags auf Genehmigung einer klinischen Prüfung in sämtlichen Mitgliedstaaten, in denen die klinische Prüfung letztendlich durchgeführt wird, benötigen. Sie sollten die Möglichkeit haben, einen Antrag zu übermitteln, der nur auf den Unterlagen basiert, die von den Mitgliedstaaten, in denen die klinische Prüfung möglicherweise stattfinden soll, gemeinsam bewertet wurden.

(21) Der Sponsor sollte seinen Antrag auf Genehmigung einer klinischen Prüfung zurückziehen dürfen. Um ein reibungsloses Funktionieren des Bewertungsverfahrens zu gewährleisten, sollte ein Antrag auf Genehmigung einer klinischen Prüfung jedoch nur für die gesamte klinische Prüfung, zurückgezogen werden dürfen. Der Sponsor sollte die Möglichkeit haben, nach Rücknahme eines Antrags einen neuen Antrag auf Genehmigung einer klinischen Prüfung zu übermitteln.

(22) In der Praxis kann Sponsoren aufgrund der Zielvorgaben für die Rekrutierung oder aus anderen Gründen daran gelegen sein, die klinische Prüfung nach deren Erstgenehmigung auf zusätzliche Mitgliedstaaten auszuweiten. Es sollte ein Genehmigungsmechanismus eingerichtet werden, mit dem eine solche Erweiterung möglich ist, ohne dass dadurch eine erneute Bewertung des Antrags durch alle betroffenen Mitgliedstaaten erforderlich wäre, die an der Erstgenehmigung der klinischen Prüfung beteiligt waren.

(23) Klinische Prüfungen erfahren nach Genehmigung üblicherweise noch zahlreiche Änderungen. Diese Änderungen können die Durchführung, den Aufbau, die Methodik, das Prüf- oder das Hilfspräparat, den Prüfer oder die Prüfstelle betreffen. Wenn diese Änderungen wesentliche Auswirkungen auf die Sicherheit oder Rechte der Prüfungsteilnehmer oder auf die Zuverlässigkeit und Belastbarkeit der im Rahmen der klinischen Prüfung gewonnenen Daten haben, sollten sie einem Genehmigungsverfahren nach dem Muster des Verfahrens zur Erstgenehmigung unterliegen.

(24) Der Inhalt der Antragsdossiers für die Genehmigung einer klinischen Prüfung sollte harmonisiert werden, um sicherzustellen, dass alle Mitgliedstaaten über die gleichen Informationen verfügen und das Verfahren für Anträge auf klinische Prüfungen einfacher wird.

(25) Um eine größere Transparenz im Bereich klinischer Prüfungen zu erreichen, sollten Daten aus klinischen Prüfungen nur dann zur Unterstützung eines Antrags auf Genehmigung einer klinischen Prüfung übermittelt werden, wenn diese klinische Prüfung in einer öffentlich zugänglichen und kostenlosen Datenbank registriert worden ist, die ein Primär- oder Partnerregister oder ein Datenlieferant des Registernetzwerks für klinische Prüfungen der Weltgesundheitsorganisation (WHO ICTRP) ist. Datenlieferanten des WHO ICTRP erstellen und verwalten Aufzeichnungen über klinische Prüfungen so, dass sie den Anforderungen des WHO-Registers entsprechen. Besondere Bestimmungen sollten für Daten vorgesehen werden, die aus klinischen Prüfungen stammen, die vor dem Tag der Anwendung dieser Verordnung begonnen wurden.

(26) Es sollte den Mitgliedstaaten überlassen bleiben, die Anforderungen hinsichtlich der Sprache des Antragsdossiers festzulegen. Damit die Bewertung eines Antrags auf Genehmigung einer klinischen Prüfung reibungslos funktioniert, sollten die Mitgliedstaaten in Erwägung ziehen, sich auf eine in medizinischen Kreisen allgemein verstandene Sprache zu einigen, in der diejenigen Dokumente abgefasst werden, die nicht für den Prüfungsteilnehmer bestimmt sind.

(27) Die Würde des Menschen und sein Recht auf Unversehrtheit sind in der Charta der Grundrechte der Europäischen Union (im Folgenden „Charta") aufgeführt. Insbesondere besagt die Charta, dass Interventionen im Rahmen der Medizin oder Biologie nur mit freier Einwilligung des Betroffenen nach vorheriger Aufklärung vorgenommen werden dürfen. Die Richtlinie 2001/20/EG enthält ausführliche Bestimmungen zum Schutz der Prüfungsteilnehmer. Diese Bestimmungen sollten beibehalten werden. Die Bestimmungen darüber, wer der gesetzliche Vertreter nicht einwilligungsfähiger Personen und Minderjähriger ist, sind von Mitgliedstaat zu Mitgliedstaat unterschiedlich. Es sollte daher den Mitgliedstaaten überlassen bleiben festzulegen, wer der gesetzliche Vertreter nicht einwilligungsfähiger Personen und Minderjähriger ist. Für nicht einwilligungsfähige Prüfungsteilnehmer, Minderjährige sowie schwangere Frauen und stillende Frauen sind besondere Schutzmaßnahmen erforderlich.

(28) Ein Arzt mit geeigneter Qualifikation oder gegebenenfalls ein qualifizierter Zahnarzt sollte für die gesamte medizinische Versorgung des Prüfungsteilnehmers, einschließlich der medizinischen Versorgung durch anderes medizinisches Personal, verantwortlich sein.

(29) Es ist angebracht, dass Hochschulen und andere Forschungseinrichtungen unter bestimmten Umständen, die im Einklang mit dem anwendbaren Datenschutzrecht stehen, Daten aus klinischen Prüfungen sammeln dürfen, die für künftige wissenschaftliche Forschung, z. B. für Zwecke der medizinischen, naturwissenschaftlichen oder sozialwissenschaftlichen Forschung, verwendet werden sollen. Um Daten für solche Zwecke zu sammeln, ist es not-

wendig, dass der Prüfungsteilnehmer seine Einwilligung zur Verwendung seiner Daten außerhalb des Prüfplans der klinischen Prüfung erteilt und das Recht hat, diese Einwilligung jederzeit zurückzuziehen. Außerdem ist es notwendig, dass Forschungsprojekte, die sich auf solche Daten stützen, vor ihrer Durchführung Überprüfungen unterzogen werden, die für die Forschung an Humandaten geeignet sind, z. B. zu ethischen Aspekten.

(30) Gemäß den internationalen Leitlinien sollte die Einwilligung nach Aufklärung eines Prüfungsteilnehmers schriftlich erteilt werden. Wenn der Prüfungsteilnehmer nicht in der Lage ist zu schreiben, kann die Einwilligung durch geeignete andere Mittel wie z. B. durch Ton- oder Bildaufzeichnungsgeräte aufgezeichnet werden. Vor Einholung der Einwilligung nach Aufklärung sollte der potenzielle Prüfungsteilnehmer in einem Gespräch, das in einer Sprache geführt wird, die er leicht versteht, Informationen erhalten. Der Prüfungsteilnehmer sollte die Möglichkeit haben, jederzeit Fragen zu stellen. Dem Prüfungsteilnehmer sollte ausreichend Zeit gegeben werden, um über seine Entscheidung nachzudenken. Angesichts der Tatsache, dass in einigen Mitgliedstaaten die einzige Person, die nach nationalem Recht dafür qualifiziert ist, ein Gespräch mit einem potenziellen Prüfungsteilnehmer zu führen, ein Arzt ist, wogegen in anderen Mitgliedstaaten dies durch andere entsprechend ausgebildete Personen erfolgt, ist vorzusehen, dass das vorherige Gespräch mit einem potenziellen Prüfungsteilnehmer durch ein Mitglied des Prüfungsteams geführt wird, das für diese Aufgabe nach dem nationalen Recht des Mitgliedstaats qualifiziert ist, in dem die Rekrutierung stattfindet.

(31) Um zu bescheinigen, dass die Einwilligung nach Aufklärung aus freien Stücken erteilt wurde, sollte der Prüfer alle relevanten Umstände berücksichtigen, die die Entscheidung eines potenziellen Prüfungsteilnehmers, an einer klinischen Prüfung teilzunehmen, beeinflussen könnten, insbesondere die Frage, ob der potenzielle Prüfungsteilnehmer zu einer wirtschaftlich oder sozial benachteiligten Gruppe gehört oder sich in einer Situation institutioneller oder hierarchischer Abhängigkeit befindet, was seine Entscheidung über die Teilnahme unangemessen beeinflussen könnte.

(32) Von dieser Verordnung sollte nationales Recht unberührt bleiben, das vorschreibt, dass ein Minderjähriger, der in der Lage ist, sich eine Meinung zu bilden und die ihm erteilten Informationen zu bewerten, zusätzlich zu der Einwilligung nach Aufklärung durch den gesetzlichen Vertreter selbst der Teilnahme zustimmen muss, damit er an einer klinischen Prüfung teilnehmen kann.

(33) Es sollte erlaubt werden, dass die Einwilligung nach Aufklärung für bestimmte klinische Prüfungen in vereinfachten Verfahren eingeholt wird, wenn die Methodik der Prüfung erfordert, dass Gruppen von Prüfungsteilnehmern anstelle von einzelnen Prüfungsteilnehmern eingeteilt werden, um unterschiedliche Prüfpräparate verabreicht zu bekommen. In diesen klinischen Prüfungen werden die Prüfpräparate gemäß den Zulassungen angewandt, und der einzelne Prüfungsteilnehmer erhält eine Standardbehandlung, unabhängig davon, ob er der Teilnahme an der klinischen Prüfung zustimmt, sie verweigert oder seine Teilnahme an ihr beendet, so dass die einzige Folge der Nichtteilnahme darin besteht, dass Daten über

ihn nicht für die klinische Prüfung verwendet werden. Solche klinischen Prüfungen, die zum Vergleich etablierter Therapien dienen, sollten stets in einem einzigen Mitgliedstaat durchgeführt werden.

(34) Besondere Bestimmungen sollten zum Schutz von schwangeren und stillenden Frauen, die an klinischen Prüfungen teilnehmen, festgelegt werden, insbesondere dann, wenn die klinische Prüfung mit keinem direkten Nutzen für sie oder ihren Embryo, ihren Fötus oder ihr Kind nach der Geburt verbunden ist.

(35) Personen, die einen Pflichtwehrdienst ableisten, Personen, denen die Freiheit entzogen wurde, Personen, die aufgrund einer gerichtlichen Entscheidung nicht an einer klinischen Prüfung teilnehmen können, und Personen, die wegen ihres Alters, ihrer Behinderung oder ihres Gesundheitszustands pflegebedürftig sind und aus diesem Grund in einem Pflegeheim untergebracht sind, also in Unterkünften, in denen Personen, die ständige Hilfe benötigen, solche Hilfe gewährt wird, befinden sich in einem Verhältnis der Unterordnung oder faktischen Abhängigkeit und bedürfen deshalb besonderer Schutzmaßnahmen. Die Mitgliedstaaten sollten solche zusätzlichen Maßnahmen beibehalten dürfen.

(36) Diese Verordnung sollte klare Bestimmungen zur Einwilligung nach Aufklärung in Notfällen enthalten. Dabei handelt es sich um Fälle, in denen sich ein Patient beispielsweise durch multiple Traumata, Schlaganfälle oder Herzinfarkte plötzlich in einem lebensbedrohlichen Zustand befindet, der ein unverzügliches medizinisches Eingreifen erfordert. In solchen Fällen kann eine Behandlung im Rahmen einer bereits genehmigten und in Durchführung begriffenen klinischen Prüfung zielführend sein. Jedoch ist es in bestimmten Notfallsituationen nicht möglich, vor dem Eingriff eine Einwilligung nach Aufklärung einzuholen. In dieser Verordnung sollten daher klare Regeln darüber festgelegt werden, wann ein solcher Patient in eine klinische Prüfung einbezogen werden kann; dies sollte nur unter äußerst strengen Auflagen gestattet sein. Außerdem sollte die klinische Prüfung in einem solchen Fall unmittelbar den klinischen Zustand betreffen, aufgrund dessen es dem Patienten oder seinem gesetzlichen Vertreter innerhalb des Zeitfensters für die Behandlung nicht möglich ist, eine Einwilligung nach Aufklärung zu erteilen. Früher geäußerte Einwände des Patienten sollten beachtet werden, und es sollte so schnell wie möglich eine Einwilligung nach Aufklärung des Prüfungsteilnehmers oder des gesetzlichen Vertreters eingeholt werden.

(37) Um es Patienten zu erlauben, an einer klinischen Prüfung teilzunehmen, sowie die wirksame Überwachung einer klinischen Prüfung durch den betroffenen Mitgliedstaat zu ermöglichen, sollten der Beginn der klinischen Prüfung, das Ende der Rekrutierung von Prüfungsteilnehmern für die klinische Prüfung und das Ende der klinischen Prüfung gemeldet werden. Gemäß den internationalen Standards sollten die Ergebnisse der klinischen Prüfung innerhalb eines Jahres nach Ende der klinischen Prüfung gemeldet werden.

(38) Der Tag der ersten Handlung zur Rekrutierung eines potenziellen Prüfungsteilnehmers ist der Tag, zu dem die erste Handlung gemäß der im Prüfplan beschriebenen Rekrutierungsstrategie erfolgt, z.B. der Tag der Kontaktaufnahme mit einem potenziellen Prüfungsteilneh-

mer oder der Tag, an dem die Werbung für eine bestimmte klinische Prüfung veröffentlicht wurde.

(39) Der Sponsor sollte eine Zusammenfassung der Ergebnisse der klinischen Prüfung zusammen mit einer für einen Laien verständlichen Zusammenfassung sowie gegebenenfalls den Bericht über die klinische Prüfung innerhalb der festgesetzten Fristen übermitteln. Wenn es aus wissenschaftlichen Gründen, z. B. wenn die klinische Prüfung in Drittländern noch andauert und Daten von diesem Teil der Prüfung nicht zur Verfügung stehen, weswegen eine statistische Analyse nicht aussagekräftig wäre, nicht möglich ist, die Zusammenfassung der Ergebnisse innerhalb der festgesetzten Fristen zu übermitteln, sollte der Sponsor dies im Prüfplan erläutern und angeben, wann die Ergebnisse übermittelt werden.

(40) Damit der Sponsor alle möglicherweise relevanten Sicherheitsinformationen bewerten kann, sollte der Prüfer ihm grundsätzlich sämtliche schwerwiegenden unerwünschten Ereignisse melden.

(41) Der Sponsor sollte die vom Prüfer gemeldeten Informationen bewerten und Sicherheitsinformationen zu schwerwiegenden unerwünschten Ereignissen, die mutmaßliche unerwartete schwerwiegende Nebenwirkungen darstellen, der Europäischen Arzneimittel-Agentur (im Folgenden „Agentur“) melden.

(42) Die Agentur sollte diese Informationen zur Bewertung an die Mitgliedstaaten weiterleiten.

(43) Die Mitglieder der Internationalen Konferenz zur Angleichung der technischen Anforderungen an die Zulassung von Humanarzneimitteln (International Conference on Harmonisation of Technical Requirements for Registration of Pharmaceuticals for Human Use, „ICH“) haben sich auf ausführliche Leitlinien für die gute klinische Praxis geeinigt, die mittlerweile einen international anerkannten Standard für den Aufbau und die Durchführung klinischer Prüfungen sowie für die diesbezüglichen Aufzeichnungen und die Berichterstattung darüber darstellen; sie entsprechen Grundsätzen, die ihren Ursprung in der Deklaration von Helsinki des Weltärztebundes haben. Bei der Planung und Durchführung klinischer Prüfungen und bei den diesbezüglichen Aufzeichnungen und der Berichterstattung darüber können sich detaillierte Fragen zu dem geeigneten Qualitätsstandard stellen. In einem solchen Fall sollten die ICH-Leitlinien zur guten klinischen Praxis zur Anwendung der in dieser Verordnung enthaltenen Bestimmungen angemessen berücksichtigt werden, sofern keine anderen spezifischen Leitlinien der Kommission vorliegen und die genannten Leitlinien mit dieser Verordnung vereinbar sind.

(44) Die Durchführung einer klinischen Prüfung sollte vom Sponsor angemessen überwacht werden, damit die Zuverlässigkeit und Belastbarkeit der Ergebnisse gewährleistet ist. Die Überwachung kann auch zur Sicherheit der Prüfungsteilnehmer beitragen, unter Berücksichtigung der Merkmale der klinischen Prüfung und Achtung der Grundrechte der Prüfungsteilnehmer. Bei der Festlegung des Überwachungsumfangs sollte den jeweiligen Merkmalen der klinischen Prüfung Rechnung getragen werden.

(45) Die an der Durchführung einer klinischen Prüfung mitwirkenden Personen, insbesondere Prüfer und sonstiges medizinisches Fachpersonal, sollten über ausreichende Qualifikationen verfügen, um ihre Aufgaben wahrzunehmen; eine klinische Prüfung sollte in dafür geeigneten Einrichtungen durchgeführt werden.

(46) Damit die Sicherheit der Prüfungsteilnehmer sowie die Zuverlässigkeit und Belastbarkeit der Daten aus klinischen Prüfungen gewährleistet sind, ist vorzusehen, dass Vorkehrungen für die Rückverfolgbarkeit, die Lagerung, die Rückgabe und die Vernichtung von Prüfpräparaten, je nach Art der klinischen Prüfung, getroffen werden. Aus denselben Gründen sollte es solche Vorkehrungen auch für nicht zugelassene Hilfspräparate geben.

(47) Dem Sponsor können während einer klinischen Prüfung schwere Verstöße gegen die Regeln für die Durchführung dieser klinischen Prüfung bekannt werden. Dies sollte den betroffenen Mitgliedstaaten gemeldet werden, damit sie erforderlichenfalls Maßnahmen ergreifen können.

(48) Auch andere Ereignisse außer den Meldungen von mutmaßlichen unerwarteten schwerwiegenden Nebenwirkungen können für das Nutzen-Risiko-Verhältnis relevant sein; diese sollten ebenfalls zeitnah den betroffenen Mitgliedstaaten gemeldet werden. Für die Sicherheit der Prüfungsteilnehmer ist es wichtig, dass zusätzlich zu schwerwiegenden unerwünschten Ereignissen und Nebenwirkungen alle unerwarteten Ereignisse, die die Nutzen-Risiko-Bewertung des Arzneimittels erheblich beeinflussen könnten oder die zu Änderungen der Verabreichung eines Arzneimittels oder allgemein der Art der Durchführung der klinischen Prüfung führen würden, den betroffenen Mitgliedstaaten gemeldet werden. Beispiele für solche unerwarteten Ereignisse sind unter anderem ein Anstieg der Häufigkeit des Auftretens erwarteter schwerwiegender Nebenwirkungen, die klinisch wichtig sein könnten, eine beträchtliche Gefahr für die Patientengruppe, wie etwa mangelnde Wirksamkeit eines Arzneimittels, oder eine wichtige sicherheitsrelevante Erkenntnis aus einem in jüngster Zeit abgeschlossenen Tierversuch (wie etwa Karzinogenität).

(49) Erfordern unerwartete Ereignisse eine dringende Änderung einer klinischen Prüfung, sollten der Sponsor und der Prüfer ohne vorherige Genehmigung dringend gebotene Sicherheitsmaßnahmen ergreifen dürfen. Handelt es sich bei solchen Maßnahmen um eine vorübergehende Unterbrechung der klinischen Prüfung, sollte der Sponsor eine wesentliche Änderung beantragen, bevor er die klinische Prüfung wieder aufnimmt.

(50) Um sicherzustellen, dass eine klinische Prüfung gemäß dem Prüfplan durchgeführt wird, und damit die Prüfer über die von ihnen verabreichten Prüfpräparate informiert sind, sollte der Sponsor den Prüfern eine Prüferinformation zur Verfügung stellen.

(51) Die im Rahmen der klinischen Prüfung gewonnenen Daten sollten so aufgezeichnet, gehandhabt und aufbewahrt werden, dass dadurch die Sicherheit und die Rechte der Prüfungsteilnehmer sowie die Zuverlässigkeit und Belastbarkeit der im Rahmen der klinischen Prüfung gewonnenen Daten gewahrt bleiben und eine akkurate Berichterstattung und Auswertung sowie eine wirksame Überwachung durch den Sponsor und wirksame Inspektionen durch die Mitgliedstaaten sichergestellt sind.

(52) Um die Einhaltung des Prüfplans und der vorliegenden Verordnung nachweisen zu können, sollte von Sponsor und Prüfer je eine als fortlaufende Akte zu führende Dokumentation (Master File) zu der klinischen Prüfung angelegt und geführt werden, in dem die für eine wirksame Überwachung (Überwachung durch den Sponsor und Inspektion durch die Mitgliedstaaten) relevanten Dokumente enthalten sind. Der Master File zur klinischen Prüfung sollte in geeigneter Weise archiviert werden, damit auch nach Beendigung der klinischen Prüfung eine Überwachung möglich bleibt.

(53) Sind bereits zugelassene Hilfspräparate nicht ohne weiteres verfügbar, dürfen in begründeten Fällen nicht zugelassene Hilfspräparate in einer klinischen Prüfung verwendet werden. Der Preis der bereits zugelassenen Hilfspräparate sollte nicht als Umstand angesehen werden, der die Verfügbarkeit solcher Arzneimittel beeinflusst.

(54) Arzneimittel, die für Prüfungen in Forschung und Entwicklung bestimmt sind, werden von der Richtlinie 2001/83/EG des Europäischen Parlaments und des Rates[5]) nicht erfasst. Zu diesen Arzneimitteln gehören auch Arzneimittel, die im Rahmen klinischer Prüfungen verwendet werden. Für sie sollten spezielle Bestimmungen erlassen werden, die ihren Besonderheiten Rechnung tragen. Bei der Festlegung dieser Bestimmungen sollte unterschieden werden zwischen Prüfpräparaten (das geprüfte Produkt und die entsprechenden Vergleichspräparate, einschließlich Placebos) und Hilfspräparaten (Arzneimittel, die in einer klinischen Prüfung verwendet werden, jedoch nicht als Prüfpräparate), beispielsweise Arzneimitteln, die als Hintergrundtherapie, Provokationssubstanz oder Bedarfsmedikation eingesetzt oder zur Bewertung der Endpunkte in der klinischen Prüfung verwendet werden. Nicht zu den Hilfspräparaten zählen sollten Komedikationen, also Arzneimittel ohne Bezug zur klinischen Prüfung und ohne Relevanz für den Aufbau der klinischen Prüfung.

(55) Um die Sicherheit der Prüfungsteilnehmer und die Zuverlässigkeit und Belastbarkeit der im Rahmen einer klinischen Prüfung gewonnenen Daten zu gewährleisten, und um die Verteilung der Prüf- und Hilfspräparate auf die verschiedenen Prüfstellen in der EU zu ermöglichen, sollten Bestimmungen für die Herstellung und die Einfuhr von Prüfpräparaten und Hilfspräparaten erlassen werden. Die Bestimmungen sollten, wie dies bereits in der Richtlinie 2001/20/EG der Fall war, die derzeit geltenden Vorschriften über gute Herstellungspraxis für von der Richtlinie 2001/83/EG erfasste Produkte widerspiegeln. In einigen speziellen Fällen sollte von diesen Bestimmungen abgewichen werden dürfen, um die Durchführung einer klinischen Prüfung zu erleichtern. Daher sollten die anzuwendenden Bestimmungen eine gewisse Flexibilität erlauben, sofern dadurch weder die Sicherheit der Prüfungsteilnehmer noch die Zuverlässigkeit und Belastbarkeit der im Rahmen der klinischen Prüfung gewonnenen Daten gefährdet wird.

(56) Die Anforderung, wonach zur Herstellung oder Einfuhr von Prüfpräparaten eine Genehmigung erforderlich ist, sollte nicht für die Zubereitung radioaktiver Prüfpräparate auf der Grundlage von Radionuklidgeneratoren, Kits oder Radionuklidvorstufen nach den Anweisun-

[5]) Richtlinie 2001/83/EG des Europäischen Parlaments und des Rates vom 6. November 2001 zur Schaffung eines Gemeinschaftskodexes für Humanarzneimittel (ABl. L 311 vom 28.11.2001, S. 67).

gen des Herstellers für die Verwendung in Krankenhäusern, Gesundheitszentren oder Kliniken gelten, die an derselben klinischen Prüfung in demselben Mitgliedstaat teilnehmen.

(57) Prüf- und Hilfspräparate sollten angemessen etikettiert werden, damit die Sicherheit der Prüfungsteilnehmer und die Zuverlässigkeit und Belastbarkeit der im Rahmen klinischer Prüfungen gewonnenen Daten gewährleistet sind, und damit eine Verteilung dieser Produkte an Prüfstellen in der gesamten Union möglich ist. Die Etikettierungsbestimmungen sollten den Risiken für die Sicherheit der Prüfungsteilnehmer und für die Zuverlässigkeit und Belastbarkeit der im Rahmen klinischer Prüfungen gewonnenen Daten entsprechen. Wurde ein Prüf- oder ein Hilfspräparat bereits als zugelassenes Arzneimittel gemäß der Richtlinie 2001/83/EG und der Verordnung (EG) Nr. 726/2004 des Europäischen Parlaments und des Rates[6]) in Verkehr gebracht, sollte bei klinischen Prüfungen ohne Verblindung des Etiketts grundsätzlich keine zusätzliche Etikettierung vorgeschrieben sein. Es gibt sogar spezielle Produkte, beispielsweise radioaktive Arzneimittel, die als diagnostische Prüfpräparate verwendet werden, für die die allgemeinen Etikettierungsbestimmungen aufgrund ihrer sehr stark kontrollierten Einsatzbedingungen im Rahmen klinischer Prüfungen ungeeignet sind.

(58) Damit klare Verantwortlichkeiten bestehen, wurde mit der Richtlinie 2001/20/EG im Einklang mit internationalen Leitlinien das Konzept des „Sponsors“ einer klinischen Prüfung eingeführt. Dieses Konzept sollte beibehalten werden.

(59) In der Praxis kommt es vor, dass klinische Prüfungen von losen, informellen Netzwerken von Forschern oder Forschungseinrichtungen gemeinsam durchgeführt werden. Die Netzwerke sollten als Kosponsoren einer klinischen Prüfung fungieren können. Damit das Konzept der Verantwortlichkeit für die klinische Prüfung nicht verwässert wird, wenn eine klinische Prüfung mehrere Sponsoren hat, sollten sie alle den einem Sponsor gemäß dieser Verordnung auferlegten Verpflichtungen unterliegen. Die Kosponsoren sollten die dem Sponsor obliegenden Verantwortlichkeiten jedoch vertraglich untereinander aufteilen können.

(60) Um sicherzustellen, dass die Mitgliedstaaten Durchsetzungsmaßnahmen ergreifen können und dass in geeigneten Fällen gerichtliche Schritte unternommen werden können, ist vorzusehen, dass Sponsoren, die nicht in der Union niedergelassen sind, durch einen gesetzlichen Vertreter in der Union vertreten werden. Allerdings sollte angesichts der unterschiedlichen Ansätze in den Mitgliedstaaten zur zivilrechtlichen und strafrechtlichen Haftung jedem betroffenen Mitgliedstaat für sein Hoheitsgebiet die Wahl gelassen werden, ob er einen solchen gesetzlichen Vertreter vorschreibt, sofern zumindest eine Kontaktperson in der Union niedergelassen ist.

(61) Für den Fall, dass einem Prüfungsteilnehmer im Rahmen einer klinischen Prüfung ein Schaden entsteht, für den der Prüfer oder Sponsor zivil- oder strafrechtlich haftbar ist,

[6]) Verordnung (EG) Nr. 726/2004 des Europäischen Parlaments und des Rates vom 31. März 2004 zur Festlegung von Gemeinschaftsverfahren für die Genehmigung und Überwachung von Human- und Tierarzneimitteln und zur Errichtung einer Europäischen Arzneimittel-Agentur (ABl. L 136 vom 30.4.2004, S. 1).

sollten die Bedingungen für eine Haftung in solchen Fällen, unter Einschluss von Fragen zur Kausalität und des Schadensumfangs und der Strafbemessung, weiterhin durch das nationale Recht geregelt werden.

(62) Bei klinischen Prüfungen sollte die Zahlung des Schadensersatzes, der gemäß den einschlägigen Rechtsvorschriften zugesprochen wurde, gewährleistet sein. Deshalb sollten die Mitgliedstaaten sicherstellen, dass es Verfahren für Schadensersatzleistungen für Prüfungsteilnehmer gibt, die der Art und dem Umfang des Risikos entsprechen.

(63) Die betroffenen Mitgliedstaaten sollten befugt sein, die Genehmigung für eine klinische Prüfung zu widerrufen, eine klinische Prüfung zu suspendieren oder von einem Sponsor zu verlangen, eine klinische Prüfung zu ändern.

(64) Um die Einhaltung dieser Verordnung sicherzustellen, sollten die Mitgliedstaaten in der Lage sein, Inspektionen durchzuführen, und über die hierfür notwendigen Kapazitäten verfügen.

(65) Die Kommission sollte überprüfen können, ob die Mitgliedstaaten die Einhaltung dieser Verordnung korrekt überwachen. Zudem sollte die Kommission überwachen können, ob die Rechtssysteme von Drittländern die Erfüllung der spezifischen Bestimmungen dieser Verordnung und der Richtlinie 2001/83/EG in Bezug auf klinische Prüfungen in Drittländern gewährleisten.

(66) Zur Straffung und Erleichterung des Informationsflusses zwischen Sponsoren und Mitgliedstaaten sowie zwischen den Mitgliedstaaten sollte die Agentur in Zusammenarbeit mit den Mitgliedstaaten und der Kommission eine EU-Datenbank einrichten und pflegen, auf die über ein EU-Portal zugegriffen werden kann.

(67) Damit bei den klinischen Prüfungen ein ausreichendes Maß an Transparenz besteht, sollten in dieser EU-Datenbank alle über das EU-Portal übermittelten relevanten Informationen zu klinischen Prüfungen erfasst werden. Die EU-Datenbank sollte öffentlich zugänglich sein, und die Daten sollten in einem Format präsentiert werden, das die Suche erleichtert; zusammenhängende Daten und Dokumente sollten durch die EU-Prüfungsnummer und durch Hyperlinks verknüpft werden, indem beispielsweise die Zusammenfassung, die Zusammenfassung für den Laien, der Prüfplan und der Studienabschlussbericht einer klinischen Prüfung verknüpft werden; auch sollte es Links zu Daten aus anderen klinischen Prüfungen geben, bei denen dasselbe Prüfpräparat verwendet wurde. Bevor eine klinische Prüfung begonnen wird, sollte sie in der EU-Datenbank erfasst werden. In der EU-Datenbank sollten grundsätzlich auch Beginn und Ende der Rekrutierung von Prüfungsteilnehmern veröffentlicht werden. In der EU-Datenbank sollten keine personenbezogenen Daten zu den an einer Prüfung teilnehmenden Prüfungsteilnehmern erfasst werden. Die in der EU-Datenbank enthaltenen Informationen sollten öffentlich zugänglich sein, sofern es nicht aus besonderen Gründen erforderlich ist, bestimmte Angaben nicht zu veröffentlichen, um das Recht auf Privatsphäre und das Recht auf den Schutz personenbezogener Daten einer Person, die in den Artikeln 7 und 8 der Charta verankert sind, zu wahren. Die öffentlich

verfügbaren Informationen in der EU-Datenbank sollten dazu beitragen, die öffentliche Gesundheit zu schützen, die Innovationsfähigkeit der europäischen medizinischen Forschung zu stärken und gleichzeitig den berechtigten wirtschaftlichen Interessen der Sponsoren Rechnung tragen.

(68) Für die Zwecke dieser Verordnung sollten die in einem Studienabschlussbericht enthaltenen Daten grundsätzlich nicht mehr als vertrauliche geschäftliche Informationen gelten, sobald eine Zulassung erteilt wurde, das Verfahren zur Erteilung einer Zulassung abgeschlossen ist oder der Antrag auf Zulassung zurückgezogen wurde. Zusätzlich sollten die Hauptmerkmale einer klinischen Prüfung, die Schlussfolgerung zu Teil I des Bewertungsberichts zur Genehmigung einer klinischen Prüfung und die Entscheidung über die Zulassung einer klinischen Prüfung, die wesentliche Änderung einer klinischen Prüfung und die Ergebnisse der klinischen Prüfung, einschließlich der Gründe für eine vorübergehende Unterbrechung und einen Abbruch, grundsätzlich nicht als vertraulich gelten.

(69) Innerhalb eines Mitgliedstaats können mehrere Stellen bei der Genehmigung einer klinischen Prüfung mitwirken. Um eine wirksame und effiziente Zusammenarbeit zwischen den Mitgliedstaaten zu ermöglichen, sollte jeder Mitgliedstaat eine Kontaktstelle benennen.

(70) Das in dieser Verordnung festgelegte Genehmigungsverfahren wird weitestgehend unter der Zuständigkeit der Mitgliedstaaten abgewickelt. Dennoch sollten die Kommission und die Agentur gemäß dieser Verordnung unterstützend tätig werden, damit das Verfahren reibungslos funktioniert.

(71) Für die Durchführung der sich aus dieser Verordnung ergebenden Tätigkeiten sollten die Mitgliedstaaten Gebühren erheben dürfen. Allerdings sollten es die Mitgliedstaaten vermeiden, dass in einem einzigen Mitgliedstaat mehrere Zahlungen an unterschiedliche an der Bewertung des Antrags auf Genehmigung einer klinischen Prüfung beteiligte Stellen zu leisten sind.

(72) Zur Gewährleistung einheitlicher Bedingungen für die Durchführung dieser Verordnung sollten der Kommission Durchführungsbefugnisse zur Aufstellung und Änderung der Regeln zur Zusammenarbeit zwischen den Mitgliedstaaten bei der Bewertung der von dem Sponsor über die EudraVigilance-Datenbank vorgelegten Informationen und zur Festlegung der Einzelheiten für das Inspektionsverfahren übertragen werden. Diese Befugnisse sollten im Einklang mit der Verordnung (EU) Nr. 182/2011 des Europäischen Parlaments und des Rates[7]) ausgeübt werden.

(73) Zur Ergänzung oder Änderung bestimmter nicht wesentlicher Vorschriften dieser Verordnung sollte der Kommission die Befugnis übertragen werden, gemäß Artikel 290 des Vertrags über die Arbeitsweise der Europäischen Union (AEUV) delegierte Rechtsakte zu

[7]) Verordnung (EU) Nr. 182/2011 des Europäischen Parlaments und des Rates vom 16. Februar 2011 zur Festlegung der allgemeinen Regeln und Grundsätze, nach denen die Mitgliedstaaten die Wahrnehmung der Durchführungsbefugnisse durch die Kommission kontrollieren (ABl. L 55 vom 28.2.2011, S. 13).

Folgendem zu erlassen: zur Änderung der Anhänge I, II, IV und V der vorliegenden Verordnung zur Anpassung an den technischen Fortschritt oder um der Entwicklung der internationalen Regulierungsvorschriften im Bereich klinischer Prüfungen, an denen die Union oder die Mitgliedstaaten beteiligt sind, Rechnung zu tragen; zur Änderung des Anhangs III zur Verbesserung der Informationen über die Sicherheit von Arzneimitteln, zur Anpassung der technischen Anforderungen an den technischen Fortschritt und zur Berücksichtigung der Entwicklung der internationalen Regulierungsvorschriften im Bereich Sicherheitsanforderungen für klinische Prüfungen, die von Gremien gebilligt wurden, in denen die Union oder die Mitgliedstaaten beteiligt sind; zur Festlegung der Grundsätze und Leitlinien für die gute Herstellungspraxis und die Einzelheiten der Inspektion zur Gewährleistung der Qualität der Prüfpräparate; zur Änderung des Anhangs VI zur Gewährleistung der Sicherheit der Prüfungsteilnehmer und der Zuverlässigkeit und Belastbarkeit der im Rahmen einer klinischen Prüfung gewonnenen Daten oder zur Anpassung an den technischen Fortschritt. Es ist von besonderer Bedeutung, dass die Kommission im Zuge ihrer Vorbereitungsarbeit angemessene Konsultationen, auch auf Ebene von Sachverständigen, durchführt. Bei der Vorbereitung und Ausarbeitung delegierter Rechtsakte sollte die Kommission gewährleisten, dass die einschlägigen Dokumente dem Europäischen Parlament und dem Rat gleichzeitig, rechtzeitig und auf angemessene Weise übermittelt werden.

(74) Gemäß der Richtlinie 2001/83/EG lässt jene Richtlinie die Anwendung nationaler Rechtsvorschriften unberührt, die den Verkauf, die Lieferung und den Gebrauch von empfängnisverhütenden oder schwangerschaftsunterbrechenden Arzneimitteln verbieten oder einschränken. Gemäß der Richtlinie 2001/83/EG werden nationale Rechtsvorschriften, die die Verwendung spezifischer Arten menschlicher oder tierischer Zellen untersagen oder beschränken, grundsätzlich nicht von der Richtlinie und den darin genannten Verordnungen berührt. Ebenso sollte diese Verordnung auch nationale Rechtsvorschriften unberührt lassen, die die Verwendung von spezifischen Arten menschlicher oder tierischer Zellen oder den Verkauf, die Lieferung und den Gebrauch von Arzneimitteln, die als empfängnisverhütende oder schwangerschaftsunterbrechende Arzneimittel verwendet werden, untersagen oder beschränken. Zudem sollte diese Verordnung nationale Rechtsvorschriften unberührt lassen, die den Verkauf, die Lieferung und den Gebrauch von Arzneimitteln, die Suchtmittel im Sinne der einschlägigen geltenden internationalen Übereinkommen, wie etwa dem Einheits-Übereinkommen der Vereinten Nationen von 1961 über Suchtstoffe, enthalten, untersagen oder beschränken. Die Mitgliedstaaten sollten der Kommission die betreffenden nationalen Rechtsvorschriften mitteilen.

(75) Gemäß der Richtlinie 2001/20/EG dürfen keine Gentherapieprüfungen durchgeführt werden, die zu einer Veränderung der genetischen Keimbahnidentität der Prüfungsteilnehmer führen. Diese Bestimmung ist beizubehalten.

(76) Für die Verarbeitung personenbezogener Daten in den Mitgliedstaaten im Rahmen dieser Verordnung, unter Überwachung der zuständigen Behörden der Mitgliedstaaten, insbesondere der von den Mitgliedstaaten benannten öffentlichen unabhängigen Behörden gilt

die Richtlinie 95/46/EG des Europäischen Parlaments und des Rates[8]); für die Verarbeitung personenbezogener Daten durch die Kommission und die Agentur unter Überwachung des Europäischen Datenschutzbeauftragten im Rahmen dieser Verordnung gilt die Verordnung (EG) Nr. 45/2001 des Europäischen Parlaments und des Rates[9]). Durch diese Instrumente werden die Rechte auf Schutz personenbezogener Daten gestärkt, wozu das Recht auf Zugang, Berichtigung und Löschung gehört. Außerdem werden die Fälle festgelegt, in denen Beschränkungen dieser Rechte auferlegt werden können. Um diese Rechte zu achten und gleichzeitig die Belastbarkeit und Zuverlässigkeit von Daten aus klinischen Prüfungen, die zu wissenschaftlichen Zwecken benutzt werden, und die Sicherheit von an klinischen Prüfungen teilnehmenden Prüfungsteilnehmern zu schützen, ist es angemessen vorzusehen, dass unbeschadet der Richtlinie 95/46/EG der Widerruf einer Einwilligung nach Aufklärung keine Auswirkungen auf die Ergebnisse bereits durchgeführter Tätigkeiten haben sollte, wie etwa die Speicherung und Verwendung von Daten, die auf der Grundlage der Einwilligung nach Aufklärung vor deren Widerruf gewonnen wurden.

(77) Prüfungsteilnehmer sollten nicht für Prüfpräparate, Hilfspräparate, Medizinprodukte, die für ihre Verabreichung benutzt werden, und Verfahren, die nach dem Prüfplan spezifisch erforderlich sind, zahlen müssen, es sei denn, im Recht des betroffenen Mitgliedstaats ist etwas anderes vorgesehen.

(78) Das in dieser Verordnung vorgeschriebene Genehmigungsverfahren sollte so bald wie möglich zur Anwendung kommen, damit Sponsoren die Vorteile des gestrafften Genehmigungsverfahrens nutzen können. Jedoch sollte angesichts der Bedeutung der für das Genehmigungsverfahren erforderlichen umfangreichen IT-Funktionen vorgesehen werden, dass diese Verordnung erst anwendbar wird, nachdem überprüft wurde, dass das EU-Portal und die EU-Datenbank uneingeschränkt funktionsfähig sind.

(79) Die Richtlinie 2001/20/EG sollte aufgehoben werden, so dass für die Durchführung klinischer Prüfungen in der Union nur ein einziges Regelwerk gilt. Um den Übergang zu den in dieser Verordnung vorgesehenen Bestimmungen zu erleichtern, sollten es Sponsoren während einer Übergangsfrist noch gestattet sein, klinische Prüfungen gemäß der Richtlinie 2001/20/EG zu beginnen und durchzuführen.

(80) Diese Verordnung entspricht den wichtigsten internationalen Leitfäden zu klinischen Prüfungen, wie der Fassung 2008 der Deklaration von Helsinki des Weltärztebundes, und der guten klinischen Praxis, die in der Deklaration von Helsinki ihren Ursprung hat.

(81) Die Erfahrungen mit der Richtlinie 2001/20/EG haben auch gezeigt, dass ein großer Anteil der klinischen Prüfungen von nichtkommerziellen Sponsoren durchgeführt wird.

[8]) Richtlinie 95/46/EG des Europäischen Parlaments und des Rates vom 24. Oktober 1995 zum Schutz natürlicher Personen bei der Verarbeitung personenbezogener Daten und zum freien Datenverkehr (ABl. L 281 vom 23.11.1995, S. 31).

[9]) Verordnung (EG) Nr. 45/2001 des Europäischen Parlaments und des Rates vom 18. Dezember 2000 zum Schutz natürlicher Personen bei der Verarbeitung personenbezogener Daten durch die Organe und Einrichtungen der Gemeinschaft und zum freien Datenverkehr (ABl. L 8 vom 12.1.2001, S. 1).

Nichtkommerzielle Sponsoren sind häufig auf Finanzmittel angewiesen, die teilweise oder gänzlich aus öffentlichen Mitteln oder von Wohltätigkeitsorganisationen stammen. Um den wertvollen Beitrag dieser nichtkommerziellen Sponsoren optimal zu nutzen und sie zu weiterer Forschung zu animieren, sollten die Mitgliedstaaten Maßnahmen zur Förderung von klinischen Prüfungen ergreifen, die von solchen Sponsoren durchgeführt werden; Zugeständnisse bei der Qualität der klinischen Prüfungen sollte es aber nicht geben.

(82) Diese Verordnung beruht auf einer doppelten Rechtsgrundlage, nämlich auf Artikel 114 und Artikel 168 Absatz 4 Buchstabe c AEUV. Sie bezweckt die Vollendung des Binnenmarkts in Bezug auf klinische Prüfungen und Humanarzneimittel auf einem hohen Gesundheitsschutzniveau. Außerdem sind darin hohe Standards für die Qualität und Sicherheit von Arzneimitteln festgelegt, um allgemeinen Sicherheitsbedenken hinsichtlich dieser Produkte zu begegnen. Diese beiden Ziele werden parallel verfolgt. Sie sind untrennbar miteinander verbunden und keines steht dem anderen an Wichtigkeit nach. Gestützt auf Artikel 114 AEUV wird mit dieser Verordnung eine Harmonisierung der Rechtsvorschriften für die Durchführung klinischer Prüfungen in der Union vorgenommen, wodurch erreicht wird, dass der Binnenmarkt in Bezug auf die Durchführung klinischer Prüfungen in mehreren Mitgliedstaaten, die Anerkennung von im Rahmen klinischer Prüfungen gewonnenen und im Antrag auf Genehmigung einer anderen klinischen Prüfung oder auf Zulassung eines Arzneimittels verwendeten Daten und den freien Verkehr von im Rahmen klinischer Prüfungen verwendeten Arzneimitteln funktioniert. Im Sinne von Artikel 168 Absatz 4 Buchstabe c AEUV werden mit dieser Verordnung dadurch, dass dafür gesorgt ist, dass die aus klinischen Prüfungen gewonnenen Daten zuverlässig und belastbar sind, hohe Standards für Qualität und Sicherheit von Arzneimitteln festgelegt, die wiederum gewährleisten, dass Behandlungen und Arzneimittel, die eine bessere Behandlung der Patienten bewirken sollen, auf zuverlässigen und belastbaren Daten beruhen. Zudem sind in dieser Verordnung hohe Standards für Qualität und Sicherheit der im Rahmen klinischer Prüfungen verwendeten Arzneimittel festgelegt, wodurch die Sicherheit der an einer klinischen Prüfung teilnehmenden Prüfungsteilnehmer sichergestellt wird.

(83) Diese Verordnung steht im Einklang mit den Grundrechten und Grundsätzen, die insbesondere mit der Charta anerkannt wurden; einschlägig sind in diesem Zusammenhang vor allem die Achtung der Würde des Menschen und seines Rechts auf Unversehrtheit, die Rechte des Kindes, die Achtung des Privat- und Familienlebens, des Schutzes personenbezogener Daten und die Freiheit der Kunst und der Wissenschaft. Diese Verordnung sollte von den Mitgliedstaaten im Einklang mit den genannten Rechten und Grundsätzen angewandt werden.

(84) Der Europäische Datenschutzbeauftragte hat eine Stellungnahme[10]) nach Artikel 28 Absatz 2 der Verordnung (EG) Nr. 45/2001 abgegeben.

(85) Da die Ziele dieser Verordnung, nämlich die Gewährleistung der Zuverlässigkeit und Belastbarkeit der Daten aus klinischen Prüfungen bei gleichzeitiger Achtung der Rechte, der

[10]) ABl. C 253 vom 3.9 2013, S. 10.

Sicherheit, der Würde und des Wohls der Prüfungsteilnehmer in der gesamten Union, von den Mitgliedstaaten nicht ausreichend verwirklicht werden können, sondern vielmehr wegen ihres Umfangs auf Unionsebene besser zu verwirklichen sind, kann die Union in Einklang mit dem in Artikel 5 des Vertrags über die Europäische Union verankerten Subsidiaritätsprinzip tätig werden. Entsprechend dem in demselben Artikel genannten Grundsatz der Verhältnismäßigkeit geht diese Verordnung nicht über das für die Verwirklichung dieser Ziele erforderliche Maß hinaus,

haben folgende Verordnung erlassen:

Inhaltsübersicht*)

*) Die Inhaltsübersicht ist nicht Teil des amtlichen Textes.

Kapitel I
Allgemeine Bestimmungen

Artikel 1
Geltungsbereich

Diese Verordnung gilt für alle in der Union durchgeführten klinischen Prüfungen.

Sie gilt nicht für nichtinterventionelle Studien.

Artikel 2
Begriffsbestimmungen

(1) Für die Zwecke dieser Verordnung gelten für die Begriffe „Arzneimittel", „radioaktives Arzneimittel", „Nebenwirkung", „schwerwiegende Nebenwirkung", „Primärverpackung" und „äußere Umhüllung" die in Artikel 1 Nummern 2, 6, 11, 12, 23 bzw. 24 der Richtlinie 2001/83/EG genannten Definitionen.

(2) Ferner bezeichnet im Sinne der vorliegenden Verordnung der Begriff

1. „klinische Studie" jede am Menschen durchgeführte Untersuchung, die dazu bestimmt ist,

   a) die klinischen, pharmakologischen oder sonstigen pharmakodynamischen Wirkungen eines oder mehrerer Arzneimittel zu erforschen oder zu bestätigen,

   b) jegliche Nebenwirkungen eines oder mehrerer Arzneimittel festzustellen oder

   c) die Absorption, die Verteilung, den Stoffwechsel oder die Ausscheidung eines oder mehrerer Arzneimittel zu untersuchen,

   mit dem Ziel, die Sicherheit und/oder Wirksamkeit dieser Arzneimittel festzustellen;

2. „klinische Prüfung" eine klinische Studie, die mindestens eine der folgenden Bedingungen erfüllt:

   a) Der Prüfungsteilnehmer wird vorab einer bestimmten Behandlungsstrategie zugewiesen, die nicht der normalen klinischen Praxis des betroffenen Mitgliedstaats entspricht;

b) die Entscheidung, die Prüfpräparate zu verschreiben, wird zusammen mit der Entscheidung getroffen, den Prüfungsteilnehmer in die klinische Studie aufzunehmen, oder

c) an den Prüfungsteilnehmern werden diagnostische oder Überwachungsverfahren angewendet, die über die normale klinische Praxis hinausgehen;

3. „minimalinterventionelle klinische Prüfung" eine klinische Prüfung, die alle folgende Bedingungen erfüllt:

   a) Die Prüfpräparate – außer Placebos – sind zugelassen;

   b) dem Prüfplan der klinischen Prüfung zufolge

      i) werden die Prüfpräparate gemäß den Bedingungen der Zulassung verwendet oder

      ii) stellt die Verwendung der Prüfpräparate in einem der betroffenen Mitgliedstaaten eine evidenzbasierte Verwendung dar, die durch veröffentlichte wissenschaftliche Erkenntnisse über Sicherheit und Wirksamkeit dieser Prüfpräparate untermauert ist, und

   c) die zusätzlichen diagnostischen oder Überwachungsverfahren stellen im Vergleich zur normalen klinischen Praxis in dem betroffenen Mitgliedstaat nur ein minimales zusätzliches Risiko bzw. eine minimale zusätzliche Belastung für die Sicherheit der Prüfungsteilnehmer dar;

4. „nichtinterventionelle Studie" eine klinische Studie, die keine klinische Prüfung ist;

5. „Prüfpräparat" ein Arzneimittel, das in einer klinischen Prüfung getestet oder als Vergleichspräparat, auch als Placebo, verwendet wird;

6. „normale klinische Praxis" das Behandlungsregime, dem üblicherweise zur Behandlung, Verhütung oder Diagnose einer Krankheit oder Gesundheitsstörung gefolgt wird;

7. „Prüfpräparat für neuartige Therapien" ein Prüfpräparat, das ein Arzneimittel für neuartige Therapien im Sinne des Artikels 2 Nummer 1 Buchstabe a der Verordnung (EG) Nr. 1394/2007 des Europäischen Parlaments und des Rates[11]) ist;

[11]) Verordnung (EG) Nr. 1394/2007 des Europäischen Parlaments und des Rates vom 13. November 2007 über Arzneimittel für neuartige Therapien und zur Änderung der Richtlinie 2001/83/EG und der Verordnung (EG) Nr. 726/2004 (ABl. L 324 vom 10.12.2007, S. 121).

8. „Hilfspräparat" ein für die Bedürfnisse einer klinischen Prüfung entsprechend der Beschreibung im Prüfplan eingesetztes Arzneimittel, das jedoch nicht als Prüfpräparat verwendet wird;

9. „zugelassenes Prüfpräparat" ein gemäß der Verordnung (EG) Nr. 726/2004 oder in einem der betroffenen Mitgliedstaaten gemäß der Richtlinie 2001/83/EG zugelassenes Arzneimittel, das als Prüfpräparat verwendet wird, ungeachtet etwaiger Änderungen der Etikettierung;

10. „zugelassenes Hilfspräparat" ein gemäß der Verordnung (EG) Nr. 726/2004 oder in einem der betroffenen Mitgliedstaaten gemäß der Richtlinie 2001/83/EG zugelassenes Arzneimittel, das als Hilfspräparat verwendet wird, ungeachtet etwaiger Änderungen der Etikettierung;

11. „Ethik-Kommission" ein in einem Mitgliedstaat eingerichtetes unabhängiges Gremium, das gemäß dem Recht dieses Mitgliedstaats eingesetzt wurde und dem die Befugnis übertragen wurde, Stellungnahmen für die Zwecke dieser Verordnung unter Berücksichtigung der Standpunkte von Laien, insbesondere Patienten oder Patientenorganisationen, abzugeben;

12. „betroffener Mitgliedstaat" den Mitgliedstaat, in dem ein Antrag auf Genehmigung einer klinischen Prüfung oder einer wesentlichen Änderung derselben jeweils gemäß den Kapiteln II oder III dieser Verordnung übermittelt wurde;

13. „wesentliche Änderung" jede Änderung irgendeines Aspekts der klinischen Prüfung, die nach Mitteilung einer in den Artikeln 8, 14, 19, 20 oder 23 genannten Entscheidung vorgenommen wird und die vermutlich wesentliche Auswirkungen auf die Sicherheit oder die Rechte der Prüfungsteilnehmer oder auf die Zuverlässigkeit und Belastbarkeit der im Rahmen der klinischen Prüfung gewonnenen Daten nach sich ziehen wird;

14. „Sponsor" eine Person, ein Unternehmen, eine Einrichtung oder eine Organisation, die bzw. das die Verantwortung für die Einleitung, das Management und die Aufstellung der Finanzierung einer klinischen Prüfung übernimmt;

15. „Prüfer" eine für die Durchführung einer klinischen Prüfung an einer Prüfstelle verantwortliche Person;

16. „Hauptprüfer" einen Prüfer, bei dem es sich um den verantwortlichen Leiter eines Prüferteams handelt, das die klinische Prüfung an einer Prüfstelle durchführt;

17. „Prüfungsteilnehmer“ eine Person, die entweder als Empfänger des Prüfpräparats oder als Mitglied einer Kontrollgruppe an einer klinischen Prüfung teilnimmt;

18. „Minderjähriger“ eine Person, die gemäß dem Recht des betroffenen Mitgliedstaats noch nicht alt genug ist, um eine Einwilligung nach Aufklärung zu erteilen;

19. „nicht einwilligungsfähige Person“ eine Person, die aus anderen als aus Altersgründen gemäß dem Recht des betroffenen Mitgliedstaats nicht in der Lage ist, eine Einwilligung nach Aufklärung zu erteilen;

20. „gesetzlicher Vertreter“ eine natürliche oder juristische Person, eine Behörde oder eine Stelle, die gemäß dem Recht des betroffenen Mitgliedstaats berechtigt ist, im Namen einer nicht einwilligungsfähigen Person oder eines Minderjährigen die Einwilligung nach Aufklärung zu erteilen;

21. „Einwilligung nach Aufklärung“ eine aus freien Stücken erfolgende, freiwillige Erklärung der Bereitschaft, an einer bestimmten klinischen Prüfung teilzunehmen, durch einen Prüfungsteilnehmer, nachdem dieser über alle Aspekte der klinischen Prüfung, die für die Entscheidungsfindung bezüglich der Teilnahme relevant sind, aufgeklärt wurde, oder im Falle von Minderjährigen und nicht einwilligungsfähigen Personen eine Genehmigung oder Zustimmung ihres gesetzlichen Vertreters, sie in die klinische Prüfung aufzunehmen;

22. „Prüfplan“ ein Dokument, in dem Zielsetzung, Aufbau, Methodik, statistische Überlegungen und Organisation einer klinischen Prüfung beschrieben sind. Der Begriff „Prüfplan“ umfasst auch nachfolgende Änderungen des Prüfplans und Prüfplanänderungen;

23. „Prüferinformation“ eine Zusammenstellung der für die Untersuchung des Prüfpräparats/der Prüfpräparate am Menschen relevanten klinischen und nichtklinischen Daten über die betreffenden Präparate;

24. „Herstellung“ die vollständige oder teilweise Herstellung sowie die verschiedenen bei Abfüllung, Abpacken und Etikettierung (einschließlich Verblindung) eingesetzten Verfahren;

25. „Beginn einer klinischen Prüfung“ die erste Handlung zur Rekrutierung eines potenziellen Prüfungsteilnehmers für eine spezifische klinische Prüfung, sofern dies im Prüfplan nicht anders festgelegt ist;

26. „Ende einer klinischen Prüfung" den letzten Besuch des letzten Prüfungsteilnehmers oder einen späteren Zeitpunkt, wenn ein solcher im Prüfplan festgelegt ist;

27. „Abbruch einer klinischen Prüfung" das vorzeitige Ende einer klinischen Prüfung aus beliebigen Gründen bevor die im Prüfbericht festgelegten Bedingungen erfüllt sind;

28. „vorübergehende Unterbrechung einer klinischen Prüfung" eine nicht im Prüfplan vorgesehene Unterbrechung der Durchführung einer klinischen Prüfung durch den Sponsor, der die Prüfung jedoch wiederaufzunehmen beabsichtigt;

29. „Suspendierung einer klinischen Prüfung" die Unterbrechung der Durchführung einer klinischen Prüfung durch einen Mitgliedstaat;

30. „gute klinische Praxis" einen Katalog detaillierter ethischer und wissenschaftlicher Qualitätsanforderungen, die bei der Planung, Aus- und Durchführung, Überwachung, Prüfung, Aufzeichnung, Analyse klinischer Prüfungen sowie bei der Berichterstattung darüber eingehalten werden müssen, mit denen sichergestellt wird, dass die Rechte, die Sicherheit und das Wohl der Prüfungsteilnehmer geschützt werden und die im Rahmen der klinischen Prüfung gewonnenen Daten zuverlässig und belastbar sind;

31. „Inspektion" eine von einer zuständigen Behörde durchgeführte amtliche Überprüfung von Unterlagen, Einrichtungen, Aufzeichnungen, Qualitätssicherungssystemen und allen sonstigen Ressourcen, die nach Ansicht der zuständigen Behörde im Zusammenhang mit der klinischen Prüfung stehen und die sich in der Prüfstelle, in den Einrichtungen des Sponsors und/oder des Auftragsforschungsinstituts oder in sonstigen Einrichtungen befinden können, die nach Ansicht der zuständigen Behörde inspiziert werden sollten;

32. „unerwünschtes Ereignis" jedes nachteilige medizinische Vorkommnis, das einem Prüfungsteilnehmer widerfährt, dem ein Arzneimittel verabreicht wird, und das nicht unbedingt in kausalem Zusammenhang mit dieser Behandlung steht;

33. „schwerwiegendes unerwünschtes Ereignis" jedes nachteilige medizinische Vorkommnis, das unabhängig von der Dosis eine stationäre Behandlung oder deren Verlängerung erforderlich macht, zu einer bleibenden oder schwerwiegenden Behinderung oder Invalidität führt, zu einer kongenitalen Anomalie oder einem Geburtsfehler führt, lebensbedrohlich ist oder zum Tod führt;

34. „unerwartete schwerwiegende Nebenwirkung“ eine schwerwiegende Nebenwirkung, deren Art, Schweregrad oder Ergebnis nicht den Referenzinformationen zur Sicherheit entspricht;

35. „Studienabschlussbericht“ einen Bericht über die klinische Prüfung in einem leicht durchsuchbaren Format, der gemäß Anhang I Teil I Modul 5 der Richtlinie 2001/83/EG erarbeitet wurde und mit einem Antrag auf Zulassung vorgelegt wird.

(3) Für die Zwecke dieser Verordnung gilt eine Person, auf die sowohl die Definition des „Minderjährigen“ als auch die der „nicht einwilligungsfähigen Person“ zutrifft, als nicht einwilligungsfähige Person.

Artikel 3
Allgemeiner Grundsatz

Eine klinische Prüfung darf nur durchgeführt werden, wenn

a) die Rechte, die Sicherheit, die Würde und das Wohl der Prüfungsteilnehmer geschützt sind und Vorrang vor allen sonstigen Interessen haben und

b) sie dafür konzipiert ist, zuverlässige und belastbare Daten zu liefern.

Kapitel II
Verfahren zur Genehmigung einer klinischen Prüfung

Artikel 4
Vorherige Genehmigung

Eine klinische Prüfung wird einer wissenschaftlichen und ethischen Überprüfung unterzogen und gemäß dieser Verordnung genehmigt.

Die ethische Überprüfung erfolgt durch eine Ethik-Kommission gemäß dem Recht des betroffenen Mitgliedstaats. Die Überprüfung durch die Ethik-Kommission kann Aspekte umfassen, die gemäß der Regelung in Artikel 6 in Teil I des Bewertungsberichts zur Genehmigung einer klinischen Prüfung bzw. gemäß der Regelung in Artikel 7 in Teil II dieses Bewertungsberichts behandelt werden, je nachdem, was für den einzelnen betroffenen Mitgliedstaat angemessen ist.

Die Mitgliedstaaten sorgen dafür, dass die Fristen und Verfahren für die Überprüfung durch die Ethik-Kommissionen mit den Fristen und Verfahren vereinbar sind, die in dieser Verordnung für die Bewertung des Antrags auf Genehmigung einer klinischen Prüfung festgelegt sind.

Artikel 5
Einreichung eines Antrags

(1) Um eine Genehmigung zu erhalten, übermittelt der Sponsor den betroffenen Mitgliedstaaten seiner Wahl über das in Artikel 80 genannte Portal (im Folgenden „EU-Portal“) ein Antragsdossier.

Der Sponsor schlägt einen der betroffenen Mitgliedstaaten als berichterstattenden Mitgliedstaat vor.

Ist ein anderer betroffener Mitgliedstaat als der zum berichterstattenden Mitgliedstaat vorgeschlagene Mitgliedstaat bereit, als berichterstattender Mitgliedstaat tätig zu werden, oder wünscht der vorgeschlagene Mitgliedstaat, diese Aufgabe nicht zu übernehmen, so wird dies über das EU-Portal allen betroffenen Mitgliedstaaten spätestens drei Tage nach Übermittlung des Antragsdossiers mitgeteilt.

Ist nur ein betroffener Mitgliedstaat bereit, als berichterstattender Mitgliedstaat tätig zu werden, oder ist an der klinischen Prüfung nur ein Mitgliedstaat beteiligt, so ist dieser Mitgliedstaat der berichterstattende Mitgliedstaat.

Gibt es keinen betroffenen Mitgliedstaat, der bereit ist, als berichterstattender Mitgliedstaat tätig zu werden, oder gibt es mehr als einen betroffenen Mitgliedstaat, der bereit ist, als berichterstattender Mitgliedstaat tätig zu werden, wird der berichterstattende Mitgliedstaat durch eine Einigung zwischen den betroffenen Mitgliedstaaten unter Berücksichtigung der in Artikel 85 Absatz 2 Buchstabe c genannten Empfehlungen ausgewählt.

Gibt es keine Einigung zwischen den betroffenen Mitgliedstaaten, übernimmt der ursprünglich vorgeschlagene Mitgliedstaat diese Aufgabe.

Der berichterstattende Mitgliedstaat teilt dem Sponsor und den anderen betroffenen Mitgliedstaaten über das EU-Portal innerhalb von sechs Tagen nach Einreichung des Antragsdossiers mit, dass er der berichterstattende Mitgliedstaat ist.

(2) Bei einem Antrag für eine minimalinterventionelle klinische Prüfung, bei der das Prüfpräparat nicht gemäß den Bedingungen der geltenden Zulassung verwendet wird, die Anwendung dieses Präparats aber evidenzbasiert und durch veröf-

fentlichte wissenschaftliche Erkenntnisse über Sicherheit und Wirksamkeit dieses Präparats untermauert ist, schlägt der Sponsor einen der betroffenen Mitgliedstaaten, in denen die Anwendung evidenzbasiert ist, als berichterstattenden Mitgliedstaat vor.

(3) Innerhalb von zehn Tagen nach Einreichung des Antragsdossiers validiert der berichterstattende Mitgliedstaat den Antrag unter Berücksichtigung der von den anderen betroffenen Mitgliedstaaten vorgebrachten Anmerkungen und teilt dem Sponsor über das EU-Portal Folgendes mit:

a) ob die beantragte klinische Prüfung in den Geltungsbereich dieser Verordnung fällt;

b) ob das Antragsdossier vollständig gemäß Anhang I ist.

Die betroffenen Mitgliedstaaten können dem berichterstattenden Mitgliedstaat innerhalb von sieben Tagen nach Einreichung des Antragsdossiers Anmerkungen mitteilen, die für die Validierung des Antrags von Belang sind.

(4) Teilt der berichterstattende Mitgliedstaat dem Sponsor nicht innerhalb der in Absatz 3 Unterabsatz 1 genannten Frist die Informationen mit, so gilt die beantragte klinische Prüfung als in den Geltungsbereich dieser Verordnung fallend und das Antragsdossier als vollständig.

(5) Stellt der berichterstattende Mitgliedstaat unter Berücksichtigung der von den anderen betroffenen Mitgliedstaaten vorgebrachten Anmerkungen fest, dass das Antragsdossier unvollständig ist oder die beantragte klinische Prüfung nicht in den Geltungsbereich dieser Verordnung fällt, teilt er dies dem Sponsor über das EU-Portal mit und setzt ihm eine Frist von höchstens zehn Tagen zur Stellungnahme zum Antrag oder zur Ergänzung des Antragsdossiers über das EU-Portal.

Innerhalb von fünf Tagen nach Eingang der Stellungnahme oder des ergänzten Antragsdossiers teilt der berichterstattende Mitgliedstaat dem Sponsor mit, ob der Antrag den Anforderungen gemäß Absatz 3 Unterabsatz 1 Buchstaben a und b entspricht oder nicht.

Erfolgt durch den berichterstattenden Mitgliedstaat nicht innerhalb der in Unterabsatz 2 genannten Frist eine Mitteilung an den Sponsor, gilt die beantragte klinische Prüfung als in den Geltungsbereich dieser Verordnung fallend und das Antragsdossier als vollständig.

Gibt der Sponsor innerhalb der in Unterabsatz 1 genannten Frist keine Stellungnahme ab oder vervollständigt er nicht das Antragsdossier innerhalb dieser Frist, gilt der Antrag in allen betroffenen Mitgliedstaaten als hinfällig.

(6) Für die Zwecke dieses Kapitels gilt der Tag, an dem der Sponsor gemäß Absatz 3 oder Absatz 5 benachrichtigt wurde, als Tag der Validierung des Antrags. Wird der Sponsor nicht benachrichtigt, gilt der letzte Tag der jeweils in Absatz 3 bzw. 5 genannten Fristen als Tag der Validierung des Antrags.

Artikel 6
Bewertungsbericht – in Teil I zu behandelnde Aspekte

(1) Der berichterstattende Mitgliedstaat bewertet den Antrag nach folgenden Aspekten:

a) ob es sich tatsächlich um eine minimalinterventionelle klinische Prüfung handelt, falls der Sponsor dies geltend gemacht hat;

b) Übereinstimmung mit Kapitel V in Bezug auf

   i) den erwarteten therapeutischen Nutzen und den Nutzen für die öffentliche Gesundheit unter Berücksichtigung aller folgenden Aspekte:

      – die Eigenschaften der Prüfpräparate und des Wissens darüber;

      – die Relevanz der klinischen Prüfung, einschließlich der Frage, ob die Gruppen der an der klinischen Prüfung teilnehmenden Prüfungsteilnehmer die zu behandelnden Bevölkerungsgruppen abbilden, oder, wenn dies nicht der Fall ist, die Erklärung und Begründung gemäß Nummer 17 Buchstabe y des Anhangs I der vorliegenden Verordnung; der aktuelle Stand der Wissenschaft; die Frage, ob die klinische Prüfung von den für die Bewertung und Zulassung von Arzneimitteln zuständigen Regulierungsbehörden empfohlen oder angeordnet wurde, sowie gegebenenfalls eine Stellungnahme des Pädiatrieausschusses zu einem pädiatrischen Prüfkonzept gemäß der Verordnung (EG) Nr. 1901/2006 des Europäischen Parlaments und des Rates[12]);

[12]) Verordnung (EG) Nr. 1901/2006 des Europäischen Parlaments und des Rates vom 12. Dezember 2006 über Kinderarzneimittel und zur Änderung der Verordnung (EWG) Nr. 1768/92, der Richtlinien 2001/20/EG und 2001/83/EG sowie der Verordnung (EG) Nr. 726/2004 (ABl. L 378 vom 27.11.2006, S. 1).

– die Zuverlässigkeit und Belastbarkeit der im Rahmen der klinischen Prüfung gewonnenen Daten unter Einbeziehung des statistischen Ansatzes, des Aufbaus der klinischen Prüfung und der Methodik (einschließlich Probenumfang, Randomisierung, Komparatoren und Endpunkte);

ii) die Risiken und Nachteile für den Prüfungsteilnehmer unter Berücksichtigung

– der Eigenschaften der Prüfpräparate und der Hilfspräparate sowie des Wissens darüber;

– der Merkmale der Intervention im Vergleich zur normalen klinischen Praxis;

– der Sicherheitsmaßnahmen, einschließlich der Vorkehrungen zur Risikominimierung, Überwachung und Sicherheitsberichterstattung und des Sicherheitsplans;

– des Risikos, das der klinische Zustand, für dessen Behandlung das Prüfpräparat getestet wird, für die Gesundheit des Prüfungsteilnehmers darstellt;

c) Erfüllung der Anforderungen an Herstellung und Einfuhr von Prüfpräparaten und Hilfspräparaten gemäß Kapitel IX;

d) Erfüllung der Etikettierungsvorschriften gemäß Kapitel X;

e) Vollständigkeit und Angemessenheit der Prüferinformation.

(2) Der berichterstattende Mitgliedstaat erstellt einen Bewertungsbericht. Die in Absatz 1 genannten Aspekte werden in Teil I des Bewertungsberichts behandelt.

(3) Der Bewertungsbericht enthält eine der folgenden Schlussfolgerungen zu den in Teil I des Bewertungsberichts behandelten Aspekten:

a) die Durchführung der klinischen Prüfung ist nach Maßgabe der Anforderungen dieser Verordnung vertretbar;

b) die Durchführung der klinischen Prüfung ist nach Maßgabe der Anforderungen dieser Verordnung vertretbar; sie ist jedoch besonderen Auflagen unterworfen, die in der Schlussfolgerung genau aufgeführt sind, oder

c) die Durchführung der klinischen Prüfung ist nach Maßgabe der Anforderungen dieser Verordnung nicht vertretbar.

(4) Der berichterstattende Mitgliedstaat übermittelt den endgültigen Teil I des Bewertungsberichts, einschließlich der Schlussfolgerung, innerhalb von 45 Tagen ab dem Tag der Validierung über das EU-Portal dem Sponsor und den übrigen betroffenen Mitgliedstaaten.

(5) Für klinische Prüfungen, an denen mehr als ein Mitgliedstaat beteiligt ist, umfasst das Bewertungsverfahren drei Phasen:

a) eine Phase der Erstbewertung durch den berichterstattenden Mitgliedstaat innerhalb von 26 Tagen ab dem Tag der Validierung;

b) eine Phase der koordinierten Überprüfung innerhalb von zwölf Tagen nach Abschluss der Phase der Erstbewertung, in die alle betroffenen Mitgliedstaaten einbezogen sind;

c) eine Phase der Konsolidierung, die vom berichterstattenden Mitgliedstaat innerhalb von sieben Tagen nach Abschluss der Phase der koordinierten Überprüfung vorgenommen wird.

Während der Phase der Erstbewertung erstellt der berichterstattende Mitgliedstaat einen Entwurf des Teils I des Bewertungsberichts und leitet ihn allen anderen betroffenen Mitgliedstaaten zu.

Während der Phase der koordinierten Überprüfung überprüfen alle betroffenen Mitgliedstaaten gemeinsam den Antrag auf der Grundlage des Entwurfs des Teils I des Bewertungsberichts und tauschen etwaige Anmerkungen aus, die für den Antrag von Belang sind.

Während der Phase der Konsolidierung berücksichtigt der berichterstattende Mitgliedstaat bei der Erstellung der endgültigen Fassung des Teils I des Bewertungsberichts gebührend die Anmerkungen der anderen betroffenen Mitgliedstaaten und dokumentiert, in welcher Weise alle diese Anmerkungen behandelt wurden. Der berichterstattende Mitgliedstaat übermittelt dem Sponsor und allen anderen betroffenen Mitgliedstaaten innerhalb der in Absatz 4 genannten Frist den endgültigen Teil I des Bewertungsberichts.

(6) Für die Zwecke dieses Kapitels gilt der Tag, an dem der endgültige Teil I des Bewertungsberichts dem Sponsor und den übrigen betroffenen Mitgliedstaaten vom berichterstattenden Mitgliedstaat übermittelt wird, als Berichtstag.

(7) Der berichterstattende Mitgliedstaat kann auch die Frist gemäß Absatz 4 für klinische Prüfungen unter Verwendung eines Prüfpräparats für neuartige Therapien oder von Arzneimitteln gemäß Ziffer 1 des Anhangs zu Verordnung (EG) Nr. 726/2004 um weitere 50 Tage verlängern, damit eine Beratung mit Sachverständigen möglich ist. In solchen Fällen gelten die Fristen gemäß den Absätzen 5 und 8 dieses Artikels entsprechend.

(8) Im Zeitraum zwischen Validierung und Berichtstag darf einzig der berichterstattende Mitgliedstaat auf der Grundlage der in Absatz 5 genannten Anmerkungen den Sponsor um zusätzliche Informationen ersuchen, wobei er die in Absatz 5 genannten Anmerkungen berücksichtigt.

Um diese zusätzlichen Informationen gemäß den Unterabsätzen 3 und 4 vom Sponsor einzuholen und zu überprüfen, kann der berichterstattende Mitgliedstaat die in Absatz 4 genannte Frist um bis zu 31 Tage verlängern.

Der Sponsor übermittelt die angeforderten zusätzlichen Informationen innerhalb einer vom berichterstattenden Mitgliedstaat gesetzten Frist, die zwölf Tage ab dem Eingang des Informationsersuchens nicht überschreiten darf.

Nach Eingang der zusätzlichen Informationen überprüfen die betroffenen Mitgliedstaaten gemeinsam mit dem berichterstattenden Mitgliedstaat alle zusätzlichen vom Sponsor übermittelten Informationen zusammen mit dem ursprünglichen Antrag und teilen einander alle Anmerkungen mit, die für den Antrag von Belang sind. Die koordinierte Überprüfung wird innerhalb von höchstens zwölf Tagen ab dem Eingang der zusätzlichen Informationen durchgeführt, und die weitere Konsolidierung wird innerhalb von höchstens sieben Tagen nach Abschluss der koordinierten Überprüfung durchgeführt. Bei der Erstellung der endgültigen Fassung des Teils I des Bewertungsberichts berücksichtigt der berichterstattende Mitgliedstaat gebührend die Anmerkungen der betroffenen Mitgliedstaaten und dokumentiert, in welcher Weise alle diese Anmerkungen behandelt wurden.

Legt der Sponsor innerhalb der vom berichterstattenden Mitgliedstaat gemäß Unterabsatz 3 gesetzten Frist keine zusätzlichen Informationen vor, gilt der Antrag in allen betroffenen Mitgliedstaaten als hinfällig.

Sowohl das Ersuchen um zusätzliche Informationen als auch die zusätzlichen Informationen werden über das EU-Portal übermittelt.

Artikel 7
Bewertungsbericht – in Teil II zu behandelnde Aspekte

(1) Jeder betroffene Mitgliedstaat bewertet den Antrag für sein Hoheitsgebiet nach folgenden Aspekten:

a) Einhaltung der Voraussetzungen für die Einwilligung nach Aufklärung gemäß Kapitel V;

b) Übereinstimmung der Vorkehrungen für Vergütung oder Aufwandsentschädigung der Prüfungsteilnehmer mit den Anforderungen des Kapitels V und der Prüfer;

c) Übereinstimmung der Vorkehrungen für die Rekrutierung von Prüfungsteilnehmern mit den Anforderungen des Kapitels V;

d) Übereinstimmung mit der Richtlinie 95/46/EG;

e) Übereinstimmung mit Artikel 49;

f) Übereinstimmung mit Artikel 50;

g) Übereinstimmung mit Artikel 76;

h) Übereinstimmung mit den Bestimmungen über die Gewinnung, Lagerung und zukünftige Nutzung der vom Prüfungsteilnehmer genommenen biologischen Proben.

Die in Unterabsatz 1 genannten Aspekte werden in Teil II des Bewertungsberichts behandelt.

(2) Jeder betroffene Mitgliedstaat nimmt innerhalb von 45 Tagen nach Validierung des Antrags seine Bewertung vor und übermittelt über das EU-Portal Teil II des Bewertungsberichts, einschließlich seiner Schlussfolgerung, dem Sponsor.

Jeder betroffene Mitgliedstaat kann in begründeten Fällen den Sponsor lediglich innerhalb der in Unterabsatz 1 genannten Frist um zusätzliche Informationen zu den in Absatz 1 aufgeführten Aspekten ersuchen.

(3) Um die in Absatz 2 Unterabsatz 2 genannten zusätzlichen Informationen gemäß den Unterabsätzen 2 und 3 vom Sponsor einzuholen und zu überprüfen, kann der betroffene Mitgliedstaat die in Absatz 2 Unterabsatz 1 genannte Frist um höchstens 31 Tage verlängern.

Der Sponsor übermittelt die angeforderten zusätzlichen Informationen innerhalb einer vom betroffenen Mitgliedstaat gesetzten Frist, die zwölf Tage ab dem Eingang des Informationsersuchens nicht überschreiten darf.

Nach Eingang der zusätzlichen Informationen stellt der betroffene Mitgliedstaat seine Bewertung innerhalb von höchstens 19 Tagen fertig.

Legt der Sponsor innerhalb der vom betroffenen Mitgliedstaat gemäß Unterabsatz 2 gesetzten Frist keine zusätzlichen Informationen vor, gilt der Antrag als hinfällig.

Sowohl das Ersuchen um zusätzliche Informationen als auch die zusätzlichen Informationen werden über das EU-Portal übermittelt.

Artikel 8
Entscheidung über die klinische Prüfung

(1) Jeder betroffene Mitgliedstaat teilt dem Sponsor über das EU-Portal mit, ob er die klinische Prüfung genehmigt, unter Auflagen genehmigt oder eine Genehmigung versagt.

Die Mitteilung erfolgt in Form einer einzigen Entscheidung innerhalb von fünf Tagen ab dem Berichtstag oder ab dem letzten Tag der Bewertung gemäß Artikel 7, wobei der spätere Zeitpunkt maßgebend ist.

Die Genehmigung einer klinischen Prüfung unter Auflagen ist nur möglich, wenn die Auflagen ihrer Art wegen zum Zeitpunkt der Genehmigung nicht erfüllt werden können.

(2) Gelangt der berichterstattende Mitgliedstaat in Bezug auf Teil I des Bewertungsberichts zu dem Schluss, dass die Durchführung der klinischen Prüfung vertretbar oder unter bestimmten Auflagen vertretbar ist, so gilt diese Schlussfolgerung als die Schlussfolgerung des betroffenen Mitgliedstaats.

Unbeschadet des Unterabsatzes 1 darf ein betroffener Mitgliedstaat die Schlussfolgerung des berichterstattenden Mitgliedstaats in Bezug auf Teil I des Bewertungsberichts ablehnen, jedoch nur aus folgenden Gründen:

a) wenn er der Auffassung ist, dass die Teilnahme an der klinischen Prüfung dazu führen würde, dass ein Prüfungsteilnehmer eine schlechtere Behandlung erhalten würde als dies gemäß normaler klinischer Praxis im betroffenen Mitgliedstaat der Fall wäre;

b) Verstoß gegen die in Artikel 90 genannten nationalen Rechtsvorschriften;

c) Bedenken hinsichtlich der Sicherheit der Prüfungsteilnehmer sowie der Zuverlässigkeit und Belastbarkeit der gemäß Artikel 6 Absatz 5 oder Absatz 8 übermittelten Daten.

Lehnt ein betroffener Mitgliedstaat die Schlussfolgerung gemäß Unterabsatz 2 ab, so übermittelt er der Kommission, sämtlichen Mitgliedstaaten und dem Sponsor über das EU-Portal seine Ablehnung zusammen mit einer detaillierten Begründung.

(3) Ist die klinische Prüfung hinsichtlich der in Teil I des Bewertungsberichts behandelten Aspekte vertretbar oder unter bestimmten Auflagen vertretbar, so enthält die Entscheidung des betroffenen Mitgliedstaats seine Schlussfolgerung zu Teil II des Bewertungsberichts.

(4) Ein betroffener Mitgliedstaat versagt die Genehmigung einer klinischen Prüfung, wenn er aus einem der in Absatz 2 Unterabsatz 2 genannten Gründe die Schlussfolgerung des berichterstattenden Mitgliedstaats in Bezug auf Teil I des Bewertungsberichts ablehnt, oder wenn er in hinreichend begründeten Fällen zu dem Schluss gelangt, dass die in Teil II des Bewertungsberichts behandelten Aspekte nicht eingehalten werden, oder wenn eine Ethik-Kommission eine ablehnende Stellungnahme abgegeben hat, die gemäß dem Recht des betroffenen Mitgliedstaats für diesen gesamten Mitgliedstaat gültig ist. Der betroffene Mitgliedstaat sieht im Hinblick auf eine solche Versagung ein Rechtsmittelverfahren vor.

(5) Gelangte der berichterstattende Mitgliedstaat in Bezug auf Teil I des Bewertungsberichts zu dem Schluss, dass die klinische Prüfung nicht vertretbar ist, gilt diese Schlussfolgerung als die Schlussfolgerung aller betroffenen Mitgliedstaaten.

(6) Teilt der betroffene Mitgliedstaat dem Sponsor seine Entscheidung nicht innerhalb der in Absatz 1 genannten einschlägigen Frist mit, gilt die Schlussfolgerung in Bezug auf Teil I des Bewertungsberichts als Entscheidung des betroffenen Mitgliedstaats über den Antrag auf Genehmigung der klinischen Prüfung.

(7) Ab dem Berichtstag dürfen die betroffenen Mitgliedstaaten keine zusätzlichen Informationen zu den in Teil I des Bewertungsberichts behandelten Aspekten vom Sponsor verlangen.

(8) Für die Zwecke dieses Kapitels gilt der Tag, an dem die in Absatz 1 genannte Entscheidung dem Sponsor übermittelt wurde, als Notifizierungstag. Wurde der Sponsor nicht gemäß Absatz 1 unterrichtet, so gilt der letzte Tag der in Absatz 1 genannten Frist als Notifizierungstag.

(9) Wenn innerhalb von zwei Jahren ab dem Notifizierungstag der Genehmigung kein Prüfungsteilnehmer in die klinische Prüfung in einem betroffenen Mitgliedstaat aufgenommen wurde, erlischt die Genehmigung in diesem betroffenen Mitgliedstaat, es sei denn, auf Antrag des Sponsors wurde gemäß dem in Kapitel III festgelegten Verfahren eine Verlängerung gewährt.

Artikel 9
Den Antrag bewertende Personen

(1) Die Mitgliedstaaten sorgen dafür, dass die Personen, die den Antrag validieren und bewerten, keine Interessenkonflikte haben, unabhängig vom Sponsor, der Prüfstelle, den beteiligten Prüfern und Personen, die die klinische Prüfung finanzieren, sowie frei von jeder anderen unzulässigen Beeinflussung sind.

Um Unabhängigkeit und Transparenz zu gewährleisten, sorgen die Mitgliedstaaten dafür, dass Personen, die den Antrag hinsichtlich der in Teil I und Teil II des Bewertungsberichts behandelten Aspekte zulassen und bewerten, keine finanziellen oder persönlichen Interessen haben, die Auswirkungen auf ihre Unparteilichkeit haben könnten. Diese Personen geben jährlich eine Erklärung über ihre finanziellen Interessen ab.

(2) Die Mitgliedstaaten sorgen dafür, dass die Bewertung von einer angemessenen Anzahl von Personen gemeinsam vorgenommen wird, die zusammengenommen über die erforderlichen Qualifikationen und Erfahrungen verfügen.

(3) An der Bewertung nimmt mindestens ein Laie teil.

Artikel 10
Besondere Berücksichtigung schutzbedürftiger Bevölkerungsgruppen

(1) Handelt es sich bei den Prüfungsteilnehmern um Minderjährige, wird bei der Bewertung eines Antrags auf Genehmigung einer klinischen Prüfung pädiatrisches Fachwissen herangezogen oder Beratung im Hinblick auf die klinischen, ethischen und psychosozialen Probleme im pädiatrischen Bereich eingeholt.

(2) Handelt es sich bei den Prüfungsteilnehmern um nicht einwilligungsfähige Personen, wird bei der Bewertung eines Antrags auf Genehmigung einer klinischen Prüfung Fachwissen zu der spezifischen Erkrankung oder der betreffenden Patientengruppe herangezogen oder Beratung im Hinblick auf die klinischen, ethischen und psychosozialen Probleme speziell im Zusammenhang mit der spezifischen Erkrankung und der betreffenden Patientengruppe eingeholt.

(3) Handelt es sich bei den Prüfungsteilnehmerinnen um schwangere oder stillende Frauen, wird bei der Bewertung des Antrags auf Genehmigung einer klinischen Prüfung das Fachwissen zum betreffenden gesundheitlichen Problem und zu der durch die betreffende Prüfungsteilnehmerin repräsentierten Bevölkerungsgruppe besonders berücksichtigt.

(4) Ist nach dem Prüfplan vorgesehen, dass an einer klinischen Prüfung spezifische Gruppen oder Untergruppen von Prüfungsteilnehmern teilnehmen, so wird gegebenenfalls insbesondere bei der Bewertung des Antrags auf Genehmigung dieser klinischen Prüfung Fachwissen zu den durch die betreffenden Prüfungsteilnehmer repräsentierten Bevölkerungsgruppen besonders berücksichtigt.

(5) Bei Anträgen auf Genehmigung einer klinischen Prüfung gemäß Artikel 35 werden insbesondere die Umstände der Durchführung der klinischen Prüfung betrachtet.

Artikel 11
Einreichung und Bewertung von Anträgen, die nur die in Teil I oder in Teil II des Bewertungsberichts behandelten Aspekte betreffen

Der Sponsor kann darum ersuchen, dass sich ein Antrag auf Genehmigung einer klinischen Prüfung, seine Bewertung und die Schlussfolgerung nur auf die in Teil I des Bewertungsberichts behandelten Aspekte erstrecken.

Nachdem ihm die Schlussfolgerung zu den in Teil I des Bewertungsberichts behandelten Aspekten mitgeteilt worden ist, kann der Sponsor innerhalb von zwei Jahren eine Genehmigung beantragen, die sich nur auf die in Teil II des Bewertungsberichts behandelten Aspekte erstreckt. In diesem Antrag erklärt der Sponsor, dass er keine Kenntnis von neuen wesentlichen wissenschaftlichen Informationen hat, die die Gültigkeit eines Punktes ändern könnten, der in dem Antrag zu den in Teil I des Bewertungsberichts behandelten Aspekten übermittelt wurde. In einem solchen Fall wird der Antrag gemäß Artikel 7 bewertet und der betroffene Mitgliedstaat teilt seine Entscheidung über die klinische Prüfung gemäß Artikel 8 mit. In den Mitgliedstaaten, in denen der Sponsor innerhalb von zwei Jahren keine Genehmigung beantragt, die auf in Teil II des Bewertungsberichts zu behandelnde Aspekte beschränkt ist, gilt der Antrag zu den in Teil I des Bewertungsberichts behandelten Aspekten als hinfällig.

Artikel 12
Zurückziehung eines Antrags

Bis zum Berichtstag kann der Sponsor seinen Antrag jederzeit zurückziehen. In einem solchen Fall kann der Antrag nur in Bezug auf alle betroffenen Mitgliedstaaten zurückgezogen werden. Die Gründe für die Rücknahme sind über das EU-Portal bekannt zu geben.

Artikel 13
Neueinreichung

Dieses Kapitel berührt nicht das Recht des Sponsors, nach Versagung einer Genehmigung oder Rücknahme eines Antrags in jedwedem betroffenen Mitgliedstaat seiner Wahl erneut einen Antrag zu übermitteln. Dieser Antrag gilt als neuer Antrag auf Genehmigung einer weiteren klinischen Prüfung.

Artikel 14
Spätere Hinzufügung eines betroffenen Mitgliedstaats

(1) Wünscht der Sponsor eine genehmigte klinische Prüfung auf einen anderen Mitgliedstaat auszuweiten (im Folgenden „zusätzlicher betroffener Mitgliedstaat"), übermittelt er über das EU-Portal bei dem betreffenden Mitgliedstaat ein Antragsdossier.

Das Antragsdossier kann erst nach dem Tag der Notifizierung der ursprünglichen Entscheidung über die Genehmigung übermittelt werden.

(2) Der berichterstattende Mitgliedstaat für das Antragsdossier nach Absatz 1 ist der berichterstattende Mitgliedstaat für das ursprüngliche Genehmigungsverfahren.

(3) Der zusätzliche betroffene Mitgliedstaat teilt dem Sponsor über das EU-Portal im Wege einer einzigen Entscheidung innerhalb von 52 Tagen ab dem Tag der Einreichung des Antragsdossiers gemäß Absatz 1 mit, ob er die klinische Prüfung genehmigt, unter Auflagen genehmigt oder eine Genehmigung versagt.

Die Genehmigung einer klinischen Prüfung unter Auflagen ist nur möglich, wenn die Auflagen ihrer Art wegen zum Zeitpunkt der Genehmigung nicht erfüllt werden können.

(4) Gelangte der berichterstattende Mitgliedstaat in Bezug auf Teil I des Bewertungsberichts zu dem Schluss, dass die Durchführung der klinischen Prüfung vertretbar oder unter bestimmten Auflagen vertretbar ist, gilt diese Schlussfolgerung als die Schlussfolgerung des zusätzlichen betroffenen Mitgliedstaats.

Unbeschadet des Unterabsatzes 1 darf es ein zusätzlicher betroffener Mitgliedstaat ablehnen, die Schlussfolgerung des berichterstattenden Mitgliedstaats in Bezug auf Teil I des Bewertungsberichts zu akzeptieren, jedoch nur aus folgenden Gründen:

a) wenn er der Auffassung ist, dass die Teilnahme an der klinischen Prüfung dazu führen würde, dass ein Prüfungsteilnehmer eine schlechtere Behandlung erhalten würde als gemäß normaler klinischer Praxis im betroffenen Mitgliedstaat;

b) bei Verstoß gegen das in Artikel 90 genannte nationale Recht;

c) bei Bedenken hinsichtlich der Sicherheit der Prüfungsteilnehmer sowie der Zuverlässigkeit und Belastbarkeit der gemäß Absatz 5 oder Absatz 6 übermittelten Daten.

Lehnt ein zusätzlicher betroffener Mitgliedstaat die Schlussfolgerung gemäß Unterabsatz 2 ab, übermittelt er der Kommission, sämtlichen Mitgliedstaaten und dem Sponsor über das EU-Portal seine Ablehnung zusammen mit einer detaillierten Begründung.

(5) Vom Tag der Einreichung des Antragsdossiers gemäß Absatz 1 bis fünf Tage vor Ablauf der in Absatz 3 genannten Frist kann der zusätzliche betroffene Mitgliedstaat dem berichterstattenden Mitgliedstaat und den anderen betroffenen Mitgliedstaaten Anmerkungen zu dem Antrag über das EU-Portal übermitteln.

(6) Im Zeitraum zwischen dem Tag der Einreichung des Antragsdossiers gemäß Absatz 1 und dem Ablauf der in Absatz 3 genannten Frist darf einzig der berichterstattende Mitgliedstaat auf der Grundlage der in Absatz 5 genannten Anmerkungen den Sponsor um zusätzliche Informationen zu den in Teil I des Bewertungsberichts behandelten Aspekten ersuchen.

Um diese zusätzlichen Informationen gemäß den Unterabsätzen 3 und 4 vom Sponsor einzuholen und zu überprüfen, kann der berichterstattende Mitgliedstaat die in Absatz 3 Unterabsatz 1 genannte Frist um bis zu 31 Tage verlängern.

Der Sponsor übermittelt die angeforderten zusätzlichen Informationen innerhalb der vom berichterstattenden Mitgliedstaat gesetzten Frist, die zwölf Tage ab dem Eingang des Informationsersuchens nicht überschreiten darf.

Nach Eingang der zusätzlichen Informationen überprüft der zusätzliche betroffene Mitgliedstaat zusammen mit allen anderen betroffenen Mitgliedstaaten gemeinsam alle zusätzlichen vom Sponsor übermittelten Informationen zusammen mit dem ursprünglichen Antrag, und sie teilen einander alle Anmerkungen mit, die für den Antrag von Belang sind. Die koordinierte Überprüfung wird innerhalb von höchstens zwölf Tagen ab dem Eingang der zusätzlichen Informationen durchgeführt, und die weitere Konsolidierung wird innerhalb von höchstens sieben Tagen ab dem Abschluss der koordinierten Überprüfung durchgeführt. Der berichterstattende

Mitgliedstaat berücksichtigt die Anmerkungen der betroffenen Mitgliedstaaten in angemessener Weise und dokumentiert, in welcher Weise alle solchen Anmerkungen behandelt wurden.

Legt der Sponsor innerhalb der vom berichterstattenden Mitgliedstaat gemäß Unterabsatz 3 gesetzten Frist keine zusätzlichen Informationen vor, gilt der Antrag in dem zusätzlichen betroffenen Mitgliedstaat als hinfällig.

Sowohl das Ersuchen um zusätzliche Informationen als auch die zusätzlichen Informationen werden über das EU-Portal übermittelt.

(7) Der zusätzliche betroffene Mitgliedstaat bewertet den Antrag innerhalb der in Absatz 3 genannten Frist für sein Hoheitsgebiet hinsichtlich der in Teil II des Bewertungsberichts behandelten Aspekte und übermittelt dem Sponsor über das EU-Portal Teil II des Bewertungsberichts einschließlich seiner Schlussfolgerung. Innerhalb dieses Zeitraums kann er in begründeten Fällen zusätzliche Informationen zu den in Teil II des Bewertungsberichts behandelten Aspekten vom Sponsor anfordern, jedoch nur für sein Hoheitsgebiet.

(8) Um die in Absatz 7 genannten zusätzlichen Informationen gemäß den Unterabsätzen 2 und 3 vom Sponsor einzuholen und zu überprüfen, kann der zusätzliche betroffene Mitgliedstaat die in Absatz 7 genannte Frist um höchstens 31 Tage verlängern.

Der Sponsor übermittelt die angeforderten zusätzlichen Informationen innerhalb der vom zusätzlichen betroffenen Mitgliedstaat gesetzten Frist, die zwölf Tage ab dem Eingang des Informationsersuchens nicht überschreiten darf.

Nach Eingang der zusätzlichen Informationen stellt der betroffene Mitgliedstaat seine Bewertung innerhalb von höchstens 19 Tagen fertig.

Legt der Sponsor innerhalb der vom zusätzlichen betroffenen Mitgliedstaat gemäß Unterabsatz 2 gesetzten Frist keine zusätzlichen Informationen vor, gilt der Antrag im zusätzlichen betroffenen Mitgliedstaat als hinfällig.

Sowohl das Ersuchen um zusätzliche Informationen als auch die zusätzlichen Informationen werden über das EU-Portal übermittelt.

(9) Ist die Durchführung der klinischen Prüfung hinsichtlich der in Teil I des Bewertungsberichts behandelten Aspekte vertretbar oder unter bestimmten Auflagen vertretbar, so enthält die Entscheidung des zusätzlichen betroffenen Mitgliedstaats seine Schlussfolgerung zu Teil II des Bewertungsberichts.

(10) Der zusätzliche betroffene Mitgliedstaat versagt die Genehmigung einer klinischen Prüfung, wenn er aus in Absatz 4 Unterabsatz 2 dieses Artikels genannten Gründen die Schlussfolgerung des berichterstattenden Mitgliedstaats in Bezug auf Teil I des Bewertungsberichts ablehnt, oder wenn er in hinreichend begründeten Fällen zu dem Schluss gelangt, dass die in Teil II des Bewertungsberichts behandelten Aspekte nicht eingehalten werden, oder wenn eine Ethik-Kommission eine ablehnende Stellungnahme abgegeben hat, die gemäß dem Recht des zusätzlichen betroffenen Mitgliedstaats für diesen gesamten zusätzlichen Mitgliedstaat gültig ist. Der zusätzliche betroffene Mitgliedstaat sieht im Hinblick auf eine solche Versagung ein Rechtsmittelverfahren vor.

(11) Teilt der zusätzliche betroffene Mitgliedstaat dem Sponsor seine Entscheidung nicht innerhalb der in Absatz 3 genannten Frist mit, oder wurde diese Frist gemäß Absatz 6 oder Absatz 8 verlängert und hat der zusätzliche betroffene Mitgliedstaat dem Sponsor seine Entscheidung nicht innerhalb der verlängerten Frist mitgeteilt, so gilt die Schlussfolgerung in Bezug auf Teil I des Bewertungsberichts als Entscheidung dieses zusätzlichen betroffenen Mitgliedstaats über den Antrag auf Genehmigung der klinischen Prüfung.

(12) Ein Antragsdossier gemäß diesem Artikel darf nicht übermittelt werden, wenn hinsichtlich der betreffenden klinischen Prüfung ein Verfahren gemäß Kapitel III anhängig ist.

Kapitel III
Verfahren zur Genehmigung einer wesentlichen Änderung einer klinischen Prüfung

Artikel 15
Allgemeine Grundsätze

Eine wesentliche Änderung, einschließlich der Hinzufügung einer Prüfstelle oder der Änderung eines Hauptprüfers an einer Prüfstelle, darf nur vorgenommen werden, wenn sie gemäß dem in diesem Kapitel bestimmten Verfahren genehmigt wurde.

Artikel 16
Einreichung des Antrags

Um eine Genehmigung zu erhalten, übermittelt der Sponsor den betroffenen Mitgliedstaaten über das EU-Portal ein Antragsdossier.

Artikel 17
Validierung eines Antrags auf Genehmigung einer wesentlichen Änderung eines in Teil I des Bewertungsberichts behandelten Aspekts

(1) Der berichterstattende Mitgliedstaat für die Genehmigung einer wesentlichen Änderung ist der berichterstattende Mitgliedstaat für das ursprüngliche Genehmigungsverfahren.

Die betroffenen Mitgliedstaaten können dem berichterstattenden Mitgliedstaat innerhalb von fünf Tagen ab der Einreichung des Antragsdossiers Anmerkungen mitteilen, die für die Validierung des Antrags auf Genehmigung einer wesentlichen Änderung von Belang sind.

(2) Innerhalb von sechs Tagen ab der Einreichung des Antragsdossiers validiert der berichterstattende Mitgliedstaat den Antrag unter Berücksichtigung der von den anderen betroffenen Mitgliedstaaten vorgebrachten Anmerkungen und teilt dem Sponsor über das EU-Portal mit, ob

a) die wesentliche Änderung einen in Teil I des Bewertungsberichts behandelten Aspekt betrifft und

b) das Antragsdossier gemäß Anhang II vollständig ist.

(3) Unterrichtet der berichterstattende Mitgliedstaat den Sponsor nicht innerhalb der in Absatz 2 genannten Frist, gilt die beantragte wesentliche Änderung als in Teil I des Bewertungsberichts behandelte Aspekte betreffend und das Antragsdossier als vollständig.

(4) Stellt der berichterstattende Mitgliedstaat unter Berücksichtigung der von den anderen betroffenen Mitgliedstaaten vorgebrachten Anmerkungen fest, dass der Antrag keinen in Teil I des Bewertungsberichts behandelten Aspekt betrifft oder dass das Antragsdossier unvollständig ist, teilt er dies dem Sponsor über das EU-Portal mit und setzt ihm eine Frist von höchstens zehn Tagen zur Stellungnahme zum Antrag oder zur Ergänzung des Antragsdossiers über das EU-Portal.

Innerhalb von fünf Tagen ab dem Eingang der Stellungnahme oder des ergänzten Antragsdossiers teilt der berichterstattende Mitgliedstaat dem Sponsor mit, ob der Antrag den Anforderungen gemäß Absatz 2 Buchstaben a und b entspricht oder nicht.

Unterrichtet der berichterstattende Mitgliedstaat den Sponsor nicht innerhalb der in Unterabsatz 2 genannten Frist, gilt die beantragte wesentliche Änderung als durch die in Teil I des Bewertungsberichts behandelten Aspekte abgedeckt und das Antragsdossier als vollständig.

Gibt der Sponsor innerhalb der in Unterabsatz 1 genannten Frist keine Stellungnahme ab oder vervollständigt er das Antragsdossier nicht innerhalb dieser Frist, gilt der Antrag in allen betroffenen Mitgliedstaaten als hinfällig.

(5) Für die Zwecke der Artikel 18, 19 und 22 gilt der Tag, an dem die in Absatz 2 genannten Informationen dem Sponsor übermittelt wurden, als Tag der Validierung des Antrags. Werden dem Sponsor keine Informationen übermittelt, gilt der letzte Tag der in Absatz 2 oder 4 jeweils genannten Frist als Tag der Validierung des Antrags.

Artikel 18
Bewertung einer wesentliche Änderung, die einen in Teil I des Bewertungsberichts behandelten Aspekt betrifft

(1) Der berichterstattende Mitgliedstaat bewertet den Antrag im Hinblick auf einen in Teil I des Bewertungsberichts behandelten Aspekt, einschließlich der Klärung der Frage, ob die klinische Prüfung nach der wesentlichen Änderung weiterhin eine minimalinterventionelle klinische Prüfung ist, und erstellt einen Bewertungsbericht.

(2) Der Bewertungsbericht enthält eine der folgenden Schlussfolgerungen zu den in Teil I des Bewertungsberichts behandelten Aspekten:

a) die wesentliche Änderung ist unter Berücksichtigung der in dieser Verordnung festgelegten Anforderungen vertretbar;

b) die wesentliche Änderung ist unter Berücksichtigung der in dieser Verordnung festgelegten Anforderungen vertretbar; sie ist jedoch besonderen Auflagen unterworfen, die in der Schlussfolgerung im Einzelnen aufzuführen sind, oder

c) die wesentliche Änderung ist unter Berücksichtigung der in dieser Verordnung festgelegten Anforderungen nicht vertretbar.

(3) Der berichterstattende Mitgliedstaat übermittelt über das EU-Portal den endgültigen Bewertungsbericht, einschließlich der Schlussfolgerung, dem Sponsor und den übrigen betroffenen Mitgliedstaaten innerhalb von 38 Tagen ab der Validierung:

Für die Zwecke dieses Artikels und der Artikel 19 und 23 gilt der Tag, an dem der endgültige Bewertungsbericht dem Sponsor und den übrigen betroffenen Mitgliedstaaten übermittelt wird, als Berichtstag.

(4) Bei klinischen Prüfungen, die mehr als einen Mitgliedstaat betreffen, umfasst das Bewertungsverfahren hinsichtlich einer wesentlichen Änderung drei Phasen:

a) eine Erstbewertungsphase durch den berichterstattenden Mitgliedstaat innerhalb von 19 Tagen ab dem Tag der Validierung;

b) eine Phase der koordinierten Überprüfung innerhalb von zwölf Tagen ab dem Abschluss der Erstbewertungsphase, in die alle betroffenen Mitgliedstaaten einbezogen sind; und

c) eine Phase der Konsolidierung, die vom berichterstattenden Mitgliedstaat innerhalb von sieben Tagen ab dem Abschluss der Phase der koordinierten Überprüfung vorgenommen wird.

Während der Erstbewertungsphase erstellt der berichterstattende Mitgliedstaat den Entwurf eines Bewertungsberichts, den er allen betroffenen Mitgliedstaaten zuleitet.

Während der Phase der koordinierten Überprüfung überprüfen alle betroffenen Mitgliedstaaten gemeinsam den Antrag auf der Grundlage des Entwurfs des Bewertungsberichts und teilen einander etwaige Anmerkungen mit, die für den Antrag von Belang sind.

Während der Phase der Konsolidierung berücksichtigt der berichterstattende Mitgliedstaat bei der Erstellung der endgültigen Fassung des Berichtsentwurfs in angemessener Weise die Anmerkungen der anderen betroffenen Mitgliedstaaten und dokumentiert, in welcher Weise alle solche Anmerkungen berücksichtigt wurden. Der berichterstattende Mitgliedstaat übermittelt den endgültigen Bewertungsbericht bis spätestens zum Berichtstag dem Sponsor und allen anderen betroffenen Mitgliedstaaten.

(5) Der berichterstattende Mitgliedstaat kann die Frist gemäß Absatz 3 für klinische Prüfungen unter Verwendung eines Prüfpräparats für neuartige Therapien oder eines Arzneimittels gemäß Ziffer 1 des Anhangs zu Verordnung (EG) Nr. 726/2004 um weitere 50 Tage verlängern, um eine Beratung mit Sachverständigen zu ermöglichen. In solchen Fällen gelten die Fristen gemäß den Absätzen 4 und 6 dieses Artikels entsprechend.

(6) Einzig der berichterstattende Mitgliedstaat darf im Zeitraum zwischen dem Tag der Validierung und Berichtstag auf der Grundlage der in Absatz 4 genannten Anmerkungen den Sponsor um zusätzliche Informationen ersuchen.

Um diese zusätzlichen Informationen gemäß den Unterabsätzen 3 und 4 vom Sponsor einzuholen und zu überprüfen, kann der berichterstattende Mitgliedstaat die in Absatz 3 Unterabsatz 1 genannte Frist um höchstens 31 Tage verlängern.

Der Sponsor übermittelt die angeforderten zusätzlichen Informationen innerhalb der vom berichterstattenden Mitgliedstaat gesetzten Frist, die zwölf Tage ab Eingang des Informationsersuchens nicht überschreiten darf.

Nach Eingang der zusätzlichen Informationen prüfen die betroffenen Mitgliedstaaten alle zusätzlichen vom Sponsor übermittelten Informationen zusammen mit dem ursprünglichen Antrag und teilen einander alle Anmerkungen mit, die für den Antrag von Belang sind. Die koordinierte Überprüfung wird innerhalb von höchstens zwölf Tagen ab dem Eingang der zusätzlichen Informationen durchgeführt, und die weitere Konsolidierung wird innerhalb von höchstens sieben Tagen ab dem Abschluss der koordinierten Überprüfung durchgeführt. Bei der Erstellung der endgültigen Fassung des Berichtsentwurfs berücksichtigt der berichterstattende Mitgliedstaat in angemessener Weise die Anmerkungen der anderen betroffenen Mitgliedstaaten und dokumentiert, in welcher Weise alle solche Anmerkungen berücksichtigt wurden.

Legt der Sponsor innerhalb der vom berichterstattenden Mitgliedstaat gemäß Unterabsatz 3 gesetzten Frist keine zusätzlichen Informationen vor, gilt der Antrag in allen betroffenen Mitgliedstaaten als hinfällig.

Sowohl das Ersuchen um zusätzliche Informationen als auch die zusätzlichen Informationen werden über das EU-Portal übermittelt.

Artikel 19
Entscheidung über die wesentliche Änderung eines in Teil I des Bewertungsberichts behandelten Aspekts

(1) Jeder betroffene Mitgliedstaat teilt dem Sponsor über das EU-Portal mit, ob er die wesentliche Änderung genehmigt, unter Auflagen genehmigt oder eine Genehmigung versagt.

Die Notifizierung erfolgt im Wege einer einzigen Entscheidung innerhalb von fünf Tagen ab dem Berichtstag.

Die Genehmigung einer wesentlichen Änderung unter Auflagen ist nur möglich, wenn die Auflagen ihrer Art wegen zum Zeitpunkt dieser Genehmigung nicht erfüllt werden können.

(2) Gelangte der berichterstattende Mitgliedstaat zu dem Schluss, dass die wesentliche Änderung vertretbar oder unter bestimmten Auflagen vertretbar ist, so gilt diese Schlussfolgerung als die Schlussfolgerung des betroffenen Mitgliedstaats.

Abweichend von Unterabsatz 1 darf ein betroffener Mitgliedstaat die Schlussfolgerung des berichterstattenden Mitgliedstaats ablehnen, jedoch nur aus folgenden Gründen:

a) wenn er der Auffassung ist, dass eine Teilnahme an der klinischen Prüfung dazu führen würde, dass ein Prüfungsteilnehmer eine schlechtere Behandlung erhalten würde als dies der Fall gemäß normaler klinischer Praxis in dem betroffenen Mitgliedstaat wäre;

b) Verstoß gegen das in Artikel 90 genannte nationale Recht;

c) Bedenken hinsichtlich der Sicherheit der Prüfungsteilnehmer und der Zuverlässigkeit und Belastbarkeit der gemäß Artikel 18 Absatz 4 oder Absatz 6 übermittelten Daten.

Lehnt der betroffene Mitgliedstaat die Schlussfolgerung gemäß Unterabsatz 2 ab, übermittelt er der Kommission, sämtlichen Mitgliedstaaten und dem Sponsor über das EU-Portal seine Ablehnung zusammen mit einer detaillierten Begründung.

Ein betroffener Mitgliedstaat versagt die Genehmigung einer wesentlichen Änderung, wenn er aus den in Unterabsatz 2 genannten Gründen die Schlussfolgerung des berichterstattenden Mitgliedstaats in Bezug auf Teil I des Bewertungsberichts ablehnt oder wenn eine Ethik-Kommission eine ablehnende Stellungnahme abgegeben hat, die gemäß dem Recht des betroffenen Mitgliedstaats für diesen gesamten Mitgliedstaat gültig ist. Dieser Mitgliedstaat sieht im Hinblick auf eine solche Versagung ein Rechtsmittelverfahren vor.

(3) Kommt der berichterstattende Mitgliedstaat in Bezug auf die wesentliche Änderung, die in Teil I des Bewertungsberichts behandelte Aspekte betrifft, zu dem Schluss, dass die wesentliche Änderung nicht vertretbar ist, so gilt diese Schlussfolgerung als die Schlussfolgerung aller betroffenen Mitgliedstaaten.

(4) Teilt der betroffene Mitgliedstaat dem Sponsor seine Entscheidung nicht innerhalb der in Absatz 1 genannten Frist mit, gilt die Schlussfolgerung des Bewertungsberichts als Entscheidung des betroffenen Mitgliedstaats über den Antrag auf Genehmigung der wesentlichen Änderung.

Artikel 20
Validierung, Bewertung und Entscheidung betreffend eine wesentliche Änderung eines in Teil II des Bewertungsberichts behandelten Aspekts

(1) Innerhalb von sechs Tagen ab der Einreichung des Antragsdossiers teilt der betroffene Mitgliedstaat dem Sponsor über das EU-Portal Folgendes mit:

a) ob die wesentliche Änderung einen in Teil II des Bewertungsberichts behandelten Aspekt betrifft und

b) ob das Antragsdossier gemäß Anhang II vollständig ist.

(2) Unterrichtet der betroffene Mitgliedstaat den Sponsor nicht innerhalb der in Absatz 1 genannten Frist, gilt die beantragte wesentliche Änderung als in Teil II des Bewertungsberichts behandelte Aspekte betreffend und das Antragsdossier als vollständig.

(3) Stellt der betroffene Mitgliedstaat fest, dass die wesentliche Änderung keinen in Teil II des Bewertungsberichts behandelten Aspekt betrifft oder dass das Antragsdossier unvollständig ist, so teilt er dies dem Sponsor über das EU-Portal mit und setzt ihm eine Frist von höchstens zehn Tagen zur Stellungnahme zum Antrag oder zur Ergänzung des Antragsdossiers über das EU-Portal.

Innerhalb von fünf Tagen ab dem Eingang der Stellungnahme oder des ergänzten Antragsdossiers teilt der berichterstattende Mitgliedstaat dem Sponsor mit, ob der Antrag den Anforderungen gemäß Absatz 1 Buchstaben a und b entspricht oder nicht.

Teilt der betroffene Mitgliedstaat die Informationen dem Sponsor nicht innerhalb der in Unterabsatz 2 genannten Frist mit, gilt die beantragte wesentliche Änderung als in Teil II des Bewertungsberichts behandelte Aspekte betreffend und das Antragsdossier als vollständig.

Gibt der Sponsor innerhalb der in Unterabsatz 1 genannten Frist keine Stellungnahme ab bzw. vervollständigt er das Antragsdossier nicht innerhalb dieser Frist, gilt der Antrag in dem betroffenen Mitgliedstaat als hinfällig.

(4) Für die Zwecke dieses Artikels gilt der Tag, an dem die in Absatz 1 oder 3 genannten Informationen dem Sponsor übermittelt wurden, als Tag der Validierung des Antrags. Werden dem Sponsor keine Informationen übermittelt, gilt der letzte

Tag der in Absatz 1 oder 3 jeweils genannten Frist als Tag der Validierung des Antrags.

(5) Der betroffene Mitgliedstaat bewertet den Antrag und übermittelt dem Sponsor über das EU-Portal Teil II des Bewertungsberichts, einschließlich seiner Schlussfolgerung und der Entscheidung, ob er die wesentliche Änderung genehmigt, unter Auflagen genehmigt oder die Genehmigung versagt.

Die Notifizierung erfolgt im Wege einer einzigen Entscheidung innerhalb von 38 Tagen ab dem Tag der Validierung.

Die Genehmigung einer wesentlichen Änderung unter Auflagen ist nur möglich, wenn die Auflagen ihrer Art wegen zum Zeitpunkt dieser Genehmigung nicht erfüllt werden können.

(6) Innerhalb der Frist gemäß Absatz 5 Unterabsatz 2 kann der betroffene Mitgliedstaat in begründeten Fällen zusätzliche Informationen zu der wesentlichen Änderung vom Sponsor anfordern, jedoch nur für sein Hoheitsgebiet.

Um diese zusätzlichen Informationen von dem Sponsor einzuholen und zu überprüfen, kann der betroffene Mitgliedstaat die Frist gemäß Absatz 5 Unterabsatz 2 um höchstens 31 Tage verlängern.

Der Sponsor übermittelt die angeforderten zusätzlichen Informationen innerhalb der vom betroffenen Mitgliedstaat gesetzten Frist, die zwölf Tage ab dem Eingang des Informationsersuchens nicht überschreiten darf.

Nach Eingang der zusätzlichen Informationen stellt der betroffene Mitgliedstaat seine Bewertung innerhalb von höchstens 19 Tagen fertig.

Legt der Sponsor innerhalb der vom betroffenen Mitgliedstaat gemäß Unterabsatz 3 gesetzten Frist keine zusätzlichen Informationen vor, gilt der Antrag in diesem Mitgliedstaat als hinfällig.

Sowohl das Ersuchen um zusätzliche Informationen als auch die zusätzlichen Informationen werden über das EU-Portal übermittelt.

(7) Ein betroffener Mitgliedstaat versagt die Genehmigung einer wesentlichen Änderung, wenn er in hinreichend begründeten Fällen zu dem Schluss kommt, dass die in Teil II des Bewertungsberichts behandelten Aspekte nicht eingehalten werden, oder wenn eine zuständige Ethik-Kommission eine ablehnende Stellungnahme abgegeben hat, die gemäß dem Recht dieses betroffenen Mitgliedstaats für

diesen gesamten Mitgliedstaat gilt. Dieser Mitgliedstaat sieht im Hinblick auf eine solche Versagung ein Rechtsmittelverfahren vor.

(8) Teilt der betroffene Mitgliedstaat dem Sponsor seine Entscheidung nicht innerhalb der in den Absätzen 5 bzw. 6 genannten Fristen mit, gilt die wesentliche Änderung in diesem Mitgliedstaat als genehmigt.

Artikel 21
Wesentliche Änderung betreffend sowohl in Teil I als auch in Teil II des Bewertungsberichts behandelte Aspekte

(1) Betrifft eine wesentliche Änderung sowohl in Teil I als auch in Teil II des Bewertungsberichts behandelte Aspekte, wird der Antrag auf Genehmigung der wesentlichen Änderung gemäß Artikel 17 validiert.

(2) Die in Teil I des Bewertungsberichts behandelten Aspekte werden gemäß Artikel 18, die in Teil II des Bewertungsberichts behandelten Aspekte gemäß Artikel 22 bewertet.

Artikel 22
Bewertung einer wesentlichen Änderung, die sowohl in Teil I behandelte Aspekte als auch in Teil II behandelte Aspekte betrifft – Bewertung der in Teil II des Bewertungsberichts behandelten Aspekte

(1) Jeder betroffene Mitgliedstaat bewertet innerhalb von 38 Tagen ab dem Tag der Validierung für sein eigenes Hoheitsgebiet die Aspekte der wesentlichen Änderung, die in Teil II des Bewertungsberichts behandelt werden, und übermittelt den Bericht einschließlich seiner Schlussfolgerung über das EU-Portal dem Sponsor.

(2) Innerhalb der Frist gemäß Absatz 1 kann der betroffene Mitgliedstaat in begründeten Fällen zusätzliche Informationen zu dieser wesentlichen Änderung vom Sponsor anfordern, jedoch nur für sein Hoheitsgebiet.

(3) Um die in Absatz 2 genannten zusätzlichen Informationen gemäß den Unterabsätzen 3 und 4 vom Sponsor einzuholen und zu überprüfen, kann der betroffene Mitgliedstaat die Frist gemäß Absatz 1 um höchstens 31 Tage verlängern.

Der Sponsor übermittelt die angeforderten zusätzlichen Informationen innerhalb der vom betroffenen Mitgliedstaat gesetzten Frist, die zwölf Tage ab dem Eingang des Informationsersuchens nicht überschreiten darf.

Nach Eingang der zusätzlichen Informationen stellt der betroffene Mitgliedstaat seine Bewertung innerhalb von höchstens 19 Tagen fertig.

Legt der Sponsor innerhalb der vom betroffenen Mitgliedstaat gesetzten Frist gemäß Unterabsatz 2 die angeforderten zusätzlichen Informationen nicht vor, gilt der Antrag in diesem Mitgliedstaat als hinfällig.

Sowohl das Ersuchen um zusätzliche Informationen als auch die zusätzlichen Informationen werden über das EU-Portal übermittelt.

Artikel 23
Entscheidung über die wesentliche Änderung, die sowohl in Teil I als auch in Teil II des Bewertungsberichts behandelte Aspekte betrifft

(1) Jeder betroffene Mitgliedstaat teilt dem Sponsor über das EU-Portal mit, ob er die wesentliche Änderung genehmigt, unter Auflagen genehmigt oder eine Genehmigung versagt.

Die Mitteilung erfolgt in Form einer einzigen Entscheidung innerhalb von fünf Tagen ab dem Berichtstag oder ab dem letzten Tag der Bewertungsfrist gemäß Artikel 22, wobei der spätere Zeitpunkt maßgebend ist.

Die Genehmigung einer wesentlichen Änderung unter Auflagen ist nur möglich, wenn die Auflagen ihrer Art wegen zum Zeitpunkt dieser Genehmigung nicht erfüllt werden können.

(2) Gelangte der berichterstattende Mitgliedstaat zu dem Schluss, dass die wesentliche Änderung der in Teil I des Bewertungsberichts behandelten Aspekte vertretbar oder unter bestimmten Auflagen vertretbar ist, gilt diese Schlussfolgerung als die Schlussfolgerung des betroffenen Mitgliedstaats.

Abweichend von Unterabsatz 1 darf ein betroffener Mitgliedstaat die Schlussfolgerung des berichterstattenden Mitgliedstaats ablehnen, jedoch nur aus folgenden Gründen:

a) wenn er der Auffassung ist, dass eine Teilnahme an der klinischen Prüfung dazu führen würde, dass ein Prüfungsteilnehmer eine schlechtere Behandlung erhalten würde als dies der Fall gemäß normaler klinischer Praxis in dem betroffenen Mitgliedstaat wäre;

b) Verstoß gegen sein in Artikel 90 genanntes nationales Recht;

c) Bedenken hinsichtlich der Sicherheit der Prüfungsteilnehmer und der Zuverlässigkeit und Belastbarkeit der gemäß Artikel 18 Absatz 4 oder Absatz 6 übermittelten Daten.

Lehnt der betroffene Mitgliedstaat die Schlussfolgerung gemäß Unterabsatz 2 ab, so übermittelt er der Kommission, sämtlichen Mitgliedstaaten und dem Sponsor über das EU-Portal seine Ablehnung zusammen mit einer ausführlichen Begründung.

(3) Ist die wesentliche Änderung der in Teil I des Bewertungsberichts behandelten Aspekte vertretbar oder unter bestimmten Auflagen vertretbar, so enthält die Entscheidung des betroffenen Mitgliedstaats seine Schlussfolgerung zur wesentlichen Änderung der in Teil II des Bewertungsberichts behandelten Aspekte.

(4) Ein betroffener Mitgliedstaat versagt die Genehmigung einer wesentlichen Änderung, wenn er aus in Absatz 2 Unterabsatz 2 genannten Gründen die Schlussfolgerung des berichterstattenden Mitgliedstaats hinsichtlich der wesentlichen Änderung der in Teil I des Bewertungsberichts behandelten Aspekte ablehnt, oder wenn er in hinreichend begründeten Fällen zu dem Schluss kommt, dass die in Teil II des Bewertungsberichts behandelten Aspekte nicht eingehalten werden, oder wenn eine zuständige Ethik-Kommission eine ablehnende Stellungnahme abgegeben hat, die gemäß dem Recht des betroffenen Mitgliedstaats für diesen gesamten Mitgliedstaat gilt. Dieser Mitgliedstaat sieht im Hinblick auf eine solche Versagung ein Rechtsmittelverfahren vor.

(5) Kommt der berichterstattende Mitgliedstaat hinsichtlich der wesentlichen Änderung der in Teil I des Bewertungsberichts behandelten Aspekte zu dem Schluss, dass die wesentliche Änderung nicht vertretbar ist, so gilt diese Schlussfolgerung als Schlussfolgerung aller betroffenen Mitgliedstaaten.

(6) Teilt der betroffene Mitgliedstaat dem Sponsor seine Entscheidung nicht innerhalb der in Absatz 1 genannten Frist mit, gilt die Schlussfolgerung in Bezug auf die wesentliche Änderung der in Teil I des Bewertungsberichts behandelten Aspekte als Entscheidung des betroffenen Mitgliedstaats über den Antrag auf Genehmigung der wesentlichen Änderung.

Artikel 24
Den Antrag auf eine wesentliche Änderung bewertende Personen

Artikel 9 gilt auch für Bewertungen gemäß diesem Kapitel.

Kapitel IV
Antragsdossier

Artikel 25
Im Antragsdossier vorzulegende Daten

(1) Das Antragsdossier für die Genehmigung einer klinischen Prüfung enthält sämtliche für die Validierung und Bewertung gemäß Kapitel II erforderlichen Dokumente und Informationen zu

a) der Durchführung der klinischen Prüfung, einschließlich des wissenschaftlichen Kontextes und der getroffenen Vorkehrungen;

b) dem Sponsor, den Prüfern, den potenziellen Prüfungsteilnehmern und den Prüfstellen;

c) den Prüfpräparaten und erforderlichenfalls den Hilfspräparaten, insbesondere zu ihren Eigenschaften, ihrer Kennzeichnung, ihrer Herstellung und Kontrolle;

d) den Maßnahmen zum Schutz der Prüfungsteilnehmer;

e) der Begründung, warum es sich um eine minimalinterventionelle klinische Prüfung handelt, falls der Sponsor dies geltend gemacht hat.

Eine Liste der erforderlichen Dokumente und Informationen findet sich in Anhang I.

(2) Das Antragsdossier für die Genehmigung einer wesentlichen Änderung enthält alle zur Validierung und Bewertung gemäß Kapitel III erforderlichen Dokumente und Informationen:

a) Verweis auf die klinische Prüfung bzw. die klinischen Prüfungen, die wesentlich geändert werden soll(en), unter Angabe der in Artikel 81 Absatz 1 Unterabsatz 3 genannten EU-Prüfungsnummer (im Folgenden „EU-Prüfungsnummer“);

b) eine klare Beschreibung der wesentlichen Änderung, insbesondere der Art und der Gründe für die wesentliche Änderung;

c) gegebenenfalls Daten und zusätzliche Informationen zur Begründung der wesentlichen Änderung;

d) eine klare Beschreibung der Folgen der wesentlichen Änderung für die Rechte und Sicherheit der Prüfungsteilnehmer sowie die Zuverlässigkeit und Belastbarkeit der im Rahmen der klinischen Prüfung gewonnenen Daten.

Eine Liste der erforderlichen Dokumente und Informationen findet sich in Anhang II.

(3) Nichtklinische Informationen, die im Rahmen eines Antragsdossiers übermittelt werden, müssen auf Daten aus Studien beruhen, die gemäß dem zum Zeitpunkt der Durchführung der Studien geltenden Unionsrecht über die gute Laborpraxis durchgeführt wurden.

(4) Wird im Antragsdossier auf im Rahmen klinischer Prüfungen gewonnene Daten verwiesen, so müssen diese aus klinischen Prüfungen stammen, die gemäß dieser Verordnung oder, wenn die Prüfungen vor dem in Artikel 99 Absatz 2 genannten Tag stattgefunden haben, gemäß der Richtlinie 2001/20/EG durchgeführt wurden.

(5) Wurde die klinische Prüfung gemäß Absatz 4 außerhalb der Union durchgeführt, so muss diese gemäß Grundsätzen durchgeführt worden sein, die denen dieser Verordnung im Hinblick auf Rechte und Sicherheit der Prüfungsteilnehmer sowie Zuverlässigkeit und Belastbarkeit der im Rahmen klinischer Prüfungen gewonnenen Daten gleichwertig sind.

(6) Daten aus einer klinischen Prüfung, die ab dem in Artikel 99 Absatz 2 genannten Tag begonnen wurde, werden nur im Rahmen eines Antragsdossiers übermittelt, wenn diese klinische Prüfung vor Beginn in einem öffentlichen Register registriert wurde, das ein Primär- oder Partnerregister oder ein Datenlieferant des WHO ICTRP ist.

Daten aus einer klinischen Prüfung, die vor dem in Artikel 99 Absatz 2 genannten Tag begonnen wurde, werden nur im Rahmen eines Antragsdossiers übermittelt, wenn diese klinische Prüfung in einem öffentlichen Register registriert wurde, das ein Primär- oder Partnerregister oder ein Datenlieferant des WHO ICTRP ist, oder wenn die Ergebnisse dieser klinischen Prüfung in einer unabhängigen, im Peer-Review-Verfahren geprüften Veröffentlichung veröffentlicht worden sind.

(7) Im Rahmen eines Antragsdossiers übermittelte Daten, die den Absätzen 3 bis 6 nicht entsprechen, werden bei der Bewertung des Antrags auf Genehmigung einer klinischen Prüfung oder einer wesentlichen Änderung nicht berücksichtigt.

Artikel 26
Sprachenregelung

Der betroffene Mitgliedstaat bestimmt, in welcher Sprache das Antragsdossier oder Teile davon abgefasst sein müssen.

Bei der Anwendung von Unterabsatz 1 ziehen die Mitgliedstaaten für Dokumente, die nicht für die Prüfungsteilnehmer bestimmt sind, eine in medizinischen Kreisen allgemein verstandene Sprache in Erwägung.

Artikel 27
Aktualisierung im Wege delegierter Rechtsakte

Der Kommission wird die Befugnis übertragen, gemäß Artikel 85 zur Anpassung der Anhänge I und II an den technischen Fortschritt oder um der Entwicklung der internationalen Regelungen im Bereich klinischer Prüfungen, an denen die Union oder die Mitgliedstaaten beteiligt sind, Rechnung zu tragen, delegierte Rechtsakte zu erlassen.

Kapitel V
Schutz der Prüfungsteilnehmer und Einwilligung nach Aufklärung

Artikel 28
Allgemeine Bestimmungen

(1) Eine klinische Prüfung darf nur unter folgenden Voraussetzungen durchgeführt werden:

a) Der erwartete Nutzen für die Prüfungsteilnehmer oder für die öffentliche Gesundheit rechtfertigt die vorhersehbaren Risiken und Nachteile, und die Einhaltung dieser Bedingung wird ständig überwacht;

b) die Prüfungsteilnehmer, oder, falls ein Prüfungsteilnehmer nicht in der Lage ist, eine Einwilligung nach Aufklärung zu erteilen, sein gesetzlicher Vertreter sind gemäß Artikel 29 Absätze 2 bis 6 aufgeklärt worden;

c) die Prüfungsteilnehmer, oder, falls ein Prüfungsteilnehmer nicht in der Lage ist, eine Einwilligung nach Aufklärung zu erteilen, sein gesetzlicher Vertreter haben eine Einwilligung nach Aufklärung gemäß Artikel 29 Absätze 1, 7 und 8 erteilt;

d) das Recht der Prüfungsteilnehmer auf körperliche und geistige Unversehrtheit, Privatsphäre und Schutz der ihn betreffenden Daten gemäß der Richtlinie 95/46/EG bleibt gewahrt;

e) die klinische Prüfung ist so geplant, dass sie mit möglichst wenig Schmerzen, Beschwerden, Angst und allen anderen vorhersehbaren Risiken für die Prüfungsteilnehmer verbunden ist und sowohl die Risikoschwelle als auch das Ausmaß der Belastung im Prüfplan eigens definiert und ständig überprüft werden;

f) für die medizinische Versorgung der Prüfungsteilnehmer ist ein Arzt mit geeigneter Qualifikation oder gegebenenfalls ein qualifizierter Zahnarzt verantwortlich;

g) die Prüfungsteilnehmer oder, falls ein Prüfungsteilnehmer nicht in der Lage ist, eine Einwilligung nach Aufklärung zu erteilen, sein gesetzlicher Vertreter haben die Kontaktdaten einer Stelle erhalten, die ihnen gegebenenfalls weitere Informationen erteilt;

h) die Prüfungsteilnehmer werden keiner unzulässigen Beeinflussung, etwa finanzieller Art, ausgesetzt, um sie zur Teilnahme an der Prüfung zu bewegen.

(2) Unbeschadet der Richtlinie 95/46/EG kann der Sponsor den Prüfungsteilnehmer oder, falls der Prüfungsteilnehmer nicht in der Lage ist, eine Einwilligung nach Aufklärung zu erteilen, seinen gesetzlichen Vertreter dann, wenn der Prüfungsteilnehmer oder sein gesetzlicher Vertreter seine Einwilligung nach Aufklärung erteilt, an der klinischen Prüfung teilzunehmen, um seine Einwilligung ersuchen, dass seine Daten außerhalb des Prüfplans der klinischen Prüfung, jedoch ausschließlich zu wissenschaftlichen Zwecken, verwendet werden. Diese Einwilligung kann von dem Prüfungsteilnehmer oder seinem gesetzlichen Vertreter jederzeit widerrufen werden.

Die wissenschaftliche Forschung, für die die Daten außerhalb des Prüfplans der klinischen Prüfung verwendet werden, wird gemäß dem für den Datenschutz geltenden Recht durchgeführt.

(3) Jeder Prüfungsteilnehmer oder, falls der Prüfungsteilnehmer nicht in der Lage ist, eine Einwilligung nach Aufklärung zu erteilen, sein gesetzlicher Vertreter kann seine Teilnahme an der klinischen Prüfung jederzeit durch Widerruf seiner Einwilligung beenden, ohne dass ihm daraus ein Nachteil entsteht und ohne dass er dies in irgendeiner Weise begründen müsste. Unbeschadet der Richtlinie 95/46/EG hat der Widerruf der Einwilligung nach Aufklärung keine Auswirkungen auf Tätigkeiten, die auf der Grundlage der Einwilligung nach Aufklärung bereits vor deren Widerruf durchgeführt wurden, oder auf die Verwendung der auf dieser Grundlage erhobenen Daten.

Artikel 29
Einwilligung nach Aufklärung

(1) Die Einwilligung nach Aufklärung wird nach entsprechender Aufklärung gemäß Absatz 2 von der Person, die das Gespräch gemäß Absatz 2 Buchstabe c geführt hat, sowie vom Prüfungsteilnehmer oder, falls der Prüfungsteilnehmer nicht in der Lage ist, eine Einwilligung nach Aufklärung zu erteilen, seinem gesetzlichen Vertreter schriftlich erteilt, datiert und unterzeichnet. Ist der Prüfungsteilnehmer nicht in der Lage, seine Einwilligung nach Aufklärung schriftlich zu erteilen, kann die Einwilligung in geeigneter alternativer Weise in Anwesenheit mindestens eines unparteiischen Zeugen erteilt und aufgezeichnet werden In diesem Fall unterzeichnet und datiert der Zeuge das Dokument zur Einwilligung nach Aufklärung. Der Prüfungsteilnehmer oder, falls der Prüfungsteilnehmer nicht in der Lage ist, eine Einwilligung nach Aufklärung zu erteilen, sein gesetzlicher Vertreter erhält eine Ausfertigung des Dokuments oder der Aufzeichnung, mit dem die Einwilligung nach Aufklärung erteilt wurde. Die Einwilligung nach Aufklärung ist zu dokumentieren. Dem Prüfungsteilnehmer oder seinem gesetzlichen Vertreter ist eine angemessene Frist zu gewähren, um über seine Entscheidung, an der klinischen Prüfung teilzunehmen, nachzudenken.

(2) Die Informationen, die dem Prüfungsteilnehmer oder, falls der Prüfungsteilnehmer nicht in der Lage ist, eine Einwilligung nach Aufklärung zu erteilen, seinem gesetzlichen Vertreter zur Verfügung gestellt werden, um die Einwilligung nach Aufklärung zu erlangen, müssen

a) den Prüfungsteilnehmer oder seinen gesetzlichen Vertreter in die Lage versetzen zu verstehen,

   i) worin das Wesen, die Ziele, der Nutzen, die Folgen, die Risiken und die Nachteile der klinischen Prüfung bestehen;

   ii) welche Rechte und Garantien dem Prüfungsteilnehmer zu seinem Schutz zustehen, insbesondere sein Recht, die Teilnahme an der klinischen Prüfung zu verweigern oder diese Teilnahme jederzeit zu beenden, ohne dass ihm daraus ein Nachteil entsteht und ohne dass er dies in irgendeiner Weise begründen müsste;

   iii) unter welchen Bedingungen die klinische Prüfung durchgeführt wird; dies schließt die erwartete Dauer der Teilnahme des Prüfungsteilnehmer an der klinischen Prüfung ein, und

iv) welche alternativen Behandlungsmöglichkeiten bestehen, einschließlich der Nachsorgemaßnahmen, wenn die Teilnahme des Prüfungsteilnehmers an der klinischen Prüfung abgebrochen wird;

b) umfassend, knapp, klar, zweckdienlich und für Laien verständlich sein;

c) im Rahmen eines vorangegangenen Gesprächs mitgeteilt werden, das ein Mitglied des Prüfungsteams führt, das gemäß dem Recht des betroffenen Mitgliedstaats angemessen qualifiziert ist;

d) Angaben über das in Artikel 76 Absatz 1 genannte geltende Verfahren zur Entschädigung für Schäden enthalten und

e) die EU-Prüfungsnummer sowie Informationen über die Verfügbarkeit der Ergebnisse der klinischen Prüfung gemäß Absatz 6 enthalten.

(3) Die Informationen gemäß Absatz 2 werden schriftlich niedergelegt und dem Prüfungsteilnehmer oder, falls der Prüfungsteilnehmer nicht in der Lage ist, eine Einwilligung nach Aufklärung zu erteilen, seinem gesetzlichen Vertreter zur Verfügung gestellt.

(4) Während des in Absatz 2 Buchstabe c genannten Gesprächs werden dem Informationsbedarf bestimmter Patientengruppen und einzelner Prüfungsteilnehmer und der Art und Weise, in der die Informationen erteilt werden, besondere Aufmerksamkeit gewidmet.

(5) Während des in Absatz 2 Buchstabe c genannten Gesprächs wird sichergestellt, dass der Prüfungsteilnehmer die Informationen verstanden hat.

(6) Der Prüfungsteilnehmer wird darüber informiert, dass die Zusammenfassung der Ergebnisse der klinischen Prüfung und eine Zusammenfassung, die in einer für Laien verständlichen Sprache formuliert ist, unabhängig vom Ergebnis der klinischen Prüfung in der in Artikel 81 genannten EU-Datenbank („EU-Datenbank“) gemäß Artikel 37 Absatz 4 bereitgestellt werden, sowie – soweit möglich – wann dies geschehen wird.

(7) Die Verordnung lässt nationales Recht unberührt, demzufolge sowohl die Unterschrift der nicht einwilligungsfähigen Person als auch die Unterschrift ihres gesetzlichen Vertreters auf dem Formular für die Einwilligung nach Aufklärung verlangt werden können.

(8) Diese Verordnung lässt nationales Recht unberührt, das vorschreibt, dass ein Minderjähriger, der in der Lage ist, sich eine Meinung zu bilden und die ihm er-

teilten Informationen zu beurteilen, zusätzlich zu der Einwilligung nach Aufklärung durch den gesetzlichen Vertreter selbst der Teilnahme zustimmen muss, damit er an einer klinischen Prüfung teilnehmen kann.

Artikel 30
Einwilligung nach Aufklärung bei Cluster-Prüfungen

(1) Wird eine klinische Prüfung ausschließlich in einem Mitgliedstaat durchgeführt, kann dieser Mitgliedstaat unbeschadet des Artikels 35 und abweichend von Artikel 28 Absatz 1 Buchstaben b, c und g sowie von Artikel 29 Absatz 1, Artikel 29 Absatz 2 Buchstabe c und Artikel 29 Absätze 3, 4 und 5 sowie von Artikel 31 Absatz 1 Buchstaben a, b und c und Artikel 32 Absatz 1 Buchstaben a, b und c dem Prüfer gestatten, die Einwilligung nach Aufklärung mit Hilfe der vereinfachten Verfahren gemäß Absatz 2 des vorliegenden Artikels einzuholen, sofern alle Bedingungen gemäß Absatz 3 des vorliegenden Artikels erfüllt sind.

(2) Für klinische Prüfungen, die die Voraussetzungen gemäß Absatz 3 erfüllen, gilt die Einwilligung nach Aufklärung als erteilt, wenn

a) die gemäß Artikel 29 Absatz 2 Buchstaben a, b, d und e erforderlichen Informationen gemäß den Angaben des Prüfplans vor der Aufnahme des Prüfungsteilnehmers in die klinische Prüfung erteilt werden und sofern aus diesen Informationen insbesondere hervorgeht, dass der Prüfungsteilnehmer seine Teilnahme an der klinischen Prüfung verweigern oder diese Teilnahme jederzeit beenden kann, ohne dass ihm dadurch Nachteile entstehen, und

b) der potenzielle Prüfungsteilnehmer nach Aufklärung keine Einwände gegen seine Teilnahme an der klinischen Prüfung erhebt.

(3) Die Einwilligung nach Aufklärung kann mit Hilfe der vereinfachten Verfahren gemäß Absatz 2 eingeholt werden, wenn alle folgenden Voraussetzungen erfüllt sind:

a) die vereinfachten Verfahren zur Einholung der Einwilligung nach Aufklärung stehen in Einklang mit dem Recht des betroffenen Mitgliedstaats;

b) die Methodik der klinischen Prüfung erfordert es, dass Gruppen von Prüfungsteilnehmern anstelle von einzelnen Prüfungsteilnehmern in einer klinischen Prüfung eingeteilt werden, um unterschiedliche Prüfpräparate verabreicht zu bekommen;

c) bei der klinischen Prüfung handelt es sich um eine minimalinterventionelle klinische Prüfung und die bereits zugelassenen Prüfpräparate werden gemäß den Bedingungen der Zulassung verwendet;

d) außer der Standardbehandlung der betroffenen Prüfungsteilnehmer werden keine Interventionen vorgenommen;

e) im Prüfplan werden die Gründe dafür angegeben, dass die Einwilligung nach Aufklärung mit Hilfe der vereinfachten Verfahren eingeholt wird, und es wird beschrieben, in welchem Umfang und auf welchem Wege die Prüfungsteilnehmer aufgeklärt werden.

(4) Der Prüfer dokumentiert alle Fälle, in denen Prüfungsteilnehmer die Teilnahme verweigern bzw. beenden, und stellt sicher, dass keine Daten für die klinische Prüfung von Prüfungsteilnehmern erhoben werden, die die Teilnahme an der klinischen Prüfung verweigert haben oder ihre Teilnahme daran beendet haben.

Artikel 31
Klinische Prüfungen mit nicht einwilligungsfähigen Prüfungsteilnehmern

(1) Nicht einwilligungsfähige Prüfungsteilnehmer dürfen, sofern sie ihre Einwilligung nach Aufklärung nicht vor Verlust ihrer Einwilligungsfähigkeit erteilt oder sie diese verweigert haben, nur dann an klinischen Prüfungen teilnehmen, wenn außer den in Artikel 28 aufgeführten Voraussetzungen auch alle folgenden Voraussetzungen erfüllt sind:

a) Es wurde eine Einwilligung nach Aufklärung ihres gesetzlichen Vertreters eingeholt;

b) der nicht einwilligungsfähige Prüfungsteilnehmer hat die Informationen gemäß Artikel 29 Absatz 2 in einer Form erhalten, die seiner Fähigkeit, diese zu begreifen, angemessen ist;

c) der ausdrückliche Wunsch eines nicht einwilligungsfähigen Prüfungsteilnehmers, der in der Lage ist, sich eine Meinung zu bilden und die in Artikel 29 Absatz 2 genannten Informationen zu beurteilen, die Teilnahme an der klinischen Prüfung zu verweigern oder seine Teilnahme daran zu irgendeinem Zeitpunkt zu beenden, wird vom Prüfer beachtet;

d) über eine Entschädigung für Ausgaben und Einkommensausfälle, die sich direkt aus der Teilnahme an der klinischen Prüfung ergeben, hinaus gibt es für die Prüfungsteilnehmer oder ihre gesetzlichen Vertreter keine finanziellen oder anderweitigen Anreize;

e) die klinische Prüfung ist im Hinblick auf nicht einwilligungsfähige Prüfungsteilnehmer unerlässlich und Daten von vergleichbarer Aussagekraft können nicht im Rahmen klinischer Prüfungen an einwilligungsfähigen Personen oder mit anderen Forschungsmethoden gewonnen werden;

f) die klinische Prüfung steht im direkten Zusammenhang mit einem klinischen Zustand, unter dem der Prüfungsteilnehmer leidet;

g) es gibt wissenschaftliche Gründe für die Erwartung, dass die Teilnahme an der klinischen Prüfung

   i) einen direkten Nutzen für den nicht einwilligungsfähigen Prüfungsteilnehmer zur Folge haben wird, der die Risiken und Belastungen überwiegt, oder

   ii) Nutzen für die repräsentierte Bevölkerungsgruppe, zu der der betroffene nicht einwilligungsfähige Prüfungsteilnehmer gehört, zur Folge haben wird, sofern die klinische Prüfung im direkten Zusammenhang mit dem lebensbedrohlichen oder zu Invalidität führenden klinischen Zustand steht, unter dem der Prüfungsteilnehmer leidet, und sofern die Prüfung den betroffenen nicht einwilligungsfähigen Prüfungsteilnehmer im Vergleich zur Standardbehandlung seiner Krankheit nur einem minimalen Risiko und einer minimalen Belastung aussetzt.

(2) Absatz 1 Buchstabe g Ziffer ii lässt mögliche strengere nationale Regelungen unberührt, die die Durchführung derartiger klinischer Prüfungen an nicht einwilligungsfähigen Prüfungsteilnehmern verbieten, wenn keine wissenschaftlichen Gründe vorliegen, die erwarten lassen, dass eine Teilnahme an der klinischen Prüfung einen direkten Nutzen für den Prüfungsteilnehmer zur Folge hat, der die Risiken und Belastungen einer Teilnahme an der Prüfung überwiegt.

(3) Der Prüfungsteilnehmer wird so weit wie möglich in den Einwilligungsprozess einbezogen.

Artikel 32
Klinische Prüfungen mit Minderjährigen

(1) Klinische Prüfungen mit Minderjährigen dürfen nur dann durchgeführt werden, wenn zusätzlich zu den in Artikel 28 aufgeführten Voraussetzungen auch alle folgenden Voraussetzungen erfüllt sind:

a) ihr gesetzlicher Vertreter hat eine Einwilligung nach Aufklärung erteilt;

b) die Minderjährigen haben von im Umgang mit Minderjährigen erfahrenen oder entsprechend ausgebildeten Prüfern oder Mitgliedern des Prüfungsteams die Informationen gemäß Artikel 29 Absatz 2 über die Prüfung, ihre Risiken und ihre Vorteile in einer ihrem Alter und ihrer geistigen Reife entsprechenden Weise erhalten;

c) der ausdrückliche Wunsch eines Minderjährigen, der in der Lage ist, sich eine eigene Meinung zu bilden und die Informationen nach Artikel 29 Absatz 2 zu beurteilen, die Teilnahme an der klinischen Prüfung zu verweigern oder seine Teilnahme daran zu irgendeinem Zeitpunkt zu beenden, wird vom Prüfer respektiert;

d) über eine Entschädigung für Ausgaben und Einkommensausfälle, die sich direkt aus der Teilnahme an der klinischen Prüfung ergeben, hinaus gibt es für den Prüfungsteilnehmer oder seinen gesetzlichen Vertreter keine finanziellen oder anderweitigen Anreize;

e) Ziel der klinischen Prüfung ist die Erforschung von Behandlungen für einen klinischen Zustand, das nur Minderjährige betrifft, oder die klinische Prüfung ist zur Bestätigung von im Rahmen klinischer Prüfungen an einwilligungsfähigen Personen oder mittels anderer Forschungsmethoden gewonnener Daten in Bezug auf Minderjährige unerlässlich;

f) die klinische Prüfung steht entweder unmittelbar im Zusammenhang mit dem klinischen Zustand, unter dem der betroffene Minderjährige leidet, oder kann aufgrund ihrer Beschaffenheit nur mit Minderjährigen durchgeführt werden;

g) es gibt wissenschaftliche Gründe für die Erwartung, dass die Teilnahme an der klinischen Prüfung:

   i) einen direkten Nutzen für den betroffenen Minderjährigen zur Folge haben wird, der die Risiken und Belastungen überwiegt, oder

ii) einen Nutzen für die Bevölkerungsgruppe, zu der der betroffene Minderjährige gehört, zur Folge haben wird und der betroffene Minderjährige im Vergleich zur Standardbehandlung seiner Krankheit durch die klinische Prüfung nur einem minimalen Risiko und einer minimalen Belastung ausgesetzt wird.

(2) Der Minderjährige wird seinem Alter und seiner geistigen Reife entsprechend in den Prozess der Einwilligung nach Aufklärung einbezogen.

(3) Hat der Minderjährige während der klinischen Prüfung gemäß dem Recht des betroffenen Mitgliedstaats die rechtliche Fähigkeit zur Einwilligung nach Aufklärung erreicht, so muss seine ausdrückliche Einwilligung nach Aufklärung eingeholt werden, bevor dieser Prüfungsteilnehmer die Teilnahme an der klinischen Prüfung weiterführen kann.

Artikel 33
Klinische Prüfungen mit schwangeren oder stillenden Frauen

Klinische Prüfungen mit schwangeren oder stillenden Frauen dürfen nur durchgeführt werden, wenn zusätzlich zu den in Artikel 28 genannten Voraussetzungen folgende Bedingungen erfüllt sind:

a) Die klinische Prüfung hat unter Umständen einen direkten Nutzen für die betroffene schwangere oder stillende Frau oder ihren Embryo oder Fötus oder ihr Kind nach der Geburt zur Folge, der die Risiken und Belastungen einer Teilnahme an der Prüfung überwiegt, oder

b) wenn eine derartige klinische Prüfung keinen direkten Nutzen für die betroffene schwangere oder stillende Frau oder ihren Embryo, ihren Fötus oder ihr Kind nach der Geburt zur Folge hat, kann sie nur durchgeführt werden, wenn

   i) durch eine klinische Prüfung mit Frauen, die nicht schwanger sind oder nicht stillen, keine vergleichbaren Ergebnisse gewonnen werden können;

   ii) die klinische Prüfung dazu beiträgt, Ergebnisse zu gewinnen, die für schwangere oder stillende Frauen oder für Frauen im Zusammenhang mit der Fortpflanzung oder für andere Embryonen, Föten oder Kinder von Nutzen sein können, und

   iii) sie für die betroffene schwangere oder stillende Frau, den Embryo, den Fötus oder das Kind nach der Geburt nur ein minimales Risiko birgt und nur eine minimale Belastung darstellt;

c) bei Forschungsvorhaben mit stillenden Frauen wird in besonderem Maße dafür Sorge getragen, dass eine Beeinträchtigung der Gesundheit des Kindes ausgeschlossen ist, und

d) über eine Entschädigung für Ausgaben und Einkommensausfälle, die sich direkt aus der Teilnahme an der klinischen Prüfung ergeben, hinaus gibt es für die Prüfungsteilnehmerin keine finanziellen oder anderweitigen Anreize.

Artikel 34
Zusätzliche nationale Maßnahmen

Die Mitgliedstaaten können zusätzliche Maßnahmen beibehalten, die Personen betreffen, die einen Pflichtwehrdienst ableisten, Personen, denen die Freiheit entzogen wurde, Personen, die aufgrund einer gerichtlichen Entscheidung nicht an einer klinischen Prüfung teilnehmen dürfen, und Personen, die in einem Pflegeheim untergebracht sind.

Artikel 35
Klinische Prüfungen in Notfällen

(1) Abweichend von Artikel 28 Absatz 1 Buchstaben b und c, Artikel 31 Absatz 1 Buchstaben a und b und von Artikel 32 Absatz 1 Buchstaben a und b kann die Einwilligung nach Aufklärung zur Teilnahme an einer klinischen Prüfung erst eingeholt werden und können die entsprechenden Informationen über die klinische Prüfung zur Verfügung gestellt werden, nachdem die Entscheidung getroffen wurde, den Prüfungsteilnehmer in die klinische Prüfung einzubeziehen, sofern diese Entscheidung zu dem Zeitpunkt der ersten Intervention mit dem Prüfungsteilnehmer gemäß dem Prüfbericht für diese klinische Prüfung getroffen wurde und alle folgenden Voraussetzungen erfüllt sind:

a) aufgrund der Dringlichkeit der Situation, die sich aus einem plötzlichen lebensbedrohlichen oder einem anderen plötzlichen schwerwiegenden Gesundheitszustand ergibt, ist der Prüfungsteilnehmer nicht in der Lage, im Voraus eine Einwilligung nach Aufklärung zu erteilen und Informationen über die klinische Prüfung zu erhalten;

b) es gibt wissenschaftliche Gründe für die Erwartung, dass die Teilnahme des Prüfungsteilnehmers an der klinischen Prüfung unter Umständen einen direkten klinisch relevanten Nutzen für den Prüfungsteilnehmer zur Folge hat, mit dem eine nachweisbare gesundheitsbezogene Verbesserung erreicht wird, die das Leiden des Prüfungsteilnehmers lindert und/oder seine Gesundheit verbessert, oder mit dem die Diagnose seiner Krankheit ermöglicht wird;

c) es ist nicht möglich, innerhalb der für die Behandlung zur Verfügung stehenden Zeit im Vorfeld dem gesetzlichen Vertreter alle Informationen bereitzustellen und eine vorherige Einwilligung nach Aufklärung von diesem einzuholen;

d) der Prüfer bescheinigt, dass der Prüfungsteilnehmer nach seiner Kenntnis zuvor keine Einwände gegen die Teilnahme an der klinischen Prüfung geäußert hat;

e) die klinische Prüfung steht in direktem Zusammenhang mit dem klinischen Zustand des Prüfungsteilnehmers, der die Einholung der Einwilligung nach Aufklärung des Prüfungsteilnehmers oder seines gesetzlichen Vertreters nach Aufklärung und die Bereitstellung der Informationen innerhalb der für die Behandlung zur Verfügung stehenden Zeit unmöglich macht, und die klinische Prüfung kann aufgrund ihrer Art ausschließlich in Notfallsituationen durchgeführt werden;

f) die klinische Prüfung ist im Vergleich zur Standardbehandlung seiner Krankheit nur ein minimales Risiko und eine minimale Belastung für den Prüfungsteilnehmer.

(2) Nach einer Intervention gemäß Absatz 1 wird die Einwilligung nach Aufklärung gemäß Artikel 29 für die weitere Teilnahme des Prüfungsteilnehmers an der klinischen Prüfung eingeholt und die Informationen werden zu folgenden Bedingungen bereitgestellt:

a) Für nicht einwilligungsfähige Personen und Minderjährige wird die Einwilligung nach Aufklärung unverzüglich von dem Prüfer bei ihrem gesetzlichen Vertreter eingeholt; die in Artikel 29 Absatz 2 genannten Informationen werden dem Prüfungsteilnehmer und seinem gesetzlichen Vertreter so bald wie möglich übergeben.

b) Für andere Prüfungsteilnehmer wird die Einwilligung nach Aufklärung unverzüglich von dem Prüfer beim Prüfungsteilnehmer oder bei seinem gesetzlichen Vertreter eingeholt, je nachdem, welche Einwilligung zuerst eingeholt werden kann; die in Artikel 29 Absatz 2 genannten Informationen werden dem Prüfungsteilnehmer oder dem gesetzlichen Vertreter, je nachdem, was zuerst möglich ist, so bald wie möglich übergeben.

Wurde die Einwilligung nach Aufklärung gemäß Buchstabe b beim gesetzlichen Vertreter eingeholt, so wird die Einwilligung nach Aufklärung des Prüfungsteilnehmers zur weiteren Teilnahme an der klinischen Prüfung eingeholt, sobald dieser einwilligungsfähig ist.

(3) Erteilt der Prüfungsteilnehmer oder gegebenenfalls sein gesetzlicher Vertreter seine Einwilligung nicht, wird er davon in Kenntnis gesetzt, dass er das Recht hat, der Nutzung von Daten, die im Rahmen der klinischen Prüfung gewonnen wurden, zu widersprechen.

Kapitel VI
Beginn, Ende, vorübergehende Unterbrechung und vorzeitiger Abbruch einer klinischen Prüfung

Artikel 36
Mitteilung über den Beginn einer klinischen Prüfung und das Ende der Rekrutierung von Prüfungsteilnehmern

(1) Der Sponsor unterrichtet jeden betroffenen Mitgliedstaat über das EU-Portal vom Beginn der klinischen Prüfung in dem betreffenden Mitgliedstaat.

Diese Mitteilung erfolgt innerhalb von 15 Tagen ab dem Beginn der klinischen Prüfung in dem betreffenden Mitgliedstaat.

(2) Der Sponsor unterrichtet jeden betroffenen Mitgliedstaat über das EU-Portal von der ersten Visite des ersten Prüfungsteilnehmers in dem betreffenden Mitgliedstaat.

Diese Mitteilung erfolgt innerhalb von 15 Tagen ab der ersten Visite des ersten Prüfungsteilnehmers in dem betreffenden Mitgliedstaat.

(3) Der Sponsor unterrichtet jeden betroffenen Mitgliedstaat über das EU-Portal darüber, wann er die Rekrutierung von Prüfungsteilnehmern für eine klinische Prüfung in dem betreffenden Mitgliedstaat beendet.

Diese Mitteilung erfolgt innerhalb von 15 Tagen ab der Beendigung der Rekrutierung von Prüfungsteilnehmern. Wird erneut mit der Rekrutierung von Prüfungsteilnehmern begonnen, gilt Absatz 1.

Artikel 37
Ende der klinischen Prüfung, vorübergehende Unterbrechung und vorzeitiger Abbruch der klinischen Prüfung und Einreichung von Ergebnissen

(1) Der Sponsor unterrichtet jeden betroffenen Mitgliedstaat über das EU-Portal vom Ende der klinischen Prüfung in dem betreffenden Mitgliedstaat.

Diese Mitteilung erfolgt innerhalb von 15 Tagen ab der Beendigung der klinischen Prüfung in dem betreffenden Mitgliedstaat.

(2) Der Sponsor unterrichtet jeden betroffenen Mitgliedstaat über das EU-Portal von dem Ende der klinischen Prüfung in allen betroffenen Mitgliedstaaten.

Diese Mitteilung erfolgt innerhalb von 15 Tagen ab der Beendigung der klinischen Prüfung in dem letzten der betroffenen Mitgliedstaaten.

(3) Der Sponsor unterrichtet jeden betroffenen Mitgliedstaat über das EU-Portal vom Ende einer klinischen Prüfung in allen betroffenen Mitgliedstaaten und in allen Drittländern, in denen die klinische Prüfung durchgeführt wurde.

Diese Mitteilung erfolgt innerhalb von 15 Tagen ab der Beendigung der klinischen Prüfung im letzten der betroffenen Mitgliedstaaten und Drittländer, in denen die klinische Prüfung durchgeführt wurde.

(4) Unabhängig vom Ergebnis der klinischen Prüfung übermittelt der Sponsor innerhalb eines Jahres ab dem Ende der klinischen Prüfung in allen betroffenen Mitgliedstaaten eine Zusammenfassung der Ergebnisse der klinischen Prüfung an die EU-Datenbank. Der Inhalt dieser Zusammenfassung ist in Anhang IV dargelegt.

Dieser ist eine Zusammenfassung angefügt, die in einer für Laien verständlichen Weise formuliert ist. Der Inhalt dieser Zusammenfassung ist in Anhang V dargelegt.

Ist es aus im Prüfplan dargelegten wissenschaftlichen Gründen nicht möglich, innerhalb eines Jahres eine Zusammenfassung der Ergebnisse zu übermitteln, wird die Zusammenfassung übermittelt, sobald sie verfügbar ist. In einem solchen Fall wird im Prüfplan zusammen mit einer Begründung angegeben, wann die Ergebnisse übermittelt werden.

Wenn die klinische Prüfung dazu dienen sollte, eine Zulassung für ein Prüfpräparat zu erhalten, übermittelt der Antragsteller für die Zulassung des Prüfpräparats innerhalb von 30 Tagen ab dem Tag, an dem die Zulassung erteilt wurde, das Verfahren zur Erteilung der Zulassung beendet wurde oder der Antragsteller den Antrag auf eine Zulassung zurückgezogen hat, neben der Zusammenfassung der Ergebnisse auch den Studienabschlussbericht an die EU-Datenbank.

Wenn der Sponsor beschließt, Rohdaten freiwillig zur gemeinsamen Nutzung zur Verfügung zu stellen, erarbeitet die Kommission Leitlinien für das Format und die Freigabe dieser Daten.

(5) Bei einer vorübergehenden Aussetzung einer klinischen Prüfung in allen betroffenen Mitgliedstaaten aus Gründen, die sich nicht auf das Nutzen-Risiko-Verhältnis auswirken, unterrichtet der Sponsor jeden betroffenen Mitgliedstaat über das EU-Portal hierüber.

Diese Mitteilung erfolgt innerhalb von 15 Tagen ab der vorübergehenden Aussetzung der klinischen Prüfung in allen betroffenen Mitgliedstaaten. Sie enthält auch die Gründe für diese Maßnahme.

(6) Wenn eine gemäß Absatz 5 vorübergehend ausgesetzte klinische Prüfung wieder aufgenommen wird, setzt der Sponsor jeden der betroffenen Mitgliedstaaten durch das EU-Portal hiervon in Kenntnis.

Diese Mitteilung erfolgt innerhalb von 15 Tagen ab der Wiederaufnahme der vorübergehend ausgesetzten klinischen Prüfung in allen betroffenen Mitgliedstaaten.

(7) Bei klinischen Prüfungen, die vorübergehend ausgesetzt und nicht innerhalb von zwei Jahren wieder aufgenommen werden, gilt der Tag des Ablaufs dieser Frist oder der Tag der Entscheidung des Sponsors darüber, die klinische Prüfung nicht wieder aufzunehmen, als Ende der klinischen Prüfung, je nachdem, welcher Zeitpunkt zuerst eintritt. Wird eine klinische Prüfung vorzeitig abgebrochen, gilt der Tag des Abbruchs als Ende der klinischen Prüfung.

Bei einem vorzeitigen Abbruch der klinischen Prüfung aus Gründen, die sich nicht auf das Nutzen-Risiko-Verhältnis auswirken, benachrichtigt der Sponsor jeden betroffenen Mitgliedstaat über das EU-Portal über die Gründe für diese Maßnahme und gegebenenfalls über die Nachsorgemaßnahmen für die Prüfungsteilnehmer.

(8) Unbeschadet des Absatzes 4 ist für klinische Prüfungen, in deren Prüfplan eine Frist für eine Zwischenanalyse der Daten vor dem Ende der gesamten klinischen Prüfung festgelegt ist und für die die Daten vorliegen, die Zusammenfassung dieser Daten innerhalb eines Jahres nach Ablauf der Frist für eine Zwischenanalyse der Daten bei der EU-Datenbank zu übermitteln.

Artikel 38
Vorübergehende Unterbrechung oder vorzeitiger Abbruch durch den Sponsor aus Gründen der Sicherheit der Prüfungsteilnehmer

(1) Eine vorübergehende Unterbrechung oder ein vorzeitiger Abbruch einer klinischen Prüfung aufgrund einer Änderung des Nutzen-Risiko-Verhältnisses wird für die Zwecke dieser Verordnung den betroffenen Mitgliedstaaten über das EU-Portal mitgeteilt.

Diese Mitteilung erfolgt unverzüglich, jedoch spätestens 15 Tage ab dem Tag der vorübergehenden Unterbrechung oder des vorzeitigen Abbruchs. Sie enthält die Gründe für diese Maßnahme und benennt die Nachsorgemaßnahmen.

(2) Eine Wiederaufnahme der klinischen Prüfung nach einer vorübergehenden Unterbrechung gemäß Absatz 1 gilt als wesentliche Änderung, die an das Genehmigungsverfahren gemäß Kapitel III geknüpft ist.

Artikel 39
Aktualisierung des Inhalts der Zusammenfassung der Ergebnisse und Zusammenfassung für Laien

Der Kommission wird die Befugnis übertragen, gemäß Artikel 89 zur Anpassung der Anhänge IV und V an den technischen Fortschritt und die Entwicklung der internationalen Regelungen im Bereich klinischer Prüfungen, an denen die Union oder die Mitgliedstaaten beteiligt sind, delegierte Rechtsakte zu erlassen.

Kapitel VII
Sicherheitsberichterstattung im Rahmen einer klinischen Prüfung

Artikel 40
Elektronische Datenbank für die Sicherheitsberichterstattung

(1) Von der gemäß der Verordnung (EG) Nr. 726/2004 eingerichteten Europäischen Arzneimittel-Agentur (im Folgenden „die Agentur“) wird eine elektronische Datenbank für die Berichterstattung gemäß den Artikeln 42 und 43 eingerichtet und unterhalten. Diese Datenbank ist ein Modul der in Artikel 24 der Verordnung (EG) Nr. 726/2004 genannten Datenbank (im Folgenden „EudraVigilance-Datenbank“).

(2) Die Agentur erstellt in Zusammenarbeit mit den Mitgliedstaaten ein strukturiertes internetgestütztes Standardformular, mit dem die Sponsoren mutmaßliche uner-

wartete schwerwiegende Nebenwirkungen an die in Absatz 1 genannte Datenbank melden können.

Artikel 41
Meldung unerwünschter Ereignisse und schwerwiegender unerwünschter Ereignisse vom Prüfer an den Sponsor

(1) Der Prüfer zeichnet alle unerwünschten Ereignisse oder abnormen Laborwerte auf, die im Prüfplan als kritisch für die Sicherheitsbewertung bezeichnet sind, dokumentiert sie und meldet sie an den Sponsor gemäß den Berichtspflichten und innerhalb der im Prüfplan angegebenen Fristen.

(2) Der Prüfer zeichnet alle unerwünschten Ereignisse auf und dokumentiert sie, außer wenn im Prüfbericht etwas anderes vorgesehen ist. Der Prüfer meldet dem Sponsor alle schwerwiegenden unerwünschten Ereignisse, die bei den von ihm im Rahmen der klinischen Prüfung behandelten Prüfungsteilnehmern auftreten, außer wenn im Prüfbericht etwas anderes vorgesehen ist.

Alle schwerwiegenden unerwünschten Ereignisse meldet der Prüfer dem Sponsor unverzüglich, jedoch spätestens innerhalb von 24 Stunden, nachdem er von den Ereignissen erfahren hat, sofern im Prüfplan für bestimmte schwerwiegende unerwünschte Ereignisse keine unverzügliche Meldung vorgesehen ist. Gegebenenfalls übermittelt der Prüfer dem Sponsor einen Folgebericht, der es dem Sponsor ermöglicht einzuschätzen, ob sich das schwerwiegende unerwünschte Ereignis auf das Nutzen-Risiko-Verhältnis der klinischen Prüfung auswirkt.

(3) Der Sponsor führt genaue Aufzeichnungen über alle ihm vom Prüfer gemeldeten unerwünschten Ereignisse.

(4) Erlangt der Prüfer Kenntnis von einem schwerwiegenden unerwünschten Ereignis, das nach dem Abschluss der klinischen Prüfung bei einem der von ihm behandelten Prüfungsteilnehmer eingetreten ist und das mutmaßlich in einem ursächlichen Verhältnis zu dem Prüfpräparat steht, meldet er dies unverzüglich dem Sponsor.

Artikel 42
Meldung mutmaßlicher unerwarteter schwerwiegender Nebenwirkungen durch den Sponsor an die Agentur

(1) Der Sponsor einer klinischen Prüfung, die in wenigstens einem Mitgliedstaat durchgeführt wird, meldet unverzüglich elektronisch alle relevanten Informationen

zu den folgenden mutmaßlichen unerwarteten schwerwiegenden Nebenwirkungen an die in Artikel 40 Absatz 1 genannte Datenbank:

a) alle mutmaßlichen unerwarteten schwerwiegenden Nebenwirkungen von Prüfpräparaten, die während dieser klinischen Prüfung auftreten, unabhängig davon, ob die mutmaßliche unerwartete schwerwiegende Nebenwirkung in einer Prüfstelle in der Union oder in einem Drittland aufgetreten ist;

b) alle mutmaßlichen unerwarteten schwerwiegenden Nebenwirkungen im Zusammenhang mit demselben, in einem Prüfpräparat, das bei der klinischen Prüfung verwendet wird, enthaltenen Wirkstoff, ungeachtet seiner Darreichungsform und der geprüften Dosierung oder Indikation, die während einer klinischen Prüfung auftreten, die ausschließlich in einem Drittland stattfindet, sofern diese klinische Prüfung:

   i) unter der Verantwortung dieses Sponsors erfolgt oder

   ii) unter der Verantwortung eines anderen Sponsors erfolgt, der entweder zu demselben Mutterunternehmen wie der Sponsor der klinischen Prüfung gehört oder der gemeinsam mit dem Sponsor der klinischen Prüfung auf der Grundlage einer förmlichen Vereinbarung ein Arzneimittel entwickelt. In diesem Zusammenhang werden die Lieferung des Prüfpräparats oder die Übermittlung von Informationen über Sicherheitsfragen an einen potenziellen künftigen Zulassungsinhaber nicht als gemeinsame Entwicklung betrachtet; und

c) alle mutmaßlichen unerwarteten schwerwiegenden Nebenwirkungen von Prüfpräparaten, die bei einem der Prüfungsteilnehmer auftreten, die der Sponsor nach dem Abschluss der klinischen Prüfung feststellt oder von denen er erst dann Kenntnis erlangt.

(2) Die Frist, innerhalb deren der Sponsor der Agentur mutmaßliche unerwartete schwerwiegende Nebenwirkungen zu melden hat, hängt von der Schwere der Nebenwirkung ab und ist folgende:

a) bei tödlichen oder lebensbedrohlichen mutmaßlichen unerwarteten schwerwiegenden Nebenwirkungen unverzüglich, und jedenfalls spätestens sieben Tage, nachdem der Sponsor von der Nebenwirkung Kenntnis erlangt hat;

b) bei nicht tödlichen oder nicht lebensbedrohlichen mutmaßlichen unerwarteten schwerwiegenden Nebenwirkungen spätestens 15 Tage, nachdem der Sponsor von der Nebenwirkung Kenntnis erlangt hat;

c) bei mutmaßlichen unerwarteten schwerwiegenden Nebenwirkungen, die anfangs für nicht tödlich oder nicht lebensbedrohlich gehalten wurden, sich später aber als tödlich oder lebensbedrohlich erwiesen haben, unverzüglich, und jedenfalls spätestens sieben Tage, nachdem der Sponsor Kenntnis davon erlangt hat, dass es sich um eine tödliche oder lebensbedrohliche Nebenwirkung gehandelt hat.

Um eine zügige Meldung zu ermöglichen, kann der Sponsor gemäß Anhang III Abschnitt 2.4 erforderlichenfalls zunächst eine unvollständige Meldung übermitteln und dieser dann die vollständige Meldung folgen lassen.

(3) Ist es dem Sponsor aufgrund des Mangels an Ressourcen unmöglich, seine Meldung direkt in die in Artikel 40 Absatz 1 genannte Datenbank einzugeben, und hat er die Zustimmung des betroffenen Mitgliedstaats erlangt, kann er seine Meldung dem Mitgliedstaat, in dem die mutmaßliche unerwartete schwerwiegende Nebenwirkung aufgetreten ist, übermitteln. Der Mitgliedstaat meldet die mutmaßliche unerwartete schwerwiegende Nebenwirkung gemäß Absatz 1 des vorliegenden Artikels.

Artikel 43
Jährliche Berichterstattung durch den Sponsor an die Agentur

(1) Für alle Prüfpräparate außer Placebos übermittelt der Sponsor der Agentur jährlich über die in Artikel 40 Absatz 1 genannte Datenbank einen Bericht zur Sicherheit jedes Prüfpräparats, das in einer klinischen Prüfung, deren Sponsor er ist, verwendet wird.

(2) Wenn bei einer klinischen Prüfung mehrere Prüfpräparate verwendet werden, kann der Sponsor, falls dies im Prüfplan vorgesehen ist, für alle bei dieser klinischen Prüfung eingesetzten Prüfpräparate einen einzigen Sicherheitsbericht übermitteln.

(3) Der in Absatz 1 genannte jährliche Bericht enthält nur zusammenfassende und anonymisierte Daten.

(4) Die Berichterstattungspflicht gemäß Absatz 1 beginnt mit dem Tag der ursprünglichen Genehmigung für eine klinische Prüfung gemäß dieser Verordnung. Sie erlischt mit Ende der letzten klinischen Prüfung, die der Sponsor mit dem Prüfpräparat durchführt.

Artikel 44
Bewertung durch die Mitgliedstaaten

(1) Die Agentur leitet den betroffenen Mitgliedstaaten die gemäß den Artikeln 42 und 43 übermittelten Informationen auf elektronischem Wege weiter.

(2) Bei der Bewertung der Informationen gemäß den Artikeln 42 und 43 arbeiten die Mitgliedstaaten zusammen. Die Kommission kann im Wege von Durchführungsrechtsakten Vorschriften für diese Zusammenarbeit erstellen oder verändern. Diese Durchführungsrechtsakte werden gemäß dem in Artikel 88 Absatz 2 genannten Prüfverfahren erlassen.

(3) Die zuständige Ethik-Kommission wird bei der Bewertung der Informationen gemäß den Absätzen 1 und 2 einbezogen, wenn die Rechtsvorschriften des betroffenen Mitgliedstaats dies vorsehen.

Artikel 45
Technische Aspekte

Anhang III enthält Hinweise zu den technischen Aspekten der Sicherheitsberichterstattung gemäß den Artikeln 41 bis 44. Sofern es zu einer Verbesserung des Schutzes der Prüfungsteilnehmer erforderlich ist, wird der Kommission die Befugnis übertragen, gemäß Artikel 89 in Bezug auf die Änderung von Anhang III zu folgenden Zwecken delegierte Rechtsakte zu erlassen:

a) zur Verbesserung der Informationen über die Sicherheit von Arzneimitteln;

b) zur Anpassung der technischen Anforderungen an den technischen Fortschritt;

c) zur Berücksichtigung der Entwicklung der internationalen Regelungen im Bereich der Sicherheitsanforderungen für klinische Prüfungen, die von Gremien gebilligt wurden, deren Mitglied die Union oder die Mitgliedstaaten sind.

Artikel 46
Berichterstattung in Bezug auf Hilfspräparate

Für Hilfspräparate erfolgt die Sicherheitsberichterstattung gemäß Titel IX Kapitel 3 der Richtlinie 2001/83/EG.

Kapitel VIII
Durchführung einer klinischen Prüfung, Überwachung durch den Sponsor, Schulung und Erfahrung, Hilfspräparate

Artikel 47
Einhaltung des Prüfplans und der guten klinischen Praxis

Der Sponsor einer klinischen Prüfung und der Prüfer stellen sicher, dass die klinische Prüfung nach Maßgabe des Prüfplans und gemäß den Grundsätzen der guten klinischen Praxis durchgeführt wird.

Unbeschadet anderer Vorschriften des Unionsrechts oder Leitlinien der Kommission berücksichtigen der Sponsor und der Prüfer bei der Ausarbeitung des Prüfplans und bei der Anwendung dieser Verordnung und des Prüfplans ebenfalls in angemessener Weise die Qualitätsstandards und die ICH-Leitlinien zur guten klinischen Praxis.

Die Kommission macht die in Unterabsatz 2 genannten ausführlichen ICH-Leitlinien zur guten klinischen Praxis öffentlich zugänglich.

Artikel 48
Überwachung

Um zu überwachen, dass die Rechte, die Sicherheit und das Wohl der Prüfungsteilnehmer geschützt sowie die gemeldeten Daten verlässlich und belastbar sind und die Durchführung der klinischen Prüfung gemäß den Anforderungen der Verordnung erfolgt, überwacht der Sponsor die Durchführung der klinischen Prüfung in angemessener Weise. Der Sponsor legt Ausmaß und Art der Überwachung auf der Grundlage einer Bewertung fest, die sämtliche Merkmale der klinischen Prüfung und insbesondere folgende Merkmale berücksichtigt:

a) ob es sich bei der klinischen Prüfung um eine minimalinterventionelle klinische Prüfung handelt;

b) Ziele der klinischen Prüfung und angewandte Methodik und

c) Grad der Abweichung der Intervention von der normalen klinischen Praxis.

Artikel 49
Eignung der an der Durchführung einer klinischen Prüfung mitwirkenden Personen

Bei dem Prüfer handelt es sich um einen Arzt gemäß nationalem Recht oder um eine Person, die einen Beruf ausübt, durch den sie aufgrund der dafür erforderlichen wissenschaftlichen Kenntnisse und Erfahrung bei der Patientenbetreuung in dem betroffenen Mitgliedstaat anerkanntermaßen für die Rolle als Prüfer qualifiziert ist.

Andere an der klinischen Prüfung mitwirkenden Personen müssen durch Ausbildung, Fortbildung und Erfahrung zur Durchführung ihrer Tätigkeit ausreichend qualifiziert sein.

Artikel 50
Eignung der Prüfstellen

Die Einrichtungen, in denen eine klinische Prüfung durchgeführt werden soll, müssen für die Durchführung einer klinischen Prüfung gemäß dieser Verordnung geeignet sein.

Artikel 51
Rückverfolgbarkeit, Lagerung, Rückgabe und Vernichtung von Prüfpräparaten

(1) Prüfpräparate müssen rückverfolgbar sein. Sie werden in geeigneter und angemessener Weise aufbewahrt, zurückgegeben und/oder vernichtet, so dass die Sicherheit der Prüfungsteilnehmer und die Zuverlässigkeit und Belastbarkeit der im Rahmen einer klinischen Prüfung gewonnenen Daten sicherstellt sind; dabei ist insbesondere zu berücksichtigen, ob das Prüfpräparat bereits zugelassen ist und ob es sich um eine minimalinterventionelle klinische Prüfung handelt.

Unterabsatz 1 gilt auch für nicht zugelassene Hilfspräparate.

(2) Das Antragsdossier enthält einschlägige Informationen zur Rückverfolgbarkeit, Lagerung, Rückgabe und Vernichtung der Arzneimittel gemäß Absatz 1.

Artikel 52
Meldung schwerwiegender Verstöße

(1) Der Sponsor meldet den betroffenen Mitgliedstaaten einen schwerwiegenden Verstoß gegen diese Verordnung oder gegen den zu dem betreffenden Zeitpunkt

geltenden Prüfplan über das EU-Portal unverzüglich, jedoch spätestens innerhalb von sieben Tagen, nachdem er davon Kenntnis erhalten hat.

(2) Im Sinne dieses Artikels bezeichnet ein „schwerwiegender Verstoß" einen Verstoß durch den die Sicherheit und die Rechte eines Prüfungsteilnehmers oder die Zuverlässigkeit und Belastbarkeit der im Rahmen der klinischen Prüfung gewonnenen Daten wahrscheinlich erheblich beeinträchtigt werden.

Artikel 53
Sonstige für die Sicherheit der Prüfungsteilnehmer relevante Meldepflichten

(1) Der Sponsor meldet den betroffenen Mitgliedstaaten über das EU-Portal alle unerwarteten Ereignisse, die sich auf das Nutzen-Risiko-Verhältnis der klinischen Prüfung auswirken, bei denen es sich aber nicht um mutmaßliche unerwartete schwerwiegende Nebenwirkungen im Sinne von Artikel 42 handelt. Diese Unterrichtung erfolgt unverzüglich, jedoch spätestens 15 Tage, nachdem der Sponsor Kenntnis von diesem Ereignis erlangt hat.

(2) Der Sponsor übermittelt den betroffenen Mitgliedstaaten über das EU-Portal alle von Drittlandsbehörden erstellten Inspektionsberichte, die die klinische Prüfung betreffen. Auf Ersuchen eines betroffenen Mitgliedstaats legt der Sponsor eine Übersetzung des Berichts oder seiner Zusammenfassung in der Amtssprache der Union vor, die in dem Ersuchen genannt ist.

Artikel 54
Dringende Sicherheitsmaßnahmen

(1) Wird ein unerwartetes Ereignis voraussichtlich schwerwiegende Auswirkungen auf das Nutzen-Risiko-Verhältnis haben, ergreifen Sponsor und Prüfer geeignete dringende Sicherheitsmaßnahmen zum Schutz der Prüfungsteilnehmer.

(2) Der Sponsor unterrichtet über das EU-Portal die betroffenen Mitgliedstaaten über das Ereignis und die ergriffenen Maßnahmen.

Diese Unterrichtung erfolgt unverzüglich, jedoch spätestens sieben Tage, nachdem die Maßnahmen ergriffen wurden.

(3) Dieser Artikel lässt Kapitel III und VII unberührt.

Artikel 55
Prüferinformation

(1) Der Sponsor stellt dem Prüfer eine Prüferinformation zur Verfügung.

(2) Die Prüferinformation wird aktualisiert, wenn neue relevante Sicherheitsinformationen verfügbar werden, und wird mindestens einmal jährlich vom Sponsor überprüft.

Artikel 56
Aufzeichnung, Verarbeitung, Behandlung und Speicherung von Informationen

(1) Alle Daten zu einer klinischen Prüfung werden durch den Sponsor oder gegebenenfalls den Prüfer so aufgezeichnet, verarbeitet, behandelt und gespeichert, dass sie korrekt übermittelt, ausgelegt und überprüft werden können, wobei gleichzeitig die Vertraulichkeit der Unterlagen und der personenbezogenen Daten der Prüfungsteilnehmer gemäß dem geltenden Recht zum Datenschutz gewahrt bleibt.

(2) Es werden geeignete technische und organisatorische Maßnahmen getroffen, um die verarbeiteten Informationen und personenbezogenen Daten vor unbefugtem oder unrechtmäßigem Zugriff, unbefugter und unrechtmäßiger Bekanntgabe, Verbreitung und Veränderung sowie vor Vernichtung oder zufälligem Verlust zu schützen, insbesondere wenn die Verarbeitung die Übertragung über ein Netzwerk umfasst.

Artikel 57
Master File über die klinische Prüfung

Sponsor und Prüfer führen über die klinische Prüfung jeweils einen Master File. Der Master File der klinischen Prüfung enthält zu jeder Zeit die wesentlichen Dokumente über diese klinische Prüfung, die es ermöglichen, die Durchführung der klinischen Prüfung und die Qualität der gewonnenen Daten unter Berücksichtigung aller Merkmale der klinischen Prüfung – insbesondere etwa, ob diese minimalinterventionell ist – zu überprüfen. Der Master File ist ohne weiteres verfügbar und ist den Mitgliedstaaten unmittelbar auf Anforderung zugänglich.

Der vom Prüfer geführte Master File über die klinische Prüfung und der vom Sponsor geführte Master File können unterschiedliche Informationen enthalten, wenn dies aufgrund der unterschiedlichen Verantwortlichkeiten des Prüfers und des Sponsors gerechtfertigt ist.

Artikel 58
Archivierung des Master File über die klinische Prüfung

Soweit in anderen Rechtsvorschriften der Union nicht ein längerer Zeitraum vorgeschrieben ist, bewahren Prüfer und Sponsor den Inhalt ihres Master File nach Beendigung der klinischen Prüfung mindestens 25 Jahre lang auf. Die Patientenakten der Prüfungsteilnehmer werden jedoch gemäß dem nationalen Recht aufbewahrt.

Der Inhalt des Master Files wird so archiviert, dass sichergestellt ist, dass er ohne weiteres verfügbar ist und den zuständigen Behörden unmittelbar auf Anforderung zugänglich ist.

Jede Übertragung der Eigentumsrechte am Master File über die klinische Prüfung ist zu dokumentieren. Die in diesem Artikel aufgeführten Verpflichtungen gehen auf den neuen Eigentümer über.

Der Sponsor benennt innerhalb seiner Organisation Personen, die für die Archivierung zuständig sind. Der Zugang zu den Archiven ist nur diesen Personen gestattet.

Für die Archivierung des Inhalts des Master Files sind Medien zu verwenden, auf denen der Inhalt über die gesamte in Unterabsatz 1 genannte Frist hinweg vollständig erhalten und lesbar bleibt.

Jede Änderung des Inhalts des Master Files über die klinische Prüfung muss rückverfolgbar sein.

Artikel 59
Hilfspräparate

(1) In einer klinischen Prüfung dürfen nur zugelassene Hilfspräparate zum Einsatz kommen.

(2) Absatz 1 gilt nicht, wenn es in der Union kein zugelassenes Hilfspräparat gibt oder wenn vom Sponsor billigerweise nicht erwartet werden kann, dass er ein zugelassenes Hilfspräparat verwendet. Eine diesbezügliche Rechtfertigung ist in den Prüfplan aufzunehmen.

(3) Die Mitgliedstaaten stellen sicher, dass nicht zugelassene Hilfspräparate zum Zweck ihrer Verwendung in einer klinischen Prüfung gemäß Absatz 2 in ihr Hoheitsgebiet eingeführt werden können.

Kapitel IX
Herstellung und Einfuhr von Prüfpräparaten und Hilfspräparaten

Artikel 60
Geltungsbereich dieses Kapitels

Dieses Kapitel gilt für die Herstellung und die Einfuhr von Prüfpräparaten und Hilfspräparaten.

Artikel 61
Erlaubnis zur Herstellung und Einfuhr

(1) Für Herstellung und Einfuhr von Prüfpräparaten in der bzw. die Union ist eine Erlaubnis erforderlich.

(2) Um die in Absatz 1 genannte Erlaubnis zu erhalten, muss der Antragsteller folgende Voraussetzungen erfüllen:

a) Er muss über geeignete und ausreichende Räumlichkeiten, technische Ausrüstung und Kontrollmöglichkeiten zur Herstellung oder Einfuhr verfügen, die den Anforderungen dieser Verordnung entsprechen;

b) er muss dauerhaft und stets auf die Dienste zumindest einer sachkundigen Person zurückgreifen können, die den in Artikel 49 Absätze 2 und 3 der Richtlinie 2001/83/EG genannten Qualifikationsvoraussetzungen entspricht (im Folgenden „sachkundige Person“).

(3) Der Antragsteller macht in seinem Antrag auf Erlaubnis Angaben zu den Arten und Darreichungsformen der von ihm hergestellten oder importierten Prüfpräparate, den Herstellungs- oder Importvorgängen, dem Herstellungsprozess, falls relevant, der Herstellungsstätte, an der die Prüfpräparate hergestellt werden sollen oder der Betriebsstätte in der Union, in die sie nach dem Import verbracht werden und genaue Angaben zur sachkundigen Person.

(4) Für die Herstellungs- und Einfuhrerlaubnis gemäß Absatz 1 gelten die Artikel 42 bis 45 und Artikel 46 Buchstabe e der Richtlinie 2001/83/EG entsprechend.

(5) Absatz 1 gilt nicht für Folgendes:

a) Umetikettieren oder Umpacken, sofern diese Tätigkeiten in Krankenhäusern, Gesundheitszentren oder Kliniken von Apothekern oder anderen Personen, die in den betroffenen Mitgliedstaaten zur Durchführung solcher Verfahren berechtigt sind, durchgeführt werden und die Prüfpräparate ausschließlich zur Anwendung in Krankenhäusern, Gesundheitszentren oder Kliniken, die an derselben klinischen Prüfung in demselben Mitgliedstaat teilnehmen, bestimmt sind;

b) Zubereitung von radioaktiven Arzneimitteln, die als diagnostische Prüfpräparate verwendet werden, sofern dieses Verfahren in Krankenhäusern, Gesundheitszentren oder Kliniken von Apothekern oder anderen Personen, die in den Mitgliedstaaten zur Durchführung solcher Verfahren berechtigt sind, erfolgt und die Prüfpräparate ausschließlich zur Anwendung in Krankenhäusern Gesundheitszentren oder Kliniken, die an derselben klinischen Prüfung in demselben Mitgliedstaat teilnehmen, bestimmt sind;

c) Zubereitung von Arzneimitteln gemäß Artikel 3 Nummern 1 und 2 der Richtlinie 2001/83/EG für die Nutzung als Prüfpräparate, wenn diese Verfahren in Krankenhäusern, Gesundheitszentren oder Kliniken, die in den betroffenen Mitgliedstaaten zur Durchführung solcher Verfahren berechtigt sind, durchgeführt werden und die Prüfpräparate ausschließlich zur Anwendung in Krankenhäusern, Gesundheitszentren oder Kliniken, die an derselben klinischen Prüfung in demselben Mitgliedstaat teilnehmen, bestimmt sind.

(6) Die Mitgliedstaaten sorgen dafür, dass die in Absatz 5 genannten Tätigkeiten geeigneten und angemessenen Anforderungen zur Gewährleistung der Sicherheit der Prüfungsteilnehmer und der Zuverlässigkeit und Belastbarkeit der im Rahmen einer klinischen Prüfung gewonnenen Daten unterliegen. Die genannten Tätigkeiten werden durch regelmäßige Inspektionen von den Mitgliedstaaten kontrolliert.

Artikel 62
Zuständigkeiten der sachkundigen Person

(1) Die sachkundige Person stellt sicher, dass jede Charge von Prüfpräparaten, die in der Union hergestellt oder in die Union eingeführt wird, den in Artikel 63 genannten Anforderungen entspricht und stellt eine entsprechende Bescheinigung aus.

(2) Die gemäß Absatz 1 ausgestellte Bescheinigung ist den betroffenen Mitgliedstaaten vom Sponsor auf Verlangen vorzulegen.

Artikel 63
Herstellung und Einfuhr

(1) Prüfpräparate sind gemäß Herstellungsverfahren herzustellen, die die Qualität dieser Arzneimittel und damit die Sicherheit der Prüfungsteilnehmer und die Zuverlässigkeit und Belastbarkeit der im Rahmen einer klinischen Prüfung erhobenen Daten gewährleisten (im Folgenden „gute Herstellungspraxis"). Der Kommission wird die Befugnis übertragen, gemäß Artikel 89 delegierte Rechtsakte zu erlassen, in denen unter Berücksichtigung der Sicherheit der Prüfungsteilnehmer, der Zuverlässigkeit und Belastbarkeit der im Rahmen einer klinischen Prüfung gewonnenen Daten, des technischen Fortschritts und der Entwicklungen internationaler Regelungen, an denen die Union oder die Mitgliedstaaten beteiligt sind, die Grundsätze und Leitlinien für die gute Herstellungspraxis und die Einzelheiten der Inspektion zur Gewährleistung der Qualität der Prüfpräparate festgelegt werden.

Außerdem erlässt die Kommission ausführliche Leitlinien, die im Einklang mit der guten Herstellungspraxis stehen, und veröffentlicht diese. Sie überprüft sie erforderlichenfalls, um dem technischen und wissenschaftlichen Fortschritt Rechnung zu tragen.

(2) Absatz 1 gilt nicht für die von Artikel 61 Absatz 5 erfassten Tätigkeiten.

(3) Prüfpräparate, die in die Union eingeführt werden, müssen unter Verwendung von Qualitätsstandards hergestellt worden sein, die den in Absatz 1 festgelegten mindestens gleichwertig sind.

(4) Die Mitgliedstaaten gewährleisten die Einhaltung der Vorschriften dieses Artikels durch Inspektionen.

Artikel 64
Veränderung zugelassener Prüfpräparate

Auf bereits zugelassene Prüfpräparate sind die Artikel 61, 62 und 63 nur anwendbar, wenn diese auf eine Art verändert werden, die nicht von der Zulassung abgedeckt ist.

Artikel 65
Herstellung von Hilfspräparaten

Ist ein Hilfspräparat nicht zugelassen, oder wird ein bereits zugelassenes Hilfspräparat verändert, ohne dass diese Veränderung durch die Zulassung abgedeckt ist, wird es unter Anwendung der guten Herstellungspraxis gemäß Artikel 63 Absatz 1 oder eines zumindest gleichwertigen Standards hergestellt, um eine geeignete Qualität sicherzustellen.

Kapitel X
Etikettierung

Artikel 66
Nicht zugelassene Prüfpräparate und nicht zugelassene Hilfspräparate

(1) Auf der äußeren Umhüllung und der Primärverpackung nicht zugelassener Prüfpräparate und nicht zugelassener Hilfspräparate erscheinen folgende Angaben:

a) Angabe von Ansprechpartnern oder an der klinischen Prüfung mitwirkenden Personen;

b) Angaben zur Identifizierung der klinischen Prüfung;

c) Angaben zur Identifizierung des Arzneimittels;

d) Angaben zur Verwendung des Arzneimittels.

(2) Die Angaben auf der äußeren Umhüllung und der Primärverpackung müssen die Sicherheit der Prüfungsteilnehmer sowie die Zuverlässigkeit und Belastbarkeit der im Rahmen einer klinischen Prüfung gewonnenen Daten gewährleisten, aber auch dem Aufbau der klinischen Prüfung Rechnung tragen und berücksichtigen, ob es sich bei den Produkten um Prüf- oder Hilfspräparate handelt, und ob es sich dabei um Produkte mit speziellen Eigenschaften handelt.

Die Angaben auf der äußeren Umhüllung und der Primärverpackung müssen deutlich lesbar sein.

Anhang VI enthält eine Liste der auf der äußeren Umhüllung und der Primärverpackung anzugebenden Informationen.

Artikel 67
Zugelassene Prüfpräparate und zugelassene Hilfspräparate

(1) Bereits zugelassene Prüf- und Hilfspräparate werden gemäß folgenden Vorschriften etikettiert:

a) gemäß Artikel 66 Absatz 1 oder

b) gemäß Titel V der Richtlinie 2001/83/EG.

(2) Ungeachtet des Absatzes 1 Buchstabe b sind auf der äußeren Umhüllung und der Primärverpackung bereits zugelassener Prüf- und Hilfspräparate zusätzliche Angaben zur Identifizierung der klinischen Prüfung und zum Ansprechpartner zu machen, falls die im Prüfplan festgehaltenen besonderen Umstände der klinischen Prüfung dies zur Gewährleistung der Sicherheit der Prüfungsteilnehmer und der Zuverlässigkeit und Belastbarkeit der im Rahmen einer klinischen Prüfung gewonnenen Daten erforderlich machen. Anhang VI Abschnitt C enthält eine Liste der auf der äußeren Umhüllung und der Primärverpackung in einem solchen Fall anzugebenden zusätzlichen Informationen.

Artikel 68
Als Prüfpräparate oder Hilfspräparate für die medizinische Diagnose verwendete radioaktive Arzneimittel

Auf radioaktive Arzneimittel, die als diagnostische Prüfpräparate oder als diagnostische Hilfspräparate verwendet werden, finden die Artikel 66 und 67 keine Anwendung.

Die in Unterabsatz 1 genannten Produkte sind so zu etikettieren, dass die Sicherheit der Prüfungsteilnehmer und die Zuverlässigkeit und Belastbarkeit der im Rahmen der klinischen Prüfung gewonnenen Daten gewährleistet sind.

Artikel 69
Sprache

Der betroffene Mitgliedstaat bestimmt, in welcher Sprache die Angaben auf dem Etikett abgefasst sein müssen. Ein Arzneimittel kann in mehreren Sprachen etikettiert werden.

Artikel 70
Delegierte Rechtsakte

Der Kommission wird die Befugnis übertragen, gemäß Artikel 89 in Bezug auf die Änderung des Anhangs VI zur Gewährleistung der Sicherheit der Prüfungsteilnehmer und der Zuverlässigkeit und Belastbarkeit der im Rahmen einer klinischen Prüfung gewonnenen Daten oder zur Anpassung an den technischen Fortschritt delegierte Rechtsakte zu erlassen.

Kapitel XI
Sponsor und Prüfer

Artikel 71
Sponsor

Eine klinische Prüfung kann einen oder mehrere Sponsoren haben.

Jeder Sponsor kann seine Aufgaben in einem schriftlichen Vertrag gänzlich oder teilweise auf eine Person, ein Unternehmen, eine Einrichtung oder eine Organisation übertragen. Eine solche Übertragung hat jedoch keine Auswirkungen auf die Verantwortlichkeit des Sponsors, insbesondere in Bezug auf die Sicherheit der Prüfungsteilnehmer und die Zuverlässigkeit und Belastbarkeit der im Rahmen einer klinischen Prüfung gewonnenen Daten.

Eine Person kann gleichzeitig Prüfer und Sponsor sein.

Artikel 72
Co-Sponsoring

(1) Gibt es bei einer klinischen Prüfung mehrere Sponsoren, so unterliegt jeder dieser Sponsoren in vollem Umfang den sich aus dieser Verordnung ergebenden Verpflichtungen, sofern die Sponsoren nicht in einem schriftlichen Vertrag eine Aufteilung ihrer Verantwortlichkeiten vornehmen. Artikel 74 bleibt hiervon unberührt. Ist in dem betreffenden Vertrag bezüglich eines bestimmten Aspekts nicht klar festgelegt, wer die Verantwortung hierfür trägt, obliegt sie allen Sponsoren.

(2) Abweichend von Absatz 1 sind die Sponsoren gemeinsam dafür verantwortlich, Folgendes zu benennen:

a) einen Sponsor, der für die Einhaltung der in den Kapiteln II und III festgelegten Verpflichtungen des Sponsors im Rahmen der Genehmigungsverfahren verantwortlich ist;

b) einen Sponsor, der als Kontaktstelle für sämtliche Fragen, die Prüfungsteilnehmer, Prüfer oder betroffene Mitgliedstaaten im Zusammenhang mit der klinischen Prüfung haben, und für die Beantwortung dieser Fragen verantwortlich ist;

c) einen Sponsor, der für die Durchführung von gemäß Artikel 77 getroffenen Maßnahmen verantwortlich ist.

Artikel 73
Hauptprüfer

Ein Hauptprüfer stellt an einer Prüfstelle sicher, dass die klinische Prüfung den Anforderungen der Verordnung entspricht.

Der Hauptprüfer weist den Mitgliedern des Prüferteams ihre Aufgaben so zu, dass die Sicherheit der Prüfungsteilnehmer sowie die Zuverlässigkeit und Belastbarkeit der im Rahmen der klinischen Prüfung in der Prüfstelle gewonnenen Daten nicht gefährdet werden.

Artikel 74
Rechtlicher Vertreter des Sponsors in der Union

(1) Ist der Sponsor einer klinischen Prüfung nicht in der Union niedergelassen, stellt er sicher, dass eine natürliche oder juristische Person als sein rechtlicher Vertreter in der Union niedergelassen ist. Dieser rechtliche Vertreter ist dafür verantwortlich, die Einhaltung der dem Sponsor aus dieser Verordnung erwachsenden Verpflichtungen sicherzustellen; die gesamte in dieser Verordnung vorgesehene Kommunikation mit dem Sponsor wird über diesen rechtlichen Vertreter abgewickelt. Jeglicher Kontakt mit diesem rechtlichen Vertreter gilt als direkte Kommunikation mit dem Sponsor.

(2) Die Mitgliedstaaten können auf die Anwendung von Absatz 1 bei klinischen Prüfungen, die ausschließlich auf ihrem Hoheitsgebiet oder auf ihrem Hoheitsgebiet und dem Hoheitsgebiet eines Drittstaats durchgeführt werden, verzichten, sofern sie sicherstellen, dass der Sponsor zumindest einen Ansprechpartner für diese klinische Prüfung auf ihrem Hoheitsgebiet benennt, über den die gesamte in dieser Verordnung vorgesehene Kommunikation mit dem Sponsor abgewickelt wird.

(3) In Bezug auf klinische Prüfungen, die in mehr als einem Mitgliedstaat durchgeführt werden, können alle betroffenen Mitgliedstaaten auf die Anwendung von Absatz 1 verzichten, sofern sie sicherstellen, dass der Sponsor zumindest einen Ansprechpartner für diese klinische Prüfung in der Union benennt, über den die gesamte in dieser Verordnung vorgesehene Kommunikation mit dem Sponsor abgewickelt wird.

Artikel 75
Haftung

Die zivil- oder strafrechtliche Haftung des Sponsors, Prüfers oder der Personen, auf die der Sponsor Aufgaben übertragen hat, wird durch dieses Kapitel nicht berührt.

Kapitel XII
Schadensersatz

Artikel 76
Schadensersatz

(1) Die Mitgliedstaaten stellen sicher, dass Verfahren zur Entschädigung für jeden Schaden, der einem Prüfungsteilnehmer durch seine Teilnahme an einer klinischen Prüfung auf ihrem Hoheitsgebiet entsteht, in Form einer Versicherung oder einer Garantie oder ähnlichen Regelungen bestehen, die hinsichtlich ihres Zwecks gleichwertig sind und der Art und dem Umfang des Risikos entsprechen.

(2) Der Sponsor und der Prüfer wenden das Verfahren gemäß Absatz 1 in einer Weise an, die dem betroffenen Mitgliedstaat, in dem die klinische Prüfung durchgeführt wird, entspricht.

(3) Die Mitgliedstaaten verlangen vom Sponsor für minimalinterventionelle klinische Prüfungen keine zusätzliche Anwendung des Verfahrens gemäß Absatz 1, wenn alle Schäden, die einem Prüfungsteilnehmer aus der Verwendung des Prüfpräparats gemäß dem Prüfbericht dieser klinischen Prüfung auf dem Hoheitsgebiet dieses Mitgliedstaats entstehen könnten, durch das bereits vorhandene anwendbare Entschädigungssystem abgedeckt sind.

Kapitel XIII
Überwachung durch die Mitgliedstaaten, EU-Inspektionen und Kontrollen

Artikel 77
Von den Mitgliedstaaten zu ergreifende Korrekturmaßnahmen

(1) Hat ein Mitgliedstaat berechtigte Gründe für die Annahme, dass die Anforderungen der Verordnung nicht mehr eingehalten werden, kann er auf seinem Hoheitsgebiet folgende Maßnahmen ergreifen:

a) Er kann die Genehmigung für die klinische Prüfung zurücknehmen;

b) er kann die klinische Prüfung aussetzen;

c) er kann den Sponsor dazu auffordern. jeden beliebigen Aspekt der klinischen Prüfung zu ändern.

(2) Bevor der betroffene Mitgliedstaat eine Maßnahme gemäß Absatz 1 ergreift, holt er – es sei denn, unverzügliches Handeln ist geboten – die Meinung des Sponsors und/oder des Prüfers ein. Diese Meinung muss innerhalb von sieben Tagen abgegeben werden.

(3) Der betroffene Mitgliedstaat unterrichtet alle betroffenen Mitgliedstaaten über das EU-Portal unverzüglich, nachdem er eine Maßnahme gemäß Absatz 1 getroffen hat.

(4) Jeder betroffene Mitgliedstaat kann die anderen betroffenen Mitgliedstaaten konsultieren, bevor er eine der Maßnahmen gemäß Absatz 1 ergreift.

Artikel 78
Inspektionen durch die Mitgliedstaaten

(1) Die Mitgliedstaaten ernennen Inspektoren zur Durchführung von Inspektionen zur Überwachung der Einhaltung dieser Verordnung. Sie tragen dafür Sorge, dass diese Inspektoren angemessen qualifiziert und geschult sind.

(2) Inspektionen werden in der Verantwortung desjenigen Mitgliedstaats durchgeführt, in dem die Inspektion stattfindet.

(3) Beabsichtigt ein betroffener Mitgliedstaat, eine Inspektion in seinem Hoheitsgebiet oder in einem Drittstaat in Bezug auf eine klinische Prüfung vorzunehmen, die in mehreren Mitgliedstaaten durchgeführt wird, unterrichtet er die anderen betroffenen Mitgliedstaaten, die Kommission und die Agentur über das EU-Portal von seiner Absicht und teilt ihnen nach der Inspektion deren Ergebnisse mit.

(4) Nichtkommerzielle Sponsoren können von gegebenenfalls anfallenden Inspektionsgebühren befreit werden.

(5) Um die vorhandenen Ressourcen effizient zu nutzen und Doppelarbeit zu vermeiden, koordiniert die Agentur die Zusammenarbeit zwischen den betroffenen Mitgliedstaaten bei Inspektionen, die in Mitgliedstaaten oder in Drittländern durchgeführt werden, sowie bei Inspektionen, die im Rahmen eines Zulassungsantrags gemäß der Verordnung (EG) Nr. 726/2004 durchgeführt werden.

(6) Nach einer Inspektion erstellt der Mitgliedstaat, unter dessen Verantwortung die Inspektion durchgeführt wurde, einen Inspektionsbericht. Der Mitgliedstaat

macht den Inspektionsbericht der inspizierten Stelle sowie dem Sponsor der betreffenden klinischen Prüfung zugänglich und speist ihn über das EU-Portal in die EU-Datenbank ein.

(7) Die Kommission legt im Wege von Durchführungsrechtsakten die Einzelheiten der Inspektionsverfahren einschließlich der Anforderungen an Qualifikation und Schulung der Inspektoren fest. Diese Durchführungsrechtsakte werden gemäß dem in Artikel 88 Absatz 2 genannten Prüfverfahren erlassen.

Artikel 79
Kontrollen durch die Union

(1) Die Kommission kann Kontrollen durchführen, um Folgendes zu überprüfen:

a) ob die Mitgliedstaaten die Einhaltung dieser Verordnung ordnungsgemäß überwachen;

b) ob das im Fall von in Drittländern durchgeführten klinischen Prüfungen angewandte Rechtssystem die Einhaltung von Anhang I, Einführung und allgemeine Grundlagen, Nummer 8 der Richtlinie 2001/83/EG gewährleistet;

c) ob das im Fall von in Drittländern durchgeführten klinischen Prüfungen angewandte Rechtssystem die Einhaltung von Artikel 25 Absatz 5 dieser Verordnung gewährleistet.

(2) Die Kontrollen durch die Union gemäß Absatz 1 Buchstabe a werden in Zusammenarbeit mit den betroffenen Mitgliedstaaten organisiert.

Die Kommission erstellt in Zusammenarbeit mit den Mitgliedstaaten ein Programm für die Kontrollen durch die Union gemäß Absatz 1 Buchstaben b und c.

Die Kommission berichtet über die Ergebnisse jeder Kontrolle durch die Union. Diese Berichte enthalten gegebenenfalls Empfehlungen. Die Kommission übermittelt diese Berichte über das EU-Portal.

Kapitel XIV
IT-Infrastruktur

Artikel 80
EU-Portal

Von der Agentur wird in Zusammenarbeit mit den Mitgliedstaaten und der Kommission ein Portal auf EU-Ebene eingerichtet und unterhalten, das als zentrale Anlaufstelle für die Übermittlung von Daten und Informationen im Zusammenhang mit klinischen Prüfungen gemäß dieser Verordnung dient. Das EU-Portal ist auf dem jeweils neuesten Stand der Technik und benutzerfreundlich, damit kein unnötiger Arbeitsaufwand entsteht.

Daten und Informationen, die über das EU-Portal übermittelt werden, werden in der EU-Datenbank gespeichert.

Artikel 81
EU-Datenbank

(1) Von der Agentur wird in Zusammenarbeit mit den Mitgliedstaaten und der Kommission eine EU-Datenbank auf Unionsebene eingerichtet und unterhalten. Die Agentur gilt als für die EU-Datenbank verantwortliche Stelle und ist dafür verantwortlich, dass eine unnötige Doppelerfassung von Daten in dieser Datenbank und in den EU-Datenbanken EudraCT and EudraVigilance vermieden wird.

Die EU-Datenbank enthält alle Daten und Informationen, die gemäß dieser Verordnung übermittelt werden.

In der EU-Datenbank wird jede klinische Prüfung mit einer einzigen EU-Prüfungsnummer erfasst. Der Sponsor bezieht sich bei allen späteren Übermittlungen, die mit einer klinischen Prüfung in Verbindung stehen oder einen Bezug zu ihr aufweisen, auf diese EU-Prüfungsnummer.

(2) Die EU-Datenbank wird eingerichtet, um eine Zusammenarbeit der zuständigen Behörden der betroffenen Mitgliedstaaten in dem für die Anwendung dieser Verordnung erforderlichen Umfang zu ermöglichen sowie die Suche nach bestimmten klinischen Prüfungen zu gestatten. Außerdem soll die Kommunikation zwischen den Sponsoren und den betroffenen Mitgliedstaaten erleichtert werden, und Sponsoren sollen auf frühere darin gespeicherte Anträge auf Genehmigung einer klinischen Prüfung oder wesentliche Änderungen derselben verweisen können. Die Unionsbürger können über die Datenbank auch Zugriff auf klinische Informationen über Arzneimittel erhalten. Zu diesem Zweck werden alle in der EU-Datenbank enthaltenen Daten in einem Format dargestellt, das sich problemlos durchsuchen lässt, alle in Bezug zueinander stehenden Daten werden mittels der EU-Prüfungsnummer zusammengefasst, und in der EU-Datenbank und anderen von der Agentur verwalteten Datenbanken enthaltene in Bezug zueinander stehende Daten und Dokumente werden mittels Hyperlinks miteinander verknüpft.

(3) Die EU-Datenbank unterstützt die Aufzeichnung und Übermittlung sämtlicher Daten über Arzneimittel ohne Zulassung in der Union und über Stoffe ohne Zulassung als Bestandteil eines Arzneimittels in der Union an das in der Eudrovigilance-Datenbank enthaltene Arzneimittelverzeichnis, die für die ständige Aktualisierung dieses Kompendiums erforderlich sind. Zu diesem Zweck und um es dem Sponsor zu ermöglichen, auf frühere Anträge Bezug zu nehmen, wird für jedes Arzneimittel ohne Zulassung eine EU-Arzneimittelnummer ausgestellt, und es wird ein EU-Wirkstoffcode für jeden neuen Wirkstoff vergeben, der nicht früher als Bestandteil eines Arzneimittels in der Union zugelassen wurde. Dies geschieht vor oder während des Antrags auf Genehmigung der ersten klinischen Prüfung mit diesem gemäß dieser Verordnung vorgelegten Arzneimittel oder Wirkstoff. Diese Nummern werden bei allen späteren Anträgen auf klinische Prüfungen und diesbezüglichen wesentlichen Änderungen erwähnt.

Die gemäß Unterabsatz 1 übermittelten Daten über Arzneimittel und Stoffe entsprechen den Unionsstandards und den internationalen Standards für die Identifizierung von Arzneimitteln und Wirkstoffen. Soll in einer klinischen Prüfung ein Prüfpräparat, für das bereits eine Zulassung in der Union vorliegt, bzw. ein Wirkstoff, der Bestandteil eines in der Union zugelassenen Arzneimittels ist, verwendet wird, so ist bei dem Antrag auf diese klinische Prüfung auf die entsprechenden Nummern des Arzneimittels und des Wirkstoffs zu verweisen.

(4) Die EU-Datenbank ist der Öffentlichkeit zugänglich, mit Ausnahme der Daten und Informationen oder Teilen davon, die aus folgenden Gründen vertraulich behandelt werden müssen:

a) Schutz personenbezogener Daten gemäß der Verordnung (EG) Nr. 45/2001;

b) Schutz von Betriebs- oder Geschäftsgeheimnissen, insbesondere durch Berücksichtigung des Status der Zulassung des Arzneimittels, sofern kein übergeordnetes öffentliches Interesse an der Offenlegung besteht;

c) Schutz vertraulicher Mitteilungen zwischen Mitgliedstaaten bezüglich der Ausarbeitung des Bewertungsberichts;

d) Gewährleistung einer wirksamen Überwachung der Durchführung einer klinischen Prüfung durch die Mitgliedstaaten.

(5) Unbeschadet Absatz 4 sind in den Antragsunterlagen enthaltene Daten, sofern kein übergeordnetes öffentliches Interesse an einer Offenlegung besteht, nicht öffentlich zugänglich, bevor eine Entscheidung über die klinische Prüfung getroffen wurde.

(6) Personenbezogene Daten werden in der EU-Datenbank nur in dem Ausmaß gespeichert, wie es für die Zwecke von Absatz 2 erforderlich ist.

(7) Personenbezogene Daten der Prüfungsteilnehmer werden der Öffentlichkeit nicht zugänglich gemacht.

(8) Die Benutzerschnittstelle der EU-Datenbank steht in allen Amtssprachen der Union zur Verfügung.

(9) Der Sponsor aktualisiert die EU-Datenbank laufend mit jeglichen Änderungen der klinischen Prüfung, bei denen es sich nicht um wesentliche Änderungen handelt, die aber für die Überwachung der klinischen Prüfung durch die betroffenen Mitgliedstaaten relevant sind.

(10) Die Agentur, die Kommission und die Mitgliedstaaten sorgen dafür, dass die betroffenen Personen ihre Informations-, Auskunfts-, Berichtigungs- und Widerspruchsrechte in Einklang mit der Verordnung (EG) Nr. 45/2001 und den nationalen Datenschutzvorschriften zur Umsetzung der Richtlinie 95/46/EG wirksam wahrnehmen können. Dazu gehört, dass die Betroffenen ihr Recht auf Auskunft über die sie betreffenden Daten und auf Berichtigung oder Löschung unrichtiger oder unvollständiger Daten tatsächlich ausüben können. Die Agentur, die Kommission und die Mitgliedstaaten stellen in ihrem jeweiligen Zuständigkeitsbereich sicher, dass unrichtige oder unrechtmäßig verarbeitete Daten gemäß geltendem Recht gelöscht werden. Korrekturen und Löschungen von Daten werden schnellstmöglich, spätestens jedoch 60 Tage, nachdem die betroffene Person dies verlangt hat, vorgenommen.

Artikel 82
Funktionsfähigkeit des EU-Portals und der EU-Datenbank

(1) Die Agentur legt in Zusammenarbeit mit den Mitgliedstaaten und der Kommission die Funktionsmerkmale des EU-Portals und der EU-Datenbank sowie den Zeitrahmen für die entsprechende Umsetzung fest.

(2) Der Verwaltungsrat der Agentur unterrichtet die Kommission auf der Grundlage eines unabhängigen Prüfberichts, wenn er überprüft hat, dass das EU-Portal und die EU-Datenbank voll funktionsfähig sind und die Systeme die gemäß Absatz 1 festgelegten Funktionsmerkmale erfüllen.

(3) Wenn sich die Kommission vergewissert hat, dass die in Absatz 2 genannten Bedingungen erfüllt werden, veröffentlicht sie eine diesbezügliche Mitteilung im Amtsblatt der Europäischen Union.

Kapitel XV
Zusammenarbeit der Mitgliedstaaten

Artikel 83
Nationale Kontaktstellen

(1) Jeder Mitgliedstaat benennt eine nationale Kontaktstelle, um die Abwicklung der in den Kapiteln II und III vorgesehenen Verfahren zu erleichtern.

(2) Jeder Mitgliedstaat teilt der Kommission die in Absatz 1 genannte Kontaktstelle mit. Die Kommission veröffentlicht eine Liste der nationalen Kontaktstellen.

Artikel 84
Unterstützung durch die Agentur und die Kommission

Die Agentur wirkt bei der Zusammenarbeit der Mitgliedstaaten im Rahmen der Genehmigungsverfahren gemäß den Kapiteln II und III dieser Verordnung unterstützend mit, indem sie das EU-Portal und die EU-Datenbank in Einklang mit den bei der Umsetzung dieser Verordnung gemachten Erfahrungen fortlaufend aktualisiert.

Die Kommission wirkt bei der Zusammenarbeit der Mitgliedstaaten gemäß Artikel 44 Absatz 2 unterstützend mit.

Artikel 85
Koordinations- und Beratungsgruppe für klinische Prüfungen

(1) Hiermit wird eine Koordinations- und Beratungsgruppe für klinische Prüfungen (KBkP) eingesetzt, die aus den in Artikel 83 genannten nationalen Kontaktstellen besteht.

(2) Die KBkP hat folgende Aufgaben:

a) Unterstützung des Austauschs von Informationen zu den Erfahrungen mit der Umsetzung dieser Verordnung zwischen den Mitgliedstaaten und der Kommission;

b) Unterstützung der Kommission bei ihrer Mitwirkung gemäß Artikel 84 Unterabsatz 2;

c) Ausarbeitung von Empfehlungen für Kriterien zur Auswahl eines berichterstattenden Mitgliedstaats.

(3) Die KBkP wird von einem Vertreter der Kommission geleitet.

(4) Die KBkP tritt in regelmäßigen Abständen zusammen sowie immer dann, wenn es sich als erforderlich erweist, auf Ersuchen der Kommission oder eines Mitgliedstaats. Der Inhalt der Tagesordnung wird auf Antrag der Kommission oder eines Mitgliedstaats festgelegt.

(5) Die Sekretariatsgeschäfte werden von der Kommission wahrgenommen.

(6) Die KBkP legt ihre Geschäftsordnung fest. Die Geschäftsordnung wird veröffentlicht.

Kapitel XVI
Gebühren

Artikel 86
Allgemeiner Grundsatz

Diese Verordnung hindert die Mitgliedstaaten nicht daran, für die ihnen mit dieser Verordnung übertragenen Aufgaben Gebühren zu erheben, sofern die Höhe dieser Gebühren auf transparente Weise und nach dem Grundsatz der Kostendeckung festgelegt wird. Die Mitgliedstaaten können geringere Gebühren für nichtkommerzielle klinische Prüfungen festlegen.

Artikel 87
Einmalige Zahlung für Tätigwerden eines Mitgliedstaats

Ein Mitgliedstaat verlangt für eine Bewertung gemäß den Kapiteln II und III nie mehrere Zahlungen an unterschiedliche an dieser Bewertung des Antrags beteiligte Stellen.

Kapitel XVII
Durchführungsrechtsakte und delegierte Rechtsakte

Artikel 88
Ausschussverfahren

(1) Die Kommission wird von dem Ständigen Ausschuss für Humanarzneimittel, der durch die Richtlinie 2001/83/EG eingesetzt wurde, unterstützt. Dieser Ausschuss ist ein Ausschuss im Sinne der Verordnung (EU) Nr. 182/2011.

(2) Wird auf diesen Absatz Bezug genommen, so gilt Artikel 5 der Verordnung (EU) Nr. 182/2011.

Gibt der Ausschuss keine Stellungnahme ab, so erlässt die Kommission den Durchführungsrechtsakt nicht und Artikel 5 Absatz 4 Unterabsatz 3 der Verordnung (EU) Nr. 182/2011 findet Anwendung.

Artikel 89
Ausübung der Befugnisübertragung

(1) Die Befugnis zum Erlass delegierter Rechtsakte wird der Kommission unter den in diesem Artikel festgelegten Bedingungen übertragen.

(2) Die Befugnis zum Erlass delegierter Rechtsakte gemäß den Artikeln 27, 39, 45, Artikel 63 Absatz 1 und Artikel 70 wird der Kommission für einen Zeitraum von fünf Jahren ab dem in Artikel 99 Unterabsatz 2 genannten Tag übertragen. Die Kommission erstellt spätestens sechs Monate vor Ablauf des Zeitraums von fünf Jahren einen Bericht über die Befugnisübertragung. Die Befugnisübertragung verlängert sich automatisch um Zeiträume gleicher Länge, es sei denn, das Europäische Parlament oder der Rat widersprechen einer solchen Verlängerung spätestens drei Monate vor Ablauf des jeweiligen Zeitraums.

(3) Die Befugnisübertragung gemäß den Artikeln 27, 39, 45, Artikel 63 Absatz 1 und Artikel 70 kann vom Europäischen Parlament oder vom Rat jederzeit widerrufen werden. Der Beschluss über den Widerruf beendet die Übertragung der in diesem Beschluss angegebenen Befugnisse. Er wird am Tag nach seiner Veröffentlichung im Amtsblatt der Europäischen Union oder zu einem im Beschluss über den Widerruf angegebenen späteren Zeitpunkt wirksam. Die Gültigkeit delegierter Rechtsakte, die bereits in Kraft sind, wird von dem Beschluss über den Widerruf nicht berührt.

(4) Sobald die Kommission einen delegierten Rechtsakt erlässt, übermittelt sie ihn gleichzeitig dem Europäischen Parlament und dem Rat.

(5) Ein delegierter Rechtsakt, der gemäß den Artikeln 27, 39, 45, Artikel 63 Absatz 1 und Artikel 70 erlassen wurde, tritt nur in Kraft, wenn weder das Europäische Parlament noch der Rat innerhalb einer Frist von zwei Monaten nach Übermittlung dieses Rechtsakts an das Europäische Parlament und den Rat Einwände erhoben haben oder wenn vor Ablauf dieser Frist das Europäische Parlament und der Rat beide der Kommission mitgeteilt haben, dass sie keine Einwände erheben werden. Auf Initiative des Europäischen Parlaments oder des Rates wird diese Frist um zwei Monate verlängert.

Kapitel XVIII
Sonstige Bestimmungen

Artikel 90
Besondere Anforderungen an spezielle Gruppen von Arzneimitteln

Diese Verordnung lässt die Anwendung nationaler Rechtsvorschriften unberührt, die die Verwendung spezifischer Arten menschlicher oder tierischer Zellen oder den Verkauf, die Lieferung und die Verwendung von Arzneimitteln, die diese Zellen enthalten, aus ihnen bestehen oder aus ihnen gewonnen werden, oder zur Schwangerschaftsunterbrechung eingesetzte Arzneimittel oder Arzneimittel, die Suchtstoffe im Sinne einschlägiger geltender internationaler Übereinkommen wie dem Einheits-Übereinkommen der Vereinten Nationen von 1961 über Suchtstoffe enthalten, untersagen oder beschränken. Die Mitgliedstaaten teilen der Kommission diese nationalen Rechtsvorschriften mit.

Es dürfen keine Prüfungen im Bereich der Gentherapie durchgeführt werden, die zu einer Veränderung der genetischen Keimbahnidentität der Prüfungsteilnehmer führen.

Artikel 91
Verhältnis zu anderer Gesetzgebung der Union

Diese Verordnung lässt die Richtlinie 97/43/Euratom des Rates[13]), die Richtlinie 96/29/Euratom des Rates[14]), die Richtlinie 2001/18/EG des Europäischen Parlaments und des Rates[15]), die Richtlinie 2004/23/EG des Europäischen Parlaments und des Rates[16]), die Richtlinie 2002/98/EG des Europäischen Parlaments und des

[13]) Richtlinie 97/43/Euratom des Rates vom 30. Juni 1997 über den Gesundheitsschutz von Personen gegen die Gefahren ionisierender Strahlung bei medizinischer Exposition und zur Aufhebung der Richtlinie 84/466/Euratom (ABl. L 180 vom 9.7.1997, S. 22).

[14]) Richtlinie 96/29/Euratom des Rates vom 13. Mai 1996 zur Festlegung der grundlegenden Sicherheitsnormen für den Schutz der Gesundheit der Arbeitskräfte und der Bevölkerung gegen die Gefahren durch ionisierende Strahlungen (ABl. L 159 vom 29.6.1996, S. 1).

[15]) Richtlinie 2001/18/EG des Europäischen Parlaments und des Rates vom 12. März 2001 über die absichtliche Freisetzung genetisch veränderter Organismen in die Umwelt und zur Aufhebung der Richtlinie 90/220/EWG des Rates (ABl. L 106 vom 17.4.2001, S. 1).

[16]) Richtlinie 2004/23/EG des Europäischen Parlaments und des Rates vom 31. März 2004 zur Festlegung von Qualitäts- und Sicherheitsstandards für die Spende, Beschaffung, Testung, Verarbeitung, Konservierung, Lagerung und Verteilung von menschlichen Geweben und Zellen (ABl. L 102 vom 7.4.2004, S. 48).

Rates[17]), die Richtlinie 2010/53/EG des Europäischen Parlaments und des Rates[18]) und die Richtlinie 2009/41/EG des Europäischen Parlaments und des Rates[19]) unberührt.

Artikel 92
Kostenfreiheit der Prüfpräparate, sonstigen Produkte und Verfahren für den Prüfungsteilnehmer

Unbeschadet der Zuständigkeit der Mitgliedstaaten für die Festlegung ihrer Gesundheitspolitik sowie für die Organisation des Gesundheitswesens und die medizinische Versorgung sind die Kosten für Prüfpräparate, Hilfspräparate, für ihre Verabreichung eingesetzte Medizinprodukte und nach dem Prüfplan eigens erforderliche Verfahren nicht vom Prüfungsteilnehmer zu tragen, sofern das Recht des betroffenen Mitgliedstaats nichts anderes vorsieht.

Artikel 93
Datenschutz

(1) Bei der Verarbeitung personenbezogener Daten im Rahmen der Durchführung dieser Verordnung wenden die Mitgliedstaaten Richtlinie 95/46/EG an.

(2) Bei der Verarbeitung personenbezogener Daten durch die Kommission und die Agentur im Rahmen der Durchführung dieser Verordnung gilt die Verordnung (EG) Nr. 45/2001.

Artikel 94
Sanktionen

(1) Die Mitgliedstaaten erlassen Vorschriften über die bei einem Verstoß gegen diese Verordnung zu verhängenden Sanktionen und treffen alle erforderlichen Maßnahmen, um sicherzustellen, dass diese Sanktionen angewandt werden. Die Sanktionen müssen wirksam, verhältnismäßig und abschreckend sein.

[17]) Richtlinie 2002/98/EG des Europäischen Parlaments und des Rates vom 27. Januar 2003 zur Festlegung von Qualitäts- und Sicherheitsstandards für die Gewinnung, Testung, Verarbeitung, Lagerung und Verteilung von menschlichem Blut und Blutbestandteilen und zur Änderung der Richtlinie 2001/83/EG (ABl. L 33 vom 8.2.2003, S. 30).

[18]) Richtlinie 2010/53/EU des Europäischen Parlaments und des Rates vom 7. Juli 2010 über Qualitäts- und Sicherheitsstandards für zur Transplantation bestimmte menschliche Organe (ABl. L 207 vom 6.8.2010, S. 14).

[19]) Richtlinie 2009/41/EG des Europäischen Parlaments und des Rates vom 6. Mai 2009 über die Anwendung genetisch veränderter Mikroorganismen in geschlossenen Systemen (ABl. L 125 vom 21.5.2009, S. 75).

(2) Die in Absatz 1 genannten Regelungen betreffen unter anderem Folgendes:

a) Nichteinhaltung der Bestimmungen dieser Verordnung über die Beibringung von Informationen, die in der EU-Datenbank öffentlich verfügbar gemacht werden sollen;

b) Nichteinhaltung der Bestimmungen dieser Verordnung über die Sicherheit der Prüfungsteilnehmer.

Artikel 95
Zivilrechtliche Haftung und strafrechtliche Verantwortung

Diese Verordnung lässt die Rechtsvorschriften der Mitgliedstaaten und der Union über die zivil- und strafrechtliche Haftung eines Sponsors und eines Prüfers unberührt.

Kapitel XIX
Schlussbestimmungen

Artikel 96
Aufhebung

(1) Die Richtlinie 2001/20/EG wird zu dem in Artikel 99 Unterabsatz 2 genannten Tag aufgehoben.

(2) Bezugnahmen auf die Richtlinie 2001/20/EG gelten als Bezugnahmen auf die vorliegende Verordnung und sind gemäß der in Anhang VII enthaltenen Übereinstimmungstabelle zu lesen.

Artikel 97
Überprüfung

Fünf Jahre nach dem im Unterabsatz 2 von Artikel 99 genannten Tag und anschließend alle fünf Jahre legt die Kommission dem Europäischen Parlament und dem Rat einen Bericht über die Anwendung dieser Verordnung vor. Dieser Bericht enthält eine Bewertung der Auswirkungen der Verordnung auf den wissenschaftlichen und technischen Fortschritt, umfassende Informationen zu den verschiedenen Arten der nach dieser Verordnung genehmigten klinischen Prüfungen und die Maßnahmen, die getroffen werden müssen, um die Wettbewerbsfähigkeit der europäischen klinischen Forschung zu wahren. Ausgehend von dem Bericht unterbreitet die Kommission gegebenenfalls einen Legislativvorschlag zur Aktualisierung der in dieser Verordnung vorgesehenen Bestimmungen.

Artikel 98
Übergangsbestimmungen

(1) Abweichend von Artikel 96 Absatz 1 der vorliegenden Verordnung gilt für eine klinische Prüfung, für die der Antrag auf Genehmigung vor dem in Artikel 99 Unterabsatz 2 der vorliegenden Verordnung genannten Tag gemäß der Richtlinie 2001/20/EG eingereicht wurde, noch bis drei Jahre ab dem in jenem Absatz genannten Tag die genannte Richtlinie.

(2) Abweichend von Artikel 96 Absatz 1 der vorliegenden Verordnung darf eine klinische Prüfung, für die der Antrag auf Genehmigung zwischen sechs Monaten nach dem Tag der Veröffentlichung der Mitteilung gemäß Artikel 82 Absatz 3 der vorliegenden Verordnung und 18 Monaten nach dem Tag der Veröffentlichung dieser Mitteilung oder – falls die Veröffentlichung dieser Mitteilung früher als am 28. November 2015 erfolgt – zwischen dem 28. Mai 2016 und dem 28. Mai 2017 übermittelt wurde, nach Maßgabe der Artikel 6, 7 und 9 der Richtlinie 2001/20/EG begonnen werden. Für die betreffende klinische Prüfung gilt die genannte Richtlinie noch bis 42 Monate nach dem Tag der Veröffentlichung der Mitteilung gemäß Artikel 82 Absatz 3 der vorliegenden Verordnung, oder – falls die Veröffentlichung vor dem 28. November 2015 erfolgt, bis zum 28. Mai 2019.

Artikel 99
Inkrafttreten

Diese Verordnung tritt am zwanzigsten Tag nach ihrer Veröffentlichung im Amtsblatt der Europäischen Union in Kraft.

Sie gilt ab sechs Monate nach der Veröffentlichung der Mitteilung gemäß Artikel 82 Absatz 3, keinesfalls jedoch vor dem 28. Mai 2016.

Diese Verordnung ist in allen ihren Teilen verbindlich und gilt unmittelbar in jedem Mitgliedstaat.

Anhang I
Antragsdossier für den Erstantrag

A. Einführung und allgemeine Grundsätze

1. Der Sponsor bezieht sich gegebenenfalls auf etwaige frühere Anträge. Wurden diese Anträge von einem anderen Sponsor übermittelt, so ist die schriftliche Einverständniserklärung dieses Sponsors zu übermitteln.
2. Gibt es bei einer klinischen Prüfung mehrere Sponsoren, so sind in den Antragsunterlagen genaue Angaben zu den Verantwortlichkeiten jedes einzelnen Sponsors zu übermitteln.
3. Der Antrag ist vom Sponsor oder einem Vertreter des Sponsors zu unterzeichnen. Mit seiner Unterschrift bestätigt der Sponsor, dass er sich von Folgendem überzeugt hat:
   a) Die erteilten Auskünfte sind vollständig,
   b) die beigefügten Unterlagen vermitteln ein genaues Bild der verfügbaren Informationen und
   c) die klinische Prüfung wird nach Maßgabe des Prüfplans durchgeführt, und
   d) die klinische Prüfung wird nach Maßgabe dieser Verordnung durchgeführt.
4. Das Antragsdossier für einen Antrag im Sinne von Artikel 11, der sich nur auf die in Teil I des Bewertungsberichts behandelten Aspekte erstreckt, umfasst nur die in den Abschnitten B bis J und Q dieses Anhangs aufgeführten Unterlagen.
5. Unbeschadet des Artikels 26 umfasst das Antragsdossier für einen Antrag im Sinne von Artikel 11, der sich nur auf die in Teil II des Bewertungsberichts behandelten Aspekte erstreckt, und für das Antragsdossier im Sinne von Artikel 14 nur die in den Abschnitten K bis R dieses Anhangs aufgeführten Unterlagen.

B. Anschreiben

6. Im Anschreiben werden die EU-Prüfungsnummer und die allgemeine Prüfregistrierungsnummer angegeben und alle besonderen Aspekte der klinischen Prüfung hervorgehoben.
7. Bis auf die folgenden Ausnahmen sind im Anschreiben jedoch keine Angaben zu wiederholen, die bereits im EU-Antragsformular enthalten sind:
   a) Besondere Merkmale der Prüfungsteilnehmerpopulation an der klinischen Prüfung, wie z. B. nicht einwilligungsfähige Prüfungsteilnehmer, Minderjährige und schwangere oder stillende Frauen;
   b) ob die klinische Prüfung die erstmalige Verabreichung eines neuen Wirkstoffs an Menschen einschließt;

c) ob eine wissenschaftliche Beratung zur klinischen Prüfung oder dem Prüfpräparat durch die Agentur, einen Mitgliedstaat oder ein Drittland erfolgt ist und

d) ob die klinische Prüfung Teil eines pädiatrischen Prüfkonzepts (Paediatric Investigation Plan – PIP) im Sinne von Teil II Kapitel 3 der Verordnung (EG) Nr. 1901/2006 ist oder werden soll (sofern die Agentur bereits einen Beschluss zum pädiatrischen Prüfkonzept gefasst hat, enthält das Anschreiben den Link zum Beschluss der Agentur auf deren Website);

e) ob es sich beim Prüfpräparat oder Hilfspräparat um ein Suchtmittel, ein psychotropes Suchtmittel oder radioaktives Arzneimittel handelt;

f) ob das Prüfpräparat aus genetisch veränderten Organismen besteht oder solche enthält;

g) ob der Sponsor für das Prüfpräparat zur Behandlung eines seltenen Leidens eine Ausweisung als Arzneimittel für seltene Leiden erhalten hat;

h) eine umfassende Liste aller Prüfpräparate, einschließlich ihres rechtlichen Status, und eine Liste sämtlicher Hilfspräparate, und

i) eine Liste von Medizinprodukten, die in der klinischen Prüfung untersucht werden sollen, jedoch nicht Bestandteil der Prüfpräparate sind, zusammen mit einer Erklärung, ob die Medizinprodukte für ihren Verwendungszweck eine CE-Kennzeichnung besitzen.

8. Im Anschreiben wird darauf hingewiesen, wo die in Nummer 7 aufgelisteten Informationen in den Antragsunterlagen zu finden sind.

9. Im Anschreiben wird angegeben, ob die klinische Prüfung von dem Sponsor als minimalinterventionelle klinische Prüfung angesehen wird, wobei dies eingehend zu begründen ist.

10. Im Anschreiben wird angegeben, ob die bei der klinischen Prüfung angewendete Methode erfordert, dass in einer klinischen Prüfung Gruppen von Prüfungsteilnehmern anstelle von einzelnen Prüfungsteilnehmern unterschiedliche Prüfpräparate verabreicht werden, und ob demzufolge eine Einwilligung nach Aufklärung in vereinfachtem Verfahren eingeholt wird.

11. Dem Anschreiben ist zu entnehmen, wo die erforderlichen Informationen im Antragsdossier zu finden sind, anhand deren beurteilt werden kann, ob es sich bei einer Nebenwirkung um eine mutmaßliche unerwartete schwerwiegende Nebenwirkung handelt, also die Referenzinformationen zur Sicherheit.

12. Im Falle einer Wiedervorlage sind im Anschreiben die EU-Prüfungsnummer für den vorherigen Antrag auf eine klinische Prüfung anzugeben und die Änderungen gegenüber der vorigen Einreichung hervorzuheben, und es ist gegebenenfalls anzugeben, wie in der ersten Einreichung mit ungelösten Fragen verfahren wurde.

C. EU-Antragsformular

13. Das ordnungsgemäß und vollständig ausgefüllte EU-Antragsformular.

D. Prüfplan

14. Im Prüfplan sind Zielsetzung, Aufbau, Methodik, statistische Überlegungen, Zweck und Organisation der klinischen Prüfung zu beschreiben.

15. Der Prüfplan ist mit folgenden Angaben zu kennzeichnen:

    a) Titel der klinischen Prüfung;

    b) EU-Prüfungsnummer;

    c) für alle Versionen des Prüfplans spezifische Codenummer des Sponsors (soweit zutreffend);

    d) Tag und Versionsnummer, die bei allen Änderungen aktualisiert werden;

    e) Kurztitel oder dem Prüfplan zugeordneter Name und

    f) Name und Anschrift des Sponsors sowie Name und Funktion des Vertreters bzw. der Vertreter des Sponsors, die zur Unterzeichnung bzw. zu allen wesentlichen Änderungen des Prüfplans ermächtigt sind.

16. Der Prüfplan ist soweit möglich in einem leicht zugänglichen und leicht durchsuchbaren Format abzufassen, anstatt in Form von gescannten Bildern.

17. Der Prüfplan enthält mindestens

    a) eine Erklärung, wonach die klinische Prüfung in Einklang mit dem Prüfplan, dieser Verordnung und den Grundsätzen der guten klinischen Praxis durchgeführt wird;

    b) eine umfassende Liste aller Prüfpräparate und sämtlicher Hilfspräparate;

    c) eine Übersicht der Erkenntnisse von nichtklinischen Studien, die möglicherweise klinische Bedeutung haben, und von anderen klinischen Prüfungen, die für die klinische Prüfung von Bedeutung sind;

    d) eine Zusammenfassung der bekannten und potentiellen Risiken und Nutzen, einschließlich einer Evaluierung des erwarteten Nutzens und der erwarteten Risiken, um eine Bewertung gemäß Artikel 6 zu ermöglichen; für Prüfungsteilnehmer an einer klinischen Prüfung in einer Notfallsituation werden wissenschaftlich fundierte Gründe dokumentiert, die Anlass zu der Annahme geben, dass durch die Teilnahme der Prüfungsteilnehmer ein klinisch relevanter Nutzen erreicht werden kann;

    e) falls Patienten bei der Gestaltung der klinischen Prüfung beteiligt wurden, eine Beschreibung ihrer Beteiligung;

f) eine Beschreibung und Begründung für die Dosierung, die Dosierungsanleitung, den Verabreichungsweg und die Art ihrer Verabreichung sowie den Behandlungszeitraum für alle Prüf- und Hilfspräparate;

g) eine Erklärung, ob die in der klinischen Prüfung verwendeten Prüf- und Hilfspräparate zugelassen sind; falls sie zugelassen sind, ob sie in der klinischen Prüfung gemäß den Bedingungen ihrer Zulassung zu verwenden sind, und falls sie nicht zugelassen sind, eine Begründung für die Verwendung nicht zugelassener Hilfspräparate in der klinischen Prüfung;

h) eine Beschreibung der Gruppen und Untergruppen der Prüfungsteilnehmer, die an der klinischen Prüfung teilnehmen, gegebenenfalls einschließlich Gruppen von Prüfungsteilnehmern mit besonderen Bedürfnissen (z. B. Alter, Geschlecht, Teilnahme von gesunden Freiwilligen, Prüfungsteilnehmer mit seltenen und äußerst seltenen Krankheiten);

i) Verweise auf Literatur und Daten, die für die klinische Prüfung relevant sind und den Hintergrund für die klinische Prüfung bilden;

j) eine Erörterung der Relevanz der klinischen Prüfung, um eine Bewertung gemäß Artikel 6 zu ermöglichen;

k) eine Beschreibung der Art der durchzuführenden klinischen Prüfung und eine Erörterung des Aufbaus der Prüfung (gegebenenfalls einschließlich einer schematischen Darstellung von Prüfungsaufbau, -verfahren und -stadien);

l) eine genaue Angabe der eventuellen primären und sekundären Endpunkte, die in der klinischen Prüfung zu messen sind;

m) eine Beschreibung der Maßnahmen, gegebenenfalls einschließlich Randomisierung und Verblindung, die ergriffen wurden, um Verzerrungen so gering wie möglich zu halten;

n) eine Beschreibung der erwarteten Dauer der Teilnahme der Prüfungsteilnehmer und eine Beschreibung von Sequenz und Dauer aller Phasen der klinischen Prüfung, gegebenenfalls einschließlich eines Follow-up;

o) eine klare und unzweideutige Definition, wann die betreffende klinische Prüfung beendet ist, und, falls dies nicht der Tag der letzten Visite des letzten Prüfungsteilnehmers ist, eine genaue Angabe des voraussichtlichen Endtags sowie eine Begründung dafür;

p) eine Beschreibung der Kriterien für die Einstellung von Teilen der klinischen Prüfung oder der gesamten klinischen Prüfung;

q) Vorkehrungen für die Handhabung von Randomisierungscodes für die Behandlung bei klinischen Prüfungen und gegebenenfalls Verfahren zu deren Dekodierung;

r) eine Beschreibung der Verfahren zur Ermittlung von Daten, die direkt in die Patientenerhebungsbögen einzugeben sind, die als Quellendaten betrachtet werden;

s) gegebenenfalls eine Beschreibung der Vorkehrungen zur Einhaltung der geltenden Bestimmungen für die Gewinnung, Lagerung und zukünftige Verwendung der von den Prüfungsteilnehmern genommenen biologischen Proben, sofern diese nicht in einem eigenen Dokument enthalten sind;

t) eine Beschreibung der Vorkehrungen für die Rückverfolgbarkeit, Lagerung, Vernichtung und Rücksendung des Prüfpräparats und des nicht genehmigten Hilfspräparats in Übereinstimmung mit Artikel 51;

u) eine Beschreibung der anzuwendenden statistischen Methoden, gegebenenfalls einschließlich

  – eines Zeitplans etwaiger geplanter Zwischenanalysen und der geplanten Anzahl der Prüfungsteilnehmer, die in die Prüfung eingebunden werden sollen;

  – der Gründe für die Auswahl des Probenumfangs;

  – Berechnungen der Aussagekraft der klinischen Prüfung und der klinischen Relevanz;

  – des Signifikanzniveaus, das zur Anwendung gelangt;

  – der Kriterien für den Abbruch der klinischen Prüfung;

  – Verfahrensanweisungen zum Umgang mit fehlenden, nicht verwendeten und zweifelhaften Daten und zur Meldung jeglicher Abweichungen von der ursprünglichen statistischen Planung, und

  – der Auswahl der in die Analysen aufzunehmenden Prüfungsteilnehmer;

v) eine Beschreibung der Ein- und Ausschlusskriterien für die Prüfungsteilnehmer, einschließlich Kriterien für das Ausscheiden einzelner Prüfungsteilnehmer aus der Behandlung oder der klinischen Prüfung;

w) eine Beschreibung der Verfahren für das Ausscheiden von Prüfungsteilnehmern aus der Behandlung oder der klinischen Prüfung einschließlich Verfahren für die Erhebung von Daten über die ausgeschiedenen Prüfungsteilnehmer, Verfahren für die Ersetzung von Prüfungsteilnehmern und die Weiterbeobachtung von Prüfungsteilnehmern, die aus der Behandlung oder der klinischen Prüfung ausgeschieden sind;

x) eine Rechtfertigung der Teilnahme von nicht einwilligungsfähigen Personen oder von sonstigen besonderen Personengruppen wie Minderjährigen;

y) eine Begründung für die Geschlechts- und Altersverteilung der Prüfungsteilnehmer und, wenn ein Geschlecht oder eine Altersgruppe von den klinischen Prüfungen ausgeschlossen wird oder darin unterrepräsentiert ist, eine Erläuterung der Gründe dafür und eine Begründung der Ausschlusskriterien;

z) eine ausführliche Beschreibung des Rekrutierungsverfahrens und des Verfahrens für die Einholung der Einwilligung nach Aufklärung insbesondere dann, wenn die Prüfungsteilnehmer nicht in der Lage sind, eine Einwilligung nach Aufklärung abzugeben;

aa) eine Beschreibung der Behandlungen, einschließlich der Arzneimittel, die vor oder während der klinischen Prüfung zulässig oder unzulässig sind;

ab) gegebenenfalls eine Beschreibung der Verfahren zur Kontrolle des Verbleibs von Arzneimitteln bei der Lieferung und Verabreichung von Arzneimitteln an Prüfungsteilnehmer, einschließlich der Aufrechterhaltung der Verblindung;

ac) gegebenenfalls eine Beschreibung der Verfahren zur Überwachung der Einhaltung der prüfungsbezogenen Anforderungen durch die Prüfungsteilnehmer;

ad) eine Beschreibung der Vorkehrungen für die Überwachung der Durchführung der klinischen Prüfung;

ae) eine Beschreibung der Vorkehrungen für die Betreuung der Prüfungsteilnehmer nach Beendigung ihrer Teilnahme an der klinischen Prüfung, sofern die Person eine solche zusätzliche Betreuung aufgrund der Teilnahme an der klinischen Prüfung benötigt und sofern diese sich von der unterscheidet, die bei dem betreffenden Gesundheitszustand üblicherweise zu erwarten wäre;

af) eine genaue Angabe der Wirksamkeits- und Sicherheitsparameter sowie der Methoden und des Zeitplans für die Bewertung, Dokumentation und Analyse dieser Parameter;

ag) eine Beschreibung der ethischen Erwägungen hinsichtlich der klinischen Prüfung, wenn diese nicht anderswo beschrieben wurden;

ah) eine Erklärung des Sponsors (entweder im Prüfplan oder in einem separaten Dokument), in der bestätigt wird, dass die an der klinischen Prüfung beteiligten Prüfer und Einrichtungen einer Überwachung, Audits und behördlichen Inspektionen in Verbindung mit der klinischen Prüfung zustimmen und auch direkten Zugang zu Quellendaten und -texten gewähren werden;

ai) eine Beschreibung der Veröffentlichungspolitik;

aj) eine hinreichende Begründung für die Einreichung der Zusammenfassung der Ergebnisse der klinischen Prüfungen nach mehr als einem Jahr;

ak) eine Beschreibung der Vorkehrungen für die Einhaltung der geltenden Vorschriften zum Schutz personenbezogener Daten, insbesondere der organisatorischen und technischen Maßnahmen, die getroffen werden, um die verarbeiteten Informationen und personenbezogenen Daten vor unbefugtem Zugriff, unbefugter Bekanntgabe, Verbreitung und Veränderung sowie vor Verlust zu schützen;

al) eine Beschreibung der Vorkehrungen zur Wahrung der Vertraulichkeit der Aufzeichnungen und personenbezogenen Daten der Prüfungsteilnehmer;

am) eine Beschreibung der Maßnahmen, die im Falle von Verstößen gegen die Datensicherheitsvorschriften zur Begrenzung möglicher nachteiliger Auswirkungen getroffen werden.

18. Wird eine klinische Prüfung mit einem Wirkstoff durchgeführt, der in der Union unter verschiedenen Handelsbezeichnungen in einer Reihe von zugelassenen Arzneimitteln verfügbar ist, so kann der Prüfplan die Behandlung ausschließlich über den Wirkstoff oder über den anatomisch-therapeutisch-chemischen Code (ATC-Code, Ebene 3-5) festlegen, ohne die Handelsbezeichnung für jedes Produkt anzugeben.

19. Für die Meldung unerwünschter Ereignisse weist der Prüfplan die folgenden Kategorien aus:

    a) unerwünschte Ereignisse oder abnorme Laborwerte, die sicherheitsrelevant sind, und die dem Sponsor vom Prüfer mitgeteilt werden müssen, sowie

    b) schwerwiegende unerwünschte Ereignisse, bei denen eine unverzügliche Meldung des Prüfers an den Sponsor nicht erforderlich ist.

20. Im Prüfplan sind Verfahren festgelegt für

    a) die Ermittlung und Dokumentation von unerwünschten Ereignissen durch den Prüfer, und die Meldung relevanter unerwünschter Ereignisse durch den Prüfer an den Sponsor,

    b) die Meldung derjenigen schwerwiegenden unerwünschten Ereignisse durch den Prüfer an den Sponsor, die laut Prüfplan keine sofortige Meldung erfordern,

    c) die Meldung mutmaßlicher unerwarteter schwerwiegender Nebenwirkungen durch den Sponsor an die EudraVigilance-Datenbank und

    d) die Weiterbeobachtung von Prüfungsteilnehmern nach Auftreten von Nebenwirkungen, einschließlich Art und Dauer der Weiterbeobachtung.

21. Wenn der Sponsor einen einzigen Sicherheitsbericht für sämtliche in der klinischen Prüfung verwendeten Prüfpräparate gemäß Artikel 43 Absatz 2 übermitteln will, werden im Prüfplan die Gründe dafür angegeben.

22. Sofern erforderlich, werden im Prüfplan Fragen zur Etikettierung und Entblindung der Prüfpräparate behandelt.

23. Dem Prüfplan wird gegebenenfalls die Charta der Kommission zur Überwachung der Datensicherheit beigefügt.

24. Dem Prüfplan sollte eine Inhaltsangabe des Prüfplans beigefügt werden.

E. Prüferinformation

25. Es ist eine dem Stand der Wissenschaft und den internationalen Leitlinien entsprechende Prüferinformation zu übermitteln.

26. Die Prüferinformation soll Prüfern und anderen an der klinischen Prüfung Beteiligten Informationen vermitteln, die ihnen das Verständnis der Gründe für wichtige Merkmale des Prüfplans (z. B. Dosis, Dosishäufigkeit/Dosisintervall, Verabreichungsarten und Überwachungsverfahren für die Arzneimittelsicherheit) und deren Einhaltung erleichtern.

27. Die Angaben in der Prüferinformation werden in prägnanter, einfacher, objektiver, ausgewogener Form und frei von Werbung dargestellt, sodass ein Kliniker oder Prüfer sie verstehen und eine unvoreingenommene Nutzen-Risiko-Bewertung bezüglich der Angemessenheit der vorgeschlagenen klinischen Prüfung vornehmen kann. Bei ihrer Zusammenstellung sind alle verfügbaren, die Begründung der vorgeschlagenen klinischen Prüfung und die sichere Verwendung des Prüfpräparats in der klinischen Prüfung untermauernde Informationen und Nachweise zu berücksichtigen und in Form von Zusammenfassungen darzulegen.

28. Wenn das Prüfpräparat zugelassen ist und gemäß den Bedingungen der Zulassung verwendet wird, tritt an die Stelle der Prüferinformation die genehmigte Zusammenfassung der Merkmale des Arzneimittels (im Folgenden „Fachinformation“). Unterscheiden sich die Anwendungsbedingungen in der klinischen Prüfung von den genehmigten, ist die Fachinformation durch eine Zusammenstellung der relevanten klinischen und nichtklinischen Daten zu ergänzen, die die Verwendung des Prüfpräparats in der klinischen Prüfung untermauern. Wird das Prüfpräparat im Prüfplan nur durch seinen Wirkstoff gekennzeichnet, wählt der Sponsor für alle Arzneimittel, die diesen Wirkstoff enthalten und am Ort einer klinischen Prüfung verwendet werden, eine der Prüferinformation gleichwertige Fachinformation aus.

29. Ist in einer multinationalen klinischen Prüfung das in dem jeweiligen betroffenen Mitgliedstaat zu verwendende Arzneimittel auf nationaler Ebene zugelassen worden und unterscheidet sich die Fachinformation je nach betroffenen Mitgliedstaat, wählt der Sponsor eine Fachinformation für die gesamte klinische Prüfung aus, und zwar diejenige, die für die Gewährleistung der Patientensicherheit am besten geeignet ist.

30. Wenn es sich bei der Prüferinformation nicht um eine Fachinformation handelt, hat sie einen deutlich gekennzeichneten Abschnitt „Referenzinformationen zur Sicherheit“ zu umfassen. Gemäß den Nummern 10 und 11 des Anhangs III enthalten die Referenzinformationen zur Sicherheit Informationen über das Prüfpräparat sowie Informationen dazu, wie festzulegen ist, welche Nebenwirkungen als erwartete Nebenwirkungen einzustufen sind, sowie Angaben zur Häufigkeit und Art dieser Nebenwirkungen.

F. Unterlagen zur Konformität des Prüfpräparats mit der guten Herstellungspraxis

31. Bezüglich der Unterlagen zur Konformität mit der guten Herstellungspraxis gilt Folgendes:

32. Es müssen keine Unterlagen übermittelt werden, wenn das Prüfpräparat zugelassen und unverändert ist, unabhängig davon, ob es in der Union hergestellt wurde oder nicht.

33. Handelt es sich nicht um ein zugelassenes Prüfpräparat, für das auch keine Zulassung in einem Drittland, das Teilnehmer der „International Conference on Harmonisation of Technical Requirements for Registration of Pharmaceuticals for Human Use“ (Internationale Konferenz zur Angleichung der technischen Anforderungen an die Zulassung von Humanarzneimitteln, „ICH“) ist, erteilt wurde, und wird es nicht in der Union hergestellt, sind folgende Unterlagen einzureichen:

    a) Eine Kopie der Einfuhrerlaubnis gemäß Artikel 61 und

    b) die Bescheinigung einer sachkundigen Person in der Union, dass die Herstellung in Konformität mit einer guten Herstellungspraxis erfolgt, die der in der Union mindestens gleichwertig ist, es sei denn, es wurden im Rahmen von Abkommen über die gegenseitige Anerkennung zwischen der Union und Drittländern besondere Regelungen festgelegt.

34. In allen anderen Fällen wird eine Kopie der Erlaubnis gemäß Artikel 61 übermittelt.

35. Bei Verfahren in Verbindung mit den in Artikel 61 Absatz 5 genannten Prüfpräparaten, die nicht einer Erlaubnispflicht gemäß Artikel 61 unterliegen, ist die Einhaltung der in Artikel 61 Absatz 6 beschriebenen Bestimmungen entsprechend zu belegen.

G. Prüfpräparate-Dossier

36. Das Prüfpräparate-Dossier muss Angaben zur Qualität, Herstellung und Kontrolle aller Prüfpräparate sowie Daten aus nichtklinischen Studien und aus der klinischen Anwendung enthalten.

1.1 Daten zum Prüfpräparat

Einleitung

37. Bezüglich der Daten kann das Prüfpräparate-Dossier durch andere Dokumente ersetzt werden, die entweder allein oder zusammen mit einem vereinfachten Prüfpräparate-Dossier übermittelt werden. Die Einzelheiten dieses „vereinfachten Prüfpräparate-Dossiers“ werden unter Abschnitt 1.2 „Vereinfachtes Prüfpräparate-Dossier durch Verweis auf andere Unterlagen“ beschrieben.

38. Jeder Abschnitt des Prüfpräparate-Dossiers muss am Anfang ein ausführliches Inhaltsverzeichnis und ein Glossar enthalten.

39. Die Informationen in den Unterlagen zum Prüfpräparat müssen präzise und ihr Umfang nicht unnötig groß sein. Daten sind vorzugsweise in Tabellenform darzustellen; ein kurzer Begleittext verweist auf die wichtigsten Aspekte.

Daten zur Qualität

40. Die zur Qualität übermittelten Daten müssen logisch strukturiert sein, etwa entsprechend dem Format von Modul 3 des Gemeinsamen Technischen Dokuments der ICH.

Nichtklinische Daten zur Pharmakologie und Toxikologie

41. Zum Prüfpräparate-Dossier gehören außerdem Zusammenfassungen der nichtklinischen Daten zur Pharmakologie und toxikologischen Daten aller Prüfpräparate, die in der klinischen Prüfung in Einklang mit den internationalen Leitlinien verwendet werden. Es enthält eine Referenzliste der durchgeführten Studien und ein angemessenes Literaturverzeichnis. Daten sind vorzugsweise in Tabellenform darzustellen, wenn dies angebracht ist; ein kurzer Begleittext verweist auf die wichtigsten Aspekte. Die Zusammenfassungen der durchgeführten Studien sollten die Beurteilung erlauben, ob sie angemessen waren und nach einem zulässigen Prüfplan durchgeführt wurden.

42. Die zur Pharmakologie und Toxikologie übermittelten nichtklinischen Daten müssen logisch strukturiert sein; dazu kann beispielsweise Modul 4 des Gemeinsamen Technischen Dokuments der ICH verwendet werden.

43. Das Prüfpräparate-Dossier muss eine kritische Analyse der Daten, in der auch Datenauslassungen begründet werden, und eine Beurteilung der Sicherheit des Produkts im Kontext der vorgeschlagenen klinischen Prüfung umfassen, und nicht nur einen Sachbericht zu den durchgeführten Studien.

44. Das Prüfpräparate-Dossier enthält eine Erklärung über den Stand hinsichtlich der guten Laborpraxis oder vergleichbare Normen gemäß Artikel 25 Absatz 3.

45. Das für die Toxizitätsstudien verwendete Versuchsmaterial muss im Hinblick auf die qualitativen und quantitativen Verunreinigungsprofile repräsentativ für das Material sein, das in der klinischen Prüfung verwendet wird. Bei der Zubereitung des Versuchsmaterials sind die erforderlichen Kontrollen vorzunehmen, um die Validität der Studie zu untermauern.

Daten zu früheren klinischen Prüfungen und Versuchen am Menschen

46. Daten zu früheren klinischen Prüfungen und Versuchen am Menschen müssen logisch strukturiert sein; dazu kann beispielsweise Modul 5 des Gemeinsamen Technischen Dokuments der ICH verwendet werden.

47. In diesem Abschnitt sind Zusammenfassungen aller verfügbaren Daten aus früheren klinischen Prüfungen und Versuchen am Menschen mit den Prüfpräparaten vorzulegen.

    Er muss auch eine Erklärung zur Konformität der früheren klinischen Prüfungen mit der guten klinischen Praxis sowie einen Verweis auf den Eintrag in ein öffentliches Register gemäß Artikel 25 Absatz 6 enthalten.

Gesamtbewertung des Nutzen-Risiko-Verhältnisses

48. Dieser Abschnitt muss eine kurze Zusammenfassung enthalten, in der die klinischen und nichtklinischen Daten im Hinblick auf mögliche Risiken und den möglichen Nutzen des Prüfpräparats in der vorgeschlagenen klinischen Prüfung kritisch analysiert werden, sofern diese Informationen nicht schon Bestandteil des Prüfplans sind. Im letzteren Fall wird auf den einschlägigen Abschnitt des Prüfplans verwiesen. Im Text sind alle vorzeitig beendigten Studien aufgeführt und die Gründe für ihre vorzeitige Beendigung zu erörtern. Bei jeder Bewertung der absehbaren Risiken und des erwarteten Nutzens von Prüfungen an Minderjährigen oder nicht einwilligungsfähigen Erwachsenen sind die spezifischen Bestimmungen dieser Verordnung zu berücksichtigen.

49. Wo dies angemessen ist, sind Sicherheitsmargen nicht anhand der verabreichten Dosis zu erörtern, sondern anhand der relativen systemischen Belastung durch das Prüfpräparat. Grundlage hierfür sind vorzugsweise Daten zur Fläche unter der Kurve oder zur Spitzenkonzentration (Cmax) (je nachdem, welche Daten für aussagekräftiger gehalten werden). Außerdem ist die klinische Relevanz aller Ergebnisse von klinischen und nichtklinischen Studien zusammen mit eventuellen Empfehlungen zur weiteren Überwachung von Wirkungen und Sicherheit in den klinischen Prüfungen zu behandeln.

1.2 Vereinfachtes Prüfpräparate-Dossier durch Verweis auf andere Unterlagen

50. Der Antragsteller hat die Möglichkeit, auf andere Unterlagen zu verweisen, die alleine oder mit den vereinfachten Unterlagen zum Prüfpräparat übermittelt wurden.

Möglicher Verweis auf die Prüferinformation

51. Der Antragsteller kann entweder eigenständige Unterlagen zum Prüfpräparat einreichen oder auf die Referenzinformationen zur Sicherheit und die Zusammenfassungen von deren vorklinischen und klinischen Teilen auf die Prüferinformation verweisen. Im letzteren Fall müssen die Zusammenfassungen der vorklinischen und klinischen Informationen ausreichend detaillierte Daten (vorzugsweise in Tabellenform) enthalten, damit die Assessoren zu einer Entscheidung über die potenzielle Toxizität des Prüfpräparates und die Sicherheit seiner Verwendung in der vorgeschlagenen klinischen Prüfung gelangen können. Sind bezüglich eines bestimmten Aspekts der vorklinischen oder klinischen Daten ausführliche Erläuterungen durch Sachverständige oder Erörterungen erforderlich, die über die üblicherweise in der Prüferinformation enthaltenen hinausgehen, muss der Antragsteller die vorklinischen und klinischen Daten als Teil des Prüfpräparate-Dossiers übermitteln.

Möglicher Verweis auf die Fachinformation

52. Der Antragsteller kann die zum Zeitpunkt der Antragstellung geltende Fassung der Fachinformation als Unterlagen zum Prüfpräparat übermitteln, wenn eine Zulassung für

das Prüfpräparat erteilt wurde. Die genauen Anforderungen sind in Tabelle 1 zusammengefasst. Werden neue Daten vorgelegt, ist deutlich darauf hinzuweisen.

Tabelle 1 – Inhalt des vereinfachten Prüfpräparate-Dossiers

Art der früheren Bewertung	Daten zur Qualität	Nichtklinische Daten	Klinische Daten
Das Prüfpräparat ist zugelassen oder hat eine Zulassung in einem ICH-Land. Seine Verwendung in der klinischen Prüfung erfolgt			
– gemäß der Fachinformation;	Fachinformation		
– nicht gemäß der Fachinformation;	Fachinformation	Gegebenenfalls	Gegebenenfalls
– nach Modifizierung (z. B. Verblindung).	P + I	Fachinformation	Fachinformation
Das Prüfpräparat ist für eine andere pharmazeutische Form oder Stärke des Prüfpräparats zugelassen oder hat eine Zulassung in einem ICH-Land und wird von deren Inhaber geliefert.	Fachinformation + P + I	Einstufung	Einstufung
Das Prüfpräparat ist nicht zugelassen und hat keine Zulassung in einem ICH-Land, aber der Wirkstoff ist Bestandteil eines zugelassenen Arzneimittels und wird			
– vom selben Hersteller geliefert;	Fachinformation + P + I	Einstufung	Einstufung
– von einem anderen Hersteller geliefert.	Fachinformation + W + P + I	Einstufung	Einstufung
Das Prüfpräparat war Gegenstand eines früheren Antrags auf Genehmigung einer klinischen Prüfung, ist im betreffenden Mitgliedstaat zugelassen, ist unverändert und			
– seit der letzten Änderung des Antrags auf Genehmigung einer klinischen Prüfung sind keine neuen Daten verfügbar geworden;	Verweis auf die frühere Einreichung		
– seit der letzten Änderung des Antrags auf Genehmigung einer klinischen Prüfung sind neue Daten verfügbar geworden;	Neue Daten	Neue Daten	Neue Daten
– wird unter anderen Bedingungen verwendet.	Gegebenenfalls	Gegebenenfalls	Gegebenenfalls

(W: Daten zum Wirkstoff; P: Daten zum Prüfpräparat; I: Zusätzliche Informationen zu Einrichtungen und Ausstattung, der Sicherheitsbewertung hinsichtlich Fremd-Agenzien, neuartigen Hilfsstoffen sowie Lösungsmitteln zur Rekonstitution und Verdünnungsmitteln)

53. Wird das Prüfpräparat im Prüfplan durch einen Wirkstoff oder ATC-Code beschrieben (siehe oben, Nummer 18), kann der Antragsteller das Prüfpräparate-Dossier für jeden Wirkstoff bzw. für jeden der ATC-Gruppe angehörenden Wirkstoff durch eine repräsentative Fachinformation ersetzen. Alternativ kann der Antragsteller ein Dokument vorlegen, das für jeden Wirkstoff, der im Rahmen der klinischen Prüfung möglicherweise als Prüfpräparat verwendet wird, Informationen enthält, die denen der repräsentativen Fachinformation gleichwertig sind.

1.3 Prüfpräparate-Dossier im Falle eines Placebos

54. Handelt es sich beim Prüfpräparat um ein Placebo, sind lediglich Daten zur Qualität vorzulegen. Zusätzliche Unterlagen sind nicht erforderlich, wenn das Placebo dieselbe Zusammensetzung wie das untersuchte Prüfpräparat hat (mit Ausnahme des Wirkstoffs), denselben Hersteller hat und nicht steril ist.

H. Unterlagen zum Hilfspräparat

55. Unbeschadet des Artikels 65 gelten die in den Abschnitten F und G dargelegten Dokumentationsanforderungen auch für Hilfspräparate. Ist das Hilfspräparat jedoch im betroffenen Mitgliedstaat zugelassen, so sind keine zusätzlichen Angaben erforderlich.

I. Wissenschaftliche Beratung und pädiatrisches Prüfkonzept (PIP)

56. Falls verfügbar ist eine Kopie der Zusammenfassung der wissenschaftlichen Beratung, die die Agentur, ein Mitgliedstaat oder ein Drittland bezüglich der klinischen Prüfung geleistet hat, zu übermitteln.

57. Ist die klinische Prüfung Bestandteil eines gebilligten pädiatrischen Prüfkonzepts, ist eine Kopie des Beschlusses der Agentur, mit dem sie das pädiatrische Prüfkonzept billigt, und die Stellungnahme des Pädiatrieausschusses, sofern diese Dokumente über das Internet nicht uneingeschränkt zugänglich sind, zu übermitteln. Im letzteren Fall reicht die Angabe des Links zu diesen Dokumenten im Anschreiben aus (siehe Abschnitt B).

J. Etikettierung der Prüfpräparate

58. Es ist eine inhaltliche Beschreibung der Etikettierung der Prüfpräparate gemäß Anhang VI vorzulegen.

K. Verfahren zur Rekrutierung der Prüfungsteilnehmer (Angaben für jeden betroffenen Mitgliedstaat)

59. Sofern nicht im Anschreiben erläutert, sind Verfahren zur Einbeziehung der Prüfungsteilnehmer in einem gesonderten Dokument ausführlich zu beschreiben, und es ist deutlich anzugeben, wie die erste Handlung zur Rekrutierung aussieht.

60. Werden die Prüfungsteilnehmer mittels Werbeanzeigen rekrutiert, so sind Kopien des Werbematerials zu übermitteln, einschließlich jeglicher Druckerzeugnisse und Ton- und Bildaufzeichnungen. Die für die Bearbeitung der Antworten auf Werbeanzeigen angewendeten Verfahren sind zu erläutern. Hierzu gehören die Kopien der Mitteilungen, die zur Einladung der Prüfungsteilnehmer zur Teilnahme an der klinischen Prüfung verwendet wurden, und die Verfahren für die Unterrichtung oder Beratung der Bewerber, die für die Teilnahme an der klinischen Prüfung als nicht geeignet befunden wurden.

L. Prüfungsteilnehmer-Information, Einwilligung nach Aufklärung und Verfahren zur Einholung der Einwilligung nach Aufklärung (Angaben für jeden betroffenen Mitgliedstaat)

61. Alle Informationen, die den Prüfungsteilnehmern (oder gegebenenfalls den gesetzlichen Vertretern) vor ihrer Entscheidung über die Teilnahme bzw. Nichtteilnahme übermittelt wurden, sind ebenso zu übermitteln wie das Formular für die schriftliche Einwilligung nach Aufklärung oder geeignete alternative Hilfsmittel nach Artikel 29 Absatz 1 für die schriftliche Einwilligung nach Aufklärung.

62. Eine Beschreibung der Verfahren für die Einwilligung nach Aufklärung ist für alle Prüfungsteilnehmer einzureichen, insbesondere in folgenden Fällen:

a) Bei klinischen Prüfungen mit Minderjährigen oder nicht einwilligungsfähigen Prüfungsteilnehmern sind die Verfahren zur Einwilligung nach Aufklärung des gesetzlichen Vertreters sowie die Beteiligung des minderjährigen oder nicht einwilligungsfähigen Prüfungsteilnehmers zu beschreiben.

b) Bei Anwendung eines Verfahrens, bei dem die Einwilligung vor unparteiischen Zeugen erteilt wird, sind relevante Informationen zu den Gründen der Inanspruchnahme eines unparteiischen Zeugen, der Auswahl des unparteiischen Zeugen und dem Verfahren zur Einholung der Einwilligung nach Aufklärung vorzulegen.

c) Bei klinischen Prüfungen in Notfallsituationen gemäß Artikel 35 ist das Verfahren zur Einholung der Einwilligung nach Aufklärung des Prüfungsteilnehmers oder des gesetzlichen Vertreters zwecks Weiterführung der klinischen Prüfung zu beschreiben.

d) Bei klinischen Prüfungen in Notfallsituationen gemäß Artikel 35 sind die Verfahren zur Bestimmung und Dokumentierung der Dringlichkeitssituation zu beschreiben.

e) Bei klinischen Prüfungen, bei denen die Methodik der Prüfung erfordert, dass gemäß Artikel 30 Gruppen von Prüfungsteilnehmern anstelle von einzelnen Prüfungsteilnehmern unterschiedliche Prüfpräparate zugewiesen werden und bei denen daher vereinfachte Verfahren zur Einholung der Einwilligung nach Aufklärung zur Anwendung kommen, werden die vereinfachten Verfahren beschrieben.

63. In den in Nummer 62 dargelegten Fällen sind die dem Prüfungsteilnehmer oder seinem gesetzlichen Vertreter bereitgestellten Informationen zu übermitteln.

M. Eignung des Prüfers (Angaben für jeden betroffenen Mitgliedstaat)

64. Zu übermitteln sind: eine Liste der vorgesehenen Prüfstellen, Name und Funktion der Hauptprüfer und die geplante Anzahl der Prüfungsteilnehmer in den Prüfstellen.

65. Außerdem ist eine Beschreibung der Qualifikation der Prüfer anhand eines aktuellen Lebenslaufes und anderer relevanter Dokumente zu übermitteln. Frühere Aus- oder Weiterbildung in Bezug auf die Grundsätze der guten klinischen Praxis oder aus der Arbeit mit klinischen Prüfungen und Patientenbetreuung gewonnene Erfahrungen sind zu beschreiben.

66. Besondere Umstände – wie beispielsweise wirtschaftliche Interessen und die Zugehörigkeit zu Einrichtungen –, die die Unparteilichkeit der Prüfer beeinflussen könnten, sind darzulegen.

N. Eignung der Einrichtungen (Angaben für jeden betroffenen Mitgliedstaat)

67. Es ist eine angemessen begründete schriftliche Erklärung des Leiters der Klinik/Einrichtung in der Prüfstelle oder entsprechend dem System im betroffenen Mitgliedstaat einer anderen zuständigen Person zu übermitteln, in der die Eignung der klinischen Einrichtung für die Art und die Verwendung des Prüfpräparats bestätigt sowie beschrieben wird, inwiefern geeignete Einrichtungen und Geräte und geeignetes Personal zur Verfügung stehen und geeignetes Fachwissen vorhanden ist.

O. Nachweis von Versicherungs- oder sonstiger Deckung für Schadensersatz (Angaben für jeden betroffenen Mitgliedstaat)

68. Gegebenenfalls ist ein Nachweis einer Versicherung, einer Garantie oder einer ähnlichen Vorkehrung beizubringen.

P. Finanzielle und sonstige Vereinbarungen (Angaben für jeden betroffenen Mitgliedstaat)

69. Kurze Beschreibung der Finanzierung der klinischen Prüfung.

70. Es sind Informationen zur finanziellen Vergütung und Entschädigung und zu den an die Prüfungsteilnehmer und Prüfer/die Prüfstelle für die Teilnahme an der klinischen Prüfung gezahlten Entschädigungen zu übermitteln.

71. Eine Beschreibung sonstiger Vereinbarungen zwischen dem Sponsor und der Prüfstelle ist zu übermitteln.

Q. Nachweis der Zahlung von Gebühren (Angaben für jeden betroffenen Mitgliedstaat)

72. Gegebenenfalls ist ein Nachweis der Zahlung von Gebühren beizubringen.

R. Nachweis dafür, dass die Daten in Einklang mit den Datenschutzvorschriften der Union verarbeitet werden

73. Es ist eine Erklärung des Sponsors oder seines Vertreters vorzulegen, wonach die Daten in Einklang mit der Richtlinie 95/46/EWG erhoben und verarbeitet werden.

Anhang II
Antragsunterlagen für wesentliche Änderungen

A. Einführung und allgemeine Grundlagen

1. Betrifft eine wesentliche Änderung mehr als eine klinische Prüfung desselben Sponsors und desselben Prüfpräparats, so kann der Sponsor einen einzigen Antrag auf Genehmigung der wesentlichen Änderung stellen. Das Anschreiben enthält ein Verzeichnis aller klinischen Prüfungen, auf die sich der Antrag für eine wesentliche Änderung bezieht, mit den offiziellen EU-Prüfungsnummern und den jeweiligen Identifikationsnummern jeder einzelnen dieser klinischen Prüfungen.
2. Der Antrag ist vom Sponsor oder einem Vertreter des Sponsors zu unterzeichnen. Mit seiner Unterschrift bestätigt der Sponsor, dass er sich des Folgenden vergewissert hat:
   a) Die erteilten Auskünfte sind vollständig,
   b) die beigefügten Unterlagen vermitteln ein genaues Bild der verfügbaren Informationen und
   c) die klinische Prüfung wird nach Maßgabe der geänderten Unterlagen durchgeführt.

B. Anschreiben

3. Das Anschreiben enthält die folgenden Angaben:
   a) in der Betreffzeile die EU-Prüfungsnummer, den Titel der klinischen Prüfung sowie die Codenummer für die wesentliche Änderung, die eine eindeutige Identifizierung der wesentlichen Änderung erlaubt; dabei sollte diese Codenummer in den gesamten Antragsunterlagen durchgängig verwendet werden;
   b) Identifizierung des Antragstellers;
   c) Identifizierung der wesentlichen Änderung (Codenummer des Sponsors für die wesentliche Änderung und Tag). Ein Änderungsantrag kann mehrere Änderungen des Prüfplans oder der zugehörigen wissenschaftlichen Unterlagen betreffen;

d) einen markierten Hinweis auf besondere Aspekte der Änderung und einen Hinweis darauf, wo relevante Informationen oder Textteile in den ursprünglichen Antragsunterlagen zu finden sind;

e) Hervorheben aller Informationen, die sich auf das den Prüfungsteilnehmern entstehende Risiko auswirken könnten und im Formular für den Antrag auf Genehmigung der Änderung nicht enthalten sind;

f) gegebenenfalls eine Liste aller klinischen Prüfungen, die wesentlich geändert wurden, mit EU-Prüfungsnummern und den jeweiligen Änderungscodenummern.

C. Antragsformular für Änderungen

4. Das ordnungsgemäß und vollständig ausgefüllte Antragsformular für Änderungen.

D. Beschreibung der Änderung

5. Die Änderung ist wie folgt zu erläutern und zu verdeutlichen:

a) durch einen Auszug aus den zu ändernden Unterlagen, in dem die alten und neuen Formulierungen durch Markierung im Korrekturmodus erkennbar sind, und einen Auszug nur mit den neuen Formulierungen sowie einer Begründung der Änderungen und

b) ungeachtet des Buchstabens a im Falle, dass die Änderungen so weitverbreitet oder weitreichend sind, dass sie eine völlig neue Fassung der Unterlagen rechtfertigen, durch eine neue Fassung der gesamten Unterlagen (in solchen Fällen sollten die Änderungen der Unterlagen in einer zusätzlichen Tabelle aufgeführt werden, wobei identische Änderungen zusammengefasst werden können).

6. Die neue Fassung der Unterlagen ist durch den Tag und eine neue Versionsnummer gekennzeichnet.

E. Ergänzende Informationen

7. Zusätzliche Informationen umfassen gegebenenfalls mindestens Folgendes:

a) Zusammenfassungen von Daten;

b) eine aktualisierte Gesamtbewertung des Nutzen-Risiko-Verhältnisses;

c) mögliche Folgen für Prüfungsteilnehmer, die bereits an der klinischen Prüfung teilnehmen;

d) mögliche Folgen für die Bewertung der Ergebnisse;

e) Unterlagen in Zusammenhang mit etwaigen Änderungen der Informationen an die Prüfungsteilnehmer oder deren gesetzliche Vertreter, dem Verfahren der Einwilligung nach Aufklärung, dem Formblatt der Einwilligung nach Aufklärung, den Informationsbögen oder den Einladungsschreiben und

f) eine Begründung der mit dem Antrag auf eine wesentliche Änderung angestrebten Änderungen.

F. Aktualisierung des EU-Antragsformulars

8. Sofern eine wesentliche Änderung mit Änderungen der Einträge in dem in Anhang I erwähnten EU-Antragsformular verbunden ist, sollte eine überarbeitete Version dieses Formulars übermittelt werden. Die von der wesentlichen Änderung betroffenen Felder sollten im überarbeiteten Formular markiert werden.

G. Nachweis der Zahlung von Gebühren (Angaben für jeden betroffenen Mitgliedstaat)

9. Gegebenenfalls ist ein Nachweis der Zahlung von Gebühren beizubringen.

Anhang III Sicherheitsberichterstattung

1. Meldung schwerwiegender unerwünschter Ereignisse vom Prüfer an den Sponsor

1. Sobald die klinische Prüfung beendet ist, braucht der Prüfer die von ihm behandelten Prüfungsteilnehmer nicht mehr aktiv auf unerwünschte Ereignisse zu überwachen, sofern im Prüfplan nichts anderes vorgesehen ist.

2. Meldung mutmaßicher unerwarteter schwerwiegender Nebenwirkungen („Susar“) vom Sponsor an die Agentur gemäß Artikel 42

2.1 Unerwünschte Ereignisse und Kausalzusammenhang

2. Derselben Berichtspflicht wie Nebenwirkungen unterliegen auch Medikationsfehler, Schwangerschaften und andere als die im Prüfplan vorgesehenen Verwendungen, einschließlich unsachgemäßer und missbräuchlicher Verwendungen des Präparats.

3. Bei der Festlegung, ob ein unerwünschtes Ereignis eine Nebenwirkung darstellt, ist zu berücksichtigen, ob eine begründete Möglichkeit für die Feststellung eines Kausalzusammenhangs zwischen dem Ereignis und dem Prüfpräparat besteht, die auf der Analyse der vorliegenden Erkenntnisse beruht.

4. Liegen keine Informationen über einen Kausalzusammenhang vom berichterstattenden Prüfer vor, muss der Sponsor den berichterstattenden Prüfer konsultieren und ihn um Stellungnahme zu dieser Frage bitten. Der Sponsor darf die Einschätzung

des Kausalzusammenhangs durch den Prüfer nicht herabstufen. Ist der Sponsor anderer Ansicht über den Kausalzusammenhang als der Prüfer, muss die Meldung die Stellungnahme sowohl des Prüfers als auch des Sponsors enthalten.

2.2 „Erwartet"/„unerwartet" und Referenzinformationen zur Sicherheit

5. Bei der Festlegung, ob ein unerwünschtes Ereignis unerwartet ist, ist zu berücksichtigen, ob sich durch das Ereignis signifikante neue Informationen über die Spezifität, das häufigere Vorkommen oder den Schweregrad einer bekannten, bereits dokumentierten schwerwiegenden Nebenwirkung ergeben.

6. Die zu erwartenden Nebenwirkungen werden vom Sponsor in den Referenzinformationen zur Sicherheit dargelegt. Die Erwartungswahrscheinlichkeit wird anhand bereits früher mit dem Wirkstoff beobachteter Ereignisse festgelegt, nicht mit Blick auf die erwarteten pharmakologischen Eigenschaften eines Arzneimittels oder Ereignisse in Zusammenhang mit der Krankheit des Prüfungsteilnehmers.

7. Die Referenzinformationen zur Sicherheit sind in der Fachinformation oder der Prüferinformation enthalten. Im Anschreiben muss darauf verwiesen werden, an welcher Stelle in den Antragsunterlagen sich die Referenzinformationen zur Sicherheit befinden. Liegen für das Prüfpräparat Zulassungen in mehreren betroffenen Mitgliedstaaten mit verschiedenen Fachinformationen vor, wählt der Sponsor die unter Berücksichtigung der Sicherheit der Prüfungsteilnehmer am besten geeignete Fachinformation als Referenzinformationen zur Sicherheit aus.

8. Die Referenzinformationen zur Sicherheit können sich im Laufe der klinischen Prüfung ändern. Für die Zwecke der Meldung mutmaßlicher unerwarteter schwerwiegender Nebenwirkungen gilt die Fassung der Referenzinformationen zur Sicherheit zur Zeit des Auftretens der mutmaßlichen unerwarteten schwerwiegenden Nebenwirkungen. Daher wirkt sich eine Änderung der Referenzinformationen zur Sicherheit auf die Anzahl der zu meldenden mutmaßlichen unerwarteten schwerwiegenden Nebenwirkungen aus. Für die für die Zwecke des Jahressicherheitsberichts geltenden Referenzinformationen zur Sicherheit siehe Abschnitt 3.

9. Hat der berichterstattende Prüfer Informationen darüber vorgelegt, ob ein Ereignis zu erwarten ist, ist dies vom Sponsor zu berücksichtigen.

2.3 Informationen für die Meldung mutmaßlicher unerwarteter schwerwiegender Nebenwirkungen

10. Die Informationen müssen mindestens Folgendes umfassen:

    a) gültige EU-Prüfungsnummer;

    b) Studiennummer des Sponsors;

c) einen identifizierbaren kodierten Prüfungsteilnehmer;

d) einen identifizierbaren Berichterstatter;

e) eine mutmaßliche unerwartete schwerwiegende Nebenwirkung;

f) ein verdächtiges Prüfpräparat (einschließlich des Namenscodes des Wirkstoffs);

g) eine Kausalitätsbewertung.

11. Darüber hinaus sind zur korrekten elektronischen Verarbeitung des Berichts folgende verwaltungstechnische Informationen vorzulegen:

a) einheitliche Kennnummer des Sicherheitsberichts des Absenders;

b) Eingangstag der ursprünglichen Informationen von der Primärquelle

c) Eingangstag der neuesten Informationen;

d) die weltweit einheitliche Kennzeichnungsnummer;

e) Kennnummer des Absenders.

2.4 Folgeberichte über mutmaßliche unerwartete schwerwiegende Nebenwirkungen

12. Ist die Erstmeldung einer mutmaßlichen unerwarteten schwerwiegenden Nebenwirkung gemäß Artikel 42 Absatz 2 Buchstabe a (tödlich oder lebensbedrohlich) unvollständig, wenn der Sponsor beispielsweise nicht alle Informationen/Bewertungen binnen sieben Tagen vorgelegt hat, muss der Sponsor innerhalb von weiteren acht Tagen einen vollständigen Bericht auf der Grundlage der ursprünglichen Informationen übermitteln.

13. Die Frist für die Erstmeldung (Tag 0 = Di 0) beginnt, sobald die Informationen, die die Mindestkriterien für die Meldung enthalten, beim Sponsor eingegangen sind.

14. Erhält der Sponsor signifikante neue Informationen über einen bereits gemeldeten Fall, wird die Frist wieder auf Tag 0 gesetzt, d. h. auf den Tag des Eingangs der neuen Informationen. Diese Informationen sind binnen 15 Tagen als Folgebericht zu melden.

15. Falls der ursprüngliche Bericht über eine mutmaßliche unerwartete schwerwiegende Nebenwirkung gemäß Artikel 42 Absatz 2 Buchstabe a (die ursprünglich nicht als tödlich oder lebensbedrohlich betrachtet wurde, sich jedoch dann als tödlich oder lebensbedrohlich erweist) unvollständig ist, wird so rasch wie möglich ein Folgebericht erstellt, jedenfalls aber binnen sieben Tagen, nachdem festgestellt wurde, dass die Nebenwirkung tödlich oder lebensbedrohlich ist. Der Sponsor übermittelt binnen zusätzlichen acht Tagen einen vollständigen Bericht.

16. In Fällen, in denen sich eine mutmaßliche unerwartete schwerwiegende Nebenwirkung als tödlich oder lebensbedrohlich erweist, obwohl sie ursprünglich nicht als

solche betrachtet wurde, und noch keine Erstmeldung übermittelt wurde, muss eine kombinierte Meldung erfolgen.

2.5 Entblindete Behandlungszuweisung

17. Der Prüfer entblindet die Behandlungszuweisung eines Prüfungsteilnehmers im Laufe einer klinischen Prüfung nur dann, wenn eine Entblindung für die Sicherheit des Prüfungsteilnehmers relevant ist.

18. Bei der Meldung einer mutmaßlichen unerwarteten schwerwiegenden Nebenwirkung an die Agentur entblindet der Sponsor nur die Behandlungszuweisung des Prüfungsteilnehmers, der von der mutmaßlichen unerwarteten schwerwiegenden Nebenwirkung betroffen ist.

19. Wenn ein Ereignis möglicherweise eine mutmaßliche unerwartete schwerwiegende Nebenwirkung ist, nimmt der Sponsor nur für diesen Prüfungsteilnehmer eine Entblindung vor. Für die für die Durchführung der klinischen Prüfung sonstigen Verantwortlichen (Verwaltung, Aufsicht, Prüfer) und die für Datenanalyse und Ergebnisauswertung der klinischen Prüfung bei Prüfungsabschluss Verantwortlichen, wie Biometrie-Personal, muss die Verblindung beibehalten werden.

20. Auf unverblindete Informationen dürfen nur Personen Zugriff haben, die an der Sicherheitsberichterstattung an die Agentur und Überwachungsstellen für Datensicherheit („DSMB") mitwirken müssen, oder Personen, die während der klinischen Prüfung laufende Sicherheitsbewertungen durchführen.

21. Im Falle von klinischen Prüfungen bei Erkrankungen mit hoher Morbidität oder hoher Mortalität, deren Wirksamkeits-Endpunkte auch mutmaßliche unerwartete schwerwiegende Nebenwirkungen sein könnten, oder wenn Mortalität oder ein anderes „schwerwiegendes" Ergebnis (das möglicherweise als mutmaßliche unerwartete schwerwiegende Nebenwirkung gemeldet werden könnte) den Wirksamkeits-Endpunkt in der klinischen Prüfung darstellt, kann jedoch die Integrität der klinischen Prüfung gefährdet werden, wenn systematisch eine Entblindung vorgenommen wird. Unter diesen und ähnlichen Umständen muss der Sponsor im Prüfplan hervorheben, welche schwerwiegenden Ereignisse als krankheitsbedingt gelten und nicht einer systematischen Entblindung sowie der Pflicht zur beschleunigten Meldung unterliegen.

22. Wenn sich nach der Entblindung erweist, dass es sich um eine mutmaßliche unerwartete schwerwiegende Nebenwirkung handelt, gelten die Meldebestimmungen für mutmaßliche unerwartete schwerwiegende Nebenwirkungen nach Artikel 42 und Abschnitt 2 dieses Anhangs.

3. Jährliche Sicherheitsberichterstattung des Sponsors

23. Der Bericht sollte als Anhang die Referenzinformationen zur Sicherheit enthalten, die zu Beginn des Berichtszeitraums galten.

24. Die zu Beginn des Berichtszeitraums geltenden Referenzinformationen zur Sicherheit dienen während des gesamten Berichtszeitraums als Referenzinformationen zur Sicherheit.

25. Wurden die Referenzinformationen zur Sicherheit während des Berichtszeitraums wesentlich geändert, so müssen diese Änderungen im jährlichen Sicherheitsbericht aufgeführt werden. Außerdem müssen in diesem Fall die geänderten Referenzinformationen zur Sicherheit als Anhang zum Bericht übermittelt werden, zusätzlich zu den zu Beginn des Berichtszeitraums geltenden Referenzinformationen zur Sicherheit. Trotz der Änderung der Referenzinformationen zur Sicherheit dienen die zu Beginn des Berichtszeitraums geltenden Referenzinformationen zur Sicherheit für den gesamten Berichtszeitraum als Referenzinformationen zur Sicherheit.

Anhang IV
Inhalt der Zusammenfassung der Ergebnisse der klinischen Prüfung

Die Zusammenfassung der Ergebnisse der klinischen Prüfung enthält Informationen zu folgenden Aspekten:

A. Angaben zur klinischen Prüfung

1. Identifizierung der klinischen Prüfung (einschließlich Titel der Prüfung und Prüfplan-Codenummer);

2. Kennnummern (einschließlich EU-Prüfungsnummer, weitere Kennnummern);

3. Angaben zum Sponsor (einschließlich wissenschaftlicher und öffentlicher Kontaktstellen);

4. Einzelheiten der pädiatrischen Regulierung (einschließlich Informationen darüber, ob die klinische Prüfung Teil eines pädiatrischen Prüfkonzepts ist);

5. Phase der Ergebnisanalyse (einschließlich Informationen über einen Tag für die Zwischendatenanalyse, Zwischen- oder Endphase der Analyse, Zeitpunkt des Abschlusses der gesamten klinischen Prüfung). Für klinische Prüfungen, die an Studien über Prüfpräparate anknüpfen, die bereits genehmigt wurden und gemäß den Zulassungsbedingungen verwendet werden, sollten bei der Zusammenfassung der Ergebnisse auch die in den Gesamtergebnissen der klinischen Prüfung angeführten Bedenken hinsichtlich der einschlägigen Aspekte der Wirksamkeit des Arzneimittels erwähnt werden;

6. Allgemeine Informationen zur klinischen Prüfung (einschließlich Informationen über die Hauptziele der Prüfung, Prüfungsaufbau, wissenschaftliche Grundlagen und Erläuterung der Beweggründe für die Prüfung; Zeitpunkt des Beginns der Prüfung, zum Schutz der Prüfungsteilnehmer ergriffene Maßnahmen, Hintergrundtherapie und verwendete statistische Methoden);
7. Gruppe der Prüfungsteilnehmer (einschließlich Informationen zur tatsächlichen Zahl der in die klinische Prüfung einbezogenen Personen in dem betreffenden Mitgliedstaat, der Union und in Drittländern; Aufschlüsselung nach Altersgruppe und nach Geschlecht).

B. Verwaltung der Prüfungsteilnehmer

1. Rekrutierung (einschließlich Informationen über die Anzahl der geprüften, rekrutierten und ausgeschiedenen Prüfungsteilnehmer; Einbeziehungs- und Ausschlusskriterien; Angaben zu Randomisierung und Verblindung; verwendete Prüfpräparate);
2. Zeitraum vor der Zuweisung;
3. Zeiträume nach der Zuweisung.

C. Basismerkmale

1. Basismerkmale (erforderlich) Alter;
2. Basismerkmale (erforderlich) Geschlecht;
3. Basismerkmale (optional) studienspezifische Merkmale.

D. Endpunkte

1. Endpunktdefinitionen*);
2. Endpunkt #1
   Statistische Analysen;
3. Endpunkt #2
   Statistische Analysen.

E. Unerwünschte Ereignisse

1. Angaben zu unerwünschten Ereignissen;
2. Berichtsgruppe zu unerwünschten Ereignissen;
3. Schwerwiegendes unerwünschtes Ereignis;
4. Nicht schwerwiegendes unerwünschtes Ereignis.

*) Es sind Informationen zu allen im Prüfplan festgelegten Endpunkten anzugeben.

F. Zusätzliche Informationen

1. Allgemeine wesentliche Änderungen;
2. Allgemeine Unterbrechungen und Wiederaufnahmen;
3. Einschränkungen, Auseinandersetzung mit den Ursachen einer etwaigen Voreingenommenheit sowie von Ungenauigkeiten und Vorsichtsmaßnahmen;
4. Erklärung der übermittelnden Stelle zur Genauigkeit der übermittelten Informationen.

Anhang V
Inhalt der Zusammenfassung der Ergebnisse der klinischen Prüfung für Laien

Die Zusammenfassung der Ergebnisse der klinischen Prüfung für Laien enthält Informationen zu folgenden Aspekten:

1. Identifizierung der klinischen Prüfung (einschließlich Titel der Prüfung, Prüfplan-Codenummer, EU-Prüfungsnummer und weiterer Kennnummern)
2. Name und Kontaktangaben des Sponsors
3. Allgemeine Informationen zur klinischen Prüfung (einschließlich darüber, wo und wann die Prüfung durchgeführt wurde, Hauptziele der Prüfung und Erläuterung der Gründe für die Durchführung der Prüfung)
4. Gruppe der Prüfungsteilnehmer (einschließlich Informationen zur tatsächlichen Zahl der in die Prüfung einbezogenen Personen in dem betreffenden Mitgliedstaat der Union und in Drittländern; Aufschlüsselung nach Altersgruppe und nach Geschlecht, Einbeziehungs- und Ausschlusskriterien)
5. Verwendete Prüfpräparate
6. Beschreibung der Nebenwirkungen und Häufigkeit ihres Auftretens
7. Gesamtergebnisse der klinischen Prüfung
8. Anmerkungen zum Ergebnis der klinischen Prüfung
9. Angabe, ob weiterführende klinische Prüfungen vorgesehen sind
10. Angabe, wo zusätzliche Informationen zu finden sind

Anhang VI
Etikettierung der Prüf- und Hilfspräparate

A. Nicht zugelassene Prüfpräparate

A.1 Allgemeine Bestimmungen

1. Folgende Angaben sind auf der Primärverpackung und der äußeren Umhüllung aufzuführen:

   a) Name, Adresse und Telefonnummer des Hauptansprechpartners für Informationen bezüglich des Präparats, der klinischen Prüfung und der Entblindung in Notfallsituationen; dabei kann es sich um den Sponsor, die Vertragsforschungseinrichtung oder den Prüfer handeln (für die Zwecke dieses Anhangs „Hauptansprechpartner" genannt);

   b) der Name des Wirkstoffs und dessen Stärke oder Konzentration; im Falle verblindeter klinischer Prüfungen ist der Name des Wirkstoffs zusammen mit dem Namen des Komparators bzw. Placebos auf der Verpackung des nicht zugelassenen Prüfpräparats und des Komparators bzw. Placebos aufzuführen;

   c) Darreichungsform, Art der Verabreichung, Menge an Dosierungseinheiten;

   d) Chargen- oder Codenummer zur Kennzeichnung von Inhalt und Verpackungsvorgang;

   e) Kennnummer der klinischen Prüfung, der Prüfstelle, des Prüfers und des Sponsors erlaubt, sofern diese Angaben nicht an anderer Stelle aufgeführt sind;

   f) Identifikationsnummer des Prüfungsteilnehmers/Behandlungsnummer und gegebenenfalls Visitennummer;

   g) Name des Prüfers (sofern nicht in a oder e enthalten);

   h) Gebrauchsanweisung (es kann auf eine Beilage oder ein anderes erläuterndes Dokument verwiesen werden, die/das für den Prüfungsteilnehmer oder die das Präparat verabreichende Person bestimmt ist);

   i) Hinweis „Nur zur Verwendung in klinischen Prüfungen" oder eine ähnliche Formulierung;

   j) Lagerungsbedingungen;

   k) Verwendungsdauer (Verfallstag oder gegebenenfalls Tag für Wiederholungsprüfung) – Angaben im Format Monat/Jahr und in einer Unklarheiten ausschließenden Weise und

   l) Hinweis „Für Kinder unzugänglich aufbewahren", außer wenn das Präparat zur Verwendung in Prüfungen bestimmt ist, bei denen es die Prüfungsteilnehmer nicht mit nach Hause nehmen.

2. Symbole oder Piktogramme können zur Verdeutlichung bestimmter oben genannter Angaben verwendet werden. Weitere Angaben und Warn- oder Handhabungshinweise können aufgeführt sein.

3. Adresse und Telefonnummer des Hauptansprechpartners müssen nicht auf dem Etikett erscheinen, wenn den Prüfungsteilnehmern eine Beilage oder Karte mit diesen Informationen ausgehändigt wurde und sie die Anweisung erhalten haben, diese jederzeit bei sich zu tragen.

A.2 Begrenzte Etikettierung der Primärverpackung

A.2.1 Primärverpackung und äußere Umhüllung werden zusammen überreicht

4. Sofern das Präparat dem Prüfungsteilnehmer oder der das Arzneimittel verabreichenden Person in einer Form überreicht wird, bei der Primärverpackung und äußere Umhüllung untrennbar miteinander verbunden sind, und auf der äußeren Umhüllung die in Abschnitt A.1 genannten Angaben aufgeführt sind, erscheinen die folgenden Angaben auf der Primärverpackung (oder der verschlossenen Dosiervorrichtung, die die Primärverpackung enthält):

   a) Name des Hauptansprechpartners;

   b) Darreichungsform, Verabreichungsweg (bei oralen festen Darreichungsformen nicht zwingend erforderlich), Menge an Dosierungseinheiten und bei Prüfungen ohne Verblindung des Etiketts Bezeichnung/Kennzeichen des Präparats sowie Stärke/Konzentration;

   c) Chargen- und/oder Codenummer zur Kennzeichnung von Inhalt und Verpackungsvorgang;

   d) Kennnummer der klinischen Prüfung, die eine Identifikation der Prüfung, der Prüfstelle, des Prüfers und des Sponsors erlaubt, sofern diese Angaben nicht an anderer Stelle aufgeführt sind;

   e) Identifikationsnummer des Prüfungsteilnehmers/Behandlungsnummer und gegebenenfalls Visitennummer und

   f) Verwendungsdauer (Verfallstag oder gegebenenfalls Tag für Wiederholungsprüfung) – Angaben im Format Monat und Jahr und in einer Unklarheiten ausschließenden Weise.

A.2.2 Kleine Primärverpackungen

5. Im Falle von Primärverpackungen in Form einer Blisterverpackung oder kleiner Einheiten wie beispielsweise Ampullen, auf denen die in Abschnitt A.1 genannten Angaben nicht möglich sind, trägt die äußere Umhüllung ein Etikett mit diesen Angaben. Die Primärverpackung muss die nachstehenden Angaben aufweisen:

a) Name des Hauptansprechpartners;

b) Verabreichungsweg (bei oralen festen Darreichungsformen nicht zwingend erforderlich) und bei Prüfungen ohne Verblindung des Etiketts Bezeichnung/Kennzeichen des Präparates sowie Stärke/Konzentration;

c) Chargen- oder Codenummer zur Kennzeichnung von Inhalt und Verpackungsvorgang;

d) Kennnummer der klinischen Prüfung, die eine Identifikation der Prüfung, der Prüfstelle, des Prüfers und des Sponsors erlaubt, sofern diese Angaben nicht an anderer Stelle aufgeführt sind;

e) Identifikationsnummer des Prüfungsteilnehmers/Behandlungsnummer und gegebenenfalls Visitennummer und

f) Gebrauchszeitraum (Verfallstag oder gegebenenfalls Tag für Wiederholungsprüfung) – Angaben im Format Monat und Jahr und in einer Unklarheiten ausschließenden Weise.

B. Nicht zugelassene Hilfspräparate

6. Folgende Angaben sind auf der Primärverpackung und der äußeren Umhüllung aufzuführen:

a) Name des Hauptansprechpartners;

b) Name des Arzneimittels, gefolgt von der Stärke und der Darreichungsform;

c) eine Aufstellung über die qualitative und quantitative Zusammensetzung der Wirkstoffe je Maßeinheit;

d) Chargen- oder Codenummer zur Kennzeichnung von Inhalt und Verpackungsvorgang;

e) Kennnummer der klinischen Prüfung, die eine Identifikation der Prüfstelle, des Prüfers und des Prüfungsteilnehmers erlaubt;

f) Gebrauchsanweisung (es kann auf eine Beilage oder ein anderes erläuterndes Dokument verwiesen werden, die/das für den Prüfungsteilnehmer oder die das Präparat verabreichende Person bestimmt ist);

g) Hinweis „Nur zur Verwendung in klinischen Prüfungen“ oder eine ähnliche Formulierung;

h) Lagerungsbedingungen und

i) Verwendungsdauer (Verfallstag oder gegebenenfalls Tag für Wiederholungsprüfung).

C. Zusätzliche Kennzeichnung bereits zugelassener Prüfpräparate

7. Folgende Angaben sind gemäß Artikel 67 Absatz 2 auf der Primärverpackung und der äußeren Umhüllung aufzuführen:

   a) Name des Hauptansprechpartners;

   b) Kennnummer der klinischen Prüfung, die eine Identifikation der Prüfstelle, des Prüfers, des Sponsors und des Prüfungsteilnehmers erlaubt;

   c) Hinweis „Nur zur Verwendung in klinischen Prüfungen" oder eine ähnliche Formulierung.

D. Ersetzen von Informationen

8. Anders als die in Nummer 9 aufgelisteten Angaben dürfen die in den Abschnitten A, B und C aufgeführten Angaben auf dem Etikett eines Produkts entfallen und durch anderweitige Mechanismen zur Verfügung gestellt werden, z. B. Verwendung eines zentralen elektronischen Randomisierungssystems, Verwendung eines zentralen Informationssystems, vorausgesetzt, dass die Sicherheit der Prüfungsteilnehmer und die Zuverlässigkeit und Belastbarkeit der Daten dadurch nicht beeinträchtigt werden. Eine solche Vorgehensweise ist im Prüfplan zu begründen.

9. Die in den folgenden Nummern genannten Angaben dürfen auf dem Etikett eines Produkts nicht weggelassen werden:

   a) Nummer 1, Buchstaben b, c, d, f, j und k;

   b) Nummer 4, Buchstaben b, c, e und f;

   c) Nummer 5, Buchstaben b, c, e und f;

   d) Nummer 6, Buchstaben b, d, e, h und i.

Anhang VII
Übereinstimmungstabelle

Richtlinie 2001/20/EG	Vorliegende Verordnung
Artikel 1 Absatz 1	Artikel 1 und Artikel 2 Absatz 1 und Absatz 2 Nummern 1, 2 und 4
Artikel 1 Absatz 2	Artikel 2 Absatz 2 Nummer 30
Artikel 1 Absatz 3 Unterabsatz 1	–
Artikel 1 Absatz 3 Unterabsatz 2	Artikel 47 Unterabsatz 3
Artikel 1 Absatz 4	Artikel 47 Unterabsatz 2
Artikel 2	Artikel 2
Artikel 3 Absatz 1	–
Artikel 3 Absatz 2	Artikel 4, 28, 29 und 76
Artikel 3 Absatz 3	Artikel 28 Absatz 1 Buchstabe f
Artikel 3 Absatz 4	Artikel 28 Absatz 1 Buchstabe g
Artikel 4	Artikel 10 Absatz 1, Artikel 28, 29 und 32
Artikel 5	Artikel 10 Absatz 2, Artikel 28, 29 und 31
Artikel 6	Artikel 4 bis 14
Artikel 7	Artikel 4 bis 14
Artikel 8	–
Artikel 9	Artikel 4 bis 14
Artikel 10 Buchstabe a	Artikel 15 bis 24
Artikel 10 Buchstabe b	Artikel 54
Artikel 10 Buchstabe c	Artikel 37 und 38
Artikel 11	Artikel 81
Artikel 12	Artikel 77
Artikel 13 Absatz 1	Artikel 61 Absätze 1 bis 4
Artikel 13 Absatz 2	Artikel 61 Absatz 2
Artikel 13 Absatz 3 Unterabsatz 1	Artikel 62 Absatz 1, Artikel 63 Absätze 1 und 3

Richtlinie 2001/20/EG	Vorliegende Verordnung
Artikel 13 Absatz 3 Unterabsatz 2	Artikel 63 Absatz 1
Artikel 13 Absatz 3 Unterabsatz 3	–
Artikel 13 Absatz 4	Artikel 62 Absatz 2
Artikel 13 Absatz 5	–
Artikel 14	Artikel 66 bis 70
Artikel 15 Absatz 1	Artikel 78 Absätze 1, 2 und 5
Artikel 15 Absatz 2	Artikel 78 Absatz 6
Artikel 15 Absatz 3	–
Artikel 15 Absatz 4	–
Artikel 15 Absatz 5	Artikel 57 und 58, Artikel 78 Absatz 7
Artikel 16	Artikel 41
Artikel 17 Absatz 1 Buchstaben a bis c	Artikel 42
Artikel 17 Absatz 1 Buchstabe d	–
Artikel 17 Absatz 2	Artikel 43
Artikel 17 Absatz 3 Buchstabe a	–
Artikel 17 Absatz 3 Buchstabe b	Artikel 44 Absatz 1
Artikel 18	–
Artikel 19 Unterabsatz 1 erster Satz	Artikel 75
Artikel 19 Unterabsatz 1 zweiter Satz	Artikel 74
Artikel 19 Unterabsatz 2	Artikel 92
Artikel 19 Unterabsatz 3	–
Artikel 20	–
Artikel 21	Artikel 88
Artikel 22	–
Artikel 23	–
Artikel 24	–

Durchführungsverordnung (EU) 2017/556 der Kommission

vom 24. März 2017
über die Einzelheiten der Inspektionsverfahren hinsichtlich der guten klinischen Praxis gemäß der Verordnung (EU) Nr. 536/2014 des Europäischen Parlaments und des Rates

(ABl. L 80 vom 25. März 2017, S. 7)

Die Europäische Kommission –

gestützt auf den Vertrag über die Arbeitsweise der Europäischen Union,

gestützt auf die Verordnung (EU) Nr. 536/2014 des Europäischen Parlaments und des Rates vom 16. April 2014 über klinische Prüfungen mit Humanarzneimitteln und zur Aufhebung der Richtlinie 2001/20/EG[1]), insbesondere auf Artikel 78 Absatz 7,

in Erwägung nachstehender Gründe:

(1) Mit der Verordnung (EU) Nr. 536/2014 wurde der Rechtsrahmen für die Durchführung klinischer Prüfungen mit Humanarzneimitteln in der Union festgelegt, mit dem sichergestellt wird, dass die Rechte, die Sicherheit und das Wohlergehen der Prüfungsteilnehmer geschützt werden und die im Rahmen der klinischen Prüfungen gewonnenen Daten zuverlässig und belastbar sind. Insbesondere müssen der Sponsor einer klinischen Prüfung und der Prüfer sicherstellen, dass die klinische Prüfung in Übereinstimmung mit dem betreffenden Prüfplan und gemäß den Grundsätzen der guten klinischen Praxis durchgeführt wird. Die Einhaltung der geltenden rechtlichen Anforderungen, des Prüfplans und der Grundsätze der guten klinischen Praxis, einschließlich der Standards in Bezug auf die Datenintegrität und die ethische Durchführung der klinischen Prüfung ist mittels Inspektionen zu überprüfen, die in der Verantwortung des Mitgliedstaats durchgeführt werden, in dem die Inspektion stattfindet.

(2) Die Inspektion im Rahmen klinischer Prüfungen kann die gute Herstellungspraxis betreffen, was die Herstellung von Prüfpräparaten anbelangt, oder die gute klinische Praxis, was die Durchführung klinischer Prüfungen anbelangt. In Artikel 63 der Verordnung (EU) Nr. 536/2014 wird der Kommission die Befugnis übertragen, delegierte Rechtsakte zu erlassen, mit denen die Einzelheiten der Inspektionen hinsichtlich der guten Herstellungspraxis in Bezug auf Prüfpräparate festgelegt werden. Daher sollten in der vorliegenden Verordnung

[1]) ABl. L 158 vom 27.5.2014, S. 1.

nur die Einzelheiten der Inspektionsverfahren hinsichtlich der guten klinischen Praxis sowie die Anforderungen an Schulung und Qualifikation der für die Überprüfung der guten klinischen Praxis zuständigen Inspektoren festgelegt werden.

(3) Die Mitgliedstaaten können Inspektionen von in Drittländern durchgeführten klinischen Prüfungen vornehmen, wenn eine klinische Prüfung mit einer in der Union genehmigten klinischen Prüfung im Zusammenhang steht oder wenn in einem Antrag auf Genehmigung einer klinischen Prüfung in der Union auf die Daten der klinischen Prüfung Bezug genommen wird. Mit diesen Inspektionen sollte überprüft werden, ob die betreffenden klinischen Prüfungen gemäß Standards durchgeführt wurden, die den Standards der Union gleichwertig sind. Inspektionen klinischer Prüfungen in Drittländern können darüber hinaus auch durchgeführt werden, um zu überprüfen, ob die klinischen Prüfungen, auf deren Ergebnisse in Zulassungsanträgen in der Union Bezug genommen wird, die ethischen Anforderungen gemäß der Verordnung (EU) Nr. 536/2014 erfüllen. Daher sollten die Vorschriften über die Einzelheiten der Inspektionsverfahren auch für außerhalb der Union gemäß der Verordnung (EU) Nr. 536/2014 durchgeführte Inspektionen gelten.

(4) Der Internationale Rat für die Harmonisierung der technischen Anforderungen an Humanarzneimittel (ICH) erzielte 1995 einen Konsens über einen harmonisierten Ansatz für die gute klinische Praxis. Gemäß Artikel 47 der Verordnung (EU) Nr. 536/2014 sollte der Sponsor bei der Ausarbeitung des Prüfplans für die klinische Prüfung und bei deren Durchführung die ICH-Leitlinien in angemessener Weise berücksichtigen. Soweit diese Leitlinien mit den einschlägigen Unionsvorschriften und EU-Leitlinien vereinbar sind, sollten die Inspektoren auf die ICH-Leitlinien Bezug nehmen und dabei den Merkmalen jeder Prüfung Rechnung tragen.

(5) Die Mitgliedstaaten sollten aufgefordert werden, Qualitätssicherungssysteme einzurichten, die gewährleisten, dass die Inspektionsverfahren überprüft und konsequent überwacht werden. Ein gut funktionierendes Qualitätssicherungssystem sollte eine Organisationsstruktur, klar definierte Prozesse und Verfahren – einschließlich der von den Inspektoren bei der Durchführung ihrer Aufgaben anzuwendenden Standardarbeitsanweisung –, genaue Einzelheiten zu Aufgaben, Zuständigkeiten und aktuellen Schulungsanforderungen der Inspektoren sowie ausreichende Ressourcen und geeignete Mechanismen umfassen, die darauf abzielen, eine Nichteinhaltung der Vorgaben unmöglich zu machen.

(6) Die Inspektoren müssen in die Lage versetzt werden, die praktische Wirksamkeit der Vorschriften über die gute klinische Praxis sicherzustellen. Dieses Ziel sollte sich in den Mindestanforderungen an die Qualifikation der Inspektoren, vor allem was ihre Aus- und Weiterbildung anbelangt, widerspiegeln. Aus denselben Gründen sollten genaue Vorschriften für die Inspektionsverfahren festgelegt werden.

(7) Um die Wirksamkeit der Inspektionen zu gewährleisten, sollten den Inspektoren die nötigen Befugnisse im Hinblick auf den Zugang zu den betreffenden Räumlichkeiten und Daten gewährt werden. Dazu gehört insbesondere der Zugang zu allen im Rahmen der klinischen Prüfung für Analysezwecke genutzten Labors, zu allen Auftragsforschungseinrich-

tungen und zu den Räumlichkeiten des Sponsors. Die Inspektoren sollten außerdem befugt sein, sich in begründeten Fällen mit den Prüfungsteilnehmern in Verbindung zu setzen.

(8) Um die Einhaltung der Bestimmungen über Inspektionen hinsichtlich der guten klinischen Praxis sicherzustellen, und im Einklang mit Artikel 77 der Verordnung (EU) Nr. 536/2014, sollten die Mitgliedstaaten im Bedarfsfall Korrekturmaßnahmen ergreifen. Wird bei einer Inspektion eine grobe Nichteinhaltung oder ein Verstoß festgestellt oder werden die Untersuchungsbefugnisse der Inspektoren von den Sponsoren nicht anerkannt, sollten die Mitgliedstaaten die Möglichkeit haben, Sanktionen zu verhängen.

(9) Um den Schutz vertraulicher Informationen – dies betrifft vor allem Gesundheitsdaten von Prüfungsteilnehmern sowie Betriebs- und Geschäftsgeheimnisse – zu gewährleisten, sollten die Inspektoren und die an den Inspektionen beteiligten Experten höchsten Anforderungen in Bezug auf die Vertraulichkeit und die geltenden Anforderungen des Unionsrechts, nationaler Rechtsvorschriften und internationaler Abkommen genügen. Die Inspektoren und die an den Inspektionen beteiligten Experten sollten bei der Verarbeitung personenbezogener Daten die Anforderungen der Richtlinie 95/46/EG des Europäischen Parlaments und des Rates[2]) erfüllen.

(10) Die Richtlinie 2005/28/EG der Kommission[3]) sollte aufgehoben werden, um sicherzustellen, dass für die Durchführung von Inspektionen hinsichtlich der guten klinischen Praxis bei klinischen Prüfungen, einschließlich klinischer Prüfungen im Sinne der Richtlinie 2001/20/EG des Europäischen Parlaments und des Rates[4]), nur ein einziges Regelwerk gilt. Um jedoch die Kohärenz mit Artikel 98 der Verordnung (EU) Nr. 536/2014 zu gewährleisten, in dem eine Übergangsfrist festgelegt ist, während der für bestimmte Anträge auf Genehmigung einer klinischen Prüfung die Richtlinie 2001/20/EG weiterhin gilt, sollte die Richtlinie 2005/28/EG – mit Ausnahme ihrer Kapitel 5 und 6, die Inspektionsverfahren hinsichtlich der guten klinischen Praxis sowie die Inspektoren betreffen – während der genannten Übergangsfrist weiterhin für alle auf der Grundlage der Richtlinie 2001/20/EG genehmigten klinischen Prüfungen gelten.

(11) Diese Verordnung sollte ab demselben Zeitpunkt gelten wie die Verordnung (EU) Nr. 536/2014.

[2]) Richtlinie 95/46/EG des Europäischen Parlaments und des Rates vom 24. Oktober 1995 zum Schutz natürlicher Personen bei der Verarbeitung personenbezogener Daten und zum freien Datenverkehr (ABl. L 281 vom 23.11.1995, S. 31).

[3]) Richtlinie 2005/28/EG der Kommission vom 8. April 2005 zur Festlegung von Grundsätzen und ausführlichen Leitlinien der guten klinischen Praxis für zur Anwendung beim Menschen bestimmte Prüfpräparate sowie von Anforderungen für die Erteilung einer Genehmigung zur Herstellung oder Einfuhr solcher Produkte (ABl. L 91 vom 9.4.2005, S. 13).

[4]) Richtlinie 2001/20/EG des Europäischen Parlaments und des Rates vom 4. April 2001 zur Angleichung der Rechts- und Verwaltungsvorschriften der Mitgliedstaaten über die Anwendung der guten klinischen Praxis bei der Durchführung von klinischen Prüfungen mit Humanarzneimitteln (ABl. L 121 vom 1.5.2001, S. 34).

(12) Die in dieser Verordnung vorgesehenen Maßnahmen entsprechen der Stellungnahme des Ständigen Ausschusses für Humanarzneimittel,

hat folgende Verordnung erlassen:

Kapitel I
Allgemeine Bestimmungen

Artikel 1
Geltungsbereich

Diese Verordnung gilt für Inspektionen von

a) in der Union durchgeführten klinischen Prüfungen, einschließlich Prüfstellen, die im Zusammenhang mit diesen Prüfungen stehen, sich jedoch außerhalb der Union befinden;

b) klinischen Prüfungen, auf die in den Anträgen auf Genehmigung einer klinischen Prüfung gemäß Artikel 25 Absatz 5 der Verordnung (EU) Nr. 536/2014 Bezug genommen wird;

c) in Drittländern durchgeführten klinischen Prüfungen, auf die in Zulassungsanträgen in der Union Bezug genommen wird.

Artikel 2
Zeitpunkt der Inspektionen

Inspektionen können zu folgenden Zeiten durchgeführt werden:

a) vor, während oder nach der Durchführung einer klinischen Prüfung;

b) im Rahmen der Prüfung von Anträgen auf Erteilung einer Zulassung;

c) im Rahmen des Follow-up nach Erteilung einer solchen Zulassung.

Artikel 3
Qualitätssicherungssystem

1. Jeder Mitgliedstaat richtet ein geeignetes Qualitätssicherungssystem ein, das die Überprüfung und konsequente Überwachung der Inspektionsverfahren gewährleistet.

   Die Mitgliedstaaten halten diese Qualitätssicherungssysteme auf dem aktuellen Stand.

2. Jeder Inspektor erhält Zugang zu den Standardarbeitsanweisungen sowie den Einzelheiten seiner Aufgaben, Zuständigkeiten und Schulungsanforderungen, und er erfüllt die betreffenden Vorgaben und Anforderungen.

Kapitel II
Inspektoren

Artikel 4
Qualifikationen, Schulungen und Erfahrung

1. Die Inspektoren verfügen über einen Universitätsabschluss oder gleichwertige Erfahrung in den Bereichen Medizin, Pharmazie, Pharmakologie, Toxikologie oder in anderen Bereichen, die für die Grundsätze der guten klinischen Praxis relevant sind.

2. Sie erhalten geeignete Schulungen, einschließlich der Teilnahme an Inspektionen. Der Bedarf an Schulungen, die sie benötigen, um ihr Kompetenzniveau aufrechtzuerhalten oder zu verbessern, wird regelmäßig von einer für diese Aufgabe benannten Person ermittelt.

3. Die Inspektoren verfügen über Kenntnisse der Grundsätze und Prozesse, die bei der Entwicklung von Arzneimitteln und bei der klinischen Forschung zur Anwendung kommen; darüber hinaus verfügen sie über Kenntnisse der auf Unionsebene und nationaler Ebene geltenden Vorschriften und Leitlinien zur Durchführung klinischer Prüfungen und zur Erteilung von Zulassungen.

4. Sie sind in der Lage, eine fachliche Bewertung hinsichtlich der Einhaltung der auf Unionsebene und nationaler Ebene geltenden Rechtsvorschriften und Leitlinien vorzunehmen. Sie sind außerdem in der Lage, die Datenintegrität sowie Fragen bezüglich der ethischen Durchführung klinischer Prüfungen zu beurteilen.

5. Die Inspektoren sind mit den Verfahren und technischen Methoden für die Aufzeichnung und das Management klinischer Daten vertraut und kennen die Organisation der Gesundheitsversorgungssysteme in den betreffenden Mitgliedstaaten und gegebenenfalls in Drittländern sowie die diesbezüglichen Vorschriften.

6. Sie sind in der Lage, das Ausmaß des Risikos hinsichtlich der Sicherheit der Prüfungsteilnehmer sowie hinsichtlich der Datenintegrität zu bewerten.

7. Die Inspektoren kennen die geltenden Vorschriften zur Vertraulichkeit und zum Schutz personenbezogener Daten.

8. Die Mitgliedstaaten führen Aufzeichnungen über Qualifikationen, Schulungen und Erfahrung jedes Inspektors und halten diese Aufzeichnungen auf dem aktuellen Stand, solange der Inspektor im aktiven Dienst ist.

Artikel 5
Interessenkonflikt und Unparteilichkeit

1. Die Inspektoren sind unabhängig von jeglichem Einfluss, der ihre Unparteilichkeit oder ihr Urteil beeinträchtigen könnte.

2. Sie befinden sich in keinem Interessenkonflikt. Sie sind insbesondere unabhängig von folgenden Parteien:

   a) dem Sponsor;

   b) den an der klinischen Prüfung beteiligten Prüfern;

   c) den Personen, die die klinische Prüfung finanzieren;

   d) jeder anderen an der Durchführung der klinischen Prüfung beteiligten Partei.

3. Jeder Inspektor gibt jährlich eine Erklärung über seine finanziellen Interessen und sonstige Verbindungen zu den Parteien ab, die möglicherweise einer Inspektion unterzogen werden. Diese Erklärung wird bei der Zuteilung einer bestimmten Inspektion an einen Inspektor berücksichtigt.

Kapitel III
Inspektionsverfahren

Artikel 6
Gegenstand der Inspektionen

Die Inspektoren überprüfen die Erfüllung der Anforderungen der Verordnung (EU) Nr. 536/2014; dazu gehören der Schutz der Rechte und des Wohlergehens der Prüfungsteilnehmer, die Qualität und Integrität der im Rahmen der klinischen Prüfung gewonnenen Daten sowie die Einhaltung der Grundsätze der guten klinischen Praxis, einschließlich der ethischen Aspekte und der einschlägigen nationalen Rechtsvorschriften.

Artikel 7
Von den Mitgliedstaaten festzulegende Verfahren

1. Die Mitgliedstaaten legen die relevanten Verfahren für mindestens Folgendes fest:

   a) Benennung von Experten, die die Inspektoren begleiten, wenn für eine Inspektion zusätzliches Fachwissen erforderlich ist;

   b) Organisation von Inspektionen außerhalb der Union;

   c) Überprüfung der Befolgung der guten klinischen Praxis; dazu gehören die Modalitäten für die Untersuchung der Verfahren des Prüfungsmanagements und der Bedingungen, unter denen die klinische Prüfung geplant, durchgeführt, überwacht und dokumentiert wird, sowie der Folgemaßnahmen, wie zum Beispiel eine Überprüfung einer Fehlerursachenanalyse für eine schwerwiegende Nichteinhaltung und die Überprüfung vom Sponsor durchgeführter Korrektur- und Präventivmaßnahmen.

   Die Mitgliedstaaten machen diese Verfahren und Vorschriften öffentlich zugänglich.

2. Des Weiteren legen sie die Befugnisse der Experten fest, die benannt werden, um die Inspektoren zu begleiten.

Artikel 8
Unangekündigte Inspektionen

Die Inspektionen können erforderlichenfalls unangekündigt erfolgen.

Artikel 9
Zusammenarbeit der Mitgliedstaaten

1. Die Mitgliedstaaten arbeiten untereinander, mit der Kommission und mit der Europäischen Arzneimittel-Agentur zusammen, um allgemein anerkannte Standards für Inspektionen hinsichtlich der guten klinischen Praxis zu entwickeln und zu verbessern. Diese Zusammenarbeit kann in Form gemeinsamer Inspektionen und vereinbarter Prozesse und Verfahren sowie durch Erfahrungs- und Schulungsaustausch erfolgen.

2. Die Kommission macht alle in Zusammenarbeit mit den Mitgliedstaaten und der Europäischen Arzneimittel-Agentur entwickelten Leitliniendokumente zu

den allgemein anerkannten Standards für die Durchführung von Inspektionen öffentlich zugänglich.

3. Die Europäische Arzneimittel-Agentur verarbeitet die Informationen über geplante, angesetzte oder durchgeführte Inspektionen und stellt sie den Mitgliedstaaten zur Verfügung, damit diese die Inspektionsressourcen bei der Planung ihrer Inspektionen so effizient wie möglich nutzen können.

4. Die Mitgliedstaaten können im Hinblick auf eine Inspektion die nationale zuständige Behörde eines anderen Mitgliedstaats um Unterstützung ersuchen.

Artikel 10
Befugnisse der Inspektoren

1. Die Inspektionen werden von Inspektoren durchgeführt, die von den Mitgliedstaaten benannt wurden.

   Um die Verfügbarkeit der nötigen Fähigkeiten für jede Inspektion sicherzustellen, können die Mitgliedstaaten Inspektorenteams und zusätzlich Experten mit den entsprechenden Qualifikationen benennen, die die Inspektoren begleiten.

2. Die Inspektoren sind befugt, die Prüfstellen, Unterlagen, Einrichtungen, Aufzeichnungen, einschließlich individueller Patientenakten, Qualitätsregelungen, Daten sowie sonstige Ressourcen und Einrichtungen zu inspizieren, bei denen die zuständige Behörde einen Bezug zu der klinischen Prüfung als gegeben erachtet.

3. Im Rahmen der Durchführung einer Inspektion haben die Inspektoren Zugang zu Betriebsräumen und sonstigen zugehörigen Räumlichkeiten sowie zu Daten, einschließlich individueller Patientenakten.

4. Die Inspektoren sind befugt, Kopien von Aufzeichnungen, Ausdrucke von elektronischen Aufzeichnungen und Fotos von Räumlichkeiten und Ausrüstung zu machen.

5. Sie sind befugt, jeden Vertreter oder jeden Mitarbeiter der inspizierten Einrichtung sowie jede an der klinischen Prüfung beteiligte Partei zum Gegenstand und für die Zwecke der Inspektion zu befragen und die Antwort zu dokumentieren.

6. Die Inspektoren sind befugt, sich direkt mit den Prüfungsteilnehmern in Verbindung zu setzen, insbesondere bei dem begründeten Verdacht, dass diese über ihre Teilnahme an der klinischen Prüfung nicht ausreichend informiert wurden.

7. Die Mitgliedstaaten statten die Inspektoren mit geeigneten Mitteln zu ihrer Identifizierung aus.

8. Sie legen einen rechtlichen und administrativen Rahmen fest, um zu gewährleisten, dass Inspektoren anderer Mitgliedstaaten auf Verlangen und falls angebracht Zugang zu Prüfstellen, zu allen Räumlichkeiten von Einrichtungen mit Bezug zu der klinischen Prüfung sowie zu einschlägigen Daten haben.

Artikel 11
Anerkennung der Inspektionsergebnisse

Die Inspektoren führen die Inspektionen im Namen der Union durch. Die Ergebnisse dieser Inspektionen werden von allen Mitgliedstaaten anerkannt.

Im Fall von Divergenzen zwischen Mitgliedstaaten hinsichtlich der Überprüfung der Einhaltung der geltenden Rechtsvorschriften setzen die Mitgliedstaaten oder die Europäische Arzneimittel-Agentur im Rahmen ihrer Befugnisse gemäß der Verordnung (EG) Nr. 726/2004 des Europäischen Parlaments und des Rates[5]) die Kommission hiervon in Kenntnis. Die Kommission kann nach Konsultation dieser Mitgliedstaaten und der Europäischen Arzneimittel-Agentur eine erneute Inspektion fordern.

Artikel 12
Ressourcen

Die Mitgliedstaaten benennen eine angemessene Zahl von Inspektoren, damit wirksam überprüft werden kann, ob die klinischen Prüfungen den geltenden Anforderungen entsprechen, und damit die Inspektionsergebnisse zeitnah gemeldet werden können.

Artikel 13
Inspektionsberichte und Aufzeichnungen

Unbeschadet der in Artikel 78 Absatz 6 der Verordnung (EU) Nr. 536/2014 festgelegten Verpflichtung, die Inspektionsberichte über das EU-Portal zu übermitteln, bewahren die Mitgliedstaaten die relevanten Aufzeichnungen über nationale In-

[5]) Verordnung (EG) Nr. 726/2004 des Europäischen Parlaments und des Rates vom 31. März 2004 zur Festlegung von Gemeinschaftsverfahren für die Genehmigung und Überwachung von Human- und Tierarzneimitteln und zur Errichtung einer Europäischen Arzneimittel-Agentur (ABl. L 136 vom 30.4.2004, S. 1).

spektionen sowie über die außerhalb ihres Hoheitsgebiets durchgeführten Inspektionen – einschließlich der Informationen zum Ergebnis der Inspektion hinsichtlich der Befolgung der guten klinischen Praxis sowie jeder vom Sponsor oder vom Mitgliedstaat nach der Inspektion ergriffenen Abhilfemaßnahme – mindestens 25 Jahre lang auf. Die über das EU-Portal übermittelten Inspektionsberichte enthalten keine personenbezogenen Daten von Prüfungsteilnehmern.

Artikel 14
Vertraulichkeit

Die Inspektoren und die als Begleiter des Inspektionsteams benannten Experten behandeln die Informationen, zu denen sie im Rahmen der Inspektionen hinsichtlich der guten klinischen Praxis Zugang erhalten, vertraulich.

Kapitel IV
Schlussbestimmungen

Artikel 15
Aufhebung

Die Richtlinie 2005/28/EG wird ab dem in Artikel 17 Absatz 2 genannten Datum aufgehoben.

Artikel 16
Übergangsbestimmungen

Gemäß Artikel 98 der Verordnung (EU) Nr. 536/2014 gilt die Richtlinie 2005/28/EG – mit Ausnahme ihrer Kapitel 5 und 6 – weiterhin für alle durch die Richtlinie 2001/20/EG geregelten klinischen Prüfungen.

Artikel 17
Inkrafttreten

Diese Verordnung tritt am zwanzigsten Tag nach ihrer Veröffentlichung im Amtsblatt der Europäischen Union in Kraft.

Sie gilt nach Ablauf von sechs Monaten ab dem Zeitpunkt der Veröffentlichung der in Artikel 82 Absatz 3 der Verordnung (EU) Nr. 536/2014 genannten Mitteilung im Amtsblatt der Europäischen Union.

Diese Verordnung ist in allen ihren Teilen verbindlich und gilt unmittelbar in jedem Mitgliedstaat.

Delegierte Verordnung (EU) 2017/1569 der Kommission

vom 23. Mai 2017

zur Ergänzung der Verordnung (EU) Nr. 536/2014 des Europäischen Parlaments und des Rates durch die Festlegung von Grundsätzen und Leitlinien für die Gute Herstellungspraxis bei Prüfpräparaten, die zur Anwendung beim Menschen bestimmt sind, und der Einzelheiten von Inspektionen*)

(ABl. L 238 vom 16. 9. 2017, S. 12)

Die Europäische Kommission –

gestützt auf den Vertrag über die Arbeitsweise der Europäischen Union,

gestützt auf die Verordnung (EU) Nr. 536/2014 des Europäischen Parlaments und des Rates vom 16. April 2014 über klinische Prüfungen mit Humanarzneimitteln und zur Aufhebung der Richtlinie 2001/20/EG[1]), insbesondere auf Artikel 63 Absatz 1,

in Erwägung nachstehender Gründe:

(1) Die Gute Herstellungspraxis für Prüfpräparate, die zur Anwendung bei Menschen bestimmt sind, gewährleistet, dass es keine Unterschiede zwischen Chargen desselben Prüfpräparats gibt, die für dieselbe oder eine andere klinische Prüfung verwendet werden, und dass Änderungen während der Entwicklung eines Prüfpräparats angemessen dokumentiert werden und begründet sind. Die Herstellung von Prüfpräparaten stellt andere Anforderungen als die Herstellung zugelassener Arzneimittel, weil es keine etablierten Routinen gibt; zudem sind klinische Prüfungen ganz unterschiedlich angelegt, weshalb auch die Verpackungen unterschiedlich gestaltet sind. Dies ist häufig auf die Notwendigkeit einer Randomisierung und das Vorenthalten von Informationen über die Identität des bei einer klinischen Prüfung eingesetzten Prüfpräparats (Verblindung) zurückzuführen. Zum Zeitpunkt der Prüfung können Toxizität, Konzentration und Sensibilisierungspotenzial eines zur Anwendung beim Menschen bestimmten Prüfpräparats noch unklar sein, und im Vergleich zu zugelassenen Arzneimitteln muss noch stärker darauf geachtet werden, dass

[1]) ABl. L 158 vom 27.5.2014, S. 1.

*) Die Verordnung trat am **6. Oktober 2017** in Kraft. Sie gilt nach Ablauf von sechs Monaten nach dem Tag der Veröffentlichung der in Artikel 82 Absatz 3 der Verordnung (EU) Nr. 536/2014 genannten Mitteilung im Amtsblatt der Europäischen Union oder mit Wirkung vom **1. April 2018.** Anwendung, je nachdem, welcher Zeitpunkt später liegt.

möglichst keine Risiken für eine Kreuzkontamination bestehen. Aufgrund dieser komplexen Verhältnisse sollten die Herstellungsvorgänge durch ein pharmazeutisches Qualitätssystem überwacht werden.

(2) Für zugelassene Arzneimittel und für Prüfpräparate gelten dieselben Grundsätze einer Guten Herstellungspraxis. Häufig werden in ein und demselben Herstellungsbetrieb sowohl Prüfpräparate als auch zugelassene Arzneimittel hergestellt. Daher sollten die Grundsätze und Leitlinien für die Gute Herstellungspraxis für zur Anwendung beim Menschen bestimmte Prüfpräparate und für Humanarzneimittel einander möglichst weit angeglichen werden.

(3) Für bestimmte Tätigkeiten ist gemäß Artikel 61 Absatz 5 der Verordnung (EU) Nr. 536/2014 nicht die in deren Artikel 61 Absatz 1 vorgeschriebene Erlaubnis erforderlich. Gemäß Artikel 63 Absatz 2 der Verordnung (EU) Nr. 536/2014 gilt die Gute Herstellungspraxis für Prüfpräparate nicht für solche Tätigkeiten.

(4) Damit der Hersteller die Gute Herstellungspraxis für Prüfpräparate befolgen kann, müssen Hersteller und Sponsor zusammenarbeiten. Um seinerseits die Anforderungen der Verordnung (EU) Nr. 536/2014 einhalten zu können, muss der Sponsor mit dem Hersteller zusammenarbeiten. Handelt es sich bei Hersteller und Sponsor um unterschiedliche Rechtsträger, sollten die Pflichten gegenüber dem jeweils anderen in einer technischen Vereinbarung zwischen den beiden Parteien festgelegt werden. Eine solche Vereinbarung sollte auch die Weitergabe von Inspektionsberichten und den Austausch von Informationen über Qualitätsfragen regeln.

(5) Prüfpräparate, die in die Union eingeführt werden, sollten unter Verwendung von Qualitätsstandards hergestellt worden sein, die denjenigen der Union mindestens gleichwertig sind. Aus diesem Grund sollten nur Produkte in die Union eingeführt werden dürfen, die von einem Drittlandhersteller hergestellt wurden, der dafür nach den Gesetzen des Landes, in dem er seinen Sitz hat, eine Befugnis oder Erlaubnis besitzt.

(6) Alle Hersteller sollten ein wirksames Qualitätssicherungssystem für ihre Herstellungs- oder Einfuhrvorgänge betreiben. Voraussetzung für die Wirksamkeit eines solchen Systems ist die Einführung eines pharmazeutischen Qualitätssystems. Eine gute Dokumentation ist ein wesentlicher Bestandteil eines Qualitätssicherungssystems. Das Dokumentationssystem eines Herstellers ermöglicht die Rückverfolgung des Werdegangs jeder Charge sowie aller im Verlauf der Entwicklung eines Prüfpräparats vorgenommenen Änderungen.

(7) Grundsätze und Leitlinien der Guten Herstellungspraxis für Prüfpräparate sollten Festlegungen in Bezug auf Qualitätsmanagement, Personal, Betriebsräume, Ausrüstung, Dokumentation, Produktion, Qualitätskontrolle, Auftragsherstellung, Beanstandungen und Rückruf sowie Selbstinspektionen enthalten.

(8) Es sollte eine Akte mit allen wesentlichen Unterlagen für die Produktspezifikation angelegt werden, um zu gewährleisten, dass die Prüfpräparate nach der Guten Herstellungspraxis für Prüfpräparate und der Genehmigung für eine klinische Prüfung hergestellt werden.

(9) Wegen der spezifischen Merkmale von Prüfpräparaten für neuartige Therapien sollten die Bestimmungen der Guten Herstellungspraxis unter Zugrundelegung einer risikobasierten Vorgehensweise für diese Produkte angepasst werden. Artikel 5 der Verordnung (EG) Nr. 1394/2007 des Europäischen Parlaments und des Rates[2]) sieht eine solche Anpassung für in der Union in Verkehr gebrachte Prüfpräparate für neuartige Therapien vor. Die in Artikel 5 der Verordnung (EG) Nr. 1394/2007 genannten Kommissionsleitlinien sollten auch Anforderungen an die Gute Herstellungspraxis für Prüfpräparate für neuartige Therapien enthalten.

(10) Zur Sicherstellung der Übereinstimmung mit den Grundsätzen und Leitlinien der Guten Herstellungspraxis für Prüfpräparate sollten Bestimmungen zu Inspektionen durch die zuständigen Behörden der Mitgliedstaaten festgelegt werden. Eine Verpflichtung, routinemäßig Inspektionen bei Drittlandherstellern von Prüfpräparaten durchzuführen, sollte es für die Mitgliedstaaten nicht geben. Ob solche Inspektionen stattfinden müssen, sollte risikobasiert festgelegt werden; zumindest aber sollten solche Inspektionen bei Drittlandherstellern stattfinden, wenn ein Verdacht besteht, dass die Prüfpräparate nicht nach Qualitätsstandards hergestellt werden, die denen der Union mindestens gleichwertig sind.

(11) Die Inspektoren sollten die Kommissionsleitlinien für die Gute Herstellungspraxis bei zur Anwendung beim Menschen bestimmten Prüfpräparaten berücksichtigen. Damit die Inspektionsergebnisse in der Union dauerhaft gegenseitig anerkannt werden und um die Zusammenarbeit der Mitgliedstaaten zu fördern, sollten allgemein anerkannte Standards für die Durchführung von Inspektionen in Bezug auf die Gute Herstellungspraxis bei Prüfpräparaten in Form von Verfahren entwickelt werden. Die Kommissionsleitlinien und diese Verfahren sollten gepflegt und regelmäßig im Lichte der technischen und wissenschaftlichen Entwicklungen aktualisiert werden.

(12) Bei Betriebsinspektionen sollten die Inspektoren prüfen, ob von der Betriebsstätte die Gute Herstellungspraxis sowohl bei Prüfpräparaten als auch bei zugelassenen Arzneimitteln befolgt wird. Aus diesem Grund, und um eine wirksame Überwachung zu gewährleisten, sollten die Verfahren und Befugnisse für die Durchführung von Inspektionen, mit denen überprüft wird, ob die Gute Herstellungspraxis bei zur Anwendung beim Menschen bestimmten Prüfpräparaten befolgt wird, möglichst weit an die Verfahren und Befugnisse bei Humanarzneimitteln angeglichen werden.

(13) Damit die Inspektionen wirksam sind, sollten die Inspektoren mit geeigneten Befugnissen ausgestattet werden.

(14 Die Mitgliedstaaten sollten in der Lage sein, Maßnahmen zu ergreifen, wenn die Gute Herstellungspraxis bei zur Anwendung beim Menschen bestimmten Prüfpräparaten nicht befolgt wird.

[2]) Verordnung (EG) Nr. 1394/2007 des Europäischen Parlaments und des Rates vom 13. November 2007 über Arzneimittel für neuartige Therapien und zur Änderung der Richtlinie 2001/83/EG und der Verordnung (EG) Nr. 726/2004 (ABl. L 324 vom 10.12.2007, S. 121).

(15) Die zuständigen Behörden sollten aufgefordert werden, Qualitätssicherungssysteme einzurichten, die gewährleisten, dass die Inspektionsverfahren überprüft und konsequent überwacht werden. Ein gut funktionierendes Qualitätssystem sollte eine Organisationsstruktur, klar definierte Prozesse und Verfahren – einschließlich der von den Inspektoren bei der Durchführung ihrer Aufgaben anzuwendenden Standardarbeitsanweisungen –, genaue Einzelheiten zu Aufgaben, Zuständigkeiten und aktuellen Schulungsanforderungen der Inspektoren sowie ausreichende Ressourcen und geeignete Mechanismen umfassen, die darauf abzielen, die Einhaltung der Bestimmungen zu garantieren.

(16) Diese Verordnung sollte gleichzeitig mit der Richtlinie (EU) 2017/1572 der Kommission[3]) zur Anwendung kommen,

haben folgende Verordnung erlassen:

Kapitel I
Allgemeine Bestimmungen

Artikel 1
Gegenstand

Die vorliegende Verordnung legt die Grundsätze und Leitlinien für die Gute Herstellungspraxis bei zur Anwendung beim Menschen bestimmten Prüfpräparaten fest, deren Herstellung oder Einfuhr einer Erlaubnis gemäß Artikel 61 Absatz 1 der Verordnung (EU) Nr. 536/2014 bedarf; außerdem regelt sie die Einzelheiten der Inspektionen bei den Herstellern im Hinblick auf die Einhaltung der Guten Herstellungspraxis gemäß Artikel 63 Absatz 4 der genannten Verordnung.

Artikel 2
Begriffsbestimmungen

Für die Zwecke dieser Verordnung bezeichnet der Ausdruck

(1) „Hersteller“ alle Personen, die an Tätigkeiten beteiligt sind, für die eine Erlaubnis gemäß Artikel 61 Absatz 1 der Verordnung (EU) Nr. 536/2014 erforderlich ist;

(2) „Drittlandhersteller“ alle Personen mit Sitz in einem Drittland, die in diesem Land an Vorgängen zur Herstellung beteiligt sind;

(3) „Unterlagen über die Produktspezifikation“ eine Akte, die Unterlagen umfasst oder auf solche verweist, die alle erforderlichen Informationen für die Ausarbeitung schriftlicher

[3]) Richtlinie (EU) 2017/1572 der Kommission vom 15. September 2017 zur Ergänzung der Richtlinie 2001/83/EG des Europäischen Parlaments und des Rates hinsichtlich der Grundsätze und Leitlinien der guten Herstellungspraxis für Humanarzneimittel (siehe Seite 44 dieses Amtsblatts).

Anweisungen für Verarbeitung, Verpackung, Qualitätskontrolle, Prüfung und Chargenfreigabe bei Prüfpräparaten sowie die Bescheinigung von Chargen enthalten;

(4) „Validierung" den Nachweis gemäß den Grundsätzen der Guten Herstellungspraxis, dass mit den Verfahren, Prozessen, Ausrüstungsgegenständen, Materialien, Aktivitäten oder Systemen die erwarteten Ergebnisse erreicht werden können.

Kapitel II
Gute Herstellungspraxis

Artikel 3
Übereinstimmung mit der Guten Herstellungspraxis

(1) Der Hersteller gewährleistet, dass bei den Herstellungsvorgängen die in der vorliegenden Verordnung dargelegte Gute Herstellungspraxis für Prüfpräparate befolgt wird und eine Erlaubnis gemäß Artikel 61 Absatz 1 der Verordnung (EU) Nr. 536/2014 vorliegt.

(2) Bei der Einfuhr von Prüfpräparaten gewährleistet der Inhaber der Erlaubnis gemäß Artikel 61 Absatz 1 der Verordnung (EU) Nr. 536/2014, dass die Produkte unter Verwendung von Qualitätsstandards hergestellt worden sind, die den in dieser Verordnung und in der Verordnung (EU) Nr. 536/2014 festgelegten Standards mindestens gleichwertig sind, und dass der Drittlandhersteller nach den Gesetzen des Landes, in dem er seinen Sitz hat, eine Befugnis oder Erlaubnis für die Herstellung dieser Prüfpräparate in dem Land besitzt.

Artikel 4
Übereinstimmung mit der Genehmigung für eine klinische Prüfung

(1) Der Hersteller gewährleistet, dass alle Vorgänge zur Herstellung von Prüfpräparaten in Übereinstimmung mit den gemäß Artikel 25 der Verordnung (EU) Nr. 536/2014 vom Sponsor vorgelegten Dokumenten und Informationen durchgeführt werden und der Genehmigung entsprechen, die nach dem Verfahren gemäß Kapitel II der genannten Verordnung, bzw. deren Kapitel III bei nachträglicher Änderung der Dokumente und Informationen, erteilt wurde.

(2) Der Hersteller überprüft seine Herstellungsverfahren regelmäßig unter Berücksichtigung des wissenschaftlichen und technischen Fortschritts und der Erfahrungen des Sponsors während der Entwicklung des Prüfpräparats.

Der Hersteller unterrichtet den Sponsor über seine Überprüfung der Herstellungsverfahren.

Ist nach einer Überprüfung eine Änderung der Genehmigung für eine klinische Prüfung erforderlich, muss diese Änderung nach dem Verfahren des Artikels 16 der Verordnung (EU) Nr. 536/2014 beantragt werden, wenn die klinische Prüfung dadurch wesentlich geändert wird; nicht wesentliche Änderungen der klinischen Prüfung können gemäß Artikel 81 Absatz 9 der genannten Verordnung vorgenommen werden.

Artikel 5
Pharmazeutisches Qualitätssystem

(1) Der Hersteller muss wirksame Vorkehrungen festlegen, anwenden und aufrechterhalten, um zu gewährleisten, dass die Prüfpräparate die für die vorgesehene Verwendung erforderliche Qualität aufweisen. Zu diesen Vorkehrungen zählen die Festlegung einer Guten Herstellungspraxis und einer Qualitätskontrolle.

(2) An der Festlegung des pharmazeutischen Qualitätssystems ist die Geschäftsleitung und das Personal der betroffenen Abteilungen beteiligt.

Artikel 6
Personal

(1) Der Hersteller muss in jedem Betrieb über sachkundiges und angemessen qualifiziertes Personal in ausreichender Zahl verfügen, um sicherzustellen, dass die Prüfpräparate die für die vorgesehene Verwendung erforderliche Qualität aufweisen.

(2) Die Aufgaben von Mitarbeitern mit Leitungs- und Aufsichtsfunktion, einschließlich der sachkundigen Personen, die für die Einhaltung der Guten Herstellungspraxis zuständig sind, müssen in Arbeitsplatzbeschreibungen festgelegt werden. Die hierarchischen Beziehungen sind in einem Organisationsschema zu beschreiben. Organisationsschemata und Arbeitsplatzbeschreibungen sind nach den betriebsinternen Verfahren zu genehmigen.

(3) Den in Absatz 2 genannten Mitarbeitern sind ausreichende Befugnisse einzuräumen, damit sie ihrer Verantwortung nachkommen können.

(4) Das Personal muss zu Anfang und danach fortlaufend geschult werden und die Schulung muss sich insbesondere auf folgende Bereiche erstrecken:

a) Theorie und Anwendung des Konzepts der pharmazeutischen Qualität;

b) Gute Herstellungspraxis.

Der Hersteller überzeugt sich von der Wirksamkeit der Schulung.

(5) Der Hersteller richtet Hygieneprogramme ein, die Hinweise zur Gesundheit, zum hygienischen Verhalten und zur Bekleidung des Personals enthalten. Die Programme werden an die durchzuführenden Herstellungsvorgänge angepasst. Der Hersteller sorgt dafür, dass die Programme befolgt werden.

Artikel 7
Betriebsräume und Ausrüstung

(1) Der Hersteller sorgt dafür, dass Betriebsräume und Ausrüstung so angeordnet, ausgelegt, konstruiert, nachgerüstet und instandgehalten sind, dass sie sich für die beabsichtigten Zwecke eignen.

(2) Der Hersteller sorgt dafür, dass die Betriebsräume und die Ausrüstung so ausgelegt, gestaltet und genutzt werden, dass das Risiko von Fehlern minimiert wird und eine wirksame Reinigung und Wartung möglich ist, um Verunreinigungen, Kreuzkontamination und sonstige die Qualität des Prüfpräparats beeinträchtigende Effekte zu vermeiden.

(3) Der Hersteller sorgt dafür, dass diese Betriebsräume und Ausrüstungen, die für Herstellungsvorgänge eingesetzt werden, die für die Qualität des Prüfpräparats entscheidend sind, auf ihre Eignung hin überprüft (Qualifizierung) und validiert werden.

Artikel 8
Dokumentation

(1) Jeder Hersteller muss ein Dokumentationssystem einrichten und unterhalten, in dem die folgenden Daten aufgezeichnet werden, gegebenenfalls mit Verweis auf die Tätigkeiten:

a) Spezifikationen;

b) Herstellungsformeln;

c) Verarbeitungs- und Verpackungsanweisungen;

d) Verfahrensbeschreibungen und Protokolle, auch Vorschriften für allgemeine Herstellungsvorgänge und -bedingungen;

e) Unterlagen, vor allem über die jeweils ausgeführten Herstellungsvorgänge und Chargenaufzeichnungen;

f) technische Vereinbarungen;

g) Analysenzertifikate.

Die Dokumente für jedes Prüfpräparat müssen mit den entsprechenden Unterlagen über die Produktspezifikation übereinstimmen.

(2) Das Dokumentationssystem muss die Qualität und Integrität der Daten sicherstellen. Die Unterlagen müssen eindeutig, fehlerfrei und auf dem neuesten Stand sein.

(3) Der Hersteller bewahrt die Unterlagen über die Produktspezifikation und die Chargenaufzeichnungen mindestens fünf Jahre nach dem Abschluss oder Abbruch der letzten klinischen Prüfung, bei der die betreffende Charge zur Anwendung kam, auf.

(4) Werden Daten elektronisch, fotografisch oder mit anderen Datenverarbeitungssystemen gespeichert, so muss der Hersteller das System zunächst validieren, um zu gewährleisten, dass die Daten während des Aufbewahrungszeitraums gemäß Absatz 3 ordnungsgemäß gespeichert werden. Die mit solchen Systemen gespeicherten Daten müssen in lesbarer Form leicht verfügbar sein.

(5) Die elektronisch gespeicherten Daten werden durch Verfahren wie Duplizierung oder Back-up und Übertragung in ein anderes Speichersystem gegen unbefugten Zugriff, Daten-

verlust oder -beschädigung geschützt. Es werden Prüfpfade (Audit Trails) gepflegt, d.h., alle relevanten Änderungen und Streichungen dieser Daten werden protokolliert.

(6) Die Unterlagen sind der zuständigen Behörde auf Anfrage vorzulegen.

Artikel 9
Herstellung

(1) Der Hersteller führt die Herstellungsvorgänge nach vorab erstellten Anweisungen und Verfahrensbeschreibungen durch.

Der Hersteller gewährleistet, dass angemessene und ausreichende Mittel für die Durchführung der Inprozesskontrollen zur Verfügung stehen und dass alle Abweichungen im Prozess und Produktmängel dokumentiert und gründlich untersucht werden.

(2) Der Hersteller ergreift die technischen oder organisatorischen Maßnahmen, die erforderlichen sind, um Kreuzkontamination und eine unbeabsichtigte Vermischung von Stoffen zu vermeiden. Der Handhabung von Prüfpräparaten im Verlauf und nach Abschluss einer Verblindung wird besondere Aufmerksamkeit gewidmet.

(3) Der Herstellungsprozess wird als Ganzes validiert, insofern dies angezeigt ist, wobei der Produktentwicklungsphase Rechnung getragen wird.

Der Hersteller ermittelt die Prozessphasen, die für die Sicherheit der Prüfungsteilnehmer wesentlich sind, beispielsweise die Sterilisierung, und auch für die Zuverlässigkeit und Belastbarkeit der im Rahmen einer klinischen Prüfung gewonnenen Daten sorgen. Diese kritischen Prozessphasen werden validiert und regelmäßig revalidiert.

Alle Schritte für die Konzeption und die Entwicklung des Herstellungsprozesses werden vollständig dokumentiert.

Artikel 10
Qualitätskontrolle

(1) Der Hersteller muss ein Qualitätskontrollsystem einrichten und unterhalten, das von einer Person mit den erforderlichen Qualifikationen geleitet wird, die von der Herstellung unabhängig ist.

Diese Person hat Zugang zu einem oder mehreren Laboratorien für Qualitätskontrollen mit ausreichender personeller Besetzung und angemessener Ausstattung, um die erforderlichen Untersuchungen und Prüfungen der Ausgangsstoffe und Verpackungsmaterialien und die Prüfung von Zwischenprodukten und fertigen Prüfpräparaten vornehmen zu können.

(2) Der Hersteller gewährleistet, dass die Qualitätskontrolllaboratorien den Informationen in dem von den Mitgliedstaaten genehmigten Antragsdossier gemäß Artikel 25 Absatz 1 der Verordnung (EU) Nr. 536/2014 entsprechen.

(3) Bei Einfuhren von Prüfpräparaten aus Drittländern sind analytische Prüfungen in der Union nicht obligatorisch.

(4) Bei der abschließenden Kontrolle des fertigen Prüfpräparats und vor seiner Freigabe durch den Hersteller berücksichtigt dieser

a) die Analyseergebnisse;

b) die Produktionsbedingungen;

c) die Ergebnisse der Inprozesskontrollen;

d) die Prüfung der Herstellungsunterlagen;

e) die Übereinstimmung des Produkts mit seinen Spezifikationen;

f) die Übereinstimmung des Produkts mit der Genehmigung für die klinische Prüfung;

g) die Prüfung der fertigen Endverpackung.

Artikel 11
Aufbewahrung der für die Qualitätskontrolle verwendeten Rückstellmuster und Proben

(1) Der Hersteller bewahrt ausreichende Rückstellmuster von jeder Charge einer Zubereitung in unverpackter Form, von den Hauptbestandteilen der Verpackung der einzelnen Chargen fertiger Prüfpräparate sowie von den einzelnen Chargen fertiger Prüfpräparate für mindestens zwei Jahre nach dem Abschluss oder Abbruch der letzten klinischen Prüfung, bei der die betreffende Charge zur Anwendung kam, auf.

Proben der beim Herstellungsprozess verwendeten Ausgangsstoffe (außer Lösungsmitteln, Gasen oder Wasser) werden vom Hersteller mindestens zwei Jahre nach Freigabe des Prüfpräparats aufbewahrt. Dieser Zeitraum kann jedoch verkürzt werden, wenn die in der entsprechenden Spezifikation angegebene Haltbarkeit des Ausgangsstoffes kürzer ist.

In jedem Fall hält der Hersteller der zuständigen Behörde Proben und Rückstellmuster zur Verfügung.

(2) Auf Antrag des Herstellers kann die zuständige Behörde im Hinblick auf die Proben von Ausgangsstoffen und die Rückstellmuster bestimmter Produkte, die für den Einzelfall oder in kleinen Mengen hergestellt werden oder deren Lagerung besondere Probleme bereiten könnte, sowie für die entsprechenden Aufbewahrungsfristen eine Ausnahme von Absatz 1 gewähren.

Artikel 12
Zuständigkeiten der sachkundigen Person

(1) Die sachkundige Person gemäß Artikel 61 Absatz 2 Buchstabe b der Verordnung (EU) Nr. 536/2014 ist für Folgendes zuständig:

a) Bei in dem betreffenden Mitgliedstaat hergestellten Prüfpräparaten überprüft sie, ob jede Produktionscharge entsprechend den in der vorliegenden Verordnung festgelegten Anforderungen an die Gute Herstellungspraxis für Prüfpräparate und den gemäß Artikel 25 der Verordnung (EU) Nr. 536/2014 übermittelten Informationen hergestellt und kontrolliert wurde, wobei sie die Leitlinien gemäß Artikel 63 Absatz 1 der genannten Verordnung berücksichtigt;

b) bei in einem Drittland hergestellten Prüfpräparaten überprüft sie, ob jede Produktionscharge unter Verwendung von Qualitätsstandards, die den in der vorliegenden Verordnung festgelegten Standards mindestens gleichwertig sind, und den gemäß Artikel 25 der Verordnung (EU) Nr. 536/2014 übermittelten Informationen hergestellt und kontrolliert wurde, wobei sie die Leitlinien gemäß Artikel 63 Absatz 1 der genannten Verordnung berücksichtigt.

Die sachkundige Person bescheinigt in einem Register oder einem gleichwertigen, für diese Zwecke vorgelegten Dokument, dass jede Produktionscharge den Anforderungen gemäß Absatz 1 entspricht.

(2) In das Register oder das gleichwertige Dokument müssen die einzelnen Vorgänge fortlaufend eingetragen werden und der zuständigen Behörde mindestens fünf Jahre nach dem Abschluss oder formellen Abbruch der letzten klinischen Prüfung, bei der die betreffende Charge zur Anwendung kam, zur Verfügung stehen.

Artikel 13
Auftragsherstellung

(1) Wird ein Herstellungsvorgang oder damit verbundener Vorgang im Auftrag ausgeführt, muss ein schriftlicher Vertrag zwischen Auftraggeber und Auftragnehmer bestehen.

(2) In dem Vertrag müssen die Verantwortlichkeiten jeder Seite klar festgelegt sein. Weiter ist darin zu regeln, dass der Auftragnehmer die Regeln der Guten Herstellungspraxis befolgt und wie die sachkundige Person, die für die Freigabe jeder Charge zuständig ist, ihrer Verantwortung nachzukommen hat.

(3) Der Auftragnehmer darf keine ihm vom Auftraggeber vertraglich übertragenen Vorgänge ohne dessen schriftliche Zustimmung an Dritte weitervergeben.

(4) Der Auftragnehmer hält die auf die betreffenden Vorgänge anwendbaren Grundsätze und Leitlinien der Guten Herstellungspraxis ein und unterwirft sich den in Artikel 63 Absatz 4 der Verordnung (EU) Nr. 536/2014 vorgesehenen Inspektionen durch die zuständige Behörde.

Artikel 14
Beanstandungen, Produktrückruf und Entblindung in Notfallsituationen

(1) Der Hersteller muss in Zusammenarbeit mit dem Sponsor ein System zur Aufzeichnung und Überprüfung von Beanstandungen implementieren, zusammen mit einem wirkungsvollen Rückrufsystem, um Prüfpräparate, die bereits in den Vertrieb gelangt sind, jederzeit schnell zurückrufen zu können. Der Hersteller verzeichnet und untersucht jeden Mangel, der möglicherweise zu einem Rückruf oder einer ungewöhnlichen Einschränkung der Versorgung führt, und unterrichtet den Sponsor und die zuständige Behörde des betroffenen Mitgliedstaats davon.

Es sind sämtliche Prüfstellen zu identifizieren und, soweit möglich, auch die Empfängerländer anzugeben.

Bei zugelassenen Prüfpräparaten informiert der Hersteller in Zusammenarbeit mit dem Sponsor den Zulassungsinhaber über jegliche Mängel, die mit diesem Produkt in Verbindung stehen könnten.

(2) Wenn das Protokoll einer klinischen Prüfung die Verblindung von Prüfpräparaten vorsieht, bringt der Hersteller gemeinsam mit dem Sponsor ein Verfahren zur raschen Entblindung verblindeter Produkte zur Anwendung, wenn dies für einen sofortigen Rückruf nach Absatz 1 erforderlich ist. Der Hersteller gewährleistet, dass die Identität eines verblindeten Produkts nur soweit enthüllt wird, wie dies erforderlich ist.

Artikel 15
Selbstinspektionen des Herstellers

Die Selbstinspektion ist Teil des pharmazeutischen Qualitätssystems des Herstellers und erfolgt regelmäßig, um die Anwendung und Beachtung der Regeln der Guten Herstellungspraxis zu überwachen. Der Hersteller ergreift alle eventuell notwendigen Korrekturmaßnahmen und/oder Vorbeugemaßnahmen.

Der Hersteller führt Aufzeichnungen über alle Selbstinspektionen und die getroffenen Korrekturmaßnahmen und/oder Vorbeugemaßnahmen.

Artikel 16
Prüfpräparate für neuartige Therapien

Die Grundsätze der Guten Herstellungspraxis werden an die spezifischen Merkmale der Arzneimittel für neuartige Therapien angepasst, wenn diese als Prüfpräparate eingesetzt werden. Prüfpräparate, die gleichzeitig Arzneimittel für neuartige Therapien sind, werden entsprechend den Leitlinien gemäß Artikel 5 der Verordnung (EG) Nr. 1394/2007 hergestellt.

Kapitel III
Inspektionen

Artikel 17
Überwachung durch Inspektion

(1)) Durch regelmäßige Inspektionen gemäß Artikel 63 Absatz 4 der Verordnung (EU) Nr. 536/2014 gewährleistet der Mitgliedstaat, dass Inhaber einer Erlaubnis gemäß Artikel 61 Absatz 1 der genannten Verordnung die in der vorliegenden Verordnung festgelegten Grundsätze der Guten Herstellungspraxis befolgen und die in Artikel 63 Absatz 1 Unterabsatz 2 der Verordnung (EU) Nr. 536/2014 erwähnten Leitlinien berücksichtigen.

(2) Unbeschadet eventuell bestehender Vereinbarungen zwischen der Union und Drittländern kann eine zuständige Behörde bei einem Drittlandhersteller eine Inspektion gemäß Artikel 63 Absatz 4 der Verordnung (EU) Nr. 536/2014 und gemäß der vorliegenden Verordnung anordnen. Die vorliegende Verordnung gilt entsprechend für solche Inspektionen in Drittländern.

(3) Die Mitgliedstaaten führen Inspektionen bei Drittlandherstellern durch, um zu gewährleisten, dass in die Union eingeführte Prüfpräparate nach Qualitätsstandards hergestellt werden, die denen der Union mindestens gleichwertig sind.

Die Mitgliedstaaten sind nicht verpflichtet, routinemäßig Inspektionen bei Drittlandherstellern von Prüfpräparaten durchzuführen. Voraussetzung für solche Inspektionen ist eine Risikobewertung; sie erfolgen jedoch zumindest dann, wenn der begründete Verdacht besteht, dass die Qualitätsstandards bei der Herstellung der in die Union eingeführten Prüfpräparate niedriger sind als die in der vorliegenden Verordnung und in den Leitlinien gemäß Artikel 63 Absatz 1 Unterabsatz 2 der Verordnung (EU) Nr. 536/2014 festgelegten Standards.

(4) Die Inspektionen können erforderlichenfalls unangekündigt erfolgen.

(5) Nach einer Inspektion erstellt der Inspektor einen Inspektionsbericht. Bevor die zuständige Behörde den Bericht genehmigt, erhält der Hersteller Gelegenheit, zu den Feststellungen des Berichts Stellung zu nehmen.

(6) Wenn aus den Feststellungen in der endgültigen Fassung des Berichts hervorgeht, dass der Hersteller die Regeln der Guten Herstellungspraxis bei Prüfpräparaten befolgt, stellt die zuständige Behörde dem Hersteller innerhalb von 90 Tagen nach der Inspektion ein Zertifikat über die Gute Herstellungspraxis aus.

(7) Die zuständige Behörde gibt das von ihr ausgestellte Zertifikat über die Gute Herstellungspraxis in die Datenbank der Union gemäß Artikel 111 Absatz 6 der Richtlinie 2001/83/EG des Europäischen Parlaments und des Rates[4]) ein.

[4]) Richtlinie 2001/83/EG des Europäischen Parlaments und des Rates vom 6. November 2001 zur Schaffung eines Gemeinschaftskodexes für Humanarzneimittel (ABl. L 311 vom 28.11.2001, S. 67).

(8) Stellt sich bei der Inspektion heraus, dass der Hersteller die Gute Herstellungspraxis für Prüfpräparate nicht befolgt, gibt die zuständige Behörde diese Information in die Datenbank der Union gemäß Artikel 111 Absatz 6 der Richtlinie 2001/83/EG ein.

(9) Die zuständige Behörde übermittelt auf begründeten Antrag die in Absatz 5 genannten Inspektionsberichte elektronisch an die zuständigen Behörden anderer Mitgliedstaaten oder an die Europäische Arzneimittelagentur (im Folgenden die „Agentur").

(10) Die zuständige Behörde gibt die Informationen bezüglich der in Artikel 61 Absatz 1 der Verordnung (EU) Nr. 536/2014 genannten Erlaubnis in die Datenbank der Union gemäß Artikel 111 Absatz 6 der Richtlinie 2001/83/EG ein.

Artikel 18
Zusammenarbeit und Koordination der Inspektionen

Die zuständigen Behörden arbeiten bei den Inspektionen untereinander und mit der Agentur zusammen. Sie geben Informationen über geplante und durchgeführte Inspektionen an die Agentur weiter.

Artikel 19
Anerkennung der Inspektionsergebnisse

(1) Die in dem Inspektionsbericht gemäß Artikel 17 Absatz 5 gezogenen Schlussfolgerungen haben in der gesamten Union Gültigkeit.

Wenn jedoch eine zuständige Behörde in Ausnahmefällen im Interesse der öffentlichen Gesundheit nicht in der Lage ist, die nach einer Inspektion gemäß Artikel 63 Absatz 4 der Verordnung (EU) Nr. 536/2014 gezogenen Schlussfolgerungen anzuerkennen, unterrichtet sie davon unverzüglich die Kommission und die Agentur. Die Agentur unterrichtet die anderen betroffenen zuständigen Behörden entsprechend.

(2) Erhält die Kommission eine Mitteilung gemäß Absatz 1 Unterabsatz 2 kann sie nach Rücksprache mit der zuständigen Behörde, die den Bericht nicht anerkennen konnte, den die fragliche Inspektion durchführenden Inspektor auffordern, eine neue Inspektion vorzunehmen. Der Inspektor kann von zwei Inspektoren anderer zuständiger Behörden begleitet werden, die von den Unstimmigkeiten nicht betroffen sind.

Artikel 20
Befugnisse der Inspektoren

(1) Die zuständigen Behörden statten die Inspektoren mit geeigneten Mitteln zu ihrer Identifizierung aus.

(2) Die Inspektoren sind befugt,

a) die Betriebsräume der Hersteller und der Qualitätskontrolllaboratorien, die für den Hersteller Kontrollen gemäß Artikel 10 durchgeführt haben, zu betreten und zu inspizieren;

b) Proben zu entnehmen, auch für unabhängige Untersuchungen durch ein amtliches Arzneimittelkontrolllabor oder ein von dem Mitgliedstaat zu diesem Zweck benanntes Labor, und

c) alle Unterlagen mit Bezug zum Inspektionsgegenstand zu prüfen, Aufzeichnungen und Schriftstücke zu kopieren, elektronische Aufzeichnungen auszudrucken und Fotos von Betriebsräumen und Ausrüstung des Herstellers zu machen.

Artikel 21
Kompetenz und Pflichten der Inspektoren

(1) Die zuständigen Behörden gewährleisten, dass die Inspektoren über angemessene Qualifikationen, Erfahrung und Kenntnisse verfügen. Insbesondere verfügen die Inspektoren über

a) Erfahrung und Kenntnisse in Bezug auf den Inspektionsvorgang;

b) die Fähigkeit, die Einhaltung der Regeln der Guten Herstellungspraxis kompetent zu beurteilen;

c) die Fähigkeit, die Grundsätze des Managements von Qualitätsrisiken anzuwenden;

d) Kenntnisse der aktuellen Technologien, die für die Inspektionen relevant sind;

e) Kenntnisse der aktuellen Technologien für die Herstellung von Prüfpräparaten.

(2) Die im Zuge der Inspektionen gewonnenen Informationen bleiben vertraulich.

(3) Die zuständigen Behörden gewährleisten, dass die Inspektoren die Schulungen erhalten, die erforderlich sind, um ihre Qualifikationen auf dem erreichten Niveau zu halten oder zu verbessern. Der Schulungsbedarf wird regelmäßig von den für diese Aufgabe benannten Personen ermittelt.

(4) Die zuständige Behörde dokumentiert Qualifikationen, Schulungen und Erfahrung jedes Inspektors. Diese Unterlagen werden auf dem neuesten Stand gehalten.

Artikel 22
Qualitätssystem

(1) Die zuständigen Behörden führen für ihre Inspektoren ein fachgerecht konzipiertes Qualitätssystem ein und befolgen dieses. Das Qualitätssystem wird bei Bedarf aktualisiert.

(2) Jeder Inspektor wird über die Standardarbeitsanweisungen und seine Aufgaben, Zuständigkeiten und laufenden Schulungsanforderungen informiert. Diese Verfahren werden auf dem neuesten Stand gehalten.

Artikel 23
Unparteilichkeit der Inspektoren

Die zuständige Behörde gewährleistet, dass die Inspektoren frei von jeder unzulässigen Beeinflussung sind, die ihre Unparteilichkeit und ihr Urteil betreffen könnte.

Die Inspektoren sind insbesondere unabhängig von

a) dem Sponsor;

b) Leitung und Personal der Prüfstelle;

c) den in die klinischen Prüfungen einbezogenen Prüfern, wenn in den Prüfungen die Prüfpräparate verwendet werden, die von dem inspizierten Hersteller hergestellt wurden;

d) den Personen, welche die klinische Prüfung finanzieren, in der das Prüfpräparat verwendet wird;

e) dem Hersteller.

Die Inspektoren geben jährlich eine Erklärung über ihre finanziellen Interessen oder sonstigen Verbindungen in Bezug auf die Parteien ab, die einer Inspektion unterzogen werden. Die zuständige Behörde berücksichtigt die Erklärung bei der Zuteilung einer bestimmten Inspektion an einen Inspektor.

Artikel 24
Zugang zu Betriebsräumen

Der Hersteller gewährt den Inspektoren jederzeit Zugang zu seinen Betriebsräumen und Unterlagen.

Artikel 25
Aussetzung oder Widerruf der Herstellungserlaubnis

Wenn eine Inspektion ergibt, dass der Inhaber einer Herstellungserlaubnis gemäß Artikel 61 Absatz 1 der Verordnung (EU) Nr. 536/2014 die Regeln der Guten Herstellungspraxis gemäß Unionsrecht nicht einhält, kann die zuständige Behörde für diesen Hersteller die Herstellung oder Einfuhr aus Drittländern von zur Anwendung beim Menschen bestimmten Prüfpräparaten aussetzen oder die Erlaubnis für eine Zubereitungskategorie oder für alle Zubereitungen aussetzen oder widerrufen bzw. zurücknehmen.

Kapitel IV
Schlussbestimmungen

Artikel 26
Übergangsbestimmungen

Die Mitgliedstaaten können nach den Übergangsbestimmungen gemäß Artikel 98 der Verordnung (EU) Nr. 536/2014 der Kommission[5]) weiterhin ihre gemäß der Richtlinie 2003/94/EG erlassenen Umsetzungsvorschriften für die Herstellung von Prüfpräparaten anwenden, die in klinischen Prüfungen verwendet werden, für die die Richtlinie 2001/20/EG des Europäischen Parlaments und des Rates[6]) gilt.

Artikel 27
Inkrafttreten

Diese Verordnung tritt am zwanzigsten Tag nach ihrer Veröffentlichung im Amtsblatt der Europäischen Union in Kraft.

Sie gilt nach Ablauf von sechs Monaten nach dem Tag der Veröffentlichung der in Artikel 82 Absatz 3 der Verordnung (EU) Nr. 536/2014 genannten Mitteilung im Amtsblatt der Europäischen Union oder mit Wirkung vom 1. April 2018. Anwendung, je nachdem, welcher Zeitpunkt später liegt.

Diese Verordnung ist in allen ihren Teilen verbindlich und gilt unmittelbar in jedem Mitgliedstaat.

[5]) Richtlinie 2003/94/EG der Kommission vom 8. Oktober 2003 zur Festlegung der Grundsätze und Leitlinien der Guten Herstellungspraxis für Humanarzneimittel und für zur Anwendung beim Menschen bestimmte Prüfpräparate (ABl. L 262 vom 14.10.2003, S. 22).

[6]) Richtlinie 2001/20/EG des Europäischen Parlaments und des Rates vom 4. April 2001 zur Angleichung der Rechts- und Verwaltungsvorschriften der Mitgliedstaaten über die Anwendung der guten klinischen Praxis bei der Durchführung von klinischen Prüfungen mit Humanarzneimitteln (ABl. L 121 vom 1.5.2001, S. 34).

Richtlinie 2005/28/EG der Kommission
vom 8. April 2005
zur Festlegung von Grundsätzen und ausführlichen Leitlinien der guten klinischen Praxis für zur Anwendung beim Menschen bestimmte Prüfpräparate sowie von Anforderungen für die Erteilung einer Genehmigung zur Herstellung oder Einfuhr solcher Produkte*)

(ABl. L 91 vom 9.4.2005, S. 13)

Die Kommission der Europäischen Gemeinschaften –

gestützt auf den Vertrag zur Gründung der Europäischen Gemeinschaft,

gestützt auf die Richtlinie 2001/20/EG des Europäischen Parlaments und des Rates vom 4. April 2001 zur Angleichung der Rechts- und Verwaltungsvorschriften der Mitgliedstaaten über die Anwendung der guten klinischen Praxis bei der Durchführung von klinischen Prüfungen mit Humanarzneimitteln[1]), insbesondere auf Artikel 1 Absatz 3, Artikel 13 Absatz 1 und Artikel 15 Absatz 5,

in Erwägung nachstehender Gründe:

(1) Nach der Richtlinie 2001/20/EG müssen Grundsätze der guten klinischen Praxis und ausführliche Leitlinien, die diesen Grundsätzen entsprechen, Mindestbedingungen für die Genehmigung der Herstellung und Einfuhr von Prüfpräparaten und ausführliche Anleitungen betreffend die Dokumentation über die klinische Prüfung zum Nachweis der Übereinstimmung der betreffenden klinischen Prüfung mit der Richtlinie 2001/20/EG angenommen werden.

(2) Mit den Grundsätzen und Leitlinien der guten klinischen Praxis sollte sichergestellt werden, dass die Durchführung klinischer Prüfungen von Prüfpräparaten, wie sie in Artikel 2 Buchstabe d der Richtlinie 2001/20/EG definiert werden, auf dem Schutz der Menschenrechte und der Würde des Menschen gründet.

*) Gemäß Artikel 15 sowie Artikel 17 Absatz 2 der Durchführungsverordnung (EU) 2017/556 vom 24. März 2017 (ABl. L 80 vom 25. März 2017, S. 7; s. S. 175 dieses Kodex-Bandes) wird die Richtlinie 2005/28/EG nach Ablauf von sechs Monaten ab dem Zeitpunkt der Veröffentlichung der in Artikel 82 Absatz 3 der Verordnung (EU) Nr. 536/2014 vom 16. April 2014 (ABl. L 158 vom 27. Mai 2014, S. 1; s. S. 43 dieses Kodex-Bandes) genannten Mitteilung im Amtsblatt der Europäischen Union aufgehoben. Aufgrund Artikel 16 (Übergangsbestimmungen) der Durchführungsverordnung (EU) 2017/556 gilt die Richtlinie 2005/28/EG gemäß Artikel 98 der Verordnung (EU) Nr. 536/2014 – mit Ausnahme ihrer Kapitel 5 und 6 – weiterhin für alle durch die Richtlinie 2001/20/EG geregelten klinischen Prüfungen (s. S. 7 dieses Kodex-Bandes).

[1]) ABl. L 121 vom 1.5.2001, S. 34.

(3) Die Herstellungsbedingungen für Prüfpräparate sind in der Richtlinie 2003/94/EG der Kommission vom 8. Oktober 2003 zur Festlegung der Grundsätze und Leitlinien der Guten Herstellungspraxis für Humanarzneimittel und für zur Anwendung beim Menschen bestimmte Prüfpräparate[2]) festgelegt. Titel IV der Richtlinie 2001/83/EG des Europäischen Parlaments und des Rates vom 6. November 2001 zur Schaffung eines Gemeinschaftskodexes für Humanarzneimittel[3]) enthält die Bestimmungen für die Herstellungserlaubnis für Arzneimittel, die Teil der Voraussetzungen für den Antrag auf Genehmigung des Inverkehrbringens sind. Nach Artikel 3 Absatz 3 der genannten Richtlinie gelten diese Anforderungen nicht für Arzneimittel, die für Versuche in Forschung und Entwicklung bestimmt sind. Daher ist es vonwesentlicher Bedeutung, dass Mindestanforderungen für die Anträge auf Genehmigung der Herstellung oder Einfuhr von Prüfpräparaten sowie ihre Verwaltung und für die Erteilung und den Inhalt der Genehmigungen festgelegt werden, um die Qualität des in der klinischen Prüfung verwendeten Prüfpräparats zu gewährleisten.

(4) Im Hinblick auf den Schutz der Prüfungsteilnehmer und um sicherzustellen, dass keine überflüssigen klinischen Prüfungen durchgeführt werden, ist es von wesentlicher Bedeutung, dass Grundsätze und ausführliche Leitlinien für die gute klinische Praxis festgelegt werden, die es ermöglichen, die Ergebnisse der Prüfungen zur späteren Nutzung zu dokumentieren.

(5) Damit gewährleistet ist, dass alle Sachverständigen und Einzelpersonen, die mit der Planung, Einleitung, Durchführung und Berichterstattung klinischer Prüfungen zu tun haben, die gleichen Standards für die gute klinische Praxis anwenden, müssen Grundsätze und ausführliche Leitlinien für die gute klinische Praxis festgelegt werden.

(6) Alle Mitgliedstaaten sollten auf der Grundlage gemeinsamer ausführlicher Leitlinien Vorschriften über die Funktionsweise der Ethik-Kommissionen festlegen, um den Schutz der Prüfungsteilnehmer zu gewährleisten und gleichzeitig die harmonisierte Anwendung der von der Ethik-Kommission anzuwendenden Verfahren in den einzelnen Mitgliedstaaten zu ermöglichen.

(7) Damit die Einhaltung der Bestimmungen über die gute klinische Praxis gewährleistet ist, stellen Inspektoren ihre Wirksamkeit in der Praxis sicher. Daher ist es von wesentlicher Bedeutung, Grundsätze in Bezug auf Mindeststandards für die Qualifikation der Inspektoren festzulegen, insbesondere in Bezug auf ihre Ausbildung und Schulung. Aus demselben Grund sollten ausführliche Leitlinien für die Inspektionsverfahren befolgt werden, insbesondere für die Zusammenarbeit der verschiedenen Agenturen und die Maßnahmen im Anschluss an die Inspektionen.

(8) Im Rahmen der Internationalen Harmonisierungskonferenz (ICH) wurde 1995 ein Konsens über einen harmonisierten Ansatz für die gute klinische Praxis erreicht. Das

[2]) ABl. L 262 vom 14.10.2003, S. 22.

[3]) ABl. L 311 vom 28.11.2003, S. 67. Richtlinie zuletzt geändert durch die Richtlinie 2004/27/EG (ABl. L 136 vom 30.4.2004, S. 34).

vom Ausschuss für Arzneimittelspezialitäten der Europäischen Agentur für die Beurteilung von Arzneimitteln (nachstehend „Agentur“) angenommene und von der Agentur veröffentlichte Konsenspapier sollte berücksichtigt werden.

(9) Sponsoren, Prüfer und andere Teilnehmer sollten die vom Ausschuss für Arzneimittelspezialitäten angenommenen und von der Agentur veröffentlichten wissenschaftlichen Leitlinien zu Qualität, Sicherheit und Wirksamkeit von Humanarzneimitteln und die übrigen, von der Kommission in den einzelnen Bänden der „Regeln für Arzneimittel in der Europäischen Union“ veröffentlichten gemeinsamen Leitlinien für den Arzneimittelbereich berücksichtigen.

(10) Bei der Durchführung klinischer Prüfungen mit zur Anwendung beim Menschen bestimmten Prüfpräparaten sollte der Schutz der Prüfungsteilnehmer sichergestellt werden. Die von den Mitgliedstaaten nach Artikel 3 Absatz 1 der Richtlinie 2001/20/EG erlassenen detaillierten Regeln zum Schutz nicht einwilligungsfähiger Personen vor Missbrauch sollten auch Personen umfassen, die, wie in Notsituationen, vorübergehend nicht einwilligungsfähig sind.

(11) Nichtkommerzielle klinische Prüfungen, die von Wissenschaftlern ohne Beteiligung der pharmazeutischen Industrie durchgeführt werden, können einen hohen Nutzen für die betroffenen Patienten haben. In der Richtlinie 2001/20/EG wird die besondere Situation dieser nichtkommerziellen klinischen Prüfungen anerkannt. Insbesondere sollten, falls Prüfungen mit zugelassenen Arzneimitteln und bei Patienten mit denselben Merkmalen durchgeführt werden, wie die, die von dem zugelassenen Anwendungsgebiet abgedeckt sind, Anforderungen im Hinblick auf Herstellung oder Einfuhr, die von diesen zugelassenen Arzneimitteln bereits erfüllt werden, berücksichtigt werden. Aufgrund der spezifischen Bedingungen, unter denen nichtkommerzielle Prüfungen durchgeführt werden, könnte es jedoch erforderlich sein, dass die Mitgliedstaaten, um den Anforderungen der vorliegenden Richtlinie insbesondere im Hinblick auf die Bedingungen für die Genehmigung der Herstellung oder Einfuhr und die für die als fortlaufende Akte zu führende Dokumentation (Trial Master File) vorzulegenden und zu archivierenden Dokumente zu entsprechen, nicht nur dann spezifische Modalitäten für diese Prüfungen vorsehen, wenn sie mit zugelassenen Arzneimitteln und bei Patienten mit denselben Merkmalen durchgeführt werden. Aufgrund der Bedingungen, unter denen die nicht kommerziellen Prüfungen von der öffentlichen Forschung durchgeführt werden und der Orte, an denen diese Prüfungen stattfinden, ist die Anwendung bestimmter Einzelheiten der guten klinischen Praxis unnötig oder durch andere Mittel sichergestellt. Die Mitgliedstaaten gewährleisten in diesen Fällen, wenn sie spezifische Modalitäten vorsehen, die Einhaltung der Ziele des Schutzes der Rechte der Patienten, die an der Prüfung teilnehmen sowie generell die korrekte Anwendung der Grundsätze der guten klinischen Praxis. Die Kommission erarbeitet einen Entwurf mit diesbezüglichen Leitlinien.

(12) Die in dieser Richtlinie vorgesehenen Maßnahmen stimmen mit der Stellungnahme des Ständigen Ausschusses für Humanarzneimittel überein,

hat folgende Richtlinie erlassen:

Kapitel 1
Gegenstand

Artikel 1

(1) In dieser Richtlinie werden die folgenden Grundsätze für zur Anwendung beim Menschen bestimmte Prüfpräparate festgelegt:

a) die Grundsätze der guten klinischen Praxis und ausführliche Leitlinien, die diesen Grundsätzen entsprechen, nach Artikel 1 Absatz 3 der Richtlinie 2001/20/EG, für die Planung und Durchführung von und die Berichterstattung über klinische Prüfungen derartiger Produkte am Menschen;

b) die Anforderungen für die Genehmigung der Herstellung oder Einfuhr solcher Produkte nach Artikel 13 Absatz 1 der Richtlinie 2001/20/EG;

c) die ausführlichen Anleitungen nach Artikel 15 Absatz 5 der Richtlinie 2001/20/EG betreffend die Dokumentation über klinische Prüfungen, die Archivierungsmethoden, die Qualifikationen der Inspektoren und die Inspektionsverfahren.

(2) Bei der Anwendung der in Absatz 1 genannten Grundsätze, ausführlichen Leitlinien und Anforderungen berücksichtigen die Mitgliedstaaten die technischen Durchführungsmodalitäten, die in den von der Kommission veröffentlichten ausführlichen Leitlinien in den Regeln für Arzneimittel in der Europäischen Union enthalten sind.

(3) Bei der Anwendung der in Absatz 1 genannten Grundsätze, ausführlichen Leitlinien und Anforderungen auf nicht kommerzielle klinische Prüfungen, die ohne Beteiligung der Pharmaindustrie von Forschern durchgeführt werden, können die Mitgliedstaaten spezifische Modalitäten einführen, um den Besonderheiten dieser Prüfungen im Hinblick auf Kapitel 3 und Kapitel 4 Rechnung zu tragen.

(4) Die Mitgliedstaaten können die besondere Situation von Prüfungen berücksichtigen, deren Konzept keine besondere Herstellung oder Verpackung erfordert, falls diese Prüfungen mit Arzneimitteln durchgeführt werden, für die im Sinne der Richtlinie 2001/83/EG eine Genehmigung für das Inverkehrbringen erteilt wurde und die gemäß den Vorschriften der genannten Richtlinie hergestellt oder importiert wurden und bei Patienten mit denselben Merkmalen wie die, die von dem in der Genehmigung für das Inverkehrbringen genannten Anwendungsgebiet abgedeckt sind.

Die Kennzeichnung der Prüfpräparate für derartige Prüfungen sollte vereinfachten Bestimmungen unterliegen, die in den Leitlinien über gute Herstellungspraxis bei Prüfpräparaten niedergelegt sind. Die Mitgliedstaaten unterrichten die Kommission sowie die übrigen Mitgliedstaaten über spezifische Modalitäten, die entsprechend diesem Absatz eingeführt werden. Diese Modalitäten werden von der Kommission veröffentlicht.

Kapitel 2
Gute klinische Praxis für die Planung, Durchführung, Aufzeichnung und Berichterstattung klinischer Prüfungen

Abschnitt 1
Gute klinische Praxis

Artikel 2

(1) Die Rechte, die Sicherheit und das Wohlergehen der Prüfungsteilnehmer haben Vorrang vor den Interessen von Wissenschaft und Gesellschaft.

(2) Jede an der Durchführung einer klinischen Prüfung beteiligte Person muss durch Aus- und Weiterbildung sowie berufliche Erfahrung für die Ausführung ihrer jeweiligen Aufgaben qualifiziert sein.

(3) Klinische Prüfungen müssen wissenschaftlich fundiert sein und in allen Aspekten ethischen Grundsätzen entsprechen.

(4) Die notwendigen Verfahren zur Gewährleistung der Qualität der Prüfung in jeder Hinsicht werden angewandt.

Artikel 3

Die zu einem Prüfpräparat vorliegenden präklinischen und klinischen Daten müssen die Durchführung der vorgeschlagenen klinischen Prüfung unterstützen.

Klinische Prüfungen werden gemäß den ethischen Grundsätzen der „Deklaration von Helsinki“ über die Ethischen Grundsätze für die medizinische Forschung am Menschen des Weltärztebundes von 1996 durchgeführt.

Artikel 4

Der in Artikel 2 Buchstabe h der Richtlinie 2001/20/EG genannte Prüfplan muss die Definition der Einbeziehung und des Ausschlusses von Teilnehmern an einer klinischen Prüfung, der Überwachung und der Veröffentlichungspolitik enthalten.

Die Prüfer und Sponsoren berücksichtigen alle einschlägigen Leitlinien für die Einleitung und Durchführung klinischer Prüfungen.

Artikel 5

Alle Daten aus einer klinischen Prüfung werden so aufgezeichnet, behandelt und gelagert, dass eine korrekte Berichterstattung, Interpretation und Überprüfung unter gleichzeitiger Wahrung der Vertraulichkeit der Aufzeichnungen im Hinblick auf die Prüfungsteilnehmer möglich ist.

Abschnitt 2
Die Ethik-Kommission

Artikel 6

(1) Die Ethik-Kommissionen nach Artikel 6 Absatz 1 der Richtlinie 2001/20/EG legen die erforderlichen Verfahren zur Umsetzung der Anforderungen der genannten Richtlinie, insbesondere deren Artikel 6 und 7, fest.

(2) Die Ethik-Kommissionen bewahren die wesentlichen Dokumente über alle klinischen Prüfungen nach Artikel 15 Absatz 5 der Richtlinie 2001/20/EG nach Abschluss der Prüfung mindestens drei Jahre auf. Sie bewahren die Dokumente länger auf, wenn dies aufgrund anderer geltender Anforderungen erforderlich ist.

(3) Die Übermittlung von Informationen zwischen den Ethik-Kommissionen und den zuständigen Behörden der Mitgliedstaaten wird durch angemessene und wirksame Systeme sichergestellt.

Abschnitt 3
Die Sponsoren

Artikel 7

(1) Ein Sponsor kann seine prüfungsbezogenen Verantwortlichkeiten ganz oder teilweise an eine Einzelperson, ein Unternehmen, eine Institution oder eine Einrichtung delegieren. Dem Sponsor obliegt jedoch nach wie vor die Verantwortung dafür sicherzustellen, dass sowohl die Durchführung der Prüfungen als auch die aus diesen Prüfungen hervorgehenden abschließenden Daten den Anforderungen der Richtlinie 2001/20/EG sowie der vorliegenden Richtlinie entsprechen.

(2) Prüfer und Sponsor können identisch sein.

Abschnitt 4
Prüferinformation

Artikel 8

(1) Die Daten in der Prüferinformation gemäß Artikel 2 Buchstabe g der Richtlinie 2001/20/EG werden in prägnanter, einfacher, objektiver, ausgewogener Form und frei von Werbung dargestellt, so dass ein Kliniker oder potenzieller Prüfer diese verstehen und eine unvoreingenommene Risiko-/Nutzen-Bewertung bezüglich der Angemessenheit der vorgeschlagenen klinischen Prüfung vornehmen kann.

Unterabsatz 1 gilt auch für eventuelle Aktualisierungen der Prüferinformationen.

(2) Liegt für das Prüfpräparat eine Genehmigung vor, so kann anstelle der Prüferinformation die Zusammenfassung der Produktmerkmale verwendet werden.

(3) Die Prüferinformation wird mindestens einmal jährlich vom Sponsor validiert und aktualisiert.

Kapitel 3
Genehmigung der Herstellung oder Einfuhr

Artikel 9

(1) Eine Genehmigung nach Artikel 13 Absatz 1 der Richtlinie 2001/20/EG ist sowohl für die vollständige oder teilweise Herstellung von Prüfpräparaten als auch für die Abfüllung, das Abpacken und die Aufmachung erforderlich. Die Genehmigung ist auch für die Herstellung von zur Ausfuhr bestimmten Präparaten erforderlich.

Die Genehmigung ist auch für Importe aus Drittländern in einen Mitgliedstaat erforderlich.

(2) Dagegen ist für die Zubereitung vor der Verabreichung oder für die Verpackung keine Genehmigung nach Artikel 13 Absatz 1 der Richtlinie 2001/20/EG erforderlich, wenn diese Vorgänge in Krankenhäusern, Gesundheitszentren oder Kliniken von Apothekern oder anderen Personen, die in den Mitgliedstaaten zur Durchführung solcher Prozesse berechtigt sind, durchgeführt werden und die Prüfpräparate ausschließlich zur Anwendung in diesen Einrichtungen bestimmt sind.

Artikel 10

(1) Um die Genehmigung zu erhalten, muss der Antragsteller zumindest:

a) in dem Antrag genaue Angaben zu den Arten der herzustellenden oder einzuführenden Arzneimittel und Darreichungsformen machen;

b) in dem Antrag genaue Angaben zu den betreffenden Herstellungs- oder Einfuhraktivitäten machen;

c) gegebenenfalls, z. B. im Fall der Inaktivierung von Virus- oder nichtkonventionellen Erregern, in dem Antrag genaue Angaben zum Herstellungsprozess machen;

d) in dem Antrag genaue Angaben zu dem Ort, an dem diese Erzeugnisse hergestellt werden sollen, machen oder in Bezug auf die Herstellung und Kontrolle der Arzneimittel über geeignete und ausreichende Betriebsräume, technische Ausrüstungen und Kontrollmöglichkeiten verfügen, die den Anforderungen der Richtlinie 2003/94/EG hinsichtlich der Herstellung, Kontrolle und Lagerung der Arzneimittel genügen;

e) ständig und ununterbrochen über mindestens eine sachkundige Person gemäß Artikel 13 Absatz 2 der Richtlinie 2001/20/EG verfügen.

Für Zwecke von Unterabsatz 1 Buchstabe a umfassen „Arten von Arzneimitteln“ Blutprodukte, immunologische Arzneimittel, Produkte für die Zelltherapie, Produkte für die Gentherapie, biotechnologisch hergestellte Arzneimittel, vom Menschen/Tier gewonnene Produkte, pflanzliche Produkte, homöopathische Erzeugnisse, radiopharmazeutische Produkte und Produkte mit chemisch aktiven Bestandteilen.

(2) Der Antragsteller muss die Erfüllung der in Absatz 1 aufgeführten Voraussetzungen in seinem Antrag nachweisen.

Artikel 11

(1) Die zuständige Behörde erteilt die Herstellungsgenehmigung erst, wenn sie sich anhand von Untersuchungen ihrer Beauftragten vergewissert hat, dass die Angaben des Antragsstellers nach Artikel 10 zutreffend sind.

(2) Die Mitgliedstaaten treffen alle zweckdienlichen Maßnahmen, um sicherzustellen, dass das Verfahren zur Erteilung einer Genehmigung innerhalb von 90 Tagen nach dem Zeitpunkt der gültigen Antragstellung abgeschlossen wird.

(3) Die zuständige Behörde kann vom Antragsteller weitere Informationen gemäß Artikel 10 Absatz 1, insbesondere betreffend die in Artikel 10 Absatz 1 Buchstabe e genannten sachkundigen Personen verlangen.

Macht die zuständige Behörde von diesem Recht Gebrauch, so werden die in Absatz 2 genannten Fristen ausgesetzt, bis die zusätzlichen Daten vorliegen.

Artikel 12

(1) Um sicherzustellen, dass die Anforderungen nach Artikel 10 erfüllt werden, kann die Erteilung einer Genehmigung entweder zum Zeitpunkt der Erteilung der Genehmigung oder später von der Erfüllung bestimmter Auflagen abhängig gemacht werden.

(2) Die Genehmigung gilt nur für die im Antrag spezifizierten Flächen und für die Arten von Arzneimitteln und Darreichungsformen, wie sie nach Artikel 10 Absatz 1 Buchstabe a in dem Antrag spezifiziert sind.

Artikel 13

Der Inhaber einer Herstellungsgenehmigung muss zumindest folgende Anforderungen erfüllen:

a) er muss über das Personal verfügen, das den in dem betreffenden Mitgliedstaat bestehenden gesetzlichen Erfordernissen bezüglich Herstellung und Kontrollen entspricht;

b) er darf die Prüfpräparate/genehmigten Arzneimittel nur gemäß den Rechtsvorschriften der betroffenen Mitgliedstaaten vernichten;

c) er muss die zuständige Behörde vorab über jedwede Veränderung informieren, die er möglicherweise an einer oder mehreren der gemäß Artikel 10 Absatz 1 geforderten Angaben vornehmen möchte, insbesondere muss er die zuständige Behörde in jedem Fall unverzüglich informieren, wenn die in Artikel 13 Absatz 2 der Richtlinie 2001/20/EG genannte sachkundige Person unerwartet ersetzt wird;

d) er muss seine Betriebsräume jederzeit den Beauftragten der zuständigen Behörde zugänglich machen;

e) er muss der in Artikel 13 Absatz 2 der Richtlinie 2001/20/EG genannten sachkundigen Person alle Möglichkeiten bieten, ihre Aufgaben zu erfüllen, z. B. durch Bereitstellung aller notwendigen Ausrüstungen;

f) er muss die Grundsätze und Leitlinien der guten Herstellungspraxis für Arzneimittel – wie im Gemeinschaftsrecht festgelegt – einhalten.

Ausführliche Leitlinien im Einklang mit den in Absatz 1 Buchstabe f genannten Grundsätzen werden von der Kommission veröffentlicht und erforderlichenfalls überarbeitet, um dem technischen und wissenschaftlichen Fortschritt Rechnung zu tragen.

Artikel 14

Beantragt der Inhaber der Herstellungsgenehmigung die Änderung von Angaben in Bezug auf Artikel 10 Absatz 1 Buchstaben a bis e, so dauert das Verfahren betreffend diesen Antrag längstens 30 Tage. In Ausnahmefällen kann diese Frist auf 90 Tage verlängert werden.

Artikel 15

Die zuständige Behörde kann eine Genehmigung jederzeit vollständig oder teilweise aussetzen oder widerrufen, wenn der Genehmigungsinhaber die einschlägigen Anforderungen nicht mehr erfüllt.

Kapitel 4
Als fortlaufende Akte zu führende Dokumentation (Trial Master File) und Archivierung

Artikel 16

Die in Artikel 15 Absatz 5 der Richtlinie 2001/20/EG als fortlaufende Akte über die klinische Prüfung (Trial Master File) bezeichnete Dokumentation besteht aus wesentlichen Dokumenten, die sowohl eine Bewertung der Durchführung einer klinischen Prüfung als auch der Qualität der erhobenen Daten ermöglichen. Anhand dieser Unterlagen lässt sich belegen, ob der Prüfer und der Sponsor die Grundsätze und Leitlinien für die gute klinische Praxis und alle geltenden Anforderungen, insbesondere Anhang I der Richtlinie 2001/83/EG, eingehalten haben.

Die Trial Master File stellt die Grundlage für das vom unabhängigen Abschlussprüfer des Sponsors durchgeführte Audit und für die Inspektion durch die zuständige Behörde dar.

Der Inhalt der wesentlichen Dokumente steht im Einklang mit den Besonderheiten jedes einzelnen Abschnitts der klinischen Prüfung.

Die Kommission veröffentlicht zusätzliche Leitlinien, um den Inhalt dieser Dokumente zu spezifizieren.

Artikel 17

Der Sponsor und der Prüfer bewahren die wesentlichen Dokumente über alle klinischen Prüfungen mindestens fünf Jahre nach Abschluss der Prüfung auf.

Sie bewahren die Dokumente länger auf, wenn dies aufgrund anderer geltender Anforderungen oder aufgrund einer Vereinbarung zwischen dem Sponsor und dem Prüfer erforderlich ist.

Die wesentlichen Dokumente werden so archiviert, dass sie den zuständigen Behörden auf Verlangen rasch bereitgestellt werden können.

Die Krankenakten der Prüfungsteilnehmer werden gemäß den nationalen Rechtsvorschriften aufbewahrt entsprechend der Höchstdauer, die in dem betreffenden Krankenhaus, der betreffenden Institution bzw. der betreffenden Privatpraxis zulässig ist.

Artikel 18

Jede Übertragung des Eigentums an den Daten wird dokumentiert. Der neue Eigentümer übernimmt die Verantwortlichkeit für die Aufbewahrung und Archivierung der Daten nach Artikel 17.

Artikel 19

Der Sponsor betraut Personen aus seiner Einrichtung mit der Zuständigkeit für die Archive.

Der Zugang zu den Archiven ist auf die Personen beschränkt, die für die Archive zuständig sind.

Artikel 20

Die zur Speicherung der wesentlichen Dokumente verwendeten Datenträger sind so beschaffen, dass diese Dokumente über den gesamten vorgeschriebenen Aufbewahrungszeitraum vollständig und lesbar bleiben und den zuständigen Behörden auf Anfrage zur Verfügung gestellt werden können.

Jedwede Änderung an den Aufzeichnungen muss rückverfolgbar sein.

Kapitel 5
Inspektoren

Artikel 21

(1) Die Inspektoren, die von den Mitgliedstaaten gemäß Artikel 15 Absatz 1 der Richtlinie 2001/20/EG ernannt werden, sind auf ihre Geheimhaltungspflicht entsprechend den geltenden Rechtsvorschriften der Gemeinschaft, einzelstaatlichen

Gesetzen oder internationalen Vereinbarungen in Bezug auf vertrauliche Daten, zu denen sie bei Inspektionen hinsichtlich der guten klinischen Praxis Zugang erhalten, hinzuweisen und haben die entsprechenden Daten vertraulich zu behandeln.

(2) Die Mitgliedstaaten stellen sicher, dass die Inspektoren über ein abgeschlossenes Hochschulstudium oder gleichwertige Erfahrungen in Medizin, Pharmazie, Pharmakologie, Toxikologie oder anderen relevanten Bereichen verfügen.

(3) Die Mitgliedstaaten stellen sicher, dass die Inspektoren angemessen geschult werden, dass ihr Schulungsbedarf regelmäßig ermittelt wird und dass geeignete Maßnahmen getroffen werden, um die Qualifikationen der Inspektoren auf dem erreichten Niveau zu halten und zu verbessern.

Die Mitgliedstaaten stellen auch sicher, dass die Inspektoren über Kenntnisse der Grundsätze und Verfahren für die Entwicklung von Arzneimitteln und der klinischen Forschung verfügen. Die Inspektoren verfügen ferner über Kenntnisse des geltenden nationalen und Gemeinschaftsrechts und der Leitlinien für die Durchführung klinischer Prüfungen und die Erteilung von Genehmigungen für das Inverkehrbringen.

Die Inspektoren sind mit den Verfahren und Systemen für die Aufzeichnung klinischer Daten vertraut und kennen die Organisation des Gesundheitsfürsorgesystems in den betroffenen Mitgliedstaaten und gegebenenfalls in Drittländern sowie die diesbezüglichen Vorschriften.

(4) Die Mitgliedstaaten führen und aktualisieren Aufzeichnungen über die Qualifikationen, die Schulung und die Erfahrung der einzelnen Inspektoren.

(5) Alle Inspektoren erhalten Unterlagen mit den Standardarbeitsanweisungen und den Einzelheiten zu ihren Aufgaben, Verantwortlichkeiten und zu der Erhaltung ihrer Kompetenz. Diese sind laufend zu aktualisieren.

(6) Die Inspektoren sind mit geeigneten Mitteln zu ihrer Identifizierung auszustatten.

(7) Jeder Inspektor unterzeichnet eine Erklärung über finanzielle oder andere Verbindungen zu den zu inspizierenden Parteien. Falls erforderlich wird diese Erklärung berücksichtigt, wenn Inspektoren einer spezifischen Inspektion zugeteilt werden.

Artikel 22

Sind für spezifische Inspektionen bestimmte Fertigkeiten bereitzustellen, so können die Mitgliedstaaten Teams von Inspektoren sowie Experten mit den geeigneten

Qualifikationen und Erfahrungen benennen, die gemeinsam die für die Durchführung der Inspektion notwendigen Voraussetzungen erfüllen.

Kapitel 6
Inspektionsverfahren

Artikel 23

(1) Inspektionen hinsichtlich der guten klinischen Praxis können zu folgenden Gelegenheiten stattfinden:

a) vor Beginn, während und nach Abschluss der klinischen Prüfungen;

b) als Teil des Verfahrens zur Prüfung von Anträgen auf Erteilung einer Genehmigung für das Inverkehrbringen;

c) nach Erteilung einer solchen Genehmigung.

(2) Nach Artikel 15 Absätze 1 und 2 der Richtlinie 2001/20/EG kann die Europäische Arzneimittel-Agentur im Rahmen der ihr mit der Verordnung (EG) Nr. 726/2004 des Europäischen Parlaments und des Rates[4]) übertragenen Befugnisse – insbesondere im Zusammenhang mit klinischen Prüfungen für Anträge, die nach dem durch diese Verordnung eingeführten Verfahren eingereicht werden – die Durchführung von Inspektionen anfordern und diese koordinieren.

(3) Inspektionen sind gemäß den Inspektionsanleitungen durchzuführen, die zur Unterstützung der gegenseitigen Anerkennung der Inspektionsergebnisse innerhalb der Gemeinschaft entwickelt worden sind.

(4) Die Mitgliedstaaten tragen zusammen mit der Kommission und der Agentur durch gemeinsame Inspektionen, abgestimmte Prozesse und Verfahren sowie durch Erfahrungsaustausch und Schulung Sorge für eine Verbesserung und Harmonisierung der Inspektionsstandards.

Artikel 24

Die Mitgliedstaaten machen Dokumente im Zusammenhang mit der Annahme von Grundsätzen der guten klinischen Praxis in ihrem jeweiligen Hoheitsgebiet öffentlich verfügbar.

Sie errichten den rechtlichen und administrativen Rahmen, in dem sich ihre Inspektionen hinsichtlich der guten klinischen Praxis bewegen, und legen dabei die Befug-

[4]) ABl. L 136 vom 30.4.2004, S. 1.

nisse der Inspektoren im Hinblick auf den Zutritt zu den Prüfzentren und auf den Zugang zu den Daten fest. Dadurch stellen sie sicher, dass auch Inspektoren der zuständigen Behörden der anderen Mitgliedstaaten auf Verlangen und sofern angebracht Zutritt zu den Prüfzentren und Zugang zu den Daten haben.

Artikel 25

Die Mitgliedstaaten stellen ausreichende Mittel zur Verfügung und benennen insbesondere eine angemessene Zahl von Inspektoren, damit eine wirksame Überprüfung der Übereinstimmung mit der guten klinischen Praxis gewährleistet ist.

Artikel 26

Die Mitgliedstaaten legen die einschlägigen Verfahren zur Überprüfung der Übereinstimmung mit der guten klinischen Praxis fest.

Die Verfahren enthalten die Modalitäten, die dazu dienen, sowohl die Verfahren des Prüfungsmanagements als auch die Bedingungen, unter denen die klinischen Prüfungen geplant, durchgeführt, kontrolliert und protokolliert werden, sowie Anschlussmaßnahmen zu untersuchen.

Artikel 27

Die Mitgliedstaaten legen Verfahren für Folgendes fest:

a) zur Benennung von Sachverständigen, welche die Inspektoren bei Bedarf begleiten;

b) für die Beantragung von Inspektionen/Unterstützung aus anderen Mitgliedstaaten gemäß Artikel 15 Absatz 1 der Richtlinie 2001/20/EG und für eine Zusammenarbeit bei Inspektionen in Prüfstellen eines anderen Mitgliedstaates;

c) für die Vereinbarung von Inspektionen in Drittstaaten.

Artikel 28

Die Mitgliedstaaten führen Buch über die nationalen und gegebenenfalls auch internationalen Inspektionen betreffend den Erfüllungsstatus der guten klinischen Praxis und über deren Anschlussmaßnahmen.

Artikel 29

(1) Um die Durchführung von Inspektionen durch die zuständigen nationalen Behörden der einzelnen Mitgliedstaaten zu vereinheitlichen, veröffentlicht die Kom-

mission nach Konsultation mit den Mitgliedstaaten Leitlinien mit den gemeinsamen Bestimmungen über die Durchführung dieser Inspektionen.

(2) Die Mitgliedstaaten stellen sicher, dass nationale Inspektionsverfahren mit den in Absatz 1 genannten Leitlinien übereinstimmen.

(3) Die in Absatz 1 genannten Leitlinien können unter Berücksichtigung der wissenschaftlichen und technischen Entwicklung regelmäßig aktualisiert werden.

Artikel 30

(1) Die Mitgliedstaaten legen alle erforderlichen Bestimmungen zur Wahrung der Vertraulichkeit durch Inspektoren und andere Sachverständige fest. Bei personenbezogenen Daten werden die Anforderungen der Richtlinie 95/46/EG des Europäischen Parlaments und des Rates[5]) eingehalten.

(2) Die Mitgliedstaaten tragen dafür Sorge, dass die Inspektionsberichte nur den in Artikel 15 Absatz 2 der Richtlinie 2001/20/EG genannten Empfängern – entsprechend den nationalen Vorschriften der Mitgliedstaaten und entsprechend eventueller Vereinbarungen zwischen der Gemeinschaft und Drittländern – zugänglich gemacht werden.

Kapitel 7
Schlussbestimmungen

Artikel 31

(1) Die Mitgliedstaaten erlassen die erforderlichen Rechts- und Verwaltungsvorschriften, um dieser Richtlinie spätestens am 29. Januar 2006 nachzukommen. Sie übermitteln der Kommission unverzüglich den Text der Vorschriften und eine Entsprechungstabelle dieser Vorschriften mit den Bestimmungen dieser Richtlinie.

Bei Erlass dieser Vorschriften nehmen die Mitgliedstaaten in den Vorschriften selbst oder durch einen Hinweis bei der amtlichen Veröffentlichung auf diese Richtlinie Bezug. Die Mitgliedstaaten regeln die Einzelheiten der Bezugnahme.

(2) Die Mitgliedstaaten teilen der Kommission den Wortlaut der wichtigsten innerstaatlichen Rechtsvorschriften mit, die sie auf dem unter diese Richtlinie fallenden Gebiet erlassen.

[5]) ABl. L 281 vom 23.11.1995, S. 31.

Artikel 32

Diese Richtlinie tritt am zwanzigsten Tag nach ihrer Veröffentlichung im Amtsblatt der Europäischen Union in Kraft.

Artikel 33

Diese Richtlinie ist an die Mitgliedstaaten gerichtet.

Richtlinie 2004/10/EG des Europäischen Parlaments und des Rates

vom 11. Februar 2004
zur Angleichung der Rechts- und Verwaltungsvorschriften für die Anwendung der Grundsätze der Guten Laborpraxis und zur Kontrolle ihrer Anwendung bei Versuchen mit chemischen Stoffen

(ABl. L 50 vom 20. Februar 2004, S. 44),
geändert durch Verordnung (EG) Nr. 219/2009 vom 11. März 2009
(ABl. L 87 vom 31.3.2009, S. 109, 114)

Das Europäische Parlament und der Rat der Europäischen Union –

gestützt auf den Vertrag zur Gründung der Europäischen Gemeinschaft, insbesondere auf Artikel 95,

auf Vorschlag der Kommission,

nach Stellungnahme des Europäischen Wirtschafts- und Sozialausschusses[1]),

gemäß dem Verfahren des Artikels 251 des Vertrags[2]),

in Erwägung nachstehender Gründe:

(1) Die Richtlinie 87/18/EWG des Rates vom 18. Dezember 1986 zur Angleichung der Rechts- und Verwaltungsvorschriften für die Anwendung der Grundsätze der Guten Laborpraxis und zur Kontrolle ihrer Anwendung bei Versuchen mit chemischen Stoffen[3]) wurde wesentlich geändert. Aus Gründen der Klarheit und der Übersichtlichkeit empfiehlt es sich daher, sie zu kodifizieren.

(2) Die Richtlinie 67/548/EWG des Rates vom 27. Juni 1967 zur Angleichung der Rechts- und Verwaltungsvorschriften für die Einstufung, Verpackung und Kennzeichnung gefährlicher Stoffe[4]) schreibt die Durchführung von Versuchen mit chemischen Stoffen vor, um eine Bewertung ihrer möglichen Gefahren für den Menschen und die Umwelt zu ermöglichen.

(3) Die Wirkstoffe von Pestiziden sollten bei Versuchen der Richtlinie 67/548/EWG unterliegen.

[1]) ABl. C 85 vom 8.4.2003, S. 138.

[2]) Stellungnahme des Europäischen Parlaments vom 1. Juli 2003 (noch nicht im Amtsblatt veröffentlicht) und Beschluss des Rates vom 20. Januar 2004.

[3]) ABl. L 15 vom 17.1.1987, S. 29. Geändert durch die Richtlinie 1999/11/EG der Kommission (ABl. L 77 vom 23.3.1999, S. 8).

[4]) ABl. 196 vom 16.8.1967, S. 1. Zuletzt geändert durch die Verordnung (EG) Nr. 807/2003 (ABl. L 122 vom 16.5.2003, S. 36).

(4) Die Richtlinie 2001/82/EG des Europäischen Parlaments und des Rates vom 6. November 2001 zur Schaffung eines Gemeinschaftskodexes für Tierarzneimittel[5]) und die Richtlinie 2001/83/EG des Europäischen Parlaments und des Rates vom 6. November 2001 zur Schaffung eines Gemeinschaftskodexes für Humanarzneimittel[6]) sehen vor, dass die nichtklinischen Versuche mit Arzneimitteln nach den in der Gemeinschaft für chemische Stoffe geltenden Grundsätzen der Guten Laborpraxis (GLP) durchgeführt werden müssen, deren Einhaltung auch von anderen Gemeinschaftsrechtsakten vorgeschrieben wird.

(5) Die bei der Durchführung dieser Versuche einzuhaltenden Methoden sind in Anlage V der Richtlinie 67/548/EWG beschrieben.

(6) Die Grundsätze der GLP müssen für die Durchführung der von der Richtlinie 67/548/EWG vorgesehenen Versuche angewandt werden, damit deren Ergebnisse von hoher Qualität und vergleichbar sind.

(7) Die bei der Durchführung der Versuche eingesetzten Mittel sollten nicht dadurch vergeudet werden, dass aufgrund unterschiedlicher Laborpraktiken in den Mitgliedstaaten Versuche mehrfach durchgeführt werden.

(8) Der Rat der Organisation für wirtschaftliche Zusammenarbeit und Entwicklung (OECD) hat am 12. Mai 1981 einen Beschluss über die gegenseitige Annahme von Daten für die Bewertung chemischer Stoffe erlassen. Am 26. Juli 1983 hat er eine Empfehlung über die gegenseitige Anerkennung der Anpassung an die GLP verabschiedet. Die Grundsätze der GLP wurden durch den Beschluss [C(97)186 (Final)] des OECD-Rates geändert.

(9) Aus Gründen des Tierschutzes ist es erforderlich, die Anzahl der Tierversuche einzuschränken. Die gegenseitige Anerkennung der Versuchsergebnisse, die aufgrund einheitlicher und anerkannter Methoden gewonnen werden, ist eine wesentliche Voraussetzung zur Verminderung solcher Tierversuche.

(10) Es muss ein Verfahren eingeführt werden, das eine rasche Anpassung der Grundsätze der GLP ermöglicht.

(11) Diese Richtlinie sollte die Pflichten der Mitgliedstaaten hinsichtlich der in Anhang II Teil B angegebenen Richtlinien und deren Umsetzungsfristen unberührt lassen.

Erwägungsgründe der Verordnung (EG) Nr. 219/2009:

(1) Der Beschluss 1999/468/EG des Rates vom 28. Juni 1999 zur Festlegung der Modalitäten für die Ausübung der der Kommission übertragenen Durchführungsbefugnisse*) wurde durch den Beschluss 2006/512/EG**) geändert, mit dem für den Erlass von Maß-

[5]) ABl. L 311 vom 28.11.2001, S. 1.

[6]) ABl. L 311 vom 28.11.2001, S. 67. Zuletzt geändert durch die Richtlinie 2003/63/EG der Kommission (ABl. L 159 vom 27.6.2003, S. 46).

*) ABl. L 184 vom 17.7.1999, S. 23.

**) ABl. L 200 vom 22.7.2006, S. 11.

nahmen von allgemeiner Tragweite zur Änderung nicht wesentlicher Bestimmungen eines nach dem Verfahren des Artikels 251 des Vertrags erlassenen Basisrechtsakts, auch durch Streichung einiger dieser Bestimmungen oder Ergänzung dieses Rechtsakts um neue nicht wesentliche Bestimmungen, das Regelungsverfahren mit Kontrolle eingeführt wurde.

(2) Gemäß der Erklärung des Europäischen Parlaments, des Rates und der Kommission*) zum Beschluss 2006/512/EG müssen Rechtsakte, die bereits in Kraft getreten sind und die gemäß dem Verfahren des Artikels 251 des Vertrags erlassen wurden, nach den geltenden Verfahren angepasst werden, damit das Regelungsverfahren mit Kontrolle auf sie angewandt werden kann.

(3) Da die zu diesem Zweck an den Rechtsakten vorgenommenen Änderungen technischer Art sind und ausschließlich die Ausschussverfahren betreffen, müssen sie, sofern Richtlinien betroffen sind, von den Mitgliedstaaten nicht in nationales Recht umgesetzt werden.

Was die Richtlinie 2004/10/EG betrifft, sollte die Kommission die Befugnis erhalten, Anhang I an den technischen Fortschritt anzupassen. Da es sich hierbei um Maßnahmen von allgemeiner Tragweite handelt, die eine Änderung nicht wesentlicher Bestimmungen der Richtlinie 2004/10/EG bewirken, sind diese Maßnahmen nach dem Regelungsverfahren mit Kontrolle des Artikels 5a des Beschlusses 1999/468/EG zu erlassen,

haben folgende Richtlinie erlassen:

Artikel 1

(1) Die Mitgliedstaaten treffen alle erforderlichen Maßnahmen, um sicherzustellen, dass die Laboratorien, die Versuche mit chemischen Erzeugnissen gemäß der Richtlinie 67/548/EWG durchführen, den Grundsätzen der Guten Laborpraxis (GLP) genügen, die im Anhang I dieser Richtlinie niedergelegt sind.

(2) Absatz 1 findet auch Anwendung, wenn die Grundsätze der GLP bei Versuchen mit chemischen Erzeugnissen zur Bewertung der Sicherheit für den Menschen und/oder die Umwelt in anderen Gemeinschaftsbestimmungen vorgesehen ist.

Artikel 2

Bei der Einreichung der Versuchsergebnisse bescheinigen die in Artikel 1 genannten Laboratorien, dass diese Versuche gemäß den in jenem Artikel genannten Grundsätzen der GLP durchgeführt wurden.

Artikel 3

(1) Die Mitgliedstaaten treffen die zur Kontrolle der Einhaltung der Grundsätze der GLP erforderlichen Maßnahmen. Diese Maßnahmen umfassen insbesondere

*) ABl. C 255 vom 21.10.2006, S. 1.

Inspektionen und Überprüfungen von Studien gemäß den einschlägigen OECD-Empfehlungen.

(2) Jeder Mitgliedstaat teilt der Kommission die Bezeichnung der gemäß Absatz 1 mit der Kontrolle der Durchführung der Grundsätze der GLP beauftragten Behörde bzw. Behörden mit. Die Kommission unterrichtet davon die anderen Mitgliedstaaten.

Artikel 3a

Die Kommission kann Anhang I im Hinblick auf die Grundsätze der GLP an den technischen Fortschritt anpassen.

Diese Maßnahmen zur Änderung nicht wesentlicher Bestimmungen dieser Richtlinie werden nach dem in Artikel 4 Absatz 2 genannten Regelungsverfahren mit Kontrolle erlassen.

Artikel 4

(1) Die Kommission wird von dem durch Artikel 29 Absatz 1 der Richtlinie 67/548/EWG des Rates*) eingesetzten Ausschuss unterstützt.

(2) Wird auf diesen Absatz Bezug genommen, so gelten Artikel 5a Absätze 1 bis 4 und Artikel 7 des Beschlusses 1999/468/EG unter Beachtung von dessen Artikel 8.

Artikel 5

(1) Wenn die Gemeinschaftsvorschriften nach dem Inkrafttreten dieser Richtlinie die Anwendung der Grundsätze der GLP für Versuche mit chemischen Erzeugnissen verlangen, dürfen die Mitgliedstaaten das Inverkehrbringen von chemischen Erzeugnissen nicht aufgrund der Grundsätze der GLP untersagen, beschränken oder behindern, wenn die von den Laboratorien angewandten Grundsätze den in Artikel 1 genannten Grundsätzen entsprechen.

(2) Stellt ein Mitgliedstaat auf der Grundlage einer eingehenden Begründung fest, dass ein chemischer Stoff, obwohl er nach dieser Richtlinie geprüft worden ist, aufgrund der Anwendung der Grundsätze der GLP und der Kontrolle ihrer Anwendung bei Versuchen mit chemischen Stoffen eine Gefahr für den Menschen oder die Umwelt darstellt, so kann er das Inverkehrbringen dieses Stoffes in seinem Gebiet vorläufig untersagen oder besonderen Bedingungen unterwerfen. Er teilt dies unter

*) ABl. 196 vom 16.8.1967, S. 1.

Angabe der Gründe für seine Entscheidung unverzüglich der Kommission und den anderen Mitgliedstaaten mit.

Die Kommission konsultiert innerhalb einer Frist von sechs Wochen die betreffenden Mitgliedstaaten; anschließend gibt sie unverzüglich ihre Stellungnahme ab und trifft entsprechende Maßnahmen.

Die Kommission kann Durchführungsmaßnahmen erlassen, um die erforderlichen technischen Anpassungen dieser Richtlinie vorzunehmen.

Diese Maßnahmen zur Änderung nicht wesentlicher Bestimmungen dieser Richtlinie werden nach dem in Artikel 4 Absatz 2 genannten Regelungsverfahren mit Kontrolle erlassen.

In dem in Unterabsatz 3 genannten Fall kann der Mitgliedstaat, der Schutzmaßnahmen getroffen hat, diese bis zum Inkrafttreten dieser Anpassungen beibehalten.

Artikel 6

Die Richtlinie 87/18/EWG wird unbeschadet der Pflichten der Mitgliedstaaten hinsichtlich der Umsetzungsfristen für die in Anhang II Teil B genannten Richtlinien aufgehoben.

Bezugnahmen auf die aufgehobene Richtlinie gelten als Bezugnahmen auf die vorliegende Richtlinie und sind nach Maßgabe der Entsprechungstabelle in Anhang III zu lesen.

Artikel 7

Diese Richtlinie tritt am zwanzigsten Tag nach ihrer Veröffentlichung im Amtsblatt der Europäischen Union in Kraft.

Artikel 8

Diese Richtlinie ist an die Mitgliedstaaten gerichtet.

Anhang I

Die OECD-Grundsätze der Guten Laborpraxis (GLP)

Inhaltsübersicht

Abschnitt I
Einleitung

Vorwort

Behörden und Industrie sind um die Qualität von nicht-klinischen gesundheits- und umweltrelevanten Sicherheitsprüfungen als Basis für eine Risikobewertung/ Gefahrenabschätzung bemüht. Infolgedessen haben die OECD-Mitgliedstaaten Kriterien für die Durchführung dieser Prüfungen aufgestellt.

Um unterschiedliche Verfahrensweisen bei der Umsetzung zu vermeiden, die den internationalen Handel mit Chemikalien behindern könnten, haben die OECD-Mitgliedstaaten die Gelegenheit zur internationalen Angleichung der Prüfmethoden und der „Grundsätze der Guten Laborpraxis“ wahrgenommen. In den Jahren 1979 und 1980 erarbeitete eine internationale Expertengruppe, die nach dem „OECD-

Sonderprogramm für die Kontrolle von Chemikalien" (OECD Special Programme on the Control of Chemicals) eingesetzt worden war, die „OECD-Grundsätze der Guten Laborpraxis (GLP)", wobei sie sich national und international gebräuchliche organisatorische und wissenschaftliche Verfahrensweisen und Erfahrungen zunutze machte. Diese GLP-Grundsätze wurden vom OECD-Rat im Jahr 1981 als Anhang zur Entscheidung des Rates betreffend die gegenseitige Anerkennung von Daten in der Bewertung von Chemikalien [C(81) 30 (Final)] angenommen.

1995 und 1996 wurde erneut eine Expertengruppe gebildet, um die GLP-Grundsätze zu überarbeiten und an den Stand der Technik anzupassen. Das vorliegende Dokument ist das von dieser Gruppe getragene Ergebnis. Es ersetzt die GLP-Grundsätze von 1981.

Zweck der Grundsätze der Guten Laborpraxis ist es, die Qualität von Prüfdaten zu fördern. Die vergleichbare Qualität von Prüfdaten bildet die Grundlage für die gegenseitige Anerkennung der Daten unter den Ländern. Wenn einzelne Länder den in anderen Ländern gewonnenen Prüfdaten vertrauen können, lassen sich Doppelprüfungen vermeiden und dadurch Zeit und Ressourcen einsparen. Die Anwendung dieser Grundsätze sollte technische Handelshemmnisse vermeiden helfen und den Schutz der menschlichen Gesundheit und der Umwelt weiter verbessern.

1 Anwendungsbereich

Diese Grundsätze der Guten Laborpraxis finden Anwendung auf die nicht-klinischen Sicherheitsprüfungen von Prüfgegenständen, die in Arzneimitteln, Pestiziden, kosmetischen Mitteln, Tierarzneimitteln sowie in Lebensmittelzusatzstoffen, Futtermittelzusatzstoffen und Industriechemikalien enthalten sind. Häufig sind diese Prüfgegenstände synthetische chemische Produkte; sie können aber auch natürlichen bzw. biologischen Ursprungs sein; unter Umständen kann es sich um lebende Organismen handeln. Zweck der Prüfung dieser Prüfgegenstände ist es, Daten über deren Eigenschaften und/oder deren Unbedenklichkeit für die menschliche Gesundheit und/oder die Umwelt zu gewinnen.

Zu den nicht-klinischen gesundheits- und umweltrelevanten Sicherheitsprüfungen, die durch die Grundsätze der Guten Laborpraxis abgedeckt werden, zählen sowohl Laborprüfungen als auch Prüfungen in Gewächshäusern oder im Freiland.

Falls keine nationale Gesetzgebung entgegensteht, finden diese GLP-Grundsätze Anwendung auf sämtliche nicht-klinischen gesundheits- und umweltrelevanten Sicherheitsprüfungen, die von Bewertungsbehörden zur Registrierung oder Zulassung von Arzneimitteln, Pestiziden, Lebensmittel- und Futtermittelzusatzstoffen, kosmetischen Mitteln, Tierarzneimitteln und ähnlichen Produkten sowie zu Regelungen betreffend Industriechemikalien gefordert werden.

2 Begriffsbestimmungen

2.1 *Gute Laborpraxis (Good Laboratory Practice, GLP)*

Gute Laborpraxis (GLP) ist ein Qualitätssicherungssystem, das sich mit dem organisatorischen Ablauf und den Rahmenbedingungen befasst, unter denen nicht-klinische gesundheits- und umweltrelevante Sicherheitsprüfungen geplant, durchgeführt und überwacht werden sowie mit der Aufzeichnung, Archivierung und Berichterstattung der Prüfungen.

2.2 *Begriffe betreffend die Organisation einer Prüfeinrichtung*

1 Prüfeinrichtung umfasst die Personen, Räumlichkeiten und Arbeitseinheit(en), die zur Durchführung von nicht-klinischen gesundheits- und umweltrelevanten Sicherheitsprüfungen notwendig sind. Bei Prüfungen, die in Phasen an mehr als einem Standort durchgeführt werden, sogenannte Multi-Site-Prüfungen, umfasst der Begriff Prüfeinrichtung sowohl den Standort, an dem der Prüfleiter angesiedelt ist, als auch alle anderen individuellen Prüfstandorte. Die Prüfstandorte können sowohl in ihrer Gesamtheit als auch jeweils einzeln als Prüfeinrichtung definiert werden.

2 Prüfstandort ist der Ort, an dem eine oder mehrere Phase(n) einer Prüfung durchgeführt werden.

3 Leitung der Prüfeinrichtung bezeichnet diejenige Person (Personengruppe), die die Zuständigkeit und formale Verantwortung für die Organisation und das Funktionieren der Prüfeinrichtung gemäß diesen Grundsätzen der Guten Laborpraxis besitzt.

4 Leitung eines Prüfstandortes (sofern benannt) bezeichnet diejenige Person (Personengruppe), die sicherzustellen hat, dass diejenigen Phasen der Prüfung, für die sie die Verantwortung übernommen hat, nach diesen Grundsätzen der Guten Laborpraxis durchgeführt werden.

5 Auftraggeber ist eine natürliche oder juristische Person, die eine nicht-klinische gesundheits- und umweltrelevante Sicherheitsprüfung in Auftrag gibt, unterstützt oder einreicht.

6 Prüfleiter ist diejenige Person, die für die Gesamtleitung der nicht-klinischen gesundheits- und umweltrelevanten Sicherheitsprüfung verantwortlich ist.

7 Principal Investigator bezeichnet diejenige Person, die im Fall einer Multi-Site-Prüfung im Auftrag des Prüfleiters bestimmte Verantwortlichkeiten für die ihr übertragenen Phasen von Prüfungen übernimmt. Die Verantwortung des Prüfleiters für die Gesamtleitung der Prüfung kann nicht an den Principal Investigator übertragen werden; dies schließt die Genehmigung des Prüfplans sowie seiner Änderungen, die Genehmigung des Abschlussberichtes sowie die Verantwortung für die Einhaltung aller anwendbaren Grundsätze der Guten Laborpraxis ein.

8 Qualitätssicherungsprogramm ist ein definiertes System, dessen Personal von der Prüfungsdurchführung unabhängig ist, und das der Leitung der Prüfeinrichtung Gewissheit gibt, dass die Grundsätze der Guten Laborpraxis eingehalten werden.

9 Standardarbeitsanweisungen (Standard Operating Procedures) sind dokumentierte Verfahrensanweisungen über die Durchführung derjenigen Untersuchungen oder Tätigkeiten, die in der Regel in Prüfplänen oder Prüfrichtlinien nicht in entsprechender Ausführlichkeit beschrieben sind.

10 Master Schedule ist eine Zusammenstellung von Informationen, die der Abschätzung der Arbeitsbelastung und der Verfolgung des Ablaufs von Prüfungen in einer Prüfeinrichtung dient.

2.3 *Begriffe betreffend die nicht-klinischen gesundheits- und umweltrelevanten Sicherheitsprüfungen*

1 Nicht-klinische gesundheits- und umweltrelevante Sicherheitsprüfung, nachstehend mit „Prüfung" bezeichnet, ist eine Untersuchung oder eine Reihe von Untersuchungen, die mit einem Prüfgegenstand unter Labor- oder Umweltbedingungen durchgeführt wird, um Daten über seine Eigenschaften und/oder über seine Unbedenklichkeit zu gewinnen, mit der Absicht, diese den zuständigen Bewertungsbehörden einzureichen.

2 Kurzzeitprüfung ist eine Prüfung von kurzer Dauer, die nach weithin gebräuchlichen Routinemethoden durchgeführt wird.

3 Prüfplan ist ein Dokument, das die Ziele und experimentelle Gesamtplanung zur Durchführung der Prüfung beschreibt; es schließt sämtliche Prüfplanänderungen ein.

4 Prüfplanänderung ist eine geplante Veränderung des Prüfplans nach Beginn der Prüfung in Form einer Ergänzung.

5 Prüfplanabweichung ist ein unbeabsichtigtes Abweichen vom Prüfplan nach Beginn der Prüfung.

6 Prüfsystem ist jedes biologische, chemische oder physikalische System – oder eine Kombination daraus –, das bei einer Prüfung verwendet wird.

7 Rohdaten sind alle ursprünglichen Aufzeichnungen und Unterlagen der Prüfeinrichtung oder deren überprüfte Kopien, die als Ergebnis der ursprünglichen Beobachtungen oder Tätigkeiten bei einer Prüfung anfallen. Zu den Rohdaten zählen beispielsweise Fotografien, Mikrofilm- oder Mikrofichekopien, computerlesbare Medien, diktierte Beobachtungen, aufgezeichnete Daten von automatisierten Geräten oder irgendwelche anderen Daten auf Speichermedien, die anerkanntermaßen geeignet sind, Informationen über einen festgelegten Zeitraum sicher zu speichern, wie in Abschnitt 10 beschrieben.

8 Proben sind Materialien, die zur Untersuchung, Auswertung oder Aufbewahrung aus dem Prüfsystem entnommen werden.

9 Beginn der experimentellen Phase ist der Tag, an dem die ersten prüfungsspezifischen Rohdaten erhoben werden.

10 Ende der experimentellen Phase ist der letzte Tag, an dem noch prüfungsspezifische Rohdaten erhoben werden.

11 Beginn einer Prüfung ist der Tag, an dem der Prüfleiter den Prüfplan unterschreibt.

12 Abschluss einer Prüfung ist der Tag, an dem der Prüfleiter den Abschlussbericht unterschreibt.

2.4 *Begriffe betreffend den Prüfgegenstand*

1 Prüfgegenstand ist ein Objekt, das der Prüfung unterliegt.

2 Referenzgegenstand (Vergleichsgegenstand) ist ein Objekt, das zum Vergleich mit dem Prüfgegenstand verwendet wird.

3 Charge ist eine bestimmte Menge oder Partie eines Prüf- oder Referenzgegenstandes, die in einem bestimmten Herstellungsgang derart gefertigt wurde, dass einheitliche Eigenschaften zu erwarten sind; sie wird als solche gekennzeichnet.

4 Trägerstoff ist ein Stoff, mit dem der Prüf- oder Referenzgegenstand gemischt, dispergiert oder aufgelöst wird, um die Anwendung am Prüfsystem zu erleichtern.

Abschnitt II
Grundsätze der Guten Laborpraxis

1 Organisation und Personal der Prüfeinrichtung

1.1 *Aufgaben der Leitung der Prüfeinrichtung*

1 Die Leitung einer jeden Prüfeinrichtung hat sicherzustellen, dass diese Grundsätze der Guten Laborpraxis in ihrer Prüfeinrichtung eingehalten werden.

2 Die Leitung hat zumindest:

a) sicherzustellen, dass eine Erklärung mit Angabe derjenigen Person (Personengruppe) vorliegt, welche die Aufgaben der Leitung der Prüfeinrichtung im Sinne dieser Grundsätze der Guten Laborpraxis wahrnimmt;

b) sicherzustellen, dass eine ausreichende Anzahl qualifizierten Personals, geeignete Räumlichkeiten, Ausrüstung und Materialien vorhanden sind, um die rechtzeitige und korrekte Durchführung der Prüfung zu gewährleisten;

c) sicherzustellen, dass Aufzeichnungen über Aus-, Fort- und Weiterbildung sowie praktische Erfahrung und die Aufgabenbeschreibung für alle wissenschaftlichen und technischen Mitarbeiter geführt werden;

d) sicherzustellen, dass die Mitarbeiter mit den Aufgaben, die sie ausführen sollen, vertraut sind und, falls erforderlich, eine Einführung in diese Aufgaben vorgesehen ist;

e) sicherzustellen, dass angemessene und dem Stand der Technik entsprechende Standardarbeitsanweisungen erstellt und befolgt werden, und hat sämtliche ursprünglichen Standardarbeitsanweisungen sowie deren überarbeitete Versionen zu genehmigen;

f) sicherzustellen, dass ein Qualitätssicherungsprogramm und das für dessen Umsetzung erforderliche Personal vorhanden ist, sowie sicherzustellen, dass die Wahrnehmung der Qualitätssicherungsaufgaben in Übereinstimmung mit diesen Grundsätzen der Guten Laborpraxis erfolgt;

g) sicherzustellen, dass vor Beginn einer jeden Prüfung ein Prüfleiter mit entsprechender Aus-, Fort- und Weiterbildung sowie praktischer Erfahrung von der Leitung benannt wird. Das Ersetzen eines Prüfleiters muss nach festgelegten Verfahren erfolgen und ist schriftlich festzuhalten;

h) sicherzustellen, dass im Fall von Multi-Site-Prüfungen gegebenenfalls ein Principal Investigator benannt wird, der über eine entsprechende Aus-, Fort- und Weiterbildung sowie praktische Erfahrung verfügt, um die ihm übertragenen Phasen der Prüfung leiten bzw. überwachen zu können. Das Ersetzen eines Principal Investigators muss nach festgelegten Verfahren erfolgen und ist schriftlich festzuhalten;

i) sicherzustellen, dass jeder Prüfplan vom Prüfleiter schriftlich genehmigt wird;

j) sicherzustellen, dass der Prüfleiter den genehmigten Prüfplan rechtzeitig dem Qualitätssicherungspersonal zuleitet;

k) sicherzustellen, dass eine chronologische Ablage aller Standardarbeitsanweisungen geführt wird;

l) sicherzustellen, dass eine verantwortliche Person für die Führung des Archivs (der Archive) bestimmt wird;

m) sicherzustellen, dass ein Master Schedule geführt wird;

n) sicherzustellen, dass alle Versorgungsgüter in der Prüfeinrichtung den Anforderungen hinsichtlich ihrer Verwendung in der Prüfung genügen;

o) sicherzustellen, dass bei Multi-Site-Prüfungen klar definierte Kommunikationswege zwischen Prüfleiter, Principal Investigator, Qualitätssicherungspersonal und prüfendem Personal existieren;

p) sicherzustellen, dass Prüf- und Referenzgegenstände in geeigneter Weise charakterisiert sind;

q) Verfahren einzuführen, die sicherstellen, dass computergestützte Systeme für ihre vorgesehene Anwendung geeignet sind und in Übereinstimmung mit diesen Grundsätzen der Guten Laborpraxis validiert, betrieben und gewartet werden.

3 Werden bestimmte Phasen einer Prüfung an einem Prüfstandort durchgeführt, hat die Leitung dieses Prüfstandorts (sofern benannt) alle oben genannten Aufgaben mit Ausnahme der Aufgaben 1.1.2 Buchstaben g), i), j) und o) zu übernehmen.

1.2 *Aufgaben des Prüfleiters*

1 Der Prüfleiter ist mit der alleinigen Aufsicht über die Prüfung betraut und trägt die Verantwortung für die Gesamtdurchführung der Prüfung und für den Abschlussbericht.

2 Diese Verantwortung schließt mindestens die nachstehend genannten Aufgaben ein. Der Prüfleiter hat:

a) den Prüfplan sowie etwaige Änderungen durch datierte Unterschrift zu genehmigen;

b) sicherzustellen, dass das Qualitätssicherungspersonal jeweils rechtzeitig über eine Kopie des Prüfplans sowie etwaiger Änderungen verfügt, und er hat sich während der Durchführung der Prüfung so effektiv wie erforderlich mit dem Qualitätssicherungspersonal zu verständigen;

c) sicherzustellen, dass dem prüfenden Personal Prüfpläne und etwaige Änderungen sowie Standardarbeitsanweisungen zur Verfügung stehen;

d) sicherzustellen, dass der Prüfplan und der Abschlussbericht einer Multi-Site-Prüfung namentlich die an der Durchführung der Prüfung beteiligten Principal Investigators und die Prüfeinrichtungen und Prüfstandorte benennen sowie die delegierten Aufgaben beschreiben;

e) sicherzustellen, dass die im Prüfplan beschriebenen Verfahren befolgt werden; er hat mögliche Auswirkungen etwaiger Prüfplanabweichungen auf die Qualität und Zuverlässigkeit der Prüfung zu bewerten und zu dokumentieren sowie gegebenenfalls Korrekturmaßnahmen zu veranlassen; etwaige Abweichungen von Standardarbeitsanweisungen bei der Durchführung der Prüfung hat er zu bestätigen;

f) sicherzustellen, dass alle gewonnenen Rohdaten lückenlos festgehalten und aufgezeichnet werden;

g) sicherzustellen, dass im Verlauf einer Prüfung eingesetzte computergestützte Systeme validiert sind;

h) den Abschlussbericht zu datieren und zu unterzeichnen, um damit die Verantwortung für die Zuverlässigkeit der Daten zu übernehmen und anzugeben, inwieweit die Prüfung mit diesen Grundsätzen der Guten Laborpraxis übereinstimmt;

i) sicherzustellen, dass nach Abschluss (auch bei Abbruch) der Prüfung Prüfplan, Abschlussbericht, Rohdaten und weiteres damit zusammenhängendes Material archiviert werden.

1.3 *Aufgaben des Principal Investigators*

Der Principal Investigator stellt sicher, dass die an ihn übertragenen Phasen der Prüfung unter Einhaltung der anzuwendenden Grundsätze der Guten Laborpraxis durchgeführt werden.

1.4 *Aufgaben des prüfenden Personals*

1 Das an der Durchführung einer Prüfung beteiligte Personal muss fundierte Kenntnisse über diejenigen Abschnitte der Grundsätze der Guten Laborpraxis besitzen, die seine Beteiligung an der Prüfung berühren.

2 Das prüfende Personal muss direkten Zugriff auf den Prüfplan und auf die seine Beteiligung an der Prüfung betreffenden Standardarbeitsanweisungen besitzen. Die Verantwortlichkeit zur Befolgung der Anweisungen in diesen Dokumenten liegt beim prüfenden Personal. Jegliche Abweichung von den Anweisungen ist zu dokumentieren und sofort dem Prüfleiter und gegebenenfalls dem Principal Investigator zu melden.

3 Das prüfende Personal ist verantwortlich für die unverzügliche und genaue Erfassung von Rohdaten in Übereinstimmung mit diesen Grundsätzen der Guten Laborpraxis sowie für die Qualität dieser Daten.

4 Das prüfende Personal hat Gesundheitsvorkehrungen einzuhalten, um eine Gefährdung für sich selbst auf ein Mindestmaß zu beschränken und die Zuverlässigkeit der Prüfung zu gewährleisten. Es hat relevante, ihm bekannte gesundheitliche oder medizinische Probleme der zuständigen Person mitzuteilen, um eventuell von Arbeiten ausgeschlossen werden zu können, bei denen eine Beeinträchtigung der Prüfung möglich erscheint.

2 Qualitätssicherungsprogramm

2.1 *Allgemeines*

1 Die Prüfeinrichtung muss über ein dokumentiertes Qualitätssicherungsprogramm verfügen, um zu gewährleisten, dass die Prüfungen in Übereinstimmung mit diesen Grundsätzen der Guten Laborpraxis durchgeführt werden.

2 Das Qualitätssicherungsprogramm ist von einer oder mehreren Personen durchzuführen, die von der Leitung bestimmt werden und die ihr unmittelbar verantwortlich sind. Diese Personen müssen mit den Prüfverfahren vertraut sein.

3 Diese Person(en) darf (dürfen) nicht an der Durchführung der Prüfung beteiligt sein, deren Qualität zu sichern ist.

2.2 *Aufgaben des Qualitätssicherungspersonals*

Das Qualitätssicherungspersonal hat zumindest:

a) Kopien aller genehmigten Prüfpläne und Standardarbeitsanweisungen, die in der Prüfeinrichtung benutzt werden, bereitzuhalten und Zugriff auf das aktuelle Master Schedule zu besitzen;

b) zu überprüfen, ob der Prüfplan die nach den Grundsätzen der Guten Laborpraxis erforderlichen Informationen enthält. Diese Überprüfung ist zu dokumentieren;

c) Inspektionen durchzuführen, um festzustellen, ob alle Prüfungen unter Einhaltung dieser Grundsätze der Guten Laborpraxis durchgeführt werden. Während der Inspektionen soll auch festgestellt werden, ob Prüfpläne und Standardarbeitsanweisungen dem prüfenden Personal direkt zur Verfügung stehen und befolgt werden.

   Es gibt drei Arten von Inspektionen, die in entsprechenden Standardarbeitsanweisungen zum Qualitätssicherungsprogramm näher zu beschreiben sind:

   - prüfungsbezogene Inspektionen,
   - einrichtungsbezogene Inspektionen,
   - verfahrensbezogene Inspektionen.

   Aufzeichnungen über diese Inspektionen sind aufzubewahren;

d) die Abschlussberichte zu inspizieren, um, soweit zutreffend, bestätigen zu können, dass Methoden, Verfahren und Beobachtungen korrekt und umfassend beschrieben worden sind und dass die berichteten Ergebnisse die Rohdaten der Prüfungen korrekt und umfassend wiedergeben;

e) sofort der Leitung und dem Prüfleiter sowie, gegebenenfalls, dem Principal Investigator und dessen entsprechender Leitung Inspektionsergebnisse schriftlich zu berichten;

f) eine dem Abschlussbericht beizufügende Erklärung abzufassen und zu unterzeichnen, aus der Art und Zeitpunkt der Inspektionen, die inspizierten Phasen der Prüfung sowie die Zeitpunkte, an denen der Leitung und dem Prüfleiter sowie gegebenenfalls einem Principal Investigator Inspektionsergebnisse berichtet wurden, hervorgehen. Weiterhin dient diese Erklärung als Bestätigung, dass der Abschlussbericht die Rohdaten widerspiegelt.

3 Räumlichkeiten/Einrichtungen

3.1 *Allgemeines*

1 Die Prüfeinrichtung hat eine zweckentsprechende Größe, Konstruktion und Lage aufzuweisen, um den Anforderungen der Prüfung zu entsprechen und um Störungen, die die Zuverlässigkeit der Prüfung beeinträchtigen könnten, auf ein Mindestmaß zu beschränken.

2 Die Prüfeinrichtung muss so angelegt sein, dass die einzelnen Arbeitsabläufe ausreichend voneinander getrennt werden können, um die ordnungsgemäße Durchführung jeder einzelnen Prüfung zu gewährleisten.

3.2 *Räumlichkeiten/Einrichtungen für Prüfsysteme*

1 Die Prüfeinrichtung muss über eine ausreichende Zahl von Räumen oder Bereichen verfügen, um die getrennte Unterbringung von Prüfsystemen und einzelnen Prüfungen für Stoffe oder Organismen, deren biologische Gefährlichkeit bekannt ist oder angenommen werden kann, zu erlauben.

2 Geeignete Räume oder Bereiche müssen für die Diagnose, Behandlung und Bekämpfung von Krankheiten zur Verfügung stehen, um zu gewährleisten, dass keine unannehmbare Beeinträchtigung der Prüfsysteme auftritt.

3 Für Versorgungsgüter und Ausrüstungsgegenstände müssen Lagerräume oder -bereiche vorhanden sein. Diese Lagerräume oder -bereiche müssen von den Unterbringungsräumen oder -bereichen für Prüfsysteme getrennt sein und angemessenen Schutz vor Ungeziefer, Verunreinigungen und/ oder Verderb gewährleisten.

3.3 *Räumlichkeiten/Einrichtungen für den Umgang mit Prüf- und Referenzgegenständen*

1 Um Verunreinigungen und Verwechslungen zu vermeiden, müssen getrennte Räume oder Bereiche für Eingang und Lagerung der Prüf- und Referenzgegenstände und für das Mischen der Prüfgegenstände mit Trägerstoffen vorhanden sein.

2 Die Lagerräume oder -bereiche für die Prüfgegenstände müssen von den Räumen oder Bereichen getrennt sein, in denen die Prüfsysteme untergebracht sind. Sie müssen geeignet sein, Identität, Konzentration, Reinheit und Stabilität der Prüfgegenstände zu wahren und die sichere Lagerung gefährlicher Stoffe zu gewährleisten.

3.4 *Räumlichkeiten/Einrichtungen für Archive*

Räumlichkeiten für Archive müssen für eine sichere Aufbewahrung und Wiederauffindung von Prüfplänen, Rohdaten, Abschlussberichten, Rückstellmustern von Prüfgegenständen und Proben zur Verfügung stehen. Ausstattung und Bedingungen in den Archiven sollten einen vorzeitigen Verderb des Archivgutes verhindern.

3.5 *Abfallbeseitigung*

Abfälle sind so zu handhaben und zu beseitigen, dass die Prüfungen nicht gefährdet werden. Hierzu gehören Vorkehrungen für zweckmäßige Sammlung, Lagerung, Beseitigung, Dekontaminations- und Transportverfahren.

4 Geräte, Materialien und Reagenzien

1 Geräte, einschließlich validierter computergestützter Systeme, die zur Gewinnung, Erfassung und Wiedergabe von Daten und zur Kontrolle der für die Prüfung bedeutsamen Umweltbedingungen verwendet werden, sind zweckmäßig unterzubringen und müssen eine geeignete Konstruktion und ausreichende Leistungsfähigkeit aufweisen.

2 Die bei einer Prüfung verwendeten Geräte sind in regelmäßigen Zeitabständen gemäß den Standardarbeitsanweisungen zu überprüfen, zu reinigen, zu warten und zu kalibrieren. Aufzeichnungen darüber sind aufzubewahren. Kalibrierungen müssen, wo notwendig, auf nationale oder internationale Messstandards zurückgeführt werden können.

3 Geräte und Materialien, die in einer Prüfung verwendet werden, dürfen die Prüfsysteme nicht beeinträchtigen.

4 Chemikalien, Reagenzien und Lösungen sind so zu beschriften, dass Identität (mit Konzentration, falls nötig), Verfallsdatum sowie besondere Lagerungshinweise ersichtlich sind. Informationen zu Herkunft, Herstellungsdatum und Haltbarkeit müssen zur Verfügung stehen. Das Verfallsdatum kann auf Basis einer dokumentierten Bewertung oder Analyse verlängert werden.

5 Prüfsysteme

5.1 *Physikalische und chemische Prüfsysteme*

1 Geräte, mit denen physikalische und/oder chemische Daten gewonnen werden, sind zweckmäßig unterzubringen und müssen eine geeignete Konstruktion und ausreichende Leistungsfähigkeit aufweisen.

2 Die Sicherstellung der Funktion von physikalischen und chemischen Prüfsystemen muss gewährleistet sein.

5.2 *Biologische Prüfsysteme*

1 Für die Aufbewahrung, Unterbringung, Handhabung und Pflege von biologischen Prüfsystemen sind geeignete Bedingungen zu schaffen, um die Qualität der Daten zu gewährleisten.

2 Neu eingetroffene tierische und pflanzliche Prüfsysteme sind getrennt unterzubringen, bis ihr Gesundheitszustand festgestellt worden ist. Wenn eine ungewöhnliche Sterblichkeit oder Morbidität auftritt, darf diese Lieferung nicht bei Prüfungen benutzt werden und ist gegebenenfalls auf geeignete Weise zu vernichten. Bei Beginn der experimentellen Phase der Prüfung müssen die Prüfsysteme frei sein von allen Krankheiten oder Beeinträchtigungen, die den Zweck oder die Durchführung der Prüfung beeinflussen könnten. Prüfsysteme, die im Verlauf der Prüfung erkranken oder verletzt sind, sind, falls notwendig, zu isolieren und zu behandeln, um die Integrität der Prüfung zu gewährleisten. Über Diagnose und Behandlung etwaiger Krankheiten vor oder im Verlauf einer Prüfung sind Aufzeichnungen zu führen.

3 Über Herkunft, Ankunftsdatum und Zustand bei der Ankunft der Prüfsysteme müssen Aufzeichnungen geführt werden.

4 Biologische Prüfsysteme sind vor der ersten Applikation des Prüf- oder Referenzgegenstands während eines ausreichenden Zeitraums an die Umweltbedingungen der Prüfung zu akklimatisieren.

5 Alle zur Identifizierung der Prüfsysteme erforderlichen Angaben sind auf deren Käfigen oder Behältern anzubringen. Prüfsystem-Individuen, die im Verlauf der Prüfung aus ihren Käfigen oder Behältnissen entnommen werden, müssen, wo immer möglich, geeignete Identifizierungsmerkmale tragen.

6 Während des Gebrauchs müssen alle Käfige oder Behälter für Prüfsysteme in angemessenen Abständen gereinigt und keimarm gemacht werden. Materialien, mit denen die Prüfsysteme in Berührung kommen,

müssen frei sein von Verunreinigungen in Konzentrationen, die Auswirkungen auf die Prüfung haben könnten. Einstreu für Tiere ist so oft zu wechseln, wie es die gute Tierpflegepraxis erfordert. Die Anwendung von Schädlingsbekämpfungsmitteln ist zu dokumentieren.

7 Prüfsysteme für Freilandprüfungen sind so anzulegen, dass eine Beeinflussung der Prüfung durch Sprühnebelabdrift oder früher eingesetzte Pflanzenschutzmittel vermieden wird.

6 Prüf- und Referenzgegenstände

6.1 *Eingang, Handhabung, Entnahme und Lagerung*

1 Aufzeichnungen sind zu führen, aus denen die Charakterisierung der Prüf- und Referenzgegenstände, das Eingangsdatum, das Verfallsdatum, die eingegangenen und die bei den Prüfungen verwendeten Mengen ersichtlich sind.

2 Handhabungs-, Entnahme- und Lagerungsverfahren sind so festzulegen, dass die Homogenität und Stabilität soweit wie möglich gewährleistet und Verunreinigungen oder Verwechslungen ausgeschlossen sind.

3 Auf den Lagerbehältnissen sind Kennzeichnungsangaben, Verfallsdatum und besondere Lagerungshinweise anzubringen.

6.2 *Charakterisierung*

1 Jeder Prüf- und Referenzgegenstand ist in geeigneter Weise zu kennzeichnen (z. B. durch Code, Chemical-Abstracts-Register-Nummer (CAS-Nummer), Bezeichnung, biologische Parameter).

2 Für jede Prüfung müssen Identität, einschließlich Chargennummer, Reinheit, Zusammensetzung, Konzentration oder sonstige Eigenschaften zur Charakterisierung jeder Charge der Prüf- oder Referenzgegenstände bekannt sein.

3 Bei der Lieferung des Prüfgegenstands durch einen Auftraggeber ist in Zusammenarbeit zwischen Auftraggeber und Prüfeinrichtung ein Verfahren festzulegen, auf welche Weise die Identität des Prüfgegenstands, der in der Prüfung eingesetzt wird, eindeutig bestätigt wird.

4 Die Stabilität der Prüf- und Referenzgegenstände unter Lager- und Prüfbedingungen muss für alle Prüfungen bekannt sein.

5 Falls der Prüfgegenstand in einem Trägerstoff verabreicht wird, sind die Homogenität, Konzentration und Stabilität des Prüfgegenstands in diesem Trägerstoff zu bestimmen. Bei Prüfgegenständen für Freilandprüfungen

(z. B. Spritzflüssigkeiten) können diese Parameter durch getrennte Laboruntersuchungen bestimmt werden.

6 Für eine eventuelle analytische Absicherung ist von jeder Charge eines Prüfgegenstands, der in einer Prüfung, mit Ausnahme von Kurzzeitprüfungen, verwendet wird, ein Rückstellmuster aufzubewahren.

7 Standardarbeitsanweisungen (Standard Operating Procedures)

1 Eine Prüfeinrichtung muss über schriftliche Standardarbeitsanweisungen verfügen, die von ihrer Leitung genehmigt und dafür vorgesehen sind, die Qualität und Zuverlässigkeit der im Verlauf der Prüfung in der Prüfeinrichtung gewonnenen Daten zu gewährleisten. Auch die überarbeiteten Versionen der Standardarbeitsanweisungen sind von der Leitung der Prüfeinrichtung zu genehmigen.

2 Jeder einzelnen Arbeitseinheit und jedem einzelnen Arbeitsbereich der Prüfeinrichtung müssen die für die dort durchgeführten Arbeiten relevanten Standardarbeitsanweisungen in aktueller Version unmittelbar zur Verfügung stehen. Veröffentlichte Fachbücher, analytische Methoden und Fachartikel sowie Bedienungsanleitungen können als Ergänzung zu diesen Standardanweisungen verwendet werden.

3 Prüfungsbedingte Abweichungen von Standardarbeitsanweisungen sind zu dokumentieren und vom Prüfleiter und gegebenenfalls vom Principal Investigator zu bestätigen.

4 Standardarbeitsanweisungen müssen mindestens für folgende Bereiche vorhanden sein, wobei die unter den jeweiligen Überschriften angegebenen Einzelheiten als veranschaulichende Beispiele anzusehen sind:

1 *Prüf- und Referenzgegenstände*

Eingang, Identifizierung, Kennzeichnung, Handhabung, Entnahme und Lagerung.

2 *Geräte, Materialien und Reagenzien*

a) Geräte

Bedienung, Wartung, Reinigung, Kalibrierung

b) Computergestützte Systeme

Validierung, Betrieb, Wartung, Sicherheit, kontrollierte Systemänderung (change control) und Datensicherung (back-up)

c) Materialien, Reagenzien und Lösungen

Zubereitung und Kennzeichnung

3 *Führen von Aufzeichnungen, Berichterstattung, Aufbewahrung und Wiederauffindung*

Kodieren der Prüfungen, Datenerhebung, Erstellen von Berichten, Indexierungssysteme, Umgang mit Daten einschließlich Verwendung von computergestützten Systemen.

4 *Prüfsysteme (soweit zutreffend)*

a) Vorbereitung von Räumen und Raumumweltbedingungen für Prüfsysteme;

b) Verfahren für Eingang, Umsetzung, ordnungsgemäße Unterbringung, Charakterisierung, Identifizierung und Versorgung der Prüfsysteme;

c) Vorbereitung, Beobachtung und Untersuchung der Prüfsysteme vor, während und am Ende der Prüfung;

d) Handhabung von Tieren, die im Verlauf der Prüfung sterbend und/oder tot aufgefunden werden;

e) Sammlung, Kennzeichnung und Handhabung von Proben einschließlich Sektion und Histopathologie;

f) Anlage und Standortwahl von Prüfsystemen auf Prüfflächen.

5 *Qualitätssicherungsverfahren*

Tätigkeit des Qualitätssicherungspersonals bei der organisatorischen und terminlichen Planung, Durchführung, Dokumentation und Berichterstattung von Inspektionen.

8 Prüfungsablauf

8.1 Prüfplan

1 Vor Beginn jeder Prüfung muss ein schriftlicher Prüfplan vorliegen. Der Prüfplan muss vom Prüfleiter durch datierte Unterschrift genehmigt und vom Qualitätssicherungspersonal auf GLP-Konformität gemäß Abschnitt II 2.2.b) überprüft werden. Der Prüfplan muss auch von der Leitung der Prüfeinrichtung und dem Auftraggeber genehmigt werden, falls dies durch nationale Vorschriften oder Gesetze in dem Staat, in dem die Prüfung durchgeführt wird, gefordert wird.

2 a) Prüfplanänderungen müssen begründet und durch datierte Unterschrift des Prüfleiters genehmigt werden und sind gemeinsam mit dem Prüfplan aufzubewahren.

b) Prüfplanabweichungen müssen vom Prüfleiter und/oder Principal Investigator umgehend beschrieben, erläutert, bestätigt und datiert sowie zusammen mit den Rohdaten aufbewahrt werden.

3 Bei Kurzzeitprüfungen kann ein Standard-Prüfplan mit prüfungsspezifischen Ergänzungen benutzt werden.

8.2 *Inhalt des Prüfplans*

Der Prüfplan muss mindestens folgende Angaben enthalten:

1 Bezeichnung der Prüfung, der Prüf- und Referenzgegenstände

a) beschreibender Titel;

b) Erklärung über Art und Zweck der Prüfung;

c) Bezeichnung des Prüfgegenstandes durch Code oder Name (IUPA, CAS-Nummer, biologische Parameter usw.);

d) zu verwendender Referenzgegenstand.

2 Angaben über den Auftraggeber und die Prüfeinrichtung

a) Name und Anschrift des Auftraggebers;

b) Name und Anschrift der Prüfeinrichtung sowie aller weiteren an der Prüfung beteiligten Prüfeinrichtungen und Prüfstandorte;

c) Name und Anschrift des Prüfleiters;

d) Name und Anschrift des Principal Investigators und die Bezeichnung der Phase(n) der Prüfung, die vom Prüfleiter unter seine Verantwortlichkeit gestellt wurde(n).

3 Termine

a) Das Datum der Genehmigung des Prüfplans durch die Unterschrift des Prüfleiters. Das Datum der Genehmigung des Prüfplans durch die Unterschriften der Leitung der Prüfeinrichtung und des Auftraggebers, falls dies durch nationale Vorschriften oder Gesetze in dem Staat, in dem die Prüfung durchgeführt wird, gefordert wird;

b) Voraussichtliche Termine für Beginn und Ende der experimentellen Phase der Prüfung.

4 Prüfmethoden

Bezugnahme auf die anzuwendenden OECD-Prüfrichtlinien oder sonstige anzuwendende Prüfrichtlinien oder -methoden.

5 Einzelangaben (soweit zutreffend)

a) Begründung für die Wahl des Prüfsystems;

b) Charakterisierung des Prüfsystems, wie Tierart, Stamm, Unterstamm, Herkunft, Anzahl, Körpergewichtsbereich, Geschlecht, Alter und sonstige sachdienliche Angaben;

c) Applikationsmethode und Begründung für deren Wahl;

d) Dosierungen und/oder Konzentration(en), Häufigkeit und Dauer der Applikation;

e) Ausführliche Angaben über die experimentelle Gesamtplanung, einschließlich der chronologischen Beschreibung des Prüfablaufs, aller Methoden, Materialien und Bedingungen, sowie Art und Häufigkeit der vorzunehmenden Analysen, Messungen, Beobachtungen und Untersuchungen und die gegebenenfalls anzuwendenden statistischen Verfahren.

6 Aufzeichnungen

Liste der aufzubewahrenden Aufzeichnungen.

8.3 *Durchführung der Prüfung*

1 Jede Prüfung muss eine unverwechselbare Bezeichnung erhalten. Alle diese Prüfung betreffenden Unterlagen und Materialien müssen diese Bezeichnung aufweisen. Proben aus der Prüfung sind so zu kennzeichnen, dass ihre Herkunft eindeutig nachvollziehbar ist. Eine derartige Kennzeichnung dient der Rückführbarkeit der Probe auf eine bestimmte Prüfung.

2 Die Prüfung ist gemäß dem Prüfplan durchzuführen.

3 Alle während der Prüfung erhobenen Daten sind durch die erhebende Person unmittelbar, unverzüglich, genau und leserlich aufzuzeichnen. Diese Aufzeichnungen sind zu datieren und zu unterschreiben oder abzuzeichnen.

4 Jede Änderung in den Rohdaten ist so vorzunehmen, dass die ursprüngliche Aufzeichnung ersichtlich bleibt; sie ist mit einer Begründung sowie mit Datum und Unterschrift oder Kürzel der die Änderung vornehmenden Person zu versehen.

5 Daten, die als direkte Computereingabe entstehen, sind zur Zeit der Dateneingabe durch die dafür verantwortliche(n) Person(en) zu kenn-

zeichnen. Computergestützte Systeme müssen so ausgelegt sein, dass jederzeit die Aufzeichnung eines vollständigen audit trails zur Verfügung steht, der sämtliche Datenänderungen anzeigt, ohne die Originaldaten unkenntlich zu machen. Alle Datenänderungen müssen mit der sie ändernden Person verknüpft werden können, z. B. durch die Verwendung von mit Datum und Uhrzeit versehenen (elektronischen) Unterschriften. Änderungen sind zu begründen.

9 Bericht über die Prüfergebnisse

9.1 *Allgemeines*

1 Für jede Prüfung muss ein Abschlussbericht erstellt werden. Bei Kurzzeitprüfungen kann ein Standard-Abschlussbericht mit prüfungsspezifischen Ergänzungen erstellt werden.

2 Jeder Bericht eines an der Prüfung beteiligten Principal Investigators oder Wissenschaftlers ist von diesem zu datieren und zu unterschreiben.

3 Der Abschlussbericht muss vom Prüfleiter datiert und unterschrieben werden, um die Übernahme der Verantwortung für die Zuverlässigkeit der Daten zu dokumentieren. Des weiteren ist anzugeben, inwieweit die Prüfung mit diesen Grundsätzen der Guten Laborpraxis übereinstimmt.

4 Korrekturen und Ergänzungen eines Abschlussberichts sind in Form von Nachträgen vorzunehmen. In Nachträgen sind die Gründe für die Korrekturen oder Ergänzungen deutlich darzulegen und vom Prüfleiter zu datieren und zu unterzeichnen.

5 Eine Reformatierung des Abschlussberichts zur Erfüllung von Zulassungsbestimmungen einer nationalen Bewertungsbehörde stellt keine Korrektur, Ergänzung oder Änderung des Abschlussberichts im vorstehenden Sinne dar.

9.2 *Inhalt des Abschlussberichts*

Der Abschlussbericht muss mindestens folgende Angaben enthalten:

1 Bezeichnung der Prüfung, der Prüf- und Referenzgegenstände

a) beschreibender Titel;

b) Bezeichnung des Prüfgegenstands durch Code oder Name (IUPAC, CAS-Nummer, biologische Parameter usw.);

c) Bezeichnung des Referenzgegenstands durch den Namen;

d) Charakterisierung des Prüfgegenstands einschließlich Reinheit, Stabilität und Homogenität.

2 Angaben über den Auftraggeber und die Prüfeinrichtung

a) Name und Anschrift des Auftraggebers;

b) Name und Anschrift aller beteiligten Prüfeinrichtungen und Prüfstandorte;

c) Name und Anschrift des Prüfleiters;

d) Name und Anschrift des Principal Investigators sowie die delegierten Phasen der Prüfung, soweit zutreffend;

e) Name und Anschrift von Wissenschaftlern, die Berichte zum Abschlussbericht beigetragen haben.

3 Termine

Zeitpunkt für Beginn und Ende der experimentellen Phase der Prüfung.

4 Erklärung

Qualitätssicherungserklärung, aus der Art und Zeitpunkt der Inspektionen, die inspizierten Phasen der Prüfung sowie Zeitpunkte hervorgehen, an denen der Leitung und dem Prüfleiter sowie gegebenenfalls einem Principal Investigator Inspektionsergebnisse berichtet wurden. Diese Erklärung dient auch als Bestätigung, dass der Abschlussbericht die Rohdaten widerspiegelt.

5 Beschreibung von Materialien und Prüfmethoden

a) Beschreibung der verwendeten Methoden und Materialien;

b) Verweis auf OECD-Prüfrichtlinien oder sonstige Prüfrichtlinien/-methoden.

6 Ergebnisse

a) Zusammenfassung der Ergebnisse;

b) alle im Prüfplan geforderten Informationen und Daten;

c) Darlegung der Ergebnisse einschließlich der Berechnungen sowie der Bestimmungen der statistischen Signifikanz;

d) Bewertung und Diskussion der Ergebnisse und gegebenenfalls Schlussfolgerungen.

7 Aufbewahrung

Aufbewahrungsort(e) des Prüfplans, der Rückstellmuster von Prüf- und Referenzgegenständen, Proben, Rohdaten und des Abschlussberichts.

10 Archivierung und Aufbewahrung von Aufzeichnungen und Materialien

10.1 Folgendes ist über den von den zuständigen Behörden festgelegten Zeitraum in den Archiven aufzubewahren:

a) Prüfplan, Rohdaten, Rückstellmuster von Prüf- und Referenzgegenständen, Proben und Abschlussbericht jeder Prüfung;

b) Aufzeichnungen über alle nach dem Qualitätssicherungsprogramm vorgenommenen Inspektionen sowie das Master Schedule;

c) Aufzeichnungen über die Aus-, Fort- und Weiterbildung sowie praktische Erfahrung des Personals, ferner die Aufgabenbeschreibungen;

d) Aufzeichnungen und Berichte über die Wartung und Kalibrierung der Geräte;

e) Validierungsunterlagen für computergestützte Systeme;

f) chronologische Ablage aller Standardarbeitsanweisungen;

g) Aufzeichnungen zur Kontrolle der Umweltbedingungen.

Falls für bestimmte prüfungsrelevante Materialien kein Archivierungszeitraum festgelegt wurde, ist deren endgütige Beseitigung zu dokumentieren. Falls Rückstellmuster von Prüf- und Referenzgegenständen aus irgendeinem Grund vor Ablauf des festgelegten Archivierungszeitraums entsorgt werden, ist dies zu begründen und zu dokumentieren. Rückstellmuster von Prüf- und Referenzgegenständen sowie Proben müssen nur solange aufbewahrt werden, wie deren Qualität eine Beurteilung zulässt.

10.2 Archiviertes Material ist zu indexieren, um ein ordnungsgemäßes Aufbewahren und Wiederauffinden zu erleichtern.

10.3 Zu den Archiven dürfen nur von der Leitung dazu befugte Personen Zutritt haben. Über Entnahme und Rückgabe sind Aufzeichnungen zu führen.

10.4 Wenn eine Prüfeinrichtung oder ein Vertragsarchiv die Tätigkeit einstellt und keinen Rechtsnachfolger hat, ist das Archiv an die Archive der Auftraggeber der Prüfungen zu überführen.

Anhang II

Teil A
Aufgehobene Richtlinie und ihre nachfolgenden Änderungen
(nach Artikel 6)

Richtlinie 87/18/EWG des Rates	(ABl. L 15 vom 17.1.1987, S. 29)
Richtlinie 1999/11/EG der Kommission	(ABl. L 77 vom 23.3.1999, S. 8)

Teil B
Liste der Fristen für die Umsetzung in nationales Recht
(nach Artikel 6)

Richtlinie	Endgültiges Datum der Umsetzung
87/18/EWG	30. Juni 1988
1999/11/EG	30. September 1999

Anhang III
Entsprechungstabelle

Richtlinie 87/18/EWG	Vorliegende Richtlinie
Artikel 1 bis 5	Artikel 1 bis 5
Artikel 6	–
–	Artikel 6
–	Artikel 7
Artikel 7	Artikel 8
Anhang	Anhang I
–	Anhang II
–	Anhang III

Richtlinie 2004/9/EG
des Europäischen Parlaments und des Rates
vom 11. Februar 2004
über die Inspektion und Überprüfung der Guten Laborpraxis (GLP)

(ABl. L 50 vom 20. Februar 2004, S. 28),
geändert durch Verordnung (EG) Nr. 219/2009 vom 11. März 2009
(ABl. L 87 vom 31.3.2009, S. 109, 113)

Das Europäische Parlament und der Rat der Europäischen Union –

gestützt auf den Vertrag zur Gründung der Europäischen Gemeinschaft, insbesondere auf Artikel 95,
auf Vorschlag der Kommission,
nach Stellungnahme des Europäischen Wirtschafts- und Sozialausschusses[1]),
gemäß dem Verfahren des Artikels 251 des Vertrags[2]),

in Erwägung nachstehender Gründe:

(1) Die Richtlinie 88/320/EWG des Rates vom 7. Juni 1988 über die Inspektion und Überprüfung der Guten Laborpraxis (GLP)[3]) wurde mehrfach wesentlich geändert. Aus Gründen der Klarheit und Übersichtlichkeit empfiehlt es sich daher, sie zu kodifizieren.

(2) Die Anwendung genormter organisatorischer Verfahren und Bedingungen, unter denen Laboruntersuchungen für die nichtklinische Prüfung von Chemikalien zum Schutz des Menschen, der Tiere und der Umwelt geplant, durchgeführt, aufgezeichnet und mitgeteilt werden – so genannte Gute Laborpraxis (GLP) –, trägt dazu bei, den Mitgliedstaaten Gewissheit hinsichtlich der Qualität der gewonnenen Prüfdaten zu verschaffen.

(3) Der Rat der Organisation für wirtschaftliche Zusammenarbeit und Entwicklung (OECD) hat in Anhang 2 seiner Entscheidung vom 12. Mai 1981 betreffend die gegenseitige Anerkennung von Daten in der Bewertung von Chemikalien Grundsätze der Guten Laborpraxis verabschiedet, die in der Gemeinschaft angenommen sind; die Richtlinie 2004/10/EG des Europäischen Parlaments und des Rates vom 11. Februar 2004 zur Angleichung der Rechts- und Verwaltungsvorschriften für die Anwendung der Grundsätze der Guten Laborpraxis und zur Kontrolle ihrer Anwendung bei Versuchen mit chemischen Stoffen[4]) enthält hierzu nähere Bestimmungen.

1) ABl. C 85 vom 8.4.2003, S. 137.
2) Stellungnahme des Europäischen Parlaments vom 1. Juli 2003 (noch nicht im Amtsblatt veröffentlicht) und Beschluss des Rates vom 20. Januar 2004.
3) ABl. L 145 vom 11.6.1988, S. 35. Zuletzt geändert durch die Verordnung (EG) Nr. 1882/2003 des Europäischen Parlaments und des Rates (ABl. L 284 vom 31.10.2003, S. 1).
4) ABl. L 50 vom 20.2.2004, S. 44.

(4) Es ist wünschenswert, dass bei der Durchführung der Prüfungen von Chemikalien Mittel für Fachkräfte und Prüfeinrichtungen nicht dadurch verschwendet werden, dass infolge von Unterschieden der Laborpraxis in den einzelnen Mitgliedstaaten Versuche wiederholt werden müssen. Dies gilt insbesondere für den Tierschutz, der es erfordert, dass die Zahl der Tierversuche entsprechend der Richtlinie 86/609/EWG des Rates vom 24. November 1986 zur Annäherung der Rechts- und Verwaltungsvorschriften der Mitgliedstaaten zum Schutz der für Versuche und andere wissenschaftliche Zwecke verwendeten Tiere[5]) eingeschränkt wird. Die gegenseitige Anerkennung der anhand genormter und anerkannter Verfahren erzielten Prüfergebnisse ist wesentliche Voraussetzung für eine Verringerung der Zahl der auf diesem Gebiet durchgeführten Versuche.

(5) Damit die in einem Mitgliedstaat von Prüfeinrichtungen gewonnenen Daten auch von den anderen Mitgliedstaaten anerkannt werden, muss ein harmonisiertes System der Überprüfung von Untersuchungen und der Inspektion von Prüfeinrichtungen vorgesehen werden, mit dem sichergestellt wird, dass die Prüfeinrichtungen nach GLP-Grundsätzen arbeiten.

(6) Die Mitgliedstaaten sollten Stellen benennen, die für die Überwachung der GLP zuständig sind.

(7) Ein Ausschuss, dessen Mitglieder von den Mitgliedstaaten ernannt werden, sollte der Kommission bei der technischen Durchführung dieser Richtlinie Beistand leisten und bei ihren Bemühungen mitwirken, den freien Warenverkehr durch die gegenseitige Anerkennung der Verfahren zur Kontrolle der Übereinstimmung mit GLP durch die Mitgliedstaaten zu fördern. Der durch die Richtlinie 67/548/EWG des Rates vom 27. Juni 1967 zur Angleichung der Rechts- und Verwaltungsvorschriften für die Einstufung, Verpackung und Kennzeichnung gefährlicher Stoffe[6]) eingesetzte Ausschuss sollte für diese Aufgabe in Anspruch genommen werden.

(8) Dieser Ausschuss kann die Kommission nicht nur bei der Durchführung dieser Richtlinie unterstützen, sondern auch einen Beitrag zum Informations- und Erfahrungsaustausch in diesem Bereich leisten.

(9) Die zur Durchführung dieser Richtlinie erforderlichen Maßnahmen sollten gemäß dem Beschluss 1999/468/EG des Rates vom 28. Juni 1999 zur Festlegung der Modalitäten für die Ausübung der der Kommission übertragenen Durchführungsbefugnisse[7]) erlassen werden.

(10) Diese Richtlinie sollte die Pflichten der Mitgliedstaaten hinsichtlich der in Anhang II Teil B aufgeführten Richtlinien und deren Umsetzungsfristen unberührt lassen.

[5]) ABl. L 358 vom 18.12.1986, S. 1.

[6]) ABl. 196 vom 16.8.1967, S. 1. Zuletzt geändert durch die Verordnung (EG) Nr. 807/2003 (ABl. L 122 vom 16.5.2003, S. 36).

[7]) ABl. L 184 vom 17.7.1999, S. 23.

Erwägungsgründe der Verordnung (EG) Nr. 219/2009:

(1) Der Beschluss 1999/468/EG des Rates vom 28.Juni 1999 zur Festlegung der Modalitäten für die Ausübung der der Kommission übertragenen Durchführungsbefugnisse*) wurde durch den Beschluss 2006/512/EG**) geändert, mit dem für den Erlass von Maßnahmen von allgemeiner Tragweite zur Änderung nicht wesentlicher Bestimmungen eines nach dem Verfahren des Artikels 251 des Vertrags erlassenen Basisrechtsakts, auch durch Streichung einiger dieser Bestimmungen oder Ergänzung dieses Rechtsakts um neue nicht wesentliche Bestimmungen, das Regelungsverfahren mit Kontrolle eingeführt wurde.

(2) Gemäß der Erklärung des Europäischen Parlaments, des Rates und der Kommission***) zum Beschluss 2006/512/EG müssen Rechtsakte, die bereits in Kraft getreten sind und die gemäß dem Verfahren des Artikels 251 des Vertrags erlassen wurden, nach den geltenden Verfahren angepasst werden, damit das Regelungsverfahren mit Kontrolle auf sie angewandt werden kann.

(3) Da die zu diesem Zweck an den Rechtsakten vorgenommenen Änderungen technischer Art sind und ausschließlich die Ausschussverfahren betreffen, müssen sie, sofern Richtlinien betroffen sind, von den Mitgliedstaaten nicht in nationales Recht umgesetzt werden.

Was die Richtlinie 2004/9/EG betrifft, sollte die Kommission die Befugnis erhalten, den Anhang I an den technischen Fortschritt anzupassen und den in Artikel 2 Absatz 2 genannten Wortlaut der Bestätigung zu ändern. Da es sich hierbei um Maßnahmen von allgemeiner Tragweite handelt, die eine Änderung nicht wesentlicher Bestimmungen der Richtlinie 2004/9/EG bewirken, sind diese Maßnahmen nach dem Regelungsverfahren mit Kontrolle des Artikels 5a des Beschlusses 1999/468/EG zu erlassen,

haben folgende Richtlinie erlassen:

Artikel 1

(1) Diese Richtlinie findet Anwendung auf die Inspektion und Überprüfung des organisatorischen Ablaufs und der Bedingungen, unter denen Laboruntersuchungen zur nichtklinischen Prüfung aller Chemikalien (z. B. kosmetische Mittel, Industriechemikalien, Arzneimittel, Lebensmittelzusatzstoffe, Futtermittelzusatzstoffe, Pestizide) im Hinblick auf entsprechende Vorschriften geplant, durchgeführt, aufgezeichnet und mitgeteilt werden, um die Auswirkungen dieser Chemikalien auf Mensch, Tier und Umwelt zu bewerten.

(2) Im Sinne dieser Richtlinie bedeutet „Gute Laborpraxis (GLP)“ Laborpraxis, die gemäß den Grundsätzen der Richtlinie 2004/10/EG durchgeführt wird.

*) ABl. L 184 vom 17.7.1999, S. 23.
**) ABl. L 200 vom 22.7.2006, S. 11.
***) ABl. C 255 vom 21.10.2006, S. 1.

(3) Diese Richtlinie betrifft nicht die Auslegung und Bewertung von Prüfergebnissen.

Artikel 2

(1) Nach dem Verfahren des Artikels 3 prüfen die Mitgliedstaaten die Einhaltung der GLP durch alle in ihrem Hoheitsgebiet gelegenen Prüfeinrichtungen, die den Anspruch erheben, bei Prüfung von Chemikalien die GLP zu befolgen.

(2) Sind die Voraussetzungen des Absatzes 1 erfüllt und die Ergebnisse der Inspektion und der Überprüfung zufrieden stellend, so kann der betreffende Mitgliedstaat die Erklärung einer Prüfeinrichtung, dass sie selbst sowie die von ihr durchgeführten Prüfungen den GLP-Grundsätzen entsprechen, mit den Worten „GLP-Bescheinigung vom … (Datum) gemäß der Richtlinie 2004/9/EG“ bestätigen.

Artikel 3

(1) Die Mitgliedstaaten benennen die Stellen, die für die Inspektion der Prüfeinrichtungen in ihrem Hoheitsgebiet und für die Überprüfung der Untersuchungen zuständig sind, um die Einhaltung der GLP zu gewährleisten.

(2) Die in Absatz 1 genannten Stellen führen die Inspektionen der Prüfeinrichtungen und die Überprüfungen der Untersuchungen nach den in Anhang I genannten Bestimmungen durch.

Artikel 4

(1) Die Mitgliedstaaten erstellen jährlich einen Bericht über die Anwendung der GLP in ihrem Hoheitsgebiet.

Dieser Bericht enthält ein Verzeichnis der inspizierten Prüfeinrichtungen, eine Angabe der Zeitpunkte, zu denen Inspektionen durchgeführt wurden, und eine kurze Zusammenfassung der Ergebnisse der Inspektionen.

(2) Die Berichte werden der Kommission jährlich bis zum 31. März übermittelt. Die Kommission leitet sie dem in Artikel 7 Absatz 1 genannten Ausschuss zu. Der Ausschuss kann zusätzliche Auskünfte zu den in Absatz 1 des vorliegenden Artikels erwähnten Angaben verlangen.

(3) Die Mitgliedstaaten sorgen dafür, dass die für den Handelsbereich empfindlichen und die sonstigen vertraulichen Informationen, von denen sie bei der Überprüfung der Einhaltung der GLP Kenntnis erlangen, nur der Kommission, den einzelstaatlichen Aufsichtsbehörden und benannten Stellen sowie der Einrichtung mitgeteilt werden, die eine Prüfeinrichtung oder eine Untersuchung finanziert und

unmittelbar von einer bestimmten Inspektion oder einer bestimmten Überprüfung der Untersuchungen betroffen ist.

(4) Die Namen der von einer benannten Stelle inspizierten Prüfeinrichtungen, die Tatsache der Einhaltung oder Nichteinhaltung der GLP und die Zeitpunkte, zu denen die Inspektionen der Prüfeinrichtungen oder die Überprüfungen von Untersuchungen durchgeführt wurden, sind nicht als vertraulich anzusehen.

Artikel 5

(1) Unbeschadet des Artikels 6 sind die Ergebnisse der von einem Mitgliedstaat hinsichtlich der Einhaltung der GLP durchgeführten Inspektionen von Prüfeinrichtungen und Überprüfungen von Untersuchungen für die anderen Mitgliedstaaten verbindlich.

(2) Stellt ein Mitgliedstaat fest, dass eine in seinem Hoheitsgebiet gelegene Prüfeinrichtung zu Unrecht behauptet, die GLP zu befolgen, so dass die Korrektheit oder Zuverlässigkeit der von ihr durchgeführten Untersuchungen infrage gestellt werden könnte, so unterrichtet er hierüber unverzüglich die Kommission. Die Kommission teilt dies den anderen Mitgliedstaaten mit.

Artikel 6

(1) Besteht für einen Mitgliedstaat hinreichender Grund zu der Annahme, dass eine angeblich die GLP einhaltende Prüfeinrichtung in einem anderen Mitgliedstaat die GLP bei der Durchführung einer Prüfung nicht beachtet hat, so kann er von diesem Mitgliedstaat weitere Einzelheiten anfordern und insbesondere darum ersuchen, dass eine Überprüfung der Untersuchung – möglicherweise in Verbindung mit einer neuen Inspektion – stattfindet.

Sollten die betreffenden Mitgliedstaaten zu keiner Einigung gelangen, so teilen sie dies den anderen Mitgliedstaaten und der Kommission unter Angabe der Gründe für ihre Entscheidung unverzüglich mit.

(2) Die Kommission prüft so rasch wie möglich die von den Mitgliedstaaten im in Artikel 7 Absatz 1 genannten Ausschuss vorgetragenen Gründe und trifft sodann die geeigneten Maßnahmen nach dem in Artikel 7 Absatz 2 genannten Verfahren. In diesem Zusammenhang kann sie um Stellungnahme von Sachverständigen der benannten Stellen in den Mitgliedstaaten bitten.

(3) Sind nach Auffassung der Kommission Änderungen dieser Richtlinie erforderlich, um die in Absatz 1 genannten Angelegenheiten zu regeln, so erlässt sie diese Änderungen.

Diese Maßnahmen zur Änderung nicht wesentlicher Bestimmungen dieser Richtlinie werden nach dem in Artikel 7 Absatz 3 genannten Regelungsverfahren mit Kontrolle erlassen.

Artikel 7

(1) Die Kommission wird von dem durch Artikel 29 Absatz 1 der Richtlinie 67/548/EWG des Rates[8]) eingesetzten Ausschuss (nachstehend „Ausschuss" genannt) unterstützt.

(2) Wird auf diesen Absatz Bezug genommen, so gelten die Artikel 5 und 7 des Beschlusses 1999/468/EG unter Beachtung von dessen Artikel 8.

Der Zeitraum nach Artikel 5 Absatz 6 des Beschlusses 1999/468/EG wird auf drei Monate festgesetzt.

(3) Wird auf diesen Absatz Bezug genommen, so gelten Artikel 5a Absätze 1 bis 4 und Artikel 7 des Beschlusses 1999/468/EG unter Beachtung von dessen Artikel 8.

Artikel 8

(1) Der Ausschuss kann jede ihm von seinem Vorsitzenden auf dessen Veranlassung oder auf Antrag des Vertreters eines Mitgliedstaats vorgelegte Frage in Bezug auf die Durchführung dieser Richtlinie prüfen, insbesondere Fragen

- der Zusammenarbeit zwischen den von den Mitgliedstaaten benannten Stellen in technischen und Verwaltungsangelegenheiten, die sich bei der Anwendung der GLP ergeben;
- des Austauschs von Informationen über die Ausbildung von Inspektoren.

(2) Die Kommission erlässt Durchführungsmaßnahmen

a) zur Anpassung des in Artikel 2 Absatz 2 genannten Wortlauts der Bestätigung;

b) zur Anpassung des Anhangs I an den technischen Fortschritt.

Diese Maßnahmen zur Änderung nicht wesentlicher Bestimmungen dieser Richtlinie werden nach dem in Artikel 7 Absatz 3 genannten Regelungsverfahren mit Kontrolle erlassen.

Artikel 9

Die Richtlinie 88/320/EWG wird unbeschadet der Pflichten der Mitgliedstaaten hinsichtlich der in Anhang II Teil B genannten Umsetzungsfristen aufgehoben.

[8]) ABl. 196 vom 16.8.1967, S. 1.

Bezugnahmen auf die aufgehobene Richtlinie gelten als Bezugnahmen auf die vorliegende Richtlinie und sind nach Maßgabe der Entsprechungstabelle in Anhang III zu lesen.

Artikel 10

Diese Richtlinie tritt am zwanzigsten Tag nach ihrer Veröffentlichung im Amtsblatt der Europäischen Union in Kraft.

Artikel 11

Diese Richtlinie ist an die Mitgliedstaaten gerichtet.

Anhang I

Die Bestimmungen für die Inspektion und Überwachung der GLP, die in den Abschnitten A und B aufgeführt sind, sind dieselben wie in Anhang I (Leitfaden für die Verfahren zur Überwachung der Einhaltung der Guten Laborpraxis) und Anhang II (Leitlinien für die Durchführung von Inspektionen einer Prüfeinrichtung und die Überprüfung von Prüfungen) des Beschlusses und der Empfehlung des OECD-Rates zur Einhaltung der Grundsätze der Guten Laborpraxis (K(89) 87 (final)) vom 2. Oktober 1989, neu gefasst mit dem Beschluss des OECD-Rates, zur Änderung der Anhänge hinsichtlich Beschluss und Empfehlung des Rates zur Einhaltung der Grundsätze der Guten Laborpraxis vom 9. März 1995 (K(95) 8 (final)).

Abschnitt A

Überarbeiteter Leitfaden für die Verfahren zur Überwachung der Einhaltung der Guten Laborpraxis

Zur Erleichterung der gegenseitigen Anerkennung von Prüfdaten, die zur Vorlage bei den Bewertungsbehörden der OECD-Mitgliedstaaten bestimmt sind, ist eine Harmonisierung der Verfahren zur Überwachung der Einhaltung der GLP-Grundsätze von ebenso wesentlicher Bedeutung wie ihre Vergleichbarkeit in Bezug auf Qualität und Genauigkeit. Zweck dieses Abschnitts des vorliegenden Anhangs ist es, für die Mitgliedstaaten detaillierte praktische Leitlinien über Strukturen, Mechanismen und Verfahren vorzusehen, die bei der Erstellung von nationalen Programmen zur Überwachung der Einhaltung der GLP übernommen werden sollten, damit diese Programme international akzeptiert werden.

Es wird anerkannt, dass die Mitgliedstaaten die GLP-Grundsätze übernehmen und Verfahren zur Überwachung ihrer Einhaltung nach den jeweiligen nationalen Rechts- und Verwaltungsvorschriften und in Übereinstimmung mit den Prioritäten festlegen, die sie beispielsweise für die anfängliche und spätere Erfassung der Kategorien von Chemikalien und der Art der Prüfungen setzen. Falls die Mitgliedstaaten im Rahmen ihrer Rechtsvorschriften für die Kontrolle von Chemikalien gegebenenfalls mehr als eine Überwachungsbehörde einrichten, können auch mehrere Programme zur Einhaltung der Grundsätze der GLP erstellt werden. Die im Folgenden wiedergegebenen Leitlinien beziehen sich, gemäß der jeweiligen Anwendbarkeit, auf jede dieser Behörden und jedes Überwachungsprogramm.

Begriffsbestimmungen

Die Begriffsbestimmungen in den „OECD-Grundsätzen der Guten Laborpraxis", die in Artikel 1 der Richtlinie 2004/10/EG des Europäischen Parlaments und des Rates angenommen wurden, sind auf diesen Abschnitt dieses Anhangs anwendbar. Darüber hinaus gelten die folgenden Definitionen:

- GLP-Grundsätze: die Grundsätze der Guten Laborpraxis, die mit den OECD-Grundsätzen der Guten Laborpraxis übereinstimmen, wie in Artikel 1 der Richtlinie 2004/10/EG festgelegt;
- Überwachung der Einhaltung der GLP: die regelmäßige Inspektion von Prüfeinrichtungen und/oder die Überprüfung von Prüfungen zur Feststellung der Einhaltung der GLP-Grundsätze;
- (nationales) GLP-Überwachungsprogramm: von einem Mitgliedstaat festgelegter individueller Plan zur Überwachung der Einhaltung der GLP in Prüfeinrichtungen auf seinem Hoheitsgebiet mittels Inspektionen und Überprüfungen von Prüfungen;
- (nationale) GLP-Überwachungsbehörde: eine Behörde in einem Mitgliedstaat, die für die Überwachung der Einhaltung der GLP in den Prüfeinrichtungen auf dem Hoheitsgebiet dieses Staates verantwortlich ist sowie zur Erfüllung anderer Aufgaben im Zusammenhang mit der GLP, wie es national festgelegt werden kann. In einem Mitgliedstaat können mehrere solcher Behörden eingerichtet werden;
- Inspektion einer Prüfeinrichtung: eine an Ort und Stelle durchgeführte Untersuchung der Verfahren und Arbeitsweisen der Prüfeinrichtung zur Beurteilung, inwieweit die GLP-Grundsätze eingehalten werden. Während der Inspektionen werden Organisationsstrukturen und Arbeitsabläufe in der Prüfeinrichtung untersucht, verantwortliches technisches Personal befragt sowie die Qualität und Integrität der in der Einrichtung gewonnenen Daten beurteilt und in einem Bericht zusammengefasst;
- Überprüfung von Prüfungen: ein Vergleich der Rohdaten und der dazu gehörenden Aufzeichnungen mit dem Zwischen- oder Abschlussbericht, um festzustellen, ob die Rohdaten exakt wiedergegeben sind, ob die Prüfungen in Übereinstimmung mit dem Prüfplan und den Standardarbeitsanweisungen durchgeführt wurden, um zusätzliche nicht im Bericht enthaltene Informationen zu gewinnen, und um festzustellen, ob bei der Gewinnung der Daten Praktiken angewandt wurden, die ihre Validität beeinträchtigen können;

- Inspektor: eine Person, die Inspektionen von Prüfeinrichtungen und Überprüfungen von Prüfungen im Auftrag der (nationalen) GLP-Überwachungsbehörde vornimmt;
- Stand der Einhaltung der GLP: der Grad der Einhaltung der GLP-Grundsätze in einer Prüfeinrichtung gemäß der Beurteilung der (nationalen) GLP-Überwachungsbehörde;
- Bewertungsbehörde: eine nationale Behörde mit rechtlicher Zuständigkeit für Aspekte der Regulierung von Chemikalien.

Elemente der Verfahren zur Überwachung der Einhaltung der Guten Laborpraxis

Verwaltung

Das (nationale) GLP-Überwachungsprogramm liegt in der Verantwortung eines ordnungsgemäß eingerichteten, rechtlich identifizierbaren Verwaltungsorgans, das in angemessener Weise mit Personal ausgestattet ist und in einem festgelegten Verwaltungsrahmen tätig wird.

Die Mitgliedstaaten müssen

- sicherstellen, dass die (nationale) GLP-Überwachungsbehörde direkt oder in letzter Instanz für ein angemessenes Team von Inspektoren mit der erforderlichen technischen/wissenschaftlichen Fachkenntnis verantwortlich ist;
- Dokumente bezüglich der Annahme der GLP-Grundsätze auf ihrem Hoheitsgebiet veröffentlichen;
- Dokumente mit den Einzelheiten über das (nationale) GLP-Überwachungsprogramm veröffentlichen, einschließlich Informationen über den rechtlichen oder verwaltungstechnischen Rahmen des Programms sowie Hinweisen auf bereits veröffentlichte Rechtsakte, Unterlagen normativer Art (z. B. Verordnungen, Verhaltenskodizes), Inspektionshandbücher, Leitlinien, Periodizität von Inspektionen oder Kriterien für Inspektionszeitpläne usw.;
- Aufzeichnungen führen über inspizierte Prüfeinrichtungen (und ihren Stand der Einhaltung der GLP) sowie über Prüfungen, die für nationale oder internationale Zwecke überprüft wurden.

Vertraulichkeit

Die (nationalen) GLP-Überwachungsbehörden werden Zugang zu kommerziell wertvollen Informationen haben und müssen gelegentlich auch vertrauliche geschäftliche Unterlagen aus einer Prüfeinrichtung an sich nehmen oder in ihren Berichten im Einzelnen auf sie eingehen.

Die Mitgliedstaaten müssen

- Vorkehrungen für die Wahrung der Vertraulichkeit treffen, nicht nur vonseiten der Inspektoren, sondern auch vonseiten aller anderen Personen, die aufgrund der Maßnahmen zur Überwachung der Einhaltung der GLP Zugang zu vertraulichen Informationen haben;

- sicherstellen, dass, falls nicht alle geschäftlich wertvollen und vertraulichen Informationen ausgespart bleiben, die Berichte über die Inspektionen von Prüfeinrichtungen und die Überprüfung von Prüfungen nur den Bewertungsbehörden und gegebenenfalls den inspizierten oder von Überprüfung von Prüfungen betroffenen Prüfeinrichtungen und/ oder den Auftraggebern der Prüfungen zugänglich gemacht werden.

Personal und Ausbildung

Die (nationalen) GLP-Überwachungsbehörden müssen

- sicherstellen, dass eine angemessene Anzahl von Inspektoren zur Verfügung steht.

  Die Anzahl der erforderlichen Inspektoren ist abhängig von

  a) der Anzahl von Prüfeinrichtungen, die in das (nationale) GLP-Überwachungsprogramm einbezogen sind;

  b) der Häufigkeit, mit welcher der Stand der Einhaltung der GLP in den Prüfeinrichtungen zu beurteilen ist;

  c) Anzahl und Umfang der Prüfungen, die von diesen Prüfeinrichtungen vorgenommen werden;

  d) der Anzahl von zusätzlichen Inspektionen oder Überprüfungen, die von den Bewertungsbehörden angefordert werden;

- sicherstellen, dass die Inspektoren angemessen qualifiziert und ausgebildet sind.

  Die Inspektoren sollten über Qualifikationen und praktische Erfahrung in den wissenschaftlichen Fachbereichen verfügen, die für die Prüfung von Chemikalien infrage kommen. Die (nationalen) GLP-Überwachungsbehörden haben

  a) sicherzustellen, dass Vorkehrungen für eine geeignete Ausbildung der GLP-Inspektoren unter Berücksichtigung ihrer individuellen Qualifikationen und Erfahrung getroffen werden;

  b) Konsultationen, einschließlich gemeinsamer Ausbildungsaktivitäten, falls erforderlich, mit den Mitarbeitern der (nationalen) GLP-Überwachungsbehörden in anderen OECD-Mitgliedstaaten anzuregen, um eine internationale Harmonisierung bei der Auslegung und Anwendung der GLP-Grundsätze sowie bei der Überwachung der Einhaltung dieser Grundsätze zu fördern;

- sicherzustellen, dass die Inspektoren, einschließlich der unter Vertrag genommenen Sachverständigen, keine finanziellen oder sonstigen Interessen an den inspizierten Prüfeinrichtungen, den überprüften Prüfungen oder den Unternehmen haben, die diese Prüfungen in Auftrag gegeben haben;
- die Inspektoren mit einem geeigneten Ausweis zu versehen (z. B. einer Kennkarte).

Inspektoren können

- dem ständigen Personal der (nationalen) GLP-Überwachungsbehörde angehören,
- dem ständigen Personal einer anderen staatlichen Einrichtung als der (nationalen) GLP-Überwachungsbehörde angehören oder
- auf Vertragsbasis oder in anderer Form von der (nationalen) GLP-Überwachungsbehörde angestellt sein, um Inspektionen von Prüfeinrichtungen oder Überprüfungen von Prüfungen durchzuführen.

In den beiden letztgenannten Fällen ist die (nationale) GLP-Überwachungsbehörde in letzter Instanz für die Feststellung des Standes der Einhaltung der GLP in den Prüfeinrichtungen, für die Qualität/Annehmbarkeit der Überprüfung einer Prüfung und die Ergreifung jeglicher Maßnahmen, die aufgrund der Ergebnisse von Inspektionen von Prüfeinrichtungen oder der Überprüfung von Prüfungen notwendig sein können, verantwortlich.

(Nationales) GLP-Überwachungsprogramm

Die Überwachung der Einhaltung der GLP dient dazu festzustellen, ob die Prüfeinrichtungen die GLP-Grundsätze für die Durchführung von Prüfungen erfüllt haben und ob sie gewährleisten können, dass die aus den Prüfungen gewonnenen Daten von angemessener Qualität sind. Wie vorstehend angegeben, müssen die Mitgliedstaaten die Einzelheiten ihrer (nationalen) GLP-Überwachungsprogramme veröffentlichen. Diese Informationen müssen unter anderem

- den Rahmen und Umfang des Programms festlegen.

  Ein (nationales) GLP-Überwachungsprogramm kann entweder nur eine begrenzte Reihe von Chemikalien abdecken, z. B. Industriechemikalien, Pestizide, Arzneimittel usw., oder alle Chemikalien umfassen. Der Rahmen der Überwachung der Einhaltung muss sowohl in Bezug auf die Kategorien von Chemikalien als auch in Bezug auf die Arten der Prüfungen festgelegt werden, z. B. physikalische, chemische, toxikologische und/oder ökotoxikologische Prüfungen;

- einen Hinweis auf das Verfahren enthalten, gemäß dem Prüfeinrichtungen in das Programm einbezogen werden.

  Die Anwendung der GLP-Grundsätze auf Daten zur Gesundheits- und Umweltverträglichkeit, die zu Zwecken einer behördlichen Bewertung gewonnen wurden, kann verbindlich sein. Es muss ein Verfahren zur Verfügung stehen, durch das Prüfeinrichtungen die Einhaltung der GLP-Grundsätze durch die zuständige (nationale) GLP-Überwachungsbehörde überprüfen lassen können;

- Angaben enthalten zu den Kategorien der Inspektionen von Prüfeinrichtungen/Überprüfungen von Prüfungen.

Ein (nationales) GLP-Überwachungsprogramm muss umfassen:

a) Bestimmungen für die Inspektionen von Prüfeinrichtungen. Diese Inspektionen umfassen sowohl eine allgemeine Inspektion der Prüfeinrichtungen als auch die Überprüfung einer oder mehrerer laufender oder abgeschlossener Prüfungen;

b) Bestimmungen für zusätzliche Inspektionen von Prüfeinrichtungen/Überprüfungen von Prüfungen auf Anfrage einer Bewertungsbehörde, z. B. aufgrund von Rückfragen, die sich aus der Vorlage von Daten bei einer Bewertungsbehörde ergeben;

– die Befugnisse der Inspektoren für den Zutritt zu Prüfeinrichtungen und ihren Zugang zu den in den Prüfeinrichtungen vorhandenen Unterlagen (einschließlich der Proben, Standardarbeitsanweisungen, anderer Unterlagen usw.) regeln.

Obwohl die Inspektoren sich normalerweise nicht gegen den Willen der Leitung der Prüfeinrichtung Zutritt zu den Prüfeinrichtungen verschaffen wollen, können jedoch Umstände eintreten, unter denen der Zutritt zur Prüfeinrichtung und der Zugang zu Daten von wesentlicher Bedeutung für den Schutz der öffentlichen Gesundheit und der Umwelt sind. Die Befugnisse der (nationalen) GLP-Überwachungsbehörde sind für solche Fälle festzulegen;

– die Verfahren zur Inspektion von Prüfeinrichtungen und der Überprüfung von Prüfungen zum Zweck der Überwachung der Einhaltung der GLP beschreiben.

In der Dokumentation sind die Verfahren anzugeben, die dazu verwendet werden, sowohl die organisatorischen Verfahren als auch die Bedingungen zu prüfen, unter denen Prüfungen geplant, durchgeführt, überwacht und aufgezeichnet werden. Leitlinien für solche Verfahren sind im Abschnitt B dieses Anhangs enthalten;

– Maßnahmen beschreiben, die als Folge von Inspektionen von Prüfeinrichtungen und Überprüfungen von Prüfungen ergriffen werden können.

Folgemaßnahmen nach der Inspektion von Prüfeinrichtungen und der Überprüfung von Prüfungen

Wenn die Inspektion einer Prüfeinrichtung oder die Überprüfung einer Prüfung abgeschlossen ist, muss der Inspektor einen schriftlichen Bericht über die Ergebnisse abfassen.

Die Mitgliedstaaten haben geeignete Maßnahmen zu ergreifen, wenn bei oder nach der Inspektion einer Prüfeinrichtung oder der Überprüfung einer Prüfung Abweichungen von den GLP-Grundsätzen festgestellt werden. Geeignete Maßnahmen sind in Dokumenten der (nationalen) GLP-Überwachungsbehörde zu beschreiben.

Ergeben sich bei der Inspektion einer Prüfeinrichtung oder der Überprüfung einer Prüfung nur geringfügige Abweichungen von den GLP-Grundsätzen, ist die Prüfeinrichtung aufzufordern, diese geringfügigen Abweichungen zu korrigieren. Es kann erforderlich sein, dass der Inspektor zu angemessener Zeit in die Prüfeinrichtung zurückkehrt, um nachzuprüfen, ob die Korrekturen vorgenommen worden sind.

Wo keine oder nur geringfügige Abweichungen festgestellt wurden, kann die (nationale) GLP-Überwachungsbehörde

- eine Bescheinigung ausstellen, aus der hervorgeht, dass die Prüfeinrichtung inspiziert und dabei die Übereinstimmung mit den GLP-Grundsätzen festgestellt wurde. Das Datum der Inspektion und gegebenenfalls die Kategorien der in der Prüfeinrichtung zu dieser Zeit überprüften Prüfungen sind dabei mit anzugeben. Solche Bescheinigungen können verwendet werden, um die (nationalen) GLP-Überwachungsbehörden in anderen OECD-Mitgliedstaaten zu informieren;

und/oder

- der Bewertungsbehörde, die die Überprüfung einer Prüfung angefordert hat, einen eingehenden Bericht über die Ergebnisse vorlegen.

Werden erhebliche Abweichungen festgestellt, sind die von der (nationalen) GLP-Überwachungsbehörde ergriffenen Maßnahmen in jedem Einzelfall abhängig von den besonderen Umständen sowie von den Rechts- oder Verwaltungsvorschriften, nach denen die Überwachung der Einhaltung der GLP in den jeweiligen Staaten festgelegt worden ist. Insbesondere können folgende, nicht abschließend aufgeführte Maßnahmen ergriffen werden:

- Abgabe einer Erklärung mit Einzelheiten über die festgestellten Unzulänglichkeiten oder Mängel, die die Validität der in der Prüfeinrichtung durchgeführten Prüfungen beeinträchtigen könnten;
- Abgabe einer Empfehlung an eine Bewertungsbehörde, eine Prüfung zurückzuweisen;
- keine weiteren Inspektionen in der Prüfeinrichtung oder Überprüfungen von Prüfungen aus einer Prüfeinrichtung und – zum Beispiel, wo verwaltungstechnisch möglich – Streichung der Prüfeinrichtung aus dem (nationalen) GLP-Überwachungsprogramm oder aus etwaigen existierenden Listen oder Verzeichnissen GLP-inspizierter Prüfeinrichtungen;
- Auferlegen der Bedingung, dass bestimmten Abschlussberichten eine Erklärung über die Einzelheiten der Abweichungen beizufügen ist;
- Ergreifung gerichtlicher/verwaltungsrechtlicher Maßnahmen, wo es die Umstände erfordern und wo rechtliche Verfahren es ermöglichen.

Rechtsbehelfsverfahren

Schwierigkeiten oder Meinungsverschiedenheiten zwischen Inspektoren und der Leitung der Prüfeinrichtung werden normalerweise im Laufe der Inspektion einer Prüfeinrichtung oder der Überprüfung einer Prüfung beigelegt. Es kann jedoch sein, dass nicht immer eine Übereinstimmung erzielt werden kann. Es ist daher ein Verfahren vorzusehen, dass einer Prüfeinrichtung erlaubt, eine eigene Darstellung bezüglich der Ergebnisse der Inspektion einer Prüfeinrichtung oder der Überprüfung einer Prüfung zum Zweck der Überwachung der Einhaltung der GLP oder auch bezüglich der von der GLP-Überwachungsbehörde vorgeschlagenen Folgemaßnahmen abzugeben.

Abschnitt B
Überarbeitete Leitlinien für die Durchführung von Inspektionen einer Prüfeinrichtung und die Überprüfung von Prüfungen

Einleitung

Zweck dieses Abschnitts des vorliegenden Anhangs ist es, Leitlinien für die Durchführung von Inspektionen einer Prüfeinrichtung und die Überprüfung von Prüfungen bereitzustellen, die von OECD-Mitgliedstaaten gegenseitig anerkannt werden können. Er befasst sich im Wesentlichen mit Inspektionen von Prüfeinrichtungen, da diese Tätigkeit die Zeit von GLP-Inspektoren in erster Linie beansprucht. Die Inspektion einer Prüfeinrichtung schließt normalerweise eine Überprüfung von laufenden oder abgeschlossenen Prüfungen als Teil der Inspektion ein, aber Überprüfungen von Prüfungen sind auch von Zeit zu Zeit auf Anfrage, zum Beispiel einer Bewertungsbehörde, durchzuführen. Allgemeine Leitlinien für die Durchführung von Überprüfungen von Prüfungen sind am Ende dieses Anhangs enthalten.

Inspektionen von Prüfeinrichtungen werden durchgeführt, um den Grad der Übereinstimmung der Prüfeinrichtungen und der Prüfungen mit den GLP-Grundsätzen und die Integrität der Daten festzustellen, um so sicherzustellen, dass daraus hervorgegangene Daten von angemessener Qualität für die Bewertungen und Entscheidungen der nationalen Bewertungsbehörden sind. Die Inspektionen werden mit Berichten abgeschlossen, die beschreiben, inwieweit sich eine Prüfeinrichtung an die GLP-Grundsätze hält. Inspektionen von Prüfeinrichtungen sind regelmäßig und routinemäßig durchzuführen, um Aufzeichnungen über den Stand der Einhaltung der GLP-Grundsätze in einer Prüfeinrichtung zu erstellen und fortzuschreiben.

Weitere Informationen zu vielen Punkten dieses Abschnitts dieses Anhangs können den OECD-Konsensdokumenten zur GLP entnommen werden (z. B. bezüglich der Rolle und der Verantwortlichkeiten des Prüfleiters).

Begriffsbestimmungen

Die Begriffsbestimmungen in den nach Artikel 1 der Richtlinie 2004/10/EG angenommenen „OECD-Grundsätzen der Guten Laborpraxis" und die in Abschnitt A dieses Anhangs aufgeführten Begriffsbestimmungen sind auch auf diesen Abschnitt anwendbar.

Inspektionen von Prüfeinrichtungen

Inspektionen zur Einhaltung der GLP-Grundsätze können in jeder Prüfeinrichtung stattfinden, in der Daten zum Schutz der Gesundheit oder Umwelt zu behördlichen Bewertungszwecken gewonnen werden. Die Inspektoren können aufgefordert werden, Daten bezüglich der physikalischen, chemischen, toxikologischen oder ökotoxikologischen Eigenschaften einer Substanz oder einer Zubereitung zu prüfen. Gegebenenfalls können die Inspektoren auf die Unterstützung durch Fachleute besonderer Fachrichtungen angewiesen sein.

Die breite Vielfalt der Einrichtungen (sowohl in ihrer Auslegung als auch in ihrer Organisationsstruktur) und die Vielfalt der Prüfungen, mit denen die Inspektoren zu tun haben, bedeuten, dass die Inspektoren ihr eigenes Urteilsvermögen verwenden müssen, um den Grad und das Ausmaß der Einhaltung der GLP-Grundsätze zu beurteilen. Gleichwohl haben sich die Inspektoren bei der Bewertung, ob eine bestimmte Prüfeinrichtung oder eine bestimmte Prüfung eine angemessene Übereinstimmung mit jedem GLP-Grundsatz aufweist, um ein in sich geschlossenes Konzept zu bemühen.

Die folgenden Abschnitte enthalten Leitlinien zu verschiedenen Aspekten der Prüfeinrichtung, einschließlich ihres Personals und ihrer Verfahren, die von den Inspektoren überprüft werden können. In jedem Abschnitt steht eine allgemeine Anweisung sowie eine Liste mit Erläuterungen zu besonderen Punkten, deren Berücksichtigung bei einer Inspektion sinnvoll sein kann. Die Listen enthalten keine erschöpfende Aufzählung und sollten auch nicht in diesem Sinne verstanden werden.

Die Inspektoren haben sich nicht mit der wissenschaftlichen Eignung einer Prüfung oder mit der Auslegung der Ergebnisse von Prüfungen in Bezug auf die Gefahren für die menschliche Gesundheit oder die Umwelt zu befassen. Diese Gesichtspunkte fallen in den Zuständigkeitsbereich der Behörden, denen die Daten zu Bewertungszwecken vorgelegt werden.

Die Inspektionen von Prüfeinrichtungen und die Überprüfungen von Prüfungen stören unvermeidlicherweise den normalen Arbeitsablauf in einer Prüfeinrichtung. Die Inspektoren sollten daher ihre Arbeit sorgfältig geplant durchführen und, soweit möglich, die Wünsche der Leitung der Prüfeinrichtung in Bezug auf die Zeitplanung bei Besuchen in bestimmten Abteilungen der Einrichtung berücksichtigen.

Die Inspektoren haben durch ihre Inspektionen von Prüfeinrichtungen und die Überprüfung von Prüfungen Zugang zu vertraulichen Informationen von kommerziellem Wert. Es ist von entscheidender Bedeutung, dass sie sicherstellen, dass solche Informationen nur befugtem Personal zugänglich gemacht werden. Ihre Verantwortlichkeiten in dieser Hinsicht werden innerhalb des jeweiligen (nationalen) GLP-Überwachungsprogramms festgelegt.

Inspektionsverfahren

Vorinspektion

Zweck: den Inspektor mit der zu prüfenden Einrichtung in Bezug auf Organisationsstruktur, räumliche Anordnung der Gebäude sowie Art und Umfang der Prüfungen vertraut zu machen. Vor der Durchführung einer Inspektion einer Prüfeinrichtung oder einer Überprüfung von Prüfungen haben sich die Inspektoren mit der Einrichtung, die sie besuchen werden, vertraut zu machen. Dabei sollten alle bereits vorliegenden Informationen über eine Einrichtung geprüft werden. Dazu gehören frühere Inspektionsberichte, die räumliche Anordnung der Prüfeinrichtung, Organisationspläne, Berichte über Prüfungen, Prüfpläne und Unterlagen über den beruflichen Werdegang (Lebensläufe) des Personals. Solche Dokumente geben Auskunft über

- Art, Größe und räumliche Anordnung der Einrichtung,
- welche und wie viele Prüfungen voraussichtlich von der Inspektion betroffen sein werden,
- Organisationsstruktur der Einrichtung.

Die Inspektoren haben insbesondere auf bei früheren Inspektionen festgestellte Mängel zu achten. Wenn bisher noch keine Inspektion der Prüfeinrichtung durchgeführt worden ist, kann eine Vorinspektion wichtige Informationen vermitteln.

Die Prüfeinrichtungen können über Datum und Uhrzeit der Ankunft der Inspektoren, das Ziel ihres Besuchs sowie die Zeit informiert werden, die sie voraussichtlich in den Räumlichkeiten verbringen werden. Damit kann die Prüfeinrichtung sicherstellen, dass das zuständige Personal und die entsprechende Dokumentation zur Verfügung stehen. Falls besondere Dokumente oder Aufzeichnungen geprüft werden sollen, kann es nützlich sein, diese der Prüfeinrichtung vor dem Besuch anzugeben, so dass sie während der Inspektion unmittelbar verfügbar sind.

Einführungsbesprechung

Zweck: Leitung und Mitarbeiter der Einrichtung über den Grund der bevorstehenden Inspektion der Prüfeinrichtung oder der Überprüfung von Prüfungen zu unterrichten und die betroffenen Bereiche der Prüfeinrichtung, die für die Überprüfung ausgewählten Prüfungen, die Unterlagen und das voraussichtlich einbezogene Personal festzulegen.

Die organisatorischen und praktischen Einzelheiten der Inspektion der Prüfeinrichtung oder Überprüfung von Prüfungen sollten mit der Leitung der Einrichtung zu Beginn des Besuchs erörtert werden. Bei der Einführungsbesprechung sollten die Inspektoren

- Zweck und Rahmen des Besuchs darlegen;
- die für die Inspektion der Prüfeinrichtung benötigten Unterlagen angeben, wie zum Beispiel Listen laufender und abgeschlossener Prüfungen, Prüfpläne, Standardarbeitsanweisungen, Prüfberichte. Der Zugang zu und, falls erforderlich, das Kopieren von relevanten Unterlagen sollte zu diesem Zeitpunkt einvernehmlich geregelt werden;
- die Organisations- und Personalstruktur der Prüfeinrichtung abklären oder dazu zusätzliche Informationen einholen;
- Informationen einholen, ob in Bereichen der Prüfeinrichtung, in denen GLP-Prüfungen durchgeführt werden, auch solche Prüfungen durchgeführt werden, die den GLP-Grundsätzen nicht unterliegen;
- die Bereiche der Einrichtung vorläufig festlegen, die im Laufe der Inspektion erfasst werden;
- die Unterlagen und Proben angeben, welche für die Überprüfung der ausgewählten laufenden oder abgeschlossenen Prüfung(en) benötigt werden;

– darauf hinweisen, dass zum Ende der Inspektion eine Abschlussbesprechung stattfinden wird.

Bevor die Inspektion einer Prüfeinrichtung weitergeführt wird, sollte(n) der/die Inspektor(en) Kontakt zur Qualitätssicherung (QS) der Einrichtung herstellen.

Im Allgemeinen wird es hilfreich sein, wenn die Inspektoren bei der Inspektion einer Prüfeinrichtung von einem Mitarbeiter der QS-Abteilung begleitet werden.

Die Inspektoren können verlangen, dass zur Überprüfung von Dokumenten und für andere Aktivitäten ein Raum bereitgestellt wird.

Organisation und Personal

Zweck: festzustellen, ob die Prüfeinrichtung über ausreichend qualifiziertes Personal, Mitarbeiter und Hilfsdienste für Art und Anzahl der durchgeführten Prüfungen verfügt, ob die organisatorische Struktur darauf abgestimmt ist und ob die Leitung der Prüfeinrichtung geeignete Verfahren für Fortbildung und gesundheitliche Überwachung des Personals eingeführt hat, entsprechend den in der Einrichtung durchgeführten Prüfungen.

Die Inspektoren sollten sich von der Leitung der Prüfeinrichtung unter anderem folgende Unterlagen vorlegen lassen:

– die Stockwerkgrundrisse,

– Organigramme zur Betriebsstruktur der Prüfeinrichtung sowie zur Organisation der wissenschaftlichen Bereiche,

– beruflicher Werdegang der Personen, die mit den zur Überprüfung ausgewählten Prüfungen befasst sind,

– Liste(n) laufender und abgeschlossener Prüfungen mit Angaben über die Art der Prüfung, Daten über Beginn und Abschluss der Prüfung, des Prüfsystems, der Applikationsmethode der Prüfsubstanz und zum Namen des Prüfleiters,

– Vorschriften zur Gesundheitsüberwachung des Personals,

– Arbeitsplatzbeschreibungen und Ausbildungsprogramme des Personals sowie Aufzeichnungen darüber,

– ein Verzeichnis der Standardarbeitsanweisungen der Einrichtung,

– spezielle Standardarbeitsanweisungen für die Prüfungen oder Verfahren, die Gegenstand von Inspektionen oder Überprüfungen sind,

– Liste(n) der für die überprüfte(n) Prüfung(en) verantwortlichen Prüfleiter und die betreffenden Auftraggeber.

Der Inspektor sollte insbesondere überprüfen:

– die Listen über laufende und abgeschlossene Prüfungen, um den Stand der von der Prüfeinrichtung durchgeführten Arbeiten zu ermitteln,

- die Identität und die Qualifikationen der Prüfleiter, des Leiters der Qualitätssicherung und anderer Mitarbeiter,
- das Vorhandensein von Standardarbeitsanweisungen für alle relevanten Prüfbereiche.

Qualitätssicherungsprogramm

Zweck: festzustellen, ob die Verfahren, mit denen der Leitung der Prüfeinrichtung die Übereinstimmung der Prüfungen mit den GLP-Grundsätzen nachgewiesen wird, angemessen sind.

Der Leiter der QS sollte aufgefordert werden, die Systeme und Methoden der QS-Inspektionen und Überwachung der Prüfungen sowie das System der Aufzeichnung von Feststellungen, die während der Überwachung durch die QS gemacht werden, zu demonstrieren. Die Inspektoren sollten sich vergewissern,

- welche Qualifikationen der Leiter der QS sowie das gesamte Personal dieser Abteilung besitzen;
- dass die QS unabhängig von dem an der Prüfung beteiligten Personal ist;
- wie die QS Inspektionen plant und durchführt, wie sie festgestellte kritische Phasen in einer Prüfung überwacht und welche Mittel für Inspektionen und Überwachung vonseiten der QS zur Verfügung stehen;
- dass Vorkehrungen getroffen sind für eine stichprobenartige Überwachung, wenn die Prüfungen so kurz sind, dass die Überwachung jeder einzelnen Prüfung undurchführbar ist;
- welchen Umfang und welche Intensität die QS-Überwachung in den praktischen Phasen von Prüfungen aufweist;
- welchen Umfang und welche Intensität die QS-Überwachung der Routinearbeitsabläufe in einer Prüfeinrichtung hat;
- welche QS-Verfahren zur Überprüfung des Abschlussberichtes eingesetzt werden, um dessen Übereinstimmung mit den Rohdaten sicherzustellen;
- dass die Leitung der Prüfeinrichtung von der QS Berichte über Schwierigkeiten erhält, die die Qualität oder Integrität einer Prüfung beeinträchtigen können;
- welche Maßnahmen die QS ergreift, wenn Abweichungen festgestellt werden;
- welche Funktion die QS gegebenenfalls hat, wenn Prüfungen ganz oder teilweise bei Unterauftragnehmern durchgeführt werden;
- welche Rolle die QS gegebenenfalls bei der Überprüfung, Überarbeitung und Aktualisierung von Standardarbeitsanweisungen spielt.

Einrichtungen

Zweck: festzustellen, ob die Prüfeinrichtung, gleich ob es sich um geschlossene Räumlichkeiten oder um einen Freilandstandort handelt, in Größe, Raumaufteilung und Standort den Anforderungen der durchzuführenden Prüfungen entspricht.

Der Inspektor sollte sich vergewissern, dass

- die Raumaufteilung eine angemessene Trennung ermöglicht, so dass beispielsweise zu einer Prüfung gehörende Prüfsubstanzen, Tiere, Futtermittel oder Proben aus der Pathologie nicht mit denen einer anderen Prüfung durcheinander gebracht werden können;
- Umweltkontroll- und Überwachungsverfahren bestehen und in kritischen Bereichen ordnungsgemäß funktionieren, z. B. in Räumen für Tiere oder andere biologische Prüfsysteme, Bereichen für die Lagerung von Prüfsubstanzen, Laborbereichen;
- die allgemeinen betriebstechnischen Maßnahmen für die unterschiedlichen Einrichtungen angemessen sind und dass es gegebenenfalls Maßnahmen zur Schädlingsbekämpfung gibt.

Pflege, Haltung, und Unterbringung von Tieren und anderen biologischen Prüfsystemen

Zweck: festzustellen, ob die Prüfeinrichtung bei Prüfungen an Tieren oder anderen biologischen Prüfsystemen über ausreichende Hilfseinrichtungen und Voraussetzungen für ihre Haltung, Pflege und Unterbringung verfügt, um Stress und andere Probleme zu vermeiden, die das Prüfsystem und damit auch die Qualität der Daten beeinflussen könnten.

Eine Prüfeinrichtung kann Prüfungen durchführen, die eine Vielfalt von Tier- oder Pflanzenarten sowie mikrobielle Systeme oder andere zelluläre oder subzelluläre Systeme erfordern. Die Art der eingesetzten Prüfsysteme ist entscheidend für die vom Inspektor zu überwachenden Gesichtspunkte zur Pflege, Haltung oder Unterbringung. Mit seinem Urteilsvermögen sollte der Inspektor, bezogen auf die Prüfsysteme, feststellen, ob

- geeignete Einrichtungen für die verwendeten Prüfsysteme und für die Testerfordernisse vorhanden sind;
- Vorkehrungen getroffen sind, Tiere und Pflanzen, die in die Einrichtung gebracht wurden, in Quarantäne zu nehmen, und ob diese Vorkehrungen genügen;
- Vorkehrungen getroffen sind, um Tiere (oder gegebenenfalls Teile von anderen Prüfsystemen) zu isolieren, wenn von ihnen bekannt oder zu vermuten ist, dass sie krank oder Krankheitsträger sind;
- eine angemessene und auf das Prüfsystem abgestimmte Überwachung und Aufzeichnung über gesundheitliche, verhaltensmäßige oder sonstige Beurteilungspunkte stattfindet;
- die Ausrüstung für die Aufrechterhaltung der für jedes Prüfsystem erforderlichen Umweltbedingungen ausreichend, gut gewartet und effizient ist;
- Tierkäfige, Gestelle, Wasserbecken und andere Behälter sowie Zusatzausrüstungen hinreichend sauber gehalten werden;

- Analysen zur Überprüfung von Umweltbedingungen und Hilfssystemen vorschriftsmäßig durchgeführt werden;
- Einrichtungen zur Beseitigung und Entsorgung von tierischen und sonstigen Abfällen aus den Prüfsystemen vorhanden sind und so betrieben werden, dass Schädlingsbefall, Gerüche, Krankheitsgefahren und Umweltverschmutzung so gering wie möglich gehalten werden;
- Lagerflächen für Tierfutter oder entsprechende Stoffe für alle Prüfsysteme vorgesehen sind; dass diese Lagerflächen nicht für die Lagerung anderer Stoffe, wie zum Beispiel Prüfsubstanzen, Schädlingsbekämpfungs- oder Desinfektionsmittel, benutzt werden und dass sie von Bereichen getrennt sind, in denen Tiere gehalten werden oder andere biologische Prüfsysteme untergebracht sind;
- gelagerte Futtermittel und Einstreu vor Schäden durch ungünstige Umwelteinflüsse, Schädlingsbefall oder Verschmutzung geschützt sind.

Geräte, Materialien, Reagenzien und Proben

Zweck: zu überprüfen, ob die Prüfeinrichtung über betriebsbereite Geräte an geeigneten Standorten, in ausreichender Menge und von angemessener Kapazität verfügt, um den Erfordernissen der in der Einrichtung durchgeführten Prüfungen gerecht zu werden, und ob die Materialien, Reagenzien und Proben ordnungsgemäß gekennzeichnet, benutzt und gelagert werden.

Der Inspektor sollte überprüfen, ob

- die Geräte sauber und in einwandfreiem Zustand sind;
- Aufzeichnungen über Bedienung, Wartung, Überprüfung, Kalibrierung und Validierung von Messinstrumenten und Geräten (einschließlich computergestützte Systeme) geführt werden;
- Materialien und chemische Reagenzien ordnungsgemäß gekennzeichnet sind, bei geeigneten Temperaturen gelagert und die Verfallsdaten beachtet werden. Die Beschriftungen der Reagenzien sollten ihre Herkunft, Identität und Konzentrationen sowie andere sachdienliche Informationen angeben;
- Proben nach Prüfsystem, Prüfung, Beschaffenheit und Zeitpunkt der Probennahme klar gekennzeichnet sind;
- die benutzten Geräte und Materialien die Prüfsysteme nicht in wahrnehmbarem Ausmaß beeinträchtigen.

Prüfsysteme

Zweck: festzustellen, ob geeignete Verfahren für die Handhabung und die Kontrolle der verschiedenen Prüfsysteme vorhanden sind, die für die in der Einrichtung durchgeführten

Prüfungen benötigt werden, z. B. chemische und physikalische Systeme, zelluläre und mikrobielle Systeme, Pflanzen oder Tiere.

Physikalische und chemische Prüfsysteme

Der Inspektor sollte sich vergewissern, dass

- soweit in den Prüfplänen vorgesehen – die Haltbarkeit der Prüf- und Referenzsubstanzen bestimmt und die in den Prüfplänen spezifizierten Referenzsubstanzen verwendet wurden;
- bei automatisch arbeitenden Systemen die in Form grafischer Darstellungen, Geräteaufzeichnungen oder Computerausdrucken gewonnenen Daten als Rohdaten behandelt und archiviert werden.

Biologische Prüfsysteme

Unter Berücksichtigung der relevanten oben genannten Kriterien hinsichtlich Pflege, Haltung und Unterbringung von biologischen Prüfsystemen sollte der Inspektor überprüfen, ob

- die Prüfsysteme mit den im Prüfplan spezifizierten Angaben übereinstimmen;
- die Prüfsysteme während des Verlaufs der Prüfung ausreichend und, sofern erforderlich und angebracht, unverwechselbar gekennzeichnet sind und dass über den Erhalt von Prüfsystemen Aufzeichnungen existieren, die vollständig die Anzahl erhaltener, eingesetzter, ersetzter oder entfernter Prüfsysteme dokumentieren;
- Käfige oder Behälter für Prüfsysteme ordnungsgemäß mit allen erforderlichen Angaben gekennzeichnet sind;
- die Prüfungen, die an den gleichen Tierarten (oder den gleichen biologischen Prüfsystemen), aber mit verschiedenen Substanzen durchgeführt werden, ausreichend getrennt sind;
- für eine ausreichende Trennung der Tierarten (und anderer biologischer Prüfsysteme) in räumlicher oder zeitlicher Hinsicht gesorgt ist;
- die Umweltbedingungen des biologischen Prüfsystems so beschaffen sind, wie es der Prüfplan oder die Standardarbeitsanweisungen zum Beispiel für Temperaturen oder Hell-Dunkel-Zyklen spezifizieren;
- die Aufzeichnungen über Erhalt, Handhabung, Haltung oder Unterbringung, Pflege und Beurteilung des Gesundheitszustands für die Prüfsysteme geeignet sind;
- schriftliche Aufzeichnungen über die Eingangsuntersuchung, Quarantäne, Morbidität, Sterblichkeit, Verhaltensweise, Diagnose und Behandlung von Tieren und pflanzlichen Prüfsystemen oder über ähnliche, dem jeweiligen biologischen Prüfsystem angemessene Kriterien geführt werden;
- Bestimmungen über die angemessene Entsorgung der Prüfsysteme bei Beendigung der Prüfungen vorliegen.

Prüf- und Referenzsubstanzen

Zweck: festzustellen, ob die Prüfeinrichtung geeignete Verfahren entwickelt hat, um i) sicherzustellen, dass Identität, Wirksamkeit, Menge und Zusammensetzung der Prüf- und Referenzsubstanzen mit ihren Spezifikationen übereinstimmen, und um ii) Prüf- und Referenzsubstanzen ordnungsgemäß in Empfang zu nehmen und zu lagern.

Der Inspektor sollte überprüfen, ob

- schriftliche Aufzeichnungen über Empfang (einschließlich des Namens der verantwortlichen Person) sowie Handhabung, Probenahme, Gebrauch und Lagerung von Prüf- und Referenzsubstanzen vorhanden sind;
- die Behälter der Prüf- und Referenzsubstanzen ordnungsgemäß gekennzeichnet sind;
- die Lagerbedingungen geeignet sind, Konzentration, Reinheit und Stabilität der Prüf- und Referenzsubstanzen aufrechtzuerhalten;
- schriftliche Aufzeichnungen über die Bestimmung von Identität, Reinheit, Zusammensetzung und Stabilität und gegebenenfalls über Maßnahmen zur Verhütung von Verunreinigungen der Prüf- und Referenzsubstanzen vorhanden sind;
- gegebenenfalls Verfahren zur Feststellung der Homogenität und Stabilität von Mischungen, in denen Prüf- und Referenzsubstanzen enthalten sind, vorliegen;
- gegebenenfalls Behälter mit Mischungen (oder Verdünnungen) der Prüf- und Referenzsubstanzen gekennzeichnet sind und Aufzeichnungen über die Homogenität und Stabilität ihres Inhalts geführt werden;
- wenn die Prüfung länger als vier Wochen dauert – Rückstellmuster aus jeder Charge der Prüf- und Referenzsubstanzen für Analysezwecke entnommen und für eine angemessene Zeit archiviert werden;
- Verfahren zur Mischung von Substanzen so konzipiert sind, dass Fehler bei der Kennzeichnung oder die gegenseitige Verunreinigung vermieden werden.

Standardarbeitsanweisungen

Zweck: festzustellen ob die Prüfeinrichtung über schriftliche Standardarbeitsanweisungen für alle wichtigen Aspekte ihrer Arbeitsabläufe verfügt, da die Verwendung von schriftlichen Standardarbeitsanweisungen zu einer der wichtigsten Methoden der Leitung der Prüfeinrichtung zur Regelung der Arbeitsabläufe des Betriebes zählt. Diese beziehen sich direkt auf die Routineelemente der von der Prüfeinrichtung durchgeführten Prüfungen.

Der Inspektor sollte sich vergewissern, ob

- jeder Bereich der Prüfeinrichtung unmittelbar über die für ihn relevanten, genehmigten Kopien von Standardarbeitsanweisungen verfügt;
- Verfahren zur Überarbeitung und Aktualisierung von Standardarbeitsanweisungen vorhanden sind;

- Ergänzungen oder Änderungen der Standardarbeitsanweisungen genehmigt und datiert sind;
- eine chronologische Sammlung von Standardarbeitsanweisungen geführt wird;
- Standardarbeitsanweisungen für folgende, nicht abschließend aufgezählte Arbeiten vorliegen:
  - i) Erhalt, Bestimmung der Identität, Reinheit, Zusammensetzung und Stabilität, Kennzeichnung, Handhabung, Probenahme, Gebrauch und Lagerung von Prüf- und Referenzsubstanzen,
  - ii) Gebrauch, Wartung, Reinigung, Kalibrierung und Validierung von Messinstrumenten, computergestützten Systemen und Geräten zur Kontrolle der Umweltbedingungen,
  - iii) Zubereitung von Reagenzien und Formulierungen für die Dosierung,
  - iv) Führen von Aufzeichnungen, Berichterstattung, Aufbewahrung und Wiederauffindung von Aufzeichnungen und Berichten,
  - v) Vorbereitung und Umweltkontrolle von Bereichen, die Prüfsysteme enthalten,
  - vi) Erhalt, Weitergabe, Unterbringung, Charakterisierung, Identifizierung und Pflege von Prüfsystemen,
  - vii) Handhabung der Prüfsysteme vor, während und beim Abschluss der Prüfung,
  - viii) Beseitigung der Prüfsysteme,
  - ix) Gebrauch von Schädlingsbekämpfungs- und Reinigungsmitteln,
  - x) Durchführung des Qualitätssicherungsprogramms.

Durchführung der Prüfung

Zweck: nachzuprüfen, ob schriftliche Prüfpläne vorliegen und ob Pläne und Durchführung der Prüfung mit den GLP-Grundsätzen übereinstimmen.

Der Inspektor sollte sich vergewissern, dass

- der Prüfplan vom Prüfleiter unterzeichnet wurde;
- Änderungen zum Prüfplan vom Prüfleiter datiert und unterzeichnet sind;
- (gegebenenfalls) das Datum angegeben wurde, an dem der Auftraggeber dem Prüfplan zustimmte;
- Messungen, Beobachtungen und Untersuchungen mit dem Prüfplan und relevanten Standardarbeitsanweisungen übereinstimmen;
- die Ergebnisse dieser Messungen, Beobachtungen und Untersuchungen direkt, sofort, sorgfältig und leserlich aufgezeichnet, datiert und unterzeichnet (oder abgezeichnet) wurden;

- etwaige Änderungen der Rohdaten, einschließlich der in computergestützten Systemen gespeicherten Daten, frühere Eintragungen nicht unkenntlich machen, der Grund für die Änderungen angegeben ist und sowohl die für die Änderung verantwortliche Person als auch das Datum, an dem sie vorgenommen wurde, ersichtlich sind;
- durch computergestützte Systeme gewonnene oder gespeicherte Daten gekennzeichnet werden und dass die Verfahren zur Sicherung dieser Daten gegen unerlaubte Änderungen oder Verlust angemessen sind;
- die im Rahmen der Prüfung eingesetzten computergestützten Systeme zuverlässig und genau sowie validiert worden sind;
- alle in den Rohdaten verzeichneten unvorhergesehenen Ereignisse untersucht und bewertet wurden;
- die Ergebnisse in den Prüfberichten (Zwischen- oder Abschlussberichte) folgerichtig und vollständig und die Rohdaten korrekt wiedergeben sind.

Berichterstattung über die Ergebnisse der Prüfung

Zweck: festzustellen, ob die Abschlussberichte in Übereinstimmung mit den GLP-Grundsätzen erstellt wurden.

Bei der Prüfung eines Abschlussberichts sollte der Inspektor überprüfen, ob

- der Prüfleiter diesen datiert und unterzeichnet hat, womit die Übernahme der Verantwortung für die Validität der Prüfung erklärt wird und bestätigt wird, dass die Prüfung in Übereinstimmung mit den GLP-Grundsätzen durchgeführt wurde;
- auch andere verantwortliche Wissenschaftler datiert und unterzeichnet haben, falls Teilberichte, die sich aus der Mitarbeit anderer Berichte ergeben haben, in den Abschlussbericht einbezogen sind;
- eine datierte und unterzeichnete Erklärung der QS dem Abschlussbericht beigefügt ist;
- etwaige Nachträge von dafür verantwortlichen Mitarbeitern gemacht wurden;
- der Archivierungsort aller Rückstellmuster, Proben und Rohdaten angegeben ist.

Archivierung und Aufbewahrung von Aufzeichnungen

Zweck: festzustellen, ob in der Einrichtung angemessene Aufzeichnungen und Berichte erstellt wurden und ob geeignete Vorkehrungen für die sichere Lagerung und Aufbewahrung der Aufzeichnungen und Materialien getroffen worden sind.

Der Inspektor sollte überprüfen:

- dass eine für das Archiv verantwortliche Person bestimmt wurde;
- die Einrichtungen im Archiv zur Aufbewahrung der Prüfpläne, Rohdaten (einschließlich derjenigen von abgebrochenen GLP-Prüfungen), Abschlussberichte, Rückstellmuster und Proben sowie der Aufzeichnungen über die Aus- und Weiterbildung des Personals;

- die Verfahren für das Wiederauffinden archivierter Materialien;
- die Verfahren, nach denen der Zugang zu den Archiven auf befugtes Personal beschränkt ist und Aufzeichnungen vorhanden sind über diejenigen Personen, die Zugang zu Rohdaten, Objektträgern usw. hatten;
- ob eine Bestandsaufnahme über Materialien geführt wird, die aus den Archiven entfernt und wieder zurückgegeben wurden;
- ob Aufzeichnungen und Materialien die erforderliche oder angemessene Zeit aufbewahrt und vor Verlust oder Beschädigung durch Feuer, ungünstige Umwelteinflüsse usw. geschützt sind.

Überprüfung von Prüfungen

Inspektionen von Prüfeinrichtungen schließen gewöhnlich unter anderem auch Überprüfungen von laufenden oder abgeschlossenen Prüfungen ein. Überprüfungen bestimmter Prüfungen werden auch öfter von Bewertungsbehörden angefordert und können unabhängig von Inspektionen der Prüfeinrichtung durchgeführt werden. Aufgrund der großen Vielfalt der Prüfungsarten, die möglicherweise zu überprüfen sind, ist nur eine allgemein gehaltene Anleitung angebracht, und die Inspektoren und andere an den Überprüfungen von Prüfungen beteiligte Personen werden immer die Art und Weise sowie den Umfang ihrer Überprüfung nach eigener Einschätzung festlegen müssen. Ihr Ziel sollte darin bestehen, die Prüfung durch Vergleich des Abschlussberichts mit dem Prüfplan und den relevanten Standardarbeitsanweisungen, den Rohdaten und anderen archivierten Materialien zu rekonstruieren.

In einigen Fällen können die Inspektoren zur Durchführung einer effektiven Überprüfung von Prüfungen die Unterstützung durch weitere Experten benötigen, z. B., wenn eine Überprüfung von Gewebeschnitten unter dem Mikroskop notwendig wird.

Bei der Überprüfung einer Prüfung sollte der Inspektor

- sich Namen, Arbeitsplatzbeschreibungen und Zusammenfassungen über Ausbildung und Erfahrung ausgewählter Personen vorlegen lassen, die mit der (den) Prüfung(en) befasst sind, z. B. Prüfleiter und verantwortliche Wissenschaftler;
- überprüfen, ob für die durchgeführten Prüfung(en) ausreichendes und in den relevanten Bereichen ausgebildetes Personal zur Verfügung steht;
- in der Prüfung verwendete Geräte oder spezielle Ausrüstungen stichprobenartig auswählen und die Aufzeichnungen über Kalibrierung, Wartung und Service überprüfen;
- die Aufzeichnungen über die Stabilität der Prüfsubstanzen, die Analysen der Prüfsubstanzen und Formulierungen, die Futteranalysen usw. durchsehen;
- versuchen, nach Möglichkeit in Gesprächen, die Arbeitsbelastung ausgewählter an der Prüfung beteiligter Personen zu erfahren, um sicherzustellen, dass diese Personen Zeit genug hatten, um die im Prüfplan oder im Abschlussbericht aufgeführten Aufgaben zu erfüllen;

- sich Kopien der gesamten Unterlagen über Kontrollverfahren oder der Unterlagen, die wesentlicher Bestandteil der Prüfung sind, aushändigen zu lassen, insbesondere:
  i) den Prüfplan,
  ii) die zum Zeitpunkt der Durchführung der Prüfung gültigen Standardarbeitsanweisungen,
  iii) Tagebücher, Laborbücher, Akten, Arbeitsblätter, Ausdrucke von computergespeicherten Daten usw.; falls notwendig, sind Berechnungen zu überprüfen,
  iv) den Abschlussbericht.

Bei Prüfungen an Tieren (d. h. Nagetiere und andere Säugetiere) sollten die Inspektoren einen bestimmten Prozentsatz einzelner Tiere von ihrer Ankunft in der Prüfeinrichtung bis zur Sektion verfolgen. Sie sollten folgenden Aufzeichnungen besondere Aufmerksamkeit widmen:

- Körpergewicht des Tieres, Futter-/Wasseraufnahme, Zubereitung und Verabreichung der Formulierung usw.,
- klinische Beobachtungen und Sektionsbefunde,
- klinische Chemie,
- Pathologie.

Abschluss der Inspektion oder der Überprüfung von Prüfungen

Wenn die Inspektion einer Prüfeinrichtung oder die Überprüfung von Prüfungen abgeschlossen ist, hat der Inspektor seine Ergebnisse mit Vertretern der Prüfeinrichtung in einer Abschlussbesprechung zu erörtern und dann einen schriftlichen Bericht – den Inspektionsbericht – zu erstellen.

Die Inspektion einer großen Prüfeinrichtung wird wahrscheinlich eine Reihe geringfügiger Abweichungen von den GLP-Grundsätzen ergeben, die aber normalerweise nicht so bedeutend sind, dass sie die Validität der aus dieser Prüfeinrichtung stammenden Prüfungen wesentlich beeinträchtigen. In solchen Fällen ist es sinnvoll, wenn ein Inspektor berichtet, die Prüfeinrichtung arbeite in Übereinstimmung mit den GLP-Grundsätzen gemäß den von der (nationalen) GLP-Überwachungsbehörde aufgestellten Kriterien. Gleichwohl sind die Einzelheiten der festgestellten Unzulänglichkeiten oder Mängel der Prüfeinrichtung mitzuteilen und die Zusicherung der Leitung einzuholen, dass Maßnahmen zur Beseitigung dieser Unzulänglichkeiten und Mängel getroffen werden.

Der Inspektor wird die Prüfeinrichtung gegebenenfalls nach einer gewissen Zeit nochmals besuchen müssen, um nachzuprüfen, ob die erforderlichen Maßnahmen getroffen worden sind.

Wenn eine wesentliche Abweichung von den GLP-Grundsätzen während der Inspektion einer Prüfeinrichtung oder der Überprüfung einer Prüfung festgestellt wird, die nach Ansicht des Inspektors die Validität dieser Prüfung oder anderer in der Einrichtung durchgeführter Prüfungen beeinträchtigt haben könnte, hat der Inspektor der (nationalen) GLP-Überwachungsbehörde hierüber Bericht zu erstatten. Die Maßnahmen, die von dieser Behörde sowie gegebenenfalls der Bewertungsbehörde getroffen werden, werden von Art und Ausmaß der Nichtübereinstimmung und den Rechts- und Verwaltungsvorschriften im Rahmen des GLP-Überwachungsprogrammes abhängen.

Wenn die Überprüfung einer Prüfung auf Ersuchen einer Bewertungsbehörde erfolgt ist, muss ein vollständiger Bericht der Ergebnisse erstellt und ihr über die zuständige (nationale) GLP-Überwachungsbehörde zugeleitet werden.

Anhang II

Partie A
Aufgehobene Richtlinie und ihre nachfolgenden Änderungen

(Artikel 9)

Richtlinie 88/320/EWG des Rates	(ABl. L 145 vom 11.6.1988, S. 35)
Richtlinie 90/18/EWG der Kommission	(ABl. L 11 vom 13.1.1990, S. 37)
Richtlinie 1999/12/EG der Kommission	(ABl. L 77 vom 23.3.1999, S. 22)
Verordnung (EG) Nr. 1882/2003	(ABl. L 284 vom 31.10.2003, S. 1)

des Europäischen Parlaments und des Rates
– nur Anhang III Nummer 8

Partie B
Fristen für die Umsetzung in nationales Recht

(Artikel 9)

Richtlinie	Frist für die Umsetzung
88/320/EWG	1.1.1989
90/18/EWG	1.7.1990
1999/12/EG	30.9.1999

Anhang III

Entsprechungstabelle

Richtlinie 88/320/EWG	Vorliegende Richtlinie
Artikel 1–6	Artikel 1–6
Artikel 7	Artikel 8
Artikel 8	Artikel 7
Artikel 9	–
–	Artikel 9
–	Artikel 10
Artikel 10	Artikel 11
Anhang	Anhang I
–	Anhang II
–	Anhang III

Richtlinie 2003/94/EG der Kommission
vom 8. Oktober 2003 zur Festlegung der Grundsätze und Leitlinien der Guten Herstellungspraxis für Humanarzneimittel und für zur Anwendung beim Menschen bestimmte Prüfpräparate

(ABl. L 262 vom 14.10.2003, S. 22)*)

Die Kommission der Europäischen Gemeinschaften –

gestützt auf den Vertrag zur Gründung der Europäischen Wirtschaftsgemeinschaft,

gestützt auf die Richtlinie 2001/83/EG des Europäischen Parlaments und des Rates vom 6. November 2001 zur Schaffung eines Gemeinschaftskodexes für Humanarzneimittel[1]), zuletzt geändert durch die Richtlinie 2003/63/EG der Kommission[2]), insbesondere auf Artikel 47,

in Erwägung nachstehender Gründe:

(1) Alle in der Gemeinschaft hergestellten oder in die Gemeinschaft eingeführten Humanarzneimittel, einschließlich der zur Ausfuhr bestimmten Arzneimittel, müssen in Übereinstimmung mit den Grundsätzen und Leitlinien der Guten Herstellungspraxis hergestellt werden.

(2) Diese Grundsätze und Leitlinien sind in der Richtlinie 91/356/EWG der Kommission vom 13. Juni 1991 zur Festlegung der Grundsätze und Leitlinien der Guten Herstellungspraxis für zur Anwendung beim Menschen bestimmte Arzneimittel[3]) enthalten.

(3) Artikel 13 Absatz 3 der Richtlinie 2001/20/EG des Europäischen Parlaments und des Rates vom 4. April 2001 zur Angleichung der Rechts- und Verwaltungsvorschriften der Mitgliedstaaten über die Anwendung der Guten Klinischen Praxis bei der Durchführung von klinischen Prüfungen mit Humanarzneimitteln[4]) sieht vor, dass in Übereinstimmung mit dem Leitfaden für die Gute Herstellungspraxis ausführliche Anleitungen zu den Einzelheiten niedergelegt werden, die bei der Bewertung von zur Anwendung beim Menschen bestimmten Prüfpräparaten im Hinblick auf die Freigabe der Chargen in der Gemeinschaft zu berücksichtigen sind.

*) Die Richtlinie wird sechs Monate nach dem Tag der Veröffentlichung der in Artikel 82 Absatz 3 der Verordnung (EU) Nr. 536/2014 genannten Mitteilung im Amtsblatt der Europäischen Union oder mit Wirkung vom 1. April 2018 aufgehoben, je nachdem, welcher Zeitpunkt später liegt

1) ABl. L 311 vom 28.11.2001, S. 67.

2) ABl. L 159 vom 27.6.2003, S. 46.

3) ABl. L 193 vom 17.7.1991, S. 30.

4) ABl. L 121 vom 1.5.2001, S. 34.

(4) Daher ist es erforderlich, die Bestimmungen der Richtlinie 91/356/EWG auf die Gute Herstellungspraxis für Prüfpräparate zu erstrecken und anzupassen.

(5) Da die meisten Bestimmungen der Richtlinie 91/356/EWG angepasst werden müssen, sollte die Richtlinie zur besseren Übersichtlichkeit ersetzt werden.

(6) Zur Sicherstellung der Übereinstimmung mit den Grundsätzen und Leitlinien der Guten Herstellungspraxis sollten ausführliche Bestimmungen zu Inspektionen durch die zuständigen Behörden sowie zu bestimmten Pflichten des Herstellers festgelegt werden.

(7) Alle Hersteller sollten ein wirksames Qualitätsmanagementsystem ihrer Herstellungsvorgänge gewährleisten, wozu ein pharmazeutisches Qualitätssicherungssystem einzuführen und zu unterhalten ist.

(8) Grundsätze und Leitlinien der Guten Herstellungspraxis in Bezug auf Qualitätsmanagement, Personal, Räumlichkeiten und Ausrüstung, Dokumentation, Produktion, Qualitätskontrolle, Auftragsherstellung, Beanstandungen und Produktrückruf sowie Selbstinspektionen sollten festgelegt werden.

(9) Zum Schutz der an klinischen Prüfungen beteiligten Menschen und zur Rückverfolgung von Prüfpräparaten sind besondere Bestimmungen zur Etikettierung dieser Produkte erforderlich.

(10) Die in dieser Richtlinie vorgesehenen Maßnahmen entsprechen der Stellungnahme des gemäß Artikel 121 der Richtlinie 2001/83/EG eingerichteten Ständigen Ausschusses für Humanarzneimittel,

hat folgende Richtlinie erlassen:

Artikel 1
Geltungsbereich

Diese Richtlinie enthält die Grundsätze und Leitlinien der Guten Herstellungspraxis für Humanarzneimittel, deren Herstellung einer Genehmigung nach Artikel 40 der Richtlinie 2001/83/EG bedarf, sowie für zur Anwendung beim Menschen bestimmte Prüfpräparate, deren Herstellung einer Genehmigung nach Artikel 13 der Richtlinie 2001/20/EG bedarf.

Artikel 2
Begriffsbestimmungen

Im Sinne dieser Richtlinie bedeutet der Begriff:

1. „Arzneimittel“: ein Produkt im Sinne von Artikel 1 Absatz 2 der Richtlinie 2001/83/EG;
2. „Prüfpräparat“: ein Produkt im Sinne von Artikel 2 Buchstabe d) der Richtlinie 2001/20/EG;

3. „Hersteller“: alle Personen, die an Tätigkeiten beteiligt sind, für die eine Genehmigung nach Artikel 40 Absätze 1 und 3 der Richtlinie 2001/83/EG oder eine Genehmigung nach Artikel 13 Absatz I der Richtlinie 2001/20/EG erforderlich ist;
4. „sachkundige Person“: eine Person im Sinne von Artikel 48 der Richtlinie 2001/83/EG oder im Sinne von Artikel 13 Absatz 2 der Richtlinie 2001/20/EG;
5. „pharmazeutische Qualitätssicherung“: die Gesamtheit aller vorgesehenen Maßnahmen, die getroffen werden, um sicherzustellen, dass die Arzneimittel und/oder Prüfpräparate die für die vorgesehene Verwendung erforderliche Qualität aufweisen;
6. „Gute Herstellungspraxis“: der Teil der Qualitätssicherung, der gewährleistet, dass Produkte gleichbleibend nach den Qualitätsstandards produziert und geprüft werden, die der vorgesehenen Verwendung entsprechen;
7. „Verblindung“: das bewusste Vorenthalten der Information über die Identität eines Prüfpräparats in Übereinstimmung mit den Anweisungen des Sponsors;
8. „Entblindung“: die Enthüllung der Identität eines verblindeten Präparats.

Artikel 3
Inspektionen

(1) Die Mitgliedstaaten gewährleisten durch die wiederholten Inspektionen nach Artikel 111 Absatz 1 der Richtlinie 2001/83/EG sowie durch die Inspektionen nach Artikel 15 Absatz 1 der Richtlinie 2001/20/EG, dass die Hersteller die Grundsätze und Leitlinien der Guten Herstellungspraxis, wie sie in der vorliegenden Richtlinie festgelegt sind, beachten. Darüber hinaus berücksichtigen die Mitgliedstaaten die von der Kommission veröffentlichte Sammlung der Gemeinschaftsverfahren für Inspektionen und Informationsaustausch.

(2) Zur Auslegung der Grundsätze und Leitlinien der Guten Herstellungspraxis berücksichtigen die Hersteller und die zuständigen Behörden die ausführlichen Leitlinien nach Artikel 47 Absatz 2 der Richtlinie 2001/83/EG, die die Kommission im „Leitfaden für die Gute Herstellungspraxis für Arzneimittel und Prüfpräparate“ veröffentlicht.

Artikel 4
Übereinstimmung mit der Guten Herstellungspraxis

(1) Der Hersteller stellt sicher, dass die Herstellungsvorgänge in Übereinstimmung mit der Guten Herstellungspraxis und der Herstellungsgenehmigung durchgeführt

werden. Diese Bestimmung gilt auch für Arzneimittel, die ausschließlich für den Export bestimmt sind.

(2) Bei aus Drittländern eingeführten Arzneimitteln und Prüfpräparaten vergewissert sich der Importeur, dass die Produkte gemäß Standards hergestellt wurden, die den von der Gemeinschaft festgelegten Standards der Guten Herstellungspraxis zumindest gleichwertig sind.

Darüber hinaus stellt der Importeur von Arzneimitteln sicher, dass der Hersteller dieser Produkte über eine ordnungsgemäße Herstellungserlaubnis verfügt. Der Importeur von Prüfpräparaten stellt sicher, dass die Hersteller dieser Produkte bei den zuständigen Behörden gemeldet und von diesen zu diesem Zweck zugelassen sind.

Artikel 5
Übereinstimmung mit der Genehmigung für das Inverkehrbringen/die Zulassung

(1) Der Hersteller stellt sicher, dass alle Vorgänge zur Herstellung von Arzneimitteln, die einer Genehmigung für das Inverkehrbringen bedürfen, in Übereinstimmung mit den Informationen erfolgen, die im Antrag auf die Erteilung einer Genehmigung für das Inverkehrbringen in der von den zuständigen Behörden gebilligten Form angegeben sind.

Bei Prüfpräparaten stellt der Hersteller sicher, dass alle Vorgänge zur Herstellung in Übereinstimmung mit den Informationen erfolgen, die der Sponsor gemäß Artikel 9 Absatz 2 der Richtlinie 2001/20/EG in der von den zuständigen Behörden gebilligten Form erteilt.

(2) Der Hersteller überprüft seine Herstellungsverfahren regelmäßig unter Berücksichtigung des wissenschaftlichen und technischen Fortschritts und der Entwicklung des Prüfpräparats.

Ist eine Änderung am Genehmigungsdossier oder am Inhalt des Antrags gemäß Artikel 9 Absatz 2 der Richtlinie 2001/20/EG erforderlich, wird den zuständigen Behörden auf Ersuchen ein Änderungsantrag unterbreitet.

Artikel 6
Qualitätssicherungssystem

Der Hersteller muss ein wirksames pharmazeutisches Qualitätssicherungssystem einführen und unterhalten, das die aktive Beteiligung der Geschäftsführung und des Personals der betroffenen Abteilungen vorsieht.

Artikel 7
Personal

(1) Zur Verwirklichung der Ziele der pharmazeutischen Qualitätssicherung muss der Hersteller in jedem Betrieb über sachkundiges und angemessen qualifiziertes Personal in ausreichender Zahl verfügen.

(2) Die Aufgaben der Mitarbeiter in leitender oder verantwortlicher Stellung, einschließlich der sachkundigen Person(en), die für die Einhaltung der Guten Herstellungspraxis zuständig sind, müssen in Arbeitsplatzbeschreibungen festgelegt werden. Die hierarchischen Beziehungen sind in einem Organisationsschema zu beschreiben. Organisationsschemata und Arbeitsplatzbeschreibungen sind nach den betriebsinternen Verfahren zu genehmigen.

(3) Den in Absatz 2 genannten Mitarbeitern sind ausreichende Befugnisse einzuräumen, damit sie ihrer Verantwortung nachkommen können.

(4) Das Personal muss zu Anfang und danach fortlaufend geschult werden; die Wirksamkeit der Schulung muss geprüft werden, und die Schulung muss sich insbesondere auf Theorie und Anwendung des Qualitätssicherungskonzepts und der Guten Herstellungspraxis sowie gegebenenfalls auf die besonderen Anforderungen an die Herstellung von Prüfpräparaten erstrecken.

(5) Hygieneprogramme, die den durchzuführenden Tätigkeiten angepasst sind, müssen erstellt und befolgt werden. Diese Programme enthalten insbesondere Vorschriften zur Gesundheit, über hygienisches Verhalten und über die Bekleidung des Personals.

Artikel 8
Räumlichkeiten und Ausrüstungen

(1) Räumlichkeiten und Ausrüstung werden so angeordnet, ausgelegt, ausgeführt, nachgerüstet und instandgehalten, dass sie sich für die beabsichtigten Zwecke eignen.

(2) Räumlichkeiten und Ausrüstung werden so ausgelegt, gestaltet und genutzt, dass das Risiko von Fehlern minimal und eine gründliche Reinigung und Wartung möglich ist, um Verunreinigungen, Kreuzkontamination und ganz allgemein jeden die Qualität des Produkts beeinträchtigenden Effekt zu vermeiden.

(3) Räumlichkeiten und Ausrüstung zur Verwendung für hinsichtlich der Produktqualität kritische Herstellungsvorgänge werden auf ihre Eignung hin überprüft (Qualifizierung) und validiert.

Artikel 9
Dokumentation

(1) Jeder Hersteller muss ein Dokumentationssystem auf der Grundlage von Spezifikationen, Herstellungsvorschriften, Verarbeitungs- und Verpackungsanweisungen sowie Verfahrensbeschreibungen und Protokolle über die jeweils ausgeführten Herstellungsvorgänge einrichten und unterhalten. Die Unterlagen müssen klar und deutlich, fehlerfrei und auf dem neuesten Stand sein. Neben den speziellen Unterlagen über die Herstellung jeder Charge liegen vorher erstellte Vorschriften für allgemeine Herstellungsvorgänge und -bedingungen vor. Die Gesamtheit dieser Unterlagen ermöglicht die Rückverfolgung des Werdegangs jeder Charge sowie der im Verlauf der Entwicklung eines Prüfpräparats vorgenommenen Änderungen.

In Bezug auf Arzneimittel müssen die chargenbezogenen Unterlagen mindestens ein Jahr über das Verfallsdatum der entsprechenden Chargen oder mindestens fünf Jahre über die Ausstellung der Bescheinigung gemäß Artikel 51 Absatz 3 der Richtlinie 2001/83/EG hinaus aufbewahrt werden, wobei der längere Zeitraum gilt.

In Bezug auf Prüfpräparate werden die chargenbezogenen Unterlagen mindestens fünf Jahre nach Abschluss oder formellem Abbruch der letzten klinischen Prüfung, bei der die betreffende Charge zur Anwendung kam, aufbewahrt. Der Sponsor oder – falls nicht identisch – der Inhaber der Genehmigung für das Inverkehrbringen hat sicherzustellen, dass die für die Genehmigung für das Inverkehrbringen erforderlichen Unterlagen entsprechend Anhang I der Richtlinie 2001/83/EG aufbewahrt werden, sofern dies für eine spätere Genehmigung für das Inverkehrbringen erforderlich ist.

(2) Werden Daten nicht schriftlich, sondern mit elektronischen, fotografischen oder anderen Datenverarbeitungssystemen aufgezeichnet, so muss der Hersteller das System zunächst validieren, indem er nachweist, dass die Daten während des voraussichtlichen Aufbewahrungszeitraums ordnungsgemäß gespeichert werden. Die mit solchen Systemen gespeicherten Daten müssen schnell in lesbarer Form verfügbar gemacht werden können und werden den zuständigen Behörden auf Verlangen vorgelegt. Die elektronisch gespeicherten Daten werden durch Maßnahmen wie Duplizierung oder Back-up und Übertragung in ein anderes Speichersystem gegen Datenverlust oder -beschädigung geschützt und Prüfungspfade werden eingerichtet.

Artikel 10
Produktion

(1) Die einzelnen Herstellungsvorgänge werden nach vorher erstellten Anweisungen und Verfahrensbeschreibungen und in Übereinstimmung mit der Guten Herstellungspraxis durchgeführt. Es stehen angemessene und ausreichende Mittel für die Durchführung der Inprozesskontrollen zur Verfügung. Alle Abweichungen im Prozess und Produktmängel werden dokumentiert und gründlich untersucht.

(2) Es werden die erforderlichen technischen oder organisatorischen Maßnahmen getroffen, um Kreuzkontamination und Verwechslungen zu vermeiden. Bei Prüfpräparaten wird der Handhabung der Produkte im Verlauf und nach Abschluss einer Verblindung besondere Aufmerksamkeit gewidmet.

(3) Bei Arzneimitteln werden jedes neue Verfahren zur Herstellung eines Arzneimittels und jede wesentliche Änderung eines bestehenden Verfahrens validiert. Kritische Phasen eines Herstellungsverfahrens werden regelmäßig revalidiert.

(4) Bei Prüfpräparaten wird der Herstellungsprozess als Ganzes validiert, insofern dies angezeigt ist, wobei der Produktentwicklungsphase Rechnung getragen wird. Zumindest die kritischen Prozessphasen, wie Sterilisierung, werden validiert. Alle Schritte für die Auslegung und die Entwicklung eines Herstellungsprozesses werden vollständig dokumentiert.

Artikel 11
Qualitätskontrolle

(1) Der Hersteller muss ein Qualitätskontrollsystem einrichten und unterhalten, das von einer Person mit den erforderlichen Qualifikationen geleitet wird, die von der Herstellung unabhängig ist.

Diese Person verfügt über ein oder mehrere Kontrolllaboratorien mit ausreichender personeller Besetzung und angemessener Ausstattung, um die erforderlichen Untersuchungen und Prüfungen der Ausgangsstoffe und Verpackungsmaterialien und die Prüfung von Zwischen- und Fertigprodukten vornehmen zu können oder kann darauf zugreifen.

(2) In Bezug auf Arzneimittel, einschließlich Importe aus Drittländern, ist eine Beauftragung von Vertragslaboratorien gemäß Artikel 12 der vorliegenden Richtlinie und gemäß Artikel 20 Buchstabe b) der Richtlinie 2001/83/EG zulässig.

In Bezug auf Prüfpräparate stellt der Sponsor sicher, dass die Vertragslaboratorien den Anforderungen des Antrags gemäß Artikel 9 Absatz 2 der Richtlinie 2001/

20/EG in der von der zuständigen Behörde gebilligten Form genügen. Bei Importen aus Drittländern sind analytische Prüfungen nicht obligatorisch.

(3) Bei der abschließenden Kontrolle des Fertigprodukts vor seiner Freigabe für den Verkauf oder Vertrieb bzw. für die Verwendung in klinischen Prüfungen muss das Qualitätskontrollsystem zusätzlich zu den analytischen Ergebnissen essenzielle Informationen wie die Produktionsbedingungen, die Ergebnisse der Inprozesskontrollen, die Überprüfung der Herstellungsunterlagen und die Übereinstimmung der Produkte mit ihren Spezifikationen, einschließlich der Endverpackung, berücksichtigen.

(4) Rückstellmuster von jeder Charge eines Fertigarzneimittels müssen mindestens ein Jahr über den Ablauf des Verfallsdatums hinaus aufbewahrt werden.

Bei Prüfpräparaten werden ausreichende Rückstellmuster einer jeden Charge einer Zubereitung in unverpackter Form und Hauptbestandteile der Verpackung der einzelnen Fertigproduktchargen mindestens zwei Jahre nach dem Abschluss oder formellen Abbruch der letzten klinischen Prüfung, bei der die betreffende Charge zur Anwendung kam, aufbewahrt, wobei der längere Zeitraum gilt.

Sofern nach den Rechtsvorschriften des Herstellungsmitgliedstaats keine längeren Aufbewahrungszeiten erforderlich sind, werden Proben der im Herstellungsprozess verwendeten Ausgangsstoffe (außer Lösungsmitteln, Gasen oder Wasser) mindestens zwei Jahre nach Freigabe des Produkts aufbewahrt. Dieser Zeitraum kann verkürzt werden, wenn die in der entsprechenden Spezifikation angegebene Haltbarkeit des Stoffes kürzer ist. Sämtliche Rückstellmuster werden den zuständigen Behörden zur Verfügung gehalten.

Bei bestimmten Produkten, die für den Einzelfall oder in kleinen Mengen hergestellt werden oder deren Lagerung besondere Probleme bereiten könnte, können mit Zustimmung der zuständigen Behörde andere Festlegungen über die Rückstellmuster von Ausgangsstoffen und ihre Aufbewahrung getroffen werden.

Artikel 12
Auftragsherstellung

(1) Für jeden Herstellungsvorgang oder jeden damit verbundenen Vorgang, der im Auftrag ausgeführt wird, muss ein schriftlicher Vertrag zwischen Auftraggeber und Auftragnehmer bestehen.

(2) In dem Vertrag müssen die Verantwortlichkeiten jeder Seite klar festgelegt und insbesondere die Einhaltung der Regeln der Guten Herstellungspraxis durch den Auftragnehmer sowie die Art und Weise, in der die sachkundige Person, die für

die Freigabe jeder Charge zuständig ist, ihrer Verantwortung nachzukommen hat, geregelt sein.

(3) Der Auftragnehmer darf keine ihm vom Auftraggeber vertraglich übertragene Arbeit ohne dessen schriftliche Genehmigung an Dritte weitervergeben.

(4) Der Auftragnehmer hält die Grundsätze und Leitlinien der Guten Herstellungspraxis ein und unterwirft sich den in Artikel 111 der Richtlinie 2001/83/EG und in Artikel 15 der Richtlinie 2001/20/EG vorgesehenen Inspektionen durch die zuständigen Behörden.

Artikel 13
Beanstandungen, Produktrückruf und Entblindung in Notfallsituationen

(1) Bei Arzneimitteln muss der Hersteller ein System einführen, um Beanstandungen systematisch aufzuzeichnen und zu überprüfen und wirkungsvolle systematische Vorkehrungen treffen, damit die Arzneimittel jederzeit schnell vom Markt zurückgerufen werden können. Der Hersteller verzeichnet und untersucht jede Beanstandung eines Mangels. Der Hersteller unterrichtet die zuständige Behörde über jeden Mangel, der möglicherweise zu einem Rückruf oder einer ungewöhnlichen Einschränkung des Vertriebs führt, und gibt, soweit möglich, außerdem die Empfängerländer an.

Bei jedem Rückruf sind die Erfordernisse des Artikels 123 der Richtlinie 2001/83/EG zu beachten.

(2) Bei Prüfpräparaten muss der Hersteller in Zusammenarbeit mit dem Sponsor Beanstandungen systematisch aufzeichnen und überprüfen und wirkungsvolle systematische Vorkehrungen treffen, damit die Prüfpräparate jederzeit schnell vom Markt zurückgerufen werden können. Der Hersteller verzeichnet und untersucht jeden Mangel, der möglicherweise zu einem Rückruf oder einer ungewöhnlichen Einschränkung des Vertriebs führt, und unterrichtet die zuständige Behörde davon.

Bei Prüfpräparaten werden sämtliche Prüfstellen ermittelt und soweit möglich, auch die Empfängerländer angegeben.

Bei Prüfpräparaten, für die eine Genehmigung für das Inverkehrbringen erteilt wurde, informiert der Hersteller des Prüfpräparats in Zusammenarbeit mit dem Sponsor den Inhaber der Genehmigung für das Inverkehrbringen über jegliche Mängel, die mit dem zugelassenen Arzneimittel in Verbindung stehen könnten.

(3) Der Sponsor bringt ein Verfahren zur raschen Entblindung verblindeter Produkte zur Anwendung, wenn dies für eine sofortige Rücknahme nach Absatz 2

erforderlich ist. Der Sponsor stellt sicher, dass die Identität eines verblindeten Produkts nur soweit enthüllt wird, wie dies erforderlich ist.

Artikel 14
Selbstinspektion

Die Selbstinspektion ist Teil des Qualitätssicherungssystems des Herstellers und erfolgt regelmäßig, um die Anwendung und Beachtung der Regeln der Guten Herstellungspraxis zu überwachen und um Vorschläge für eventuell notwendige Korrekturmaßnahmen zu machen. Über die Selbstinspektionen und die anschließend ergriffenen Korrekturmaßnahmen werden Aufzeichnungen geführt und aufbewahrt.

Artikel 15
Kennzeichnung

Bei Prüfpräparaten erfolgt die Kennzeichnung derart, dass der Schutz des Prüfungsteilnehmers und die Rückverfolgbarkeit sichergestellt ist, die Identifizierung des Produkts und der Prüfung ermöglicht und eine ordnungsgemäße Verwendung des Prüfpräparats erleichtert wird.

Artikel 16
Aufhebung der Richtlinie 91/356/EWG

Die Richtlinie 91/356/EWG wird aufgehoben.

Bezugnahmen auf die aufgehobene Richtlinie gelten als Bezugnahmen auf die vorliegende Richtlinie.

Artikel 17
Umsetzung

(1) Die Mitgliedstaaten erlassen die erforderlichen Rechts- und Verwaltungsvorschriften, um dieser Richtlinie spätestens am 30. April 2004 nachzukommen. Sie teilen der Kommission unverzüglich den Wortlaut dieser Rechtsvorschriften mit und fügen eine Entsprechungstabelle dieser Rechtsvorschriften und der vorliegenden Richtlinie bei.

Bei Erlass dieser Vorschriften nehmen die Mitgliedstaaten in den Vorschriften selbst oder durch einen Hinweis bei der amtlichen Veröffentlichung auf diese Richtlinie Bezug. Die Mitgliedstaaten regeln die Einzelheiten dieser Bezugnahme.

(2) Die Mitgliedstaaten teilen der Kommission den Wortlaut der wichtigsten innerstaatlichen Rechtsvorschriften mit, die sie auf dem unter diese Richtlinie fallenden Gebiet erlassen.

Artikel 18
Inkrafttreten

Diese Richtlinie tritt am zwanzigsten Tag nach ihrer Veröffentlichung im Amtsblatt der Europäischen Union in Kraft.

Artikel 19
Adressaten

Diese Richtlinie ist an alle Mitgliedstaaten gerichtet.

Verordnung (EG) Nr. 540/95 der Kommission

vom 10. März 1995

zur Festlegung der Bestimmungen für die Mitteilung von vermuteten unerwarteten, nicht schwerwiegenden Nebenwirkungen, die innerhalb oder außerhalb der Gemeinschaft an gemäß der Verordnung (EWG) Nr. 2309/93 zugelassenen Human- oder Tierarzneimitteln festgestellt werden

(ABl. L 55 vom 11.3.1995, S. 5)

Die Kommission der Europäischen Gemeinschaften –

gestützt auf den Vertrag zur Gründung der Europäischen Gemeinschaft,

gestützt auf die Verordnung (EWG) Nr. 2309/93 des Rates vom 22. Juli 1993 zur Festlegung von Gemeinschaftsverfahren für die Genehmigung und Überwachung von Human- und Tierarzneimitteln und zur Schaffung einer Europäischen Agentur für die Beurteilung von Arzneimitteln[1]) (nachstehend „Agentur" genannt), insbesondere auf Artikel 22 Absatz 1 Unterabsatz 3 und auf Artikel 44 Absatz 1 Unterabsatz 3,

in Erwägung nachstehender Gründe:

Bestimmte Nebenwirkungen, die nicht in der Zusammenfassung der Erzeugnismerkmale eines Arzneimittels beschrieben sind, können in jeder Phase des Inverkehrbringens auftreten und festgestellt werden.

In Artikel 22 Absatz 1 und Artikel 44 Absatz 1 ist bereits die Mitteilung vermuteter schwerwiegender Nebenwirkungen von Human- bzw. Tierarzneimitteln vorgesehen.

Im Interesse der Gesundheit von Mensch und Tier sollten innovative Arzneimittel streng überwacht werden; deshalb sollten in Heilberufen tätige Personen – oder Personen mit entsprechenden Funktionen im Veterinärsektor – den Zulassungsinhabern auch vermutete unerwartete nicht schwerwiegende Nebenwirkungen mitteilen, und zwar unabhängig davon, ob diese innerhalb oder außerhalb der Gemeinschaft festgestellt werden.

Die Zulassungsinhaber sollten, falls erforderlich, eine Änderung der Zulassung beantragen, sobald feststeht, dass vermutete unerwartete Nebenwirkungen, die nicht als schwerwiegend eingestuft werden, auf das betreffende Arzneimittel zurückzuführen sind.

Die Europäische Agentur für die Beurteilung von Arzneimitteln sollte dafür zuständig sein, die Überwachung der Nebenwirkungen von Arzneimitteln (Pharmakovigilanz) in den Mitgliedstaaten zu koordinieren.

[1]) ABl. L 214 vom 24.8.1993, S. 1.

Die in dieser Verordnung vorgesehenen Maßnahmen stehen in Einklang mit der Stellungnahme der Ständigen Ausschüsse für Arzneimittel und Tierarzneimittel,

hat folgende Verordnung erlassen:

Artikel 1

Die für das Inverkehrbringen des Arzneimittels verantwortliche Person stellt sicher, dass in der Gemeinschaft oder in Drittländern vermutete, unerwartete und nicht als schwerwiegend eingestufte Nebenwirkungen eines gemäß der Verordnung (EWG) Nr. 2309/93 zugelassenen Arzneimittels den zuständigen Behörden aller Mitgliedstaaten und der Agentur mitgeteilt werden.

Artikel 2

Sofern keine anderen Anforderungen als Bedingung für eine Zulassung durch die Gemeinschaft festgelegt wurden, teilt der Zulassungsinhaber vermutete unerwartete Nebenwirkungen, die nicht schwerwiegend sind, in einem getrennten und eindeutig gekennzeichneten Abschnitt der regelmäßigen Zusammenfassungen mit, die in Artikel 22 Absatz 2 und Artikel 44 Absatz 2 der Verordnung (EWG) Nr. 2309/93 angesprochen werden („Aktualisierung der Unbedenklichkeitsdaten"). Eine solche Aktualisierung der Unbedenklichkeitsdaten umfasst eine Liste der untersuchten Einzelfälle, eine wissenschaftliche Gesamtbewertung und eine Kurzbeschreibung der Art und der relevanten Merkmale der Reaktionen, wobei besonders zu berücksichtigen ist, ob sich die Häufigkeit der Reaktionen verändert.

Artikel 3

Daten sollten bis zum Ende der in Artikel 22 Absatz 2 und Artikel 44 Absatz 2 der Verordnung (EWG) Nr. 2309/93 genannten Zeiträume in die einschlägigen Aktualisierungen der Unbedenklichkeitsdaten eingearbeitet werden („Datenstichtag"). Die Aktualisierungen der Unbedenklichkeitsdaten werden den zuständigen Behörden spätestens 60 Tage nach dem Datenstichtag übermittelt.

Artikel 4

Für unerwartete vermutete nicht schwerwiegende Nebenwirkungen, die nach Beurteilung des Zulassungsinhabers auf das Arzneimittel zurückgeführt werden können und eine Änderung der Zusammenfassung der Erzeugnismerkmale gemäß

Artikel 4 Absatz 2 Ziffer 9 der Richtlinie 65/65/EWG des Rates[2]), zuletzt geändert durch die Richtlinie 93/39/EWG[3]), und Artikel 5 Absatz 2 Ziffer 9 der Richtlinie 81/851/EWG des Rates[4]), zuletzt geändert durch die Richtlinie 93/41/EWG[5]), erfordern, gelten die Verordnung (EG) Nr. 542/95 der Kommission vom 10. März 1995 über die Prüfung von Änderungen einer Zulassung gemäß der Verordnung (EWG) Nr. 2309/93 des Rates[6]) sowie die Verordnung (EG) Nr. 541/95 der Kommission vom 10. März 1995 über die Prüfung von Änderungen einer Zulassung[7]), die von der zuständigen Behörde eines Mitgliedstaates erteilt wurde.

Artikel 5

Diese Verordnung tritt am dritten Tag nach ihrer Veröffentlichung im Amtsblatt der Europäischen Gemeinschaften in Kraft.

Diese Verordnung ist in allen ihren Teilen verbindlich und gilt unmittelbar in jedem Mitgliedstaat.

[2]) ABl. Nr. 22 vom 9.2.1965, S. 369/65.
[3]) ABl. L 214 vom 24. 8. 1993, S. 22.
[4]) ABl. L 317 vom 6.11.1981, S. 1.
[5]) ABl. L 214 vom 24. 8. 1993, S. 31.
[6]) ABl. L 55 vom 11.3.1995, S. 15.
[7]) ABl. L 55 vom 11.3.1995, S. 7.

Richtlinie 93/42/EWG des Rates

vom 14. Juni 1993
über Medizinprodukte

(ABl. L 169 vom 12.7.1993, S. 1),
zuletzt geändert durch Richtlinie 2007/47/EG vom 5. September 2007
(ABl. L 247 vom 21.9.2007, S. 21)

Der Rat der Europäischen Gemeinschaften –

gestützt auf den Vertrag zur Gründung der Europäischen Wirtschaftsgemeinschaft, insbesondere auf Artikel 100a,

auf Vorschlag der Kommission[1]),

in Zusammenarbeit mit dem Europäischen Parlament[2]),

nach Stellungnahme des Wirtschafts- und Sozialausschusses[3]),

in Erwägung nachstehender Gründe:

Im Sinne des Binnenmarktes müssen entsprechende Maßnahmen getroffen werden. Der Binnenmarkt umfasst einen Raum ohne Binnengrenzen, in dem der freie Waren-, Personen-, Dienstleistungs- und Kapitalverkehr gewährleistet ist.

Die in den Mitgliedstaaten geltenden Rechts- und Verwaltungsvorschriften bezüglich der Sicherheit, des Gesundheitsschutzes und der Leistungen der Medizinprodukte unterscheiden sich jeweils nach Inhalt und Geltungsbereich. Auch die Zertifizierungs- und Kontrollverfahren für diese Produkte sind von Mitgliedstaat zu Mitgliedstaat verschieden; solche Unterschiede stellen Hemmnisse im innergemeinschaftlichen Handel dar.

Die einzelstaatlichen Bestimmungen, die der Sicherheit und dem Gesundheitsschutz der Patienten, der Anwender und gegebenenfalls Dritter im Hinblick auf die Anwendung der Medizinprodukte dienen, bedürfen der Harmonisierung, um den freien Verkehr dieser Erzeugnisse auf dem Binnenmarkt zu gewährleisten.

Die harmonisierten Bestimmungen müssen von den Maßnahmen unterschieden werden, die die Mitgliedstaaten im Hinblick auf die Finanzierung des öffentlichen Gesundheitssystems und des Krankenversicherungssystems getroffen haben und die derartige Produkte direkt oder indirekt betreffen. Sie lassen daher das Recht der Mitgliedstaaten auf Durchführung der genannten Maßnahmen unter Einhaltung des Gemeinschaftsrechts unberührt.

[1]) ABl. Nr. C 237 vom 12.9.1991, S. 3, und ABl. Nr. C 251 vom 28.9.1992, S. 40.
[2]) ABl. Nr. C 150 vom 31.5.1993 und ABl. Nr. C 176 vom 28.6.1993.
[3]) ABl. Nr. C 79 vom 30.3.1992, S. 1.

Medizinprodukte müssen für Patienten, Anwender und Dritte einen hochgradigen Schutz bieten und die vom Hersteller angegebenen Leistungen erreichen. Die Aufrechterhaltung bzw. Verbesserung des in den Mitgliedstaaten erreichten Schutzniveaus ist eines der wesentlichen Ziele dieser Richtlinie.

Bestimmte Medizinprodukte sind dafür ausgelegt, Arzneimittel im Sinne der Richtlinie 65/65/EWG des Rates vom 26. Januar 1965 zur Angleichung der Rechts- und Verwaltungsvorschriften über Arzneimittel[4]) abzugeben. In diesen Fällen wird das Inverkehrbringen des Medizinprodukts in der Regel durch die vorliegende Richtlinie geregelt und das Inverkehrbringen des Arzneimittels durch die Richtlinie 65/65/EWG. Wird ein solches Produkt jedoch derart in Verkehr gebracht, dass Produkt und Arzneimittel eine feste Einheit bilden, die ausschließlich zur Verwendung in der vorgegebenen Kombination bestimmt und nicht wiederverwendbar ist, unterliegt dieses eine feste Einheit bildende Produkt der Richtlinie 65/65/EWG. Davon zu unterscheiden sind Medizinprodukte, die unter anderem als Bestandteile Stoffe enthalten, welche bei gesonderter Anwendung als Arzneimittel im Sinne der Richtlinie 65/65/EWG betrachtet werden können. In solchen Fällen, d. h., wenn die in das Medizinprodukt integrierten Stoffe in Ergänzung zu dem Produkt eine Wirkung auf den menschlichen Körper entfalten können, wird das Inverkehrbringen der Produkte durch die vorliegende Richtlinie geregelt. In diesem Zusammenhang müssen die Prüfungen auf Sicherheit, Qualität und Eignung der Stoffe analog durch Anwendung der geeigneten Verfahren gemäß der Richtlinie 75/318/EWG des Rates vom 20. Mai 1975 zur Angleichung der Rechts- und Verwaltungsvorschriften der Mitgliedstaaten über die analytischen, toxikologisch-pharmakologischen und ärztlichen oder klinischen Vorschriften und Nachweise über Versuche mit Arzneimitteln erfolgen[5]).

Die in den Anhängen festgelegten grundlegenden Anforderungen und sonstigen Anforderungen, einschließlich der Hinweise auf Minimierung oder Verringerung der Gefahren, sind so zu interpretieren und anzuwenden, dass dem Stand der Technik und der Praxis zum Zeitpunkt der Konzeption sowie den technischen und wirtschaftlichen Erwägungen Rechnung getragen wird, die mit einem hohen Maß des Schutzes von Gesundheit und Sicherheit zu vereinbaren sind.

Entsprechend den in der Entschließung des Rates vom 7. Mai 1985 über eine neue Konzeption auf dem Gebiet der technischen Harmonisierung und der Normung[6]) festgelegten Grundsätzen müssen sich die Regelungen bezüglich der Auslegung und Herstellung von Medizinprodukten auf die Bestimmungen beschränken, die erforderlich sind, um den grundlegenden Anforderungen zu genügen. Da es sich hier um Anforderungen grundlegender

[4]) ABl. Nr. 22 vom 9. 6. 1965, S. 369/65. Zuletzt geändert durch Richtlinie 92/27/EWG (ABl. Nr. L 113 vom 30. 4. 1992, S. 8).

[5]) ABl. Nr. L 147 vom 9. 6. 1975, S. 1. Zuletzt geändert durch die Richtlinie 91/507/EWG (ABl. Nr. L 270 vom 26. 9. 1991, S. 32).

[6]) ABl. Nr. C 136 vom 4. 6. 1985, S. 1.

Art handelt, müssen diese an die Stelle der entsprechenden einzelstaatlichen Bestimmungen treten. Die grundlegenden Anforderungen müssen mit der nötigen Sorgfalt angewandt werden, um dem Stand der Technik zum Zeitpunkt der Konzeption sowie den technischen und wirtschaftlichen Erwägungen Rechnung zu tragen, die mit einem hohen Maß des Schutzes von Gesundheit und Sicherheit zu vereinbaren sind.

Mit der Richtlinie 90/385/EWG des Rates vom 20. Juni 1990 zur Angleichung der Rechtsvorschriften der Mitgliedstaaten über aktive implantierbare medizinische Geräte[7] wird die neue Konzeption erstmalig auf dem Gebiet der Medizinprodukte angewandt. Im Interesse gleichartiger gemeinschaftlicher Regelungen für sämtliche Medizinprodukte lehnt sich die vorliegende Richtlinie weitgehend an die Bestimmungen der Richtlinie 90/385/EWG an. Aus denselben Gründen muss die letztgenannte Richtlinie um die allgemeinen Bestimmungen der vorliegenden Richtlinie ergänzt werden.

Die Gesichtspunkte der elektromagnetischen Verträglichkeit sind wesentlicher Bestandteil der Unbedenklichkeit der Medizinprodukte. Die vorliegende Richtlinie enthält gegenüber der Richtlinie 89/336/EWG des Rates vom 3. Mai 1989 zur Angleichung der Rechtsvorschriften der Mitgliedstaaten über die elektromagnetische Verträglichkeit[8]) entsprechende spezifische Bestimmungen.

Die vorliegende Richtlinie regelt die Anforderungen an die Auslegung und Herstellung von Produkten, die ionisierende Strahlungen abgeben. Diese Richtlinie berührt nicht die erforderliche Genehmigung gemäß der Richtlinie 80/836/Euratom des Rates vom 15. Juli 1980 zur Änderung der Richtlinien, mit denen die Grundnormen für den Gesundheitsschutz der Bevölkerung und der Arbeitskräfte gegen die Gefahren ionisierender Strahlungen festgelegt wurden[9]) noch die Anwendung der Richtlinie 84/466/Euratom des Rates vom 3. September 1984 zur Festlegung der grundlegenden Maßnahmen im Strahlenschutz der medizinischen Untersuchungen und Behandlungen ausgesetzten Personen[10]). Die Richtlinie 89/391/EWG des Rates vom 12. Juni 1989 über die Durchführung von Maßnahmen zur Förderung einer besseren Sicherheit und Gesundheit am Arbeitsplatz[11]) sowie die einschlägigen Einzelrichtlinien bleiben anwendbar.

Zum Nachweis der Übereinstimmung mit den grundlegenden Anforderungen und zur Ermöglichung der Kontrolle dieser Übereinstimmung sind auf europäischer Ebene harmonisierte Normen zur Verhütung von Risiken im Zusammenhang mit der Auslegung, Herstellung und Verpackung medizintechnischer Produkte wünschenswert. Diese auf europäischer

[7]) ABl. Nr. L 189 vom 20.7.1990, S. 17.

[8]) ABl. Nr. L 139 vom 23.5.1989, S.19. Zuletzt geändert durch Richtlinie 92/31/EWG (ABl. Nr. L 126 vom 12.5.1992, S. 11).

[9]) ABl. Nr. L 246 vom 17.9.1980, S. 1. Geändert durch Richtlinie 84/467/Euratom (ABl. Nr. L 265 vom 5.10.1984, S. 4).

[10]) ABl. Nr. L 265 vom 5.10.1984, S. 1.

[11]) ABl. Nr. L 183 vom 29.6.1989, S. 1.

Ebene harmonisierten Normen werden von privatrechtlichen Einrichtungen entwickelt und müssen ihren unverbindlichen Charakter behalten. Das europäische Komitee für Normung (CEN) und das Europäische Komitee für elektrotechnische Normung (CENELEC) sind als zuständige Gremien für die Ausarbeitung harmonisierter Normen im Einklang mit den am 13. November 1984 unterzeichneten allgemeinen Leitlinien für die Zusammenarbeit zwischen der Kommission und diesen beiden Einrichtungen anerkannt.

Eine harmonisierte Norm im Sinne dieser Richtlinie ist eine technische Spezifikation (europäische Norm oder Harmonisierungsdokument), die im Auftrag der Kommission von einer dieser beiden Einrichtungen bzw. von beiden im Einklang mit der Richtlinie 83/189/EWG des Rates vom 28. März 1983 zur Festlegung eines Informationsverfahrens auf dem Gebiet der Normen und technischen Vorschriften[12]) sowie gemäß den obengenannten allgemeinen Leitlinien ausgearbeitet worden ist. In bezug auf eine eventuelle Änderung der harmonisierten Normen ist es zweckmäßig, dass die Kommission von dem durch die Richtlinie 83/189/EWG eingesetzten Ausschuss unterstützt wird, und dass die erforderlichen Maßnahmen im Einklang mit dem Verfahren I gemäß dem Beschluss 87/373/EWG des Rates vom 13. Juli 1987 zur Festlegung der Modalitäten für die Ausübung der der Kommission übertragenen Durchführungsbefugnisse[13]) festgelegt werden. Für spezifische Bereiche empfiehlt es sich, den bereits erreichten Harmonisierungsstand in Form von Monographien des Europäischen Arzneibuchs im Rahmen dieser Richtlinie zu übernehmen. Daher können mehrere Monographien des Europäischen Arzneibuchs den obengenannten harmonisierten Normen gleichgestellt werden.

Der Rat hat durch seinen Beschluss 90/683/EWG vom 13. Dezember 1990 über die in den technischen Harmonisierungsrichtlinien zu verwendenden Module für die verschiedenen Phasen der Konformitätsbewertungsverfahren[14]) harmonisierte Konformitätsbewertungsverfahren festgelegt. Durch die Anwendung dieser Module auf die Medizinprodukte kann die Verantwortung der Hersteller und der Benannten Stellen bei den Konformitätsbewertungsverfahren unter Berücksichtigung der Art der betreffenden Produkte festgelegt werden. Die Präzisierungen dieser Module sind durch die Art der für die Medizinprodukte geforderten Prüfungen gerechtfertigt.

Vor allem für die Konformitätsbewertungsverfahren erscheint es zweckmäßig, die Produkte in vier Klassen zu unterteilen. Die Klassifizierungsregeln basieren auf der Verletzbarkeit des menschlichen Körpers und berücksichtigen die potentiellen Risiken im Zusammenhang mit der technischen Auslegung der Produkte und mit ihrer Herstellung. Die Konformitätsbewertungsverfahren für Produkte der Klasse I können generell unter der alleinigen Verantwortung des Herstellers erfolgen, da der Grad der Verletzbarkeit durch diese Produkte gering ist. Für

[12]) ABl. Nr. L 109 vom 26.4.1983, S. 8. Zuletzt geändert durch die Entscheidung 92/400/EWG der Kommission (ABl. Nr. L 221 vom 6.8.1992, S. 55).

[13]) ABl. Nr. L 197 vom 18.7.1987, S. 33.

[14]) ABl. Nr. L 380 vom 31.12.1990, S. 13.

die Produkte der Klasse IIa ist die Beteiligung einer Benannten Stelle für das Herstellungsstadium verbindlich. Für die Produkte der Klassen IIb und III, die ein hohes Gefahrenpotential darstellen, ist eine Kontrolle durch eine Benannte Stelle in bezug auf die Auslegung der Produkte sowie ihre Herstellung erforderlich. Die Klasse III ist den kritischsten Produkten vorbehalten, deren Inverkehrbringen eine ausdrückliche vorherige Zulassung im Hinblick auf die Konformität erfordert.

Sofern die Konformität der Produkte unter der Verantwortung des Herstellers bewertet werden kann, müssen sich die zuständigen Behörden, insbesondere in dringenden Situationen, an eine in der Gemeinschaft niedergelassene für das Inverkehrbringen zuständige Person wenden können; dies kann der Hersteller oder eine vom Hersteller dazu benannte in der Gemeinschaft niedergelassene Person sein.

Die Medizinprodukte müssen im Regelfall mit der CE-Kennzeichnung versehen sein, aus dem ihre Übereinstimmung mit den Vorschriften dieser Richtlinie hervorgeht und das Voraussetzung für den freien Verkehr der Medizinprodukte in der Gemeinschaft und ihre bestimmungsgemäße Inbetriebnahme ist.

Im Rahmen der Bekämpfung von Aids und unter Berücksichtigung der vom Rat am 16. Mai 1989 verabschiedeten Schlussfolgerungen über die künftigen Tätigkeiten zur Verhütung und Kontrolle von Aids in der Gemeinschaft[15]) müssen die zum Schutz vor einer Infizierung mit dem HIV-Virus angewandten Medizinprodukte einen hochgradigen Schutz bieten. Auslegung und Herstellung dieser Produkte müssen durch eine benannte Stelle geprüft werden.

Die Klassifizierungsregeln gestatten im allgemeinen eine angemessene Einstufung der Medizinprodukte. Angesichts der Vielfalt der Produkte und der technologischen Entwicklung auf diesem Gebiet sind zu den Durchführungsbefugnissen der Kommission die erforderlichen Entscheidungen über die angemessene Einstufung der Produkte, eine Neueinstufung oder gegebenenfalls eine Anpassung der Entscheidungsregeln zu rechnen. Da diese Fragen eng mit dem Gesundheitsschutz zusammenhängen, ist es angemessen, dass diese Entscheidungen unter das Verfahren IIIa gemäß dem Beschluss 87/373/EWG fallen.

Die Bestätigung der Einhaltung der grundlegenden Anforderungen kann beinhalten, dass die klinischen Prüfungen unter der Verantwortung des Herstellers durchzuführen sind. Im Hinblick auf die Durchführung dieser Prüfungen müssen geeignete Maßnahmen zum Schutz der öffentlichen Gesundheit und der öffentlichen Ordnung festgelegt werden.

Der Gesundheitsschutz und die diesbezüglichen Kontrollen können durch ein System der technischen Sicherheitsüberwachung wirksamer gestaltet werden, das auf Gemeinschaftsebene eingerichtet wird.

Diese Richtlinie erfasst alle Medizinprodukte gemäß der Richtlinie 76/764/EWG des Rates vom 27. Juli 1976 über die Angleichung der Rechtsvorschriften der Mitgliedstaaten über

[15]) ABl. Nr. C 185 vom 22.7.1989, S. 8.

medizinische Quecksilberglasthermometer mit Maximumvorrichtung[16]). Die vorgenannte Richtlinie muss daher aufgehoben werden. Aus denselben Gründen muss die Richtlinie 84/539/EWG des Rates vom 17. September 1984 zur Angleichung der Rechtsvorschriften der Mitgliedstaaten über die in der Humanmedizin und der Veterinärmedizin eingesetzten elektrischen Geräte[17]) geändert werden.

Erwägungsgründe der Richtlinie 98/79/EG:

(1) Das reibungslose Funktionieren des Binnenmarktes macht den Erlass entsprechender Maßnahmen erforderlich. Der Binnenmarkt umfasst einen Raum ohne Binnengrenzen, in dem der freie Waren-, Personen-, Dienstleistungs- und Kapitalverkehr gewährleistet ist.

(2) Die in den Mitgliedstaaten geltenden Rechts- und Verwaltungsvorschriften betreffend die Sicherheit, den Gesundheitsschutz und die Leistungsmerkmale sowie die Zulassungsverfahren für In-vitro-Diagnostika sind nach Inhalt und Geltungsbereich verschieden. Diese Unterschiede stellen Hemmnisse im innergemeinschaftlichen Handel dar. Eine im Auftrag der Kommission durchgeführte vergleichende Untersuchung der einzelstaatlichen Rechtsvorschriften hat die Notwendigkeit einer Harmonisierung dieser Vorschriften bestätigt.

(3) Die Angleichung einzelstaatlicher Rechtsvorschriften ist der einzige Weg zur Beseitigung der bestehenden und zur Verhütung neuer Handelshemmnisse. Dieses Ziel lässt sich durch andere Mittel auf der Ebene der einzelnen Mitgliedstaaten nicht erreichen. Diese Richtlinie beschränkt sich auf die Festlegung notwendiger Mindestanforderungen, um den freien Verkehr der in ihren Geltungsbereich fallenden In-vitro-Diagnostika unter optimalen Sicherheitsbedingungen zu gewährleisten.

(4) Die harmonisierten Bestimmungen sind von den von den Mitgliedstaaten im Hinblick auf die Finanzierung des öffentlichen Gesundheitssystems und des Krankenversicherungssystems getroffenen Maßnahmen zu unterscheiden, die derartige Produkte direkt oder indirekt betreffen. Das Recht der Mitgliedstaaten auf Durchführung der obengenannten Maßnahmen unter Einhaltung des Gemeinschaftsrechts bleibt von diesen harmonisierten Bestimmungen daher unberührt.

(5) In-vitro-Diagnostika müssen Patienten, Anwendern und Dritten einen hochgradigen Gesundheitsschutz bieten und die vom Hersteller ursprünglich angegebenen Leistungen erreichen. Die Aufrechterhaltung bzw. Verbesserung des in den Mitgliedstaaten erreichten Gesundheitsschutzniveaus ist daher eines der wesentlichen Ziele dieser Richtlinie.

(6) Im Einklang mit den in der Entschließung des Rates vom 7. Mai 1985 über eine neue Konzeption auf dem Gebiet der technischen Harmonisierung und Normung*) festgelegten

[16]) ABl. Nr. L 262 vom 27.9.1976, S. 139. Zuletzt geändert durch die Richtlinie 84/414/EWG (ABl. Nr. L 228 vom 25.8.1984, S. 25).

[17]) ABl. Nr. L 300 vom 19.11.1984, S. 179. Geändert durch die Akte über den Beitritt Spaniens und Portugals.

*) ABl. C 136 vom 4.6.1985, S. 1.

Grundsätzen müssen sich die Regelungen bezüglich der Auslegung und Herstellung sowie Verpackung einschlägiger Erzeugnisse auf die Bestimmungen beschränken, die erforderlich sind, um den grundlegenden Anforderungen zu genügen. Da es sich um Anforderungen grundlegender Art handelt, müssen diese an die Stelle der entsprechenden einzelstaatlichen Bestimmungen treten. Die grundlegenden Anforderungen, einschließlich der Anforderung, dass die Risiken möglichst gering gehalten bzw. verringert werden müssen, sind mit der nötigen Sorgfalt anzuwenden und müssen der Technologie und Praxis zum Zeitpunkt der Konzeption sowie den technischen und wirtschaftlichen Erwägungen Rechnung tragen, die mit einem hochgradigen Gesundheitsschutz und hohen Maß an Sicherheit zu vereinbaren sind.

(7) Die meisten Medizinprodukte mit Ausnahme der In-vitro-Diagnostika werden durch die Richtlinie 90/385/EWG des Rates vom 20. Juni 1990 zur Angleichung der Rechtsvorschriften der Mitgliedstaaten über aktive implantierbare medizinische Geräte*) und die Richtlinie 93/42/EWG des Rates vom 14. Juni 1993 über Medizinprodukte**) erfasst. Durch die vorliegende Richtlinie werden In-vitro-Diagnostika in den Harmonisierungsprozess einbezogen. Im Interesse einheitlicher gemeinschaftlicher Regelungen stützt sie sich weitgehend auf die Bestimmungen jener beiden Richtlinien.

(8) Instrumente, Apparate, Vorrichtungen, Materialien oder andere Gegenstände, einschließlich Software, die zu Forschungszwecken eingesetzt werden sollen, ohne medizinische Zwecke zu verfolgen, sind nicht als Produkte für Leistungsbewertungszwecke anzusehen.

(9) Zertifizierte internationale Referenzmaterialien und Materialien, die für externe Qualitätsbewertungsprogramme verwendet werden, fallen nicht unter diese Richtlinie. Kalibriersubstanzen oder -vorrichtungen sowie Kontrollmaterialien, die vom Anwender benötigt werden, um die Leistung von Produkten zu ermitteln bzw. zu prüfen, sind In-vitro-Diagnostika.

(10) Reagenzien, die in Laboratorien von Gesundheitseinrichtungen zur Verwendung im selben Umfeld hergestellt und nicht in den Verkehr gebracht werden, werden unter Berücksichtigung des Subsidiaritätsprinzips nicht in diese Richtlinie aufgenommen.

(11) Dagegen fallen Produkte, die in professionellem und kommerziellem Rahmen zum Zwecke der medizinischen Analyse hergestellt werden und verwendet werden sollen, ohne in den Verkehr gebracht zu werden, unter diese Richtlinie.

(12) Laborapparate mit mechanischen Merkmalen, die eigens für In-vitro-Untersuchungen bestimmt sind, fallen in den Anwendungsbereich dieser Richtlinie. Die Richtlinie 98/37/EG des Europäischen Parlaments und des Rates vom 22. Juni 1998 zur Angleichung der Rechtsvorschriften der Mitgliedstaaten über Maschinen***) muss deshalb zur Anpassung an diese Richtlinie geändert werden.

*) ABl. L 189 vom 20.7.1990, S. 17. Richtlinie zuletzt geändert durch die Richtlinie 93/68/EWG (ABl. L 220 vom 30.8.1993, S. 1).

**) ABl. L 169 vom 12.7.1993, S. 1.

***) ABl. L 207 vom 23.7.1998, S. 1.

(13) Diese Richtlinie sollte Vorschriften in bezug auf die Auslegung und Herstellung von Geräten mit ionisierenden Strahlungen enthalten. Sie berührt nicht die Anwendung der Richtlinie 96/29/Euratom des Rates vom 13. Mai 1996 zur Festlegung der grundlegenden Sicherheitsnormen für den Schutz der Gesundheit der Arbeitskräfte und der Bevölkerung gegen die Gefahren durch ionisierende Strahlungen*).

(14) Die Gesichtspunkte der elektromagnetischen Verträglichkeit sind wesentlicher Bestandteil der grundlegenden Anforderungen dieser Richtlinie; die Richtlinie 89/336/EWG des Rates vom 3. Mai 1989 zur Angleichung der Rechtsvorschriften der Mitgliedstaaten über die elektromagnetische Verträglichkeit**) findet keine Anwendung.

(15) Zur Erleichterung des Nachweises der Übereinstimmung mit den grundlegenden Anforderungen und zur Ermöglichung einer Prüfung dieser Übereinstimmung sind harmonisierte Normen zur Verhütung von Risiken im Zusammenhang mit der Auslegung, Herstellung und Verpackung von Medizinprodukten wünschenswert. Solche harmonisierten Normen werden von privatrechtlichen Institutionen ausgearbeitet und müssen ihren unverbindlichen Charakter behalten. Das Europäische Komitee für Normung (CEN) und das Europäische Komitee für elektrotechnische Normung (Cenelec) sind als zuständige Gremien für die Ausarbeitung harmonisierter Normen im Einklang mit den am 13. November 1984 unterzeichneten allgemeinen Leitlinien für die Zusammenarbeit zwischen der Kommission und diesen beiden Institutionen anerkannt.

(16) Eine harmonisierte Norm im Sinne dieser Richtlinie ist eine technische Spezifikation (europäische Norm oder Harmonisierungsdokument), die im Auftrag der Kommission vom CEN oder vom Cenelec bzw. von diesen beiden Institutionen im Einklang mit der Richtlinie 98/34/EG des Europäischen Parlaments und des Rates vom 22. Juni 1998 über ein Informationsverfahren auf dem Gebiet der Normen und technischen Vorschriften und der Vorschriften für die Dienste der Informationsgesellschaft***) und den obengenannten allgemeinen Leitlinien verabschiedet worden ist.

(17) Bei der Ausarbeitung Gemeinsamer Technischer Spezifikationen wird als eine Ausnahme von den allgemeinen Grundsätzen das derzeit in einigen Mitgliedstaaten übliche Vorgehen berücksichtigt, nach dem diese Spezifikationen bei bestimmten Produkten, die hauptsächlich zur Bewertung der Sicherheit der Blutversorgung und der Organspenden verwendet werden, von den Behörden erlassen werden. Diese besonderen Spezifikationen sind durch die Gemeinsamen Technischen Spezifikationen zu ersetzen. Die Gemeinsamen Technischen Spezifikationen können zur Leistungsbewertung – einschließlich der Neubewertung – dienen.

*) ABl. L 159 vom 29.6.1996, S. 1.

**) ABl. L 139 vom 23.5.1989, S. 19. Richtlinie zuletzt geändert durch die Richtlinie 93/68/EWG (ABl. L 220 vom 30.8.1993, S. 1).

***) ABl. L 204 vom 21.7.1998, S. 37. Richtlinie zuletzt geändert durch die Richtlinie 98/48/EG (ABl. L 217 vom 5.8.1998, S. 18).

(18) Wissenschaftliche Sachverständige der einzelnen interessierten Parteien können bei der Festlegung von Gemeinsamen Technischen Spezifikationen und der Prüfung von sonstigen spezifischen oder allgemeinen Fragen hinzugezogen werden.

(19) Der von dieser Richtlinie erfasste Herstellungsvorgang umfasst auch die Verpackung der Medizinprodukte, sofern die Verpackung im Zusammenhang mit den Sicherheits- und Leistungsaspekten des Produkts steht.

(20) Bestimmte Produkte haben eine begrenzte Verwendungsdauer, die auf die zeitbezogene Verminderung ihrer Leistungsfähigkeit, beispielsweise aufgrund der Verschlechterung ihrer physikalischen oder chemischen Eigenschaften, insbesondere in bezug auf die Sterilität oder die Unversehrtheit der Verpackung, zurückgeht. Der Hersteller muss den Zeitraum bestimmen und angeben, innerhalb dessen die vorgesehene Leistungsfähigkeit des Produkts gewährleistet ist. Aus der Kennzeichnung muss der Termin hervorgehen, bis zu dem das Produkt oder einer seiner Bestandteile sicher angewendet werden kann.

(21) Der Rat hat durch seinen Beschluss 93/465/EWG vom 22. Juli 1993 über die in den technischen Harmonisierungsrichtlinien zu verwendenden Module für die verschiedenen Phasen der Konformitätsbewertungsverfahren und die Regeln für die Anbringung und Verwendung der CE-Konformitätskennzeichnung*) harmonisierte Konformitätsbewertungsverfahren festgelegt. Die Präzisierungen dieser Module sind durch die Art der für In-vitro-Diagnostika geforderten Prüfungen und durch die Notwendigkeit der Übereinstimmung mit den Richtlinien 90/385/EWG und 93/42/EWG gerechtfertigt.

(22) Vor allem für die Konformitätsbewertungsverfahren ist es erforderlich, die In-vitro-Diagnostika in zwei Hauptklassen zu unterteilen. Da die große Mehrzahl dieser Produkte keine unmittelbaren Risiken für Patienten darstellen und von geschultem Personal angewendet werden und da sich ferner die Ergebnisse oft auf anderem Wege bestätigen lassen, können die Konformitätsbewertungsverfahren generell unter der alleinigen Verantwortung des Herstellers erfolgen. Unter Berücksichtigung der geltenden einzelstaatlichen Rechtsvorschriften und der erfolgten Notifizierungen im Rahmen des Verfahrens nach der Richtlinie 98/34/EG ist eine Beteiligung der benannten Stellen nur für bestimmte Produkte erforderlich, deren richtiges Funktionieren für die medizinische Praxis wesentlich ist und deren Versagen ein ernstes Risiko für die Gesundheit darstellen kann.

(23) Unter den In-vitro-Diagnostika, bei denen die Einschaltung einer benannten Stelle notwendig ist, erfordern die im Zusammenhang mit der Übertragung von Blut und der Vorbeugung gegen Aids und bestimmte Hepatitiserkrankungen verwendeten Produktgruppen eine Konformitätsbewertung, die hinsichtlich der Auslegung und der Herstellung dieser Produkte ein Optimum an Sicherheit und Zuverlässigkeit gewährleistet.

(24) Die Liste der In-vitro-Diagnostika, für die eine Konformitätsbewertung durch eine dritte Partei vorgeschrieben ist, bedarf der Fortschreibung unter Berücksichtigung des tech-

*) ABl. L 220 vom 30.8.1993, S. 23.

nischen Fortschritts und der Entwicklungen auf dem Gebiet des Gesundheitsschutzes. Eine solche Fortschreibung muss nach dem Verfahren III Variante a) des Beschlusses 87/373/ EWG des Rates vom 13. Juli 1987 zur Festlegung der Modalitäten für die Ausübung der der Kommission übertragenen Durchführungsbefugnisse*) erfolgen.

(25) Zwischen dem Europäischen Parlament, dem Rat und der Kommission wurde am 20. Dezember 1994 ein „Modus vivendi" betreffend die Maßnahmen zur Durchführung der nach dem Verfahren des Artikels 189b des Vertrags erlassenen Rechtsakte**) vereinbart.

(26) Die Medizinprodukte müssen in der Regel mit der CE-Kennzeichnung versehen sein, aus der ihre Übereinstimmung mit den Bestimmungen dieser Richtlinie hervorgeht und die Voraussetzung für den freien Verkehr der Medizinprodukte in der Gemeinschaft und ihre bestimmungsgemäße Inbetriebnahme ist.

(27) Wenn die Beteiligung einer Benannten Stelle erforderlich ist, kann der Hersteller zwischen den von der Kommission bekanntgemachten Stellen wählen. Die Mitgliedstaaten sind nicht verpflichtet, solche Benannten Stellen zu bezeichnen, doch müssen sie sicherstellen, dass die als benannte Stellen bezeichneten Einrichtungen den Bewertungskriterien gemäß dieser Richtlinie entsprechen.

(28) Der Leiter und das Personal der Benannten Stellen dürfen weder unmittelbar noch über eine zwischengeschaltete Person an den Einrichtungen, in bezug auf die Bewertungen und Prüfungen durchgeführt werden, ein wirtschaftliches Interesse haben, das ihre Unabhängigkeit in Frage stellen könnte.

(29) Die für die Marktüberwachung zuständigen Behörden müssen vor allem in Dringlichkeitsfällen in der Lage sein, sich mit dem Hersteller oder seinem in der Gemeinschaft niedergelassenen Bevollmächtigten in Verbindung zu setzen, um die vorsorglichen Schutzmaßnahmen zu treffen, die sich als notwendig erweisen. Zwischen den Mitgliedstaaten sind Zusammenarbeit und ein Informationsaustausch im Hinblick auf eine einheitliche Anwendung dieser Richtlinie, insbesondere im Sinne der Marktüberwachung, erforderlich. Zu diesem Zweck muss eine Datenbank aufgebaut und betrieben werden, die Angaben über die Hersteller und ihre Bevollmächtigten, die in Verkehr gebrachten Produkte, die ausgestellten und die vorübergehend oder auf Dauer zurückgezogenen Bescheinigungen sowie über das Beobachtungs- und Meldeverfahren enthalten soll. Ein Produktbeobachtungs- und Meldesystem (Beobachtungs- und Meldeverfahren) stellt ein nützliches Instrument für die Überwachung des Marktes, einschließlich der Leistung neuer Produkte, dar. Informationen, die sich aus dem Marktüberwachungsverfahren sowie aus externen Qualitätsbewertungsprogrammen ergeben, sind für Entscheidungen bezüglich der Einstufung von Produkten von Nutzen.

*) ABl. L 197 vom 18.7.1987, S. 33.
**) ABl. C 102 vom 4.4.1996, S. 1.

(30) Die Hersteller müssen den zuständigen Behörden das Inverkehrbringen „neuer Produkte“ melden, und zwar sowohl, was die angewandte Technologie, als auch, was die zu analysierenden Substanzen oder sonstigen Parameter angeht. Dies gilt insbesondere für DNS-Sonden höherer Dichte (die als „Mikrochips“ bezeichnet werden) zum genetischen Screening.

(31) Ist ein Mitgliedstaat der Auffassung, dass ein bestimmtes Produkt oder eine Gruppe von Produkten aus Gründen des Gesundheitsschutzes und der Sicherheit und/oder im Interesse der öffentlichen Gesundheit gemäß Artikel 36 des Vertrags verboten oder dessen beziehungsweise deren Bereitstellung beschränkt werden oder besonderen Bedingungen unterliegen sollte, so kann er die erforderlichen und begründeten vorläufigen Maßnahmen treffen. In diesem Fall konsultiert die Kommission die betreffenden Parteien und die Mitgliedstaaten und erlässt, sofern die einzelstaatlichen Maßnahmen begründet sind, die erforderlichen gemeinschaftlichen Maßnahmen nach dem Verfahren III Variante a) des Beschlusses 87/373/EWG.

(32) Diese Richtlinie erstreckt sich auf In-vitro-Diagnostika, die aus Geweben, Zellen oder Stoffen menschlichen Ursprungs hergestellt werden. Die Richtlinie betrifft nicht die anderen Medizinprodukte, die unter Verwendung von Stoffen menschlichen Ursprungs hergestellt werden. In dieser Hinsicht müssen die Arbeiten folglich fortgesetzt werden, damit es so bald wie möglich zur Verabschiedung entsprechender gemeinschaftlicher Rechtsvorschriften kommt.

(33) Bei der Probenahme, der Sammlung und der Verwendung von Stoffen, die aus dem menschlichen Körper gewonnen werden, ist die Unversehrtheit des Menschen zu schützen; es gelten die Grundsätze des Übereinkommens des Europarates zum Schutz der Menschenrechte und der Menschenwürde im Hinblick auf die Anwendung der Biologie und der Medizin; ferner gelten weiterhin die einzelstaatlichen Ethikvorschriften.

(34) Im Hinblick auf eine vollständige Übereinstimmung zwischen den Richtlinien über Medizinprodukte müssen einige Bestimmungen dieser Richtlinie in die Richtlinie 93/42/EWG aufgenommen werden, die entsprechend zu ändern ist.

(35) Die fehlenden Rechtsvorschriften über Medizinprodukte, die aus Substanzen menschlichen Ursprungs hergestellt werden, müssen so rasch wie möglich erlassen werden.

Erwägungsgründe der Richtlinie 2000/70/EG:

(1) Der Kommissionsvorschlag betraf neben In-vitro-Diagnostika eine Änderung der Richtlinie 93/42/EWG des Rates vom 14. Juni 1993 über Medizinprodukte*) im Hinblick auf die Erweiterung ihres Geltungsbereichs auf Medizinprodukte, die unter Verwendung von

*) ABl. L 169 vom 12.7.1993, S. 1. Richtlinie zuletzt geändert durch die Richtlinie 98/79/EG des Europäischen Parlaments und des Rates (ABl. L 331 vom 7.12.1998, S. 1).

nicht lebensfähigen Geweben oder Derivaten derartiger Gewebe menschlichen Ursprungs hergestellt werden. Diese Änderung wurde bei der Verabschiedung der Richtlinie 98/79/EG*) jedoch nicht berücksichtigt.

(2) Mit der vorliegenden Richtlinie soll daher die Richtlinie 93/42/EWG dahingehend geändert werden, dass ihr Geltungsbereich lediglich auf Medizinprodukte ausgedehnt wird, die als Bestandteil Derivate aus menschlichem Blut oder Blutplasma enthalten. Medizinprodukte, die andere Derivate von menschlichem Gewebe enthalten, bleiben dabei weiterhin vom Anwendungsbereich der genannten Richtlinie ausgeschlossen.

(3) Hauptziel jeglicher Regelung für die Erzeugung, Verteilung oder Verwendung von Medizinprodukten ist der Schutz der öffentlichen Gesundheit.

(4) Ferner müssen die einzelstaatlichen Rechtsvorschriften zur Gewährleistung der Sicherheit und des Schutzes der Gesundheit der Patienten, Anwender und gegebenenfalls Dritter bei der Verwendung von Medizinprodukten harmonisiert werden, um den freien Verkehr dieser Produkte im Binnenmarkt zu gewährleisten.

(5) Medizinprodukte, die als Bestandteil Derivate aus menschlichem Blut oder Blutplasma enthalten, haben dieselben Zweckbestimmungen wie andere Medizinprodukte. Sie sind daher hinsichtlich des freien Warenverkehrs nicht anders zu behandeln als diese.

(6) Medizinprodukte, die als Bestandteil ein Derivat aus menschlichem Blut oder Blutplasma enthalten, welches in Ergänzung zu dem Produkt eine Wirkung auf den menschlichen Körper entfalten kann, müssen den Bestimmungen der Richtlinie 93/42/EWG und weiteren, jene Richtlinie ergänzenden Rechtsinstrumenten entsprechen.

(7) Ein gesondert verwendetes Derivat aus menschlichem Blut kann als Arzneimittelbestandteil im Sinne der Richtlinie 89/381/EWG des Rates**) betrachtet werden. Wird ein derartiger Stoff in ein Medizinprodukt integriert, so muss er in entsprechender Anwendung der Richtlinien 75/318/EWG***) und 89/381/EWG des Rates geeigneten Untersuchungen unterzogen werden. Diese Untersuchungen werden von den Stellen durchgeführt, denen Zuständigkeiten im Bereich der Anwendung der genannten Richtlinien übertragen wurden.

*) Richtlinie 98/79/EG des Europäischen Parlaments und des Rates vom 27. Oktober 1998 über In-vitro-Diagnostika (ABl. L 331 vom 7.12.1998, S. 1).

**) Richtlinie 89/381/EWG des Rates vom 14. Juni 1989 zur Erweiterung des Anwendungsbereichs der Richtlinien 65/65/EWG und 75/319/EWG zur Angleichung der Rechts- und Verwaltungsvorschriften über Arzneispezialitäten und zur Festlegung besonderer Vorschriften für Arzneimittel aus menschlichem Blut oder Blutplasma (ABl. L 181 vom 28.6.1989, S. 44).

***) Richtlinie 75/318/EWG des Rates vom 20. Mai 1975 zur Angleichung der Rechts- und Verwaltungsvorschriften der Mitgliedstaaten über die analytischen, toxikologisch-pharmakologischen und ärztlichen oder klinischen Vorschriften und Nachweise über Versuche mit Arzneimitteln (ABl. L 147 vom 9.6.1975, S. 1). Richtlinie zuletzt geändert durch die Richtlinie 1999/83/EG der Kommission (ABl. L 243 vom 15.9.1999, S. 9).

Erwägungsgründe der Richtlinie 2001/104/EG:

(1) Mit dieser Richtlinie soll der Geltungsbereich der Richtlinie 93/42/EWG*) lediglich auf Medizinprodukte ausgedehnt werden, die als Bestandteil Derivate aus menschlichem Blut oder Blutplasma enthalten. Medizinprodukte, die andere Derivate von menschlichem Gewebe enthalten, bleiben dabei weiterhin vom Anwendungsbereich der genannten Richtlinie ausgeschlossen.

(2) Hauptziel jeglicher Regelung für die Erzeugung, Verteilung oder Verwendung von Medizinprodukten ist der Schutz der öffentlichen Gesundheit.

(3) Ferner sollten die einzelstaatlichen Rechtsvorschriften zur Gewährleistung der Sicherheit und des Schutzes der Gesundheit der Patienten, Anwender und gegebenenfalls Dritter bei der Verwendung von Medizinprodukten harmonisiert werden, um den freien Verkehr dieser Produkte im Binnenmarkt zu gewährleisten.

Erwägungsgründe der Verordnung (EG) Nr. 1882/2003:

(1) Der Beschluss 1999/468/EG des Rates vom 28. Juni 1999 zur Festlegung der Modalitäten für die Ausübung der der Kommission übertragenen Durchführungsbefugnisse**) ersetzt den Beschluss 87/373/EWG***).

(2) Gemäß der Erklärung des Rates und der Kommission****) zum Beschluss 1999/468/EG sind die auf den Beschluss 87/373/EWG zurückgehenden Bestimmungen über die Ausschüsse zur Unterstützung der Kommission bei der Ausübung von deren Durchführungsbefugnissen anzupassen, um diese Bestimmungen mit den Artikeln 3, 4 und 5 des Beschlusses 1999/468/EG in Einklang zu bringen.

(3) Die genannte Erklärung gibt die Modalitäten der Anpassung der Ausschussverfahren an, die automatisch erfolgt, sofern sie nicht den im Basisrechtsakt vorgesehenen Ausschusstyp berührt.

(4) Die in den zu ändernden Bestimmungen festgelegten Fristen sollten ihre Gültigkeit behalten. Sofern keine bestimmte Frist für die Verabschiedung von Durchführungsmaßnahmen vorgesehen war, sollte eine Frist von drei Monaten festgelegt werden.

(5) Dementsprechend sind die Bestimmungen der Rechtsakte, die eine Bezugnahme auf das Ausschussverfahren des Typs I gemäß dem Beschluss 87/373/EWG vorsehen, durch

*) ABl. L 169 vom 12.7.1993, S. 1. Richtlinie zuletzt geändert durch die Richtlinie 2000/70/EG des Europäischen Parlaments und des Rates (ABl. L 313 vom 13.12.2000, S. 22).
**) ABl. L 184 vom 17.7.1999, S. 23.
***) ABl. L 197 vom 18.7.1987, S. 33.
****) ABl. C 203 vom 17.7.1999, S. 1.

Bestimmungen zu ersetzen, die eine Bezugnahme auf das Beratungsverfahren gemäß Artikel 3 des Beschlusses 1999/468/EG vorsehen.

(6) Die Bestimmungen der Rechtsakte, die eine Bezugnahme auf das Ausschussverfahren des Typs IIa und IIb gemäß dem Beschluss 87/373/EWG vorsehen, sollten durch Bestimmungen ersetzt werden, die eine Bezugnahme auf das Verwaltungsverfahren gemäß Artikel 4 des Beschlusses 1999/468/EG vorsehen.

(7) Die Bestimmungen der Rechtsakte, die eine Bezugnahme auf das Ausschussverfahren des Typs IIIa und IIIb gemäß dem Beschluss 87/373/EWG vorsehen, sollten durch Bestimmungen ersetzt werden, die eine Bezugnahme auf das Regelungsverfahren gemäß Artikel 5 des Beschlusses 1999/468/EG vorsehen.

(8) Diese Verordnung bezweckt ausschließlich die Vereinheitlichung der Ausschussverfahren. Die Bezeichnungen der Ausschüsse in diesen Verfahren wurden gegebenenfalls geändert.

Erwägungsgründe der Richtlinie 2007/47/EG:

(1) Gemäß der Richtlinie 93/42/EWG des Rates*) muss die Kommission dem Rat spätestens fünf Jahre nach Inkrafttreten dieser Richtlinie einen Bericht über folgende Punkte unterbreiten: i) Informationen über Vorkommnisse nach dem Inverkehrbringen, ii) klinische Prüfungen, die nach den in Anhang VIII der Richtlinie 93/42/EWG beschriebenen Verfahren durchgeführt wurden, und iii) die Auslegungsprüfung und die EG-Baumusterprüfung von Medizinprodukten, die als festen Bestandteil einen Stoff enthalten, der bei gesonderter Anwendung als Arzneimittel im Sinne der Richtlinie 2001/83/EG des Europäischen Parlaments und des Rates vom 6. November 2001 zur Schaffung eines Gemeinschaftskodexes für Humanarzneimittel**) gelten kann und der in Ergänzung zu dem Produkt eine Wirkung auf den menschlichen Körper entfalten kann.

(2) Die Kommission hat die Ergebnisse dieses Berichts in ihrer Mitteilung an den Rat und das Europäische Parlament über Medizinprodukte vorgetragen, die auf Ersuchen der Mitgliedstaaten auf alle Aspekte des gemeinschaftlichen Regelwerks für Medizinprodukte ausgeweitet wurde.

(3) Der Rat begrüßte diese Mitteilung in seinen Schlussfolgerungen über Medizinprodukte vom 2. Dezember 2003***). Auch das Europäische Parlament erörterte die Mitteilung und nahm am 3. Juni 2003 eine Entschließung zu den Auswirkungen der Richtlinie 93/42/EWG****) auf die Gesundheit an.

*) ABl. L 169 vom 12.7.1993, S. 1. Zuletzt geändert durch die Verordnung (EG) Nr. 1882/2003 des Europäischen Parlaments und des Rates (ABl. L 284 vom 31.10.2003, S. 1).

**) (ABl. L 311 vom 28.11.2001, S. 67. Zuletzt geändert durch die Verordnung (EG) Nr. 1901/2006 des Europäischen Parlaments und des Rates (ABl. L 378 vom 27.12.2006, S. 1).

***) ABl. C 20 vom 24.1.2004, S. 1.

****) ABl. C 68 E vom 18.3.2004, S. 85.

(4) Aus den Schlussfolgerungen dieser Mitteilung wird ersichtlich, dass es notwendig und angezeigt ist, die Richtlinie 90/385/EWG des Rates*), die Richtlinie 93/42/EWG und die Richtlinie 98/8/EG des Europäischen Parlaments und des Rates**) zu ändern.

(5) Damit für eine einheitliche Auslegung und Anwendung der Richtlinien 93/42/EWG und 90/385/EWG gesorgt ist, sollte der Rechtsrahmen in Punkten wie dem Bevollmächtigten, der europäischen Datenbank, den Maßnahmen des Gesundheitsschutzes und der Anwendung der Richtlinie 93/42/EWG hinsichtlich Medizinprodukten, die stabile Derivate aus menschlichem Blut oder Blutplasma enthalten***), eingeführt durch die Richtlinie 2000/70/EG, auf die Richtlinie 90/385/EWG erweitert werden. Die Anwendung der Bestimmungen über Medizinprodukte, die stabile Derivate aus menschlichem Blut oder Blutplasma enthalten, beinhaltet auch die Anwendung der Richtlinie 2002/98/EG des Europäischen Parlaments und des Rates vom 27. Januar 2003 zur Festlegung von Qualitäts- und Sicherheitsstandards für die Gewinnung, Testung, Verarbeitung, Lagerung und Verteilung von menschlichem Blut und Blutbestandteilen und zur Änderung der Richtlinie 2001/83/EG****).

(6) Es ist eine Klarstellung erforderlich, dass Software als solche, wenn sie spezifisch vom Hersteller für einen oder mehrere der in der Definition von Medizinprodukt genannten medizinischen Zwecke bestimmt ist, ein Medizinprodukt ist. Software für allgemeine Zwecke ist kein Medizinprodukt, auch wenn sie im Zusammenhang mit der Gesundheitspflege genutzt wird.

(7) Es ist insbesondere darauf zu achten, dass die Aufbereitung von Medizinprodukten die Sicherheit und Gesundheit der Patienten nicht gefährdet. Daher ist es erforderlich, die Definition des Begriffs „Einmalprodukt" zu präzisieren und für einheitliche Kennzeichnung und einheitliche Gebrauchsanweisungen zu sorgen. Außerdem sollte die Kommission weitere Untersuchungen durchführen, um zu ermitteln, ob zusätzliche Maßnahmen angemessen sind, um ein hohes Maß an Schutz für die Patienten zu gewährleisten.

(8) Im Hinblick auf die technischen Innovationen und die Entwicklung internationaler Initiativen ist es nötig, die Bestimmungen über die klinische Bewertung zu stärken, indem zum einen präzisiert wird, dass klinische Daten in der Regel für alle Produkte, ungeachtet ihrer Einstufung, erforderlich sind, und zum anderen die Möglichkeit eröffnet wird, die Daten über klinische Prüfungen zentral in der europäischen Datenbank zu erfassen.

*) ABl. L 189 vom 20.7.1990, S. 17. Zuletzt geändert durch die Verordnung (EG) Nr. 1882/2003.

**) ABl. L 123 vom 24.4.1998, S. 1. Zuletzt geändert durch die Richtlinie 2007/20/EG der Kommission (ABl. L 94 vom 4.4.2007, S. 23).

***) Richtlinie 2000/70/EG des Europäischen Parlaments und des Rates vom 16. November 2000 zur Änderung der Richtlinie 93/42/EWG des Rates hinsichtlich Medizinprodukten, die stabile Derivate aus menschlichem Blut oder Blutplasma enthalten (ABl. L 313 vom 13.12.2000, S. 22).

****) ABl. L 33 vom 8.2.2003, S. 30.

(9) Um für einen klareren Konformitätsnachweis für Sonderanfertigungen durch die Hersteller zu sorgen, sollte eine ausdrückliche Verpflichtung zu einer systematischen Marktbeobachtung nach dem Inverkehrbringen einschließlich einer Berichterstattung über Unfälle an die Behörden eingeführt werden, wie sie bereits für andere Medizinprodukte existiert, und um die Patienteninformation zu verbessern, sollte eine Vorschrift dahingehend eingeführt werden, dass die Erklärung gemäß Anhang VIII der Richtlinie 93/42/EWG für den Patienten verfügbar sein und sie zudem den Namen des Herstellers enthalten sollte.

(10) Angesichts der technischen Fortschritte in der Informationstechnologie und bei Medizinprodukten sollte ein Verfahren bereitgestellt werden, durch das die Gebrauchsinformationen des Herstellers auch auf anderem Wege dem Nutzer zugänglich gemacht werden dürfen.

(11) Hersteller von sterilen Produkten und/oder Produkten mit Messfunktion der Klasse I sollten die Möglichkeit erhalten, das Modul der umfassenden Qualitätssicherung im Rahmen der Konformitätsbewertung zu nutzen, damit sie bei der Entscheidung für eines der Module zur Konformitätsbewertung flexibler sind.

(12) Um die Marktaufsichtstätigkeit der Mitgliedstaaten zu unterstützen, ist es bei implantierbaren Medizinprodukten erforderlich und angemessen, die Frist für die Aufbewahrung der Unterlagen für administrative Zwecke auf mindestens 15 Jahre zu verlängern.

(13) Damit die Richtlinie 93/42/EWG angemessen und wirksam funktionieren kann, wenn es um die regulierungstechnische Beratung bei auf nationaler Ebene auftretenden Einstufungsfragen geht, insbesondere darum, ob ein Produkt unter die Definition für Medizinprodukte fällt oder nicht, liegt es im Interesse der nationalen Marktaufsicht und der menschlichen Gesundheit und Sicherheit, ein Verfahren einzurichten, nach dem entschieden wird, ob ein Produkt als Medizinprodukt einzustufen ist oder nicht.

(14) Damit die Behörden auch dann, wenn ein Hersteller keinen Firmensitz in der Gemeinschaft hat, sich an eine vom Hersteller bevollmächtigte Einzelperson wenden können, die als Ansprechpartner bei Fragen zur Übereinstimmung der Produkte mit den Richtlinien fungiert, ist es erforderlich vorzuschreiben, dass solche Hersteller einen Bevollmächtigten für ein Medizinprodukt benennen. Die Benennung des Bevollmächtigen sollte mindestens für alle Medizinprodukte desselben Modells gelten.

(15) Um die öffentliche Gesundheit und Sicherheit weitergehend zu schützen, ist es erforderlich, für eine einheitlichere Anwendung der Bestimmungen über die Maßnahmen zum Gesundheitsschutz zu sorgen. Insbesondere sollte darauf geachtet werden, dass bei der Verwendung der Produkte die Gesundheit und Sicherheit der Patienten nicht gefährdet wird.

(16) Zur Förderung der Transparenz in den Rechtsvorschriften der Gemeinschaft sollten bestimmte Informationen über Medizinprodukte und ihre Übereinstimmung mit der Richtlinie 93/42/EWG interessierten Dritten und der breiten Öffentlichkeit zugänglich sein;

dies betrifft insbesondere Registrierungsinformationen, Vorkommnismeldungen und Informationen über Bescheinigungen.

(17) Um den Einsatz der nationalen Ressourcen und ihre Wirksamkeit bei Fragen im Zusammenhang mit der Richtlinie 93/42/EWG besser zu koordinieren, sollten die Mitgliedstaaten untereinander und auf internationaler Ebene zusammenarbeiten.

(18) Da in der öffentlichen Gesundheitspolitik Initiativen zur Produktauslegung im Sinne einer besseren Patientensicherheit eine immer wichtigere Rolle spielen, ist es erforderlich, in den grundlegenden Anforderungen auch die Berücksichtigung der ergonomischen Produktauslegung ausdrücklich festzuhalten. Zudem sollte die Berücksichtigung des Ausbildungsniveaus und des Wissens der Anwender, beispielsweise von Laien, in den grundlegenden Anforderungen ein größeres Gewicht erhalten. Der Hersteller sollte besonders die Folgen eines Missbrauchs des Produkts und dessen schädliche Auswirkungen auf den menschlichen Körper hervorheben.

(19) Angesichts der Erfahrungen aus der Tätigkeit sowohl der benannten Stellen als auch der Behörden bei der Bewertung jener Produkte, bei denen die für Arzneimittel und Derivate aus menschlichem Blut zuständigen Behörden beteiligt werden müssen, sollten deren jeweilige Aufgaben und Pflichten präzisiert werden.

(20) Berücksichtigt man die zunehmende Bedeutung von Software für Medizinprodukte – entweder als eigenständige Software oder als Bestandteil eines Medizinprodukts – sollte auch die Validierung von Software in Übereinstimmung mit dem Stand der Technik zu den grundlegenden Anforderungen gehören.

(21) Da die Hersteller die Entwicklung und die Herstellung von Medizinprodukten immer häufiger bei Dritten in Auftrag geben, muss der Hersteller unbedingt nachweisen, dass er jene Dritten angemessenen Kontrollen unterzieht, um dauerhaft zu gewährleisten, dass das Qualitätssicherungssystem effizient arbeitet.

(22) Die Klassifizierungsregeln beruhen auf der Verletzbarkeit des menschlichen Körpers und berücksichtigen die potenziellen Risiken im Zusammenhang mit der technischen Produktauslegung und der Produktherstellung. Bei Produkten der Klasse III ist eine ausdrückliche vorherige Bestätigung der Konformität, einschließlich einer Bewertung der Auslegungsunterlagen, Voraussetzung für das Inverkehrbringen. Bei der Erfüllung ihrer Aufgaben im Rahmen der Konformitätsbewertung mittels der Module Qualitätssicherung und Prüfung für alle anderen Klassen von Produkten müssen die benannten Stellen unbedingt die Auslegungsunterlagen des betreffenden Medizinprodukts überprüfen, um sich davon zu überzeugen, dass der Hersteller die Richtlinie 93/42/EWG eingehalten hat. Gründlichkeit und Umfang dieser Prüfung sollten der Einstufung des Produkts, der Neuartigkeit der geplanten Behandlung, dem Umfang des medizinischen Eingriffs, der Neuartigkeit der Technologie oder Materialien und der Komplexität von Produktauslegung bzw. Technologie angemessen sein. Diese Prüfung kann anhand eines repräsentativen Musters der Ausle-

gungsunterlagen eines oder mehrerer in Herstellung befindlicher Produkttypen erfolgen. Eine oder mehrere weitere Prüfungen sowie insbesondere die Beurteilung von Änderungen der Produktauslegung, die sich auf die Konformität mit den grundlegenden Anforderungen auswirken könnten, sollten zu den Überwachungstätigkeiten der benannten Stelle gehören.

(23) Die Unstimmigkeiten bei den Klassifizierungsregeln, die dazu geführt haben, dass invasive Produkte im Zusammenhang mit Körperöffnungen, die nicht zum Anschluss an ein aktives Produkt der Klasse I bestimmt sind, nicht eingestuft wurden, müssen ausgeräumt werden.

(24) Die zur Durchführung der Richtlinie 90/385/EWG und der Richtlinie 93/42/EWG erforderlichen Maßnahmen sollten gemäß dem Beschluss 1999/468/EG des Rates vom 28. Juni 1999 zur Festlegung der Modalitäten für die Ausübung der der Kommission übertragenen Durchführungsbefugnisse*) erlassen werden.

(25) Insbesondere sollte die Kommission die Befugnis erhalten, die Klassifizierungsregeln von Medizinprodukten zu überarbeiten, neue Möglichkeiten für die Darstellung der für die unbedenkliche und ordnungsgemäße Verwendung von Medizinprodukten erforderlichen Informationen zu schaffen, die Bedingungen für die Veröffentlichung bestimmter Informationen festzulegen, die in einigen Anhängen festgelegten Bestimmungen über klinische Prüfungen zu überarbeiten, aus Gründen des Gesundheitsschutzes oder der Sicherheit besondere Auflagen für das Inverkehrbringen oder die Inbetriebnahme bestimmter Medizinprodukte zu erlassen sowie Entscheidungen zu treffen, mit denen diese Produkte vom Markt genommen werden können. Da es sich hierbei um Maßnahmen von allgemeiner Tragweite handelt, die eine Änderung der Richtlinien 90/385/EWG und 93/42/EWG bzw. ihre Ergänzung durch Hinzufügung neuer nicht wesentlicher Bestimmungen bewirken, sind diese Maßnahmen nach dem Regelungsverfahren mit Kontrolle des Artikels 5a des Beschlusses 1999/468/EG zu erlassen.

(26) Wenn aus Gründen äußerster Dringlichkeit die Fristen, die normalerweise im Rahmen des Regelungsverfahrens mit Kontrolle Anwendung finden, nicht eingehalten werden können, muss die Kommission bei der Entscheidung, ob bestimmte Medizinprodukte aus Gründen des Gesundheitsschutzes oder der Sicherheit vom Markt genommen bzw. besondere Auflagen für das Inverkehrbringen oder die Inbetriebnahme solcher Produkte erlassen werden müssen, die Möglichkeit haben, das Dringlichkeitsverfahren des Artikels 5a Absatz 6 des Beschlusses 1999/468/EG anzuwenden.

(27) Die Kommission sollte das Europäische Komitee für Normung (CEN) und/oder das Europäische Komitee für elektrotechnische Normung (CENELEC) beauftragen, innerhalb

*) ABl. L 184 vom 17.7.1999, S. 23. Geändert durch den Beschluss 2006/512/EG (ABl. L 200 vom 22.7.2006, S. 11).

von zwölf Monaten nach Inkrafttreten dieser Richtlinie technische Vorschriften und eine geeignete spezifische Kennzeichnung für Produkte, die Phthalate enthalten, festzulegen.

(28) Zahlreiche Mitgliedstaaten haben Empfehlungen abgegeben, die darauf abzielen, die Verwendung von Medizinprodukten, die bedenkliche Phthalate enthalten, bei Kindern, Schwangeren, stillenden Müttern und anderen gefährdeten Patienten einzuschränken oder zu begrenzen. Damit die Ärzte solchen Risiken entgegenwirken können, sollten Medizinprodukte, über die möglicherweise Phthalate in den Körper eines Patienten gelangen können, entsprechend gekennzeichnet sein.

(29) Entsprechend den grundlegenden Anforderungen an die Produktauslegung und Herstellung von Medizinprodukten sollten die Hersteller keine Stoffe verwenden, die möglicherweise die Gesundheit der Patienten beeinträchtigen könnten, insbesondere keine krebserzeugenden, erbgutverändernden oder fortpflanzungsgefährdenden Stoffe, sondern sich darum bemühen, alternative Stoffe und Produkte mit einem geringeren Gefährdungspotenzial zu entwickeln.

(30) Es sollte präzisiert werden, dass In-vitro-Diagnostika gemäß der Richtlinie 98/79/EG des Europäischen Parlaments und des Rates vom 27. Oktober 1998 über In-vitro-Diagnostika*) ebenso wenig unter den Anwendungsbereich der Richtlinie 98/8/EG fallen sollten, wie Produkte im Sinne der Richtlinien 90/385/EWG und 93/42/EWG.

31) Gemäß Nummer 34 der Interinstitutionellen Vereinbarung Bessere Rechtsetzung**) sind die Mitgliedstaaten aufgefordert, für ihre eigenen Zwecke und im Interesse der Gemeinschaft eigene Tabellen aufzustellen, aus denen im Rahmen des Möglichen die Entsprechungen zwischen dieser Richtlinie und den Umsetzungsmaßnahmen zu entnehmen sind, und diese zu veröffentlichen.

(32) Die Richtlinien 90/385/EWG, 93/42/EWG und 98/8/EG sollten daher entsprechend geändert werden,

hat folgende Richtlinie erlassen:

Artikel 1
Begriffsbestimmungen, Anwendungsbereich

(1) Diese Richtlinie gilt für Medizinprodukte und ihr Zubehör. Im Sinne dieser Richtlinie wird Zubehör als eigenständiges Medizinprodukt behandelt. Medizinprodukte und Zubehör werden nachstehend „Produkte“ genannt.

(2) Es gelten folgende Begriffsbestimmungen:

*) ABl. L 331 vom 7.12.1998, S. 1. Zuletzt geändert durch die Verordnung (EG) Nr. 1882/2003.
**) ABl. C 321 vom 31.12.2003, S. 1.

a) *„Medizinprodukt“:* alle einzeln oder miteinander verbunden verwendeten Instrumente, Apparate, Vorrichtungen, Software, Stoffe oder anderen Gegenstände, einschließlich der vom Hersteller speziell zur Anwendung für diagnostische und/oder therapeutische Zwecke bestimmten und für ein einwandfreies Funktionieren des Medizinprodukts eingesetzten Software, die vom Hersteller zur Anwendung für Menschen für folgende Zwecke bestimmt sind:

- Erkennung, Verhütung, Überwachung, Behandlung oder Linderung von Krankheiten;
- Erkennung, Überwachung, Behandlung, Linderung oder Kompensierung von Verletzungen oder Behinderungen;
- Untersuchung, Ersatz oder Veränderung des anatomischen Aufbaus oder eines physiologischen Vorgangs;
- Empfängnisregelung,

und deren bestimmungsgemäße Hauptwirkung im oder am menschlichen Körper weder durch pharmakologische oder immunologische Mittel noch metabolisch erreicht wird, deren Wirkungsweise aber durch solche Mittel unterstützt werden kann.

b) *Zubehör:* Gegenstand, der selbst kein Produkt ist, sondern nach seiner vom Hersteller speziell festgelegten Zweckbestimmung zusammen mit einem Produkt zu verwenden ist, damit dieses entsprechend der vom Hersteller des Produkts festgelegten Zweckbestimmung des Produkts angewendet werden kann.

c) *In-vitro-Diagnostikum:* jedes Medizinprodukt, das als Reagenz, Reagenzprodukt, Kalibriermaterial, Kontrollmaterial, Kit, Instrument, Apparat, Gerät oder System – einzeln oder in Verbindung miteinander – nach der vom Hersteller festgelegten Zweckbestimmung zur In-vitro-Untersuchung von aus dem menschlichen Körper stammenden Proben, einschließlich Blut- und Gewebespenden, verwendet wird und ausschließlich oder hauptsächlich dazu dient, Informationen zu liefern

- über physiologische oder pathologische Zustände oder
- über angeborene Anomalien oder
- zur Prüfung auf Unbedenklichkeit und Verträglichkeit bei den potentiellen Empfängern oder
- zur Überwachung therapeutischer Maßnahmen.

Probenbehältnisse gelten als In-vitro-Diagnostika. Probenbehältnisse sind luftleere wie auch sonstige Medizinprodukte, die von ihrem Hersteller speziell dafür gefertigt werden, aus dem menschlichen Körper stammende Proben unmittelbar nach ihrer Entnahme aufzunehmen und im Hinblick auf eine In-vitro-Diagnose aufzubewahren.

Erzeugnisse für den allgemeinen Laborbedarf gelten nicht als In-vitro-Diagnostika, es sei denn, sie sind aufgrund ihrer Merkmale nach ihrer vom Hersteller festgelegten Zweckbestimmung speziell für In-vitro-Untersuchungen zu verwenden.

d) *Sonderanfertigung:* jedes Produkt, das nach schriftlicher Verordnung eines entsprechend qualifizierten Arztes unter dessen Verantwortung nach spezifischen Auslegungsmerkmalen eigens angefertigt wird und zur ausschließlichen Anwendung bei einem namentlich genannten Patienten bestimmt ist

Die oben genannte Verordnung kann auch von jeder anderen Person ausgestellt werden, die aufgrund ihrer beruflichen Qualifikation dazu befugt ist.

Serienmäßig hergestellte Produkte, die angepasst werden müssen, um den spezifischen Anforderungen des Arztes oder eines anderen berufsmäßigen Anwenders zu entsprechen, gelten nicht als Sonderanfertigungen.

e) *Für klinische Prüfungen bestimmtes Produkt:* jedes Produkt, das dazu bestimmt ist, einem entsprechend qualifizierten Arzt zur Durchführung von Prüfungen am Menschen gemäß Anhang X Abschnitt 2.1 in einer angemessenen medizinischen Umgebung zur Verfügung gestellt zu werden.

Im Hinblick auf die Durchführung der klinischen Prüfungen ist einem entsprechend qualifizierten Arzt jede sonstige Person gleichgestellt, die aufgrund ihrer beruflichen Qualifikation befugt ist, diese Prüfungen durchzuführen.

f) *Hersteller:* die natürliche oder juristische Person, die für die Auslegung, Herstellung, Verpackung und Etikettierung eines Produkts im Hinblick auf das Inverkehrbringen im eigenen Namen verantwortlich ist, unabhängig davon, ob diese Tätigkeiten von dieser Person oder stellvertretend für diese von einer dritten Person ausgeführt werden.

Die dem Hersteller nach dieser Richtlinie obliegenden Verpflichtungen gelten auch für die natürliche oder juristische Person, die ein oder mehrere vorgefertigte Produkte montiert, abpackt, behandelt, aufbereitet und/oder kennzeichnet und/oder für die Festlegung der Zweckbestimmung als Produkt im

Hinblick auf das Inverkehrbringen im eigenen Namen verantwortlich ist. Dies gilt nicht für Personen, die – ohne Hersteller im Sinne des Unterabsatzes 1 zu sein – bereits in Verkehr gebrachte Produkte für einen namentlich genannten Patienten entsprechend ihrer Zweckbestimmung montieren oder anpassen.

g) *Zweckbestimmung:* Verwendung, für die das Produkt entsprechend den Angaben des Herstellers in der Etikettierung, der Gebrauchsanweisung und/oder dem Werbematerial bestimmt ist.

h) *Inverkehrbringen:* erste entgeltliche oder unentgeltliche Überlassung eines Produkts, das nicht für klinische Prüfungen bestimmt ist, im Hinblick auf seinen Vertrieb und/oder seine Verwendung innerhalb der Gemeinschaft, ungeachtet dessen, ob es sich um ein neues oder ein als neu aufbereitetes Produkt handelt.

i) *Inbetriebnahme:* den Zeitpunkt, zu dem ein Produkt dem Endanwender als ein Erzeugnis zur Verfügung gestellt worden ist, das erstmals entsprechend seiner Zweckbestimmung auf dem gemeinschaftlichen Markt verwendet werden kann.

j) *Bevollmächtigter:* die in der Gemeinschaft niedergelassene natürliche oder juristische Person, die vom Hersteller ausdrücklich dazu bestimmt wurde, im Hinblick auf seine Verpflichtungen nach dieser Richtlinie in seinem Namen zu handeln und von den Behörden und Stellen in der Gemeinschaft in diesem Sinne kontaktiert zu werden.

k) *„Klinische Daten“:* Sicherheits- und/oder Leistungsangaben, die aus der Verwendung eines Produkts hervorgehen. Klinische Daten stammen aus folgenden Quellen:

- klinischen Prüfung/en des betreffenden Produkts oder
- klinischen Prüfung/en oder sonstigen in der wissenschaftlichen Fachliteratur wiedergegebene Studien über ein ähnliches Produkt, dessen Gleichartigkeit mit dem betreffenden Produkt nachgewiesen werden kann, oder
- veröffentlichten und/oder unveröffentlichten Berichten über sonstige klinische Erfahrungen entweder mit dem betreffenden Produkt oder einem ähnlichen Produkt, dessen Gleichartigkeit mit dem betreffenden Produkt nachgewiesen werden kann.

l) *„Subkategorie von Medizinprodukten“:* eine Gruppe von Produkten, die in den gleichen Bereichen verwendet werden sollen oder mit den gleichen Technologien ausgestattet sind.

m) *„generische Produktgruppe“:* eine Gruppe von Produkten mit gleichen oder ähnlichen Verwendungsbestimmungen oder mit technologischen Gemeinsamkeiten, so dass sie allgemein, also ohne Berücksichtigung spezifischer Merkmale klassifiziert werden können.

n) *„Einmal-Produkt“:* ein Produkt, das zum einmaligen Gebrauch an einem einzigen Patienten bestimmt ist.

(3) Produkte, die dazu bestimmt sind, ein Arzneimittel im Sinne des Artikels 1 der Richtlinie 2001/83/EG abzugeben, unterliegen dieser Richtlinie unbeschadet der das Arzneimittel betreffenden Bestimmungen der Richtlinie 2001/83/EG.

Werden diese Produkte jedoch so in Verkehr gebracht, dass Produkt und Arzneimittel ein einheitliches, miteinander verbundenes Produkt bilden, das ausschließlich zur Verwendung in dieser Verbindung bestimmt und nicht wieder verwendbar ist, so unterliegt dieses Produkt der Richtlinie 2001/83/EG. Die einschlägigen grundlegenden Anforderungen gemäß Anhang I dieser Richtlinie kommen insofern zur Anwendung, als sicherheits- und leistungsbezogene Produktfunktionen betroffen sind.

(4) Enthält ein Produkt als festen Bestandteil einen Stoff, der – gesondert verwendet – als Arzneimittel im Sinne des Artikels 1 der Richtlinie 2001/83/EG betrachtet werden und in Ergänzung zu dem Produkt eine Wirkung auf den menschlichen Körper entfalten kann, so ist dieses Produkt gemäß der vorliegenden Richtlinie zu bewerten und zuzulassen.

(4a) Enthält ein Produkt als Bestandteil einen Stoff, der – gesondert verwendet – als Arzneimittelbestandteil oder Arzneimittel aus menschlichem Blut oder Blutplasma im Sinne des Artikels 1 der Richtlinie 2001/83/EG betrachtet werden und in Ergänzung zu dem Produkt eine Wirkung auf den menschlichen Körper entfalten kann (nachstehend „Derivat aus menschlichem Blut“ genannt), so ist dieses Produkt gemäß der vorliegenden Richtlinie zu bewerten und zuzulassen.

(5) Diese Richtlinie gilt nicht für

a) Produkte für die In-vitro-Diagnose;

b) aktive implantierbare medizinische Geräte gemäß der Richtlinie 90/385/EWG;

c) Arzneimittel im Sinne der Richtlinie 2001/83/EG; die Entscheidung darüber, ob ein Produkt unter die vorgenannte oder die vorliegende Richtlinie fällt, erfolgt insbesondere unter Berücksichtigung der hauptsächlichen Wirkungsweise des Produkts;

d) kosmetische Mittel im Sinne der Richtlinie 76/768/EWG[18]);

e) menschliches Blut, Blutprodukte, Blutplasma oder Blutzellen menschlichen Ursprungs bzw. Produkte, die zum Zeitpunkt des Inverkehrbringens Blutprodukte, Blutplasma oder Blutzellen dieser Art enthalten, mit Ausnahme der Produkte im Sinne von Absatz 4a;

f) Transplantate oder Gewebe oder Zellen menschlichen Ursprungs noch für Produkte, die Gewebe oder Zellen menschlichen Ursprungs enthalten oder aus solchen Geweben oder Zellen gewonnen wurden, mit Ausnahme der in Absatz 4a genannten Produkte;

g) Transplantate oder Gewebe oder Zellen tierischen Ursprungs, es sei denn, ein Produkt wird unter Verwendung von abgetötetem tierischen Gewebe oder von abgetöteten Erzeugnissen hergestellt, die aus tierischem Gewebe gewonnen wurden.

(6) Bei Produkten, die vom Hersteller sowohl zur Verwendung entsprechend den Vorschriften über persönliche Schutzausrüstungen der Richtlinie 89/686/EWG des Rates[19]) als auch der vorliegenden Richtlinie bestimmt sind, müssen auch die einschlägigen grundlegenden Gesundheits- und Sicherheitsanforderungen der Richtlinie 89/686/EWG erfüllt werden.

(7) Diese Richtlinie ist eine Einzelrichtlinie im Sinne von Artikel 1 Absatz 4 der Richtlinie 2004/108/EG des Europäischen Parlaments und des Rates[20]).

(8) Diese Richtlinie berührt weder die Anwendung der Richtlinie 96/29/Euratom des Rates vom 13. Mai 1996 zur Festlegung der grundlegenden Sicherheitsnormen

[18]) ABl. Nr. L 262 vom 27.9.1976, S. 169. Zuletzt geändert durch die Richtlinie 92/86/EWG der Kommission (ABl. Nr. L 325 vom 11.11.1992, S. 18).

[19]) Richtlinie 89/686/EWG des Rates vom 21. Dezember 1989 zur Angleichung der Rechtsvorschriften der Mitgliedstaaten für persönliche Schutzausrüstungen (ABl. L 399 vom 30.12.1989, S. 18). Zuletzt geändert durch die Verordnung (EG) Nr. 1882/2003 des Europäischen Parlaments und des Rates (ABl. L 284 vom 31.10.2003, S. 1).

[20]) Richtlinie 2004/108/EG des Europäischen Parlaments und des Rates vom 15. Dezember 2004 zur Angleichung der Rechtsvorschriften der Mitgliedstaaten über die elektromagnetische Verträglichkeit (ABl. L 390 vom 31.12.2004, S. 24).

für den Schutz der Gesundheit der Arbeitskräfte und der Bevölkerung gegen die Gefahren durch ionisierende Strahlungen[21]) noch die Anwendung der Richtlinie 97/43/Euratom des Rates vom 30. Juni 1997 über den Gesundheitsschutz von Personen gegen die Gefahren ionisierender Strahlung bei medizinischer Exposition[22]).

Artikel 2
Inverkehrbringen und Inbetriebnahme

Die Mitgliedstaaten treffen alle erforderlichen Maßnahmen, damit die Produkte nur in Verkehr gebracht und/oder in Betrieb genommen werden dürfen, wenn sie bei sachgemäßer Lieferung, Installation, Instandhaltung und ihrer Zweckbestimmung entsprechender Verwendung die Anforderungen dieser Richtlinie erfüllen

Artikel 3
Grundlegende Anforderungen

Die Produkte müssen die grundlegenden Anforderungen gemäß Anhang I erfüllen, die auf sie unter Berücksichtigung ihrer Zweckbestimmung anwendbar sind.

Besteht ein einschlägiges Risiko, so müssen Produkte, die auch Maschinen im Sinne des Artikels 2 Buchstabe a der Richtlinie 2006/42/EG des Europäischen Parlaments und des Rates vom 17. Mai 2006 über Maschinen[23]) sind, den grundlegenden Gesundheits- und Sicherheitsanforderungen gemäß Anhang I der genannten Richtlinie entsprechen, sofern diese grundlegenden Gesundheits- und Sicherheitsanforderungen spezifischer sind als die grundlegenden Anforderungen gemäß Anhang I der vorliegenden Richtlinie.

Artikel 4
Freier Verkehr, Produkte für besondere Zwecke

(1) Die Mitgliedstaaten behindern in ihrem Hoheitsgebiet nicht das Inverkehrbringen und die Inbetriebnahme von Produkten, die die CE-Kennzeichnung nach Artikel 17 tragen, aus der hervorgeht, dass sie einer Konformitätsbewertung nach Artikel 11 unterzogen worden sind.

(2) Die Mitgliedstaaten behindern nicht, dass

[21]) ABl. L 159 vom 29.6.1996, S. 1

[22]) ABl. L 180 vom 9.7.1997, S. 22.

[23]) ABl. L 157 vom 9.6.2006, S. 24.

- für klinische Prüfungen bestimmte Produkte den entsprechend qualifizierten Ärzten oder den dazu befugten Personen zur Vefügung gestellt werden, wenn sie den Bedingungen gemäß Artikel 15 und Anhang VIII entsprechen;
- Sonderanfertigungen in Verkehr gebracht und in Betrieb genommen werden, wenn sie den Bedingungen gemäß Artikel 11 in Verbindung mit Anhang VIII entsprechen; den Produkten der Klassen IIa, IIb und III muss die Erklärung gemäß Anhang VIII beigefügt sein, die für den durch seinen Namen, ein Akronym oder einen numerischen Code identifizierbaren Patienten verfügbar sein muss.

Diese Produkte tragen nicht die CE-Zeichnung.

(3) Die Mitgliedstaaten behindern nicht, dass insbesondere bei Messen, Ausstellungen und Vorführungen den Bestimmungen dieser Richtlinie nicht entsprechende Produkte ausgestellt werden, sofern ein sichtbares Schild deutlich darauf hinweist, dass diese Produkte erst in Verkehr gebracht oder in Betrieb genommen werden können, wenn ihre Übereinstimmung mit dieser Richtlinie hergestellt ist.

(4) Die Mitgliedstaaten können verlangen, dass die dem Anwender und dem Patienten gemäß Anhang I Abschnitt 13 bereitzustellenden Angaben bei der Übergabe an den Endanwender in der bzw. den jeweiligen Landessprachen oder in einer anderen Gemeinschaftssprache vorliegen, unabhängig davon, ob das Produkt zu beruflichen oder sonstigen Zwecken eingesetzt werden soll.

(5) Falls die Produkte auch unter andere Richtlinien fallen, die andere Aspekte behandeln und in denen die CE-Kennzeichnung vorgesehen ist, wird mit der CE-Kennzeichnung angegeben, dass die Produkte auch diesen anderen Richtlinien entsprechen.

Steht dem Hersteller aufgrund einer oder mehrerer dieser Richtlinien während einer Übergangszeit jedoch die Wahl der anzuwendenden Regelung frei, so wird mit der CE-Kennzeichnung angegeben, dass die Produkte nur den vom Hersteller angewandten Richtlinien entsprechen. In diesem Fall müssen die Nummern dieser Richtlinien, die im *Amtsblatt der Europäischen Gemeinschaften* veröffentlicht sind, in den von den Richtlinien vorgeschriebenen und den Produkten beiliegenden Unterlagen, Hinweisen oder Anleitungen angegeben werden.

Artikel 5
Verweis auf Normen

(1) Die Mitgliedstaaten gehen von der Einhaltung der grundlegenden Anforderungen gemäß Artikel 3 bei Produkten aus, die den einschlägigen nationalen Normen zur Durchführung der harmonisierten Normen, deren Fundstellen im *Amtsblatt der Europäischen Gemeinschaften* veröffentlicht wurden, entsprechen; die Mitgliedstaaten veröffentlichen die Fundstellen dieser nationalen Normen.

(2) Der Verweis auf harmonisierte Normen im Sinne dieser Richtlinie schließt auch die Monographie des Europäischen Arzneibuchs insbesondere über chirurgisches Nahtmaterial sowie die Aspekte der Wechselwirkung zwischen Arzneimitteln und Materialien von Produkten, die diese Arzneimittel aufnehmen, ein; die Fundstellen dieser Monographie müssen im *Amtsblatt der Europäischen Gemeinschaften* veröffentlicht sein.

(3) Ist ein Mitgliedstaat oder die Kommission der Auffassung, dass die harmonisierten Normen den grundlegenden Anforderungen gemäß Artikel 3 nicht voll entsprechen, so werden die von den Mitgliedstaaten zu treffenden Maßnahmen in bezug auf diese Normen und die Veröffentlichung gemäß Absatz 1 nach dem in Artikel 6 Absatz 2 genannten Verfahren erlassen.

Artikel 6
Ausschuss „Normen und technische Vorschriften"

(1) Die Kommission wird von dem durch Artikel 5 der Richtlinie 98/34/EG[24]) eingesetzten Ständigen Ausschuss, im Folgenden „Ausschuss" genannt, unterstützt.

(2) Wird auf diesen Artikel Bezug genommen, so gelten die Artikel 3 und 7 des Beschlusses 1999/468/EG[25]) unter Beachtung von dessen Artikel 8.

(3) Der Ausschuss gibt sich eine Geschäftsordnung.

[24]) Richtlinie 98/34/EG des Europäischen Parlaments und des Rates vom 22. Juni 1998 über ein Informationsverfahren auf dem Gebiet der Normen und technischen Vorschriften und der Vorschriften für die Dienste der Informationsgesellschaft (ABl. L 204 vom 21.7.1998, S. 37). Zuletzt geändert durch die Beitrittsakte von 2003.

[25]) Beschluss 1999/468/EG des Rates vom 28. Juni 1999 zur Festlegung der Modalitäten für die Ausübung der der Kommission übertragenen Durchführungsbefugnisse (ABl. L 184 vom 17.7.1999, S.23).

Artikel 7

(1) Die Kommission wird von dem gemäß Artikel 6 Absatz 2 der Richtlinie 90/385/EWG eingesetzten Ausschuss, (nachstehend „Ausschuss" genannt) unterstützt.

(2) Wird auf diesen Absatz Bezug genommen, so gelten die Artikel 5 und 7 des Beschlusses 1999/468/EG unter Beachtung von dessen Artikel 8.

Der Zeitraum nach Artikel 5 Absatz 6 des Beschlusses 1999/468/EG wird auf drei Monate festgesetzt.

(3) Wird auf diesen Absatz Bezug genommen, so gelten Artikel 5a Absätze 1 bis 4 und Artikel 7 des Beschlusses 1999/468/EG unter Beachtung von dessen Artikel 8.

(4) Wird auf diesen Absatz Bezug genommen, so gelten Artikel 5a Absätze 1, 2, 4 und 6 sowie Artikel 7 des Beschlusses 1999/468/EG unter Beachtung von dessen Artikel 8.

Artikel 8
Schutzklausel

(1) Stellt ein Mitglied fest, dass in Artikel 4 Absatz 1 bzw. Artikel 4 Absatz 2 zweiter Gedankenstrich genannte Produkte die Gesundheit und/oder die Sicherheit der Patienten, der Anwender oder gegebenenfalls Dritter gefährden können, auch wenn sie sachgemäß installiert, instand gehalten und ihrer Zweckbestimmung entsprechend verwendet werden, so trifft er alle geeigneten vorläufigen Maßnahmen, um diese Produkte vom Markt zurückzuziehen oder ihr Inverkehrbringen oder ihre Inbetriebnahme zu verbieten oder einzuschränken. Der Mitgliedstaat teilt der Kommission unverzüglich diese Maßnahmen mit, nennt die Gründe für seine Entscheidung und gibt insbesondere an, ob die Nichtübereinstimmung mit dieser Richtlinie zurückzuführen ist auf

a) die Nichteinhaltung der in Artikel 3 genannten grundlegenden Anforderungen,

b) eine unzulängliche Anwendung der Normen gemäß Artikel 5, sofern die Anwendung dieser Normen behauptet wird,

c) einen Mangel in diesen Normen selbst.

(2) Die Kommission konsultiert so bald wie möglich die Betroffenen. Stellt die Kommission nach dieser Anhörung fest,

a) dass die Maßnahmen gerechtfertigt sind,

  i) so unterrichtet sie hiervon unverzüglich den Mitgliedstaat, der die Maßnahmen getroffen hat, sowie die anderen Mitgliedstaaten; ist die in Absatz 1 genannte Entscheidung in einem Mangel der Normen begründet, so befasst die Kommission nach Anhörung der Betroffenen den in Artikel 6 Absatz 1 genannten Ausschuss innerhalb von zwei Monaten, sofern der Mitgliedstaat, der die Entscheidung getroffen hat, diese aufrechterhalten will, und leitet das in Artikel 6 Absatz 2 genannte Verfahren ein;

  ii) werden die im Interesse der öffentlichen Gesundheit erforderlichen Maßnahmen, mit denen nicht wesentliche Bestimmungen dieser Richtlinie abgeändert werden sollen und die sich darauf beziehen, dass die in Absatz 1 genannten Produkte vom Markt genommen, ihr Inverkehrbringen verboten oder ihre Inbetriebnahme eingeschränkt oder bestimmte Auflagen für die Inbetriebnahme dieser Produkte erlassen werden, werden nach dem in Artikel 7 Absatz 3 genannten Regelungsverfahren mit Kontrolle erlassen; aus Gründen äußerster Dringlichkeit kann die Kommission auf das in Artikel 7 Absatz 4 genannte Dringlichkeitsverfahren zurückgreifen;

b) dass die Maßnahmen nicht gerechtfertigt sind, so unterrichtet sie davon unverzüglich den Mitgliedstaat, der die Maßnahmen getroffen hat, sowie den Hersteller oder seinen Bevollmächtigten.

(3) Ist ein mit dieser Richtlinie nicht übereinstimmendes Produkt mit der CE-Kennzeichnung versehen, so ergreift der zuständige Mitgliedstaat gegenüber demjenigen, der diese Kennzeichnung angebracht hat, die geeigneten Maßnahmen und unterrichtet davon die Kommission und die übrigen Mitgliedstaaten.

(4) Die Kommission sorgt dafür, dass die Mitgliedstaaten über den Verlauf und die Ergebnisse dieses Verfahrens unterrichtet werden.

Artikel 9
Klassifizierung

(1) Die Produkte werden in die Klassen I, IIa, IIb und III eingestuft. Die Klassifizierung erfolgt nach den Regeln gemäß Anhang IX.

(2) Ergibt sich aus der Anwendung der Klassifizierungsregeln ein Streitfall zwischen dem Hersteller und der betreffenden benannten Stelle, so werden die für diese Stelle zuständigen Behörden zwecks Entscheidung befasst.

(3) Ist ein Mitgliedstaat der Auffassung, dass entsprechend dem technischen Fortschritt und den aufgrund des Informationssystems gemäß Artikel 10 verfügbaren Informationen eine Anpassung der Klassifizierungsregeln gemäß Anhang IX erforderlich ist, so kann er der Kommission einen ausreichend begründeten Antrag vorlegen und sie auffordern, die erforderlichen Maßnahmen zur Anpassung der Klassifizierungsregeln zu erlassen. Die Maßnahmen, mit denen nicht wesentliche Bestimmungen dieser Richtlinie abgeändert werden sollen und die sich auf die Anpassung der Klassifizierungsregeln beziehen, werden nach dem in Artikel 7 Absatz 3 genannten Regelungsverfahren mit Kontrolle erlassen.

Artikel 10
Informationen über Vorkommnisse nach dem Inverkehrbringen

(1) Die Mitgliedstaaten treffen die erforderlichen Maßnahmen, damit die Angaben, die ihnen gemäß dieser Richtlinie zu den nachstehend beschriebenen Vorkommnissen im Zusammenhang mit einem Produkt der Klassen I, IIa, IIb oder III zur Kenntnis gebracht werden, zentral erfasst und bewertet werden:

a) jede Funktionsstörung oder jede Änderung der Merkmale und/oder der Leistung sowie jede Unsachgemäßheit der Kennzeichnung oder der Gebrauchsanweisung eines Produkts, die zum Tode oder zu einer schwerwiegenden Verschlechterung des Gesundheitszustands eines Patienten oder eines Anwenders führen kann oder geführt hat;

b) jeder Grund technischer oder medizinischer Art, der aufgrund der unter Buchstabe a) genannten Ursachen durch die Merkmale und Leistungen des Produkts bedingt ist und zum systematischen Rückruf von Produkten desselben Typs durch den Hersteller geführt hat.

(2) Wenn ein Mitgliedstaat die Ärzteschaft oder medizinische Einrichtungen auffordert, den zuständigen Behörden die Vorkommnisse gemäß Absatz 1 mitzuteilen, trifft er die erforderlichen Maßnahmen, damit der Hersteller des betreffenden Produkts oder sein Bevollmächtigter ebenfalls von dem Vorkommnis unterrichtet wird.

(3) Nachdem die Mitgliedstaaten ein Vorkommnis – nach Möglichkeit gemeinsam mit dem Hersteller oder seinem Bevollmächtigten – bewertet haben, unterrichten sie unbeschadet des Artikels 8 die Kommission und die anderen Mitgliedstaaten unverzüglich über die Maßnahmen, die sie getroffen oder ins Auge gefasst haben, um ein erneutes Auftreten der in Absatz 1 genannten Vorkommnisse auf ein Minimum zu reduzieren. Dies schließt Informationen über die zugrunde liegenden Vorkommnisse ein.

(4) Jede zur Umsetzung dieses Artikels geeignete Maßnahme zur Festlegung von Verfahrensregeln wird nach dem in Artikel 7 Absatz 2 genannten Regelungsverfahren erlassen.

Artikel 11
Konformitätsbewertung

(1) Für Produkte der Klasse III mit Ausnahme der Sonderanfertigungen und der für klinische Prüfungen bestimmten Produkte muss der Hersteller, damit die CE-Kennzeichnung angebracht werden kann, nach seiner Wahl eines der beiden folgenden Verfahren einhalten:

a) das Verfahren der EG-Konformitätserklärung (vollständiges Qualitätssicherungssystem) gemäß Anhang II

b) oder das Verfahren der EG-Baumusterprüfung gemäß Anhang III in Verbindung mit

   i) dem Verfahren der EG-Prüfung gemäß Anhang IV

   oder

   ii) dem Verfahren der EG-Konformitätserkläung (Qualitätssicherung Produktion) gemäß Anhang V.

(2) Für Produkte der Klasse IIa mit Ausnahme der Sonderanfertigungen und der für klinische Prüfungen bestimmten Produkte muss der Hersteller, damit die CE-Zeichnung angebracht werden kann, das Verfahren der EG-Konformitätserklärung gemäß Anhang VII einhalten, und zwar nach seiner Wahl in Verbindung mit

a) dem Verfahren der EG-Prüfung gemäß Anhang IV

   oder

b) dem Verfahren der EG-Konformitätserklärung (Qualitätssicherung Produktion) gemäß Anhang V

   oder

c) dem Verfahren der EG-Konformitätserklärung (Qualitätssicherung Produkt) gemäß Anhang VI.

Anstelle der oben genannten Verfahren kann der Hersteller auch das Verfahren gemäß Absatz 3 Buchstabe a) anwenden.

(3) Für Produkte der Klasse IIb mit Ausnahme der Sonderanfertigungen und der für klinische Prüfungen bestimmten Produkte muss der Hersteller, damit die CE-

Kennzeichnung angebracht werden kann, nach seiner Wahl eines der beiden folgenden Verfahren einhalten:

a) das Verfahren der EG-Konformitätserklärung (vollständiges Qualitätssicherungssystem) gemäß Anhang II; in diesem Fall findet Abschnitt 4 des Anhangs II keine Anwendung;

b) das Verfahren der EG-Baumusterprüfung gemäß Anhang III in Verbindung mit

   i) dem Verfahren der EG-Prüfung gemäß Anhang IV

   oder

   ii) dem Verfahren der EG-Konformitätserklärung (Qualitätssicherung Produktion) gemäß Anhang V

   oder

   iii) dem Verfahren der EG-Konformitätserklärung (Qualitätssicherung Produkt) gemäß Anhang VI.

(4) Die Kommission unterbreitet dem Rat spätestens fünf Jahre nach Inkrafttreten dieser Richtlinie einen Bericht über die Durchführung der Bestimmungen gemäß Artikel 10 Absatz 1, Artikel 15 Absatz 1, insbesondere im Hinblick auf Produkte der Klassen I und IIa, und über die Durchführung der Bestimmungen gemäß Anhang II Abschnitt 4.3 Absätze 2 und 3 und Anhang III Abschnitt 5 Absätze 2 und 3 sowie gegebenenfalls geeignete Vorschläge.

(5) Für Produkte der Klasse I mit Ausnahme der Sonderanfertigungen und der für klinische Prüfungen bestimmten Produkte muss der Hersteller, damit die CE-Kennzeichnung angebracht werden kann, das Verfahren gemäß Anhang VII einhalten und vor dem Inverkehrbringen die erforderliche EG-Konformitätserklärung ausstellen.

(6) Für Sonderanfertigungen muss der Hersteller das Verfahren gemäß Anhang VIII einhalten und vor dem Inverkehrbringen jedes Produkts die Erklärung gemäß dem genannten Anhang ausstellen.

Die Mitgliedstaaten können vorschreiben, dass der Hersteller der zuständigen Behörde eine Liste derartiger Produkte, die in ihrem Hoheitsgebiet in Betrieb genommen wurden, übermitteln muss.

(7) Bei dem Verfahren der Konformitätsbewertung für ein Produkt berücksichtigen der Hersteller und/oder die Benannte Stelle die Ergebnisse von Bewertungen und Prüfungen, die gegebenenfalls in einem Zwischenstadium der Herstellung gemäß dieser Richtlinie vorgenommen wurden.

(8) Der Hersteller kann seinen Bevollmächtigten beauftragen, die Verfahren gemäß den Anhängen III, IV, VII und VIII einzuleiten.

(9) Setzt das Verfahren der Konformitätsbewertung die Beteiligung einer benannten Stelle voraus, so kann sich der Hersteller oder sein Bevollmächtigter im Rahmen der Aufgaben, für die diese Stelle benannt worden ist, an eine Stelle seiner Wahl wenden.

(10) Die Benannte Stelle kann mit ordnungsgemäßer Begründung alle Informationen oder Angaben verlangen, die zur Ausstellung und Aufrechterhaltung der Konformitätsbescheinigung im Hinblick auf das gewählte Verfahren erforderlich sind.

(11) Die von den Benannten Stellen gemäß den Anhängen II, III, V und VI getroffenen Entscheidungen haben eine Gültigkeitsdauer von höchstens fünf Jahren, die auf Antrag jeweils um höchstens fünf Jahre verlängert werden kann; der Antrag ist zu dem im Vertrag zwischen beiden Parteien vereinbarten Zeitpunkt einzureichen.

(12) Die Unterlagen und der Schriftwechsel über die Verfahren gemäß den Absätzen 1 bis 6 werden in der Amtssprache des Mitgliedsstaats abgefasst, in dem diese Verfahren durchgeführt werden, und/oder in einer anderen Gemeinschaftssprache, die von der Benannten Stelle anerkannt wird.

(13) Abweichend von den Absätzen 1 bis 6 können die zuständigen Behörden auf ordnungsgemäß begründeten Antrag im Hoheitsgebiet des betreffenden Mitgliedstaats das Inverkehrbringen und die Inbetriebnahme einzelner Produkte zulassen, bei denen die Verfahren gemäß den Absätzen 1 bis 6 nicht durchgeführt wurden, wenn deren Verwendung im Interesse des Gesundheitsschutzes liegt.

(14) Die Maßnahmen zur Änderung nicht wesentlicher Bestimmungen dieser Richtlinie durch Ergänzung, die die Art und Weise betreffen, mit der die Informationen gemäß Anhang I Abschnitt 13.1 angesichts des technischen Fortschritts und unter Berücksichtigung der vorgesehenen Anwender der betreffenden Produkte dargestellt werden können, werden nach dem Regelungsverfahren mit Kontrolle gemäß Artikel 7 Absatz 3 erlassen.

Artikel 12
Sonderverfahren für Systeme und Behandlungseinheiten und Verfahren für Sterilisation

(1) Abweichend von Artikel 11 gilt dieser Artikel für Systeme und Behandlungseinheiten.

(2) Jede natürliche oder juristische Person, die Produkte, die die CE-Kennzeichnung tragen, entsprechend ihrer Zweckbestimmung und innerhalb der vom Hersteller vorgesehenen Anwendungsbeschränkungen zusammensetzt, um sie in Form eines Systems oder einer Behandlungseinheit in Verkehr zu bringen, muss eine Erklärung des Inhalts abgeben, dass

a) sie die gegenseitige Vereinbarkeit der Produkte entsprechend den Hinweisen der Hersteller geprüft und die Arbeitsschritte entsprechend den Hinweisen durchgeführt hat;

b) sie das System oder die Behandlungseinheit verpackt und sachdienliche Benutzerhinweise, einschließlich der einschlägigen Hinweise der Hersteller, gegeben hat;

c) die gesamte Tätigkeit in geeigneter Weise intern überwacht und kontrolliert wurde.

Werden die Bedingungen nach Absatz 2 nicht erfüllt, wie es der Fall ist, wenn das System oder die Behandlungseinheit Produkte enthält, die keine CE-Kennzeichnung tragen, oder wenn die gewählte Kombination von Produkten nicht mit deren ursprünglicher Zweckbestimmung vereinbar ist, so wird das System oder die Behandlungseinheit als eigenständiges Produkt behandelt und als solches dem einschlägigen Verfahren des Artikels 11 unterzogen.

(3) Jede natürliche oder juristische Person, die Systeme oder Behandlungseinheiten gemäß Absatz 2 oder andere Medizinprodukte mit CE-Kennzeichnung, für die der Hersteller eine Sterilisation vor ihrer Verwendung vorgesehen hat, für das Inverkehrbringen sterilisiert, verfährt nach einem der in den Anhängen II oder V genannten Verfahren. Die Anwendung dieser Anhänge und die Beteiligung der benannten Stelle sind auf die Aspekte des Sterilisationsverfahrens zur Erreichung der Sterilität des Produktes bis zur Öffnung oder Beschädigung der Verpackung beschränkt. Die Person gibt eine Erklärung ab, wonach die Sterilisation gemäß den Anweisungen des Herstellers erfolgt ist.

(4) Die Produkte im Sinne der Absätze 2 und 3 selbst sind nicht mit einer zusätzlichen CE-Kennzeichnung zu versehen. Ihnen müssen Informationen gemäß Anhang I Abschnitt 13 beigefügt sein, die gegebenenfalls auch die von den Herstellern der zusammengesetzten Produkte mitgelieferten Hinweise enthalten. Die Erklärungen gemäß den Absätzen 2 und 3 sind für die zuständigen Behörden über einen Zeitraum von fünf Jahren zur Verfügung zu halten.

Artikel 12a
Wiederaufbereitung von Medizinprodukten

Die Kommission legt dem Europäischen Parlament und dem Rat spätestens zum 5. September 2010 einen Bericht über die Wiederaufbereitung von Medizinprodukten in der Gemeinschaft vor.

Angesichts der Schlussfolgerungen dieses Berichts unterbreitet die Kommission dem Europäischen Parlament und dem Rat zusätzliche Vorschläge, die sie für sinnvoll erachtet, um ein hohes Maß an Gesundheitsschutz sicherzustellen.

Artikel 13
Entscheidungen über die Klassifizierung und die Abweichklausel

(1) Ein Mitgliedstaat legt der Kommission in folgenden Fällen einen ausreichend begründeten Antrag vor und fordert diese auf, die erforderlichen Maßnahmen zu treffen:

a) der Mitgliedstaat ist der Auffassung, dass die Anwendung der Klassifizierungsregeln gemäß Anhang IX eine Entscheidung über die Klassifizierung eines bestimmten Produkts oder einer bestimmten Produktkategorie erfordert;

b) der Mitgliedstaat ist der Auffassung, dass ein bestimmtes Produkt oder eine bestimmte Baureihe abweichend von den Bestimmungen in Anhang IX in eine andere Klasse einzustufen ist;

c) der Mitgliedstaat ist der Auffassung, dass die Konformität eines Produkts oder einer Baureihe abweichend von Artikel 11 in ausschließlicher Anwendung eines bestimmten Verfahrens festgestellt werden soll, das aus den in Artikel 11 vorgesehenen Verfahren auszuwählen ist;

d) der Mitgliedstaat ist der Auffassung, dass eine Entscheidung darüber erforderlich ist, ob ein bestimmtes Produkt oder eine bestimmte Produktgruppe unter eine der Begriffsbestimmungen in Artikel 1 Absatz 2 Buchstaben a bis e fällt.

Die in Absatz 1 Unterabsatz 1 genannten Maßnahmen werden soweit anwendbar nach dem in Artikel 7 Absatz 2 genannten Regelungsverfahren erlassen.

(2) Die Kommission unterrichtet die Mitgliedstaaten über die getroffenen Maßnahmen.

Artikel 14
Meldung der für das Inverkehrbringen verantwortlichen Personen

(1) Jeder Hersteller, der im eigenen Namen Produkte nach den Verfahren gemäß Artikel 11 Absätze 5 und 6 in Verkehr bringt, oder jede andere natürliche oder juristische Person, die die in Artikel 12 genannten Tätigkeiten ausführt, muss den zuständigen Behörden des Mitgliedstaats, in dem sie ihren Firmensitz hat, die Anschrift des Firmensitzes und die Beschreibung der betreffenden Produkte mitteilen.

Bei allen Medizinprodukten der Klassen IIa, IIb und III können die Mitgliedstaaten die Mitteilung aller Angaben, die eine Identifizierung des Produkts ermöglichen, sowie der Kennzeichnung und der Gebrauchsanweisung verlangen, wenn diese Produkte in ihrem Hoheitsgebiet in Betrieb genommen werden.

(2) Hat ein Hersteller, der im eigenen Namen ein Produkt in Verkehr bringt, keinen Firmensitz in einem Mitgliedstaat, so benennt er einen einzigen Bevollmächtigten in der Europäischen Union. Für die in Absatz 1 Unterabsatz 1 genannten Produkte teilt der Bevollmächtigte der zuständigen Behörde des Mitgliedstaats, in dem er seinen Firmensitz hat, die Einzelheiten nach Absatz 1 mit.

(3) Die Mitgliedstaaten unterrichten auf Anfrage die übrigen Mitgliedstaaten und die Kommission über die vom Hersteller oder Bevollmächtigten vorgelegten in Absatz 1 Unterabsatz 1 genannten Angaben.

Artikel 14a
Europäische Datenbank

(1) Regulierungsdaten gemäß dieser Richtlinie werden in einer europäischen Datenbank erfasst, zu der die zuständigen Behörden Zugang erhalten, damit sie ihre Aufgaben im Zusammenhang mit dieser Richtlinie in voller Sachkenntnis wahrnehmen können.

Die Datenbank enthält:

a) Angaben zur Meldung der Hersteller sowie der Bevollmächtigten und der Produkte gemäß Artikel 14, ausgenommen Angaben zu Sonderanfertigungen;

b) Angaben im Zusammenhang mit Bescheinigungen, die gemäß den Verfahren der Anhänge II bis VII ausgestellt, geändert, ergänzt, ausgesetzt, zurückgezogen oder verweigert wurden;

c) Angaben, die gemäß dem in Artikel 10 festgelegten Beobachtungs- und Meldeverfahren erhalten werden;

d) Angaben zu den klinischen Prüfungen gemäß Artikel 15.

(2) Die Angaben werden in einem vereinheitlichten Format übermittelt.

(3) Die zur Durchführung der Absätze 1 und 2, insbesondere zur Durchführung von Absatz 1 Buchstabe d, notwendigen Maßnahmen werden nach dem in Artikel 7 Absatz 2 genannten Regelungsverfahren erlassen.

(4) Die Bestimmungen dieses Artikels werden bis zum 5. September 2012 umgesetzt. Die Kommission bewertet bis zum 11. Oktober 2012 das Funktionieren und den zusätzlichen Nutzen der Datenbank. Auf der Grundlage der Ergebnisse dieser Bewertung unterbreitet die Kommission dem Europäischen Parlament und dem Rat gegebenenfalls Vorschläge oder legt Entwürfe für Maßnahmen gemäß Absatz 3 vor.

Artikel 14b
Besondere Gesundheitsüberwachungsmaßnahmen

Ist ein Mitgliedstaat der Auffassung, dass ein bestimmtes Produkt oder eine Gruppe von Produkten aus Gründen des Gesundheitsschutzes und der Sicherheit und/oder im Interesse der öffentlichen Gesundheit vom Markt genommen oder das Inverkehrbringen und die Inbetriebnahme verboten, beschränkt oder bestimmten Auflagen unterworfen werden sollte, so kann er alle erforderlichen und begründeten vorläufigen Maßnahmen treffen.

Der Mitgliedstaat unterrichtet hiervon die Kommission und die übrigen Mitgliedstaaten unter Angabe der Gründe für seine Entscheidung.

Die Kommission konsultiert, soweit dies möglich ist, die betroffenen Parteien und die Mitgliedstaaten.

Die Kommission gibt eine Stellungnahme ab, in der sie darlegt, ob die einzelstaatlichen Maßnahmen gerechtfertigt sind oder nicht. Die Kommission informiert hierüber sämtliche Mitgliedstaaten und die konsultierten betroffenen Parteien.

Erforderlichenfalls werden die notwendigen Maßnahmen, mit denen nicht wesentliche Bestimmungen dieser Richtlinie abgeändert werden sollen und die sich darauf beziehen, dass ein bestimmtes Produkt oder eine Produktgruppe vom Markt genommen, ihr Inverkehrbringen und ihre Inbetriebnahme verboten oder ihre Inbetriebnahme eingeschränkt oder bestimmten Auflagen unterworfen werden soll, nach dem in Artikel 7 Absatz 3 genannten Regelungsverfahren mit Kontrolle erlassen. Aus Gründen äußerster Dringlichkeit kann die Kommission auf das Dringlichkeitsverfahren nach Artikel 7 Absatz 4 zurückgreifen.

Artikel 15
Klinische Prüfungen

(1) Bei Produkten, die für klinische Prüfungen bestimmt sind, wendet der Hersteller oder der in der Gemeinschaft niedergelassene Bevollmächtigte das in Anhang VIII genannte Verfahren an und meldet dies anhand der in Anhang VIII Abschnitt 2.2 genannten Erklärung den zuständigen Behörden der Mitgliedstaaten, in denen die Prüfungen durchgeführt werden sollen.

(2) Bei Produkten der Klasse III sowie bei implantierbaren und zur langzeitigen Anwendung bestimmten invasiven Produkten der Klasse IIa oder IIb kann der Hersteller mit den betreffenden klinischen Prüfungen nach Ablauf einer Frist von 60 Tagen nach dieser Mitteilung beginnen, es sei denn, die zuständigen Behörden haben ihm innerhalb dieser Frist eine auf Gründe der öffentlichen Gesundheit oder der öffentlichen Ordnung gestützte gegenteilige Entscheidung mitgeteilt.

Die Mitgliedstaaten können die Hersteller jedoch ermächtigen, vor Ablauf der Frist von 60 Tagen mit den klinischen Prüfungen zu beginnen, sofern die betreffende Ethik-Kommission eine befürwortende Stellungnahme zu dem entsprechenden Prüfungsprogramm einschließlich ihrer Überprüfung des klinischen Prüfplans abgegeben hat.

(3) Bei anderen als den in Absatz 2 genannten Produkten können die Mitgliedstaaten die Hersteller ermächtigen, sofort nach der Mitteilung mit der klinischen Prüfung zu beginnen, sofern die zuständige Ethik-Kommission eine befürwortende Stellungnahme zu dem entsprechenden Prüfungsprogramm, einschließlich ihrer Überprüfung des klinischen Prüfplans abgegeben hat.

(4) Die Ermächtigung nach Absatz 2 Unterabsatz 2 bzw. nach Absatz 3 kann von einer Genehmigung durch die zuständige Behörde abhängig gemacht werden.

(5) Die klinischen Prüfungen müssen gemäß Anhang X durchgeführt werden. Die Maßnahmen zur Änderung nicht wesentlicher Bestimmungen dieser Richtlinie durch Ergänzung, die die Bestimmungen für klinische Prüfungen in Anhang X betreffen, werden nach dem in Artikel 7 Absatz 3 genannten Regelungsverfahren mit Kontrolle erlassen.

(6) Die Mitgliedstaaten ergreifen, falls erforderlich, die geeigneten Maßnahmen zur Sicherung der öffentlichen Gesundheit und öffentlichen Ordnung. Wird eine klinische Prüfung von einem Mitgliedstaat abgelehnt oder ausgesetzt, so unterrichtet dieser Mitgliedstaat alle anderen Mitgliedstaaten und die Kommission von seiner Entscheidung und deren Gründen. Hat ein Mitgliedstaat eine wesentliche Änderung oder vorübergehende Unterbrechung einer klinischen Prüfung angeordnet, so unterrichtet dieser Mitgliedstaat die betroffenen anderen Mitgliedstaaten von seinen Maßnahmen und deren Gründen.

(7) Der Hersteller oder sein Bevollmächtigter unterrichtet die zuständigen Behörden des betroffenen Mitgliedstaats über den Abschluss der klinischen Prüfungen mit einer entsprechenden Begründung im Fall einer vorzeitigen Beendigung. Im Fall der vorzeitigen Beendigung der klinischen Prüfungen aus Sicherheitsgründen ist diese Mitteilung allen Mitgliedstaaten und der Kommission zu übermitteln. Der Hersteller oder sein Bevollmächtigter hält den in Anhang X Abschnitt 2.3.7 genannten Bericht den zuständigen Behörden zur Verfügung.

(8) Die Bestimmungen der Absätze 1 und 2 gelten nicht, wenn die klinischen Prüfungen mit Produkten durchgeführt werden, die gemäß Artikel 11 die CE-Kennzeichnung tragen dürfen, es sei denn, dass diese Prüfungen eine andere Zweckbestimmung der Produkte zum Gegenstand haben als die in dem Verfahren zur Bewertung der Konformität vorgesehenen. Die einschlägigen Bestimmungen des Anhangs X bleiben anwendbar.

Artikel 16
Benannte Stellen

(1) Die Mitgliedstaaten teilen der Kommission und den anderen Mitgliedstaaten die Stellen mit, die sie für die Durchführung der Aufgaben im Zusammenhang mit den Verfahren gemäß Artikel 11 benannt haben; sie teilen außerdem die spezifischen Aufgaben mit, mit denen die Stellen betraut wurden. Die Kommission weist diesen Stellen, im folgenden als „Benannte Stellen" bezeichnet, Kennummern zu.

Die Kommission veröffentlicht im *Amtsblatt der Europäischen Gemeinschaften* ein Verzeichnis der Benannten Stellen einschließlich ihrer Kennnummer sowie der Aufgaben, für die sie benannt wurden. Die Kommission sorgt für die Fortschreibung dieses Verzeichnisses.

(2) Die Mitgliedstaaten wenden für die Benennung der Stellen die Kriterien gemäß Anhang XI an. Von den Stellen, die den Kriterien entsprechen, welche in

den zur Umsetzung der einschlägigen harmonisierten Normen erlassenen einzelstaatlichen Normen festgelegt sind, wird angenommen, dass sie den einschlägigen Kriterien genügen.

Sofern es im Hinblick auf den technischen Fortschritt angemessen ist, werden die detaillierten Maßnahmen, die notwendig sind, damit eine kohärente Anwendung der in Anhang XI festgelegten Kriterien für die Benennung der Stellen durch die Mitgliedstaaten gewährleistet ist, nach dem in Artikel 7 Absatz 2 genannten Regelungsverfahren erlassen.

(3) Ein Mitgliedstaat, der eine Stelle benannt hat, muss diese Benennung widerrufen, wenn er feststellt, dass die Stelle den Kriterien gemäß Absatz 2 nicht mehr genügt. Er setzt die anderen Mitgliedstaaten und die Kommission unverzüglich davon in Kenntnis.

(4) Die Benannte Stelle und der Hersteller oder sein Bevollmächtigter legen im gemeinsamen Einvernehmen die Fristen für die Durchführung der Bewertungen und Prüfungen gemäß den Anhängen II bis VI fest.

(5) Die Benannte Stelle unterrichtet die zuständige Behörde über alle ausgestellten, geänderten, ergänzten, ausgesetzten, widerrufenen oder verweigerten Bescheinigungen sowie die anderen im Rahmen dieser Richtlinie benannten Stellen über alle ausgesetzten, widerrufenen oder verweigerten Bescheinigungen sowie auf Anfrage über ausgestellte Bescheinigungen. Die Benannte Stelle stellt ferner auf Anfrage alle einschlägigen zusätzlichen Informationen zur Verfügung.

(6) Stellt eine Benannte Stelle fest, dass einschlägige Anforderungen dieser Richtlinie vom Hersteller nicht erfüllt wurden oder nicht länger erfüllt werden, oder hätte eine Bescheinigung nicht ausgestellt werden dürfen, so setzt sie – unter Berücksichtigung des Grundsatzes der Verhältnismäßigkeit – die ausgestellte Bescheinigung aus oder widerruft sie oder erlegt Beschränkungen auf, es sei denn, dass der Hersteller durch geeignete Abhilfemaßnahmen die Übereinstimmung mit diesen Anforderungen gewährleistet. Die Benannte Stelle unterrichtet die zuständige Behörde, falls die Bescheinigung ausgesetzt oder widerrufen wird oder Beschränkungen auferlegt werden oder sich ein Eingreifen der zuständigen Behörde als erforderlich erweisen könnte. Der Mitgliedstaat unterrichtet die übrigen Mitgliedstaaten und die Kommission.

(7) Die Benannte Stelle stellt auf Anfrage alle einschlägigen Informationen und Unterlagen einschließlich der haushaltstechnischen Unterlagen zur Verfügung, damit der Mitgliedstaat überprüfen kann, ob die Anforderungen nach Anhang XI erfüllt sind.

Artikel 17
CE-Kennzeichnung

(1) Mit Ausnahme von Sonderanfertigungen und Produkten, die für klinische Prüfungen bestimmt sind, müssen alle Produkte, von deren Übereinstimmung mit den grundlegenden Anforderungen gemäß Artikel 3 auszugehen ist, bei ihrem Inverkehrbringen mit einer CE-Kennzeichnung versehen sein.

(2) Die CE-Kennzeichnung gemäß Anhang XII muss, sofern dies durchführbar und zweckmäßig ist, in deutlich sichtbarer, leicht lesbarer und unauslöschbarer Form auf dem Produkt oder auf dem sterilen Verpackungsmaterial sowie auf der Gebrauchsanweisung angebracht sein.

Wenn möglich, muss die CE-Kennzeichnung auch auf der Handelsverpackung angebracht sein.

Außer der CE-Kennzeichnung muss die Kennnummer der Benannten Stelle aufgeführt sein, die für die Durchführung der Verfahren gemäß den Anhängen II, IV, V und VI verantwortlich ist.

(3) Zeichen oder Aufschriften, die geeignet sind, Dritte bezüglich der Bedeutung oder der graphischen Gestaltung der CE-Kennzeichnung in die Irre zu leiten, dürfen nicht angebracht werden. Alle sonstigen Zeichen dürfen auf dem Produkt, der Verpackung oder der Gebrauchsanweisung für das Produkt angebracht werden, sofern sie die Sichtbarkeit und Lesbarkeit der CE-Kennzeichnung nicht beeinträchtigen.

Artikel 18
Unrechtmäßige Anbringung der CE-Kennzeichnung

Unbeschadet des Artikels 8 gilt folgendes:

a) Stellt ein Mitgliedstaat fest, dass die CE-Kennzeichnung unberechtigterweise angebracht wurde oder unter Verletzung dieser Richtlinie fehlt, so ist der Hersteller oder sein Bevollmächtigter verpflichtet, den weiteren Verstoß unter den vom Mitgliedstaat festgelegten Bedingungen zu verhindern;

b) Falls die Nichtübereinstimmung weiterbesteht, muss der Mitgliedstaat nach dem Verfahren des Artikels 8 alle geeigneten Maßnahmen ergreifen, um das Inverkehrbringen des betreffenden Produkts einzuschränken oder zu untersagen oder um zu gewährleisten, dass es vom Markt genommen wird.

Diese Bestimmungen gelten auch in den Fällen, in denen die CE-Kennzeichnung nach den Verfahren dieser Richtlinie unzulässigerweise an Erzeugnissen angebracht wurde, die nicht unter diese Richtlinie fallen.

Artikel 19
Verbote und Beschränkungen

(1) Jede in Anwendung dieser Richtlinie getroffene Entscheidung, die

a) ein Verbot oder eine Beschränkung des Inverkehrbringens, der Inbetriebnahme eines Produkts oder der Durchführung der klinischen Prüfungen

oder

b) die Aufforderung zur Zurückziehung der Produkte vom Markt zur Folge hat,

ist genau zu begründen. Sie wird dem Betreffenden unverzüglich unter Angabe der Rechtsmittel, die nach dem Recht des betreffenden Mitgliedstaats eingelegt werden können, und der Fristen für die Einlegung dieser Rechtsmittel mitgeteilt.

(2) Bei der in Absatz 1 genannten Entscheidung muss der Hersteller oder sein Bevollmächtigter die Möglichkeit haben, seinen Standpunkt zuvor darzulegen, es sei denn, dass eine solche Anhörung angesichts der Dringlichkeit der zu treffenden Maßnahmen nicht möglich ist.

Artikel 20
Vertraulichkeit

(1) Die Mitgliedstaaten gewährleisten unbeschadet der bestehenden einzelstaatlichen Bestimmungen und Praktiken in Bezug auf die ärztliche Schweigepflicht, dass alle an der Anwendung dieser Richtlinie Beteiligten verpflichtet sind, alle bei der Durchführung ihrer Aufgaben erhaltenen Informationen vertraulich zu behandeln.

Die Verpflichtung der Mitgliedstaaten und der benannten Stellen zur gegenseitigen Unterrichtung und Verbreitung von Warnungen sowie die strafrechtlichen Auskunftspflichten der betreffenden Personen werden davon nicht berührt.

(2) Die nachstehenden Informationen werden nicht als vertraulich behandelt:

a) Informationen über die Meldung der für das Inverkehrbringen verantwortlichen Personen gemäß Artikel 14;

b) an den Anwender gerichtete Informationen des Herstellers, des Bevollmächtigten oder des Vertreibers in Bezug auf eine Maßnahme nach Artikel 10 Absatz 3;

c) Angaben in Bescheinigungen, die ausgestellt, geändert, ergänzt, ausgesetzt oder widerrufen wurden.

(3) Maßnahmen zur Änderung nicht wesentlicher Bestimmungen dieser Verordnung durch Ergänzung, die die Festlegung der Bedingungen betreffen, unter denen andere Informationen der Öffentlichkeit zugänglich gemacht werden können, insbesondere die Verpflichtung der Hersteller von Produkten der Klasse IIb und der Klasse III, eine Zusammenfassung der Informationen und Angaben über das Produkt der Öffentlichkeit bereitzustellen, werden nach dem in Artikel 7 Absatz 3 genannten Regelungsverfahren mit Kontrolle erlassen.

Artikel 20a
Zusammenarbeit

Die Mitgliedstaaten treffen geeignete Maßnahmen, damit die zuständigen Behörden der Mitgliedstaaten untereinander und mit der Kommission zusammenarbeiten und einander die notwendigen Informationen übermitteln, um zur einheitlichen Anwendung dieser Richtlinie beizutragen.

Die Kommission sorgt für einen Austausch der Erfahrungen zwischen den für Marktaufsicht zuständigen Behörden, um die einheitliche Anwendung dieser Richtlinie zu koordinieren.

Unbeschadet dieser Richtlinie kann die Zusammenarbeit im Rahmen von Initiativen auf internationaler Ebene erfolgen.

Artikel 21
Aufhebung und Änderung von Richtlinien

(1) Die Richtlinie 76/764/EWG wird zum 1. Januar 1995 aufgehoben.

(2) Im Titel sowie in Artikel 1 der Richtlinie 84/539/EWG werden die Worte „Humanmedizin und“ gestrichen.

Dem Artikel 2 Absatz 1 der Richtlinie 84/539/EWG wird folgender Unterabsatz angefügt:

„Ist das Gerät gleichzeitig ein Medizinprodukt im Sinne der Richtlinie 93/42/EWG*), und erfüllt es die darin für dieses Produkt festgelegten grundlegenden Anforderungen, so gilt es als Gerät, das den Vorschriften dieser Richtlinie entspricht.

*) ABl. Nr. L 169 vom 12.7.1993, S. 1.“

(3) Die Richtlinie 90/385/EWG wird wie folgt geändert:

1. An Artikel 1 Absatz 2 werden die folgenden beiden Buchstaben angefügt:

„h) Inverkehrbringen: erste entgeltliche oder unentgeltliche Überlassung eines Geräts, das nicht für klinische Prüfungen bestimmt ist, im Hinblick auf seinen Vertrieb und/oder seine Verwendung innerhalb der Gemeinschaft, ungeachtet dessen, ob es sich um ein neues oder ein als neu aufbereitetes Gerät handelt.

i) Hersteller: die natürliche oder juristische Person, die für die Auslegung, Herstellung, Verpackung und Etikettierung eines Geräts im Hinblick auf das Inverkehrbringen im eigenen Namen verantwortlich ist, unabhängig davon, ob diese Tätigkeiten von dieser Person oder stellvertretend für diese von einer dritten Person ausgeführt werden.

Die dem Hersteller nach dieser Richtlinie obliegenden Verpflichtungen gelten auch für die natürliche oder juristische Person, die ein oder mehrere vorgefertigte Geräte montiert, abpackt, behandelt, aufbereitet und/oder kennzeichnet und/oder für die Festlegung der Zweckbestimmung als Gerät im Hinblick auf das Inverkehrbringen im eigenen Namen verantwortlich ist. Dies gilt nicht für Personen, die – ohne Hersteller im Sinne des Unterabsatzes 1 zu sein – bereits in Verkehr gebrachte Geräte für einen namentlich genannten Patienten entsprechend ihrer Zweckbestimmung montieren oder anpassen."

2. An Artikel 9 werden die folgenden Absätze angefügt:

„(5) Bei dem Verfahren der Konformitätsbewertung für ein Gerät berücksichtigen der Hersteller und/oder die benannte Stelle die Ergebnisse von Bewertungen und Prüfungen, die gegebenenfalls in einem Zwischenstadium der Herstellung gemäß dieser Richtlinie vorgenommen wurden.

(6) Setzt das Verfahren der Konformitätsbewertung die Beteiligung einer Benannten Stelle voraus, so kann sich der Hersteller oder sein in der Gemeinschaft niedergelassener Bevollmächtigter im Rahmen der Aufgaben, für die diese Stelle benannt worden ist, an eine Stelle seiner Wahl wenden.

(7) Die Benannte Stelle kann mit ordnungsgemäßer Begründung alle Informationen oder Angaben verlangen, die zur Ausstellung und Aufrechterhaltung der Konformitätsbescheinigung im Hinblick auf das gewählte Verfahren erforderlich sind.

(8) Die von den Benannten Stellen gemäß den Anhängen II und III getroffenen Entscheidungen haben eine Gültigkeitsdauer von höchstens fünf Jahren, die auf Antrag jeweils um fünf Jahre verlängert werden kann; der Antrag ist zu dem im Vertrag zwischen beiden Parteien vereinbarten Zeitpunkt einzureichen.

(9) Abweichend von den Absätzen 1 und 2 können die zuständigen Behörden auf ordnungsgemäß begründeten Antrag im Hoheitsgebiet des betreffenden Mitgliedstaats das Inverkehrbringen und die Inbetriebnahme einzelner Geräte zulassen, bei denen die Verfahren gemäß den Absätzen 1 und 2 nicht durchgeführt wurden, wenn deren Verwendung im Interesse des Gesundheitsschutzes liegt."

3. Folgender Artikel wird eingefügt:

„Artikel 9a

(1) Ist ein Mitgliedstaat der Auffassung, dass die Konformität eines Geräts oder einer Gerätebaureihe abweichend von Artikel 9 in ausschließlicher Anwendung eines bestimmten Verfahrens festgestellt werden soll, das aus den in Artikel 9 vorgesehenen Verfahren auszuwählen ist, so legt er der Kommission einen entsprechenden ausreichend begründeten Antrag vor und fordert diese auf, die erforderlichen Maßnahmen zu treffen. Diese Maßnahmen werden nach dem Verfahren gemäß Artikel 7 Absatz 2 der Richtlinie 93/42/EWG*) über Medizinprodukte erlassen.

(2) Die Kommission unterrichtet die Mitgliedstaaten über die getroffenen Maßnahmen und veröffentlicht gegebenenfalls die einschlägigen Teile dieser Maßnahmen im *Amtsblatt der Europäischen Gemeinschaften.*

*) ABl. Nr. L 169 vom 12.7.1993, S. 1."

4. Artikel 10 wird wie folgt geändert:

– An Absatz 2 wird folgender Unterabsatz angefügt:

„Die Mitgliedstaaten können die Hersteller jedoch ermächtigen mit den betreffenden klinischen Prüfungen vor Ablauf der Frist von sechzig Tagen zu beginnen, sofern die zuständige Ethik-Kommission eine befürwortende Stellungnahme zu dem Prüfplan abgegeben hat."

– Folgender Absatz wird eingefügt:

„(2a) Die Ermächtigung nach Absatz 2 Unterabsatz 2 kann von einer Genehmigung durch die zuständige Behörde abhängig gemacht werden."

5. Artikel 14 wird wie folgt ergänzt:

„Bei der im vorstehenden Absatz genannten Entscheidung muss der Hersteller oder sein in der Gemeinschaft niedergelassener Bevollmächtigter die Möglichkeit haben, seinen Standpunkt zuvor darzulegen, es sei denn, dass eine solche Anhörung angesichts der Dringlichkeit der zu treffenden Maßnahme nicht möglich ist."

Artikel 22
Durchführung, Übergangsbestimmungen

(1) Die Mitgliedstaaten erlassen und veröffentlichen die erforderlichen Rechts- und Verwaltungsvorschriften, um dieser Richtlinie bis spätestens 1. Juli 1994 nachzukommen. Sie setzen die Kommission unverzüglich davon in Kenntnis.

Der Ständige Ausschuss gemäß Artikel 7 kann seine Tätigkeit unmittelbar nach Bekanntgabe der Richtlinie aufnehmen. Die Mitgliedstaaten können die in Artikel 16 genannten Maßnahmen unmittelbar nach Bekanntgabe dieser Richtlinie treffen[26]).

Wenn die Mitgliedstaaten diese Vorschriften erlassen, nehmen sie in den Vorschriften selbst oder durch einen Hinweis bei der amtlichen Veröffentlichung auf diese Richtlinie Bezug. Die Mitgliedstaaten regeln die Einzelheiten dieser Bezugnahme.

Die Mitgliedstaaten wenden diese Vorschriften ab 1. Januar 1995 an.

(2) Die Mitgliedstaaten teilen der Kommission den Wortlaut der innerstaatlichen Rechtsvorschriften mit, die sie auf dem unter diese Richtlinie fallenden Gebiet erlassen.

(3) Die Mitgliedstaaten treffen die erforderlichen Maßnahmen, damit die genannten Stellen, die gemäß Artikel 11 Absätze 1 bis 5 mit der Konformitätsbewertung befasst sind, allen einschlägigen Angaben über Merkmale und Leistungen dieser Produkte, insbesondere den Ergebnissen einschlägiger Prüfungen und Kontrollen, die gemäß den geltenden innerstaatlichen Rechts- und Verwaltungsvorschriften für diese Produkte bereits durchgeführt wurden, Rechnung tragen.

(4) Die Mitgliedstaaten gestatten

- das Inverkehrbringen von Produkten, die den Rechtsvorschriften entsprechen, die in ihrem Hoheitsgebiet am 31. Dezember 1994 galten, für einen Zeitraum von fünf Jahren nach Annahme dieser Richtlinie und
- die Inbetriebnahme dieser Produkte längstens bis zum 30. Juni 2001.

[26]) Diese Richtlinie wurde den Mitgliedstaaten am 29. Juni 1993 bekanntgegeben.

Bei den Produkten, für die eine EWG-Bauartzulassung gemäß der Richtlinie 76/764/EWG erteilt wurde, gestatten die Mitgliedstaaten das Inverkehrbringen und die Inbetriebnahme bis zum 30. Juni 2004.

Artikel 23

Diese Richtlinie ist an die Mitgliedstaaten gerichtet.

Anhang I
Grundlegende Anforderungen

I. Allgemeine Anforderungen

1. Die Produkte müssen so ausgelegt und hergestellt sein, dass ihre Anwendung unter den vorgesehenen Bedingungen und zu den vorgesehenen Zwecken weder den klinischen Zustand und die Sicherheit der Patienten noch die Sicherheit und die Gesundheit der Anwender oder gegebenenfalls Dritter gefährdet, wobei etwaige Risiken im Zusammenhang mit der vorgesehenen Anwendung gemessen am Nutzen für den Patienten vertretbar und mit einem hohen Maß an Gesundheitsschutz und Sicherheit vereinbar sein müssen.

   Dazu gehört

   - eine weitestgehende Verringerung der durch Anwendungsfehler bedingten Risiken aufgrund der ergonomischen Merkmale des Produkts und der Umgebungsbedingungen, in denen das Produkt eingesetzt werden soll (Produktauslegung im Hinblick auf die Sicherheit des Patienten), sowie
   - die Berücksichtigung der technischen Kenntnisse, der Erfahrung, Aus- und Weiterbildung sowie gegebenenfalls der medizinischen und physischen Voraussetzungen der vorgesehenen Anwender (Produktauslegung für Laien, Fachleute, Behinderte oder sonstige Anwender).

2. Die vom Hersteller bei der Auslegung und der Konstruktion der Produkte gewählten Lösungen müssen sich nach den Grundsätzen der integrierten Sicherheit richten, und zwar unter Berücksichtigung des allgemein anerkannten Standes der Technik.

   Bei der Wahl der angemessensten Lösungen muss der Hersteller folgende Grundsätze anwenden, und zwar in der angegebenen Reihenfolge:

   - Beseitigung oder Minimierung der Risiken (Integration des Sicherheitskonzepts in die Entwicklung und den Bau des Produkts);

- gegebenenfalls Ergreifen angemessener Schutzmaßnahmen, einschließlich Alarmvorrichtungen, gegen nicht zu beseitigende Risiken;
- Unterrichtung der Benutzer über die Restrisiken für die keine angemessenen Schutzmaßnahmen getroffen werden können.

3. Die Produkte müssen die vom Hersteller vorgegebenen Leistungen erbringen, d. h., sie müssen so ausgelegt, hergestellt und verpackt sein, dass sie geeignet sind, eine oder mehrere der in Artikel 1 Absatz 2 Buchstabe a) genannten Funktionen entsprechend den Angaben des Herstellers zu erfüllen.

4. Die Merkmale und Leistungen gemäß den Abschnitten 1, 2 und 3 dürfen sich nicht derart ändern, dass der klinische Zustand und die Sicherheit der Patienten und gegebenenfalls Dritter während der Lebensdauer der Produkte nach Maßgabe der vom Hersteller gemachten Angaben gefährdet werden, wenn diese Produkte Belastungen ausgesetzt sind, die unter normalen Einsatzbedingungen auftreten können.

5. Die Produkte sind so auszulegen, herzustellen und zu verpacken, dass sich ihre Einsatzmerkmale und -leistungen während der Lagerung und des Transports unter Berücksichtigung der Anweisungen und Informationen des Herstellers nicht ändern.

6. Unerwünschte Nebenwirkungen dürfen unter Berücksichtigung der vorgegebenen Leistungen keine unvertretbaren Risiken darstellen.

6a. Der Nachweis der Übereinstimmung mit den grundlegenden Anforderungen muss eine klinische Bewertung gemäß Anhang X umfassen.

II. Anforderungen an die Auslegung und die Konstruktion

7. Chemische, physikalische und biologische Eigenschaften

7.1 Die Produkte müssen so ausgelegt und hergestellt sein, dass die Merkmale und Leistungen gemäß Abschnitt I „Allgemeine Anforderungen“ gewährleistet sind. Dabei ist besonders auf folgende Punkte zu achten:

- Auswahl der eingesetzten Werkstoffe, insbesondere hinsichtlich der Toxizität und gegebenenfalls der Entflammbarkeit;
- wechselseitige Verträglichkeit zwischen den eingesetzten Werkstoffen und den Geweben, biologischen Zellen sowie Körperflüssigkeiten, und zwar unter Berücksichtigung der Zweckbestimmung des Produkts;
- gegebenenfalls die Ergebnisse von Untersuchungen an biophysikalischen oder anderen Modellen, deren Gültigkeit bereits erwiesen wurde.

7.2 Die Produkte müssen so ausgelegt, hergestellt und verpackt sein, dass die Risiken für das Transport-, Lager- und Bedienpersonal sowie die Patienten durch Schadstoffe und Rückstände bei bestimmungsgemäßer Anwendung soweit wie möglich verringert werden. Dabei ist den exponierten Geweben sowie der Dauer und Häufigkeit der Exposition besondere Aufmerksamkeit zu widmen.

7.3 Die Produkte müssen so ausgelegt und hergestellt sein, dass eine sichere Anwendung in Verbindung mit Materialien, Stoffen und Gasen, mit denen sie bei normaler Anwendung oder bei Routineverfahren in Kontakt kommen, gewährleistet ist; sind die Produkte zur Verabreichung von Arzneimitteln bestimmt, müssen sie so ausgelegt und hergestellt sein, dass sie entsprechend den für diese Arzneimittel geltenden Bestimmungen und Beschränkungen mit den Arzneimitteln verträglich sind und dass ihre Leistung entsprechend ihrer Zweckbestimmung aufrechterhalten bleibt.

7.4 Gehört zu den festen Bestandteilen eines Produkts ein Stoff, der bei gesonderter Anwendung als Arzneimittel im Sinne des Artikels 1 der Richtlinie 2001/83/EG gelten kann und der in Ergänzung zu dem Produkt eine Wirkung auf den menschlichen Körper entfalten kann, sind die Qualität, die Sicherheit und der Nutzen dieses Stoffes analog zu den in der Richtlinie 2001/83/EG Anhang I genannten Verfahren zu überprüfen.

Für die in Absatz 1 genannten Stoffe ersucht die Benannte Stelle nach Überprüfung des Nutzens des Stoffes als Bestandteil des Medizinprodukts und unter Berücksichtigung der Zweckbestimmung des Produkts eine der zuständigen von den Mitgliedstaaten benannten Behörden oder die Europäische Arzneimittel-Agentur (EMEA), vertreten insbesondere durch ihren gemäß Verordnung (EG) Nr. 726/2004[27]) tätigen Ausschuss, um ein wissenschaftliches Gutachten zu Qualität und Sicherheit des Stoffes, einschließlich des klinischen Nutzen-/Risiko-Profils der Verwendung des Stoffes in dem Produkt. Bei der Erstellung des Gutachtens berücksichtigt die zuständige Behörde oder die EMEA den Herstellungsprozess und die Angaben im Zusammenhang mit dem Nutzen der Verwendung des Stoffes in dem Produkt, wie von der Benannten Stelle ermittelt.

Enthält ein Produkt als festen Bestandteil einen Stoff oder ein Derivat aus menschlichem Blut, ersucht die Benannte Stelle nach Überprüfung des Nutzens des Stoffes als Bestandteil des Medizinprodukts und unter Berücksichtigung der Zweckbestimmung des Produkts die EMEA, vertreten insbesondere durch ihren Ausschuss, um ein wissenschaftliches Gutachten zu Qualität und Sicherheit des Stoffes, einschließlich des klinischen Nutzen-/Risiko-Profils der Verwendung des Derivates aus menschlichem Blut in dem Produkt. Bei der Erstellung des Gutachtens berücksichtigt die EMEA den Herstellungsprozess und die Angaben über den Nutzen der Verwendung des Stoffes in dem Produkt, wie von der Benannten Stelle ermittelt.

[27]) Richtlinie (EG) Nr. 726/2004 des Europäischen Parlaments und des Rates vom 31. März 2004 zur Festlegung von Gemeinschaftsverfahren für die Genehmigung und Überwachung von Human- und Tierarzneimitteln und zur Errichtung einer Europäischen Arzneimittel-Agentur (ABl. L 136 vom 30. 4. 2004, S. 1). Zuletzt geändert durch die Verordnung (EG) Nr. 1901/2006.

Werden Änderungen an einem im Medizinprodukt verwendeten ergänzenden Stoff vorgenommen, insbesondere im Zusammenhang mit dem Herstellungsprozess, wird die Benannte Stelle von den Änderungen in Kenntnis gesetzt und konsultiert die für die jeweiligen Arzneimittel zuständige Behörde (d.h. die an der ursprünglichen Konsultation beteiligte Behörde), um zu bestätigen, dass Qualität und Sicherheit des zusätzlich verwendeten Stoffs erhalten bleiben. Die zuständige Behörde berücksichtigt die Angaben über den Nutzen der Verwendung des Stoffes in dem Produkt, wie von der Benannten Stelle ermittelt, um sicherzustellen, dass sich die Änderungen nicht negativ auf das Nutzen-/Risiko-Profil auswirken, das für die Aufnahme des Stoffes in das Medizinprodukt erstellt wurde.

Erhält die zuständige Arzneimittelbehörde (d.h. die an der ursprünglichen Konsultation beteiligte Behörde) Informationen über den verwendeten ergänzenden Stoff, die Auswirkungen auf das Nutzen-/Risiko-Profil der Verwendung des Stoffes in dem Produkt haben können, so teilt sie der Benannten Stelle mit, ob diese Informationen Auswirkungen auf das vorhandene Nutzen-/Risiko-Profil der Verwendung des Stoffes in dem Gerät hat oder nicht. Die Benannte Stelle berücksichtigt das aktualisierte wissenschaftliche Gutachten bei ihren Überlegungen zu einer erneuten Bewertung des Konformitätsbewertungsverfahrens.

7.5 Die Produkte müssen so ausgelegt und hergestellt sein, dass die Risiken durch Stoffe, die dem Produkt entweichen, soweit wie möglich verringert werden. Besondere Aufmerksamkeit ist Stoffen zu widmen, die krebserregend, erbgutverändernd oder fortpflanzungsgefährdend entsprechend Anhang I der Richtlinie 67/548/EWG des Rates vom 27. Juni 1967 zur Angleichung der Rechts- und Verwaltungsvorschriften für die Einstufung, Verpackung und Kennzeichnung gefährlicher Stoffe[28]) sind.

Enthalten Teile eines Produkts (oder ein Produkt selbst), das dazu bestimmt ist, Arzneimittel, Körperflüssigkeiten oder sonstige Stoffe dem Körper zu verabreichen oder zu entziehen, oder enthalten Produkte, die zum Transport oder zur Lagerung solcher Körperflüssigkeiten oder Substanzen bestimmt sind, Phthalate, die als krebserregend, erbgutverändernd oder fortpflanzungsgefährdend der Kategorie 1 oder 2 gemäß Anhang I der Richtlinie 67/548/EWG eingestuft sind, so muss auf den Produkten selbst oder auf der Stückpackung oder gegebenenfalls auf der Handelspackung angegeben werden, dass es sich um phthalathaltige Produkte handelt.

Umfasst die Zweckbestimmung dieser Produkte die Behandlung von Kindern oder von schwangeren oder stillenden Frauen, so muss der Hersteller eine spezielle Begründung für die Verwendung dieser Stoffe im Hinblick auf die Einhaltung der grundlegenden Anforderungen, insbesondere dieses Absatzes, in die technische

[28]) ABl. 196 vom 16.8.1967, S. 1. Zuletzt geändert durch die Richtlinie 2006/121/EG des Europäischen Parlaments und des Rates (ABl. L 396 vom 30.12.2006, S. 852).

Dokumentation aufnehmen und in die Gebrauchsanweisung Informationen über Restrisiken für diese Patientengruppen und gegebenenfalls über angemessene Vorsichtsmaßnahmen aufnehmen.

7.6 Die Produkte müssen so ausgelegt und hergestellt sein, dass die Risiken durch unbeabsichtigtes Eindringen von Stoffen in das Produkt unter Berücksichtigung des Produkts und der Art der Umgebung, in der es eingesetzt werden soll, soweit wie möglich verringert werden.

8. Infektion und mikrobielle Kontamination

8.1 Die Produkte und ihre Herstellungsverfahren müssen so ausgelegt sein, dass das Infektionsrisiko für Patienten, Anwender und Dritte ausgeschlossen oder soweit wie möglich verringert wird. Die Auslegung muss ein leichte Handhabung erlauben und die Kontamination des Produkts durch den Patienten oder umgekehrt während der Anwendung so gering wie möglich halten.

8.2 Gewebe tierischen Ursprungs müssen von Tieren stammen, die tierärztlichen Kontroll- und Überwachungsmaßnahmen unterzogen wurden, die der bestimmungsgemäßen Verwendung der Gewebe angemessen sind.

Die Benannten Stellen bewahren Angaben über den Herkunftsort der Tiere auf.

Die Verarbeitung, Konservierung, Prüfung und Behandlung von Geweben, Zellen und Stoffen tierischen Ursprungs muss so erfolgen, dass optimale Sicherheit gewährleistet ist. Insbesondere ist durch anerkannte Verfahren zur Ausmerzung oder Inaktivierung von Viren im Verlauf des Herstellungsprozesses für den Schutz vor Viren und anderen übertragbaren Erregern zu sorgen.

8.3 In sterilem Zustand gelieferte Produkte müssen so ausgelegt, hergestellt und in einer nicht wiederverwendbaren Verpackung und/oder unter Verwendung geeigneter Verfahren so verpackt sein, dass ihre Sterilität beim Inverkehrbringen unter den vom Hersteller vorgesehenen Lager- und Transportbedingungen erhalten bleibt, bis die Steril-Verpackung beschädigt oder geöffnet wird.

8.4 In sterilem Zustand gelieferte Produkte müssen nach einem geeigneten, validierten Verfahren hergestellt und sterilisiert worden sein.

8.5 Produkte, die sterilisiert werden sollen, müssen unter angemessenen überwachten Bedingungen (z. B. Umgebungsbedingungen) hergestellt sein.

8.6 Verpackungssysteme für nicht sterile Produkte müssen so beschaffen sein, dass die vorgesehene Reinheit des Produkts unbeschadet erhalten bleibt und, wenn das Produkt vor einer Anwendung sterilisiert werden soll, das Risiko einer mikrobiellen Kontamination soweit wie möglich verringert wird; das Verpackungssystem muss sich für das vom Hersteller angegebene Sterilisationsverfahren eignen.

8.7 Verpackung und/oder Kennzeichnung des Produkts müssen eine Unterscheidung von gleichen oder ähnlichen Produkten erlauben, die sowohl in steriler als auch in nicht steriler Form in Verkehr gebracht werden.

9. Eigenschaften im Hinblick auf die Konstruktion und die Umgebungsbedingungen

9.1 Wenn ein Produkt zur Verwendung in Kombination mit anderen Produkten oder Ausrüstungen bestimmt ist, muss die Kombination einschließlich der Anschlüsse sicher sein, und sie darf die vorgesehene Leistung der Produkte nicht beeinträchtigen. Jede Einschränkung der Anwendung muss auf der Kennzeichnung oder in der Gebrauchsanweisung angegeben werden.

9.2 Die Produkte müssen so ausgelegt und hergestellt sein, dass folgende Risiken ausgeschlossen oder soweit wie möglich verringert werden:

- Verletzungsrisiken im Zusammenhang mit ihren physikalischen Eigenschaften, einschließlich des Verhältnisses Volumen/Druck, der Abmessungen und gegebenenfalls der ergonomischen Merkmale;
- Risiken im Zusammenhang mit vernünftigerweise vorhersehbaren Umgebungsbedingungen, wie z. B. Magnetfelder, elektrische Fremdeinflüsse, elektrostatische Entladungen, Druck, Temperatur oder Schwankungen des Drucks oder der Beschleunigung;
- Risiken im Zusammenhang mit wechselseitigen Störungen durch andere Produkte, die normalerweise für bestimmte Untersuchungen oder Behandlungen eingesetzt werden;
- Risiken aufgrund der Alterung der verwendeten Werkstoffe oder der nachlassenden Genauigkeit einer Mess- oder Kontrolleinrichtung, die sich dadurch ergeben, dass keine Wartung oder Kalibrierung vorgenommen werden kann (z. B. bei Implantaten).

9.3 Die Produkte müssen so ausgelegt und hergestellt sein, dass bei normaler Anwendung und beim Erstauftreten eines Defektes das Brand- oder Explosionsrisiko soweit wie möglich verringert wird. Dies gilt insbesondere für solche Produkte, die bestimmungsgemäß entflammbaren oder brandfördernden Stoffen ausgesetzt werden.

10. Produkte mit Messfunktion

10.1 Produkte mit Messfunktion müssen so ausgelegt und hergestellt sein, dass unter Berücksichtigung angemessener Genauigkeitsgrenzen entsprechend der Zweckbestimmung des Produkts eine ausreichende Konstanz und Genauigkeit der Messwerte gewährleistet sind. Die vom Hersteller gewählten Genauigkeitsgrenzen sind von ihm anzugeben.

10.2 Messskalen, Bedienungs- und Anzeigeeinrichtungen müssen so ausgelegt sein, dass sie unter Berücksichtigung der Zweckbestimmung des Produkts ergonomischen Grundsätzen entsprechen.

10.3 Bei Produkten mit Messfunktionen sind die gesetzlichen Einheiten im Messwesen gemäß den Vorschriften der Richtlinie 80/181/EWG des Rates[29]) zu verwenden.

11. Schutz vor Strahlungen

11.1 *Allgemeine Bestimmungen*

11.1.1 Die Produkte müssen so ausgelegt und hergestellt sein, dass die Strahlenexposition von Patienten, Anwendern und sonstigen Personen so weit verringert wird, wie dies mit der Zweckbestimmung der jeweiligen für therapeutische oder diagnostische Zwecke angezeigten Dosiswerte nicht beschränkt wird.

11.2 *Beabsichtigte Strahlung*

11.2.1 Bei Produkten, die zum Aussenden von Strahlung in einer gefährlichen Dosierung ausgelegt sind, die zur Erreichung eines speziellen medizinischen Zwecks erforderlich ist, dessen Nutzen als vorrangig gegenüber den von der Emission ausgelösten Risiken angesehen werden kann, muss es dem Anwender möglich sein, die Emission zu kontrollieren. Diese Produkte müssen so ausgelegt und hergestellt sein, dass die Reproduzierbarkeit und Toleranz relevanter variabler Parameter gewährleistet ist.

11.2.2 Produkte, die zum Aussenden von potentiell gefährlichen sichtbaren und/oder unsichtbaren Strahlungen bestimmt sind, müssen, soweit durchführbar, mit visuellen und/oder akustischen Einrichtungen zur Anzeige dieser Strahlungen ausgestattet sein.

11.3 *Unbeabsichtigte Strahlung*

11.3.1 Die Produkte müssen so ausgelegt und hergestellt sein, dass die Exposition von Patienten, Anwendern und sonstigen Personen gegenüber unbeabsichtigter Strahlung bzw. Streustrahlung so weit wie möglich verringert wird.

11.4 *Gebrauchsanweisung*

11.4.1 Die Gebrauchsanweisung von Produkten, die Strahlungen aussenden, muss genaue Angaben zur Art der Strahlenemissionen, zu den Möglichkeiten des Strahlenschutzes für Patienten und Anwender und zur Vermeidung von Missbrauch und installationsbedingten Risiken beinhalten.

11.5 *Ionisierende Strahlungen*

[29]) ABl. Nr. L 39 vom 15.2.1980, S. 40. Zuletzt geändert durch die Richtlinie 89/617/EWG (ABl. Nr. L 357 vom 7.12.1989, S. 28).

11.5.1 Produkte, die zum Aussenden ionisierender Strahlungen bestimmt sind, müssen so ausgelegt und hergestellt sein, dass – soweit durchführbar – die Quantität, die Geometrie und die Qualität der ausgesandten Strahlung unter Berücksichtigung des beabsichtigten Zwecks verändert und kontrolliert werden können.

11.5.2 Produkte, die ionisierende Strahlungen aussenden und für die radiologische Diagnostik bestimmt sind, müssen so ausgelegt und hergestellt sein, dass sie im Hinblick auf den vorgesehenen Anwendungszweck eine angemessene Bild- und/oder Ausgabequalität bei möglichst geringer Strahlenexposition von Patient und Anwender gewährleisten.

11.5.3 Produkte, die ionisierende Strahlungen aussenden und für die radiologische Therapie bestimmt sind, müssen so ausgelegt und hergestellt sein, dass sie eine zuverlässige Überwachung und Kontrolle der abgegebenen Strahlungsdosis, des Strahlentyps und der Strahlenenergie sowie gegebenenfalls der Qualität der Strahlung ermöglichen.

12. Anforderungen an Produkte mit externer oder interner Energiequelle

12.1 Produkte, die programmierbare Elektroniksysteme umfassen, müssen so ausgelegt sein, dass die Wiederholbarkeit, die Zuverlässigkeit und die Leistung dieser Systeme entsprechend der Zweckbestimmung gewährleistet sind. Für den Fall des Erstauftretens eines Defekts im System sollten geeignete Vorkehrungen getroffen werden, um sich daraus ergebende Risiken auszuschließen oder soweit wie möglich zu verringern.

12.1a Bei Produkten, die Software enthalten oder bei denen es sich um medizinische Software an sich handelt, muss die Software entsprechend dem Stand der Technik validiert werden, wobei die Grundsätze des Software-Lebenszyklus, des Risikomanagements, der Validierung und Verifizierung zu berücksichtigen sind.

12.2 Produkte mit interner Energiequelle, von der die Sicherheit des Patienten abhängt, müssen mit einer Einrichtung versehen sein, die eine Überprüfung des Ladezustands der Energiequelle gestattet.

12.3 Produkte mit externer Energiequelle, von der die Sicherheit des Patienten abhängt, müssen mit einem Alarmsystem ausgestattet sein, das jeden Ausfall der Energiequelle signalisiert.

12.4 Produkte, die zur Überwachung eines oder mehrerer klinischer Parameter eines Patienten dienen, müssen mit geeigneten Alarmsystemen ausgestattet sein, durch die der Anwender vor Situationen gewarnt wird, die den Tod oder eine erhebliche Verschlechterung des Gesundheitszustands des Patienten bewirken können.

12.5 Die Produkte müssen so ausgelegt und hergestellt sein, dass die Risiken im Zusammenhang mit der Erzeugung elektromagnetischer Felder, die in ihrer üblichen

Umgebung befindliche weitere Einrichtungen oder Ausrüstungen in deren Funktion beeinträchtigen können, soweit wie möglich verringert werden.

12.6 *Schutz vor Risiken durch elektrischen Strom*

Die Produkte müssen so ausgelegt und hergestellt sein, dass das Risiko von unbeabsichtigten Stromstößen bei sachgemäßer Installation und normaler Anwendung sowie beim Erstauftreten eines Defekts soweit wie möglich ausgeschaltet wird.

12.7 *Schutz vor mechanischen und thermischen Risiken*

12.7.1 Die Produkte müssen so ausgelegt und hergestellt sein, dass Patient und Anwender vor mechanischen Risiken, beispielsweise im Zusammenhang mit mangelnder Festigkeit oder Stabilität oder infolge des Vorhandenseins von beweglichen Teilen, geschützt sind.

12.7.2 Die Produkte müssen so ausgelegt und hergestellt sein, dass die Risiken, die durch von den Produkten erzeugte mechanische Schwingungen bedingt sind, unter Berücksichtigung des technischen Fortschritts soweit wie möglich verringert werden, soweit diese Schwingungen nicht im Rahmen der vorgesehenen Anwendung beabsichtigt sind; dabei sind die vorhandenen Möglichkeiten zur Minderung der Schwingungen, insbesondere an deren Ursprung, zu nutzen.

12.7.3 Die Produkte müssen so ausgelegt und hergestellt sein, dass die Risiken, die durch von den Produkten erzeugten Lärm bedingt sind, unter Berücksichtigung des technischen Fortschritts soweit wie möglich verringert werden, soweit die akustischen Signale nicht im Rahmen der vorgesehenen Anwendung beabsichtigt sind; dabei sind die vorhandenen Möglichkeiten zur Minderung des Lärms, insbesondere an dessen Ursprung, zu nutzen.

12.7.4 Vom Anwender zu bedienende Endeinrichtungen und Anschlüsse an Energiequellen für den Betrieb mit elektrischer, hydraulischer oder pneumatischer Energie oder mit Gas, müssen so ausgelegt und hergestellt sein, dass alle möglichen Risiken soweit wie möglich verringert werden.

12.7.5 Zugängliche Teile von Produkten – mit Ausnahme von Teilen oder Bereichen, die Wärme abgeben oder bestimmte Temperaturen erreichen sollen – sowie deren Umgebung dürfen keine Temperaturen erreichen, die bei normaler Anwendung eine Gefährdung darstellen können.

12.8 *Schutz vor Risiken infolge der Abgabe von Energie oder Stoffen an den Patienten*

12.8.1 Produkte, die zur Abgabe von Energie oder Stoffen an den Patienten bestimmt sind, müssen so ausgelegt und hergestellt sein, dass die abgegebene Menge zur Gewährleistung der Sicherheit von Patient und Anwender mit ausreichender Genauigkeit eingestellt und diese Einstellung beibehalten werden kann.

12.8.2 Die Produkte müssen mit Einrichtungen ausgestattet sein, die jegliche Störung der Mengenregelung, die eine Gefahr darstellen kann, verhindern und/oder signalisieren.

Die Produkte müssen mit geeigneten Vorrichtungen ausgestattet sein, welche die unbeabsichtigte gefährlich überhöhte Abgabe von Energie durch die Energiequelle bzw. von Stoffen verhindern.

12.9 *Die Funktion von Bedienungs- und Anzeigeeinrichtungen muss auf den Produkten deutlich angegeben sein.*

Sind die Anweisungen für die Anwendung des Produkts auf diesem selbst angebracht oder werden die Betriebs- oder Regelungsparameter visuell angezeigt, so müssen diese Angaben für den Anwender und gegebenenfalls den Patienten verständlich sein.

13. Bereitstellung von Informationen durch den Hersteller

13.1 Jedem Produkt sind Informationen beizufügen, die – unter Berücksichtigung des Ausbildungs- und Kenntnisstandes des vorgesehenen Anwenderkreises – die sichere und ordnungsgemäße Anwendung des Produkts und die Ermittlung des Herstellers möglich machen.

Diese Informationen bestehen aus Angaben auf der Kennzeichnung und solchen in der Gebrauchsanweisung.

Die für die sichere Anwendung erforderlichen Informationen müssen, soweit dies praktikabel und angemessen ist, auf dem Produkt selbst und/oder auf der Stückpackung oder gegebenenfalls auf der Handelspackung angegeben sein. Falls eine Einzelverpackung nicht möglich ist, müssen die Angaben auf einer Begleitinformation für ein oder mehrere Produkte erscheinen.

Jedem Produkt muss in seiner Verpackung eine Gebrauchsanweisung beigegeben sein. Eine Gebrauchsanweisung ist für Produkte der Klasse I und der Klasse IIa dann entbehrlich, wenn die vollständig sichere Anwendung des Produkts ohne Gebrauchsanweisung gewährleistet ist.

13.2 Die Angaben sollten nach Möglichkeit in Form von Symbolen gemacht werden. Wenn Symbole und gegebenenfalls Identifizierungsfarben verwendet werden, müssen diese den harmonisierten Normen entsprechen. Falls solche Normen für den betreffenden Bereich nicht existieren, müssen die Symbole und Identifizierungsfarben in der beigegebenen Produktdokumentation erläutert werden.

13.3 Die Kennzeichnung muss folgende Angaben enthalten:

a) Name oder Firma und Anschrift des Herstellers; bei Produkten, die in die Gemeinschaft eingeführt werden, um dort vermarktet zu werden, muss die Kennzeichnung oder die äußere Verpackung oder die Gebrauchsanweisung ferner den Namen und die Anschrift des Bevollmächtigten enthalten, wenn der Hersteller keinen Firmensitz in der Gemeinschaft hat;

b) alle unbedingt erforderlichen Angaben, aus denen, insbesondere für die Anwender, ersichtlich ist, worum es sich bei dem Produkt und dem Packungsinhalt handelt;

c) gegebenenfalls den Hinweis „STERIL“;

d) gegebenenfalls den Loscode – nach dem Wort „LOS“ – oder die Seriennummer;

e) gegebenenfalls das Datum, angegeben nach Jahr und Monat, bis zu dem eine gefahrlose Anwendung des Produkts möglich ist;

f) gegebenenfalls den Hinweis, dass das Produkt für den einmaligen Gebrauch bestimmt ist. Der Hinweis des Herstellers auf den einmaligen Gebrauch muss in der gesamten Gemeinschaft einheitlich sein;

g) bei Sonderanfertigungen den Hinweis „Sonderanfertigung“;

h) bei für klinische Prüfungen bestimmten Produkten den Hinweis „nur für klinische Prüfungen“;

i) gegebenenfalls besondere Hinweise zu Lagerung und/oder Handhabung;

j) gegebenenfalls besondere Anwendungshinweise;

k) gegebenenfalls Warnungen und/oder Hinweise auf zu treffende Vorsichtsmaßnahmen;

l) bei aktiven Produkten mit Ausnahme der Produkte gemäß Buchstabe e) Angabe des Herstellungsjahres; diese Angabe kann in der Los- bzw. Seriennummer erscheinen;

m) gegebenenfalls das Sterilisationsverfahren;

n) im Falle eines Produkts im Sinne von Artikel 1 Absatz 4a einen Hinweis darauf, dass das Produkt als Bestandteil ein Derivat aus menschlichem Blut enthält.

13.4 Wenn die Zweckbestimmung eines Produkts für den Anwender nicht offensichtlich ist, muss der Hersteller diese deutlich auf der Kennzeichnung und in der Gebrauchsanweisung angeben.

13.5 Die Produkte und ihre abnehmbaren Bauteile müssen – gegebenenfalls auf der Ebene der Produktlose und soweit vernünftigerweise praktikabel – identifizierbar sein, damit jede geeignete Maßnahme getroffen werden kann, um mögliche Risiken im Zusammenhang mit den Produkten und ihren abnehmbaren Bauteilen festzustellen.

13.6 Die Gebrauchsanweisung muss nach Maßgabe des konkreten Falles folgende Angaben enthalten:

a) die Angaben gemäß Abschnitt 13.3 mit Ausnahme der Angaben in dessen Buchstaben d) und e);

b) die Leistungsdaten gemäß Abschnitt 3 sowie etwaige unerwünschte Nebenwirkungen;

c) bei Produkten, die zur Erfüllung ihrer Zweckbestimmung mit anderen medizinischen Einrichtungen oder Ausrüstungen kombiniert oder an diese angeschlossen werden müssen: alle Merkmale, soweit sie zur Wahl der für eine sichere Kombination erforderlichen Einrichtungen oder Ausrüstungen erforderlich sind;

d) alle Angaben, mit denen überprüft werden kann, ob ein Produkt ordnungsgemäß installiert worden ist und sich in sicherem und betriebsbereitem Zustand befindet, sowie Angaben zu Art und Häufigkeit der Instandhaltungsmaßnahmen und der Kalibrierungen, die erforderlich sind, um den sicheren und ordnungsgemäßen Betrieb der Produkte fortwährend zu gewährleisten;

e) gegebenenfalls zweckdienliche Angaben, die zur Vermeidung bestimmter Risiken im Zusammenhang mit der Implantation des Produkts zu beachten sind;

f) Angaben zu den Risiken wechselseitiger Störung, die sich im Zusammenhang mit dem Produkt bei speziellen Untersuchungen oder Behandlungen ergibt;

g) Anweisungen für den Fall, dass die Steril-Verpackung beschädigt wird; dazu gegebenenfalls die Angabe geeigneter Verfahren zur erneuten Sterilisation;

h) bei wiederzuverwendenden Produkten Angaben über geeignete Aufbereitungsverfahren, z. B. Reinigung, Desinfektion, Verpackung und gegebenenfalls Sterilisationsverfahren, wenn eine erneute Sterilisation erforderlich ist, sowie Angaben zu einer eventuellen zahlenmäßigen Beschränkung der Wiederverwendungen;

   bei der Lieferung von Produkten, die vor der Anwendung zu sterilisieren sind, müssen die Angaben zur Reinigung und Sterilisation sicherstellen, dass das Produkt bei ihrer ordnungsgemäßen Befolgung die Anforderungen des Abschnitts I nach wie vor erfüllt;

   Sofern das Produkt einen Hinweis trägt, dass es für den einmaligen Gebrauch bestimmt ist, Informationen über bekannte Merkmale und technische Faktoren, von denen der Hersteller weiß, dass sie eine Gefahr darstellen könnten, wenn das Produkt wiederverwendet würde. Sind gemäß Abschnitt 13.1 keine Gebrauchsanweisungen erforderlich, so müssen die Informationen dem Benutzer auf Anfrage zugänglich gemacht werden;

i) Hinweise auf eine möglicherweise vor der Anwendung eines Produkts erforderliche besondere Behandlung oder zusätzliche Aufbereitung (z. B. Sterilisation, Montage usw.);

j) bei Produkten, die Strahlungen zu medizinischen Zwecken aussenden, Angaben zu Beschaffenheit, Art, Intensität und Verteilung dieser Strahlungen.

Gegebenenfalls muss die Gebrauchsanweisung außerdem Angaben enthalten, die es dem medizinischen Personal erlauben, den Patienten auf Gegenanzeigen und zu treffende Vorsichtsmaßnahmen hinzuweisen. Dabei handelt es sich insbesondere um folgende Punkte:

k) Vorsichtsmaßnahmen, die im Falle von Änderungen in der Leistung des Produkts zu treffen sind;

l) Vorsichtsmaßnahmen für den Fall, dass es unter vernünftigerweise vorhersehbaren Umgebungsbedingungen zu einer Exposition gegenüber Magnetfeldern, elektrischen Fremdeinflüssen, elektrostatischen Entladungen, Druck oder Druckschwankungen, Beschleunigung, Wärmequellen mit der Gefahr einer Selbstentzündung usw. kommt;

m) ausreichende Angaben zu Arzneimitteln, für deren Verabreichung das betreffende Produkt bestimmt ist; hierzu zählen auch Angaben zu Beschränkungen in der Wahl der zu verabreichenden Stoffe;

n) Vorsichtsmaßnahmen für den Fall, dass ein Produkt im Hinblick auf seine Entsorgung eine besondere oder ungewöhnliche Gefahr darstellt;

o) Stoffe oder Derivate aus menschlichem Blut, die gemäß Abschnitt 7.4 einen festen Bestandteil des Produkts bilden;

p) bei Produkten mit Messfunktion der vom Hersteller vorgegebene Genauigkeitsgrad;

q) Datum der Ausgabe oder der letzten Überarbeitung der Gebrauchsanweisung.

Anhang II
EG-Konformitätserklärung
(Vollständiges Qualitätssicherungssystem)

1. Der Hersteller stellt sicher, dass das genehmigte Qualitätssicherungssystem für die Auslegung, die Fertigung und die Endkontrolle der betreffenden Produkte nach Maßgabe des Abschnitts 3 angewandt wird; er unterliegt der förmlichen Überprüfung (Audit) gemäß Abschnitt 3.3 und Abschnitt 4 und der EG-Überwachung gemäß Abschnitt 5.

2. Bei der EG-Konformitätserklärung handelt es sich um das Verfahren, mit dem der Hersteller, der den Verpflichtungen nach Abschnitt 1 nachkommt, gewährleistet

und erklärt, dass die betreffenden Produkte den einschlägigen Bestimmungen dieser Richtlinie entsprechen.

Der Hersteller bringt die CE-Kennzeichnung gemäß Artikel 17 an und stellt eine schriftliche Konformitätserklärung aus. Diese Erklärung bezieht sich auf ein oder mehrere hergestellte Medizinprodukte, die deutlich durch Produktnamen, Produktcode oder sonstige unmissverständliche Angaben bezeichnet sind, und wird vom Hersteller aufbewahrt.

3. Qualitätssicherungssystem

3.1 Der Hersteller reicht einen Antrag auf Bewertung seines Qualitätssicherungssystems bei einer benannten Stelle ein.

Der Antrag muss folgendes enthalten:

- Name und Anschrift des Herstellers sowie die Anschrift etwaiger weiterer Fertigungsstätten, in denen das Qualitätssicherungssystem angewandt wird;
- alle einschlägigen Angaben über die Produkte oder die Produktkategorie, die Gegenstand des Verfahrens sind/ist;
- eine schriftliche Erklärung dahingehend, dass bei keiner anderen benannten Stelle ein Parallelantrag zu demselben Qualitätssicherungssystem – bezogen auf dieses Produkt – eingereicht worden ist;
- die Dokumentation über das Qualitätssicherungssystem;
- eine Zusicherung, die Verpflichtungen, die sich aus dem genehmigten Qualitätssicherungssystem ergeben, zu erfüllen;
- eine Zusicherung, das genehmigte Qualitätssicherungssystem so zu unterhalten, dass dessen Eignung und Wirksamkeit gewährleistet bleiben;
- eine Zusicherung des Herstellers, unter Berücksichtigung der in Anhang X enthaltenen Bestimmungen ein systematisches Verfahren einzurichten und auf dem neuesten Stand zu halten, mit dem Erfahrungen mit Produkten in den der Herstellung nachgelagerten Phasen ausgewertet werden, und Vorkehrungen zu treffen, um erforderliche Korrekturen durchzuführen. Dies schließt die Verpflichtung des Herstellers ein, die zuständigen Behörden unverzüglich über folgende Vorkommnisse zu unterrichten, sobald er selbst davon Kenntnis erlangt hat:

  i) jede Funktionsstörung oder jede Änderung der Merkmale und/oder der Leistung sowie jede Unsachgemäßheit der Kennzeichnung oder der Gebrauchsanweisung eines Produkts, die zum Tode oder zu einer schwerwiegenden Verschlechterung des Gesundheitszustands eines Patienten oder eines Anwenders führen kann oder geführt hat;

ii) jeder Grund technischer oder medizinischer Art, der aufgrund der unter Ziffer i) genannten Ursachen durch die Merkmale und Leistungen des Produkts bedingt ist und zum systematischen Rückruf von Produkten desselben Typs durch den Hersteller geführt hat.

3.2 Mit Hilfe des Qualitätssicherungssystems muss die Übereinstimmung der Produkte mit den einschlägigen Bestimmungen dieser Richtlinie auf allen Stufen von der Auslegung bis zur Endkontrolle sichergestellt werden. Alle Einzelheiten, Anforderungen und Vorkehrungen, die der Hersteller für sein Qualitätssicherungssystem zugrunde legt, müssen in eine systematisch geführte und nach Strategien und schriftlichen Verfahrensanweisungen geordnete Dokumentation, beispielsweise in Form von Programmen, Plänen, Handbüchern und Aufzeichnungen zur Qualitätssicherung, aufgenommen werden.

Sie umfasst insbesondere die Dokumentation, Angaben und Aufzeichnungen, die aus den in Buchstabe c genannten Verfahren hervorgehen.

Sie umfasst insbesondere eine angemessene Beschreibung folgender Punkte:

a) Qualitätsziele des Herstellers;

b) Organisation des Unternehmens, insbesondere:

- organisatorischer Aufbau, Zuständigkeiten und organisatorische Befugnisse des Managements in bezug auf die Qualität bei der Auslegung und der Herstellung der Produkte;
- Mittel zur Überprüfung der Wirksamkeit des Qualitätssicherungssystems, insbesondere von dessen Eignung zur Sicherstellung der angestrebten Auslegungs- und Produktqualität, einschließlich der Kontrolle über nichtkonforme Produkte;
- falls Auslegung, Herstellung und/oder Endkontrolle und Prüfung des Produkts oder von Produktbestandteilen durch einen Dritten erfolgt: Methoden zur Überwachung der wirksamen Anwendung des Qualitätssicherungssystems und insbesondere Art und Umfang der Kontrollen, denen dieser Dritte unterzogen wird;

c) Verfahren zur Steuerung und Kontrolle der Produktauslegung, einschließlich der entsprechenden Dokumentation, insbesondere:

- eine allgemeine Beschreibung des Produkts, einschließlich der geplanten Varianten, und seiner Zweckbestimmung;
- Konstruktionsunterlagen, einschließlich der anzuwendenden Normen und der Ergebnisse der Risikoanalyse sowie einer Beschreibung der Lösungen zur Einhaltung der für die Produkte geltenden grundlegenden Anforderungen, falls die in Artikel 5 genannten Normen nicht vollständig angewendet werden;

- Techniken zur Kontrolle und Prüfung der Auslegung, der Verfahren und der systematischen Maßnahmen, die bei der Produktauslegung angewendet werden;
- bei einem Produkt, das seiner Zweckbestimmung gemäß an ein anderes Produkt angeschlossen werden muss, der Nachweis, dass das erstere Produkt bei Anschluss an ein anderes Produkt, das die vom Hersteller angegebenen Merkmale aufweist, die grundlegenden Anforderungen erfüllt;
- die Angabe, ob zu den festen Bestandteilen des Produkts ein Stoff oder ein Derivat aus menschlichem Blut im Sinne des Anhangs I Abschnitt 7.4 gehört, sowie die für die Bewertung der Sicherheit, der Qualität und des Nutzens dieses Stoffes oder Derivats aus menschlichem Blut unter Berücksichtigung der Zweckbestimmung des Produkts erforderlichen Daten über die in diesem Zusammenhang durchgeführten Prüfungen;
- die Angabe, ob das Produkt unter Verwendung von Geweben tierischen Ursprungs im Sinne der Richtlinie 2003/32/EG der Kommission[30]) hergestellt wurde;
- die gewählten Lösungen gemäß Anhang I Kapitel I Abschnitt 2;
- die präklinische Bewertung;
- die klinische Bewertung gemäß Anhang X;
- der Entwurf der Kennzeichnung und gegebenenfalls der Gebrauchsanweisung.

d) Qualitätssicherungs- und -kontrolltechniken auf der Ebene der Herstellung, insbesondere
   - Verfahren und Methoden vor allem bei der Sterilisation, bei der Materialbeschaffung und bei der Ausarbeitung der relevanten Unterlagen;
   - Verfahren zur Produktidentifizierung, die anhand von Zeichnungen, Spezifikationen oder sonstigen einschlägigen Unterlagen im Verlauf aller Herstellungsstufen erstellt und auf dem neuesten Stand gehalten werden;

e) geeignete Untersuchungen und Prüfungen, die vor, während und nach der Herstellung vorgenommen werden, sowie Angabe ihrer Häufigkeit und der verwendeten Prüfgeräte; die Kalibrierung der Prüfgeräte ist so vorzunehmen, dass sie hinreichend nachvollziehbar ist.

3.3 Die Benannte Stelle führt eine förmliche Überprüfung (Audit) des Qualitätssicherungssystems durch, um festzustellen, ob es den Anforderungen nach Abschnitt 3.2

[30]) Richtlinie 2003/32/EG der Kommission vom 23. April 2003 mit genauen Spezifikationen bezüglich der in der Richtlinie 93/42/EWG des Rates festgelegten Anforderungen an unter Verwendung von Gewebe tierischen Ursprungs hergestellte Medizinprodukte (ABl. L 105 vom 26.4.2003, S. 18).

entspricht. Bei Qualitätssicherungssystemen, die auf der Umsetzung der entsprechenden harmonisierten Normen beruhen, geht sie von der Übereinstimmung mit diesen Anforderungen aus.

Mindestens ein Mitglied des Prüfteams muss Erfahrungen mit der Bewertung der betreffenden Technologie haben. Das Bewertungsverfahren schließt eine Bewertung der Auslegungsunterlagen des/der betreffenden Produkts/Produkte auf repräsentativer Grundlage, eine Besichtigung der Betriebsstätten des Herstellers und, falls dazu hinreichend Anlass besteht, der Betriebsstätten der Zulieferer des Herstellers und/oder seiner Subunternehmer ein, um die Herstellungsverfahren zu überprüfen.

Die Entscheidung wird dem Hersteller mitgeteilt. Die Mitteilung enthält die Ergebnisse der Überprüfung und eine Begründung der Entscheidung.

3.4 Der Hersteller informiert die Benannte Stelle, die das Qualitätssicherungssystem genehmigt hat, über geplante wesentliche Änderungen des Qualitätssicherungssystems oder der hiervon erfassten Produktpalette. Die Benannte Stelle prüft die vorgeschlagenen Änderungen und entscheidet, ob das geänderte Qualitätssicherungssystem den Anforderungen nach Abschnitt 3.2 noch entspricht. Sie teilt ihre Entscheidung dem Hersteller mit. Die Mitteilung enthält die Ergebnisse der Prüfung und eine Begründung der Entscheidung.

4. Prüfung der Produktauslegung

4.1 Zusätzlich zu den ihm gemäß Abschnitt 3 obliegenden Verpflichtungen stellt der Hersteller bei der Benannten Stelle einen Antrag auf Prüfung der Auslegungsdokumentation zu dem Produkt, dessen Herstellung bevorsteht und das zu der in Abschnitt 3.1 genannten Kategorie gehört.

4.2 Aus dem Antrag müssen die Auslegung, die Herstellung und die Leistungsdaten des betreffenden Produkts hervorgehen. Der Antrag enthält die nach Abschnitt 3.2 Buchstabe c) beizubringenden Dokumente, anhand deren die Beurteilung, ob das Produkt den Anforderungen dieser Richtlinie entspricht, möglich sein muss.

4.3 Die Benannte Stelle prüft den Antrag und stellt, falls die Auslegung den einschlägigen Bestimmungen dieser Richtlinie entspricht, dem Antragsteller eine EG-Auslegungsprüfbescheinigung aus. Die Benannte Stelle kann verlangen, dass für die Antragstellung zusätzliche Tests oder Prüfungen durchgeführt werden, damit die Übereinstimmung mit den Anforderungen dieser Richtlinie beurteilt werden kann. Die Bescheinigung enthält die Ergebnisse der Prüfung, die Bedingungen für ihre Gültigkeit sowie die zur Identifizierung der genehmigten Auslegung erforderlichen Angaben und gegebenenfalls eine Beschreibung der Zweckbestimmung des Produkts.

Im Falle von Produkten gemäß Anhang I Abschnitt 7.4 Absatz 2 konsultiert die Benannte Stelle im Hinblick auf die dort genannten Gesichtspunkte eine der von den Mitgliedstaaten gemäß der Richtlinie 2001/83/EG benannten zuständigen Behörden oder die EMEA, bevor sie eine Entscheidung trifft. Das Gutachten der zuständigen nationalen Behörde oder der EMEA muss innerhalb von 210 Tagen nach Eingang der vollständigen Unterlagen erstellt sein. Das wissenschaftliche Gutachten der zuständigen nationalen Behörde oder der EMEA ist der Dokumentation über das Produkt beizufügen. Bei ihrer Entscheidung berücksichtigt die Benannte Stelle gebührend die bei dieser Konsultation geäußerten Standpunkte. Sie teilt der betreffenden zuständigen Stelle ihre endgültige Entscheidung mit.

Im Falle von Produkten gemäß Anhang I Abschnitt 7.4 Absatz 3 ist das wissenschaftliche Gutachten der EMEA der Dokumentation über das Produkt beizufügen. Das Gutachten der EMEA muss innerhalb von 210 Tagen nach Eingang der vollständigen Unterlagen erstellt sein. Die Benannte Stelle wird das Gutachten der EMEA bei ihrer Entscheidung berücksichtigen. Die Benannte Stelle darf die Bescheinigung nicht ausstellen, wenn das wissenschaftliche Gutachten der EMEA negativ ist. Sie teilt ihre endgültige Entscheidung der EMEA mit.

Im Falle von Produkten, die unter Verwendung von Geweben tierischen Ursprungs im Sinne der Richtlinie 2003/32/EG hergestellt sind, muss die Benannte Stelle die in der genannten Richtlinie vorgesehenen Verfahren einhalten.

4.4 Änderungen an der genehmigten Auslegung müssen von der Benannten Stelle, die die EG-Auslegungsprüfbescheinigung ausgestellt hat, zusätzlich genehmigt werden, wenn sie die Übereinstimmung des Produkts mit den grundlegenden Anforderungen dieser Richtlinie oder mit den vorgeschriebenen Anwendungsbedingungen berühren können. Der Hersteller informiert die Benannte Stelle, die die EG-Auslegungsprüfbescheinigung ausgestellt hat, über diese Änderungen. Diese Zusatzgenehmigung wird in Form eines Nachtrags zur EG-Auslegungsprüfbescheinigung erteilt.

5. Überwachung

5.1 Mit der Überwachung soll sichergestellt werden, dass der Hersteller die Verpflichtungen, die sich aus dem genehmigten Qualitätssicherungssystem ergeben, ordnungsgemäß einhält.

5.2 Der Hersteller gestattet der Benannten Stelle die Durchführung aller erforderlichen Inspektionen und stellt ihr alle erforderlichen Unterlagen zur Verfügung, insbesondere:

- die Dokumentation über das Qualitätssicherungssystem;
- die Daten, die in dem die Auslegung betreffenden Teil des Qualitätssicherungssystems vorgesehen sind, wie z. B. Ergebnisse von Analysen, Berechnungen, Tests, die gewählten Lösungen gemäß Anhang I Kapitel I Abschnitt 2, präklini-

sche und klinische Bewertung, Plan für die klinische Überwachung nach dem Inverkehrbringen und gegebenenfalls die Ergebnisse dieser Überwachung usw.;

- die Daten, die in dem die Herstellung betreffenden Teil des Qualitätssicherungssystems vorgesehen sind, wie z. B. Kontroll-, Test- und Kalibrierungsberichte, Berichte über die Qualifikation des betreffenden Personals usw.

5.3 Die Benannte Stelle führt regelmäßig die erforderlichen Inspektionen und Bewertungen durch, um sich davon zu überzeugen, dass der Hersteller das genehmigte Qualitätssicherungssystem anwendet, und übermittelt dem Hersteller einen Bewertungsbericht.

5.4 Darüber hinaus kann die Benannte Stelle unangemeldete Besichtigungen beim Hersteller durchführen. Dabei kann die Benannte Stelle erforderlichenfalls Prüfungen zur Kontrolle des ordnungsgemäßen Funktionierens des Qualitätssicherugnssystems durchführen oder durchführen lassen. Die Benannte Stelle stellt dem Hersteller einen Bericht über die Besichtigung und gegebenenfalls über die vorgenommenen Prüfungen zur Verfügung.

6. Administrative Bestimmungen

6.1 Der Hersteller oder sein Bevollmächtigter hält für mindestens fünf Jahre, im Falle von implantierbaren Produkten für mindestens 15 Jahre, ab der Herstellung des letzten Produkts für die nationalen Behörden folgende Unterlagen bereit:

- die Konformitätserklärung;
- die Dokumentation gemäß Abschnitt 3.1 vierter Gedankenstrich und insbesondere die Dokumentation, Angaben und Aufzeichnungen gemäß Abschnitt 3.2 Absatz 2;
- die Änderungen gemäß Abschnitt 3.4;
- die Dokumentation gemäß Abschnitt 4.2;
- die Entscheidungen und Berichte der Benannten Stelle gemäß den Abschnitten 3.3, 4.3, 4.4, 5.3 und 5.4.

7. Anwendung auf Produkte der Klassen IIa und IIb

7.1 Gemäß Artikel 11 Absätze 2 und 3 kann dieser Anhang auf Produkte der Klassen IIa und IIb angewandt werden. Auf Produkte der Klassen IIa und IIb findet Abschnitt 4 jedoch keine Anwendung.

7.2 Für Produkte der Klasse IIa prüft die Benannte Stelle im Rahmen der Überprüfung nach Abschnitt 3.3 die in Abschnitt 3.2 Buchstabe c beschriebene technische Dokumentation für zumindest eine repräsentative Probe einer jeden Produktunterkategorie auf Einhaltung der Anforderungen dieser Richtlinie.

7.3 Für Produkte der Klasse IIb prüft die Benannte Stelle im Rahmen der Überprüfung nach Abschnitt 3.3 die in Abschnitt 3.2 Buchstabe c beschriebenen Unterlagen für zumindest eine repräsentative Probe für jede generische Produktgruppe auf Einhaltung der Anforderungen dieser Richtlinie.

7.4 Bei der Auswahl repräsentativer Proben berücksichtigt die Benannte Stelle die technologische Neuartigkeit, Ähnlichkeiten in der Produktauslegung, Technologie, Herstellungs- und Sterilisierungsverfahren, die bezweckte Verwendung und die Ergebnisse aller relevanten früheren Bewertungen (z. B. im Hinblick auf die physikalischen, chemischen oder biologischen Eigenschaften), die gemäß dieser Richtlinie durchgeführt wurden. Die benannte Stelle dokumentiert ihre Gründe für die Wahl der Probe(n) und hält sie für die zuständige Behörde zur Verfügung.

7.5 Weitere Proben werden von der Benannten Stelle im Rahmen der in Abschnitt 5 genannten Überwachung bewertet.

8. Anwendung auf Produkte gemäß Artikel 1 Absatz 4a

Nach Beendigung der Herstellung jeder Charge des Produkts gemäß Artikel 1 Absatz 4a unterrichtet der Hersteller die Benannte Stelle über die Freigabe dieser Charge des Produkts und übermittelt ihr die von einem staatlichen oder einem zu diesem Zweck von einem Mitgliedstaat benannten Laboratorium gemäß Artikel 114 Absatz 2 der Richtlinie 2001/83/EG ausgestellte amtliche Bescheinigung über die Freigabe der Charge des in diesem Produkt verwendeten Derivats aus menschlichem Blut.

Anhang III
EG-Baumusterprüfung

1. Als EG-Baumusterprüfung wird das Verfahren bezeichnet, mit dem eine Benannte Stelle feststellt und bescheinigt, dass ein für die betreffende Produktion repräsentatives Exemplar den einschlägigen Bestimmungen dieser Richtlinie entspricht.

2. Der Antrag muss folgendes enthalten:

- Name und Anschrift des Herstellers sowie Name und Anschrift des Bevollmächtigten, wenn der Antrag durch diesen gestellt wird;
- die Dokumentation gemäß Abschnitt 3, die zur Beurteilung der Übereinstimmung des für die betreffende Produktion repräsentativen Exemplars, nachstehend „Baumuster“ genannt, mit den Anforderungen dieser Richtlinie erforderlich ist. Der Antragsteller stellt der Benannten Stelle ein Baumuster zur

Verfügung. Die Benannte Stelle kann erforderlichenfalls weitere Exemplare des Baumusters verlangen;

- eine schriftliche Erklärung, dass ein Antrag zum selben Baumuster bei keiner anderen benannten Stelle eingereicht worden ist.

3. Aus der Dokumentation müssen die Auslegung, die Herstellung und die Leistungsdaten des Produkts hervorgehen. Die Dokumentation muss insbesondere folgende Bestandteile enthalten:

- eine allgemeine Beschreibung des Baumusters, einschließlich der geplanten Varianten, und seiner Zweckbestimmung(en);
- Konstruktionszeichnungen, geplante Fertigungsverfahren, insbesondere hinsichtlich der Sterilisation, sowie Pläne von Bauteilen, Baugruppen, Schaltungen usw.;
- die zum Verständnis der genannten Zeichnungen und Pläne sowie der Funktionsweise des Produkts erforderlichen Beschreibungen und Erläuterungen;
- eine Liste der ganz oder teilweise angewandten in Artikel 5 genannten Normen sowie eine Beschreibung der Lösungen zur Einhaltung der grundlegenden Anforderungen, sofern die in Artikel 5 genannten Normen nicht vollständig angewandt worden sind;
- Ergebnisse der Konstruktionsberechnungen, der Risikoanalyse, der Prüfungen, technischen Tests usw.;
- eine Erklärung, aus der hervorgeht, ob zu den festen Bestandteilen des Produkts ein Stoff oder ein Derivat aus menschlichem Blut im Sinne von Anhang I Abschnitt 7.4 gehört, sowie die Daten über die in diesem Zusammenhang durchgeführten Tests, die für die Bewertung der Sicherheit, der Qualität und des Nutzens dieses Stoffes oder Derivats aus menschlichem Blut unter Berücksichtigung der Zweckbestimmung des Produkts erforderlich sind;
- die Angabe, ob das Produkt unter Verwendung von Geweben tierischen Ursprungs im Sinne der Richtlinie 2003/32/EG hergestellt wurde;
- die gewählten Lösungen gemäß Anhang I Kapitel I Abschnitt 2;
- die präklinische Bewertung;
- die klinische Bewertung gemäß Anhang X;
- der Entwurf der Kennzeichnung und gegebenenfalls der Gebrauchsanweisung.

4. Die Benannte Stelle geht bei der Baumusterprüfung wie folgt vor:

4.1 Sie prüft und bewertet die Dokumentation und überprüft, ob das Baumuster in Übereinstimmung mit dieser hergestellt wurde; sie stellt fest, welche Bauteile entsprechend den einschlägigen Bestimmungen der Normen gemäß Artikel 5 ausgelegt sind und bei welchen Bauteilen sich die Auslegung nicht auf diese Normen stützt.

4.2 Sie führt die geeigneten Prüfungen und erforderlichen Tests durch oder lässt diese durchführen, um festzustellen, ob die vom Hersteller gewählten Lösungen den grundlegenden Anforderungen dieser Richtlinie entsprechen, sofern die in Artikel 5 genannten Normen nicht angewandt worden sind. Wenn ein Produkt zur Erfüllung seiner Zweckbestimmung an ein anderes Produkt angeschlossen werden muss, muss der Nachweis erbracht werden, dass das erstere Produkt bei Anschluss an ein anderes Produkt, das die vom Hersteller angegebenen Merkmale aufweist, die grundlegenden Anforderungen erfüllt.

4.3 Sie führt die geeigneten Prüfungen und erforderlichen Tests durch oder lässt diese durchführen, um festzustellen, ob die einschlägigen Normen tatsächlich angewendet worden sind, sofern sich der Hersteller für deren Anwendung entschieden hat.

4.4 Sie vereinbart mit dem Antragsteller den Ort, an dem die erforderlichen Prüfungen und Tests durchgeführt werden.

5. Entspricht das Baumuster den Bestimmungen dieser Richtlinie, so stellt die Benannte Stelle dem Antragsteller eine EG-Baumusterprüfbescheinigung aus. Diese Bescheinigung enthält den Namen und die Anschrift des Herstellers, die Ergebnisse der Prüfung, die Bedingungen für die Gültigkeit der Bescheinigung sowie die zur Identifizierung des genehmigten Baumusters erforderlichen Angaben. Die relevanten Teile der Dokumentation werden der Bescheinigung beigefügt; eine Abschrift verbleibt bei der Benannten Stelle.

Im Falle von in Anhang I Abschnitt 7.4 Absatz 2 genannten Produkten konsultiert die Benannte Stelle im Hinblick auf die dort genannten Gesichtspunkte eine der von den Mitgliedstaaten gemäß der Richtlinie 2001/83/EG benannten zuständigen Behörden oder die EMEA, bevor sie eine Entscheidung trifft. Das Gutachten der zuständigen nationalen Behörde oder der EMEA ist innerhalb von 210 Tagen nach Eingang der vollständigen Unterlagen zu erstellen. Das wissenschaftliche Gutachten der zuständigen nationalen Behörde oder der EMEA ist der Dokumentation über das Produkt beizufügen. Bei ihrer Entscheidung berücksichtigt die Benannte Stelle gebührend die bei dieser Konsultation geäußerten Standpunkte. Sie teilt der betreffenden zuständigen Stelle ihre endgültige Entscheidung mit.

Im Falle von in Anhang I Abschnitt 7.4 Absatz 3 genannten Produkten ist das wissenschaftliche Gutachten der EMEA der Dokumentation über das Produkt beizufügen. Das Gutachten der EMEA ist innerhalb von 210 Tagen nach Eingang der vollständigen Unterlagen zu erstellen. Bei ihrer Entscheidung berücksichtigt die Benannte Stelle gebührend das Gutachten der EMEA. Die Benannte Stelle darf die

Bescheinigung nicht ausstellen, wenn das wissenschaftliche Gutachten der EMEA negativ ist. Sie teilt ihre endgültige Entscheidung der EMEA mit.

Im Falle von Produkten, die unter Verwendung von Geweben tierischen Ursprungs im Sinne der Richtlinie 2003/32/EG hergestellt sind, muss die Benannte Stelle die in der genannten Richtlinie vorgesehenen Verfahren einhalten.

6. Der Antragsteller informiert die Benannte Stelle, die die EG-Baumusterprüfbescheinigung ausgestellt hat, über alle am genehmigten Produkt vorgenommenen wesentlichen Änderungen.

Diese Änderungen müssen von der Benannten Stelle, die die EG-Baumusterprüfbescheinigung ausgestellt hat, zusätzlich genehmigt werden, wenn sie die Übereinstimmung des Produkts mit den grundlegenden Anforderungen oder mit den vorgesehenen Anwendungsbedingungen des Produkts berühren können. Diese Zusatzgenehmigung wird in Form eines Nachtrags zur ursprünglichen EG-Baumusterprüfbescheinigung erteilt.

7. Administrative Bestimmungen

7.2 Die anderen Benannten Stellen können eine Abschrift der EG-Baumusterprüfbescheinigungen und/oder von deren Nachträgen erhalten. Die Anlagen zu den Bescheinigungen werden ihnen auf begründeten Antrag und nach vorheriger Unterrichtung des Herstellers zur Verfügung gestellt.

7.3 Der Hersteller oder sein Bevollmächtigter bewahrt zusammen mit den technischen Unterlagen eine Kopie der EG-Baumusterprüfbescheinigung und ihrer Ergänzungen für mindestens fünf Jahre ab dem Zeitpunkt der Herstellung des letzten Produkts auf. Bei implantierten Produkten beträgt dieser Zeitraum mindestens 15 Jahre ab der Herstellung des letzten Produkts.

Anhang IV
EG-Prüfung

1. Die EG-Prüfung ist das Verfahren, mit dem der Hersteller oder sein Bevollmächtigter gewährleistet und erklärt, dass die Produkte, auf die die Bestimmungen nach Abschnitt 4 angewendet wurden, mit dem in der EG-Baumusterprüfbescheinigung beschriebenen Baumuster übereinstimmen und den einschlägigen Anforderungen dieser Richtlinie entsprechen.

2. Der Hersteller trifft alle erforderlichen Maßnahmen, damit im Herstellungsverfahren die Übereinstimmung der Produkte mit dem in der EG-Baumusterprüfbescheinigung beschriebenen Baumuster und mit den einschlägigen Anforderungen der

Richtlinie sichergestellt wird. Er erstellt vor Beginn der Herstellung eine Dokumentation, in der die Herstellungsverfahren, insbesondere – soweit zutreffend – im Bereich der Sterilisation, sowie sämtliche bereits zuvor aufgestellten systematischen Vorschriften festgelegt sind, die angewandt werden, um die Homogenität der Herstellung und gegebenenfalls die Übereinstimmung der Produkte mit dem in der EG-Baumusterprüfbescheinigung beschriebenen Baumuster sowie mit den einschlägigen Anforderungen dieser Richtlinie zu gewährleisten. Er bringt die CE-Kennzeichnung gemäß Artikel 17 an und stellt eine Konformitätserklärung aus.

Bei Produkten, die in sterilem Zustand in Verkehr gebracht werden, wendet der Hersteller ferner die Bestimmungen des Anhangs V Abschnitte 3 und 4 an; diese Vorschrift bezieht sich jedoch nur auf die Herstellungsschritte, die der Sterilisation und der Aufrechterhaltung der Sterilität dienen.

3. Der Hersteller muss zusichern, unter Berücksichtigung der in Anhang X enthaltenen Bestimmungen ein systematisches Verfahren einzurichten und auf dem neuesten Stand zu halten, mit dem Erfahrungen mit Produkten in den der Herstellung nachgelagerten Phasen ausgewertet werden, und angemessene Vorkehrungen zu treffen, um erforderliche Korrekturen durchzuführen. Dies schließt die Verpflichtung des Herstellers ein, die zuständigen Behörden unverzüglich über folgende Vorkommnisse zu unterrichten, sobald er selbst davon Kenntnis erlangt hat:

i) jede Funktionsstörung oder jede Änderung der Merkmale und/oder der Leistung sowie jede Unsachgemäßheit der Kennzeichnung oder der Gebrauchsanweisung eines Produkts, die zum Tode oder zu einer schwerwiegenden Verschlechterung des Gesundheitszustands eines Patienten oder eines Anwenders führen kann oder geführt hat;

ii) jeder Grund technischer oder medizinischer Art, der aufgrund der unter Ziffer i) genannten Ursachen durch die Merkmale und Leistungen des Produkts bedingt ist und zum systematischen Rückruf von Produkten desselben Typs durch den Hersteller geführt hat.

4. Die Benannte Stelle nimmt die entsprechenden Prüfungen und Tests zur Überprüfung der Konformität des Produkts mit den Anforderungen der Richtlinie je nach Wahl des Herstellers entweder durch Kontrolle und Erprobung jedes einzelnen Produkts gemäß Abschnitt 5 oder durch Kontrolle und Erprobung der Produkte auf statistischer Grundlage gemäß Abschnitt 6 vor.

Die obigen Prüfungen gelten nicht für diejenigen Herstellungsschritte, die der Sterilisation dienen.

5. Kontrolle und Erprobung jedes einzelnen Produkts

5.1 Alle Produkte werden einzeln geprüft und dabei entsprechenden Prüfungen, wie sie in der/den in Artikel 5 genannten geltenden Norm(en) vorgesehen sind, oder gleichwertigen Prüfungen unterzogen, um gegebenenfalls ihre Übereinstimmung mit dem in der EG-Baumusterprüfbescheinigung beschriebenen Baumuster und mit den einschlägigen Anforderungen der Richtlinie zu überprüfen.

5.2 Die Benannte Stelle bringt an jedem genehmigten Produkt ihre Kennnummer an bzw. lässt diese anbringen und stellt eine Konformitätserklärung über die vorgenommenen Prüfungen aus.

6. Statistische Überprüfung

6.1 Der Hersteller legt seine Produkte in Form homogener Partien vor.

6.2 Von jeder Partie wird nach dem Zufallsprinzip eine Probe genommen. Die Produkte, die eine Probe bilden, werden einzeln geprüft und dabei entsprechenden Prüfungen, wie sie in der/den in Artikel 5 genannten geltenden Norm(en) vorgesehen sind, oder gleichwertigen Prüfungen unterzogen, um gegebenenfalls ihre Übereinstimmung mit dem in der EG-Baumusterprüfbescheinigung beschriebenen Baumuster und mit den einschlägigen Anforderungen der Richtlinie zu überprüfen und zu entscheiden, ob die Partie anzunehmen oder zurückzuweisen ist.

6.3 Die statistische Kontrolle der Produkte wird anhand von Attributen und/oder Variablen vorgenommen und beinhaltet Stichprobenpläne mit operationellen Merkmalen zur Gewährleistung eines hohen Sicherheits- und Leistungsniveaus entsprechend dem Stand der Technik. Die Stichprobenpläne werden auf der Grundlage der in Artikel 5 genannten harmonisierten Normen unter Berücksichtigung der Eigenarten der jeweiligen Produktkategorien festgelegt.

6.4 Wird eine Partie angenommen, bringt die Benannte Stelle ihre Kennummer an jedem Produkt an oder lässt diese anbringen und stellt eine Konformitätserklärung über die vorgenommenen Prüfungen aus. Alle Produkte der Partie mit Ausnahme der Produkte der Probe, bei denen Nichtübereinstimmung festgestellt worden ist, können in Verkehr gebracht werden.

Wird eine Partie zurückgewiesen, ergreift die zuständige Benannte Stelle geeignete Maßnahmen, um das Inverkehrbringen dieser Partie zu verhindern. Bei gehäufter Zurückweisung von Partien kann die Benannte Stelle die statistische Kontrolle aussetzen.

Der Hersteller kann unter der Verantwortung der Benannten Stelle während des Herstellungsprozesses die Kennummer dieser Stelle anbringen.

7. Administrative Bestimmungen

Der Hersteller oder sein Bevollmächtigter hält für mindestens fünf Jahre, im Falle von Implantaten für mindestens 15 Jahre, nach der Herstellung des letzten Produkts für die nationalen Behörden folgende Unterlagen bereit:

– die Konformitätserklärung;

- die Dokumentation gemäß Abschnitt 2;
- die Erklärungen gemäß den Abschnitten 5.2 und 6.4;
- gegebenenfalls die Baumusterprüfbescheinigung gemäß Anhang III.

8. Anwendung auf Produkte der Klasse IIa

Gemäß Artikel 11 Absatz 2 kann der vorliegende Anhang unter folgenden Voraussetzungen auf Produkte der Klasse IIa angewendet werden:

8.1 Abweichend von den Abschnitten 1 und 2 gewährleistet und erklärt der Hersteller durch die Konformitätserklärung, dass die Produkte der Klasse IIa in Einklang mit der technischen Dokumentation gemäß Anhang VII Abschnitt 3 hergestellt werden und den einschlägigen Anforderungen dieser Richtlinie entsprechen.

8.2 Abweichend von den Abschnitten 1, 2, 5 und 6 haben die von der Benannten Stelle durchgeführten Prüfungen das Ziel, die Konformität der Produkte der Klasse IIa mit der technischen Dokumentation gemäß Anhang VII Abschnitt 3 zu überpüfen.

9. Anwendung auf Produkte gemäß Artikel 1 Absatz 4a

Im Falle des Abschnitts 5 unterrichtet der Hersteller nach der Beendigung der Herstellung jeder Charge des Produkts gemäß Artikel 1 Absatz 4a und im Falle der Überprüfung nach Abschnitt 6 die Benannte Stelle über die Freigabe dieser Charge des Produkts und übermittelt ihr die von einem staatlichen oder einem zu diesem Zweck von einem Mitgliedstaat benannten Laboratorium gemäß Artikel 114 Absatz 2 der Richtlinie 2001/83/EG ausgestellte amtliche Bescheinigung über die Freigabe der Charge des in diesem Produkt verwendeten Derivats aus menschlichem Blut.

Anhang V
EG-Konformitätserklärung
(Qualitätssicherung Produktion)

1. Der Hersteller stellt sicher, dass das genehmigte Qualitätssicherungssystem für die Herstellung angewandt wird und dass die betreffenden Produkte nach Maßgabe des Abschnitts 3 einer Endkontrolle unterzogen werden; er unterliegt der Überwachung gemäß Abschnitt 4.

2. Bei der EG-Konformitätserklärung handelt es sich um das Verfahren, mit dem der Hersteller, der den Verpflichtungen nach Abschnitt 1 nachkommt, gewährleistet und erklärt, dass die betreffenden Produkte dem in der EG-Baumusterprüfbeschei-

nigung beschriebenen Baumuster und den einschlägigen Bestimmungen dieser Richtlinie entsprechen.

Der Hersteller bringt die CE-Kennzeichnung gemäß Artikel 17 an und stellt eine schriftliche Konformitätserklärung aus. Diese Erklärung bezieht sich auf ein oder mehrere hergestellte Medizinprodukte, die deutlich durch Produktnamen, Produktcode oder sonstige unmissverständlichen Angaben bezeichnet sind, und wird vom Hersteller aufbewahrt.

3. Qualitätssicherungssystem

3.1 Der Hersteller reicht einen Antrag auf Bewertung seines Qualitätssicherungssystems bei einer Benannten Stelle ein.

Der Antrag muss folgendes enthalten:

– Name und Anschrift des Herstellers;
– alle einschlägigen Angaben über die Produkte oder die Produktkategorie, die Gegenstand des Verfahrens sind/ist;
– eine schriftliche Erklärung dahingehend, dass bei keiner anderen Benannten Stelle ein Antrag zu denselben Produkten eingereicht worden ist;
– die Dokumentation über das Qualitätssicherungssystem;
– eine Zusicherung, die Verpflichtungen, die sich aus dem genehmigten Qualitätssicherungssystem ergeben, zu erfüllen;
– eine Zusicherung, das genehmigte Qualitätssicherungssystem so zu unterhalten, dass dessen Eignung und Wirksamkeit gewährleistet bleiben;
– gegebenenfalls die technische Dokumentation über die genehmigten Baumuster und eine Kopie der EG-Baumusterprüfbescheinigungen;
– eine Zusicherung des Herstellers, unter Berücksichtigung der in Anhang X enthaltenen Bestimmungen ein systematisches Verfahren einzurichten und auf dem neuesten Stand zu halten, mit dem Erfahrungen mit Produkten in den der Herstellung nachgelagerten Phasen ausgewertet werden, und angemessene Vorkehrungen zu treffen, um erforderliche Korrekturen durchzuführen. Dies schließt die Verpflichtung des Herstellers ein, die zuständigen Behörden unverzüglich über folgende Vorkommnisse zu unterrichten, sobald er selbst davon Kenntnis erlangt hat:

  i) jede Funktionsstörung oder jede Änderung der Merkmale und/oder der Leistung sowie jede Unsachgemäßheit der Kennzeichnung oder der Gebrauchsanweisung eines Produkts, die zum Tode oder zu einer schwerwiegenden Verschlechterung des Gesundheitszustands eines Patienten oder eines Anwenders führen kann oder geführt hat;

ii) jeder Grund technischer oder medizinischer Art, der aufgrund der unter Ziffer i) genannten Ursachen durch die Mermale und Leistungen des Produkts bedingt ist und zum systematischen Rückruf von Produkten desselben Typs durch den Hersteller geführt hat.

3.2 Mit Hilfe des Qualtiätssicherungssystems muss die Übereinstimmung der Produkte mit dem in der EG-Baumusterprüfbescheinigung beschriebenen Baumuster sichergestellt werden.

Alle Einzelheiten, Anforderungen und Vorkehren, die der Hersteller für sein Qualitätssicherungssystem zugrunde legt, müssen in eine systematisch geführte und nach Strategien und schriftlichen Verfahrensanweisungen geordnete Dokumentation aufgenommen werden. Diese Dokumentation über das Qualitätssicherungssystem muss eine einheitliche Interpretation der Qualitätssicherungsstrategie und -verfahren, beispielsweise in Form von Programmen, Plänen, Handbüchern und Aufzeichnungen zur Qualitätssicherung, ermöglichen.

Sie umfasst insbesondere eine angemessene Beschreibung folgender Punkte:

a) Qualitätsziele des Herstellers;

b) Organisation des Unternehmens, insbesondere

   - organisatorischer Aufbau, Zuständigkeiten und organisatorische Befugnisse des Managements in bezug auf die Herstellung der Produkte;
   - Mittel zur Überprüfung der Wirksamkeit des Qualitätssicherungssystems, insbesondere von dessen Eignung zur Sicherstellung der angestrebten Produktqualität, einschließlich der Kontrolle über nichtkonforme Produkte;
   - falls Herstellung und/oder Endkontrolle und Prüfung des Produkts oder von Produktbestandteilen durch einen Dritten erfolgt: Methoden zur Überwachung der wirksamen Anwendung des Qualitätssicherungssystems und insbesondere Art und Umfang der Kontrollen, denen dieser Dritte unterzogen wird;

c) Qualitätssicherungs- und Kontrolltechniken auf der Ebene der Herstellung, insbesondere

   - Verfahren und Methoden vor allem bei der Sterilisation, bei der Materialbeschaffung und bei der Ausarbeitung der relevanten Unterlagen;
   - Verfahren zur Produktidentifizierung, die anhand von Zeichnungen, Spezifikationen oder sonstigen einschlägigen Unterlagen im Verlauf aller Herstellungsstufen erstellt und auf dem neuesten Stand gehalten werden;

d) geeignete Untersuchungen und Prüfungen, die vor, während und nach der Herstellung durchgeführt werden, sowie Angabe ihrer Häufigkeit und der verwendeten Prüfgeräte; die Kalibrierung der Prüfgeräte ist so vorzunehmen, dass sie hinreichend nachvollziehbar ist.

3.3 Die Benannte Stelle führt eine förmliche Überprüfung (Audit) des Qualitätssicherungssystems durch, um festzustellen, ob es den Anforderungen nach Abschnitt 3.2 entspricht. Bei Qualitätssicherungssystemen, die auf der Umsetzung der entsprechenden harmonisierten Normen beruhen, geht sie von der Übereinstimmung mit diesen Anforderungen aus.

Mindestens ein Mitglied des Prüfteams muss Erfahrungen mit der Bewertung der betreffenden Technologie haben. Das Bewertungsverfahren schließt eine Besichtigung der Betriebsstätten des Herstellers und, falls dazu hinreichend Anlass besteht, der Betriebsstätten der Zulieferer des Herstellers ein, um die Herstellungsverfahren zu überprüfen.

Die Entscheidung wird dem Hersteller nach der letzten Besichtigung mitgeteilt. Die Mitteilung enthält die Ergebnisse der Überprüfung und eine Begründung der Entscheidung.

3.4 Der Hersteller informiert die Benannte Stelle, die das Qualitätssicherungssystem genehmigt hat, über alle geplanten wesentlichen Änderungen des Qualitätssicherungssystems.

Die Benannte Stelle prüft die vorgeschlagenen Änderungen und entscheidet, ob das geänderte Qualitätssicherungssystem den Anforderungen nach Abschnitt 3.2 noch entspricht.

Sie teilt ihre Entscheidung dem Hersteller nach Erhalt der genannten Informationen mit. Die Mitteilung enthält die Ergebnisse der Prüfung und eine Begründung der Entscheidung.

4. Überwachung

4.1 Mit der Überwachung soll sichergestellt werden, dass der Hersteller die Verpflichtungen, die sich aus dem genehmigten Qualitätssicherungssystem ergeben, ordnungsgemäß einhält.

4.2 Der Hersteller gestattet der Benannten Stelle die Durchführung aller erforderlichen Inspektionen und stellt ihr alle erforderlichen Unterlagen zur Verfügung, insbesondere:

- die Dokumentation über das Qualitätssicherungssystem;
- die technische Dokumentation;
- die Daten, die in dem die Herstellung betreffenden Teil des Qualitätssicherungssystems vorgesehen sind, wie z. B. Kontroll-, Test- und Kalibrierungsberichte, Berichte über die Qualifikation des betreffenden Personals usw.

4.3 Die Benannte Stelle führt regelmäßig die erforderlichen Inspektionen und Bewertungen durch, um sich davon zu überzeugen, dass der Hersteller das genehmigte Qualitätssicherungssystem anwendet, und übermittelt dem Hersteller einen Bewertungsbericht.

4.4 Darüber hinaus kann die Benannte Stelle unangemeldete Besichtigungen beim Hersteller durchführen. Dabei kann die Benannte Stelle erforderlichenfalls Prüfungen zur Kontrolle des ordnungsgemäßen Funktionierens des Qualitätssicherungssystems durchführen oder durchführen lassen. Die Benannte Stelle stellt dem Hersteller einen Bericht über die Besichtigung und gegebenenfalls über die vorgenommenen Prüfungen zur Verfügung.

5. Administrative Bestimmungen

5.1 Der Hersteller oder sein Bevollmächtigter hält für mindestens fünf Jahre, im Falle von implantierbaren Produkten für mindestens 15 Jahre, ab der Herstellung des letzten Produkts für die nationalen Behörden folgende Unterlagen bereit:

- die Konformitätserklärung;
- die Dokumentation gemäß Abschnitt 3.1 vierter Gedankenstrich;
- die Änderungen gemäß Abschnitt 3.4;
- die Dokumentation gemäß Abschnitt 3.1 siebter Gedankenstrich;
- die Entscheidungen und Berichte der Benannten Stelle gemäß den Abschnitten 4.3 und 4.4;
- gegebenenfalls die Baumusterprüfbescheinigung gemäß Anhang III.

6. Anwendung auf Produkte der Klasse IIa

Gemäß Artikel 11 Absatz 2 kann dieser Anhang nach Maßgabe der nachstehenden Bestimmungen auf Produkte der Klasse IIa angewandt werden:

6.1 Abweichend von den Abschnitten 2, 3.1 und 3.2 gewährleistet und erklärt der Hersteller durch die Konformitätserklärung, dass die Produkte der Klasse IIa im Einklang mit der technischen Dokumentation gemäß Anhang VII Abschnitt 3 hergestellt werden und den einschlägigen Anforderungen dieser Richtlinie entsprechen.

6.2 Für Produkte der Klasse IIa prüft die Benannte Stelle im Rahmen der Überprüfung gemäß Abschnitt 3.3 die in Anhang VII Abschnitt 3 beschriebenen Unterlagen für zumindest eine repräsentative Probe für jede Unterkategorie von Produkten auf Einhaltung der Anforderungen dieser Richtlinie.

6.3 Bei der Auswahl repräsentativer Proben berücksichtigt die Benannte Stelle die technologische Neuartigkeit, Ähnlichkeiten in der Auslegung, Technologie, Herstellungs- und Sterilisierungsverfahren, die Zweckbestimmung und die Ergebnisse aller relevanten früheren Bewertungen (z. B. im Hinblick auf die physikalischen, chemischen oder biologischen Eigenschaften), die gemäß dieser Richtlinie durchgeführt wurden. Die Benannte Stelle dokumentiert ihre Gründe für die Wahl der Probe(n) und hält sie für die zuständige Behörde zur Verfügung.

6.4 Weitere Proben werden von der Benannten Stelle im Rahmen der in Abschnitt 4.3 genannten Überwachung bewertet.

7. Anwendung auf Produkte gemäß Artikel 1 Absatz 4a

Nach Beendigung der Herstellung jeder Charge des Produkts gemäß Artikel 1 Absatz 4a unterrichtet der Hersteller die Benannte Stelle über die Freigabe dieser Charge des Produkts und übermittelt ihr die von einem staatlichen oder einem zu diesem Zweck von einem Mitgliedstaat benannten Laboratorium gemäß Artikel 114 Absatz 2 der Richtlinie 2001/83/EG ausgestellte amtliche Bescheinigung über die Freigabe der Charge des in diesem Produkt verwendeten Derivats aus menschlichem Blut.

Anhang VI
EG-Konformitätserklärung
(Qualitätssicherung Produkt)

1. Der Hersteller stellt sicher, dass das genehmigte Qualitätssicherungssystem für die Endkontrolle des Produkts und die Prüfungen nach Maßgabe des Abschnitts 3 angewandt wird; er unterliegt der Überwachung gemäß Abschnitt 4.

   Bei Produkten, die in sterilem Zustand in Verkehr gebracht werden, wendet der Hersteller ferner die Bestimmungen des Anhangs V Abschnitte 3 und 4 an; diese Vorschrift bezieht sich jedoch nur auf die Herstellungsschritte, die der Sterilisation und der Aufrechterhaltung der Sterilität dienen.

2. Bei der Konformitätserklärung handelt es sich um den Teil des Verfahrens, mit dem der Hersteller, der den Verpflichtungen nach Abschnitt 1 nachkommt, gewährleistet und erklärt, dass die betreffenden Produkte dem in der EG-Baumusterprüfbescheinigung beschriebenen Baumuster und den einschlägigen Bestimmungen dieser Richtlinie entsprechen.

   Der Hersteller bringt die CE-Kennzeichnung gemäß Artikel 17 an und stellt eine schriftliche Konformitätserklärung aus. Diese Erklärung bezieht sich auf ein oder mehrere Medizinprodukte, die deutlich durch Produktnamen, Produktcode oder sonstige unmissverständliche Angaben bezeichnet sind, und wird vom Hersteller aufbewahrt. Der CE-Kennzeichnung wird die Kennnummer der Benannten Stelle hinzugefügt, die für die Ausführung der in diesem Anhang vorgesehenen Aufgaben verantwortlich ist.

3. Qualitätssicherungssystem

3.1 Der Hersteller reicht einen Antrag auf Bewertung seines Qualitätssicherungssystems bei einer Benannten Stelle ein.

Der Antrag muss folgendes enthalten:

- Name und Anschrift des Herstellers;
- alle einschlägigen Angaben über die Produkte oder die Produktkategorie, die Gegenstand des Verfahrens sind/ist;
- eine schriftliche Erklärung dahingehend, dass bei keiner anderen Benannten Stelle ein Antrag zu denselben Produkten eingereicht worden ist;
- die Dokumentation über das Qualitätssicherungssystem;
- eine Zusicherung, die Verpflichtungen, die sich aus dem genehmigten Qualitätssicherungssystem ergeben, zu erfüllen;
- eine Zusicherung, das genehmigte Qualitätssicherungssystem so zu unterhalten, dass dessen Eignung und Wirksamkeit gewährleistet bleiben;
- gegebenenfalls die technische Dokumentation über die genehmigten Baumuster und eine Kopie der EG-Baumusterprüfbescheinigungen;
- eine Zusicherung des Herstellers, unter Berücksichtigung der in Anhang X enthaltenen Bestimmungen ein systematisches Verfahren einzurichten und auf dem neuesten Stand zu halten, mit dem Erfahrungen mit Produkten in den der Herstellung nachgelagerten Phasen ausgewertet werden, und angemessene Vorkehrungen zu treffen, um erforderliche Korrekturen durchzuführen. Dies schließt die Verpflichtung des Herstellers ein, die zuständigen Behörden unverzüglich über folgende Vorkommnisse zu unterrichten, sobald er selbst davon Kenntnis erlangt hat:

  i) jede Funktionsstörung oder jede Änderung der Merkmale und/oder der Leistung sowie jede Unsachgemäßheit der Kennzeichnung oder der Gebrauchsanweisung eines Produkts, die zum Tode oder zu einer schwerwiegenden Verschlechterung des Gesundheitszustands eines Patienten oder eines Anwenders führen kann oder geführt hat;

  ii) jeder Grund technischer oder medizinischer Art, der aufgrund der unter Ziffer i) genannten Ursachen durch die Merkmale und Leistungen des Produkts bedingt ist und zum systematischen Rückruf von Produkten desselben Typs durch den Hersteller geführt hat.

3.2 Im Rahmen des Qualitätssicherungssystems wird jedes Produkt oder eine repräsentative Stichprobe jedes Loses geprüft. Es werden geeignete Prüfungen gemäß den in Artikel 5 genannten Normen oder gleichwertige Prüfungen durchgeführt, um die Übereinstimmung mit dem in der EG-Baumusterprüfbescheinigung beschriebenen Baumuster und mit den einschlägigen Anforderungen der Richtlinie zu gewährleisten. Alle Einzelheiten, Anforderungen und Vorkehrungen, die der Hersteller für sein Qualitätssicherungssystemzugrunde legt, müssen in eine systematisch geführte und nach Strategien und schriftlichen Verfahrensanweisungen geordnete Dokumentation aufgenommen werden. Diese Dokumentation über das Qualitätssicherungssystem muss eine einheitliche Interpretation der Programme, Pläne, Handbücher und Aufzeichnungen zur Qualitätssicherung ermöglichen.

Sie umfasst insbesondere eine angemessene Beschreibung folgender Punkte:

- Qualitätsziele sowie organisatorischer Aufbau, Zuständigkeiten und Befugnisse des Managements in bezug auf die Produktqualität;
- nach der Herstellung durchgeführte Untersuchungen und Prüfungen; die Kalibrierung der Prüfgeräte muss hinreichend nachvollziehbar sein;
- Mittel zur Überprüfung der Wirksamkeit des Qualitätssicherungssystems;
- Unterlagen zur Qualitätskontrolle, z. B. Kontroll-, Test- und Kalibrierungsberichte, Berichte über die Qualifikation des betreffenden Personals usw.;
- falls Endkontrolle und Prüfung des Produkts oder von Produktbestandteilen durch einen Dritten erfolgt: Methoden zur Überwachung der wirksamen Anwendung des Qualitätssicherungssystems und insbesondere Art und Umfang der Kontrollen, denen dieser Dritte unterzogen wird.

Die obigen Prüfungen gelten nicht für diejenigen Herstellungsschritte, die der Sterilisation dienen.

3.3 Die Benannte Stelle führt eine förmliche Überprüfung (Audit) des Qualitätssicherungssystems durch, um festzustellen, ob es den Anforderungen nach Abschnitt 3.2 entspricht. Bei Qualitätssicherungssystemen, die auf der Umsetzung der entsprechenden harmonisierten Normen beruhen, geht sie von der Übereinstimmung mit diesen Anforderungen aus.

Mindestens ein Mitglied des Prüfteams muss Erfahrungen mit der Bewertung der betreffenden Technologie haben. Das Bewertungsverfahren schließt eine Besichtigung der Betriebsstätten des Herstellers und, falls dazu hinreichend Anlass besteht, der Betriebsstätten der Zulieferer des Herstellers ein, um die Herstellungsverfahren zu überprüfen.

Die Entscheidung wird dem Hersteller mitgeteilt. Die Mitteilung enthält die Ergebnisse der Überprüfung und eine Begründung der Entscheidung.

3.4 Der Hersteller informiert die Benannte Stelle, die das Qualitätssicherungssystem genehmigt hat, über alle geplanten wesentlichen Änderungen des Qualitätssicherungssystems.

Die Benannte Stelle prüft die vorgeschlagenen Änderungen und entscheidet, ob das geänderte Qualitätssicherungssystem den Anforderungen nach Abschnitt 3.2 noch entspricht.

Sie teilt ihre Entscheidung dem Hersteller nach Erhalt der genannten Informationen mit. Die Mitteilung enthält die Ergebnisse der Prüfung und eine Begründung der Entscheidung.

4. Überwachung

4.1 Mit der Überwachung soll sichergestellt werden, dass der Hersteller die Verpflichtungen, die sich aus dem genehmigten Qualitätssicherungssystem ergeben, ordnungsgemäß einhält.

4.2 Der Hersteller gewährt der Benannten Stelle zu Inspektionszwecken Zugang zu den Inspektions-, Prüf- und Lagereinrichtungen und stellt ihr alle erforderlichen Unterlagen zur Verfügung. Hierzu gehören insbesondere:

- die Dokumentation über das Qualitätssicherungssystem;
- die technische Dokumentation;
- Unterlagen zur Qualitätskontrolle, z. B. Kontroll-, Test- und Kalibrierungsberichte, Berichte über die Qualifikation des betreffenden Personals usw.

4.3 Die Benannte Stelle führt regelmäßig die erforderlichen Inspektionen und Bewertungen durch, um sich davon zu überzeugen, dass der Hersteller das genehmigte Qualitätssicherungssystem anwendet, und übermittelt dem Hersteller einen Bewertungsbericht.

4.4 Darüber hinaus kann die Benannte Stelle unangemeldete Besichtigungen beim Hersteller durchführen. Dabei kann die Benannte Stelle Prüfungen zur Kontrolle des ordnungsgemäßen Funktionierens des Qualitätssicherungssystems und der Übereinstimmung der Produktion mit den entsprechenden Anforderungen dieser Richtlinie durchführen oder durchführen lassen. Zu diesem Zweck wird eine von der Benannten Stelle vor Ort aus den Fertigprodukten entnommene geeignete Stichprobe untersucht und geeigneten Prüfungen nach den in Artikel 5 genannten einschlägigen Normen oder gleichwertigen Prüfungen unterzogen. Stimmen eines oder mehrere der geprüften Produkte nicht mit den einschlägigen Anforderungen überein, so trifft die Benannte Stelle geeignete Maßnahmen.

Die Benannte Stelle stellt dem Hersteller einen Bericht über die Besichtigung und gegebenenfalls über die vorgenommenen Prüfungen zur Verfügung.

5. Administrative Bestimmungen

5.1 Der Hersteller oder sein Bevollmächtigter hält für mindestens fünf Jahre, im Falle von implantierbaren Produkten für mindestens 15 Jahre, ab der Herstellung des letzten Produkts für die nationalen Behörden folgende Unterlagen bereit:

– die Konformitätserklärung;

– die Dokumentation gemäß Abschnitt 3.1 siebter Gedankenstrich;

– die Änderungen gemäß Abschnitt 3.4;

– die Entscheidungen und Berichte der Benannten Stelle gemäß den Abschnitten 3.4 letzter Absatz, 4.3 und 4.4;

– gegebenenfalls die Konformitätsbescheinigung gemäß Anhang III.

6. Anwendung auf Produkte der Klasse IIa

Gemäß Artikel 11 Absatz 2 kann der vorliegende Anhang nach Maßgabe der nachstehenden Bestimmungen auf Produkte der Klasse IIa angewandt werden:

6.1 Abweichend von den Abschnitten 2, 3.1 und 3.2 gewährleistet und erklärt der Hersteller durch die Konformitätserklärung, dass die Produkte der Klasse IIa im Einklang mit der technischen Dokumentation gemäß Anhang VII Abschnitt 3 hergestellt werden und den einschlägigen Anforderungen dieser Richtlinie entsprechen.

6.2 Für Produkte der Klasse IIa bewertet die Benannte Stelle im Rahmen der Überprüfung gemäß Abschnitt 3.3 die in Anhang VII Abschnitt 3 beschriebenen Unterlagen für zumindest eine repräsentative Probe aus jeder Unterkategorie von Produkten auf Einhaltung der Anforderungen dieser Richtlinie.

6.3 Bei der Auswahl repräsentativer Proben berücksichtigt die Benannte Stelle die technologische Neuartigkeit, Ähnlichkeiten in der Auslegung, Technologie, Herstellungs- und Sterilisierungsverfahren, die bezweckte Verwendung und die Ergebnisse aller relevanten früheren Bewertungen (z. B. im Hinblick auf die physikalischen, chemischen oder biologischen Eigenschaften), die gemäß dieser Richtlinie durchgeführt wurden. Die Benannte Stelle dokumentiert ihre Gründe für die gewählten Probe(n) und hält sie für die zuständige Behörde zur Verfügung.

6.4 Weitere Proben werden von der Benannten Stelle im Rahmen der in Abschnitt 4.3 genannten Überwachung bewertet.

Anhang VII
EG-Konformitätserklärung

1. Bei der EG-Konformitätserklärung handelt es sich um das Verfahren, mit dem der Hersteller oder sein Bevollmächtigter, der den Verpflichtungen nach Abschnitt 2 sowie – bei Produkten, die in sterilem Zustand in den Verkehr gebracht werden, und bei Produkten mit Messfunktion – den Verpflichtungen nach Abschnitt 5 nachkommt, gewährleistet und erklärt, dass die betreffenden Produkte den einschlägigen Bestimmungen dieser Richtlinie entsprechen.

2. Der Hersteller stellt die in Abschnitt 3 beschriebene technische Dokumentation zusammen. Der Hersteller oder sein Bevollmächtigter hält diese Dokumentation zusammen mit der Konformitätserklärung für mindestens fünf Jahre ab der Herstellung des letzten Produkts zur Einsichtnahme durch die nationalen Behörden bereit. Bei implantierten Produkten beträgt dieser Zeitraum mindestens 15 Jahre ab der Herstellung des letzten Produkts.

3. Die technische Dokumentation muss die Bewertung der Konformität des Produkts mit den Anforderungen der Richtlinie ermöglichen. Sie enthält insbesondere:
   - eine allgemeine Beschreibung des Produkts, einschließlich der geplanten Varianten, und seiner Zweckbestimmung(en);
   - Konstruktions- und Fertigungszeichnungen sowie Pläne von Bauteilen, Baugruppen, Schaltungen usw.;
   - die zum Verständnis der genannten Zeichnungen und Pläne sowie der Funktionsweise des Produkts erforderlichen Beschreibungen und Erläuterungen;
   - die Ergebnisse der Risikoanalyse sowie eine Liste der ganz oder teilweise angewandten Normen gemäß Artikel 5 sowie eine Beschreibung der Lösungen zur Einhaltung der grundlegenden Anforderungen dieser Richtlinie, sofern die in Artikel 5 genannten Normen nicht vollständig angewandt worden sind;
   - sofern die Produkte in sterilem Zustand in den Verkehr gebracht werden, eine Beschreibung der angewandten Verfahren und den Validierungsbericht;
   - die Ergebnisse der Konstruktionsberechnungen und der vorgenommenen Prüfungen usw. Wenn ein Produkt zur Erfüllung seiner Zweckbestimmung an ein oder mehrere andere Produkte angeschlossen werden muss, der Nachweis, dass das erstere Produkt bei Anschluss an ein anderes Produkt, das die vom Hersteller angegebenen Merkmale aufweist, die grundlegenden Anforderungen erfüllt;
   - die in Anhang I Kapitel I Abschnitt 2 getroffenen Lösungen;
   - die präklinische Bewertung;
   - die klinische Bewertung gemäß Anhang X;
   - Kennzeichnung und Gebrauchsanweisung.

4. Der Hersteller muss unter Berücksichtigung der in Anhang X enthaltenen Bestimmungen ein systematisches Verfahren einrichten und auf dem neuesten Stand halten, das es ermöglicht, Erfahrungen mit Produkten in den der Herstellung nachgelagerten Phasen auszuwerten und in geeigneter Weise erforderliche Korrekturen zu veranlassen, wobei die Art des Produkts und die von ihm ausgehenden Risiken zu berücksichtigen sind. Der Hersteller muss die zuständigen Behörden unverzüglich über folgende Vorkommnisse unterrichten, sobald er selbst davon Kenntnis erlangt hat:

   i) jede Funktionsstörung oder jede Änderung der Merkmale und/oder der Leistung sowie jede Unsachgemäßheit der Kennzeichnung oder der Gebrauchsanweisung eines Produkts, die zum Tode oder zu einer schwerwiegenden Verschlechterung des Gesundheitszustands eines Patienten oder eines Anwenders führen kann oder geführt hat;

   ii) jeder Grund technischer oder medizinischer Art, der aufgrund der unter Ziffer i) genannten Ursachen durch die Merkmale und Leistungen des Produkts bedingt ist und zum systematischen Rückruf von Produkten desselben Typs durch den Hersteller geführt hat.

5. Bei Produkten der Klasse I, die in sterilem Zustand in Verkehr gebracht werden, und bei Produkten mit Messfunktion hat der Hersteller zusätzlich zu den Bestimmungen dieses Anhangs ein Verfahren nach Anhang II, IV, V oder VI anzuwenden. Die Anwendung der vorgenannten Anhänge und das Tätigwerden der Benannten Stelle beschränken sich

   – bei Produkten, die in sterilem Zustand in Verkehr gebracht werden, ausschließlich auf die Herstellungsschritte im Zusammenhang mit der Sterilisation und der Aufrechterhaltung der Sterilität;

   – bei Produkten mit Messfunktion ausschließlich auf die Herstellungsschritte im Zusammenhang mit der Konformität der Produkte mit den messtechnischen Anforderungen.

   Abschnitt 6.1 des vorliegenden Anhangs findet Anwendung.

6. Anwendung auf Produkte der Klasse IIa

Gemäß Artikel 11 Absatz 2 kann der vorliegende Anhang nach Maßgabe der nachstehenden Abweichungen auf Produkte der Klasse IIa angewandt werden:

6.1 Wird dieser Anhang in Verbindung mit einem Verfahren nach Anhang IV, V oder VI angewandt, so sind die in den vorgenannten Anhängen erwähnten Konformitätserklärungen in einem einzigen Dokument abzugeben. Soweit diese Erklärung auf diesem Anhang basiert, gewährleistet und erklärt der Hersteller, dass die Auslegung der Produkte den einschlägigen Anforderungen dieser Richtlinie entspricht.

Anhang VIII
Erklärung zu Produkten für besondere Zwecke

1. Der Hersteller oder sein Bevollmächtigter stellt bei Sonderanfertigungen oder bei für klinische Prüfungen bestimmten Produkten eine Erklärung aus, die die in Abschnitt 2 aufgeführten Angaben enthält.

2. Die Erklärung muss folgende Angaben enthalten:

2.1 bei Sonderanfertigungen:

- Name und Anschrift des Herstellers;
- die zur Identifizierung des betreffenden Produkts notwendigen Daten;
- die Versicherung, dass das Produkt ausschließlich für einen bestimmten Patienten bestimmt ist, und den Namen dieses Patienten;
- den Namen des Arztes oder der hierzu befugten Person, der/die das betreffende Produkt verordnet hat, und gegebenenfalls den Namen der betreffenden medizinischen Einrichtung;
- die spezifischen Merkmale des Produkts, wie sie in der Verschreibung angegeben sind;
- die Versicherung, dass das betreffende Produkt den in Anhang I genannten grundlegenden Anforderungen entspricht, und gegebenenfalls die Angabe der grundlegenden Anforderungen, die nicht vollständig eingehalten worden sind, mit Angabe der Gründe.

2.2 bei Produkten, die für klinische Prüfungen im Sinne von Anhang X bestimmt sind:

- die zur Identifizierung des betreffenden Produkts notwendigen Daten;
- den klinischen Prüfplan;
- das Handbuch des klinischen Prüfers;
- die Bestätigung über den Versicherungsschutz für die Versuchspersonen;
- die Unterlagen zur Einholung der Einwilligung nach Aufklärung;
- eine Erklärung, aus der hervorgeht, ob zu den festen Bestandteilen des Produkts ein Stoff oder ein Derivat aus menschlichem Blut im Sinne von Anhang I Abschnitt 7.4 gehört;
- eine Erklärung, aus der hervorgeht, ob das Produkt unter Verwendung von Gewebe tierischen Ursprungs im Sinne der Richtlinie 2003/32/EG hergestellt wurde;
- die von der betreffenden Ethik-Kommission abgegebene Stellungnahme sowie die Angabe der Gesichtspunkte, die Gegenstand dieser Stellungnahme waren;

– den Namen des Arztes oder der hierzu befugten Person sowie der Einrichtung, die mit den Prüfungen beauftragt sind;

– den Ort, den geplanten Beginn und die geplante Dauer der Prüfungen;

– die Versicherung, dass das betreffende Produkt mit Ausnahme der Punkte, die Gegenstand der Prüfungen sind, den grundlegenden Anforderungen entspricht und das hinsichtlich dieser Punkte alle Vorsichtsmaßnahmen zum Schutz der Gesundheit und der Sicherheit des Patienten getroffen wurden.

3. Der Hersteller verpflichtet sich ferner, folgende Unterlagen für die zuständigen nationalen Behörden bereitzuhalten:

3.1 Bei Sonderanfertigungen die Dokumentation, aus der die Fertigungsstätte(n) sowie Auslegung, Herstellung und Leistungsdaten des Produkts, einschließlich der vorgesehenen Leistung, hervorgehen, so dass sich beurteilen lässt, ob es den Anforderungen dieser Richtlinie entspricht.

Der Hersteller trifft alle erforderlichen Maßnahmen, damit im Herstellungsverfahren die Übereinstimmung der hergestellten Produkte mit der im vorstehenden Absatz genannten Dokumentation sichergestellt wird.

3.2 Bei für klinische Prüfungen bestimmten Produkten muss die Dokumentation folgende Angaben enthalten:

– eine allgemeine Beschreibung des Produkts und seiner Zweckbestimmung;

– Konstruktionszeichnungen, geplante Fertigungsverfahren, insbesondere hinsichtlich der Sterilisation, sowie Pläne von Bauteilen, Baugruppen, Schaltungen usw.;

– die zum Verständnis der genannten Zeichnungen und Pläne sowie der Funktionsweise des Produkts erforderlichen Beschreibungen und Erläuterungen;

– die Ergebnisse der Gefahrenanalyse sowie eine Liste der ganz oder teilweise angewandten in Artikel 5 genannten Normen sowie eine Beschreibung der Lösungen zur Einhaltung der grundlegenden Anforderungen dieser Richtlinie, sofern die in Artikel 5 genannten Normen nicht angewandt worden sind;

– wenn zu den festen Bestandteilen des Produkts ein Stoff oder ein Derivat aus menschlichem Blut im Sinne des Anhangs I Abschnitt 7.4 gehört, die Daten über die in diesem Zusammenhang durchgeführten Tests, die für die Bewertung der Sicherheit, der Qualität und des Nutzens dieses Stoffes oder Derivats aus menschlichem Blut unter Berücksichtigung der Zweckbestimmung des Produkts erforderlich sind;

– wenn das Produkt unter Verwendung von Geweben tierischen Ursprungs im Sinne der Richtlinie 2003/32/EG hergestellt wurde, die Risikomanagementmaßnahmen, die in diesem Zusammenhang zur Verringerung des Infektionsrisikos angewendet wurden;

- die Ergebnisse der Konstruktionsberechnungen, Prüfungen, technischen Tests usw.

Der Hersteller trifft alle erforderlichen Maßnahmen, damit im Herstellungsverfahren die Übereinstimmung der hergestellten Produkte mit der in Absatz 1 genannten Dokumentation gewährleistet wird.

Der Hersteller gestattet eine Bewertung der Wirksamkeit dieser Maßnahmen oder gegebenenfalls eine förmliche Überprüfung (Audit).

4. Die in den Erklärungen im Sinne dieses Anhangs aufgeführten Angaben sind über einen Zeitraum von mindestens fünf Jahren aufzubewahren. Bei implantierbaren Produkten beträgt dieser Zeitraum mindestens 15 Jahre.

5. Bei Sonderanfertigungen sichert der Hersteller zu, unter Berücksichtigung der in Anhang X enthaltenen Bestimmungen die Erfahrungen mit Produkten in der der Herstellung nachgelagerten Phase auszuwerten und zu dokumentieren, und angemessene Vorkehrungen zu treffen, um erforderliche Korrekturen durchzuführen. Dies schließt die Verpflichtung des Herstellers ein, die zuständigen Behörden unverzüglich über folgende Vorkommnisse zu unterrichten, sobald er selbst davon Kenntnis erlangt hat, und die einschlägigen Korrekturen vorzunehmen:

   i) jede Funktionsstörung und jede Änderung der Merkmale und/oder der Leistung sowie jede Unsachgemäßheit der Kennzeichnung oder der Gebrauchsanweisung eines Produkts, die zum Tode oder zu einer schwerwiegenden Verschlechterung des Gesundheitszustandes eines Patienten oder eines Anwenders führen kann oder dazu geführt hat;

   ii) jeden Grund technischer oder medizinischer Art, der aufgrund der unter Ziffer i genannten Ursachen durch die Merkmale und Leistungen des Produkts bedingt ist und zum systematischen Rückruf von Produkten desselben Typs durch den Hersteller geführt hat.

Anhang IX
Klassifizierungskriterien

I. Definitionen

1. Definitionen zu den Klassifizierungsregeln

1.1 *Dauer*

Vorübergehend

Unter normalen Bedingungen für eine ununterbrochene Anwendung über einen Zeitraum von weniger als 60 Minuten bestimmt.

Kurzzeitig

Unter normalen Bedingungen für eine ununterbrochene Anwendung über einen Zeitraum von bis zu 30 Tagen bestimmt.

Langzeitig

Unter normalen Bedingungen für eine ununterbrochene Anwendung über einen Zeitraum von mehr als 30 Tagen bestimmt.

1.2 *Invasive Produkte*

Invasives Produkt

Produkt, das durch die Körperoberfläche oder über eine Körperöffnung ganz oder teilweise in den Körper eindringt.

Körperöffnung

Eine natürliche Öffnung in der Haut, sowie die Außenfläche des Augapfels oder eine operativ hergestellte ständige Öffnung, wie z. B. ein Stoma.

Chirurgisch-invasives Produkt

Invasives Produkt, das mittels eines chirurgischen Eingriffs oder im Zusammenhang damit durch die Körperoberfläche in den Körper eindringt.

Produkte, die vom vorstehenden Unterabsatz nicht erfasst werden und die anders als durch eine hergestellte Körperöffnung in den Körper eindringen, werden im Sinne dieser Richtlinie als chirurgisch-invasive Produkte behandelt.

Implantierbares Produkt

Jedes Produkt, das dazu bestimmt ist, durch einen chirurgischen Eingriff

– ganz in den menschlichen Körper eingeführt zu werden oder
– eine Epitheloberfläche oder die Oberfläche des Auges zu ersetzen

und nach dem Eingriff dort zu verbleiben.

Als implantierbares Produkt gilt auch jedes Produkt, das dazu bestimmt ist, durch einen chirurgischen Eingriff teilweise in den menschlichen Körper eingeführt zu werden und nach dem Eingriff mindestens 30 Tage dort zu verbleiben.

1.3 *Wiederverwendbares chirurgisches Instrument*

Ein nicht in Verbindung mit einem aktiven Medizinprodukt eingesetztes, für einen chirurgischen Eingriff bestimmtes Instrument, dessen Funktion im Schneiden, Bohren, Sägen, Kratzen, Schaben, Klammern, Spreizen, Heften oder Ähnlichem besteht und das nach Durchführung geeigneter Verfahren wiederverwendet werden kann.

1.4 *Aktives Medizinprodukt*

Medizinprodukt, dessen Betrieb von einer Stromquelle oder einer anderen Energiequelle (mit Ausnahme der direkt vom menschlichen Körper oder durch die Schwerkraft erzeugten Energie) abhängig ist. Ein Produkt, das zur Übertragung von Energie, Stoffen oder Parametern zwischen einem aktiven Medizinprodukt und dem Patienten eingesetzt wird, ohne dass dabei eine wesentliche Veränderung von Energie, Stoffen oder Parametern eintritt, wird nicht als aktives Medizinprodukt angesehen. Eigenständige Software gilt als aktives Medizinprodukt.

1.5 *Aktives therapeutisches Medizinprodukt*

Aktives Medizinprodukt, das entweder getrennt oder in Verbindung mit anderen Medizinprodukten eingesetzt wird und dazu bestimmt ist, biologische Funktionen oder Strukturen im Zusammenhang mit der Behandlung oder Linderung einer Krankheit, Verwundung oder Behinderung zu erhalten, zu verändern, zu ersetzen oder wiederherzustellen.

1.6 *Aktives diagnostisches Medizinprodukt*

Aktives Medizinprodukt, das entweder getrennt oder in Verbindung mit anderen Medizinprodukten eingesetzt wird und dazu bestimmt ist, Informationen für die Erkennung, Diagnose, Überwachung oder Behandlung von physiologischen Zuständen, Gesundheitszuständen, Krankheitszuständen oder angeborenen Missbildungen zu liefern.

1.7 *Zentrales Kreislaufsystem*

Im Sinne dieser Richtlinie sind unter dem „zentralen Kreislaufsystem" folgende Gefäße zu verstehen:

Arteriae pulmonales, Aorta ascendens, arcus Aortae, Aorta descendens bis zur Bifurcatio aortae, Arteriae coronariae, Arteria carotis communis, Arteria carotis externa, Arteria carotis interna, Arteriae cerebrales, Truncus brachiocephalicus, Venae cordis, Venae pulmonales, Vena cava superior, Vena cava inferior.

1.8 *Zentrales Nervensystem*

Im Sinne dieser Richtlinie ist unter dem „zentralen Nervensystem“ folgendes zu verstehen: Gehirn, Hirnhaut und Rückenmark.

II. Anwendungsregeln

2. Anwendung der Regeln

2.1 Die Anwendung der Klassifizierungsregeln richtet sich nach der Zweckbestimmung der Produkte.

2.2 Wenn ein Produkt dazu bestimmt ist, in Verbindung mit einem anderen Produkt angewandt zu werden, werden die Klassifizierungsregeln auf jedes Produkt gesondert angewendet. Zubehör wird unabhängig von dem Produkt, mit dem es verwendet wird, gesondert klassifiziert.

2.3 Software, die ein Produkt steuert oder dessen Anwendung beeinflusst, wird automatisch derselben Klasse zugerechnet wie das Produkt.

2.4 Wenn ein Produkt nicht dazu bestimmt ist, ausschließlich oder hauptsächlich an einem bestimmten Teil des Körpers angewandt zu werden, muss es nach der spezifizierten Anwendung eingeordnet werden, die das höchste Gefährdungspotential beinhaltet.

2.5 Wenn unter Berücksichtigung der vom Hersteller angegebenen Leistungen auf ein und dasselbe Produkt mehrere Regeln anwendbar sind, so gilt die strengste Regel, so dass das Produkt in die jeweils höchste Klasse eingestuft wird.

2.6 Bei der Berechnung der Dauer nach Kapitel I Abschnitt 1.1 bedeutet ununterbrochene Anwendung eine tatsächliche ununterbrochene Anwendung des Produkts gemäß seiner Zweckbestimmung. Wird die Anwendung eines Produkts unterbrochen, um das Produkt unverzüglich durch dasselbe oder ein identisches Produkt zu ersetzen, gilt dies als Fortführung der ununterbrochenen Anwendung des Produkts.

III. Klassifizierung

1. Nicht invasive Produkte

1.1 *Regel 1*

Alle nicht invasiven Produkte gehören zur Klasse I, es sei denn, es findet eine der folgenden Regeln Anwendung.

1.2 *Regel 2*

Alle nicht invasiven Produkte für die Durchleitung oder Aufbewahrung von Blut, anderen Körperflüssigkeiten oder -geweben, Flüssigkeiten oder Gasen zum Zwecke einer Perfusion, Verabreichung oder Einleitung in den Körper gehören zur Klasse IIa,

- wenn sie mit einem aktiven medizintechnischen Produkt der Klasse IIa oder einer höheren Klasse verbunden werden können;
- wenn sie für die Aufbewahrung oder Durchleitung von Blut oder anderen Körperflüssigkeiten oder für die Aufbewahrung von Organen, Organteilen oder Körpergeweben eingesetzt werden;

in allen anderen Fällen werden sie der Klasse I zugeordnet.

1.3 *Regel 3*

Alle nicht invasiven Produkte zur Veränderung der biologischen oder chemischen Zusammensetzung des Blutes, anderer Körperflüssigkeiten oder Flüssigkeiten, die in den Körper perfundiert werden sollen, gehören zur Klasse IIb, es sei denn, die Behandlung besteht aus einer Filtration, Zentrifugierung oder dem Austausch von Gasen oder Wärme. In diesen Fällen werden sie der Klasse IIa zugeordnet.

1.4 *Regel 4*

Alle nicht invasiven Produkte, die mit verletzter Haut in Berührung kommen,

- werden der Klasse I zugeordnet, wenn sie als mechanische Barriere oder zur Kompression oder zur Absorption von Exsudaten eingesetzt werden;
- werden der Klasse IIb zugeordnet, wenn sie vorwiegend bei Wunden eingesetzt werden, bei denen die Dermis durchtrennt wurde und die nur durch sekundäre Wundheilung geheilt werden können;
- werden in allen anderen Fällen der Klasse IIa zugeordnet; hierzu zählen auch Produkte, die vorwiegend zur Beeinflussung der Mikroumgebung einer Wunde bestimmt sind.

2. Invasive Produkte

2.1 *Regel 5*

Alle invasiven Produkte im Zusammenhang mit Körperöffnungen – außer chirurgisch-invasive Produkte – die nicht zum Anschluss an ein aktives Medizinprodukt bestimmt sind oder die zum Anschluss an ein aktives Medizinprodukt der Klasse I bestimmt sind, gehören:

- zur Klasse I, wenn sie zur vorübergehenden Anwendung bestimmt sind;
- zur Klasse IIa, wenn sie zur kurzzeitigen Anwendung bestimmt sind, es sei denn, sie werden in der Mundhöhle bis zum Rachen, im Gehörgang bis zum Trommelfell oder in der Nasenhöhle eingesetzt; in diesen Fällen werden sie der Klasse I zugeordnet;
- zur Klasse IIb, wenn sie zur langzeitigen Anwendung bestimmt sind, es sei denn, sie werden in der Mundhöhle bis zum Rachen, im Gehörgang bis zum Trommelfell oder in der Nasenhöhle eingesetzt und sie können nicht von

der Schleimhaut resorbiert werden; in diesen Fällen werden sie der Klasse IIa zugeordnet.

Alle invasiven Produkte im Zusammenhang mit Körperöffnungen – außer chirurgisch-invasive Produkte – die zum Anschluss an ein aktives Produkt der Klasse IIa oder einer höheren Klasse bestimmt sind, gehören zur Klasse IIa.

2.2 *Regel 6*

Alle zur vorübergehenden Anwendung bestimmten chirurgisch-invasiven Produkte werden der Klasse IIa zugeordnet, es sei denn,

- sie sind speziell zur Überwachung, Diagnose, Kontrolle oder Korrektur eines Defekts am Herzen oder am zentralen Kreislaufsystem in direktem Kontakt mit diesen Körperteilen bestimmt; in diesem Fall werden sie der Klasse III zugeordnet;
- es handelt sich um wiederverwendbare chirurgische Instrumente; in diesem Fall werden sie der Klasse I zugeordnet;
- sie sind speziell zur Verwendung in direktem Kontakt mit dem zentralen Nervensystem bestimmt; in diesem Fall werden sie der Klasse III zugeordnet;
- sie sind zur Abgabe von Energie in Form ionisierender Strahlung bestimmt; in diesem Fall werden sie der Klasse IIb zugeordnet;
- sie sind dazu bestimmt, eine biologische Wirkung zu entfalten oder vollständig oder in bedeutendem Umfang resorbiert zu werden; in diesem Fall werden sie der Klasse IIb zugeordnet;
- sie sind zur Verabreichung von Arzneimitteln über ein Dosiersystem bestimmt, wenn das hierbei verwendete Verfahren unter Berücksichtigung der Art der Anwendung eine potentielle Gefährdung darstellt; in diesem Fall werden sie der Klasse IIb zugeordnet.

2.3 *Regel 7*

Alle zur kurzzeitigen Anwendung bestimmten chirurgisch-invasiven Produkte gehören zur Klasse IIa, es sei denn,

- sie sind speziell zur Überwachung, Diagnose, Kontrolle oder Korrektur eines Defekts am Herzen oder am zentralen Kreislaufsystem in direktem Kontakt mit diesen Körperteilen bestimmt; in diesem Fall werden sie der Klasse III zugeordnet;
- oder sie sollen speziell in direktem Kontakt mit dem zentralen Nervensystem eingesetzt werden; in diesem Fall gehören sie zur Klasse III;
- sie sind zur Abgabe von Energie in Form ionisierender Strahlung bestimmt; in diesem Fall werden sie der Klasse IIb zugeordnet;

- sie sind dazu bestimmt, eine biologische Wirkung zu entfalten oder vollständig oder in bedeutendem Umfang resorbiert zu werden; in diesem Fall werden sie der Klasse III zugeordnet;
- sie sollen im Körper eine chemische Veränderung erfahren – mit Ausnahme solcher Produkte, die in die Zähne implantiert werden sollen – oder sie sollen Arzneimittel abgeben; in diesen Fällen werden sie der Klasse IIb zugeordnet.

2.4 *Regel 8*

Alle implantierbaren Produkte sowie zur langzeitigen Anwendung bestimmten chirurgisch-invasiven Produkte gehören zur Klasse IIb, es sei denn,

- sie sollen in die Zähne implantiert werden; in diesem Fall werden sie der Klasse IIa zugeordnet;
- sie sollen in direktem Kontakt mit dem Herz, dem zentralen Kreislaufsystem oder dem zentralen Nervensystem eingesetzt werden; in diesen Fällen werden sie der Klasse III zugeordnet;
- sie sind dazu bestimmt, eine biologische Wirkung zu entfalten oder vollständig oder in bedeutendem Umfang resorbiert zu werden; in diesem Fall werden sie der Klasse III zugeordnet;
- sie sollen im Körper eine chemische Veränderung erfahren – mit Ausnahme solcher Produkte, die in die Zähne implantiert werden sollen – oder sie sollen Arzneimittel abgeben; in diesen Fällen werden sie der Klasse III zugeordnet.

3. Zusätzliche Regeln für aktive Produkte

3.1 *Regel 9*

Alle aktiven therapeutischen Produkte, die zur Abgabe oder zum Austausch von Energie bestimmt sind, gehören zur Klasse IIa, es sei denn, die Abgabe oder der Austausch von Energie an den bzw. mit dem menschlichen Körper kann unter Berücksichtigung der Art, der Dichte und des Körperteils, an dem die Energie angewandt wird, aufgrund der Merkmale des Produkts eine potentielle Gefährdung darstellen; in diesem Fall werden sie der Klasse IIb zugeordnet.

Alle aktiven Produkte, die dazu bestimmt sind, die Leistung von aktiven therapeutischen Produkten der Klasse IIb zu steuern oder zu kontrollieren oder die Leistung dieser Produkte direkt zu beeinflussen, werden der Klasse IIb zugeordnet.

3.2 *Regel 10*

Alle aktiven diagnostischen Produkte gehören zur Klasse IIa,

- wenn sie dazu bestimmt sind, Energie abzugeben, die vom menschlichen Körper absorbiert wird – mit Ausnahme von Produkten, deren Funktion es ist, den Körper des Patienten im sichtbaren Spektralbereich auszuleuchten;

– wenn sie zur In-vivo-Darstellung der Verteilung von Radiopharmaka bestimmt sind;

– wenn sie dazu bestimmt sind, eine direkte Diagnose oder Kontrolle von vitalen Körperfunktionen zu ermöglichen, es sei denn, sie sind speziell für die Kontrolle von vitalen physiologischen Parametern bestimmt, bei denen die Art der Änderung zu einer unmittelbaren Gefahr für den Patienten führen könnte, z. B. Änderung der Herzfunktion, der Atmung oder der Aktivität des zentralen Nervensystems; in diesem Fall werden sie der Klasse IIb zugeordnet.

Aktive Produkte, die zum Aussenden ionisierender Strahlung sowie für die radiologische Diagnostik oder die radiologische Therapie bestimmt sind, einschließlich Produkte, die solche Produkte steuern oder kontrollieren oder die deren Leistung unmittelbar beeinflussen, werden der Klasse IIb zugeordnet.

Regel 11

Alle aktiven Produkte, die dazu bestimmt sind, Arzneimittel, Körperflüssigkeiten oder andere Stoffe an den Körper abzugeben und/oder aus dem Körper zu entfernen, werden der Klasse IIa zugeordnet, es sei denn, dass die Vorgehensweise

– unter Berücksichtigung der Art der betreffenden Stoffe, des betreffenden Körperteils und der Art der Anwendung eine potentielle Gefährdung darstellt; in diesem Fall werden sie der Klasse IIb zugeordnet.

3.3 *Regel 12*

Alle anderen aktiven Produkte werden der Klasse I zugeordnet.

4. Besondere Regeln

4.1 *Regel 13*

Alle Produkte, zu deren Bestandteilen ein Stoff gehört, der bei gesonderter Verwendung als Arzneimittel im Sinne des Artikels 1 der Richtlinie 2001/83/EG angesehen werden kann und der ergänzend zur Wirkung der Produkte auf den menschlichen Körper einwirken kann, werden der Klasse III zugeordnet.

Alle Produkte, die als festen Bestandteil ein Derivat aus menschlichem Blut enthalten, werden der Klasse III zugeordnet.

4.2 *Regel 14*

Alle Produkte, die zur Empfängnisverhütung oder zum Schutz vor der Übertragung von sexuell übertragbaren Krankheiten eingesetzt werden sollen, werden der Klasse IIb zugeordnet, es sei denn, es handelt sich um implantierbare Produkte oder um invasive Produkte zur langzeitigen Anwendung; in diesem Fall werden sie der Klasse III zugeordnet.

4.3 *Regel 15*

Alle Produkte, die speziell zum Desinfizieren, Reinigen, Abspülen oder gegebenenfalls Hydratisieren von Kontaktlinsen bestimmt sind, werden der Klasse IIb zugeordnet.

Alle Produkte, die speziell zum Desinfizieren von Produkten bestimmt sind, werden der Klasse IIa zugeordnet. Es sei denn, sie sind speziell dazu bestimmt, invasive Produkte zu desinfizieren; in diesem Fall werden sie der Klasse IIb zugeordnet.

Diese Regel gilt nicht für Produkte, die zur Reinigung von anderen Produkten als Kontaktlinsen durch physikalische Einwirkung bestimmt sind.

4.4 *Regel 16*

Produkte, die speziell für die Aufzeichnung von Röntgendiagnosebildern bestimmt sind, werden der Klasse IIa zugeordnet.

4.5 *Regel 17*

Alle Produkte, die unter Verwendung von abgetöteten tierischen Geweben oder Folgeerzeugnissen hergestellt wurden, werden der Klasse III zugeordnet, es sei denn, diese Produkte sind dazu bestimmt, nur mit unversehrter Haut in Berührung zu kommen.

5. Regel 18

Abweichend von anderen Regeln werden Blutbeutel der Klasse IIb zugeordnet.

Anhang X
Klinische Bewertung

1. Allgemeine Bestimmungen

1.1 Der Nachweis, dass die in Anhang I Abschnitte 1 und 3 genannten merkmal- und leistungsrelevanten Anforderungen von dem Produkt bei normalen Einsatzbedingungen erfüllt werden, sowie die Beurteilung von unerwünschten Nebenwirkungen und der Annehmbarkeit des Nutzen-/Risiko-Verhältnisses, auf das in Anhang I Abschnitt 6 Bezug genommen wird, müssen generell auf der Grundlage klinischer Daten erfolgen. Die Bewertung dieser Daten, die im Folgenden als „klinische Bewertung“ bezeichnet wird und bei der gegebenenfalls einschlägige harmonisierte Normen berücksichtigt werden, erfolgt gemäß einem definierten und methodisch einwandfreien Verfahren auf der Grundlage:

1.1.1 entweder einer kritischen Bewertung der einschlägigen, derzeit verfügbaren wissenschaftlichen Literatur über Sicherheit, Leistung, Auslegungsmerkmale und Zweckbestimmung des Produkts; dabei

- wird die Gleichartigkeit des Produkts mit dem Produkt nachgewiesen, auf das sich die Daten beziehen, und
- belegen die Daten in angemessener Weise die Übereinstimmung mit den einschlägigen grundlegenden Anforderungen;

1.1.2 oder einer kritischen Bewertung der Ergebnisse sämtlicher durchgeführten klinischen Prüfungen;

1.1.3 oder einer kritischen Bewertung der kombinierten klinischen Daten gemäß 1.1.1 und 1.1.2.

1.1a Bei implantierbaren Produkten und bei Produkten der Klasse III sind klinische Prüfungen durchzuführen, es sei denn die Verwendung bereits bestehender klinischer Daten ist ausreichend gerechtfertigt.

1.1b Die klinische Bewertung und ihr Ergebnis sind zu dokumentieren. Diese Dokumentation und/oder ein ausführlicher Verweis darauf sind in die technische Dokumentation über das Produkt aufzunehmen.

1.1c Die klinische Bewertung und ihre Dokumentation müssen aktiv anhand der aus der Überwachung nach dem Inverkehrbringen erhaltenen Daten auf dem neuesten Stand gehalten werden. Wird eine klinische Überwachung nach dem Inverkehrbringen als Bestandteil des Überwachungsplans nach dem Inverkehrbringen nicht für erforderlich gehalten, muss dies ordnungsgemäß begründet und dokumentiert werden.

1.1d Wird der Nachweis der Übereinstimmung mit den grundlegenden Anforderungen auf der Grundlage klinischer Daten als nicht notwendig erachtet, ist eine derartige Ausnahme angemessen zu begründen; diese Begründung beruht auf dem Ergebnis des Risikomanagements und berücksichtigt die Besonderheiten der Wechselwirkung zwischen Körper und Produkt, die bezweckte klinische Leistung und die Angaben des Herstellers. Die Eignung des Nachweises der Übereinstimmung mit den grundlegenden Anforderungen allein durch Leistungsbewertung, Produktprüfungen und präklinische Bewertung ist ordnungsgemäß zu begründen.

1.2 Alle Daten müssen entsprechend den Bestimmungen von Artikel 20 vertraulich behandelt werden.

2. Klinische Prüfung

2.1 *Zweck*

Zweck der klinischen Prüfung ist es,

- den Nachweis zu erbringen, dass die Leistungen des Produkts bei normalen Einsatzbedingungen den Leistungsdaten von Anhang I Abschnitt 3 entsprechen, und

- etwaige bei normalen Einsatzbedingungen auftretende unerwünschte Nebenwirkungen zu ermitteln und zu beurteilen, ob diese unter Berücksichtigung der vorgegebenen Leistungen irgendwelche Risiken darstellen.

2.2 *Ethische Gesichtspunkte*

Die klinische Prüfung muss im Einklang mit der vom 18. Weltärztekongress 1964 in Helsinki, Finnland, gebilligten Erklärung von Helsinki in der letzten vom Weltärztekongress geänderten Fassung stehen. Alle Vorkehrungen zum Schutz des Menschen müssen zwingend im Geiste der Erklärung von Helsinki getroffen werden. Dies gilt für jeden einzelnen Schritt der klinischen Prüfung, angefangen von den ersten Überlegungen über die Notwendigkeit und Berechtigung der Studie bis hin zur Veröffentlichung der Ergebnisse.

2.3 *Methoden*

2.3.1 Die klinischen Prüfungen sind nach einem angemessenen Prüfplan durchzuführen, der dem Stand von Wissenschaft und Technik entspricht und der so angelegt ist, dass sich die Angaben des Herstellers zu dem Produkt bestätigen oder widerlegen lassen. Diese Prüfungen müssen eine angemessene Zahl von Beobachtungen umfassen, damit wissenschaftlich gültige Schlussfolgerungen gezogen werden können.

2.3.2 Die Vorgehensweise bei der Durchführung der Prüfungen muss an das zu prüfende Produkt angepasst sein.

2.3.3 Die klinischen Prüfungen müssen unter ähnlichen Bedingungen durchgeführt werden, wie sie für die normalen Einsatzbedingungen des Produkts gelten.

2.3.4 Alle einschlägigen Merkmale des Produkts, einschließlich der sicherheitstechnischen und leistungsbezogenen Eigenschaften und der Auswirkungen auf den Patienten, müssen geprüft werden.

2.3.5 Alle schwerwiegenden unerwünschten Ereignisse müssen vollständig registriert und unmittelbar allen zuständigen Behörden der Mitgliedstaaten, in denen die klinische Prüfung durchgeführt wird, mitgeteilt werden.

2.3.6 Die Prüfungen müssen unter der Verantwortung eines entsprechend qualifizierten, spezialisierten Arztes oder einer sonstigen entsprechend qualifizierten und befugten Person in einem angemessenen Umfeld durchgeführt werden.

Der verantwortliche Arzt oder die befugte Person muss Zugang zu den technischen und klinischen Daten des Produkts haben.

2.3.7 Der schriftliche Bericht, der von dem verantwortlichen Arzt oder der befugten Person zu unterzeichnen ist, muss eine kritische Bewertung aller im Verlauf der klinischen Prüfung erlangten Daten enthalten.

Anhang XI
Mindestkriterien für die Beauftragung der zu Benennenden Stellen

1. Die Benannte Stelle, ihr Leiter und das mit der Durchführung der Bewertungen und Prüfungen beauftragte Personal dürfen weder mit dem Autor des Entwurfs (Auslegung), dem Hersteller, dem Lieferer, dem Monteur oder dem Anwender der Produkte, die sie prüfen, identisch noch Beauftragte einer dieser Personen sein. Sie dürfen weder unmittelbar noch als Beauftragte an der Auslegung, an der Herstellung, am Vertrieb oder an der Instandhaltung dieser Produkte beteiligt sein. Die Möglichkeit eines Austauschs technischer Informationen zwischen dem Hersteller und der Stelle wird dadurch nicht ausgeschlossen.

2. Die Benannte Stelle und das mit der Prüfung beauftragte Personal müssen die Bewertungen und Prüfungen mit höchster beruflicher Zuverlässigkeit und größter erforderlicher Sachkenntnis auf dem Gebiet der Medizinprodukte durchführen und unabhängig von jeder möglichen Einflussnahme – vor allem finanzieller Art – auf ihre Beurteilung oder die Ergebnisse ihrer Prüfung sein, insbesondere von der Einflussnahme durch Personen oder Personengruppen, die an den Ergebnissen der Prüfungen interessiert sind.

   Wenn eine Benannte Stelle spezielle Arbeiten im Zusammenhang mit der Feststellung und Verifizierung von Sachverhalten einem Unterauftragnehmer überträgt, muss sie zuvor sicherstellen, dass die Bestimmungen der Richtlinie, insbesondere dieses Anhangs, von dem Unterauftragnehmer eingehalten werden. Die Benannte Stelle hält die einschlägigen Dokumente zur Bewertung der Sachkompetenz des Unterauftragnehmers und zu den von diesem im Rahmen dieser Richtlinie ausgeführten Arbeiten zur Einsichtnahme durch die nationalen Behörden bereit.

3. Die Benannte Stelle muss in der Lage sein, alle in einem der Anhänge II bis VI genannten Aufgaben, die einer solchen Stelle zugewiesen werden und für die sie benannt ist, wahrzunehmen, sei es, dass diese Aufgaben von der Stelle selbst, sei es, dass sie unter ihrer Verantwortung ausgeführt werden. Sie muss insbesondere über das Personal verfügen und die Mittel besitzen, die zur angemessenen Erfüllung der mit der Durchführung der Bewertungen und Prüfungen verbundenen technischen und verwaltungsmäßigen Aufgaben erforderlich sind; ebenso muss sie Zugang zu der für die Prüfungen erforderlichen Ausrüstung haben. Dies schließt ein, dass in der Organisation ausreichend wissenschaftliches Personal vorhanden ist, das die entsprechenden Erfahrungen und Kenntnisse besitzt, um die medizinische Funktion und Leistung der Produkte, für die die Stelle benannt worden ist, in bezug auf die Anforderungen dieser Richtlinie und insbesondere die Anforderungen des Anhangs I zu beurteilen.

4. Das mit den Prüfungen beauftragte Personal muss folgendes besitzen:

- eine gute berufliche Ausbildung in bezug auf alle Bewertungen und Prüfungen, für die die Stelle benannt worden ist;
- eine ausreichende Kenntnis der Vorschriften für die von ihm durchgeführten Prüfungen und eine ausreichende praktische Erfahrung auf diesem Gebiet;
- die erforderliche Eignung für die Abfassung der Bescheinigungen, Protokolle und Berichte, in denen die durchgeführten Prüfungen niedergelegt werden.

5. Die Unabhängigkeit des mit der Prüfung beauftragten Personals ist zu gewährleisten. Die Höhe der Bezüge jedes Prüfers darf sich weder nach der Zahl der von ihm durchgeführten Prüfungen noch nach den Ergebnissen dieser Prüfungen richten.

6. Die Stelle muss eine Haftpflichtversicherung abschließen, es sei denn, diese Haftpflicht wird vom Staat aufgrund nationalen Rechts gedeckt oder die Prüfungen werden unmittelbar von dem Mitgliedstaat durchgeführt.

7. Das Personal der Stelle ist – außer gegenüber den zuständigen Verwaltungsbehörden des Staates, in dem es seine Tätigkeit ausübt, – durch das Berufsgeheimnis in bezug auf alles gebunden, wovon es bei der Durchführung seiner Aufgaben im Rahmen dieser Richtlinie oder jeder anderen innerstaatlichen Rechtsvorschrift, die dieser Richtlinie Wirkung verleiht, Kenntnis erhält.

Anhang XII
CE-Kennzeichnung

Die CE-Kennzeichnung besteht aus den Buchstaben „CE" mit folgendem Schriftbild:

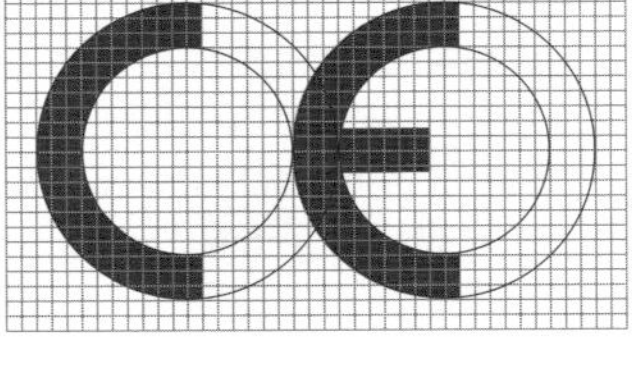

- Bei Verkleinerung oder Vergrößerung der Kennzeichnung müssen die sich aus dem oben abgebildeten Raster ergebenden Proportionen eingehalten werden.
- Die verschiedenen Bestandteile der CE-Kennzeichnung müssen etwa gleich hoch sein: die Mindesthöhe beträgt 5 mm.
- Von der Mindesthöhe kann bei kleinen Produkten abgewichen werden.

Verordnung (EU) 2017/745 des Europäischen Parlaments und des Rates vom 5. April 2017 über Medizinprodukte, zur Änderung der Richtlinie 2001/83/EG, der Verordnung (EG) Nr. 178/2002 und der Verordnung (EG) Nr. 1223/2009 und zur Aufhebung der Richtlinien 90/385/EWG und 93/42/EWG des Rates*)**)

(ABl. L 117 vom 5.5.2017, S. 1)
zuletzt geändert durch die Verordnung (EU) 2020/561
des Europäischen Parlaments und des Rates vom 23. April 2020
(ABl. L 90 vom 25.3.2020, S. 1)

Das Europäische Parlament und der Rat der Europäischen Union –

gestützt auf den Vertrag über die Arbeitsweise der Europäischen Union, insbesondere auf Artikel 114 und Artikel 168 Absatz 4 Buchstabe c,
auf Vorschlag der Europäischen Kommission,
nach Zuleitung des Entwurfs des Gesetzgebungsakts an die nationalen Parlamente,
nach Stellungnahme des Europäischen Wirtschafts- und Sozialausschusses[1]),
nach Anhörung des Ausschusses der Regionen,
gemäß dem ordentlichen Gesetzgebungsverfahren[2]),

in Erwägung nachstehender Gründe:

(1) Der EU-Rechtsrahmen für Medizinprodukte – mit Ausnahme von In-vitro-Diagnostika – besteht aus der Richtlinie 90/385/EWG des Rates[3]) und der Richtlinie 93/42/EWG des Rates[4]). Um einen soliden, transparenten, berechenbaren und nachhaltigen Rechtsrahmen für Medizinprodukte zu schaffen, der ein hohes Niveau an Sicherheit und Gesundheitsschutz

[1]) Stellungnahme vom 14. Februar 2013 (ABl. C 133 vom 9.5.2013, S. 52).

[2]) Standpunkt des Europäischen Parlaments vom 2. April 2014 (noch nicht im Amtsblatt veröffentlicht) und Standpunkt des Rates in erster Lesung vom 7. März 2017 (noch nicht im Amtsblatt veröffentlicht).

[3]) Richtlinie 90/385/EWG des Rates vom 20. Juni 1990 zur Angleichung der Rechtsvorschriften der Mitgliedstaaten über aktive implantierbare medizinische Geräte (ABl. L 189 vom 20.7.1990, S. 17).

[4]) Richtlinie 93/42/EWG des Rates vom 14. Juni 1993 über Medizinprodukte (ABl. L 169 vom 12.7.1993, S. 1).

*) Die Verordnung (EU)/2017/745 trat gemäß Artikel 123 Abs. 1 am **25. Mai 2017** in Kraft. Sie gilt gemäß Artikel 123 Abs. 2 ab **26. Mai 2020**; siehe auch Artikel 120 (Übergangsbestimmungen), Artikel 122 (Aufhebung) sowie Artikel 123 Abs. 3 (Inkrafttreten und Geltungsbeginn).

**) Beachtung finden weitere Durchführungsbeschlüsse, siehe S. 574.

gewährleistet, gleichzeitig aber innovationsfördernd wirkt, ist jedoch eine grundlegende Überarbeitung dieser Richtlinien erforderlich.

(2) Ausgehend von einem hohen Gesundheitsschutzniveau für Patienten und Anwender soll mit der vorliegenden Verordnung ein reibungslos funktionierender Binnenmarkt für Medizinprodukte unter Berücksichtigung der in diesem Sektor tätigen kleinen und mittleren Unternehmen sichergestellt werden. Außerdem sind in dieser Verordnung hohe Standards für die Qualität und Sicherheit von Medizinprodukten festgelegt, durch die allgemeine Sicherheitsbedenken hinsichtlich dieser Produkte ausgeräumt werden sollen. Die beiden Ziele werden parallel verfolgt; sie sind untrennbar miteinander verbunden und absolut gleichrangig. Gestützt auf Artikel 114 des Vertrags über die Arbeitsweise der Europäischen Union (AEUV) wird mit dieser Verordnung eine Harmonisierung der Rechtsvorschriften für das Inverkehrbringen und die Inbetriebnahme von Medizinprodukten und ihrem Zubehör auf dem Unionsmarkt vorgenommen, denen dadurch der Grundsatz des freien Warenverkehrs zugute kommen kann. Im Sinne von Artikel 168 Absatz 4 Buchstabe c AEUV werden mit dieser Verordnung hohe Standards für Qualität und Sicherheit der Medizinprodukte festgelegt, indem unter anderem dafür gesorgt wird, dass die im Rahmen klinischer Prüfungen gewonnenen Daten zuverlässig und solide sind und dass die Sicherheit der an klinischen Prüfungen teilnehmenden Prüfungsteilnehmer geschützt wird.

(3) Mit dieser Verordnung sollen nicht die Vorschriften harmonisiert werden, die die weitere Bereitstellung auf dem Markt von bereits in Betrieb genommenen Medizinprodukten, etwa im Zusammenhang mit dem Verkauf gebrauchter Produkte, betreffen.

(4) Zur Verbesserung von Gesundheit und Sicherheit sollten Schlüsselelemente des derzeitigen Regulierungskonzepts, beispielsweise die Beaufsichtigung der Benannten Stellen, die Konformitätsbewertungsverfahren, klinische Prüfungen und klinische Bewertungen, Vigilanz und Marktüberwachung erheblich gestärkt und Bestimmungen zur Gewährleistung von Transparenz und Rückverfolgbarkeit in Bezug auf Medizinprodukte eingeführt werden.

(5) Soweit möglich sollten die auf internationaler Ebene, insbesondere im Rahmen der „Global Harmonization Task Force" (GHTF) und deren Folgeinitiative, des Internationalen Forums der Aufsichtsbehörden für Medizinprodukte (IMDRF – International Medical Devices Regulators Forum), entwickelten Leitlinien für Medizinprodukte berücksichtigt werden, damit die internationale Angleichung der Rechtsvorschriften, die weltweit zu einem hohen Niveau an Sicherheitsschutz und zum einfacheren Handel beiträgt, gefördert wird; dies gilt insbesondere für die Bestimmungen über die einmalige Produktkennung, die grundlegenden Sicherheits- und Leistungsanforderungen, die technische Dokumentation, die Klassifizierungsregeln, die Konformitätsbewertungsverfahren und die klinischen Prüfungen.

(6) Aus historischen Gründen unterliegen aktive implantierbare Medizinprodukte und andere Medizinprodukte zwei verschiedenen Rechtsakten (Richtlinie 90/385/EWG bzw. Richtlinie 93/42/EWG). Zwecks Vereinfachung sollten die beiden Richtlinien, die beide mehrfach geändert wurden, durch einen einzigen Rechtsakt ersetzt werden, der für alle Medizinprodukte außer In-vitro-Diagnostika gilt.

(7) Der Geltungsbereich dieser Verordnung sollte klar vom Geltungsbereich anderer harmonisierender Rechtsvorschriften der Union abgegrenzt werden, die Produkte wie In-vitro-Diagnostika, Arzneimittel, kosmetische Mittel und Lebensmittel betreffen. Die Verordnung (EG) Nr. 178/2002 des Europäischen Parlaments und des Rates[5]) sollte deshalb dahin gehend geändert werden, dass Medizinprodukte von ihrem Geltungsbereich ausgenommen werden.

(8) Es sollte den Mitgliedstaaten überlassen bleiben, im Einzelfall zu entscheiden, ob ein Produkt in den Geltungsbereich dieser Verordnung fällt oder nicht. Um in diesem Zusammenhang einheitliche Einstufungsentscheidungen in allen Mitgliedstaaten, insbesondere in Grenzfällen, sicherzustellen, sollte die Kommission die Möglichkeit haben, nach Anhörung der Koordinierungsgruppe Medizinprodukte aus eigener Initiative oder auf hinreichend begründetes Ersuchen eines Mitgliedstaats im Einzelfall zu entscheiden, ob ein bestimmtes Produkt oder eine bestimmte Kategorie oder Gruppe von Produkten in den Geltungsbereich dieser Verordnung fällt. Bei den Beratungen über den rechtlichen Status von Produkten in Grenzfällen, bei denen es sich auch um Arzneimittel, menschliches Gewebe und Zellen, Biozidprodukte oder Lebensmittel handelt, sorgt die Kommission bei Bedarf dafür, dass die Europäische Arzneimittel-Agentur (EMA), die Europäische Chemikalienagentur und die Europäische Behörde für Lebensmittelsicherheit in angemessenem Umfang gehört werden.

(9) Da es mitunter schwierig ist, zwischen einem Medizinprodukt und einem kosmetischen Produkt zu unterscheiden, sollte die Möglichkeit, eine unionsweit gültige Entscheidung über den rechtlichen Status eines Produkts zu treffen, auch in die Verordnung (EG) Nr. 1223/2009 des Europäischen Parlaments und des Rates[6]) aufgenommen werden.

(10) Produkte, die eine Kombination aus einem Arzneimittel oder Wirkstoff und einem Medizinprodukt sind, werden entweder von dieser Verordnung oder von der Richtlinie 2001/83/EG des Europäischen Parlaments und des Rates[7]) erfasst. Mit diesen beiden Rechtsakten sollte gewährleistet werden, dass es bei den Konsultationen in der Bewertungsphase vor dem Inverkehrbringen und bei dem Austausch von Informationen im Zusammenhang mit Vigilanzaktivitäten, bei denen es um solche kombinierten Produkte geht, ein sinnvolles Zusammenspiel gibt. Im Fall von Arzneimitteln, die ein Medizinprodukt enthalten, sollte im Rahmen des Zulassungsverfahrens für dieses Medizinprodukt in geeigneter Weise bewertet werden, ob das Medizinprodukt den grundlegenden Sicherheits- und Leistungsanforderungen gemäß dieser Verordnung entspricht. Die Richtlinie 2001/83/EG sollte daher geändert werden.

[5]) Verordnung (EG) Nr. 178/2002 des Europäischen Parlaments und des Rates vom 28. Januar 2002 zur Festlegung der allgemeinen Grundsätze und Anforderungen des Lebensmittelrechts, zur Errichtung der Europäischen Behörde für Lebensmittelsicherheit und zur Festlegung von Verfahren zur Lebensmittelsicherheit (ABl. L 31 vom 1.2.2002, S. 1).

[6]) Verordnung (EG) Nr. 1223/2009 des Europäischen Parlaments und des Rates vom 30. November 2009 über kosmetische Mittel (ABl. L 342 vom 22.12.2009, S. 59).

[7]) Richtlinie 2001/83/EG des Europäischen Parlaments und des Rates vom 6. November 2001 zur Schaffung eines Gemeinschaftskodexes für Humanarzneimittel (ABl. L 311 vom 28.11.2001, S. 67).

(11) Das Unionsrecht – insbesondere die Verordnung (EG) Nr. 1394/2007 des Europäischen Parlaments und des Rates[8]) und die Richtlinie 2004/23/EG des Europäischen Parlaments und des Rates[9]) – weist Lücken im Hinblick auf bestimmte Produkte auf, die aus Derivaten von Geweben oder Zellen menschlichen Ursprungs hergestellt sind, die nicht lebensfähig sind oder abgetötet wurden. Diese Produkte sollten in den Geltungsbereich der vorliegenden Verordnung fallen, sofern sie der Begriffsbestimmung für Medizinprodukte entsprechen oder von dieser Verordnung erfasst werden.

(12) Bestimmte Produktgruppen, die einem Hersteller zufolge lediglich eine kosmetische oder sonstige nicht-medizinische Zweckbestimmung haben, die aber hinsichtlich ihrer Funktionsweise und Risikoprofile Medizinprodukten ähneln, sollten von der vorliegenden Verordnung erfasst werden. Damit die Hersteller die Konformität dieser Produkte nachweisen können, sollte die Kommission GS mindestens für das Risikomanagement und erforderlichenfalls die klinische Bewertung der Sicherheit festlegen. Diese GS sollten speziell für Produktgruppen ohne medizinische Zweckbestimmung ausgearbeitet werden; sie sollten nicht für die Konformitätsbewertung analoger Produkte mit medizinischer Zweckbestimmung verwendet werden. Produkte mit medizinischer und nicht-medizinischer Zweckbestimmung sollten die Anforderungen an Produkte mit medizinischer Zweckbestimmung und Produkte ohne medizinische Zweckbestimmung erfüllen.

(13) Da Produkte, die lebensfähige Gewebe oder Zellen menschlichen oder tierischen Ursprungs enthalten, ausdrücklich vom Geltungsbereich der Richtlinien 90/385/EWG und 93/42/EWG und somit auch der vorliegenden Verordnung ausgenommen sind, sollte verdeutlicht werden, dass auch Produkte, die aus lebensfähigen biologischen Substanzen oder lebensfähigen Organismen hergestellt werden, um die Zweckbestimmung der Produkte zu erreichen oder zu unterstützen, nicht in den Geltungsbereich der vorliegenden Verordnung fallen.

(14) Die Anforderungen im Sinne der Richtlinie 2002/98/EG des Europäischen Parlaments und des Rates[10]) sollten weiterhin gelten.

(15) Risiken und Nutzen der Verwendung von Nanomaterialien in Produkten sind nicht wissenschaftlich geklärt. Um ein hohes Gesundheitsschutzniveau, den freien Warenverkehr

[8]) Verordnung (EG) Nr. 1394/2007 des Europäischen Parlaments und des Rates vom 13. November 2007 über Arzneimittel für neuartige Therapien und zur Änderung der Richtlinie 2001/83/EG und der Verordnung (EG) Nr. 726/2004 (ABl. L 324 vom 10.12.2007, S. 121).

[9]) Richtlinie 2004/23/EG des Europäischen Parlaments und des Rates vom 31. März 2004 zur Festlegung von Qualitäts- und Sicherheitsstandards für die Spende, Beschaffung, Testung, Verarbeitung, Konservierung, Lagerung und Verteilung von menschlichen Geweben und Zellen (ABl. L 102 vom 7.4.2004, S. 48).

[10]) Richtlinie 2002/98/EG des Europäischen Parlaments und des Rates vom 27. Januar 2003 zur Festlegung von Qualitäts- und Sicherheitsstandards für die Gewinnung, Testung, Verarbeitung, Lagerung und Verteilung von menschlichem Blut und Blutbestandteilen (ABl. L 33 vom 8.2.2003, S. 30).

und Rechtssicherheit für die Hersteller zu gewährleisten, sollte auf der Grundlage der Empfehlung 2011/696/EU der Kommission[11]) eine einheitliche Definition für Nanomaterialien eingeführt werden, die jedoch ausreichend flexibel gestaltet sein sollte, sodass sie an den wissenschaftlichen und technischen Fortschritt sowie an zukünftige rechtliche Entwicklungen auf Unions- und internationaler Ebene angepasst werden kann. Verwenden Hersteller Nanopartikel, bei denen ein hohes oder mittleres Potenzial für interne Exposition besteht, so sollten sie bei Auslegung und Herstellung der betreffenden Produkte besondere Vorsicht walten lassen. Diese Produkte sollten den strengstmöglichen Konformitätsbewertungsverfahren unterzogen werden. Bei der Ausarbeitung von Durchführungsrechtsakten, mit denen die praktische und einheitliche Anwendung der in dieser Verordnung festgelegten entsprechenden Anforderungen geregelt wird, sollten die einschlägigen wissenschaftlichen Gutachten der zuständigen wissenschaftlichen Ausschüsse berücksichtigt werden.

(16) Die in der Richtlinie 2014/30/EU des Europäischen Parlaments und des Rates[12]) behandelten Sicherheitsaspekte sind integraler Bestandteil der grundlegenden Sicherheits- und Leistungsanforderungen für Produkte gemäß dieser Verordnung. Daher sollte die vorliegende Verordnung im Verhältnis zu der genannten Richtlinie eine Lex Specialis darstellen.

(17) Die vorliegende Verordnung sollte Anforderungen an Auslegung und Herstellung von Produkten, die ionisierende Strahlung abgeben, enthalten, unbeschadet der Anwendung der Richtlinie 2013/59/Euratom des Rates[13]), mit der andere Ziele verfolgt werden.

(18) Diese Verordnung sollte Anforderungen an die Auslegungs-, Sicherheits- und Leistungsmerkmale von Produkten enthalten, die so entwickelt werden, dass berufsbedingte Verletzungen verhindert werden, wozu auch der Strahlenschutz gehört.

(19) Es muss eindeutig festgelegt werden, dass Software als solche, wenn sie vom Hersteller speziell für einen oder mehrere der in der Definition von Medizinprodukten genannten medizinischen Zwecke bestimmt ist, als Medizinprodukt gilt, während Software für allgemeine Zwecke, auch wenn sie in Einrichtungen des Gesundheitswesens eingesetzt wird, sowie Software, die für Zwecke in den Bereichen Lebensstil und Wohlbefinden eingesetzt wird, kein Medizinprodukt ist. Die Einstufung der Software entweder als Produkt oder als Zubehör ist unabhängig vom Ort der Software und von der Art der Verbindung zwischen der Software und einem Produkt.

[11]) Empfehlung 2002/98/EG der Kommission vom 18. Oktober 2011 zur Definition von Nanomaterialien (ABl. L 275 vom 20.10.2011, S. 38).

[12]) Richtlinie 2014/30/EU des Europäischen Parlaments und des Rates vom 26. Februar 2014 zur Harmonisierung der Rechtsvorschriften der Mitgliedstaaten über die elektromagnetische Verträglichkeit (ABl. L 96 vom 29.3.2014, S. 79).

[13]) Richtlinie 2013/59/Euratom des Rates vom 5. Dezember 2013 zur Festlegung grundlegender Sicherheitsnormen für den Schutz vor den Gefahren einer Exposition gegenüber ionisierender Strahlung und zur Aufhebung der Richtlinien 89/618/Euratom, 90/641/Euratom, 96/29/Euratom, 97/43/Euratom und 2003/122/Euratom (ABl. L 13 vom 17.1.2014, S. 1).

(20) Im Interesse einer höheren Rechtssicherheit sollten die in dieser Verordnung enthaltenen Begriffsbestimmungen in Bezug auf die Medizinprodukte als solche, ihre Bereitstellung, die Wirtschaftsakteure, die Anwender und die konkreten Verfahren, die Konformitätsbewertung, die klinischen Prüfungen und die klinischen Bewertungen, die Überwachung nach dem Inverkehrbringen, die Vigilanz und die Marktüberwachung sowie die Normen und andere technische Spezifikationen mit der in diesem Bereich etablierten Praxis auf Unions- und internationaler Ebene in Einklang gebracht werden.

(21) Es sollte ausdrücklich darauf hingewiesen werden, dass es von grundlegender Bedeutung ist, dass Medizinprodukte, die Personen in der Union über Dienste der Informationsgesellschaft im Sinne der Richtlinie (EU) 2015/1535 des Europäischen Parlaments und des Rates[14]) angeboten werden, und Medizinprodukte, die im Rahmen einer Geschäftstätigkeit dazu verwendet werden, diagnostische oder therapeutische Dienstleistungen für Personen in der Union zu erbringen, den Anforderungen der vorliegenden Verordnung genügen, wenn das betreffende Produkt in der Union in Verkehr gebracht oder die Dienstleistung in der Union erbracht wird.

(22) Angesichts der wichtigen Rolle, die der Normung im Bereich der Medizinprodukte zukommt, sollten die Hersteller die Konformität mit den in dieser Verordnung festgelegten grundlegenden Sicherheits-, Leistungs- und sonstigen rechtlichen Anforderungen, beispielsweise an Qualitäts- und Risikomanagement, durch Einhaltung der harmonisierten Normen gemäß der Verordnung (EU) Nr. 1025/2012 des Europäischen Parlaments und des Rates[15]) nachweisen können.

(23) Gemäß der Richtlinie 98/79/EG des Europäischen Parlaments und des Rates[16]) ist die Kommission zum Erlass gemeinsamer technischer Spezifikationen für bestimmte Kategorien von In-vitro-Diagnostika befugt. In Bereichen, in denen es keine harmonisierten Normen gibt oder diese unzureichend sind, sollte die Kommission die Befugnis erhalten, GS festzulegen, die eine Erfüllung der in dieser Verordnung festgelegten grundlegenden Sicherheits- und Leistungsanforderungen und der in dieser Verordnung festgelegten Anforderungen an klinische Prüfungen und an die klinische Bewertung und/oder die klinische Nachbeobachtung nach dem Inverkehrbringen erlauben.

[14]) Richtlinie (EU) 2015/1535 des Europäischen Parlaments und des Rates vom 9. September 2015 über ein Informationsverfahren auf dem Gebiet der technischen Vorschriften und der Vorschriften für die Dienste der Informationsgesellschaft (ABl. L 241 vom 17.9.2015, S. 1).

[15]) Verordnung (EU) Nr. 1025/2012 des Europäischen Parlaments und des Rates vom 25. Oktober 2012 zur europäischen Normung, zur Änderung der Richtlinien 89/686/EWG und 93/15/EWG des Rates sowie der Richtlinien 94/9/EG, 94/25/EG, 95/16/EG, 97/23/EG, 98/34/EG, 2004/22/EG, 2007/23/EG, 2009/23/EG und 2009/105/EG des Europäischen Parlaments und des Rates und zur Aufhebung des Beschlusses 87/95/EWG des Rates und des Beschlusses Nr. 1673/2006/EG des Europäischen Parlaments und des Rates (ABl. L 316 vom 14.11.2012, S. 12).

[16]) Richtlinie 98/79/EG des Europäischen Parlaments und des Rates vom 27. Oktober 1998 über In-vitro-Diagnostika (ABl. L 331 vom 7.12.1998, S. 1).

(24) Die GS sollten nach Anhörung der einschlägigen Interessenträger und unter Berücksichtigung der europäischen und internationalen Standards ausgearbeitet werden.

(25) Die Vorschriften über Produkte sollten gegebenenfalls an den Neuen Rechtsrahmen für die Vermarktung von Produkten, der die Verordnung (EG) Nr. 765/2008 des Europäischen Parlaments und des Rates[17]) und den Beschluss Nr. 768/2008/EG des Europäischen Parlaments und des Rates[18]) umfasst, angeglichen werden.

(26) Für die von dieser Verordnung erfassten Produkte gelten die in der Verordnung (EG) Nr. 765/2008 festgelegten Vorschriften für die Überwachung des Unionsmarkts und die Kontrolle der in die Union eingeführten Produkte; dies hindert die Mitgliedstaaten nicht daran, die für die Durchführung dieser Tätigkeiten zuständigen Behörden auszuwählen.

(27) Die allgemeinen Verpflichtungen der verschiedenen Wirtschaftsakteure, einschließlich Importeure und Händler, sollten unbeschadet der besonderen, in den verschiedenen Teilen der vorliegenden Verordnung niedergelegten Verpflichtungen auf Basis des Neuen Rechtsrahmens für die Vermarktung von Produkten klar festgelegt werden, damit die jeweiligen Wirtschaftsakteure ihre in dieser Verordnung festgelegten Verpflichtungen besser verstehen und somit die Regulierungsvorschriften auch besser einhalten können.

(28) Für die Zwecke dieser Verordnung sollten mit den Tätigkeiten von Händlern der Erwerb, der Besitz und die Lieferung von Produkten gemeint sein.

(29) Verschiedene Auflagen für die Hersteller, wie klinische Bewertung und Vigilanzberichterstattung, die bislang in den Anhängen der Richtlinien 90/385/EWG und 93/42/EWG zu finden waren, sollten in den verfügenden Teil dieser Verordnung aufgenommen werden, um deren Anwendung zu erleichtern.

(30) Gesundheitseinrichtungen sollten die Möglichkeit haben, Produkte hausintern herzustellen, zu ändern und zu verwenden, und damit – in einem nicht-industriellen Maßstab – auf die spezifischen Bedürfnisse von Patientenzielgruppen eingehen, die auf dem angezeigten Leistungsniveau nicht durch ein gleichartiges auf dem Markt verfügbares Produkt befriedigt werden können. In diesem Zusammenhang sollte vorgesehen werden, dass bestimmte Vorschriften dieser Verordnung über Medizinprodukte, die ausschließlich in Gesundheitseinrichtungen hergestellt und verwendet werden, einschließlich Krankenhäusern und Einrichtungen wie Laboratorien und öffentliche Gesundheitseinrichtungen, die zwar das Gesundheitssystem unterstützen und/oder auf die Bedürfnisse von Patienten eingehen, mit denen

[17]) Verordnung (EG) Nr. 765/2008 des Europäischen Parlaments und des Rates vom 9. Juli 2008 über die Vorschriften für die Akkreditierung und Marktüberwachung im Zusammenhang mit der Vermarktung von Produkten und zur Aufhebung der Verordnung (EWG) Nr. 339/93 des Rates (ABl. L 218 vom 13.8.2008, S.30).

[18]) Beschluss Nr. 768/2008/EG des Europäischen Parlaments und des Rates vom 9. Juli 2008 über einen gemeinsamen Rechtsrahmen für die Vermarktung von Produkten und zur Aufhebung des Beschlusses 93/465/EWG des Rates (ABl. L 218 vom 13.8.2008, S.82).

Patienten jedoch nicht unmittelbar behandelt oder betreut werden, nicht gelten sollten, weil die Ziele dieser Verordnung dennoch in angemessener Weise erreicht werden. Es sei darauf hingewiesen, dass der Begriff „Gesundheitseinrichtung“ nicht Einrichtungen erfasst, die für sich in Anspruch nehmen, in erster Linie die gesundheitlichen Interessen oder eine gesunde Lebensführung zu fördern, wie etwa Fitnessstudios, Heilbäder und Wellnesszentren. Die Ausnahmeregelungen für diese Gesundheitseinrichtungen gelten daher nicht für diese Einrichtungen.

(31) Da natürliche oder juristische Personen bei Schäden, die durch ein fehlerhaftes Produkt verursacht wurden, Anspruch auf Schadensersatz gemäß dem geltenden Unionsrecht und dem geltenden nationalen Recht geltend machen können, sollten Hersteller dazu verpflichtet werden, Maßnahmen festzulegen, um eine ausreichende finanzielle Deckung ihrer potenziellen Haftung gemäß der Richtlinie 85/374/EWG des Rates[19]) zu gewährleisten. Diese Maßnahmen sollten in einem angemessenen Verhältnis zur Risikoklasse, Art des Produkts und Unternehmensgröße stehen. In diesem Zusammenhang sollten zudem Vorschriften festgelegt werden, die es einer zuständigen Behörde ermöglichen, die Bereitstellung von Informationen an Personen, die durch ein fehlerhaftes Produkt verletzt worden sein könnten, zu erleichtern.

(32) Um sicherzustellen, dass serienmäßig hergestellte Produkte den Anforderungen dieser Verordnung jederzeit entsprechen und dass die Erfahrungen, die im Zuge der Verwendung der hergestellten Produkte gesammelt werden, in das Herstellungsverfahren einfließen, sollten alle Hersteller über ein Qualitätsmanagementsystem und ein System zur Überwachung nach dem Inverkehrbringen verfügen, das der Risikoklasse und der Art des betreffenden Produkts angepasst sein sollte. Zur Minimierung des Risikos bzw. um Vorkommnisse im Zusammenhang mit Produkten zu verhindern, sollten die Hersteller des Weiteren ein Risikomanagementsystem und ein System für die Meldung von Vorkommnissen und Sicherheitskorrekturmaßnahmen im Feld einrichten.

(33) Das Risikomanagementsystem sollte sorgfältig mit der klinischen Bewertung des Produkts abgestimmt und darin berücksichtigt werden, was auch für die klinischen Risiken gilt, denen im Rahmen der klinischen Prüfungen, der klinischen Bewertung und der klinischen Nachbeobachtung nach dem Inverkehrbringen nachzugehen ist. Das Risikomanagement und die Verfahren der klinischen Bewertung sollten miteinander verknüpft sein und regelmäßig aktualisiert werden.

(34) Die Überwachung und Kontrolle der Herstellung von Produkten, ihre Überwachung nach dem Inverkehrbringen und die mit ihnen verbundenen Vigilanzaktivitäten sollten durch eine der Organisation des Herstellers angehörende, für die Einhaltung der Regulie-

[19]) Richtlinie 85/374/EWG des Rates vom 25. Juli 1985 zur Angleichung der Rechts- und Verwaltungsvorschriften der Mitgliedstaaten über die Haftung für fehlerhafte Produkte (ABl. L 210 vom 7.8.1985, S. 29).

rungsvorschriften verantwortliche Person erfolgen, die über bestimmte Mindestqualifikationen verfügt.

(35) Für nicht in der Union niedergelassene Hersteller spielt der Bevollmächtigte eine entscheidende Rolle bei der Gewährleistung der Konformität der von den betreffenden Herstellern hergestellten Produkte und in seiner Funktion als deren in der Union niedergelassener Ansprechpartner. Angesichts dieser maßgeblichen Rolle sollte für die Zwecke der Durchsetzung der Bevollmächtigte für fehlerhafte Produkte rechtlich haftbar gemacht werden, wenn der außerhalb der Union niedergelassene Hersteller seinen allgemeinen Verpflichtungen nicht nachgekommen ist. Die Haftbarkeit des Bevollmächtigten gemäß dieser Verordnung gilt unbeschadet der Bestimmungen der Richtlinie 85/374/EWG, sodass der Bevollmächtigte zusammen mit dem Importeur und dem Hersteller als Gesamtschuldner haftbar sein sollte. Die Aufgaben des Bevollmächtigten sollten in einem schriftlichen Mandat fixiert werden. Angesichts der Rolle des Bevollmächtigten sollten die von ihm zu erfüllenden Mindestanforderungen klar definiert sein; so muss ihm unter anderem eine Person zur Verfügung stehen, die ähnliche Mindestqualifikationsanforderungen erfüllt wie die für den Hersteller tätige, für die Einhaltung der Regulierungsvorschriften verantwortliche Person.

(36) Um Rechtssicherheit hinsichtlich der den jeweiligen Wirtschaftsakteuren obliegenden Pflichten zu schaffen, ist es erforderlich festzulegen, wann ein Händler, Importeur oder eine andere Person als Hersteller eines Produkts gilt.

(37) Der parallele Handel mit bereits in Verkehr befindlichen Produkten ist gemäß Artikel 34 AEUV eine legale Handelsform im Binnenmarkt, die lediglich den Beschränkungen unterliegt, die sich aus der Notwendigkeit des Gesundheitsschutzes und der Sicherheit sowie des Schutzes des geistigen Eigentums gemäß Artikel 36 AEUV ergeben. Die Anwendung des Grundsatzes des parallelen Handels unterliegt jedoch den unterschiedlichen Auslegungen der Mitgliedstaaten. Die diesbezüglichen Voraussetzungen, insbesondere für das Umpacken und die Neukennzeichnung, sollten daher unter Berücksichtigung der Rechtsprechung des Gerichtshofs[20]) in anderen einschlägigen Sektoren und existierender bewährter Verfahren für Medizinprodukte in dieser Verordnung festgelegt werden.

(38) Die Aufbereitung und Weiterverwendung von Einmalprodukten sollte nur dann zulässig sein, wenn sie nach nationalem Recht gestattet ist und die in dieser Verordnung festgelegten Anforderungen erfüllt werden. Der Aufbereiter eines Einmalprodukts sollte als Hersteller des aufbereiteten Produkts gelten und allen Pflichten, die Herstellern gemäß dieser Verordnung obliegen, unterworfen sein. Dennoch sollten die Mitgliedstaaten beschließen können, dass die Verpflichtungen in Bezug auf die Aufbereitung und Wiederverwendung von Einmalprodukten innerhalb einer Gesundheitseinrichtung oder durch einen von ihr beauftragten externen Aufbereiter sich von den in dieser Verordnung genannten

[20]) Urteil vom 28. Juli 2011 in den verbundenen Rechtssachen Orifarm und Paranova C-400/09 und C-207/10, ECLI:EU:C:2011:519.

Herstellerpflichten unterscheiden dürfen. Grundsätzlich sollte eine solche Unterscheidung nur dann zulässig sein, wenn bei der Aufbereitung und Wiederverwendung von Einmalprodukten innerhalb einer Gesundheitseinrichtung oder durch einen externen Aufbereiter die festgelegten GS bzw. – sofern keine solchen festgelegt wurden – die einschlägigen harmonisierten Normen und nationalen Vorschriften eingehalten werden. Bei der Aufbereitung solcher Produkte sollte ein gleichwertiges Sicherheits- und Leistungsniveau wie bei den entsprechenden ursprünglichen Einmalprodukten gewährleistet sein.

(39) Patienten, denen ein Produkt implantiert wird, sollten verständliche und leicht zugängliche Hintergrundinformationen erhalten, mit denen das implantierte Produkt identifiziert werden kann, sowie sonstige einschlägige Angaben zu dem Produkt, einschließlich aller erforderlichen Warnungen über gesundheitliche Risiken oder eventuell zu treffende Vorsichtsmaßnahmen, z. B. den Hinweis auf mögliche Inkompatibilitäten mit bestimmten Diagnostika oder mit Sicherheitsscannern.

(40) Produkte sollten grundsätzlich mit der CE-Kennzeichnung versehen sein, aus der ihre Übereinstimmung mit dieser Verordnung hervorgeht und die Voraussetzung für ihren freien Verkehr in der Union und ihre bestimmungsgemäße Inbetriebnahme ist. Die Mitgliedstaaten sollten keine Hindernisse für das Inverkehrbringen und die Inbetriebnahme von Produkten schaffen, die die in dieser Verordnung festgelegten Anforderungen erfüllen. Eine Einschränkung der Verwendung spezifischer Produkte im Zusammenhang mit Aspekten, die nicht unter diese Verordnung fallen, sollte jedoch ins Ermessen der Mitgliedstaaten gestellt werden.

(41) Die Rückverfolgbarkeit von Produkten anhand eines Systems der einmaligen Produktkennung (im Folgenden „UDI-System" – Unique Device Identification system), das auf internationalen Leitlinien beruht, sollte die Effektivität sicherheitsrelevanter Aktivitäten für Produkte nach dem Inverkehrbringen deutlich verbessern, was auf eine bessere Berichterstattung bei Vorkommnissen, gezielte Sicherheitskorrekturmaßnahmen im Feld und eine bessere Überwachung durch die zuständigen Behörden zurückzuführen ist. Das System könnte auch dazu beitragen, ärztliche Kunstfehler zu reduzieren und Produktfälschungen zu bekämpfen. Die Verwendung des UDI-Systems sollte außerdem die Beschaffungspolitik, Abfallbeseitigung und Lagerverwaltung von Gesundheitseinrichtungen und anderen Wirtschaftsakteuren verbessern und möglichst mit anderen, in diesem Rahmen bereits vorhandenen Authentifizierungssystemen vereinbar sein.

(42) Das UDI-System sollte für alle in Verkehr gebrachten Produkte mit Ausnahme von Sonderanfertigungen gelten und auf international anerkannten Grundsätzen einschließlich Begriffsbestimmungen basieren, die mit den von den wichtigsten Handelspartnern verwendeten kompatibel sind. Damit das UDI-System rechtzeitig für die Anwendung dieser Verordnung einsatzbereit ist, sollten in dieser Verordnung detaillierte Vorschriften festgelegt werden.

(43) Transparenz und angemessener Zugang zu Informationen, die für den vorgesehenen Anwender entsprechend aufbereitet sind, sind im öffentlichen Interesse unerlässlich, um die öffentliche Gesundheit zu schützen, die Rolle der Patienten und Angehörigen der Gesund-

heitsberufe zu stärken und ihnen sachkundige Entscheidungen zu ermöglichen, ein solides Fundament für gesetzgeberische Entscheidungen zu schaffen und Vertrauen in das Rechtssystem aufzubauen.

(44) Ein wichtiger Aspekt bei der Verwirklichung der Ziele dieser Verordnung ist die Einrichtung einer Europäischen Datenbank für Medizinprodukte (Eudamed), in die verschiedene elektronische Systeme integriert werden können und in der Informationen zu auf dem Markt befindlichen Produkten und den relevanten Wirtschaftsakteuren, bestimmten Aspekten der Konformitätsbewertung, Benannten Stellen, Bescheinigungen, klinischen Prüfungen, Vigilanz und Marktüberwachung gesammelt und verarbeitet werden. Mit der Datenbank sollte die Transparenz u.a. durch besseren Zugang zu Informationen für die Öffentlichkeit und Angehörige der Gesundheitsberufe allgemein erhöht, die Pflicht zur Mehrfachberichterstattung vermieden, die Koordination der Mitgliedstaaten untereinander verbessert und der Informationsfluss zwischen den Wirtschaftsakteuren, den Benannten Stellen oder Sponsoren und den Mitgliedstaaten sowie den Mitgliedstaaten untereinander und der Kommission erleichtert und effizienter gestaltet werden. Im Binnenmarkt kann dies wirksam nur auf Unionsebene erreicht werden; daher sollte die Kommission die mit dem Beschluss 2010/227/EU der Kommission[21]) eingerichtete Europäische Datenbank für Medizinprodukte weiterentwickeln und betreiben.

(45) Um den Betrieb von Eudamed zu erleichtern, sollte den Herstellern und anderen natürlichen oder juristischen Personen, die gemäß dieser Verordnung eine international anerkannte Nomenklatur für Medizinprodukte verwenden müssen, eine solche Nomenklatur kostenlos zur Verfügung gestellt werden. Des Weiteren sollte diese Nomenklatur auch anderen Akteuren – soweit nach vernünftigem Ermessen durchführbar – kostenlos zur Verfügung stehen.

(46) Mithilfe der elektronischen Eudamed-Systeme für auf dem Markt befindliche Produkte, beteiligte Wirtschaftsakteure und Bescheinigungen sollte die Öffentlichkeit Zugang zu allen erforderlichen Informationen über die auf dem Unionsmarkt befindlichen Produkte erhalten. Das elektronische System für klinische Prüfungen sollte als Kooperationsinstrument der Mitgliedstaaten dienen, in dem Sponsoren, sofern sie dies wünschen, einen einzigen Antrag an mehrere Mitgliedstaaten einreichen und schwerwiegende unerwünschte Ereignisse, Produktmängel und diesbezügliche Aktualisierungen melden können. Das elektronische System für die Vigilanz sollte den Herstellern die Möglichkeit geben, schwerwiegende Vorkommnisse und andere meldepflichtige Ereignisse zu melden und die Koordinierung der Bewertung dieser Vorkommnisse und Ereignisse durch die zuständigen Behörden zu unterstützen. Das elektronische System für die Marktüberwachung sollte dem Informationsaustausch zwischen den zuständigen Behörden dienen.

[21]) Beschluss 2010/227/EU der Kommission vom 19. April 2010 über die Europäische Datenbank für Medizinprodukte (ABl. L 102 vom 23.4.2010, S. 45).

(47) Was die Datenerfassung und -verarbeitung im Rahmen der elektronischen Eudamed-Systeme angeht, so unterliegt die Verarbeitung personenbezogener Daten durch die Mitgliedstaaten, die unter der Aufsicht der zuständigen Behörden der Mitgliedstaaten und insbesondere der von den Mitgliedstaaten benannten unabhängigen öffentlichen Stellen erfolgt, der Richtlinie 95/46/EG des Europäischen Parlaments und des Rates[22]). Die Verarbeitung personenbezogener Daten, die im Rahmen dieser Verordnung bei der Kommission unter der Aufsicht des Europäischen Datenschutzbeauftragten erfolgt, unterliegt der Verordnung (EG) Nr. 45/2001 des Europäischen Parlaments und des Rates[23]). Gemäß der Verordnung (EG) Nr. 45/2001 sollte die Kommission für die Datenverarbeitung im Rahmen von Eudamed und den dazugehörigen elektronischen Systemen verantwortlich sein.

(48) Für implantierbare Produkte und Produkte der Klasse III sollten die Hersteller die wichtigsten Sicherheits- und Leistungsaspekte des Produkts sowie das Ergebnis der klinischen Bewertung in einem öffentlich zugänglichen Dokument zusammenfassen.

(49) Der Kurzbericht über Sicherheit und klinische Leistung für ein Produkt sollte insbesondere die Stellung des Produkts im Kontext der diagnostischen bzw. therapeutischen Optionen unter Berücksichtigung der klinischen Bewertung dieses Produkts im Vergleich zu den diagnostischen bzw. therapeutischen Alternativen sowie die konkreten Bedingungen, unter denen dieses Produkt und seine Alternativen in Betracht gezogen werden können, beinhalten.

(50) Die korrekte Arbeitsweise der Benannten Stellen ist ausgesprochen wichtig, um ein hohes Sicherheits- und Gesundheitsschutzniveau sowie das Vertrauen der Bürger in das System zu gewährleisten. Die Benennung und Überwachung der Benannten Stellen durch die Mitgliedstaaten nach genauen und strengen Kriterien sollte daher auf Unionsebene kontrolliert werden.

(51) Die von der Benannten Stelle vorgenommenen Bewertungen der technischen Dokumentation des Herstellers, insbesondere die Dokumentation der klinischen Bewertung, sollten von der für Benannte Stellen zuständigen Behörde kritisch begutachtet werden. Diese Begutachtung sollte Teil des risikobasierten Ansatzes für die Beaufsichtigung und Überwachung der Tätigkeiten benannter Stellen sein und auf der Grundlage von Stichproben der einschlägigen Dokumentation erfolgen.

(52) Die Position der Benannten Stellen gegenüber den Herstellern sollte gestärkt werden, auch in Bezug auf ihr Recht bzw. ihre Verpflichtung, unangekündigte Vor-Ort-Audits sowie

[22]) Richtlinie 95/46/EG des Europäischen Parlaments und des Rates vom 24. Oktober 1995 zum Schutz natürlicher Personen bei der Verarbeitung personenbezogener Daten und zum freien Datenverkehr (ABl. L 281 vom 23.11.1995, S. 31).

[23]) Verordnung (EG) Nr. 45/2001 des Europäischen Parlaments und des Rates vom 18. Dezember 2000 zum Schutz natürlicher Personen bei der Verarbeitung personenbezogener Daten durch die Organe und Einrichtungen der Gemeinschaft und zum freien Datenverkehr (ABl. L 8 vom 12.1.2001, S. 1).

physische Kontrollen oder Laboruntersuchungen an Produkten durchzuführen, um sicherzustellen, dass die Hersteller auch nach der ursprünglichen Zertifizierung die Vorschriften jederzeit einhalten.

(53) Um die Transparenz bei der Beaufsichtigung der Benannten Stellen durch die nationalen Behörden zu erhöhen, sollten die für die Benannten Stellen zuständigen Behörden Informationen über die nationale Maßnahmen für die Bewertung, Benennung und Überwachung der Benannten Stellen veröffentlichen. Diese Informationen sollten gemäß guter Verwaltungspraxis von diesen Behörden auf dem neuesten Stand gehalten werden, um insbesondere relevanten wesentlichen oder substanziellen Änderungen bei den betreffenden Verfahren Rechnung zu tragen.

(54) Der Mitgliedstaat, in dem eine Benannte Stelle ansässig ist, sollte für die Durchsetzung der Anforderungen dieser Verordnung in Bezug auf diese Benannte Stelle verantwortlich sein.

(55) Insbesondere mit Blick auf ihre Verantwortung für die Organisation des Gesundheitswesens und die medizinische Versorgung sollten die Mitgliedstaaten die Möglichkeit haben, für die in dieser Verordnung nicht geregelten Fragen zusätzliche Anforderungen an für die Konformitätsbewertung von Produkten benannte und in ihrem Hoheitsgebiet ansässige Stellen festzulegen. Diese zusätzlichen Anforderungen sollten spezifischere horizontale Rechtsvorschriften der Union für Benannte Stellen und die Gleichbehandlung der Benannten Stellen unberührt lassen.

(56) Bei implantierbaren Produkten der Klasse III und aktiven Produkten der Klasse IIb, die dazu bestimmt sind, ein Arzneimittel an den Körper abzugeben und/oder aus dem Körper zu entfernen, sollten Benannte Stellen – außer in bestimmten Fällen – verpflichtet sein, Expertengremien zu beauftragen, ihre Berichte über die Begutachtung der klinischen Bewertung zu kontrollieren. Die zuständigen Behörden sollten über Produkte informiert werden, für die nach einem Konformitätsbewertungsverfahren unter Beteiligung eines Expertengremiums eine Bescheinigung ausgestellt wurde. Die Konsultation von Expertengremien im Zusammenhang mit der klinischen Bewertung sollte zu einer harmonisierten Bewertung von Medizinprodukten mit hohem Risiko führen, indem Fachwissen über klinische Aspekte ausgetauscht wird und GS für Produktkategorien ausgearbeitet werden, die diesem Konsultationsverfahren unterzogen wurden.

(57) Bei Produkten der Klasse III und bestimmten Produkten der Klasse IIb sollte der Hersteller die Möglichkeit haben, vor der klinischen Bewertung und/oder Prüfung freiwillig ein Expertengremium zu seiner Strategie für die klinische Entwicklung und zu Vorschlägen für klinische Prüfungen zu konsultieren.

(58) Vor allem für die Zwecke der Konformitätsbewertungsverfahren ist es erforderlich, die Unterteilung der Produkte in vier Klassen beizubehalten, die auch der internationalen Praxis entspricht. Die Bestimmungen über die Einstufung, die auf der Verletzlichkeit des menschlichen Körpers beruhen, sollten die mit der technischen Auslegung und der Herstel-

lung potenziell verbundenen Risiken berücksichtigen. Um zu gewährleisten, dass ein der Richtlinie 90/385/EWG gleichwertiges Sicherheitsniveau beibehalten wird, sollten aktive implantierbare Produkte in die höchste Risikoklasse eingestuft werden.

(59) Die für invasive Produkte im Rahmen der alten Regelung angewandten Vorschriften tragen dem Grad der Invasivität und der potenziellen Toxizität bestimmter Produkte, die in den menschlichen Körper eingeführt werden, nicht ausreichend Rechnung. Um eine geeignete risikobasierte Klassifizierung von Produkten zu erhalten, die aus Stoffen oder Kombinationen von Stoffen bestehen, die vom menschlichen Körper aufgenommen oder lokal im Körper verteilt werden, müssen spezifische Klassifizierungsregeln für diese Produkte eingeführt werden. Die Klassifizierungsregeln sollten der Stelle, an der das Produkt seine Wirkung im oder am menschlichen Körper ausübt oder an der es eingeführt oder angewandt wird, Rechnung tragen und berücksichtigen, ob eine systemische Resorption der Wirkstoffe, aus denen das Produkt zusammengesetzt ist, oder der Produkte des Metabolismus dieser Wirkstoffe im menschlichen Körper erfolgt.

(60) Das Konformitätsbewertungsverfahren für Produkte der Klasse I sollte generell in der alleinigen Verantwortung der Hersteller erfolgen, da das Verletzungsrisiko bei diesen Produkten gering ist. Bei Produkten der Klassen IIa, IIb und III sollte ein geeignetes Maß an Mitwirkung einer Benannten Stelle obligatorisch sein.

(61) Die Konformitätsbewertungsverfahren für Produkte sollten weiter gestrafft und optimiert und die Anforderungen an die Benannten Stellen bei der Durchführung der Bewertungen genau festgelegt werden, damit für alle die gleichen Bedingungen herrschen.

(62) Freiverkaufszertifikate sollten Informationen enthalten, die es ermöglichen, Eudamed zu nutzen, um Informationen über das Produkt – insbesondere darüber, ob es sich auf dem Markt befindet, vom Markt genommen oder zurückgerufen wurde – sowie über Bescheinigungen seiner Konformität zu erhalten.

(63) Um ein hohes Sicherheits- und Leistungsniveau zu gewährleisten, sollte der Nachweis der Erfüllung der in dieser Verordnung festgelegten grundlegenden Sicherheits- und Leistungsanforderungen auf klinischen Daten beruhen, die bei Produkten der Klasse III und implantierbaren Produkten grundsätzlich aus klinischen Prüfungen stammen sollten, die unter der Verantwortung eines Sponsors durchgeführt wurden. Sowohl der Hersteller als auch eine andere natürliche oder juristische Person sollte der Sponsor sein können, der die Verantwortung für die klinische Prüfung übernimmt.

(64) Die Bestimmungen über klinische Prüfungen sollten den fest etablierten internationalen Leitlinien in diesem Bereich entsprechen, wie der internationalen Norm ISO 14155:2011 über gute klinische Praxis für die klinische Prüfung von Medizinprodukten an Menschen, damit die Ergebnisse von in der Union durchgeführten klinischen Prüfungen außerhalb der Union leichter als Dokumentation anerkannt und die Ergebnisse klinischer Prüfungen, die außerhalb der Union im Einklang mit den internationalen Leitlinien durchgeführt werden, leichter innerhalb der Union anerkannt werden. Außerdem sollten die Bestimmungen mit

der neuesten Fassung der Deklaration von Helsinki des Weltärztebundes über die ethischen Grundsätze für die medizinische Forschung am Menschen im Einklang stehen.

(65) Die Bestimmung der an der Bewertung des Antrags auf Durchführung einer klinischen Prüfung zu beteiligenden geeigneten Behörde und die Organisation der Beteiligung von Ethik-Kommissionen innerhalb der in dieser Verordnung festgelegten Zeitpläne für die Genehmigung dieser klinischen Prüfung sollten dem betroffenen Mitgliedstaat, in dem die klinische Prüfung durchgeführt werden soll, überlassen bleiben. Diese Entscheidungen hängen von der internen Organisation des jeweiligen Mitgliedstaats ab. In diesem Zusammenhang sollten die Mitgliedstaaten darauf achten, dass auch Laien einbezogen werden, insbesondere Patienten oder Patientenorganisationen. Sie sollten auch sicherstellen, dass das erforderliche Fachwissen vorhanden ist.

(66) Für den Fall, dass einem Prüfungsteilnehmer im Rahmen einer klinischen Prüfung ein Schaden entsteht, der dazu führt, dass der Prüfer oder Sponsor zivil- oder strafrechtlich haftbar gemacht wird, sollten die Bedingungen für eine Haftung in solchen Fällen, unter Einschluss von Fragen zur Kausalität und des Schadensumfangs und der Strafbemessung, weiterhin durch das nationale Recht geregelt werden.

(67) Es sollte ein elektronisches System auf Unionsebene eingerichtet werden, damit alle klinischen Prüfungen in einer öffentlich zugänglichen Datenbank gemeldet und erfasst werden. Um das Recht auf Schutz personenbezogener Daten zu garantieren, das in Artikel 8 der Charta der Grundrechte der Europäischen Union (im Folgenden „Charta") verankert ist, sollten in dem elektronischen System keine personenbezogenen Daten zu den an klinischen Prüfungen teilnehmenden Prüfungsteilnehmern aufgezeichnet werden. Um Synergien in Bezug auf klinische Prüfungen mit Arzneimitteln herzustellen, sollte das elektronische System für klinische Prüfungen mit der Unionsdatenbank interoperabel sein, die für klinische Prüfungen mit Humanarzneimitteln eingerichtet wird.

(68) Bei einer klinischen Prüfung, die in mehreren Mitgliedstaaten durchgeführt werden soll, sollte der Sponsor die Möglichkeit haben, dafür nur einen einzigen Antrag einzureichen, um die Verwaltungslasten gering zu halten. Zur gemeinsamen Nutzung von Ressourcen und um einen einheitlichen Ansatz bei der Bewertung der gesundheits- und sicherheitsbezogenen Aspekte des Prüfprodukts und des wissenschaftlichen Aufbaus dieser klinischen Prüfung zu gewährleisten, sollte das Verfahren zur Bewertung eines solchen einzigen Antrags zwischen den Mitgliedstaaten unter der Leitung eines koordinierenden Mitgliedstaats koordiniert werden. Diese koordinierte Bewertung sollte nicht die Bewertung rein nationaler, lokaler oder ethischer Aspekte der klinischen Prüfung, darunter die Einwilligung nach Aufklärung, umfassen. Für einen Zeitraum von zunächst sieben Jahren ab dem Tag des Beginns der Anwendung dieser Verordnung sollten die Mitgliedstaaten die Möglichkeit haben, sich freiwillig an der koordinierten Bewertung zu beteiligen. Nach diesem Zeitraum sollten alle Mitgliedstaaten verpflichtet sein, sich an der koordinierten Bewertung zu beteiligen. Die Kommission sollte auf der Grundlage der aus der freiwilligen Koordinierung zwischen den Mitgliedstaaten gewonnenen Erfahrungen einen Bericht über die Anwendung

der einschlägigen Bestimmungen in Bezug auf das koordinierte Bewertungsverfahren erstellen. Sind die Ergebnisse dieses Berichts negativ, sollte die Kommission einen Vorschlag zur Verlängerung des Zeitraums für die freiwillige Beteiligung am koordinierten Bewertungsverfahren vorlegen.

(69) Sponsoren sollten den Mitgliedstaaten, in denen die klinische Prüfung durchgeführt wird, bestimmte unerwünschte Ereignisse und Produktmängel melden, die während dieser klinischen Prüfung auftreten. Die Mitgliedstaaten sollten die Möglichkeit haben, die Prüfungen zu beenden oder auszusetzen oder die Genehmigung für die klinische Prüfung zu widerrufen, wenn sie dies zur Gewährleistung eines hohen Niveaus an Schutz der an einer klinischen Prüfung teilnehmenden Prüfungsteilnehmer für erforderlich halten. Die entsprechenden Informationen sollten den anderen Mitgliedstaaten übermittelt werden.

(70) Der Sponsor einer klinischen Prüfung sollte innerhalb der in dieser Verordnung festgelegten Fristen eine für den vorgesehenen Anwender leicht verständliche Zusammenfassung der Ergebnisse der klinischen Prüfung gegebenenfalls zusammen mit dem Bericht über die klinische Prüfung vorlegen. Ist es aus wissenschaftlichen Gründen nicht möglich, die Zusammenfassung der Ergebnisse innerhalb der festgelegten Fristen vorzulegen, sollte der Sponsor dies begründen und angeben, wann die Ergebnisse vorgelegt werden.

(71) Diese Verordnung sollte für klinische Prüfungen gelten, die dazu bestimmt sind, klinische Nachweise, aus denen die Konformität von Produkten hervorgeht, zu erbringen; ferner sollten in ihr grundlegende Anforderungen bezüglich der ethischen und wissenschaftlichen Bewertungen für andere Arten von klinischen Prüfungen von Medizinprodukten festgelegt sein.

(72) Für nicht einwilligungsfähige Prüfungsteilnehmer, Minderjährige sowie schwangere Frauen und stillende Frauen sind besondere Schutzmaßnahmen erforderlich. Allerdings sollte es den Mitgliedstaaten überlassen bleiben festzulegen, wer der gesetzliche Vertreter nicht einwilligungsfähiger Prüfungsteilnehmer und Minderjähriger ist.

(73) Die Prinzipien der Vermeidung, Verminderung und Verbesserung im Bereich von Tierversuchen, die in der Richtlinie 2010/63/EU des Europäischen Parlaments und des Rates[24]) festgelegt sind, sollten eingehalten werden. Insbesondere sollte die unnötige doppelte Durchführung von Versuchen und Studien vermieden werden.

(74) Die Hersteller sollten in der Phase nach dem Inverkehrbringen eine aktive Rolle spielen, indem sie systematisch und aktiv Informationen über die Erfahrungen mit ihren Produkten nach dem Inverkehrbringen zusammentragen, um ihre technische Dokumentation auf dem neuesten Stand zu halten; sie sollten mit den für Vigilanz- und Marktüberwachungstätigkeiten zuständigen nationalen Behörden zusammenarbeiten. Zu diesem Zweck sollten

[24]) Richtlinie 2010/63/EU des Europäischen Parlaments und des Rates vom 22. September 2010 zum Schutz der für wissenschaftliche Zwecke verwendeten Tiere (ABl. L 276 vom 20.10.2010, S. 33).

die Hersteller im Rahmen ihres Qualitätsmanagementsystems und auf der Grundlage eines Plans zur Überwachung nach dem Inverkehrbringen ein umfassendes System zur Überwachung nach dem Inverkehrbringen errichten. Im Zuge der Überwachung nach dem Inverkehrbringen erhobene einschlägige Daten und Informationen sowie im Zusammenhang mit durchgeführten präventiven und/oder korrigierenden Maßnahmen gesammelte Erfahrungen sollten zur Aktualisierung aller einschlägigen Teile der technischen Dokumentation, wie etwa derjenigen zur Risikobewertung und zur klinischen Bewertung, genutzt werden und sollten zudem der Transparenz dienen.

(75) Zum besseren Schutz von Gesundheit und Sicherheit hinsichtlich auf dem Markt befindlicher Produkte sollte das elektronische System für die Vigilanz für Produkte wirksamer gestaltet werden, indem ein zentrales Portal auf Unionsebene eingerichtet wird, in dem schwerwiegende Vorkommnisse und Sicherheitskorrekturmaßnahmen im Feld gemeldet werden können.

(76) Die Mitgliedstaaten sollten angemessene Maßnahmen ergreifen, um das Bewusstsein der Angehörigen der Gesundheitsberufe, Anwender und Patienten dafür zu schärfen, dass die Meldung der Vorkommnisse wichtig ist. Angehörige der Gesundheitsberufe, Anwender und Patienten sollten ermutigt und in die Lage versetzt werden, mutmaßliche schwerwiegende Vorkommnisse auf nationaler Ebene unter Verwendung harmonisierter Formulare zu melden. Die zuständigen nationalen Behörden sollten die Hersteller über etwaige mutmaßliche schwerwiegende Vorkommnisse informieren; bestätigt ein Hersteller, dass ein schwerwiegendes Vorkommnis aufgetreten ist, sollten die Behörden sicherstellen, dass die geeigneten Folgemaßnahmen ergriffen werden, damit ein Wiederauftreten derartiger Vorkommnisse so weit wie möglich verhindert wird.

(77) Die Bewertung gemeldeter schwerwiegender Vorkommnisse und von Sicherheitskorrekturmaßnahmen im Feld sollte auf nationaler Ebene erfolgen; sind ähnliche Vorkommnisse schon einmal aufgetreten oder müssen Sicherheitskorrekturmaßnahmen im Feld in mehreren Mitgliedstaaten ergriffen werden, so sollte eine Koordinierung sichergestellt sein, damit Ressourcen gemeinsam genutzt werden und ein einheitliches Vorgehen bei den Korrekturmaßnahmen gewährleistet ist.

(78) Bei der Prüfung von Vorkommnissen sollten die zuständigen Behörden gegebenenfalls die Informationen und Standpunkte der einschlägigen Interessenträger, wie etwa Patientenorganisationen, Verbände der Angehörigen von Gesundheitsberufen und Herstellerverbände, berücksichtigen.

(79) Die Meldung von schwerwiegenden unerwünschten Ereignissen oder Produktmängeln im Rahmen klinischer Prüfungen und die Meldung schwerwiegender Vorkommnisse, die nach Inverkehrbringen eines Produkts auftreten, sollten klar voneinander abgegrenzt werden, um Doppelmeldungen zu vermeiden.

(80) Diese Verordnung sollte Bestimmungen über die Marktüberwachung enthalten, mit denen die Rechte und Pflichten der zuständigen nationalen Behörden gestärkt werden, damit

eine wirksame Koordinierung der Marktüberwachungstätigkeiten gewährleistet ist und die anzuwendenden Verfahren klar sind.

(81) Jeder statistisch signifikante Anstieg der Anzahl oder des Schweregrads von Vorkommnissen, die nicht schwerwiegend sind oder von erwarteten Nebenwirkungen, die erhebliche Auswirkungen auf die Nutzen-Risiko-Abwägung haben und zu unvertretbaren Risiken führen könnte, sollte den zuständigen Behörden gemeldet werden, damit diese eine Begutachtung vornehmen und geeignete Maßnahmen ergreifen können.

(82) Für die Erfüllung der in dieser Verordnung und in der Verordnung (EU) 2017/746 des Europäischen Parlaments und des Rates[25]) festgelegten Aufgaben sollte ein Expertengremium – die Koordinierungsgruppe Medizinprodukte – eingesetzt werden, das sich aus von den Mitgliedstaaten aufgrund ihrer Rolle und ihres Fachwissens im Bereich Medizinprodukte einschließlich In-vitro-Diagnostika benannten Personen zusammensetzt und das die Kommission berät und die Kommission und die Mitgliedstaaten bei der einheitlichen Durchführung dieser Verordnung unterstützt. Die Koordinierungsgruppe Medizinprodukte sollte Untergruppen einsetzen dürfen, um Zugang zu dem erforderlichen fundierten Fachwissen im Bereich Medizinprodukte einschließlich In-vitro-Diagnostika zu haben. Bei der Einsetzung von Untergruppen sollte gebührend geprüft werden, ob bereits bestehende Gruppen auf Unionsebene im Bereich der Medizinprodukte mit einbezogen werden können.

(83) Expertengremien und Fachlaboratorien sollten von der Kommission auf der Grundlage ihres aktuellen klinischen, wissenschaftlichen bzw. technischen Fachwissens mit dem Ziel benannt werden, der Kommission, der Koordinierungsgruppe Medizinprodukte, den Herstellern und den Benannten Stellen wissenschaftliche, technische und klinische Unterstützung bei der Durchführung dieser Verordnung zu leisten. Im Übrigen sollte den Expertengremien die Aufgabe zufallen, ein Gutachten zu den Berichten der Benannten Stellen über die Begutachtung der klinischen Bewertung bei bestimmten mit einem hohen Risiko behafteten implantierbaren Produkten zu erstellen.

(84) Eine engere Abstimmung zwischen den zuständigen nationalen Behörden durch Informationsaustausch und koordinierte Bewertungen unter der Leitung einer koordinierenden Behörde ist für die Gewährleistung eines durchgehend hohen Sicherheits- und Gesundheitsschutzniveaus im Binnenmarkt von wesentlicher Bedeutung, insbesondere im Bereich der klinischen Prüfungen und der Vigilanz. Der Grundsatz des koordinierten Austauschs und der koordinierten Bewertung sollte auch für alle anderen in dieser Verordnung beschriebenen behördlichen Tätigkeiten gelten, etwa die Benennung der Benannten Stellen, und sollte im Bereich der Marktüberwachung der Produkte gefördert werden. Außerdem dürften durch Zusammenarbeit, Koordinierung und Kommunikation die Ressourcen und das Fachwissen auf nationaler Ebene effizienter genutzt werden.

[25]) Verordnung (EU) 2017/746 des Europäischen Parlaments und des Rates vom 5. April 2017 über In-vitro-Diagnostika (siehe Seite 176 dieses Amtsblatts).

(85) Die Kommission sollte den koordinierenden nationalen Behörden wissenschaftliche, technische und entsprechende logistische Unterstützung zur Verfügung stellen und dafür sorgen, dass das Regulierungssystem für Produkte auf Unionsebene auf der Grundlage fundierter wissenschaftlicher Erkenntnisse wirksam und einheitlich implementiert wird.

(86) Die Union und gegebenenfalls die Mitgliedstaaten sollten sich aktiv an der internationalen Kooperation bei Regulierungsfragen im Bereich der Medizinprodukte beteiligen, um den Austausch sicherheitsrelevanter Informationen zu solchen Produkten zu erleichtern und die Weiterentwicklung internationaler Leitlinien zu fördern, die zum Erlass von Rechtsvorschriften in anderen Hoheitsgebieten führen könnten, mit denen ein dieser Verordnung gleichwertiges Sicherheits- und Gesundheitsschutzniveau geschaffen wird.

(87) Die Mitgliedstaaten sollten alle erforderlichen Maßnahmen ergreifen, um sicherzustellen, dass die Bestimmungen dieser Verordnung umgesetzt werden, indem sie u. a. wirksame, verhältnismäßige und abschreckende Sanktionen für Verstöße festlegen.

(88) Obwohl diese Verordnung das Recht der Mitgliedstaaten, Gebühren für Tätigkeiten auf nationaler Ebene zu erheben, nicht berührt, sollten die Mitgliedstaaten zur Sicherstellung der Transparenz die Kommission und die anderen Mitgliedstaaten informieren, bevor sie die Höhe und Struktur dieser Gebühren festlegen. Um weiterhin Transparenz sicherzustellen, sollten die Struktur und die Höhe der Gebühren auf Antrag öffentlich zugänglich sein.

(89) Diese Verordnung steht im Einklang mit den Grundrechten und Grundsätzen, die insbesondere mit der Charta anerkannt wurden, vor allem mit der Achtung der Würde des Menschen und seines Rechts auf Unversehrtheit, dem Schutz personenbezogener Daten, der Freiheit der Kunst und der Wissenschaft, der unternehmerischen Freiheit und dem Recht auf Eigentum. Diese Verordnung sollte von den Mitgliedstaaten im Einklang mit den genannten Rechten und Grundsätzen angewandt werden.

(90) Der Kommission sollte die Befugnis übertragen werden, gemäß Artikel 290 AEUV delegierte Rechtsakte zu erlassen, um bestimmte nicht wesentliche Vorschriften dieser Verordnung zu ändern. Es ist von besonderer Bedeutung, dass die Kommission im Zuge ihrer Vorbereitungsarbeit angemessene Konsultationen, auch auf der Ebene von Sachverständigen, durchführt, und dass diese Konsultationen mit den Grundsätzen in Einklang stehen, die in der Interinstitutionellen Vereinbarung vom 13. April 2016 über bessere Rechtsetzung[26]) niedergelegt wurden. Um insbesondere eine gleichberechtigte Beteiligung an der Ausarbeitung der delegierten Rechtsakte zu gewährleisten, erhalten das Europäische Parlament und der Rat alle Dokumente zur gleichen Zeit wie die Sachverständigen der Mitgliedstaaten, und ihre Sachverständigen haben systematisch Zugang zu den Sitzungen der Sachverständigengruppen der Kommission, die mit der Ausarbeitung der delegierten Rechtsakte befasst sind.

[26]) ABl. L 123 vom 12.5.2016, S. 1.

(91) Zur Gewährleistung einheitlicher Bedingungen für die Durchführung dieser Verordnung sollten der Kommission Durchführungsbefugnisse übertragen werden. Diese Befugnisse sollten gemäß der Verordnung (EU) Nr. 182/2011 des Europäischen Parlaments und des Rates[27]) ausgeübt werden.

(92) Das Beratungsverfahren sollte bei Durchführungsrechtsakten zur Anwendung kommen, in denen die Art und Aufmachung der Datenelemente in den Kurzberichten des Herstellers über Sicherheit und klinische Leistung und das Muster für Freiverkaufszertifikate festgelegt werden, da es sich bei diesen Durchführungsrechtsakten um verfahrenstechnische Vorschriften handelt, die keinen direkten Einfluss auf Gesundheit und Sicherheit in der Union haben.

(93) Die Kommission sollte in hinreichend begründeten Fällen unmittelbar geltende Durchführungsrechtsakte erlassen können, wenn dies aus Gründen äußerster Dringlichkeit zwingend erforderlich ist; dies betrifft Fälle im Zusammenhang mit der Ausweitung einer nationalen Ausnahme von dem anwendbaren Konformitätsbewertungsverfahren auf das gesamte Gebiet der Union.

(94) Der Kommission sollten Durchführungsbefugnisse übertragen werden, damit sie Zuteilungsstellen, Expertengremien und Fachlaboratorien benennen kann.

(95) Um den Wirtschaftsakteuren, insbesondere KMU, den Benannten Stellen, den Mitgliedstaaten und der Kommission die Gelegenheit zu geben, sich an die mit dieser Verordnung eingeführten Änderungen anzupassen, und um die ordnungsgemäße Anwendung dieser Verordnung sicherzustellen, sollte eine ausreichende Übergangsfrist für diese Anpassung und die zu ergreifenden organisatorischen Maßnahmen vorgesehen werden. Einige Teile der Verordnung, die die Mitgliedstaaten und die Kommission unmittelbar betreffen, sollten jedoch so rasch wie möglich umgesetzt werden. Zudem ist besonders wichtig, dass es bei Geltungsbeginn dieser Verordnung eine ausreichende Zahl von gemäß den neuen Bestimmungen Benannten Stellen gibt, damit Marktengpässe bei Medizinprodukten vermieden werden. Nichtsdestoweniger ist es notwendig, dass die Benennung einer Benannten Stelle, die gemäß den Anforderungen der vorliegenden Verordnung vor ihrem Geltungsbeginn erfolgt, die Gültigkeit der Benennung der Benannten Stellen gemäß den Richtlinien 90/385/EWG und 93/42/EWG und die Fähigkeit dieser Stellen, bis zum Anwendungsbeginn der vorliegenden Verordnung weiterhin gültige Bescheinigungen gemäß diesen beiden Richtlinien auszustellen, unberührt lässt.

(96) Um einen reibungslosen Übergang zu den neuen Vorschriften über die Registrierung der Produkte und der Bescheinigungen zu gewährleisten, sollte die Verpflichtung zur Über-

[27]) Verordnung (EU) Nr. 182/2011 des Europäischen Parlaments und des Rates vom 16. Februar 2011 zur Festlegung der allgemeinen Regeln und Grundsätze, nach denen die Mitgliedstaaten die Wahrnehmung der Durchführungsbefugnisse durch die Kommission kontrollieren (ABl. L 55 vom 28.2.2011, S. 13).

mittlung der einschlägigen Informationen über die auf Unionsebene gemäß dieser Verordnung eingerichteten elektronischen Systeme – sofern die entsprechenden IT-Systeme plangemäß eingerichtet werden – erst nach Ablauf von 18 Monaten nach Geltungsbeginn dieser Verordnung in vollem Umfang wirksam werden. Während dieser Übergangsfrist sollten einige Bestimmungen der Richtlinien 90/385/EWG und 93/42/EWG weiterhin gelten. Wenn Wirtschaftsakteure und Benannte Stellen Registrierungen in den auf Unionsebene gemäß dieser Verordnung eingerichteten einschlägigen elektronischen Systemen vornehmen, sollten zur Vermeidung von Mehrfachregistrierungen diese jedoch als rechtmäßig im Sinne der von den Mitgliedstaaten gemäß den genannten Bestimmungen erlassenen Registrierungsvorschriften gelten.

(97) Um eine reibungslose Einführung des UDI-Systems zu gewährleisten, sollte der Zeitpunkt der Anwendung der Verpflichtung zur Anbringung des UDI-Trägers auf der Produktkennzeichnung je nach Klasse des betreffenden Produkts zwischen einem und fünf Jahren nach Geltungsbeginn dieser Verordnung liegen.

(98) Die Richtlinien 90/385/EWG und 93/42/EWG sollten aufgehoben werden, damit für das Inverkehrbringen von Medizinprodukten und die damit zusammenhängenden, von dieser Verordnung erfassten Aspekte nur ein einziger Rechtsakt gilt. Die Plichten der Hersteller bezüglich der Bereithaltung der Unterlagen zu Produkten, die sie gemäß diesen Richtlinien in Verkehr gebracht haben, sowie die Pflichten der Hersteller und der Mitgliedstaaten bezüglich Vigilanzaktivitäten für gemäß diesen Richtlinien in Verkehr gebrachten Produkten sollten jedoch weiterhin gelten. Während es den Mitgliedstaaten überlassen bleiben sollte, zu entscheiden, wie Vigilanzaktivitäten zu organisieren sind, ist es wünschenswert, dass für die Mitgliedstaaten die Möglichkeit besteht, Vorkommnisse bezüglich der gemäß den Richtlinien in Verkehr gebrachten Produkte unter Verwendung derselben Systeme zu melden, die für Meldungen über gemäß dieser Verordnung in Verkehr gebrachte Produkte verwendet werden. Um einen reibungslosen Übergang vom alten System zum neuen System zu gewährleisten, sollten zudem die Verordnung (EU) Nr. 207/2012 der Kommission[28]) und die Verordnung (EU) Nr. 722/2012 der Kommission[29]) in Kraft und weiterhin gültig bleiben, sofern und solange sie nicht durch Durchführungsrechtsakte, die die Kommission gemäß der vorliegenden Verordnung erlässt, aufgehoben werden.

Zudem sollte der Beschluss 2010/227/EU, der zur Umsetzung dieser Richtlinien und der Richtlinie 98/79/EG erlassen wurde, in Kraft und bis zu dem Tag weiterhin gültig bleiben, an dem Eudamed voll funktionsfähig ist. Hingegen ist es nicht erforderlich, dass die Richt-

[28]) Verordnung (EU) Nr. 207/2012 der Kommission vom 9. März 2012 über elektronische Gebrauchsanweisungen für Medizinprodukte (ABl. L 72 vom 10.3.2012, S. 28).

[29]) Verordnung (EU) Nr. 722/2012 der Kommission vom 8. August 2012 über besondere Anforderungen betreffend die in der Richtlinie 90/385/EWG bzw. 93/42/EWG des Rates festgelegten Anforderungen an unter Verwendung von Gewebe tierischen Ursprungs hergestellte aktive implantierbare medizinische Geräte und Medizinprodukte (ABl. L 212 vom 9.8.2012, S. 3).

linien 2003/12/EG[30]) und 2005/50/EG[31]) der Kommission sowie die Durchführungsverordnung (EU) Nr. 920/2013 der Kommission[32]) in Kraft und weiterhin gültig bleiben.

(99) Die Anforderungen dieser Verordnung sollten für alle Produkte gelten, die ab dem Tag des Geltungsbeginns der vorliegenden Verordnung in Verkehr gebracht oder in Betrieb genommen werden. Um jedoch für einen reibungslosen Übergang zu sorgen, sollte es für einen begrenzten Zeitraum ab diesem Tag möglich sein, dass Produkte aufgrund einer Bescheinigung, die gemäß der Richtlinie 90/385/EWG und der Richtlinie 93/42/EWG ausgestellt wurde, in Verkehr gebracht oder in Betrieb genommen werden.

(100) Der Europäische Datenschutzbeauftragte hat eine Stellungnahme[33]) nach Artikel 28 Absatz 2 der Verordnung (EG) Nr. 45/2001 abgegeben.

(101) Da die Ziele dieser Verordnung, nämlich einen reibungslos funktionierenden Binnenmarkt für Medizinprodukte zu gewährleisten sowie hohe Standards für die Qualität und Sicherheit von Medizinprodukten zu gewährleisten und somit ein hohes Maß an Sicherheit und Gesundheitsschutz für Patienten, Anwender und andere Personen sicherzustellen, auf Ebene der Mitgliedstaaten nicht ausreichend verwirklicht werden können, sondern wegen ihres Umfangs und ihrer Wirkungen stattdessen auf Unionsebene besser zu verwirklichen sind, kann die Union im Einklang mit dem in Artikel 5 des Vertrags über die Europäische Union niedergelegten Subsidiaritätsprinzip Maßnahmen erlassen. Entsprechend dem in demselben Artikel genannten Grundsatz der Verhältnismäßigkeit geht diese Verordnung nicht über das zur Erreichung dieser Ziele erforderliche Maß hinaus.

Erwägungsgründe der Verordnung (EU) 2020/561:

(1) Mit der Verordnung (EU) 2017/745 des Europäischen Parlaments und des Rates[34]) wurde ein neuer Rechtsrahmen geschaffen, um ausgehend von einem hohen Gesundheitsschutzniveau für Patienten und Anwender mit der genannten Verordnung einen reibungslos funktionierenden Binnenmarkt für Medizinprodukte unter Berücksichtigung der in diesem

[30]) Richtlinie 2003/12/EG der Kommission vom 3. Februar 2003 zur Neuklassifizierung von Brustimplantaten im Rahmen der Richtlinie 93/42/EWG über Medizinprodukte (ABl. L 28 vom 4.2.2003, S. 43).

[31]) Richtlinie 2005/50/EG der Kommission vom 11. August 2005 zur Neuklassifizierung von Gelenkersatz für Hüfte, Knie und Schulter im Rahmen der Richtlinie 93/42/EWG des Rates über Medizinprodukte (ABl. L 210 vom 12.8.2005, S. 41).

[32]) Durchführungsverordnung (EU) Nr. 920/2013 der Kommission vom 24. September 2013 über die Benennung und Beaufsichtigung benannter Stellen gemäß der Richtlinie 90/385/EWG des Rates über aktive implantierbare medizinische Geräte und der Richtlinie 93/42/EWG des Rates über Medizinprodukte (ABl. L 253 vom 25.9.2013, S. 8).

[33]) ABl. C 358 vom 7.12.2013, S. 10.

[34]) Verordnung (EU) 2017/745 des Europäischen Parlaments und des Rates vom 5. April 2017 über Medizinprodukte, zur Änderung der Richtlinie 2001/83/EG, der Verordnung (EG) Nr. 178/2002 und der Verordnung (EG) Nr. 1223/2009 und zur Aufhebung der Richtlinien 90/385/EWG und 93/42/EWG des Rates (ABl. L 117 vom 5.5.2017, S. 1).

Sektor tätigen kleinen und mittleren Unternehmen sicherzustellen. Außerdem sind in der Verordnung (EU) 2017/745 hohe Standards für die Qualität und Sicherheit von Medizinprodukten festgelegt, durch die allgemeine Sicherheitsbedenken hinsichtlich dieser Produkte ausgeräumt werden sollen. Darüber hinaus wurden mit der Verordnung (EU) 2017/745 Schlüsselelemente des bestehenden Regulierungskonzepts der Richtlinien 90/385/EWG[35]) und 93/42/EWG[36]) des Rates erheblich gestärkt, beispielsweise die Beaufsichtigung der Benannten Stellen, die Konformitätsbewertungsverfahren, klinische Prüfungen und klinische Bewertungen, Vigilanz und Marktüberwachung, und gleichzeitig Bestimmungen zur Gewährleistung der Transparenz und Rückverfolgbarkeit in Bezug auf Medizinprodukte eingeführt, um die Gesundheit und Sicherheit zu verbessern.

(2) Der COVID-19-Ausbruch und die damit einhergehende Krise im Bereich der öffentlichen Gesundheit stellen eine beispiellose Herausforderung für die Mitgliedstaaten und eine schwerwiegende Belastung für die nationalen Behörden, Gesundheitseinrichtungen, Unionsbürgerinnen und -bürger sowie Wirtschaftsakteure dar. Die durch die Krise im Bereich der öffentlichen Gesundheit bedingte Ausnahmesituation erfordert erhebliche zusätzliche Ressourcen sowie eine größere Verfügbarkeit lebenswichtiger Medizinprodukte, was zum Zeitpunkt der Annahme der Verordnung (EU) 2017/745 vernünftigerweise nicht vorhersehbar war. Diese Ausnahmesituation hat gravierende Folgen für verschiedene Bereiche, die unter die Verordnung (EU) 2017/745 fallen, wie die Benennung und Arbeit der Benannten Stellen und das Inverkehrbringen und die Bereitstellung von Medizinprodukten auf dem Markt in der Union.

(3) Medizinprodukte wie medizinische Handschuhe, OP-Masken, Material für die Intensivpflege und anderes medizinisches Material spielen angesichts des COVID-19-Ausbruchs und der damit einhergehenden Krise im Bereich der öffentlichen Gesundheit eine entscheidende Rolle dabei, die Gesundheit und Sicherheit der Unionsbürgerinnen und -bürger zu gewährleisten und die Mitgliedstaaten in die Lage zu versetzen, Patienten, die dringend medizinische Behandlung benötigen, diese zuteilwerden zu lassen.

(4) Angesichts der beispiellosen Dimension der gegenwärtigen Herausforderungen und aufgrund der Komplexität der Verordnung (EU) 2017/745 dürften die Mitgliedstaaten, Gesundheitseinrichtungen, Wirtschaftsakteure und andere betroffene Parteien höchstwahrscheinlich nicht in der Lage sein, die ordnungsgemäße Durchführung und Anwendung dieser Verordnung zum in ihr festgelegten Geltungsbeginn am 26. Mai 2020 sicherzustellen.

(5) Damit das reibungslose Funktionieren des Binnenmarkts, ein hohes Schutzniveau für die öffentliche Gesundheit und die Patientensicherheit gewährleistet sind, Rechtssicherheit hergestellt wird und potenzielle Marktstörungen vermieden werden, ist es erforderlich, die Anwendung bestimmter Bestimmungen der Verordnung (EU) 2017/745 zu verschieben. An-

[35]) Richtlinie 90/385/EWG des Rates vom 20. Juni 1990 zur Angleichung der Rechtsvorschriften der Mitgliedstaaten über aktive implantierbare medizinische Geräte (ABl. L 189 vom 20.7.1990, S. 17).

[36]) Richtlinie 93/42/EWG des Rates vom 14. Juni 1993 über Medizinprodukte (ABl. L 169 vom 12.7.1993, S. 1).

gesichts des COVID-19-Ausbruchs und der damit einhergehenden Krise im Bereich der öffentlichen Gesundheit, der epidemiologischen Entwicklung sowie der zusätzlichen Ressourcen, die von den Mitgliedstaaten, den Gesundheitseinrichtungen, den Wirtschaftsakteuren und anderen betroffenen Parteien benötigt werden, ist es angezeigt, den Geltungsbeginn dieser Bestimmungen der Verordnung (EU) 2017/745 um ein Jahr zu verschieben.

(6) Der Geltungsbeginn sollte für Bestimmungen der Verordnung (EU) 2017/745 verschoben werden, die andernfalls ab dem 26. Mai 2020 gelten würden. Zur Sicherstellung der ständigen Verfügbarkeit von Medizinprodukten auf dem Unionsmarkt, einschließlich Medizinprodukte, die im Zusammenhang mit dem COVID-19-Ausbruch und der damit einhergehenden Krise im Bereich der öffentlichen Gesundheit lebenswichtig sind, ist es auch erforderlich, bestimmte Übergangsbestimmungen der Verordnung (EU) 2017/745 anzupassen, die ansonsten keine Anwendung mehr finden würden.

(7) Sowohl die Richtlinien 90/385/EWG und 93/42/EWG als auch die Verordnung (EU) 2017/745 ermächtigen die zuständigen nationalen Behörden, auf hinreichend begründeten Antrag das Inverkehrbringen von Medizinprodukten zu genehmigen, für die die entsprechenden Konformitätsbewertungsverfahren nicht durchgeführt wurden, deren Verwendung aber im Interesse des Gesundheitsschutzes bzw. im Interesse der öffentlichen Gesundheit oder der Patientensicherheit oder -gesundheit liegt (im Folgenden „nationale Ausnahmeregelung"). Gemäß der Verordnung (EU) 2017/745 kann die Kommission außerdem in Ausnahmefällen die Gültigkeit einer nationalen Ausnahmeregelung für einen begrenzten Zeitraum auf das Gebiet der Union ausdehnen (im Folgenden „unionsweite Ausnahmeregelung"). In Anbetracht des COVID-19-Ausbruchs und der damit einhergehenden Krise im Bereich der öffentlichen Gesundheit sollte die Kommission in der Lage sein, als Reaktion auf nationale Ausnahmeregelungen unionsweite Ausnahmeregelungen zu erlassen, um etwaigen unionsweiten Engpässen bei lebenswichtigen Medizinprodukten wirksam zu begegnen. Aus diesem Grund sollte die einschlägige Bestimmung der Verordnung (EU) 2017/745 zum frühestmöglichen Zeitpunkt gelten und die entsprechenden Bestimmungen der Richtlinien 90/385/EWG und 93/42/EWG sollten zu diesem Zeitpunkt aufgehoben werden. Da die Kommission für einen Übergangszeitraum die Möglichkeit erhalten soll, im Zusammenhang mit nationalen Ausnahmeregelungen von den Richtlinien 90/385/EWG und 93/42/EWG unionsweite Ausnahmeregelungen zu erlassen, sind bestimmte Änderungen der einschlägigen Bestimmungen der Verordnung (EU) 2017/745 erforderlich.

(8) Damit alle nationalen Ausnahmeregelungen erfasst sind, die die Mitgliedstaaten gemäß der Richtlinie 90/385/EWG oder 93/42/EWG aufgrund des COVID-19-Ausbruchs vor dem Inkrafttreten der vorliegenden Verordnung genehmigen, ist es erforderlich, dass die Mitgliedstaaten diese nationalen Ausnahmeregelungen mitteilen können und dass die Kommission deren Gültigkeit auf das Gebiet der Union ausweiten kann.

(9) Damit für Medizinprodukte ununterbrochen ein funktionierender und wirksamer Rechtsrahmen gilt, muss der Geltungsbeginn der Bestimmung zur Aufhebung der Richtlinien 90/385/EWG und 93/42/EWG verschoben werden.

(10) Da die Ziele der vorliegenden Verordnung, nämlich die Verschiebung des Geltungsbeginns bestimmter Bestimmungen der Verordnung (EU) 2017/745 und die Ermöglichung einer Ausweitung der Gültigkeit der gemäß der Richtlinie 90/385/EWG oder 93/42/EWG genehmigten nationalen Ausnahmeregelungen auf das Gebiet der Union, von den Mitgliedstaaten nicht ausreichend verwirklicht werden können, sondern vielmehr wegen ihres Umfangs und ihrer Wirkungen auf Unionsebene besser zu verwirklichen sind, kann die Union im Einklang mit dem in Artikel 5 des Vertrags über die Europäische Union (EUV) verankerten Subsidiaritätsprinzip tätig werden. Entsprechend dem in demselben Artikel genannten Grundsatz der Verhältnismäßigkeit geht diese Verordnung nicht über das für die Verwirklichung dieser Ziele erforderliche Maß hinaus.

(11) Die Annahme dieser Verordnung erfolgt in einer Ausnahmesituation aufgrund des COVID-19-Ausbruchs und der damit einhergehenden Krise im Bereich der öffentlichen Gesundheit. Damit diese Verordnung ihre beabsichtigte Wirkung, nämlich die Änderung der Verordnung (EU) 2017/745 hinsichtlich des Geltungsbeginns bestimmter Bestimmungen entfalten kann, muss sie vor dem 26. Mai 2020 in Kraft treten. Es wurde daher als angemessen angesehen, eine Ausnahme von der Achtwochenfrist nach Artikel 4 des dem EUV, dem Vertrag über die Arbeitsweise der Europäischen Union und dem Vertrag zur Gründung der Europäischen Atomgemeinschaft beigefügten Protokolls Nr. 1 über die Rolle der nationalen Parlamente in der Europäischen Union vorzusehen.

(12) Da die mit dem COVID-19-Ausbruch einhergehende Krise im Bereich der öffentlichen Gesundheit unbedingt sofortiges Handeln erfordert, sollte diese Verordnung aus Gründen der Dringlichkeit am Tag ihrer Veröffentlichung im Amtsblatt der Europäischen Union in Kraft treten.

(13) Die Verordnung (EU) 2017/745 sollte daher entsprechend geändert werden,

haben folgende Verordnung erlassen:

Inhaltsübersicht*) Seite

*) Die Inhaltsübersicht ist – außer dem Verzeichnis der Anhänge – nicht Teil des amtlichen Textes.

Seite

Anhänge Seite

Kapitel I
Geltungsbereich und Begriffsbestimmungen

Artikel 1
Gegenstand und Geltungsbereich

(1) Mit dieser Verordnung werden Regeln für das Inverkehrbringen, die Bereitstellung auf dem Markt und die Inbetriebnahme von für den menschlichen Gebrauch bestimmten Medizinprodukten und deren Zubehör in der Union festgelegt. Diese Verordnung gilt ferner für in der Union durchgeführte klinische Prüfungen, die diese Medizinprodukte und dieses Zubehör betreffen.

(2) Diese Verordnung gilt des Weiteren ab dem Geltungsbeginn der GS gemäß Artikel 9 für die in Anhang XVI aufgeführten Produktgruppen ohne medizinische Zweckbestimmung, wobei der Stand der Technik und insbesondere bereits geltende harmonisierte Normen für analoge Produkte mit medizinischer Zweckbestimmung, die auf ähnlicher Technologie beruhen, zu berücksichtigen sind. Gegenstand der GS für jede in Anhang XVI aufgeführte Produktgruppe sind mindestens die Anwendung des Risikomanagements gemäß Anhang I für die betreffende Produktgruppe und erforderlichenfalls die klinische Bewertung der Sicherheit.

Die erforderlichen GS werden bis zum 26. Mai 2021 erlassen. Sie gelten nach Ablauf von sechs Monaten ab dem Zeitpunkt ihres Inkrafttretens oder ab dem 26. Mai 2021, wobei das spätere Datum maßgebend ist.

Ungeachtet des Artikels 122 bleiben die Maßnahmen der Mitgliedstaaten in Bezug auf die Einstufung der unter Anhang XVI fallenden Produkte als Medizinprodukte gemäß der Richtlinie 93/42/EWG bis zu dem in Unterabsatz 1 genannten Geltungsbeginn der diese Produktgruppe betreffenden GS gültig.

Diese Verordnung gilt zudem für in der Union durchgeführte klinische Prüfungen, die die in Unterabsatz 1 genannten Produkte betreffen.

(3) Produkte mit medizinischer und nicht-medizinischer Zweckbestimmung müssen sowohl die Anforderungen an Produkte mit medizinischer Zweckbestimmung als auch die Anforderungen an Produkte ohne medizinische Zweckbestimmung erfüllen.

(4) Für die Zwecke dieser Verordnung werden Medizinprodukte und ihr Zubehör sowie die in Anhang XVI aufgeführten Produkte, auf die diese Verordnung gemäß Absatz 2 Anwendung findet, im Folgenden als „Produkte“ bezeichnet.

(5) In Fällen, in denen dies aufgrund der Ähnlichkeit eines in Verkehr gebrachten Produkts mit medizinischer Zweckbestimmung und eines Produkts ohne medizinische Zweckbestimmung in Bezug auf ihre Merkmale und die damit verbundenen Risiken gerechtfertigt ist, wird der Kommission die Befugnis übertragen, gemäß Artikel 115 delegierte Rechtsakte zu erlassen, um die in Anhang XVI enthaltene Liste von Produkten durch Hinzufügung neuer Produktgruppen anzupassen, um den Schutz der Gesundheit und Sicherheit der Anwender oder anderer Personen oder anderer Aspekte der öffentlichen Gesundheit zu gewährleisten.

(6) Diese Verordnung gilt nicht für

a) In-vitro-Diagnostika im Sinne der Verordnung (EU) 2017/746,

b) Arzneimittel im Sinne des Artikels 1 Nummer 2 der Richtlinie 2001/83/EG. Bei der Entscheidung, ob ein Produkt in den Geltungsbereich der Richtlinie 2001/83/EG oder dieser Verordnung fällt, ist insbesondere die hauptsächliche Wirkungsweise des Produkts zu berücksichtigen,

c) Arzneimittel für neuartige Therapien im Sinne der Verordnung (EG) Nr. 1394/2007,

d) menschliches Blut, Blutprodukte, Blutplasma oder Blutzellen menschlichen Ursprungs oder Produkte, die bei Inverkehrbringen oder Inbetriebnahme solche Blutprodukte, solches Blutplasma oder solche Blutzellen enthalten, mit Ausnahme der in Absatz 8 dieses Artikels genannten Produkte,

e) kosmetische Mittel im Sinne der Verordnung (EG) Nr. 1223/2009,

f) Transplantate, Gewebe oder Zellen tierischen Ursprungs und ihre Derivate sowie Produkte, die solche enthalten oder daraus bestehen; allerdings gilt diese Verordnung für Produkte, die aus Geweben oder Zellen tierischen Ursprungs oder ihren Derivaten hergestellt sind, die nicht lebensfähig sind oder abgetötet wurden,

g) Transplantate, Gewebe oder Zellen menschlichen Ursprungs und ihre Derivate, die unter die Richtlinie 2004/23/EG fallen, sowie Produkte, die diese enthalten oder daraus bestehen; allerdings gilt diese Verordnung für Produkte, die aus Derivaten von Geweben oder Zellen menschlichen Ursprungs hergestellt sind, die nicht lebensfähig sind oder abgetötet wurden,

h) andere als die unter den Buchstaben d, f und g genannten Produkte, die aus lebensfähigen biologischen Substanzen oder lebensfähigen Organismen – einschließlich lebender Mikroorganismen, Bakterien, Pilzen oder Viren – bestehen oder solche enthalten, um die Zweckbestimmung des Produkts zu erreichen oder zu unterstützen,

i) Lebensmittel im Sinne der Verordnung (EG) Nr. 178/2002.

(7) Für Produkte, die beim Inverkehrbringen oder bei der Inbetriebnahme als integralen Bestandteil ein In-vitro-Diagnostikum im Sinne von Artikel 2 Nummer 2 der Verordnung (EU) 2017/746 enthalten, gilt die vorliegende Verordnung. Die Anforderungen der Verordnung (EU) 2017/746 gelten für das In-vitro-Diagnostikum-Teil des Produkts.

(8) Jedes Produkt, das beim Inverkehrbringen oder bei der Inbetriebnahme als integralen Bestandteil einen Stoff enthält, der für sich allein genommen als Arzneimittel im Sinne von Artikel 1 Nummer 2 der Richtlinie 2001/83/EG gelten würde, auch wenn es sich um ein Arzneimittel aus menschlichem Blut oder Blutplasma im Sinne von Artikel 1 Nummer 10 der genannten Richtlinie handelt, dem im Rahmen des Produkts eine unterstützende Funktion zukommt, wird auf der Basis dieser Verordnung bewertet und zugelassen.

Kommt diesem Stoff jedoch eine hauptsächliche und keine unterstützende Funktion im Rahmen des Produkts zu, so gilt für das Gesamtprodukt die Richtlinie 2001/83/EG bzw. die Verordnung (EG) Nr. 726/2004 des Europäischen Parlaments und des Rates[37]). In diesem Fall gelten für die Sicherheit und Leistung des Medizinprodukt-Teils die in Anhang I der vorliegenden Verordnung aufgeführten einschlägigen grundlegenden Sicherheits- und Leistungsanforderungen.

(9) Jedes Produkt, das dazu bestimmt ist, ein Arzneimittel im Sinne von Artikel 1 Nummer 2 der Richtlinie 2001/83/EG abzugeben, unterliegt dieser Verordnung unbeschadet der das Arzneimittel betreffenden Bestimmungen dieser Richtlinie und der Verordnung (EG) Nr. 726/2004.

Werden das Produkt, das zur Abgabe eines Arzneimittels bestimmt ist, und das Arzneimittel jedoch so in Verkehr gebracht, dass sie ein einziges untrennbares Gesamtprodukt bilden, das ausschließlich zur Verwendung in dieser Verbindung bestimmt und nicht wiederverwendbar ist, so unterliegt dieses einzige untrennbares Gesamtprodukt der Richtlinie 2001/83/EG bzw. der Verordnung (EG) Nr. 726/2004. In diesem Fall gelten für die Sicherheit und Leistung des Medizin-

[37]) Verordnung (EG) Nr. 726/2004 des Europäischen Parlaments und des Rates vom 31. März 2004 zur Festlegung von Gemeinschaftsverfahren für die Genehmigung und Überwachung von Human- und Tierarzneimitteln und zur Errichtung einer Europäischen Arzneimittel-Agentur (ABl. L 136 vom 30.4.2004, S. 1).

produkt-Teils des einzigen untrennbares Gesamtprodukts die in Anhang I der vorliegenden Verordnung aufgeführten einschlägigen grundlegenden Sicherheits- und Leistungsanforderungen.

(10) Jedes Produkt, das beim Inverkehrbringen oder bei der Inbetriebnahme als integralen Bestandteil nicht lebensfähiges Gewebe oder nicht lebensfähige Zellen menschlichen Ursprungs oder deren Derivate enthält, denen im Rahmen des Medizinprodukts eine unterstützende Funktion zukommt, wird auf der Basis der vorliegenden Verordnung bewertet und zugelassen. In diesem Fall finden die in der Richtlinie 2004/23/EG festgelegten Bestimmungen für Spende, Beschaffung und Testung Anwendung.

Kommt diesen Geweben oder Zellen bzw. ihren Derivaten jedoch eine hauptsächliche und keine unterstützende Funktion im Rahmen des Produkts zu und fällt das Produkt nicht unter die Verordnung (EG) Nr. 1394/2007, so gilt für das Produkt die Richtlinie 2004/23/EG. In diesem Fall gelten für die Sicherheit und Leistung des Medizinprodukt-Teils die in Anhang I der vorliegenden Verordnung aufgeführten einschlägigen grundlegenden Sicherheits- und Leistungsanforderungen.

(11) Diese Verordnung stellt eine spezielle Regelung der Union im Sinne von Artikel 2 Absatz 3 der Richtlinie 2014/30/EU dar.

(12) Produkte, die auch Maschinen im Sinne des Artikels 2 Absatz 2 Buchstabe a der Richtlinie 2006/42/EG des Europäischen Parlaments und des Rates[38]) sind, müssen – falls eine gemäß dieser Richtlinie relevante Gefährdung besteht – den grundlegenden Gesundheits- und Sicherheitsanforderungen gemäß Anhang I dieser Richtlinie entsprechen, sofern diese Anforderungen spezifischer sind als die grundlegenden Sicherheits- und Leistungsanforderungen gemäß Anhang I Kapitel II der vorliegenden Verordnung.

(13) Diese Verordnung berührt nicht die Anwendung der Richtlinie 2013/59/Euratom.

(14) Diese Verordnung berührt nicht das Recht eines Mitgliedstaats, die Verwendung bestimmter Arten von Produkten im Zusammenhang mit Aspekten, die nicht unter diese Verordnung fallen, einzuschränken.

(15) Diese Verordnung berührt nicht nationale Rechtsvorschriften in Bezug auf die Organisation des Gesundheitswesens oder die medizinische Versorgung und deren Finanzierung, etwa die Anforderung, dass bestimmte Produkte nur auf ärztliche

[38]) Richtlinie 2006/42/EG des Europäischen Parlaments und des Rates vom 17. Mai 2006 über Maschinen und zur Änderung der Richtlinie 95/16/EG (ABl. L 157 vom 9.6.2006, S. 24).

Verordnung abgegeben werden dürfen, die Anforderung, dass nur bestimmte Angehörige der Gesundheitsberufe oder bestimmte Gesundheitseinrichtungen bestimmte Produkte abgeben oder verwenden dürfen oder dass für ihre Verwendung eine spezielle Beratung durch Angehörige der Gesundheitsberufe vorgeschrieben ist.

(16) Diese Verordnung darf in keiner Weise die Pressefreiheit oder die Freiheit der Meinungsäußerung in den Medien einschränken, soweit diese Freiheiten in der Union und in den Mitgliedstaaten – insbesondere gemäß Artikel 11 der Charta der Grundrechte der Europäischen Union – garantiert sind.

Artikel 2
Begriffsbestimmungen

Für die Zwecke dieser Verordnung gelten folgende Begriffsbestimmungen:

1. „Medizinprodukt" bezeichnet ein Instrument, einen Apparat, ein Gerät, eine Software, ein Implantat, ein Reagenz, ein Material oder einen anderen Gegenstand, das dem Hersteller zufolge für Menschen bestimmt ist und allein oder in Kombination einen oder mehrere der folgenden spezifischen medizinischen Zwecke erfüllen soll:

   – Diagnose, Verhütung, Überwachung, Vorhersage, Prognose, Behandlung oder Linderung von Krankheiten,

   – Diagnose, Überwachung, Behandlung, Linderung von oder Kompensierung von Verletzungen oder Behinderungen,

   – Untersuchung, Ersatz oder Veränderung der Anatomie oder eines physiologischen oder pathologischen Vorgangs oder Zustands,

   – Gewinnung von Informationen durch die In-vitro-Untersuchung von aus dem menschlichen Körper – auch aus Organ-, Blut- und Gewebespenden – stammenden Proben

   und dessen bestimmungsgemäße Hauptwirkung im oder am menschlichen Körper weder durch pharmakologische oder immunologische Mittel noch metabolisch erreicht wird, dessen Wirkungsweise aber durch solche Mittel unterstützt werden kann.

   Die folgenden Produkte gelten ebenfalls als Medizinprodukte:

   – Produkte zur Empfängnisverhütung oder -förderung,

   – Produkte, die speziell für die Reinigung, Desinfektion oder Sterilisation der in Artikel 1 Absatz 4 genannten Produkte und der in Absatz 1 dieses Spiegelstrichs genannten Produkte bestimmt sind.

2. „Zubehör eines Medizinprodukts“ bezeichnet einen Gegenstand, der zwar an sich kein Medizinprodukt ist, aber vom Hersteller dazu bestimmt ist, zusammen mit einem oder mehreren bestimmten Medizinprodukten verwendet zu werden, und der speziell dessen/deren Verwendung gemäß seiner/ihrer Zweckbestimmung(en) ermöglicht oder mit dem die medizinische Funktion des Medizinprodukts bzw. der Medizinprodukte im Hinblick auf dessen/deren Zweckbestimmung(en) gezielt und unmittelbar unterstützt werden soll;

3. „Sonderanfertigung“ bezeichnet ein Produkt, das speziell gemäß einer schriftlichen Verordnung einer aufgrund ihrer beruflichen Qualifikation nach den nationalen Rechtsvorschriften zur Ausstellung von Verordnungen berechtigten Person angefertigt wird, die eigenverantwortlich die genaue Auslegung und die Merkmale des Produkts festlegt, das nur für einen einzigen Patienten bestimmt ist, um ausschließlich dessen individuellem Zustand und dessen individuellen Bedürfnissen zu entsprechen.

   Serienmäßig hergestellte Produkte, die angepasst werden müssen, um den spezifischen Anforderungen eines berufsmäßigen Anwenders zu entsprechen, und Produkte, die gemäß den schriftlichen Verordnungen einer dazu berechtigten Person serienmäßig in industriellen Verfahren hergestellt werden, gelten jedoch nicht als Sonderanfertigungen;

4. „aktives Produkt“ bezeichnet ein Produkt, dessen Betrieb von einer Energiequelle mit Ausnahme der für diesen Zweck durch den menschlichen Körper oder durch die Schwerkraft erzeugten Energie abhängig ist und das mittels Änderung der Dichte oder Umwandlung dieser Energie wirkt. Ein Produkt, das zur Übertragung von Energie, Stoffen oder anderen Elementen zwischen einem aktiven Produkt und dem Patienten eingesetzt wird, ohne dass dabei eine wesentliche Veränderung von Energie, Stoffen oder Parametern eintritt, gilt nicht als aktives Produkt.

   Software gilt ebenfalls als aktives Produkt;

5. „implantierbares Produkt“ bezeichnet ein Produkt, auch wenn es vollständig oder teilweise resorbiert werden soll, das dazu bestimmt ist, durch einen klinischen Eingriff

   – ganz in den menschlichen Körper eingeführt zu werden oder

   – eine Epitheloberfläche oder die Oberfläche des Auges zu ersetzen

   und nach dem Eingriff dort zu verbleiben.

Als implantierbares Produkt gilt auch jedes Produkt, das dazu bestimmt ist, durch einen klinischen Eingriff teilweise in den menschlichen Körper eingeführt zu werden und nach dem Eingriff mindestens 30 Tage dort zu verbleiben;

6. „invasives Produkt“ bezeichnet ein Produkt, das durch die Körperoberfläche oder über eine Körperöffnung ganz oder teilweise in den Körper eindringt;
7. „generische Produktgruppe“ bezeichnet eine Gruppe von Produkten mit gleichen oder ähnlichen Zweckbestimmungen oder mit technologischen Gemeinsamkeiten, die allgemein, also ohne Berücksichtigung spezifischer Merkmale klassifiziert werden können;
8. „Einmalprodukt“ bezeichnet ein Produkt, das dazu bestimmt ist, an einer einzigen Person für eine einzige Maßnahme verwendet zu werden;
9. „gefälschtes Produkt“ bezeichnet ein Produkt mit falschen Angaben zu seiner Identität und/oder seiner Herkunft und/oder seiner CE-Kennzeichnung oder den Dokumenten zu den CE-Kennzeichnungsverfahren. Diese Begriffsbestimmung erstreckt sich nicht auf die unbeabsichtigte Nichteinhaltung von Vorgaben und lässt Verstöße gegen die Rechte des geistigen Eigentums unberührt;
10. „Behandlungseinheit“ bezeichnet eine Kombination von zusammen verpackten und in Verkehr gebrachten Produkten, die zur Verwendung für einen spezifischen medizinischen Zweck bestimmt sind;
11. „System“ bezeichnet eine Kombination von Produkten, die zusammen verpackt sind oder auch nicht und die dazu bestimmt sind, verbunden oder kombiniert zu werden, um einen spezifischen medizinischen Zweck zu erfüllen;
12. „Zweckbestimmung“ bezeichnet die Verwendung, für die ein Produkt entsprechend den Angaben des Herstellers auf der Kennzeichnung, in der Gebrauchsanweisung oder dem Werbe- oder Verkaufsmaterial bzw. den Werbe- oder Verkaufsangaben und seinen Angaben bei der klinischen Bewertung bestimmt ist;
13. „Kennzeichnung“ bezeichnet geschriebene, gedruckte oder grafisch dargestellte Informationen, die entweder auf dem Produkt selbst oder auf der Verpackung jeder Einheit oder auf der Verpackung mehrerer Produkte angebracht sind;
14. „Gebrauchsanweisung“ bezeichnet vom Hersteller zur Verfügung gestellte Informationen, in denen der Anwender über die Zweckbestimmung und

korrekte Verwendung eines Produkts sowie über eventuell zu ergreifende Vorsichtsmaßnahmen unterrichtet wird;

15. „einmalige Produktkennung“ (Unique Device Identifier – UDI) bezeichnet eine Abfolge numerischer oder alphanumerischer Zeichen, die mittels international anerkannter Identifizierungs- und Kodierungsstandards erstellt wurde und die eine eindeutige Identifizierung einzelner Produkte auf dem Markt ermöglicht;

16. „nicht lebensfähig“ bedeutet ohne die Fähigkeit, einen Stoffwechsel aufrechtzuerhalten oder sich fortzupflanzen;

17. „Derivat“ bezeichnet eine „nicht-zelluläre Substanz“, die mittels eines Herstellungsprozesses aus Gewebe oder Zellen menschlichen oder tierischen Ursprungs gewonnen wird. Die für die Herstellung des Produkts letztendlich verwendete Substanz enthält in diesem Fall keine Zellen und kein Gewebe;

18. „Nanomaterial“ bezeichnet ein natürliches, bei Prozessen anfallendes oder hergestelltes Material, das Partikel in ungebundenem Zustand, als Aggregat oder als Agglomerat enthält und bei dem mindestens 50 % der Partikel in der Anzahlgrößenverteilung ein oder mehrere Außenmaße im Bereich von 1 nm bis 100 nm haben.

    Fullerene, Graphenflocken und einwandige Kohlenstoff-Nanoröhren mit einem oder mehreren Außenmaßen unter 1 nm gelten ebenfalls als Nanomaterialien;

19. „Partikel“ im Sinne der Definition von Nanomaterialien in Nummer 18 bezeichnet ein winziges Teilchen einer Substanz mit definierten physikalischen Grenzen;

20. „Agglomerat“ im Sinne der Definition von Nanomaterialien in Nummer 18 bezeichnet eine Ansammlung schwach gebundener Partikel oder Aggregate, in der die resultierende Oberfläche ähnlich der Summe der Oberflächen der einzelnen Komponenten ist;

21. „Aggregat“ im Sinne der Definition von Nanomaterialien in Nummer 18 bezeichnet ein Partikel aus fest gebundenen oder verschmolzenen Partikeln;

22. „Leistung“ bezeichnet die Fähigkeit eines Produkts, seine vom Hersteller angegebene Zweckbestimmung zu erfüllen;

23. „Risiko“ bezeichnet die Kombination von Wahrscheinlichkeit eines Schadenseintritts und Schwere des Schadens;

24. „Nutzen-Risiko-Abwägung" bezeichnet die Analyse aller Bewertungen des Nutzens und der Risiken, die für die bestimmungsgemäße Verwendung eines Produkts entsprechend der vom Hersteller angegebenen Zweckbestimmung von möglicher Relevanz sind;

25. „Kompatibilität" bezeichnet die Fähigkeit eines Produkts – einschließlich Software –, bei Verwendung zusammen mit einem oder mehreren anderen Produkten gemäß seiner Zweckbestimmung

    a) seine Leistung zu erbringen, ohne dass seine bestimmungsgemäße Leistungsfähigkeit verloren geht oder beeinträchtigt wird, und/oder

    b) integriert zu werden und/oder seine Funktion zu erfüllen, ohne dass eine Veränderung oder Anpassung von Teilen der kombinierten Produkte erforderlich ist, und/oder

    c) konfliktfrei und ohne Interferenzen oder nachteilige Wirkungen in dieser Kombination verwendet zu werden;

26. „Interoperabilität" bezeichnet die Fähigkeit von zwei oder mehr Produkten – einschließlich Software – desselben Herstellers oder verschiedener Hersteller,

    a) Informationen auszutauschen und die ausgetauschten Informationen für die korrekte Ausführung einer konkreten Funktion ohne Änderung des Inhalts der Daten zu nutzen und/oder

    b) miteinander zu kommunizieren und/oder

    c) bestimmungsgemäß zusammenzuarbeiten;

27. „Bereitstellung auf dem Markt" bezeichnet jede entgeltliche oder unentgeltliche Abgabe eines Produkts, mit Ausnahme von Prüfprodukten, zum Vertrieb, zum Verbrauch oder zur Verwendung auf dem Unionsmarkt im Rahmen einer gewerblichen Tätigkeit;

28. „Inverkehrbringen" bezeichnet die erstmalige Bereitstellung eines Produkts, mit Ausnahme von Prüfprodukten, auf dem Unionsmarkt;

29. „Inbetriebnahme" bezeichnet den Zeitpunkt, zu dem ein Produkt, mit Ausnahme von Prüfprodukten, dem Endanwender als ein Erzeugnis zur Verfügung gestellt wird, das erstmals als gebrauchsfertiges Produkt entsprechend seiner Zweckbestimmung auf dem Unionsmarkt verwendet werden kann;

30. „Hersteller" bezeichnet eine natürliche oder juristische Person, die ein Produkt herstellt oder als neu aufbereitet bzw. entwickeln, herstellen oder als

neu aufbereiten lässt und dieses Produkt unter ihrem eigenen Namen oder ihrer eigenen Marke vermarktet;

31. „Neuaufbereitung" im Sinne der Herstellerdefinition bezeichnet die vollständige Rekonstruktion eines bereits in Verkehr gebrachten oder in Betrieb genommenen Produkts oder die Herstellung eines neuen Produkts aus gebrauchten Produkten mit dem Ziel, dass das Produkt den Anforderungen dieser Verordnung entspricht; dabei beginnt für die als neu aufbereiteten Produkte eine neue Lebensdauer;

32. „Bevollmächtigter" bezeichnet jede in der Union niedergelassene natürliche oder juristische Person, die von einem außerhalb der Union ansässigen Hersteller schriftlich beauftragt wurde, in seinem Namen bestimmte Aufgaben in Erfüllung seiner aus dieser Verordnung resultierenden Verpflichtungen wahrzunehmen, und die diesen Auftrag angenommen hat;

33. „Importeur" bezeichnet jede in der Union niedergelassene natürliche oder juristische Person, die ein Produkt aus einem Drittland auf dem Unionsmarkt in Verkehr bringt;

34. „Händler" bezeichnet jede natürliche oder juristische Person in der Lieferkette, die ein Produkt bis zum Zeitpunkt der Inbetriebnahme auf dem Markt bereitstellt, mit Ausnahme des Herstellers oder des Importeurs;

35. „Wirtschaftsakteur" bezeichnet einen Hersteller, einen bevollmächtigten Vertreter, einen Importeur, einen Händler und die in Artikel 22 Absätze 1 und 3 genannte Person;

36. „Gesundheitseinrichtung" bezeichnet eine Organisation, deren Hauptzweck in der Versorgung oder Behandlung von Patienten oder der Förderung der öffentlichen Gesundheit besteht;

37. „Anwender" bezeichnet jeden Angehörigen der Gesundheitsberufe oder Laien, der ein Medizinprodukt anwendet;

38. „Laie" bezeichnet eine Person, die nicht über eine formale Ausbildung in dem einschlägigen Bereich des Gesundheitswesens oder dem medizinischen Fachgebiet verfügt;

39. „Aufbereitung" bezeichnet ein Verfahren, dem ein gebrauchtes Produkt unterzogen wird, damit es sicher wiederverwendet werden kann; zu diesen Verfahren gehören Reinigung, Desinfektion, Sterilisation und ähnliche Verfahren sowie Prüfungen und Wiederherstellung der technischen und funktionellen Sicherheit des gebrauchten Produkts;

40. „Konformitätsbewertung“ bezeichnet das Verfahren, nach dem festgestellt wird, ob die Anforderungen dieser Verordnung an ein Produkt erfüllt worden sind;

41. „Konformitätsbewertungsstelle“ bezeichnet eine Stelle, die Konformitätsbewertungstätigkeiten einschließlich Kalibrierungen, Prüfungen, Zertifizierungen und Kontrollen durchführt und dabei als Drittpartei tätig wird;

42. „Benannte Stelle“ bezeichnet eine Konformitätsbewertungsstelle, die gemäß dieser Verordnung benannt wurde;

43. „CE-Konformitätskennzeichnung“ oder „CE-Kennzeichnung“ bezeichnet eine Kennzeichnung, durch die ein Hersteller angibt, dass ein Produkt den einschlägigen Anforderungen genügt, die in dieser Verordnung oder in anderen Rechtsvorschriften der Union über die Anbringung der betreffenden Kennzeichnung festgelegt sind;

44. „klinische Bewertung“ bezeichnet einen systematischen und geplanten Prozess zur kontinuierlichen Generierung, Sammlung, Analyse und Bewertung der klinischen Daten zu einem Produkt, mit dem Sicherheit und Leistung, einschließlich des klinischen Nutzens, des Produkts bei vom Hersteller vorgesehener Verwendung überprüft wird;

45. „klinische Prüfung“ bezeichnet eine systematische Untersuchung, bei der ein oder mehrere menschliche Prüfungsteilnehmer einbezogen sind und die zwecks Bewertung der Sicherheit oder Leistung eines Produkts durchgeführt wird;

46. „Prüfprodukt“ bezeichnet ein Produkt, das im Rahmen einer klinischen Prüfung bewertet wird;

47. „klinischer Prüfplan“ bezeichnet ein Dokument, in dem die Begründung, die Ziele, die Konzeption, die Methodik, die Überwachung, statistische Erwägungen, die Organisation und die Durchführung einer klinischen Prüfung beschrieben werden;

48. „klinische Daten“ bezeichnet Angaben zur Sicherheit oder Leistung, die im Rahmen der Anwendung eines Produkts gewonnen werden und die aus den folgenden Quellen stammen:

   – klinische Prüfung(en) des betreffenden Produkts,

   – klinische Prüfung(en) oder sonstige in der wissenschaftlichen Fachliteratur wiedergegebene Studien über ein Produkt, dessen Gleichartigkeit mit dem betreffenden Produkt nachgewiesen werden kann,

- in nach dem Peer-Review-Verfahren überprüfter wissenschaftlicher Fachliteratur veröffentlichte Berichte über sonstige klinische Erfahrungen entweder mit dem betreffenden Produkt oder einem Produkt, dessen Gleichartigkeit mit dem betreffenden Produkt nachgewiesen werden kann,
- klinisch relevante Angaben aus der Überwachung nach dem Inverkehrbringen, insbesondere aus der klinischen Nachbeobachtung nach dem Inverkehrbringen;

49. „Sponsor" bezeichnet jede Person, jedes Unternehmen, jede Einrichtung oder jede Organisation, die bzw. das die Verantwortung für die Einleitung, das Management und die Aufstellung der Finanzierung der klinischen Prüfung übernimmt;
50. „Prüfungsteilnehmer" bezeichnet eine Person, die an einer klinischen Prüfung teilnimmt;
51. „klinischer Nachweis" bezeichnet die klinischen Daten und die Ergebnisse der klinischen Bewertung zu einem Produkt, die in quantitativer und qualitativer Hinsicht ausreichend sind, um qualifiziert beurteilen zu können, ob das Produkt sicher ist und den angestrebten klinischen Nutzen bei bestimmungsgemäßer Verwendung nach Angabe des Herstellers erreicht;
52. „klinische Leistung" bezeichnet die Fähigkeit eines Produkts, die sich aufgrund seiner technischen oder funktionalen – einschließlich diagnostischen – Merkmale aus allen mittelbaren oder unmittelbaren medizinischen Auswirkungen ergibt, seine vom Hersteller angegebene Zweckbestimmung zu erfüllen, sodass bei bestimmungsgemäßer Verwendung nach Angabe des Herstellers ein klinischer Nutzen für Patienten erreicht wird;
53. „klinischer Nutzen" bezeichnet die positiven Auswirkungen eines Produkts auf die Gesundheit einer Person, die anhand aussagekräftiger, messbarer und patientenrelevanter klinischer Ergebnisse einschließlich der Diagnoseergebnisse angegeben werden, oder eine positive Auswirkung auf das Patientenmanagement oder die öffentliche Gesundheit;
54. „Prüfer" bezeichnet eine für die Durchführung einer klinischen Prüfung an einer Prüfstelle verantwortliche Person;
55. „Einwilligung nach Aufklärung" bezeichnet eine aus freien Stücken erfolgende, freiwillige Erklärung der Bereitschaft, an einer bestimmten klinischen Prüfung teilzunehmen, durch einen Prüfungsteilnehmer, nachdem dieser über alle Aspekte der klinischen Prüfung, die für die Entscheidungsfindung

bezüglich der Teilnahme relevant sind, aufgeklärt wurde, oder im Falle von Minderjährigen und nicht einwilligungsfähigen Personen eine Genehmigung oder Zustimmung ihres gesetzlichen Vertreters, sie in die klinische Prüfung aufzunehmen;

56. „Ethik-Kommission“ bezeichnet ein in einem Mitgliedstaat eingerichtetes unabhängiges Gremium, das gemäß dem Recht dieses Mitgliedstaats eingesetzt wurde und dem die Befugnis übertragen wurde, Stellungnahmen für die Zwecke dieser Verordnung unter Berücksichtigung der Standpunkte von Laien, insbesondere Patienten oder Patientenorganisationen, abzugeben;

57. „unerwünschtes Ereignis“ bezeichnet ein nachteiliges medizinisches Ereignis, eine nicht vorgesehene Erkrankung oder Verletzung oder nachteilige klinische Symptome, einschließlich anormaler Laborbefunde, bei Prüfungsteilnehmern, Anwendern oder anderen Personen im Rahmen einer klinischen Prüfung, auch wenn diese nicht mit dem Prüfprodukt zusammenhängen;

58. „schwerwiegendes unerwünschtes Ereignis“ bezeichnet ein unerwünschtes Ereignis, das eine der nachstehenden Folgen hatte:

    a) Tod,

    b) schwerwiegende Verschlechterung des Gesundheitszustands des Prüfungsteilnehmers, die ihrerseits eine der nachstehenden Folgen hatte:

        i) lebensbedrohliche Erkrankung oder Verletzung,

        ii) bleibender Körperschaden oder dauerhafte Beeinträchtigung einer Körperfunktion,

        iii) stationäre Behandlung oder Verlängerung der stationären Behandlung des Patienten,

        iv) medizinische oder chirurgische Intervention zur Verhinderung einer lebensbedrohlichen Erkrankung oder Verletzung oder eines bleibenden Körperschadens oder einer dauerhaften Beeinträchtigung einer Körperfunktion,

        v) chronische Erkrankung,

    c) Fötale Gefährdung, Tod des Fötus oder kongenitale körperliche oder geistige Beeinträchtigungen oder Geburtsfehler;

59. „Produktmangel“ bezeichnet eine Unzulänglichkeit bezüglich Identifizierung, Qualität, Haltbarkeit, Zuverlässigkeit, Sicherheit oder Leistung eines Prüfpro-

dukts, einschließlich Fehlfunktionen, Anwendungsfehlern oder Unzulänglichkeit der vom Hersteller bereitgestellten Information;

60. „Überwachung nach dem Inverkehrbringen" bezeichnet alle Tätigkeiten, die Hersteller in Zusammenarbeit mit anderen Wirtschaftsakteuren durchführen, um ein Verfahren zur proaktiven Erhebung und Überprüfung von Erfahrungen, die mit den von ihnen in Verkehr gebrachten, auf dem Markt bereitgestellten oder in Betrieb genommenen Produkten gewonnen werden, einzurichten und auf dem neuesten Stand zu halten, mit dem ein etwaiger Bedarf an unverzüglich zu ergreifenden Korrektur- oder Präventivmaßnahmen festgestellt werden kann;

61. „Marktüberwachung" bezeichnet die von den zuständigen Behörden durchgeführten Tätigkeiten und von ihnen getroffenen Maßnahmen, durch die geprüft und sichergestellt werden soll, dass die Produkte mit den Anforderungen der einschlägigen Harmonisierungsrechtsvorschriften der Union übereinstimmen und keine Gefährdung für die Gesundheit, Sicherheit oder andere im öffentlichen Interesse schützenswerte Rechtsgüter darstellen;

62. „Rückruf" bezeichnet jede Maßnahme, die auf Erwirkung der Rückgabe eines dem Endverbraucher schon bereitgestellten Produkts abzielt;

63. „Rücknahme" bezeichnet jede Maßnahme, mit der verhindert werden soll, dass ein in der Lieferkette befindliches Produkt weiterhin auf dem Markt bereitgestellt wird;

64. „Vorkommnis" bezeichnet eine Fehlfunktion oder Verschlechterung der Eigenschaften oder Leistung eines bereits auf dem Markt bereitgestellten Produkts, einschließlich Anwendungsfehlern aufgrund ergonomischer Merkmale, sowie eine Unzulänglichkeit der vom Hersteller bereitgestellten Informationen oder eine unerwünschte Nebenwirkung;

65. „schwerwiegendes Vorkommnis" bezeichnet ein Vorkommnis, das direkt oder indirekt eine der nachstehenden Folgen hatte, hätte haben können oder haben könnte:

    a) den Tod eines Patienten, Anwenders oder einer anderen Person,

    b) die vorübergehende oder dauerhafte schwerwiegende Verschlechterung des Gesundheitszustands eines Patienten, Anwenders oder anderer Personen,

    c) eine schwerwiegende Gefahr für die öffentliche Gesundheit,

66. „schwerwiegende Gefahr für die öffentliche Gesundheit“ bezeichnet ein Ereignis, das das unmittelbare Risiko des Todes, einer schwerwiegenden Verschlechterung des Gesundheitszustands einer Person oder einer schweren Erkrankung, die sofortige Abhilfemaßnahmen erfordert, bergen könnte, und das eine signifikante Morbidität oder Mortalität bei Menschen verursachen kann oder das für einen bestimmten Ort und eine bestimmte Zeit ungewöhnlich oder unerwartet ist;

67. „Korrekturmaßnahme“ bezeichnet eine Maßnahme zur Beseitigung der Ursache eines potenziellen oder vorhandenen Mangels an Konformität oder einer sonstigen unerwünschten Situation;

68. „Sicherheitskorrekturmaßnahme im Feld“ bezeichnet eine von einem Hersteller aus technischen oder medizinischen Gründen ergriffene Korrekturmaßnahme zur Verhinderung oder Verringerung des Risikos eines schwerwiegenden Vorkommnisses im Zusammenhang mit einem auf dem Markt bereitgestellten Produkt;

69. „Sicherheitsanweisung im Feld“ bezeichnet eine von einem Hersteller im Zusammenhang mit einer Sicherheitskorrekturmaßnahme im Feld an Anwender oder Kunden übermittelte Mitteilung;

70. „harmonisierte Norm“ bezeichnet eine europäische Norm im Sinne des Artikels 2 Nummer 1 Buchstabe c der Verordnung (EU) Nr. 1025/2012;

71. „gemeinsame Spezifikationen“ (im Folgenden „GS“) bezeichnet eine Reihe technischer und/oder klinischer Anforderungen, die keine Norm sind und deren Befolgung es ermöglicht, die für ein Produkt, ein Verfahren oder ein System geltenden rechtlichen Verpflichtungen einzuhalten.

Artikel 3
Änderung bestimmter Begriffsbestimmungen

Der Kommission wird die Befugnis übertragen, gemäß Artikel 115 delegierte Rechtsakte zur Änderung der in Artikel 2 Nummer 18 aufgeführten Begriffsbestimmung für Nanomaterialien und der damit verbundenen Begriffsbestimmungen in Artikel 2 Nummern 19, 20 und 21 zu erlassen; dabei berücksichtigt sie den technischen und wissenschaftlichen Fortschritt und trägt den auf Unions- und internationaler Ebene vereinbarten Begriffsbestimmungen Rechnung.

Artikel 4
Rechtlicher Status eines Produkts

(1) Unbeschadet des Artikels 2 Absatz 2 der Richtlinie 2001/83/EG legt die Kommission auf ein hinreichend begründetes Ersuchen eines Mitgliedstaats nach Anhörung der gemäß Artikel 103 dieser Verordnung eingesetzten Koordinierungsgruppe Medizinprodukte mittels Durchführungsrechtsakten fest, ob ein bestimmtes Produkt oder eine bestimmte Kategorie oder Gruppe von Produkten ein „Medizinprodukt" oder „Zubehör eines Medizinprodukts" darstellt. Die entsprechenden Durchführungsrechtsakte werden gemäß dem in Artikel 114 Absatz 3 dieser Verordnung genannten Prüfverfahren erlassen.

(2) Die Kommission kann auch aus eigener Initiative nach Anhörung der Koordinierungsgruppe Medizinprodukte mittels Durchführungsrechtsakten über die Fragen nach Absatz 1 des vorliegenden Artikels entscheiden. Diese Durchführungsrechtsakte werden gemäß dem in Artikel 114 Absatz 3 genannten Prüfverfahren erlassen.

(3) Die Kommission sorgt dafür, dass die Mitgliedstaaten Fachwissen über Medizinprodukte, In-vitro-Diagnostika, Arzneimittel, menschliche Gewebe und Zellen, kosmetische Mittel, Biozide, Lebensmittel sowie, sofern erforderlich, andere Produkte zur Bestimmung des geeigneten rechtlichen Status eines Produkts, einer Produktkategorie oder -gruppe austauschen.

(4) Bei den Beratungen über den möglichen rechtlichen Status von Produkten, bei denen es sich auch ganz oder teilweise um Arzneimittel, menschliche Gewebe und Zellen, Biozide oder Lebensmittel handelt, sorgt die Kommission bei Bedarf dafür, dass die Europäische Arzneimittel-Agentur (EMA), die Europäische Chemikalienagentur und die Europäische Behörde für Lebensmittelsicherheit in angemessenem Umfang gehört werden.

Kapitel II
Bereitstellung auf dem Markt und Inbetriebnahme von Produkten, Pflichten der Wirtschaftsakteure, Aufbereitung, CE-Kennzeichnung, freier Verkehr

Artikel 5
Inverkehrbringen und Inbetriebnahme

(1) Ein Produkt darf nur in Verkehr gebracht oder in Betrieb genommen werden, wenn es bei sachgemäßer Lieferung, korrekter Installation und Instandhaltung und

seiner Zweckbestimmung entsprechender Verwendung, dieser Verordnung entspricht.

(2) Ein Produkt muss unter Berücksichtigung seiner Zweckbestimmung den in Anhang I festgelegten für das Produkt geltenden grundlegenden Sicherheits- und Leistungsanforderungen genügen.

(3) Ein Nachweis der Einhaltung der grundlegenden Sicherheits- und Leistungsanforderungen umfasst auch eine klinische Bewertung gemäß Artikel 61.

(4) Produkte, die in Gesundheitseinrichtungen hergestellt und verwendet werden, gelten als in Betrieb genommen.

(5) Mit Ausnahme der einschlägigen grundlegenden Sicherheits- und Leistungsanforderungen gemäß Anhang I gelten die Anforderungen dieser Verordnung nicht für Produkte, die ausschließlich innerhalb von in der Union ansässigen Gesundheitseinrichtungen hergestellt und verwendet werden, sofern alle folgenden Bedingungen erfüllt sind:

a) Die Produkte werden nicht an eine andere rechtlich eigenständige Einrichtung abgegeben;

b) die Herstellung und die Verwendung der Produkte erfolgen im Rahmen geeigneter Qualitätsmanagementsysteme;

c) die Gesundheitseinrichtung liefert in ihrer Dokumentation eine Begründung dafür, dass die spezifischen Erfordernisse der Patientenzielgruppe nicht bzw. nicht auf dem angezeigten Leistungsniveau durch ein auf dem Markt befindliches gleichartiges Produkt befriedigt werden können;

d) die Gesundheitseinrichtung stellt der für sie zuständigen Behörde auf Ersuchen Informationen über die Verwendung der betreffenden Produkte zur Verfügung, die auch eine Begründung für deren Herstellung, Änderung und Verwendung beinhalten;

e) die Gesundheitseinrichtung verfasst eine Erklärung, die sie öffentlich zugänglich macht und die unter anderem Folgendes enthält:

  i) den Namen und die Anschrift der Gesundheitseinrichtung, die die Produkte herstellt;

  ii) die zur Identifizierung der Produkte erforderlichen Angaben;

  iii) eine Erklärung, dass die Produkte die grundlegenden Sicherheits- und Leistungsanforderungen gemäß Anhang I dieser Verordnung erfüllen, und gegebenenfalls Angaben – mit entsprechender Begründung – darüber, welche Anforderungen nicht vollständig erfüllt sind;

f) die Gesundheitseinrichtung erstellt Unterlagen, die ein Verständnis der Herstellungsstätte, des Herstellungsverfahrens, der Auslegung und der Leistungsdaten der Produkte einschließlich ihrer Zweckbestimmung ermöglichen und die hinreichend detailliert sind, damit sich die zuständige Behörde vergewissern kann, dass die grundlegenden Sicherheits- und Leistungsanforderungen gemäß Anhang I dieser Verordnung erfüllt sind;

g) die Gesundheitseinrichtung ergreift alle erforderlichen Maßnahmen, um sicherzustellen, dass sämtliche Produkte in Übereinstimmung mit den unter Buchstabe f genannten Unterlagen hergestellt werden;

h) die Gesundheitseinrichtung begutachtet die Erfahrungen, die aus der klinischen Verwendung der Produkte gewonnen wurden, und ergreift alle erforderlichen Korrekturmaßnahmen.

Die Mitgliedstaaten können von diesen Gesundheitseinrichtungen verlangen, dass sie der zuständigen Behörde alle weiteren relevanten Informationen über solche in ihrem Hoheitsgebiet hergestellten und verwendeten Produkte vorlegen. Die Mitgliedstaaten haben nach wie vor das Recht, die Herstellung und die Verwendung bestimmter Arten solcher Produkte einzuschränken, und sie erhalten Zugang zu den Gesundheitseinrichtungen, um deren Tätigkeiten zu überprüfen.

Dieser Absatz gilt nicht für Produkte, die im industriellen Maßstab hergestellt werden.

(6) Zur Sicherstellung der einheitlichen Anwendung des Anhangs I kann die Kommission Durchführungsrechtsakte erlassen, soweit dies für die Lösung von Problemen im Zusammenhang mit Unterschieden bei der Auslegung und Problemen der praktischen Anwendung erforderlich ist. Diese Durchführungsrechtsakte werden gemäß dem in Artikel 114 Absatz 3 genannten Prüfverfahren erlassen.

Artikel 6
Fernabsatz

(1) Ein Produkt, das einer in der Union niedergelassenen natürlichen oder juristischen Person über eine Dienstleistung der Informationsgesellschaft im Sinne von Artikel 1 Absatz 1 Buchstabe b der Richtlinie (EU) 2015/1535 angeboten wird, muss dieser Verordnung entsprechen.

(2) Unbeschadet der nationalen Rechtsvorschriften über die Ausübung des Arztberufs muss ein Produkt, das zwar nicht in Verkehr gebracht wird, aber im Rah-

men einer gewerblichen Tätigkeit gegen Entgelt oder unentgeltlich zur Erbringung diagnostischer oder therapeutischer Dienstleistungen eingesetzt wird, die einer in der Union niedergelassenen natürlichen oder juristischen Person über eine Dienstleistung der Informationsgesellschaft im Sinne von Artikel 1 Absatz 1 Buchstabe b der Richtlinie (EU) 2015/1535 oder über andere Kommunikationskanäle – direkt oder über zwischengeschaltete Personen – angeboten werden, dieser Verordnung entsprechen.

(3) Jede natürliche oder juristische Person, die ein Produkt gemäß Absatz 1 anbietet oder eine Dienstleistung gemäß Absatz 2 erbringt, stellt auf Ersuchen einer zuständigen Behörde eine Kopie der EU-Konformitätserklärung für das betreffende Produkt zur Verfügung.

(4) Ein Mitgliedstaat kann aus Gründen des Schutzes der öffentlichen Gesundheit von einem Anbieter von Diensten der Informationsgesellschaft im Sinne von Artikel 1 Absatz 1 Buchstabe b der Richtlinie (EU) 2015/1535 verlangen, seine Tätigkeit einzustellen.

Artikel 7
Angaben

Bei der Kennzeichnung, den Gebrauchsanweisungen, der Bereitstellung, der Inbetriebnahme und der Bewerbung von Produkten ist es untersagt, Texte, Bezeichnungen, Warenzeichen, Abbildungen und andere bildhafte oder nicht bildhafte Zeichen zu verwenden, die den Anwender oder Patienten hinsichtlich der Zweckbestimmung, Sicherheit und Leistung des Produkts irreführen können, indem sie

a) dem Produkt Funktionen und Eigenschaften zuschreiben, die es nicht besitzt,

b) einen falschen Eindruck hinsichtlich der Behandlung oder Diagnose und der Funktionen oder Eigenschaften, die das Produkt nicht besitzt, erwecken,

c) den Nutzer oder Patienten nicht über die zu erwartenden Risiken, die mit der Verwendung des Produkts gemäß seiner Zweckbestimmung verbunden sind, informieren,

d) andere Verwendungsmöglichkeiten für das Produkt empfehlen als diejenigen, für welche angegeben wird, dass sie Teil der Zweckbestimmung sind, für die die Konformitätsbewertung durchgeführt wurde.

Artikel 8
Anwendung harmonisierter Normen

(1) Bei Produkten, die harmonisierten Normen oder den betreffenden Teilen dieser Normen entsprechen, deren Fundstellen im Amtsblatt der Europäischen Union veröffentlicht worden sind, wird die Konformität mit den Anforderungen dieser Verordnung, die mit den betreffenden Normen oder Teilen davon übereinstimmen, angenommen.

Unterabsatz 1 gilt auch für System- oder Prozessanforderungen, die gemäß dieser Verordnung von den Wirtschaftsakteuren oder Sponsoren einzuhalten sind, einschließlich der Anforderungen im Zusammenhang mit den Qualitätsmanagementsystemen, dem Risikomanagement, den Systemen zur Überwachung nach dem Inverkehrbringen, den klinischen Prüfungen, der klinischen Bewertung oder der klinischen Nachbeobachtung nach dem Inverkehrbringen.

Verweise in der vorliegenden Verordnung auf harmonisierte Normen sind als harmonisierte Normen zu verstehen, deren Fundstellen im Amtsblatt der Europäischen Union veröffentlicht worden sind.

(2) Die in dieser Verordnung enthaltenen Verweise auf harmonisierte Normen schließen auch die Monographien des Europäischen Arzneibuches – angenommen gemäß dem Übereinkommen über die Ausarbeitung eines Europäischen Arzneibuches – ein, insbesondere über chirurgisches Nahtmaterial sowie die Aspekte der Wechselwirkung zwischen Arzneimitteln und Materialien von Produkten, die diese Arzneimittel enthalten, sofern die Fundstellen dieser Monographien im Amtsblatt der Europäischen Union veröffentlicht worden sind.

Artikel 9
Gemeinsame Spezifikationen

(1) Gibt es keine harmonisierten Normen oder sind die relevanten harmonisierten Normen nicht ausreichend oder muss Belangen der öffentlichen Gesundheit Rechnung getragen werden, so kann die Kommission – unbeschadet des Artikels 1 Absatz 2 und des Artikels 17 Absatz 5 und der in diesen Bestimmungen festgelegten Frist – nach Anhörung der Koordinierungsgruppe Medizinprodukte im Wege von Durchführungsrechtsakten gemeinsame Spezifikationen (im Folgenden „GS“) für die in Anhang I aufgeführten grundlegenden Sicherheits- und Leistungsanforderungen, die in den Anhängen II und III aufgeführte technische Dokumentation, die in Anhang XIV aufgeführte klinische Bewertung und die klinische Nachbeobachtung

nach dem Inverkehrbringen oder die in Anhang XV aufgeführten Anforderungen an klinische Prüfungen annehmen. Diese Durchführungsrechtsakte werden gemäß dem in Artikel 114 Absatz 3 genannten Prüfverfahren erlassen.

(2) Bei Produkten, die den in Absatz 1 genannten GS entsprechen, wird die Konformität mit den Anforderungen dieser Verordnung, die diesen Spezifikationen oder den betreffenden Teilen dieser Spezifikationen entsprechen, angenommen

(3) Die Hersteller befolgen die in Absatz 1 genannten GS, sofern sie nicht angemessen nachweisen, dass die von ihnen gewählten Lösungen ein diesen mindestens gleichwertiges Sicherheits- und Leistungsniveau gewährleisten.

(4) Ungeachtet des Absatzes 3 halten die Hersteller der in Anhang XVI aufgeführten Produkte die für diese Produkte geltenden GS ein.

Artikel 10
Allgemeine Pflichten der Hersteller

(1) Die Hersteller gewährleisten bei Inverkehrbringen oder Inbetriebnahme ihrer Produkte, dass diese gemäß den Anforderungen dieser Verordnung ausgelegt und hergestellt wurden.

(2) Von den Herstellern wird ein Risikomanagementsystem wie in Anhang I Abschnitt 3 beschrieben eingerichtet, dokumentiert, angewandt und aufrechterhalten.

(3) Die Hersteller führen eine klinische Bewertung nach Maßgabe der in Artikel 61 und in Anhang XIV festgelegten Anforderungen durch, die auch eine klinische Nachbeobachtung nach dem Inverkehrbringen umfasst.

(4) Die Hersteller von Produkten, bei denen es sich nicht um Sonderanfertigungen handelt, verfassen eine technische Dokumentation für diese Produkte und halten diese Dokumentation auf dem neuesten Stand. Die technische Dokumentation ist so beschaffen, dass durch sie eine Bewertung der Konformität des Produkts mit den Anforderungen dieser Verordnung ermöglicht wird. Die technische Dokumentation enthält die in den Anhängen II und III aufgeführten Elemente.

Der Kommission wird die Befugnis übertragen, gemäß Artikel 115 delegierte Rechtsakte zur Änderung der Anhänge II und III unter Berücksichtigung des technischen Fortschritts zu erlassen.

(5) Die Hersteller von Sonderanfertigungen erstellen und aktualisieren die Dokumentation gemäß Anhang XIII Abschnitt 2 und halten sie den zuständigen Behörden zur Verfügung.

(6) Wurde im Rahmen des anzuwendenden Konformitätsbewertungsverfahrens nachgewiesen, dass die geltenden Anforderungen erfüllt sind, erstellen die Hersteller von Produkten, bei denen es sich nicht um Sonderanfertigungen oder Prüfprodukte handelt, eine EU-Konformitätserklärung gemäß Artikel 19 und versehen die Produkte mit der CE-Kennzeichnung gemäß Artikel 20.

(7) Die Hersteller kommen ihren Verpflichtungen im Zusammenhang mit dem UDI-System gemäß Artikel 27 und den Registrierungsvorschriften gemäß den Artikeln 29 und 31 nach.

(8) Die Hersteller halten den zuständigen Behörden die technische Dokumentation, die EU-Konformitätserklärung sowie gegebenenfalls eine Kopie von gemäß Artikel 56 ausgestellten einschlägigen Bescheinigungen einschließlich etwaiger Änderungen und Nachträge noch mindestens zehn Jahre, nachdem das letzte von der EU-Konformitätserklärung erfasste Produkt in Verkehr gebracht wurde, zur Verfügung. Bei implantierbaren Produkten beträgt dieser Zeitraum mindestens 15 Jahre ab Inverkehrbringen des letzten Produkts.

Auf Ersuchen einer zuständigen Behörde legt der Hersteller – wie angefordert – entweder die vollständige technische Dokumentation oder eine Zusammenfassung dieser Dokumentation vor.

Ein Hersteller mit eingetragener Niederlassung außerhalb der Union stellt sicher, dass seinem Bevollmächtigten die erforderliche Dokumentation durchgängig zugänglich ist, damit dieser die in Artikel 11 Absatz 3 genannten Aufgaben wahrnehmen kann.

(9) Die Hersteller sorgen dafür, dass sie über Verfahren verfügen, die gewährleisten, dass die Anforderungen dieser Verordnung auch bei serienmäßiger Herstellung jederzeit eingehalten werden. Änderungen an der Auslegung des Produkts oder an seinen Merkmalen sowie Änderungen der harmonisierten Normen oder der GS, auf die bei Erklärung der Konformität eines Produkts verwiesen wird, werden zeitgerecht angemessen berücksichtigt. Die Hersteller von Produkten, bei denen es sich nicht um Prüfprodukte handelt, müssen ein Qualitätsmanagementsystem einrichten, dokumentieren, anwenden, aufrechterhalten, ständig aktualisieren und kontinuierlich verbessern, das die Einhaltung dieser Verordnung auf die wirksamste Weise sowie einer der Risikoklasse und der Art des Produkts angemessenen Weise gewährleistet.

Das Qualitätsmanagementsystem umfasst alle Teile und Elemente der Organisation eines Herstellers, die mit der Qualität der Prozesse, Verfahren und Produkte befasst sind. Es steuert die erforderliche Struktur und die erforderlichen Verantwortlichkeiten, Verfahren, Prozesse und Managementressourcen zur Umsetzung der Grundsätze und Maßnahmen, die notwendig sind, um die Einhaltung der Bestimmungen dieser Verordnung zu erreichen.

Das Qualitätsmanagementsystem umfasst mindestens folgende Aspekte:

a) ein Konzept zur Einhaltung der Regulierungsvorschriften, was die Einhaltung der Konformitätsbewertungsverfahren und der Verfahren für das Management von Änderungen an den von dem System erfassten Produkten mit einschließt;

b) die Feststellung der anwendbaren grundlegenden Sicherheits- und Leistungsanforderungen und die Ermittlung von Möglichkeiten zur Einhaltung dieser Anforderungen;

c) die Verantwortlichkeit der Leitung;

d) das Ressourcenmanagement, einschließlich der Auswahl und Kontrolle von Zulieferern und Unterauftragnehmern;

e) das Risikomanagement gemäß Anhang I Abschnitt 3;

f) die klinische Bewertung gemäß Artikel 61 und Anhang XIV einschließlich der klinischen Nachbeobachtung nach dem Inverkehrbringen;

g) die Produktrealisierung einschließlich Planung, Auslegung, Entwicklung, Herstellung und Bereitstellung von Dienstleistungen;

h) die Überprüfung der Zuteilung der UDI gemäß Artikel 27 Absatz 3 für alle einschlägigen Produkte und die Gewährleistung der Kohärenz und der Validität der gemäß Artikel 29 gelieferten Informationen;

i) die Aufstellung, Anwendung und Aufrechterhaltung eines Systems zur Überwachung nach dem Inverkehrbringen gemäß Artikel 83;

j) die Kommunikation mit den zuständigen Behörden, Benannten Stellen, weiteren Wirtschaftsakteuren, Kunden und/oder anderen interessierten Kreisen;

k) die Verfahren für die Meldung von schwerwiegenden Vorkommnissen und Sicherheitskorrekturmaßnahmen im Feld im Rahmen der Vigilanz;

l) das Management korrektiver und präventiver Maßnahmen und die Überprüfung ihrer Wirksamkeit;

m) Verfahren zur Überwachung und Messung der Ergebnisse, Datenanalyse und Produktverbesserung.

(10) Die Hersteller von Produkten richten ein System zur Überwachung nach dem Inverkehrbringen gemäß Artikel 83 ein und halten es auf dem neuesten Stand.

(11) Die Hersteller sorgen dafür, dass dem Produkt die Informationen gemäß Anhang I Abschnitt 23 in einer oder mehreren von dem Mitgliedstaat, in dem das Produkt dem Anwender oder Patienten zur Verfügung gestellt wird, festgelegten Amtssprache(n) der Union beiliegen. Die Angaben auf der Kennzeichnung müssen unauslöschlich, gut lesbar und für den vorgesehenen Anwender oder Patienten klar verständlich sein.

(12) Hersteller, die der Auffassung sind oder Grund zu der Annahme haben, dass ein von ihnen in Verkehr gebrachtes oder in Betrieb genommenes Produkt nicht dieser Verordnung entspricht, ergreifen unverzüglich die erforderlichen Korrekturmaßnahmen, um die Konformität dieses Produkts herzustellen oder es gegebenenfalls vom Markt zu nehmen oder zurückzurufen. Sie setzen die Händler des betreffenden Produkts und gegebenenfalls den Bevollmächtigten und die Importeure davon in Kenntnis.

Geht von dem Produkt eine schwerwiegende Gefahr aus, informieren die Hersteller außerdem unverzüglich die zuständigen Behörden der Mitgliedstaaten, in denen sie das Produkt bereitgestellt haben, sowie gegebenenfalls die Benannte Stelle, die für dieses Produkt eine Bescheinigung gemäß Artikel 56 ausgestellt hat, und übermitteln dabei insbesondere Angaben zur Nichtkonformität und zu bereits ergriffenen Korrekturmaßnahmen.

(13) Die Hersteller verfügen über ein System für die Aufzeichnung und Meldung von Vorkommnissen und Sicherheitskorrekturmaßnahmen im Feld gemäß den Artikeln 87 und 88.

(14) Die Hersteller händigen der zuständigen Behörde auf deren Ersuchen hin alle Informationen und Unterlagen, die für den Nachweis der Konformität des Produkts erforderlich sind, in einer von dem betreffenden Mitgliedstaat festgelegten Amtssprache der Union aus. Die zuständige Behörde des Mitgliedstaats, in dem der Hersteller seine eingetragene Niederlassung hat, kann verlangen, dass der Hersteller Proben des Produkts unentgeltlich zur Verfügung stellt oder, sofern dies nicht praktikabel ist, Zugang zu dem Produkt gewährt. Die Hersteller kooperieren mit einer zuständigen Behörde auf deren Ersuchen bei allen Korrekturmaßnahmen zur Abwendung oder, falls dies nicht möglich ist, Minderung von Risiken, die mit Produkten verbunden sind, die sie in Verkehr gebracht oder in Betrieb genommen haben.

Bei mangelnder Kooperation des Herstellers oder falls die vorgelegte Information und Dokumentation unvollständig oder unrichtig ist, kann die zuständige Behörde zur Gewährleistung des Schutzes der öffentlichen Gesundheit und der Sicherheit der Patienten alle angemessenen Maßnahmen ergreifen, um die Bereitstellung des

Produkts auf ihrem nationalen Markt zu untersagen oder einzuschränken, das Produkt von diesem Markt zu nehmen oder es zurückzurufen, bis der Hersteller kooperiert oder vollständige und richtige Informationen vorlegt.

Ist eine zuständige Behörde der Auffassung oder hat sie Grund zu der Annahme, dass ein Produkt Schaden verursacht hat, so erleichtert sie auf Ersuchen die Aushändigung der in Unterabsatz 1 genannten Informationen und Unterlagen an den potenziell geschädigten Patienten oder Anwender und gegebenenfalls den Rechtsnachfolger des Patienten oder Anwenders, die Krankenversicherungsgesellschaft des Patienten oder Anwenders oder andere Dritte, die von dem bei dem Patienten oder Anwender verursachten Schaden betroffen sind, und zwar unbeschadet der Datenschutzvorschriften und – sofern kein überwiegendes öffentliches Interesse an der Offenlegung besteht – unbeschadet des Schutzes der Rechte des geistigen Eigentums.

Die zuständige Behörde muss nicht der Verpflichtung gemäß Unterabsatz 3 nachkommen, wenn die Frage der Offenlegung der in Unterabsatz 1 genannten Informationen und Unterlagen üblicherweise in Gerichtsverfahren behandelt wird.

(15) Lassen Hersteller ihre Produkte von einer anderen natürlichen oder juristischen Person konzipieren oder herstellen, so ist die Identität dieser Person Teil der gemäß Artikel 29 Absatz 4 vorzulegenden Angaben.

(16) Natürliche oder juristische Personen können für einen Schaden, der durch ein fehlerhaftes Produkt verursacht wurde, gemäß dem geltenden Unionsrecht und dem geltenden nationalen Recht Schadensersatz verlangen.

Die Hersteller treffen Vorkehrungen, die der Risikoklasse, der Art des Produkts und der Unternehmensgröße angemessen sind, um eine ausreichende finanzielle Deckung ihrer potenziellen Haftung gemäß der Richtlinie 85/374/EWG zu gewährleisten, unbeschadet strengerer Schutzmaßnahmen nach nationalem Recht.

Artikel 11
Bevollmächtigter

(1) Ist der Hersteller eines Produkts nicht in einem der Mitgliedstaaten niedergelassen, so kann das Produkt nur dann in der Union in Verkehr gebracht werden, wenn der Hersteller einen einzigen Bevollmächtigten benennt.

(2) Die Benennung stellt das Mandat des Bevollmächtigten dar und ist nur gültig, wenn sie von diesem schriftlich angenommen wird; sie gilt mindestens für alle Produkte einer generischen Produktgruppe.

(3) Der Bevollmächtigte führt die Aufgaben aus, die in dem zwischen ihm und dem Hersteller vereinbarten Mandat festgelegt sind. Der Bevollmächtigte händigt der zuständigen Behörde auf deren Ersuchen eine Kopie des Mandats aus.

Das Mandat verpflichtet und der Hersteller ermächtigt den Bevollmächtigten zur Ausführung folgender Aufgaben in Bezug auf die vom Mandat betroffenen Produkte:

a) Überprüfung, dass die EU-Konformitätserklärung und die technische Dokumentation erstellt wurden und dass der Hersteller gegebenenfalls ein entsprechendes Konformitätsbewertungsverfahren durchgeführt hat;

b) Bereithaltung einer Kopie der technischen Dokumentation, der EU-Konformitätserklärung und gegebenenfalls einer Kopie der gemäß Artikel 56 ausgestellten einschlägigen Bescheinigung einschließlich etwaiger Änderungen und Nachträge für die zuständigen Behörden über den in Artikel 10 Absatz 8 genannten Zeitraum;

c) Einhaltung der Registrierungsvorschriften gemäß Artikel 31 und Überprüfung, dass der Hersteller die Registrierungsvorschriften gemäß den Artikeln 27 und 29 einhält;

d) auf Ersuchen einer zuständigen Behörde Aushändigung aller zum Nachweis der Konformität eines Produkts erforderlichen Informationen und Unterlagen an diese Behörde in einer von dem betreffenden Mitgliedstaat festgelegten Amtssprache der Union;

e) Weiterleitung etwaiger Ersuchen einer zuständigen Behörde des Mitgliedstaats, in dem der Bevollmächtigte seine eingetragene Niederlassung hat, um Proben oder um Zugang zu einem Produkt an den Hersteller und Überprüfung, dass die zuständige Behörde die Proben bzw. den Zugang zu dem Produkt erhält;

f) Kooperation mit den zuständigen Behörden bei allen Präventiv- oder Korrekturmaßnahmen zur Abwendung oder, falls dies nicht möglich ist, Minderung von Gefahren, die mit Produkten einhergehen;

g) unverzügliche Unterrichtung des Herstellers über Beschwerden und Berichte seitens Angehöriger der Gesundheitsberufe, der Patienten und Anwender über mutmaßliche Vorkommnisse im Zusammenhang mit einem Produkt, für das der Vertreter benannt wurde;

h) Beendigung des Mandats, falls der Hersteller seine Verpflichtungen aus dieser Verordnung verletzt.

(4) Das in Absatz 3 des vorliegenden Artikels genannte Mandat kann nicht die Pflichten des Herstellers gemäß Artikel 10 Absätze 1, 2, 3, 4, 6, 7, 9, 10, 11 und 12 delegieren.

(5) Ist der Hersteller nicht in einem Mitgliedstaat niedergelassen und ist er seinen Verpflichtungen gemäß Artikel 10 nicht nachgekommen, so ist der Bevollmächtigte unbeschadet des Absatzes 4 des vorliegenden Artikels für fehlerhafte Produkte auf der gleichen Grundlage wie der Hersteller mit diesem als Gesamtschuldner rechtlich haftbar.

(6) Ein Bevollmächtigter, der sein Mandat aus dem in Absatz 3 Buchstabe h genannten Grund beendet, unterrichtet unverzüglich die zuständige Behörde des Mitgliedstaats, in dem er niedergelassen ist, sowie gegebenenfalls die Benannte Stelle, die an der Konformitätsbewertung des Produkts mitgewirkt hat, über diese Beendigung und die Gründe dafür.

(7) Ein Verweis in dieser Verordnung auf die zuständige Behörde des Mitgliedstaats, in dem der Hersteller seine eingetragene Niederlassung hat, gilt als Verweis auf die zuständige Behörde desjenigen Mitgliedstaats, in dem der Bevollmächtigte, der vom Hersteller gemäß Absatz 1 benannt wurde, seine eingetragene Niederlassung hat.

Artikel 12
Wechsel des Bevollmächtigten

Die detaillierten Vorkehrungen für einen Wechsel des Bevollmächtigten sind in einer Vereinbarung zwischen dem Hersteller, dem bisherigen Bevollmächtigten – soweit durchführbar – und dem neuen Bevollmächtigten klar zu regeln. In dieser Vereinbarung müssen mindestens folgende Aspekte geklärt werden:

a) Zeitpunkt der Beendigung des Mandats des bisherigen Bevollmächtigten und Zeitpunkt des Beginns des Mandats des neuen Bevollmächtigten;

b) Zeitpunkt, bis zu dem der bisherige Bevollmächtigte in den vom Hersteller bereitgestellten Informationen, einschließlich Werbematerial, genannt werden darf;

c) Übergabe von Dokumenten, einschließlich der vertraulichen Aspekte und Eigentumsrechte;

d) Verpflichtung des bisherigen Bevollmächtigten, nach Beendigung des Mandats alle eingehenden Beschwerden und Berichte seitens Angehöriger der Gesundheitsberufe, der Patienten und Anwender über mutmaßliche Vorkommnisse im Zusammenhang mit einem Produkt, für das er als Bevollmächtigter benannt war, an den Hersteller oder den neuen Bevollmächtigten weiterzuleiten.

Artikel 13
Allgemeine Pflichten der Importeure

(1) Importeure dürfen in der Union nur Produkte in Verkehr bringen, die dieser Verordnung entsprechen.

(2) Um ein Produkt in Verkehr zu bringen, überprüft der Importeur, dass

a) das Produkt die CE-Kennzeichnung trägt und eine EU-Konformitätserklärung für das Produkt ausgestellt wurde,

b) der Hersteller bekannt ist und einen Bevollmächtigten gemäß Artikel 11 benannt hat,

c) das Produkt gemäß dieser Verordnung gekennzeichnet ist und ihm die erforderliche Gebrauchsanweisung beiliegt,

d) der Hersteller für das Produkt gegebenenfalls eine UDI gemäß Artikel 27 vergeben hat.

Ist ein Importeur der Auffassung oder hat er Grund zu der Annahme, dass ein Produkt nicht den Anforderungen dieser Verordnung entspricht, darf er dieses Produkt nicht in Verkehr bringen, bevor die Konformität des Produkts hergestellt ist; in diesem Fall informiert er den Hersteller und den Bevollmächtigten des Herstellers. Ist der Importeur der Auffassung oder hat er Grund zu der Annahme, dass von dem Produkt eine schwerwiegende Gefahr ausgeht oder dass es sich um ein gefälschtes Produkt handelt, informiert er außerdem die zuständige Behörde des Mitgliedstaats, in dem der Importeur niedergelassen ist.

(3) Importeure geben auf dem Produkt oder auf seiner Verpackung oder auf einem dem Produkt beiliegenden Dokument ihren Namen, ihren eingetragenen Handelsnamen oder ihre eingetragene Handelsmarke, ihre eingetragene Niederlassung und die Anschrift an, unter der sie zu erreichen sind, so dass ihr tatsächlicher Standort ermittelt werden kann. Sie sorgen dafür, dass eine zusätzliche Kennzeichnung die Informationen auf der vom Hersteller angebrachten Kennzeichnung nicht verdeckt.

(4) Die Importeure überprüfen, dass das Produkt in dem elektronischen System gemäß Artikel 29 registriert ist. Sie ergänzen diese Registrierung durch ihre Daten gemäß Artikel 31.

(5) Während sich ein Produkt in ihrer Verantwortung befindet, sorgen die Importeure dafür, dass die Lagerungs- oder Transportbedingungen die Übereinstimmung des Produkts mit den in Anhang I aufgeführten grundlegenden Sicherheits- und Leistungsanforderungen nicht beeinträchtigen und dass etwaige Vorgaben der Hersteller eingehalten werden.

(6) Die Importeure führen ein Register der Beschwerden, der nichtkonformen Produkte und der Rückrufe und Rücknahmen und stellen dem Hersteller, dem Bevollmächtigten und den Händlern alle von diesen angeforderten Informationen zur Verfügung, damit sie Beschwerden prüfen können.

(7) Importeure, die der Auffassung sind oder Grund zu der Annahme haben, dass ein von ihnen in Verkehr gebrachtes Produkt nicht dieser Verordnung entspricht, teilen dies unverzüglich dem Hersteller und seinem Bevollmächtigten mit. Die Importeure arbeiten mit dem Hersteller, dem Bevollmächtigten des Herstellers und der zuständigen Behörde zusammen, um sicherzustellen, dass die erforderlichen Korrekturmaßnahmen ergriffen werden, um die Konformität des Produkts herzustellen oder es vom Markt zu nehmen oder zurückzurufen. Geht von dem Produkt eine schwerwiegende Gefahr aus, informieren sie außerdem unverzüglich die zuständigen Behörden der Mitgliedstaaten, in denen sie das Produkt bereitgestellt haben, sowie gegebenenfalls die Benannte Stelle, die für das betreffende Produkt eine Bescheinigung gemäß Artikel 56 ausgestellt hat, und übermitteln dabei insbesondere genaue Angaben zur Nichtkonformität und zu bereits ergriffenen Korrekturmaßnahmen.

(8) Importeure, denen Beschwerden und Berichte seitens Angehöriger der Gesundheitsberufe, der Patienten oder Anwender über mutmaßliche Vorkommnisse im Zusammenhang mit einem Produkt, das sie in den Verkehr gebracht haben, zugehen, leiten diese unverzüglich an den Hersteller und seinen Bevollmächtigten weiter.

(9) Die Importeure halten über den in Artikel 10 Absatz 8 genannten Zeitraum eine Kopie der EU-Konformitätserklärung sowie gegebenenfalls eine Kopie der gemäß Artikel 56 ausgestellten einschlägigen Bescheinigung einschließlich etwaiger Änderungen und Nachträge bereit.

(10) Die Importeure kooperieren mit den zuständigen Behörden auf deren Ersuchen bei allen Maßnahmen zur Abwendung oder, falls dies nicht möglich ist, Minderung von Gefahren, die mit Produkten verbunden sind, die sie in Verkehr gebracht haben. Die Importeure stellen einer zuständigen Behörde des Mitgliedstaats, in dem sie ihre eingetragene Niederlassung haben, auf deren Ersuchen

unentgeltliche Proben des Produkts zur Verfügung oder gewähren ihr, sofern dies nicht praktikabel ist, Zugang zu dem Produkt.

Artikel 14
Allgemeine Pflichten der Händler

(1) Wenn die Händler ein Produkt auf dem Markt bereitstellen, berücksichtigen sie im Rahmen ihrer Tätigkeiten die geltenden Anforderungen mit der gebührenden Sorgfalt.

(2) Bevor sie ein Produkt auf dem Markt bereitstellen, überprüfen die Händler, ob alle folgenden Anforderungen erfüllt sind:

a) Das Produkt trägt die CE-Kennzeichnung, und es wurde eine EU-Konformitätserklärung für das Produkt ausgestellt;

b) dem Produkt liegen die vom Hersteller gemäß Artikel 10 Absatz 11 bereitgestellten Informationen bei;

c) bei importierten Produkten hat der Importeur die in Artikel 13 Absatz 3 genannten Anforderungen erfüllt;

d) gegebenenfalls wurde vom Hersteller eine UDI vergeben.

Zur Erfüllung der Anforderungen nach Unterabsatz 1 Buchstaben a, b und d kann der Händler ein Probenahmeverfahren anwenden, das für die von ihm gelieferten Produkte repräsentativ ist.

Ist ein Händler der Auffassung oder hat er Grund zu der Annahme, dass ein Produkt nicht den Anforderungen dieser Verordnung entspricht, darf er das betreffende Produkt nicht auf dem Markt bereitstellen, bevor die Konformität des Produkts hergestellt ist; in diesem Fall informiert er den Hersteller und gegebenenfalls den Bevollmächtigten des Herstellers und den Importeur. Ist der Importeur der Auffassung oder hat er Grund zu der Annahme, dass von dem Produkt eine schwerwiegende Gefahr ausgeht oder dass es sich um ein gefälschtes Produkt handelt, informiert er außerdem die zuständige Behörde des Mitgliedstaats, in dem er niedergelassen ist.

(3) Während sich das Produkt in ihrer Verantwortung befindet, sorgen die Händler dafür, dass die Lagerungs- und Transportbedingungen den Vorgaben des Herstellers entsprechen.

(4) Händler, die der Auffassung sind oder Grund zu der Annahme haben, dass ein von ihnen auf dem Markt bereitgestelltes Produkt nicht dieser Verordnung entspricht, teilen dies unverzüglich dem Hersteller und gegebenenfalls dem bevoll-

mächtigtem Vertreter des Herstellers und dem Importeur mit. Die Händler arbeiten mit dem Hersteller und gegebenenfalls dem Bevollmächtigten des Herstellers und dem Importeur sowie mit den zuständigen Behörden zusammen, um sicherzustellen, dass bei Bedarf die erforderlichen Korrekturmaßnahmen ergriffen werden, um die Konformität des Produkts herzustellen, es vom Markt zu nehmen oder zurückzurufen. Ist der Händler der Auffassung oder hat er Grund zu der Annahme, dass von dem Produkt eine schwerwiegende Gefahr ausgeht, informiert er außerdem unverzüglich die zuständigen Behörden der Mitgliedstaaten, in denen er das Produkt bereitgestellt hat, und übermittelt dabei insbesondere genaue Angaben zur Nichtkonformität und zu bereits ergriffenen Korrekturmaßnahmen.

(5) Händler, denen Beschwerden und Berichte seitens Angehöriger der Gesundheitsberufe, der Patienten oder Anwender über mutmaßliche Vorkommnisse im Zusammenhang mit einem Produkt, das sie bereitgestellt haben, zugehen, leiten diese unverzüglich an den Hersteller und gegebenenfalls den Bevollmächtigten des Herstellers und den Importeur weiter. Sie führen ein Register der Beschwerden, der nichtkonformen Produkte und der Rückrufe und Rücknahmen, und sie halten den Hersteller und gegebenenfalls dessen Bevollmächtigten und den Importeur über diese Überwachungsmaßnahme auf dem Laufenden und stellen ihnen auf deren Ersuchen alle Informationen zur Verfügung.

(6) Die Händler händigen der zuständigen Behörde auf Ersuchen alle Informationen und Unterlagen aus, die ihnen vorliegen und die für den Nachweis der Konformität eines Produkts erforderlich sind.

Die Verpflichtung des Händlers gemäß Unterabsatz 1 gilt als erfüllt, wenn der Hersteller oder gegebenenfalls der Bevollmächtigte, der für das betreffende Produkt zuständig ist, die entsprechenden Informationen zur Verfügung stellt. Die Händler kooperieren mit den zuständigen Behörden auf deren Ersuchen bei allen Maßnahmen zur Abwendung von Gefahren, die mit Produkten verbunden sind, die sie auf dem Markt bereitgestellt haben. Die Händler stellen einer zuständigen Behörde auf Ersuchen unentgeltliche Proben des Produkts zur Verfügung oder gewähren ihr, sofern dies nicht praktikabel ist, Zugang zu dem Produkt.

Artikel 15
Für die Einhaltung der Regulierungsvorschriften verantwortliche Person

(1) Hersteller verfügen in ihrer Organisation über mindestens eine Person mit dem erforderlichen Fachwissen auf dem Gebiet der Medizinprodukte, die für die

Einhaltung der Regulierungsvorschriften verantwortlich ist. Das erforderliche Fachwissen ist auf eine der folgenden Arten nachzuweisen:

a) Diplom, Zeugnis oder anderer Nachweis einer formellen Qualifikation durch Abschluss eines Hochschulstudiums oder eines von dem betreffenden Mitgliedstaat als gleichwertig anerkannten Ausbildungsgangs in Recht, Medizin, Pharmazie, Ingenieurwesen oder einem anderen relevanten wissenschaftlichen Fachbereich sowie mindestens ein Jahr Berufserfahrung in Regulierungsfragen oder Qualitätsmanagementsystemen im Zusammenhang mit Medizinprodukten;

b) vier Jahre Berufserfahrung in Regulierungsfragen oder Qualitätsmanagementsystemen im Zusammenhang mit Medizinprodukten.

Unbeschadet der nationalen Rechtsvorschriften über berufliche Qualifikationen können die Hersteller von Sonderanfertigungen das in Unterabsatz 1 genannte erforderliche Fachwissen durch zwei Jahre Berufserfahrung in einem entsprechenden Fabrikationsbereich nachweisen.

(2) Kleinst- und Kleinunternehmen im Sinne der Empfehlung 2003/361/EG der Kommission[39]) sind nicht verpflichtet, in ihrer Organisation eine für die Einhaltung der Regulierungsvorschriften verantwortliche Person zur Verfügung zu haben; sie müssen jedoch dauerhaft und ständig auf eine solche Person zurückgreifen können.

(3) Die für die Einhaltung der Regulierungsvorschriften verantwortliche Person ist mindestens dafür verantwortlich, dass

a) die Konformität der Produkte in angemessener Weise gemäß dem Qualitätsmanagementsystem geprüft wird, in dessen Rahmen die Produkte hergestellt werden, bevor ein Produkt freigegeben wird,

b) die technische Dokumentation und die EU-Konformitätserklärung erstellt und auf dem neuesten Stand gehalten werden,

c) die Verpflichtungen zur Überwachung nach dem Inverkehrbringen gemäß Artikel 10 Absatz 10 erfüllt werden,

d) die Berichtspflichten gemäß den Artikeln 87 bis 91 erfüllt werden,

e) im Fall von Prüfprodukten die Erklärung gemäß Anhang XV Kapitel II Abschnitt 4.1 abgegeben wird.

[39]) Empfehlung 2003/361/EG der Kommission vom 6. Mai 2003 betreffend die Definition der Kleinstunternehmen sowie der kleinen und mittleren Unternehmen (ABl. L 124 vom 20.5.2003, S. 36).

(4) Sind mehrere Personen gemeinsam für die Einhaltung der Regulierungsvorschriften gemäß den Absätzen 1, 2 und 3 verantwortlich, müssen ihre jeweiligen Aufgabenbereiche schriftlich festgehalten werden.

(5) Die für die Einhaltung der Regulierungsvorschriften verantwortliche Person darf im Zusammenhang mit der korrekten Erfüllung ihrer Pflichten innerhalb der Organisation des Herstellers keinerlei Nachteile erleiden, und zwar unabhängig davon, ob sie ein Beschäftigter der Organisation ist oder nicht.

(6) Bevollmächtigte müssen dauerhaft und ständig auf mindestens eine Person mit dem erforderlichen Fachwissen über die Regulierungsanforderungen für Medizinprodukte in der Union zurückgreifen können, die für die Einhaltung der Regulierungsvorschriften verantwortlich ist. Das erforderliche Fachwissen ist auf eine der folgenden Arten nachzuweisen:

a) Diplom, Zeugnis oder anderer Nachweis einer formellen Qualifikation durch Abschluss eines Hochschulstudiums oder eines von dem betreffenden Mitgliedstaat als gleichwertig anerkannten Ausbildungsgangs in Recht, Medizin, Pharmazie, Ingenieurwesen oder einem anderen relevanten wissenschaftlichen Fachbereich sowie mindestens ein Jahr Berufserfahrung in Regulierungsfragen oder Qualitätsmanagementsystemen im Zusammenhang mit Medizinprodukten;

b) vier Jahre Berufserfahrung in Regulierungsfragen oder Qualitätsmanagementsystemen im Zusammenhang mit Medizinprodukten.

Artikel 16
Fälle, in denen die Pflichten des Herstellers auch für Importeure, Händler oder andere Personen gelten

(1) Ein Händler, Importeur oder eine sonstige natürliche oder juristische Person hat die Pflichten des Herstellers bei Ausführung folgender Tätigkeiten:

a) Bereitstellung eines Produkts auf dem Markt unter dem eigenen Namen, dem eigenen eingetragenen Handelsnamen oder der eigenen eingetragenen Handelsmarke, außer in den Fällen, in denen ein Händler oder Importeur eine Vereinbarung mit einem Hersteller schließt, wonach der Hersteller als solcher auf der Kennzeichnung angegeben wird und für die Einhaltung der nach dieser Verordnung für die Hersteller geltenden Anforderungen verantwortlich ist;

b) Änderung der Zweckbestimmung eines bereits im Verkehr befindlichen oder in Betrieb genommenen Produkts;

c) Änderung eines bereits im Verkehr befindlichen oder in Betrieb genommenen Produkts in einer Art und Weise, die Auswirkungen auf die Konformität des Produkts mit den geltenden Anforderungen haben könnte.

Unterabsatz 1 gilt nicht für Personen, die – ohne Hersteller im Sinne von Artikel 2 Nummer 30 zu sein – ein bereits in Verkehr gebrachtes Produkt ohne Änderung seiner Zweckbestimmung für einen bestimmten Patienten montieren oder anpassen.

(2) Für die Zwecke von Absatz 1 Buchstabe c gelten folgende Tätigkeiten nicht als eine Änderung des Produkts, die Auswirkungen auf seine Konformität mit den geltenden Anforderungen haben könnte:

a) Bereitstellung, einschließlich Übersetzung, der vom Hersteller gemäß Anhang I Abschnitt 23 bereitzustellenden Informationen über ein bereits im Verkehr befindliches Produkt und weiterer Informationen, die für die Vermarktung des Produkts in dem jeweiligen Mitgliedstaat erforderlich sind;

b) Änderungen der äußeren Verpackung eines bereits im Verkehr befindlichen Produkts, einschließlich Änderung der Packungsgröße, falls das Umpacken erforderlich ist, um das Produkt in dem jeweiligen Mitgliedstaat zu vermarkten, und sofern dies unter Bedingungen geschieht, die gewährleisten, dass der Originalzustand des Produkts dadurch nicht beeinträchtigt werden kann. Bei Produkten, die steril in Verkehr gebracht werden, gilt, dass der Originalzustand der Verpackung beeinträchtigt ist, wenn die zur Aufrechterhaltung der Sterilität notwendige Verpackung beim Umpacken geöffnet, beschädigt oder anderweitig beeinträchtig wird.

(3) Ein Händler oder Importeur, der eine der in Absatz 2 Buchstaben a und b genannten Tätigkeiten durchführt, gibt auf dem Produkt oder, falls dies nicht praktikabel ist, auf der Verpackung oder auf einem dem Produkt beiliegenden Dokument die Tätigkeit an, um die es sich handelt, sowie seinen Namen, seinen eingetragenen Handelsnamen oder seine eingetragene Handelsmarke, seine eingetragene Niederlassung und die Anschrift, unter der er zu erreichen ist, sodass sein tatsächlicher Standort ermittelt werden kann.

Die Händler und die Importeure sorgen dafür, dass sie über ein Qualitätsmanagementsystem verfügen, das Verfahren umfasst, mit denen sichergestellt wird, dass die Übersetzung der Informationen korrekt und auf dem neuesten Stand ist und dass die in Absatz 2 Buchstaben a und b genannten Tätigkeiten mit Mitteln und unter Bedingungen durchgeführt werden, die gewährleisten, dass der Originalzustand des Produkts erhalten bleibt und die Verpackung des umgepackten Produkts nicht fehlerhaft, von schlechter Qualität oder unordentlich ist. Zu dem Qualitätsmanagementsystem gehören auch Verfahren, mit denen sichergestellt wird, dass der Händler oder Importeur über alle Korrekturmaßnahmen informiert wird, die der Hersteller in Bezug auf das betreffende Produkt als Reaktion auf Sicherheitsprobleme oder zur Herstellung der Konformität mit dieser Verordnung ergreift.

(4) Mindestens 28 Tage bevor das umgekennzeichnete oder umgepackte Produkt auf dem Markt bereitgestellt wird, unterrichten die Händler oder Importeure, die eine der in Absatz 2 Buchstaben a und b genannten Tätigkeiten durchführen, den Hersteller und die zuständige Behörde des Mitgliedstaats, in dem sie das Produkt bereitstellen wollen von ihrer Absicht, das umgekennzeichnete oder umgepackte Produkt auf dem Markt bereitzustellen, und stellen dem Hersteller und der zuständigen Behörde auf Verlangen eine Probe oder ein Modell des umgekennzeichneten oder umgepackten Produkts zur Verfügung, einschließlich der übersetzten Kennzeichnung und der übersetzten Gebrauchsanweisung. Der Hersteller oder Importeur legt der zuständigen Behörde im selben Zeittraum von 28 Tagen eine Bescheinigung vor, ausgestellt von einer Benannten Stelle und bestimmt für die Art der Produkte, auf die sich die in Absatz 2 Buchstaben a und b genannten Tätigkeiten erstrecken, in der bescheinigt wird, dass das Qualitätsmanagementsystem des Händlers oder Importeurs den in Absatz 3 festgelegten Anforderungen entspricht.

Artikel 17
Einmalprodukte und ihre Aufbereitung

(1) Die Aufbereitung und Weiterverwendung von Einmalprodukten ist nur gemäß diesem Artikel und nur dann zulässig, wenn sie nach nationalem Recht gestattet ist.

(2) Eine natürliche oder juristische Person, die ein Einmalprodukt aufbereitet, damit es für eine weitere Verwendung in der Union geeignet ist, gilt als Hersteller des aufbereiteten Produkts und ist daher allen Pflichten, die Herstellern gemäß dieser Verordnung obliegen, unterworfen, wozu auch die Pflichten in Bezug auf die Rückverfolgbarkeit des aufbereiteten Produkts gemäß Kapitel III dieser Verordnung gehören. Der Aufbereiter des Produkts gilt als Hersteller im Sinne von Artikel 3 Nummer 1 der Richtlinie 85/374/EWG.

(3) Abweichend von Absatz 2 können die Mitgliedstaaten beschließen, bei innerhalb einer Gesundheitseinrichtung aufbereiteten und verwendeten Einmalprodukten nicht alle der in dieser Verordnung festgelegten Regelungen hinsichtlich der Verpflichtungen der Hersteller anzuwenden, sofern sie sicherstellen, dass

a) die Sicherheit und die Leistung des aufbereiteten Produkts der des Originalprodukts gleichwertig ist und dass die Anforderungen des Artikels 5 Absatz 5 Buchstaben a, b, d, e, f, g und h eingehalten werden,

b) die Aufbereitung gemäß den GS durchgeführt wird, die Einzelheiten zu folgenden Anforderungen enthalten:

- zum Risikomanagement zusammen mit der Analyse der Konstruktion und des Materials, den damit verbundenen Eigenschaften des Produkts (Reverse Engineering) und den Verfahren zur Erkennung von Änderungen der Auslegung des Originalprodukts sowie seiner geplanten Anwendung nach der Aufbereitung,
- zur Validierung der Verfahren für den gesamten Prozess einschließlich der Reinigungsschritte,
- zur Produktfreigabe und Leistungsprüfung,
- zum Qualitätsmanagementsystem,
- zur Meldung von Vorkommnissen mit Produkten, die aufbereitet wurden, sowie
- zur Rückverfolgbarkeit aufbereiteter Produkte.

Die Mitgliedstaaten wirken darauf hin und können vorschreiben, dass Gesundheitseinrichtungen den Patienten Informationen über die Verwendung aufbereiteter Produkte in der Gesundheitseinrichtung und gegebenenfalls andere einschlägige Informationen über die aufbereiteten Produkte, mit dem Patienten behandelt werden, zur Verfügung stellen.

Die Mitgliedstaaten teilen der Kommission und den anderen Mitgliedstaaten die gemäß diesem Absatz erlassenen nationalen Bestimmungen und die Gründe für deren Erlass mit. Die Kommission macht diese Angaben öffentlich zugänglich.

(4) Die Mitgliedstaaten können beschließen, dass die Bestimmungen gemäß Absatz 3 auch für Einmalprodukte gelten sollen, die im Auftrag einer Gesundheitseinrichtung von einem externen Aufbereiter aufbereitet werden, sofern das aufbereitete Produkt in seiner Gesamtheit an die betreffende Gesundheitseinrichtung zurückgegeben wird und der externe Aufbereiter die Anforderungen gemäß Absatz 3 Buchstaben a und b erfüllt.

(5) Die Kommission legt gemäß Artikel 9 Absatz 1 die in Absatz 3 Buchstabe b genannten erforderlichen GS bis zum 26. Mai 2021 fest. Diese GS entsprechen den

neuesten wissenschaftlichen Erkenntnissen und beziehen sich auf die Anwendung der in dieser Verordnung festgelegten grundlegenden Sicherheits- und Leistungsanforderungen. Falls diese GS nicht bis zum 26. Mai 2021 festgelegt sind, wird die Aufbereitung gemäß einschlägigen harmonisierten Normen und nationalen Vorschriften durchgeführt, mit denen die Einhaltung der in Absatz 3 Buchstabe b festgelegten Anforderungen sichergestellt wird. Die Einhaltung der GS bzw. – sofern keine solchen festgelegt wurden – der einschlägigen harmonisierten Normen und nationalen Vorschriften wird von einer Benannten Stelle zertifiziert.

(6) Aufbereitet werden dürfen nur Einmalprodukte, die gemäß dieser Verordnung oder vor dem 26. Mai 2021 gemäß der Richtlinie 93/42/EWG in Verkehr gebracht wurden.

(7) Einmalprodukte dürfen nur auf eine Art aufbereitet werden, die gemäß den neuesten wissenschaftlichen Erkenntnissen als sicher gilt.

(8) Name und Anschrift der in Absatz 2 genannten natürlichen oder juristischen Person sowie die weiteren einschlägigen Angaben gemäß Anhang I Abschnitt 23 werden auf der Kennzeichnung sowie gegebenenfalls in der Gebrauchsanweisung für das aufbereitete Produkt angegeben.

Name und Anschrift des Herstellers des ursprünglichen Einmalprodukts erscheinen nicht mehr auf der Kennzeichnung, werden aber in der Gebrauchsanweisung für das aufbereitete Produkt genannt.

(9) Ein Mitgliedstaat, der die Aufbereitung von Einmalprodukten gestattet, kann nationale Rechtsvorschriften erlassen oder beibehalten, die strenger sind als die Vorschriften in dieser Verordnung und die in seinem Hoheitsgebiet folgende Tätigkeiten einschränken oder verbieten:

a) Aufbereitung von Einmalprodukten und Verbringung von Einmalprodukten in einen anderen Mitgliedstaat oder ein Drittland zum Zwecke der Aufbereitung;

b) Bereitstellung oder Weiterverwendung von aufbereiteten Einmalprodukten.

Die Mitgliedstaaten teilen der Kommission und den anderen Mitgliedstaaten diese nationalen Rechtsvorschriften mit. Diese Angaben werden von der Kommission veröffentlicht.

(10) Die Kommission erstellt bis zum 27. Mai 2024 einen Bericht über die Anwendung des vorliegenden Artikels und legt ihn dem Europäischen Parlament und dem Rat vor. Auf der Grundlage dieses Berichts unterbreitet die Kommission gegebenenfalls Vorschläge zur Änderung dieser Verordnung.

Artikel 18
Implantationsausweis und Informationen, die Patienten mit einem implantierten Produkt zur Verfügung zu stellen sind

(1) Der Hersteller eines implantierbaren Produkts liefert zusammen mit dem Produkt folgende Informationen:

a) Angaben zur Identifizierung des Produkts einschließlich des Produktnamens, der Seriennummer, der Losnummer, der UDI, des Produktmodells sowie des Namens, der Anschrift und der Website des Herstellers;

b) alle Warnungen und vom Patienten oder Angehörigen der Gesundheitsberufe zu ergreifenden Vorkehrungen oder Vorsichtsmaßnahmen im Hinblick auf Wechselwirkungen mit nach vernünftigem Ermessen vorhersehbaren äußeren Einwirkungen, medizinischen Untersuchungen oder Umgebungsbedingungen;

c) Angaben zur voraussichtlichen Lebensdauer des Produkts und zu den notwendigen Folgemaßnahmen;

d) etwaige weitere Angaben, um den sicheren Gebrauch des Produkts durch den Patienten zu gewährleisten, einschließlich der in Anhang I Abschnitt 23.4 Buchstabe u angegebenen Informationen.

Die Angaben gemäß Unterabsatz 1 werden in der bzw. den von dem betreffenden Mitgliedstaat festgelegten Sprache(n) in einer Form bereitgestellt, die einen schnellen Zugang zu den Informationen ermöglicht, um sie dem Patienten, dem das Produkt implantiert wurde, zugänglich zu machen. Die Angaben werden so abgefasst, dass ein Laie sie ohne Schwierigkeiten verstehen kann, und erforderlichenfalls aktualisiert. Die aktualisierten Angaben werden dem Patienten über die in Buchstabe a genannte Website zugänglich gemacht.

Zudem stellt der Hersteller die Angaben gemäß Buchstabe a in einem Implantationsausweis zur Verfügung, der mit dem Produkt mitgeliefert wird.

(2) Die Mitgliedstaaten verpflichten die Gesundheitseinrichtungen, Patienten, denen ein Produkt implantiert wurde, die in Absatz 1 genannten Angaben in einer Form bereitzustellen, die einen schnellen Zugang zu den Informationen ermöglicht, und ihnen gleichzeitig den Implantationsausweis, der die Angaben zu ihrer Identität enthält, zur Verfügung zu stellen.

(3) Folgende Implantate werden von den in diesem Artikel festgelegten Verpflichtungen ausgenommen: Nahtmaterial, Klammern, Zahnfüllungen, Zahnspangen, Zahnkronen, Schrauben, Keile, Zahn- bzw. Knochenplatten, Drähte, Stifte, Klem-

men und Verbindungsstücke. Der Kommission wird die Befugnis übertragen, gemäß Artikel 115 delegierte Rechtsakte zu erlassen, um diese Liste durch Hinzufügung anderer Arten von Implantaten oder Streichung von Implantaten anzupassen.

Artikel 19
EU-Konformitätserklärung

(1) Die EU-Konformitätserklärung besagt, dass die in dieser Verordnung genannten Anforderungen hinsichtlich des betreffenden Produkts erfüllt wurden. Der Hersteller aktualisiert laufend die EU-Konformitätserklärung. Die EU-Konformitätserklärung enthält mindestens die in Anhang IV aufgeführten Angaben und wird in eine oder mehrere Amtssprachen der Union übersetzt, die von dem/den Mitgliedstaat(en) vorgeschrieben wird/werden, in dem/denen das Produkt bereitgestellt wird.

(2) Ist für Produkte in Bezug auf Aspekte, die nicht unter diese Verordnung fallen, aufgrund anderer Rechtsvorschriften der Union ebenfalls eine EU-Konformitätserklärung des Herstellers erforderlich, um nachzuweisen, dass die Anforderungen der betreffenden Rechtsvorschriften eingehalten wurden, so wird eine einzige EU-Konformitätserklärung erstellt, die alle für das Produkt geltenden Rechtsakte der Union erfasst. Die Erklärung enthält alle erforderlichen Angaben zur Identifizierung der Rechtsvorschriften der Union, auf die sich die Erklärung bezieht.

(3) Indem der Hersteller die EU-Konformitätserklärung erstellt, übernimmt er die Verantwortung dafür, dass das Produkt den Anforderungen dieser Verordnung sowie allen anderen für das Produkt geltenden Rechtsvorschriften der Union entspricht.

(4) Der Kommission wird die Befugnis übertragen, gemäß Artikel 115 delegierte Rechtsakte zur Änderung der in Anhang IV aufgeführten Mindestangaben für die EU-Konformitätserklärung zu erlassen; dabei berücksichtigt sie den technischen Fortschritt.

Artikel 20
CE-Konformitätskennzeichnung

(1) Mit Ausnahme von Sonderanfertigungen oder Prüfprodukten tragen alle Produkte, die als den Anforderungen dieser Verordnung entsprechend betrachtet werden, die CE-Konformitätskennzeichnung gemäß Anhang V.

(2) Für die CE-Kennzeichnung gelten die allgemeinen Grundsätze des Artikels 30 der Verordnung (EG) Nr. 765/2008.

(3) Die CE-Kennzeichnung wird gut sichtbar, leserlich und dauerhaft auf dem Produkt oder auf seiner sterilen Verpackung angebracht. Ist diese Anbringung wegen der Beschaffenheit des Produkts nicht möglich oder nicht sinnvoll, wird die CE-Kennzeichnung auf der Verpackung angebracht. Die CE-Kennzeichnung erscheint auch in jeder Gebrauchsanweisung und auf jeder Handelsverpackung.

(4) Die CE-Kennzeichnung wird vor dem Inverkehrbringen des Produkts angebracht. Ihr kann ein Piktogramm oder ein anderes Zeichen folgen, das eine besondere Gefahr oder Verwendung angibt.

(5) Wo erforderlich, wird der CE-Kennzeichnung die Kennnummer der für die Konformitätsbewertungsverfahren gemäß Artikel 52 zuständigen Benannten Stelle hinzugefügt. Diese Kennnummer ist auch auf jeglichem Werbematerial anzugeben, in dem darauf hingewiesen wird, dass das Produkt die Anforderungen für die CE-Kennzeichnung erfüllt.

(6) Falls die Produkte auch unter andere Rechtsvorschriften der Union fallen, in denen die CE-Kennzeichnung ebenfalls vorgesehen ist, bedeutet die CE-Kennzeichnung, dass die Produkte auch die Anforderungen dieser anderen Rechtsvorschriften erfüllen.

Artikel 21
Produkte für besondere Zwecke

(1) Die Mitgliedstaaten errichten keine Hemmnisse für

a) Prüfprodukte, die einem Prüfer für die Zwecke klinischer Prüfung zur Verfügung gestellt werden, wenn sie die in den Artikeln 62 bis 80 und in Artikel 82, in den Durchführungsrechtsakten gemäß Artikel 81 und in Anhang XV genannten Bedingungen erfüllen,

b) Sonderanfertigungen, die auf dem Markt bereitgestellt werden, wenn sie Artikel 52 Absatz 8 und Anhang XIII entsprechen.

Mit Ausnahme der in Artikel 74 genannten Produkte tragen die in Unterabsatz 1 genannten Produkte keine CE-Kennzeichnung.

(2) Sonderanfertigungen muss die Erklärung gemäß Anhang XIII Abschnitt 1 beigefügt sein, die dem durch seinen Namen, ein Akronym oder einen numerischen Code identifizierbaren Patienten oder Anwender zur Verfügung gestellt wird.

Die Mitgliedstaaten können verlangen, dass Hersteller von Sonderanfertigungen der zuständigen Behörde eine Liste derartiger Produkte übermitteln, die in ihrem Hoheitsgebiet in Verkehr gebracht wurden.

(3) Die Mitgliedstaaten errichten keine Hemmnisse dafür, dass bei Messen, Ausstellungen, Vorführungen und ähnlichen Veranstaltungen Produkte ausgestellt werden, die dieser Verordnung nicht entsprechen, sofern mit einem gut sichtbaren Schild ausdrücklich darauf hingewiesen wird, dass diese Produkte lediglich zu Ausstellungs- und Vorführzwecken bestimmt sind und erst bereitgestellt werden können, wenn ihre Konformität mit dieser Verordnung hergestellt ist.

Artikel 22
Systeme und Behandlungseinheiten

(1) Natürliche oder juristische Personen, die Produkte mit einer CE-Kennzeichnung mit folgenden anderen Medizin- oder sonstigen Produkten in einer mit der Zweckbestimmung der Medizin- oder sonstigen Produkte vereinbaren Weise und innerhalb der vom Hersteller vorgesehenen Anwendungsbeschränkungen kombinieren, um sie in Form eines Systems oder einer Behandlungseinheit in Verkehr zu bringen, müssen eine Erklärung abgeben:

a) sonstige Produkte mit CE-Kennzeichnung;

b) In-vitro-Diagnostika mit CE-Kennzeichnung gemäß der Verordnung (EU) 2017/746;

c) sonstige Produkte, die den für sie geltenden Rechtsvorschriften entsprechen, nur dann, wenn sie im Rahmen eines medizinischen Verfahrens verwendet werden oder wenn ihr Vorhandensein im System oder in der Behandlungseinheit anderweitig gerechtfertigt ist.

(2) In der Erklärung gemäß Absatz 1 gibt die betreffende natürliche oder juristische Person an, dass sie

a) die gegenseitige Vereinbarkeit der Medizin- und gegebenenfalls sonstigen Produkte entsprechend den Hinweisen der Hersteller geprüft und ihre Tätigkeiten entsprechend diesen Hinweisen durchgeführt hat,

b) das System oder die Behandlungseinheit verpackt und die einschlägigen Benutzerhinweise angegeben hat, unter Einbeziehung der Informationen, die vom Hersteller der Medizin- und sonstigen zusammengestellten Produkte bereitzustellen sind,

c) die Zusammenstellung von Medizin- und gegebenenfalls sonstigen Produkten zu einem System oder einer Behandlungseinheit unter Anwendung geeigneter Methoden der internen Überwachung, Überprüfung und Validierung vorgenommen hat.

(3) Jede natürliche oder juristische Person, die Systeme oder Behandlungseinheiten gemäß Absatz 1 für ihr Inverkehrbringen sterilisiert, wendet wahlweise eines der Verfahren gemäß Anhang IX oder das Verfahren gemäß Anhang XI Teil A an. Die Anwendung dieser Verfahren und die Beteiligung der Benannten Stelle sind auf die Aspekte des Sterilisationsverfahrens beschränkt, die der Gewährleistung der Sterilität des Produkts bis zur Öffnung oder Beschädigung der Verpackung dienen. Die natürliche oder juristische Person gibt eine Erklärung ab, aus der hervorgeht, dass die Sterilisation gemäß den Anweisungen des Herstellers erfolgt ist.

(4) Enthält das System oder die Behandlungseinheit Produkte, die keine CE-Kennzeichnung tragen, oder ist die gewählte Kombination von Produkten nicht mit deren ursprünglicher Zweckbestimmung vereinbar oder wurde die Sterilisation nicht gemäß den Anweisungen des Herstellers durchgeführt, so wird das System oder die Behandlungseinheit als eigenständiges Produkt behandelt und dem einschlägigen Konformitätsbewertungsverfahren gemäß Artikel 52 unterzogen. Die natürliche oder juristische Person ist den für die Hersteller geltenden Pflichten unterworfen.

(5) Die in Absatz 1 des vorliegenden Artikels genannten Systeme oder Behandlungseinheiten selber werden nicht mit einer zusätzlichen CE-Kennzeichnung versehen; sie tragen jedoch den Namen, den eingetragenen Handelsnamen oder die eingetragene Handelsmarke der in den Absätzen 1 und 3 des vorliegenden Artikels genannten Person sowie die Anschrift, unter der diese Person zu erreichen ist, so dass der tatsächliche Standort der Person ermittelt werden kann. Systemen oder Behandlungseinheiten liegen die in Anhang I Abschnitt 23 genannten Informationen bei. Die Erklärung gemäß Absatz 2 des vorliegenden Artikels wird für die zuständigen Behörden nach Zusammenstellung des Systems oder der Behandlungseinheit so lange zur Verfügung gehalten, wie für die kombinierten Produkte gemäß Artikel 10 Absatz 8 erforderlich. Gelten für die Produkte unterschiedliche Zeiträume, ist der längste Zeitraum ausschlaggebend.

Artikel 23
Teile und Komponenten

(1) Jede natürliche oder juristische Person, die auf dem Markt einen Gegenstand bereitstellt, der speziell dazu bestimmt ist, einen identischen oder ähnlichen Teil oder eine identische oder ähnliche Komponente eines schadhaften oder abgenutzten Produkts zu ersetzen, um die Funktion des Produkts zu erhalten oder wiederherzustellen, ohne ihre Leistungs- oder Sicherheitsmerkmale oder ihre Zweck-

bestimmung zu verändern, sorgt dafür, dass der Gegenstand die Sicherheit und Leistung des Produkts nicht beeinträchtigt. Diesbezügliche Nachweise sind für die zuständigen Behörden der Mitgliedstaaten zur Verfügung zu halten.

(2) Ein Gegenstand, der speziell dazu bestimmt ist, einen Teil oder eine Komponente eines Produkts zu ersetzen, und durch den sich die Leistungs- oder Sicherheitsmerkmale oder die Zweckbestimmung des Produkts erheblich ändern, gilt als eigenständiges Produkt und muss die Anforderungen dieser Verordnung erfüllen.

Artikel 24
Freier Verkehr

Sofern in dieser Verordnung nicht anders angegeben, dürfen die Mitgliedstaaten die Bereitstellung auf dem Markt oder Inbetriebnahme von Produkten, die den Anforderungen dieser Verordnung entsprechen, in ihrem Hoheitsgebiet nicht ablehnen, untersagen oder beschränken.

Kapitel III
Identifizierung und Rückverfolgbarkeit von Produkten, Registrierung von Produkten und Wirtschaftsakteuren, Kurzbericht über Sicherheit und klinische Leistung, Europäische Datenbank für Medizinprodukte

Artikel 25
Identifizierung innerhalb der Lieferkette

(1) Die Händler und Importeure arbeiten mit den Herstellern oder ihren Bevollmächtigten zusammen, um ein angemessenes Niveau der Rückverfolgbarkeit von Produkten zu erreichen.

(2) Während des in Artikel 10 Absatz 8 genannten Zeitraums müssen die Wirtschaftsakteure der zuständigen Behörde gegenüber Folgendes angeben können:

a) alle Wirtschaftsakteure, an die sie ein Produkt direkt abgegeben haben;

b) alle Wirtschaftsakteure, von denen sie ein Produkt direkt bezogen haben;

c) alle Gesundheitseinrichtungen oder Angehörigen der Gesundheitsberufe, an die sie ein Produkt direkt abgegeben haben.

Artikel 26
Nomenklatur für Medizinprodukte

Um das Funktionieren der in Artikel 33 genannten Europäischen Datenbank für Medizinprodukte (Eudamed) zu erleichtern, stellt die Kommission sicher, dass Herstellern und anderen natürlichen oder juristischen Personen, die gemäß dieser Verordnung eine international anerkannte Nomenklatur für Medizinprodukte verwenden müssen, diese Nomenklatur kostenfrei zur Verfügung steht. Die Kommission bemüht sich zudem sicherzustellen, dass diese Nomenklatur auch anderen interessierten Kreisen kostenfrei zur Verfügung steht, wo dies nach vernünftigem Ermessen durchführbar ist.

Artikel 27
System zur eindeutigen Produktidentifikation

(1) Das in Anhang VI Teil C beschriebene System zur eindeutigen Produktidentifikation (im Folgenden „UDI-System" – Unique Device Identification system) ermöglicht die Identifizierung und erleichtert die Rückverfolgung von Produkten, bei denen es sich nicht um Sonderanfertigungen und Prüfprodukte handelt; es besteht aus

a) der Erstellung einer UDI, die Folgendes umfasst:
   - i) eine dem Hersteller und dem Produkt eigene UDI-Produktkennung („UDI-DI" – UDI Device Identifier), die den Zugriff auf die in Anhang VI Teil B aufgeführten Informationen ermöglicht;
   - ii) eine UDI-Herstellungskennung (UDI-PI – UDI Production Identifier), die die Produktionseinheit des Produkts und gegebenenfalls die abgepackten Produkte gemäß Anhang VI Teil C ausweist;

b) dem Anbringen der UDI auf der Kennzeichnung des Produkts oder seiner Verpackung,

c) der Erfassung der UDI durch Wirtschaftsakteure, Gesundheitseinrichtungen und Angehörige der Gesundheitsberufe unter den jeweiligen Bedingungen gemäß den Absätzen 8 und 9 des vorliegenden Artikels,

d) der Einrichtung eines elektronischen Systems für die einmalige Produktkennung (UDI-Datenbank) gemäß Artikel 28.

(2) Die Kommission benennt im Wege von Durchführungsrechtsakten eine oder mehrere Stellen, damit diese ein System zur Zuteilung von UDI gemäß dieser Verordnung betreiben (im Folgenden „Zuteilungsstellen"). Diese Stelle bzw. Stellen müssen alle folgenden Kriterien erfüllen:

a) Die Stelle ist eine Organisation mit Rechtspersönlichkeit;

b) ihr System für die Zuteilung von UDI ist dafür geeignet, ein Produkt gemäß dieser Verordnung über seinen gesamten Vertrieb und seine gesamte Verwendung hinweg zu identifizieren;

c) ihr System für die Zuteilung von UDI entspricht den einschlägigen internationalen Normen;

d) die Stelle gibt allen interessierten Nutzern unter vorab festgelegten und transparenten Bedingungen Zugang zu ihrem UDI-Zuteilungssystem;

e) die Stelle verpflichtet sich,

   i) das UDI-Zuteilungssystem für mindestens zehn Jahre nach ihrer Benennung zu betreiben,

   ii) der Kommission und den Mitgliedstaaten auf Ersuchen Auskunft über ihr UDI-Zuteilungssystem zu erteilen,

   iii) die Kriterien und Bedingungen für die Benennung dauerhaft zu erfüllen.

Bei der Benennung der Zuteilungsstellen ist die Kommission bestrebt sicherzustellen, dass die UDI-Träger gemäß Anhang VI Teil C ungeachtet des von der Zuteilungsstelle verwendeten Systems universell lesbar sind, um die finanzielle Belastung und den Verwaltungsaufwand für die Wirtschaftsakteure und die Gesundheitseinrichtungen möglichst gering zu halten.

(3) Bevor ein Hersteller ein Produkt, ausgenommen Sonderanfertigungen, in Verkehr bringt, teilt er diesem und gegebenenfalls allen höheren Verpackungsebenen eine UDI zu, die im Einklang mit den Vorschriften der von der Kommission gemäß Absatz 2 benannten Zuteilungsstelle generiert wurde.

Bevor ein Produkt, bei dem es sich nicht um eine Sonderanfertigung oder ein Prüfprodukt handelt, in Verkehr gebracht wird, muss der Hersteller sicherstellen, dass die in Anhang VI Teil B genannten Informationen zu dem betreffenden Produkt in korrekter Form an die in Artikel 28 genannte UDI-Datenbank weitergeleitet und übertragen werden.

(4) Die UDI-Träger werden auf der Kennzeichnung des Produkts und auf allen höheren Verpackungsebenen angebracht. Versandcontainer gelten nicht als höhere Verpackungsebene.

(5) Die UDI wird für die Meldung von schwerwiegenden Vorkommnissen und von Sicherheitskorrekturmaßnahmen im Feld gemäß Artikel 87 verwendet.

(6) Die Basis-UDI-DI gemäß der Definition in Anhang VI Teil C erscheint in der EU-Konformitätserklärung gemäß Artikel 19.

(7) Der Hersteller führt eine auf dem neuesten Stand zu haltende Liste aller von ihm vergebenen UDI als Teil der technischen Dokumentation gemäß Anhang II.

(8) Die Wirtschaftsakteure erfassen und speichern, vorzugsweise elektronisch, die UDI der Produkte, die sie abgegeben oder bezogen haben, sofern diese Produkte zu Folgendem gehören:

- den implantierbaren Produkten der Klasse III;
- den Produkten, Produktkategorien oder Produktgruppen, die von einer der in Absatz 11 Buchstabe a genannten Maßnahmen erfasst werden.

(9) Die Gesundheitseinrichtungen erfassen und speichern, vorzugsweise elektronisch, die UDI der Produkte, die sie abgegeben oder bezogen haben sofern diese Produkte zu den implantierbaren Produkten der Klasse III gehören.

Bei Produkten, die keine implantierbaren Produkte der Klasse III sind, wirken die Mitgliedstaaten darauf hin und können vorschreiben, dass die Gesundheitseinrichtungen die UDI der Produkte, die sie bezogen haben, vorzugsweise elektronisch erfassen und speichern.

Die Mitgliedstaaten wirken darauf hin und können vorschreiben, dass die Angehörigen der Gesundheitsberufe die UDI der Produkte, die sie bezogen haben, vorzugsweise elektronisch erfassen und speichern.

(10) Der Kommission wird die Befugnis übertragen, gemäß Artikel 115 delegierte Rechtsakte zu erlassen, mit denen

a) die in Anhang VI Teil B festgelegte Informationsliste zur Einbeziehung des technischen Fortschritts geändert wird und

b) Anhang VI vor dem Hintergrund der internationalen Entwicklungen und des technischen Fortschritts auf dem Gebiet der einmaligen Produktkennung geändert wird.

(11) Die Kommission kann im Wege von Durchführungsrechtsakten die detaillierten Vorkehrungen und Verfahrensaspekte für das UDI-System, die für seine harmonisierte Anwendung erforderlich sind, in Bezug auf Folgendes festlegen:

a) die Festlegung der Produkte, Produktkategorien oder Produktgruppen, für die die Verpflichtung gemäß Absatz 8 Anwendung findet;

b) die genaue Angabe der Daten, die aus der UDI-PI für bestimmte Produkte oder Produktgruppen ersichtlich sein müssen.

Die in Unterabsatz 1 genannten Durchführungsrechtsakte werden gemäß dem in Artikel 114 Absatz 3 genannten Prüfverfahren erlassen.

(12) Beim Erlass der in Absatz 11 genannten Bestimmungen achtet die Kommission auf alle folgenden Aspekte:

a) die Vertraulichkeit und den Datenschutz gemäß den Artikeln 109 bzw. 110,

b) einen risikobasierten Ansatz,

c) die Wirtschaftlichkeit der Maßnahmen,

d) die Konvergenz mit auf internationaler Ebene entwickelten UDI-Systemen,

e) die Notwendigkeit, Doppelungen im UDI-System zu vermeiden,

f) die Erfordernisse der Gesundheitssysteme der Mitgliedstaaten und – soweit möglich – die Kompatibilität mit anderen Identifizierungssystemen für Medizinprodukte, die von den Akteuren genutzt werden.

Artikel 28
UDI-Datenbank

(1) Nach Anhörung der Koordinierungsgruppe Medizinprodukte errichtet und betreibt die Kommission eine UDI-Datenbank, mit der die in Anhang VI Teil B genannten Angaben validiert, erfasst, verarbeitet und der Öffentlichkeit zugänglich gemacht werden.

(2) Bei der Konzeption der UDI-Datenbank trägt die Kommission den in Anhang VI Teil C Abschnitt 5 enthaltenen allgemeinen Grundsätzen Rechnung. Die UDI-Datenbank wird so konzipiert, dass keine UDI-PI und keine vertraulichen Produktinformationen geschäftlicher Art darin aufgenommen werden können.

(3) Die in die UDI-Datenbank einzugebenden zentralen Datenelemente gemäß Anhang VI Teil B werden der Öffentlichkeit kostenlos zugänglich gemacht.

(4) Bei der technischen Konzeption der UDI-Datenbank wird sichergestellt, dass die darin gespeicherten Informationen im Höchstmaß zugänglich sind, was auch einen Zugriff durch mehrere Benutzer und das automatische Hoch- und Herunterladen dieser Informationen umfasst. Die Kommission stellt den Herstellern und anderen Nutzern der UDI-Datenbank technische und administrative Unterstützung zur Verfügung.

Artikel 29
Registrierung von Produkten

(1) Bevor ein Produkt, bei dem es sich nicht um eine Sonderanfertigung handelt, in Verkehr gebracht wird, teilt der Hersteller dem Produkt im Einklang mit den Vorschriften der Zuteilungsstelle gemäß Artikel 27 Absatz 2 eine Basis-UDI-DI gemäß Anhang VI Teil C zu und gibt sie zusammen mit den anderen in Anhang VI Teil B aufgeführten zentralen Datenelementen zu diesem Produkt in die UDI-Datenbank ein.

(2) Bevor ein System oder eine Behandlungseinheit gemäß Artikel 22 Absätze 1 und 3, bei dem bzw. der es sich nicht um eine Sonderanfertigung handelt, in Verkehr gebracht wird, vergibt die zuständige natürliche oder juristische Person für das System oder die Behandlungseinheit im Einklang mit den Vorschriften der Zuteilungsstelle eine Basis-UDI-DI und gibt sie zusammen mit den anderen in Anhang VI Teil B aufgeführten zentralen Datenelementen zu diesem System oder dieser Behandlungseinheit in die UDI-Datenbank ein.

(3) Bei Produkten, die einer Konformitätsbewertung gemäß Artikel 52 Absatz 3 und Artikel 52 Absatz 4 Unterabsatz 2 und 3 unterzogen werden, erfolgt die Zuteilung der Basis-UDI-DI gemäß Absatz 1 des vorliegenden Artikels, bevor der Hersteller bei einer Benannten Stelle diese Bewertung beantragt.

Bei den in Unterabsatz 1 genannten Produkten gibt die Benannte Stelle in der gemäß Anhang XII Kapitel I Abschnitt 4 Buchstabe a ausgestellten Bescheinigung eine Referenz zur Basis-UDI-DI an und bestätigt, dass die Informationen gemäß Anhang VI Teil A Abschnitt 2.2 in Eudamed korrekt sind. Nach Ausstellung der betreffenden Bescheinigung und vor dem Inverkehrbringen des Produkts gibt der Hersteller die Basis-UDI-DI zusammen mit den anderen in Anhang VI Teil B aufgeführten zentralen Datenelementen zu diesem Produkt in die UDI-Datenbank ein.

(4) Bevor ein Produkt, bei dem es sich nicht um eine Sonderanfertigung handelt, in Verkehr gebracht wird, gibt der Hersteller die in Anhang VI Teil A Abschnitt 2 – mit Ausnahme von Abschnitt 2.2 – genannten Angaben in Eudamed ein oder prüft diese, wenn sie bereits eingegeben sind, nach; danach hält er diese Informationen auf dem neuesten Stand.

Artikel 30
Elektronisches System für die Registrierung von Wirtschaftsakteuren

(1) Nach Anhörung der Koordinierungsgruppe Medizinprodukte errichtet und betreibt die Kommission ein elektronisches System, mit dem die einmalige Regis-

trierungsnummer gemäß Artikel 31 Absatz 2 generiert wird und in dem die zur Identifizierung eines Herstellers und gegebenenfalls seines Bevollmächtigten und des Importeurs erforderlichen und verhältnismäßigen Angaben erfasst und verarbeitet werden. Welche Angaben von den Wirtschaftsakteuren in dieses elektronische System genau einzugeben sind, ist in Anhang VI Teil A Abschnitt 1 niedergelegt.

(2) Die Mitgliedstaaten können nationale Bestimmungen zur Registrierung von Händlern von Produkten, die in ihrem Hoheitsgebiet bereitgestellt wurden, beibehalten oder erlassen.

(3) Innerhalb von zwei Wochen nach Inverkehrbringen eines Produkts, bei dem es sich nicht um eine Sonderanfertigung handelt, prüfen die Importeure, ob der Hersteller oder sein Bevollmächtigter die in Absatz 1 genannten Angaben in das elektronische System eingegeben hat.

Die Importeure informieren gegebenenfalls den Bevollmächtigten oder den Hersteller, falls die in Absatz 1 genannten Angaben nicht enthalten oder unrichtig sind. Die Importeure ergänzen den einschlägigen Eintrag/die einschlägigen Einträge durch ihre Daten.

Artikel 31
Registrierung der Hersteller, der Bevollmächtigten und der Importeure

(1) Bevor sie ein Produkt, bei dem es sich nicht um eine Sonderanfertigung handelt, in Verkehr bringen, geben die Hersteller, Bevollmächtigten und Importeure die Angaben gemäß Anhang VI Teil A Abschnitt 1 in das in Artikel 30 genannte elektronische System ein, um sich registrieren zu lassen, sofern sie sich nicht bereits gemäß diesem Artikel registriert haben. In den Fällen, in denen das Konformitätsbewertungsverfahren die Mitwirkung einer Benannten Stelle gemäß Artikel 52 erfordert, werden die Angaben gemäß Anhang VI Teil A Abschnitt 1 an dieses elektronische System übermittelt, bevor der Antrag an die Benannte Stelle gerichtet wird.

(2) Nach Prüfung der gemäß Absatz 1 eingereichten Angaben erhält die zuständige Behörde von dem elektronischen System gemäß Artikel 30 eine einmalige Registrierungsnummer („SRN" – Single Registration Number) und teilt diese dem Hersteller, dem Bevollmächtigten oder dem Importeur mit.

(3) Der Hersteller verwendet die SRN, wenn er bei einer Benannten Stelle eine Konformitätsbewertung und wenn er den Zugang zu Eudamed beantragt, um seinen Verpflichtungen gemäß Artikel 29 nachzukommen.

(4) Kommt es zu einer Änderung der Angaben gemäß Absatz 1 des vorliegenden Artikels, so werden die Angaben im elektronischen System gemäß Artikel 30 von dem Wirtschaftsakteur innerhalb von einer Woche aktualisiert.

(5) Spätestens ein Jahr nach der ersten Einreichung von Angaben gemäß Absatz 1 und danach alle zwei Jahre bestätigt der Wirtschaftsakteur, dass die Daten nach wie vor korrekt sind. Falls dies nicht innerhalb von sechs Monaten nach Ablauf dieser Fristen geschieht, kann jeder Mitgliedstaat in seinem Hoheitsgebiet so lange angemessene Korrekturmaßnahmen ergreifen, bis der Wirtschaftsakteur dieser Verpflichtung nachkommt.

(6) Unbeschadet der Verantwortung des Wirtschaftsakteurs für die Daten überprüft die zuständige Behörde die in Anhang VI Teil A Abschnitt 1 genannten bestätigten Daten.

(7) Die gemäß Absatz 1 des vorliegenden Artikels in das in Artikel 30 genannte elektronische System eingegebenen Daten sind der Öffentlichkeit zugänglich.

(8) Die zuständige Behörde kann die Daten verwenden, um von dem Hersteller, dem Bevollmächtigten oder dem Importeur eine Gebühr gemäß Artikel 111 zu erheben.

Artikel 32
Kurzbericht über Sicherheit und klinische Leistung

(1) Für implantierbare Produkte und Produkte der Klasse III außer Sonderanfertigungen oder Prüfprodukte erstellt der Hersteller einen Kurzbericht über Sicherheit und klinische Leistung.

Der Kurzbericht über Sicherheit und klinische Leistung ist so abzufassen, dass er für den bestimmungsgemäßen Anwender und, sofern relevant, für den Patienten verständlich ist; er wird der Öffentlichkeit über Eudamed zugänglich gemacht.

Der Entwurf dieses Kurzberichts über Sicherheit und klinische Leistung bildet einen Teil der Dokumentation, die der an der Konformitätsbewertung beteiligten Benannten Stelle gemäß Artikel 52 zu übermitteln ist, und wird von dieser Stelle validiert. Nach seiner Validierung lädt die Benannte Stelle diesen Kurzbericht in die Eudamed-Datenbank hoch. Der Hersteller gibt auf der Kennzeichnung oder in der Gebrauchsanweisung an, wo der Kurzbericht verfügbar ist.

(2) Der Kurzbericht über Sicherheit und klinische Leistung umfasst mindestens Folgendes:

a) die Identifizierung des Produkts und des Herstellers einschließlich der Basis-UDI-DI und – falls bereits ausgestellt – der SRN;

b) die Zweckbestimmung des Produkts und sämtliche Indikationen, Kontraindikationen und Zielgruppen;

c) eine Beschreibung des Produkts einschließlich eines Hinweises auf etwaige frühere Generationen oder Varianten und eine Beschreibung der Unterschiede sowie gegebenenfalls eine Beschreibung des gesamten Zubehörs, anderer Produkte sowie von Produkten, die für eine Verwendung in Kombination mit dem Produkt bestimmt sind;

d) mögliche diagnostische oder therapeutische Alternativen;

e) einen Hinweis auf alle harmonisierten Normen und angewandten GS;

f) die Zusammenfassung der klinischen Bewertung gemäß Anhang XIV und einschlägige Informationen über die klinische Nachbeobachtung nach dem Inverkehrbringen;

g) das vorgeschlagene Profil und die Schulung der Anwender;

h) Angaben zu möglichen Restrisiken und unerwünschten Wirkungen, Warnhinweise und Vorsichtsmaßnahmen.

(3) Die Kommission kann die Art und Aufmachung der Datenelemente, die der Kurzbericht über Sicherheit und klinische Leistung enthalten muss, im Wege von Durchführungsrechtsakten festlegen. Diese Durchführungsrechtsakte werden gemäß dem in Artikel 114 Absatz 2 genannten Beratungsverfahren erlassen.

Artikel 33
Europäische Datenbank für Medizinprodukte

(1) Nach Anhörung der Koordinierungsgruppe Medizinprodukte errichtet, unterhält und pflegt die Kommission die Europäische Datenbank für Medizinprodukte (Eudamed) dergestalt, dass

a) die Öffentlichkeit Zugang zu allen erforderlichen Informationen über die auf dem Markt befindlichen Produkte, die dazugehörigen von den Benannten Stellen ausgestellten Bescheinigungen und die beteiligten Wirtschaftsakteure hat,

b) eine eindeutige Identifizierung von Produkten innerhalb des Binnenmarkts ermöglicht und ihre Rückverfolgbarkeit erleichtert wird,

c) die Öffentlichkeit angemessen über klinische Prüfungen informiert ist und Sponsoren klinischer Prüfungen ihre Pflichten gemäß den Artikeln 62 bis 80, dem Artikel 82 und allen nach Artikel 81 erlassenen Rechtsakten erfüllen können,

d) Hersteller ihre Informationspflichten gemäß den Artikeln 87 bis 90 oder allen nach Artikel 91 erlassenen Rechtsakten erfüllen können,

e) die zuständigen Behörden der Mitgliedstaaten und die Kommission sich bei der Wahrnehmung ihrer Aufgaben im Zusammenhang mit dieser Verordnung auf geeignete Informationen stützen und besser kooperieren können.

(2) Folgende elektronische Systeme sind Bestandteile von Eudamed:

a) das elektronische System für die Registrierung von Produkten gemäß Artikel 29 Absatz 4;

b) die UDI-Datenbank gemäß Artikel 28;

c) das elektronische System für die Registrierung von Wirtschaftsakteuren gemäß Artikel 30;

d) das elektronische System für Benannte Stellen und für Bescheinigungen gemäß Artikel 57;

e) das elektronische System für klinische Prüfungen gemäß Artikel 73;

f) das elektronische System für Vigilanz und für die Überwachung nach dem Inverkehrbringen gemäß Artikel 92;

g) das elektronische System für die Marktüberwachung gemäß Artikel 100.

(3) Bei der Konzeption von Eudamed trägt die Kommission der Kompatibilität mit nationalen Datenbanken und nationalen Web-Schnittstellen gebührend Rechnung, um den Import und Export von Daten zu ermöglichen.

(4) Die Daten werden gemäß den Bestimmungen über die jeweiligen in Absatz 2 genannten Systeme von den Mitgliedstaaten, Benannten Stellen, Wirtschaftsakteuren und Sponsoren in Eudamed eingespeist. Die Kommission stellt den Eudamed-Nutzern technische und administrative Unterstützung zur Verfügung.

(5) Alle in Eudamed erfassten und verarbeiteten Daten sind für die Kommission und die Mitgliedstaaten zugänglich. Den Benannten Stellen, Wirtschaftsakteuren, Sponsoren und der Öffentlichkeit sind die Informationen in dem Rahmen zugänglich, der sich aus den Bestimmungen über die elektronischen Systeme gemäß Absatz 2 ergibt.

Die Kommission stellt sicher, dass die öffentlich zugänglichen Bereiche von Eudamed ein benutzerfreundliches und leicht durchsuchbares Format haben.

(6) Eudamed enthält personenbezogene Daten nur, soweit dies für die Erfassung und Verarbeitung der Informationen gemäß dieser Verordnung durch die in Absatz 2 des vorliegenden Artikels genannten elektronischen Systeme erforderlich ist. Personenbezogene Daten werden dergestalt gespeichert, dass eine Identifizierung der betroffenen Personen nur während Zeiträumen möglich ist, die nicht länger als die in Artikel 10 Absatz 8 genannten Zeiträume sind.

(7) Die Kommission und die Mitgliedstaaten sorgen dafür, dass die betroffenen Personen ihre Informations-, Auskunfts-, Berichtigungs- und Widerspruchsrechte im Einklang mit der Verordnung (EG) Nr. 45/2001 und der Richtlinie 95/46/EG wirksam wahrnehmen können. Dazu gehört, dass die Betroffenen ihr Recht auf Auskunft über die sie betreffenden Daten und auf Berichtigung bzw. Löschung unrichtiger oder unvollständiger Daten tatsächlich ausüben können. Die Kommission und die Mitgliedstaaten stellen in ihrem jeweiligen Zuständigkeitsbereich sicher, dass unrichtige oder unrechtmäßig verarbeitete Daten gemäß den geltenden Rechtsvorschriften gelöscht werden. Korrekturen und Löschungen von Daten werden schnellstmöglich, spätestens jedoch innerhalb von 60 Tagen, nachdem die betroffene Person dies beantragt hat, vorgenommen.

(8) Die detaillierten Vorkehrungen für die Einrichtung und Pflege von Eudamed werden von der Kommission im Wege von Durchführungsrechtsakten festgelegt. Diese Durchführungsrechtsakte werden gemäß dem in Artikel 114 Absatz 3 genannten Prüfverfahren erlassen. Beim Erlass dieser Durchführungsrechtsakte stellt die Kommission so weit wie möglich sicher, dass das System so ausgestaltet wird, dass dieselben Informationen innerhalb desselben Moduls oder in unterschiedlichen Modulen des Systems nicht zwei Mal eingegeben werden müssen.

(9) Was die Verantwortlichkeiten im Rahmen des vorliegenden Artikels und die sich daraus ergebende Verarbeitung personenbezogener Daten angeht, so gilt die Kommission als für Eudamed und seine elektronischen Systeme verantwortlich.

Artikel 34
Funktionalität von Eudamed

(1) Die Kommission legt in Zusammenarbeit mit der Koordinierungsgruppe Medizinprodukte die funktionalen Spezifikationen für Eudamed fest. Die Kommission erstellt bis zum 26. Mai 2018 einen Plan für die Umsetzung dieser Spezifikationen. Mit diesem Plan soll sichergestellt werden, dass Eudamed zu einem Zeitpunkt uneingeschränkt funktionsfähig ist, der es der Kommission ermöglicht, die in Absatz 3 genannte Mitteilung bis zum 25. März 2021 zu veröffentlichen, und dass

alle anderen einschlägigen Fristen, die in Artikel 123 der vorliegenden Verordnung und in Artikel 113 der Verordnung (EU) 2017/746 festgelegt sind, eingehalten werden.

(2) Die Kommission unterrichtet die Koordinierungsgruppe Medizinprodukte auf der Grundlage eines unabhängigen Prüfberichts, wenn sie überprüft hat, dass Eudamed voll funktionsfähig ist und die funktionalen Spezifikationen gemäß Absatz 1 erfüllt.

(3) Die Kommission veröffentlicht nach Anhörung der Koordinierungsgruppe Medizinprodukte und nachdem sie sich vergewissert hat, dass die Bedingungen gemäß Absatz 2 erfüllt sind, eine diesbezügliche Mitteilung im Amtsblatt der Europäischen Union.

Kapitel IV
Benannte Stellen

Artikel 35
Für Benannte Stellen zuständige Behörden

(1) Jeder Mitgliedstaat, der eine Konformitätsbewertungsstelle als Benannte Stelle zu benennen beabsichtigt oder der eine Benannte Stelle dafür benannt hat, im Sinne dieser Verordnung Konformitätsbewertungstätigkeiten durchzuführen, bestimmt eine Behörde (im Folgenden „die für Benannte Stellen zuständige Behörde"), die nach nationalem Recht aus getrennten konstituierenden Rechtspersonen bestehen kann und die für die Einrichtung und Ausführung der erforderlichen Verfahren für die Bewertung, Benennung und Notifizierung der Konformitätsbewertungsstellen und für die Überwachung der Benannten Stellen, deren Unterauftragnehmer und Zweigstellen eingeschlossen, zuständig ist.

(2) Die für Benannte Stellen zuständige Behörde wird so eingerichtet, strukturiert und in ihren Arbeitsabläufen organisiert, dass die Objektivität und Unparteilichkeit ihrer Tätigkeit gewährleistet ist und jegliche Interessenkonflikte mit Konformitätsbewertungsstellen vermieden werden.

(3) Die für Benannte Stellen zuständige Behörde wird so organisiert, dass es sich bei dem Personal, das eine Entscheidung über die Benennung oder Notifizierung trifft, nie um das gleiche Personal handelt, das die Bewertung durchgeführt hat.

(4) Die für Benannte Stellen zuständige Behörde darf keine Tätigkeiten durchführen, die von den Benannten Stellen auf einer gewerblichen oder wettbewerblichen Basis durchgeführt werden.

(5) Die für Benannte Stellen zuständige Behörde wahrt die vertraulichen Aspekte der Informationen, die sie erlangt. Es findet jedoch ein Informationsaustausch über Benannte Stellen mit den anderen Mitgliedstaaten, der Kommission und wenn erforderlich mit anderen Regulierungsbehörden statt.

(6) Der für Benannte Stellen zuständigen Behörde müssen kompetente Mitarbeiter in ausreichender Zahl jederzeit zur Verfügung stehen, sodass sie ihre Aufgaben ordnungsgemäß wahrnehmen kann.

Handelt es sich bei der für Benannte Stellen zuständigen Behörde um eine andere als die für Medizinprodukte zuständige nationale Behörde, so stellt sie sicher, dass die für Medizinprodukte zuständige nationale Behörde zu den einschlägigen Angelegenheiten konsultiert wird.

(7) Die Mitgliedstaaten machen die allgemeinen Informationen über ihre Maßnahmen zur Regelung der Bewertung, Benennung und Notifizierung von Konformitätsbewertungsstellen und zur Überwachung der Benannten Stellen sowie über Änderungen, die erhebliche Auswirkungen auf diese Aufgaben haben, öffentlich zugänglich.

(8) Die für Benannte Stellen zuständige Behörde wirkt an den Maßnahmen zur gegenseitigen Begutachtung gemäß Artikel 48 mit.

Artikel 36
Anforderungen an Benannte Stellen

(1) Die Benannten Stellen erfüllen die ihnen gemäß dieser Verordnung übertragenen Aufgaben. Sie müssen den organisatorischen und allgemeinen Anforderungen sowie den Anforderungen an Qualitätssicherung, Ressourcen und Verfahren genügen, die zur Erfüllung dieser Aufgaben erforderlich sind. Insbesondere müssen Benannte Stellen den Bestimmungen des Anhangs VII nachkommen.

Um die in Unterabsatz 1 genannten Anforderungen zu erfüllen, verfügen die Benannten Stellen jederzeit über ausreichend administratives, technisches und wissenschaftliches Personal gemäß Anhang VII Abschnitt 3.1.1 und Personal mit einschlägiger klinischer Erfahrung gemäß Anhang VII Abschnitt 3.2.4, das – soweit möglich – von der Benannten Stelle selbst beschäftigt wird.

Das in Anhang VII Abschnitte 3.2.3 und 3.2.7 genannte Personal wird von der Benannten Stelle selbst beschäftigt und darf nicht aus externen Sachverständigen oder Unterauftragnehmern bestehen.

(2) Die Benannten Stellen stellen der für Benannte Stellen zuständigen Behörde alle einschlägigen Unterlagen, einschließlich der Unterlagen des Herstellers, zur Verfügung und legen sie ihr auf Ersuchen vor, damit sie ihre Bewertungs-, Benennungs-, Notifizierungs-, Überwachungs- und Kontrollaufgaben wahrnehmen kann und die Bewertung gemäß diesem Kapitel erleichtert wird.

(3) Zur Gewährleistung der einheitlichen Anwendung der Anforderungen gemäß Anhang VII kann die Kommission Durchführungsrechtsakte erlassen, soweit dies für die Lösung von Problemen im Zusammenhang mit Unterschieden bei der Auslegung und der praktischen Anwendung erforderlich ist. Diese Durchführungsrechtsakte werden gemäß dem in Artikel 114 Absatz 3 genannten Prüfverfahren erlassen.

Artikel 37
Zweigstellen und Unterauftragnehmer

(1) Vergibt eine Benannte Stelle bestimmte Aufgaben im Zusammenhang mit Konformitätsbewertungen an Unterauftragnehmer oder bedient sie sich für bestimmte Aufgaben im Zusammenhang mit Konformitätsbewertungen einer Zweigstelle, so vergewissert sie sich, dass der Unterauftragnehmer oder die Zweigstelle den anwendbaren Anforderungen gemäß Anhang VII genügt, und informiert die für Benannte Stellen zuständige Behörde darüber.

(2) Die Benannten Stellen übernehmen die volle Verantwortung für die von Unterauftragnehmern oder Zweigstellen in ihrem Namen ausgeführten Aufgaben.

(3) Die Benannten Stellen veröffentlichen eine Liste ihrer Zweigstellen.

(4) Konformitätsbewertungstätigkeiten können nur an einen Unterauftragnehmer vergeben oder von diesem durchgeführt werden, sofern die juristische oder natürliche Person, die die Konformitätsbewertung beantragt hat, entsprechend unterrichtet worden ist.

(5) Die Benannten Stellen halten der für Benannte Stellen zuständigen Behörde alle einschlägigen Unterlagen über die Überprüfung der Qualifikation des Unterauftragnehmers oder der Zweigstelle und die von diesen gemäß dieser Verordnung durchgeführten Aufgaben zur Verfügung.

Artikel 38
Antrag von Konformitätsbewertungsstellen auf Benennung

(1) Konformitätsbewertungsstellen beantragen ihre Benennung bei der für Benannte Stellen zuständigen Behörde.

(2) In dem Antrag sind die in dieser Verordnung festgelegten Konformitätsbewertungstätigkeiten und die Produktarten, für die die Stelle die Benennung beantragt, genau anzugeben, und es sind Unterlagen zum Nachweis der Einhaltung der Bestimmungen des Anhangs VII beizufügen.

Was die organisatorischen und allgemeinen Anforderungen und die Anforderungen an das Qualitätsmanagement gemäß Anhang VII Abschnitte 1 und 2 betrifft, so können von einer nationalen Akkreditierungsstelle gemäß der Verordnung (EG) Nr. 765/2008 ausgestellte gültige Akkreditierungsurkunde und der dazugehörige Bewertungsbericht vorgelegt werden und diese werden bei der in Artikel 39 beschriebenen Bewertung berücksichtigt. Der Antragsteller muss jedoch auf Verlangen alle Unterlagen gemäß Unterabsatz 1, die die Erfüllung dieser Anforderungen belegen, zur Verfügung stellen.

(3) Die Benannte Stelle aktualisiert die in Absatz 2 genannten Unterlagen immer dann, wenn sich relevante Änderungen ergeben, damit die für Benannte Stellen zuständige Behörde überwachen und sicherstellen kann, dass die in Anhang VII genannten Anforderungen kontinuierlich eingehalten werden.

Artikel 39
Bewertung des Antrags

(1) Die für Benannte Stellen zuständige Behörde prüft innerhalb von 30 Tagen, ob der Antrag gemäß Artikel 38 vollständig ist, und fordert den Antragsteller gegebenenfalls auf, fehlende Informationen nachzureichen. Sobald der Antrag vollständig ist, übermittelt ihn diese Behörde der Kommission.

Die für Benannte Stellen zuständige Behörde prüft den Antrag und die beigefügten Unterlagen gemäß ihren internen Verfahren und erstellt einen vorläufigen Bewertungsbericht.

(2) Die für Benannte Stellen zuständige Behörde übermittelt diesen vorläufigen Bewertungsbericht der Kommission, die ihn umgehend an die Koordinierungsgruppe Medizinprodukte weiterleitet.

(3) Innerhalb von 14 Tagen nach Vorlage des Berichts gemäß Absatz 2 beruft die Kommission gemeinsam mit der Koordinierungsgruppe Medizinprodukte ein gemeinsames Bewertungsteam, das aus drei Sachverständigen besteht, die aus der in Artikel 40 Absatz 2 genannten Liste ausgewählt werden, sofern nicht aufgrund spezieller Umstände eine andere Anzahl von Sachverständigen erforderlich ist. Einer der Sachverständigen ist ein Vertreter der Kommission; er koordiniert die Tätigkeiten des gemeinsamen Bewertungsteams. Die beiden anderen Sachverstän-

digen kommen aus Mitgliedstaaten, bei denen es sich nicht um den Mitgliedstaat handelt, in dem die antragstellende Konformitätsbewertungsstelle niedergelassen ist.

Das gemeinsame Bewertungsteam besteht aus Sachverständigen, die zur Bewertung der Konformitätsbewertungstätigkeiten und der Produktarten, auf die sich der Antrag bezieht, qualifiziert sind, insbesondere wenn das Bewertungsverfahren gemäß Artikel 47 Absatz 3 eingeleitet wird, damit die entsprechenden Bedenken angemessen bewertet werden können.

(4) Innerhalb von 90 Tagen nach der Berufung prüft das gemeinsame Bewertungsteam die im Rahmen des Antrags gemäß Artikel 38 übermittelten Unterlagen. Es kann der für Benannte Stellen zuständigen Behörde Rückmeldungen hinsichtlich des Antrags oder der geplanten Vor-Ort-Bewertung geben oder sie um nähere Erläuterungen in diesem Zusammenhang ersuchen.

Von der für Benannte Stellen zuständigen Behörde wird zusammen mit dem gemeinsamen Bewertungsteam eine Vor-Ort-Bewertung der antragstellenden Konformitätsbewertungsstelle sowie wenn relevant aller Zweigstellen oder Unterauftragnehmer inner- und außerhalb der Union, die an dem Konformitätsbewertungsprozess mitwirken sollen, geplant und durchgeführt.

Die Vor-Ort-Bewertung der antragstellenden Stelle wird von der für Benannte Stellen zuständigen Behörde geleitet.

(5) Feststellungen in Bezug auf die Nichteinhaltung der Anforderungen des Anhangs VII durch eine antragstellende Konformitätsbewertungsstelle werden während des Bewertungsverfahrens angesprochen und zwischen der für Benannte Stellen zuständigen Behörde und dem gemeinsamen Bewertungsteam erörtert, damit eine einvernehmliche Bewertung des Antrags und bei Meinungsunterschieden eine Klärung erreicht wird.

Zum Abschluss der Vor-Ort-Bewertung erstellt die für Benannte Stellen zuständige Behörde für die antragstellende Konformitätsbewertungsstelle eine Liste der bei der Bewertung festgestellten Fälle von Nichteinhaltung der Anforderungen und fasst die von dem gemeinsamen Bewertungsteam abgegebene Bewertung zusammen.

Die antragstellende Konformitätsbewertungsstelle legt der nationalen Behörde innerhalb einer festgelegten Frist einen Plan mit Korrektur- und Präventivmaßnahmen zur Klärung der Fälle der Nichteinhaltung der Anforderungen vor.

(6) Das gemeinsame Bewertungsteam dokumentiert innerhalb von 30 Tagen nach Abschluss der Vor-Ort-Bewertung verbleibende Meinungsunterschiede hinsichtlich der Bewertung und übermittelt diese der für Benannte Stellen zuständigen Behörde.

(7) Nachdem die für Benannte Stellen zuständige Behörde von der antragstellenden Stelle einen Plan mit Korrektur- und Präventivmaßnahmen erhalten hat, prüft sie, ob die Maßnahmen zur Klärung der bei der Bewertung festgestellten Fälle von Nichteinhaltung der Anforderungen geeignet sind. In diesem Plan sind die wesentlichen Gründe für die festgestellte Nichteinhaltung anzugeben und ist eine Frist für die Umsetzung der Maßnahmen enthalten.

Nachdem die für Benannte Stellen zuständige Behörde dem Plan mit Korrektur- und Präventivmaßnahmen zugestimmt hat, leitet sie ihn und ihre Stellungnahme dazu an das gemeinsame Bewertungsteam weiter. Das gemeinsame Bewertungsteam kann die für Benannte Stellen zuständige Behörde um nähere Erläuterungen und Änderungen ersuchen.

Die für Benannte Stellen zuständige Behörde erstellt ihren endgültigen Bewertungsbericht, der Folgendes umfasst

– das Ergebnis der Bewertung,
– eine Bestätigung, dass geeignete Korrektur- und Präventivmaßnahmen vorgesehen und erforderlichenfalls umgesetzt worden sind,
– noch bestehende Meinungsunterschiede mit dem gemeinsamen Bewertungsteam und gegebenenfalls
– den empfohlenen Geltungsbereich der Benennung.

(8) Die für Benannte Stellen zuständige Behörde legt der Kommission, der Koordinierungsgruppe Medizinprodukte und dem gemeinsamen Bewertungsteam ihren endgültigen Bewertungsbericht und gegebenenfalls den Entwurf der Benennung vor.

(9) Das gemeinsame Bewertungsteam übermittelt der Kommission eine abschließende Stellungnahme zu dem Bewertungsbericht der für Benannte Stellen zuständigen Behörde und gegebenenfalls zum Entwurf der Benennung innerhalb von 21 Tagen nach Erhalt dieser Unterlagen; diese leitet die genannte abschließende Stellungnahme umgehend an die Koordinierungsgruppe Medizinprodukte weiter. Innerhalb von 42 Tagen nach Erhalt der Stellungnahme des gemeinsamen Bewertungsteams gibt die Koordinierungsgruppe Medizinprodukte eine Empfehlung hinsichtlich des Entwurfs der Benennung ab, die die für Benannte Stellen zuständige Behörde bei ihrer Entscheidung über die Benennung der Benannten Stelle gebührend berücksichtigt.

(10) Die Kommission kann die detaillierten Vorkehrungen zur Festlegung von Verfahren und Berichten für die Beantragung der Benennung gemäß Artikel 38 und

für die Bewertung des Antrags gemäß diesem Artikel im Wege von Durchführungsrechtsakten festlegen. Diese Durchführungsrechtsakte werden gemäß dem in Artikel 114 Absatz 3 genannten Prüfverfahren erlassen.

Artikel 40
Ernennung der Sachverständigen für die gemeinsame Bewertung der Notifizierungsanträge

(1) Die Mitgliedstaaten und die Kommission ernennen für die Teilnahme an den Tätigkeiten gemäß den Artikeln 39 und 48 Sachverständige, die für die Bewertung von Konformitätsbewertungsstellen auf dem Gebiet der Medizinprodukte qualifiziert sind.

(2) Die Kommission führt eine Liste der gemäß Absatz 1 des vorliegenden Artikels benannten Sachverständigen, die auch Angaben über deren besonderen Zuständigkeitsbereich und deren spezifisches Fachwissen enthält. Diese Liste wird den zuständigen Behörden der Mitgliedstaaten über das elektronische System gemäß Artikel 57 zugänglich gemacht.

Artikel 41
Sprachenregelung

Alle gemäß den Artikeln 38 und 39 erforderlichen Unterlagen werden in einer oder mehreren von dem betreffenden Mitgliedstaat festgelegten Sprachen erstellt.

Die Mitgliedstaaten tragen bei Anwendung von Absatz 1 der Überlegung Rechnung, dass für die betreffenden Unterlagen oder Teile davon eine in medizinischen Kreisen allgemein verstandene Sprache akzeptiert und verwendet werden sollte.

Die Kommission stellt die Übersetzungen der Unterlagen gemäß den Artikeln 38 und 39 oder von Teilen dieser Unterlagen in eine Amtssprache der Union bereit, die erforderlich sind, damit diese Unterlagen für das gemäß Artikel 39 Absatz 3 bestellte gemeinsame Bewertungsteam leicht zu verstehen sind.

Artikel 42
Benennungs- und Notifizierungsverfahren

(1) Die Mitgliedstaaten dürfen nur solche Konformitätsbewertungsstellen benennen, deren Bewertung gemäß Artikel 39 abgeschlossen ist und die den Bestimmungen des Anhangs VII genügen.

(2) Die Mitgliedstaaten teilen der Kommission und den übrigen Mitgliedstaaten mithilfe des elektronischen Notifizierungsinstruments innerhalb der von der Kom-

mission entwickelten und betriebenen Datenbank der Benannten Stellen (im Folgenden „NANDO“) mit, welche Konformitätsbewertungsstellen sie benannt haben.

(3) Aus der Notifizierung muss unter Verwendung der in Absatz 13 genannten Codes klar der Geltungsbereich der Benennung hervorgehen; die in dieser Verordnung festgelegten Konformitätsbewertungsaktivitäten und die Arten der Produkte, die von der Benannten Stelle bewertet werden dürfen, und es müssen – unbeschadet des Artikels 44 – alle mit der Benennung verbundenen Bedingungen angegeben sein.

(4) Die Notifizierung wird zusammen mit dem endgültigen Bewertungsbericht der für die Benannten Stellen zuständigen Behörde, der abschließenden Stellungnahme des gemeinsamen Bewertungsteams gemäß Artikel 39 Absatz 9 und der Empfehlung der Koordinierungsgruppe Medizinprodukte übermittelt. Weicht der notifizierende Mitgliedstaat von der Empfehlung der Koordinierungsgruppe Medizinprodukte ab, so legt er eine ausführliche Begründung dafür vor.

(5) Der notifizierende Mitgliedstaat unterrichtet die Kommission und die übrigen Mitgliedstaaten unbeschadet des Artikels 44 über alle mit der Benennung verbundenen Bedingungen und stellt Unterlagen bereit, aus denen hervorgeht, welche Vorkehrungen getroffen wurden, um zu gewährleisten, dass die Benannte Stelle regelmäßig überwacht wird und die in Anhang VII genannten Anforderungen auch in Zukunft erfüllen wird.

(6) Innerhalb von 28 Tagen nach der Notifizierung gemäß Absatz 2 kann ein Mitgliedstaat oder die Kommission schriftlich begründete Einwände gegen die Benannte Stelle oder bezüglich ihrer Überwachung durch die für die Benannten Stellen zuständige Behörde erheben. Wird kein Einwand erhoben, veröffentlicht die Kommission die Notifizierung innerhalb von 42 Tagen nach der Mitteilung gemäß Absatz 2 in NANDO.

(7) Erhebt ein Mitgliedstaat oder die Kommission Einwände gemäß Absatz 6, so legt die Kommission die Angelegenheit innerhalb von zehn Tagen nach Ablauf der in Absatz 6 genannten Frist der Koordinierungsgruppe Medizinprodukte vor. Nach Anhörung der betroffenen Parteien gibt die Koordinierungsgruppe Medizinprodukte spätestens innerhalb von 40 Tagen nach Vorlage der Angelegenheit eine Stellungnahme ab. Ist die Koordinierungsgruppe Medizinprodukte der Ansicht, dass die Notifizierung akzeptiert werden kann, so veröffentlicht die Kommission die Notifizierung innerhalb von 14 Tagen in NANDO.

(8) Bestätigt die Koordinierungsgruppe Medizinprodukte nach ihrer Konsultierung gemäß Absatz 7 den bestehenden Einwand oder erhebt sie einen neuen Einwand,

so beantwortet der notifizierende Mitgliedstaat ihre Stellungnahme innerhalb von 40 Tagen nach deren Erhalt schriftlich. In seiner Antwort geht er auf die in der Stellungnahme erhobenen Einwände ein und begründet seine Entscheidung, die Konformitätsbewertungsstelle zu benennen bzw. nicht zu benennen.

(9) Beschließt der notifizierende Mitgliedstaat, seine Entscheidung über die Benennung der Konformitätsbewertungsstelle aufrechtzuerhalten, nachdem er dies gemäß Absatz 8 begründet hat, veröffentlicht die Kommission die Notifizierung innerhalb von 14 Tagen nach der entsprechenden Mitteilung in NANDO.

(10) Bei Veröffentlichung der Notifizierung in NANDO nimmt die Kommission auch die Daten über die Notifizierung der Benannten Stelle zusammen mit den Unterlagen gemäß Absatz 4 des vorliegenden Artikels und der Stellungnahme und den Antworten gemäß Absatz 7 bzw. Absatz 8 des vorliegenden Artikels in das elektronische System gemäß Artikel 57 auf.

(11) Die Benennung wird am Tag nach der Veröffentlichung der Notifizierung in NANDO wirksam. Der Umfang der Konformitätsbewertungstätigkeiten, die die Benannte Stelle ausführen darf, wird in der veröffentlichten Notifizierung angegeben.

(12) Die betreffende Konformitätsbewertungsstelle darf die Tätigkeiten einer Benannten Stelle erst dann ausführen, wenn die Benennung gemäß Absatz 11 wirksam ist.

(13) Die Kommission erstellt bis zum 26. November 2017 im Wege von Durchführungsrechtsakten ein Verzeichnis von Codes und den ihnen entsprechenden Arten von Produkten zur Bestimmung des Geltungsbereichs der Benennung von Benannten Stellen. Diese Durchführungsrechtsakte werden gemäß dem in Artikel 114 Absatz 3 genannten Prüfverfahren erlassen. Die Kommission kann diese Liste nach Anhörung der Koordinierungsgruppe Medizinprodukte unter anderem anhand der Informationen aktualisieren, die sich aus den in Artikel 48 beschriebenen Koordinierungsmaßnahmen ergeben.

Artikel 43
Kennnummern und Verzeichnis Benannter Stellen

(1) Die Kommission teilt jeder Benannten Stelle, deren Notifizierung gemäß Artikel 42 Absatz 11 wirksam wird, eine Kennnummer zu. Selbst wenn eine Stelle im Rahmen mehrerer Rechtsakte der Union benannt ist, erhält sie nur eine einzige Kennnummer. Stellen, die gemäß der Richtlinie 90/385/EWG und der Richtlinie 93/42/EWG benannt sind, behalten die ihnen gemäß diesen Richtlinien zuge-

teilte Kennnummer im Fall einer erfolgreichen Benennung gemäß der vorliegenden Verordnung.

(2) Die Kommission macht das Verzeichnis der nach dieser Verordnung Benannten Stellen samt den ihnen zugeteilten Kennnummern sowie den in dieser Verordnung festgelegten Konformitätsbewertungstätigkeiten und den Produktarten, für die sie benannt wurden, der Öffentlichkeit über NANDO zugänglich. Sie macht dieses Verzeichnis auch im Rahmen des elektronischen Systems gemäß Artikel 57 zugänglich. Die Kommission stellt sicher, dass das Verzeichnis stets auf dem neuesten Stand ist.

Artikel 44
Überwachung und Neubewertung der Benannten Stellen

(1) Benannte Stellen setzen die für Benannte Stellen zuständige Behörde unverzüglich, spätestens jedoch innerhalb von 15 Tagen von relevanten Änderungen in Kenntnis, die Auswirkungen auf die Einhaltung der in Anhang VII genannten Anforderungen oder auf ihre Fähigkeit haben könnten, Konformitätsbewertungstätigkeiten für die Produkte, für die sie benannt wurden, durchzuführen.

(2) Die für Benannte Stellen zuständigen Behörden überwachen die in ihrem Hoheitsgebiet niedergelassenen Benannten Stellen sowie deren Zweigstellen und Unterauftragnehmer, um eine fortwährende Erfüllung der Anforderungen und der Pflichten nach dieser Verordnung sicherzustellen. Benannte Stellen stellen auf Anfrage ihrer für Benannte Stellen zuständigen Behörde alle einschlägigen Informationen und Unterlagen zur Verfügung, damit die Behörde, die Kommission und andere Mitgliedstaaten überprüfen können, ob die Anforderungen eingehalten werden.

(3) Richtet die Kommission oder die Behörde eines Mitgliedstaats an eine im Hoheitsgebiet eines anderen Mitgliedstaats niedergelassene Benannte Stelle eine Anfrage im Zusammenhang mit einer von dieser Benannten Stelle durchgeführten Konformitätsbewertung, so sendet sie eine Kopie dieser Anfrage an die für Benannte Stellen zuständige Behörde dieses anderen Mitgliedstaats. Die betreffende Benannte Stelle beantwortet die Anfrage unverzüglich, spätestens jedoch innerhalb von 15 Tagen. Die für Benannte Stellen zuständige Behörde des Mitgliedstaats, in dem die Stelle niedergelassen ist, stellt sicher, dass die von den Behörden anderer Mitgliedstaaten oder der Kommission eingereichten Anfragen von der Benannten Stelle gelöst werden, es sei denn, es gibt legitime Gründe, die dagegen sprechen; in diesem Fall kann die Angelegenheit an die Koordinierungsgruppe Medizinprodukte verwiesen werden.

(4) Mindestens einmal jährlich bewerten die für Benannte Stellen zuständigen Behörden erneut, ob die in ihrem jeweiligen Hoheitsgebiet niedergelassenen Benannten Stellen und gegebenenfalls die Zweigstellen und Unterauftragnehmer, für die diese Benannten Stellen zuständig sind, nach wie vor die Anforderungen und Pflichten nach Anhang VII erfüllen. Zu dieser Überprüfung gehört auch ein Vor-Ort-Audit bei jeder Benannten Stelle und erforderlichenfalls ihren Zweigstellen und Unterauftragnehmern.

Die für Benannte Stellen zuständige Behörde führt ihre Überwachungs- und Bewertungstätigkeiten entsprechend einem jährlichen Bewertungsplan durch, um sicherzustellen, dass sie die Benannte Stelle wirksam daraufhin überwachen kann, dass diese die Anforderungen dieser Verordnung fortwährend einhält. Dieser Plan beinhaltet einen Zeitplan, aus dem die Gründe für die Häufigkeit der Bewertungen der Benannten Stelle und insbesondere der entsprechenden Zweigstellen und Unterauftragnehmer hervorgehen. Die Behörde legt der Koordinierungsgruppe Medizinprodukte und der Kommission für jede Benannte Stelle, für die sie zuständig ist, ihren Jahresplan für die Überwachung oder Bewertung vor.

(5) Die Überwachung der Benannten Stellen durch die für Benannte Stellen zuständige Behörde umfasst Audits unter Beobachtung des Personals der Benannten Stelle und bei Bedarf des Personals der Zweigstellen und Unterauftragnehmer; diese Audits werden anlässlich der in den Räumlichkeiten des Herstellers von dem genannten Personal vorgenommenen Bewertungen des Qualitätsmanagementsystems durchgeführt.

(6) Bei der Überwachung der Benannten Stellen, die von der für Benannte Stellen zuständigen Behörde durchgeführt wird, werden als Orientierungshilfe Daten berücksichtigt, die aus der Marktüberwachung, Vigilanz und Überwachung nach dem Inverkehrbringen gewonnen wurden.

Die für Benannte Stellen zuständige Behörde sorgt für eine systematische Nachbeobachtung von Beschwerden und sonstigen Informationen – auch aus anderen Mitgliedstaaten –, die darauf schließen lassen, dass eine Benannte Stelle ihren Pflichten nicht nachkommt oder von üblichen oder vorbildlichen Verfahren abweicht.

(7) Die für Benannte Stellen zuständige Behörde kann erforderlichenfalls zusätzlich zu der regelmäßigen Überwachung oder der Vor-Ort-Bewertung kurzfristige, unangekündigte oder anlassbezogene Überprüfungen durchführen, um einer besonderen Problematik nachzugehen oder die Einhaltung der Anforderungen zu überprüfen.

(8) Die für Benannte Stellen zuständige Behörde überprüft die von den Benannten Stellen vorgenommenen Bewertungen der technischen Dokumentation, insbesondere der Dokumentation der klinischen Bewertung der Hersteller wie in Artikel 45 weiter ausgeführt.

(9) Die für Benannte Stellen zuständige Behörde dokumentiert und erfasst alle Feststellungen in Bezug auf die Nichteinhaltung der Anforderungen nach Anhang VII durch die Benannte Stelle und überwacht die zeitgerechte Umsetzung der Korrektur- und Präventivmaßnahmen.

(10) Drei Jahre nach der Notifizierung einer Benannten Stelle und danach alle vier Jahre nehmen die für Benannte Stellen zuständige Behörde des Mitgliedstaats, in dem die Stelle niedergelassen ist, und ein für das Verfahren der Artikel 38 und 39 ernanntes gemeinsames Bewertungsteam eine vollständige Neubewertung vor, bei der sie prüfen, ob die Benannte Stelle nach wie vor die Anforderungen des Anhangs VII erfüllt.

(11) Die Kommission ist ermächtigt, gemäß Artikel 115 delegierte Rechtsakte zur Änderung des Absatzes 10 im Hinblick auf die Änderung der im genannten Absatz angegebenen Frequenz der vorzunehmenden vollständigen Neubewertungen zu erlassen.

(12) Die Mitgliedstaaten erstatten der Kommission und der Koordinierungsgruppe Medizinprodukte mindestens einmal jährlich Bericht über ihre Überwachungstätigkeiten und Vor-Ort-Bewertungen in Bezug auf die Benannten Stellen und gegebenenfalls ihre Zweigstellen oder Unterauftragnehmer. Der Bericht enthält Einzelheiten der Ergebnisse dieser Tätigkeiten, einschließlich der Tätigkeiten gemäß Absatz 7, und er wird von der Koordinierungsgruppe Medizinprodukte und der Kommission vertraulich behandelt; er enthält jedoch eine Zusammenfassung, die der Öffentlichkeit zugänglich gemacht wird.

Die Zusammenfassung des Berichts wird in das in Artikel 57 genannte elektronische System eingestellt.

Artikel 45
Überprüfung der von der Benannten Stelle vorgenommenen Bewertung der technischen Dokumentation und der Dokumentation der klinischen Bewertungen

(1) Die für Benannte Stellen zuständige Behörde überprüft im Rahmen ihrer laufenden Überwachung der Benannten Stellen eine angemessene Anzahl von Bewertungen der technischen Dokumentation der Hersteller durch Benannte Stellen,

insbesondere der Dokumentation der klinischen Bewertungen gemäß Anhang II Abschnitt 6.1 Buchstaben c und d, um die Ergebnisse, zu denen die Benannten Stellen aufgrund der von den Herstellern vorgelegten Informationen gelangt sind, zu überprüfen. Die Überprüfungen der für Benannte Stellen zuständigen Behörde werden sowohl extern als auch vor Ort durchgeführt.

(2) Die Stichproben der gemäß Absatz 1 zu überprüfenden Unterlagen werden planmäßig erhoben und sind für die Art und das Risiko der von der Benannten Stelle zertifizierten Produkte – und insbesondere für mit einem hohen Risiko behaftete Produkte – repräsentativ; sie sind angemessen begründet und in einem Stichprobenplan dokumentiert, der von der für die Benannten Stellen zuständigen Behörde auf Anfrage der Koordinierungsgruppe Medizinprodukte zur Verfügung gestellt wird.

(3) Die für Benannte Stellen zuständige Behörde überprüft, ob die Bewertung durch die Benannte Stelle ordnungsgemäß durchgeführt wurde, und überprüft die angewandten Verfahren, die diesbezügliche Dokumentation und die Ergebnisse, zu denen die Benannte Stelle gelangt ist. Diese Überprüfung umfasst auch die technische Dokumentation und die Dokumentation der die klinischen Bewertungen des Herstellers, auf die die Benannte Stelle ihre Bewertung gestützt hat. Diese Überprüfungen werden unter Heranziehung der GS durchgeführt.

(4) Diese Überprüfungen sind auch Teil der Neubewertung Benannter Stellen gemäß Artikel 44 Absatz 10 und der gemeinsamen Bewertungstätigkeiten gemäß Artikel 47 Absatz 3. Die Überprüfungen sind mit angemessener Fachkenntnis durchzuführen.

(5) Die Koordinierungsgruppe Medizinprodukte kann auf der Grundlage der Berichte der Bewertungen und Überprüfungen der für Benannte Stellen zuständigen Behörde oder der gemeinsamen Bewertungsteams über diese Überprüfungen, der aus der Marktüberwachung, der Vigilanz und der Überwachung nach dem Inverkehrbringen gemäß Kapitel VII hervorgegangenen Hinweise, der kontinuierlichen Überwachung des technischen Fortschritts oder der Erfassung von Bedenken und neuen Fragen im Zusammenhang mit der Sicherheit und Leistung von Produkten empfehlen, dass bei der Erhebung von Stichproben gemäß diesem Artikel ein größerer oder ein geringerer Anteil der technischen Dokumentation und der klinischen Bewertung, die eine Benannte Stelle bewertet hat, erfasst wird.

(6) Die Kommission kann die Durchführungsvorschriften und die dazugehörigen Unterlagen für die Überprüfung der Bewertung der technischen Dokumentation und der Dokumentation der klinischen Bewertungen gemäß dem vorliegenden

Artikel sowie deren Koordinierung im Wege von Durchführungsrechtsakten festlegen. Diese Durchführungsrechtsakte werden gemäß dem in Artikel 114 Absatz 3 genannten Prüfverfahren erlassen.

Artikel 46
Änderungen der Benennung und Notifizierung

(1) Die für Benannte Stellen zuständige Behörde unterrichtet die Kommission und die übrigen Mitgliedstaaten über jede wesentliche Änderung der Benennung einer Benannten Stelle.

Für Erweiterungen des Geltungsbereichs der Benennung gilt das Verfahren gemäß den Artikeln 39 und 42.

Für andere Änderungen der Benennung als Erweiterungen ihres Geltungsbereichs gelten die in den folgenden Absätzen dargelegten Verfahren.

(2) Die Kommission veröffentlicht die geänderte Notifizierung umgehend in NANDO. Die Kommission gibt die Angaben zur Änderung der Benennung der Benannten Stelle unverzüglich in das in Artikel 57 genannte elektronische System ein.

(3) Beschließt eine Benannte Stelle die Einstellung ihrer Konformitätsbewertungstätigkeiten, so teilt sie dies der für Benannte Stellen zuständigen Behörde und den betreffenden Herstellern so bald wie möglich und im Falle einer geplanten Einstellung ihrer Tätigkeiten ein Jahr vor deren Beendigung mit. Die Bescheinigungen können für einen befristeten Zeitraum von neun Monaten nach Einstellung der Tätigkeiten der Benannten Stelle gültig bleiben, sofern eine andere Benannte Stelle schriftlich bestätigt hat, dass sie die Verantwortung für die von diesen Bescheinigungen abgedeckten Produkte übernimmt. Die neue Benannte Stelle führt vor Ablauf dieser Frist eine vollständige Bewertung der betroffenen Produkte durch, bevor sie für diese neue Bescheinigungen ausstellt. Stellt die Benannte Stelle ihre Tätigkeiten ein, zieht die für Benannte Stellen zuständige Behörde die Benennung zurück.

(4) Stellt eine für Benannte Stellen zuständige Behörde fest, dass eine Benannte Stelle die in Anhang VII genannten Anforderungen nicht mehr erfüllt, dass sie ihren Verpflichtungen nicht nachkommt oder dass sie die erforderlichen Korrekturmaßnahmen nicht durchgeführt hat, setzt sie die Benennung aus, schränkt sie ein oder zieht sie vollständig oder teilweise zurück, je nach Ausmaß, in dem diesen Anforderungen nicht genügt oder diesen Verpflichtungen nicht nachgekommen wurde. Eine Aussetzung darf nicht länger als ein Jahr dauern, kann aber einmal um den gleichen Zeitraum verlängert werden.

Die für Benannte Stellen zuständige Behörde setzt die Kommission und die übrigen Mitgliedstaaten unverzüglich über jede Aussetzung, Einschränkung bzw. jede Zurückziehung einer Benennung in Kenntnis.

(5) Wird die Benennung einer Benannten Stelle ausgesetzt, eingeschränkt oder vollständig oder teilweise zurückgezogen, setzt sie die betreffenden Hersteller spätestens innerhalb von zehn Tagen davon in Kenntnis.

(6) Im Fall der Einschränkung, der Aussetzung oder der Zurückziehung einer Benennung ergreift die für die Benannte Stelle zuständige Behörde die Schritte, die notwendig sind, um sicherzustellen, dass die Akten der betreffenden Benannten Stelle aufbewahrt werden und stellt sie den für Benannte Stellen zuständigen Behörden in anderen Mitgliedstaaten und den für Marktüberwachung zuständigen Behörden auf Anfrage zur Verfügung.

(7) Im Fall der Einschränkung, der Aussetzung oder der Zurückziehung einer Benennung verfährt die für Benannte Stellen zuständige Behörde wie folgt:

a) Sie bewertet die Auswirkungen auf die von der Benannten Stelle ausgestellten Bescheinigungen;

b) sie legt der Kommission und den übrigen Mitgliedstaaten innerhalb von drei Monaten nach Meldung der Änderungen der Benennung einen Bericht über ihre diesbezüglichen Ergebnisse vor;

c) sie weist die Benannte Stelle zur Gewährleistung der Sicherheit der im Verkehr befindlichen Produkte an, sämtliche nicht ordnungsgemäß ausgestellten Bescheinigungen innerhalb einer von der Behörde festgelegten angemessenen Frist auszusetzen oder zurückzuziehen;

d) sie gibt Informationen zu Bescheinigungen, deren Aussetzung oder Widerruf sie angeordnet hat, in das in Artikel 57 genannte elektronische System ein;

e) sie unterrichtet die für Medizinprodukte zuständige Behörde des Mitgliedstaats, in dem der Hersteller seine eingetragene Niederlassung hat, über das in Artikel 57 genannte elektronische System über die Bescheinigungen, deren Aussetzung oder Widerruf sie angeordnet hat. Die zuständige Behörde ergreift erforderlichenfalls geeignete Maßnahmen, um eine potenzielle Gefahr für die Gesundheit von Patienten, Anwendern oder anderen Personen abzuwenden.

(8) Abgesehen von den Fällen, in denen Bescheinigungen nicht ordnungsgemäß ausgestellt wurden und in denen eine Benennung ausgesetzt oder eingeschränkt wurde, bleiben die Bescheinigungen unter folgenden Umständen gültig:

a) Die für Benannte Stellen zuständige Behörde hat innerhalb eines Monats nach der Aussetzung oder Einschränkung bestätigt, dass im Zusammenhang mit den von der Aussetzung oder Einschränkung betroffenen Bescheinigungen kein Sicherheitsproblem besteht, und die für Benannte Stellen zuständige Behörde hat einen Zeitplan sowie Maßnahmen genannt, die voraussichtlich dazu führen werden, dass die Aussetzung oder Einschränkung aufgehoben werden kann, oder

b) die für Benannte Stellen zuständige Behörde hat bestätigt, dass keine von der Aussetzung betroffenen Bescheinigungen während der Dauer der Aussetzung oder Einschränkung ausgestellt, geändert oder erneut ausgestellt werden, und gibt an, ob die Benannte Stelle in der Lage ist, bestehende ausgestellte Bescheinigungen während der Dauer der Aussetzung oder Einschränkung weiterhin zu überwachen und die Verantwortung dafür zu übernehmen. Falls die für Benannte Stellen zuständige Behörde feststellt, dass die Benannte Stelle nicht in der Lage ist, bestehende Bescheinigungen weiterzuführen, so bestätigt der Hersteller der für Medizinprodukte zuständigen Behörde des Mitgliedstaats, in dem der Hersteller des zertifizierten Produkts seine eingetragene Niederlassung hat, innerhalb von drei Monaten nach der Aussetzung oder Einschränkung schriftlich, dass eine andere qualifizierte Benannte Stelle vorübergehend die Aufgaben der Benannten Stelle zur Überwachung der Bescheinigungen übernimmt und dass sie während der Dauer der Aussetzung oder Einschränkung für die Bescheinigungen verantwortlich bleibt.

(9) Abgesehen von den Fällen, in denen Bescheinigungen nicht ordnungsgemäß ausgestellt wurden und in denen eine Benennung zurückgezogen wurde bleiben die Bescheinigungen unter folgenden Umständen für eine Dauer von neun Monaten gültig:

a) Wenn die für Medizinprodukte zuständige Behörde des Mitgliedstaats, in dem der Hersteller des von der Bescheinigung erfassten Produkts seine eingetragene Niederlassung hat, bestätigt hat, dass im Zusammenhang mit den betreffenden Produkten kein Sicherheitsproblem besteht, und

b) eine andere Benannte Stelle schriftlich bestätigt hat, dass sie die unmittelbare Verantwortung für diese Produkte übernehmen und deren Bewertung innerhalb von zwölf Monaten ab dem Zurückziehen der Benennung abgeschlossen haben wird.

Unter den in Unterabsatz 1 genannten Umständen kann die für Medizinprodukte zuständige Behörde des Mitgliedstaats, in dem der Hersteller des von der Bescheinigung erfassten Produkts seine eingetragene Niederlassung hat, die vorläufige Gültigkeit der Bescheinigungen um weitere Zeiträume von je drei Monaten, zusammengenommen jedoch nicht um mehr als zwölf Monate, verlängern.

Die für Benannte Stellen zuständige Behörde oder die Benannte Stelle, die die Aufgaben der von der Benennungsänderung betroffenen Benannten Stelle übernommen hat, unterrichtet unverzüglich die Kommission, die Mitgliedstaaten und die anderen Benannten Stellen über die Änderung im Zusammenhang mit diesen Aufgaben.

Artikel 47
Anfechtung der Kompetenz Benannter Stellen

(1) Die Kommission untersucht gemeinsam mit der Koordinierungsgruppe Medizinprodukte alle Fälle, in denen sie Kenntnis davon erhält, dass Bedenken bestehen, ob eine Benannte Stelle oder eine oder mehrere ihrer Zweigstellen oder Unterauftragnehmer die Anforderungen des Anhangs VII weiterhin erfüllen bzw. ihren Verpflichtungen weiterhin nachkommen. Sie stellt sicher, dass die einschlägige für die Benannten Stellen zuständige Behörde unterrichtet wird und Gelegenheit erhält, diesen Bedenken nachzugehen.

(2) Der notifizierende Mitgliedstaat stellt der Kommission auf Anfrage alle Informationen über die Benennung der betreffenden Benannten Stelle zur Verfügung.

(3) Die Kommission kann gegebenenfalls gemeinsam mit der Koordinierungsgruppe Medizinprodukte das Bewertungsverfahren gemäß Artikel 39 Absätze 3 und 4 einleiten, falls es begründete Bedenken gibt, ob eine Benannte Stelle oder eine Zweigstelle oder ein Unterauftragnehmer der Benannten Stelle die Anforderungen des Anhangs VII nach wie vor erfüllt, und falls den Bedenken durch die Untersuchung der für Benannte Stellen zuständigen Behörde offensichtlich nicht in vollem Umfang Rechnung getragen wurde; das Verfahren kann auch auf Ersuchen der für Benannte Stellen zuständigen Behörde eingeleitet werden. Für die Berichterstattung und das Ergebnis dieser Bewertung gelten die Grundsätze des Artikels 39. Alternativ kann die Kommission gemeinsam mit der Koordinierungsgruppe Medizinprodukte je nach Schwere des Problems verlangen, dass die für Benannte Stellen zuständige Behörde die Beteiligung von bis zu zwei Sachverständigen von der gemäß Artikel 40 erstellten Liste bei der Vor-Ort-Bewertung als Teil der geplanten Überwachungs- und Bewertungstätigkeiten gemäß Artikel 44 und entsprechend dem in Artikel 44 Absatz 4 beschriebenen jährlichen Bewertungsplan zulässt.

(4) Stellt die Kommission fest, dass eine Benannte Stelle die Voraussetzungen für ihre Benennung nicht mehr erfüllt, setzt sie den notifizierenden Mitgliedstaat da-

von in Kenntnis und fordert ihn auf, die erforderlichen Korrekturmaßnahmen zu treffen, einschließlich, sofern erforderlich, einer Aussetzung, Einschränkung oder einer Zurückziehung der Benennung.

Versäumt es ein Mitgliedstaat, die erforderlichen Korrekturmaßnahmen zu ergreifen, kann die Kommission die Benennung mittels Durchführungsrechtsakten aussetzen, einschränken oder zurückziehen. Diese Durchführungsrechtsakte werden gemäß dem in Artikel 114 Absatz 3 genannten Prüfverfahren erlassen. Die Kommission unterrichtet den betroffenen Mitgliedstaat von ihrer Entscheidung und aktualisiert NANDO und das in Artikel 57 genannte elektronische System

(5) Die Kommission stellt sicher, dass alle im Verlauf ihrer Untersuchungen erlangten vertraulichen Informationen entsprechend behandelt werden.

Artikel 48
Gegenseitige Begutachtung und Erfahrungsaustausch zwischen den für Benannte Stellen zuständigen Behörden

(1) Die Kommission organisiert den Erfahrungsaustausch und die Koordinierung der Verwaltungspraxis zwischen den für Benannte Stellen zuständigen Behörden. Dieser Austausch umfasst unter anderem folgende Aspekte:

a) Erstellung von Dokumenten zu vorbildlichen Verfahren im Zusammenhang mit den Tätigkeiten der für Benannte Stellen zuständigen Behörden;

b) Ausarbeitung von Leitfäden für Benannte Stellen im Hinblick auf die Anwendung dieser Verordnung;

c) Schulung und Qualifizierung der in Artikel 40 genannten Sachverständigen;

d) Beobachtung der Trends bei Änderungen der Benennungen und Notifizierungen Benannter Stellen und bei Widerrufen von Bescheinigungen und Wechseln zwischen Benannten Stellen;

e) Überwachung der Anwendung und Anwendbarkeit der Geltungsbereichscodes gemäß Artikel 42 Absatz 13;

f) Entwicklung eines Verfahrens der gegenseitigen Begutachtung (Peer Review) durch die Behörden und die Kommission;

g) Verfahren zur Unterrichtung der Öffentlichkeit über die Maßnahmen der Behörden und der Kommission zur Überwachung und Kontrolle der Benannten Stellen.

(2) Die für Benannte Stellen zuständigen Behörden nehmen alle drei Jahre an einer gegenseitigen Begutachtung im Rahmen des gemäß Absatz 1 des vorliegenden Artikels entwickelten Verfahrens teil. Diese Begutachtungen finden normalerweise parallel zu den in Artikel 39 beschriebenen gemeinsamen Vor-Ort-Bewertungen statt. Alternativ kann eine Behörde entscheiden, dass diese Begutachtungen als Teil ihrer Überwachungstätigkeiten gemäß Artikel 44 stattfinden.

(3) Die Kommission nimmt an der Organisation des Verfahrens der gegenseitigen Begutachtung teil und unterstützt dessen Durchführung.

(4) Die Kommission erstellt einen Jahresbericht, der eine Zusammenfassung der Maßnahmen zur gegenseitigen Begutachtung enthält; dieser Bericht wird öffentlich zugänglich gemacht.

(5) Die Kommission kann die Durchführungsvorschriften und die dazugehörigen Unterlagen für den Mechanismus der gegenseitigen Begutachtung sowie die Schulung und Qualifizierung gemäß Absatz 1 des vorliegenden Artikels im Wege von Durchführungsrechtsakten festlegen. Diese Durchführungsrechtsakte werden gemäß dem in Artikel 114 Absatz 3 genannten Prüfverfahren erlassen.

Artikel 49
Koordinierung der Benannten Stellen

Die Kommission stellt sicher, dass eine angemessene Koordinierung und Zusammenarbeit der Benannten Stellen stattfindet, und zwar in Form einer Koordinierungsgruppe für Benannte Stellen auf dem Gebiet der Medizinprodukte einschließlich In-vitro-Diagnostika. Die Gruppe tritt regelmäßig, jedoch mindestens jährlich zusammen.

Die gemäß dieser Verordnung Benannten Stellen nehmen an der Arbeit dieser Gruppe teil.

Die Kommission kann die Einzelheiten für die Arbeitsweise der Koordinierungsgruppe für Benannte Stellen festlegen.

Artikel 50
Liste der Standardgebühren

Die Benannten Stellen erstellen Listen ihrer Standardgebühren für die von ihnen durchgeführten Konformitätsbewertungstätigkeiten und machen diese Listen öffentlich zugänglich.

Kapitel V
Klassifizierung und Konformitätsbewertung

Abschnitt 1
Klassifizierung

Artikel 51
Klassifizierung von Produkten

(1) Die Produkte werden unter Berücksichtigung ihrer Zweckbestimmung und der damit verbundenen Risiken in die Klassen I, IIa, IIb und III eingestuft. Die Klassifizierung erfolgt gemäß Anhang VIII.

(2) Jede Meinungsverschiedenheit zwischen einem Hersteller und der betreffenden Benannten Stelle, die sich aus der Anwendung des Anhangs VIII ergibt, wird zwecks Entscheidung an die zuständige Behörde des Mitgliedstaats verwiesen, in dem der Hersteller seine eingetragene Niederlassung hat. Verfügt der Hersteller nicht über eine eingetragene Niederlassung in der Union und hat er noch keinen Bevollmächtigten ernannt, wird die Angelegenheit an die zuständige Behörde des Mitgliedstaats verwiesen, in dem der in Anhang IX Abschnitt 2.2 Absatz 2 Buchstabe b letzter Spiegelstrich genannte Bevollmächtigte seine eingetragene Niederlassung hat. Hat die betreffende Benannte Stelle ihren Sitz in einem anderen Mitgliedstaat als der Hersteller, so trifft die zuständige Behörde ihre Entscheidung nach Anhörung der zuständigen Behörde des Mitgliedstaats, der die Benannte Stelle benannt hat.

Die zuständige Behörde des Mitgliedstaats, in dem der Hersteller seine eingetragene Niederlassung hat, setzt die Koordinierungsgruppe Medizinprodukte und die Kommission über ihre Entscheidung in Kenntnis. Die Entscheidung wird auf Ersuchen zur Verfügung gestellt.

(3) Die Kommission entscheidet auf Ersuchen eines Mitgliedstaats nach Anhörung der Koordinierungsgruppe Medizinprodukte mittels Durchführungsrechtsakten über Folgendes:

a) die Anwendung des Anhangs VIII auf ein bestimmtes Produkt, eine Produktkategorie oder eine Produktgruppe, um so die Klassifizierung dieser Produkte zu bestimmen;

b) die Klassifizierung – abweichend von Anhang VIII – in eine andere Klasse eines Produkts, einer Produktkategorie oder einer Produktgruppe aus Gründen der öffentlichen Gesundheit gemäß neuesten wissenschaftlichen Erkenntnissen oder auf der Grundlage von Informationen, die im Laufe der Vigilanz- und Marktüberwachungstätigkeiten verfügbar werden.

(4) Die Kommission kann auch aus eigener Initiative und nach Anhörung der Koordinierungsgruppe Medizinprodukte mittels Durchführungsrechtsakten über die Fragen nach Absatz 3 Buchstaben a und b entscheiden.

(5) Um die einheitliche Anwendung des Anhangs VIII sicherzustellen, kann die Kommission unter Berücksichtigung der betreffenden wissenschaftlichen Gutachten der einschlägigen wissenschaftlichen Ausschüsse Durchführungsrechtsakte erlassen, soweit dies für die Lösung von Problemen im Zusammenhang mit Unterschieden bei der Auslegung und der praktischen Anwendung erforderlich ist.

(6) Die in den Absätzen 3, 4 und 5 des vorliegenden Artikels genannten Durchführungsrechtsakte werden gemäß dem in Artikel 114 Absatz 3 genannten Prüfverfahren erlassen.

Abschnitt 2
Konformitätsbewertung

Artikel 52
Konformitätsbewertungsverfahren

(1) Bevor Hersteller ein Produkt in Verkehr bringen, führen sie eine Bewertung der Konformität des betreffenden Produkts im Einklang mit den in den Anhängen IX bis XI aufgeführten geltenden Konformitätsbewertungsverfahren durch.

(2) Bevor Hersteller ein nicht in Verkehr gebrachtes Produkt in Betrieb nehmen, führen sie eine Bewertung der Konformität des betreffenden Produkts im Einklang mit den in den Anhängen IX bis XI aufgeführten geltenden Konformitätsbewertungsverfahren durch.

(3) Hersteller von Produkten der Klasse III, ausgenommen Sonderanfertigungen oder Prüfprodukte, unterliegen einer Konformitätsbewertung gemäß Anhang IX. Alternativ können die Hersteller sich für eine Konformitätsbewertung gemäß Anhang X in Kombination mit einer Konformitätsbewertung gemäß Anhang XI entscheiden.

(4) Hersteller von Produkten der Klasse IIb, ausgenommen Sonderanfertigungen oder Prüfprodukte, unterliegen einer Konformitätsbewertung gemäß Anhang IX Kapitel I und III sowie einer Bewertung der technischen Dokumentation – gemäß Abschnitt 4 des genannten Anhangs – zumindest eines repräsentativen Produkts pro generischer Produktgruppe.

Bei implantierbaren Produkten der Klasse IIb mit Ausnahme von Nahtmaterial, Klammern, Zahnfüllungen, Zahnspangen, Zahnkronen, Schrauben, Keilen, Zahn- bzw. Knochenplatten, Drähten, Stiften, Klammern und Verbindungsstücken wird die Bewertung der technischen Dokumentation gemäß Anhang IX Abschnitt 4 jedoch für jedes Produkt vorgenommen.

Alternativ können die Hersteller sich für eine Konformitätsbewertung gemäß Anhang X in Kombination mit einer Konformitätsbewertung gemäß Anhang XI entscheiden.

(5) In Fällen, in denen dies mit Blick auf bewährte Technologien gerechtfertigt ist, die denjenigen ähneln, die in den in Absatz 4 Unterabsatz 2 des vorliegenden Artikels aufgelisteten ausgenommenen Produkten verwendet werden, die wiederum in anderen implantierbaren Produkten der Klasse IIb verwendet werden, oder in Fällen, in denen dies gerechtfertigt ist, um den Schutz der Gesundheit und Sicherheit der Patienten, Anwender oder anderer Personen oder anderer Aspekte der öffentlichen Gesundheit zu gewährleisten, wird der Kommission die Befugnis übertragen, gemäß Artikel 115 delegierte Rechtsakte zu erlassen, um diese Liste durch Hinzufügung anderer Arten implantierbarer Produkte der Klasse IIb oder Streichung von Produkten anzupassen.

(6) Hersteller von Produkten der Klasse IIa, ausgenommen Sonderanfertigungen oder Prüfprodukte, unterliegen einer Konformitätsbewertung gemäß Anhang IX Kapitel I und III sowie einer Bewertung der technischen Dokumentation – gemäß Abschnitt 4 jenes Anhangs – zumindest eines repräsentativen Produkts jeder Produktkategorie.

Alternativ können die Hersteller sich dafür entscheiden, die in den Anhängen II und III genannte technische Dokumentation zu erstellen, in Kombination mit einer Konformitätsbewertung gemäß Anhang XI Abschnitt 10 oder Abschnitt 18. Die Bewertung der technischen Dokumentation wird für zumindest ein repräsentatives Produkt jeder Produktkategorie durchgeführt.

(7) Hersteller von Produkten der Klasse I, ausgenommen Sonderanfertigungen oder Prüfprodukte, erklären die Konformität ihrer Produkte durch Ausstellung einer EU-Konformitätserklärung gemäß Artikel 19, nachdem sie die technische Dokumentation gemäß den Anhängen II und III erstellt haben. Bei Produkten, die in sterilem Zustand in den Verkehr gebracht werden, bei Produkten mit Messfunktion oder bei Produkten, bei denen es sich um wiederverwendbare chirurgische Instrumente handelt, wendet der Hersteller die in Anhang IX Kapitel I und III oder in Anhang XI

Teil A aufgeführten Verfahren an. Die Beteiligung der Benannten Stelle an diesen Verfahren ist jedoch begrenzt

a) bei Produkten, die in sterilem Zustand in Verkehr gebracht werden, auf die Aspekte, die mit der Herstellung, der Sicherung und der Aufrechterhaltung steriler Bedingungen zusammenhängen,

b) bei Produkten mit Messfunktion auf die Aspekte, die mit der Konformität der Produkte mit den messtechnischen Anforderungen zusammenhängen,

c) bei wiederverwendbaren chirurgischen Instrumenten auf die Aspekte, die mit der Wiederverwendung in Zusammenhang stehen, insbesondere die Reinigung, Desinfektion, Sterilisation, Wartung und Funktionsprüfung sowie die damit verbundenen Gebrauchsanweisungen.

(8) Bei Sonderanfertigungen wenden die Hersteller das Verfahren gemäß Anhang XIII an und stellen vor dem Inverkehrbringen dieser Produkte die Erklärung gemäß Abschnitt 1 des genannten Anhangs aus.

Zusätzlich zu dem gemäß Unterabsatz 1 anzuwendenden Verfahren sind Hersteller von implantierbaren Sonderanfertigungen der Klasse III auch dem Konformitätsbewertungsverfahren gemäß Anhang IX Kapitel I unterworfen. Alternativ dazu können die Hersteller sich für eine Konformitätsbewertung gemäß Anhang XI Teil A entscheiden.

(9) Bei Produkten gemäß Artikel 1 Absatz 8 Unterabsatz 1 gilt zusätzlich zu den geltenden Verfahren gemäß den Absätzen 3, 4, 6 oder 7 des vorliegenden Artikels auch das Verfahren gemäß Anhang IX Abschnitt 5.2 bzw. gemäß Anhang X Abschnitt 6.

(10) Bei Produkten, die gemäß Artikel 1 Absatz 6 Buchstaben f oder g und gemäß Artikel 1 Unterabsatz 1 Absatz 10 von dieser Verordnung erfasst werden, gilt zusätzlich zu den geltenden Verfahren gemäß den Absätzen 3, 4, 6 oder 7 des vorliegenden Artikels auch das Verfahren gemäß Anhang IX Abschnitt 5.3 bzw. gemäß Anhang X Abschnitt 6.

(11) Bei Produkten, die aus Stoffen oder aus Kombinationen von Stoffen bestehen, die dazu bestimmt sind, durch eine Körperöffnung in den menschlichen Körper eingeführt oder auf der Haut angewendet zu werden, und die vom menschlichen Körper aufgenommen oder lokal im Körper verteilt werden, gilt zusätzlich zu den geltenden Verfahren gemäß den Absätzen 3, 4, 6 oder 7 auch das Verfahren gemäß Anhang IX Abschnitt 5.4 bzw. gemäß Anhang X Abschnitt 6.

(12) Der Mitgliedstaat, in dem die Benannte Stelle niedergelassen ist, kann verlangen, dass alle oder bestimmte Unterlagen, darunter die technische Dokumentation, Audit-, Bewertungs- und Kontrollberichte, im Zusammenhang mit den in den Absätzen 1 bis 7 und 9 bis 11 genannten Verfahren in einer oder mehreren von diesem Mitgliedstaat festgelegten Amtssprachen der Union bereitgestellt werden. Wird dies nicht verlangt, so müssen diese Unterlagen in einer Amtssprache der Union vorliegen, mit der die Benannte Stelle einverstanden ist.

(13) Für Prüfprodukte gelten die Anforderungen gemäß Artikel 62 bis 81

(14) Für folgende Aspekte kann die Kommission detaillierte Vorkehrungen und Verfahrenselemente, die für die harmonisierte Anwendung der Konformitätsbewertungsverfahren durch die Benannten Stellen erforderlich sind, im Wege von Durchführungsrechtsakten festlegen:

a) Häufigkeit und Grundlage der Stichproben bei der Bewertung der technischen Dokumentation auf repräsentativer Basis gemäß Anhang IX Abschnitt 2.3 Absatz 3 und Abschnitt 3.5 (bei Produkten der Klassen IIa und IIb) bzw. gemäß Anhang IX Teil A Abschnitt 10.2 (bei Produkten der Klasse IIa);

b) Mindesthäufigkeit der von den Benannten Stellen gemäß Anhang IX Abschnitt 3.4 unter Berücksichtigung der Risikoklasse und der Art der Produkte durchzuführenden unangekündigten Vor-Ort-Audits und Stichprobenprüfungen;

c) physische Kontrollen, Laboruntersuchungen oder andere Tests, die von den Benannten Stellen im Rahmen der Stichprobenprüfungen, der Bewertung der technischen Dokumentation und der Musterprüfung gemäß Anhang IX Abschnitte 3.4. und 4.3, Anhang X Abschnitt 3 und Anhang XI Teil B Abschnitt 15 durchzuführen sind.

Die in dem Unterabsatz 1 genannten Durchführungsrechtsakte werden gemäß dem in Artikel 114 Absatz 3 genannten Prüfverfahren erlassen.

Artikel 53
Mitwirkung der Benannten Stellen an Konformitätsbewertungsverfahren

(1) Ist gemäß dem Konformitätsbewertungsverfahren die Mitwirkung einer Benannten Stelle erforderlich, kann sich der Hersteller an eine Benannte Stelle seiner Wahl wenden, sofern die ausgewählte Benannte Stelle dazu benannt ist, die

Konformitätsbewertungstätigkeiten für die betreffenden Arten von Produkten durchzuführen. Der Hersteller darf nicht gleichzeitig bei einer anderen Benannten Stelle einen Antrag für dasselbe Konformitätsbewertungsverfahren stellen.

(2) Zieht ein Hersteller seinen Antrag zurück, bevor eine Entscheidung der Benannten Stelle über die Konformitätsbewertung ergangen ist, so informiert die betreffende Benannte Stelle die anderen Benannten Stellen mittels des elektronischen Systems gemäß Artikel 57 darüber.

(3) Wenn sie einen Antrag an eine Benannte Stelle gemäß Absatz 1 stellen, geben die Hersteller an, ob sie einen Antrag bei einer anderen Benannten Stelle zurückgezogen haben, bevor deren Entscheidung ergangen ist, und machen Angaben zu etwaigen früheren Anträgen zu derselben Konformitätsbewertung, die von einer anderen Benannten Stelle abgelehnt wurde.

(4) Die Benannte Stelle kann von dem Hersteller die Vorlage aller Informationen oder Daten verlangen, die zur ordnungsgemäßen Durchführung des gewählten Konformitätsbewertungsverfahrens erforderlich sind.

(5) Die Benannten Stellen und ihre Mitarbeiter führen ihre Konformitätsbewertungstätigkeiten mit höchster beruflicher Zuverlässigkeit und der erforderlichen technischen und wissenschaftlichen Kompetenz in dem betreffenden Bereich durch; sie dürfen keinerlei Druck oder Einflussnahme, insbesondere finanzieller Art, ausgesetzt sein, die sich auf ihre Beurteilung oder die Ergebnisse ihrer Konformitätsbewertungstätigkeit auswirken könnten und die insbesondere von Personen oder Personengruppen ausgeht, die ein Interesse am Ergebnis dieser Tätigkeiten haben.

Artikel 54
Konsultationsverfahren im Zusammenhang mit der klinischen Bewertung bestimmter Produkte der Klasse III und der Klasse IIb

(1) Zusätzlich zu den gemäß Artikel 52 anzuwendenden Verfahren wenden die Benannten Stellen das Konsultationsverfahren im Zusammenhang mit der klinischen Bewertung gemäß Anhang IX Abschnitt 5.1 bzw. gemäß Anhang X Abschnitt 6 an, wenn sie bei folgenden Produkten eine Konformitätsbewertung durchführen:

a) implantierbare Produkte der Klasse III und

b) aktive Produkte der Klasse IIb, die dazu bestimmt sind, ein Arzneimittel gemäß Anhang VIII Abschnitt 6.4 (Regel 12) an den Körper abzugeben und/oder aus dem Körper zu entfernen.

(2) Das Verfahren gemäß Absatz 1 ist für die dort genannten Produkte nicht erforderlich, wenn

a) eine gemäß dieser Verordnung ausgestellte Bescheinigung erneuert wird,

b) das Produkt durch Änderung eines Produkts ausgelegt wurde, das bereits vom selben Hersteller mit derselben Zweckbestimmung in Verkehr gebracht wurde, sofern der Hersteller der Benannten Stelle zu deren Zufriedenheit nachgewiesen hat, dass die Änderungen das Nutzen-Risiko-Verhältnis des Produkts nicht beeinträchtigen, oder

c) die Grundsätze der klinischen Bewertung der entsprechenden Produktart oder -kategorie in einer Spezifikation gemäß Artikel 9 festgelegt wurden und die Benannte Stelle bestätigt, dass die klinische Bewertung dieses Produkts durch den Hersteller mit der einschlägigen Spezifikation für die klinische Bewertung dieser Art von Produkt im Einklang steht.

(3) Die Benannte Stelle teilt den zuständigen Behörden, der für Benannte Stellen zuständigen Behörde und der Kommission über das elektronische System gemäß Artikel 57 mit, ob das Verfahren gemäß Absatz 1 anzuwenden ist oder nicht. Dieser Mitteilung wird der Bericht über die Begutachtung der klinischen Bewertung beigefügt.

(4) Die Kommission erstellt eine Jahresübersicht über die Produkte, die dem Verfahren gemäß Anhang IX Abschnitt 5.1 bzw. Anhang X Abschnitt 6 unterzogen wurden. Die Jahresübersicht enthält die Mitteilungen gemäß Absatz 3 des vorliegenden Artikels und gemäß Anhang IX Abschnitt 5.1 Buchstabe e sowie eine Auflistung der Fälle, in denen die Benannte Stelle nicht dem Gutachten des Expertengremiums folgte. Die Kommission legt diese Übersicht dem Europäischen Parlament, dem Rat und der Koordinierungsgruppe Medizinprodukte vor.

(5) Die Kommission erstellt bis zum 27. Mai 2025 einen Bericht über die Anwendung des vorliegenden Artikels und legt ihn dem Europäischen Parlament und dem Rat vor. In dem Bericht werden die Jahresübersichten und die verfügbaren einschlägigen Empfehlungen der Koordinierungsgruppe Medizinprodukte berücksichtigt. Auf der Grundlage dieses Berichts unterbreitet die Kommission gegebenenfalls Vorschläge zur Änderung dieser Verordnung.

Artikel 55
Mechanismus zur Kontrolle der Konformitätsbewertungen bestimmter Produkte der Klasse III und der Klasse IIb

(1) Die Benannten Stellen melden den zuständigen Behörden alle von ihnen ausgestellten Bescheinigungen für Produkte, für die eine Konformitätsbewertung gemäß Artikel 54 Absatz 1 durchgeführt wurde. Diese Meldung erfolgt über das elektronische System gemäß Artikel 57; ihr werden der Kurzbericht über Sicherheit und klinische Leistung gemäß Artikel 32, der Bewertungsbericht der Benannten Stelle, die Gebrauchsanweisung gemäß Anhang I Abschnitt 23.4 und gegebenenfalls das wissenschaftliche Gutachten der Expertengremien gemäß Anhang IX Abschnitt 5.1 bzw. Anhang X Abschnitt 6. Weichen die Standpunkte der Benannten Stelle und der Expertengremien voneinander ab, so enthält die Meldung eine umfassende Begründung.

(2) Die zuständigen Behörden und gegebenenfalls die Kommission können bei begründeten Bedenken weitere Verfahren gemäß den Artikeln 44, 45, 46, 47 oder 94 anwenden und, wenn dies für notwendig erachtet wird, geeignete Maßnahmen gemäß den Artikeln 95 und 97 ergreifen.

(3) Die Koordinierungsgruppe Medizinprodukte und gegebenenfalls die Kommission können bei begründeten Bedenken die Expertengremien um wissenschaftliche Gutachten zur Sicherheit und Leistung eines Produkts ersuchen.

Artikel 56
Konformitätsbescheinigungen

(1) Die von den Benannten Stellen gemäß den Anhängen IX, X und XI ausgestellten Bescheinigungen sind in einer von dem Mitgliedstaat, in dem die Benannte Stelle niedergelassen ist, festgelegten Amtssprache der Union oder in einer anderen Amtssprache der Union auszufertigen, mit der die Benannte Stelle einverstanden ist. In Anhang XII ist niedergelegt, welche Angaben die Bescheinigungen mindestens enthalten müssen.

(2) Die Bescheinigungen sind für die darin genannte Dauer gültig, die maximal fünf Jahre beträgt. Auf Antrag des Herstellers kann die Gültigkeit der Bescheinigung auf der Grundlage einer Neubewertung gemäß den geltenden Konformitätsbewertungsverfahren für weitere Zeiträume, die jeweils fünf Jahre nicht überschreiten dürfen, verlängert werden. Ein Nachtrag zu einer Bescheinigung ist so lange gültig wie die Bescheinigung, zu der er gehört.

(3) Die Benannten Stellen können die Zweckbestimmung eines Produkts auf bestimmte Patientengruppen beschränken oder die Hersteller verpflichten, bestimmte Studien über die klinische Nachbeobachtung nach dem Inverkehrbringen gemäß Anhang XIV Teil B durchzuführen.

(4) Stellt eine Benannte Stelle fest, dass der Hersteller die Anforderungen dieser Verordnung nicht mehr erfüllt, setzt sie die erteilte Bescheinigung aus oder widerruft diese oder schränkt sie ein, jeweils unter Berücksichtigung des Verhältnismäßigkeitsgrundsatzes, sofern die Einhaltung der Anforderungen nicht durch geeignete Korrekturmaßnahmen des Herstellers innerhalb einer von der Benannten Stelle gesetzten angemessenen Frist wiederhergestellt wird. Die Benannte Stelle begründet ihre Entscheidung.

(5) Die Benannte Stelle gibt in das elektronische System gemäß Artikel 57 alle Informationen zu ausgestellten Bescheinigungen ein, auch zu deren Änderungen und Nachträgen, sowie Angaben zu ausgesetzten, reaktivierten oder widerrufenen Bescheinigungen und zu Fällen, in denen die Erteilung einer Bescheinigung abgelehnt wurde, sowie zu Einschränkungen von Bescheinigungen. Diese Angaben sind der Öffentlichkeit zugänglich.

(6) Der Kommission wird die Befugnis übertragen, gemäß Artikel 115 delegierte Rechtsakte zur Änderung des in Anhang XII aufgeführten Mindestinhalts der Bescheinigungen zu erlassen; dabei berücksichtigt sie den technischen Fortschritt.

Artikel 57
Elektronisches System für Benannte Stellen und Konformitätsbescheinigungen

(1) Die Kommission errichtet und betreibt nach Konsultation der Koordinierungsgruppe Medizinprodukte ein elektronisches System zur Erfassung und Verarbeitung folgender Informationen:

a) Liste der Zweigstellen gemäß Artikel 37 Absatz 3;

b) Liste der Sachverständigen gemäß Artikel 40 Absatz 2;

c) Informationen über die Notifizierung gemäß Artikel 42 Absatz 10 und über die geänderten Notifizierungen gemäß Artikel 46 Absatz 2;

d) Verzeichnis der Benannten Stellen gemäß Artikel 43 Absatz 2;

e) Zusammenfassung des Berichts gemäß Artikel 44 Absatz 12;

f) Mitteilungen im Zusammenhang mit den Konformitätsbewertungen und Meldungen der Bescheinigungen gemäß Artikel 54 Absatz 3 bzw. Artikel 55 Absatz 1;

g) Zurückziehen oder Ablehnung der Anträge auf Bescheinigungen gemäß Artikel 53 Absatz 2 und Anhang VII, Abschnitt 4.3;

h) Informationen über Bescheinigungen gemäß Artikel 56 Absatz 5;

i) Kurzbericht über Sicherheit und klinische Leistung gemäß Artikel 32.

(2) Die in dem elektronischen System erfassten und verarbeiteten Informationen sind für die zuständigen Behörden der Mitgliedstaaten und die Kommission sowie gegebenenfalls für die Benannten Stellen und – soweit dies an anderer Stelle in dieser Verordnung oder in der Verordnung (EU) 2017/746 vorgesehen ist – für die Öffentlichkeit zugänglich.

Artikel 58
Freiwilliger Wechsel der Benannten Stelle

(1) Beendet ein Hersteller in Bezug auf die Konformitätsbewertung eines Produkts seinen Vertrag mit einer Benannten Stelle und schließt er einen Vertrag mit einer anderen Benannten Stelle ab, so werden die detaillierten Vorkehrungen für den Wechsel der Benannten Stelle in einer Vereinbarung zwischen dem Hersteller, der neuen Benannten Stelle und – soweit durchführbar – der bisherigen Benannten Stelle klar geregelt. Diese Vereinbarung muss mindestens folgende Aspekte abdecken:

a) Datum, zu dem die von der bisherigen Benannten Stelle ausgestellten Bescheinigungen ihre Gültigkeit verlieren;

b) Datum, bis zu dem die Kennnummer der bisherigen Benannten Stelle in den vom Hersteller bereitgestellten Informationen, einschließlich Werbematerial, genannt werden darf;

c) Übergabe von Dokumenten, einschließlich der vertraulichen Aspekte und Eigentumsrechte;

d) Datum, ab dem die Konformitätsbewertungsaufgaben der bisherigen Benannten Stelle bei der neuen Benannten Stelle liegen;

e) die letzte Seriennummer oder die letzte Losnummer, für die die bisherige Benannte Stelle verantwortlich ist.

(2) Die bisherige Benannte Stelle widerruft die von ihr für das betreffende Produkt ausgestellten Bescheinigungen an dem Tag, an dem deren Gültigkeit endet.

Artikel 59
Ausnahme von den Konformitätsbewertungsverfahren

(1) Jede zuständige Behörde kann - abweichend von Artikel 52 dieser Verordnung oder im Zeitraum vom 24. April 2020 bis zum 25. Mai 2021 abweichend von Artikel 9 Absätze 1 und 2 der Richtlinie 90/385/EWG oder abweichend von Artikel 11 Absätze 1 bis 6 der Richtlinie 93/42/EWG – auf ordnungsgemäß begründeten Antrag im Hoheitsgebiet des betreffenden Mitgliedstaats das Inverkehrbringen und die Inbetriebnahme eines spezifischen Produkts genehmigen, bei dem die gemäß den genannten Artikeln geltenden Verfahren nicht durchgeführt wurden, dessen Verwendung jedoch im Interesse der öffentlichen Gesundheit oder der Patientensicherheit oder -gesundheit liegt.

(2) Der Mitgliedstaat unterrichtet die Kommission und die übrigen Mitgliedstaaten von jeder Entscheidung zum Inverkehrbringen oder zur Inbetriebnahme eines Produkts gemäß Absatz 1, sofern eine solche Genehmigung nicht nur für die Verwendung durch einen einzigen Patienten erteilt wurde.

Der Mitgliedstaat kann die Kommission und die anderen Mitgliedstaaten von jeder Genehmigung unterrichten, die er vor dem 24. April 2020 gemäß Artikel 9 Absatz 9 der Richtlinie 90/385/EWG oder Artikel 11 Absatz 13 der Richtlinie 93/42/EWG erteilt hat.

(3) Im Anschluss an eine Unterrichtung gemäß Absatz 2 des vorliegenden Artikels kann die Kommission in Ausnahmefällen im Zusammenhang mit der öffentlichen Gesundheit oder der Patientensicherheit oder -gesundheit eine von einem Mitgliedstaat gemäß Absatz 1 des vorliegenden Artikels erteilte Genehmigung – oder falls sie vor dem 24. April 2020 erteilt wurde, eine gemäß Artikel 9 Absatz 9 der Richtlinie 90/385/EWG oder gemäß Artikel 11 Absatz 13 der Richtlinie 93/42/EWG erteilte Genehmigung – im Wege von Durchführungsrechtsakten für einen begrenzten Zeitraum auf das gesamte Gebiet der Union ausweiten und die Bedingungen festlegen, unter denen das Produkt in Verkehr gebracht oder in Betrieb genommen werden darf. Diese Durchführungsrechtsakte werden gemäß dem in Artikel 114 Absatz 3 genannten Prüfverfahren erlassen.

In hinreichend begründeten Fällen äußerster Dringlichkeit im Zusammenhang mit der menschlichen Sicherheit und Gesundheit erlässt die Kommission gemäß dem in Artikel 114 Absatz 4 genannten Verfahren sofort geltende Durchführungsrechtsakte.

Artikel 60
Freiverkaufszertifikate

(1) Der Mitgliedstaat, in dem der Hersteller oder der Bevollmächtigte seine eingetragene Niederlassung hat, stellt auf Antrag des Herstellers oder des Bevollmächtigten ein Freiverkaufszertifikat für Exportzwecke aus, in dem bescheinigt wird, dass der Hersteller bzw. der Bevollmächtigte in seinem Hoheitsgebiet seine eingetragene Niederlassung hat und dass mit dem betreffenden Produkt, das gemäß dieser Verordnung die CE-Kennzeichnung trägt, in der Union gehandelt werden darf. Das Freiverkaufszertifikat weist die Basis-UDI-DI für das Produkt aus, die in der UDI-Datenbank gemäß Artikel 29 enthalten ist. Hat eine Benannte Stelle eine Bescheinigung gemäß Artikel 56 ausgestellt, so weist das Freiverkaufszertifikat die einmalige Identifizierungsnummer der von der Benannten Stelle ausgestellten Bescheinigung gemäß Anhang XII Kapitel II Abschnitt 3 aus.

(2) Die Kommission kann im Wege von Durchführungsrechtsakten unter Berücksichtigung der internationalen Praxis in Bezug auf die Verwendung von Freiverkaufszertifikaten ein Muster für Freiverkaufszertifikate festlegen. Diese Durchführungsrechtsakte werden gemäß dem in Artikel 114 Absatz 2 genannten Beratungsverfahren erlassen.

Kapitel VI
Klinische Bewertung und klinische Prüfungen

Artikel 61
Klinische Bewertung

(1) Die Bestätigung der Erfüllung der einschlägigen grundlegenden Sicherheits- und Leistungsanforderungen gemäß Anhang I bei normaler bestimmungsgemäßer Verwendung des Produkts sowie die Beurteilung unerwünschter Nebenwirkungen und der Vertretbarkeit des Nutzen-Risiko-Verhältnisses gemäß Anhang I Abschnitte 1 und 8 erfolgen auf der Grundlage klinischer Daten, die einen ausreichenden klinischen Nachweis bieten, gegebenenfalls einschließlich einschlägiger Daten gemäß Anhang III.

Der Hersteller spezifiziert und begründet den Umfang des klinischen Nachweises, der erforderlich ist, um die Erfüllung der einschlägigen grundlegenden Sicherheits-

und Leistungsanforderungen zu belegen. Der Umfang des klinischen Nachweises muss den Merkmalen des Produkts und seiner Zweckbestimmung angemessen sein.

Zu diesem Zweck wird von den Herstellern eine klinische Bewertung nach Maßgabe des vorliegenden Artikels und des Anhangs XIV Teil A geplant, durchgeführt und dokumentiert.

(2) Für alle Produkte der Klasse III und für die in Artikel 54 Absatz 1 Buchstabe b genannten Produkte der Klasse IIb kann der Hersteller vor seiner klinischen Bewertung und/oder Prüfung ein Expertengremium gemäß Artikel 106 konsultieren, um die vom Hersteller vorgesehene Strategie für die klinische Entwicklung und die Vorschläge für eine klinische Prüfung zu prüfen. Der Hersteller berücksichtigt die vom Expertengremium geäußerten Standpunkte gebührend. Diese Berücksichtigung wird in dem in Absatz 12 genannten Bericht über die klinische Bewertung dokumentiert.

Der Hersteller darf keinerlei Rechte in Bezug auf die Standpunkte des Expertengremiums im Hinblick auf künftige Konformitätsbewertungsverfahren geltend machen.

(3) Eine klinische Bewertung erfolgt nach einem genau definierten und methodisch fundierten Verfahren, das sich auf folgende Grundlagen stützt:

a) eine kritische Bewertung der einschlägigen derzeit verfügbaren wissenschaftlichen Fachliteratur über Sicherheit, Leistung, Auslegungsmerkmale und Zweckbestimmung des Produkts; dabei müssen folgende Bedingungen erfüllt sein:

   – das Produkt, das Gegenstand der klinischen Bewertung für die Zweckbestimmung ist, ist dem Produkt, auf das sich die Daten beziehen, gemäß Anhang XIV Abschnitt 3 nachgewiesenermaßen gleichartig, und

   – die Daten zeigen in geeigneter Weise die Übereinstimmung mit den einschlägigen Sicherheits- und Leistungsanforderungen;

b) eine kritische Bewertung der Ergebnisse aller verfügbaren klinischen Prüfungen, wobei gebührend berücksichtigt wird, ob die Prüfungen gemäß den Artikeln 62 bis 80, gemäß nach Artikel 81 erlassenen Rechtsakten und gemäß Anhang XV durchgeführt wurden, und

c) eine Berücksichtigung der gegebenenfalls derzeit verfügbaren anderen Behandlungsoptionen für diesen Zweck.

(4) Im Falle von implantierbaren Produkten und Produkten der Klasse III werden klinische Prüfungen durchgeführt, es sei denn,

- das betreffende Produkt wurde durch Änderungen eines bereits von demselben Hersteller in Verkehr gebrachten Produkts konzipiert,
- der Hersteller hat nachgewiesen, dass das geänderte Produkt dem in Verkehr gebrachten Produkt gemäß Anhang XIV Abschnitt 3 gleichartig ist, und dieser Nachweis ist von der benannten Stelle bestätigt worden und
- die klinische Bewertung des in Verkehr gebrachten Produkts reicht aus, um nachzuweisen, dass das geänderte Produkt die einschlägigen Sicherheits- und Leistungsanforderungen erfüllt.

In diesem Fall prüft die benannte Stelle, dass der Plan für die klinische Nachbeobachtung nach dem Inverkehrbringen zweckdienlich ist und Studien nach dem Inverkehrbringen beinhaltet, um Sicherheit und Leistung des Produkts nachzuweisen.

Darüber hinaus müssen die klinischen Prüfungen in den in Absatz 6 aufgeführten Fällen nicht durchgeführt werden.

(5) Ein Hersteller eines Produkts, das nachweislich einem bereits in Verkehr gebrachten nicht von ihm hergestellten Produkt gleichartig ist, kann sich ebenfalls auf Absatz 4 berufen, um keine klinische Prüfung durchführen zu müssen, sofern zusätzlich zu den Anforderungen des genannten Absatzes die folgenden Bedingungen erfüllt sind:

- Die beiden Hersteller haben einen Vertrag geschlossen, in dem dem Hersteller des zweiten Produkts ausdrücklich der uneingeschränkte Zugang zur technischen Dokumentation durchgängig gestattet wird, und
- die ursprüngliche klinische Bewertung wurde unter Einhaltung der Anforderungen der vorliegenden Verordnung durchgeführt,

und der Hersteller des zweiten Produkts liefert der benannten Stelle den eindeutigen Nachweis hierfür.

(6) Die Anforderung, klinische Prüfungen gemäß Absatz 4 durchzuführen, gilt nicht für implantierbare Produkte und Produkte der Klasse III,

a) die gemäß der Richtlinie 90/385/EWG oder der Richtlinie 93/42/EWG rechtmäßig in Verkehr gebracht oder in Betrieb genommen wurden und deren klinische Bewertung

- sich auf ausreichende klinische Daten stützt und
- mit den einschlägigen produktspezifischen Spezifikationen für die klinische Bewertung dieser Art von Produkten im Einklang steht, sofern diese GS verfügbar sind, oder

b) bei denen es sich um Nahtmaterial, Klammern, Zahnfüllungen, Zahnspangen, Zahnkronen, Schrauben, Keile, Zahn- bzw. Knochenplatten, Drähte, Stifte, Klemmen oder Verbindungsstücke handelt, deren klinische Bewertung auf der Grundlage ausreichender klinischer Daten erfolgt und mit den einschlägigen produktspezifischen Spezifikationen im Einklang steht, sofern diese Spezifikationen verfügbar sind.

(7) Fälle, in denen Absatz 4 aufgrund von Absatz 6 nicht zur Anwendung kommt, werden vom Hersteller im Bericht über die klinische Bewertung und von der Benannten Stelle im Bericht über die Begutachtung der klinischen Bewertung begründet.

(8) In Fällen, in denen dies mit Blick auf bewährte Technologien gerechtfertigt ist, die denjenigen ähneln, die in den in Absatz 6 Buchstabe b aufgelisteten ausgenommenen Produkten verwendet werden, die wiederum in anderen Produkten verwendet werden, oder in Fällen, in denen dies gerechtfertigt ist, um den Schutz der Gesundheit und Sicherheit der Patienten, Anwender oder anderer Personen bzw. anderer Aspekte der öffentlichen Gesundheit zu gewährleisten, wird der Kommission die Befugnis übertragen, gemäß Artikel 115 delegierte Rechtsakte zu erlassen, um die Liste der ausgenommenen Produkte gemäß Artikel 52 Absatz 4 Unterabsatz 2 und Absatz 6 Buchstabe b des vorliegenden Artikels durch Hinzufügung anderer Arten implantierbarer Produkte oder Produkte der Klasse III oder Streichung von Produkten anzupassen.

(9) Bei den in Anhang XVI aufgeführten Produkten ohne medizinische Zweckbestimmung ist die Anforderung, den klinischen Nutzen im Einklang mit den Bestimmungen dieses Kapitels und der Anhänge XIV und XV nachzuweisen, als Anforderung, die Leistung des Produkts nachzuweisen, zu verstehen. Die klinischen Bewertungen dieser Produkte erfolgen auf der Grundlage einschlägiger Daten zur Sicherheit, einschließlich der Daten aus der Überwachung nach dem Inverkehrbringen, der klinischen Nachbeobachtung nach dem Inverkehrbringen und gegebenenfalls der spezifischen klinischen Prüfung. Bei diesen Produkten kann nur dann auf die Durchführung klinischer Prüfungen verzichtet werden, wenn es ausreichende Gründe dafür gibt, auf bereits vorhandene klinische Daten zu einem analogen Medizinprodukt zurückzugreifen.

(10) Wird der Nachweis der Übereinstimmung mit grundlegenden Sicherheits- und Leistungsanforderungen auf der Grundlage klinischer Daten für ungeeignet erachtet, ist jede solche Ausnahme auf der Grundlage des Risikomanagements des Herstellers und unter Berücksichtigung der besonderen Merkmale des Zusammenspiels zwischen dem Produkt und dem menschlichen Körper, der bezweckten klinischen Leistung und der Angaben des Herstellers angemessen zu begründen; dies gilt unbeschadet des Absatzes 4. In diesem Fall muss der Hersteller in der technischen Dokumentation gemäß Anhang II gebührend begründen, warum er den Nachweis der Übereinstimmung mit grundlegenden Sicherheits- und Leistungsanforderungen allein auf der Grundlage der Ergebnisse nichtklinischer Testmethoden, einschließlich Leistungsbewertung, technischer Prüfung („bench testing") und vorklinischer Bewertung, für geeignet hält.

(11) Die klinische Bewertung und die dazugehörigen Unterlagen sind während des gesamten Lebenszyklus des Produkts anhand der klinischen Daten zu aktualisieren, die sich aus der Durchführung des Plans für die klinische Nachbeobachtung nach dem Inverkehrbringen des Herstellers gemäß Anhang XIV Teil B und dem Plan zur Überwachung nach dem Inverkehrbringen gemäß Artikel 84 ergeben.

Für Produkte der Klasse III und implantierbare Produkte werden der Bewertungsbericht über die klinische Nachbeobachtung nach dem Inverkehrbringen und gegebenenfalls der in Artikel 32 genannte Kurzbericht über Sicherheit und klinische Leistung mindestens einmal jährlich anhand dieser Daten aktualisiert.

(12) Die klinische Bewertung, ihre Ergebnisse und der daraus abgeleitete klinische Nachweis werden in einem Bericht über die klinische Bewertung gemäß Anhang XIV Abschnitt 4 festgehalten, der – außer bei Sonderanfertigungen – Teil der technischen Dokumentation gemäß Anhang II für das betreffende Produkt ist.

(13) Erforderlichenfalls kann die Kommission zur Sicherstellung der einheitlichen Anwendung des Anhangs XIV unter gebührender Berücksichtigung des technischen und wissenschaftlichen Fortschritts Durchführungsrechtsakte erlassen, soweit dies für die Lösung von Problemen im Zusammenhang mit Unterschieden bei der Auslegung und der praktischen Anwendung erforderlich ist. Diese Durchführungsrechtsakte werden gemäß dem in Artikel 114 Absatz 3 genannten Prüfverfahren erlassen.

Artikel 62
Allgemeine Anforderungen an zum Nachweis der Konformität von Produkten durchgeführte klinische Prüfungen

(1) Bei klinischen Prüfungen haben Konzeption, Genehmigung, Durchführung, Aufzeichnung und Berichterstattung gemäß den Bestimmungen des vorliegenden Artikels und der Artikel 63 bis 80, der nach Artikel 81 erlassenen Rechtsakte und des Anhangs XV zu erfolgen, wenn sie als Teil der klinischen Bewertung für Konformitätsbewertungszwecke zu einem oder mehreren der folgenden Zwecke durchgeführt werden:

a) zur Feststellung und Überprüfung, dass ein Produkt so ausgelegt, hergestellt und verpackt ist, dass es unter normalen Verwendungsbedingungen für einen oder mehrere der in Artikel 2 Nummer 1 aufgelisteten spezifischen Zwecke geeignet ist und die von seinem Hersteller angegebene bezweckte Leistung erbringt;

b) zur Feststellung und Überprüfung des von seinem Hersteller angegebenen klinischen Nutzens eines Produkts;

c) zur Feststellung und Überprüfung der klinischen Sicherheit des Produkts und zur Bestimmung von bei normalen Verwendungsbedingungen gegebenenfalls auftretenden unerwünschten Nebenwirkungen des Produkts und zur Beurteilung, ob diese im Vergleich zu dem von dem Produkt erbrachten Nutzen vertretbare Risiken darstellen.

(2) Ist der Sponsor einer klinischen Prüfung nicht in der Union niedergelassen, so stellt er sicher, dass eine natürliche oder juristische Person als sein rechtlicher Vertreter in der Union niedergelassen ist. Dieser rechtliche Vertreter ist dafür verantwortlich, die Einhaltung der dem Sponsor aus dieser Verordnung erwachsenden Verpflichtungen sicherzustellen; die gesamte in dieser Verordnung vorgesehene Kommunikation mit dem Sponsor wird über den rechtlichen Vertreter abgewickelt. Jegliche Kommunikation mit diesem rechtlichen Vertreter gilt als Kommunikation mit dem Sponsor.

Die Mitgliedstaaten können auf die Anwendung des Unterabsatzes 1 auf klinische Prüfungen, die ausschließlich in ihrem Hoheitsgebiet oder in ihrem Hoheitsgebiet und im Hoheitsgebiet eines Drittstaats durchgeführt werden, verzichten, sofern sie sicherstellen, dass der Sponsor zumindest einen Ansprechpartner für diese klinische Prüfung in ihrem Hoheitsgebiet benennt, über den die gesamte in dieser Verordnung vorgesehene Kommunikation mit dem Sponsor abgewickelt wird.

(3) Klinische Prüfungen werden so konzipiert und durchgeführt, dass der Schutz der Rechte, der Sicherheit, der Würde und des Wohls der an der Prüfung teilnehmenden Prüfungsteilnehmer gewährleistet ist und Vorrang vor allen sonstigen Interessen hat und die gewonnenen klinischen Daten wissenschaftlich fundiert, zuverlässig und solide sind.

Klinische Prüfungen werden einer wissenschaftlichen und ethischen Überprüfung unterzogen. Die ethische Überprüfung erfolgt durch eine Ethik-Kommission gemäß dem nationalen Recht. Die Mitgliedstaaten sorgen dafür, dass die Verfahren für die Überprüfung durch die Ethik-Kommissionen mit den Verfahren vereinbar sind, die in dieser Verordnung für die Bewertung des Antrags auf Genehmigung einer klinischen Prüfung festgelegt sind. Mindestens ein Laie wirkt an der ethischen Überprüfung mit.

(4) Eine klinische Prüfung gemäß Absatz 1 kann nur durchgeführt werden, wenn alle nachfolgenden Bedingungen erfüllt sind:

a) Die klinische Prüfung wird – sofern nichts anderes festgelegt ist – von dem Mitgliedstaat bzw. den Mitgliedstaaten, in dem bzw. denen die klinische Prüfung durchgeführt werden soll, gemäß dieser Verordnung genehmigt;

b) eine nach nationalem Recht eingesetzte Ethik-Kommission hat keine ablehnende Stellungnahme in Bezug auf die klinische Prüfung abgegeben, die nach dem nationalen Recht des betreffenden Mitgliedstaats für dessen gesamtes Hoheitsgebiet gültig ist;

c) der Sponsor oder sein rechtlicher Vertreter oder ein Ansprechpartner gemäß Absatz 2 ist in der Union niedergelassen;

d) schutzbedürftige Bevölkerungsgruppen und Prüfungsteilnehmer werden gemäß Artikel 64 bis Artikel 68 angemessen geschützt;

e) der erwartete Nutzen für die Prüfungsteilnehmer oder für die öffentliche Gesundheit rechtfertigt die vorhersehbaren Risiken und Nachteile, und die Einhaltung dieser Bedingung wird ständig überwacht;

f) der Prüfungsteilnehmer oder – falls der Prüfungsteilnehmer nicht in der Lage ist, eine Einwilligung nach Aufklärung zu erteilen – sein gesetzlicher Vertreter hat eine Einwilligung nach Aufklärung gemäß Artikel 63 erteilt;

g) der Prüfungsteilnehmer oder – falls der Prüfungsteilnehmer nicht in der Lage ist, eine Einwilligung nach Aufklärung zu erteilen – sein gesetzlicher Vertreter hat die Kontaktdaten einer Stelle erhalten, die ihm bei Bedarf weitere Informationen erteilt;

h) das Recht des Prüfungsteilnehmers auf körperliche und geistige Unversehrtheit, Privatsphäre und Schutz seiner personenbezogenen Daten gemäß der Richtlinie 95/46/EG bleibt gewahrt;

i) die klinische Prüfung ist so geplant, dass sie mit möglichst wenig Schmerzen, Beschwerden, Angst und allen anderen vorhersehbaren Risiken für die Prüfungsteilnehmer verbunden ist und sowohl die Risikoschwelle als auch das Ausmaß der Belastung im klinischen Prüfplan eigens definiert und ständig überprüft werden;

j) die Verantwortung für die medizinische Versorgung der Prüfungsteilnehmer trägt ein Arzt mit geeigneter Qualifikation oder gegebenenfalls ein qualifizierter Zahnarzt oder jede andere Person, die nach nationalem Recht zur Bereitstellung der entsprechenden Patientenbetreuung im Rahmen einer klinischen Prüfung befugt ist;

k) die Prüfungsteilnehmer oder gegebenenfalls ihre gesetzlichen Vertreter werden keiner unzulässigen Beeinflussung, etwa finanzieller Art, ausgesetzt, um sie zur Teilnahme an der klinischen Prüfung zu bewegen;

l) das betreffende Prüfprodukt bzw. die betreffenden Prüfprodukte entspricht bzw. entsprechen den grundlegenden Sicherheits- und Leistungsanforderungen gemäß Anhang I mit Ausnahme der Punkte, die Gegenstand der klinischen Prüfung sind; hinsichtlich dieser Punkte wurden alle Vorsichtsmaßnahmen zum Schutz der Gesundheit und der Sicherheit der Prüfungsteilnehmer getroffen. Dies umfasst gegebenenfalls technische und biologische Sicherheitsprüfungen und eine vorklinische Bewertung sowie Bestimmungen im Bereich der Sicherheit am Arbeitsplatz und der Unfallverhütung unter Berücksichtigung des neuesten Erkenntnisstands;

m) die Anforderungen des Anhangs XV sind erfüllt.

(5) Jeder Prüfungsteilnehmer oder – falls der Prüfungsteilnehmer nicht in der Lage ist, eine Einwilligung nach Aufklärung zu erteilen – sein gesetzlicher Vertreter kann seine Teilnahme an der klinischen Prüfung jederzeit durch Widerruf seiner Einwilligung beenden, ohne dass ihm daraus ein Nachteil entsteht und ohne dass er dies in irgendeiner Weise begründen müsste. Unbeschadet der Richtlinie 95/46/EG hat der Widerruf der Einwilligung nach Aufklärung keine Auswirkungen auf Tätigkeiten, die auf der Grundlage der Einwilligung nach Aufklärung bereits vor

deren Widerruf durchgeführt wurden, oder auf die Verwendung der auf dieser Grundlage erhobenen Daten.

(6) Bei dem Prüfer handelt es sich um eine Person, die einen Beruf ausübt, durch den sie aufgrund der dafür erforderlichen wissenschaftlichen Kenntnisse und Erfahrung bei der Patientenbetreuung in dem betreffenden Mitgliedstaat anerkanntermaßen für die Rolle als Prüfer qualifiziert ist. Alle sonstigen an der Durchführung einer klinischen Prüfung mitwirkenden Mitarbeiter müssen aufgrund ihrer Ausbildung, Fortbildung bzw. Erfahrung auf dem betreffenden medizinischen Gebiet und im Zusammenhang mit klinischen Forschungsmethoden in geeigneter Weise für ihre Tätigkeit qualifiziert sein.

(7) Die Räumlichkeiten, in denen die klinische Prüfung durchgeführt werden soll, müssen für die klinische Prüfung geeignet sein und den Räumlichkeiten, in denen das Produkt verwendet werden soll, ähneln.

Artikel 63
Einwilligung nach Aufklärung

(1) Die Einwilligung nach Aufklärung wird nach entsprechender Aufklärung gemäß Absatz 2 von der Person, die das Gespräch gemäß Absatz 2 Buchstabe c geführt hat, sowie vom Prüfungsteilnehmern oder – falls der Prüfungsteilnehmer nicht in der Lage ist, eine Einwilligung nach Aufklärung zu erteilen – seinem gesetzlichen Vertreter schriftlich erteilt, datiert und unterzeichnet. Ist der Prüfungsteilnehmer nicht in der Lage, seine Einwilligung nach Aufklärung schriftlich zu erteilen, kann die Einwilligung in geeigneter alternativer Weise in Anwesenheit mindestens eines unparteiischen Zeugen erteilt und aufgezeichnet werden. In diesem Fall unterzeichnet und datiert der Zeuge das Dokument zur Einwilligung nach Aufklärung. Der Prüfungsteilnehmer oder – falls der Prüfungsteilnehmer nicht in der Lage ist, eine Einwilligung nach Aufklärung zu erteilen – sein gesetzlicher Vertreter erhält eine Ausfertigung des Dokuments oder gegebenenfalls der Aufzeichnung, mit dem die Einwilligung nach Aufklärung erteilt wurde. Die Einwilligung nach Aufklärung ist zu dokumentieren. Dem Prüfungsteilnehmer oder seinem gesetzlichen Vertreter ist eine angemessene Frist zu gewähren, um über seine Entscheidung, an der klinischen Prüfung teilzunehmen, nachzudenken.

(2) Die Informationen, die dem Prüfungsteilnehmer oder – falls der Prüfungsteilnehmer nicht in der Lage ist, eine Einwilligung nach Aufklärung zu erteilen – seinem gesetzlichen Vertreter zur Verfügung gestellt werden, um die Einwilligung nach Aufklärung zu erlangen, müssen

a) den Prüfungsteilnehmer oder seinen gesetzlichen Vertreter in die Lage versetzen zu verstehen,

   i) worin das Wesen, die Ziele, der Nutzen, die Folgen, die Risiken und die Nachteile der klinischen Prüfung bestehen,

   ii) welche Rechte und Garantien dem Prüfungsteilnehmer zu seinem Schutz zustehen, insbesondere sein Recht, die Teilnahme an der klinischen Prüfung zu verweigern oder diese Teilnahme jederzeit zu beenden, ohne dass ihm daraus ein Nachteil entsteht und ohne dass er dies in irgendeiner Weise begründen müsste,

   iii) unter welchen Bedingungen die klinische Prüfung durchgeführt wird; dies schließt die erwartete Dauer der Teilnahme des Prüfungsteilnehmers an der klinischen Prüfung ein, und

   iv) welche alternativen Behandlungsmöglichkeiten bestehen, einschließlich der Nachsorgemaßnahmen, wenn die Teilnahme des Prüfungsteilnehmers an der klinischen Prüfung abgebrochen wird;

b) umfassend, knapp, klar, zweckdienlich und für den Prüfungsteilnehmer oder seinen gesetzlichen Vertreter verständlich sein;

c) im Rahmen eines vorangegangenen Gesprächs mitgeteilt werden, das ein Mitglied des Prüfungsteams führt, das gemäß dem nationalen Recht angemessen qualifiziert ist;

d) Angaben über das in Artikel 69 genannte geltende Verfahren zur Entschädigung für Schäden enthalten und

e) die unionsweit einmalige Kennnummer für die klinische Prüfung gemäß Artikel 70 Absatz 1 sowie Informationen über die Verfügbarkeit der Ergebnisse der klinischen Prüfung gemäß Absatz 6 des vorliegenden Artikels enthalten.

(3) Die Informationen gemäß Absatz 2 werden schriftlich niedergelegt und dem Prüfungsteilnehmer oder – falls der Prüfungsteilnehmer nicht in der Lage ist, eine Einwilligung nach Aufklärung zu erteilen – seinem gesetzlichen Vertreter zur Verfügung gestellt.

(4) Während des in Absatz 2 Buchstabe c genannten Gesprächs werden dem Informationsbedarf bestimmter Patientengruppen und einzelner Prüfungsteilnehmer und der Art und Weise, in der die Informationen erteilt werden, besondere Aufmerksamkeit gewidmet.

(5) Während des in Absatz 2 Buchstabe c genannten Gesprächs wird sichergestellt, dass der Prüfungsteilnehmer die Informationen verstanden hat.

(6) Der Prüfungsteilnehmer wird darüber informiert, dass ein Bericht über die klinische Prüfung und eine Zusammenfassung, die in einer für den vorgesehenen Anwender verständlichen Sprache formuliert ist, unabhängig vom Ergebnis der klinischen Prüfung in dem in Artikel 73 genannten elektronischen System für die klinische Prüfung gemäß Artikel 77 Absatz 5 bereitgestellt werden und – soweit möglich – wann sie verfügbar sind.

(7) Diese Verordnung lässt nationales Recht unberührt, das vorschreibt, dass ein Minderjähriger, der in der Lage ist, sich eine Meinung zu bilden und die ihm erteilten Informationen zu beurteilen, zusätzlich zu der Einwilligung nach Aufklärung durch den gesetzlichen Vertreter selbst der Teilnahme zustimmen muss, damit er an einer klinischen Prüfung teilnehmen kann.

Artikel 64
Klinische Prüfungen mit nicht einwilligungsfähigen Prüfungsteilnehmern

(1) Nicht einwilligungsfähige Prüfungsteilnehmer dürfen, sofern sie ihre Einwilligung nach Aufklärung nicht vor Verlust ihrer Einwilligungsfähigkeit erteilt oder sie diese verweigert haben, nur dann an klinischen Prüfungen teilnehmen, wenn außer den in Artikel 62 Absatz 4 aufgeführten Voraussetzungen auch alle folgenden Voraussetzungen erfüllt sind:

a) ihr gesetzlicher Vertreter hat eine Einwilligung nach Aufklärung erteilt;

b) der nicht einwilligungsfähige Prüfungsteilnehmer hat die Informationen gemäß Artikel 63 Absatz 2 in einer Form erhalten, die seiner Fähigkeit, diese zu begreifen, angemessen ist;

c) der ausdrückliche Wunsch eines nicht einwilligungsfähigen Prüfungsteilnehmers, der in der Lage ist, sich eine Meinung zu bilden und die in Artikel 63 Absatz 2 genannten Informationen zu beurteilen, die Teilnahme an der klinischen Prüfung zu verweigern oder seine Teilnahme daran zu irgendeinem Zeitpunkt zu beenden, wird vom Prüfer beachtet;

d) über eine Entschädigung für Ausgaben und Einkommensausfälle, die sich direkt aus der Teilnahme an der klinischen Prüfung ergeben, hinaus gibt es für die Prüfungsteilnehmer oder ihre gesetzlichen Vertreter keine finanziellen oder anderweitigen Anreize;

e) die klinische Prüfung ist im Hinblick auf nicht einwilligungsfähige Prüfungsteilnehmer unerlässlich und Daten von vergleichbarer Aussagekraft können nicht im Rahmen klinischer Prüfungen an einwilligungsfähigen Personen oder mittels anderer Forschungsmethoden gewonnen werden;

f) die klinische Prüfung steht im direkten Zusammenhang mit einem Krankheitszustand, an dem der Prüfungsteilnehmer leidet;

g) es gibt wissenschaftliche Gründe für die Erwartung, dass die Teilnahme an der klinischen Prüfung einen direkten Nutzen für den nicht einwilligungsfähigen Prüfungsteilnehmer zur Folge haben wird, der die Risiken und Belastungen überwiegt.

(2) Der Prüfungsteilnehmer wird so weit wie möglich in den Einwilligungsprozess einbezogen.

Artikel 65
Klinische Prüfungen mit Minderjährigen

Klinische Prüfungen mit Minderjährigen dürfen nur dann durchgeführt werden, wenn zusätzlich zu den in Artikel 62 Absatz 4 aufgeführten Voraussetzungen auch alle folgenden Voraussetzungen erfüllt sind:

a) ihr gesetzlicher Vertreter hat eine Einwilligung nach Aufklärung erteilt;

b) die Minderjährigen haben von im Umgang mit Minderjährigen erfahrenen oder entsprechend ausgebildeten Prüfern oder Mitgliedern des Prüfungsteams die Informationen gemäß Artikel 63 Absatz 2 in einer ihrem Alter und ihrer geistigen Reife entsprechenden Weise erhalten;

c) der ausdrückliche Wunsch eines Minderjährigen, der in der Lage ist, sich eine Meinung zu bilden und die in Artikel 63 Absatz 2 genannten Informationen zu beurteilen, die Teilnahme an der klinischen Prüfung zu verweigern oder seine Teilnahme daran zu irgendeinem Zeitpunkt zu beenden, wird vom Prüfer beachtet;

d) über eine Entschädigung für Ausgaben und Einkommensausfälle, die sich direkt aus der Teilnahme an der klinischen Prüfung ergeben, hinaus gibt es für den Prüfungsteilnehmer oder seinen gesetzlichen Vertreter keine finanziellen oder anderweitigen Anreize;

e) Ziel der klinischen Prüfung ist die Erforschung von Behandlungen für einen Krankheitszustand, der nur Minderjährige betrifft, oder die klinische Prüfung ist zur Bestätigung von im Rahmen klinischer Prüfungen an einwilligungsfähigen Personen oder mittels anderer Forschungsmethoden gewonnener Daten in Bezug auf Minderjährige unerlässlich;

f) die klinische Prüfung steht entweder unmittelbar im Zusammenhang mit dem Krankheitszustand, an dem der betroffene Minderjährige leidet, oder kann aufgrund ihrer Beschaffenheit nur mit Minderjährigen durchgeführt werden;

g) es gibt wissenschaftliche Gründe für die Erwartung, dass die Teilnahme an der klinischen Prüfung einen direkten Nutzen für den Minderjährigen zur Folge haben wird, der die Risiken und Belastungen überwiegt;

h) der Minderjährige wird seinem Alter und seiner geistigen Reife entsprechend in den Prozess der Einwilligung nach Aufklärung einbezogen;

i) hat der Minderjährige während der klinischen Prüfung gemäß dem nationalen Recht die rechtliche Fähigkeit zur Einwilligung nach Aufklärung erreicht, so muss seine ausdrückliche Einwilligung nach Aufklärung eingeholt werden, bevor dieser Prüfungsteilnehmer die Teilnahme an der klinischen Prüfung weiterführen kann.

Artikel 66
Klinische Prüfungen mit schwangeren oder stillenden Frauen

Klinische Prüfungen mit schwangeren oder stillenden Frauen dürfen nur durchgeführt werden, wenn zusätzlich zu den in Artikel 62 Absatz 4 genannten Voraussetzungen auch alle folgenden Voraussetzungen erfüllt sind:

a) Die klinische Prüfung hat unter Umständen einen direkten Nutzen für die betroffene schwangere oder stillende Frau oder ihren Embryo oder Fötus oder ihr Kind nach der Geburt zur Folge, der die Risiken und Belastungen überwiegt, oder

b) bei Forschungsvorhaben mit stillenden Frauen wird in besonderem Maße dafür Sorge getragen, dass eine Beeinträchtigung der Gesundheit des Kindes ausgeschlossen ist, und

c) über eine Entschädigung für Ausgaben und Einkommensausfälle, die sich direkt aus der Teilnahme an der klinischen Prüfung ergeben, hinaus gibt es für die Prüfungsteilnehmerin keine finanziellen oder anderweitigen Anreize.

Artikel 67
Zusätzliche nationale Maßnahmen

Die Mitgliedstaaten können zusätzliche Maßnahmen beibehalten, die Personen betreffen, die einen Pflichtwehrdienst ableisten, Personen, denen die Freiheit entzogen wurde, Personen, die aufgrund einer gerichtlichen Entscheidung nicht an einer klinischen Prüfung teilnehmen dürfen, und Personen, die in einem Pflegeheim untergebracht sind.

Artikel 68
Klinische Prüfungen in Notfällen

(1) Abweichend von Artikel 62 Absatz 4 Buchstabe f, Artikel 64 Absatz 1 Buchstaben a und b und Artikel 65 Buchstaben a und b kann die Einwilligung nach Aufklärung zur Teilnahme an einer klinischen Prüfung erst eingeholt werden und können die entsprechenden Informationen über die klinische Prüfung zur Verfügung gestellt werden, nachdem die Entscheidung getroffen wurde, den Prüfungsteilnehmer in die klinische Prüfung einzubeziehen, sofern diese Entscheidung zu dem Zeitpunkt der ersten Intervention mit dem Prüfungsteilnehmer gemäß dem klinischen Prüfplan für diese klinische Prüfung getroffen wurde und alle folgenden Voraussetzungen erfüllt sind:

a) Aufgrund der Dringlichkeit der Situation, die sich aus einem plötzlichen lebensbedrohlichen oder einem anderen plötzlichen schwerwiegenden Krankheitszustand ergibt, ist der Prüfungsteilnehmer nicht in der Lage, im Voraus eine Einwilligung nach Aufklärung zu erteilen und Informationen über die klinische Prüfung zu erhalten;

b) es gibt wissenschaftliche Gründe für die Erwartung, dass die Teilnahme des Prüfungsteilnehmers an der klinischen Prüfung potentiell einen direkten klinisch relevanten Nutzen für den Prüfungsteilnehmer zur Folge hat, mit dem eine nachweisbare gesundheitsbezogene Verbesserung erreicht wird, die das Leiden des Prüfungsteilnehmers lindert und/oder seine Gesundheit verbessert, oder mit dem die Diagnose seiner Krankheit ermöglicht wird;

c) es ist nicht möglich, innerhalb der für die Behandlung zur Verfügung stehenden Zeit im Vorfeld dem gesetzlichen Vertreter alle Informationen bereitzustellen und eine vorherige Einwilligung nach Aufklärung von diesem einzuholen;

d) der Prüfer bescheinigt, dass der Prüfungsteilnehmer nach seiner Kenntnis zuvor keine Einwände gegen die Teilnahme an der klinischen Prüfung geäußert hat;

e) die klinische Prüfung steht in direktem Zusammenhang mit dem Krankheitszustand des Prüfungsteilnehmers, der die Einholung der Einwilligung nach Aufklärung des Prüfungsteilnehmers oder seines gesetzlichen Vertreters nach Aufklärung und die Bereitstellung der Informationen innerhalb der für die Behandlung zur Verfügung stehenden Zeit unmöglich macht, und die klinische Prüfung kann aufgrund ihrer Art ausschließlich in Notfallsituationen durchgeführt werden;

f) die klinische Prüfung stellt im Vergleich zur Standardbehandlung der Krankheit des Prüfungsteilnehmers nur ein minimales Risiko und eine minimale Belastung für den Prüfungsteilnehmer dar.

(2) Nach einer Intervention gemäß Absatz 1 des vorliegenden Artikels werden gemäß folgenden Bedingungen die Einwilligung nach Aufklärung gemäß Artikel 63 für die weitere Teilnahme des Prüfungsteilnehmers an der klinischen Prüfung eingeholt und die Informationen zur klinischen Prüfung bereitgestellt:

a) Für nicht einwilligungsfähige Personen und Minderjährige wird die Einwilligung nach Aufklärung unverzüglich von dem Prüfer bei ihrem gesetzlichen Vertreter eingeholt; die in Artikel 63 Absatz 2 genannten Informationen werden dem Prüfungsteilnehmer und seinem gesetzlichen Vertreter so bald wie möglich übergeben.

b) Für andere Prüfungsteilnehmer wird die Einwilligung nach Aufklärung unverzüglich von dem Prüfer beim Prüfungsteilnehmer oder bei seinem gesetzlichen Vertreter eingeholt, je nachdem, welche Einwilligung zuerst eingeholt werden kann; die in Artikel 63 Absatz 2 genannten Informationen werden dem Prüfungsteilnehmer oder dem gesetzlichen Vertreter, je nachdem, was einschlägig ist, so bald wie möglich übergeben.

Wurde die Einwilligung nach Aufklärung gemäß Buchstabe b beim gesetzlichen Vertreter eingeholt, so wird die Einwilligung nach Aufklärung des Prüfungsteilnehmers zur weiteren Teilnahme an der klinischen Prüfung eingeholt, sobald dieser einwilligungsfähig ist.

(3) Erteilt der Prüfungsteilnehmer oder gegebenenfalls sein gesetzlicher Vertreter seine Einwilligung nicht, wird er davon in Kenntnis gesetzt, dass er das Recht hat, der Nutzung von Daten, die im Rahmen der klinischen Prüfung gewonnen wurden, zu widersprechen.

Artikel 69
Schadensersatz

(1) Die Mitgliedstaaten stellen sicher, dass Verfahren zur Entschädigung für jeden Schaden, der einem Prüfungsteilnehmer durch seine Teilnahme an einer klinischen Prüfung auf ihrem Hoheitsgebiet entsteht, in Form einer Versicherung oder einer Garantie oder ähnlichen Regelungen bestehen, die hinsichtlich ihres Zwecks gleichartig sind und der Art und dem Umfang des Risikos entsprechen.

(2) Der Sponsor und der Prüfer wenden das Verfahren gemäß Absatz 1 in einer Weise an, die dem Mitgliedstaat, in dem die klinische Prüfung durchgeführt wird, entspricht.

Artikel 70
Antrag auf Genehmigung einer klinischen Prüfung

(1) Der Sponsor einer klinischen Prüfung reicht den Antrag bei dem oder den Mitgliedstaat(en) ein, in dem bzw. denen die klinische Prüfung durchgeführt werden soll (für die Zwecke des vorliegenden Artikels als der „betreffende Mitgliedstaat" bezeichnet); dem Antrag sind die in Anhang XV Kapitel II aufgeführten Unterlagen beizufügen.

Der Antrag wird über das elektronische System gemäß Artikel 73 eingereicht, das eine unionsweit einmalige Kennnummer für die klinische Prüfung generiert, die für die gesamte Kommunikation im Zusammenhang mit dieser Prüfung verwendet wird. Innerhalb von zehn Tagen nach Eingang des Antrags teilt der betreffende Mitgliedstaat dem Sponsor mit, ob die klinische Prüfung in den Geltungsbereich dieser Verordnung fällt und ob die Antragsunterlagen gemäß Anhang XV Kapitel II vollständig sind.

(2) Kommt es zu einer Änderung der in Anhang XV Kapitel II genannten Unterlagen, so aktualisiert der Sponsor innerhalb einer Woche die entsprechenden Daten in dem in Artikel 73 genannten elektronischen System; die Änderungen an den Unterlagen müssen eindeutig gekennzeichnet sein. Der betreffende Mitgliedstaat wird über dieses elektronische System über die Aktualisierung unterrichtet.

(3) Stellt der betreffende Mitgliedstaat fest, dass die beantragte klinische Prüfung nicht in den Geltungsbereich dieser Verordnung fällt oder dass die Antragsunterlagen unvollständig sind, so teilt er dies dem Sponsor mit und setzt ihm eine Frist von höchstens zehn Tagen zur Stellungnahme oder Vervollständigung des Antrags über das in Artikel 73 genannte elektronische System. Der betreffende Mitgliedstaat kann diese Frist gegebenenfalls um höchstens 20 Tage verlängern.

Gibt der Sponsor innerhalb der in Unterabsatz 1 genannten Frist keine Stellungnahme ab bzw. vervollständigt er den Antrag nicht innerhalb dieser Frist, gilt der Antrag als hinfällig. Ist der Sponsor der Auffassung, dass der Antrag in den Geltungsbereich dieser Verordnung fällt und/oder vollständig ist, und ist der betreffende Mitgliedstaat anderer Auffassung, gilt der Antrag als abgelehnt. Der betreffende Mitgliedstaat sieht im Hinblick auf eine solche Verweigerung ein Rechtsmittelverfahren vor.

Der betreffende Mitgliedstaat teilt dem Sponsor innerhalb von fünf Tagen nach Eingang der Stellungnahme bzw. der angeforderten zusätzlichen Informationen mit, ob die klinische Prüfung als in den Geltungsbereich dieser Verordnung fallend gilt und der Antrag vollständig ist.

(4) Der betreffende Mitgliedstaat kann die in den Absätzen 1 und 3 genannten Fristen auch um jeweils weitere fünf Tage verlängern.

(5) Für die Zwecke dieses Kapitels gilt das Datum, an dem der Sponsor gemäß Absatz 1 oder Absatz 3 benachrichtigt wurde, als Datum der Validierung des Antrags. Wird der Sponsor nicht benachrichtigt, gilt der letzte Tag der jeweils in den Absätzen 1, 3 und 4 jeweils genannten Frist als Datum der Validierung des Antrags.

(6) Während des Zeitraums der Prüfung des Antrags kann der Mitgliedstaat zusätzliche Informationen vonseiten des Sponsors anfordern. Der Ablauf der Frist gemäß Absatz 7 Buchstabe b wird vom Tag der ersten Anforderung bis zum Eingang der zusätzlichen Informationen ausgesetzt.

(7) Der Sponsor kann mit der klinischen Prüfung unter folgenden Voraussetzungen beginnen:

a) bei Prüfprodukten der Klasse I oder im Fall von nicht-invasiven Produkten der Klassen IIa und IIb: unmittelbar nach dem Datum der Validierung des Antrags gemäß Absatz 5, sofern im nationalen Recht nichts anderes festgelegt ist und sofern nicht eine Ethik-Kommission des betreffenden Mitgliedstaats eine ablehnende Stellungnahme in Bezug auf die klinische Prüfung abgegeben hat, die nach dem nationalen Recht des betreffenden Mitgliedstaats für dessen gesamtes Hoheitsgebiet gültig ist;

b) bei anderen als den in Buchstabe a genannten Prüfprodukten: sobald der betreffende Mitgliedstaat den Sponsor über seine Genehmigung unterrichtet hat und sofern die nicht eine Ethik-Kommission des betreffenden Mitgliedstaats eine ablehnende Stellungnahme in Bezug auf die klinische Prüfung abgegeben hat, die nach dem nationalen Recht des betreffenden Mitgliedstaats für dessen gesamtes Hoheitsgebiet gültig ist. Der Mitgliedstaat unterrichtet den Sponsor über die Genehmigung innerhalb von 45 Tagen nach dem Datum der Validierung gemäß Absatz 5. Der Mitgliedstaat kann diese Frist um weitere 20 Tage verlängern, um eine Beratung mit Sachverständigen zu ermöglichen.

(8) Der Kommission wird die Befugnis übertragen, gemäß Artikel 115 delegierte Rechtsakte zu erlassen, um die Anforderungen Anhang XV Kapitel II unter Berücksichtigung des technischen Fortschritts und der Entwicklung der internationalen Regulierungsvorschriften zu ändern.

(9) Zur Gewährleistung der einheitlichen Anwendung der Anforderungen gemäß Anhang XV Kapitel II kann die Kommission Durchführungsrechtsakte erlassen, soweit dies für die Lösung von Problemen im Zusammenhang mit Unterschieden bei der Auslegung und der praktischen Anwendung erforderlich ist. Diese Durchführungsrechtsakte werden gemäß dem in Artikel 114 Absatz 3 genannten Prüfverfahren erlassen.

Artikel 71
Bewertung durch die Mitgliedstaaten

(1) Die Mitgliedstaaten sorgen dafür, dass die Personen, die den Antrag validieren und bewerten oder die über den Antrag entscheiden, keine Interessenkonflikte haben und dass sie unabhängig vom Sponsor, den beteiligten Prüfern und den natürlichen oder juristischen Personen, die die klinische Prüfung finanzieren, sowie frei von jeder anderen unzulässigen Beeinflussung sind.

(2) Die Mitgliedstaaten sorgen dafür, dass die Bewertung von einer angemessenen Anzahl von Personen gemeinsam vorgenommen wird, die zusammen über die erforderlichen Qualifikationen und Erfahrung verfügen.

(3) Die Mitgliedstaaten prüfen, ob die klinische Prüfung so angelegt ist, dass die potenziellen Restrisiken für die Prüfungsteilnehmer oder Dritte nach der Risikominimierung gemessen an dem zu erwartenden klinischen Nutzen vertretbar sind. Unter Berücksichtigung der anwendbaren GS bzw. harmonisierten Normen prüfen sie insbesondere Folgendes:

a) den Nachweis der Konformität der Prüfprodukte mit den grundlegenden Sicherheits- und Leistungsanforderungen mit Ausnahme der Punkte, die Gegenstand der klinischen Prüfung sind, und ob hinsichtlich dieser Punkte alle Vorsichtsmaßnahmen zum Schutz der Gesundheit und der Sicherheit der Prüfungsteilnehmer getroffen wurden. Dies umfasst gegebenenfalls den Nachweis einer technischen und biologischen Sicherheitsprüfung und einer vorklinischen Bewertung;

b) ob die vom Sponsor verwendeten Lösungen zur Risikominimierung in harmonisierten Normen beschrieben sind und dort, wo der Sponsor keine harmonisierten Normen verwendet, ob die Lösungen zur Risikominimierung ein Schutzniveau bieten, das den durch harmonisierte Normen gebotenen gleichwertig ist;

c) ob die geplanten Maßnahmen zur sicheren Installation, Inbetriebnahme und Instandhaltung des Prüfprodukts angemessen sind;

d) die Zuverlässigkeit und Belastbarkeit der im Rahmen der klinischen Prüfung gewonnenen Daten unter Einbeziehung des statistischen Ansatzes, des Prüfungsdesigns und der methodischen Aspekte, einschließlich Probenumfang, Komparatoren und Endpunkte;

e) ob die Anforderungen des Anhangs XV erfüllt sind;

f) bei Produkten für sterile Anwendungen den Nachweis der Validierung der Sterilisierungsverfahren des Herstellers oder seiner Angaben zu den Wiederaufbereitungs- und Sterilisierungsverfahren, die von der Prüfstelle durchzuführen ist;

g) den Nachweis der Sicherheit, der Qualität und des Nutzens von Komponenten menschlichen oder tierischen Ursprungs oder von Stoffen, die gemäß der Richtlinie 2001/83/EG als Arzneimittel gelten können.

(4) Die Mitgliedstaaten verweigern die Genehmigung der klinischen Prüfung, falls

a) die gemäß Artikel 70 Absatz 1 vorgelegten Antragsunterlagen unvollständig bleiben,

b) das Produkt oder die vorgelegten Unterlagen, insbesondere der Prüfplan und das Handbuch des Prüfers, nicht dem wissenschaftlichen Erkenntnisstand entsprechen und die klinische Prüfung als solche nicht geeignet ist, Nachweise für die Sicherheit, die Leistungsmerkmale oder den Nutzen des Produkts für die Prüfungsteilnehmer oder Patienten zu erbringen, oder

c) die Anforderungen des Artikels 62 nicht erfüllt sind oder

d) eine Bewertung gemäß Absatz 3 negativ ist.

Die Mitgliedstaaten sehen im Hinblick auf eine Versagung nach Unterabsatz 1 ein Rechtsmittelverfahren vor.

Artikel 72
Durchführung einer klinischen Prüfung

(1) Der Sponsor und der Prüfer stellen sicher, dass die klinische Prüfung entsprechend dem genehmigten klinischen Prüfplan durchgeführt wird.

(2) Um sich zu vergewissern, dass die Rechte, die Sicherheit und das Wohl der Prüfungsteilnehmer geschützt sowie die gemeldeten Daten verlässlich und belastbar sind und die Durchführung der klinischen Prüfung gemäß den Anforderungen dieser Verordnung erfolgt, gewährleistet der Sponsor eine angemessene Überwachung der Durchführung der klinischen Prüfung. Der Sponsor legt Ausmaß und Art der Überwachung auf der Grundlage einer Bewertung fest, die sämtliche Merkmale der klinischen Prüfung und insbesondere Folgendes berücksichtigt:

a) die Ziele der klinischen Prüfung und die angewandte Methodik und

b) den Grad der Abweichung der Intervention von der üblichen klinischen Praxis.

(3) Alle Daten zu einer klinischen Prüfung werden durch den Sponsor oder gegebenenfalls den Prüfer so aufgezeichnet, verarbeitet, behandelt und gespeichert, dass sie korrekt übermittelt, ausgelegt und überprüft werden können, wobei gleichzeitig die Vertraulichkeit der Unterlagen und der personenbezogenen Daten der Prüfungsteilnehmer gemäß dem geltenden Recht zum Datenschutz gewahrt bleibt.

(4) Es werden geeignete technische und organisatorische Maßnahmen getroffen, um die verarbeiteten Informationen und personenbezogenen Daten vor unbefugtem oder unrechtmäßigem Zugriff, unbefugter und unrechtmäßiger Bekanntgabe, Verbreitung und Veränderung sowie vor Vernichtung oder zufälligem Verlust zu schützen, insbesondere wenn die Verarbeitung die Übertragung über ein Netzwerk umfasst.

(5) Die Mitgliedstaaten überprüfen in geeignetem Ausmaß die Prüfstelle(n), um zu kontrollieren, ob die klinischen Prüfungen gemäß den Anforderungen dieser Verordnung und dem genehmigten Prüfplan durchgeführt werden.

(6) Der Sponsor legt ein Verfahren für Notfälle fest, mit dem die sofortige Identifizierung und erforderlichenfalls der sofortige Rückruf der bei der Prüfung verwendeten Produkte ermöglicht werden.

Artikel 73
Elektronisches System für klinische Prüfungen

(1) In Zusammenarbeit mit den Mitgliedstaaten richtet die Kommission zu folgenden Zwecken ein elektronisches System ein, das sie betreibt und pflegt:

a) Generierung der einmaligen Kennnummern für klinische Prüfungen gemäß Artikel 70 Absatz 1;

b) Funktion als Eingangspunkt für die Einreichung aller Anträge oder Mitteilungen für klinische Prüfungen gemäß den Artikeln 70, 74, 75 und 78 sowie für alle sonstigen Dateneingaben und -verarbeitungen in diesem Zusammenhang;

c) Informationsaustausch im Zusammenhang mit klinischen Prüfungen gemäß dieser Verordnung zwischen den Mitgliedstaaten untereinander und zwischen den Mitgliedstaaten und der Kommission, einschließlich des Austauschs der Informationen gemäß den Artikeln 70 und 76;

d) Bereitstellung von Informationen durch den Sponsor gemäß Artikel 77, einschließlich des Berichts über die klinische Prüfung und seiner Zusammenfassung gemäß Absatz 5 des genannten Artikels;

e) Meldungen schwerwiegender unerwünschter Ereignisse und von Produktmängeln und diesbezügliche Aktualisierungen gemäß Artikel 80.

(2) Bei der Einrichtung des in Absatz 1 genannten elektronischen Systems stellt die Kommission sicher, dass dieses mit der gemäß Artikel 81 der Verordnung (EU) Nr. 536/2014 des Europäischen Parlaments und des Rates[40]) eingerichteten EU-Datenbank für klinische Prüfungen von Humanarzneimitteln interoperabel ist, was die Kombination klinischer Prüfungen von Produkten mit klinischen Prüfungen im Rahmen der genannten Verordnung angeht.

(3) Die in Absatz 1 Buchstabe c genannten Informationen sind nur für die Mitgliedstaaten und die Kommission zugänglich. Die unter den anderen Buchstaben des Absatzes 1 genannten Informationen sind für die Öffentlichkeit zugänglich, es sei denn, diese Informationen oder Teile davon müssen aus folgenden Gründen vertraulich behandelt werden:

a) Schutz personenbezogener Daten gemäß der Verordnung (EG) Nr. 45/2001;

[40]) Verordnung (EU) Nr. 536/2014 des Europäischen Parlaments und des Rates vom 16. April 2014 über klinische Prüfungen mit Humanarzneimitteln und zur Aufhebung der Richtlinie 2001/20/EG (ABl. L 158 vom 27.5.2014, S. 1).

b) Schutz von Betriebs- oder Geschäftsgeheimnissen, speziell im Handbuch des Prüfers, insbesondere durch Berücksichtigung des Status der Konformitätsbewertung für das Produkt, sofern kein übergeordnetes öffentliches Interesse an der Verbreitung besteht;

c) wirksame Überwachung der Durchführung der klinischen Prüfung durch den bzw. die betroffenen Mitgliedstaat(en).

(4) Personenbezogene Daten der Prüfungsteilnehmer werden der Öffentlichkeit nicht zugänglich gemacht.

(5) Die Benutzerschnittstelle des in Absatz 1 genannten elektronischen Systems steht in allen Amtssprachen der Union zur Verfügung.

Artikel 74
Klinische Prüfungen in Bezug auf Produkte, die die CE-Kennzeichnung tragen

(1) Wird eine klinische Prüfung durchgeführt, die der weitergehenden Bewertung eines Produkts, das bereits die CE-Kennzeichnung gemäß Artikel 20 Absatz 1 trägt, im Rahmen seiner Zweckbestimmung dient (im Folgenden „klinische Prüfung nach dem Inverkehrbringen"), und würden im Rahmen dieser Prüfung Prüfungsteilnehmer zusätzlichen Verfahren zu den bei normalen Verwendungsbedingungen des Produkts durchgeführten Verfahren unterzogen, und sind diese zusätzlichen Verfahren invasiv oder belastend, so unterrichtet der Sponsor die betreffenden Mitgliedstaaten mindestens 30 Tage vor Beginn der Prüfung über das in Artikel 73 genannte elektronische System. Der Sponsor übermittelt die Unterlagen gemäß Anhang XV Kapitel II als Teil der Mitteilung. Für klinische Prüfungen nach dem Inverkehrbringen gelten Artikel 62 Absatz 4 Buchstaben b bis k und m, Artikel 75, 76 und 77 und Artikel 80 Absätze 5 und 6 sowie die einschlägigen Bestimmungen des Anhangs XV.

(2) Wird eine klinische Prüfung durchgeführt, die der Bewertung eines Produkts, das bereits die CE-Kennzeichnung gemäß Artikel 20 Absatz 1 trägt, außerhalb seiner Zweckbestimmung dient, so gelten die Artikel 62 bis 81.

Artikel 75
Wesentliche Änderung einer klinischen Prüfung

(1) Hat ein Sponsor die Absicht, Änderungen an einer klinischen Prüfung vorzunehmen, die wahrscheinlich wesentliche Auswirkungen auf die Sicherheit, die

Gesundheit oder die Rechte der Prüfungsteilnehmer oder die Belastbarkeit oder Zuverlässigkeit der im Rahmen der Prüfung gewonnenen klinischen Daten haben, teilt er innerhalb einer Woche dem bzw. den Mitgliedstaat(en), in dem bzw. denen die klinische Prüfung durchgeführt wird oder werden soll, die Gründe für die Änderungen und deren Art über das in Artikel 73 genannte elektronische System mit. Der Sponsor übermittelt eine aktualisierte Fassung der einschlägigen Unterlagen gemäß Anhang XV Kapitel II als Teil der Mitteilung. Änderungen der einschlägigen Unterlagen müssen eindeutig gekennzeichnet sein.

(2) Der Mitgliedstaat prüft jede wesentliche Änderung der klinischen Prüfung gemäß dem Verfahren nach Artikel 71.

(3) Der Sponsor darf die Änderungen gemäß Absatz 1 frühestens 38 Tage nach der Mitteilung gemäß dem genannten Absatz vornehmen, es sei denn,

a) der Mitgliedstaat, in dem die klinische Prüfung durchgeführt wird oder werden soll, hat dem Sponsor mitgeteilt, dass er die Änderungen aufgrund von Artikel 71 Absatz 4 oder aus Gründen der öffentlichen Gesundheit, der Sicherheit oder Gesundheit der Prüfungsteilnehmer und Anwender oder der öffentlichen Ordnung ablehnt, oder

b) eine Ethik-Kommission in dem betreffenden Mitgliedstaat hat eine ablehnende Stellungnahme in Bezug auf die wesentliche Änderung der klinischen Prüfung abgegeben, die nach dem nationalen Recht des betreffenden Mitgliedstaats für dessen gesamtes Hoheitsgebiet gültig ist.

(4) Der/die Mitgliedstaat(en) kann/können die in Absatz 3 genannte Frist um weitere sieben Tage verlängern, um eine Beratung mit Sachverständigen zu ermöglichen.

Artikel 76
Von den Mitgliedstaaten zu ergreifende Korrekturmaßnahmen und Informationsaustausch zwischen den Mitgliedstaaten

(1) Hat ein Mitgliedstaat, in dem eine klinische Prüfung durchgeführt wird oder werden soll, berechtigte Gründe für die Annahme, dass die Anforderungen dieser Verordnung nicht eingehalten werden, kann er in seinem Hoheitsgebiet mindestens eine der folgenden Maßnahmen ergreifen:

a) Er kann die Genehmigung für die klinische Prüfung widerrufen;

b) er kann die klinische Prüfung aussetzen oder abbrechen;

c) er kann den Sponsor auffordern, jedweden Aspekt der klinischen Prüfung zu ändern.

(2) Bevor der betreffende Mitgliedstaat eine Maßnahme gemäß Absatz 1 ergreift, holt er, sofern nicht unverzügliches Handeln geboten ist, die Stellungnahme des Sponsors oder des Prüfers oder von beiden ein. Diese Stellungnahme muss innerhalb von sieben Tagen abgegeben werden.

(3) Hat ein Mitgliedstaat eine Maßnahme gemäß Absatz 1 ergriffen oder eine klinische Prüfung abgelehnt oder ist ihm vom Sponsor mitgeteilt worden, dass die klinische Prüfung aus Sicherheitsgründen vorzeitig abgebrochen wurde, teilt er die entsprechende Entscheidung und die Gründe dafür allen Mitgliedstaaten und der Kommission über das in Artikel 73 genannte elektronische System mit.

(4) Wird ein Antrag vom Sponsor zurückgezogen, bevor ein Mitgliedstaat eine Entscheidung getroffen hat, wird diese Information allen Mitgliedstaaten und der Kommission über das in Artikel 73 genannte elektronische System zur Verfügung gestellt.

Artikel 77
Informationspflichten des Sponsors am Ende oder bei vorübergehender Aussetzung oder vorzeitigem Abbruch einer klinischen Prüfung

(1) Hat der Sponsor eine klinische Prüfung vorübergehend ausgesetzt oder eine klinische Prüfung abgebrochen, teilt er dies innerhalb von 15 Tagen dem Mitgliedstaat, in dem diese klinische Prüfung vorübergehend ausgesetzt oder vorzeitig abgebrochen wurde, über das in Artikel 73 genannte elektronische System unter Angabe von Gründen mit. Ist die klinische Prüfung vom Sponsor aus Sicherheitsgründen vorübergehend ausgesetzt oder abgebrochen worden, teilt er dies allen Mitgliedstaaten, in denen diese klinische Prüfung durchgeführt wird, innerhalb von 24 Stunden mit.

(2) Als Ende einer klinischen Prüfung gilt der letzte Besuch des letzten Prüfungsteilnehmers, sofern nicht ein anderer Zeitpunkt im klinischen Prüfplan festgelegt ist.

(3) Der Sponsor teilt jedem Mitgliedstaat, in dem eine klinische Prüfung durchgeführt wurde, das Ende dieser klinischen Prüfung in diesem Mitgliedstaat mit. Diese Mitteilung erfolgt innerhalb von 15 Tagen nach Beendigung der klinischen Prüfung in dem betreffenden Mitgliedstaat.

(4) Wird eine Prüfung in mehreren Mitgliedstaaten durchgeführt, teilt der Sponsor allen Mitgliedstaaten, in denen diese klinische Prüfung durchgeführt wurde, die

Beendigung der klinischen Prüfung in allen Mitgliedstaaten mit. Diese Mitteilung erfolgt innerhalb von 15 Tagen nach dieser Beendigung der klinischen Prüfung.

(5) Unabhängig vom Ergebnis der klinischen Prüfung legt der Sponsor den Mitgliedstaaten, in denen eine klinische Prüfung durchgeführt wurde, innerhalb eines Jahres nach Beendigung oder innerhalb von drei Monaten nach dem vorzeitigen Abbruch oder der vorübergehenden Aussetzung der klinischen Prüfung einen Bericht über die klinische Prüfung gemäß Anhang XV Kapitel I Abschnitt 2.8 und Kapitel III Abschnitt 7 vor.

Dem Bericht über die klinische Prüfung wird eine Zusammenfassung beigefügt, die in einer für die vorgesehenen Anwender leicht verständlichen Sprache verfasst ist. Der Bericht und die Zusammenfassung werden durch den Sponsor über das in Artikel 73 genannte elektronische System übermittelt.

Ist es aus wissenschaftlichen Gründen nicht möglich, innerhalb eines Jahres nach Beendigung der Prüfung einen Bericht über die klinische Prüfung vorzulegen, wird dieser eingereicht, sobald er verfügbar ist. In diesem Fall ist in dem klinischen Prüfplan gemäß Anhang XV Kapitel II Abschnitt 3 anzugeben, wann die Ergebnisse der klinischen Prüfung verfügbar sind, sowie eine Begründung hierfür zu geben.

(6) Die Kommission erstellt Leitlinien zu Inhalt und Struktur der Zusammenfassung des Berichts über die klinische Prüfung.

Außerdem kann die Kommission Leitlinien zum Format und zur Freigabe von Rohdaten für die Fälle erlassen, in denen der Sponsor beschließt, freiwillig Rohdaten freizugeben. Für diese Leitlinien können – soweit möglich – vorhandene Leitlinien für die Freigabe von Rohdaten im Bereich der klinischen Prüfungen zugrunde gelegt und angepasst werden.

(7) Die Zusammenfassung und der Bericht über die klinische Prüfung gemäß Absatz 5 werden über das in Artikel 73 genannte elektronische System öffentlich zugänglich gemacht, und zwar spätestens, wenn das Produkt gemäß Artikel 29 registriert ist und bevor es in Verkehr gebracht wird. Bei einem vorzeitigen Abbruch oder einer vorübergehenden Aussetzung werden die Zusammenfassung und der Bericht unmittelbar nach ihrer Vorlage öffentlich zugänglich gemacht.

Ist das Produkt ein Jahr nach der gemäß Absatz 5 erfolgten Eingabe der Zusammenfassung und des Berichts in das elektronische System nicht gemäß Artikel 29 registriert, werden die Zusammenfassung und der Bericht zu diesem Zeitpunkt öffentlich zugänglich gemacht.

Artikel 78
Koordiniertes Bewertungsverfahren für klinische Prüfungen

(1) Für eine klinische Prüfung, die in mehreren Mitgliedstaaten durchgeführt werden soll, kann der Sponsor für die Zwecke des Artikels 70 einen einzigen Antrag über das in Artikel 73 genannte elektronische System einreichen, der nach Eingang elektronisch an alle Mitgliedstaaten übermittelt wird, in denen die klinische Prüfung durchgeführt werden soll.

(2) Der Sponsor schlägt in dem einzigen Antrag gemäß Absatz 1 vor, dass einer der Mitgliedstaaten, in denen die klinische Prüfung durchgeführt werden soll, als koordinierender Mitgliedstaat handelt. Die Mitgliedstaaten, in denen die klinische Prüfung durchgeführt werden soll, einigen sich innerhalb von sechs Tagen nach Übermittlung des Antrags darauf, wer von ihnen die Rolle des koordinierenden Mitgliedstaats übernimmt. Einigen sie sich nicht auf einen koordinierenden Mitgliedstaat, so übernimmt der vom Sponsor vorgeschlagene koordinierende Mitgliedstaat diese Rolle.

(3) Unter der Leitung des koordinierenden Mitgliedstaats gemäß Absatz 2 koordinieren die betroffenen Mitgliedstaaten ihre Bewertung des Antrags, insbesondere der Unterlagen gemäß Anhang XV Kapitel II.

Die Vollständigkeit der Unterlagen gemäß Anhang XV Kapitel II Abschnitte 1.13, 3.1.3, 4.2, 4.3 und 4.4 wird jedoch von jedem betroffenen Mitgliedstaat gemäß Artikel 70 Absätze 1 bis 5 separat bewertet.

(4) In Bezug auf andere als die in Absatz 3 Unterabsatz 2 genannten Unterlagen muss der koordinierende Mitgliedstaat

a) dem Sponsor innerhalb von sechs Tagen nach Eingang des einzigen Antrags mitteilen, dass er die Rolle des koordinierenden Mitgliedstaats wahrnimmt („Notifizierungsdatum“),

b) für die Zwecke der Validierung des Antrags alle Anmerkungen berücksichtigen, die innerhalb von sieben Tagen ab dem Notifizierungsdatum von den betroffenen Mitgliedstaaten übermittelt werden,

c) innerhalb von zehn Tagen ab dem Notifizierungsdatum bewerten, ob die klinische Prüfung in den Geltungsbereich dieser Verordnung fällt und ob der Antrag vollständig ist, und dies dem Sponsor mitteilen. In Bezug auf diese Bewertung gilt Artikel 70 Absätze 1 und 3 bis 5 für den koordinierenden Mitgliedstaat,

d) die Ergebnisse seiner Bewertung im Entwurf eines Bewertungsberichts festhalten, der den betroffenen Mitgliedstaaten innerhalb von 26 Tagen nach dem Validierungsdatum übermittelt wird. Bis zum 38. Tag nach dem Validierungsdatum übermitteln die anderen betroffenen Mitgliedstaaten ihre Anmerkungen und Vorschläge zu dem Entwurf des Bewertungsberichts und dem zugrunde liegenden Antrag dem koordinierenden Mitgliedstaat, der diese Anmerkungen und Vorschläge bei der Fertigstellung des abschließenden Bewertungsberichts gebührend berücksichtigt, der dem Sponsor und den anderen betroffenen Mitgliedstaaten innerhalb von 45 Tagen nach dem Validierungsdatum übermittelt wird.

Der abschließende Bewertungsbericht wird von allen betroffenen Mitgliedstaaten bei ihrer Entscheidung über den Antrag des Sponsors gemäß Artikel 70 Absatz 7 berücksichtigt.

(5) Was die Bewertung der Unterlagen gemäß Absatz 3 Unterabsatz 2 angeht, kann jeder betroffene Mitgliedstaat einmalig zusätzliche Informationen vonseiten des Sponsors anfordern. Der Sponsor übermittelt die angeforderten zusätzlichen Informationen innerhalb der vom betroffenen Mitgliedstaat gesetzten Frist, die zwölf Tage ab dem Eingang des Informationsersuchens nicht überschreiten darf. Der Ablauf der letzten Frist gemäß Absatz 4 Buchstabe d ist vom Tag der Anforderung bis zum Eingang der zusätzlichen Informationen ausgesetzt.

(6) Für Produkte der Klasse IIb und der Klasse III kann der koordinierende Mitgliedstaat die in Absatz 4 genannten Fristen auch um weitere 50 Tage verlängern, um eine Beratung mit Sachverständigen zu ermöglichen.

(7) Die Kommission kann im Wege von Durchführungsrechtsakten Verfahren und Fristen für koordinierte Bewertungen näher spezifizieren, die von den betroffenen Mitgliedstaaten bei ihrer Entscheidung über den Antrag des Sponsors zu berücksichtigen sind. Mit diesen Durchführungsrechtsakten können auch die Verfahren und Fristen für eine koordinierte Bewertung im Falle wesentlicher Änderungen gemäß Absatz 12, im Falle der Meldung von unerwünschten Ereignissen gemäß Artikel 80 Absatz 4 und im Falle klinischer Prüfungen von Kombinationen von Medizinprodukten und Arzneimitteln, wenn Letztere einer parallelen koordinierten Bewertung einer klinischen Prüfung gemäß der Verordnung (EU) Nr. 536/2014 unterliegen, festgelegt werden. Diese Durchführungsrechtsakte werden gemäß dem in Artikel 114 Absatz 3 genannten Prüfverfahren erlassen.

(8) Ist der koordinierende Mitgliedstaat in Bezug auf den Bereich der koordinierten Bewertung zu dem Schluss gelangt, dass die Durchführung der klinischen

Prüfung vertretbar oder unter bestimmten Auflagen vertretbar ist, so gilt diese Schlussfolgerung als die Schlussfolgerung aller betroffenen Mitgliedstaaten.

Ungeachtet des Unterabsatzes 1 darf ein betroffener Mitgliedstaat die Schlussfolgerung des koordinierenden Mitgliedstaats in Bezug auf den Bereich der koordinierten Bewertung nur aus folgenden Gründen ablehnen:

a) wenn er der Auffassung ist, dass eine Teilnahme an der klinischen Prüfung dazu führen würde, dass ein Prüfungsteilnehmer in diesem betroffenen Mitgliedstaat eine schlechtere Behandlung als gemäß normaler klinischer Praxis erhalten würde;

b) Verstoß gegen nationale Rechtsvorschriften oder

c) Bedenken hinsichtlich der Sicherheit der Prüfungsteilnehmer sowie der Zuverlässigkeit und Belastbarkeit der gemäß Absatz 4 Buchstabe d übermittelten Daten.

Lehnt einer der betroffenen Mitgliedstaaten die Schlussfolgerung gemäß Unterabsatz 2 des vorliegenden Absatzes ab, so übermittelt er der Kommission, sämtlichen anderen betroffenen Mitgliedstaaten und dem Sponsor über das in Artikel 73 genannte elektronische System seine Ablehnung zusammen mit einer detaillierten Begründung.

(9) Ist der koordinierende Mitgliedstaat in Bezug auf den Bereich der koordinierten Bewertung zu dem Schluss gekommen, dass die klinische Prüfung nicht vertretbar ist, so gilt diese Schlussfolgerung als die Schlussfolgerung aller betroffenen Mitgliedstaaten.

(10) Ein betroffener Mitgliedstaat verweigert die Genehmigung einer klinischen Prüfung, wenn er aus einem der in Absatz 8 Unterabsatz 2 genannten Gründe die Schlussfolgerung des koordinierenden Mitgliedstaats ablehnt oder wenn er in hinreichend begründeten Fällen zu dem Schluss gelangt, dass die in Anhang XV Kapitel II Abschnitte 1.13, 3.1.3, 4.2, 4.3 und 4.4 behandelten Aspekte nicht eingehalten werden oder wenn eine Ethik-Kommission eine ablehnende Stellungnahme in Bezug auf diese klinische Prüfung abgegeben hat, die nach dem nationalen Recht des betroffenen Mitgliedstaats für dessen gesamtes Hoheitsgebiet gültig ist. Dieser Mitgliedstaat sieht im Hinblick auf eine solche Verweigerung ein Rechtsmittelverfahren vor.

(11) Jeder betroffene Mitgliedstaat teilt dem Sponsor über das in Artikel 73 genannte elektronische System mit, ob er die klinische Prüfung genehmigt, unter Auf-

lagen genehmigt oder die Genehmigung abgelehnt worden ist. Die Notifizierung erfolgt im Wege einer einzigen Entscheidung innerhalb von fünf Tagen nach der in Absatz 4 Buchstabe d vorgesehenen Übermittlung des abschließenden Bewertungsberichts durch den koordinierenden Mitgliedstaat. Ist die Genehmigung einer klinischen Prüfung Auflagen unterworfen, so dürfen dies nur Auflagen sein, die ihrer Art wegen zum Zeitpunkt der Genehmigung nicht erfüllt werden können.

(12) Etwaige wesentliche Änderungen im Sinne des Artikels 75 werden den betroffenen Mitgliedstaaten über das in Artikel 73 genannte elektronische System mitgeteilt. Die Bewertung, ob Gründe für eine Ablehnung gemäß Absatz 8 Unterabsatz 2 vorliegen, erfolgt unter der Leitung des koordinierenden Mitgliedstaats, mit Ausnahme wesentlicher Änderungen bezüglich Anhang XV Kapitel II Abschnitte 1.13, 3.1.3, 4.2, 4.3 und 4.4, die von jedem betroffenen Mitgliedstaat separat bewertet werden.

(13) Die Kommission unterstützt den koordinierenden Mitgliedstaat bei der Erfüllung seiner Aufgaben gemäß diesem Kapitel mit Verwaltungsdiensten.

(14) Das Verfahren gemäß dem vorliegenden Artikel wird bis zum 25. Mai 2027 nur von denjenigen betroffenen Mitgliedstaaten angewandt, die sich dem Verfahren angeschlossen haben. Ab dem 26. Mai 2027 sind alle Mitgliedstaaten zur Anwendung dieses Verfahrens verpflichtet.

Artikel 79
Überprüfung des koordinierten Bewertungsverfahrens

Bis zum 27. Mai 2026 legt die Kommission dem Europäischen Parlament und dem Rat einen Bericht über die Erfahrungen mit der Anwendung des Artikels 78 vor und schlägt erforderlichenfalls eine Überprüfung von Artikel 78 Absatz 14 und Artikel 123 Absatz 3 Buchstabe h vor.

Artikel 80
Aufzeichnung und Meldung der bei klinischen Prüfungen auftretenden unerwünschten Ereignisse

(1) Der Sponsor führt vollständige Aufzeichnungen über alle folgenden Elemente:

a) unerwünschte Ereignisse aller Arten, die im klinischen Prüfplan als entscheidend für die Bewertung der Ergebnisse dieser klinischen Prüfung bezeichnet wurden;

b) alle schwerwiegenden unerwünschten Ereignisse;

c) jeden Produktmangel, der bei Ausbleiben angemessener Maßnahmen oder eines Eingriffs oder unter weniger günstigen Umständen zu schwerwiegenden unerwünschten Ereignissen hätte führen können;

d) alle neuen Erkenntnisse in Bezug auf ein Ereignis gemäß den Buchstaben a bis c.

(2) Der Sponsor meldet unverzüglich über das in Artikel 73 genannte elektronische System allen Mitgliedstaaten, in denen die klinische Prüfung durchgeführt wird,

a) jedes schwerwiegende unerwünschte Ereignis, das einen Kausalzusammenhang mit dem Prüfprodukt, dem Komparator oder dem Prüfverfahren aufweist oder bei dem ein Kausalzusammenhang durchaus möglich erscheint,

b) jeden Produktmangel, der bei Ausbleiben angemessener Maßnahmen oder eines Eingriffs oder unter weniger günstigen Umständen zu schwerwiegenden unerwünschten Ereignissen hätte führen können,

c) alle neuen Erkenntnisse in Bezug auf ein Ereignis gemäß den Buchstaben a und b.

Die Frist, innerhalb deren die Meldung zu erfolgen hat, hängt von der Schwere des Ereignisses ab. Ist dies notwendig, um eine zügige Meldung sicherzustellen, kann der Sponsor zunächst eine unvollständige Meldung übermitteln und dieser dann die vollständige Meldung folgen lassen.

Auf Ersuchen jedes Mitgliedstaats, in dem die klinische Prüfung durchgeführt wird, stellt der Sponsor alle in Absatz 1 genannten Informationen zur Verfügung.

(3) Der Sponsor meldet den Mitgliedstaaten, in denen die klinische Prüfung durchgeführt wird, über das in Artikel 73 genannte elektronische System außerdem jedes Ereignis gemäß Absatz 2 des vorliegenden Artikels, das in Drittländern vorgekommen ist, in denen eine klinische Prüfung nach dem gleichen klinischen Prüfplan stattfindet, der auch bei einer im Rahmen dieser Verordnung durchgeführten klinischen Prüfung verwendet wird.

(4) Handelt es sich um eine klinische Prüfung, für die ein einziger Antrag gemäß Artikel 78 eingereicht wurde, meldet der Sponsor alle in Absatz 2 des vorliegenden Artikels aufgeführten Ereignisse über das in Artikel 73 genannte elektronische System. Die Meldung wird nach ihrem Eingang elektronisch an alle Mitgliedstaaten übermittelt, in denen die klinische Prüfung durchgeführt wird.

Die Mitgliedstaaten koordinieren unter der Leitung des koordinierenden Mitgliedstaats gemäß Artikel 78 Absatz 2 eine Bewertung der schwerwiegenden unerwünschten Ereignisse und Produktmängel, um zu entscheiden, ob eine klinische Prüfung geändert, ausgesetzt, oder abgebrochen wird, oder ob die Genehmigung für diese klinische Prüfung widerrufen wird.

Unbeschadet dieses Absatzes dürfen die anderen Mitgliedstaaten ihre eigene Bewertung durchführen und im Einklang mit dieser Verordnung Maßnahmen zur Gewährleistung des Schutzes der öffentlichen Gesundheit und der Patientensicherheit ergreifen. Der koordinierende Mitgliedstaat und die Kommission sind über die Ergebnisse solcher Bewertungen und den Erlass solcher Maßnahmen auf dem Laufenden zu halten.

(5) Für klinische Prüfungen nach dem Inverkehrbringen gemäß Artikel 74 Absatz 1 gelten statt des vorliegenden Artikels die Vigilanz-Bestimmungen der Artikel 87 bis 90 und der nach Artikel 91 erlassenen Rechtsakte.

(6) Unbeschadet des Absatzes 5 gilt dieser Artikel, wenn ein Kausalzusammenhang zwischen dem schwerwiegenden unerwünschten Ereignis und dem vorangegangenen Prüfverfahren festgestellt wurde.

Artikel 81
Durchführungsrechtsakte

Die Kommission kann im Wege von Durchführungsrechtsakten die zur Implementierung dieses Kapitels notwendigen detaillierten Vorkehrungen und Verfahrensaspekte in Bezug auf folgende Elemente festlegen:

a) Einheitliche elektronische Formulare für die Anträge auf Genehmigung klinischer Prüfungen und ihre Bewertung gemäß den Artikeln 70 und 78, unter Berücksichtigung spezieller Produktkategorien und -gruppen;

b) Funktionsweise des in Artikel 73 genannten elektronischen Systems;

c) einheitliche elektronische Formulare für die Meldung klinischer Prüfungen nach dem Inverkehrbringen gemäß Artikel 74 Absatz 1 und die Meldung wesentlicher Änderungen gemäß Artikel 75;

d) Informationsaustausch zwischen den Mitgliedstaaten gemäß Artikel 76;

e) einheitliche elektronische Formulare für die Meldung schwerwiegender unerwünschter Ereignisse und von Produktmängeln gemäß Artikel 80;

f) Fristen für die Meldung schwerwiegender unerwünschter Ereignisse und von Produktmängeln unter Berücksichtigung der Schwere des gemäß Artikel 80 zu meldenden Ereignisses;

g) einheitliche Anwendung der Anforderungen an den klinischen Nachweis oder Daten, die für den Nachweis der Einhaltung der grundlegenden Sicherheits- und Leistungsanforderungen gemäß Anhang I erforderlich sind.

Die in Absatz 1 genannten Durchführungsrechtsakte werden gemäß dem in Artikel 114 Absatz 3 genannten Prüfverfahren erlassen.

Artikel 82
Anforderungen an sonstige klinische Prüfungen

(1) Klinische Prüfungen, die nicht zu einem der in Artikel 62 Absatz 1 genannten Zwecke durchgeführt werden, müssen den Bestimmungen des Artikels 62 Absätze 2 und 3, Absatz 4 Buchstaben b, c, d, f, h und l und Absatz 6 genügen.

(2) Um bei klinischen Prüfungen, die nicht zu einem der in Artikel 62 Absatz 1 genannten Zwecke durchgeführt werden, die Rechte, die Sicherheit, die Würde und das Wohl der Prüfungsteilnehmer zu schützen und die Einhaltung wissenschaftlicher und ethischer Grundsätze zu gewährleisten, legt jeder betroffene Mitgliedstaat für ihn geeignete zusätzliche Anforderungen für diese Prüfungen fest.

Kapitel VII
Überwachung nach dem Inverkehrbringen, Vigilanz und Marktüberwachung

Abschnitt 1
Überwachung nach dem Inverkehrbringen

Artikel 83
System des Herstellers für die Überwachung nach dem Inverkehrbringen

(1) Für jedes Produkt müssen die Hersteller in einer Weise, die der Risikoklasse und der Art des Produkts angemessen ist, ein System zur Überwachung nach dem Inverkehrbringen planen, einrichten, dokumentieren, anwenden, instand halten und auf den neuesten Stand bringen. Dieses System ist integraler Bestandteil des Qualitätsmanagementsystems des Herstellers gemäß Artikel 10 Absatz 9.

(2) Das System zur Überwachung nach dem Inverkehrbringen ist geeignet, aktiv und systematisch einschlägige Daten über die Qualität, die Leistung und die Sicherheit eines Produkts während dessen gesamter Lebensdauer zu sammeln, aufzuzeichnen und zu analysieren sowie die erforderlichen Schlussfolgerungen zu ziehen und etwaige Präventiv- oder Korrekturmaßnahmen zu ermitteln, durchzuführen und zu überwachen.

(3) Die mit dem System des Herstellers zur Überwachung nach dem Inverkehrbringen gesammelten Daten werden insbesondere zu folgenden Zwecken verwendet:

a) Aktualisierung der Nutzen-Risiko-Abwägung und Verbesserung des Risikomanagements gemäß Anhang I Kapitel I;

b) Aktualisierung der Auslegung und der Informationen zur Herstellung, der Gebrauchsanweisung und der Kennzeichnung;

c) Aktualisierung der klinischen Bewertung;

d) Aktualisierung des Kurzberichts über Sicherheit und klinische Leistung gemäß Artikel 32;

e) Ermittlung des Bedarfs an Präventiv-, Korrektur- oder Sicherheitskorrekturmaßnahmen im Feld;

f) Ermittlung von Möglichkeiten zur Verbesserung der Gebrauchstauglichkeit, der Leistung und der Sicherheit des Produkts;

g) gegebenenfalls als Beitrag zur Überwachung anderer Produkte nach dem Inverkehrbringen und

h) Erkennung und Meldung von Trends gemäß Artikel 88.

Die technische Dokumentation wird entsprechend aktualisiert.

(4) Zeigt sich im Verlauf der Überwachung nach dem Inverkehrbringen, dass Präventiv- oder Korrekturmaßnahmen oder beides erforderlich sind, so ergreift der Hersteller die geeigneten Maßnahmen und unterrichtet die zuständigen Behörden und gegebenenfalls die Benannte Stelle. Wird ein schwerwiegendes Vorkommnis festgestellt oder eine Sicherheitskorrekturmaßnahme im Feld ergriffen, so wird dies gemäß Artikel 87 gemeldet.

Artikel 84
Plan zur Überwachung nach dem Inverkehrbringen

Das System zur Überwachung nach dem Inverkehrbringen gemäß Artikel 83 stützt sich auf einen Plan zur Überwachung nach dem Inverkehrbringen; die für diesen Plan geltenden Anforderungen sind in Anhang III Abschnitt 1 dargelegt. Bei Produkten, die keine Sonderanfertigungen sind, ist der Plan zur Überwachung nach dem Inverkehrbringen Teil der technischen Dokumentation gemäß Anhang II.

Artikel 85
Bericht über die Überwachung nach dem Inverkehrbringen

Die Hersteller von Produkten der Klasse I erstellen einen Bericht über die Überwachung nach dem Inverkehrbringen, der eine Zusammenfassung der Ergebnisse und Schlussfolgerungen der Analysen der aufgrund des Plans zur Überwachung nach dem Inverkehrbringen gemäß Artikel 84 gesammelten Daten über die Überwachung nach dem Inverkehrbringen zusammen mit einer Begründung und Beschreibung etwaiger ergriffener Präventiv- und Korrekturmaßnahmen enthält. Der Bericht wird bei Bedarf aktualisiert und der zuständigen Behörde auf Ersuchen zur Verfügung gestellt.

Artikel 86
Regelmäßig aktualisierter Bericht über die Sicherheit

(1) Die Hersteller von Produkten der Klassen IIa, IIb und III erstellen für jedes Produkt und gegebenenfalls für jede Produktkategorie oder Produktgruppe einen regelmäßig aktualisierten Bericht über die Sicherheit („Sicherheitsbericht"), der eine Zusammenfassung der Ergebnisse und Schlussfolgerungen der Analysen der aufgrund des Plans zur Überwachung nach dem Inverkehrbringen gemäß Artikel 84 gesammelten Daten über die Überwachung nach dem Inverkehrbringen zusammen mit einer Begründung und Beschreibung etwaiger ergriffener Präventiv- und Korrekturmaßnahmen enthält. Während der gesamten Lebensdauer des betreffenden Produkts wird in diesem Sicherheitsbericht Folgendes aufgeführt:

a) die Schlussfolgerungen aus der Nutzen-Risiko-Abwägung;

b) die wichtigsten Ergebnisse des Bewertungsberichts und

c) die Gesamtabsatzmenge des Produkts und eine Schätzung der Anzahl und anderer Merkmale der Personen, bei denen das betreffende Produkt zur Anwendung kommt, sowie, sofern dies praktikabel ist, die Häufigkeit der Produktverwendung.

Die Hersteller von Produkten der Klassen IIb und III aktualisieren den Sicherheitsbericht mindestens einmal jährlich. Der Sicherheitsbericht ist – außer bei Sonderanfertigungen – Teil der technischen Dokumentation gemäß den Anhängen II und III.

Die Hersteller von Produkten der Klasse IIa aktualisieren den Sicherheitsbericht bei Bedarf, mindestens jedoch alle zwei Jahre. Der Sicherheitsbericht ist – außer bei Sonderanfertigungen – Teil der technischen Dokumentation gemäß den Anhängen II und III.

Bei Sonderanfertigungen ist der Sicherheitsbericht Teil der Dokumentation gemäß Anhang XIII Abschnitt 2.

(2) Die Hersteller von Produkten der Klasse III oder von implantierbaren Produkten legen der an der Konformitätsbewertung gemäß Artikel 52 mitwirkenden Benannten Stelle ihre Sicherheitsberichte über das in Artikel 92 genannte elektronische System vor. Die Benannte Stelle prüft den Bericht und nimmt ihre Bewertung mit Einzelheiten zu etwaigen ergriffenen Maßnahmen in dieses elektronische System auf. Diese Sicherheitsberichte und die Bewertung der Benannten Stelle werden für die zuständigen Behörden über dieses elektronische System verfügbar gemacht.

(3) Hersteller anderer als in Absatz 2 genannter Produkte legen der an der Konformitätsbewertung mitwirkenden Benannten Stelle und auf Ersuchen den zuständigen Behörden die Sicherheitsberichte vor.

Abschnitt 2
Vigilanz

Artikel 87
Meldung von schwerwiegenden Vorkommnissen und Sicherheitskorrekturmaßnahmen im Feld

(1) Hersteller von Produkten, die auf dem Unionsmarkt bereitgestellt werden, ausgenommen Prüfprodukte, melden den relevanten zuständigen Behörden gemäß Artikel 92 Absätze 5 und 7 Folgendes:

a) Jedes schwerwiegende Vorkommnis im Zusammenhang mit Produkten, die auf dem Unionsmarkt bereitgestellt werden, außer erwarteter Nebenwirkungen, die in den Produktinformationen eindeutig dokumentiert, in der technischen Dokumentation quantifiziert und Gegenstand der Meldung von Trends gemäß Artikel 88 sind;

b) jede Sicherheitskorrekturmaßnahme im Feld im Zusammenhang mit auf dem Unionsmarkt bereitgestellten Produkten, einschließlich der in Drittländern ergriffenen Sicherheitskorrekturmaßnahmen im Feld in Bezug auf ein Produkt, das auch auf dem Unionsmarkt legal bereitgestellt wird, sofern sich der Grund für die Sicherheitskorrekturmaßnahmen im Feld nicht ausschließlich auf das Produkt beziehen, das in dem betreffenden Drittland bereitgestellt wird.

Die in Unterabsatz 1 genannten Meldungen werden über das in Artikel 92 genannte elektronische System eingereicht.

(2) Generell hängt die Frist, innerhalb deren die Meldung gemäß Absatz 1 zu erfolgen hat, von der Schwere des schwerwiegenden Vorkommnisses ab.

(3) Die Hersteller melden jedes schwerwiegende Vorkommnis im Sinne des Absatzes 1 Buchstabe a unverzüglich, nachdem sie einen Kausalzusammenhang oder einen durchaus möglichen Kausalzusammenhang zwischen dem Vorkommnis und ihrem Produkt festgestellt haben, spätestens jedoch 15 Tage, nachdem sie Kenntnis von dem Vorkommnis erhalten haben.

(4) Ungeachtet des Absatzes 3 erfolgt im Falle einer schwerwiegenden Gefahr für die öffentliche Gesundheit die Meldung gemäß Absatz 1 unverzüglich, spätestens jedoch zwei Tage, nachdem der Hersteller Kenntnis von dieser Gefahr erhalten hat.

(5) Ungeachtet des Absatzes 3 erfolgt im Falle des Todes oder einer unvorhergesehenen schwerwiegenden Verschlechterung des Gesundheitszustands einer Person die Meldung unverzüglich, nachdem der Hersteller einen Kausalzusammenhang zwischen dem Produkt und dem schwerwiegenden Vorkommnis festgestellt hat oder sobald er einen solchen Zusammenhang vermutet, spätestens jedoch zehn Tage, nachdem er Kenntnis von dem schwerwiegenden Vorkommnis erhalten hat.

(6) Ist dies notwendig, um eine zügige Meldung sicherzustellen, kann der Hersteller zunächst eine vorläufige Meldung übermitteln und dieser dann die vollständige Meldung folgen lassen.

(7) Ist der Hersteller, nachdem er Kenntnis von einem möglicherweise zu meldenden Vorkommnis erhalten hat, unsicher, ob das Vorkommnis zu melden ist, so übermittelt er gleichwohl innerhalb der gemäß den Absätzen 2 bis 5 vorgeschriebenen Frist eine Meldung.

(8) Außer in dringenden Fällen, in denen der Hersteller unverzüglich eine Sicherheitskorrekturmaßnahme im Feld ergreifen muss, meldet der Hersteller ohne ungebührliche Verzögerung die Sicherheitskorrekturmaßnahme im Feld gemäß Absatz 1 Buchstabe b, bevor er die Sicherheitskorrekturmaßnahme im Feld ergreift.

(9) Bei ähnlichen schwerwiegenden Vorkommnissen im Zusammenhang mit ein und demselben Produkt oder ein und derselben Produktart, deren Ursache bereits festgestellt wurde oder in Bezug auf die bereits eine Sicherheitskorrekturmaßnahme im Feld ergriffen wurde oder die häufig auftreten und gut dokumentiert sind, kann der Hersteller mittels periodischer Sammelmeldungen anstelle von Einzelmeldungen schwerwiegende Vorkommnisse mitteilen, sofern die koordinierende zuständige Behörde gemäß Artikel 89 Absatz 9 in Abstimmung mit den in Artikel 92 Absatz 8 Buchstabe a genannten zuständigen Behörden sich mit dem Hersteller auf Form, Inhalt und Häufigkeit dieser periodischen Sammelmeldung geeinigt hat. Wird in Artikel 92 Absatz 8 Buchstaben a und b nur eine einzige zuständige Behörde genannt, so kann der Hersteller nach Einigung mit dieser betreffenden zuständigen Behörde periodische Sammelmeldungen vorlegen.

(10) Die Mitgliedstaaten ergreifen geeignete Maßnahmen, wie z. B. die Organisation gezielter Informationskampagnen, um die Angehörigen der Gesundheitsberufe, Anwender und Patienten dazu zu ermutigen und ihnen zu ermöglichen, den zuständigen Behörden mutmaßliche schwerwiegende Vorkommnisse gemäß Absatz 1 Buchstabe a zu melden.

Die zuständigen Behörden zeichnen die Meldungen, die sie von Angehörigen der Gesundheitsberufe, Anwendern und Patienten erhalten, zentral auf nationaler Ebene auf.

(11) Gehen bei der zuständigen Behörde eines Mitgliedstaats Meldungen von Angehörigen der Gesundheitsberufe, Anwendern oder Patienten über mutmaßliche schwerwiegende Vorkommnisse gemäß Absatz 1 Buchstabe a ein, unternimmt diese die notwendigen Schritte, um eine unverzügliche Unterrichtung des Herstellers über diese mutmaßlichen schwerwiegenden Vorkommnisse sicherzustellen.

Ist der Hersteller des betreffenden Produkts der Auffassung, dass es sich bei dem Vorkommnis um ein schwerwiegendes Vorkommnis handelt, so meldet er gemäß den Absätzen 1 bis 5 des vorliegenden Artikels dieses schwerwiegende Vorkommnis der zuständigen Behörde des Mitgliedstaats, in dem dieses schwerwiegende Vorkommnis aufgetreten ist, und ergreift die geeigneten Folgemaßnahmen gemäß Artikel 89.

Ist der Hersteller des betreffenden Produkts der Auffassung, dass es sich bei dem Vorkommnis nicht um ein schwerwiegendes Vorkommnis handelt oder dass es sich um eine erwartete unerwünschte Nebenwirkung handelt, die in der Meldung von Trends gemäß Artikel 88 enthalten sein wird, so legt er eine Begründung vor. Stimmt die zuständige Behörde nicht mit der Schlussfolgerung der Begründung übereín, so kann sie von dem Hersteller verlangen, dass er eine Meldung gemäß den Absätzen 1 bis 5 des vorliegenden Artikels vorlegt und sicherstellt, dass geeignete Folgemaßnahmen gemäß Artikel 89 ergriffen werden.

Artikel 88
Meldung von Trends

(1) Die Hersteller melden über das in Artikel 92 genannte elektronische System jeden statistisch signifikanten Anstieg der Häufigkeit oder des Schweregrades nicht schwerwiegender Vorkommnisse oder erwarteter unerwünschter Nebenwirkungen, die eine erhebliche Auswirkung auf die Nutzen-Risiko-Analyse gemäß Anhang I Abschnitte 1 und 8 haben könnten und die zu Risiken für die Gesundheit oder Sicherheit der Patienten, Anwender oder anderer Personen führen oder führen könnten, die in Anbetracht des beabsichtigten Nutzens nicht akzeptabel sind. Ob ein Anstieg signifikant ist, bestimmt sich aus dem Vergleich mit der Häufigkeit oder Schwere solcher Vorkommnisse im Zusammenhang mit dem betreffenden Produkt oder der betreffenden Kategorie oder Gruppe von Produkten, die innerhalb eines bestimmten Zeitraums zu erwarten und in der technischen Dokumentation und den Produktinformationen angegeben ist.

Der Hersteller legt im Rahmen des Plans zur Überwachung nach dem Inverkehrbringen gemäß Artikel 84 fest, wie die Vorkommnisse gemäß Unterabsatz 1 zu behandeln sind und welche Methodik angewendet wird, um jeden statistisch signifikanten Anstieg der Häufigkeit oder des Schweregrades dieser Vorkommnisse festzustellen; ferner legt er darin den Beobachtungszeitraum fest.

(2) Die zuständigen Behörden können ihre eigenen Bewertungen der Meldung von Trends gemäß Absatz 1 vornehmen und von dem Hersteller verlangen, geeignete Maßnahmen im Einklang mit dieser Verordnung zu ergreifen, um den Schutz der öffentlichen Gesundheit und die Patientensicherheit zu gewährleisten. Jede zuständige Behörde unterrichtet die Kommission, die anderen zuständigen Behörden und die Benannte Stelle, die die Bescheinigung ausgestellt hat, über die Ergebnisse ihrer Bewertung und die ergriffenen Maßnahmen.

Artikel 89
Analyse schwerwiegender Vorkommnisse und Sicherheitskorrekturmaßnahmen im Feld

(1) Im Anschluss an die Meldung eines schwerwiegenden Vorkommnisses gemäß Artikel 87 Absatz 1 führt der Hersteller unverzüglich die erforderlichen Untersuchungen in Bezug auf das schwerwiegende Vorkommnis und die betroffenen

Produkte durch. Dies umfasst auch eine Risikobewertung in Bezug auf das Vorkommnis und die Sicherheitskorrekturmaßnahmen im Feld, wobei gegebenenfalls die in Absatz 3 des vorliegenden Artikels genannten Kriterien berücksichtigt werden.

Der Hersteller arbeitet bei den Untersuchungen gemäß Unterabsatz 1 mit den zuständigen Behörden und gegebenenfalls mit der betroffenen Benannten Stelle zusammen und nimmt keine Untersuchung vor, die zu einer Veränderung des Produkts oder einer Probe der betroffenen Charge in einer Weise führen, die Auswirkungen auf eine spätere Bewertung der Ursachen des Vorkommnisses haben könnte, bevor er die zuständigen Behörden über eine solche Maßnahme unterrichtet hat.

(2) Die Mitgliedstaaten unternehmen die notwendigen Schritte um sicherzustellen, dass alle Informationen im Zusammenhang mit einem schwerwiegenden Vorkommnis, das in ihrem Hoheitsgebiet aufgetreten ist, oder einer Sicherheitskorrekturmaßnahme im Feld, die in ihrem Hoheitsgebiet ergriffen wurde oder ergriffen werden soll, von denen sie gemäß Artikel 87 Kenntnis erhalten haben, von ihrer zuständigen Behörde auf nationaler Ebene zentral bewertet werden, und zwar nach Möglichkeit in Zusammenarbeit mit dem Hersteller und wenn dies relevant ist mit der betroffenen Benannten Stelle.

(3) Im Kontext der Bewertung gemäß Absatz 2 bewertet die zuständige Behörde die Risiken aufgrund des gemeldeten schwerwiegenden Vorkommnisses und bewertet alle Sicherheitskorrekturmaßnahmen im Feld, wobei sie den Schutz der öffentlichen Gesundheit und Kriterien wie Kausalität, Erkennbarkeit und Wahrscheinlichkeit eines erneuten Auftretens des Problems, Häufigkeit der Produktverwendung, Wahrscheinlichkeit des Eintritts eines direkten oder indirekten Schadens, die Schwere dieses Schadens, den klinischen Nutzen des Produkts, die vorgesehenen und möglichen Anwender und die betroffene Bevölkerung berücksichtigt. Die zuständige Behörde bewertet außerdem die Angemessenheit der vom Hersteller geplanten oder bereits ergriffenen Sicherheitskorrekturmaßnahmen im Feld und ob Bedarf an weiteren Korrekturmaßnahmen besteht bzw. welcher Art diese sein sollten, wobei sie insbesondere dem Grundsatz der inhärenten Sicherheit gemäß Anhang I Rechnung trägt.

Auf Ersuchen der zuständigen nationalen Behörde legen die Hersteller alle für eine Risikobewertung erforderlichen Unterlagen vor.

(4) Die zuständige Behörde überwacht die Untersuchung eines schwerwiegenden Vorkommnisses durch den Hersteller. Erforderlichenfalls kann eine zuständige Be-

hörde in die Untersuchung durch den Hersteller eingreifen oder eine unabhängige Untersuchung veranlassen.

(5) Der Hersteller legt der zuständigen Behörde mittels des elektronischen Systems gemäß Artikel 92 einen Abschlussbericht mit den Ergebnissen der Untersuchung vor. Der Bericht enthält Schlussfolgerungen und zeigt gegebenenfalls die zu ergreifenden Korrekturmaßnahmen auf.

(6) Sind Produkte gemäß Artikel 1 Absatz 8 Unterabsatz 1 betroffen und besteht die Möglichkeit, dass das schwerwiegende Vorkommnis bzw. die Sicherheitskorrekturmaßnahme im Feld auf einen Stoff zurückzuführen ist, der bei alleiniger Verwendung als Arzneimittel gelten würde, so unterrichtet, je nachdem, wer das wissenschaftliche Gutachten über den Stoff gemäß Artikel 52 Absatz 9 abgegeben hat, die bewertende zuständige Behörde oder die koordinierende zuständige Behörde gemäß Absatz 9 des vorliegenden Artikels die nationale zuständige Behörde oder die EMA, über das schwerwiegende Vorkommnis oder die Sicherheitskorrekturmaßnahme.

Bei Produkten, die gemäß Artikel 1 Absatz 6 Buchstabe g in den Geltungsbereich dieser Verordnung fallen und bei denen das schwerwiegende Vorkommnis bzw. die Sicherheitskorrekturmaßnahme im Feld möglicherweise mit den vom Hersteller des Produkts verwendeten Derivaten von Geweben oder Zellen menschlichen Ursprungs zu tun hat, unterrichtet die zuständige Behörde oder die koordinierende zuständige Behörde gemäß Absatz 9 die für menschliche Gewebe und Zellen zuständige Behörde, die von der Benannten Stelle gemäß Artikel 52 Absatz 10 konsultiert wurde, sofern die Produkte gemäß Artikel 1 Nummer 10 unter die vorliegende Verordnung fallen.

(7) Nach Durchführung der Bewertung gemäß Absatz 3 des vorliegenden Artikels unterrichtet die bewertende zuständige Behörde über das in Artikel 92 genannte elektronische System unverzüglich die anderen zuständigen Behörden über die Korrekturmaßnahmen, die der Hersteller ergriffen hat oder plant oder die von ihm verlangt werden, um das Risiko eines Wiederauftretens des schwerwiegenden Vorkommnisses zu minimieren; übermittelt werden dabei außerdem Angaben über die zugrunde liegenden Ereignisse und die Ergebnisse der Bewertung.

(8) Der Hersteller sorgt dafür, dass Informationen über die ergriffenen Sicherheitskorrekturmaßnahmen im Feld den Anwendern des betreffenden Produkts unverzüglich mittels einer Sicherheitsanweisung im Feld zur Kenntnis gebracht werden. Die Sicherheitsanweisung im Feld ist in einer Amtssprache oder in Amtssprachen der Union abzufassen, entsprechend der Vorgabe durch den Mitgliedstaat,

in dem die Sicherheitskorrekturmaßnahmen im Feld ergriffen werden. Außer in dringenden Fällen wird der Entwurf der Sicherheitsanweisung im Feld der bewertenden zuständigen Behörde oder in den Fällen gemäß Absatz 9 der koordinierenden zuständigen Behörde vorgelegt, damit diese ihre Anmerkungen dazu abgeben kann. Außer in Fällen, in denen eine Ausnahme durch die Situation in den einzelnen Mitgliedstaaten begründet ist, müssen die Sicherheitsanweisungen im Feld in allen Mitgliedstaaten einheitlich sein.

Die Sicherheitsanweisung im Feld ermöglicht die korrekte Identifizierung des Produkts bzw. der Produkte, insbesondere durch Aufnahme der relevanten UDI, und die korrekte Identifizierung des Herstellers, der die Sicherheitskorrekturmaßnahmen im Feld ergriffen hat, insbesondere, soweit bereits erstellt, durch Aufnahme der SRN. In der Sicherheitsanweisung im Feld werden die Gründe für die Sicherheitskorrekturmaßnahmen im Feld mit Verweis auf die Fehlfunktion des Produkts und damit verbundene Risiken für Patienten, Anwender oder Dritte klar und ohne die Höhe des Risikos herunterzuspielen dargelegt und alle von den Anwendern zu ergreifenden Maßnahmen eindeutig angegeben.

Der Hersteller gibt die Sicherheitsanweisung im Feld in das in Artikel 92 genannte elektronische System ein, über das sie der Öffentlichkeit zugänglich gemacht wird.

(9) In den folgenden Fällen nehmen die zuständigen Behörden aktiv an einem Verfahren zur Koordinierung ihrer Bewertungen gemäß Absatz 3 teil:

a) Wenn Besorgnis hinsichtlich eines bestimmten schwerwiegenden Vorkommnisses oder einer Häufung schwerwiegender Vorkommnisse im Zusammenhang mit dem gleichen Produkt oder der gleichen Art von Produkt des gleichen Herstellers in mehr als einem Mitgliedstaat herrscht;

b) wenn infrage steht, ob eine von einem Hersteller in mehr als einem Mitgliedstaat vorgeschlagene Sicherheitskorrekturmaßnahme im Feld angemessen ist.

Dieses koordinierte Verfahren umfasst Folgendes:

- Benennung einer koordinierenden zuständigen Behörde auf Einzelfallbasis, sofern erforderlich;
- Festlegung des koordinierten Bewertungsverfahrens, einschließlich der Aufgaben und Verantwortlichkeiten der koordinierenden zuständigen Behörde und der Beteiligung anderer zuständiger Behörden.

Sofern nicht anders zwischen den zuständigen Behörden vereinbart, übernimmt die zuständige Behörde des Mitgliedstaats, in dem der Hersteller seine eingetragene Niederlassung hat, die Rolle der koordinierenden zuständigen Behörde.

Die koordinierende zuständige Behörde unterrichtet den Hersteller, die übrigen zuständigen Behörden und die Kommission über das in Artikel 92 genannte elektronische System davon, dass sie diese Aufgabe übernommen hat.

(10) Ungeachtet der Benennung einer koordinierenden zuständigen Behörde dürfen die anderen zuständigen Behörden ihre eigene Bewertung durchführen und im Einklang mit dieser Verordnung Maßnahmen zur Gewährleistung des Schutzes der öffentlichen Gesundheit und der Patientensicherheit ergreifen. Die koordinierende zuständige Behörde und die Kommission sind über die Ergebnisse solcher Bewertungen und den Erlass solcher Maßnahmen auf dem Laufenden zu halten.

(11) Die Kommission leistet der koordinierenden zuständigen Behörde bei der Erfüllung der ihr gemäß diesem Kapitel übertragenen Aufgaben administrative Unterstützung.

Artikel 90
Analyse der Vigilanz-Daten

Die Kommission richtet in Zusammenarbeit mit den Mitgliedstaaten Systeme und Verfahren ein, mit denen die Daten des in Artikel 92 genannten elektronischen Systems aktiv überwacht werden können, um Trends, Muster oder Signale in den Daten zu ermitteln, die möglicherweise neue Risiken oder Sicherheitsprobleme erkennen lassen.

Wird ein zuvor unbekanntes Risiko ermittelt oder führt die Häufigkeit eines erwarteten Risikos zu einer erheblichen und nachteiligen Änderung der Nutzen-Risiko-Abwägung, so unterrichtet die zuständige Behörde oder gegebenenfalls die koordinierende zuständige Behörde den Hersteller oder gegebenenfalls den bevollmächtigten Vertreter, der daraufhin die erforderlichen Korrekturmaßnahmen ergreift.

Artikel 91
Durchführungsrechtsakte

Die Kommission kann im Wege von Durchführungsrechtsakten nach Anhörung der Koordinierungsgruppe Medizinprodukte die zur Umsetzung der Artikel 85 bis 90 und 92 notwendigen detaillierten Vorkehrungen und Verfahrensaspekte in Bezug auf folgende Elemente festlegen:

a) Typologie der schwerwiegenden Vorkommnisse und Sicherheitskorrekturmaßnahmen im Feld im Zusammenhang mit speziellen Produkten, Kategorien oder Gruppen von Produkten;

b) Meldung schwerwiegender Vorkommnisse und von Sicherheitskorrekturmaßnahmen im Feld und Sicherheitsanweisungen im Feld, sowie Vorlage von periodischen Sammelmeldungen, Berichten über die Überwachung nach dem Inverkehrbringen, Sicherheitsberichten und Trendmeldungen seitens der Hersteller gemäß den Artikeln 85, 86, 87, 88 bzw. 89;

c) strukturierte Standardformulare für die elektronische und nichtelektronische Meldung, einschließlich eines Mindestdatensatzes für die Meldung mutmaßlicher schwerwiegender Vorkommnisse durch Angehörige der Gesundheitsberufe, Anwender und Patienten;

d) Fristen für die Meldung von Sicherheitskorrekturmaßnahmen im Feld und für die Vorlage von periodischen Sammelmeldungen und Trendmeldungen seitens der Hersteller unter Berücksichtigung der Schwere des zu meldenden Vorkommnisses gemäß Artikel 87;

e) harmonisierte Formate für den Informationsaustausch zwischen zuständigen Behörden gemäß Artikel 89;

f) Verfahren zur Benennung einer koordinierenden zuständigen Behörde; Festlegung des koordinierten Bewertungsverfahrens, einschließlich der Aufgaben und Verantwortlichkeiten der koordinierenden zuständigen Behörde und der Beteiligung anderer zuständiger Behörden an diesem Verfahren.

Die in Absatz 1 genannten Durchführungsrechtsakte werden gemäß dem in Artikel 114 Absatz 3 genannten Prüfverfahren erlassen.

Artikel 92
Elektronisches System für Vigilanz und Überwachung nach dem Inverkehrbringen

(1) Die Kommission richtet in Zusammenarbeit mit den Mitgliedstaaten ein elektronisches System zur Erfassung und Verarbeitung folgender Informationen ein und betreibt dieses:

a) Meldungen von schwerwiegenden Vorkommnissen und von Sicherheitskorrekturmaßnahmen im Feld seitens der Hersteller gemäß Artikel 87 Absatz 1 und Artikel 89 Absatz 5;

b) periodische Sammelmeldungen der Hersteller gemäß Artikel 87 Absatz 9;

c) Trendmeldungen seitens der Hersteller gemäß Artikel 88;

d) Sicherheitsberichte gemäß Artikel 86;

e) von den Herstellern übermittelte Sicherheitsanweisungen im Feld gemäß Artikel 89 Absatz 8;

f) die von den zuständigen Behörden der Mitgliedstaaten und zwischen den Mitgliedstaaten und der Kommission gemäß Artikel 89 Absätze 7 und 9 auszutauschenden Informationen.

Dieses elektronische System verfügt über einschlägige Verknüpfungen mit der UDI-Datenbank.

(2) Die Informationen gemäß Absatz 1 des vorliegenden Artikels werden über das elektronische System den zuständigen Behörden der Mitgliedstaaten und der Kommission verfügbar gemacht. Die Benannten Stellen haben auch Zugang zu diesen Informationen, soweit sie Produkte betreffen, für die sie eine Bescheinigung gemäß Artikel 53 ausgestellt haben.

(3) Die Kommission sorgt dafür, dass Angehörigen der Gesundheitsberufe und der Öffentlichkeit ein angemessener Zugang zu dem elektronischen System gemäß Absatz 1 gewährt wird.

(4) Auf der Grundlage von Abkommen mit den zuständigen Behörden von Drittländern oder internationalen Organisationen kann die Kommission diesen ein gewisses Maß an Zugang zu dem elektronischen System gemäß Absatz 1 gewähren. Diese Abkommen müssen auf Gegenseitigkeit beruhen und Vertraulichkeits- und Datenschutzbestimmungen enthalten, die den in der Union geltenden Bestimmungen gleichwertig sind.

(5) Die Meldungen schwerwiegender Vorkommnisse gemäß Artikel 87 Absatz 1 Buchstabe a werden nach ihrem Eingang über das elektronische System gemäß Absatz 1 des vorliegenden Artikels automatisch an die zuständige Behörde des Mitgliedstaats übermittelt, in dem das Vorkommnis aufgetreten ist.

(6) Die Trendmeldungen gemäß Artikel 88 Absatz 1 werden nach ihrem Eingang über das elektronische System gemäß Absatz 1 des vorliegenden Artikels automatisch an die zuständigen Behörden des Mitgliedstaats übermittelt, in dem die Vorkommnisse aufgetreten sind.

(7) Die Meldungen von Sicherheitskorrekturmaßnahmen im Feld gemäß Artikel 87 Absatz 1 Buchstabe b werden nach ihrem Eingang über das elektronische System gemäß Absatz 1 des vorliegenden Artikels automatisch an die zuständigen Behörden folgender Mitgliedstaaten übermittelt:

a) der Mitgliedstaaten, in denen die Sicherheitskorrekturmaßnahme im Feld ergriffen wurde oder werden soll;

b) des Mitgliedstaats, in dem der Hersteller seine eingetragene Niederlassung hat.

(8) Die periodischen Sammelmeldungen gemäß Artikel 87 Absatz 9 werden nach ihrem Eingang über das elektronische System gemäß Absatz 1 des vorliegenden Artikels automatisch an die zuständigen Behörden folgender Mitgliedstaaten übermittelt:

a) des Mitgliedstaats oder der Mitgliedstaaten, der bzw. die an dem Koordinierungsverfahren gemäß Artikel 89 Absatz 9 mitwirkt bzw. mitwirken und der bzw. die den periodischen Sammelmeldungen zugestimmt hat bzw. haben;

b) des Mitgliedstaats, in dem der Hersteller seine eingetragene Niederlassung hat.

(9) Die Informationen gemäß den Absätzen 5 bis 8 werden nach ihrem Eingang über das elektronische System gemäß Absatz 1 automatisch an die Benannte Stelle, die die Bescheinigung für das betreffende Produkt gemäß Artikel 56 ausgestellt hat, übermittelt.

Abschnitt 3
Marktüberwachung

Artikel 93
Marktüberwachungstätigkeiten

(1) Die zuständigen Behörden kontrollieren anhand angemessener Stichproben auf geeignete Art und Weise die Übereinstimmung der Merkmale und der Leistung von Produkten, u. a. gegebenenfalls durch eine Überprüfung der Unterlagen und physische Kontrollen sowie Laboruntersuchungen. Die zuständigen Behörden berücksichtigen insbesondere die etablierten Grundsätze in Bezug auf Risikobewertungen und Risikomanagement, die Vigilanz-Daten und Beschwerden.

(2) Die zuständigen Behörden arbeiten Jahrespläne für die Überwachungstätigkeiten aus und weisen die sachlichen und kompetenten personellen Ressourcen in ausreichendem Umfang zu, um diese Tätigkeiten durchzuführen, wobei sie das von der Koordinierungsgruppe Medizinprodukte gemäß Artikel 105 entwickelte europäische Marktüberwachungsprogramm und lokale Gegebenheiten berücksichtigen.

(3) Für die Erfüllung der in Absatz 1 festgelegten Pflichten gilt Folgendes: Die zuständigen Behörden

a) können Wirtschaftsakteure unter anderem verpflichten, die für die Zwecke der Durchführung der Tätigkeiten der Behörden erforderlichen Unterlagen und Informationen zur Verfügung zu stellen und, falls gerechtfertigt, die erforderlichen Produktstichproben kostenfrei bereitzustellen oder kostenfreien Zugang zu den Produkten zu ermöglichen, und

b) führen angekündigte und erforderlichenfalls unangekündigte Kontrollen in den Räumlichkeiten der Wirtschaftsakteure sowie in den Räumlichkeiten von Zulieferern und/oder Unterauftragnehmern und, falls erforderlich, in den Einrichtungen beruflicher Anwender durch.

(4) Die zuständigen Behörden erstellen eine jährliche Zusammenfassung der Ergebnisse ihrer Überwachungstätigkeiten und machen sie den anderen zuständigen Behörden über das in Artikel 100 genannte elektronische System verfügbar

(5) Die zuständigen Behörden können Produkte, die ein unvertretbares Risiko darstellen, oder gefälschte Produkte beschlagnahmen, vernichten oder auf andere Weise unbrauchbar machen, wenn sie dies im Interesse des Schutzes der öffentlichen Gesundheit für erforderlich erachten.

(6) Nach jeder für die in Absatz 1 genannten Zwecke durchgeführten Kontrolle erstellt die zuständige Behörde einen Bericht über die Ergebnisse der Kontrolle in Bezug auf die Einhaltung der rechtlichen und technischen Anforderungen gemäß dieser Verordnung. In dem Bericht sind gegebenenfalls erforderliche Korrekturmaßnahmen aufgeführt.

(7) Die zuständige Behörde, die die Kontrolle durchgeführt hat, teilt dem Wirtschaftsakteur, der Gegenstand der Kontrolle war, den Inhalt des Berichts gemäß Absatz 6 des vorliegenden Artikels mit. Bevor die zuständige Behörde den Bericht annimmt, gibt sie diesem Wirtschaftsakteur Gelegenheit zur Stellungnahme. Dieser abschließende Kontrollbericht wird in dem in Artikel 100 vorgesehenen elektronischen System erfasst.

(8) Die Mitgliedstaaten überprüfen und bewerten die Funktionsweise ihrer Marktüberwachungstätigkeiten. Solche Überprüfungen und Bewertungen erfolgen mindestens alle vier Jahre, und die Ergebnisse werden den übrigen Mitgliedstaaten und der Kommission mitgeteilt. Jeder Mitgliedstaat macht der Öffentlichkeit eine Zusammenfassung der Ergebnisse über das in Artikel 100 genannte elektronische System zugänglich.

(9) Die zuständigen Behörden der Mitgliedstaaten koordinieren ihre Marktüberwachungstätigkeiten, kooperieren miteinander und halten einander und die Kom-

mission über ihre Ergebnisse auf dem Laufenden, um für ein einheitliches und hohes Niveau der Marktüberwachung in allen Mitgliedstaaten zu sorgen.

Gegebenenfalls einigen sich die zuständigen Behörden der Mitgliedstaaten auf eine Arbeitsteilung, gemeinsame Marktüberwachungstätigkeiten und Spezialisierung.

(10) Ist in einem Mitgliedstaat mehr als eine Behörde für die Marktüberwachung und die Kontrolle der Außengrenzen zuständig, so kooperieren die entsprechenden Behörden, indem sie einander die für ihre jeweilige Rolle und Funktion relevanten Informationen mitteilen.

(11) Gegebenenfalls kooperieren die zuständigen Behörden der Mitgliedstaaten mit den zuständigen Behörden von Drittländern zwecks Informationsaustauschs sowie technischer Unterstützung und Förderung von Tätigkeiten auf dem Gebiet der Marktüberwachung.

Artikel 94
Bewertung von Produkten, die mutmaßlich ein unvertretbares Risiko darstellen oder anderweitig nicht konform sind

Haben die zuständigen Behörden eines Mitgliedstaats aufgrund von Daten, die sie durch Vigilanz oder Marktüberwachungstätigkeiten erhalten haben, oder aufgrund anderer Informationen Grund zu der Annahme, dass ein Produkt

a) ein unvertretbares Risiko für die Gesundheit oder Sicherheit der Patienten, Anwender oder anderer Personen oder für andere Aspekte des Schutzes der öffentlichen Gesundheit darstellen kann, oder

b) anderweitig nicht die in dieser Verordnung niedergelegten Anforderungen erfüllt,

führen sie eine Bewertung des betreffenden Produkts durch, die alle in dieser Verordnung niedergelegten Anforderungen umfasst, die im Zusammenhang mit dem von dem Produkt ausgehenden Risiko oder einer anderweitigen Nichtkonformität des Produkts stehen.

Die betroffenen Wirtschaftsakteure kooperieren mit den zuständigen Behörden.

Artikel 95
Verfahren für den Umgang mit Produkten, die ein unvertretbares Gesundheits- und Sicherheitsrisiko darstellen

(1) Kommen die zuständigen Behörden nach Durchführung der Bewertung gemäß Artikel 94 zu dem Schluss, dass das Produkt ein unvertretbares Risiko für die Ge-

sundheit oder Sicherheit der Patienten, Anwender oder anderer Personen oder in Bezug auf andere Aspekte des Schutzes der öffentlichen Gesundheit darstellt, so fordern sie den Hersteller der betroffenen Produkte, seinen Bevollmächtigten und alle anderen entsprechenden Wirtschaftsakteure unverzüglich auf, innerhalb eines eindeutig festgelegten und dem betroffenen Wirtschaftsakteur mitgeteilten Zeitraums alle geeigneten und gebührend gerechtfertigten Korrekturmaßnahmen zu ergreifen, um die Konformität des Produkts mit den Anforderungen dieser Verordnung, die im Zusammenhang mit dem von dem Produkt ausgehenden Risiko stehen, herzustellen, die Bereitstellung des Produkts auf dem Markt in einer Weise, die der Art des Risikos angemessen ist, zu beschränken, die Bereitstellung des Produkts bestimmten Anforderungen zu unterwerfen oder das Produkt vom Markt zu nehmen oder zurückzurufen.

(2) Die zuständigen Behörden unterrichten über das in Artikel 100 genannte elektronische System unverzüglich die Kommission, die übrigen Mitgliedstaaten und – sofern eine Bescheinigung gemäß Artikel 56 für das betroffene Produkt ausgestellt wurde – die Benannte Stelle, die die Bescheinigung ausgestellt hat, über die Ergebnisse der Bewertung und die Maßnahmen, zu denen sie die Wirtschaftsakteure verpflichtet haben.

(3) Die Wirtschaftsakteure gemäß Absatz 1 sorgen unverzüglich dafür, dass alle geeigneten Korrekturmaßnahmen in der gesamten Union in Bezug auf sämtliche betroffenen Produkte, die sie auf dem Markt bereitgestellt haben, ergriffen werden.

(4) Ergreift der in Absatz 1 genannte Wirtschaftsakteur innerhalb der Frist gemäß Absatz 1 keine angemessenen Korrekturmaßnahmen, treffen die zuständigen Behörden alle geeigneten Maßnahmen, um die Bereitstellung des Produkts auf ihrem nationalen Markt zu untersagen oder einzuschränken, das Produkt vom Markt zu nehmen oder zurückzurufen.

Die zuständigen Behörden teilen der Kommission, den übrigen Mitgliedstaaten und der Benannten Stelle gemäß Absatz 2 des vorliegenden Artikels über das in Artikel 100 genannte elektronische System solche Maßnahmen unverzüglich mit.

(5) Aus der Mitteilung gemäß Absatz 4 gehen alle verfügbaren Angaben hervor, insbesondere die Daten für die Identifizierung und Nachverfolgung des nicht konformen Produkts, die Herkunft des Produkts, die Art und die Ursachen der behaupteten Nichtkonformität und des Risikos sowie die Art und Dauer der nationalen Maßnahmen und die Argumente des betreffenden Wirtschaftsakteurs.

(6) Alle Mitgliedstaaten außer dem, der das Verfahren eingeleitet hat, teilen der Kommission und den übrigen Mitgliedstaaten unverzüglich über das in Artikel 100

genannte elektronische System jegliche zusätzlichen relevanten Informationen mit, über die sie in Bezug auf die Nichtkonformität des betreffenden Produkts verfügen, sowie alle Maßnahmen, die sie in Bezug auf das betreffende Produkt möglicherweise ergriffen haben.

Sind sie mit der mitgeteilten nationalen Maßnahme nicht einverstanden, so teilen sie der Kommission und den übrigen Mitgliedstaaten über das in Artikel 100 genannte elektronische System unverzüglich ihre Einwände mit.

(7) Erhebt weder ein Mitgliedstaat noch die Kommission innerhalb von zwei Monaten nach Erhalt der in Absatz 4 genannten Mitteilung einen Einwand gegen eine der Maßnahmen eines Mitgliedstaats, so gelten diese Maßnahmen als gerechtfertigt.

In diesem Fall sorgen alle Mitgliedstaaten dafür, dass unverzüglich entsprechende geeignete restriktive Maßnahmen oder Verbote hinsichtlich des betreffenden Produkts verhängt werden, durch die unter anderem das Produkt von seinem jeweiligen nationalen Markt genommen, zurückgerufen oder seine Verfügbarkeit auf ihrem Markt eingeschränkt wird.

Artikel 96
Verfahren zur Bewertung nationaler Maßnahmen auf Unionsebene

(1) Erhebt innerhalb von zwei Monaten nach Erhalt der in Artikel 95 Absatz 4 genannten Mitteilung ein Mitgliedstaat Einwände gegen eine von einem anderen Mitgliedstaat getroffene Maßnahme oder ist die Kommission der Auffassung, dass diese nicht mit dem Unionsrecht vereinbar ist, so nimmt die Kommission nach Anhörung der betroffenen zuständigen Behörden und, soweit erforderlich, der betroffenen Wirtschaftsakteure eine Bewertung dieser nationalen Maßnahme vor. Anhand der Ergebnisse dieser Bewertung kann die Kommission mittels Durchführungsrechtsakten beschließen, ob die nationale Maßnahme gerechtfertigt ist oder nicht. Diese Durchführungsrechtsakte werden gemäß dem in Artikel 114 Absatz 3 genannten Prüfverfahren erlassen.

(2) Ist die Kommission der Auffassung, dass die nationale Maßnahme gemäß Absatz 1 des vorliegenden Artikels gerechtfertigt ist, findet Artikel 95 Absatz 7 Unterabsatz 2 Anwendung. Ist die Kommission der Auffassung, dass die nationale Maßnahme nicht gerechtfertigt ist, muss der betreffende Mitgliedstaat sie zurücknehmen.

Erlässt die Kommission innerhalb von acht Monaten nach Eingang der Mitteilung gemäß Artikel 95 Absatz 4 keinen Beschluss gemäß Absatz 1 des vorliegenden Artikels, so wird die nationale Maßnahme als gerechtfertigt erachtet.

(3) Ist ein Mitgliedstaat oder die Kommission der Auffassung, dass das von einem Produkt ausgehende Gesundheits- und Sicherheitsrisiko durch Maßnahmen des betreffenden Mitgliedstaats oder der betreffenden Mitgliedstaaten nicht auf zufriedenstellende Weise gemindert werden kann, so kann die Kommission auf Ersuchen eines Mitgliedstaats oder auf eigene Initiative im Wege von Durchführungsrechtsakten die erforderlichen und gebührend begründeten Maßnahmen zum Schutz der Gesundheit und Sicherheit erlassen, einschließlich Maßnahmen, durch die das Inverkehrbringen und die Inbetriebnahme des betreffenden Produkts eingeschränkt oder untersagt wird. Diese Durchführungsrechtsakte werden gemäß dem in Artikel 114 Absatz 3 genannten Prüfverfahren erlassen.

Artikel 97
Sonstige Nichtkonformität

(1) Stellen die zuständigen Behörden eines Mitgliedstaats nach Durchführung einer Bewertung gemäß Artikel 94 fest, dass ein Produkt nicht die in dieser Verordnung niedergelegten Anforderungen erfüllt, aber kein unvertretbares Risiko für die Gesundheit oder Sicherheit der Patienten, Anwender oder anderer Personen oder in Bezug auf andere Aspekte des Schutzes der öffentlichen Gesundheit darstellt, so fordern sie den entsprechenden Wirtschaftsakteur auf, der betreffenden Nichtkonformität innerhalb eines der Nichtkonformität angemessenen, eindeutig festgelegten und dem Wirtschaftsakteur mitgeteilten Zeitraums ein Ende zu setzen.

(2) Sorgt der Wirtschaftsakteur innerhalb der Frist gemäß Absatz 1 des vorliegenden Artikels nicht für die Wiederherstellung der Konformität, trifft der betreffende Mitgliedstaat unverzüglich alle geeigneten Maßnahmen, um die Bereitstellung des Produkts auf dem Markt zu untersagen oder einzuschränken, das Produkt vom Markt zu nehmen oder zurückzurufen. Der betreffende Mitgliedstaat teilt der Kommission und den übrigen Mitgliedstaaten über das in Artikel 100 genannte elektronische System solche Maßnahmen unverzüglich mit.

(3) Um die einheitliche Anwendung des vorliegenden Artikels zu gewährleisten, kann die Kommission im Wege von Durchführungsrechtsakten geeignete Maßnahmen festlegen, die von den zuständigen Behörden gegen bestimmte Arten der Nichtkonformität zu ergreifen sind. Diese Durchführungsrechtsakte werden gemäß dem in Artikel 114 Absatz 3 genannten Prüfverfahren erlassen.

Artikel 98
Präventive Gesundheitsschutzmaßnahmen

(1) Ist ein Mitgliedstaat nach Durchführung einer Bewertung, die auf ein potenzielles Risiko in Verbindung mit einem Produkt oder einer speziellen Kategorie oder Gruppe von Produkten hinweist, der Auffassung, dass die Bereitstellung auf dem Markt oder die Inbetriebnahme eines Produkts oder einer speziellen Kategorie oder Gruppe von Produkten im Hinblick auf den Schutz der Gesundheit und Sicherheit der Patienten, Anwender oder anderer Personen oder anderer Aspekte der öffentlichen Gesundheit untersagt, beschränkt oder besonderen Anforderungen unterworfen werden sollte oder dass ein solches Produkt oder eine solche Kategorie oder Gruppe von Produkten vom Markt genommen oder zurückgerufen werden sollte, so kann er alle erforderlichen und gerechtfertigten Maßnahmen ergreifen.

(2) Der Mitgliedstaat gemäß Absatz 1 unterrichtet die Kommission und die übrigen Mitgliedstaaten über das in Artikel 100 genannte elektronische System unverzüglich und begründet seine Entscheidung.

(3) Die Kommission unterzieht die nationalen Maßnahmen in Absprache mit der Koordinierungsgruppe Medizinprodukte und, soweit erforderlich, den betroffenen Wirtschaftsakteuren einer Bewertung. Die Kommission kann im Wege von Durchführungsrechtsakten beschließen, ob die nationalen Maßnahmen gerechtfertigt sind oder nicht. Erlässt die Kommission innerhalb von sechs Monaten nach der Notifizierung keinen Beschluss, so werden die nationalen Maßnahmen als gerechtfertigt erachtet. Diese Durchführungsrechtsakte werden gemäß dem in Artikel 114 Absatz 3 genannten Prüfverfahren erlassen.

(4) Die Kommission kann Durchführungsrechtsakte zum Erlass der erforderlichen und gerechtfertigten Maßnahmen erlassen, wenn sich aus der Bewertung gemäß Absatz 3 des vorliegenden Artikels ergibt, dass die Bereitstellung auf dem Markt oder die Inbetriebnahme eines Produkts oder einer speziellen Kategorie oder Gruppe von Produkten in allen Mitgliedstaaten untersagt, beschränkt oder besonderen Anforderungen unterworfen werden sollte oder dass ein solches Produkt, eine Kategorie oder Gruppe von Produkten in allen Mitgliedstaaten vom Markt genommen oder zurückgerufen werden sollte, um den Schutz der Gesundheit und Sicherheit der Patienten, Anwender oder sonstiger Personen oder sonstiger Aspekte der öffentlichen Gesundheit zu gewährleisten. Diese Durchführungsrechtsakte werden gemäß dem in Artikel 114 Absatz 3 genannten Prüfverfahren erlassen.

Artikel 99
Gute Verwaltungspraxis

(1) In jeder Maßnahme, die von den zuständigen Behörden der Mitgliedstaaten gemäß den Artikeln 95 bis 98 erlassen wird, ist genau anzugeben, auf welcher Grundlage sie beruht. Ist die Maßnahme an einen spezifischen Wirtschaftsakteur gerichtet, so teilt die zuständige Behörde sie dem betreffenden Wirtschaftsakteur unverzüglich unter Angabe der Rechtsbehelfe, die ihm nach den Rechtsvorschriften oder nach der Verwaltungspraxis des betreffenden Mitgliedstaats zur Verfügung stehen, und der entsprechenden Fristen für deren Einlegung mit. Ist die Maßnahme allgemein gültig, wird sie auf geeignete Weise bekannt gemacht.

(2) Sofern nicht aufgrund eines unvertretbaren Risikos für die menschliche Gesundheit oder Sicherheit Sofortmaßnahmen erforderlich sind, wird dem betroffenen Wirtschaftsakteur Gelegenheit gegeben, vor Ergreifen einer Maßnahme innerhalb einer geeigneten und eindeutig festgelegten Frist bei der zuständigen Behörde seine Anmerkungen einzureichen.

Wurde eine Maßnahme getroffen, ohne dass der Wirtschaftsakteur gemäß Unterabsatz 1 die Gelegenheit hatte, Anmerkungen einzureichen, wird ihm so schnell wie möglich Gelegenheit zur Äußerung gegeben und die getroffene Maßnahme daraufhin umgehend überprüft.

(3) Jede Maßnahme wird umgehend zurückgenommen oder geändert, sobald der Wirtschaftsakteur nachweist, dass er wirksame Korrekturmaßnahmen getroffen hat und das Produkt die Anforderungen dieser Verordnung erfüllt.

(4) Betrifft eine Maßnahme gemäß den Artikeln 95 bis 98 ein Produkt, an dessen Konformitätsbewertung eine Benannte Stelle mitgewirkt hat, so unterrichten die zuständigen Behörden über das in Artikel 100 genannte elektronische System auch die entsprechende Benannte Stelle und die für die Benannte Stelle zuständige Behörde über die Maßnahmen.

Artikel 100
Elektronisches System für die Marktüberwachung

(1) Die Kommission richtet in Zusammenarbeit mit den Mitgliedstaaten ein elektronisches System zur Erfassung und Verarbeitung folgender Informationen ein und betreibt dieses:

a) Zusammenfassungen der Ergebnisse der Überwachungstätigkeiten gemäß Artikel 93 Absatz 4;

b) abschließender Kontrollbericht gemäß Artikel 93 Absatz 7;

c) Informationen gemäß Artikel 95 Absätze 2, 4 und 6 über Produkte, die ein unvertretbares Risiko für die Gesundheit und Sicherheit darstellen;

d) Informationen über die Nichtkonformität von Produkten gemäß Artikel 97 Absatz 2;

e) Informationen über die präventiven Gesundheitsschutzmaßnahmen gemäß Artikel 98 Absatz 2;

f) Zusammenfassungen der Ergebnisse der Überprüfungen und Bewertungen der Marktüberwachungstätigkeiten der Mitgliedstaaten gemäß Artikel 93 Absatz 8.

(2) Die Informationen gemäß Absatz 1 des vorliegenden Artikels werden umgehend über das elektronische System an alle betroffenen zuständigen Behörden und gegebenenfalls an die Benannte Stelle, die eine Bescheinigung gemäß Artikel 56 für das betroffene Produkt ausgestellt hat, weitergeleitet und stehen den Mitgliedstaaten und der Kommission zur Verfügung.

(3) Zwischen den Mitgliedstaaten ausgetauschte Informationen werden nicht öffentlich zugänglich gemacht, wenn dies die Marktüberwachungstätigkeiten und die Zusammenarbeit zwischen Mitgliedstaaten beeinträchtigen könnte.

Kapitel VIII
Kooperation zwischen den Mitgliedstaaten, der Koordinierungsgruppe Medizinprodukte, Fachlaboratorien, Expertengremien und Produktregister

Artikel 101
Zuständige Behörden

Die Mitgliedstaaten benennen die für die Durchführung dieser Verordnung zuständige(n) Behörde(n). Sie statten ihre Behörden mit den erforderlichen Befugnissen, Ressourcen, Ausrüstungen und Kenntnissen zur ordnungsgemäßen Wahrnehmung ihrer sich aus dieser Verordnung ergebenden Aufgaben aus. Die Mitgliedstaaten teilen der Kommission die Namen und Kontaktdaten der zuständigen Behörden mit; die Kommission veröffentlicht eine Liste der zuständigen Behörden.

Artikel 102
Kooperation

(1) Die zuständigen Behörden der Mitgliedstaaten kooperieren miteinander und mit der Kommission. Die Kommission organisiert den für eine einheitliche Anwendung dieser Verordnung erforderlichen Informationsaustausch.

(2) Die Mitgliedstaaten beteiligen sich mit Unterstützung der Kommission gegebenenfalls an auf internationaler Ebene entwickelten Initiativen, um eine Zusammenarbeit der Regulierungsbehörden auf dem Gebiet der Medizinprodukte sicherzustellen.

Artikel 103
Koordinierungsgruppe Medizinprodukte

(1) Es wird eine „Koordinierungsgruppe Medizinprodukte" eingesetzt.

(2) Jeder Mitgliedstaat ernennt für die Koordinierungsgruppe Medizinprodukte für eine Amtszeit von drei Jahren, die verlängert werden kann, ein Mitglied und ein stellvertretendes Mitglied, jeweils mit Fachwissen im Bereich der Medizinprodukte sowie ein Mitglied und ein stellvertretendes Mitglied mit Fachwissen im Bereich der In-vitro-Diagnostika. Ein Mitgliedstaat kann ein einziges Mitglied und ein einziges stellvertretendes Mitglied mit Fachwissen in beiden Bereichen ernennen.

Die Mitglieder der Koordinierungsgruppe Medizinprodukte werden aufgrund ihrer Fachkompetenz und Erfahrung auf dem Gebiet der Medizinprodukte und der In-vitro-Diagnostika ausgewählt. Sie vertreten die zuständigen Behörden der Mitgliedstaaten. Die Kommission veröffentlicht Namen und Zugehörigkeit der Mitglieder.

Die stellvertretenden Mitglieder vertreten die Mitglieder in deren Abwesenheit und stimmen für sie ab.

(3) Die Koordinierungsgruppe Medizinprodukte tritt in regelmäßigen Abständen zusammen sowie immer dann, wenn es sich als erforderlich erweist, auf Ersuchen der Kommission oder eines Mitgliedstaats. An den Sitzungen nehmen je nach Bedarf die für ihre Rolle und ihr Fachwissen im Bereich der Medizinprodukte ernannten Mitglieder oder die für ihr Fachwissen im Bereich der In-vitro-Diagnostika ernannten Mitglieder oder die für ihr Fachwissen in beiden Bereichen ernannten Mitglieder bzw. die jeweiligen stellvertretenden Mitglieder teil.

(4) Die Koordinierungsgruppe Medizinprodukte bemüht sich nach Kräften, zu einem Einvernehmen zu gelangen. Kann kein Einvernehmen erzielt werden, be-

schließt die Koordinierungsgruppe Medizinprodukte mit der Mehrheit ihrer Mitglieder. Mitglieder, die eine abweichende Meinung vertreten, können verlangen, dass ihre Auffassung und die Gründe dafür in der Stellungnahme der Koordinierungsgruppe Medizinprodukte angegeben werden.

(5) Den Vorsitz in der Koordinierungsgruppe Medizinprodukte führt ein Vertreter der Kommission. Der Vorsitz nimmt nicht an den Abstimmungen der Koordinierungsgruppe Medizinprodukte teil.

(6) Die Koordinierungsgruppe Medizinprodukte kann in Einzelfällen Experten und Dritte zur Teilnahme an Sitzungen oder zur Abgabe schriftlicher Beiträge einladen.

(7) Die Koordinierungsgruppe Medizinprodukte kann ständige oder nichtständige Untergruppen einsetzen. Gegebenenfalls werden Organisationen, die die Interessen der Medizinprodukteindustrie, Gesundheitsberufe, Labors, Patienten und Verbraucher auf EU-Ebene vertreten, als Beobachter zu diesen Untergruppen eingeladen.

(8) Die Koordinierungsgruppe Medizinprodukte gibt sich eine Geschäftsordnung, in der insbesondere Verfahren festgelegt sind für

– die Annahme von Stellungnahmen oder Empfehlungen oder anderen Verlautbarungen, auch in dringlichen Fällen,
– die Übertragung von Aufgaben an berichterstattende oder gemeinsam berichterstattende Mitglieder,
– die Anwendung des Artikels 107 (Interessenkonflikte),
– Verfahren für die Arbeitsweise der Untergruppen.

(9) Die Koordinierungsgruppe Medizinprodukte übernimmt die in Artikel 105 dieser Verordnung und in Artikel 99 der Verordnung (EU) 2017/746 festgelegten Aufgaben.

Artikel 104
Unterstützung durch die Kommission

Die Kommission unterstützt die Ausübung der Kooperation der nationalen zuständigen Behörden. Insbesondere organisiert sie den Erfahrungsaustausch zwischen den zuständigen Behörden und stellt technische, wissenschaftliche und logistische Unterstützung für die Koordinierungsgruppe Medizinprodukte und deren Untergruppen zur Verfügung. Sie organisiert die Sitzungen der Koordinierungsgruppe Medizinprodukte und ihrer Untergruppen, nimmt an diesen Sitzungen teil und sorgt für eine geeignete Weiterführung.

Artikel 105
Aufgaben der Koordinierungsgruppe Medizinprodukte

Gemäß dieser Verordnung hat die Koordinierungsgruppe Medizinprodukte folgende Aufgaben:

a) Mitwirkung an der Bewertung antragstellender Konformitätsbewertungsstellen und Benannter Stellen gemäß Kapitel IV;

b) Beratung der Kommission auf deren Ersuchen in Angelegenheiten, die die Koordinierungsgruppe für Benannte Stellen gemäß Artikel 49 betreffen;

c) Mitwirkung bei der Entwicklung von Leitlinien für die wirksame und harmonisierte Durchführung dieser Verordnung, insbesondere hinsichtlich der Benennung und Überwachung der Benannten Stellen, der Anwendung der grundlegenden Sicherheits- und Leistungsanforderungen, der Durchführung klinischer Bewertungen und klinischer Prüfungen durch die Hersteller und der Bewertung durch Benannte Stellen sowie von Vigilanzaktivitäten;

d) Mitwirkung bei der kontinuierlichen Überwachung des technischen Fortschritts und bei der Bewertung, ob die in dieser Verordnung und in der Verordnung (EU) 2017/746 festgelegten grundlegenden Sicherheits- und Leistungsanforderungen angemessen sind, um die Sicherheit und Leistung von Produkten sicherzustellen und dadurch Mitwirkung an der Feststellung von Änderungsbedarf im Hinblick auf Anhang I dieser Verordnung;

e) Mitwirkung bei der Entwicklung von Normen, GS und wissenschaftlichen Leitlinien, einschließlich produktspezifischer Leitlinien, für die klinische Prüfung von bestimmten Produkten, insbesondere von implantierbaren Produkten und Produkten der Klasse III;

f) Unterstützung der zuständigen Behörden der Mitgliedstaaten bei ihren Koordinierungstätigkeiten insbesondere im Bereich der Klassifizierung und der Feststellung des regulatorischen Status von Produkten, der klinischen Prüfungen, der Vigilanz und der Marktüberwachung einschließlich des Aufbaus und der Weiterentwicklung eines Rahmens für ein europäisches Marktüberwachungsprogramm zur Gewährleistung von Effizienz und Harmonisierung der Marktüberwachung in der Union gemäß Artikel 93;

g) entweder auf eigene Initiative oder auf Ersuchen der Kommission Beratung bei der Bewertung sämtlicher Fragen im Zusammenhang mit der Durchführung dieser Verordnung;

h) Beitrag zur Entwicklung einer harmonisierten Verwaltungspraxis in den Mitgliedstaaten in Bezug auf Produkte.

Artikel 106
Wissenschaftliche, technische und klinische Stellungnahmen und Beratung

(1) Die Kommission sorgt im Wege von Durchführungsrechtsakten und in Absprache mit der Koordinierungsgruppe Medizinprodukte dafür, dass unter Beachtung der Grundsätze der höchsten Fachkompetenz, Unparteilichkeit, Unabhängigkeit und Transparenz Expertengremien für die Begutachtung der klinischen Bewertung auf den einschlägigen medizinischen Fachgebieten gemäß Absatz 9, für die Abgabe von Stellungnahmen zur Bewertung der Leistung bestimmter In-vitro-Diagnostika gemäß Artikel 48 Absatz 6 der Verordnung (EU) 2017/746 und erforderlichenfalls für Kategorien oder Gruppen von Produkten oder für spezielle Gefahren im Zusammenhang mit Kategorien oder Gruppen von Produkten benannt werden. Die gleichen Grundsätze gelten, wenn die Kommission beschließt, Fachlaboratorien gemäß Absatz 7 zu benennen.

(2) Expertengremien und Fachlaboratorien können in Bereichen benannt werden, in denen die Kommission in Absprache mit der Koordinierungsgruppe Medizinprodukte einen Bedarf an kontinuierlicher wissenschaftlicher, technischer und/oder klinischer Beratung oder Laborexpertise im Zusammenhang mit der Anwendung dieser Verordnung festgestellt hat. Diese Expertengremien und Fachlaboratorien können auf Dauer oder befristet benannt werden.

(3) Die Expertengremien bestehen aus Beratern, die die Kommission auf der Grundlage aktuellen klinischen, wissenschaftlichen oder technischen Fachwissens auf dem betreffenden Gebiet und nach einer geografischen Verteilung berufen hat, die die Vielfalt der wissenschaftlichen und klinischen Konzepte in der Union widerspiegelt. Die Anzahl der Mitglieder der einzelnen Gremien wird von der Kommission nach Maßgabe der jeweiligen Erfordernisse festgelegt.

Die Mitglieder der Expertengremien erfüllen ihre Aufgaben unparteiisch und objektiv. Sie dürfen Weisungen von Benannten Stellen oder Herstellern weder einholen noch entgegennehmen. Jedes Mitglied gibt eine Interessenerklärung ab, die öffentlich zugänglich gemacht wird.

Die Kommission richtet Systeme und Verfahren ein, mit denen mögliche Interessenkonflikte aktiv bewältigt und verhindert werden können.

(4) Die Expertengremien berücksichtigen bei der Erstellung ihrer wissenschaftlichen Gutachten einschlägige Informationen von Interessenträgern, darunter Patientenorganisationen und Angehörige der Gesundheitsberufe.

(5) Die Kommission kann nach Anhörung der Koordinierungsgruppe Medizinprodukte Berater in Expertengremien berufen, nachdem zuvor eine Aufforderung zur Interessenbekundung im Amtsblatt der Europäischen Union und auf der Website der Kommission veröffentlicht wurde. Je nach Art der Aufgabe und des Bedarfs an spezialisiertem Fachwissen können die Berater für einen Zeitraum von höchstens drei Jahren in die Expertengremien berufen werden; eine Verlängerung ist möglich.

(6) Die Kommission kann nach Anhörung der Koordinierungsgruppe Medizinprodukte Berater in ein zentrales Verzeichnis verfügbarer Experten aufnehmen, die zwar nicht formal in ein Expertengremium berufen wurden, jedoch zur Verfügung stehen, um bei Bedarf Beratung anzubieten und die Arbeit des Expertengremiums zu unterstützen. Dieses Verzeichnis wird auf der Website der Kommission veröffentlicht.

(7) Die Kommission kann im Wege von Durchführungsrechtsakten und nach Anhörung der Koordinierungsgruppe Medizinprodukte Fachlaboratorien auf der Grundlage ihrer Expertise in folgenden Bereichen benennen:

– physikalisch-chemische Charakterisierung oder

– mikrobiologische, Biokompatibilitäts-, mechanische, elektrische, elektronische oder nichtklinische biologische und toxikologische Untersuchung

spezieller Produkte, Produktgruppen oder -kategorien.

Die Kommission benennt nur Fachlaboratorien, die von einem Mitgliedstaat oder der Gemeinsamen Forschungsstelle für diese Aufgabe vorgeschlagen wurden.

(8) Die Fachlaboratorien müssen folgende Kriterien erfüllen:

a) über geeignetes und angemessen qualifiziertes Personal verfügen, das seinerseits über angemessenes Fachwissen und angemessene Erfahrung in Bezug auf die Produkte, für die die Laboratorien benannt wurden, verfügt;

b) über die notwendige Ausrüstung für die Durchführung der ihnen übertragenen Aufgaben verfügen;

c) über die erforderlichen Kenntnisse der internationalen Normen und vorbildlichen Verfahren verfügen;

d) eine geeignete Verwaltungs- und Organisationsstruktur aufweisen;

e) sicherstellen, dass ihr Personal die Vertraulichkeit der im Rahmen ihrer Tätigkeit erlangten Informationen und Daten wahrt.

(9) Für die klinische Bewertung auf einschlägigen medizinischen Fachgebieten bestellte Expertengremien nehmen die in Artikel 54 Absatz 1 und in Artikel 61 Absatz 2 sowie in Anhang IX Abschnitt 5.10 bzw. in Anhang X Abschnitt 6 genannten Aufgaben wahr.

(10) Expertengremien und Fachlaboratorien übernehmen nach Maßgabe der jeweiligen Erfordernisse folgende Aufgaben:

a) wissenschaftliche, technische und klinische Unterstützung der Kommission und der Koordinierungsgruppe Medizinprodukte bei der Durchführung dieser Verordnung;

b) Mitwirkung an der Ausarbeitung und Weiterentwicklung geeigneter Leitlinien und GS für

   - klinische Prüfungen,
   - klinische Bewertungen und die klinische Nachbeobachtung nach dem Inverkehrbringen,
   - Leistungsstudien,
   - die Leistungsbewertung und Leistungsstudien nach dem Inverkehrbringen,
   - die physikalisch-chemische Charakterisierung sowie
   - die mikrobiologische, Biokompatibilitäts- und die mechanische, elektrische, elektronische oder nichtklinische toxikologische Untersuchung

   spezieller Produkte oder einer Produktkategorie oder -gruppe oder für spezielle Gefahren im Zusammenhang mit Produktkategorien oder -gruppen;

c) Entwicklung und Prüfung von Leitlinien für die klinische Bewertung und Leitlinien für die Leistungsbewertung betreffend die Durchführung von Konformitätsbewertungsverfahren nach dem Stand der Technik im Hinblick auf die klinische Bewertung, die Leistungsbewertung, die physikalisch-chemische Charakterisierung und die mikrobiologische, die Biokompatibilitäts-, die mechanische, elektrische, elektronische oder nichtklinische toxikologische Untersuchung;

d) Mitwirkung an der Entwicklung internationaler, dem neuesten Stand der Technik entsprechender Normen;

e) auf Anfrage von Herstellern gemäß Artikel 61 Absatz 2, Benannten Stellen und Mitgliedstaaten Ausarbeitung von Gutachten gemäß den Absätzen 11 bis 13 des vorliegenden Artikels;

f) Mitwirkung an der Erfassung von Bedenken und neuen Fragen im Zusammenhang mit der Sicherheit und Leistung von Medizinprodukten;

g) Abgabe von Stellungnahmen zur Bewertung der Leistung bestimmter In-vitro-Diagnostika gemäß Artikel 48 Absatz 4 der Verordnung (EU) 2017/746.

(11) Die Kommission erleichtert den Mitgliedstaaten, den Benannten Stellen und den Herstellern den Zugang zu Beratung durch die Expertengremien und die Fachlaboratorien unter anderem im Hinblick auf die Kriterien für einen angemessenen Datensatz für die Konformitätsbewertung eines Produkts, insbesondere in Bezug auf die für die klinische Bewertung erforderlichen klinischen Daten, in Bezug auf die physikalisch-chemische Charakterisierung und in Bezug auf die mikrobiologische, die Biokompatibilitäts-, die mechanische, elektrische, elektronische und nichtklinische toxikologische Untersuchung.

(12) Bei der Annahme wissenschaftlicher Gutachten gemäß Absatz 9 bemühen sich die Mitglieder der Expertengremien nach Kräften, zu einem Einvernehmen zu gelangen. Kann kein Einvernehmen erzielt werden, beschließen die Expertengremien mit der Mehrheit ihrer Mitglieder, und im wissenschaftlichen Gutachten sind die abweichenden Standpunkte, die jeweils mit einer Begründung zu versehen sind, zu nennen.

Die Kommission veröffentlicht die gemäß den Absätzen 9 und 11 abgegebenen wissenschaftlichen Gutachten und Empfehlungen, wobei sie sicherstellt, dass den Vertraulichkeitsaspekten gemäß Artikel 109 Rechnung getragen wird. Die in Absatz 10 Buchstabe c genannten Leitlinien für die klinische Bewertung werden nach Anhörung der Koordinierungsgruppe Medizinprodukte veröffentlicht.

(13) Die Kommission kann von Herstellern und Benannten Stellen die Entrichtung von Gebühren für die von Expertengremien und Fachlaboratorien erbrachte Beratung verlangen. Die Kommission legt Struktur und Höhe der Gebühren sowie den Umfang und die Struktur der erstattungsfähigen Kosten im Wege von Durchführungsrechtsakten fest und berücksichtigt dabei die Ziele der angemessenen Umsetzung dieser Verordnung, des Schutzes der Gesundheit und Sicherheit, der Innovationsförderung und der Wirtschaftlichkeit sowie die Notwendigkeit, eine aktive Beteiligung in den Expertengremien zu erreichen. Diese Durchführungsrechtsakte werden gemäß dem in Artikel 114 Absatz 3 genannten Prüfverfahren erlassen.

(14) Die gemäß dem Verfahren nach Absatz 13 an die Kommission zu entrichtenden Gebühren werden auf transparente Weise und auf der Grundlage der Kosten für die erbrachten Dienstleistungen festgelegt. Die zu entrichtenden Gebühren werden im Falle eines Konsultationsverfahrens im Zusammenhang mit der klinischen Bewertung gesenkt, das gemäß Anhang IX Abschnitt 5.1 Buchstabe c eingeleitet wurde und in das ein Hersteller einbezogen ist, bei dem es sich um ein Kleinstunternehmen oder ein kleines oder mittleres Unternehmen im Sinne der Empfehlung 2003/361/EG handelt.

(15) Der Kommission wird die Befugnis übertragen, gemäß Artikel 115 delegierte Rechtsakte zur Änderung der Aufgaben der Expertengremien und Fachlaboratorien gemäß Absatz 10 des vorliegenden Artikels zu erlassen.

Artikel 107
Interessenkonflikte

(1) Mitglieder der Koordinierungsgruppe Medizinprodukte und ihrer Untergruppen sowie Mitglieder der Expertengremien und Fachlaboratorien dürfen keinerlei finanzielle oder sonstige Interessen in der Medizinprodukteindustrie haben, die ihre Unparteilichkeit beeinflussen könnten. Sie verpflichten sich dazu, unabhängig und im Interesse des Gemeinwohls zu handeln. Sie legen alle direkten oder indirekten Interessen in der Medizinprodukteindustrie in einer Erklärung offen und aktualisieren diese Erklärung jedes Mal, wenn sich eine relevante Änderung ergibt. Die Interessenerklärung wird auf der Website der Kommission öffentlich zugänglich gemacht. Die Bestimmungen des vorliegenden Artikels gelten nicht für die Vertreter der Interessenträger, die an den Untergruppen der Koordinierungsgruppe Medizinprodukte teilnehmen.

(2) Experten und andere Dritte, die von der Koordinierungsgruppe im Einzelfall eingeladen werden, legen alle etwaigen Interessen bezüglich des jeweiligen Themas offen.

Artikel 108
Produktregister und Datenbanken

Die Kommission und die Mitgliedstaaten ergreifen alle geeigneten Maßnahmen, um die Anlage von Registern und Datenbanken besonderer Produktarten zu fördern, wobei sie gemeinsame Grundsätze für die Erfassung vergleichbarer Informationen festlegen. Solche Register und Datenbanken werden für die unabhängige Bewertung der langfristigen Sicherheit und Leistung der Produkte oder der Rückverfolgbarkeit implantierbarer Produkte oder aller dieser Merkmale herangezogen.

Kapitel IX
Vertraulichkeit, Datenschutz, Finanzierung und Sanktionen

Artikel 109
Vertraulichkeit

(1) Sofern in dieser Verordnung nichts anderes vorgesehen ist, wahren alle an der Anwendung dieser Verordnung beteiligten Parteien – unbeschadet der in den Mitgliedstaaten geltenden Bestimmungen und Gebräuche in Bezug auf die Vertraulichkeit – die Vertraulichkeit der im Rahmen der Durchführung ihrer Tätigkeiten erlangten Informationen und Daten, um Folgendes zu gewährleisten:

a) den Schutz personenbezogener Daten gemäß Artikel 110;

b) den Schutz vertraulicher Geschäftsdaten und der Betriebs- und Geschäftsgeheimnisse einer natürlichen oder juristischen Person, einschließlich der Rechte des geistigen Eigentums, sofern die Offenlegung nicht im öffentlichen Interesse liegt;

c) die wirksame Durchführung dieser Verordnung, insbesondere in Bezug auf Kontrollen, Untersuchungen und Audits.

(2) Unbeschadet des Absatzes 1 werden die Informationen, die die zuständigen Behörden auf vertraulicher Basis untereinander oder mit der Kommission ausgetauscht haben, nicht ohne die vorherige Zustimmung der Behörde, von der die Informationen stammen, weitergegeben.

(3) Die Absätze 1 und 2 berühren nicht die Rechte und die Verpflichtungen der Kommission, der Mitgliedstaaten und der Benannten Stellen im Zusammenhang mit dem gegenseitigen Erfahrungsaustausch und der Verbreitung von Warnungen oder die im Strafrecht verankerten Informationspflichten der betreffenden Personen.

(4) Die Kommission und die Mitgliedstaaten können vertrauliche Informationen mit Regulierungsbehörden von Drittländern austauschen, mit denen sie bilaterale oder multilaterale Vertraulichkeitsvereinbarungen getroffen haben.

Artikel 110
Datenschutz

(1) Bei der Verarbeitung personenbezogener Daten im Rahmen der Durchführung dieser Verordnung beachten die Mitgliedstaaten die Richtlinie 95/46/EG.

(2) Bei der Verarbeitung personenbezogener Daten durch die Kommission im Rahmen der Durchführung dieser Verordnung gilt die Verordnung (EG) Nr. 45/2001.

Artikel 111
Gebührenerhebung

(1) Diese Verordnung hindert die Mitgliedstaaten nicht daran, für die ihnen mit dieser Verordnung übertragenen Aufgaben Gebühren zu erheben, sofern die Höhe dieser Gebühren auf transparente Weise und nach dem Grundsatz der Kostendeckung festgelegt wird.

(2) Die Mitgliedstaaten informieren die Kommission und die übrigen Mitgliedstaaten mindestens drei Monate vor Verabschiedung der Struktur und Höhe der Gebühren. Struktur und Höhe der Gebühren sind auf Anfrage öffentlich erhältlich.

Artikel 112
Finanzierung der Tätigkeiten im Zusammenhang mit der Benennung und Überwachung der Benannten Stellen

Die Kommission erstattet die bei den gemeinsamen Bewertungstätigkeiten anfallenden Kosten. Sie legt im Wege von Durchführungsrechtsakten den Umfang und die Struktur der erstattungsfähigen Kosten und andere erforderliche Durchführungsvorschriften fest. Diese Durchführungsrechtsakte werden gemäß dem in Artikel 114 Absatz 3 genannten Prüfverfahren erlassen.

Artikel 113
Sanktionen

Die Mitgliedstaaten legen Vorschriften über Sanktionen für Verstöße gegen die Bestimmungen dieser Verordnung fest und treffen alle zu ihrer Durchsetzung erforderlichen Maßnahmen. Die vorgesehenen Sanktionen müssen wirksam, verhältnismäßig und abschreckend sein. Die Mitgliedstaaten teilen der Kommission diese Vorschriften und Maßnahmen bis zum 25. Februar 2021 mit und melden ihr unverzüglich jede spätere Änderung.

Kapitel X
Schlussbestimmungen

Artikel 114
Ausschussverfahren

(1) Die Kommission wird von einem Ausschuss für Medizinprodukte unterstützt. Dieser Ausschuss ist ein Ausschuss im Sinne der Verordnung (EU) Nr. 182/2011.

(2) Wird auf diesen Absatz Bezug genommen, so gilt Artikel 4 der Verordnung (EU) Nr. 182/2011.

(3) Wird auf diesen Absatz Bezug genommen, so gilt Artikel 5 der Verordnung (EU) Nr. 182/2011.

Gibt der Ausschuss keine Stellungnahme ab, so erlässt die Kommission den Durchführungsrechtsakt nicht und Artikel 5 Absatz 4 Unterabsatz 3 der Verordnung (EU) Nr. 182/2011 findet Anwendung.

(4) Wird auf diesen Absatz Bezug genommen, so gilt Artikel 8 der Verordnung (EU) Nr. 182/2011, gegebenenfalls in Verbindung mit deren Artikeln 4 oder 5.

Artikel 115
Ausübung der Befugnisübertragung

(1) Die Befugnis zum Erlass delegierter Rechtsakte wird der Kommission unter den in diesem Artikel festgelegten Bedingungen übertragen.

(2) Die Befugnis zum Erlass delegierter Rechtsakte gemäß Artikel 1 Absatz 5, Artikel 3, Artikel 10 Absatz 4, Artikel 18 Absatz 3, Artikel 19 Absatz 4, Artikel 27 Absatz 10, Artikel 44 Absatz 11, Artikel 52 Absatz 5, Artikel 56 Absatz 6, Artikel 61 Absatz 8, Artikel 70 Absatz 8 und Artikel 106 Absatz 15 wird der Kommission für einen Zeitraum von fünf Jahren ab dem 25. Mai 2017 übertragen. Die Kommission erstellt spätestens neun Monate vor Ablauf des Zeitraums von fünf Jahren einen Bericht über die Befugnisübertragung. Die Befugnisübertragung verlängert sich stillschweigend um Zeiträume gleicher Länge, es sei denn, das Europäische Parlament oder der Rat widersprechen einer solchen Verlängerung spätestens drei Monate vor Ablauf des jeweiligen Zeitraums.

(3) Die Befugnisübertragung gemäß Artikel 1 Absatz 5, Artikel 3, Artikel 10 Absatz 4, Artikel 18 Absatz 3, Artikel 19 Absatz 4, Artikel 27 Absatz 10, Artikel 44 Absatz 11, Artikel 52 Absatz 5, Artikel 56 Absatz 6, Artikel 61 Absatz 8, Artikel 70 Absatz 8 und Artikel 106 Absatz 15 kann vom Europäischen Parlament oder vom Rat jederzeit widerrufen werden. Der Beschluss über den Widerruf beendet die Übertragung der in diesem Beschluss angegebenen Befugnis. Er wird am Tag nach seiner Veröffentlichung im Amtsblatt der Europäischen Union oder zu einem im Beschluss über den Widerruf angegebenen späteren Zeitpunkt wirksam. Die Gültigkeit von delegierten Rechtsakten, die bereits in Kraft sind, wird von dem Beschluss über den Widerruf nicht berührt.

(4) Vor dem Erlass eines delegierten Rechtsakts konsultiert die Kommission die von den einzelnen Mitgliedstaaten benannten Sachverständigen, im Einklang mit den in der Interinstitutionellen Vereinbarung vom 13. April 2016 über bessere Rechtsetzung enthaltenen Grundsätzen.

(5) Sobald die Kommission einen delegierten Rechtsakt erlässt, übermittelt sie ihn gleichzeitig dem Europäischen Parlament und dem Rat.

(6) Ein delegierter Rechtsakt, der gemäß Artikel 1 Absatz 5, Artikel 3, Artikel 10 Absatz 4, Artikel 18 Absatz 3, Artikel 19 Absatz 4, Artikel 27 Absatz 10, Artikel 44 Absatz 11, Artikel 52 Absatz 5, Artikel 56 Absatz 6, Artikel 61 Absatz 8, Artikel 70 Absatz 8 und Artikel 106 Absatz 15 erlassen wurde, tritt nur in Kraft, wenn weder das Europäische Parlament noch der Rat innerhalb einer Frist von drei Monaten nach Übermittlung dieses Rechtsakts an das Europäische Parlament und den Rat Einwände erhoben hat oder wenn vor Ablauf dieser Frist das Europäische Parlament und der Rat beide der Kommission mitgeteilt haben, dass sie keine Einwände erheben werden. Auf Initiative des Europäischen Parlaments oder des Rates wird diese Frist um drei Monate verlängert.

Artikel 116
Gesonderte delegierte Rechtsakte für die jeweiligen übertragenen Befugnisse

Die Kommission erlässt einen gesonderten delegierten Rechtsakt für jede einzelne ihr gemäß dieser Verordnung übertragene Befugnis.

Artikel 117
Änderung der Richtlinie 2001/83/EG

Anhang I Abschnitt 3.2 Nummer 12 der Richtlinie 2001/83/EG erhält folgende Fassung:

„(12) Fällt ein Produkt gemäß Artikel 1 Absatz 8 Unterabsatz 2 oder Absatz 9 Unterabsatz 2 der Verordnung (EU) 2017/745 des Europäischen Parlaments und des Rates*) in den Geltungsbereich dieser Richtlinie, enthält der Zulassungsantrag, sofern verfügbar, die Ergebnisse der Bewertung der Konformität des Medizinprodukt-Teils mit den grundlegenden Sicherheits- und Leistungsanforderungen gemäß Anhang I der genannten Verordnung, die in der EU-Konformitätserklärung des Herstellers oder in der von einer Benannten Stelle ausgestellten einschlägigen Bescheinigung, die es dem Hersteller erlaubt, das Medizinprodukt mit der CE-Kennzeichnung zu versehen, enthalten sind.

Enthält der Antrag die Ergebnisse der in Absatz 1 genannten Konformitätsbewertung nicht und müsste gemäß der Verordnung (EU) 2017/745 an der Konformitätsbewertung des Produkts für sich allein genommen eine Benannte Stelle mitwirken, verlangt die Behörde vom Antragsteller eine Stellungnahme zur Konformität des Produkt-Teils mit den grundlegenden Sicherheits- und Leistungsanforderungen gemäß Anhang I der genannten Verordnung, die von einer Benannten Stelle ausgestellt ist, die gemäß der genannten Verordnung für die betreffende Art von Produkt benannt wurde.

*) Verordnung (EU) 2017/745 des Europäischen Parlaments und des Rates vom 5. April 2017 über Medizinprodukte, zur Änderung der Richtlinie 2001/83/EG, der Verordnung (EG) Nr. 178/2002 und der Verordnung (EG) Nr. 1223/2009 und zur Aufhebung der Richtlinien 90/385/EWG und 93/42/EWG (ABl. L 117 vom 5.5.2017, S. 1)."

[Änderung ist eingearbeitet]

Artikel 118
Änderung der Verordnung (EG) Nr. 178/2002

In Artikel 2 Absatz 3 der Verordnung (EG) Nr. 178/2002 wird folgender Buchstabe angefügt:

„i) Medizinprodukte im Sinne der Verordnung (EU) 2017/745 des Europäischen Parlaments und des Rates*).

*) Verordnung (EU) 2017/745 des Europäischen Parlaments und des Rates vom 5. April 2017 über Medizinprodukte, zur Änderung der Richtlinie 2001/83/EG, der Verordnung (EG) Nr. 178/2002 und der Verordnung (EG) Nr. 1223/2009 und zur Aufhebung der Richtlinien 90/385/EWG und 93/42/EWG (ABl. L 117 vom 5.5.2017, S. 1)."

[Änderung ist eingearbeitet]

Artikel 119
Änderung der Verordnung (EG) Nr. 1223/2009

In Artikel 2 der Verordnung (EG) Nr. 1223/2009 wird folgender Absatz angefügt:

„(4) Auf Ersuchen eines Mitgliedstaats oder auf eigene Initiative kann die Kommission die erforderlichen Maßnahmen ergreifen, um zu bestimmen, ob ein spezielles Produkt oder eine spezielle Gruppe von Produkten unter die Definition ‚kosmetisches Mittel' fällt oder nicht. Diese Maßnahmen werden gemäß dem in Artikel 32 Absatz 2 genannten Regelungsverfahren erlassen."

[Änderung ist eingearbeitet]

Artikel 120
Übergangsbestimmungen

(1) Ab dem 26. Mai 2021 wird jede Veröffentlichung einer Notifizierung gemäß den Richtlinien 90/385/EWG und 93/42/EWG in Bezug auf eine Benannte Stelle ungültig.

(2) Bescheinigungen, die von Benannten Stellen vor dem 25. Mai 2017 gemäß den Richtlinien 90/385/EWG und 93/42/EWG ausgestellt wurden, bleiben bis zu dem in der Bescheinigung angegebenen Zeitpunkt gültig, außer im Fall von Bescheinigungen gemäß Anhang 4 der Richtlinie 90/385/EWG bzw. gemäß Anhang IV der Richtlinie 93/42/EWG, die spätestens am 27. Mai 2022 ihre Gültigkeit verlieren.

Bescheinigungen, die von Benannten Stellen nach dem 25. Mai 2017 gemäß den Richtlinien 90/385/EWG und 93/42/EWG ausgestellt werden, behalten ihre Gültigkeit bis zum Ende des darin angegebenen Zeitraums, der fünf Jahre ab der Ausstellung nicht überschreiten darf. Sie verlieren jedoch spätestens am 27. Mai 2024 ihre Gültigkeit.

(3) Abweichend von Artikel 5 der vorliegenden Verordnung darf ein Produkt, das ein Produkt der Klasse I gemäß der Richtlinie 93/42/EWG ist, für das vor dem 26. Mai 2021 eine Konformitätserklärung erstellt wurde und für das das Konformitätsbewertungsverfahren gemäß der vorliegenden Verordnung die Mitwirkung einer Benannten Stelle erfordert oder für das eine Bescheinigung gemäß der Richtlinie 90/385/EWG oder der Richtlinie 93/42/EWG ausgestellt wurde, die gemäß Absatz 2 des vorliegenden Artikels gültig ist, nur bis zum 26. Mai 2024 in Verkehr gebracht oder in Betrieb genommen werden, sofern es ab dem 26. Mai 2021 weiterhin einer dieser Richtlinien entspricht und sofern keine wesentlichen Änderungen der Auslegung und der Zweckbestimmung vorliegen. Die Anforderungen der vorliegenden Verordnung an die Überwachung nach dem Inverkehrbringen, die Marktüberwachung, die Vigilanz, die Registrierung von Wirtschaftsakteuren und von Produkten gelten jedoch anstelle der entsprechenden Anforderungen der genannten Richtlinien.

Unbeschadet des Kapitels IV und Absatz 1 des vorliegenden Artikels ist die Benannte Stelle, die die in Unterabsatz 1 genannte Bescheinigung ausgestellt hat, weiterhin für die angemessene Überwachung bezüglich aller geltenden Anforderungen an die von ihr zertifizierten Produkte verantwortlich.

(4) Produkte, die vor dem 26. Mai 2021 gemäß den Richtlinien 90/385/EWG und 93/42/EWG rechtmäßig in Verkehr gebracht wurden, und Produkte, die ab

dem 26. Mai 2021 gemäß Absatz 3 des vorliegenden Artikels in Verkehr gebracht wurden, können bis zum 26. Mai 2025 weiter auf dem Markt bereitgestellt oder in Betrieb genommen werden.

(5) Abweichend von den Richtlinien 90/385/EWG und 93/42/EWG können Produkte, die der vorliegenden Verordnung entsprechen, vor dem 26. Mai 2021 in Verkehr gebracht werden.

(6) Konformitätsbewertungsstellen, die dieser Verordnung entsprechen, können abweichend von den Richtlinien 90/385/EWG und 93/42/EWG bereits vor dem 26. Mai 2021 benannt und notifiziert werden. Benannte Stellen, die gemäß dieser Verordnung benannt und notifiziert wurden, können bereits vor dem 26. Mai 2021 die darin festgelegten Konformitätsbewertungsverfahren durchführen und Bescheinigungen gemäß dieser Verordnung ausstellen.

(7) Für Produkte, die dem Konsultationsverfahren gemäß Artikel 54 unterliegen, gilt Absatz 5 des vorliegenden Artikels, sofern die erforderlichen Benennungen für die Koordinierungsgruppe Medizinprodukte und die Expertengremien durchgeführt wurden.

(8) Abweichend von Artikel 10a und Artikel 10b Absatz 1 Buchstabe a und Artikel 11 Absatz 5 der Richtlinie 90/385/EWG und von Artikel 14 Absätze 1 und 2 und Artikel 14a Absatz 1 Buchstaben a und b der Richtlinie 93/42/EWG wird angenommen, dass Hersteller, Bevollmächtigte, Importeure und Benannte Stellen, die im Zeitraum, der am späteren der in Artikel 123 Absatz 3 Buchstabe d genannten Daten beginnt und 18 Monate später endet, Artikel 29 Absatz 4, Artikel 31 Absatz 1 und Artikel 56 Absatz 5 dieser Verordnung genügen, die Vorschriften und Bestimmungen erfüllen, die die Mitgliedstaaten nach Maßgabe des Beschlusses 2010/227/EU gemäß Artikel 10a der Richtlinie 90/385/EWG bzw. gemäß Artikel 14 Absätze 1 und 2 der Richtlinie 93/42/EWG sowie gemäß Artikel 10b Absatz 1 Buchstabe a der Richtlinie 90/385/EWG bzw. gemäß Artikel 14a Absatz 1 Buchstaben a und b der Richtlinie 93/42/EWG sowie gemäß Artikel 11 Absatz 5 der Richtlinie 90/385/EWG bzw. gemäß Artikel 16 Absatz 5 der Richtlinie 93/42/EWG erlassen haben.

(9) Von den zuständigen Behörden der Mitgliedstaaten gemäß Artikel 9 Absatz 9 der Richtlinie 90/385/EWG oder Artikel 11 Absatz 13 der Richtlinie 93/42/EWG erteilte Genehmigungen bleiben gemäß den darin enthaltenen Angaben gültig.

(10) Produkte, die gemäß Artikel 1 Absatz 6 Buchstabe g in den Geltungsbereich dieser Verordnung fallen und die nach den vor dem 26. Mai 2021 in den Mitgliedstaaten geltenden Regeln rechtmäßig in Verkehr gebracht oder in Betrieb ge-

nommen wurden, dürfen in den betreffenden Mitgliedstaaten weiterhin in Verkehr gebracht und in Betrieb genommen werden.

(11) Klinische Prüfungen, die gemäß Artikel 10 der Richtlinie 90/385/EWG oder Artikel 15 der Richtlinie 93/42/EWG vor dem 26. Mai 2021 eingeleitet wurden, dürfen weitergeführt werden. Ab dem 26. Mai 2021 sind jedoch Meldungen schwerwiegender unerwünschter Ereignisse und von Produktmängeln gemäß dieser Verordnung vorzunehmen.

(12) Bis die Kommission gemäß Artikel 27 Absatz 2 die Zuteilungsstellen benannt hat, gelten GS1, HIBCC und ICCBBA als benannte Zuteilungsstellen.

Artikel 121
Bewertung

Spätestens am 27. Mai 2027 bewertet die Kommission die Anwendung dieser Verordnung und erstellt einen Bewertungsbericht über die im Hinblick auf die darin enthaltenen Ziele erreichten Fortschritte; dabei werden auch die für die Durchführung dieser Verordnung erforderlichen Ressourcen bewertet. Besonders zu beachten ist die Rückverfolgbarkeit von Medizinprodukten anhand der in Artikel 27 vorgesehenen Erfassung der UDI durch Wirtschaftsakteure, Gesundheitseinrichtungen und Angehörige der Gesundheitsberufe.

Artikel 122
Aufhebung

Unbeschadet des Artikels 120 Absätze 3 und 4 dieser Verordnung und unbeschadet der Pflichten der Mitgliedstaaten und Hersteller zur Vigilanz und der Pflichten der Hersteller zum Bereithalten der Unterlagen gemäß den Richtlinien 90/385/EWG und 93/42/EWG werden jene Richtlinien mit Wirkung vom 26. Mai 2021 aufgehoben, mit Ausnahme von

- Artikel 8 und 10, Artikel 10b Absatz 1 Buchstaben b und c sowie Artikel 10b Absätze 2 und 3 der Richtlinie 90/385/EWG und den in den entsprechenden Anhängen festgelegten Pflichten zur Vigilanz und zu den Klinischen Prüfungen, die mit Wirkung vom späteren der in Artikel 123 Absatz 3 Buchstabe d dieser Verordnung genannten Daten aufgehoben werden,
- Artikel 10a und Artikel 10b Absatz 1 Buchstabe a und Artikel 11 Absatz 5 der Richtlinie 90/385/EWG und den in den entsprechenden Anhängen festgelegten Pflichten zur Registrierung von Produkten und Wirtschaftsakteuren und

Bescheinigungen zu melden, die nach Ablauf von 18 Monaten nach dem späteren der in Artikel 123 Absatz 3 Buchstabe d dieser Verordnung genannten Daten aufgehoben werden,

- Artikel 10, Artikel 14a Absatz 1 Buchstaben c und d, Artikel 14a Absatz 2, Artikel 14a Absatz 3 und Artikel 15 der Richtlinie 93/42/EWG und den in den entsprechenden Anhängen festgelegten Pflichten zur Vigilanz und zu den Klinischen Prüfungen, die mit Wirkung vom späteren der in Artikel 123 Absatz 3 Buchstabe d dieser Verordnung genannten Daten aufgehoben werden, und
- Artikel 14 Absätze 1 und 2, Artikel 14a Absatz 1 Buchstaben a und b und Artikel 16 Absatz 5 der Richtlinie 93/42/EWG und den in den entsprechenden Anhängen festgelegten Pflichten zur Registrierung von Produkten und Wirtschaftsakteuren und Bescheinigungen zu melden, die nach Ablauf von 18 Monaten nach dem späteren der in Artikel 123 Absatz 3 Buchstabe d dieser Verordnung genannten Daten aufgehoben werden und
- Artikel 9 Absatz 9 der Richtlinie 90/385/EWG und Artikel 11 Absatz 13 der Richtlinie 93/42/EWG, die mit Wirkung vom 24. April 2020 aufgehoben werden.

Bezüglich der in Artikel 120 Absätze 3 und 4 der vorliegenden Verordnung genannten Produkte gelten die in Absatz 1 genannten Richtlinien weiter bis zum 27. Mai 2025, soweit dies zur Anwendung der genannten Absätze notwendig ist.

Ungeachtet des Absatzes 1 bleiben die Verordnungen (EU) Nr. 207/2012 und (EU) Nr. 722/2012 in Kraft und weiterhin gültig, sofern und solange sie nicht durch Durchführungsrechtsakte, die die Kommission gemäß der vorliegenden Verordnung erlässt, aufgehoben werden.

Bezugnahmen auf die aufgehobenen Richtlinien gelten als Bezugnahmen auf diese Verordnung und sind nach der Entsprechungstabelle in Anhang XVII der vorliegenden Verordnung zu lesen.

Artikel 123
Inkrafttreten und Geltungsbeginn

(1) Diese Verordnung tritt am zwanzigsten Tag nach ihrer Veröffentlichung im Amtsblatt der Europäischen Union in Kraft.

(2) Sie gilt ab dem 26. Mai 2021.

(3) Abweichend von Absatz 2 gilt Folgendes:

a) Die Artikel 35 bis 50 gelten ab dem 26. November 2017. Die den Benannten Stellen gemäß den Artikeln 35 bis 50 erwachsenden Verpflichtungen gelten jedoch von dem genannten Tag an bis zum 26. Mai 2021 nur für diejenigen Stellen, die einen Antrag auf Benennung gemäß Artikel 38 einreichen;

b) die Artikel 101 und 103 gelten ab dem 26. November 2017;

c) Artikel 102 gilt ab dem 26. Mai 2018;

d) unbeschadet der Verpflichtungen der Kommission gemäß Artikel 34 gelten – wenn aufgrund von Umständen, die bei der Erstellung des Plans gemäß Artikel 34 Absatz 1 nach vernünftiger Einschätzung nicht vorhersehbar waren, Eudamed am 26. Mai 2021 nicht voll funktionsfähig ist – die Pflichten und Anforderungen im Zusammenhang mit Eudamed, ab dem Datum, das sechs Monaten nach dem Tag der Veröffentlichung der Bekanntmachung gemäß Artikel 34 Absatz 3 entspricht. Die Bestimmungen, auf die im vorstehenden Satz Bezug genommen wird, sind:

- Artikel 29,
- Artikel 31,
- Artikel 32,
- Artikel 33 Absatz 4,
- Artikel 40 Absatz 2 Satz 2,
- Artikel 42 Absatz 10a,
- Artikel 43 Absatz 2,
- Artikel 44 Absatz 12 Unterabsatz 2,
- Artikel 46 Absatz 7 Buchstabe d und e,
- Artikel 53 Absatz 2,
- Artikel 54 Absatz 3,
- Artikel 55 Absatz 1,
- Artikel 70 bis 77,
- Artikel 78 Absätze 1 bis 13,
- Artikel 79 bis 82,
- Artikel 86 Absatz 2,
- Artikel 87 und 88,
- Artikel 89 Absätze 5 und 7 und Artikel 89 Absatz 8 Unterabsatz 3,

- Artikel 90,
- Artikel 93 Absätze 4, 7 und 8,
- Artikel 95 Absätze 2 und 4,
- Artikel 97 Absatz 2 letzter Satz,
- Artikel 99 Absatz 4,
- Artikel 120 Absatz 3 Unterabsatz 1 Satz 2.

Bis Eudamed voll funktionsfähig ist, gelten die entsprechenden Bestimmungen der Richtlinien 90/385/EWG und 93/42/EWG weiter zur Erfüllung der Pflichten, die in den in Absatz 1 des vorliegenden Buchstabens genannten Bestimmungen festgelegt sind, bezüglich des Informationsaustauschs, einschließlich insbesondere Informationen zur Vigilanzberichterstattung, zu klinischen Prüfungen, zur Registrierung von Produkten und Wirtschaftsakteuren und Bescheinigungen.

e) Artikel 29 Absatz 4 und Artikel 56 Absatz 5 kommen 18 Monate nach dem späteren der unter Buchstabe d genannten Daten zur Anwendung;

f) für implantierbare Produkte und Produkte der Klasse III kommt Artikel 27 Absatz 4 ab dem 26. Mai 2021 zur Anwendung. Für Produkte der Klasse IIa und der Klasse IIb kommt Artikel 27 Absatz 4 ab dem 26. Mai 2023 zur Anwendung. Für Produkte der Klasse I kommt Artikel 27 Absatz 4 ab dem 26. Mai 2025 zur Anwendung;

g) für wiederverwendbare Produkte, bei denen der UDI-Träger auf dem Produkt selbst zu platzieren ist, kommt Artikel 27 Absatz 4 folgendermaßen zur Anwendung:

   i) für implantierbare Produkte und Produkte der Klasse III ab dem 26. Mai 2023;

   ii) für Produkte der Klassen IIa und IIb ab dem 26. Mai 2025;

   iii) für Produkte der Klasse I ab dem 26. Mai 2027;

h) das Verfahren gemäß Artikel 78 findet unbeschadet des Artikels 78 Absatz 14 ab dem 26. Mai 2027 Anwendung.

i) Artikel 120 Absatz 12 gilt ab dem 26. Mai 2019.

j) Artikel 59 gilt ab dem 24. April 2020.

Diese Verordnung ist in allen ihren Teilen verbindlich und gilt unmittelbar in jedem Mitgliedstaat.

Durchführungsbeschlüsse unter besonderer Beachtung der Anlagen:*)

- **Durchführungsbeschluss (EU) 2020/437 der Kommission vom 24. März 2020 (ABL 90 I/1 vom 25.3.2020)**

  Gemäß Artikel 5 Absatz 1 der Richtlinie 93/42/EWG des Rates (Richtlinie 93/42/EWG des Rates vom 14. Juni 1993 über **Medizinprodukte** (ABl. L 169 vom 12.7.1993, S. 1) gehen die Mitgliedstaaten von der Einhaltung der grundlegenden Anforderungen gemäß Artikel 3 der genannten Richtlinie bei Medizinprodukten aus, die den einschlägigen nationalen Normen zur Durchführung der harmonisierten Normen entsprechen, deren Bezugsnummern im Amtsblatt der Europäischen Union veröffentlicht wurden.

- **Durchführungsbeschluss (EU) 2020/438 der Kommission vom 24. März 2020 (ABL 90 I/25 vom 25.3.2020)**

  Gemäß Artikel 5 Absatz 1 der Richtlinie 90/385/EWG des Rates (Richtlinie 90/385/EWG des Rates vom 20. Juni 1990 zur Angleichung der Rechtsvorschriften der Mitgliedstaaten über **aktive implantierbare medizinische Geräte** (ABl. L 189 vom 20.7.1990, S. 17) gehen die Mitgliedstaaten von der Einhaltung der grundlegenden Anforderungen gemäß Artikel 3 dieser Richtlinie bei aktiven implantierbaren medizinischen Geräten aus, die den einschlägigen nationalen Normen entsprechen, welche gemäß den harmonisierten Normen angenommen wurden, deren Bezugsnummern im Amtsblatt der Europäischen Union veröffentlicht worden sind.

- **Durchführungsbeschluss (EU) 2020/439 der Kommission vom 24. März 2020 (ABL 90 I/33 vom 25.3.2020)**

  Gemäß Artikel 5 Absatz 1 der Richtlinie 98/79/EG des Europäischen Parlaments und des Rates (Richtlinie 98/79/EG des Europäischen Parlaments und des Rates vom 27. Oktober 1998 über **In-vitro-Diagnostika** (ABl. L 331 vom 7.12.1998, S. 1) gehen die Mitgliedstaaten von der Einhaltung der grundlegenden Anforderungen gemäß Artikel 3 dieser Richtlinie bei In-vitro-Diagnostika aus, die den einschlägigen nationalen Normen zur Durchführung der harmonisierten Normen, deren Bezugsnummern im Amtsblatt der Europäischen Union veröffentlicht worden sind, entsprechen.

*) Die Auflistung der Durchführungsbeschlüsse ist kein Bestandteil der amtlichen Verordnung, sondern vom Herausgeber aufgeführt.

Anhang I
Grundlegende Sicherheits- und Leistungsanforderungen

Kapitel I
Allgemeine Anforderungen

1. Die Produkte erzielen die von ihrem Hersteller vorgesehene Leistung und werden so ausgelegt und hergestellt, dass sie sich unter normalen Verwendungsbedingungen für ihre Zweckbestimmung eignen. Sie sind sicher und wirksam und gefährden weder den klinischen Zustand und die Sicherheit der Patienten noch die Sicherheit und die Gesundheit der Anwender oder gegebenenfalls Dritter, wobei etwaige Risiken im Zusammenhang mit ihrer Anwendung gemessen am Nutzen für den Patienten vertretbar und mit einem hohen Maß an Gesundheitsschutz und Sicherheit vereinbar sein müssen; hierbei ist der allgemein anerkannte Stand der Technik zugrunde zu legen.

2. Die in diesem Anhang dargelegte Anforderung zur möglichst weitgehenden Minimierung von Risiken ist so zu verstehen, dass Risiken so weit zu verringern sind, wie es ohne negative Auswirkungen auf das Nutzen-Risiko-Verhältnis möglich ist.

3. Die Hersteller führen ein Risikomanagementsystem ein, setzen dieses um, dokumentieren es und schreiben es fort.

   Das Risikomanagement ist als kontinuierlicher iterativer Prozess während des gesamten Lebenszyklus eines Produkts zu verstehen, der eine regelmäßige systematische Aktualisierung erfordert. Bei der Durchführung des Risikomanagements müssen die Hersteller

   a) einen Risikomanagement-Plan für jedes Produkt festlegen und dokumentieren,

   b) die bekannten und vorhersehbaren Gefährdungen, die mit jedem Produkt verbunden sind, identifizieren und analysieren,

   c) die Risiken einschätzen und bewerten, die mit der bestimmungsgemäßen Verwendung verbunden sind und die bei einer vernünftigerweise vorhersehbaren Fehlanwendung auftreten,

   d) die unter Buchstabe c genannten Risiken gemäß den Anforderungen nach Abschnitt 4 beseitigen oder kontrollieren,

   e) die Auswirkungen der in der Fertigungsphase und, insbesondere durch das System zur Überwachung nach dem Inverkehrbringen gewonnenen Informationen, auf Gefährdungen und deren Häufigkeit, auf Abschätzung der verbundenen Risiken sowie auf das Gesamtrisiko, das Nutzen-Risiko-Verhältnis und die Risikoakzeptanz bewerten, und

f) erforderlichenfalls auf der Grundlage der Bewertung der Auswirkungen der unter Buchstabe e genannten Informationen die Kontrollmaßnahmen gemäß den Anforderungen nach Abschnitt 4 anpassen.

4. Die von den Herstellern für die Auslegung und Herstellung der Produkte getroffenen Maßnahmen zur Risikokontrolle entsprechen den Sicherheitsgrundsätzen unter Berücksichtigung des allgemein anerkannten Stands der Technik. Zwecks Risikosenkung zielt das Risikomanagement der Hersteller darauf ab, dass sowohl das mit jeder einzelnen Gefährdung verbundene Restrisiko als auch das Gesamtrestrisiko als akzeptabel eingestuft werden. Bei der Wahl der am besten geeigneten Lösungen müssen die Hersteller in nachstehender Rangfolge

a) die Risiken durch sichere Auslegung und Herstellung beseitigen oder so weit wie möglich minimieren,

b) gegebenenfalls angemessene Schutzmaßnahmen, soweit erforderlich einschließlich Alarmvorrichtungen, im Hinblick auf nicht auszuschließende Risiken ergreifen und

c) Sicherheitsinformationen (Warnungen, Vorsichtshinweise, Kontraindikationen) sowie gegebenenfalls Schulungen für Anwender bereitstellen.

Die Hersteller unterrichten die Anwender über etwaige Restrisiken.

5. Beim Ausschluss oder bei der Verringerung der durch Anwendungsfehler bedingten Risiken müssen die Hersteller

a) die Risiken aufgrund ergonomischer Merkmale des Produkts und der Umgebung, in der das Produkt verwendet werden soll, so weit wie möglich verringern (auf die Sicherheit des Patienten ausgerichtete Produktauslegung) sowie

b) die technischen Kenntnisse, die Erfahrung, die Aus- und Weiterbildung, gegebenenfalls die Anwendungsumgebung sowie die gesundheitliche und körperliche Verfassung der vorgesehenen Anwender berücksichtigen (auf Laien, Fachleute, Behinderte oder sonstige Anwender ausgerichtete Produktauslegung).

6. Die Merkmale und die Leistung des Produkts dürfen nicht soweit beeinträchtigt werden, dass die Gesundheit oder die Sicherheit des Patienten oder Anwenders oder gegebenenfalls Dritter während der Lebensdauer des Produkts gefährdet wird, wenn das Produkt Belastungen ausgesetzt wird, wie sie unter normalen Verwendungsbedingungen auftreten können, und es ordnungsgemäß entsprechend den Anweisungen des Herstellers instand gehalten wurde.

7. Die Produkte werden so ausgelegt, hergestellt und verpackt, dass ihre Merkmale und ihre Leistung während ihrer bestimmungsgemäßen Verwendung unter Berücksichtigung der Gebrauchsanweisung und der sonstigen Hinweise des Herstellers

während des Transports und der Lagerung, z. B. durch Temperatur- oder Feuchtigkeitsschwankungen, nicht beeinträchtigt werden.

8. Alle bekannten und vorhersehbaren Risiken sowie unerwünschten Nebenwirkungen sind so weit wie möglich zu minimieren und müssen im Vergleich zu dem für den Patienten und/oder Anwender bei normalen Verwendungsbedingungen aus der erzielten Leistung des Produkts ermittelten Nutzen vertretbar sein.

9. Für die Produkte gemäß Anhang XVI sind die in den Abschnitten 1 und 8 beschriebenen allgemeinen Sicherheitsanforderungen so zu verstehen, dass von dem Produkt bei seiner Verwendung gemäß den vorgesehenen Bedingungen und seiner Zweckbestimmung sowie unter Wahrung eines hohen Schutzniveaus für die Gesundheit und Sicherheit von Personen kein Risiko oder kein höheres als das höchstzulässige Risiko ausgehen darf.

Kapitel II
Anforderungen an Auslegung und Herstellung

10. Chemische, physikalische und biologische Eigenschaften

10.1 Die Produkte werden so ausgelegt und hergestellt, dass die in Kapitel I genannten Merkmale und Leistungsanforderungen erfüllt sind. Dabei ist insbesondere auf Folgendes zu achten:

a) Auswahl der eingesetzten Werkstoffe und Stoffe, insbesondere hinsichtlich Toxizität und gegebenenfalls Entflammbarkeit;

b) wechselseitige Verträglichkeit zwischen den eingesetzten Werkstoffen und Stoffen und den biologischen Geweben, Zellen und Körperflüssigkeiten unter Berücksichtigung der Zweckbestimmung des Produkts sowie gegebenenfalls der Resorption, Verteilung, Metabolisierung und Ausscheidung;

c) Kompatibilität der verschiedenen Teile eines Produkts, das aus mehr als einem implantierbaren Teil besteht;

d) Auswirkungen der Prozesse auf die Eigenschaften der Werkstoffe;

e) gegebenenfalls die Ergebnisse von Untersuchungen an biophysikalischen oder anderen Modellen, deren Gültigkeit bereits erwiesen wurde;

f) mechanische Eigenschaften der eingesetzten Werkstoffe, gegebenenfalls unter Berücksichtigung von Aspekten wie Festigkeit, Dehnbarkeit, Bruchsicherheit, Verschleiß- und Ermüdungsresistenz;

g) Oberflächenbeschaffenheit und

h) Bestätigung, dass das Produkt alle festgelegten chemischen und/oder physikalischen Spezifikationen erfüllt.

10.2 Die Produkte werden so ausgelegt, hergestellt und verpackt, dass die Risiken durch Schadstoffe und Rückstände für Patienten – unter Berücksichtigung der Zweckbestimmung des Produkts – sowie für Transport-, Lager- und Bedienungspersonal so gering wie möglich gehalten werden. Dabei wird Geweben, die diesen Schadstoffen und Rückständen ausgesetzt sind, sowie der Dauer und Häufigkeit der Exposition besondere Aufmerksamkeit gewidmet.

10.3 Die Produkte werden so ausgelegt und hergestellt, dass eine sichere Anwendung in Verbindung mit Werkstoffen und Stoffen, einschließlich Gasen, mit denen sie bei bestimmungsgemäßer Anwendung in Kontakt kommen, gewährleistet ist; sind die Produkte zur Verabreichung von Arzneimitteln bestimmt, werden sie so ausgelegt und hergestellt, dass sie entsprechend den für diese Arzneimittel geltenden Bestimmungen und Beschränkungen mit den Arzneimitteln verträglich sind und dass die Leistung sowohl der Arzneimittel als auch der Medizinprodukte entsprechend ihrer Gebrauchsanweisung und Zweckbestimmung aufrechterhalten bleibt.

10.4 Stoffe

10.4.1 Auslegung und Herstellung von Produkten

Die Produkte werden so ausgelegt und hergestellt, dass die Risiken durch Stoffe oder Partikel, die aus dem Produkt freigesetzt werden können, einschließlich Abrieb, Abbauprodukten und Verarbeitungsrückständen, so weit wie möglich verringert werden.

Die Produkte oder die darin enthaltenen Produktbestandteile oder die darin eingesetzten Werkstoffe, die

- invasiv angewendet werden und direkt mit dem menschlichen Körper in Berührung kommen,
- dem Körper Arzneimittel, Körperflüssigkeiten oder sonstige Stoffe, einschließlich Gase, (wiederholt) verabreichen oder entnehmen, oder
- solche Arzneimittel, Körperflüssigkeiten oder sonstige Stoffe, einschließlich Gase, die dem Körper (wiederholt) verabreicht werden, transportieren oder lagern,

dürfen die folgenden Stoffe nur dann in einer Konzentration von mehr als 0,1 % Massenanteil enthalten, wenn dies gemäß Abschnitt 10.4.2 gerechtfertigt ist:

a) krebserzeugende, erbgutverändernde oder fortpflanzungsgefährdende Stoffe („CMR-Stoffe") der Kategorie 1A oder 1B gemäß Anhang VI Teil 3 der Verordnung (EG) Nr. 1272/2008 des Europäischen Parlaments und des Rates[1]), oder

[1]) Verordnung (EG) Nr. 1272/2008 des Europäischen Parlaments und des Rates vom 16. Dezember 2008 über die Einstufung, Kennzeichnung und Verpackung von Stoffen und Gemischen, zur Änderung und Aufhebung der Richtlinien 67/548/EWG und 1999/45/EG und zur Änderung der Verordnung (EG) Nr. 1907/2006 (ABl. L 353 vom 31.12.2008, S. 1).

b) Stoffe mit endokrin wirkenden Eigenschaften, die nach wissenschaftlichen Erkenntnissen wahrscheinlich schwerwiegende Auswirkungen auf die menschliche Gesundheit haben und die entweder in Übereinstimmung mit dem Verfahren gemäß Artikel 59 der Verordnung (EG) Nr. 1907/2006 des Europäischen Parlaments und des Rates[2]) oder, sobald die Kommission einen delegierten Rechtsakt gemäß Artikel 5 Absatz 3 Unterabsatz 1 der Verordnung (EU) Nr. 528/2012 des Europäischen Parlaments und des Rates[3]) erlassen hat, in Übereinstimmung mit den darin festgelegten, die menschliche Gesundheit betreffenden Kriterien bestimmt werden.

10.4.2 Rechtfertigung für das Vorhandensein von CMR-Stoffen und/oder Stoffen mit endokriner Wirkung

Die Rechtfertigung für das Vorhandensein dieser Stoffe muss gestützt sein auf

a) eine Analyse und Schätzung der potenziellen Exposition von Patienten oder Anwendern gegenüber dem Stoff,

b) eine Analyse möglicher alternativer Stoffe, Werkstoffe oder Auslegungen, soweit verfügbar einschließlich Informationen über unabhängige wissenschaftliche Untersuchungen, nach dem Peer-Review-Verfahren erstellte Studien, wissenschaftliche Gutachten der einschlägigen wissenschaftlichen Ausschüsse und eine Analyse der Verfügbarkeit dieser Alternativen,

c) eine Begründung, warum mögliche Substitute von Stoffen und/oder Werkstoffen – sofern verfügbar – oder Änderungen des Auslegung – sofern machbar – im Zusammenhang mit der Erhaltung der Funktionalität, der Leistung und des Nutzen-Risiko-Verhältnisses des Produkts unangebracht sind; dabei wird auch berücksichtigt, ob die bestimmungsgemäße Verwendung dieser Produkte die Behandlung von Kindern oder von schwangeren oder stillenden Frauen oder von anderen Patientengruppen, die als besonders anfällig für diese Stoffe und/oder Werkstoffe gelten, umfasst und

d) – sofern zutreffend und verfügbar – die jüngsten Leitlinien des einschlägigen wissenschaftlichen Ausschusses gemäß den Abschnitten 10.4.3 und 10.4.4.

[2]) Verordnung (EG) Nr. 1907/2006 des Europäischen Parlaments und des Rates vom 18. Dezember 2006 zur Registrierung, Bewertung, Zulassung und Beschränkung chemischer Stoffe (REACH) (ABl. L 396 vom 30.12.2006, S. 1).

[3]) Verordnung (EU) Nr. 528/2012 des Europäischen Parlaments und des Rates vom 22. Mai 2012 über die Bereitstellung auf dem Markt und die Verwendung von Biozidprodukten (ABl. L 167 vom 27.6.2012, S. 1).

10.4.3 Leitlinien für Phthalate

Für die Zwecke des Abschnitts 10.4 erteilt die Kommission dem einschlägigen wissenschaftlichen Ausschuss so bald wie möglich, spätestens jedoch bis zum 26. Mai 2018, den Auftrag zur Ausarbeitung von Leitlinien, die vor dem 26. Mai 2020 vorliegen müssen. Der Auftrag an den Ausschuss umfasst mindestens eine Nutzen-Risiko-Bewertung des Vorhandenseins von Phthalaten, die zu einer der beiden Gruppen von Stoffen gemäß Abschnitt 10.4.1 Buchstaben a und b gehören. Bei der Nutzen-Risiko-Bewertung wird der Zweckbestimmung und dem Kontext der Verwendung des Produkts sowie der Verfügbarkeit alternativer Stoffe und Werkstoffe, Auslegungen oder medizinischer Behandlungen oder beiden Rechnung getragen. Eine Aktualisierung der Leitlinien erfolgt, wenn dies aufgrund der jüngsten wissenschaftlichen Erkenntnisse für angezeigt gehalten wird, mindestens jedoch alle fünf Jahre.

10.4.4 Leitlinien zu sonstigen CMR-Stoffen und Stoffen mit endokriner Wirkung

In der Folge beauftragt die Kommission gegebenenfalls den einschlägigen wissenschaftlichen Ausschuss, Leitlinien gemäß Abschnitt 10.4.3 auch für andere in Abschnitt 10.4.1 Buchstaben a und b genannte Stoffe auszuarbeiten.

10.4.5 Kennzeichnung

Für den Fall, dass Produkte, Produktbestandteile oder darin verwendete Werkstoffe gemäß Abschnitt 10.4.1 in Abschnitt 10.4.1 Buchstaben a oder b genannte Stoffe in einer Konzentration von mehr als 0,1 % Massenanteil enthalten, ist das Vorhandensein dieser Stoffe auf den Produkten selbst und/oder auf der Einzelverpackung oder gegebenenfalls auf der Verkaufsverpackung mitsamt einer Liste dieser Stoffe anzugeben. Umfasst die bestimmungsgemäße Verwendung dieser Produkte die Behandlung von Kindern oder von schwangeren oder stillenden Frauen oder von anderen Patientengruppen, die als besonders anfällig für solche Stoffe und/oder Werkstoffe gelten, werden in der Gebrauchsanweisung Informationen über Restrisiken für diese Patientengruppen und gegebenenfalls über angemessene Vorsichtsmaßnahmen erteilt.

10.5 Die Produkte werden so ausgelegt und hergestellt, dass die Risiken durch unbeabsichtigtes Eindringen von Stoffen in das Produkt unter Berücksichtigung der Produktart sowie der für die Verwendung vorgesehenen Umgebung so weit wie möglich verringert werden.

10.6 Sofern sie nicht nur mit unversehrter Haut in Berührung kommen, werden die Produkte so ausgelegt und hergestellt, dass die Risiken in Verbindung mit der Größe und den Eigenschaften der Partikel, die in den Körper des Patienten oder des Anwenders eindringen oder eindringen können, so weit wie möglich verringert werden. Besondere Aufmerksamkeit ist bei Nanomaterialien geboten.

11. Infektion und mikrobielle Kontamination

11.1 Die Produkte und ihr Herstellungsverfahren werden so ausgelegt, dass das Infektionsrisiko für Patienten, Anwender und gegebenenfalls Dritte ausgeschlossen oder so gering wie möglich gehalten wird. Die Auslegung muss

a) so weit wie möglich und angemessen die durch unbeabsichtigtes Schneiden oder Stechen – etwa durch Injektionsnadeln – verursachten Risiken verringern,

b) eine leichte und sichere Handhabung erlauben,

c) ein Entweichen von Mikroben aus dem Produkt und/oder eine mikrobielle Exposition während der Verwendung so weit wie möglich verringern und

d) eine mikrobielle Kontamination des Produkts oder seines Inhalts wie etwa Proben oder Flüssigkeiten verhindern.

11.2 Die Produkte werden erforderlichenfalls so ausgelegt, dass ihre Reinigung, Desinfektion und/oder wiederholte Sterilisation leicht möglich ist.

11.3 Produkte, deren Kennzeichnung die Angabe eines speziellen mikrobiellen Status enthält, werden so ausgelegt, hergestellt und verpackt, dass gewährleistet ist, dass der angegebene mikrobielle Status nach dem Inverkehrbringen und unter den vom Hersteller festgelegten Lager- und Transportbedingungen erhalten bleibt.

11.4 In sterilem Zustand gelieferte Produkte werden unter Verwendung geeigneter Verfahren so ausgelegt, hergestellt und verpackt, dass ihre Sterilität beim Inverkehrbringen gewährleistet ist und – sofern die Verpackung, die dazu bestimmt ist, den sterilen Zustand zu gewährleisten, nicht beschädigt ist – unter den vom Hersteller angegebenen Transport- und Lagerbedingungen erhalten bleibt, bis diese Verpackung zum Zeitpunkt des Gebrauchs geöffnet wird. Es wird sichergestellt, dass die Unversehrtheit dieser Verpackung für den Endnutzer klar ersichtlich ist.

11.5 Produkte, deren Kennzeichnung den Hinweis „steril“ enthält, werden mittels Verwendung geeigneter validierter Verfahren verarbeitet, hergestellt, verpackt und sterilisiert.

11.6 Produkte, die sterilisiert werden sollen, werden unter angemessenen und kontrollierten Bedingungen und in angemessenen und kontrollierten Räumlichkeiten hergestellt und verpackt.

11.7 Verpackungssysteme für nicht sterile Produkte sind so beschaffen, dass die Unversehrtheit und Reinheit des Produkts erhalten bleibt und, falls das Produkt vor Anwendung sterilisiert werden soll, das Risiko einer mikrobiellen Kontamination so gering wie möglich gehalten wird; das Verpackungssystem eignet sich für das vom Hersteller angegebene Sterilisationsverfahren.

11.8 Die Kennzeichnung des Produkts erlaubt – zusätzlich zu dem Symbol, das die Sterilität von Produkten kennzeichnet – die Unterscheidung von gleichen oder ähnlichen Produkten, die sowohl in steriler als auch in nicht-steriler Form in Verkehr gebracht werden.

12. Produkte, zu deren Bestandteilen ein Stoff gehört, der als Arzneimittel gilt, und Produkte, die aus Stoffen oder aus Kombinationen von Stoffen bestehen, die vom menschlichen Körper aufgenommen oder lokal im Körper verteilt werden

12.1 Bei den in Artikel 1 Absatz 8 Unterabsatz 1 genannten Produkten sind Qualität, Sicherheit und Nutzen des Stoffes, der für sich allein genommen als Arzneimittel im Sinne von Artikel 1 Nummer 2 der Richtlinie 2001/83/EG gelten würde, analog zu den in Anhang I der Richtlinie 2001/83/EG genannten Methoden gemäß dem nach dieser Verordnung geltenden Konformitätsbewertungsverfahren zu überprüfen.

12.2 Produkte, die aus Stoffen oder Kombinationen von Stoffen bestehen, die dazu bestimmt sind, in den menschlichen Körper eingeführt zu werden, und die vom Körper aufgenommen oder lokal im Körper verteilt werden, müssen gegebenenfalls und beschränkt auf die nicht unter diese Verordnung fallenden Aspekte die in Anhang I der Richtlinie 2001/83/EG festgelegten Anforderungen erfüllen in Bezug auf die Bewertung von Resorption, Verteilung, Metabolismus, Ausscheidung, lokale Verträglichkeit, Toxizität, Wechselwirkungen mit anderen Medizinprodukten, Arzneimitteln oder sonstigen Stoffen sowie mögliche unerwünschte Reaktionen gemäß dem nach dieser Verordnung geltenden Konformitätsbewertungsverfahren.

13. Produkte, zu deren Bestandteilen Materialien biologischen Ursprungs gehören

13.1 Für unter Verwendung von Derivaten von nicht lebensfähigen oder abgetöteten Geweben oder Zellen menschlichen Ursprungs hergestellte Produkte, die gemäß Artikel 1 Absatz 6 Buchstabe g unter die vorliegende Verordnung fallen, gilt Folgendes:

a) Die Spende, Beschaffung und Testung der Gewebe und Zellen erfolgt in Übereinstimmung mit der Richtlinie 2004/23/EG;

b) die Verarbeitung, Konservierung sowie jede anderweitige Behandlung solcher Gewebe und Zellen oder ihrer Derivate erfolgt so, dass die Sicherheit für Patienten, Anwender und gegebenenfalls Dritte gewährleistet ist. Insbesondere wird durch geeignete Methoden der Herkunftsbestimmung und durch anerkannte Verfahren zur Ausmerzung oder Inaktivierung im Verlauf des Herstellungsprozesses für den Schutz vor Viren und anderen übertragbaren Erregern gesorgt;

c) das Rückverfolgbarkeitssystem für diese Produkte ergänzt die in der Richtlinie 2004/23/EG und der Richtlinie 2002/98/EG festgelegten Rückverfolgbarkeits- und Datenschutzanforderungen und ist mit ihnen vereinbar.

13.2 Für Produkte, die unter Verwendung von nicht lebensfähigen oder abgetöteten Geweben oder Zellen tierischen Ursprungs oder ihren Derivaten hergestellt sind, gilt Folgendes:

a) Soweit unter Berücksichtigung der Tierart möglich, stammen die Gewebe und Zellen tierischen Ursprungs oder ihre Derivate von Tieren, die tierärztlichen Kontrollmaßnahmen unterzogen wurden, die der bestimmungsgemäßen Verwendung der Gewebe entsprechen. Die Hersteller bewahren die Angaben über den Herkunftsort der Tiere auf;

b) die Herkunftsbestimmung, Verarbeitung, Konservierung, Prüfung und Behandlung von Geweben, Zellen und Stoffen tierischen Ursprungs oder ihren Derivaten erfolgt so, dass die Sicherheit für Patienten, Anwender und gegebenenfalls Dritte gewährleistet ist. Insbesondere wird durch anerkannte Verfahren zur Ausmerzung oder Inaktivierung im Verlauf des Herstellungsprozesses für den Schutz vor Viren und anderen übertragbaren Erregern gesorgt, es sei denn, die Anwendung dieser Verfahren würde zu einer unannehmbaren Beeinträchtigung des Produkts führen, durch die sein klinischer Nutzen infrage gestellt wird;

c) für Produkte, die unter Verwendung von Geweben oder Zellen tierischen Ursprungs oder ihrer Derivate im Sinne der Verordnung (EU) Nr. 722/2012 hergestellt werden, gelten die in dieser Verordnung festgelegten besonderen Anforderungen.

13.3 Für Produkte, die unter Verwendung von anderen als den in den Abschnitten 13.1 und 13.2 genannten nicht lebensfähigen biologischen Stoffen hergestellt werden, gilt Folgendes: Die Verarbeitung, Konservierung, Prüfung und Behandlung dieser Stoffe erfolgt so, dass die Sicherheit für Patienten, Anwender und gegebenenfalls Dritte gewährleistet ist, und zwar auch in der Abfallbeseitigung. Insbesondere wird durch geeignete Methoden der Herkunftsbestimmung und durch anerkannte Verfahren zur Ausmerzung oder Inaktivierung im Verlauf des Herstellungsprozesses für den Schutz vor Viren und anderen übertragbaren Erregern gesorgt.

14. Herstellung von Produkten und Wechselwirkungen mit ihrer Umgebung

14.1 Wenn ein Produkt zur Verwendung in Kombination mit anderen Produkten oder Ausrüstungen bestimmt ist, muss die Kombination einschließlich der Verbindungen sicher sein und darf die vorgesehene Leistung der Produkte nicht beeinträchtigen. Jede Einschränkung der Anwendung im Zusammenhang mit solchen Kombinationen wird auf der Kennzeichnung und/oder in der Gebrauchsanweisung angegeben. Vom Anwender zu bedienende Verbindungen, wie etwa die Übertragung von Flüssigkeit oder Gas oder elektrische oder mechanische Verbindungen, werden so ausgelegt und hergestellt, dass alle möglichen Risiken, wie etwa fehlerhafte Verbindungen, so gering wie möglich gehalten werden.

14.2 Die Produkte werden so ausgelegt und hergestellt, dass folgende Risiken ausgeschlossen oder so weit wie möglich reduziert werden:

a) Verletzungsrisiken im Zusammenhang mit den physikalischen Eigenschaften einschließlich des Verhältnisses Volumen/Druck, der Abmessungen und gegebenenfalls der ergonomischen Merkmale des Produkts;

b) Risiken im Zusammenhang mit vernünftigerweise vorhersehbaren äußeren Einwirkungen oder Umgebungsbedingungen, wie z.B. Magnetfeldern, elektrischen und elektromagnetischen Fremdeinflüssen, elektrostatischen Entladungen, Strahlung in Verbindung mit Diagnose- und Therapieverfahren, Druck, Feuchtigkeit, Temperatur, Druck- oder Beschleunigungsschwankungen oder Funksignal-Interferenzen;

c) Risiken im Zusammenhang mit der Verwendung des Produkts, wenn es mit Werkstoffen, Flüssigkeiten und Stoffen, einschließlich Gas, denen es bei normalen Verwendungsbedingungen ausgesetzt ist, in Berührung kommt;

d) Risiken im Zusammenhang mit der möglichen negativen Wechselwirkung zwischen Software und der IT-Umgebung, in der sie eingesetzt wird und mit der sie in Wechselwirkung steht;

e) Risiken eines versehentlichen Eindringens von Stoffen in das Produkt;

f) Risiken im Zusammenhang mit wechselseitigen Störungen durch andere Produkte, die normalerweise bei den jeweiligen Untersuchungen oder Behandlungen eingesetzt werden, und

g) Risiken aufgrund der Alterung der verwendeten Werkstoffe oder der nachlassenden Genauigkeit einer Mess- oder Kontrolleinrichtung, die sich dadurch ergeben, dass keine Wartung oder Kalibrierung vorgenommen werden kann (z.B. bei Implantaten).

14.3 Die Produkte werden so ausgelegt und hergestellt, dass bei normaler Anwendung und beim Erstauftreten eines Defekts das Brand- oder Explosionsrisiko so weit wie möglich verringert wird. Dies gilt insbesondere für solche Produkte, die bei ihrer bestimmungsgemäßen Verwendung entflammbaren, explosiven oder brandfördernden Stoffen ausgesetzt oder damit in Verbindung gebracht werden.

14.4 Die Produkte werden so ausgelegt und hergestellt, dass Einstellung, Kalibrierung und Instandhaltung sicher und wirksam durchgeführt werden können.

14.5 Produkte, die gemeinsam mit anderen Produkten oder Produkten, die keine Medizinprodukte sind, eingesetzt werden sollen, werden so ausgelegt und hergestellt, dass das Zusammenspiel und die Kompatibilität zuverlässig und sicher sind.

14.6 Mess-, Kontroll- oder Anzeigeeinrichtungen werden so ausgelegt und hergestellt, dass sie mit Blick auf die Zweckbestimmung, die vorgesehenen Anwender und die

Umgebungsbedingungen, unter denen die Produkte verwendet werden sollen, ergonomischen Grundsätzen entsprechen.

14.7 Die Produkte werden so ausgelegt und hergestellt, dass ihre sichere Entsorgung sowie die sichere Entsorgung zugehöriger Abfallstoffe durch den Anwender, Patienten oder Dritte möglich ist. Zu diesem Zweck bestimmen und erproben die Hersteller Verfahren und Maßnahmen, in deren Folge ihre Produkte nach der Verwendung sicher entsorgt werden können. Diese Verfahren werden in der Gebrauchsanweisung beschrieben.

15. Produkte mit Diagnose- oder Messfunktion

15.1 Diagnostische Produkte und Produkte mit Messfunktion werden so ausgelegt und hergestellt, dass auf der Grundlage geeigneter wissenschaftlicher und technischer Verfahren ausreichende Genauigkeit, Präzision und Stabilität für die Zweckbestimmung des Produkts gewährleistet sind. Der Hersteller gibt die Genauigkeitsgrenzen an.

15.2 Die mithilfe von Produkten mit Messfunktion erstellten Messungen werden in gesetzlichen Einheiten entsprechend den Bestimmungen der Richtlinie 80/181/EWG des Rates[4]) ausgedrückt.

16. Schutz vor Strahlung

16.1 Allgemein

a) Die Produkte werden so ausgelegt, hergestellt und verpackt, dass eine Strahlenexposition von Patienten, Anwendern und Dritten so weit wie möglich und in einer mit der Zweckbestimmung des Produkts zu vereinbarenden Weise verringert wird, wobei die Anwendung der jeweiligen für therapeutische oder diagnostische Zwecke angezeigten Dosiswerte nicht beschränkt wird.

b) Die Gebrauchsanweisung von Produkten, die gefährliche oder potenziell gefährliche Strahlung aussenden, enthält genaue Angaben zur Art der Strahlenemissionen, zu den Möglichkeiten des Strahlenschutzes für Patienten und Anwender und zu den Möglichkeiten, fehlerhaften Gebrauch zu vermeiden und installationsbedingte Risiken so weit wie möglich und angemessen zu verringern. Ferner enthält sie Angaben zur Abnahme- und Leistungsprüfung, zu den Akzeptanzkriterien und zum Wartungsverfahren.

16.2 Beabsichtigte Strahlung

a) Bei Produkten, die für das Aussenden von ionisierender und/oder nichtionisierender Strahlung in einer gefährlichen oder potenziell gefährlichen Dosierung

[4]) Richtlinie 80/181/EWG des Rates vom 20. Dezember 1979 zur Angleichung der Rechtsvorschriften der Mitgliedstaaten über die Einheiten im Messwesen und zur Aufhebung der Richtlinie 71/354/EWG (ABl. L 39 vom 15.2.1980, S. 40).

ausgelegt sind, welche zur Erreichung eines speziellen medizinischen Zwecks erforderlich ist, dessen Nutzen als vorrangig gegenüber den von der Emission ausgelösten Risiken angesehen wird, muss es dem Anwender möglich sein, die Emission zu kontrollieren. Diese Produkte werden so ausgelegt und hergestellt, dass die Reproduzierbarkeit relevanter variabler Parameter innerhalb akzeptabler Toleranzgrenzen gewährleistet ist.

b) Produkte, die zum Aussenden von gefährlicher oder potenziell gefährlicher ionisierender und/oder nichtionisierender Strahlung bestimmt sind, werden – soweit möglich – mit visuellen und/oder akustischen Vorrichtungen zur Anzeige dieser Strahlung ausgestattet.

16.3 Die Produkte werden so ausgelegt und hergestellt, dass die Exposition von Patienten, Anwendern und Dritten gegenüber unbeabsichtigter Strahlung bzw. Streustrahlung so weit wie möglich verringert wird. Sofern dies möglich und angemessen ist, werden Methoden gewählt, die die Strahlungsbelastung von Patienten, Anwendern und möglichen betroffenen Dritten verringern.

16.4 Ionisierende Strahlung

a) Produkte, die zum Aussenden ionisierender Strahlung bestimmt sind, werden unter Berücksichtigung der Anforderungen der Richtlinie 2013/59/Euratom zur Festlegung grundlegender Sicherheitsnormen für den Schutz vor den Gefahren einer Exposition gegenüber ionisierender Strahlung ausgelegt und hergestellt.

b) Produkte, die zum Aussenden ionisierender Strahlung bestimmt sind, werden so ausgelegt und hergestellt, dass – soweit möglich – unter Berücksichtigung ihrer Zweckbestimmung die Quantität, die Geometrie und die Qualität der ausgesandten Strahlung verändert und kontrolliert und – soweit möglich – während der Behandlung überwacht werden können.

c) Produkte, die ionisierende Strahlung aussenden und für die radiologische Diagnostik bestimmt sind, werden so ausgelegt und hergestellt, dass sie eine im Hinblick auf ihre medizinische Zweckbestimmung angemessene Bild- und/oder Ausgabequalität bei möglichst geringer Strahlenexposition von Patient und Anwender gewährleisten.

d) Produkte, die ionisierende Strahlung aussenden und für die radiologische Therapie bestimmt sind, werden so ausgelegt und hergestellt, dass sie eine zuverlässige Überwachung und Kontrolle der abgegebenen Strahlungsdosis, des Strahlentyps, der Energie und gegebenenfalls der Qualität der Strahlung ermöglichen.

17. Programmierbare Elektroniksysteme – Produkte, zu deren Bestandteilen programmierbare Elektroniksysteme gehören, und Produkte in Form einer Software

17.1 Produkte, zu deren Bestandteilen programmierbare Elektroniksysteme, einschließlich Software, gehören, oder Produkte in Form einer Software werden so ausgelegt, dass Wiederholbarkeit, Zuverlässigkeit und Leistung entsprechend ihrer bestimmungsgemäßen Verwendung gewährleistet sind. Für den Fall des Erstauftretens eines Defekts sind geeignete Vorkehrungen zu treffen, um sich daraus ergebende Risiken oder Leistungsbeeinträchtigungen auszuschließen oder sie so weit wie möglich zu verringern.

17.2 Bei Produkten, zu deren Bestandteilen Software gehört, oder bei Produkten in Form einer Software wird die Software entsprechend dem Stand der Technik entwickelt und hergestellt, wobei die Grundsätze des Software-Lebenszyklus, des Risikomanagements einschließlich der Informationssicherheit, der Verifizierung und der Validierung zu berücksichtigen sind.

17.3 Bei der Auslegung und Herstellung der in diesem Abschnitt behandelten Software, die zur Verwendung in Verbindung mit mobilen Computerplattformen bestimmt ist, werden die spezifischen Eigenschaften der mobilen Plattform (z. B. Größe und Kontrastverhältnis des Bildschirms) und die externen Faktoren im Zusammenhang mit ihrer Verwendung (sich veränderndes Umfeld hinsichtlich Lichteinfall und Geräuschpegel) berücksichtigt.

17.4 Die Hersteller legen Mindestanforderungen bezüglich Hardware, Eigenschaften von IT-Netzen und IT-Sicherheitsmaßnahmen einschließlich des Schutzes vor unbefugtem Zugriff fest, die für den bestimmungsgemäßen Einsatz der Software erforderlich sind.

18. Aktive Produkte und mit diesen verbundene Produkte

18.1 Bei nicht implantierbaren aktiven Produkten sind für den Fall des Erstauftretens eines Defekts geeignete Vorkehrungen zu treffen, um sich daraus ergebende Risiken auszuschließen oder sie so weit wie möglich zu verringern.

18.2 Produkte mit interner Energiequelle, von der die Sicherheit des Patienten abhängt, werden mit einer Einrichtung, die eine Überprüfung des Ladezustands der Energiequelle gestattet, und einer geeigneten Warnvorrichtung oder Anzeige versehen, die aktiviert wird, wenn der Ladezustand der Energiequelle ein kritisches Niveau erreicht. Erforderlichenfalls wird die Warnvorrichtung oder Anzeige aktiviert, bevor der Ladezustand der Energiequelle ein kritisches Niveau erreicht.

18.3 Produkte mit externer Energiequelle, von der die Sicherheit des Patienten abhängt, werden mit einem Alarmsystem ausgestattet, das jeden Ausfall der Energiequelle signalisiert.

18.4 Produkte, die zur Überwachung eines oder mehrerer klinischer Parameter eines Patienten dienen, werden mit geeigneten Alarmsystemen ausgestattet, durch die der Anwender vor Situationen gewarnt wird, die den Tod oder eine erhebliche Verschlechterung des Gesundheitszustands des Patienten bewirken können.

18.5 Die Produkte werden so ausgelegt und hergestellt, dass die Gefahr der Entstehung elektromagnetischer Interferenzen, die das betreffende Produkt oder in der vorgesehenen Umgebung befindliche weitere Produkte oder Ausrüstungen in deren Funktion beeinträchtigen können, so weit wie möglich verringert wird.

18.6 Die Produkte werden so ausgelegt und hergestellt, dass sie eine Immunität gegenüber elektromagnetischen Interferenzen aufweisen, die einem bestimmungsgemäßen Betrieb angemessen ist.

18.7 Die Produkte werden so ausgelegt und hergestellt, dass das Risiko von unbeabsichtigten Stromstößen am Patienten, Anwender oder einem Dritten sowohl bei normaler Verwendung des Produkts als auch beim Erstauftreten eines Defekts so weit wie möglich ausgeschaltet wird, vorausgesetzt, das Produkt wird gemäß den Angaben des Herstellers installiert und instand gehalten.

18.8 Die Produkte werden so ausgelegt und hergestellt, dass sie so weit wie möglich vor einem unbefugten Zugriff, der das bestimmungsgemäße Funktionieren des Produkts behindern könnte, geschützt sind.

19. Besondere Anforderungen für aktive implantierbare Produkte

19.1 Aktive implantierbare Produkte werden so ausgelegt und hergestellt, dass folgende Risiken ausgeschlossen oder so weit wie möglich verringert werden:

a) Risiken im Zusammenhang mit der Verwendung der Energiequellen, wobei bei der Verwendung von elektrischer Energie besonders auf Isolierung, Ableitströme und Erwärmung der Produkte zu achten ist,

b) Risiken im Zusammenhang mit medizinischen Eingriffen, insbesondere bei der Anwendung von Defibrillatoren oder Hochfrequenz-Chirurgiegeräten und

c) Risiken, die sich dadurch ergeben können, dass keine Wartung oder Kalibrierung vorgenommen werden kann, insbesondere Risiken im Zusammenhang mit

- einer übermäßigen Zunahme der Ableitströme,
- einer Alterung der verwendeten Werkstoffe,
- einer übermäßigen Wärmeentwicklung des Produkts,
- nachlassender Genauigkeit von Mess- oder Kontrollvorrichtungen.

19.2 Aktive implantierbare Produkte werden so ausgelegt und hergestellt, dass Folgendes gewährleistet ist:

- gegebenenfalls Verträglichkeit der Produkte mit den Stoffen, die sie abgeben sollen und
- Zuverlässigkeit der Energiequelle.

19.3 Aktive implantierbare Produkte und gegebenenfalls ihre Bestandteile müssen identifizierbar sein, damit erforderlichenfalls nach Feststellung eines potenziellen Risikos im Zusammenhang mit den Produkten und ihren Bestandteilen die notwendigen Maßnahmen getroffen werden können.

19.4 Aktive implantierbare Produkte weisen einen Code auf, anhand dessen sie und ihr Hersteller eindeutig identifiziert werden können (insbesondere in Bezug auf Art des Produkts und Herstellungsjahr); es muss möglich sein, diesen Code erforderlichenfalls ohne chirurgischen Eingriff zu lesen.

20. Schutz vor mechanischen und thermischen Risiken

20.1 Die Produkte werden so ausgelegt und hergestellt, dass Patienten und Anwender vor mechanischen Risiken, beispielsweise im Zusammenhang mit Widerstand gegen Bewegung, Instabilität und beweglichen Teilen, geschützt sind.

20.2 Die Produkte werden so ausgelegt und hergestellt, dass die Risiken, die durch von den Produkten erzeugte mechanische Schwingungen bedingt sind, unter Berücksichtigung des technischen Fortschritts so weit wie möglich verringert werden, soweit diese Schwingungen nicht im Rahmen der vorgesehenen Anwendung beabsichtigt sind; dabei sind die vorhandenen Möglichkeiten zur Minderung der Schwingungen, insbesondere an deren Ursprung, zu nutzen.

20.3 Die Produkte werden so ausgelegt und hergestellt, dass die Risiken, die durch von den Produkten erzeugten Lärm bedingt sind, unter Berücksichtigung des technischen Fortschritts so weit wie möglich verringert werden, soweit die akustischen Signale nicht im Rahmen der vorgesehenen Anwendung beabsichtigt sind; dabei sind die vorhandenen Möglichkeiten zur Minderung des Lärms, insbesondere an dessen Ursprung, zu nutzen.

20.4 Vom Anwender oder einer anderen Person zu bedienende Endeinrichtungen und Anschlüsse an Energiequellen für den Betrieb mit elektrischer, hydraulischer oder pneumatischer Energie oder mit Gas werden so ausgelegt und konstruiert, dass alle möglichen Risiken so weit wie möglich verringert werden.

20.5 Fehler bei der Montage oder erneuten Montage bestimmter Teile, die ein Risiko verursachen könnten, werden durch die Auslegung und Konstruktion dieser Teile unmöglich gemacht oder andernfalls durch Hinweise auf den Teilen selbst und/oder auf ihrem Gehäuse verhindert.

Die gleichen Hinweise werden auf beweglichen Teilen und/oder auf ihrem Gehäuse angebracht, wenn die Kenntnis von der Bewegungsrichtung für die Vermeidung eines Risikos notwendig ist.

20.6 Zugängliche Teile von Produkten (Teile oder Bereiche, die Wärme abgeben oder bestimmte Temperaturen erreichen sollen, ausgenommen) sowie deren Umgebung dürfen keine Temperaturen erreichen, die bei normalen Anwendungsbedingungen eine Gefährdung darstellen können.

21. Schutz vor Risiken für den Patienten oder Anwender durch Produkte, die Energie oder Stoffe abgeben

21.1 Produkte, die zur Abgabe von Energie oder Stoffen an den Patienten bestimmt sind, werden so ausgelegt und hergestellt, dass die abzugebende Menge zur Gewährleistung der Sicherheit von Patient und Anwender mit ausreichender Genauigkeit eingestellt und diese Einstellung beibehalten werden kann.

21.2 Die Produkte werden mit Vorrichtungen ausgestattet, die jegliche Störung der abgegebenen Menge von Energie oder Stoffen, die eine Gefahr darstellen kann, verhindern und/oder signalisieren. Die Produkte werden mit geeigneten Vorrichtungen ausgestattet, welche die unbeabsichtigte gefährlich überhöhte Abgabe von Energie oder von Stoffen durch die Energiequelle und/oder die Quelle von Stoffen verhindern.

21.3 Die Funktion von Bedienungs- und Anzeigeeinrichtungen wird auf den Produkten deutlich angegeben. Sind die Anweisungen für die Anwendung des Produkts auf diesem selbst angebracht oder werden die Betriebs- oder Regelungsparameter visuell angezeigt, so müssen diese Angaben für den Anwender und gegebenenfalls den Patienten verständlich sein.

22. Schutz vor den Risiken durch Medizinprodukte, für die der Hersteller die Anwendung durch Laien vorsieht

22.1 Produkte zur Anwendung durch Laien werden so ausgelegt und hergestellt, dass sie ihre Zweckbestimmung unter Berücksichtigung der Fertigkeiten und Möglichkeiten der Laien sowie der Auswirkungen der normalerweise zu erwartenden Schwankungen in der Verfahrensweise und der Umgebung der Laien erfüllen können. Die vom Hersteller beigefügten Angaben und Anweisungen sind für den Laien leicht verständlich und anwendbar.

22.2 Produkte zur Anwendung durch Laien werden so ausgelegt und hergestellt, dass

- gewährleistet ist, dass das Produkt vom vorgesehenen Anwender – erforderlichenfalls nach angemessener Schulung und/oder Aufklärung – in allen Bedienungsphasen sicher und fehlerfrei verwendet werden kann,
- so weit wie möglich und angemessen die durch unbeabsichtigtes Schneiden oder Stechen – etwa durch Injektionsnadeln – verursachten Risiken verringert werden und
- das Risiko einer falschen Handhabung des Produkts oder gegebenenfalls einer falschen Interpretation der Ergebnisse durch den vorgesehenen Anwender so gering wie möglich gehalten wird.

22.3 Produkte zur Anwendung durch Laien werden, soweit angemessen, mit einem Verfahren versehen, anhand dessen der Laie

- kontrollieren kann, ob das Produkt bei der Anwendung bestimmungsgemäß arbeiten wird, und
- gegebenenfalls gewarnt wird, wenn das Produkt kein gültiges Ergebnis erzielt hat.

Kapitel III
Anforderungen an die mit dem Produkt gelieferten Informationen

23. Kennzeichnung und Gebrauchsanweisung

23.1 Allgemeine Anforderungen an die vom Hersteller gelieferten Informationen

Jedem Produkt werden die notwendigen Angaben beigefügt, die die Identifizierung des Produkts und des Herstellers ermöglichen, sowie alle für den Anwender oder gegebenenfalls dritte Personen relevanten Informationen über die Sicherheit und Leistung des Produkts. Diese Angaben können auf dem Produkt selbst, auf der Verpackung oder in der Gebrauchsanweisung angebracht sein und werden – falls der Hersteller über eine Website verfügt – dort bereitgestellt und aktualisiert, wobei Folgendes zu berücksichtigen ist:

a) Medium, Format, Inhalt, Lesbarkeit und Anbringungsstelle der Kennzeichnung und der Gebrauchsanweisung eignen sich für das jeweilige Produkt, seine Zweckbestimmung und die technischen Kenntnisse, die Erfahrung, Ausbildung oder Schulung der vorgesehenen Anwender. Insbesondere ist die Gebrauchsanweisung so zu verfassen, dass sie von dem vorgesehenen Anwender ohne Schwierigkeiten verstanden wird, und gegebenenfalls mit Zeichnungen und Schaubildern zu ergänzen.

b) Die für die Kennzeichnung vorgeschriebenen Angaben werden auf dem Produkt selbst angebracht. Ist dies nicht praktikabel oder angemessen, so können einige oder alle Informationen auf der Verpackung jeder Einheit und/oder auf der Verpackung mehrerer Produkte angebracht sein.

c) Kennzeichnungen werden in vom Menschen lesbarer Form vorgelegt und können durch maschinenlesbare Informationen wie Radiofrequenz-Identifizierung („RFID") oder Strichcodes ergänzt werden.

d) Die Gebrauchsanweisung wird zusammen mit dem Produkt bereitgestellt. Eine Gebrauchsanweisung ist für Produkte der Klassen I und IIa ausnahmsweise entbehrlich, wenn eine sichere Anwendung dieser Produkte ohne Gebrauchsanweisung gewährleistet ist und sofern an anderer Stelle dieses Abschnitts nichts anderes angegeben ist.

e) Werden mehrere Produkte an einen einzigen Anwender und/oder Ort geliefert, so kann eine einzige Ausfertigung der Gebrauchsanweisung beigefügt werden, wenn dies mit dem Käufer, welcher in jedem Fall kostenlos weitere Exemplare anfordern kann, so vereinbart wurde.

f) Gebrauchsanweisungen können dem Anwender im Umfang und nur nach den Modalitäten, die in der Verordnung (EU) Nr. 207/2012 oder in gemäß der genannten Verordnung erlassenen Durchführungsbestimmungen beschrieben sind, in anderer Form als in Papierform (z. B. elektronisch) vorgelegt werden.

g) Restrisiken, die dem Anwender und/oder Dritten mitzuteilen sind, werden in die vom Hersteller gelieferten Informationen als Beschränkungen, Kontraindikationen, Vorsichtsmaßnahmen oder Warnungen aufgenommen.

h) Wo dies angebracht ist, werden die vom Hersteller bereitgestellten Angaben in Form von international anerkannten Symbolen gemacht. Gegebenenfalls verwendete Symbole oder Identifizierungsfarben entsprechen den harmonisierten Normen oder Spezifikationen. Gibt es keine derartigen harmonisierten Normen oder Spezifikationen für den betreffenden Bereich, so werden die Symbole und Identifizierungsfarben in der beigegebenen Produktdokumentation erläutert.

23.2 Angaben auf der Kennzeichnung

Die Kennzeichnung enthält alle folgenden Angaben:

a) den Namen oder Handelsnamen des Produkts;

b) alle unbedingt erforderlichen Angaben, aus denen der Anwender ersehen kann, worum es sich bei dem Produkt, dem Packungsinhalt sowie der Zweckbestimmung eines Produkts, sofern diese für den Anwender nicht offensichtlich ist, handelt;

c) den Namen, den eingetragenen Handelsnamen oder die eingetragene Handelsmarke des Herstellers und die Anschrift seiner eingetragenen Niederlassung;

d) hat der Hersteller seine eingetragene Niederlassung außerhalb der Union, den Namen des bevollmächtigten Vertreters und die Anschrift der eingetragenen Niederlassung des Bevollmächtigten;

e) gegebenenfalls den Hinweis, dass das Produkt folgende Bestandteile enthält:

- ein Arzneimittel, einschließlich eines Derivats aus menschlichem Blut oder Plasma, oder
- Gewebe oder Zellen menschlichen Ursprungs oder ihre Derivate oder
- Gewebe oder Zellen tierischen Ursprungs oder ihre Derivate im Sinne der Verordnung (EU) Nr. 722/2012;

f) gegebenenfalls nach Abschnitt 10.4.5 gekennzeichnete Angaben;

g) die Losnummer oder die Seriennummer des Produkts nach dem Wort „LOSNUMMER“ oder „SERIENNUMMER“ oder gegebenenfalls einem gleichwertigen Symbol;

h) den UDI-Träger gemäß Artikel 27 Absatz 4 und Anhang VI Teil C;

i) eine eindeutige Angabe der Frist, innerhalb der das Produkt sicher verwendet oder implantiert werden kann, die mindestens das Jahr und den Monat umfasst, sofern dies zweckdienlich ist;

j) fehlt die Angabe des Datums, bis zu dem das Produkt sicher verwendet werden kann, so ist das Herstellungsdatum zu nennen. Das Herstellungsdatum kann als Teil der Los- oder Seriennummer angegeben werden, sofern das Datum klar daraus hervorgeht;

k) gegebenenfalls einen Hinweis auf besondere Lagerungs- und/oder Handhabungsbedingungen;

l) wird das Produkt steril geliefert, einen Hinweis auf den sterilen Zustand und das Sterilisationsverfahren;

m) Warnhinweise oder zu ergreifende Vorsichtsmaßnahmen, die dem Anwender des Produkts oder anderen Personen unverzüglich mitgeteilt werden müssen. Diese Angaben können auf ein Mindestmaß beschränkt sein, werden dann aber in der Gebrauchsanweisung unter Berücksichtigung der vorgesehenen Anwender ausführlicher dargelegt;

n) ist das Produkt für den einmaligen Gebrauch vorgesehen, einen Hinweis auf diesen Sachverhalt. Der Hinweis des Herstellers auf den einmaligen Gebrauch muss in der gesamten Union einheitlich sein;

o) falls es sich um ein aufbereitetes Produkt zum Einmalgebrauch handelt, einen Hinweis auf diesen Sachverhalt, die Anzahl der bereits durchlaufenen Aufbereitungszyklen und mögliche Beschränkungen hinsichtlich der Anzahl der Aufbereitungszyklen;

p) bei einer Sonderanfertigung die Aufschrift „Sonderanfertigung“;

q) einen Hinweis, dass es sich bei dem Produkt um ein Medizinprodukt handelt. Ist das Produkt lediglich für klinische Prüfungen vorgesehen, die Aufschrift „ausschließlich für klinische Prüfungen“;

r) bei Produkten, die aus Stoffen oder aus Kombinationen von Stoffen bestehen, die dazu bestimmt sind, durch eine Körperöffnung oder durch Anwendung auf der Haut in den menschlichen Körper eingeführt zu werden, und die vom menschlichen Körper aufgenommen oder lokal im Körper verteilt werden, die qualitative Gesamtzusammensetzung des Produkts und quantitative Informationen zu dem(n) Hauptbestandteil(en), der (die) für das Erreichen der angestrebten Hauptwirkung verantwortlich ist (sind);

s) bei aktiven implantierbaren Produkten die Seriennummer und bei anderen implantierbaren Produkten die Seriennummer oder die Losnummer.

23.3 Angaben auf der Verpackung, die den sterilen Zustand eines Produkts aufrecht erhält („Sterilverpackung"):

Die folgenden Angaben sind auf der Sterilverpackung angebracht:

a) Eine Kenntlichmachung der Sterilverpackung als solche;

b) ein Hinweis, dass sich das Produkt in sterilem Zustand befindet;

c) das Sterilisationsverfahren;

d) der Name und die Anschrift des Herstellers;

e) eine Beschreibung des Produkts;

f) ist das Produkt für klinische Prüfungen vorgesehen, die Aufschrift: „ausschließlich für klinische Prüfungen";

g) bei einer Sonderanfertigung die Aufschrift „Sonderanfertigung";

h) Monat und Jahr der Herstellung;

i) eine eindeutige Angabe der Frist, innerhalb der das Produkt sicher verwendet oder implantiert werden kann, die mindestens das Jahr und den Monat umfasst, und

j) ein Hinweis zur Prüfung der Gebrauchsanweisung hinsichtlich des Vorgehens für den Fall, dass die Sterilverpackung vor der Verwendung des Produkts beschädigt oder versehentlich geöffnet wird.

23.4 Angaben in der Gebrauchsanweisung

Die Gebrauchsanweisung enthält alle folgenden Angaben:

a) Die Angaben gemäß Abschnitt 23.2 Buchstaben a, c, e, f, k, l, n und r;

b) die Zweckbestimmung des Produkts mit einer genauen Angabe der Indikationen, Kontraindikationen, Patientenzielgruppe(n) und vorgesehenen Anwender, soweit zutreffend;

c) gegebenenfalls nähere Angaben zu dem zu erwartenden klinischen Nutzen;

d) gegebenenfalls Links zu dem Kurzbericht über Sicherheit und klinische Leistung gemäß Artikel 32;

e) die Leistungsmerkmale des Produkts;

f) gegebenenfalls die Angaben, anhand deren ein Angehöriger der Gesundheitsberufe überprüfen kann, ob das Produkt geeignet ist, und die entsprechende Software und die entsprechenden Zubehörteile auswählen kann;

g) etwaige Restrisiken, Kontraindikationen und alle unerwünschten Nebenwirkungen, einschließlich der dem Patienten in diesem Zusammenhang mitzuteilenden Informationen;

h) vom Anwender für die ordnungsgemäße Verwendung des Produkts benötigte Spezifikationen, z. B. bei einem Produkt mit Messfunktion Angabe der erforderlichen Ablesegenauigkeit;

i) Erläuterung einer vor oder während der Verwendung des Produkts möglicherweise erforderlichen Vorbehandlung oder Aufbereitung wie Sterilisation, Endmontage, Kalibrierung, einschließlich des Desinfektionsgrads, der erforderlich ist, um die Sicherheit der Patienten zu gewährleisten, und aller Methoden, die zur Erreichung dieses Desinfektionsgrads zur Verfügung stehen;

j) möglicherweise erforderliche besondere Einrichtungen, besondere Schulungen oder spezifische Qualifikationen des Produktanwenders und/oder Dritter;

k) alle Angaben, mit denen überprüft werden kann, ob das Produkt ordnungsgemäß installiert wurde und für den sicheren und vom Hersteller beabsichtigten Betrieb bereit ist, sowie gegebenenfalls

   – Angaben zur Art und Häufigkeit präventiver und regelmäßiger Instandhaltungsmaßnahmen sowie zur eventuellen vorbereitenden Reinigung oder Desinfektion,

   – Angabe der Verbrauchskomponenten und wie diese zu ersetzen sind,

   – Angaben zu der möglicherweise erforderlichen Kalibrierung, mit der der ordnungsgemäße und sichere Betrieb des Produkts während seiner erwarteten Lebensdauer gewährleistet wird, und

   – Verfahren zum Ausschluss der Risiken, denen an der Installierung, Kalibrierung oder Wartung des Produkts beteiligte Personen ausgesetzt sind;

l) wird das Produkt steril geliefert, Verhaltenshinweise für den Fall, dass die Sterilverpackung vor der Verwendung des Produkts beschädigt oder versehentlich geöffnet wird;

m) wird das Produkt nicht steril geliefert und ist es dafür bestimmt, vor der Verwendung sterilisiert zu werden, eine angemessene Anleitung zur Sterilisation;

n) bei wiederverwendbaren Produkten Angaben über geeignete Aufbereitungsverfahren, z. B. zur Reinigung, Desinfektion, Verpackung und gegebenenfalls über das validierte Verfahren zur erneuten Sterilisation entsprechend dem/den Mitgliedstaat(en), in dem/denen das Produkt in Verkehr gebracht worden ist. Es ist deutlich zu machen, woran zu erkennen ist, dass das Produkt nicht mehr wiederverwendet werden sollte, z. B. Anzeichen von Materialabnutzung oder die Höchstzahl erlaubter Wiederverwendungen;

o) gegebenenfalls einen Hinweis, dass das Produkt nur wiederverwendet werden kann, nachdem es zur Erfüllung der grundlegenden Sicherheits- und Leistungsanforderungen unter der Verantwortung des Herstellers aufbereitet worden ist;

p) sofern das Produkt einen Hinweis trägt, dass es für den einmaligen Gebrauch bestimmt ist, Informationen über bekannte Merkmale und technische Faktoren, von denen der Hersteller weiß, dass sie eine Gefahr darstellen könnten, wenn das Produkt wiederverwendet würde. Diese Angabe beruht auf einem spezifischen Abschnitt der Dokumentation des Herstellers zum Risikomanagement, in dem diese Merkmale und technischen Faktoren genau beschrieben werden. Ist gemäß Abschnitt 23.1 Buchstabe d keine Gebrauchsanweisung erforderlich, werden diese Angaben dem Anwender auf Anfrage zugänglich gemacht;

q) bei Produkten, die zur gemeinsamen Verwendung mit anderen Produkten bestimmt sind, und/oder Ausrüstung des allgemeinen Bedarfs:

- die Angaben, die für die Wahl der für eine sichere Kombination geeigneten Produkte oder Ausrüstungen erforderlich sind, und/oder

- Angaben zu allen bekannten Einschränkungen hinsichtlich der Kombination von Produkten und Ausrüstungen,

r) für den Fall, dass das Produkt zu medizinischen Zwecken Strahlung aussendet:

- ausführliche Angaben zur Beschaffenheit, Art und gegebenenfalls Intensität und Verteilung dieser Strahlung,

- die Möglichkeiten, den Patienten, Anwender oder Dritten während der Verwendung des Produkts vor unbeabsichtigter Strahlenbelastung zu schützen,

s) Hinweise, die den Anwender und/oder Patienten über etwaige Warnungen, Vorsichtshinweise, Kontraindikationen, zu ergreifende Maßnahmen sowie Verwendungsbeschränkungen im Zusammenhang mit dem Produkt informieren. Diese Hinweise ermöglichen dem Anwender gegebenenfalls die Aufklärung des Patienten über etwaige Warnungen, Vorsichtshinweise, Kontraindikationen, zu ergreifende Maßnahmen sowie Verwendungsbeschränkungen im Zusammenhang mit dem Produkt. Die Informationen decken gegebenenfalls folgende Bereiche ab:

– Warnungen, Vorsichtshinweise und/oder zu ergreifende Maßnahmen bei Fehlfunktionen des Produkts oder Leistungsveränderungen, die die Sicherheit beeinträchtigen könnten;

– Warnungen, Vorsichtshinweise und/oder zu ergreifende Maßnahmen im Zusammenhang mit nach vernünftigem Ermessen vorhersehbaren äußeren Einwirkungen oder Umgebungsbedingungen wie z. B. Magnetfeldern, elektrischen und elektromagnetischen Fremdeinflüssen, elektrostatischen Entladungen, Strahlung in Verbindung mit Diagnose- und Therapieverfahren, Druck, Feuchtigkeit oder Temperatur;

– Warnungen, Vorsichtshinweise und/oder zu ergreifende Maßnahmen im Zusammenhang mit den Risiken wechselseitiger Störungen, die entstehen, wenn das Produkt nach vernünftigem Ermessen vorhersehbar bei speziellen diagnostischen Untersuchungen, Bewertungen oder therapeutischen Behandlungen oder anderen Verfahren zugegen ist, wie z. B. vom Produkt ausgehende elektromagnetische Interferenz, durch die andere Ausrüstungen beeinträchtigt werden;

– falls das Produkt dazu bestimmt ist, Arzneimittel, Gewebe oder Zellen menschlichen oder tierischen Ursprungs oder ihre Derivate oder biologische Stoffe abzugeben, mögliche Beschränkungen oder Unverträglichkeiten hinsichtlich der Wahl der abzugebenden Stoffe;

– Warnungen, Vorsichtshinweise und/oder Beschränkungen im Zusammenhang mit dem Arzneimittel oder biologischem Material, das als integraler Bestandteil in das Produkt aufgenommen wird, und

– Vorsichtshinweise im Zusammenhang mit in das Produkt aufgenommenen Werkstoffen, die aus CMR-Stoffen oder endokrin wirkenden Stoffen bestehen oder diese enthalten, oder die zu einer Sensibilisierung oder einer allergischen Reaktion beim Patienten oder Anwender führen könnten;

t) bei Produkten, die aus Stoffen oder aus Kombinationen von Stoffen bestehen, die dazu bestimmt sind, in den menschlichen Körper eingeführt zu werden, und die vom menschlichen Körper aufgenommen oder lokal im Körper verteilt werden, gegebenenfalls Warnungen und Vorsichtshinweise hinsichtlich des allgemeinen Wechselwirkungsverhaltens des Produkts und seiner Metaboliten mit anderen Medizinprodukten, Arzneimitteln und sonstigen Stoffen sowie Kontraindikationen, unerwünschte Nebenwirkungen und Risiken bei Überdosierung;

u) bei implantierbaren Produkten die gesamten qualitativen und quantitativen Informationen zu den Werkstoffen und Stoffen, mit denen Patienten in Berührung kommen können;

v) Warnungen oder Vorsichtshinweise, die im Hinblick auf eine sichere Entsorgung des Produkts, seines Zubehörs und der gegebenenfalls verwendeten Verbrauchsmaterialien zu berücksichtigen sind. Diese Informationen decken gegebenenfalls folgende Bereiche ab:

- Infektionen oder mikrobiologische Gefahren wie z. B. Explantate, Nadeln oder chirurgische Geräte, die mit potenziell infektiösen Stoffen menschlichen Ursprungs kontaminiert wurden, und
- physikalische Gefahren wie z. B. durch scharfe Kanten.

Ist gemäß Abschnitt 23.1 Buchstabe d keine Gebrauchsanweisung erforderlich, werden diese Angaben dem Anwender auf Anfrage zugänglich gemacht;

w) bei Produkten zur Anwendung durch Laien Angabe der Umstände, unter denen der Benutzer einen Angehörigen der Gesundheitsberufe um Rat fragen sollte;

x) bei den Produkten, die gemäß Artikel 1 Absatz 2 unter die vorliegende Verordnung fallen, Informationen zum Nichtvorhandensein eines klinischen Nutzens und zu den Risiken im Zusammenhang mit der Verwendung des Produkts;

y) Ausstellungsdatum der Gebrauchsanweisung oder, falls diese überarbeitet wurde, Ausstellungsdatum und Kennnummer der neuesten Fassung der Gebrauchsanweisung;

z) einen Hinweis an den Anwender und/oder den Patienten, dass alle im Zusammenhang mit dem Produkt aufgetretenen schwerwiegenden Vorfälle dem Hersteller und der zuständigen Behörde des Mitgliedstaats, in dem der Anwender und/oder der Patient niedergelassen ist, zu melden sind;

aa) Patienten mit einem implantierten Produkt gemäß Artikel 18 zur Verfügung zu stellende Informationen;

ab) bei Produkten, zu deren Bestandteilen programmierbare Elektroniksysteme, einschließlich Software, gehören, oder Produkte in Form einer Software enthalten, Mindestanforderungen bezüglich Hardware, Eigenschaften von IT-Netzen und IT-Sicherheitsmaßnahmen einschließlich des Schutzes vor unbefugtem Zugriff, die für den bestimmungsgemäßen Einsatz der Software erforderlich sind.

Anhang II
Technische Dokumentation

Die vom Hersteller zu erstellende technische Dokumentation und, sofern erforderlich, deren Zusammenfassung wird in klarer, organisierter, leicht durchsuchbarer und eindeutiger Form präsentiert und umfasst insbesondere die in diesem Anhang aufgeführten Bestandteile.

1. Produktbeschreibung und Spezifikation, einschließlich der Varianten und Zubehörteile

1.1 Produktbeschreibung und Spezifikation

a) Der Produkt- oder Handelsname und eine allgemeine Beschreibung des Produkts einschließlich seiner Zweckbestimmung und der vorgesehenen Anwender;

b) die Basis-UDI-DI gemäß Anhang VI Teil C, die der Hersteller dem Produkt zuweist, sobald die Identifizierung dieses Produkts auf der Grundlage eines UDI-Systems erfolgt, oder anderenfalls eine eindeutige Identifizierung anhand des Produktcodes, der Katalognummer oder einer anderen eindeutigen Referenz, die die Rückverfolgbarkeit ermöglicht;

c) die vorgesehene Patientengruppe und der zu diagnostizierende, zu behandelnde und/oder zu überwachende Krankheitszustand sowie sonstige Erwägungen wie Kriterien zur Patientenauswahl, Indikationen, Kontraindikationen und Warnhinweise;

d) Grundsätze betreffend den Betrieb des Produkts und seine Wirkungsweise, erforderlichenfalls wissenschaftlich nachgewiesen;

e) die Begründung dafür, dass es sich um ein Produkt handelt;

f) die Risikoklasse des Produkts und die Begründung für die gemäß Anhang VIII angewandte(n) Klassifizierungsregel(n);

g) eine Erläuterung etwaiger neuartiger Eigenschaften;

h) eine Beschreibung des Zubehörs für ein Produkt, anderer Produkte und sonstiger Produkte, die keine Medizinprodukte sind, die in Kombination mit dem Produkt verwendet werden sollen;

i) eine Beschreibung oder vollständige Auflistung der verschiedenen Konfigurationen/Varianten des Produkts, die auf dem Markt bereitgestellt werden sollen;

j) eine allgemeine Beschreibung der wichtigsten Funktionselemente des Produkts, z. B. Bestandteile/Komponenten (einschließlich Software, sofern zutreffend), Rezeptur, Zusammensetzung, Funktionsweise und, sofern relevant, qualitative und quantitative Zusammensetzung. Dazu gehören gegebenenfalls gekennzeichnete bildliche Darstellungen (z. B. Diagramme, fotografische Bilder und Zeichnungen), in denen die wichtigsten Bestandteile/Komponenten eindeutig gekennzeichnet sind, einschließlich ausreichender Erläuterungen für das Verständnis der Zeichnungen und Diagramme;

k) eine Beschreibung der in die wichtigsten Funktionselemente integrierten Rohstoffe sowie der Stoffe, die entweder direkt oder indirekt (z. B. während der extrakorporalen Zirkulation von Körperflüssigkeiten) mit dem menschlichen Körper in Berührung kommen;

l) technische Spezifikationen wie z. B. Eigenschaften, Abmessungen und Leistungsattribute des Produkts sowie etwaiger Varianten/Konfigurationen und Zubehörteile, die üblicherweise in der dem Anwender beispielsweise in Form von Broschüren, Katalogen und ähnlichen Publikationen verfügbar gemachten Produktspezifikation erscheinen.

1.2 Hinweis auf frühere und ähnliche Generationen des Produkts

a) Eine Übersicht über die vom Hersteller produzierte(n) frühere(n) Generation(en) des Produkts, falls es solche Produkte gibt;

b) eine Übersicht über ermittelte ähnliche Produkte, die auf dem Markt in der Union oder auf internationalen Märkten erhältlich sind, falls es solche Produkte gibt.

2. Vom Hersteller zu liefernde Informationen

Eine vollständige Zusammenstellung bestehend aus

– der Kennzeichnung/den Kennzeichnungen auf dem Produkt und seiner Verpackung, wie z.B. Einzelverpackung, Verkaufsverpackung, Transportverpackung im Fall spezieller Handhabungsbedingungen, in den Sprachen, die in den Mitgliedstaaten akzeptiert werden, in denen das Produkt verkauft werden soll, und

– der Gebrauchsanweisung in den Sprachen, die in den Mitgliedstaaten akzeptiert werden, in denen das Produkt verkauft werden soll.

3. Informationen zu Auslegung und Herstellung

a) Informationen, die es ermöglichen, die Auslegungsphasen, die das Produkt durchlaufen hat, zu verstehen;

b) vollständige Informationen und Spezifikationen einschließlich der Herstellungsprozesse und ihrer Validierung, der verwendeten Hilfsstoffe, der laufenden Überwachung und der Prüfung des Endprodukts. Die Daten sind vollständig in die technische Dokumentation aufzunehmen;

c) Angabe aller Stellen, einschließlich Lieferanten und Unterauftragnehmer, bei denen Auslegungs- und Herstellungstätigkeiten durchgeführt werden.

4. Grundlegende Sicherheits- und Leistungsanforderungen

Die Dokumentation enthält Angaben zum Nachweis der Konformität mit den in Anhang I festgelegten grundlegenden Sicherheits- und Leistungsanforderungen, die für das Produkt unter Berücksichtigung seiner Zweckbestimmung gelten, und sie umfasst eine Begründung für die zur Erfüllung dieser Anforderungen gewählten Lösungen und deren Validierung und Verifikation. Dieser Nachweis der Konformität umfasst Folgendes:

a) die für das Produkt geltenden grundlegenden Sicherheits- und Leistungsanforderungen sowie eine Erläuterung, warum sonstige Anforderungen nicht zutreffen;

b) die zum Nachweis der Konformität mit den einzelnen geltenden grundlegenden Sicherheits- und Leistungsanforderungen eingesetzte(n) Methode(n);

c) die angewandten harmonisierten Normen, GS oder sonstigen Lösungen und

d) die genaue Bezeichnung der gelenkten Dokumente, die die Konformität mit den einzelnen, zum Nachweis der Einhaltung der grundlegenden Sicherheits- und Leistungsanforderungen angewandten harmonisierten Normen, Spezifikationen oder sonstigen Methoden belegen. Die unter diesem Buchstaben genannten Informationen umfassen einen Verweis auf die Stelle, an der solche Nachweise innerhalb der vollständigen technischen Dokumentation und gegebenenfalls der Zusammenfassung der technischen Dokumentation aufzufinden sind.

5. Nutzen-Risiko-Analyse und Risikomanagement

Die Dokumentation enthält Informationen über

a) die Nutzen-Risiko-Analyse gemäß Anhang I Abschnitte 1 und 8 und

b) die gewählten Lösungen sowie die Ergebnisse des Risikomanagements gemäß Anhang I Abschnitt 3.

6. Verifizierung und Validierung des Produkts

Die Dokumentation enthält die Ergebnisse und kritischen Analysen aller Verifizierungs- und Validierungstests und/oder der Studien, die zum Nachweis der Konformität des Produkts mit dieser Verordnung und insbesondere den geltenden grundlegenden Sicherheits- und Leistungsanforderungen durchgeführt wurden.

6.1 Vorklinische und klinische Daten

a) Ergebnisse von Tests wie technischen, Labor-, Anwendungssimulations- und Tiertests bzw. Versuchen sowie Auswertung der Literatur, die unter Berücksichtigung der Zweckbestimmung zu dem Produkt – oder ähnlichen Produkten – bezüglich der vorklinischen Sicherheit des Produkts und seiner Konformität mit den Spezifikationen veröffentlicht wurde;

b) detaillierte Informationen zum Testaufbau, vollständige Test- oder Studienprotokolle, Methoden der Datenanalyse, zusätzlich zu Datenzusammenfassungen und Testergebnissen, insbesondere hinsichtlich der

- Biokompatibilität des Produkts einschließlich der Identifizierung aller Materialien in direktem oder indirektem Kontakt mit dem Patienten oder Anwender,
- physikalische, chemische und mikrobiologische Parameter,
- elektrische Sicherheit und elektromagnetische Kompatibilität,
- Verifizierung und Validierung der Software (Beschreibung des Softwaredesigns und des Entwicklungsprozesses sowie Nachweis der Validierung der Software, wie sie im fertigen Produkt verwendet wird. Diese Angaben umfassen normalerweise die zusammengefassten Ergebnisse aller Verifizierungen, Validierungen und Tests, die vor der endgültigen Freigabe sowohl hausintern als auch in einer simulierten oder tatsächlichen Anwenderumgebung durchgeführt wurden. Zudem ist auf alle verschiedenen Hardware-Konfigurationen und gegebenenfalls die in den Informationen des Herstellers genannten Betriebssysteme einzugehen),
- Stabilität, einschließlich Haltbarkeitsdauer, und
- Leistung und Sicherheit.

Gegebenenfalls ist die Übereinstimmung mit der Richtlinie 2004/10/EG des Europäischen Parlaments und des Rates[1]) nachzuweisen.

Falls keine neuen Tests durchgeführt wurden, wird diese Entscheidung in der Dokumentation begründet. Eine solche Begründung wäre beispielsweise, dass Biokompatibilitätstests an identischen Materialien durchgeführt wurden, als diese Materialien in ein rechtmäßig in Verkehr gebrachtes oder in Betrieb genommenes Vorgängermodell des Produkts integriert wurden;

[1]) Richtlinie 2004/10/EG des Europäischen Parlaments und des Rates vom 11. Februar 2004 zur Angleichung der Rechts- und Verwaltungsvorschriften für die Anwendung der Grundsätze der Guten Laborpraxis und zur Kontrolle ihrer Anwendung bei Versuchen mit chemischen Stoffen (ABl. L 50 vom 20.2.2004, S. 44).

c) der Bericht über die klinische Bewertung sowie seine Aktualisierungen und der Plan für die klinische Bewertung gemäß Artikel 61 Absatz 12 und Anhang XIV Teil A;

d) der Plan und der Bewertungsbericht zur klinischen Überwachung nach dem Inverkehrbringen gemäß Anhang XIV Teil B oder eine Begründung, warum eine klinische Überwachung nach dem Inverkehrbringen nicht angebracht ist.

6.2 *In besonderen Fällen erforderliche zusätzliche Informationen*

a) Enthält ein Produkt als festen Bestandteil einen Stoff, der für sich allein genommen als Arzneimittel im Sinne von Artikel 1 Nummer 2 der Richtlinie 2001/83/EG gelten würde, auch wenn es sich um ein aus menschlichem Blut oder Plasma gewonnenes Arzneimittel gemäß Artikel 1 Absatz 8 Unterabsatz 1 handelt, so ist auf diesen Sachverhalt hinzuweisen. In diesem Fall enthält die Dokumentation die genaue Angabe der Quelle dieses Stoffes sowie die Daten der Tests, die unter Berücksichtigung der Zweckbestimmung des Produkts zur Bewertung der Sicherheit, der Qualität und des Nutzens durchgeführt wurden.

b) Wird ein Produkt unter Verwendung von Geweben oder Zellen menschlichen oder tierischen Ursprungs oder ihren Derivaten hergestellt und fällt es unter diese Verordnung gemäß Artikel 1 Absatz 6 Buchstaben f und g, und enthält ein Produkt als integralen Bestandteil Gewebe oder Zellen menschlichen oder tierischen Ursprungs oder ihre Derivate mit einer untergeordneten Funktion im Rahmen des Produkts und fällt es unter diese Verordnung gemäß Artikel 1 Absatz 10 Unterabsatz 1, so ist auf diesen Sachverhalt hinzuweisen. In diesem Fall enthält die Dokumentation die genaue Angabe aller verwendeten Materialien menschlichen oder tierischen Ursprungs sowie ausführliche Informationen zur Konformität mit Anhang I Abschnitt 13.1. bzw. 13.2.

c) Bei Produkten, die aus Stoffen oder aus Kombinationen von Stoffen bestehen, die dazu bestimmt sind, in den menschlichen Körper eingeführt zu werden, und die vom menschlichen Körper aufgenommen oder lokal im Körper verteilt werden, detaillierte Informationen, einschließlich Testaufbau, vollständige Test- oder Studienprotokolle, Methoden der Datenanalyse und Datenzusammenfassungen und Testergebnisse in Bezug auf Studien zu Folgendem:

- Resorption, Verteilung, Metabolisierung und Ausscheidung;
- mögliche Wechselwirkungen dieser Stoffe oder ihrer Metaboliten im menschlichen Körper mit anderen Produkten, Arzneimitteln oder anderen Stoffen unter Berücksichtigung der Zielgruppe und ihres entsprechenden Krankheitszustands;

- lokale Verträglichkeit und
- Toxizität einschließlich der Toxizität bei einmaliger Verabreichung, der Toxizität bei wiederholter Verabreichung, der Gentoxizität, der Kanzerogenität und der Reproduktions- und Entwicklungstoxizität je nach Ausmaß und Art der Exposition gegenüber dem Produkt.

Wenn solche Studien fehlen, ist dies zu begründen.

d) Bei Produkten, die CMR-Stoffe oder Stoffe mit endokriner Wirkung gemäß Anhang I Abschnitt 10.4.1 enthalten, die Begründung gemäß Abschnitt 10.4.2 des genannten Anhangs.

e) Bei Produkten, die in sterilem Zustand oder einem definierten mikrobiologischen Status in Verkehr gebracht werden, eine Beschreibung der Umgebungsbedingungen für die relevanten Herstellungsschritte. Bei Produkten, die in sterilem Zustand in Verkehr gebracht werden, eine Beschreibung der zur Verpackung, Sterilisation und Aufrechterhaltung der Sterilität angewandten Methoden, einschließlich der Validierungsberichte. Im Validierungsbericht werden die Prüfung der Biobelastung, Pyrogentests und gegebenenfalls die Überprüfung von Sterilisiermittelrückständen behandelt.

f) Bei Produkten, die mit einer Messfunktion in Verkehr gebracht werden, eine Beschreibung der Methoden, mit denen die in den Spezifikationen angegebene Genauigkeit gewährleistet wurde.

g) Bei Produkten, die für einen bestimmungsgemäßen Betrieb an ein anderes Produkt/andere Produkte angeschlossen werden müssen, eine Beschreibung dieser Verbindung/Konfiguration einschließlich des Nachweises, dass das erstere Produkt bei Anschluss an ein anderes Produkt im Hinblick auf die vom Hersteller angegebenen Merkmale die grundlegenden Sicherheits- und Leistungsanforderungen erfüllt.

Anhang III
Technische Dokumentation über die Überwachung nach dem Inverkehrbringen

Die technische Dokumentation über die Überwachung nach dem Inverkehrbringen, die von dem Hersteller gemäß den Artikeln 83 bis 86 zu erstellen ist, wird in klarer, organisierter, leicht durchsuchbarer und unmissverständlicher Form präsentiert und umfasst insbesondere die in diesem Anhang beschriebenen Bestandteile.

1. Den im Einklang mit Artikel 84 erstellten Plan zur Überwachung nach dem Inverkehrbringen.

Der Hersteller erbringt in einem Plan zur Überwachung nach dem Inverkehrbringen den Nachweis, dass er die Verpflichtung nach Artikel 83 erfüllt.

a) Der Plan zur Überwachung nach dem Inverkehrbringen umfasst die Erhebung und Verwendung verfügbarer Informationen, insbesondere:

– Informationen über schwerwiegende Vorkommnisse, einschließlich Informationen aus den Sicherheitsberichten, und Sicherheitskorrekturmaßnahmen im Feld,

– Aufzeichnungen über nicht schwerwiegende Vorkommnisse und Daten zu etwaigen unerwünschten Nebenwirkungen,

– Informationen über die Meldung von Trends,

– einschlägige Fachliteratur oder technische Literatur, Datenbanken und/oder Register,

– von Anwendern, Händlern und Importeuren übermittelte Informationen, einschließlich Rückmeldungen und Beschwerden und

– öffentlich zugängliche Informationen über ähnliche Medizinprodukte.

b) Der Plan zur Überwachung nach dem Inverkehrbringen erfasst zumindest:

– ein proaktives und systematisches Verfahren zur Erfassung jeglicher Information nach Buchstabe a. Das Verfahren ermöglicht eine ordnungsgemäße Charakterisierung der Leistung der Produkte sowie einen Vergleich zwischen dem Produkt und ähnlichen Produkten auf dem Markt,

– wirksame und geeignete Methoden und Prozesse zur Bewertung der erhobenen Daten,

– geeignete Indikatoren und Schwellenwerte, die im Rahmen der kontinuierlichen Neubewertung der Nutzen-Risiko-Analyse und des Risikomanagements im Sinne von Anhang I Abschnitt 3 verwendet werden,

– wirksame und geeignete Methoden und Instrumente zur Prüfung von Beschwerden und Analyse von marktbezogenen Erfahrungen, die im Feld erhoben wurden,

– Methoden und Protokolle zur Behandlung der Vorkommnisse, die der Trendmeldung gemäß Artikel 88 unterliegen, einschließlich der Methoden und Protokolle, die zur Feststellung jedes statistisch signifikanten Anstiegs der Häufigkeit oder des Schweregrades dieser Vorkommnisse anzuwenden sind, sowie den Beobachtungszeitraum;

- Methoden und Protokolle zur wirksamen Kommunikation mit zuständigen Behörden, Benannten Stellen, Wirtschaftsakteuren und Anwendern;
- Bezugnahme auf Verfahren zur Erfüllung der Verpflichtungen der Hersteller nach den Artikeln 83, 84 und 86;
- systematische Verfahren zur Ermittlung und Einleitung geeigneter Maßnahmen, einschließlich Korrekturmaßnahmen;
- wirksame Instrumente zur Ermittlung und Identifizierung von Produkten, die gegebenenfalls Korrekturmaßnahmen erfordern, und
- einen Plan für die klinische Nachbeobachtung nach dem Inverkehrbringen gemäß Anhang XIV Teil B oder eine Begründung, warum eine klinische Nachbeobachtung nach dem Inverkehrbringen nicht anwendbar ist.

2. Den Sicherheitsbericht gemäß Artikel 86 und den Bericht über die Überwachung nach dem Inverkehrbringen gemäß Artikel 85.

Anhang IV
EU-Konformitätserklärung

Die EU-Konformitätserklärung enthält alle folgenden Angaben:

1. Name, eingetragener Handelsname oder eingetragene Handelsmarke und – falls bereits ausgestellt – in Artikel 31 genannte SRN des Herstellers und gegebenenfalls seines Bevollmächtigten sowie Anschrift ihrer eingetragenen Niederlassung, unter der sie zu erreichen sind und an der sie ihren tatsächlichen Standort haben;
2. eine Erklärung darüber, dass der Hersteller die alleinige Verantwortung für die Ausstellung der EU-Konformitätserklärung trägt;
3. die Basis-UDI-DI gemäß Anhang VI Teil C;
4. Produkt- und Handelsname, Produktcode, Katalognummer oder eine andere eindeutige Referenz, die die Identifizierung und Rückverfolgbarkeit des von der EU-Konformitätserklärung erfassten Produkts ermöglicht, wie z. B. gegebenenfalls ein fotografisches Bild, sowie seine Zweckbestimmung. Mit Ausnahme des Produkt- oder Handelsnamens können die zur Identifizierung und Rückverfolgbarkeit erforderlichen Angaben über die in Abschnitt 3 genannte Basis-UDI-DI bereitgestellt werden;
5. Risikoklasse des Produkts gemäß den in Anhang VIII beschriebenen Regeln;

6. eine Versicherung, dass das von dieser Erklärung erfasste Produkt der vorliegenden Verordnung sowie gegebenenfalls weiteren einschlägigen Rechtsvorschriften der Union, in denen die Ausstellung einer EU-Konformitätserklärung vorgesehen ist, entspricht;
7. Verweise auf angewandte Spezifikationen, für die die Konformität erklärt wird;
8. gegebenenfalls Name und Kennnummer der benannten Stelle, eine Beschreibung des durchgeführten Konformitätsbewertungsverfahrens und Kennzeichnung der ausgestellten Bescheinigung(en);
9. gegebenenfalls zusätzliche Informationen;
10. Ort und Datum der Ausstellung der Erklärung, Name und Funktion des Unterzeichners sowie Angabe, für wen und in wessen Namen diese Person unterzeichnet hat, Unterschrift.

Anhang V
CE-Konformitätskennzeichnung

1. Die CE-Kennzeichnung besteht aus den Buchstaben „CE“ mit folgendem Schriftbild:

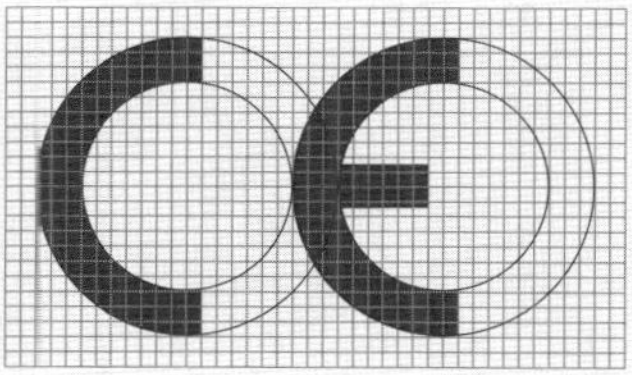

2. Bei Verkleinerung oder Vergrößerung der CE-Kennzeichnung sind die sich aus dem oben abgebildeten Raster ergebenden Proportionen einzuhalten.
3. Die verschiedenen Bestandteile der CE-Kennzeichnung müssen etwa gleich hoch sein: die Mindesthöhe beträgt 5 mm. Von der Mindesthöhe kann bei kleinen Produkten abgewichen werden.

Anhang VI
Bei der Registrierung von Produkten und Wirtschaftsakteuren gemäß Artikel 29 Absatz 4 und Artikel 31 vorzulegende Informationen, in die UDI-Datenbank zusammen mit der UDI-Di gemäß den Artikeln 28 und 29 einzugebende zentrale Datenelemente und das UDI-System

Teil A
Bei der Registrierung von Produkten und Wirtschaftsakteuren gemäß Artikel 29 Absatz 4 und Artikel 31 vorzulegende Informationen

Die Hersteller oder gegebenenfalls ihre Bevollmächtigten und, sofern zutreffend, die Importeure legen die in Abschnitt 1 genannten Informationen vor und stellen sicher, dass die in Abschnitt 2 genannten Informationen über ihre Produkte vollständig und richtig sind und von der betreffenden Partei aktualisiert werden.

1. Informationen zum Wirtschaftsakteur

1.1 Art des Wirtschaftsakteurs (Hersteller, Bevollmächtigter oder Importeur),

1.2 Name, Anschrift und Kontaktdaten des Wirtschaftsakteurs,

1.3 falls die Informationen von einer anderen Person im Namen eines der in Abschnitt 1.1 aufgeführten Wirtschaftsakteure eingereicht werden, Name, Anschrift und Kontaktdaten dieser Person,

1.4 Name, Anschrift und Kontaktdaten der für die Einhaltung der Regulierungsvorschriften zuständigen Person(en) gemäß Artikel 15.

2. Informationen zum Produkt

2.1 Basis-UDI-DI,

2.2 Art, Nummer und Ablaufdatum der von der Benannten Stelle ausgestellten Bescheinigung und Name oder Kennnummer dieser Benannten Stelle (sowie Link zu den Informationen auf der Bescheinigung, die die Benannte Stelle in das elektronische System für Benannte Stellen und Bescheinigungen eingegeben hat),

2.3 Mitgliedstaat, in dem das Produkt in der Union in Verkehr gebracht werden soll bzw. gebracht wurde,

2.4 bei Produkten der Klasse IIa, der Klasse IIb oder der Klasse III: Mitgliedstaaten, in denen das Produkt verfügbar ist bzw. verfügbar gemacht werden soll,

2.5 Risikoklasse des Produkts,

2.6 aufbereitetes Produkt zum Einmalgebrauch (j/n),

2.7 Vorhandensein eines Stoffes, der für sich allein genommen als Arzneimittel gelten kann, sowie Name dieses Stoffes,

2.8 Vorhandensein eines Stoffes, der für sich allein genommen als ein aus menschlichem Blut oder Plasma gewonnenes Arzneimittel gelten kann, sowie Name dieses Stoffes,

2.9 Vorhandensein von Geweben oder Zellen menschlichen Ursprungs oder ihren Derivaten (j/n),

2.10 Vorhandensein von Geweben oder Zellen tierischen Ursprungs oder ihren Derivaten im Sinne der Verordnung (EU) Nr. 722/2012 (j/n),

2.11 gegebenenfalls die einmalige Kennnummer der in Verbindung mit dem Produkt durchgeführten klinischen Prüfung(en) oder ein Link zur Registrierung der klinischen Prüfung im elektronischen System für klinische Prüfungen,

2.12 bei in Anhang XVI aufgeführten Produkten: Angabe, ob das Produkt eine andere Zweckbestimmung als die medizinische hat,

2.13 bei Produkten, die von einer nicht in Artikel 10 Absatz 15 aufgeführten juristischen oder natürlichen Person ausgelegt und hergestellt wurden: Name, Anschrift und Kontaktdaten dieser juristischen oder natürlichen Person,

2.14 bei Produkten der Klasse III oder bei implantierbaren Produkten: Kurzbericht über Sicherheit und klinische Leistung,

2.15 Marktstatus des Produkts (auf dem Markt, nicht mehr auf dem Markt, zurückgerufen, Sicherheitskorrekturmaßnahmen im Feld eingeleitet).

Teil B
In die UDI-Datenbank zusammen mit der UDI-DI gemäß den Artikeln 28 und 29 einzugebende zentrale Datenelemente

Der Hersteller gibt in die UDI-Datenbank die UDI-DI und alle folgenden Informationen zum Hersteller und zum Produkt ein:

1. Menge pro Packung,
2. die Basis-UDI-DI gemäß Artikel 29 und alle zusätzlichen UDI-DI,
3. Art der Kontrolle der Herstellung des Produkts (Verfallsdatum oder Herstellungsdatum, Losnummer, Seriennummer),
4. gegebenenfalls die UDI-DI der Gebrauchseinheit (falls auf dem Produkt auf der Ebene der Gebrauchseinheit keine UDI angegeben ist, wird eine „Gebrauchseinheit-DI" zugeteilt, um die Verwendung eines Produkts einem Patienten zuzuordnen),
5. Name und Anschrift des Herstellers (wie auf der Kennzeichnung angegeben),
6. die SRN gemäß Artikel 31 Absatz 2,

7. gegebenenfalls Name und Anschrift des Bevollmächtigten (wie auf der Kennzeichnung angegeben),
8. den Code in der Nomenklatur für Medizinprodukte gemäß Artikel 26,
9. Risikoklasse des Produkts,
10. gegebenenfalls Name oder Handelsname,
11. gegebenenfalls Modell-, Referenz- oder Katalognummer des Produkts,
12. gegebenenfalls klinische Größe (einschließlich Volumen, Länge, Breite, Durchmesser),
13. zusätzliche Produktbeschreibung (fakultativ),
14. gegebenenfalls Lagerungs- und/oder Handhabungshinweise (wie auf der Kennzeichnung oder in der Gebrauchsanweisung angegeben),
15. gegebenenfalls zusätzliche Handelsnamen des Produkts,
16. als Produkt zum Einmalgebrauch ausgewiesen (j/n),
17. gegebenenfalls Höchstzahl der Wiederverwendungen,
18. als steril ausgewiesenes Produkt (j/n),
19. Sterilisation vor Verwendung erforderlich (j/n),
20. enthält Latex (j/n),
21. gegebenenfalls nach Anhang I Abschnitt 10.4.5 gekennzeichnete Angaben,
22. URL-Adresse für zusätzliche Informationen, wie z. B. elektronische Gebrauchsanweisung (fakultativ),
23. gegebenenfalls wichtige Warnhinweise oder Kontraindikationen,
24. Marktstatus des Produkts (auf dem Markt, nicht mehr auf dem Markt, zurückgerufen, Sicherheitskorrekturmaßnahmen im Feld eingeleitet).

Teil C
Das UDI-System

1. Begriffsbestimmungen

Automatische Identifikation und Datenerfassung (Automatic Identification and Data Capture – „AIDC")

AIDC ist eine Technologie zur automatischen Erfassung von Daten. Zu AIDC-Technologien gehören Strichcodes, Chipkarten, biometrische Daten und RFID.

Basis-UDI-DI

Die Basis-UDI-DI ist die primäre Kennung eines Produktmodells. Es ist die DI, die auf Ebene der Gebrauchseinheit des Produkts zugewiesen wird. Sie ist das wichtigste Ordnungsmerkmal für Datensätze in der UDI-Datenbank und ist in den einschlägigen Bescheinigungen und EU-Konformitätserklärungen ausgewiesen.

Gebrauchseinheit-DI

Die Gebrauchseinheit-DI dient dazu, die Anwendung eines Produkts einem Patienten in den Fällen zuzuordnen, in denen die UDI nicht auf dem einzelnen Produkt auf Ebene seiner Gebrauchseinheit angegeben ist, z. B. wenn mehrere Einheiten desselben Produkts zusammen verpackt sind.

Konfigurierbares Produkt

Ein konfigurierbares Produkt ist ein Produkt, das aus mehreren Komponenten besteht, die vom Hersteller in unterschiedlichen Konfigurationen zusammengefügt werden können. Diese einzelnen Komponenten können für sich genommen Produkte sein.

Konfigurierbare Produkte sind z. B. Computertomographie-Systeme, Ultraschall-Systeme, Anästhesie-Systeme, Systeme zur physiologischen Überwachung und radiologische Informationssysteme.

Konfiguration

Die Konfiguration ist eine vom Hersteller festgelegte Kombination von Baueinheiten, die als Produkt zusammenwirken, um eine Zweckbestimmung zu erfüllen. Die Kombination von Baueinheiten kann geändert, angepasst oder auf spezifische Bedürfnisse zugeschnitten werden.

Konfigurationen umfassen u. a.

- Ringtunnel, Röhren, Tische, Konsolen und andere Baueinheiten, die konfiguriert/kombiniert werden können, um eine bestimmungsgemäße Funktion in der Computertomographie zu erfüllen,
- Ventilatoren, Atmungsleitungen, Verdampfer, die miteinander kombiniert werden, um eine bestimmungsgemäße Funktion in der Anästhesie zu erfüllen.

UDI-DI

Die UDI-DI ist ein einmaliger numerischer oder alphanumerischer Code, der einem Produktmodell eigen ist und der auch als „Zugangsschlüssel“ zu Informationen in einer UDI-Datenbank dient.

Vom Menschen lesbare Form (Human Readable Interpretation – „HRI“)

Die HRI ist eine Form, in der Daten des UDI-Trägers vom Menschen gelesen werden können.

Verpackungsebenen

Verpackungsebenen sind die verschiedenen Ebenen der Produktverpackungen, die eine festgelegte Menge an Produkten enthalten, wie z. B. eine Schachtel oder Kiste.

UDI-PI

Die UDI-PI ist ein numerischer oder alphanumerischer Code, mit dem die Produktionseinheit des Produkts gekennzeichnet wird.

Zu den verschiedenen Arten der UDI-PI gehören die Seriennummer, die Losnummer, die Software-Identifikation und das Herstellungs- oder Verfallsdatum oder beide Daten.

Radiofrequenz-Identifizierung (RFID)

RFID ist eine Technologie, bei der die Kommunikation über Funkwellen erfolgt, um zum Zwecke der Identifizierung Daten zwischen einem Lesegerät und einer auf einem Gegenstand angebrachten elektronischen Kennzeichnung auszutauschen.

Versandcontainer

Ein Versandcontainer ist ein Container, dessen Rückverfolgbarkeit über einen für Logistiksysteme spezifischen Kontrollprozess ermöglicht wird.

Einmalige Produktkennung (UDI)

Die UDI ist eine Abfolge numerischer oder alphanumerischer Zeichen, die mittels eines weltweit anerkannten Identifizierungs- und Kodierungsstandards erstellt wurde. Sie ermöglicht die eindeutige Identifizierung eines einzelnen Produkts auf dem Markt. Die UDI besteht aus der UDI-DI und der UDI-PI.

Der Begriff „einmalig“ bedeutet nicht, dass einzelne Produktionseinheiten serialisiert werden.

UDI-Träger

Der UDI-Träger ist das Mittel, mit dem die UDI durch die AIDC und gegebenenfalls in ihrer HRI wiedergegeben wird.

UDI-Träger sind u. a. lineare 1D-Strichcodes, 2D-Matrix-Strichcodes und RFID.

2. Allgemeine Anforderungen

2.1 Die Anbringung der UDI ist eine zusätzliche Anforderung – sie ersetzt keine anderen Markierungs- oder Kennzeichnungsanforderungen gemäß Anhang I dieser Verordnung.

2.2 Der Hersteller teilt eindeutige UDI für seine Produkte zu und pflegt diese.

2.3 Die UDI darf nur vom Hersteller auf dem Produkt oder seiner Verpackung angebracht werden.

2.4 Es dürfen nur die Kodierungsstandards verwendet werden, die von den von der Kommission gemäß Artikel 27 Absatz 2 benannten zuteilenden Stellen bereitgestellt werden.

3. Die UDI

3.1 Eine UDI wird dem Produkt selbst oder seiner Verpackung zugeteilt. Höhere Verpackungsebenen verfügen über eine eigene UDI.

3.2 Versandcontainer sind von der Anforderung in Abschnitt 3.1 auszunehmen. So ist beispielsweise auf einer Logistikeinheit keine UDI erforderlich. Bestellt ein Gesundheitsdienstleister mehrere Produkte unter Verwendung der UDI oder der Modellnummer der einzelnen Produkte und verwendet der Hersteller einen Container, um diese Produkte zu versenden oder die einzeln verpackten Produkte zu schützen, so unterliegt der Container (die Logistikeinheit) nicht den UDI-Anforderungen.

3.3 Die UDI setzt sich aus zwei Teilen zusammen: der UDI-DI und der UDI-PI.

3.4 Die UDI-DI ist auf allen Ebenen der Produktverpackung einmalig.

3.5 Wird auf der Kennzeichnung eine Losnummer, eine Seriennummer, eine Software-Identifikation oder ein Verfallsdatum angegeben, so ist diese bzw. dieses Teil der UDI-PI. Befindet sich auf der Kennzeichnung auch das Herstellungsdatum, so muss dieses nicht in die UDI-PI aufgenommen werden. Befindet sich auf der Kennzeichnung nur das Herstellungsdatum, so ist dieses als UDI-PI zu verwenden.

3.6 Jeder Komponente, die als Produkt gilt und für sich genommen kommerziell verfügbar ist, wird eine gesonderte UDI zugewiesen, es sei denn, die Komponenten sind Teil eines konfigurierbaren Produkts, das mit einer eigenen UDI gekennzeichnet ist.

3.7 Die Systeme und Behandlungseinheiten gemäß Artikel 22 erhalten und tragen ihre eigene UDI.

3.8 Die Hersteller teilen einem Produkt die UDI gemäß dem einschlägigen Kodierungsstandard zu.

3.9 Eine neue UDI-DI ist immer dann erforderlich, wenn eine Änderung erfolgt, die eine Fehlidentifizierung des Produkts und/oder Unklarheiten bei seiner Rückverfolgbarkeit zur Folge haben könnte; insbesondere bei der Änderung eines der folgenden Datenelemente in der UDI-Datenbank ist eine neue UDI-DI erforderlich:

a) Name oder Handelsname,

b) Produktversion oder -modell,

c) zum einmaligen Gebrauch ausgewiesen,

d) steril verpackt,

e) Sterilisation vor Verwendung erforderlich,

f) Menge von Produkten in einer Verpackung,

g) wichtige Warnhinweise oder Kontraindikationen: z. B. enthält Latex oder DEHP.

3.10 Hersteller, die Produkte umpacken und/oder mit einer eigenen Kennzeichnung neu kennzeichnen, behalten einen Nachweis der UDI des Originalprodukteherstellers.

4. UDI-Träger

4.1 Der UDI-Träger (AIDC- und HRI-Darstellung der UDI) wird auf der Kennzeichnung oder auf dem Produkt selbst sowie auf allen höheren Ebenen der Produktverpackung angebracht. Versandcontainer gelten nicht als höhere Verpackungsebene.

4.2 Bei erheblichem Platzmangel auf der Verpackung der Gebrauchseinheit kann der UDI-Träger auf der nächsthöheren Verpackungsebene angebracht werden.

4.3 Bei Produkten für den einmaligen Gebrauch der Klassen I und IIa, die einzeln verpackt und gekennzeichnet werden, ist zwar das Anbringen des UDI-Trägers auf der Verpackung nicht erforderlich, doch ist er auf einer höheren Verpackungsebene anzubringen, z. B. einem Karton, der mehrere einzeln verpackte Produkte enthält. Wenn allerdings der Gesundheitsdienstleister voraussichtlich keinen Zugang zur höheren Verpackungsebene hat, wie z. B. bei der häuslichen Pflege, wird die UDI auf der Verpackung des Einzelprodukts angebracht.

4.4 Bei Produkten, die ausschließlich für Verkaufsstellen des Einzelhandels vorgesehen sind, ist es nicht erforderlich, dass die UDI-PI im AIDC-Format auf der Verpackung der Verkaufsstelle angebracht werden.

4.5 Sind AIDC-Träger, die keine UDI-Träger sind, Bestandteil der Produktkennzeichnung, so muss der UDI-Träger leicht erkennbar sein.

4.6 Werden lineare Strichcodes verwendet, so können die UDI-DI und die UDI-PI entweder miteinander verkettet sein oder nicht verkettet in zwei oder mehreren Strichcodes angegeben werden. Alle Bestandteile und Elemente des Strichcodes müssen unterscheidbar und erkennbar sein.

4.7 Gibt es erhebliche Probleme, beide Formate – AIDC und HRI – auf der Kennzeichnung unterzubringen, so ist nur das AIDC-Format auf der Kennzeichnung zu verwenden. Bei Produkten, die außerhalb von Gesundheitseinrichtungen verwendet werden sollen, wie etwa Produkte für die häusliche Pflege, ist allerdings das HRI-Format auf der Kennzeichnung zu verwenden, auch wenn dies dazu führt, dass für das AIDC-Format keine Fläche zur Verfügung steht.

4.8 Beim HRI-Format sind die Vorschriften der den UDI-Code herausgebenden Stelle zu befolgen.

4.9 Verwendet der Hersteller die RFID-Technologie, so wird zudem ein linearer Strichcode oder ein 2D-Strichcode entsprechend dem von den Zuteilungsstellen vorgegebenen Standard auf der Kennzeichnung verwendet.

4.10 Wiederverwendbare Produkte tragen den UDI-Träger auf dem Produkt selbst. Der UDI-Träger für wiederverwendbare Produkte, bei denen zwischen den Anwendungen am Patienten eine Reinigung, Desinfektion, Sterilisation oder Aufbereitung erforderlich ist, muss dauerhaft angebracht und nach jedem Verfahren, das zur Vorbereitung des Produkts für die nachfolgende Verwendung durchgeführt wird, während der gesamten erwarteten Lebensdauer des Produkts lesbar sein. Die Anforderung dieses Abschnitts gilt nicht für Produkte, auf die einer der folgenden Umstände zutrifft:

a) Jegliche Art von direkter Kennzeichnung würde die Sicherheit oder Leistung des Produkts beeinträchtigen;

b) das Produkt kann nicht direkt gekennzeichnet werden, weil dies technisch nicht möglich ist.

4.11 Der UDI-Träger muss bei normaler Anwendung während der erwarteten Lebensdauer des Produkts lesbar sein.

4.12 Ist der UDI-Träger leicht lesbar oder lässt er sich im Falle von AIDC durch die Verpackung des Produkts hindurch scannen, so ist das Anbringen des UDI-Trägers auf der Verpackung nicht erforderlich.

4.13 Bei einzelnen Endprodukten, die aus mehreren Teilen bestehen, die vor ihrer ersten Anwendung zusammengefügt werden müssen, reicht es aus, wenn der UDI-Träger auf lediglich einem Teil jedes Produkts angebracht wird.

4.14 Der UDI-Träger wird so angebracht, dass die AIDC während des normalen Betriebs oder der normalen Lagerung zugänglich ist.

4.15 Strichcode-Träger, auf denen sich sowohl eine UDI-DI als auch eine UDI-PI befinden, können auch wichtige Daten für den Betrieb des Produkts oder andere Daten enthalten.

5. Allgemeine Grundsätze der UDI-Datenbank

5.1 Die UDI-Datenbank unterstützt die Verwendung aller zentralen Datenelemente der UDI-Datenbank gemäß Teil B dieses Anhangs.

5.2 Die Hersteller sind verantwortlich für die erste Übermittlung der Identifizierungsinformationen und anderer Datenelemente des Produkts an die UDI-Datenbank sowie für ihre Aktualisierung.

5.3 Es müssen geeignete Methoden/Verfahren für die Validierung der bereitgestellten Daten angewendet werden.

5.4 Die Hersteller überprüfen regelmäßig die Korrektheit sämtlicher einschlägigen Daten zu Produkten, die sie in Verkehr gebracht haben, mit Ausnahme der Produkte, die nicht mehr auf dem Markt verfügbar sind.

5.5 Bei Vorhandensein der UDI-DI eines Produkts in der UDI-Datenbank darf nicht automatisch angenommen werden, dass das Produkt den Anforderungen dieser Verordnung entspricht.

5.6 Die Datenbank ermöglicht die Verknüpfung aller Verpackungsebenen des Produkts.

5.7 Die Daten für neue UDI-DI stehen zum Zeitpunkt des Inverkehrbringens des Produkts zur Verfügung.

5.8 Die Hersteller aktualisieren innerhalb von 30 Tagen nach der Änderung eines Elements, bei der keine neue UDI-DI erforderlich ist, die einschlägigen Datensätze in der UDI-Datenbank.

5.9 Bei der UDI-Datenbank werden – soweit möglich – international anerkannte Standards für die Übermittlung und Aktualisierung von Daten verwendet.

5.10 Die Benutzerschnittstelle der UDI-Datenbank steht in allen Amtssprachen der Union zur Verfügung. Allerdings ist die Verwendung von Freitext-Feldern auf ein Mindestmaß zu begrenzen, damit nur geringer Übersetzungsbedarf entsteht.

5.11 Daten zu Produkten, die nicht mehr auf dem Markt verfügbar sind, bleiben in der UDI-Datenbank gespeichert.

6. Regeln für bestimmte Produktarten

6.1 Implantierbare Produkte

6.1.1 Implantierbare Produkte werden auf ihrer niedrigsten Verpackungsebene („Einzelpackungen“) mit einer UDI (UDI-DI + UDI-PI) gekennzeichnet oder mit dieser unter Verwendung des AIDC-Formats markiert.

6.1.2 Die UDI-PI umfasst mindestens folgende Merkmale:

a) die Seriennummer bei aktiven implantierbaren Produkten,

b) die Seriennummer oder Losnummer bei anderen implantierbaren Produkten.

6.1.3 Die UDI von implantierbaren Produkten ist vor der Implantation identifizierbar.

6.2 Wiederverwendbare Produkte, bei denen zwischen den Verwendungen eine Reinigung, Desinfektion, Sterilisation oder Aufbereitung erforderlich ist

6.2.1 Die UDI von solchen Produkten wird auf dem Produkt angebracht und ist nach jedem Verfahren zur Vorbereitung des Produkts für die nächste Verwendung lesbar.

6.2.2 Die UDI-PI-Merkmale wie z. B. die Los- oder Seriennummer werden vom Hersteller festgelegt.

6.3 Systeme und Behandlungseinheiten gemäß Artikel 22

6.3.1 Die in Artikel 22 in Bezug genommene natürliche und juristische Person ist verantwortlich für die Kennzeichnung des Systems oder der Behandlungseinheit mit einer UDI, in der sowohl die UDI-DI als auch die UDI-PI enthalten sind.

6.3.2 Produktinhalte von Systemen oder Behandlungseinheiten tragen einen UDI-Träger auf ihrer Verpackung oder auf dem Produkt selbst.

Ausnahmen:

a) Bei Einwegprodukten für den einmaligen individuellen Gebrauch, deren Anwendung den Personen, die sie verwenden sollen, allgemein bekannt ist, die in einem System oder einer Behandlungseinheit enthalten sind und die nicht für die individuelle Verwendung außerhalb des Systems oder der Behandlungseinheit vorgesehen sind, ist es nicht erforderlich, dass sie einen eigenen UDI-Träger tragen.

b) Bei Produkten, die von der Pflicht des Anbringens eines UDI-Trägers auf der einschlägigen Verpackungsebene ausgenommen sind, ist es nicht erforderlich, dass sie einen UDI-Träger tragen, wenn sie in ein System oder eine Behandlungseinheit einbezogen sind.

6.3.3 Anbringen des UDI-Trägers auf Systeme oder Behandlungseinheiten

a) In der Regel wird der UDI-Träger eines Systems oder einer Behandlungseinheit auf der Außenseite der Verpackung angebracht.

b) Der UDI-Träger ist lesbar oder lässt sich im Falle von AIDC scannen, unabhängig davon, ob er sich auf der Außenseite der Verpackung des Systems oder der Behandlungseinheit oder innerhalb einer durchsichtigen Verpackung befindet.

6.4 Konfigurierbare Produkte

6.4.1 Die UDI wird dem konfigurierbaren Produkt in seiner Gesamtheit zugeteilt und als UDI des konfigurierbaren Produkts bezeichnet.

6.4.2 Die UDI-DI des konfigurierbaren Produkts wird Konfigurationsgruppen und nicht einzelnen Konfigurationen innerhalb der Gruppe zugeteilt. Unter einer Konfigurationsgruppe ist die Zusammenstellung der in der technischen Dokumentation beschriebenen möglichen Konfigurationen für ein bestimmtes Produkt zu verstehen.

6.4.3 Eine UDI-PI des konfigurierbaren Produkts wird jedem einzelnen konfigurierbaren Produkt zugeteilt.

6.4.4 Der Träger der UDI des konfigurierbaren Produkts wird auf demjenigen Bauteil angebracht, bei dem die geringste Wahrscheinlichkeit besteht, dass es während der Lebensdauer des Systems ausgetauscht wird, und als UDI des konfigurierbaren Produkts gekennzeichnet.

6.4.5 Jede Komponente, die als Produkt gilt und allein kommerziell verfügbar ist, bekommt eine gesonderte UDI zugewiesen.

6.5 Software für Produkte

6.5.1 Kriterien für die Zuteilung der UDI

Die UDI wird auf der Systemebene der Software zugeteilt. Diese Anforderung gilt ausschließlich für Software, die für sich genommen kommerziell verfügbar ist, und für Software, die für sich genommen ein Produkt ist.

Die Software-Identifikation wird als Herstellungskontrollmechanismus betrachtet und in der UDI-PI angegeben.

6.5.2 Eine neue UDI-DI ist immer dann erforderlich, wenn Folgendes geändert wird:

a) die ursprüngliche Leistung,

b) die Sicherheit oder die bestimmungsgemäße Verwendung der Software,

c) die Auswertung der Daten.

Zu diesen Änderungen gehören neue oder geänderte Algorithmen, Datenbankstrukturen, Betriebsplattformen und Architekturen oder neue Schnittstellen oder neue Kanäle für die Interoperabilität.

6.5.3 Geringfügige Änderungen der Software erfordern eine neue UDI-PI, nicht aber eine neue UDI-DI.

Geringfügige Änderungen der Software hängen in der Regel mit Fehlerbehebungen, nicht Sicherheitszwecken dienenden Verbesserungen der Gebrauchstauglichkeit, Sicherheitspatches oder der Betriebseffizienz zusammen.

Geringfügige Änderungen der Software werden mit einer herstellerspezifischen Kennzeichnungsart angegeben.

6.5.4 Kriterien für das Anbringen der UDI bei Software

a) Wird die Software auf einem physischen Träger wie einer CD oder einer DVD angeboten, so wird auf jeder Verpackungsebene die gesamte UDI im HRI-Format und im AIDC-Format dargestellt. Die UDI, die für den physischen Träger der Software und seine Verpackung gilt, ist identisch mit der UDI, die auf Systemebene der Software zugeteilt wurde.

b) Die UDI wird in einem für den Nutzer leicht zugänglichen Fenster in einem leicht lesbaren reinen Textformat angezeigt, wie z. B. im Infofenster mit Systeminformationen, oder im Startfenster.

c) Software, die keine Benutzerschnittstelle hat, wie z. B. Middleware für Bildkonvertierung, muss in der Lage sein, die UDI über eine Anwendungsprogrammschnittstelle zu übermitteln.

d) In den elektronischen Anzeigen der Software ist nur der vom Menschen lesbare Teil der UDI anzugeben. Die Angabe der UDI im AIDC-Format ist in den elektronischen Anzeigen, wie z. B. im Infofenster mit Systeminformationen, im Begrüßungsfenster usw., nicht erforderlich.

e) Die UDI der Software in vom Menschen lesbarer Form enthält die Anwendungskennungen (AI) des von den Zuteilungsstellen verwendeten Standards, um den Nutzer dabei zu unterstützen, die UDI zu identifizieren und festzustellen, welcher Standard bei der Erstellung der UDI verwendet wurde.

Anhang VII
Von den Benannten Stellen zu erfüllende Anforderungen

1. Organisatorische und allgemeine Anforderungen

1.1 Rechtsstatus und Organisationsstruktur

1.1.1 Jede Benannte Stelle wird nach dem nationalen Recht eines Mitgliedstaats oder nach dem Recht eines Drittstaats, mit dem die Union eine diesbezügliche Vereinbarung geschlossen hat, gegründet. Ihre Rechtspersönlichkeit und ihr Rechtsstatus werden vollständig dokumentiert. Zu den entsprechenden Unterlagen gehören Informationen über Eigentumsrechte sowie über die juristischen oder natürlichen Personen, die Kontrolle über die Benannte Stelle ausüben.

1.1.2 Handelt es sich bei der Benannten Stelle um eine juristische Person, die Teil einer größeren Einrichtung ist, so sind die Tätigkeiten dieser Einrichtung sowie ihre Organisations- und Leitungsstruktur und ihr Verhältnis zu der Benannten Stelle eindeutig zu dokumentieren. In diesen Fällen gelten die Anforderungen des Abschnitts 1.2 sowohl für die Benannte Stelle als auch für die Einrichtung, zu der sie gehört.

1.1.3 Ist eine Benannte Stelle ganz oder teilweise Eigentümerin von in einem Mitgliedstaat oder Drittstaat gegründeten Rechtsträgern oder befindet sie sich im Eigentum eines anderen Rechtsträgers, so sind die Tätigkeiten und Zuständigkeiten dieser Rechtsträger sowie ihre rechtlichen und operationellen Beziehungen zu der Benannten Stelle eindeutig zu definieren und zu dokumentieren. Mitarbeiter dieser Rechtsträger, die Konformitätsbewertungstätigkeiten gemäß dieser Verordnung durchführen, unterliegen den geltenden Anforderungen dieser Verordnung.

1.1.4 Die Organisationsstruktur, die Zuweisung der Zuständigkeiten, die Berichtslinien und die Funktionsweise der Benannten Stelle sind so gestaltet, dass sie die Zuverlässigkeit der Leistung der Benannten Stelle und der Ergebnisse der von ihr durchgeführten Konformitätsbewertungstätigkeiten gewährleisten.

1.1.5 Die Organisationsstruktur und die Funktionen, Zuständigkeiten und Befugnisse ihrer obersten Leitungsebene und anderer Mitarbeiter mit möglichem Einfluss auf die Leistung der Benannten Stelle sowie auf die Ergebnisse ihrer Konformitätsbewertungstätigkeiten sind von der Benannten Stelle klar zu dokumentieren.

1.1.6 Die Benannte Stelle bestimmt die Personen der obersten Leitungsebene, die die Gesamtbefugnis und -verantwortung für die folgenden Bereiche tragen:

- die Bereitstellung angemessener Ressourcen für Konformitätsbewertungstätigkeiten;
- die Festlegung von Verfahren und Konzepten für die Funktionsweise der Benannten Stelle;
- die Überwachung der Umsetzung der Verfahren, Konzepte und Qualitätsmanagementsysteme der Benannten Stelle;
- die Aufsicht über die Finanzen der Benannten Stelle;
- die Tätigkeiten und Entscheidungen der Benannten Stelle, vertragliche Vereinbarungen eingeschlossen;
- erforderlichenfalls die Übertragung von Befugnissen auf Mitarbeiter und/oder Ausschüsse zur Durchführung bestimmter Tätigkeiten;
- die Zusammenarbeit mit der für Benannte Stellen zuständigen Behörde und die Pflichten hinsichtlich der Kommunikation mit anderen zuständigen Behörden, der Kommission und anderen Benannten Stellen.

1.2 Unabhängigkeit und Unparteilichkeit

1.2.1 Die Benannte Stelle ist eine unabhängige dritte Stelle, die mit dem Hersteller des Produkts, dessen Konformität sie bewerten, in keinerlei Verbindung stehen. Darüber hinaus ist die Benannte Stelle von allen anderen Wirtschaftsakteuren, die ein Interesse an dem Produkt haben, und von allen Wettbewerbern des Herstellers unabhängig. Dies schließt nicht aus, dass die Benannte Stelle Konformitätsbewertungstätigkeiten für konkurrierende Hersteller durchführt.

1.2.2 Die Benannte Stelle gewährleistet durch ihre Organisation und Arbeitsweise, dass bei der Ausübung ihrer Tätigkeit Unabhängigkeit, Objektivität und Unparteilichkeit gewahrt sind. Von der Benannten Stelle werden eine Struktur und Verfahren dokumentiert und umgesetzt, um die Unparteilichkeit zu gewährleisten und sicherzustellen, dass die Grundsätze der Unparteilichkeit in ihrer gesamten Organisation und von allen Mitarbeitern und bei allen Bewertungstätigkeiten gefördert und angewandt werden. Diese Verfahren ermöglichen die Identifizierung, Prüfung und Lösung von Fällen, in denen es zu einem Interessenkonflikt kommen könnte; dazu gehört auch die Beteiligung an Beratungsdiensten im Bereich der Produkte vor der Aufnahme einer Beschäftigung bei der Benannten Stelle. Diese Prüfungen, ihre Ergebnisse und Lösungen werden dokumentiert.

1.2.3 Die Benannte Stelle, ihre oberste Leitungsebene und die für die Erfüllung der Konformitätsbewertungsaufgaben zuständigen Mitarbeiter dürfen

a) weder Produktentwickler, Hersteller, Lieferant, Monteur, Käufer, Eigentümer oder Wartungsbetrieb der Produkte, die sie bewerten, noch Bevollmächtigter einer dieser Parteien sein. Diese Einschränkung schließt den Kauf und die Verwendung von bewerteten Produkten, die für die Tätigkeiten der Benannten Stelle erforderlich sind, und die Durchführung der Konformitätsbewertung oder die Verwendung solcher Produkte für persönliche Zwecke nicht aus,

b) weder an der Auslegung, Herstellung, Vermarktung, Installation und Verwendung oder Wartung der Produkte, für die sie benannt sind, mitwirken, noch die an diesen Tätigkeiten beteiligten Parteien vertreten,

c) sich nicht mit Tätigkeiten befassen, die ihre Unabhängigkeit bei der Beurteilung oder ihre Integrität im Zusammenhang mit den Konformitätsbewertungstätigkeiten, für die sie benannt sind, beeinträchtigen können,

d) keine Dienstleistungen anbieten oder erbringen, die das Vertrauen in ihre Unabhängigkeit, Unparteilichkeit oder Objektivität beeinträchtigen können. Insbesondere dürfen sie keine Beratungsdienste anbieten oder ausführen, die an den Hersteller, seinen bevollmächtigten Vertreter, einen Lieferanten oder einen kommerziellen Konkurrenten gerichtet sind und die Auslegung, Herstellung, Vermarktung oder Instandhaltung der zu bewertenden Produkte oder Verfahren betreffen, und

e) nicht mit einer Einrichtung verbunden sein, die ihrerseits die unter Buchstabe d genannten Beratungsdienstleistungen erbringt. Diese Einschränkung schließt allgemeine Schulungen, die nicht kundenspezifisch sind und die im Zusammenhang mit den Rechtsvorschriften für Produkte oder mit einschlägigen Normen stehen, nicht aus.

1.2.4 Eine Beteiligung an Beratungsdienstleistungen im Bereich der Produkte vor Aufnahme einer Beschäftigung bei einer Benannten Stelle ist zum Zeitpunkt der Aufnahme der Beschäftigung umfassend zu dokumentieren; potenzielle Interessenkonflikte sind zu prüfen und im Einklang mit diesem Anhang zu lösen. Personen, die vor Aufnahme einer Beschäftigung bei einer Benannten Stelle bei einem speziellen Kunden beschäftigt waren oder für diesen Beratungsdienstleistungen im Bereich der Produkte erbracht haben, werden während eines Zeitraums von drei Jahren nicht mit Konformitätsbewertungstätigkeiten für diesen speziellen Kunden oder für Unternehmen, die zu demselben Konzern gehören, betraut.

1.2.5 Die Unparteilichkeit Benannter Stellen, ihrer obersten Leitungsebene und ihres Bewertungspersonals ist zu garantieren. Die Höhe der Entlohnung der obersten Leitungsebene und des bewertenden Personals einer Benannten Stelle und der an Bewertungstätigkeiten beteiligten Unterauftragnehmer darf sich nicht nach den Ergebnissen der Bewertung richten. Benannte Stellen machen die Interessenerklärungen ihrer obersten Leitungsebene öffentlich zugänglich.

1.2.6 Falls eine Benannte Stelle Eigentum einer öffentlichen Stelle oder Einrichtung ist, sind Unabhängigkeit und Nichtvorhandensein von Interessenkonflikten zwischen der für Benannte Stellen zuständigen Behörde und/oder der zuständigen Behörde einerseits und der Benannten Stelle andererseits zu gewährleisten und zu dokumentieren.

1.2.7 Die Benannte Stelle gewährleistet und belegt, dass die Tätigkeiten ihrer Zweigstellen oder Unterauftragnehmer oder einer zugeordneten Stelle, einschließlich Tätigkeiten ihrer Eigentümer, die Unabhängigkeit, Unparteilichkeit oder Objektivität ihrer Konformitätsbewertungstätigkeiten nicht beeinträchtigen.

1.2.8 Die Benannte Stelle wird im Einklang mit einem Paket kohärenter, gerechter und angemessener Geschäftsbedingungen tätig, wobei sie in Bezug auf Gebühren die Interessen kleiner und mittlerer Unternehmen gemäß der Empfehlung 2003/361/EG berücksichtigt.

1.2.9 Die in diesem Abschnitt festgelegten Anforderungen schließen den Austausch technischer Daten und regulatorischer Leitlinien zwischen einer Benannten Stelle und einem Hersteller, der eine Konformitätsbewertung beantragt, keinesfalls aus.

1.3 Vertraulichkeit

1.3.1 Die Benannte Stelle gewährleistet durch dokumentierte Verfahren, dass ihre Mitarbeiter, Ausschüsse, Zweigstellen, Unterauftragnehmer sowie alle zugeordneten Stellen oder Mitarbeiter externer Einrichtungen die Vertraulichkeit der Informationen, die bei der Durchführung der Konformitätsbewertungstätigkeiten in ihren Besitz gelangen, wahren, außer wenn die Offenlegung gesetzlich vorgeschrieben ist.

1.3.2 Das Personal einer Benannten Stelle ist – außer gegenüber den für Benannte Stellen zuständigen Behörden, den in den Mitgliedstaaten für Medizinprodukte zuständigen Behörden oder der Kommission – bei der Durchführung seiner Aufgaben im Rahmen dieser Verordnung oder jeder nationalen Rechtsvorschrift, die dieser Verordnung Wirkung verleiht, durch das Berufsgeheimnis gebunden. Eigentumsrechte werden geschützt. Die Benannte Stelle verfügt über dokumentierte Verfahren bezüglich der Anforderungen dieses Abschnitts.

1.4 Haftung

1.4.1 Die Benannte Stelle schließt eine angemessene Haftpflichtversicherung für ihre Konformitätsbewertungstätigkeiten ab, es sei denn, diese Haftpflicht wird aufgrund nationalen Rechts von dem betreffenden Mitgliedstaat gedeckt oder dieser Mitgliedstaat ist unmittelbar für die Durchführung der Konformitätsbewertung zuständig.

1.4.2 Umfang und Gesamtdeckungssumme der Haftpflichtversicherung entsprechen dem Ausmaß und der geografischen Reichweite der Tätigkeiten der Benannten Stelle sowie dem Risikoprofil der von der Benannten Stelle zertifizierten Produkte. Die Haftpflichtversicherung deckt Fälle ab, in denen die Benannte Stelle gezwungen sein kann, Bescheinigungen zu widerrufen, einzuschränken oder auszusetzen.

1.5 Finanzvorschriften

Die Benannte Stelle verfügt über die zur Durchführung ihrer Konformitätsbewertungstätigkeiten für Produkte im Rahmen ihrer Benennung und der damit verbundenen Geschäftsvorgänge erforderlichen Finanzressourcen. Sie dokumentiert ihre finanzielle Leistungsfähigkeit und ihre langfristige wirtschaftliche Rentabilität und erbringt diesbezügliche Nachweise, wobei gegebenenfalls besondere Umstände während der ersten Anlaufphase zu berücksichtigen sind.

1.6 Beteiligung an Koordinierungstätigkeiten

1.6.1 Die Benannte Stelle wirkt an allen einschlägigen Normungsarbeiten und an der Arbeit der Koordinierungsgruppe Benannter Stellen gemäß Artikel 49 mit bzw. sorgt dafür, dass ihr Bewertungspersonal darüber informiert wird. Darüber hinaus sorgt sie dafür, dass ihr Bewertungspersonal und ihre Entscheidungsträger von allen im Rahmen dieser Verordnung angenommenen einschlägigen Rechtsvorschriften, Leitlinien und Dokumenten über vorbildliche Verfahren Kenntnis erhalten.

1.6.2 Die Benannte Stelle berücksichtigt Leitlinien und Dokumente über vorbildliche Verfahren.

2. Anforderungen an das Qualitätsmanagement

2.1 Das von der Benannten Stelle eingerichtete, dokumentierte, umgesetzte, aufrechterhaltene und betriebene Qualitätsmanagementsystem ist für die Art, den Bereich und den Umfang ihrer Konformitätsbewertungstätigkeiten geeignet und ermöglicht es, eine dauerhafte Erfüllung der in dieser Verordnung beschriebenen Anforderungen zu unterstützen und aufzuzeigen.

2.2 Das Qualitätsmanagementsystem der Benannten Stelle deckt mindestens folgende Elemente ab:

- Struktur und Dokumentation des Managementsystems einschließlich operativer Konzepte und Ziele;
- Strategien für die Zuweisung bestimmter Aufgaben und Zuständigkeiten an Mitarbeiter;
- Bewertungs- und Entscheidungsprozesse in Übereinstimmung mit den Aufgaben, Zuständigkeiten und Funktionen der Mitarbeiter und der obersten Leitungsebene der Benannten Stelle;
- Planung, Durchführung, Bewertung und erforderlichenfalls Anpassung ihrer Konformitätsbewertungsverfahren;
- Kontrolle von Dokumenten;
- Kontrolle von Aufzeichnungen;
- Managementbewertungen;

- interne Audits;
- Korrektur- und Vorbeugungsmaßnahmen;
- Beschwerden und Klagen und
- Weiterbildung.

Wenn Dokumente in verschiedenen Sprachen verwendet werden, gewährleistet und überprüft die Benannte Stelle, dass sie den gleichen Inhalt haben.

2.3 Die oberste Leitungsebene der Benannten Stelle stellt sicher, dass das Qualitätsmanagementsystem in der gesamten Organisation der Benannten Stelle vollständig verstanden, umgesetzt und aufrechterhalten wird, was auch für ihre Zweigstellen und Unterauftragnehmer, die an Konformitätsbewertungstätigkeiten gemäß dieser Verordnung beteiligt sind, gilt.

2.4 Die Benannte Stelle verlangt von allen Mitarbeitern, sich durch Unterschrift oder auf gleichwertige Weise förmlich dazu zu verpflichten, die von der Benannten Stelle festgelegten Verfahren einzuhalten. Diese Verpflichtung erfasst auch die Aspekte betreffend die Vertraulichkeit und Unabhängigkeit von kommerziellen oder anderen Interessen sowie jede bestehende oder frühere Verbindung zu Kunden. Die Mitarbeiter müssen schriftlich erklären, dass sie die Grundsätze der Vertraulichkeit, Unabhängigkeit und Unparteilichkeit einhalten.

3. Erforderliche Ressourcen

3.1 Allgemein

3.1.1 Die Benannten Stellen sind in der Lage, die ihnen durch diese Verordnung zufallenden Aufgaben mit höchster beruflicher Integrität und der erforderlichen Fachkompetenz in dem betreffenden Bereich auszuführen, gleichgültig, ob diese Aufgaben von den Benannten Stellen selbst oder in ihrem Auftrag und in ihrer Verantwortung erfüllt werden.

Insbesondere verfügen die Benannten Stellen über die notwendige Personalausstattung sowie die Ausrüstungen, Einrichtungen und Kompetenzen, die für die ordnungsgemäße Durchführung der technischen, wissenschaftlichen und administrativen Aufgaben im Zusammenhang mit den Konformitätsbewertungstätigkeiten, für die sie benannt wurden, erforderlich sind, bzw. haben Zugang zu diesen.

Diese Anforderung setzt voraus, dass die Benannte Stelle jederzeit und für jedes Konformitätsbewertungsverfahren und für jede Art von Produkten, für die sie benannt wurde, permanent über ausreichend administratives, technisches und wissenschaftliches Personal verfügt, das die entsprechenden Erfahrungen und Kenntnisse im Bereich der einschlägigen Produkte und der entsprechenden Technologien besitzt. Die Personalausstattung muss ausreichen, um sicherzustellen, dass die betreffende Benannte Stelle die Konformitätsbewertungsaufgaben – einschließlich der Begutachtung der medizinischen Funktion, der klinischen Bewertungen und der Leistung und Sicherheit – für die Produkte, für die sie benannt wurde in Bezug auf die Anforderungen dieser Verordnung, insbesondere die Anforderungen des Anhangs I, durchführen kann.

Eine Benannte Stelle ist aufgrund ihrer insgesamt vorhandenen Kompetenzen in der Lage, die Arten von Produkten, für die sie benannt wurde, zu bewerten. Sie verfügt über ausreichende interne Kompetenzen, um von externen Experten durchgeführte Bewertungen kritisch beurteilen zu können. Die Aufgaben, die eine Benannte Stelle nicht an Unterauftragnehmer vergeben darf, sind in Abschnitt 4.1 aufgeführt.

Das Personal, das an der Leitung der Durchführung der Konformitätsbewertungstätigkeiten für Produkte durch eine Benannte Stelle beteiligt ist, verfügt über angemessene Kenntnisse, um ein System für die Auswahl von mit der Durchführung der Bewertungen und Prüfungen beauftragten Mitarbeitern, die Überprüfung ihrer Kenntnisse, die Genehmigung und Zuweisung ihrer Aufgaben, die Organisation ihrer Erstschulung und fortlaufenden Weiterbildung sowie die Zuweisung ihrer Aufgaben und die Überwachung dieser Mitarbeiter zu errichten und zu betreiben, um sicherzustellen, dass das mit der Durchführung von Bewertungen und Prüfungen befasste Personal über Kompetenzen verfügt, die zur Erfüllung der ihm übertragenen Aufgaben erforderlich sind.

Die Benannte Stelle benennt mindestens eine Einzelperson ihrer obersten Leitungsebene, die die Gesamtverantwortung für alle Konformitätsbewertungstätigkeiten für Produkte trägt.

3.1.2 Die Benannte Stelle trägt dafür Sorge, dass Qualifikation und Fachwissen des an Konformitätsbewertungstätigkeiten beteiligten Personals stets auf dem neuesten Stand bleiben, indem sie ein System für den Erfahrungsaustausch und ein Programm für die kontinuierliche Schulung und Weiterbildung einrichten.

3.1.3 Die Benannte Stelle erstellt eine klare Dokumentation des Umfangs und der Grenzen der Pflichten und Zuständigkeiten sowie der Ermächtigungsstufe des an Konformitätsbewertungstätigkeiten mitwirkenden Personals, einschließlich aller Unterauftragnehmer und externen Sachverständigen, und setzt dieses Personal entsprechend davon in Kenntnis.

3.2 Qualifikationsanforderungen an das Personal

3.2.1 Die Benannte Stelle legt Qualifikationskriterien sowie Auswahl- und Zulassungsverfahren für an Konformitätsbewertungstätigkeiten beteiligtes Personal, u. a. in Bezug auf Fachkenntnisse, Erfahrung und andere erforderliche Kompetenzen, sowie die erforderlichen anfänglichen und fortlaufenden Fortbildungsmaßnahmen fest und dokumentieren diese. Die Qualifikationskriterien berücksichtigen die verschiedenen

Aufgabenbereiche innerhalb des Konformitätsbewertungsprozesses wie z. B. Audit, Produktbewertung oder Produkttests, Überprüfung der technischen Dokumentation und Entscheidungsfindung sowie die vom Geltungsbereich der Benennung erfassten Produkte, Technologien und Gebiete wie z. B. Biokompatibilität, Sterilisation, Gewebe und Zellen menschlichen und tierischen Ursprungs und klinische Bewertung.

3.2.2 Die Qualifikationskriterien gemäß Abschnitt 3.2.1 beziehen sich auf den Geltungsbereich der Benennung einer Benannten Stelle, wie er vom Mitgliedstaat gemäß Artikel 42 Absatz 3 beschrieben wurde, und stellen die für die Unterkategorien in der Beschreibung des Geltungsbereichs erforderlichen Qualifikationen mit hinreichender Genauigkeit dar.

Besondere Qualifikationskriterien werden zumindest für die Begutachtung von Folgendem festgelegt:

- vorklinische Bewertung,
- klinische Bewertung,
- Gewebe und Zellen menschlichen und tierischen Ursprungs,
- funktionale Sicherheit,
- Software,
- Verpackung,
- Produkte, die als integralen Bestandteil ein Arzneimittel enthalten,
- Produkte, die aus Stoffen oder Kombinationen von Stoffen bestehen, die vom menschlichen Körper aufgenommen oder lokal im Körper verteilt werden, und
- verschiedene Arten von Sterilisationsverfahren.

3.2.3 Das für die Festlegung der Qualifikationskriterien und die Zulassung anderer Mitarbeiter zur Durchführung spezifischer Konformitätsbewertungstätigkeiten zuständige Personal wird von der Benannten Stelle selbst eingestellt und nicht als externe Sachverständige oder über einen Unterauftrag beschäftigt. Dieses Personal verfügt nachweislich über Kenntnisse und Erfahrungen in sämtlichen folgenden Bereichen:

- die Rechtsvorschriften der Union zu Produkten und einschlägige Leitlinien;
- die in dieser Verordnung vorgesehenen Konformitätsbewertungsverfahren;
- eine breite Wissensgrundlage der Technologien im Bereich der Produkte sowie der Auslegung und Herstellung von Produkten;
- das Qualitätsmanagementsystem der Benannten Stelle, verwandte Verfahren und die erforderlichen Qualifikationskriterien;
- relevante Fortbildungsmaßnahmen für an Konformitätsbewertungstätigkeiten in Verbindung mit Produkten beteiligtes Personal;

- einschlägige Erfahrung in Bezug auf Konformitätsbewertungen nach Maßgabe dieser Verordnung oder vorher gültiger Rechtsvorschriften in einer Benannten Stelle.

3.2.4 Den Benannten Stellen steht permanent Personal mit einschlägiger klinischer Erfahrung zur Verfügung, und dieses Personal wird – soweit möglich – von der Benannten Stelle selbst beschäftigt. Dieses Personal wird durchgängig in die Bewertungs- und Entscheidungsprozesse der Benannten Stelle einbezogen, um

- festzustellen, wann der Einsatz einer Fachkraft für die Beurteilung der vom Hersteller durchgeführten klinischen Bewertung erforderlich ist, und angemessen qualifizierte Experten zu ermitteln,
- externe klinische Experten angemessen zu den einschlägigen Anforderungen dieser Verordnung, Spezifikationen, Leitlinien und harmonisierten Normen zu schulen sowie sicherzustellen, dass sie sich des Kontexts und der Auswirkungen ihrer Bewertung und ihrer Beratungsdienste voll bewusst sind,
- die in der klinischen Bewertung und allen damit verbundenen klinischen Prüfungen enthaltenen klinischen Daten überprüfen und wissenschaftlich anfechten zu können und externe klinische Experten zu der Beurteilung der vom Hersteller vorgelegten klinischen Bewertung angemessen beraten zu können,
- die vorgelegte klinische Bewertung und die Ergebnisse der Beurteilung der klinischen Bewertung des Herstellers durch die externen klinischen Experten wissenschaftlich überprüfen und erforderlichenfalls anfechten zu können,
- die Vergleichbarkeit und Kohärenz der von klinischen Experten durchgeführten Beurteilungen der klinischen Bewertungen nachprüfen zu können,
- die klinische Bewertung des Herstellers beurteilen und eine klinische Bewertung des Gutachtens eines externen Sachverständigen vornehmen zu können und dem Entscheidungsträger der Benannten Stelle eine Empfehlung aussprechen zu können und
- in der Lage zu sein, Protokolle und Berichte zu erstellen, in denen die angemessene Durchführung der einschlägigen Konformitätsbewertungstätigkeiten nachgewiesen wird.

3.2.5 Das für die Durchführung produktbezogener Prüfungen wie z. B. Prüfung der technischen Dokumentation oder Baumusterprüfung unter Berücksichtigung von Elementen wie der klinischen Bewertung, biologischen Sicherheit, Sterilisation und Software-Validierung zuständige Personal (Produktprüfer) verfügt nachweislich über sämtliche folgenden Qualifikationen:

- erfolgreicher Abschluss eines Hochschul- oder Fachhochschulstudiums oder gleichwertige Qualifikation in relevanten Studiengängen, z. B. Medizin, Pharmazie, Ingenieurwesen oder anderen einschlägigen Wissenschaften;

- vierjährige Berufserfahrung im Bereich der Gesundheitsprodukte oder verwandten Tätigkeiten wie z. B. Herstellung, Prüfung oder Forschung, davon zwei Jahre im Bereich der Auslegung, Herstellung, Prüfung oder Anwendung des zu bewertenden Produkts bzw. der zu bewertenden Technologie oder im Zusammenhang mit den zu bewertenden wissenschaftlichen Aspekten;
- Kenntnis der Rechtsvorschriften für Produkte, einschließlich der in Anhang I festgelegten grundlegenden Sicherheits- und Leistungsanforderungen;
- angemessene Kenntnis und Erfahrung im Bereich der einschlägigen harmonisierten Normen, Spezifikationen und Leitlinien;
- angemessene Kenntnis und Erfahrung im Bereich des Risikomanagements und der diesbezüglichen Normen und Leitlinien für Produkte;
- angemessene Kenntnis und Erfahrung im Bereich der klinischen Bewertung;
- angemessene Kenntnis der zu bewertenden Produkte;
- angemessene Kenntnis und Erfahrung im Bereich der in den Anhängen IX bis XI beschriebenen Konformitätsbewertungsverfahren und insbesondere der Aspekte jener Verfahren, für die das Personal zuständig ist, sowie entsprechende Befugnis zur Durchführung dieser Bewertungen;
- die Fähigkeit, Protokolle und Berichte zu erstellen, in denen die angemessene Durchführung der einschlägigen Konformitätsbewertungstätigkeiten nachgewiesen wird.

3.2.6 Das für die Prüfung des Qualitätsmanagementsystems des Herstellers zuständige Personal (Vor-Ort-Prüfer) verfügt nachweislich über sämtliche folgenden Qualifikationen:

- erfolgreicher Abschluss eines Hochschul- oder Fachhochschulstudiums oder gleichwertige Qualifikation in relevanten Studiengängen wie z. B. Medizin, Pharmazie, Ingenieurwesen oder anderen einschlägigen Wissenschaften;
- vierjährige Berufserfahrung im Bereich der Gesundheitsprodukte oder verwandten Tätigkeiten wie z. B. Herstellung, Prüfung oder Forschung, davon zwei Jahre im Bereich des Qualitätsmanagements;
- angemessene Kenntnis der Rechtsvorschriften für Produkte und der diesbezüglichen harmonisierten Normen, Spezifikationen und Leitlinien;
- angemessene Kenntnis und Erfahrung im Bereich des Risikomanagements und der diesbezüglichen Normen und Leitlinien für Produkte;
- angemessene Kenntnis im Bereich des Qualitätsmanagements und der diesbezüglichen Normen und Leitlinien;
- angemessene Kenntnis und Erfahrung im Bereich der in den Anhängen IX bis XI beschriebenen Konformitätsbewertungsverfahren und insbesondere der Aspekte

jener Verfahren, für die das Personal zuständig ist, sowie entsprechende Befugnis zur Durchführung dieser Audits;

- weiterführende Schulung im Bereich Auditverfahren, die das Personal zur kritischen Auseinandersetzung mit Qualitätsmanagementsystemen befähigt;
- die Fähigkeit, Protokolle und Berichte zu erstellen, in denen die angemessene Durchführung der einschlägigen Konformitätsbewertungstätigkeiten nachgewiesen wird.

3.2.7 Die für die abschließenden Prüfungen und die Entscheidung über die Zertifizierung gesamtverantwortlichen Personen werden von der Benannten Stelle selbst beschäftigt und sind keine externen Sachverständigen oder Unterauftragnehmer. Zusammen verfügen diese Personen nachweislich über Kenntnisse und umfassende Erfahrungen in sämtlichen folgenden Bereichen:

- Rechtsvorschriften zu Produkten und einschlägige Leitlinien;
- die im Zusammenhang mit dieser Verordnung relevanten Konformitätsbewertungen für Produkte;
- die für Konformitätsbewertungen für Produkte relevanten Arten von Qualifikationen, Erfahrungen und Fachwissen;
- eine breite Wissensgrundlage der Technologien im Bereich der Produkte, wozu auch ausreichende Erfahrung mit Konformitätsbewertungen von für die Zertifizierung geprüften Produkten, der Produkteindustrie sowie der Auslegung und Herstellung von Produkten gehört;
- das Qualitätsmanagementsystem der Benannten Stelle, verwandte Verfahren und die erforderlichen Qualifikationen des beteiligten Personals;
- die Fähigkeit, Protokolle und Berichte zu erstellen, in denen die angemessene Durchführung der Konformitätsbewertungstätigkeiten nachgewiesen wird.

3.3 Dokumentation der Qualifikation, Schulung und Zulassung des Personals

3.3.1 Die Benannte Stelle verfügt über ein Verfahren, mit dem die Qualifikationen aller an Konformitätsbewertungstätigkeiten beteiligten Mitarbeiter sowie die Erfüllung der Qualifikationskriterien gemäß Abschnitt 3.2 umfassend dokumentiert werden. Wenn in Ausnahmefällen die Erfüllung der in Abschnitt 3.2 dargelegten Qualifikationskriterien nicht umfassend aufgezeigt werden kann, begründet die Benannte Stelle gegenüber der für die Benannten Stellen zuständigen Behörde die Zulassung dieser Mitarbeiter zur Durchführung bestimmter Konformitätsbewertungstätigkeiten.

3.3.2 Für alle ihre in den Abschnitten 3.2.3 bis 3.2.7 genannten Mitarbeiter erstellt und aktualisiert die Benannte Stelle die folgenden Unterlagen:

– eine Matrix, in der die Zulassungen und Zuständigkeiten des Personals in Bezug auf Konformitätsbewertungstätigkeiten erläutert werden, und

– Dokumente, mit denen bescheinigt wird, dass das Personal über die erforderlichen Fachkenntnisse und Erfahrungen für die Konformitätsbewertungstätigkeit, für die es zugelassen ist, verfügt. Diese Dokumente beinhalten die Gründe für die Festlegung des Umfangs der Verantwortlichkeiten jedes an der Bewertung beteiligten Mitarbeiters und Aufzeichnungen der von jedem einzelnen durchgeführten Konformitätsbewertungstätigkeiten.

3.4 Unterauftragnehmer und externe Sachverständige

3.4.1 Unbeschadet des Abschnitts 3.2 können Benannte Stellen einzelne klar definierte Teilelemente einer Konformitätsbewertungstätigkeit an Unterauftragnehmer vergeben.

Nicht erlaubt ist es, das Audit des Qualitätsmanagementsystems oder produktbezogene Prüfungen als Ganzes im Unterauftrag zu vergeben, doch können Teile dieser Tätigkeiten von Unterauftragnehmern und externen Prüfern und Sachverständigen im Auftrag der Benannten Stelle durchgeführt werden. Die betreffende Benannte Stelle ist weiterhin voll dafür verantwortlich, die Kompetenz der Unterauftragnehmer und externen Sachverständigen für die Erfüllung ihrer spezifischen Aufgaben angemessen nachzuweisen und eine auf der Bewertung des Unterauftragnehmers beruhende Entscheidung zu treffen, sowie für die von Unterauftragnehmern und externen Sachverständigen in ihrem Auftrag durchgeführten Arbeiten.

Folgende Tätigkeiten dürfen die Benannten Stellen nicht im Unterauftrag vergeben:

– Überprüfung der Qualifikationen und Überwachung der Leistung der externen Sachverständigen;

– Audits und Zertifizierungen, falls der betreffende Unterauftrag an Audit- und Zertifizierungseinrichtungen vergeben wird;

– Zuweisung von Arbeit an externe Sachverständige für spezifische Konformitätsbewertungstätigkeiten und

– Funktionen im Zusammenhang mit der abschließenden Prüfung und Entscheidungsfindung.

3.4.2 Vergibt eine Benannte Stelle bestimmte Konformitätsbewertungstätigkeiten an eine Einrichtung oder eine Einzelperson im Unterauftrag, so muss sie über ein Konzept verfügen, das die Bedingungen für eine solche Unterauftragsvergabe vorgibt; dabei hat sie Folgendes sicherzustellen:

– Der Unterauftragnehmer erfüllt die einschlägigen Anforderungen dieses Anhangs;

– Unterauftragnehmer und externe Sachverständige vergeben keine Arbeit im Unterauftrag an Einrichtungen oder Personen weiter und

– die juristische oder natürliche Person, die die Konformitätsbewertung beantragt hat, ist von den Anforderungen gemäß dem ersten und zweiten Spiegelstrich unterrichtet worden.

Unterauftragsvergaben oder die Inanspruchnahme von externem Personal sind angemessen zu dokumentieren, erfolgen nicht über zwischengeschaltete Personen und bedürfen einer schriftlichen Vereinbarung, in der unter anderem Vertraulichkeitsaspekte und Interessenkonflikte geklärt werden. Die betreffende Benannte Stelle übernimmt die volle Verantwortung für die von Unterauftragnehmern erfüllten Aufgaben.

3.4.3 Werden im Rahmen einer Konformitätsbewertung Unterauftragnehmer oder externe Sachverständige eingesetzt, so muss die betreffende Benannte Stelle – insbesondere bei neuartigen invasiven und implantierbaren Produkten oder Technologien – in jedem Produktbereich, für den sie benannt wurde, über angemessene interne Kompetenzen zur Leitung der Gesamtkonformitätsbewertung, zur Überprüfung der Angemessenheit und Gültigkeit der Expertengutachten und zur Entscheidung über die Zertifizierung verfügen.

3.5 Überwachung der Kompetenzen, des Schulungsbedarfs und des Erfahrungsaustauschs

3.5.1 Die Benannte Stelle legt die Verfahren für die anfängliche Beurteilung und die laufende Überwachung der Kompetenzen, der Konformitätsbewertungstätigkeiten und der Leistung aller an Konformitätsbewertungstätigkeiten beteiligten internen und externen Mitarbeiter und Unterauftragnehmer fest.

3.5.2 Die Benannten Stellen überprüfen die Kompetenz ihres Personals regelmäßig, ermitteln den Schulungsbedarf und erstellen einen Schulungsplan, um das erforderliche Qualifikations- und Kenntnisniveau der einzelnen Mitarbeiter aufrechtzuerhalten. Dabei wird zumindest überprüft, dass das Personal

– die geltenden Rechtsvorschriften der Union und der Mitgliedstaaten für Produkte, die einschlägigen harmonisierten Normen, die Spezifikationen, die Leitlinien und die Ergebnisse der Koordinierungstätigkeiten gemäß Abschnitt 1.6 kennt und

– an dem internen Erfahrungsaustausch und dem Programm zur kontinuierlichen Schulung und Weiterbildung gemäß Abschnitt 3.1.2 teilnimmt.

4. Verfahrensanforderungen

4.1 Allgemein

Die Benannte Stelle verfügt über dokumentierte Prozesse und ausreichend detaillierte Verfahren für die Durchführung der Konformitätsbewertungstätigkeiten, für die sie benannt wurde, einschließlich der einzelnen Schritte – von Tätigkeiten vor der Antragstellung bis zur Entscheidungsfindung und Überwachung – und erforderlichenfalls unter Berücksichtigung der jeweiligen Besonderheiten der Produkte.

Die in den Abschnitten 4.3, 4.4, 4.7 und 4.8 festgelegten Anforderungen werden als Teil der internen Tätigkeiten der Benannten Stellen erfüllt und dürfen nicht im Unterauftrag vergeben werden.

4.2 Angaben der Benannten Stellen und Tätigkeiten vor der Antragstellung

Die Benannte Stelle

a) veröffentlicht eine öffentlich zugängliche Beschreibung des Antragsverfahrens, über das Hersteller von ihr eine Zertifizierung erhalten können. In dieser Beschreibung wird angegeben, welche Sprachen für das Einreichen von Dokumenten und für diesbezügliche Korrespondenz zulässig sind,

b) verfügen über dokumentierte Verfahren in Bezug auf die für spezifische Konformitätsbewertungstätigkeiten zu erhebenden Gebühren und alle sonstigen finanziellen Bedingungen betreffend die Bewertungstätigkeiten der Benannten Stellen für Produkte sowie über dokumentierte Details zu diesen Gebühren und Bedingungen,

c) verfügen über dokumentierte Verfahren in Bezug auf die Werbung für ihre Konformitätsbewertungsdienste. Bei diesen Verfahren muss gewährleistet werden, dass die Werbemaßnahmen in keiner Weise nahelegen oder zu dem Schluss führen könnten, dass die Bewertungstätigkeit der Benannten Stelle den Herstellern einen früheren Marktzugang ermöglicht oder schneller, einfacher oder weniger streng als die anderer Benannter Stellen ist,

d) verfügen über dokumentierte Verfahren, bei denen die Überprüfung von vor der Antragstellung gelieferten Informationen vorgeschrieben ist, einschließlich der Vorabprüfung, ob das Produkt unter diese Verordnung fällt, und seiner Klassifizierung vor der Übermittlung von Angaben an den Hersteller in Bezug auf eine spezifische Konformitätsbewertung und

e) gewährleisten, dass alle Verträge mit Bezug auf die von dieser Verordnung erfassten Konformitätsbewertungstätigkeiten unmittelbar zwischen dem Hersteller und der Benannten Stelle und nicht mit einer anderen Einrichtung geschlossen werden.

4.3 Überprüfung des Antrags und Vertragsbedingungen

Die Benannte Stelle verlangt einen förmlichen Antrag, der die Unterschrift des Herstellers oder eines Bevollmächtigten trägt und alle Informationen sowie die Erklärungen des Herstellers enthält, die nach den für die Konformitätsbewertung relevanten Anhängen IX bis XI vorgeschrieben sind.

Der Vertrag zwischen einer Benannten Stelle und einem Hersteller hat die Form einer von den beiden Vertragsparteien unterzeichneten schriftlichen Vereinbarung. Er wird von der Benannten Stelle aufbewahrt. Dieser Vertrag legt eindeutige Geschäftsbedingungen fest und enthält Verpflichtungen, die es der Benannten Stelle ermöglichen, gemäß den Anforderungen dieser Verordnung zu handeln, einschließlich der Verpflichtung des Herstellers, die Benannte Stelle über Vigilanz-Berichte zu benachrichtigen, des Rechts der Benannten Stelle, ausgestellte Bescheinigungen auszusetzen, einzuschränken oder zu widerrufen und der Pflicht der Benannten Stelle, ihren Informationspflichten nachzukommen.

Die Benannte Stelle verfügt über dokumentierte Verfahren zur Überprüfung von Anträgen, in denen Folgendes geregelt ist:

a) die Vollständigkeit dieser Anträge hinsichtlich der Anforderungen des einschlägigen Konformitätsbewertungsverfahrens gemäß dem jeweiligen Anhang, nach dem die Genehmigung beantragt wurde,

b) die Prüfung, ob die Erzeugnisse, für die diese Anträge gestellt werden, als Produkte zu bewerten sind, und ihre jeweiligen Klassifizierungen,

c) ob die vom Antragsteller gewählten Konformitätsbewertungsverfahren gemäß dieser Verordnung für das betreffende Produkt anwendbar sind,

d) die Fähigkeit der Benannten Stelle zur Bewertung des Antrags auf Grundlage ihrer Benennung und

e) die Verfügbarkeit ausreichender und angemessener Ressourcen.

Das Ergebnis jeder Überprüfung eines Antrags wird dokumentiert. Ablehnungen oder Widerrufe von Anträgen werden an das elektronische System gemäß Artikel 57 übermittelt und sind für andere Benannte Stellen zugänglich.

4.4 Ressourcenzuweisung

Die Benannte Stelle verfügt über dokumentierte Verfahren, um zu gewährleisten, dass alle Konformitätsbewertungstätigkeiten von angemessen ermächtigtem und ausgebildetem Personal mit ausreichend Erfahrung bei der Bewertung der Produkte, Systeme und Prozesse sowie der zugehörigen Dokumentation, die der Konformitätsbewertung unterliegen, durchgeführt werden.

Die Benannte Stelle legt für jeden Antrag die benötigten Ressourcen fest und bestimmt eine Person, die dafür Sorge zu tragen hat, dass die Bewertung dieses Antrags gemäß den einschlägigen Verfahren durchgeführt wird und dass für jede Bewertungsaufgabe angemessene Ressourcen, einschließlich Personal, zum Einsatz kommen. Die Zuweisung der im Rahmen der Konformitätsbewertung durchzuführenden Aufgaben und alle nachträglichen Änderungen dieser Zuweisung werden dokumentiert.

4.5 Konformitätsbewertungstätigkeiten

4.5.1 Allgemein

Die Benannte Stelle und ihr Personal führen die Konformitätsbewertungstätigkeiten mit höchster beruflicher Zuverlässigkeit und größter erforderlicher technischer und wissenschaftlicher Sachkenntnis in den betreffenden Bereichen durch.

Die Benannte Stelle verfügt über Fachwissen, Ausstattung und dokumentierte Verfahren, die ausreichend sind, um die Konformitätsbewertungstätigkeiten, für die die betreffende Benannte Stelle benannt ist, wirksam durchzuführen, wobei die in den Anhängen IX bis XI festgelegten einschlägigen Anforderungen zu berücksichtigen sind, und insbesondere alle folgenden Anforderungen:

- die angemessene Planung der Durchführung jedes einzelnen Projekts,
- die Gewährleistung, dass die Bewertungsteams aufgrund ihrer Zusammensetzung ausreichend Erfahrung in Bezug auf die betreffende Technologie aufweisen und dass fortwährende Objektivität und Unabhängigkeit gegeben ist; dazu gehört ein turnusmäßiger Wechsel der Mitglieder des Bewertungsteams in angemessenen Zeitabständen,
- die Angabe einer Begründung für die Festlegung von Fristen für den Abschluss der Konformitätsbewertungstätigkeiten,
- die Bewertung der technischen Dokumentationen des Herstellers und der zur Erfüllung der in Anhang I festgelegten Anforderungen gewählten Lösungen,
- die Überprüfung der Verfahren und der Dokumentation des Herstellers mit Bezug auf die Bewertung vorklinischer Aspekte,
- die Überprüfung der Verfahren und der Dokumentation des Herstellers mit Bezug auf die klinische Bewertung,
- die Prüfung der Schnittstelle zwischen dem Prozess des Risikomanagements des Herstellers und seiner Beurteilung und Analyse der vorklinischen und klinischen Bewertung sowie die Bewertung deren Relevanz für den Nachweis der Erfüllung der einschlägigen Anforderungen gemäß Anhang I,
- die Durchführung der spezifischen Verfahren gemäß Anhang IX Abschnitte 5.2 bis 5.4,
- bei Produkten der Klassen IIa oder IIb die Bewertung der technischen Dokumentation von auf repräsentativer Basis ausgewählten Produkten,
- die Planung und regelmäßige Durchführung geeigneter Überwachungsaudits und Bewertungen, die Durchführung oder die Aufforderung zur Durchführung be-

stimmter Tests zwecks Überprüfung des ordnungsgemäßen Funktionierens des Qualitätsmanagementsystems und die Durchführung unangekündigter Vor-Ort-Audits,

- in Bezug auf Stichproben von Produkten die Überprüfung der Konformität des hergestellten Produkts mit der technischen Dokumentation, wobei die relevanten Probenahmekriterien und das Testverfahren vor der Probenahme festgelegt werden,
- die Bewertung und Überprüfung der Erfüllung der Anforderungen der einschlägigen Anhänge durch den Hersteller.

Die Benannte Stelle berücksichtigt, wenn dies von Belang ist, verfügbare GS, Leitlinien und Dokumente über vorbildliche Verfahren harmonisierte Normen, selbst wenn der Hersteller nicht behauptet, sie einzuhalten.

4.5.2 Audits des Qualitätsmanagementsystems

a) Eine Benannte Stelle ist vor dem Audit und im Einklang mit ihren dokumentierten Verfahren für folgende Aufgaben als Teil der Bewertung des Qualitätsmanagementsystems zuständig:

- Bewertung der Dokumentation, die gemäß dem für die Konformitätsbewertung relevanten Anhang vorgelegt wurde, und Erstellung eines Auditprogramms, das eindeutig die Anzahl und Abfolge der Tätigkeiten benennt, die zum Nachweis der vollständigen Erfassung des Qualitätsmanagementsystems eines Herstellers sowie zur Feststellung, ob dieses System die Anforderungen dieser Verordnung erfüllt, erforderlich sind,
- Bestimmung von Verbindungen zwischen den und Aufteilung der Zuständigkeiten auf die verschiedenen Fertigungsstätten sowie Bestimmung der einschlägigen Lieferanten und/oder Unterauftragnehmer des Herstellers; dazu zählt auch die Einschätzung, ob ein besonderes Audit für diese Lieferanten oder Unterauftragnehmer oder für beide nötig ist,
- eindeutige Bestimmung der Ziele, der Kriterien und des Umfangs der im Auditprogramm benannten Audits und Erstellung eines Auditplans, der den besonderen Anforderungen für die betroffenen Produkte, Technologien und Prozesse angemessen Rechnung trägt,
- Erstellung und Aktualisierung eines Stichprobenplans für Produkte der Klassen IIa und IIb für die Bewertung der technischen Dokumentation gemäß den Anhängen II und III, die die Bandbreite dieser vom Antrag des Herstellers erfassten Produkte abdeckt. Mit diesem Plan wird gewährleistet, dass aus dem gesamten Spektrum der Produkte, für die eine Bescheinigung gilt, während der Geltungsdauer der Bescheinigung Stichproben genommen werden, und

- Auswahl und Zuweisung von angemessen ermächtigtem und ausgebildetem Personal für die Durchführung der einzelnen Audits. Die jeweiligen Rollen, Zuständigkeiten und Ermächtigungen der Teammitglieder werden eindeutig festgelegt und dokumentiert.

b) Auf der Grundlage des von ihr erstellten Auditprogramms ist die Benannte Stelle im Einklang mit ihren dokumentierten Verfahren für Folgendes zuständig:

- Audit des Qualitätsmanagementsystems des Herstellers, um festzustellen, dass das Qualitätsmanagementsystems gewährleistet, dass die erfassten Produkte die einschlägigen Bestimmungen dieser Verordnung erfüllen, die in allen Phasen für die Produkte gelten, von der Auslegung über die Endqualitätskontrolle bis zur dauerhaften Überwachung, und um festzustellen, ob die Anforderungen dieser Verordnung erfüllt werden,

- auf der Grundlage der einschlägigen technischen Dokumentation und zur Feststellung, ob der Hersteller die Anforderungen erfüllt, die in dem für die Konformitätsbewertung relevanten Anhang genannt werden, Überprüfung und Audit der Prozesse und Teilsysteme des Herstellers, insbesondere in Bezug auf Folgendes:

  - Auslegung und Entwicklung,
  - Herstellungs- und Prozesskontrollen,
  - Produktdokumentation,
  - Kontrolle der Beschaffung, einschließlich der Überprüfung der beschafften Produkte,
  - Korrektur- und Präventivmaßnahmen für die Überwachung nach dem Inverkehrbringen und
  - klinische Nachbeobachtung nach dem Inverkehrbringen,

  Überprüfung und Audit der vom Hersteller erlassenen Anforderungen und Bestimmungen auch in Bezug auf die Erfüllung der grundlegenden Sicherheits- und Leistungsanforderungen gemäß Anhang I.

  Stichproben der Dokumentation werden in einer Weise genommen, dass die mit der bestimmungsgemäßen Verwendung des Produkts verbundenen Risiken, die Komplexität der Fertigungstechnologien, die Bandbreite und die Klassen der hergestellten Produkte und alle verfügbaren Informationen zur Überwachung nach dem Inverkehrbringen aufgezeigt werden,

- falls nicht bereits vom Auditprogramm erfasst, Audit der Prozesskontrolle an den Betriebsstätten der Zulieferer des Herstellers, wenn die Konformität der fertigen Produkte durch die Tätigkeiten der Zulieferer erheblich beeinflusst wird und insbesondere wenn der Hersteller keine ausreichende Kontrolle über seine Zulieferer nachweisen kann,

– Durchführung von Bewertungen der technischen Dokumentationen auf der Grundlage des Stichprobenplans und unter Berücksichtigung der Abschnitte 4.5.4 und 4.5.5 für vorklinische und klinische Bewertungen und

– die Benannte Stelle gewährleistet, dass die Ergebnisse des Audits gemäß den Anforderungen dieser Verordnung und gemäß den einschlägigen Standards oder gemäß Dokumenten über vorbildliche Verfahren, die von der Koordinierungsgruppe Medizinprodukte ausgearbeitet oder angenommen wurden, angemessen und einheitlich klassifiziert werden.

4.5.3 Produktprüfung

Bewertung der technischen Dokumentation

Für die gemäß Anhang IX Kapitel II durchgeführte Bewertung der technischen Dokumentation verfügen die Benannten Stellen über ausreichend Fachwissen, Ausstattung und dokumentierte Verfahren für

– die Zuweisung von angemessen ausgebildetem und ermächtigtem Personal für die Untersuchung der einzelnen Aspekte wie z. B. Anwendung des Produkts, Biokompatibilität, klinische Bewertung, Risikomanagement und Sterilisation und

– die Bewertung der Konformität der Auslegung mit dieser Verordnung und die Berücksichtigung der Abschnitte 4.5.4 bis 4.5.6. Zu dieser Bewertung gehört die Untersuchung der Umsetzung von eingehenden, laufenden und endgültigen Kontrollen durch die Hersteller und deren Ergebnissen. Sind für die Bewertung der Konformität mit den Anforderungen dieser Verordnung weitere Prüfungen oder Nachweise erforderlich, führt die betreffende Benannte Stelle angemessene physische Kontrollen oder Laboruntersuchungen in Bezug auf das Produkt durch oder fordert den Hersteller auf, diese Kontrollen oder Prüfungen durchzuführen.

Baumusterprüfungen

Die Benannte Stelle verfügt für die Baumusterprüfung von Produkten gemäß Anhang X über dokumentierte Verfahren, ausreichend Fachwissen und eine ausreichende Ausstattung sowie über die Fähigkeit zur

– Untersuchung und Bewertung der technischen Dokumentation unter Berücksichtigung der Abschnitte 4.5.4 bis 4.5.6 und Überprüfung, ob das Baumuster gemäß dieser Dokumentation hergestellt wurde,

– Erstellung eines Prüfungsplans, in dem alle relevanten und kritischen Parameter aufgeführt werden, die durch die Benannte Stelle oder unter deren Verantwortung geprüft werden müssen,

– Dokumentation ihrer Begründung für die Auswahl dieser Parameter,

– Durchführung der angemessenen Untersuchungen und Prüfungen, um festzustellen, ob die vom Hersteller gewählten Lösungen den in Anhang I festgelegten grundlegenden Sicherheits- und Leistungsanforderungen entsprechen. Zu diesen Untersuchungen und Prüfungen gehören alle erforderlichen Prüfungen, um festzustellen, ob der Hersteller die einschlägigen Standards, für die er sich entschieden hat, tatsächlich angewendet hat,

– gemeinsamen Festlegung mit dem Antragsteller des Ortes, an dem die erforderlichen Prüfungen stattfinden, wenn sie nicht unmittelbar von der Benannten Stelle durchgeführt werden, und

– Übernahme der vollen Verantwortung für die Prüfungsergebnisse. Vom Hersteller vorgelegte Prüfberichte werden nur berücksichtigt, wenn sie von zuständigen und vom Hersteller unabhängigen Konformitätsbewertungsstellen herausgegeben wurden.

Prüfung durch Untersuchung und Erprobung jedes einzelnen Produkts

Die Benannte Stelle

a) verfügt über dokumentierte Verfahren, ausreichend Fachwissen und eine ausreichende Ausstattung für die Überprüfung durch Untersuchung und Erprobung jedes Produkts gemäß Anhang XI Teil B,

b) erstellt einen Prüfungsplan, in dem alle relevanten und kritischen Parameter aufgeführt werden, die durch die Benannte Stelle oder unter deren Verantwortung geprüft werden müssen, um

  – für Produkte der Klasse IIb die Konformität des einzelnen Produkts mit dem in der EU-Baumusterprüfbescheinigung beschriebenen Baumuster und mit den für diese Produkte geltenden einschlägigen Anforderungen dieser Verordnung zu überprüfen,

  – für Produkte der Klasse IIa die Konformität mit der in den Anhängen II und III genannten technischen Dokumentation und mit den für diese Produkte geltenden einschlägigen Anforderungen dieser Verordnung zu bestätigen,

c) dokumentiert ihre Begründung für die Auswahl der unter Buchstabe b genannten Parameter,

d) verfügt über dokumentierte Verfahren zur Durchführung der entsprechenden Bewertungen und Tests, um die Übereinstimmung des Produkts mit den Anforderungen dieser Verordnung durch Kontrolle und Erprobung jedes einzelnen Produkts gemäß Anhang XI Abschnitt 15 zu prüfen,

e) verfügt über dokumentierte Verfahren, um mit dem Antragsteller eine Einigung über Zeit und Ort der Durchführung der erforderlichen Prüfungen, die nicht von der Benannten Stelle selbst durchgeführt werden müssen, zu erzielen, und

f) übernimmt gemäß den dokumentierten Verfahren die volle Verantwortung für die Prüfungsergebnisse; vom Hersteller vorgelegte Prüfberichte werden nur berücksichtigt, wenn sie von zuständigen und vom Hersteller unabhängigen Konformitätsbewertungsstellen herausgegeben wurden.

4.5.4 Begutachtung der vorklinischen Bewertung

Die Benannte Stelle verfügt über dokumentierte Verfahren zur Überprüfung der Verfahren und der Dokumentation des Herstellers in Bezug auf die Bewertung vorklinischer Aspekte. Die Benannte Stelle untersucht, bewertet und überprüft, ob die Verfahren und die Dokumentation des Herstellers Folgendes angemessen berücksichtigen:

a) die Planung, Durchführung, Beurteilung, Berichterstattung und gegebenenfalls Aktualisierung der vorklinischen Bewertung,

   – insbesondere die Recherchen in der wissenschaftlichen vorklinischen Literatur und

   – die vorklinische Erprobung, zum Beispiel Laboruntersuchungen, Erprobung der simulierten Verwendung, Computermodelle, Verwendung von Tiermodellen,

b) die Art und die Dauer des Körperkontakts und die damit verbundenen besonderen biologischen Risiken,

c) die Schnittstelle zum Prozess des Risikomanagements und

d) die Beurteilung und Analyse der verfügbaren vorklinischen Daten und ihrer Relevanz in Bezug auf den Nachweis der Konformität mit den einschlägigen Anforderungen in Anhang I.

Bei der Begutachtung der Verfahren zur vorklinischen Bewertung und der Dokumentation durch die Benannte Stelle wird den Ergebnissen der Literaturrecherchen und aller durchgeführten Validierungen, Verifizierungen und Prüfungen sowie den daraus gezogenen Schlussfolgerungen Rechnung getragen und werden zudem üblicherweise Überlegungen zur Verwendung alternativer Materialien und Stoffe angestellt und die Verpackung und Stabilität, einschließlich der Haltbarkeitsdauer, des fertigen Produkts berücksichtigt. Wenn ein Hersteller keine neuen Prüfungen vorgenommen hat oder wenn sich Abweichungen von den Verfahren ergeben haben, unterzieht die betreffende Benannte Stelle die vom Hersteller vorgelegte Begründung einer kritischen Prüfung.

4.5.5 Begutachtung der klinischen Bewertung

Die Benannte Stelle verfügt für die anfängliche Konformitätsbewertung wie auch durchgängig über dokumentierte Verfahren zur Überprüfung der Verfahren und der Dokumentation des Herstellers in Bezug auf die klinische Bewertung. Die Benannte Stelle untersucht, bewertet und überprüft, ob die Verfahren und die Dokumentation der Hersteller Folgendes angemessen berücksichtigen:

- die Planung, Durchführung, Bewertung, Berichterstattung und Aktualisierung der klinischen Bewertung gemäß Anhang XIV,
- Überwachung und klinische Nachbeobachtung nach dem Inverkehrbringen,
- die Schnittstelle zum Prozess des Risikomanagements,
- die Beurteilung und Analyse der verfügbaren Daten und ihrer Relevanz in Bezug auf den Nachweis der Konformität mit den einschlägigen Anforderungen in Anhang I und
- die in Bezug auf den klinischen Nachweis gezogenen Schlüsse und die Erstellung des klinischen Bewertungsberichts.

Für die in Absatz 1 genannten Verfahren werden die verfügbaren Spezifikationen, Leitlinien und Dokumente über vorbildliche Verfahren berücksichtigt.

Die Begutachtungen der klinischen Bewertungen durch die Benannte Stelle gemäß Anhang XIV umfassen Folgendes:

- die bestimmungsgemäße Verwendung gemäß den Angaben des Herstellers und die von ihm festgelegten Angaben zu dem Produkt,
- die Planung der klinischen Bewertung,
- die zur Literaturrecherche eingesetzte Methodik,
- die einschlägige Dokumentation der Literaturrecherche,
- die klinische Bewertung,
- die Validität der behaupteten Gleichartigkeit in Bezug auf andere Produkte, den Nachweis der Gleichartigkeit, die Eignung der Daten von gleichartigen oder ähnlichen Produkten und die auf diesen beruhenden Schlussfolgerungen,
- die Überwachung und klinische Nachbeobachtung nach dem Inverkehrbringen,
- den klinischen Bewertungsbericht und
- die Begründungen bei fehlender Durchführung von klinischen Prüfungen oder der klinischen Nachbeobachtung nach dem Inverkehrbringen.

In Bezug auf die in der klinischen Bewertung enthaltenen klinischen Daten aus klinischen Prüfungen gewährleistet die betreffende Benannte Stelle, dass die vom Hersteller gezogenen Schlussfolgerungen unter Berücksichtigung des genehmigten klinischen Prüfplans zutreffend sind.

Die Benannte Stelle gewährleistet, dass in der klinischen Bewertung die einschlägigen Sicherheits- und Leistungsanforderungen gemäß Anhang I angemessen berücksichtigt werden, dass die Bewertung auf geeignete Weise mit den Anforderungen bezüglich des Risikomanagements in Einklang steht, dass sie gemäß Anhang XIV durchgeführt wird und dass sie sich in den zur Verfügung gestellten Produktinformationen auf angemessene Weise widerspiegelt.

4.5.6 Besondere Verfahren

Die Benannte Stelle verfügt über dokumentierte Verfahren, ausreichend Fachwissen und eine ausreichende Ausstattung für die Verfahren gemäß Anhang IX Abschnitte 5 und 6, Anhang X Abschnitt 6 und Anhang XI Abschnitt 16, für die sie benannt wurde.

Für unter Verwendung von Gewebe oder Zellen tierischen Ursprungs oder ihrer Derivate, wie beispielsweise von TSE-empfänglichen Arten, gemäß der Verordnung (EU) Nr. 722/2012 hergestellte Produkte verfügt die Benannte Stelle über dokumentierte Verfahren, die den in der genannten Verordnung festgelegten Anforderungen genügen, auch für die Erstellung eines zusammenfassenden Bewertungsberichts für die jeweils zuständige Behörde.

4.6 Berichterstattung

Die Benannte Stelle

- gewährleistet, dass alle Schritte der Konformitätsbewertung dokumentiert werden, sodass die Schlussfolgerungen aus der Bewertung eindeutig sind, die Einhaltung der Anforderungen dieser Verordnung belegen und für Personen, die nicht selbst in die Bewertung eingebunden sind, beispielsweise Personal in benennenden Behörden, den objektiven Nachweis für diese Einhaltung darstellen können,
- gewährleistet, dass für die Audits der Qualitätsmanagementsysteme Aufzeichnungen verfügbar sind, die ausreichen, um den Prüfpfad nachzuvollziehen,
- dokumentiert die Schlussfolgerungen ihrer Begutachtungen der klinischen Bewertung klar und deutlich in einem Bericht über die Begutachtung der klinischen Bewertung und
- erstellt für jedes einzelne Projekt auf der Grundlage eines Standardformats einen detaillierten Bericht mit von der Koordinierungsgruppe Medizinprodukte festgelegten Mindestelementen.

Der Bericht der Benannten Stelle

- enthält eine eindeutige Dokumentation der Ergebnisse ihrer Bewertung und eindeutige Schlussfolgerungen zur Kontrolle der Einhaltung der Anforderungen dieser Verordnung durch den Hersteller,

- enthält eine Empfehlung für eine abschließende Prüfung und für eine durch die Benannte Stelle zu treffende endgültige Entscheidung; diese Empfehlung ist vom zuständigen Mitarbeiter der Benannten Stelle abzuzeichnen und
- wird dem betreffenden Hersteller zur Verfügung gestellt.

4.7 Abschließende Prüfung

Bevor sie eine endgültige Entscheidung trifft, muss die Benannte Stelle

- gewährleisten, dass das für die abschließende Prüfung und Entscheidungsfindung zu bestimmten Projekten vorgesehene Personal angemessen ermächtigt ist und nicht das Personal ist, das die Bewertung durchgeführt hat,
- überprüfen, dass der Bericht bzw. die Berichte und die begleitende Dokumentation, die für die Entscheidungsfindung erforderlich sind, einschließlich bezüglich der Behebung von während der Bewertung festgestellten Konformitätsmängeln, vollständig und im Hinblick auf den Anwendungsbereich ausreichend sind, und
- überprüfen, ob Konformitätsmängel bestehen, die die Erteilung einer Bescheinigung verhindern würden.

4.8 Entscheidungen und Zertifizierungen

Die Benannte Stelle verfügt über dokumentierte Verfahren für die Entscheidungsfindung, unter anderem in Bezug auf die Zuteilung von Zuständigkeiten für die Erteilung, Aussetzung, Einschränkung und den Widerruf von Bescheinigungen. Zu diesen Verfahren zählen auch die in Kapitel V dieser Verordnung festgelegten Anforderungen an die Notifizierung. Diese Verfahren ermöglichen es der betreffenden Benannten Stelle,

- auf der Grundlage der Bewertungsdokumentation und zusätzlicher verfügbarer Informationen zu entscheiden, ob die Anforderungen dieser Verordnung erfüllt werden,
- anhand der Ergebnisse ihrer Beurteilung der klinischen Bewertung und des Risikomanagements zu entscheiden, ob der Plan für die Überwachung nach dem Inverkehrbringen, einschließlich des Plans für die klinische Nachbeobachtung nach dem Inverkehrbringen, zweckdienlich ist,
- über bestimmte zentrale Maßnahmen für die weitere Überprüfung der aktualisierten klinischen Bewertung durch die Benannte Stelle zu entscheiden,
- zu entscheiden, ob bestimmte Bedingungen oder Vorschriften für die Zertifizierung festgelegt werden müssen,
- auf der Grundlage der Neuartigkeit, der Risikoklassifizierung, der klinischen Bewertung und der Schlussfolgerungen der Risikoanalyse des Produkts über die

Geltungsdauer der Zertifizierung, die nicht länger als fünf Jahre sein darf, zu entscheiden,

- die Entscheidungsfindung und die Genehmigungsschritte, einschließlich der Genehmigung durch die Unterschrift der zuständigen Mitarbeiter, eindeutig zu dokumentieren,
- die Zuständigkeiten und die Abläufe für die Mitteilung von Entscheidungen eindeutig zu dokumentieren, insbesondere wenn der endgültige Unterzeichner einer Bescheinigung sich von dem Entscheidungsträger bzw. den Entscheidungsträgern unterscheidet oder nicht die in Abschnitt 3.2.7 beschriebenen Anforderungen erfüllt,
- eine Bescheinigung bzw. Bescheinigungen gemäß den in Anhang XII festgelegten Mindestanforderungen für eine Geltungsdauer von höchstens fünf Jahren auszustellen und darin anzugeben, ob mit der Bescheinigung bestimmte Bedingungen oder Einschränkungen verbunden sind,
- eine Bescheinigung bzw. Bescheinigungen nur für den Antragsteller und nicht für mehrere Unternehmen auszustellen und
- zu gewährleisten, dass das Ergebnis der Bewertung und die daraus resultierende Entscheidung dem Hersteller mitgeteilt und in das elektronische System gemäß Artikel 57 eingetragen werden.

4.9 Änderungen und Modifikationen

Die Benannte Stelle verfügt über dokumentierte Verfahren und vertragliche Vereinbarungen mit Herstellern bezüglich der Informationspflichten der Hersteller und der Bewertung von Änderungen an

- dem (den) genehmigten Qualitätsmanagementsystem(en) oder der hiervon erfassten Produktpalette,
- der genehmigten Auslegung eines Produkts,
- der bestimmungsgemäßen Verwendung des Produkts oder den Angaben zum Produkt,
- dem genehmigten Baumuster eines Produkts und
- Stoffen, die in einem Produkt enthalten oder für die Herstellung eines Produkts verwendet werden und unter die besonderen Verfahren gemäß Abschnitt 4.5.6 fallen.

In den in Absatz 1 genannten Verfahren und vertraglichen Vereinbarungen sind auch Maßnahmen vorgesehen, die es erlauben, die Bedeutung der in Absatz 1 genannten Änderungen festzustellen.

Im Einklang mit ihren dokumentierten Verfahren hat die betreffende Benannte Stelle folgende Aufgaben:

- Sie gewährleistet, dass die Hersteller Pläne für Änderungen gemäß Absatz 1 und einschlägige Informationen bezüglich solcher Änderungen zur vorherigen Genehmigung vorlegen,
- sie bewertet die vorgeschlagenen Änderungen und überprüft, ob das Qualitätsmanagementsystem oder die Auslegung eines Produkts oder die Art eines Produkts nach diesen Änderungen noch durch die bestehende Konformitätsbewertung abgedeckt ist und
- sie teilt dem Hersteller ihre Entscheidung mit und legt ihm einen Bericht oder gegebenenfalls einen ergänzenden Bericht vor, der die begründeten Schlussfolgerungen ihrer Bewertung enthält.

4.10 Überwachungstätigkeiten und Überwachung nach der Zertifizierung

Die Benannte Stelle verfügt über dokumentierte Verfahren, die Folgendes umfassen:

- die Festlegung, wie und wann die Hersteller die Überwachungstätigkeiten durchführen sollten. Zu diesen Verfahren zählen Vorkehrungen für unangekündigte Vor-Ort-Audits bei Herstellern und gegebenenfalls bei Unterauftragnehmern und Zulieferern, die Produkttests durchführen, und die Überwachung der Einhaltung aller Bedingungen, die den Herstellern auferlegt werden und im Zusammenhang mit Entscheidungen über die Zertifizierung stehen, wie z. B. die Aktualisierung klinischer Daten in festgelegten Abständen,
- die Prüfung einschlägiger Quellen wissenschaftlicher und klinischer Daten sowie Informationen nach dem Inverkehrbringen in dem Bereich, für den sie benannt wurden. Diese Informationen werden bei der Planung und Durchführung von Überwachungstätigkeiten berücksichtigt und
- die Überprüfung verfügbarer Vigilanzdaten, zu denen sie Zugang haben, gemäß Artikel 92 Absatz 2, um deren Einfluss – falls vorhanden – auf die Gültigkeit bestehender Bescheinigungen zu untersuchen. Die Ergebnisse der Bewertung und alle getroffenen Entscheidungen werden gründlich dokumentiert.

Wenn die betreffende Benannte Stelle von einem Hersteller oder zuständigen Behörden Informationen über Vigilanz-Fälle erhalten hat, entscheidet sie sich für eine der folgenden Vorgehensweisen:

- Sie ergreift keine Maßnahmen, da der Vigilanz-Fall eindeutig nicht im Zusammenhang mit der erteilten Bescheinigung steht,
- sie beobachtet die Maßnahmen des Herstellers und der zuständigen Behörden und die Ergebnisse der Untersuchung des Herstellers, um zu bestimmen, ob die

ausgestellte Bescheinigung gefährdet ist oder ob geeignete Korrekturmaßnahmen ergriffen worden sind,

- sie führt außergewöhnlicher Überwachungstätigkeiten durch, wie z B. Dokumentenüberprüfungen, kurzfristige oder unangekündigte Audits und Produktprüfungen, wenn die erteilte Bescheinigung aller Voraussicht nach gefährdet ist,
- sie führt häufigere Überwachungsaudits durch,
- sie überprüft bestimmte Produkte oder Prozesse beim nächsten Audit des Herstellers oder
- sie ergreift jede andere einschlägige Maßnahme.

Im Zusammenhang mit den Audits zur Überwachung des Herstellers verfügt die Benannte Stelle über dokumentierte Verfahren, um

- mindestens einmal jährlich Audits zur Überwachung des Herstellers durchzuführen, die gemäß den relevanten Anforderungen in Abschnitt 4.5 geplant und durchgeführt werden,
- zu gewährleisten, dass sie die Dokumentation des Herstellers über die Bestimmungen zur Vigilanz und deren Anwendung, die Überwachung nach dem Inverkehrbringen und die klinische Nachbeobachtung nach dem Inverkehrbringen angemessen bewerten,
- während der Audits gemäß zuvor festgelegten Probenahmekriterien und Testverfahren Stichproben von Produkten und technischen Dokumentationen zu nehmen und diese zu testen, um zu gewährleisten, dass der Hersteller das genehmigte Qualitätsmanagementsystem dauerhaft anwendet,
- sicherzustellen, dass der Hersteller die in den einschlägigen Anhängen festgelegten Dokumentations- und Informationspflichten erfüllt und bei seinen Verfahren vorbildliche Verfahren für die Umsetzung von Qualitätsmanagementsystemen berücksichtigt werden,
- zu gewährleisten, dass der Hersteller Qualitätsmanagementsysteme oder Produktgenehmigungen nicht auf irreführende Weise an- bzw. verwendet,
- ausreichende Informationen zu sammeln und somit feststellen zu können, ob das Qualitätsmanagementsystem weiterhin den Anforderungen dieser Verordnung genügt,
- den Hersteller im Falle der Aufdeckung von Konformitätsmängeln zu Korrekturen, korrektiven Maßnahmen und gegebenenfalls vorbeugenden Maßnahmen aufzufordern, und
- bei Bedarf spezifische Einschränkungen in Bezug auf die einschlägige Bescheinigung vorzusehen oder diese Bescheinigung auszusetzen oder zu widerrufen.

Die Benannte Stelle ist, sofern dies zu den Voraussetzungen für eine Zertifizierung gehört, dafür zuständig,

- eine eingehende Überprüfung der durch den Hersteller zuletzt aktualisierten klinischen Bewertungen durchzuführen, auf der Grundlage der Überwachung nach dem Inverkehrbringen des Herstellers, seiner klinischen Nachbeobachtung nach dem Inverkehrbringen und der einschlägigen klinischen Literatur betreffend die mit dem Produkt zu behandelnde Erkrankung oder der einschlägigen klinischen Literatur betreffend ähnliche Produkte,
- die Ergebnisse der eingehenden Überprüfung eindeutig zu dokumentieren und dem Hersteller alle spezifischen Bedenken mitzuteilen oder ihm spezifische Bedingungen aufzuerlegen und
- zu gewährleisten, dass die zuletzt aktualisierte klinische Bewertung in den Gebrauchsanweisungen und gegebenenfalls im Kurzbericht über Sicherheit und Leistung angemessen wiedergegeben wird.

4.11 Erneute Zertifizierung

Die Benannte Stelle verfügt über dokumentierte Verfahren für die Überprüfung im Hinblick auf die erneute Zertifizierung und die Erneuerung von Bescheinigungen. Die erneute Zertifizierung genehmigter Qualitätsmanagementsysteme oder der EU-Bescheinigungen über die Bewertung der technischen Dokumentation oder von EU-Baumusterprüfbescheinigungen erfolgt mindestens alle fünf Jahre.

Die Benannte Stelle verfügt über dokumentierte Verfahren für die Erneuerung von EU-Bescheinigungen über die Bewertung der technischen Dokumentation und von EU-Baumusterprüfbescheinigungen; im Rahmen dieser Verfahren wird der betreffende Hersteller verpflichtet, eine Zusammenfassung der Änderungen am und der wissenschaftlichen Erkenntnisse über das Produkt vorzulegen, einschließlich

a) aller Änderungen am ursprünglich genehmigten Produkt, einschließlich der noch nicht mitgeteilten Änderungen,

b) der aus der Überwachung nach dem Inverkehrbringen gewonnenen Erfahrungen,

c) der Erfahrungen aus dem Risikomanagement,

d) der Erfahrungen aus der Aktualisierung des Nachweises, dass die grundlegenden Sicherheits- und Leistungsanforderungen gemäß Anhang I erfüllt werden,

e) der Erfahrungen aus den Überprüfungen der klinischen Bewertung sowie der Ergebnisse aller klinischen Prüfungen und der klinischen Nachbeobachtung nach dem Inverkehrbringen,

f) der Änderungen an den Anforderungen, an Komponenten des Produkts oder im wissenschaftlichen oder regulatorischen Umfeld,

g) der Änderungen an den gültigen oder neuen harmonisierten Normen den Spezifikationen oder an gleichwertigen Dokumenten und

h) der Änderungen am medizinischen, wissenschaftlichen oder technischen Wissensstand, wie etwa

– neue Behandlungen,

– Änderungen an Testmethoden,

– neue wissenschaftliche Erkenntnisse zu Materialien und Komponenten, einschließlich Erkenntnissen in Bezug auf ihre Biokompatibilität,

– Erfahrungen aus Studien zu vergleichbaren Produkten,

– Daten aus Registern und Registrierstellen,

– Erfahrungen aus klinischen Prüfungen mit vergleichbaren Produkten.

Die Benannte Stelle verfügt über dokumentierte Verfahren, um die Informationen gemäß Absatz 2 zu bewerten, und schenkt den klinischen Daten aus der Überwachung nach dem Inverkehrbringen und den seit der früheren Zertifizierung oder erneuten Zertifizierung durchgeführten Tätigkeiten zur klinischen Nachbeobachtung nach dem Inverkehrbringen besondere Aufmerksamkeit, wozu auch angemessene Aktualisierungen der klinischen Bewertungsberichte der Hersteller zählen.

Für die Entscheidung über eine erneute Zertifizierung nutzt die betreffende Benannte Stelle dieselben Methoden und Grundsätze wie für die ursprüngliche Entscheidung über die Zertifizierung. Erforderlichenfalls werden unterschiedliche Formulare für die erneute Zertifizierung erstellt, die die für die Zertifizierung ergriffenen Schritte wie z. B. den Antrag und die Überprüfung des Antrags berücksichtigen.

Anhang VIII
Klassifizierungsregeln

Kapitel I
Definitionen zu Klassifizierungsregeln

1. Dauer der Verwendung

1.1 „Vorübergehend" bedeutet unter normalen Bedingungen für eine ununterbrochene Anwendung über einen Zeitraum von weniger als 60 Minuten bestimmt.

1.2 „Kurzzeitig" bedeutet unter normalen Bedingungen für eine ununterbrochene Anwendung über einen Zeitraum zwischen 60 Minuten und 30 Tagen bestimmt.

1.3 „Langzeitig“ bedeutet unter normalen Bedingungen für eine ununterbrochene Anwendung über einen Zeitraum von mehr als 30 Tagen bestimmt.

2. Invasive und aktive Produkte

2.1 „Körperöffnung“ bezeichnet eine natürliche Öffnung des Körpers sowie die Außenfläche des Augapfels oder eine operativ hergestellte ständige Öffnung, wie z. B. ein Stoma.

2.2 „Chirurgisch-invasives Produkt“ bezeichnet:

a) ein invasives Produkt, das mittels eines chirurgischen Eingriffs oder im Zusammenhang damit durch die Körperoberfläche – einschließlich der Schleimhäute der Körperöffnungen – in den Körper eindringt und

b) ein Produkt, das anders als durch eine Körperöffnung in den Körper eindringt.

2.3 „Wiederverwendbares chirurgisches Instrument“ bezeichnet ein nicht in Verbindung mit einem aktiven Produkt eingesetztes, für einen chirurgischen Eingriff bestimmtes Instrument, dessen Funktion im Schneiden, Bohren, Sägen, Kratzen, Schaben, Klammern, Spreizen, Heften oder ähnlichem besteht und das nach Durchführung geeigneter Verfahren wie etwa Reinigung, Desinfektion und Sterilisation vom Hersteller für die Wiederverwendung bestimmt ist.

2.4 „Aktives therapeutisches Produkt“ bezeichnet ein aktives Produkt, das entweder getrennt oder in Verbindung mit anderen Produkten verwendet wird und dazu bestimmt ist, biologische Funktionen oder Strukturen im Zusammenhang mit der Behandlung oder Linderung einer Krankheit, Verwundung oder Behinderung zu erhalten, zu verändern, zu ersetzen oder wiederherzustellen.

2.5 „Aktives Medizinprodukt zu Diagnose- und Überwachungszwecken“ bezeichnet ein aktives Produkt, das entweder getrennt oder in Verbindung mit anderen Produkten verwendet wird und dazu bestimmt ist, Informationen für die Erkennung, Diagnose, Überwachung oder Behandlung von physiologischen Zuständen, Gesundheitszuständen, Erkrankungen oder angeborenen Missbildungen zu liefern.

2.6 „Zentrales Kreislaufsystem“ bezeichnet die folgenden Blutgefäße: arteriae pulmonales, aorta ascendens, arcus aortae, aorta descendens bis zur bifurcatio aortae, arteriae coronariae, arteria carotis communis, arteria carotis externa, arteria carotis interna, arteriae cerebrales, truncus brachiocephalicus, venae cordis, venae pulmonales, vena cava superior und vena cava inferior.

2.7 „Zentrales Nervensystem“ bezeichnet das Gehirn, die Hirnhaut und das Rückenmark.

2.8 „Verletzte Haut oder Schleimhaut“ bezeichnet einen Bereich der Haut oder Schleimhaut, der eine pathologische Veränderung oder eine Veränderung infolge einer Erkrankung oder eine Wunde aufweist.

Kapitel II
Durchführungsvorschriften

3.1 Die Anwendung der Klassifizierungsregeln richtet sich nach der Zweckbestimmung der Produkte.

3.2 Wenn das betreffende Produkt dazu bestimmt ist, in Verbindung mit einem anderen Produkt angewandt zu werden, werden die Klassifizierungsregeln auf jedes Produkt gesondert angewendet. Zubehör für ein Medizinprodukt wird unabhängig von dem Produkt, mit dem es verwendet wird, gesondert klassifiziert.

3.3 Software, die ein Produkt steuert oder dessen Anwendung beeinflusst, wird derselben Klasse zugerechnet wie das Produkt.

Ist die Software von anderen Produkten unabhängig, so wird sie für sich allein klassifiziert.

3.4 Wenn ein Produkt nicht dazu bestimmt ist, ausschließlich oder hauptsächlich an einem bestimmten Teil des Körpers angewandt zu werden, wird es nach der spezifizierten Anwendung eingeordnet, die das höchste Gefährdungspotenzial beinhaltet.

3.5 Wenn unter Berücksichtigung der vom Hersteller festgelegten Zweckbestimmung auf ein und dasselbe Produkt mehrere Regeln oder innerhalb derselben Regel mehrere Unterregeln anwendbar sind, so gilt die strengste Regel/Unterregel, sodass das Produkt in die jeweils höchste Klasse eingestuft wird.

3.6 Zum Zwecke der Berechnung der Dauer gemäß Abschnitt 1 ist unter einer ununterbrochenen Anwendung Folgendes zu verstehen:

a) die Gesamtdauer der Anwendung desselben Produkts unabhängig von einer vorübergehenden Anwendungsunterbrechung während eines Verfahrens oder einem vorübergehenden Entfernen des Produkts beispielsweise zu Reinigungs- oder Desinfektionszwecken. Ob die Anwendungsunterbrechung oder das Entfernen vorübergehend ist, ist im Verhältnis zur Anwendungsdauer vor und nach dem Zeitraum, während dessen die Anwendung unterbrochen oder das Produkt entfernt wird, festzustellen, und

b) die kumulierte Anwendung eines Produkts, das vom Hersteller dafür bestimmt ist, unmittelbar durch ein Produkt gleicher Art ersetzt zu werden.

3.7 Ein Produkt wird als Produkt angesehen, das eine direkte Diagnose ermöglicht, wenn es die Diagnose der betreffenden Krankheit oder des betreffenden Gesundheitszustandes selbst liefert oder aber für die Diagnose entscheidende Informationen hervorbringt.

Kapitel III
Klassifizierungsregeln

4. Nicht invasive Produkte

4.1 Regel 1

Alle nicht invasiven Produkte gehören zur Klasse I, es sei denn, es findet eine der folgenden Regeln Anwendung.

4.2 Regel 2

Alle nicht invasiven Produkte für die Durchleitung oder Aufbewahrung von Blut, anderen Körperflüssigkeiten, -zellen oder -geweben, Flüssigkeiten oder Gasen zum Zwecke einer Infusion, Verabreichung oder Einleitung in den Körper gehören zur Klasse IIa,

– wenn sie mit einem aktiven Produkt der Klasse IIa, der Klasse IIb oder der Klasse III verbunden werden können oder
– wenn sie für die Durchleitung oder Aufbewahrung von Blut oder anderen Körperflüssigkeiten oder für die Aufbewahrung von Organen, Organteilen oder Körperzellen und -geweben eingesetzt werden, mit Ausnahme von Blutbeuteln; Blutbeutel gehören zur Klasse IIb.

In allen anderen Fällen gehören solche Produkte zur Klasse I.

4.3 Regel 3

Alle nicht invasiven Produkte zur Veränderung der biologischen oder chemischen Zusammensetzung von menschlichen Geweben oder Zellen, Blut, anderen Körperflüssigkeiten oder Flüssigkeiten, die zur Implantation oder Verabreichung in den Körper bestimmt sind, gehören zur Klasse IIb, es sei denn, die Behandlung, für die das Produkt verwendet wird, besteht aus einer Filtration, Zentrifugierung oder dem Austausch von Gas oder Wärme. In diesem Fall werden sie der Klasse IIa zugeordnet.

Alle nicht invasiven Produkte, die aus einem Stoff oder einer Mischung von Stoffen bestehen, die für den In-vitro-Gebrauch in unmittelbarem Kontakt mit dem menschlichen Körper entnommenen menschlichen Zellen, Geweben oder Organen oder für den In-vitro-Gebrauch mit menschlichen Embryonen vor deren Implantation oder Verabreichung in den Körper bestimmt sind, werden der Klasse III zugeordnet.

4.4 Regel 4

Alle nicht invasiven Produkte, die mit verletzter Haut oder Schleimhaut in Berührung kommen,

– werden der Klasse I zugeordnet, wenn sie als mechanische Barriere oder zur Kompression oder zur Resorption von Exsudaten eingesetzt werden,

– werden der Klasse IIb zugeordnet, wenn sie vorwiegend bei Hautverletzungen eingesetzt werden, bei denen die Dermis oder die Schleimhaut durchtrennt wurde und die nur durch sekundäre Wundheilung geheilt werden können,

– werden der Klasse IIa zugeordnet, wenn sie vorwiegend zur Beeinflussung der Mikroumgebung verletzter Haut oder Schleimhaut bestimmt sind, und

– werden in allen anderen Fällen der Klasse IIa zugeordnet.

Diese Regel gilt auch für die invasiven Produkte, die mit verletzter Schleimhaut in Berührung kommen.

5. Invasive Produkte

5.1 Regel 5

Alle invasiven Produkte im Zusammenhang mit Körperöffnungen – außer chirurgisch-invasive Produkte – die nicht zum Anschluss an ein aktives Produkt bestimmt sind oder die zum Anschluss an ein aktives Produkt der Klasse I bestimmt sind, gehören

– zur Klasse I, wenn sie zur vorübergehenden Anwendung bestimmt sind,

– zur Klasse IIa, wenn sie zur kurzzeitigen Anwendung bestimmt sind, es sei denn, sie werden in der Mundhöhle bis zum Rachen, im Gehörgang bis zum Trommelfell oder in der Nasenhöhle eingesetzt; in diesem Fall gehören sie zur Klasse I, und

– zur Klasse IIb, wenn sie zur langzeitigen Anwendung bestimmt sind, es sei denn, sie werden in der Mundhöhle bis zum Rachen, im Gehörgang bis zum Trommelfell oder in der Nasenhöhle eingesetzt und sie können nicht von der Schleimhaut resorbiert werden; in diesem Fall werden sie der Klasse IIa zugeordnet.

Alle invasiven Produkte im Zusammenhang mit Körperöffnungen – außer chirurgisch-invasive Produkte – die zum Anschluss an ein aktives Produkt der Klasse IIa, der Klasse IIb oder der Klasse III bestimmt sind, gehören zur Klasse IIa.

5.2 Regel 6

Alle zur vorübergehenden Anwendung bestimmten chirurgisch-invasiven Produkte gehören zur Klasse IIa, es sei denn,

– sie sind speziell zur Überwachung, Diagnose, Kontrolle oder Korrektur eines Defekts am Herz oder am zentralen Kreislaufsystem in direktem Kontakt mit diesen Körperteilen bestimmt; in diesem Fall werden sie der Klasse III zugeordnet,

– es handelt sich um wiederverwendbare chirurgische Instrumente; in diesem Fall werden sie der Klasse I zugeordnet,

– sie sind speziell zur Verwendung in direktem Kontakt mit dem Herz, dem zentralen Kreislaufsystem oder dem zentralen Nervensystem bestimmt; in diesem Fall werden sie der Klasse III zugeordnet,

- sie sind zur Abgabe von Energie in Form ionisierender Strahlung bestimmt; in diesem Fall werden sie der Klasse IIb zugeordnet,
- sie entfalten eine biologische Wirkung oder werden vollständig oder in bedeutendem Umfang resorbiert; in diesem Fall werden sie der Klasse IIb zugeordnet oder
- sie sind zur Verabreichung von Arzneimitteln über ein Dosiersystem bestimmt, wenn diese Verabreichung eines Arzneimittels in einer Weise erfolgt, die unter Berücksichtigung der Art der Anwendung eine potenzielle Gefährdung darstellt; in diesem Fall werden sie der Klasse IIb zugeordnet.

5.3 Regel 7

Alle zur kurzzeitigen Anwendung bestimmten chirurgisch-invasiven Produkte gehören zur Klasse IIa, es sei denn,

- sie sind speziell zur Überwachung, Diagnose, Kontrolle oder Korrektur eines Defekts am Herz oder am zentralen Kreislaufsystem in direktem Kontakt mit diesen Körperteilen bestimmt; in diesem Fall werden sie der Klasse III zugeordnet,
- sie sind speziell zur Verwendung in direktem Kontakt mit dem Herz, dem zentralen Kreislaufsystem oder dem zentralen Nervensystem bestimmt; in diesem Fall werden sie der Klasse III zugeordnet,
- sie sind zur Abgabe von Energie in Form ionisierender Strahlung bestimmt; in diesem Fall werden sie der Klasse IIb zugeordnet,
- sie entfalten eine biologische Wirkung oder werden vollständig oder in bedeutendem Umfang resorbiert; in diesem Fall werden sie der Klasse III zugeordnet,
- sie sollen im Körper eine chemische Veränderung erfahren; in diesem Fall werden sie der Klasse III zugeordnet – mit Ausnahme solcher Produkte, die in die Zähne implantiert werden – oder
- sie sollen Arzneimittel abgeben; in diesem Fall werden sie der Klasse IIb zugeordnet.

5.4 Regel 8

Alle implantierbaren Produkte sowie zur langzeitigen Anwendung bestimmten chirurgisch-invasiven Produkte gehören zur Klasse IIb, es sei denn,

- sie sollen in die Zähne implantiert werden; in diesem Fall werden sie der Klasse IIa zugeordnet,
- sie sind zur Verwendung in direktem Kontakt mit dem Herz, dem zentralen Kreislaufsystem oder dem zentralen Nervensystem bestimmt; in diesem Fall werden sie der Klasse III zugeordnet,
- sie entfalten eine biologische Wirkung oder werden vollständig oder in bedeutendem Umfang resorbiert; in diesem Fall werden sie der Klasse III zugeordnet,

- sie sollen im Körper eine chemische Veränderung erfahren; in diesem Fall werden sie der Klasse III zugeordnet – mit Ausnahme solcher Produkte, die in die Zähne implantiert werden – oder
- sie sollen Arzneimittel abgeben; in diesem Fall werden sie der Klasse III zugeordnet,
- es handelt sich um aktive implantierbare Produkte oder ihr Zubehör; in diesen Fällen werden sie der Klasse III zugeordnet,
- es handelt sich um Brustimplantate oder chirurgische Netze; in diesen Fällen werden sie der Klasse III zugeordnet,
- es handelt sich um Total- oder Teilprothesen von Gelenken; in diesem Fall werden sie der Klasse III zugeordnet, mit Ausnahme von Zubehörkomponenten wie Schrauben, Keilen, Platten und Instrumenten, oder
- es handelt sich um Implantate zum Ersatz der Bandscheibe oder implantierbare Produkte, die mit der Wirbelsäule in Berührung kommen; in diesem Fall werden sie der Klasse III zugeordnet, mit Ausnahme von Komponenten wie Schrauben, Keilen, Platten und Instrumenten.

6. Aktive Produkte

6.1 Regel 9

Alle aktiven therapeutischen Produkte, die zur Abgabe oder zum Austausch von Energie bestimmt sind, gehören zur Klasse IIa, es sei denn, die Abgabe von Energie an den menschlichen Körper oder der Austausch von Energie mit dem menschlichen Körper kann unter Berücksichtigung der Art, der Dichte und des Körperteils, an dem die Energie angewandt wird, aufgrund der Merkmale des Produkts eine potenzielle Gefährdung darstellen; in diesem Fall werden sie der Klasse IIb zugeordnet.

Alle aktiven Produkte, die dazu bestimmt sind, die Leistung von aktiven therapeutischen Produkten der Klasse IIb zu steuern oder zu kontrollieren oder die Leistung dieser Produkte direkt zu beeinflussen, werden der Klasse IIb zugeordnet.

Alle aktiven Produkte, die zum Aussenden ionisierender Strahlung für therapeutische Zwecke bestimmt sind, einschließlich Produkten, die solche Produkte steuern oder kontrollieren oder die deren Leistung direkt beeinflussen, werden der Klasse IIb zugeordnet.

Alle aktiven Produkte, die dazu bestimmt sind, die Leistung von aktiven implantierbaren Produkten zu steuern, zu kontrollieren oder direkt zu beeinflussen, werden der Klasse III zugeordnet.

6.2 Regel 10

Aktive Produkte zu Diagnose- und Überwachungszwecken gehören zur Klasse IIa,

- wenn sie dazu bestimmt sind, Energie abzugeben, die vom menschlichen Körper resorbiert wird – mit Ausnahme von Produkten, die dazu bestimmt sind, den Körper des Patienten im sichtbaren Spektralbereich auszuleuchten; in diesem Fall werden sie der Klasse I zugeordnet,
- wenn sie zur In-vivo-Darstellung der Verteilung von Radiopharmaka bestimmt sind oder
- wenn sie dazu bestimmt sind, eine direkte Diagnose oder Kontrolle von vitalen Körperfunktionen zu ermöglichen, es sei denn, sie sind speziell für die Kontrolle von vitalen physiologischen Parametern bestimmt und die Art der Änderung dieser Parameter könnte zu einer unmittelbaren Gefahr für den Patienten führen, z. B. Änderung der Herzfunktion, der Atmung oder der Aktivität des zentralen Nervensystems, oder wenn sie für die Diagnose in klinischen Situationen, in denen der Patient in unmittelbarer Gefahr schwebt, bestimmt sind; in diesen Fällen werden sie der Klasse IIb zugeordnet.

Aktive Produkte, die zum Aussenden ionisierender Strahlung sowie für die radiologische Diagnostik oder die radiologische Therapie bestimmt sind, einschließlich Produkte für die interventionelle Radiologie und Produkte, die solche Produkte steuern oder kontrollieren oder die deren Leistung unmittelbar beeinflussen, werden der Klasse IIb zugeordnet.

6.3 Regel 11

Software, die dazu bestimmt ist, Informationen zu liefern, die zu Entscheidungen für diagnostische oder therapeutische Zwecke herangezogen werden, gehört zur Klasse IIa, es sei denn, diese Entscheidungen haben Auswirkungen, die Folgendes verursachen können:

- den Tod oder eine irreversible Verschlechterung des Gesundheitszustands einer Person; in diesem Fall wird sie der Klasse III zugeordnet, oder
- eine schwerwiegende Verschlechterung des Gesundheitszustands einer Person oder einen chirurgischen Eingriff; in diesem Fall wird sie der Klasse IIb zugeordnet.

Software, die für die Kontrolle von physiologischen Prozessen bestimmt ist, gehört zur Klasse IIa, es sei denn, sie ist für die Kontrolle von vitalen physiologischen Parametern bestimmt, wobei die Art der Änderung dieser Parameter zu einer unmittelbaren Gefahr für den Patienten führen könnte; in diesem Fall wird sie der Klasse IIb zugeordnet.

Sämtliche andere Software wird der Klasse I zugeordnet.

6.4 Regel 12

Alle aktiven Produkte, die dazu bestimmt sind, Arzneimittel, Körperflüssigkeiten oder andere Stoffe an den Körper abzugeben und/oder aus dem Körper zu entfernen, werden der Klasse IIa zugeordnet, es sei denn, diese Vorgehensweise stellt unter Berücksichtigung der Art der betreffenden Stoffe, des betreffenden Körperteils und der Art der Anwendung eine potenzielle Gefährdung dar; in diesem Fall werden sie der Klasse IIb zugeordnet.

6.5 Regel 13

Alle anderen aktiven Produkte werden der Klasse I zugeordnet.

7. Besondere Regeln

7.1 Regel 14

Alle Produkte, zu deren Bestandteilen ein Stoff gehört, der für sich allein genommen als Arzneimittel im Sinne des Artikels 1 Nummer 2 der Richtlinie 2001/83/EG gelten kann, auch wenn es sich um ein Arzneimittel aus menschlichem Blut oder Blutplasma im Sinne des Artikels 1 Nummer 10 der genannten Richtlinie handelt und dem im Rahmen des Medizinprodukts eine unterstützende Funktion zukommt, werden der Klasse III zugeordnet.

7.2 Regel 15

Alle Produkte, die zur Empfängnisverhütung oder zum Schutz vor der Übertragung von sexuell übertragbaren Krankheiten eingesetzt werden sollen, werden der Klasse IIb zugeordnet, es sei denn, es handelt sich um implantierbare Produkte oder um invasive Produkte zur langzeitigen Anwendung; in diesem Fall werden sie der Klasse III zugeordnet.

7.3 Regel 16

Alle Produkte, die speziell zum Desinfizieren, Reinigen, Abspülen oder gegebenenfalls Hydratisieren von Kontaktlinsen bestimmt sind, werden der Klasse IIb zugeordnet.

Alle Produkte, die speziell zum Desinfizieren oder Sterilisieren von Medizinprodukten bestimmt sind, werden der Klasse IIa zugeordnet, es sei denn, es handelt sich um Desinfektionslösungen oder Reinigungs-Desinfektionsgeräte, die speziell zur Desinfektion von invasiven Produkten als Endpunkt der Verarbeitung bestimmt sind; in diesem Fall werden sie der Klasse IIb zugeordnet.

Diese Regel gilt nicht für Produkte, die zur Reinigung von anderen Produkten als Kontaktlinsen allein durch physikalische Einwirkung bestimmt sind.

7.4 Regel 17

Produkte, die speziell für die Aufzeichnung von durch Röntgenstrahlung gewonnenen Diagnosebildern bestimmt sind, werden der Klasse IIa zugeordnet.

7.5 *Regel 18*

Alle Produkte, die unter Verwendung von nicht lebensfähigen oder abgetöteten Geweben oder Zellen menschlichen oder tierischen Ursprungs oder ihren Derivaten hergestellt wurden, werden der Klasse III zugeordnet, es sei denn, diese Produkte werden unter Verwendung von nicht lebensfähigen oder abgetöteten Geweben oder Zellen tierischen Ursprungs oder ihren Derivaten hergestellt, die dafür bestimmt sind, nur mit unversehrter Haut in Berührung zu kommen.

7.6 *Regel 19*

Alle Produkte, die Nanomaterial enthalten oder daraus bestehen, werden wie folgt zugeordnet:

– der Klasse III, wenn sie ein hohes oder mittleres Potenzial für interne Exposition haben;

– der Klasse IIb, wenn sie ein niedriges Potenzial für interne Exposition haben, und

– der Klasse IIa, wenn sie ein unbedeutendes Potenzial für interne Exposition haben.

7.7 *Regel 20*

Alle invasiven Produkte im Zusammenhang mit Körperöffnungen – außer chirurgisch-invasiven Produkten –, die für die Verabreichung von Arzneimitteln durch Inhalation bestimmt sind, gehören zur Klasse IIa, es sei denn, ihre Wirkungsweise beeinflusst die Wirksamkeit und Sicherheit des verabreichten Arzneimittels wesentlich oder sie sind für die Behandlung lebensbedrohlicher Umstände bestimmt; in diesem Fall werden sie der Klasse IIb zugeordnet.

7.8 *Regel 21*

Produkte, die aus Stoffen oder Kombinationen von Stoffen bestehen, die dazu bestimmt sind, durch eine Körperöffnung in den menschlichen Körper eingeführt oder auf die Haut aufgetragen zu werden, und die vom Körper aufgenommen oder lokal im Körper verteilt werden, werden wie folgt zugeordnet:

– der Klasse III, wenn sie oder ihre Metaboliten systemisch vom menschlichen Körper aufgenommen werden, um ihre Zweckbestimmung zu erfüllen;

– der Klasse III, wenn sie ihre Zweckbestimmung im Magen oder im unteren Magen-Darm-Trakt erfüllen und wenn sie oder ihre Metaboliten systemisch vom menschlichen Körper aufgenommen werden;

– der Klasse IIa, wenn sie auf die Haut aufgetragen werden oder in der Nasenhöhle oder der Mundhöhle bis zum Rachen angewandt werden und ihre Zweckbestimmung an diesen Höhlen erfüllen und

– der Klasse IIb in allen anderen Fällen.

7.9 Regel 22

Aktive therapeutische Produkte mit integrierter oder eingebauter diagnostischer Funktion, die das Patientenmanagement durch das Produkt erheblich bestimmt, wie etwa geschlossene Regelsysteme oder automatische externe Defibrillatoren, gehören zur Klasse III.

Anhang IX
Konformitätsbewertung auf der Grundlage eines Qualitätsmanagementsystems und einer Bewertung der technischen Dokumentation

Kapitel I
Qualitätsmanagementsystem

1. Der Hersteller richtet ein Qualitätsmanagementsystem gemäß Artikel 10 Absatz 9 ein, das er dokumentiert und umsetzt und für dessen Wirksamkeit während des gesamten Lebenszyklus der betroffenen Produkte er Sorge trägt. Der Hersteller gewährleistet die Anwendung des Qualitätsmanagementsystems nach Maßgabe des Abschnitts 2; er unterliegt Audits gemäß den Abschnitten 2.3 und 2.4 sowie der Überwachung gemäß Abschnitt 3.

2. Bewertung des Qualitätsmanagementsystems

2.1 Der Hersteller beantragt bei einer Benannten Stelle die Bewertung seines Qualitätsmanagementsystems. Der Antrag enthält

- den Namen des Herstellers und die Anschrift seiner eingetragenen Niederlassung und etwaiger weiterer Fertigungsstätten, die Teil des Qualitätsmanagementsystems sind, und wenn der Antrag des Herstellers durch seinen Bevollmächtigten eingereicht wird, auch den Namen des Bevollmächtigten und die Anschrift der eingetragenen Niederlassung des Bevollmächtigten,
- alle einschlägigen Angaben über die Produkte oder die Produktgruppen, die Gegenstand des Qualitätsmanagementsystems sind,
- eine schriftliche Erklärung, dass bei keiner anderen Benannten Stelle ein Parallelantrag zu demselben Qualitätsmanagementsystem für dieses Produkt eingereicht wurde, oder Informationen über etwaige frühere Anträge zu demselben Qualitätsmanagementsystem für dieses Produkt,
- den Entwurf einer EU-Konformitätserklärung gemäß Artikel 19 und Anhang IV für das von dem Konformitätsbewertungsverfahren erfasste Produktmodell,

- die Dokumentation über das Qualitätsmanagementsystem des Herstellers,
- eine dokumentierte Beschreibung der vorhandenen Verfahren zur Erfüllung der Verpflichtungen, die sich aus dem Qualitätsmanagementsystem ergeben und die in dieser Verordnung vorgeschrieben sind, und die Zusicherung des betreffenden Herstellers, diese Verfahren anzuwenden,
- eine Beschreibung der vorhandenen Verfahren, mit denen sichergestellt wird, dass das Qualitätsmanagementsystem geeignet und wirksam bleibt, und die Zusicherung des Herstellers, diese Verfahren anzuwenden,
- die Dokumentation über das System des Herstellers zur Überwachung nach dem Inverkehrbringen und gegebenenfalls über den Plan für die klinische Nachbeobachtung und die Verfahren, mit denen die Einhaltung der Verpflichtungen sichergestellt wird, die sich aus den in den Vigilanz-Bestimmungen gemäß den Artikeln 87 bis 92 ergeben,
- eine Beschreibung der zur Aktualisierung des Systems zur Überwachung nach dem Inverkehrbringen eingesetzten Verfahren und gegebenenfalls des Plans für die klinische Nachbeobachtung nach dem Inverkehrbringen und der Verfahren, mit denen die Einhaltung der Verpflichtungen sichergestellt wird, die sich aus den in den Artikeln 87 bis 92 dargelegten Vigilanz-Bestimmungen ergeben, sowie die Zusicherung des Herstellers, diese Verfahren anzuwenden,
- die Dokumentation über den Plan für die klinische Bewertung und
- eine Beschreibung der vorhandenen Verfahren für die Aktualisierung des Plans für die klinische Bewertung unter Berücksichtigung des neuesten Stands der Technik.

2.2 Durch die Umsetzung des Qualitätsmanagementsystems wird die Einhaltung dieser Verordnung sichergestellt. Alle Einzelheiten, Anforderungen und Vorkehrungen, die der Hersteller für sein Qualitätsmanagementsystem zugrunde legt, werden in Form eines Qualitätshandbuchs und schriftlicher Grundsätze und Verfahren wie etwa Qualitätssicherungsprogramme, -pläne und -berichte systematisch und geordnet dokumentiert.

Darüber hinaus umfassen die für die Bewertung des Qualitätsmanagementsystems eingereichten Unterlagen eine angemessene Beschreibung insbesondere der folgenden Aspekte:

a) Qualitätsziele des Herstellers;

b) Organisation des Unternehmens, insbesondere

   - organisatorischer Aufbau mit der Verteilung der Zuständigkeiten des Personals hinsichtlich kritischer Verfahren, Zuständigkeiten und organisatorischer Befugnisse des Managements,

– Methoden zur Überwachung, ob das Qualitätsmanagementsystem effizient funktioniert und insbesondere ob es sich zur Sicherstellung der angestrebten Auslegungs- und Produktqualität eignet, einschließlich der Kontrolle über nichtkonforme Produkte,

– falls Auslegung, Herstellung und/oder abschließende Prüfung und Erprobung der Produkte oder von Teilen dieser Verfahren durch eine andere Partei erfolgen: Methoden zur Überwachung, ob das Qualitätsmanagementsystem effizient funktioniert und insbesondere Art und Umfang der Kontrollen, denen diese Partei unterzogen wird, und

– falls der Hersteller keine eingetragene Niederlassung in einem Mitgliedstaat hat, den Mandatsentwurf für die Benennung eines Bevollmächtigten und eine Absichtserklärung des Bevollmächtigten, das Mandat anzunehmen;

c) Verfahren und Techniken zur Überwachung, Überprüfung, Validierung und Kontrolle der Produktauslegung und die entsprechende Dokumentation sowie die aus diesen Verfahren und Techniken hervorgehenden Daten und Aufzeichnungen. Diese Verfahren und Techniken haben speziell Folgendes zum Gegenstand:

– das Konzept zur Einhaltung der Regulierungsvorschriften, einschließlich der Prozesse zur Feststellung der einschlägigen rechtlichen Anforderungen, Qualifizierung, Klassifizierung, Handhabung von Gleichartigkeit, Wahl und Einhaltung der Konformitätsbewertungsverfahren,

– die Bestimmung geltender grundlegender Sicherheits- und Leistungsanforderungen und Lösungen für die Erfüllung dieser Anforderungen unter Berücksichtigung anwendbarer GS und – sofern diese Option gewählt wurde – harmonisierter Normen oder anderer geeigneter Lösungen,

– das Risikomanagement gemäß Anhang I Abschnitt 3,

– die klinische Bewertung gemäß Artikel 61 und Anhang XIV einschließlich der klinischen Nachbeobachtung nach dem Inverkehrbringen,

– die Lösungen für die Erfüllung der relevanten spezifischen Anforderungen an Auslegung und Herstellung einschließlich einer geeigneten vorklinischen Bewertung, insbesondere der Anforderungen gemäß Anhang I Kapitel II,

– die Lösungen für die Erfüllung der relevanten spezifischen Anforderungen an die zusammen mit dem Produkt zu liefernden Informationen, insbesondere der Anforderungen gemäß Anhang I Kapitel III,

– die Verfahren zur Produktidentifizierung, die anhand von Zeichnungen, Spezifikationen oder sonstigen einschlägigen Unterlagen auf jeder Herstellungsstufe festgelegt und auf dem neuesten Stand gehalten werden, und

– die Handhabung von Änderungen der Auslegung oder des Qualitätsmanagementsystems und

d) Qualitätssicherungs- und Kontrolltechniken auf der Ebene der Herstellung, insbesondere die speziell bei der Sterilisation zu verwendenden Verfahren und Methoden, sowie die relevanten Unterlagen; und

e) geeignete Versuche und Prüfungen, die vor, während und nach der Herstellung vorzunehmen sind, die Häufigkeit, mit der sie durchzuführen sind, und die zu verwendenden Prüfgeräte; die Kalibrierung dieser Prüfgeräte wird so vorgenommen, dass sie angemessen nachvollziehbar ist.

Außerdem gewährt der Hersteller der Benannten Stelle Zugang zu der in den Anhängen II und III genannten technischen Dokumentation.

2.3 Audit

Die Benannte Stelle führt ein Audit des Qualitätsmanagementsystems durch, um festzustellen, ob es den Anforderungen nach Abschnitt 2.2 entspricht. Wendet der Hersteller eine harmonisierte Norm oder eine Spezifikation für Qualitätsmanagementsysteme an, so bewertet die Benannte Stelle die Konformität mit diesen Normen oder dieser Spezifikation. Die Benannte Stelle geht davon aus, dass ein Qualitätsmanagementsystem, das den einschlägigen harmonisierten Normen oder Spezifikationen genügt, auch die von diesen Normen oder Spezifikationen erfassten Anforderungen erfüllt, sofern sie nicht hinreichend begründet, dass dies nicht der Fall ist.

Mindestens ein Mitglied des Auditteams der Benannten Stelle verfügt über Erfahrung mit der Bewertung der betreffenden Technologie gemäß Anhang VII Abschnitte 4.3 bis 4.5. Ist diese Erfahrung nicht ohne Weiteres ersichtlich oder anwendbar, liefert die Benannte Stelle eine dokumentierte Begründung für die Zusammensetzung dieses Teams. Das Bewertungsverfahren schließt ein Audit an den Betriebsstätten des Herstellers und gegebenenfalls den Betriebsstätten der Zulieferer des Herstellers und/ oder seiner Subunternehmer ein, um die Herstellung und weitere relevante Prozesse zu überprüfen.

Darüber hinaus wird bei Produkten der Klassen IIa und IIb zusammen mit der Bewertung des Qualitätsmanagementsystems auch eine Bewertung der technischen Dokumentation für auf einer repräsentativen Basis ausgewählte Produkte gemäß Abschnitt 4 vorgenommen. Bei der Auswahl repräsentativer Stichproben berücksichtigt die Benannte Stelle die von der Koordinierungsgruppe Medizinprodukte gemäß Artikel 105 ausgearbeiteten veröffentlichten Leitlinien und insbesondere die technologische Neuartigkeit, Ähnlichkeiten in der Auslegung, Technologie, Herstellungs- und Sterilisationsverfahren, die Zweckbestimmung und die Ergebnisse aller relevanten früheren Bewertungen, z. B. im Hinblick auf die physikalischen, chemischen, biologischen oder klinischen Eigenschaften, die gemäß dieser Verordnung durchgeführt wurden. Die betreffende Benannte Stelle dokumentiert ihre Begründung für die gewählten Stichproben.

Falls das Qualitätsmanagementsystem den einschlägigen Bestimmungen dieser Verordnung entspricht, stellt die Benannte Stelle eine EU-Qualitätsmanagementbescheinigung aus. Die Benannte Stelle teilt dem Hersteller ihre Entscheidung zur Ausstellung der Bescheinigung mit. Die Entscheidung enthält auch die Ergebnisse des Audits und einen mit Gründen versehenen Bericht.

2.4 Der betreffende Hersteller informiert die Benannte Stelle, die das Qualitätsmanagementsystem genehmigt hat, über geplante wesentliche Änderungen am Qualitätsmanagementsystem oder der hiervon erfassten Produktpalette. Die Benannte Stelle bewertet die vorgeschlagenen Änderungen, stellt fest, ob zusätzliche Audits erforderlich sind, und prüft, ob das Qualitätsmanagementsystem nach diesen Änderungen den Anforderungen gemäß Abschnitt 2.2 noch entspricht. Sie informiert den Hersteller über ihre Entscheidung und übermittelt ihm dabei die Ergebnisse der Bewertung und gegebenenfalls die Ergebnisse der zusätzlichen Audits. Die Genehmigung einer wesentlichen Änderung am Qualitätsmanagementsystem oder der hiervon erfassten Produktpalette wird in Form eines Nachtrags zur EU-Qualitätsmanagementbescheinigung erteilt.

3. Überwachungsbewertung

3.1 Mit der Überwachung soll sichergestellt werden, dass der Hersteller die Verpflichtungen, die sich aus dem genehmigten Qualitätsmanagementsystem ergeben, ordnungsgemäß einhält.

3.2 Der Hersteller gestattet der Benannten Stelle die Durchführung aller erforderlichen Audits, einschließlich Vor-Ort-Audits, und stellt ihr alle erforderlichen Unterlagen zur Verfügung, insbesondere:

- die Dokumentation über sein Qualitätsmanagementsystem,
- die Dokumentation über alle Erkenntnisse und Ergebnisse, die bei der Anwendung des Plans zur Überwachung nach dem Inverkehrbringen einschließlich des Plans für die klinische Nachbeobachtung nach dem Inverkehrbringen bei einer repräsentativen Stichprobe von Produkten und der in den Artikeln 87 bis 92 festgelegten Vigilanz-Bestimmungen gewonnen wurden,
- die Daten, die in dem die Auslegung betreffenden Teil des Qualitätsmanagementsystems vorgesehen sind, wie z. B. Ergebnisse von Analysen, Berechnungen, Tests und für das Risikomanagement gewählte Lösungen gemäß Anhang I Abschnitt 4,

- die Daten, die in dem die Herstellung betreffenden Teil des Qualitätsmanagementsystems vorgesehen sind, wie z. B. Qualitätskontrollberichte, Prüf- und Eichdaten und Aufzeichnungen über die Qualifikation des betreffenden Personals usw.

3.3 Die Benannten Stellen führen regelmäßig – mindestens alle 12 Monate – geeignete Audits und Bewertungen durch, um sich davon zu überzeugen, dass der betreffende Hersteller das genehmigte Qualitätsmanagementsystem und den Plan zur Überwachung nach dem Inverkehrbringen anwendet. Diese Audits und Bewertungen schließen Audits in den Betriebsstätten des Herstellers und gegebenenfalls den Betriebsstätten der Zulieferer des Herstellers und/oder seiner Subunternehmer ein. Bei diesen Vor-Ort-Audits prüft die Benannte Stelle erforderlichenfalls, ob das Qualitätsmanagementsystem ordnungsgemäß funktioniert, oder lässt solche Prüfungen durchführen. Die Benannte Stelle stellt dem Hersteller einen Bericht über die Überwachungsaudits und gegebenenfalls über die vorgenommenen Prüfungen zur Verfügung.

3.4 Die Benannte Stelle führt nach dem Zufallsprinzip – mindestens einmal alle fünf Jahre – am Standort des Herstellers und gegebenenfalls der Zulieferer des Herstellers und/oder seiner Subunternehmer unangekündigte Audits durch, die mit der regelmäßigen Überwachungsbewertung gemäß Abschnitt 3.3 kombiniert oder zusätzlich zu dieser Überwachungsbewertung durchgeführt werden können. Die Benannte Stelle erstellt einen Plan für diese unangekündigten Vor-Ort-Audits, den sie dem Hersteller jedoch nicht mitteilt.

Im Rahmen solcher unangekündigten Vor-Ort-Audits prüft die Benannte Stelle eine angemessene Stichprobe der hergestellten Produkte oder eine angemessene Stichprobe aus dem Herstellungsprozess, um festzustellen, ob das hergestellte Produkt mit der technischen Dokumentation übereinstimmt, mit Ausnahme der in Artikel 52 Absatz 8 Unterabsatz 2 genannten Produkte. Vor den unangekündigten Vor-Ort-Audits legt die benannte Behörde die relevanten Probenahmekriterien und das Testverfahren fest.

Anstelle oder zusätzlich zu der in Unterabsatz 2 genannten Stichprobe stellt die Benannte Stelle Stichproben von auf dem Markt vorhandenen Produkten zusammen, um zu prüfen, ob das hergestellte Produkt mit der technischen Dokumentation übereinstimmt, mit Ausnahme der in Artikel 52 Absatz 8 Unterabsatz 2 genannten Produkte. Vor Zusammenstellung der Stichprobe legt die betreffende benannte Behörde die relevanten Probenahmekriterien und das Testverfahren fest.

Die Benannte Stelle übermittelt dem betreffenden Hersteller einen Bericht über das Vor-Ort-Audit, in dem gegebenenfalls das Ergebnis der Stichprobenprüfung enthalten ist.

3.5 Bei Produkten der Klassen IIa und IIb umfasst die Überwachungsbewertung zudem eine Bewertung der technischen Dokumentation des betreffenden Produkts oder der betreffenden Produkte gemäß Abschnitt 4 auf der Grundlage weiterer repräsentativer Stichproben, die in Übereinstimmung mit der von der benannten Behörde gemäß dem Abschnitt 2.3 Absatz 3 dokumentierten Begründung ausgewählt werden.

Bei Produkten der Klasse III umfasst die Überwachungsbewertung zudem eine Prüfung der genehmigten Teile und/oder Materialien, die für die Unversehrtheit des Produkts unerlässlich sind, einschließlich gegebenenfalls einer Überprüfung, ob die Mengen der hergestellten oder beschafften Teile und/oder Materialien den Mengen der fertigen Produkte entsprechen.

3.6 Die Benannte Stelle stellt sicher, dass das Bewertungsteam so zusammengesetzt ist, dass es Erfahrung mit der Bewertung der betreffenden Produkte, Systeme und Verfahren und fortwährende Objektivität und Neutralität aufweist; dazu gehört ein turnusmäßiger Wechsel der Mitglieder des Bewertungsteams in angemessenen Zeitabständen. Ein leitender Prüfer sollte generell nicht länger als drei Jahre in Folge Audits bei demselben Hersteller leiten bzw. sich an diesen beteiligen.

3.7 Stellt die Benannte Stelle Abweichungen zwischen der aus den hergestellten Produkten oder vom Markt entnommenen Stichprobe und den in der technischen Dokumentation oder der genehmigten Auslegung beschriebenen Spezifikationen fest, so setzt sie die jeweilige Bescheinigung aus, widerruft sie oder versieht sie mit Einschränkungen.

Kapitel II
Bewertung der technischen Dokumentation

4. Bewertung der technischen Dokumentation bei Produkten der Klasse III und der Klasse IIb gemäß Artikel 52 Absatz 4 Unterabsatz 2

4.1 Zusätzlich zu den Verpflichtungen gemäß Abschnitt 2 stellt der Hersteller bei der Benannten Stelle einen Antrag auf Bewertung der technischen Dokumentation für das Produkt, das er auf den Markt zu bringen oder in Betrieb zu nehmen beabsichtigt und das unter das Qualitätsmanagementsystem gemäß Abschnitt 2 fällt.

4.2 Aus dem Antrag gehen die Auslegung, die Herstellung und die Leistung des betreffenden Produkts hervor. Er umfasst die technische Dokumentation gemäß den Anhängen II und III.

4.3 Die Benannte Stelle setzt zur Prüfung der technischen Dokumentation Personal ein, das nachweislich über Kenntnisse und Erfahrung bezüglich der betreffenden Technologie und ihrer klinischen Anwendung verfügt. Die Benannte Stelle kann verlangen, dass der Antrag durch zusätzliche Tests oder weitere Nachweise ergänzt wird, damit die Konformität mit den einschlägigen Anforderungen dieser Verordnung beurteilt werden kann. Die Benannte Stelle führt angemessene physische Kontrollen oder Laboruntersuchungen bezüglich des Produkts durch oder fordert den Hersteller zur Durchführung solcher Tests auf.

4.4 Die Benannte Stelle überprüft die vom Hersteller im Rahmen des Berichts über die klinische Bewertung vorgelegten Daten zum klinischen Nachweis und die in diesem Zusammenhang vorgenommene klinische Bewertung. Für die Zwecke dieser Überprüfung beschäftigt die Benannte Stelle Produktprüfer mit ausreichendem klinischen Fachwissen und setzt externe klinische Experten mit unmittelbarer aktueller Erfahrung im Zusammenhang mit dem betreffenden Produkt oder den klinischen Bedingungen, unter denen es verwendet wird, ein.

4.5 Stützt sich der klinische Nachweis ganz oder teilweise auf Daten zu Produkten, die als gleichartig mit dem zu bewertenden Produkt dargestellt werden, so prüft die Benannte Stelle unter Berücksichtigung von Faktoren wie neuen Indikationen oder Innovationen, ob die Verwendung dieser Daten angemessen ist. Sie dokumentiert eindeutig ihre Ergebnisse hinsichtlich der behaupteten Gleichartigkeit sowie der Relevanz und Eignung der Daten für einen Konformitätsnachweis. Für jede Eigenschaft des Produkts, die der Hersteller als innovativ darstellt, oder für neue Indikationen prüft die Benannte Stelle, inwieweit die einzelnen Angaben durch spezifische vorklinische und klinische Daten und Risikoanalysen gestützt werden.

4.6 Die Benannte Stelle überprüft die Angemessenheit des klinischen Nachweises und der klinischen Bewertung sowie die Ergebnisse, zu denen der Hersteller hinsichtlich der Konformität mit den einschlägigen grundlegenden Sicherheits- und Leistungsanforderungen gelangt ist. Überprüft werden dabei unter anderem die Angemessenheit der Nutzen-Risiko-Abwägung, das Risikomanagement, die Gebrauchsanweisung, die Schulung der Anwender und der Plan des Herstellers zur Überwachung nach dem Inverkehrbringen sowie gegebenenfalls die Frage, ob der vorgeschlagene Plan für die klinische Nachbeobachtung nach dem Inverkehrbringen notwendig und angemessen ist.

4.7 Die Benannte Stelle prüft auf der Grundlage ihrer Beurteilung des klinischen Nachweises die klinische Bewertung und die Nutzen-Risiko-Abwägung sowie die Frage, ob konkrete Etappenziele festgelegt werden müssen, um ihr eine Überprüfung von Aktualisierungen des klinischen Nachweises, die sich aus den Daten aus der Überwachung nach dem Inverkehrbringen und der klinischen Nachbeobachtung nach dem Inverkehrbringen ergeben, zu ermöglichen.

4.8 Die Benannte Stelle dokumentiert das Ergebnis ihrer Bewertung klar und deutlich in dem Bericht über die Begutachtung der klinischen Bewertung.

4.9 Die Benannte Stelle übermittelt dem Hersteller einen Bericht über die Bewertung der technischen Dokumentation einschließlich eines Berichts über die Begutachtung der klinischen Bewertung. Falls das Produkt den einschlägigen Bestimmungen dieser Verordnung entspricht, stellt die Benannte Stelle eine EU-Bescheinigung über die Bewertung der technischen Dokumentation aus. Die Bescheinigung enthält die Ergebnisse der Bewertung der technischen Dokumentation, die Bedingungen für die Gültigkeit der Bescheinigung, die zur Identifizierung der genehmigten Auslegung erforderlichen Angaben sowie gegebenenfalls eine Beschreibung der Zweckbestimmung des Produkts.

4.10 Änderungen an dem genehmigten Produkt müssen von der Benannten Stelle, die die EU-Bescheinigung über die Bewertung der technischen Dokumentation ausgestellt hat, genehmigt werden, wenn diese Änderungen die Sicherheit und Leistungsfähigkeit des Produkts oder die für das Produkt vorgeschriebenen Anwendungsbedingungen beeinträchtigen könnten. Plant der Hersteller, derartige Änderungen vorzunehmen, so teilt er dies der Benannten Stelle, die die EU-Bescheinigung über die Bewertung der technischen Dokumentation ausgestellt hat, mit. Die Benannte Stelle bewertet die geplanten Änderungen und entscheidet, ob diese eine neue Konformitätsbewertung gemäß Artikel 52 oder ob ein Nachtrag zu der EU-Bescheinigung über die Bewertung der technischen Dokumentation ausgestellt werden könnte. In letzterem Fall bewertet die Benannte Stelle die geplanten Änderungen, teilt dem Hersteller ihre Entscheidung mit und stellt ihm, sofern die Änderungen genehmigt wurden, einen Nachtrag zu der EU-Bescheinigung über die Bewertung der technischen Dokumentation aus.

5. Besondere zusätzliche Verfahren

5.1 Bewertungsverfahren bei bestimmten Produkten der Klasse III und der Klasse IIb

a) Bei Produkten der Klasse III und bei in Anhang VIII Abschnitt 6.4 (Regel 12) genannten aktiven Produkten der Klasse IIb, die dazu bestimmt sind, ein Arzneimittel an den Körper abzugeben und/oder aus dem Körper zu entfernen, erstellt die Benannte Stelle – nachdem sie die Qualität der klinischen Daten, auf denen der klinische Bewertungsbericht des Herstellers gemäß Artikel 61 Absatz 12 beruht, geprüft hat – einen Bericht über die Begutachtung der klinischen Bewertung, in dem sie ihre Schlussfolgerungen zu dem vom Hersteller vorgelegten klinischen Nachweis, insbesondere zur Nutzen-Risiko-Abwägung, zur Kohärenz dieses Nachweises mit der Zweckbestimmung, einschließlich der medizinischen Indikation oder Indikationen, und zu dem in Artikel 10 Absatz 3 und Anhang XIV Teil B genannten Plan für die klinische Nachbeobachtung nach dem Inverkehrbringen darlegt.

   Die Benannte Stelle legt ihren Bericht über die Begutachtung der klinischen Bewertung – gemeinsam mit der Dokumentation des Herstellers über die klinische

Bewertung gemäß Anhang II Abschnitt 6.1 Buchstaben c und d – der Kommission vor.

Die Kommission leitet diese Dokumente unverzüglich an das in Artikel 106 genannte einschlägige Expertengremium weiter.

b) Die Benannte Stelle kann ersucht werden, dem jeweiligen Expertengremium ihre unter Buchstabe a genannten Schlussfolgerungen darzulegen.

c) Das Expertengremium entscheidet – unter Aufsicht der Kommission – auf der Grundlage aller folgenden Kriterien:

i) Neuartigkeit des betreffenden Produkts oder des damit verbundenen klinischen Verfahrens und seine möglichen erheblichen klinischen Auswirkungen oder Auswirkungen auf die öffentliche Gesundheit;

ii) erhebliche nachteilige Änderung des Nutzen-Risiko-Profils einer speziellen Kategorie oder Gruppe von Produkten aufgrund wissenschaftlich fundierter Gesundheitsbedenken in Bezug auf ihre Komponenten oder ihr Ausgangsmaterial oder in Bezug auf die Gesundheitsauswirkungen bei Versagen des Produkts;

iii) erheblich vermehrtes Auftreten schwerwiegender Vorkommnisse gemäß Artikel 87 bei einer speziellen Kategorie oder Gruppe von Produkten,

ob es ein wissenschaftliches Gutachten zu dem Bericht der Benannten Stelle über die Begutachtung der klinischen Bewertung vorlegen wird, das sich auf den klinischen Nachweis des Herstellers insbesondere zur Nutzen-Risiko-Abwägung, zur Kohärenz dieses Nachweises mit der medizinischen Indikation oder den medizinischen Indikationen und zum Plan für die klinische Nachbeobachtung nach dem Inverkehrbringen stützt. Dieses wissenschaftliche Gutachten ist binnen einer Frist von 60 Tagen ab dem Tag des Eingangs der von der Kommission übermittelten und unter Buchstabe a genannten Dokumente vorzulegen. Die Gründe für die Entscheidung, ein wissenschaftliches Gutachten auf der Grundlage der unter den Ziffern i, ii und iii genannten Kriterien vorzulegen, müssen in dem wissenschaftlichen Gutachten enthalten sein. Sind die übermittelten Informationen nicht ausreichend, um das Expertengremium in die Lage zu versetzen, zu einer Schlussfolgerung zu gelangen, so ist dies in dem wissenschaftlichen Gutachten anzugeben.

d) Das Expertengremium kann – unter Aufsicht der Kommission – entscheiden, auf der Grundlage der unter Buchstabe c dargelegten Kriterien kein wissenschaftliches Gutachten vorzulegen; in diesem Fall teilt es der Benannten Stelle dies so rasch wie möglich und in jedem Fall binnen 21 Tagen nach Eingang der von der Kommission übermittelten und unter Buchstabe a genannten Dokumente mit. Das Expertengremium teilt der Benannten Stelle und der Kommission innerhalb dieser Frist auch die Gründe für seine Entscheidung mit; die Benannte Stelle kann daraufhin das Zertifizierungsverfahren für dieses Produkt fortsetzen.

e) Das Expertengremium teilt der Kommission innerhalb von 21 Tagen nach Eingang der von der Kommission übermittelten Dokumente über Eudamed mit, ob es gemäß Buchstabe c beabsichtigt, ein wissenschaftliches Gutachten vorzulegen, oder ob es gemäß Buchstabe d nicht beabsichtigt, ein wissenschaftliches Gutachten vorzulegen.

f) Wird binnen einer Frist von 60 Tagen kein Gutachten vorgelegt, so kann die Benannte Stelle das Zertifizierungsverfahren für das betreffende Produkt fortsetzen.

g) Die Benannte Stelle berücksichtigt gebührend die in dem wissenschaftlichen Gutachten des Expertengremiums geäußerten Standpunkte. Stellt das Expertengremium fest, dass der klinische Nachweis nicht ausreichend ist oder auf andere Weise Anlass zu ernsthafter Besorgnis im Hinblick auf die Nutzen-Risiko-Abwägung, die Kohärenz dieses Nachweises mit der Zweckbestimmung, einschließlich der medizinischen Indikation(en), und den Plan für die klinische Nachbeobachtung nach dem Inverkehrbringen gibt, so rät die Benannte Stelle dem Hersteller erforderlichenfalls, die Zweckbestimmung des Produkts auf bestimmte Patientengruppen oder bestimmte medizinische Indikationen zu beschränken und/oder eine Begrenzung der Geltungsdauer der Bescheinigung vorzusehen, spezifische Studien über die klinische Nachbeobachtung nach dem Inverkehrbringen durchzuführen und die Gebrauchsanweisung oder den Kurzbericht über Sicherheit und Leistung anzupassen, oder sieht – gegebenenfalls in ihrem Konformitätsbewertungsbericht – andere Einschränkungen vor. Folgt die Benannte Stelle dem Gutachten des Expertengremiums in ihrem Konformitätsbewertungsbericht nicht, so legt sie eine umfassende Begründung dafür vor, und die Kommission macht unbeschadet des Artikels 109 sowohl das wissenschaftliche Gutachten des Expertengremiums als auch die von der Benannten Stelle vorgelegte schriftliche Begründung über Eudamed öffentlich zugänglich.

h) Die Kommission stellt den Expertengremien nach Beratung mit den Mitgliedstaaten und einschlägigen wissenschaftlichen Experten vor dem 26. Mai 2021 Leitlinien für die einheitliche Auslegung der Kriterien unter Buchstabe c zur Verfügung.

5.2 Verfahren bei Produkten, zu deren Bestandteilen ein Arzneimittel gehört

a) Enthält ein Produkt als festen Bestandteil einen Stoff, der für sich allein genommen als Arzneimittel im Sinne von Artikel 1 Nummer 2 der Richtlinie 2001/83/EG gelten kann, auch wenn es sich um ein aus menschlichem Blut oder Plasma gewonnenes Arzneimittel handelt, und dem im Rahmen des Medizinprodukts eine unterstützende Funktion zukommt, so sind die Qualität, die Sicherheit und der Nutzen des Stoffes gemäß den in Anhang I der Richtlinie 2001/83/EG festgelegen Methoden zu überprüfen.

b) Vor Ausstellung einer EU-Bescheinigung über die Bewertung der technischen Dokumentation ersucht die Benannte Stelle nach Überprüfung des Nutzens des Stoffes als Bestandteil des Produkts und unter Berücksichtigung der Zweckbestimmung des Produkts eine der von den Mitgliedstaaten bezeichneten zuständigen Behörden gemäß der Richtlinie 2001/83/EG oder die Europäische Arzneimittel-Agentur (im Folgenden jeweils als „konsultierte Arzneimittelbehörde" bezeichnet, je nachdem, welche Stelle unter diesem Buchstaben konsultiert wurde) um ein wissenschaftliches Gutachten zur Qualität und Sicherheit des Stoffes, einschließlich des Nutzens oder Risikos der Verwendung des Stoffes in dem Produkt. Gehört zu den Bestandteilen eines Produkts ein Derivat aus menschlichem Blut oder Plasma oder ein Stoff, der für sich allein genommen als Arzneimittel gelten kann, das ausschließlich in den Anwendungsbereich des Anhangs der Verordnung (EG) Nr. 726/2004 fällt, so holt die Benannte Stelle ein Gutachten der Europäischen Arzneimittel-Agentur ein.

c) Bei der Ausstellung des Gutachtens berücksichtigt die konsultierte Arzneimittelbehörde den Herstellungsprozess und die Angaben im Zusammenhang mit dem Nutzen der Verwendung des Stoffes in dem Produkt, wie von der Benannten Stelle ermittelt.

d) Die konsultierte Arzneimittelbehörde übermittelt der Benannten Stelle ihr Gutachten innerhalb von 210 Tagen nach Eingang aller erforderlichen Unterlagen.

e) Das wissenschaftliche Gutachten der konsultierten Arzneimittelbehörde sowie etwaige Aktualisierungen dieses Gutachtens werden in die Dokumentation der Benannten Stelle zu dem Produkt aufgenommen. Bei ihrer Entscheidung berücksichtigt die Benannte Stelle gebührend die in diesem wissenschaftlichen Gutachten geäußerten Standpunkte. Die Benannte Stelle stellt keine Bescheinigung aus, wenn das wissenschaftliche Gutachten negativ ist, und setzt die konsultierte Arzneimittelbehörde von ihrer abschließenden Entscheidung in Kenntnis

f) Bevor Änderungen bezüglich eines in dem Medizinprodukt verwendeten Hilfsstoffs vorgenommen werden, insbesondere im Zusammenhang mit dem Herstellungsprozess, informiert der Hersteller die Benannte Stelle über die Änderungen. Diese Benannte Stelle holt ein Gutachten der konsultierten Arzneimittelbehörde ein, um zu bestätigen, dass Qualität und Sicherheit des Hilfsstoffs unverändert bleiben Die konsultierte Arzneimittelbehörde berücksichtigt die Angaben über den Nutzen der Verwendung des Stoffes in dem Produkt, wie von der Benannten Stelle ermittelt, um sicherzustellen, dass sich die Änderungen nicht negativ auf den Nutzen oder das Risiko auswirken, der/das zuvor für die Verwendung des Stoffes in dem Produkt festgestellt wurde. Die konsultierte Arzneimittelbehörde übermittelt ihr Gutachten innerhalb von 60 Tagen nach Eingang aller erforderlichen Unterlagen zu den Änderungen. Die Benannte Stelle stellt keinen Nachtrag zu der EU-Bescheinigung über die Bewertung der technischen Dokumentation aus, wenn das wissenschaftliche Gutachten der konsultierten Arzneimittelbehörde negativ ist. Die Benannte Stelle teilt der konsultierten Arzneimittelbehörde ihre endgültige Entscheidung mit.

g) Erhält die konsultierte Arzneimittelbehörde Informationen über den unterstützenden Stoff, die Auswirkungen auf den Nutzen oder das Risiko, der/das zuvor für die Verwendung des Stoffes in dem Produkt festgestellt wurde, haben könnten, so teilt sie der Benannten Stelle mit, ob diese Informationen Auswirkungen auf den Nutzen oder das Risiko, der/das zuvor für die Verwendung des Stoffes in dem Produkt festgestellt wurde, haben. Die Benannte Stelle berücksichtigt diese Mitteilung bei ihren Überlegungen zu einer erneuten Bewertung des Konformitätsbewertungsverfahrens.

5.3 Verfahren bei Produkten, die unter Verwendung von Geweben oder Zellen menschlichen oder tierischen Ursprungs oder deren Derivaten hergestellt werden, die nicht lebensfähig oder abgetötet sind, oder die diese als Bestandteilen beinhalten.

5.3.1 Gewebe oder Zellen menschlichen Ursprungs oder ihre Derivate

a) Im Fall von Produkten, die unter Verwendung von Derivaten von Geweben oder Zellen menschlichen Ursprungs hergestellt werden, die in dieser Verordnung unter Artikel 1 Absatz 6 Buchstabe g erfasst sind, und von Produkten, die als integralen Bestandteil von der Richtlinie 2004/23/EG erfasste Gewebe oder Zellen menschlichen Ursprungs oder deren Derivate enthalten, denen im Rahmen des Produkts eine unterstützende Funktion zukommt, holt die Benannte Stelle vor Ausstellung einer EU-Bescheinigung über die Bewertung der technischen Dokumentation ein wissenschaftliches Gutachten einer der von den Mitgliedstaaten gemäß Richtlinie 2004/23/EG bezeichneten zuständigen Behörden (im Folgenden „für Gewebe und Zellen menschlichen Ursprungs zuständige Behörde“) zu den Aspekten ein, die die Spende, Beschaffung und Testung der Gewebe oder Zellen menschlichen Ursprungs oder ihrer Derivate betreffen. Die Benannte Stelle legt eine Zusammenfassung der vorläufigen Konformitätsbewertung vor, die unter anderem Informationen zur Nichtlebensfähigkeit der betreffenden menschlichen Gewebe oder Zellen, zu deren Spende, Beschaffung und Testung sowie zum Risiko oder Nutzen der Verwendung der Gewebe oder Zellen menschlichen Ursprungs oder ihrer Derivate in dem Produkt enthält.

b) Innerhalb von 120 Tagen nach Eingang aller erforderlichen Unterlagen legt die für Gewebe und Zellen menschlichen Ursprungs zuständige Behörde der Benannten Stelle ihr Gutachten vor.

c) Das wissenschaftliche Gutachten der für Gewebe und Zellen menschlichen Ursprungs zuständigen Behörde sowie etwaige Aktualisierungen werden in die Dokumentation der Benannten Stelle zu dem Produkt aufgenommen. Bei ihrer Entscheidung berücksichtigt die Benannte Stelle gebührend die in dem wissenschaftlichen Gutachten der für Gewebe und Zellen menschlichen Ursprungs zuständigen Behörde geäußerten Standpunkte. Die Benannte Stelle stellt keine Bescheinigung aus, wenn dieses wissenschaftliche Gutachten negativ ist. Sie setzt die für Gewebe und Zellen menschlichen Ursprungs zuständige Behörde von ihrer abschließenden Entscheidung in Kenntnis.

d) Bevor Änderungen bezüglich der in einem Produkt verwendeten abgetöteten Gewebe oder Zellen menschlichen Ursprungs oder der Derivate dieser Gewebe oder Zellen – insbesondere im Zusammenhang mit deren Spende, Testung oder Beschaffung – vorgenommen werden, informiert der Hersteller die Benannte Stelle über die beabsichtigten Änderungen. Die Benannte Stelle konsultiert die Behörde, die an der ursprünglichen Konsultation beteiligt war, um zu bestätigen, dass Qualität und Sicherheit der Gewebe und Zellen menschlichen Ursprungs oder ihrer Derivate, die in dem Produkt verwendet werden, erhalten bleiben. Die für Gewebe und Zellen menschlichen Ursprungs zuständige Behörde berücksichtigt die Angaben über den Nutzen der Verwendung der Gewebe oder Zellen menschlichen Ursprungs und ihrer Derivate in dem Produkt, wie von der Benannten Stelle ermittelt, um sicherzustellen, dass sich die Änderungen nicht negativ auf das Nutzen-Risiko-Verhältnis auswirken, das für die Aufnahme der Gewebe oder Zellen menschlichen Ursprungs oder ihrer Derivate in das Produkt bestimmt wurde. Sie übermittelt ihr Gutachten innerhalb von 60 Tagen nach Eingang aller erforderlichen Unterlagen zu den beabsichtigten Änderungen. Die Benannte Stelle stellt keinen Nachtrag zu der EU-Bescheinigung über die Bewertung der technischen Dokumentation aus, wenn das wissenschaftliche Gutachten negativ ist, und setzt die für Gewebe und Zellen menschlichen Ursprungs zuständige Behörde von ihrer abschließenden Entscheidung in Kenntnis.

5.3.2 Gewebe oder Zellen tierischen Ursprungs oder ihre Derivate

Im Fall von Produkten, die gemäß der Verordnung (EU) Nr. 722/2012 unter Verwendung von abgetötetem Gewebe oder von abgetöteten Erzeugnissen, die aus tierischem Gewebe gewonnen wurden, hergestellt werden, greift die Benannte Stelle auf die in der genannten Verordnung festgelegten einschlägigen Anforderungen zurück.

5.4 Verfahren bei Produkten, die aus Stoffen oder Kombinationen von Stoffen bestehen, die vom menschlichen Körper aufgenommen oder lokal im Körper verteilt werden

a) Die Qualität und Sicherheit von Produkten, die aus Stoffen oder Kombinationen von Stoffen bestehen, die dazu bestimmt sind, über eine Körperöffnung in den menschlichen Körper eingeführt oder auf die Haut aufgetragen zu werden, und die vom Körper aufgenommen oder lokal im Körper verteilt werden, werden – soweit zutreffend und nur in Bezug auf die Anforderungen, die nicht unter diese Verordnung fallen – gemäß den in Anhang I der Richtlinie 2001/83/EG festgelegten einschlägigen Anforderungen für die Bewertung der Aspekte Resorption, Verteilung, Metabolismus, Ausscheidung, lokale Verträglichkeit, Toxizität, Wechselwirkungen mit anderen Produkten, Arzneimitteln oder sonstigen Stoffen sowie mögliche unerwünschte Reaktionen überprüft.

b) Bei Produkten oder ihren Metaboliten, die systemisch vom menschlichen Körper aufgenommen werden, um ihre Zweckbestimmung zu erfüllen, ersucht die Benannte Stelle darüber hinaus eine der von den Mitgliedstaaten benannten zuständigen Behörden gemäß der Richtlinie 2001/83/EG oder die Europäische Arzneimittel-Agentur (im Folgenden jeweils als „konsultierte Arzneimittelbehörde" bezeichnet, je nachdem, welche Stelle unter diesem Buchstaben konsultiert wurde) um ein wissenschaftliches Gutachten zu der Frage, ob mit dem Produkt die in Anhang I der Richtlinie 2001/83/EG festgelegten einschlägigen Anforderungen eingehalten werden.

c) Das Gutachten der konsultierten Arzneimittelbehörde wird innerhalb von 150 Tagen nach Eingang aller erforderlichen Unterlagen erstellt.

d) Das wissenschaftliche Gutachten der konsultierten Arzneimittelbehörde sowie etwaige Aktualisierungen werden in die Dokumentation der Benannten Stelle zu dem Produkt aufgenommen. Bei ihrer Entscheidung berücksichtigt die Benannte Stelle gebührend die in diesem wissenschaftlichen Gutachten geäußerten Standpunkte und setzt die konsultierte Arzneimittelbehörde von ihrer abschließenden Entscheidung in Kenntnis.

6. Chargenuntersuchung bei Produkten, zu deren integralen Bestandteilen ein Stoff gehört, der für sich allein genommen als ein aus menschlichem Blut oder Plasma gewonnenes Arzneimittel im Sinne von Artikel 1 Absatz 8 gelten würde

Nach Beendigung der Herstellung jeder Charge des Produkts, zu dessen integralen Bestandteilen ein Arzneimittel gehört, das für sich allein genommen als ein aus menschlichem Blut oder Plasma gewonnenes Arzneimittel im Sinne von Artikel 1 Absatz 8 Unterabsatz 1 gelten würde, unterrichtet der Hersteller die Benannte Stelle über die Freigabe dieser Charge des Produkts und übermittelt ihr die von einem staatlichen oder einem zu diesem Zweck von einem Mitgliedstaat benannten Laboratorium gemäß Artikel 114 Absatz 2 der Richtlinie 2001/83/EG ausgestellte amtliche Bescheinigung über die Freigabe der Charge des in diesem Produkt verwendeten Derivats aus menschlichem Blut oder Plasma.

Kapitel III
Verwaltungsbestimmungen

7. Der Hersteller oder – falls der Hersteller keine eingetragene Niederlassung in einem Mitgliedstaat hat – sein Bevollmächtigter hält während eines Zeitraums, der frühestens zehn Jahre – im Falle von implantierbaren Produkten frühestens 15 Jahre – nach dem Inverkehrbringen des letzten Produkts endet, für die zuständigen Behörden folgende Unterlagen bereit:

   – die EU-Konformitätserklärung,

   – die in Abschnitt 2.1 fünfter Spiegelstrich genannte Dokumentation und insbesondere die aus den Verfahren gemäß Abschnitt 2.2 Absatz 2 Buchstabe c hervorgehenden Daten und Aufzeichnungen,

   – die Informationen über die Änderungen gemäß Abschnitt 2.4,

   – die Dokumentation gemäß Abschnitt 4.2 und

   – die Entscheidungen und Berichte der Benannten Stelle gemäß diesem Anhang.

8. Jeder Mitgliedstaat verlangt, dass die in Abschnitt 7 genannte Dokumentation den zuständigen Behörden über den in diesem Abschnitt angegebenen Zeitraum zur Verfügung steht, für den Fall, dass ein in diesem Staat niedergelassene Hersteller oder sein Bevollmächtigter vor Ablauf dieser Frist in Konkurs geht oder seine Geschäftstätigkeit aufgibt.

Anhang X
Konformitätsbewertung auf der Grundlage einer Baumusterprüfung

1. Als EU-Baumusterprüfung wird das Verfahren bezeichnet, mit dem eine Benannte Stelle feststellt und bescheinigt, dass ein Produkt einschließlich der technischen Dokumentation und der einschlägigen Prozesse während des Lebenszyklus sowie ein entsprechendes für die geplante Produktion des Medizinprodukts repräsentatives Exemplar den einschlägigen Bestimmungen dieser Verordnung entsprechen.

2. Antragstellung

Der Hersteller beantragt bei einer Benannten Stelle die Bewertung. Der Antrag enthält

– den Namen des Herstellers und die Anschrift seiner eingetragenen Niederlassung und, wenn der Antrag vom Bevollmächtigten eingereicht wird, auch den Namen des Bevollmächtigten und die Anschrift von dessen eingetragener Niederlassung,

– die technische Dokumentation gemäß den Anhängen II und III. Der Antragsteller stellt der Benannten Stelle ein für die geplante Produktion des Medizinprodukts des Produkts repräsentatives Exemplar (im Folgenden „Baumuster") zur Verfügung. Die Benannte Stelle kann bei Bedarf weitere Exemplare des Baumusters sowie Folgendes verlangen:

– eine schriftliche Erklärung, dass bei keiner anderen Benannten Stelle ein Parallelantrag zu demselben Baumuster eingereicht worden ist, oder Informationen über etwaige frühere Anträge zu demselben Baumuster, die von einer anderen Benannten Stelle abgelehnt oder vom Hersteller oder seinem Bevollmächtigten vor der abschließenden Bewertung durch diese andere Benannte Stelle zurückgezogen wurden.

3. Bewertung

Die Benannte Stelle hat folgende Aufgaben:

a) Sie setzt zur Prüfung des Antrags Personal ein, das nachweislich über Kenntnisse und Erfahrung bezüglich der betreffenden Technologie und der klinischen Anwendung dieser Technologie verfügt. Die Benannte Stelle kann verlangen, dass der Antrag durch zusätzliche durchgeführte Tests oder die Aufforderung zur Vorlage weiterer Nachweise ergänzt wird, damit die Konformität mit den einschlägigen Anforderungen dieser Verordnung beurteilt werden kann. Die Benannte Stelle führt angemessene physische Kontrollen oder Laboruntersuchungen bezüglich des Produkts durch oder fordert den Hersteller zur Durchführung solcher Tests auf.

b) Sie prüft und bewertet die technische Dokumentation in Bezug auf ihre Konformität mit den auf das Produkt anwendbaren Bestimmungen dieser Verordnung und überprüft, ob das Baumuster in Übereinstimmung mit dieser Dokumentation hergestellt wurde; sie stellt außerdem fest, welche Bestandteile entsprechend den in Artikel 8 genannten geltenden Normen oder den geltenden GS ausgelegt sind und bei welchen Bestandteilen sich die Auslegung nicht auf die in Artikel 8 genannten einschlägigen Normen oder die relevanten GS stützt.

c) Sie überprüft den vom Hersteller in dem klinischen Bewertungsbericht gemäß Anhang XIV Abschnitt 4 vorgelegten klinischen Nachweis. Für die Zwecke dieser Überprüfung beschäftigt die Benannte Stelle Produktprüfer mit ausreichendem klinischen Fachwissen und verwendet erforderlichenfalls externe klinische Experten mit unmittelbarer aktueller Erfahrung mit dem betreffenden Produkt oder den klinischen Bedingungen, unter denen es verwendet wird, ein.

d) Stützt sich der klinische Nachweis ganz oder teilweise auf Daten zu Produkten, die als vergleichbar oder gleichartig mit dem zu bewertenden Produkt dargestellt werden, so prüft die Benannte Stelle unter Berücksichtigung von Faktoren wie neuen Indikationen oder Innovationen, ob die Verwendung dieser Daten angemessen ist.

Sie dokumentiert eindeutig ihre Ergebnisse hinsichtlich der behaupteten Gleichartigkeit sowie der Relevanz und Eignung der Daten für einen Konformitätsnachweis.

e) Sie dokumentiert das Ergebnis ihrer Bewertung klar und deutlich in einem Bericht über die Begutachtung der vorklinischen und klinischen Bewertung als Teil des EU-Baumusterprüfberichts gemäß Buchstabe i.

f) Sie führt die geeigneten Bewertungen und erforderlichen physischen Kontrollen oder Laboruntersuchungen durch oder lässt diese durchführen, um festzustellen, ob die vom Hersteller gewählten Lösungen den in dieser Verordnung festgelegten grundlegenden Sicherheits- und Leistungsanforderungen entsprechen, falls die in Artikel 8 genannten Normen oder die GS nicht angewendet wurden. Wenn ein Produkt zur Erfüllung seiner Zweckbestimmung an ein anderes Produkt oder andere Produkte angeschlossen werden muss, ist der Nachweis zu erbringen, dass das erstere Produkt bei Anschluss an ein anderes Produkt oder andere Produkte, das/die die vom Hersteller angegebenen Merkmale aufweist/aufweisen, die grundlegenden Sicherheits- und Leistungsanforderungen erfüllt.

g) Sie führt die geeigneten Bewertungen und erforderlichen physischen Kontrollen oder Laboruntersuchungen durch oder lässt diese durchführen, um festzustellen, ob die einschlägigen harmonisierten Normen tatsächlich angewendet wurden, sofern sich der Hersteller für die Anwendung dieser Normen entschieden hat.

h) Sie vereinbart mit dem Antragsteller den Ort, an dem die erforderlichen Bewertungen und Tests durchzuführen sind, und

i) sie erstellt einen EU-Baumusterprüfbericht über die Ergebnisse der nach den Buchstaben a bis g durchgeführten Bewertungen und Prüfungen.

4. Bescheinigung

Falls das Baumuster dieser Verordnung entspricht, stellt die Benannte Stelle eine EU-Baumusterprüfbescheinigung aus. Diese Bescheinigung enthält den Namen und die Anschrift des Herstellers, die Ergebnisse der Bewertung der Baumusterprüfung, die Bedingungen für die Gültigkeit der Bescheinigung sowie die zur Identifizierung des genehmigten Baumusters erforderlichen Angaben. Die Bescheinigung wird gemäß Anhang XII erstellt. Die relevanten Teile der Dokumentation werden der Bescheinigung beigefügt; eine Abschrift verbleibt bei der Benannten Stelle.

5. Änderungen am Baumuster

5.1 Der Hersteller informiert die Benannte Stelle, die die EU-Baumusterprüfbescheinigung ausgestellt hat, über alle geplanten Änderungen am genehmigten Baumuster oder seiner Zweckbestimmung oder seiner Verwendungsbedingungen.

5.2 Änderungen am genehmigten Produkt, einschließlich Beschränkungen seiner Zweckbestimmung oder seiner Verwendungsbedingungen, müssen von der Benannten Stelle, die die EU-Baumusterprüfbescheinigung ausgestellt hat, genehmigt werden, wenn diese Änderungen die Konformität des Produkts mit den grundlegenden Sicherheits- und Leistungsanforderungen oder mit den vorgesehenen Anwendungsbedingungen des Produkts beeinträchtigen können. Die Benannte Stelle prüft die geplanten Änderungen, teilt dem Hersteller ihre Entscheidung mit und stellt ihm einen Nachtrag zum EU-Baumusterprüfbericht aus. Die Genehmigung von Änderungen am genehmigten Baumuster wird in Form eines Nachtrags zur EU-Baumusterprüfbescheinigung erteilt.

5.3 Bei Änderungen der Zweckbestimmung und der Verwendungsbedingungen des genehmigten Produkts – mit Ausnahme von Beschränkungen der Zweckbestimmung und der Verwendungsbedingungen – ist ein neuer Antrag auf Durchführung einer Konformitätsbewertung erforderlich.

6. Besondere zusätzliche Verfahren

Anhang IX Abschnitt 5 gilt mit der Maßgabe, dass jeder Verweis auf eine EU-Bescheinigung über die Bewertung der technischen Dokumentation als Verweis auf eine EU-Baumusterprüfbescheinigung zu verstehen ist.

7. Verwaltungsbestimmungen

Der Hersteller oder – falls der Hersteller keine eingetragene Niederlassung in einem Mitgliedstaat hat – sein Bevollmächtigter hält während eines Zeitraums, der frühestens zehn Jahre – im Falle von implantierbaren Produkten frühestens 15 Jahre – nach dem Inverkehrbringen des letzten Produkts endet, für die zuständigen Behörden folgende Unterlagen bereit:

- die Unterlagen gemäß Abschnitt 2 zweiter Spiegelstrich,
- die Informationen über die Änderungen gemäß Abschnitt 5 und
- Kopien der EU-Baumusterprüfbescheinigungen, der wissenschaftlichen Gutachten und Berichte und der entsprechenden Nachträge/Ergänzungen.

Es gilt Anhang IX Abschnitt 8.

Anhang XI
Konformitätsbewertung auf der Grundlage einer Produktkonformitätsprüfung

1. Die Konformitätsbewertung auf der Grundlage einer Produktkonformitätsprüfung soll sicherstellen, dass Produkte mit dem Baumuster, für das eine EU-Baumusterprüfbescheinigung ausgestellt wurde, sowie den einschlägigen Bestimmungen dieser Verordnung übereinstimmen.

2. Wenn eine EU-Baumusterprüfbescheinigung in Übereinstimmung mit Anhang X ausgestellt wurde, kann der Hersteller entweder das in Teil A dieses Anhangs beschriebene Verfahren (Produktionsqualitätssicherung) oder das in Teil B dieses Anhangs beschriebene Verfahren (Produktprüfung) anwenden.

3. Abweichend von den vorstehenden Abschnitten 1 und 2 können die Verfahren in diesem Anhang in Verbindung mit der Erstellung einer technischen Dokumentation gemäß den Anhängen II und III auch von Herstellern von Produkten der Klasse IIa angewendet werden.

Teil A
Produktionsqualitätssicherung

4. Der Hersteller stellt die Anwendung des für die Herstellung der betreffenden Produkte genehmigten Qualitätsmanagementsystems sicher, führt nach Maßgabe des Abschnitts 6 die Endkontrolle durch und unterliegt der Überwachung gemäß Abschnitt 7.

5. Kommt der Hersteller den Verpflichtungen nach Abschnitt 4 nach, erstellt er für das dem Konformitätsbewertungsverfahren unterliegende Produkt in Übereinstimmung mit Artikel 19 und Anhang IV eine EU-Konformitätserklärung und bewahrt diese auf. Mit der Ausstellung einer EU-Konformitätserklärung gilt als vom Hersteller gewährleistet und erklärt, dass das betreffende Produkt mit dem in der EU-Baumusterprüfbescheinigung beschriebenen Baumuster übereinstimmt sowie die einschlägigen Anforderungen dieser Verordnung an das Produkt erfüllt.

6. Qualitätsmanagementsystem

6.1 Der Hersteller beantragt bei einer Benannten Stelle die Bewertung seines Qualitätsmanagementsystems. Der Antrag enthält

- alle in Anhang IX Abschnitt 2.1 aufgeführten Elemente,
- die technische Dokumentation gemäß den Anhängen II und III für die genehmigten Baumuster und

– eine Kopie der EU-Baumusterprüfbescheinigung gemäß Anhang X Abschnitt 4; wurden die EU-Baumusterprüfbescheinigungen von derselben Benannten Stelle ausgestellt, bei der der Antrag eingereicht wird, so wird auch ein Verweis auf die technische Dokumentation und deren Aktualisierungen sowie auf die ausgestellten Bescheinigungen in den Antrag aufgenommen.

6.2 Bei der Umsetzung des Qualitätsmanagementsystems ist auf allen Stufen sicherzustellen, dass Übereinstimmung mit dem in der EU-Baumusterprüfbescheinigung beschriebenen Baumuster besteht und die für das Produkt geltenden Bestimmungen dieser Verordnung eingehalten werden. Alle Einzelheiten, Anforderungen und Vorkehrungen, die der Hersteller für sein Qualitätsmanagementsystem zugrunde legt, werden in Form eines Qualitätshandbuchs und schriftlicher Grundsätze und Verfahren wie etwa Qualitätssicherungsprogramme, -pläne und -berichte systematisch und geordnet dokumentiert.

Diese Dokumentation umfasst insbesondere eine angemessene Beschreibung aller Elemente, die in Anhang IX Abschnitt 2.2 Buchstaben a, b, d und e aufgeführt sind.

6.3 Es gilt Anhang IX Abschnitt 2.3 erster und zweiter Absatz.

Ist das Qualitätsmanagementsystems so ausgestaltet, dass es gewährleistet, dass die Produkte mit dem in der EU-Baumusterprüfbescheinigung beschriebenen Baumuster übereinstimmen und dass es den einschlägigen Bestimmungen dieser Verordnung entspricht, so stellt die Benannte Stelle eine EU-Qualitätssicherungsbescheinigung aus. Die Benannte Stelle teilt dem Hersteller ihre Entscheidung zur Ausstellung einer Bescheinigung mit. Diese Entscheidung enthält die Ergebnisse des von der Benannten Stelle durchgeführten Audits und eine begründete Bewertung.

6.4 Es gilt Anhang IX Abschnitt 2.4.

7. Überwachung

Es gilt Anhang IX Abschnitt 3.1, Abschnitt 3.2 erster, zweiter und vierter Spiegelstrich, Abschnitt 3.3, Abschnitt 3.4, Abschnitt 3.6 und Abschnitt 3.7.

Bei Produkten der Klasse III wird im Rahmen der Überwachung auch überprüft, ob die Menge der für das Baumuster genehmigten hergestellten oder beschafften Rohstoffe oder wesentlichen Komponenten der Menge der Endprodukte entspricht.

8. Chargenuntersuchung bei Produkten, zu deren integralen Bestandteilen ein Stoff gehört, der für sich allein genommen als ein aus menschlichem Blut oder Plasma gewonnenes Arzneimittel im Sinne von Artikel 1 Absatz 8 gelten würde

Nach Beendigung der Herstellung jeder Charge des Produkts, zu dessen integralen Bestandteilen ein Arzneimittel gehört, das für sich allein genommen als ein aus menschlichem Blut oder Plasma gewonnenes Arzneimittel im Sinne von Artikel 1

Absatz 8 Unterabsatz 1 gelten würde, unterrichtet der Hersteller die Benannte Stelle über die Freigabe dieser Charge des Produkts und übermittelt ihr die von einem Laboratorium eines Mitgliedstaats oder einem zu diesem Zweck von einem Mitgliedstaat benannten Laboratorium gemäß Artikel 114 Absatz 2 der Richtlinie 2001/83/EG ausgestellte amtliche Bescheinigung über die Freigabe der Charge des in diesem Produkt verwendeten Derivats aus menschlichem Blut oder Plasma.

9. Verwaltungsbestimmungen

Der Hersteller oder – falls der Hersteller keine eingetragene Niederlassung in einem Mitgliedstaat hat – sein Bevollmächtigter hält während eines Zeitraums, der frühestens zehn Jahre – im Falle von implantierbaren Produkten frühestens 15 Jahre – nach dem Inverkehrbringen des letzten Produkts endet, für die zuständigen Behörden folgende Unterlagen bereit:

- die EU-Konformitätserklärung,
- die Dokumentation gemäß Anhang IX Abschnitt 2.1 fünfter Spiegelstrich,
- die Dokumentation gemäß Anhang IX Abschnitt 2.1 achter Spiegelstrich, einschließlich der EU-Baumusterprüfbescheinigung gemäß Anhang X,
- die Informationen über die Änderungen gemäß Anhang IX Abschnitt 2.4 und
- die Entscheidungen und Berichte der Benannten Stelle gemäß Anhang IX Abschnitte 2.3, 3.3 und 3.4.

Es gilt Anhang IX Abschnitt 8.

10. Anwendung auf Produkte der Klasse IIa

10.1 Abweichend von Abschnitt 5 gilt als vom Hersteller mit der EU-Konformitätserklärung gewährleistet und erklärt, dass die betreffenden Produkte der Klasse IIa im Einklang mit der technischen Dokumentation gemäß den Anhängen II und III hergestellt werden und den einschlägigen Anforderungen dieser Verordnung entsprechen.

10.2 Bei Produkten der Klasse IIa bewertet die Benannte Stelle als Teil der Bewertung nach Abschnitt 6.3, ob die in den Anhängen II und III beschriebene technische Dokumentation für die auf repräsentativer Basis ausgewählten Produkte den Anforderungen dieser Verordnung entspricht.

Bei der Auswahl einer repräsentativen Produktstichprobe oder repräsentativer Produktstichproben berücksichtigt die Benannte Stelle die technologische Neuartigkeit, Ähnlichkeiten in der Auslegung, Technologie, Herstellungs- und Sterilisationsverfahren, die bezweckte Verwendung und die Ergebnisse aller relevanten früheren Bewertungen (z. B. im Hinblick auf die physikalischen, chemischen, biologischen oder klinischen Eigenschaften), die gemäß dieser Verordnung durchgeführt wurden. Die Benannte Stelle dokumentiert ihre Begründung für die gewählte Produktstichprobe oder die gewählten Produktstichproben.

10.3 Bestätigt die Bewertung gemäß Abschnitt 10.2, dass die betreffenden Produkte der Klasse IIa mit der in den Anhängen II und III beschriebenen technischen Dokumentation übereinstimmen und die einschlägigen Anforderungen dieser Verordnung erfüllen, so stellt die Benannte Stelle eine Bescheinigung gemäß diesem Teil des vorliegenden Anhangs aus.

10.4 Stichproben, die zusätzlich zu den Stichproben für die ursprüngliche Konformitätsbewertung von Produkten gewählt wurden, werden von der Benannten Stelle im Rahmen der in Abschnitt 7 genannten Überwachungsbewertung bewertet.

10.5 Abweichend von Abschnitt 6 hält der Hersteller oder sein Bevollmächtigter während eines Zeitraums, der frühestens zehn Jahre nach dem Inverkehrbringen des letzten Produkts endet, für die zuständigen Behörden folgende Unterlagen bereit:

- die EU-Konformitätserklärung,
- die technische Dokumentation gemäß den Anhängen II und III und
- die Bescheinigung gemäß Abschnitt 10.3.

Es gilt Anhang IX Abschnitt 8.

Teil B
Produktprüfung

11. Die Produktprüfung ist als Verfahren zu verstehen, mit dem es als vom Hersteller nach Prüfung jedes hergestellten Produkts durch Ausstellung einer EU-Konformitätserklärung gemäß Artikel 19 und Anhang IV als gewährleistet und erklärt gilt, dass die Produkte, die dem in den Abschnitten 14 und 15 beschriebenen Verfahren unterzogen wurden mit dem in der EU-Baumusterprüfbescheinigung beschriebenen Baumuster übereinstimmen und den einschlägigen Anforderungen dieser Verordnung entsprechen.

12. Der Hersteller trifft alle erforderlichen Maßnahmen, damit im Herstellungsverfahren die Übereinstimmung der Produkte mit dem in der EU-Baumusterprüfbescheinigung beschriebenen Baumuster und den einschlägigen Anforderungen der Verordnung sichergestellt wird. Er erstellt vor Beginn der Herstellung eine Dokumentation, in der die Herstellungsverfahren, insbesondere – soweit erforderlich – im Bereich der Sterilisation, sowie sämtliche bereits zuvor aufgestellten Routineverfahren festgelegt sind, die angewendet werden, um die Homogenität der Herstellung und gegebenenfalls die Übereinstimmung der Produkte mit dem in der EU-Baumusterprüfbescheinigung beschriebenen Baumuster sowie mit den einschlägigen Anforderungen dieser Verordnung zu gewährleisten.

Bei Produkten, die in sterilem Zustand in Verkehr gebracht werden, wendet der Hersteller ferner die Bestimmungen der Abschnitte 6 und 7 an; diese Vorschrift bezieht sich jedoch nur auf die Herstellungsschritte, die der Sterilisation und der Aufrechterhaltung der Sterilität dienen.

13. Der Hersteller sichert zu, einen Plan zur Überwachung nach dem Inverkehrbringen, einschließlich einer klinischen Nachbeobachtung nach dem Inverkehrbringen, sowie die Verfahren, mit denen die Einhaltung der Verpflichtungen des Herstellers sichergestellt wird, die sich aus den in Kapitel VII festgelegten Bestimmungen über Vigilanz und das System für die Überwachung nach dem Inverkehrbringen ergeben, einzuführen und auf den neuesten Stand zu bringen.

14. Die Benannte Stelle nimmt die entsprechenden Prüfungen und Tests vor, um die Übereinstimmung des Produkts mit den Anforderungen der Verordnung durch Kontrolle und Erprobung jedes einzelnen Produkts gemäß Abschnitt 15 zu prüfen.

Die im ersten Absatz dieses Abschnitts genannten Prüfungen und Tests gelten nicht für die Herstellungsschritte, die der sicheren Sterilisation dienen.

15. Prüfung durch Untersuchung und Erprobung jedes einzelnen Produkts

15.1 Alle Produkte werden einzeln geprüft und dabei entsprechenden physischen Kontrollen oder Laboruntersuchungen, wie sie in der/den in Artikel 8 genannten geltenden Norm oder Normen vorgesehen sind, oder gleichwertigen Prüfungen und Bewertungen unterzogen, um gegebenenfalls die Übereinstimmung der Produkte mit dem in der EU-Baumusterprüfbescheinigung beschriebenen Baumuster sowie den einschlägigen Anforderungen dieser Verordnung zu überprüfen.

15.2 Die Benannte Stelle bringt an jedem genehmigten Produkt ihre Kennnummer an bzw. lässt diese anbringen und stellt eine EU-Produktprüfbescheinigung über die vorgenommenen Prüfungen und Bewertungen aus.

16. Chargenuntersuchung bei Produkten, zu deren integralen Bestandteilen ein Stoff gehört, der für sich allein genommen als ein aus menschlichem Blut oder Plasma gewonnenes Arzneimittel im Sinne von Artikel 1 Absatz 8 gelten würde

Nach Beendigung der Herstellung jeder Charge des Produkts, zu dessen integralen Bestandteilen ein Arzneimittel gehört, das für sich allein genommen als ein aus menschlichem Blut oder Plasma gewonnenes Arzneimittel im Sinne von Artikel 1 Absatz 8 Unterabsatz 1 gelten würde, unterrichtet der Hersteller die Benannte Stelle über die Freigabe dieser Charge des Produkts und übermittelt ihr die von einem Laboratorium eines Mitgliedstaats oder einem zu diesem Zweck von einem Mitgliedstaat benannten Laboratorium gemäß Artikel 114 Absatz 2 der Richtlinie 2001/83/EG ausgestellte amtliche Bescheinigung über die Freigabe der Charge des in diesem Produkt verwendeten Derivats aus menschlichem Blut oder Plasma.

17. Verwaltungsbestimmungen

Der Hersteller oder sein Bevollmächtigter hält während eines Zeitraums, der frühestens zehn Jahre – im Falle von implantierbaren Produkten frühestens 15 Jahre – nach dem Inverkehrbringen des letzten Produkts endet, für die zuständigen Behörden folgende Unterlagen bereit:

- die EU-Konformitätserklärung,
- die Dokumentation gemäß Abschnitt 12,
- die Bescheinigung gemäß Abschnitt 15.2 und
- die EU-Baumusterprüfbescheinigung gemäß Anhang X.

Es gilt Anhang IX Abschnitt 8.

18. Anwendung auf Produkte der Klasse IIa

18.1 Abweichend von Abschnitt 11 gilt als durch die EU-Konformitätserklärung vom Hersteller gewährleistet und erklärt, dass die betreffenden Produkte der Klasse IIa im Einklang mit der technischen Dokumentation gemäß den Anhängen II und III hergestellt werden und den einschlägigen Anforderungen dieser Verordnung entsprechen.

18.2 Die von der Benannten Stelle gemäß Abschnitt 14 durchgeführte Überprüfung zielt darauf ab, die Konformität der betreffenden Produkte der Klasse IIa mit der in den Anhängen II und III beschriebenen technischen Dokumentation und den einschlägigen Anforderungen dieser Verordnung zu bestätigen.

18.3 Bestätigt die Überprüfung gemäß Abschnitt 18.2, dass die betreffenden Produkte der Klasse IIa mit der in den Anhängen II und III beschriebenen technischen Dokumentation übereinstimmen und die einschlägigen Anforderungen dieser Verordnung erfüllen, so stellt die Benannte Stelle eine Bescheinigung gemäß diesem Teil des vorliegenden Anhangs aus.

18.4 Abweichend von Abschnitt 17 hält der Hersteller oder sein Bevollmächtigter während eines Zeitraums, der frühestens zehn Jahre nach dem Inverkehrbringen des letzten Produkts endet, für die zuständigen Behörden folgende Unterlagen bereit:

- die EU-Konformitätserklärung,
- die technische Dokumentation gemäß den Anhängen II und III und
- die Bescheinigung gemäß Abschnitt 18.3.

Es gilt Anhang IX Abschnitt 8.

Anhang XII
Von einer Benannten Stelle ausgestellte Bescheinigungen

Kapitel I
Allgemeine Anforderungen

1. Die Bescheinigungen sind in einer der Amtssprachen der Union abzufassen.

2. Jede Bescheinigung wird für nur ein Konformitätsbewertungsverfahren ausgestellt.

3. Die Bescheinigungen werden nur an einen Hersteller ausgestellt. Die Angaben des Namens und der Anschrift des Herstellers in der Bescheinigung müssen mit den Angaben übereinstimmen, die in dem in Artikel 30 genannten elektronischen System erfasst sind.

4. In den Bescheinigungen ist das betreffende Produkt bzw. sind die betreffenden Produkte eindeutig identifizierbar:

   a) die EU-Bescheinigungen über die Bewertung der technischen Dokumentation, die EU-Baumusterprüfbescheinigungen und die EU-Prüfbescheinigungen enthalten klare Angaben zu dem Produkt oder den Produkten einschließlich Bezeichnung, Modell und Art, zur vom Hersteller in der Gebrauchsanweisung angegebenen Zweckbestimmung, für die das Produkt im Rahmen des Konformitätsbewertungsverfahrens bewertet wurde, zur Risikoklassifizierung und zur Basis-UDI-DI nach Artikel 27 Absatz 6;

   b) die EU-Qualitätsmanagementbescheinigungen und die EU-Qualitätssicherungsbescheinigung enthalten Angaben zu den Produkten bzw. Produktgruppen, zur Risikoklassifizierung und bei Produkten der Klasse IIb zur Zweckbestimmung.

5. Die Benannte Stelle muss auf Anfrage nachweisen können, welche (einzelnen) Produkte unter die Bescheinigung fallen. Die Benannte Stelle richtet ein System ein, das die Bestimmung der von der Bescheinigung erfassten Produkte, einschließlich ihrer Klassifizierung, ermöglicht.

6. Die Bescheinigungen enthalten gegebenenfalls den Hinweis, dass für das Inverkehrbringen des betreffenden Produkts oder der betreffenden Produkte eine weitere gemäß dieser Verordnung ausgestellte Bescheinigung erforderlich ist.

7. EU-Qualitätsmanagementbescheinigungen und EU-Qualitätssicherungsbescheinigungen für Produkte der Klasse I, für die die Mitwirkung einer Benannten Stelle gemäß Artikel 52 Absatz 7 vorgeschrieben ist, enthalten den Hinweis, dass das von der Benannten Stelle durchgeführte Audit des Qualitätsmanagementsystems sich auf die in dem genannten Absatz geforderten Aspekte beschränkt hat.

8. Falls eine Bescheinigung ergänzt, geändert oder neu ausgestellt wird, enthält die neue Bescheinigung eine Bezugnahme auf die vorherige Bescheinigung und deren Ausstellungsdatum sowie Angaben zu den Änderungen.

Kapitel II
Mindestangaben auf den Bescheinigungen

1. Name, Anschrift und Kennnummer der Benannten Stelle;
2. Name und Anschrift des Herstellers und gegebenenfalls seines Bevollmächtigten;
3. einmalige Identifizierungsnummer der Bescheinigung;
4. einmalige Registrierungsnummer des Herstellers gemäß Artikel 31 Absatz 2, falls sie bereits veröffentlicht ist;
5. Ausstellungsdatum;
6. Ablaufdatum;
7. Daten für die eindeutige Identifizierung des Produkts bzw. der Produkte, gegebenenfalls gemäß Teil I Abschnitt 4;
8. gegebenenfalls Hinweis auf jede frühere Bescheinigung gemäß Kapitel I Abschnitt 8;
9. Verweis auf diese Verordnung und den entsprechenden Anhang, nach dem die Konformitätsbewertung durchgeführt wurde;
10. durchgeführte Untersuchungen und Prüfungen, z.B. Verweis auf einschlägige GS, harmonisierte Normen, Versuchsberichte und Auditberichte;
11. gegebenenfalls Verweis auf die relevanten Teile der technischen Dokumentation oder andere Bescheinigungen, die für das Inverkehrbringen des betreffenden Produkts oder der betreffenden Produkte erforderlich sind;
12. gegebenenfalls Informationen über die Überwachung durch die Benannte Stelle;
13. Ergebnisse der Konformitätsbewertung in Bezug auf den einschlägigen Anhang durch die Benannte Stelle;
14. Bedingungen oder Einschränkungen bezüglich der Gültigkeit der Bescheinigung;
15. rechtsverbindliche Unterschrift der Benannten Stelle gemäß den geltenden nationalen Rechtsvorschriften.

Anhang XIII
Verfahren für Sonderanfertigungen

1. Bei Sonderanfertigungen stellt der Hersteller oder sein Bevollmächtigter eine Erklärung unter Angabe aller folgenden Informationen aus:
   - Name und Anschrift des Herstellers sowie aller Fertigungsstätten,
   - gegebenenfalls Name und Anschrift des Bevollmächtigten,
   - die zur Identifizierung des betreffenden Produkts notwendigen Daten,
   - eine Erklärung, dass das Produkt ausschließlich für einen bestimmten Patienten oder Anwender bestimmt ist, der durch seinen Namen, ein Akronym oder einen numerischen Code identifiziert wird,
   - Name der Person, die das betreffende Produkt verordnet hat und die aufgrund ihrer beruflichen Qualifikation durch nationale Rechtsvorschriften dazu befugt ist, und gegebenenfalls Name der betreffenden medizinischen Einrichtung,
   - die spezifischen Merkmale des Produkts, wie sie in der Verordnung angegeben sind,
   - eine Erklärung, dass das betreffende Produkt den grundlegenden Sicherheits- und Leistungsanforderungen gemäß Anhang I entspricht, und gegebenenfalls ein Verweis auf die grundlegenden Sicherheits- und Leistungsanforderungen, die nicht vollständig eingehalten wurden, mit Angabe der Gründe,
   - gegebenenfalls ein Hinweis, dass zu den Bestandteilen oder Inhaltsstoffen des Produkts ein Arzneimittel gehört, einschließlich eines Derivats aus menschlichem Blut oder Plasma, oder Geweben oder Zellen menschlichen oder tierischen Ursprungs gemäß Verordnung (EU) Nr. 722/2012.
2. Der Hersteller verpflichtet sich, für die zuständigen nationalen Behörden die Dokumentation bereitzuhalten, die seine Fertigungsstätte bzw. Fertigungsstätten angibt und aus der die Auslegung, die Herstellung und die Leistung des Produkts, einschließlich der vorgesehenen Leistung, hervorgehen, sodass sich beurteilen lässt, ob es den Anforderungen dieser Verordnung entspricht.
3. Der Hersteller trifft alle erforderlichen Maßnahmen, damit im Herstellungsverfahren die Übereinstimmung der hergestellten Produkte mit der in Abschnitt 2 genannten Dokumentation sichergestellt wird.
4. Die in der Einleitung von Abschnitt 1 genannte Erklärung wird für einen Zeitraum von mindestens zehn Jahren nach dem Inverkehrbringen des Produkts aufbewahrt. Bei implantierbaren Produkten beträgt dieser Zeitraum mindestens 15 Jahre.

   Es gilt Anhang IX Abschnitt 8.

5. Der Hersteller prüft und dokumentiert die Erfahrungen, die in der der Herstellung nachgelagerten Phase u.a. bei der klinischen Nachbeobachtung nach dem Inverkehrbringen gemäß Anhang XIV Teil B gewonnen wurden, und trifft angemessene Vorkehrungen, um erforderliche Korrekturen durchzuführen. In diesem Zusammenhang meldet er gemäß Artikel 87 Absatz 1 den zuständigen Behörden jedes schwerwiegende Vorkommnis oder jede Sicherheitskorrekturmaßnahme im Feld oder beides, sobald er davon erfährt.

Anhang XIV
Klinische Bewertung und klinische Nachbeobachtung nach dem Inverkehrbringen

Teil A
Klinische Bewertung

1. Bei der Planung, der kontinuierlichen Durchführung und der Dokumentierung einer klinischen Bewertung haben Hersteller folgende Aufgaben:

   a) Erstellung und Aktualisierung eines Plans für die klinische Bewertung, der mindestens Folgendes enthält:

   – Bestimmung der grundlegenden Sicherheits- und Leistungsanforderungen, die mit relevanten klinischen Daten zu untermauern sind;

   – Spezifizierung der Zweckbestimmung des Produkts;

   – genaue Spezifizierung der vorgesehenen Zielgruppen mit klaren Indikationen und Kontraindikationen;

   – detaillierte Beschreibung des angestrebten klinischen Nutzens für die Patienten mit relevanten konkreten Parametern für das klinische Ergebnis;

   – Spezifizierung der für die Prüfung der qualitativen und quantitativen Aspekte der klinischen Sicherheit anzuwendenden Methoden unter deutlicher Bezugnahme auf die Bestimmung der Restrisiken und Nebenwirkungen;

   – nichterschöpfende Liste und Spezifizierung der Parameter zur auf dem neuesten medizinischen Kenntnisstand beruhenden Bestimmung der Vertretbarkeit des Nutzen-Risiko-Verhältnisses für die verschiedenen Indikationen und die Zweckbestimmung bzw. Zweckbestimmungen des Produkts;

   – Angabe, wie Fragen hinsichtlich des Nutzen-Risiko-Verhältnisses für bestimmte Komponenten wie die Verwendung pharmazeutischer, nicht lebensfähiger tierischer oder menschlicher Gewebe zu klären sind, und

- klinischer Entwicklungsplan: von explorativen Studien, wie Studien zur Erstanwendung am Menschen („First-in-man"-Studien), Durchführbarkeitsstudien und Pilotstudien bis hin zu Bestätigungsstudien, wie pivotale klinische Prüfungen, und einer klinischen Überwachung nach dem Inverkehrbringen gemäß Teil B dieses Anhangs, unter Angabe von Etappenzielen und Beschreibung möglicher Akzeptanzkriterien;

b) Ermittlung der verfügbaren klinischen Daten, die für das Produkt und seine Zweckbestimmung relevant sind, sowie sämtlicher Lücken im klinischen Nachweis durch systematische Auswertung der wissenschaftlichen Fachliteratur;

c) Beurteilung aller relevanten klinischen Daten durch Bewertung ihrer Eignung zum Nachweis der Sicherheit und Leistung des Produkts;

d) Erzeugung neuer oder zusätzlicher klinischer Daten, die für die Behandlung noch offener Fragen erforderlich sind, durch sachdienlich konzipierte klinische Prüfungen gemäß dem klinischen Entwicklungsplan und

e) Analyse aller relevanten klinischen Daten, um zu Schlussfolgerungen bezüglich der Sicherheit und der klinischen Leistung des Produkts einschließlich seines klinischen Nutzens zu gelangen.

2. Die klinische Bewertung ist gründlich und objektiv und berücksichtigt sowohl günstige als auch ungünstige Daten. Gründlichkeit und Umfang dieser Bewertung sind verhältnismäßig und angemessen in Bezug auf Art, Klassifizierung, Zweckbestimmung und Risiken des betreffenden Produkts und in Bezug auf die Herstellerangaben zu dem Produkt.

3. Eine klinische Bewertung kann sich nur dann auf klinische Daten zu einem Produkt stützen, wenn die Gleichartigkeit zwischen dem ähnlichen Produkt und dem betreffenden Produkt nachgewiesen werden kann. Zum Nachweis der Gleichartigkeit werden die folgenden technischen, biologischen und klinischen Merkmale herangezogen:

- Technisch: Das Produkt ist von ähnlicher Bauart, wird unter ähnlichen Anwendungsbedingungen angewandt, haben ähnliche Spezifikationen und Eigenschaften einschließlich physikalisch-chemischer Eigenschaften wie Energieintensität, Zugfestigkeit, Viskosität, Oberflächenbeschaffenheit, Wellenlänge und Software-Algorithmen, verwendet gegebenenfalls ähnliche Entwicklungsmethoden und hat ähnliche Funktionsgrundsätze und entscheidende Leistungsanforderungen.

- Biologisch: Das Produkt verwendet die gleichen Materialien oder Stoffe im Kontakt mit den gleichen menschlichen Geweben oder Körperflüssigkeiten für eine ähnliche Art und Dauer des Kontakts bei ähnlichem Abgabeverhalten der Stoffe einschließlich Abbauprodukte und herauslösbarer Bestandteile („leachables").

– Klinisch: Das Produkt wird unter der gleichen klinischen Bedingung oder zum gleichen klinischen Zweck, einschließlich eines ähnlichen Schweregrads und Stadiums der Krankheit, an der gleichen Körperstelle und bei ähnlichen Patientenpopulationen in Bezug auf u.a. Alter, Anatomie und Physiologie angewandt, hat die gleichen Anwender und erbringt eine ähnliche, maßgebliche und entscheidende Leistung im Hinblick auf die erwartete klinische Wirkung für eine spezielle Zweckbestimmung.

Die im ersten Absatz aufgeführten Merkmale müssen in einer Weise gleichartig sein, dass es keinen klinisch bedeutsamen Unterschied bei der Sicherheit und klinischen Leistung der Produkte gibt. Die Prüfung der Gleichartigkeit stützt sich auf eine angemessene wissenschaftliche Begründung. Es muss eindeutig nachgewiesen werden, dass die Hersteller über einen hinreichenden Zugang zu den Daten von Produkten, mit denen sie die Gleichartigkeit geltend machen, verfügen, um die von ihnen behauptete Gleichartigkeit belegen zu können.

4. Die Ergebnisse der klinischen Bewertung und der ihr zugrunde liegende klinische Nachweis werden in einem Bewertungsbericht aufgezeichnet, der zur Untermauerung der Konformitätsbewertung des Produkts dient.

Der klinische Nachweis und die mit nichtklinischen Testmethoden erzeugten nichtklinischen Daten sowie weitere relevante Unterlagen ermöglichen es dem Hersteller, die Konformität mit den grundlegenden Sicherheits- und Leistungsanforderungen aufzuzeigen; sie sind Teil der technischen Dokumentation des betreffenden Produkts.

In die technische Dokumentation werden sowohl die günstigen als auch die ungünstigen Daten, die in der klinischen Bewertung berücksichtigt wurden, aufgenommen.

Teil B
Klinische Nachbeobachtung nach dem Inverkehrbringen

5. Die klinische Nachbeobachtung nach dem Inverkehrbringen ist als ein fortlaufender Prozess zur Aktualisierung der klinischen Bewertung gemäß Artikel 61 und Teil A dieses Anhangs zu verstehen und wird im Plan des Herstellers zur Überwachung nach dem Inverkehrbringen behandelt. Bei der klinischen Nachbeobachtung nach dem Inverkehrbringen sammelt und bewertet der Hersteller auf proaktive Weise klinische Daten, die aus der Verwendung eines die CE-Kennzeichnung tragenden, im Rahmen seiner Zweckbestimmung gemäß dem einschlägigen Konformitätsbewertungsverfahren in den Verkehr gebrachten oder in Betrieb genommenen Produkts im oder am menschlichen Körper hervorgehen, um die Sicherheit und die Leistung während der erwarteten Lebensdauer des Produkts zu bestätigen, die fortwährende Vertretbarkeit der ermittelten Risiken zu gewährleisten und auf der Grundlage sachdienlicher Belege neu entstehende Risiken zu erkennen.

6. Die klinischen Nachbeobachtung nach dem Inverkehrbringen wird gemäß einer in einem Plan für die klinische Nachbeobachtung nach dem Inverkehrbringen dargelegten Methode durchgeführt.

6.1 Der Plan für die klinische Nachbeobachtung nach dem Inverkehrbringen beschreibt die Methoden und Verfahren für das proaktive Sammeln und Bewerten klinischer Daten, um

a) die Sicherheit und die Leistung des Produkts während seiner erwarteten Lebensdauer zu bestätigen,

b) zuvor unbekannte Nebenwirkungen zu ermitteln und die ermittelten Nebenwirkungen und Kontraindikationen zu überwachen,

c) entstehende Risiken auf der Grundlage empirischer Belege zu ermitteln und zu untersuchen,

d) die fortwährende Vertretbarkeit des Nutzen-Risiko-Verhältnisses gemäß Anhang I Abschnitte 1 und 9 zu gewährleisten und

e) eine mögliche systematische fehlerhafte oder zulassungsüberschreitende Verwendung des Produkts festzustellen, damit überprüft werden kann, ob seine Zweckbestimmung angemessen ist.

6.2 Der Plan für die klinische Nachbeobachtung nach dem Inverkehrbringen beinhaltet mindestens Folgendes:

a) die anzuwendenden allgemeinen Methoden und Verfahren der klinischen Nachbeobachtung nach dem Inverkehrbringen, wie das Zusammenführen erlangter klinischer Erfahrungen, die Einholung des Feedbacks von Anwendern, die Durchsicht wissenschaftlicher Fachliteratur und anderer Quellen klinischer Daten;

b) die anzuwendenden besonderen Methoden und Verfahren der klinischen Nachbeobachtung nach dem Inverkehrbringen, wie die Beurteilung von geeigneten Registern oder Studien über die klinische Nachbeobachtung nach dem Inverkehrbringen;

c) eine Begründung der Eignung der unter den Buchstaben a und b behandelten Methoden und Verfahren;

d) einen Verweis auf die relevanten Teile des Berichts über die klinische Bewertung gemäß Abschnitt 4 sowie auf das Risikomanagement gemäß Anhang I Abschnitt 3;

e) die spezifischen Ziele, die mit der klinischen Nachbeobachtung nach dem Inverkehrbringen abgedeckt werden sollen;

f) eine Bewertung der klinischen Daten zu gleichartigen oder ähnlichen Produkten;

g) Verweise auf alle einschlägigen GS, harmonisierten Normen – wenn sie vom Hersteller angewandt werden – und einschlägigen Leitlinien zur klinischen Nachbeobachtung nach dem Inverkehrbringen und

h) einen detaillierten und hinreichend begründeten Zeitplan für die vom Hersteller im Rahmen der klinischen Nachbeobachtung nach dem Inverkehrbringen durchzuführenden Tätigkeiten (z. B. Analyse der Daten und Berichte zur klinischen Nachbeobachtung nach dem Inverkehrbringen).

7. Der Hersteller analysiert die Feststellungen aus der klinischen Nachbeobachtung nach dem Inverkehrbringen und dokumentiert die Ergebnisse in einem Bewertungsbericht über die klinische Nachbeobachtung nach dem Inverkehrbringen; dieser Bericht ist Bestandteil des klinischen Bewertungsberichts und der technischen Dokumentation.

8. Die Schlussfolgerungen des Bewertungsberichts über die klinische Nachbeobachtung nach dem Inverkehrbringen finden bei der klinischen Bewertung gemäß Artikel 61 und Teil A dieses Anhangs und beim Risikomanagement gemäß Anhang I Abschnitt 3 Berücksichtigung. Wird im Rahmen der klinischen Nachbeobachtung nach dem Inverkehrbringen die Notwendigkeit von Präventiv- und/oder Korrekturmaßnahmen festgestellt, so setzt der Hersteller solche Maßnahmen um.

Anhang XV
Klinische Prüfungen

Kapitel I
Allgemeine Anforderungen

1. Ethische Grundsätze

Jeder einzelne Schritt der klinischen Prüfung, angefangen von den ersten Überlegungen über die Notwendigkeit und Berechtigung der Studie bis hin zur Veröffentlichung der Ergebnisse, ist in Übereinstimmung mit den anerkannten ethischen Grundsätzen durchzuführen.

2. Methoden

2.1 Klinische Prüfungen sind nach einem angemessenen Prüfplan durchzuführen, der dem Stand von Wissenschaft und Technik entspricht und so angelegt ist, dass sich die Angaben des Herstellers zur Sicherheit, zur Leistung und zu den Aspekten bezüglich

Nutzen-Risiko der Produkte gemäß Artikel 62 Absatz 1 bestätigen oder widerlegen lassen; die klinischen Prüfungen müssen eine angemessene Zahl von Beobachtungen umfassen, damit wissenschaftlich gültige Schlussfolgerungen gezogen werden können. Die Begründung für die Konzeption und die gewählte statistische Methode werden wie in Kapitel II Abschnitt 3.6 dieses Anhangs beschrieben dargestellt.

2.2 Die Vorgehensweise bei der Durchführung der klinischen Prüfungen ist an das zu prüfende Produkt angepasst.

2.3 Die zur Durchführung der klinischen Prüfung angewandten Forschungsmethoden sind an das zu prüfende Produkt angepasst.

2.4 Klinische Prüfungen werden entsprechend dem klinischen Prüfplan von einer ausreichenden Zahl vorgesehener Anwender und in einer klinischen Umgebung durchgeführt, die für die vorgesehenen normalen Verwendungsbedingungen des Produkts bei der Zielpatientenpopulation repräsentativ ist. Die klinischen Prüfungen stehen mit dem Plan für die klinische Bewertung gemäß Anhang XIV Teil A im Einklang.

2.5 Alle einschlägigen technischen und funktionalen Merkmale des Produkts, insbesondere die sicherheitstechnischen und leistungsbezogenen Eigenschaften, und ihre erwarteten klinischen Ergebnisse werden im Rahmen des Prüfungskonzepts in angemessener Weise berücksichtigt. Es wird ein Verzeichnis der technischen und funktionalen Merkmale des Produkts und der damit verbundenen erwarteten klinischen Ergebnisse erstellt.

2.6 Die Endpunkte der klinischen Prüfung beziehen sich auf die Zweckbestimmung, den klinischen Nutzen, die Leistung und die Sicherheit des Produkts. Sie werden mithilfe wissenschaftlich fundierter Methoden festgelegt und bewertet. Der primäre Endpunkt muss produktspezifisch und klinisch relevant sein.

2.7 Die Prüfer haben Zugang zu den technischen und klinischen Daten des Produkts. Die an der Durchführung einer Prüfung beteiligten Mitarbeiter erhalten eine angemessene Einweisung und Schulung in Bezug auf die korrekte Verwendung des Prüfprodukts, den klinischen Prüfplan und die bewährte klinische Praxis. Die Schulungen werden verifiziert und erforderlichenfalls vom Sponsor organisiert und in geeigneter Form dokumentiert.

2.8 Der Bericht über die klinische Prüfung, der von dem Prüfer zu unterzeichnen ist, enthält eine kritische Bewertung aller im Verlauf der klinischen Prüfung gesammelten Daten und auch alle negativen Ergebnisse.

Kapitel II
Mit dem Antrag auf Genehmigung einer klinischen Prüfung vorzulegende Unterlagen

Für unter Artikel 62 fallende Prüfprodukte erstellt und übermittelt der Sponsor den Antrag gemäß Artikel 70 und fügt diesem die folgenden Unterlagen bei:

1. Antragsformular

Das Antragsformular ist ordnungsgemäß auszufüllen und enthält folgende Angaben:

1.1 Name, Anschrift und Kontaktdaten des Sponsors und gegebenenfalls seines in der Union niedergelassenen Ansprechpartners oder rechtlichen Vertreters gemäß Artikel 62 Absatz 2;

1.2 falls diese Angaben nicht mit denen in Abschnitt 1.1 identisch sind, Name, Anschrift und Kontaktdaten des Herstellers des Produkts, das einer klinischen Prüfung unterzogen werden soll, und gegebenenfalls seines Bevollmächtigten;

1.3 Bezeichnung der klinischen Prüfung;

1.4 Status des Antrags auf klinische Prüfung (d. h. Erstantrag, Wiedervorlage, wesentliche Änderung);

1.5 Einzelheiten und/oder Bezugnahme auf den Plan für die klinische Bewertung;

1.6 bei einer Wiedervorlage des Antrags für ein Produkt, für das bereits ein Antrag eingereicht wurde, das Datum bzw. die Daten und die Referenznummer bzw. die Referenznummern des vorherigen Antrags oder, im Fall einer wesentlichen Änderung, ein Verweis auf den Originalantrag. Der Sponsor macht alle Änderungen gegenüber dem vorhergehenden Antrag kenntlich und begründet diese; insbesondere gibt er an, ob sie infolge von Schlussfolgerungen vorangegangener Überprüfungen der zuständigen Behörde oder der Ethik-Kommission vorgenommen wurden;

1.7 bei einem Parallelantrag zum Antrag auf eine klinische Prüfung gemäß der Verordnung (EU) Nr. 536/2014 Verweis auf die amtliche Registriernummer der klinischen Prüfung;

1.8 Angabe der Mitgliedstaaten und der Drittländer, in denen die Durchführung der klinischen Prüfung zum Zeitpunkt des Antrags als Teil einer multizentrischen oder multinationalen Studie geplant ist;

1.9 eine kurze Beschreibung des Prüfprodukts, seine Klassifizierung und andere zur Identifizierung des Produkts und der Produktart erforderliche Angaben;

1.10 Angabe, ob zu den Bestandteilen des Produkts ein Arzneimittel, einschließlich eines Derivats aus menschlichem Blut oder Plasma, gehört oder ob es unter Verwendung nicht lebensfähiger Gewebe oder Zellen menschlichen oder tierischen Ursprungs hergestellt wird;

1.11 Zusammenfassung des klinischen Prüfplans einschließlich des Ziels bzw. der Ziele der klinischen Prüfung, der Anzahl und des Geschlechts der Prüfungsteilnehmer, der Kriterien für die Auswahl der Prüfungsteilnehmer, der Angabe, ob es Prüfungsteilnehmer unter 18 Jahren gibt, der Konzeption der Prüfung wie zum Beispiel die Angabe, ob es sich um eine kontrollierte und/oder randomisierte Studie handelt, und der geplanten Anfangs- und Abschlussdaten für die klinische Prüfung;

1.12 gegebenenfalls Informationen zu einem Komparator, seine Klassifizierung und andere zu seiner Identifizierung erforderliche Angaben;

1.13 Nachweise des Sponsors, dass der klinische Prüfer und die Prüfstelle in der Lage sind, die klinische Prüfung gemäß dem klinischen Prüfplan durchzuführen;

1.14 Einzelheiten des voraussichtlichen Beginns und der voraussichtlichen Dauer der Prüfung;

1.15 Einzelheiten zur Identifizierung der Benannten Stelle, falls sie zum Zeitpunkt der Einreichung des Antrags auf eine klinische Prüfung bereits eingebunden ist;

1.16 Bestätigung, dass der Sponsor davon Kenntnis hat, dass die zuständige Behörde die Ethik-Kommission, die den Antrag prüft oder geprüft hat, kontaktieren kann und

1.17 die Bescheinigung gemäß Abschnitt 4.1.

2. Handbuch des Prüfers

Das Handbuch des Prüfers enthält die klinischen und nichtklinischen Angaben zum Prüfprodukt, die für die Prüfung relevant sind und zum Zeitpunkt des Antrags vorliegen. Aktualisierungen des Handbuchs des Prüfers oder andere relevante Informationen, die neu verfügbar sind, sind den Prüfern rechtzeitig mitzuteilen. Das Handbuch des Prüfers ist eindeutig gekennzeichnet und enthält insbesondere die folgenden Informationen:

2.1 Kennzeichnung und Beschreibung des Produkts, einschließlich Informationen zur Zweckbestimmung, Risikoklassifizierung und geltenden Klassifizierungsregel gemäß Anhang VIII, Konzeption und Herstellung des Produkts sowie Verweis auf frühere und ähnliche Generationen des Produkts.

2.2 Herstellerangaben zur Installation, Wartung, Einhaltung von Hygienenormen und Verwendung, einschließlich Lagerungs- und Handhabungsbestimmungen, und – soweit diese Informationen vorliegen – die auf der Kennzeichnung anzubringenden Informationen und die Gebrauchsanweisung, die zusammen mit dem Produkt beim Inverkehrbringen bereitzustellen ist. Des Weiteren Informationen über gegebenenfalls erforderliche einschlägige Schulungen.

2.3 Vorklinische Bewertung auf der Grundlage von Daten aus einschlägigen vorklinischen Tests und Versuchen, insbesondere aus Konstruktionsberechnungen, In-vitro-Tests, Ex-vivo-Tests, Tierversuchen, mechanischen oder elektrotechnischen Prüfungen, Zuverlässigkeitsprüfungen, Sterilisationsvalidierungen, Software-Verifizierungen und Validierungen, Leistungsversuchen, Bewertungen der Biokompatibilität und biologischen Sicherheit, sofern zutreffend.

2.4 Bereits vorliegende klinische Daten, insbesondere

– aus der einschlägigen verfügbaren wissenschaftlichen Fachliteratur zu Sicherheit, Leistung, klinischem Nutzen für die Patienten, Auslegungsmerkmalen und Zweckbestimmung des Produkts und/oder gleichartiger oder ähnlicher Produkte,

– sonstige einschlägige verfügbare klinische Daten zu Sicherheit, Leistung, klinischem Nutzen für die Patienten, Auslegungsmerkmalen und Zweckbestimmung gleichartiger oder ähnlicher Produkte desselben Herstellers, einschließlich der Verweildauer des Produkts auf dem Markt, sowie die Daten aus einer Überprüfung der Leistungs- und Sicherheitsaspekte und des klinischen Nutzens und etwaigen unternommenen Korrekturmaßnahmen.

2.5 Zusammenfassung der Nutzen-Risiko-Analyse und des Risikomanagements, einschließlich Informationen zu bekannten oder vorhersehbaren Risiken, etwaigen unerwünschten Nebenwirkungen, Kontraindikationen und Warnhinweisen.

2.6 Bei Produkten, zu deren Bestandteilen ein Arzneimittel, einschließlich eines Derivats aus menschlichem Blut oder Plasma gehört oder bei Produkten, die unter Verwendung nicht lebensfähiger Gewebe oder Zellen menschlichen oder tierischen Ursprungs oder ihren Derivaten hergestellt werden, detaillierte Informationen zu dem Arzneimittel bzw. den Geweben, den Zellen oder ihren Derivaten sowie zur Erfüllung der relevanten grundlegenden Sicherheits- und Leistungsanforderungen und dem spezifischen Risikomanagement bezüglich des Arzneimittels bzw. der Gewebe oder Zellen oder ihrer Derivate sowie einen Nachweis des durch die Einbeziehung dieser Bestandteile bezüglich des klinischen Nutzens und/oder der Sicherheit des Produkts entstehenden Mehrwerts.

2.7 Ein Verzeichnis, aus dem die Erfüllung der einschlägigen grundlegenden Sicherheits- und Leistungsanforderungen des Anhangs I einschließlich der – vollständig oder in Teilen – angewandten Normen und Spezifikationen im Einzelnen hervorgeht, sowie eine Beschreibung der zur Erfüllung der einschlägigen grundlegenden Sicherheits- und Leistungsanforderungen gewählten Lösungen, soweit diese Normen und Spezifikationen nur zum Teil oder überhaupt nicht erfüllt sind oder gänzlich fehlen.

2.8 Eine detaillierte Beschreibung der im Laufe der klinischen Prüfung angewandten klinischen Verfahren und Diagnostiktests und insbesondere Angaben zu Abweichungen von der üblichen klinischen Praxis.

3. Klinischer Prüfplan

Im klinischen Prüfplan sind die Begründung, Ziele, Konzeption, Methodik, Überwachung, Durchführung, Aufzeichnung und Methode der Analyse für eine klinische Prüfung dargelegt. Der klinische Prüfplan enthält insbesondere die in diesem Anhang aufgeführten Informationen. Wenn ein Teil dieser Informationen in einem gesonderten Dokument eingereicht wird, ist dieses Dokument im klinischen Prüfplan auszuweisen.

3.1 Allgemein

3.1.1 Einmalige Kennnummer der klinischen Prüfung gemäß Artikel 70 Absatz 1.

3.1.2 Angabe des Sponsors – Name, Anschrift und Kontaktdaten des Sponsors und gegebenenfalls seines in der Union niedergelassenen Ansprechpartners oder rechtlichen Vertreters gemäß Artikel 62 Absatz 2.

3.1.3 Informationen zum Hauptprüfer für jede Prüfstelle und zum die Prüfung koordinierenden Prüfer sowie Adressdaten für jede Prüfstelle und Notfall-Kontaktdaten des Hauptprüfers für jede Prüfstelle. Die Rolle, die Verantwortlichkeiten und die Qualifikationen der verschiedenen Arten von Prüfern sind im klinischen Prüfplan anzugeben.

3.1.4 Eine kurze Beschreibung der Art der Finanzierung der klinischen Prüfung und eine kurze Beschreibung der Vereinbarung zwischen dem Sponsor und der Prüfstelle.

3.1.5 Allgemeine Übersicht über die klinische Prüfung, in einer von dem betreffenden Mitgliedstaat bestimmten Amtssprache der Union.

3.2 Kennzeichnung und Beschreibung des Produkts, einschließlich der Zweckbestimmung, des Herstellers, der Rückverfolgbarkeit, der Zielgruppe, der mit dem menschlichen Körper in Berührung kommenden Materialien, der mit seiner Verwendung verbundenen medizinischen und chirurgischen Verfahren und der für seine Verwendung erforderlichen Schulung und Erfahrung, der Sichtung der Referenzliteratur, des gegenwärtigen Stands der Technik bei der klinischen Versorgung in dem betreffenden Anwendungsbereich und des angestrebten Nutzens des neuen Produkts.

3.3 Risiken und klinischer Nutzen des zu prüfenden Produkts mit einer Begründung der erwarteten klinischen Ergebnisse im klinischen Prüfplan.

3.4 Beschreibung der Relevanz der klinischen Prüfung im Kontext des Stands der Technik bei der klinischen Praxis.

3.5 Der klinischen Prüfung zugrunde liegende Ziele und Hypothesen.

3.6 Konzeption der klinischen Prüfung mit einem Nachweis ihrer wissenschaftlichen Belastbarkeit und Aussagekraft.

3.6.1 Allgemeine Informationen, wie etwa die Art der Prüfung mit einer Begründung ihrer Wahl, ihrer Endpunkte und ihrer Variablen gemäß dem Plan für die klinische Bewertung.

3.6.2 Informationen zu dem Prüfprodukt, zu etwaigen Komparatoren und anderen Produkten oder medizinische Behandlungen, die in der klinischen Prüfung verwendet werden sollen.

3.6.3 Informationen zu den Prüfungsteilnehmern, Auswahlkriterien, zur Größe der Prüfpopulation, Repräsentativität der Prüfpopulation im Verhältnis zur Zielpopulation und gegebenenfalls Informationen zu schutzbedürftigen Prüfungsteilnehmern wie Kinder, Schwangere und immunschwache oder ältere Prüfungsteilnehmer.

3.6.4 Einzelheiten der Maßnahmen wie Randomisierung, mit denen Verzerrungen so gering wie möglich gehalten werden sollen, und Handhabung potenzieller Verzerrungsfaktoren.

3.6.5 Beschreibung der im Zusammenhang mit der klinischen Prüfung angewandten klinischen Verfahren und diagnostischen Methoden unter besonderer Hervorhebung etwaiger Abweichungen von der üblichen klinischen Praxis.

3.6.6 Überwachungsplan.

3.7 Statistische Erwägungen mit Begründung, gegebenenfalls einschließlich einer Leistungsberechnung für die Stichprobengröße.

3.8 Datenverwaltung.

3.9 Informationen zu etwaigen Änderungen am klinischen Prüfplan.

3.10 Strategie zur Nachverfolgung und Handhabung von Abweichungen vom klinischen Prüfplan in der Prüfstelle und zu Folgemaßnahmen und klares Verbot von Ausnahmeregelungen vom klinischen Prüfplan.

3.11 Rechenschaftspflicht bezüglich des Produkts, insbesondere Kontrolle des Zugangs zum Produkt, Nachbeobachtung des in der klinischen Prüfung verwendeten Produkts und Rückgabe nicht verwendeter, abgelaufener oder schlecht funktionierender Produkte.

3.12 Erklärung über die Einhaltung der anerkannten ethischen Grundsätze für die medizinische Forschung am Menschen und der Grundsätze der guten klinischen Praxis im Bereich der klinischen Prüfungen mit Produkten sowie der geltenden Rechtsvorschriften.

3.13 Beschreibung des Verfahrens zur Einholung der Einwilligung nach Aufklärung.

3.14 Sicherheitsberichterstattung, einschließlich Definitionen für unerwünschte Ereignisse, schwerwiegende unerwünschte Ereignisse und Produktmängel sowie Verfahren und Fristen für die entsprechende Meldung.

3.15 Bedingungen und Verfahren für die Nachbeobachtung der Prüfungsteilnehmer nach Ende, vorübergehender Aussetzung oder vorzeitigem Abbruch einer Prüfung, für die Nachbeobachtung der Prüfungsteilnehmer, die ihre Einwilligung widerrufen haben, und Verfahren für Prüfungsteilnehmer, die zur Nachbeobachtung nicht mehr zur Verfügung stehen. Diese Verfahren umfassen bei implantierbaren Produkten zumindest die Rückverfolgbarkeit.

3.16 Eine Beschreibung der Vorkehrungen für die Betreuung der Prüfungsteilnehmer nach Beendigung ihrer Teilnahme an der klinischen Prüfung, sofern die Person eine solche zusätzliche Betreuung aufgrund der Teilnahme an der klinischen Prüfung benötigt und sofern diese sich von der unterscheidet, die bei dem betreffenden Krankheitszustand üblicherweise zu erwarten wäre.

3.17 Vorgehensweise bei der Erstellung des klinischen Prüfberichts und der Veröffentlichung von Ergebnissen im Einklang mit den rechtlichen Anforderungen und den ethischen Grundsätzen gemäß Kapitel I Abschnitt 1.

3.18 Verzeichnis der technischen und funktionalen Merkmale des Produkts unter besonderer Angabe derjenigen, auf die sich die Prüfung bezieht.

3.19 Bibliographie.

4. Weitere Informationen

4.1 Eine unterzeichnete Erklärung der natürlichen oder juristischen Person, die für die Herstellung des Prüfprodukts verantwortlich ist, dass das betreffende Produkt mit Ausnahme der Punkte, die Gegenstand der klinischen Prüfung sind, den grundlegenden Sicherheits- und Leistungsanforderungen entspricht und dass hinsichtlich dieser Punkte alle Vorsichtsmaßnahmen zum Schutz der Gesundheit und der Sicherheit des Prüfungsteilnehmers getroffen wurden.

4.2 Sofern gemäß den nationalen Rechtsvorschriften erforderlich, das Gutachten bzw. die Gutachten der betroffenen Ethik-Kommission bzw. -Kommissionen in Kopie. Ist gemäß den nationalen Rechtsvorschriften die Vorlage des Gutachtens bzw. der Gutachten der Ethik-Kommission bzw. -Kommissionen zum Zeitpunkt der Übermittlung des Antrags nicht erforderlich, so wird/werden das Gutachten bzw. die Gutachten in Kopie übermittelt, sobald dieses/diese verfügbar ist/sind.

4.3 Nachweis von Versicherungs- oder sonstiger Deckung für Schadensersatz für die Prüfungsteilnehmer im Verletzungsfall gemäß Artikel 69 und den entsprechenden nationalen Rechtsvorschriften.

4.4 Dokumente, die zur Einholung der Einwilligung nach Aufklärung zu verwenden sind, einschließlich der Aufklärungshinweise für Patienten und der schriftlichen Einwilligung nach Aufklärung.

4.5 Beschreibung der Vorkehrungen für die Einhaltung der geltenden Vorschriften zum Schutz und zur Vertraulichkeit personenbezogener Daten, und zwar insbesondere

- der organisatorischen und technischen Maßnahmen, die getroffen werden, um die verarbeiteten Informationen und personenbezogenen Daten vor unbefugtem Zugriff, unbefugter Bekanntgabe, Verbreitung und Veränderung sowie vor Verlust zu schützen,
- eine Beschreibung der Vorkehrungen zur Wahrung der Vertraulichkeit der Aufzeichnungen und personenbezogenen Daten der Prüfungsteilnehmer und
- eine Beschreibung der Maßnahmen, die im Falle eines Verstoßes gegen die Datensicherheitsvorschriften zur Begrenzung möglicher nachteiliger Auswirkungen getroffen werden.

4.6 Der zuständigen Behörde, die einen Antrag überprüft, werden vollständige Angaben zu der verfügbaren technischen Dokumentation, zum Beispiel detaillierte Unterlagen zu Risikoanalyse/-management oder spezifische Testberichte, auf Anfrage vorgelegt.

Kapitel III
Weitere Pflichten des Sponsors

1. Der Sponsor verpflichtet sich, alle erforderlichen Unterlagen für die zuständigen nationalen Behörden bereitzuhalten, um die Dokumentation gemäß Kapitel II dieses Anhangs zu belegen. Handelt es sich bei dem Sponsor nicht um die natürliche oder juristische Person, die für die Herstellung des Prüfprodukts verantwortlich ist, so kann diese Verpflichtung von dieser Person im Namen des Sponsors erfüllt werden.

2. Der Sponsor muss eine Vereinbarung schließen, mit der sichergestellt wird, dass er durch den Prüfer bzw. die Prüfer zeitnah über sämtliche schwerwiegende unerwünschte Ereignisse oder jedes andere Ereignis gemäß Artikel 80 Absatz 2 in Kenntnis gesetzt wird.

3. Die in diesem Anhang genannte Dokumentation ist über einen Zeitraum von mindestens zehn Jahren nach Beendigung der klinischen Prüfung mit dem betreffenden Produkt oder – falls das Produkt anschließend in Verkehr gebracht wird – mindestens zehn Jahren nach dem Inverkehrbringen des letzten Produkts aufzubewahren. Bei implantierbaren Produkten beträgt dieser Zeitraum mindestens 15 Jahre.

   Jeder Mitgliedstaat schreibt vor, dass diese Dokumentation den zuständigen Behörden über den im ersten Unterabsatz angegebenen Zeitraum zur Verfügung steht für den Fall, dass der Sponsor oder sein in diesem Staat niedergelassener Ansprechpartner oder rechtlicher Vertreter gemäß Artikel 62 Absatz 2 vor Ablauf dieser Frist in Konkurs geht oder seine Tätigkeit aufgibt.

4. Der Sponsor benennt einen von der Prüfstelle unabhängigen Monitor, um sicherzustellen, dass die Prüfung im Einklang mit dem klinischen Prüfplan, den Grundsätzen der guten klinischen Praxis und dieser Verordnung durchgeführt wird.

5. Der Sponsor schließt die Nachbeobachtung der Prüfungsteilnehmer ab.

6. Der Sponsor weist – beispielsweise durch interne oder externe Kontrollen – nach, dass die Prüfung im Einklang mit der guten klinischen Praxis durchgeführt wird.

7. Der Sponsor erstellt einen Bericht über die klinische Prüfung, der mindestens Folgendes enthält:

   – Deckblatt/Einleitungsseite bzw. Einleitungsseiten mit Angabe des Titels der Prüfung, des Prüfprodukts, der einmaligen Kennnummer, der Nummer des klinischen Prüfplans und Angaben zu den koordinierenden Prüfern und den Hauptprüfern jeder Prüfstelle mit Unterschriften.

   – Angaben zum Verfasser und Datum des Berichts.

   – Zusammenfassung der Prüfung, die den Titel und den Zweck der Prüfung, eine Beschreibung der Prüfung, des Prüfkonzepts und der angewandten Methoden, die Ergebnisse der Prüfung und die Schlussfolgerung aus der Prüfung umfasst. Datum des Abschlusses der Prüfung und insbesondere genaue Angaben zu Abbrüchen, vorübergehenden Aussetzungen oder Aussetzungen von Prüfungen.

   – Beschreibung des Prüfprodukts, insbesondere seiner genau definierten Zweckbestimmung.

   – Zusammenfassung des klinischen Prüfplans, der die Ziele, das Konzept, ethische Aspekte, Überwachungs- und Qualitätssicherungsmaßnahmen, Auswahlkriterien, Patientenzielgruppen, die Stichprobengröße, Behandlungspläne, die Dauer der Nachbeobachtung, begleitende Behandlungen, die Statistik einschließlich Hypothese, Berechnung der Stichprobengröße und Analysemethoden sowie eine Begründung umfasst.

   – Ergebnisse der klinischen Prüfung, die – mit einer Begründung – die Demografie der Prüfungsteilnehmer, die Ergebnisanalyse in Bezug auf die ausgewählten Endpunkte, Details der Analyse besonderer Untergruppen und die Übereinstimmung mit dem klinischen Prüfplan umfassen sowie das Vorgehen bei fehlenden Daten und Patienten, die aus der klinischen Prüfung ausscheiden oder zur Nachbeobachtung nicht mehr zur Verfügung stehen, abdecken.

   – Übersicht über schwerwiegende unerwünschte Ereignisse, unerwünschte Wirkungen des Produkts und Produktmängel sowie über etwaige Korrekturmaßnahmen.

   – Diskussion und Gesamtschlussfolgerungen, die Sicherheits- und Leistungsergebnisse, die Bewertung von Risiken und klinischem Nutzen, die Erörterung der klinischen Relevanz gemäß dem Stand des klinischen Wissens, spezielle Vorsichtsmaßnahmen für bestimmte Patientenpopulationen, Folgerungen mit Blick auf das Prüfprodukt und Grenzen der Prüfung umfassen.

Anhang XVI
Verzeichnis der Gruppen von Produkten ohne medizinischen Verwendungszweck gemäß Artikel 1 Absatz 2

1. Kontaktlinsen oder andere zur Einführung in oder auf das Auge bestimmte Artikel.

2. Produkte, die dazu bestimmt sind, durch chirurgisch-invasive Verfahren zum Zwecke der Modifizierung der Anatomie oder der Fixierung von Körperteilen vollständig oder teilweise in den menschlichen Körper eingeführt zu werden, mit Ausnahme von Tätowierungs- und Piercingprodukten.

3. Stoffe, Kombinationen von Stoffen oder Artikel, die zur Verwendung als Gesichts- oder sonstige Haut- oder Schleimhautfüller durch subkutane, submuköse oder intrakutane Injektion oder andere Arten der Einführung bestimmt sind, mit Ausnahme derjenigen für Tätowierungen,

4. Geräte, die zur Reduzierung, Entfernung oder Zersetzung von Fettgewebe bestimmt sind, wie etwa Geräte zur Liposuktion, Lipolyse oder Lipoplastie.

5. Für die Anwendung am menschlichen Körper bestimmte Geräte, die hochintensive elektromagnetische Strahlung (Infrarotstrahlung, sichtbares Licht, ultraviolette Strahlung) abgeben, kohärente und nichtkohärente Lichtquellen sowie monochromatisches Licht und Licht im Breitbandspektrum eingeschlossen, etwa Laser und mit intensiv gepulstem Licht arbeitende Geräte zum Abtragen der oberen Hautschichten („skin resurfacing"), zur Tattoo- oder Haarentfernung oder zu anderen Formen der Hautbehandlung.

6. Geräte zur transkraniellen Stimulation des Gehirns durch elektrischen Strom oder magnetische oder elektromagnetische Felder zur Änderung der neuronalen Aktivität im Gehirn.

Anhang XVII
Entsprechungstabelle

Richtlinie 90/385/EWG des Rates	Richtlinie 93/42/EWG des Rates	Vorliegende Verordnung
Artikel 1 Absatz 1	Artikel 1 Absatz 1	Artikel 1 Absatz 1
Artikel 1 Absatz 2	Artikel 1 Absatz 2	Artikel 2
Artikel 1 Absatz 3	Artikel 1 Absatz 3 Unterabsatz 1	Artikel 1 Absatz 9 Unterabsatz 1
—	Artikel 1 Absatz 3 Unterabsatz 2	Artikel 1 Absatz 9 Unterabsatz 2
Artikel 1 Absätze 4 und 4a	Artikel 1 Absätze 4 und 4a	Artikel 1 Absatz 8 Unterabsatz 1
Artikel 1 Absatz 5	Artikel 1 Absatz 7	Artikel1 Absatz 11
Artikel 1 Absatz 6	Artikel 1 Absatz 5	Artikel 1 Absatz 6
—	Artikel 1 Absatz 6	—
—	Artikel 1 Absatz 8	Artikel 1 Absatz 13
Artikel 2	Artikel 2	Artikel 5 Absatz 1
Artikel 3 Absatz 1	Artikel 3 Absatz 1	Artikel 5 Absatz 2
Artikel 3 Absatz 2	Artikel 3 Absatz 2	Artikel 1 Absatz 12
Artikel 4 Absatz 1	Artikel 4 Absatz 1	Artikel 24
Artikel 4 Absatz 2	Artikel 4 Absatz 2	Artikel 21 Absätze 1 und 2
Artikel 4 Absatz 3	Artikel 4 Absatz 3	Artikel 21 Absatz 3
Artikel 4 Absatz 4	Artikel 4 Absatz 4	Artikel 10 Absatz 11
Artikel 4 Absatz 5 Buchstabe a	Artikel 4 Absatz 5 Unterabsatz 1	Artikel 20 Absatz 6
Artikel 4 Absatz 5 Buchstabe b	Artikel 4 Absatz 5 Unterabsatz 2	—
Artikel 5 Absatz 1	Artikel 5 Absatz 1	Artikel 8 Absatz 1
Artikel 5 Absatz 2	Artikel 5 Absatz 2	Artikel 8 Absatz 2
Artikel 6 Absatz 1	Artikel 5 Absätze 3 und 6	—
Artikel 6 Absatz 2	Artikel 7 Absatz 1	Artikel 114
Artikel 7	Artikel 8	Artikel 94 bis 97
—	Artikel 9	Artikel 51
Artikel 8 Absatz 1	Artikel 10 Absatz 1	Artikel 87 Absatz 1 und Artikel 89 Absatz 2

Richtlinie 90/385/EWG des Rates	Richtlinie 93/42/EWG des Rates	Vorliegende Verordnung
Artikel 8 Absatz 2	Artikel 10 Absatz 2	Artikel 87 Absatz 10 und Artikel 87 Absatz 11 Unterabsatz 1
Artikel 8 Absatz 3	Artikel 10 Absatz 3	Artikel 89 Absatz 7
Artikel 8 Absatz 4	Artikel 10 Absatz 4	Artikel 91
Artikel 9 Absatz 1	Artikel 11 Absatz 1	Artikel 52 Absatz 3
—	Artikel 11 Absatz 2	Artikel 52 Absatz 6
—	Artikel 11 Absatz 3	Artikel 52 Absätze 4 und 5
—	Artikel 11 Absatz 4	—
—	Artikel 11 Absatz 5	Artikel 52 Absatz 7
Artikel 9 Absatz 2	Artikel 11 Absatz 6	Artikel 52 Absatz 8
Artikel 9 Absatz 3	Artikel 11 Absatz 8	Artikel 11 Absatz 3
Artikel 9 Absatz 4	Artikel 11 Absatz 12	Artikel 52 Absatz 12
Artikel 9 Absatz 5	Artikel 11 Absatz 7	—
Artikel 9 Absatz 6	Artikel 11 Absatz 9	Artikel 53 Absatz 1
Artikel 9 Absatz 7	Artikel 11 Absatz 10	Artikel 53 Absatz 4
Artikel 9 Absatz 8	Artikel 11 Absatz 11	Artikel 56 Absatz 2
Artikel 9 Absatz 9	Artikel 11 Absatz 13	Artikel 59
Artikel 9 Absatz 10	Artikel 11 Absatz 14	Artikel 4 Absatz 5 und Artikel 122 Absatz 3
—	Artikel 12	Artikel 22
—	Artikel 12a	Artikel 17
Artikel 9a Absatz 1 erster Spiegelstrich	Artikel 13 Absatz 1 Buchstabe c	—
Artikel 9a Absatz 1 zweiter Spiegelstrich	Artikel 13 Absatz 1 Buchstabe d	Artikel 4 Absatz 1
—	Artikel 13 Absatz 1 Buchstabe a	Artikel 51 Absatz 3 Buchstabe a und Artikel 51 Absatz 6
—	Artikel 13 Absatz 1 Buchstabe b	Artikel 51 Absatz 3 Buchstabe b und Artikel 51 Absatz 6
Artikel 10	Artikel 15	Artikel 62 bis 82

Richtlinie 90/385/EWG des Rates	Richtlinie 93/42/EWG des Rates	Vorliegende Verordnung
Artikel 10a Absatz 1, Artikel 10a Absatz 2 Satz 2 und Artikel 10a Absatz 3	Artikel 14 Absatz 1, Artikel 14 Absatz 2 Satz 2 und Artikel 14 Absatz 3	Artikel 29 Absatz 4, Artikel 30 und 31
Artikel 10a Absatz 2 Satz 1	Artikel 14 Absatz 2 Satz 1	Artikel 11 Absatz 1
Artikel 10b	Artikel 14a	Artikel 33 und 34
Artikel 10c	Artikel 14b	Artikel 98
Artikel 11 Absatz 1	Artikel 16 Absatz 1	Artikel 42 und 43
Artikel 11 Absatz 2	Artikel 16 Absatz 2	Artikel 36
Artikel 11 Absatz 3	Artikel 16 Absatz 3	Artikel 46 Absatz 4
Artikel 11 Absatz 4	Artikel 16 Absatz 4	—
Artikel 11 Absatz 5	Artikel 16 Absatz 5	Artikel 56 Absatz 5
Artikel 11 Absatz 6	Artikel 16 Absatz 6	Artikel 56 Absatz 4
Artikel 11 Absatz 7	Artikel 16 Absatz 7	Artikel 38 Absatz 2 und Artikel 44 Absatz 2
Artikel 12	Artikel 17	Artikel 20
Artikel 13	Artikel 18	Artikel 94 bis 97
Artikel 14	Artikel 19	Artikel 99
Artikel 15	Artikel 20	Artikel 109
Artikel 15a	Artikel 20a	Artikel 102
Artikel 16	Artikel 22	—
Artikel 17	Artikel 23	—
—	Artikel 21	—

Richtlinie 98/44/EG des Europäischen Parlaments und des Rates

vom 6. Juli 1998
über den rechtlichen Schutz biotechnologischer Erfindungen

(ABl. L 213 vom 30.7.1998, S. 13)

Das Europäische Parlament und der Rat der Europäischen Union –

gestützt auf den Vertrag zur Gründung der Europäischen Gemeinschaft, insbesondere auf Artikel 100a,
auf Vorschlag der Kommission[1]),
nach Stellungnahme des Wirtschafts- und Sozialausschusses[2])
gemäß dem Verfahren des Artikels 189b des Vertrags[3]),

in Erwägung nachstehender Gründe:

(1) Biotechnologie und Gentechnik spielen in den verschiedenen Industriezweigen eine immer wichtigere Rolle, und dem Schutz biotechnologischer Erfindungen kommt grundlegende Bedeutung für die industrielle Entwicklung der Gemeinschaft zu.

(2) Die erforderlichen Investitionen zur Forschung und Entwicklung sind insbesondere im Bereich der Gentechnik hoch und risikoreich und können nur bei angemessenem Rechtsschutz rentabel sein.

(3) Ein wirksamer und harmonisierter Schutz in allen Mitgliedstaaten ist wesentliche Voraussetzung dafür, dass Investitionen auf dem Gebiet der Biotechnologie fortgeführt und gefördert werden.

(4) Nach der Ablehnung des vom Vermittlungsausschuss gebilligten gemeinsamen Entwurfs einer Richtlinie des Europäischen Parlaments und des Rates über den rechtlichen Schutz biotechnologischer Erfindungen[4]) durch das Europäische Parlament haben das Europäische Parlament und der Rat festgestellt, dass die Lage auf dem Gebiet des Rechtsschutzes biotechnologischer Erfindungen der Klärung bedarf.

(5) In den Rechtsvorschriften und Praktiken der verschiedenen Mitgliedstaaten auf dem Gebiet des Schutzes biotechnologischer Erfindungen bestehen Unterschiede, die zu Handelsschranken führen und so das Funktionieren des Binnenmarkts behindern können.

[1]) ABl. C 296 vom 8.10 1996, S. 4, und ABl. C 311 vom 11.10.1997, S. 12.

[2]) ABl. C 295 vom 7.10.1996, S. 11.

[3]) Stellungnahme des Europäischen Parlaments vom 16. Juli 1997 (ABl. C 286 vom 22.9.1997, S. 87), gemeinsamer Standpunkt des Rates vom 26. Februar 1998 (ABl. C 110 vom 8.4.1998, S. 17) und Beschluss des Europäischen Parlaments vom 12. Mai 1998 (ABl. C 167 vom 1.6.1998). Beschluss des Rates vom 16. Juni 1998.

[4]) ABl. C 68 vom 20.3.1995, S. 26.

(6) Diese Unterschiede könnten sich dadurch noch vergrößern, dass die Mitgliedstaaten neue und unterschiedliche Rechtsvorschriften und Verwaltungspraktiken einführen oder dass die Rechtsprechung der einzelnen Mitgliedstaaten sich unterschiedlich entwickelt.

(7) Eine uneinheitliche Entwicklung der Rechtsvorschriften zum Schutz biotechnologischer Erfindungen in der Gemeinschaft könnte zusätzliche ungünstige Auswirkungen auf den Handel haben und damit zu Nachteilen bei der industriellen Entwicklung der betreffenden Erfindungen sowie zur Beeinträchtigung des reibungslosen Funktionierens des Binnenmarkts führen.

(8) Der rechtliche Schutz biotechnologischer Erfindungen erfordert nicht die Einführung eines besonderen Rechts, das an die Stelle des nationalen Patentrechts tritt. Das nationale Patentrecht ist auch weiterhin die wesentliche Grundlage für den Rechtsschutz biotechnologischer Erfindungen; es muss jedoch in bestimmten Punkten angepasst oder ergänzt werden, um der Entwicklung der Technologie, die biologisches Material benutzt, aber gleichwohl die Voraussetzungen für die Patentierbarkeit erfüllt, angemessen Rechnung zu tragen.

(9) In bestimmten Fällen, wie beim Ausschluss von Pflanzensorten, Tierrassen und von im wesentlichen biologischen Verfahren für die Züchtung von Pflanzen und Tieren von der Patentierbarkeit, haben bestimmte Formulierungen in den einzelstaatlichen Rechtsvorschriften, die sich auf internationale Übereinkommen zum Patent- und Sortenschutz stützen, in bezug auf den Schutz biotechnologischer und bestimmter mikrobiologischer Erfindungen für Unsicherheit gesorgt. Hier ist eine Harmonisierung notwendig, um diese Unsicherheit zu beseitigen.

(10) Das Entwicklungspotential der Biotechnologie für die Umwelt und insbesondere ihr Nutzen für die Entwicklung weniger verunreinigender und den Boden weniger beanspruchender Ackerbaumethoden sind zu berücksichtigen. Die Erforschung solcher Verfahren und deren Anwendung sollte mittels des Patentsystems gefördert werden.

(11) Die Entwicklung der Biotechnologie ist für die Entwicklungsländer sowohl im Gesundheitswesen und bei der Bekämpfung großer Epidemien und Endemien als auch bei der Bekämpfung des Hungers in der Welt von Bedeutung. Die Forschung in diesen Bereichen sollte ebenfalls mittels des Patentsystems gefördert werden. Außerdem sollten internationale Mechanismen zur Verbreitung der entsprechenden Technologien in der Dritten Welt zum Nutzen der betroffenen Bevölkerung in Gang gesetzt werden.

(12) Das Übereinkommen über handelsbezogene Aspekte der Rechte des geistigen Eigentums (TRIPS-Übereinkommen)[5]), das die Europäische Gemeinschaft und ihre Mitgliedstaaten unterzeichnet haben, ist inzwischen in Kraft getreten; es sieht vor, dass der Patentschutz für Produkte und Verfahren in allen Bereichen der Technologie zu gewährleisten ist.

(13) Der Rechtsrahmen der Gemeinschaft zum Schutz biotechnologischer Erfindungen kann sich auf die Festlegung bestimmter Grundsätze für die Patentierbarkeit biologischen Materials an sich beschränken; diese Grundsätze bezwecken im wesentlichen, den Unter-

[5]) ABl. L 336 vom 23.12.1994, S. 213.

schied zwischen Erfindungen und Entdeckungen hinsichtlich der Patentierbarkeit bestimmter Bestandteile menschlichen Ursprungs herauszuarbeiten. Der Rechtsrahmen kann sich ferner beschränken auf den Umfang des Patentschutzes biotechnologischer Erfindungen, auf die Möglichkeit, zusätzlich zur schriftlichen Beschreibung einen Hinterlegungsmechanismus vorzusehen, sowie auf die Möglichkeit der Erteilung einer nicht ausschließlichen Zwangslizenz bei Abhängigkeit zwischen Pflanzensorten und Erfindungen (und umgekehrt).

(14) Ein Patent berechtigt seinen Inhaber nicht, die Erfindung anzuwenden, sondern verleiht ihm lediglich das Recht, Dritten deren Verwertung zu industriellen und gewerblichen Zwecken zu untersagen. Infolgedessen kann das Patentrecht die nationalen, europäischen oder internationalen Rechtsvorschriften zur Festlegung von Beschränkungen oder Verboten oder zur Kontrolle der Forschung und der Anwendung oder Vermarktung ihrer Ergebnisse weder ersetzen noch überflüssig machen, insbesondere was die Erfordernisse der Volksgesundheit, der Sicherheit, des Umweltschutzes, des Tierschutzes, der Erhaltung der genetischen Vielfalt und die Beachtung bestimmter ethischer Normen betrifft.

(15) Es gibt im einzelstaatlichen oder europäischen Patentrecht (Münchener Übereinkommen) keine Verbote oder Ausnahmen, die eine Patentierbarkeit von lebendem Material grundsätzlich ausschließen.

(16) Das Patentrecht muss unter Wahrung der Grundprinzipien ausgeübt werden, die die Würde und die Unversehrtheit des Menschen gewährleisten. Es ist wichtig, den Grundsatz zu bekräftigen, wonach der menschliche Körper in allen Phasen seiner Entstehung und Entwicklung, einschließlich der Keimzellen, sowie die bloße Entdeckung eines seiner Bestandteile oder seiner Produkte, einschließlich der Sequenz oder Teilsequenz eines menschlichen Gens, nicht patentierbar sind. Diese Prinzipien stehen im Einklang mit den im Patentrecht vorgesehenen Patentierbarkeitskriterien, wonach eine bloße Entdeckung nicht Gegenstand eines Patents sein kann.

(17) Mit Arzneimitteln, die aus isolierten Bestandteilen des menschlichen Körpers gewonnen und/oder auf andere Weise hergestellt werden, konnten bereits entscheidende Fortschritte bei der Behandlung von Krankheiten erzielt werden. Diese Arzneimittel sind das Ergebnis technischer Verfahren zur Herstellung von Bestandteilen mit einem ähnlichen Aufbau wie die im menschlichen Körper vorhandenen natürlichen Bestandteile; es empfiehlt sich deshalb, mit Hilfe des Patentsystems die Forschung mit dem Ziel der Gewinnung und Isolierung solcher für die Arzneimittelherstellung wertvoller Bestandteile zu fördern.

(18) Soweit sich das Patentsystem als unzureichend erweist, um die Forschung und die Herstellung von biotechnologischen Arzneimitteln, die zur Bekämpfung seltener Krankheiten („Orphan"-Krankheiten) benötigt werden, zu fördern, sind die Gemeinschaft und die Mitgliedstaaten verpflichtet, einen angemessenen Beitrag zur Lösung dieses Problems zu leisten.

(19) Die Stellungnahme Nr. 8 der Sachverständigengruppe der Europäischen Kommission für Ethik in der Biotechnologie ist berücksichtigt worden.

(20) Infolgedessen ist darauf hinzuweisen, dass eine Erfindung, die einen isolierten Bestandteil des menschlichen Körpers oder einen auf eine andere Weise durch ein technisches Verfahren erzeugten Bestandteil betrifft und gewerblich anwendbar ist, nicht von der Patentierbarkeit ausgeschlossen ist, selbst wenn der Aufbau dieses Bestandteils mit dem eines natürlichen Bestandteils identisch ist, wobei sich die Rechte aus dem Patent nicht auf den menschlichen Körper und dessen Bestandteile in seiner natürlichen Umgebung erstrecken können.

(21) Ein solcher isolierter oder auf andere Weise erzeugter Bestandteil des menschlichen Körpers ist von der Patentierbarkeit nicht ausgeschlossen, da er – zum Beispiel – das Ergebnis technischer Verfahren zu seiner Identifizierung, Reinigung, Bestimmung und Vermehrung außerhalb des menschlichen Körpers ist, zu deren Anwendung nur der Mensch fähig ist und die die Natur selbst nicht vollbringen kann.

(22) Die Diskussion über die Patentierbarkeit von Sequenzen oder Teilsequenzen von Genen wird kontrovers geführt. Die Erteilung eines Patents für Erfindungen, die solche Sequenzen oder Teilsequenzen zum Gegenstand haben, unterliegt nach dieser Richtlinie denselben Patentierbarkeitskriterien der Neuheit, erfinderischen Tätigkeit und gewerblichen Anwendbarkeit wie alle anderen Bereiche der Technologie. Die gewerbliche Anwendbarkeit einer Sequenz oder Teilsequenz muss in der eingereichten Patentanmeldung konkret beschrieben sein.

(23) Ein einfacher DNA-Abschnitt ohne Angabe einer Funktion enthält keine Lehre zum technischen Handeln und stellt deshalb keine patentierbare Erfindung dar.

(24) Das Kriterium der gewerblichen Anwendbarkeit setzt voraus, dass im Fall der Verwendung einer Sequenz oder Teilsequenz eines Gens zur Herstellung eines Proteins oder Teilproteins angegeben wird, welches Protein oder Teilprotein hergestellt wird und welche Funktion es hat.

(25) Zur Auslegung der durch ein Patent erteilten Rechte wird in dem Fall, dass sich Sequenzen lediglich in für die Erfindung nicht wesentlichen Abschnitten überlagern, patentrechtlich jede Sequenz als selbständige Sequenz angesehen.

(26) Hat eine Erfindung biologisches Material menschlichen Ursprungs zum Gegenstand oder wird dabei derartiges Material verwendet, so muss bei einer Patentanmeldung die Person, bei der Entnahmen vorgenommen werden, die Gelegenheit erhalten haben, gemäß den innerstaatlichen Rechtsvorschriften nach Inkenntnissetzung und freiwillig der Entnahme zuzustimmen.

(27) Hat eine Erfindung biologisches Material pflanzlichen oder tierischen Ursprungs zum Gegenstand oder wird dabei derartiges Material verwendet, so sollte die Patentanmeldung gegebenenfalls Angaben zum geographischen Herkunftsort dieses Materials umfassen, falls dieser bekannt ist. Die Prüfung der Patentanmeldungen und die Gültigkeit der Rechte aufgrund der erteilten Patente bleiben hiervon unberührt.

(28) Diese Richtlinie berührt in keiner Weise die Grundlagen des geltenden Patentrechts, wonach ein Patent für jede neue Anwendung eines bereits patentierten Erzeugnisses erteilt werden kann.

(29) Diese Richtlinie berührt nicht den Ausschluss von Pflanzensorten und Tierrassen von der Patentierbarkeit. Erfindungen, deren Gegenstand Pflanzen oder Tiere sind, sind jedoch patentierbar, wenn die Anwendung der Erfindung technisch nicht auf eine Pflanzensorte oder Tierrasse beschränkt ist.

(30) Der Begriff der Pflanzensorte wird durch das Sortenschutzrecht definiert. Danach wird eine Sorte durch ihr gesamtes Genom geprägt und besitzt deshalb Individualität. Sie ist von anderen Sorten deutlich unterscheidbar.

(31) Eine Pflanzengesamtheit, die durch ein bestimmtes Gen (und nicht durch ihr gesamtes Genom) gekennzeichnet ist, unterliegt nicht dem Sortenschutz. Sie ist deshalb von der Patentierbarkeit nicht ausgeschlossen, auch wenn sie Pflanzensorten umfasst.

(32) Besteht eine Erfindung lediglich darin, dass eine bestimmte Pflanzensorte genetisch verändert wird, und wird dabei eine neue Pflanzensorte gewonnen, so bleibt diese Erfindung selbst dann von der Patentierbarkeit ausgeschlossen, wenn die genetische Veränderung nicht das Ergebnis eines im wesentlichen biologischen, sondern eines biotechnologischen Verfahrens ist.

(33) Für die Zwecke dieser Richtlinie ist festzulegen, wann ein Verfahren zur Züchtung von Pflanzen und Tieren im wesentlichen biologisch ist.

(34) Die Begriffe „Erfindung“ und „Entdeckung“, wie sie durch das einzelstaatliche, europäische oder internationale Patentrecht definiert sind, bleiben von dieser Richtlinie unberührt.

(35) Diese Richtlinie berührt nicht die Vorschriften des nationalen Patentrechts, wonach Verfahren zur chirurgischen oder therapeutischen Behandlung des menschlichen oder tierischen Körpers und Diagnostizierverfahren, die am menschlichen oder tierischen Körper vorgenommen werden, von der Patentierbarkeit ausgeschlossen sind.

(36) Das TRIPS-Übereinkommen räumt den Mitgliedern der Welthandelsorganisation die Möglichkeit ein, Erfindungen von der Patentierbarkeit auszuschließen, wenn die Verhinderung ihrer gewerblichen Verwertung in ihrem Hoheitsgebiet zum Schutz der öffentlichen Ordnung oder der guten Sitten einschließlich des Schutzes des Lebens und der Gesundheit von Menschen, Tieren oder Pflanzen oder zur Vermeidung einer ernsten Schädigung der Umwelt notwendig ist, vorausgesetzt, dass ein solcher Ausschluss nicht nur deshalb vorgenommen wird, weil die Verwertung durch innerstaatliches Recht verboten ist.

(37) Der Grundsatz, wonach Erfindungen, deren gewerbliche Verwertung gegen die öffentliche Ordnung oder die guten Sitten verstoßen würde, von der Patentierbarkeit auszuschließen sind, ist auch in dieser Richtlinie hervorzuheben.

(38) Ferner ist es wichtig, in die Vorschriften der vorliegenden Richtlinie eine informatorische Aufzählung der von der Patentierbarkeit ausgenommenen Erfindungen aufzunehmen,

um so den nationalen Gerichten und Patentämtern allgemeine Leitlinien für die Auslegung der Bezugnahme auf die öffentliche Ordnung oder die guten Sitten zu geben. Diese Aufzählung ist selbstverständlich nicht erschöpfend. Verfahren, deren Anwendung gegen die Menschenwürde verstößt, wie etwa Verfahren zur Herstellung von hybriden Lebewesen, die aus Keimzellen oder totipotenten Zellen von Mensch und Tier entstehen, sind natürlich ebenfalls von der Patentierbarkeit auszunehmen.

(39) Die öffentliche Ordnung und die guten Sitten entsprechen insbesondere den in den Mitgliedstaaten anerkannten ethischen oder moralischen Grundsätzen, deren Beachtung ganz besonders auf dem Gebiet der Biotechnologie wegen der potentiellen Tragweite der Erfindungen in diesem Bereich und deren inhärenter Beziehung zur lebenden Materie geboten ist. Diese ethischen oder moralischen Grundsätze ergänzen die übliche patentrechtliche Prüfung, unabhängig vom technischen Gebiet der Erfindung.

(40) Innerhalb der Gemeinschaft besteht Übereinstimmung darüber, dass die Keimbahnintervention am menschlichen Lebewesen und das Klonen von menschlichen Lebewesen gegen die öffentliche Ordnung und die guten Sitten verstoßen. Daher ist es wichtig, Verfahren zur Veränderung der genetischen Identität der Keimbahn des menschlichen Lebewesens und Verfahren zum Klonen von menschlichen Lebewesen unmissverständlich von der Patentierbarkeit auszuschließen.

(41) Als Verfahren zum Klonen von menschlichen Lebewesen ist jedes Verfahren, einschließlich der Verfahren zur Embryonenspaltung, anzusehen, das darauf abzielt, ein menschliches Lebewesen zu schaffen, das im Zellkern die gleiche Erbinformation wie ein anderes lebendes oder verstorbenes menschliches Lebewesen besitzt.

(42) Ferner ist auch die Verwendung von menschlichen Embryonen zu industriellen oder kommerziellen Zwecken von der Patentierbarkeit auszuschließen. Dies gilt jedoch auf keinen Fall für Erfindungen, die therapeutische oder diagnostische Zwecke verfolgen und auf den menschlichen Embryo zu dessen Nutzen angewandt werden.

(43) Nach Artikel F Absatz 2 des Vertrags über die Europäische Union achtet die Union die Grundrechte, wie sie in der am 4. November 1950 in Rom unterzeichneten Europäischen Konvention zum Schutze der Menschenrechte und Grundfreiheiten gewährleistet sind und wie sie sich aus den gemeinsamen Verfassungsüberlieferungen der Mitgliedstaaten als allgemeine Grundsätze des Gemeinschaftsrechts ergeben.

(44) Die Europäische Gruppe für Ethik der Naturwissenschaften und der Neuen Technologien der Kommission bewertet alle ethischen Aspekte im Zusammenhang mit der Biotechnologie. In diesem Zusammenhang ist darauf hinzuweisen, dass die Befassung dieser Gruppe auch im Bereich des Patentrechts nur die Bewertung der Biotechnologie anhand grundlegender ethischer Prinzipien zum Gegenstand haben kann.

(45) Verfahren zur Veränderung der genetischen Identität von Tieren, die geeignet sind, für die Tiere Leiden ohne wesentlichen medizinischen Nutzen im Bereich der Forschung,

der Vorbeugung, der Diagnose oder der Therapie für den Menschen oder das Tier zu verursachen, sowie mit Hilfe dieser Verfahren erzeugte Tiere sind von der Patentierbarkeit auszunehmen.

(46) Die Funktion eines Patents besteht darin, den Erfinder mit einem ausschließlichen, aber zeitlich begrenzten Nutzungsrecht für seine innovative Leistung zu belohnen und damit einen Anreiz für erfinderische Tätigkeit zu schaffen; der Patentinhaber muss demnach berechtigt sein, die Verwendung patentierten selbstreplizierenden Materials unter solchen Umständen zu verbieten, die den Umständen gleichstehen, unter denen die Verwendung nicht selbstreplizierenden Materials verboten werden könnte, d. h. die Herstellung des patentierten Erzeugnisses selbst.

(47) Es ist notwendig, eine erste Ausnahme von den Rechten des Patentinhabers vorzusehen, wenn Vermehrungsmaterial, in das die geschützte Erfindung Eingang gefunden hat, vom Patentinhaber oder mit seiner Zustimmung zum landwirtschaftlichen Anbau an einen Landwirt verkauft wird. Mit dieser Ausnahmeregelung soll dem Landwirt gestattet werden, sein Erntegut für spätere generative oder vegetative Vermehrung in seinem eigenen Betrieb zu verwenden. Das Ausmaß und die Modalitäten dieser Ausnahmeregelung sind auf das Ausmaß und die Bedingungen zu beschränken, die in der Verordnung (EG) Nr. 2100/94 des Rates vom 27. Juli 1994 über den gemeinschaftlichen Sortenschutz[6]) vorgesehen sind.

(48) Von dem Landwirt kann nur die Vergütung verlangt werden, die im gemeinschaftlichen Sortenschutzrecht im Rahmen einer Durchführungsbestimmung zu der Ausnahme vom gemeinschaftlichen Sortenschutzrecht festgelegt ist.

(49) Der Patentinhaber kann jedoch seine Rechte gegenüber dem Landwirt geltend machen, der die Ausnahme missbräuchlich nutzt, oder gegenüber dem Züchter, der die Pflanzensorte, in welche die geschützte Erfindung Eingang gefunden hat, entwickelt hat, falls dieser seinen Verpflichtungen nicht nachkommt.

(50) Eine zweite Ausnahme von den Rechten des Patentinhabers ist vorzusehen, um es Landwirten zu ermöglichen, geschütztes Vieh zu landwirtschaftlichen Zwecken zu benutzen.

(51) Mangels gemeinschaftsrechtlicher Bestimmungen für die Züchtung von Tierrassen müssen der Umfang und die Modalitäten dieser zweiten Ausnahmeregelung durch die nationalen Gesetze, Rechts- und Verwaltungsvorschriften und Verfahrensweisen geregelt werden.

(52) Für den Bereich der Nutzung der auf gentechnischem Wege erzielten neuen Merkmale von Pflanzensorten muss in Form einer Zwangslizenz gegen eine Vergütung ein garantierter Zugang vorgesehen werden, wenn die Pflanzensorte in bezug auf die betreffende Gattung oder Art einen bedeutenden technischen Fortschritt von erheblichem wirtschaftlichem Interesse gegenüber der patentgeschützten Erfindung darstellt.

[6]) ABl. L 227 vom 1.9.1994, S. 1. Verordnung geändert durch die Verordnung (EG) Nr. 2506/95 (ABl. L 258 vom 28.10.1995, S. 3).

(53) Für den Bereich der gentechnischen Nutzung neuer, aus neuen Pflanzensorten hervorgegangener pflanzlicher Merkmale muss in Form einer Zwangslizenz gegen eine Vergütung ein garantierter Zugang vorgesehen werden, wenn die Erfindung einen bedeutenden technischen Fortschritt von erheblichem wirtschaftlichem Interesse darstellt.

(54) Artikel 34 des TRIPS-Übereinkommens enthält eine detaillierte Regelung der Beweislast, die für alle Mitgliedstaaten verbindlich ist. Deshalb ist eine diesbezügliche Bestimmung in dieser Richtlinie nicht erforderlich.

(55) Die Gemeinschaft ist gemäß dem Beschluss 93/626/EWG[7]) Vertragspartei des Übereinkommens über die biologische Vielfalt vom 5. Juni 1992. Im Hinblick darauf tragen die Mitgliedstaaten bei Erlass der Rechts- und Verwaltungsvorschriften zur Umsetzung dieser Richtlinie insbesondere Artikel 3, Artikel 8 Buchstabe j), Artikel 16 Absatz 2 Satz 2 und Absatz 5 des genannten Übereinkommens Rechnung.

(56) Die dritte Konferenz der Vertragsstaaten des Übereinkommens über die biologische Vielfalt, die im November 1996 stattfand, stellte im Beschluss III/17 fest, dass weitere Arbeiten notwendig sind, um zu einer gemeinsamen Bewertung des Zusammenhangs zwischen den geistigen Eigentumsrechten und den einschlägigen Bestimmungen des Übereinkommens über handelsbezogene Aspekte des geistigen Eigentums und des Übereinkommens über die biologische Vielfalt zu gelangen, insbesondere in Fragen des Technologietransfers, der Erhaltung und nachhaltigen Nutzung der biologischen Vielfalt sowie der gerechten und fairen Teilhabe an den Vorteilen, die sich aus der Nutzung der genetischen Ressourcen ergeben, einschließlich des Schutzes von Wissen, Innovationen und Praktiken indigener und lokaler Gemeinschaften, die traditionelle Lebensformen verkörpern, die für die Erhaltung und nachhaltige Nutzung der biologischen Vielfalt von Bedeutung sind,

haben folgende Richtlinie erlassen:

Kapitel I
Patentierbarkeit

Artikel 1

(1) Die Mitgliedstaaten schützen biotechnologische Erfindungen durch das nationale Patentrecht. Sie passen ihr nationales Patentrecht erforderlichenfalls an, um den Bestimmungen dieser Richtlinie Rechnung zu tragen.

(2) Die Verpflichtungen der Mitgliedstaaten aus internationalen Übereinkommen, insbesondere aus dem TRIPS-Übereinkommen und dem Übereinkommen über die biologische Vielfalt, werden von dieser Richtlinie nicht berührt.

[7]) ABl. L 309 vom 13.12.1993, S. 1.

Artikel 2

(1) Im Sinne dieser Richtlinie ist

a) „biologisches Material“ ein Material, das genetische Informationen enthält und sich selbst reproduzieren oder in einem biologischen System reproduziert werden kann;

b) „mikrobiologisches Verfahren“ jedes Verfahren, bei dem mikrobiologisches Material verwendet, ein Eingriff in mikrobiologisches Material durchgeführt oder mikrobiologisches Material hervorgebracht wird.

(2) Ein Verfahren zur Züchtung von Pflanzen oder Tieren ist im wesentlichen biologisch, wenn es vollständig auf natürlichen Phänomenen wie Kreuzung oder Selektion beruht.

(3) Der Begriff der Pflanzensorte wird durch Artikel 5 der Verordnung (EG) Nr. 2100/94 definiert.

Artikel 3

(1) Im Sinne dieser Richtlinie können Erfindungen, die neu sind, auf einer erfinderischen Tätigkeit beruhen und gewerblich anwendbar sind, auch dann patentiert werden, wenn sie ein Erzeugnis, das aus biologischem Material besteht oder dieses enthält, oder ein Verfahren, mit dem biologisches Material hergestellt, bearbeitet oder verwendet wird, zum Gegenstand haben.

(2) Biologisches Material, das mit Hilfe eines technischen Verfahrens aus seiner natürlichen Umgebung isoliert oder hergestellt wird, kann auch dann Gegenstand einer Erfindung sein, wenn es in der Natur schon vorhanden war.

Artikel 4

(1) Nicht patentierbar sind

a) Pflanzensorten und Tierrassen,

b) im wesentlichen biologische Verfahren zur Züchtung von Pflanzen oder Tieren.

(2) Erfindungen, deren Gegenstand Pflanzen oder Tiere sind, können patentiert werden, wenn die Ausführungen der Erfindung technisch nicht auf eine bestimmte Pflanzensorte oder Tierrasse beschränkt ist.

(3) Absatz 1 Buchstabe b) berührt nicht die Patentierbarkeit von Erfindungen, die ein mikrobiologisches oder sonstiges technisches Verfahren oder ein durch diese Verfahren gewonnenes Erzeugnis zum Gegenstand haben.

Artikel 5

(1) Der menschliche Körper in den einzelnen Phasen seiner Entstehung und Entwicklung sowie die bloße Entdeckung eines seiner Bestandteile, einschließlich der Sequenz oder Teilsequenz eines Gens, können keine patentierbaren Erfindungen darstellen.

(2) Ein isolierter Bestandteil des menschlichen Körpers oder ein auf andere Weise durch ein technisches Verfahren gewonnener Bestandteil, einschließlich der Sequenz oder Teilsequenz eines Gens, kann eine patentierbare Erfindung sein, selbst wenn der Aufbau dieses Bestandteils mit dem Aufbau eines natürlichen Bestandteils identisch ist.

(3) Die gewerbliche Anwendbarkeit einer Sequenz oder Teilsequenz eines Gens muss in der Patentanmeldung konkret beschrieben werden.

Artikel 6

(1) Erfindungen, deren gewerbliche Verwertung gegen die öffentliche Ordnung oder die guten Sitten verstoßen würde, sind von der Patentierbarkeit ausgenommen, dieser Verstoß kann nicht allein daraus hergeleitet werden, dass die Verwertung durch Rechts- oder Verwaltungsvorschriften verboten ist.

(2) Im Sinne von Absatz 1 gelten unter anderem als nicht patentierbar:

a) Verfahren zum Klonen von menschlichen Lebewesen;

b) Verfahren zur Veränderung der genetischen Identität der Keimbahn des menschlichen Lebewesens;

c) die Verwendung von menschlichen Embryonen zu industriellen oder kommerziellen Zwecken;

d) Verfahren zur Veränderung der genetischen Identität von Tieren, die geeignet sind, Leiden dieser Tiere ohne wesentlichen medizinischen Nutzen für den Menschen oder das Tier zu verursachen, sowie die mit Hilfe solcher Verfahren erzeugten Tiere.

Artikel 7

Die Europäische Gruppe für Ethik der Naturwissenschaften und der Neuen Technologien der Kommission bewertet alle ethischen Aspekte im Zusammenhang mit der Biotechnologie.

Kapitel II
Umfang des Schutzes

Artikel 8

(1) Der Schutz eines Patents für biologisches Material, das aufgrund der Erfindung mit bestimmten Eigenschaften ausgestattet ist, umfasst jedes biologische Material, das aus diesem biologischen Material durch generative oder vegetative Vermehrung in gleicher oder abweichender Form gewonnen wird und mit denselben Eigenschaften ausgestattet ist.

(2) Der Schutz eines Patents für ein Verfahren, das die Gewinnung eines aufgrund der Erfindung mit bestimmten Eigenschaften ausgestatteten biologischen Materials ermöglicht, umfasst das mit diesem Verfahren unmittelbar gewonnene biologische Material und jedes andere mit denselben Eigenschaften ausgestattete biologische Material, das durch generative oder vegetative Vermehrung in gleicher oder abweichender Form aus dem unmittelbar gewonnenen biologischen Material gewonnen wird.

Artikel 9

Der Schutz, der durch ein Patent für ein Erzeugnis erteilt wird, das aus einer genetischen Information besteht oder sie enthält, erstreckt sich vorbehaltlich des Artikels 5 Absatz 1 auf jedes Material, in das dieses Erzeugnis Eingang findet und in dem die genetische Information enthalten ist und ihre Funktion erfüllt.

Artikel 10

Der in den Artikeln 8 und 9 vorgesehene Schutz erstreckt sich nicht auf das biologische Material, das durch generative oder vegetative Vermehrung von biologischem Material gewonnen wird, das im Hoheitsgebiet eines Mitgliedstaats vom Patentinhaber oder mit dessen Zustimmung in Verkehr gebracht wurde, wenn die generative oder vegetative Vermehrung notwendigerweise das Ergebnis der Verwendung ist, für die das biologische Material in Verkehr gebracht wurde, vorausgesetzt, dass das so gewonnene Material anschließend nicht für andere generative oder vegetative Vermehrung verwendet wird.

Artikel 11

(1) Abweichend von den Artikeln 8 und 9 beinhaltet der Verkauf oder das sonstige Inverkehrbringen von pflanzlichem Vermehrungsmaterial durch den Patentinhaber

oder mit dessen Zustimmung an einen Landwirt zum landwirtschaftlichen Anbau dessen Befugnis, sein Erntegut für die generative oder vegetative Vermehrung durch ihn selbst im eigenen Betrieb zu verwenden, wobei Ausmaß und Modalitäten dieser Ausnahmeregelung denjenigen des Artikels 14 der Verordnung (EG) Nr. 2100/94 entsprechen.

(2) Abweichend von den Artikeln 8 und 9 beinhaltet der Verkauf oder das sonstige Inverkehrbringen von Zuchtvieh oder von tierischem Vermehrungsmaterial durch den Patentinhaber oder mit dessen Zustimmung an einen Landwirt dessen Befugnis, das geschützte Vieh zu landwirtschaftlichen Zwecken zu verwenden. Diese Befugnis erstreckt sich auch auf die Überlassung des Viehs oder anderen tierischen Vermehrungsmaterials zur Fortführung seiner landwirtschaftlichen Tätigkeit, jedoch nicht auf den Verkauf mit dem Ziel oder im Rahmen einer gewerblichen Viehzucht.

(3) Das Ausmaß und die Modalitäten der in Absatz 2 vorgesehenen Ausnahmeregelung werden durch die nationalen Gesetze, Rechts- und Verwaltungsvorschriften und Verfahrensweisen geregelt.

Kapitel III
Zwangslizenzen wegen Abhängigkeit

Artikel 12

(1) Kann ein Pflanzenzüchter ein Sortenschutzrecht nicht erhalten oder verwerten, ohne ein früher erteiltes Patent zu verletzen, so kann er beantragen, dass ihm gegen Zahlung einer angemessenen Vergütung eine nicht ausschließliche Zwangslizenz für die patentgeschützte Erfindung erteilt wird, soweit diese Lizenz zur Verwertung der zu schützenden Pflanzensorte erforderlich ist. Die Mitgliedstaaten sehen vor, dass der Patentinhaber, wenn eine solche Lizenz erteilt wird, zur Verwertung der geschützten Sorte Anspruch auf eine gegenseitige Lizenz zu angemessenen Bedingungen hat.

(2) Kann der Inhaber des Patents für eine biotechnologische Erfindung diese nicht verwerten, ohne ein früher erteiltes Sortenschutzrecht zu verletzen, so kann er beantragen, dass ihm gegen Zahlung einer angemessenen Vergütung eine nicht ausschließliche Zwangslizenz für die durch dieses Sortenschutzrecht geschützte Pflanzensorte erteilt wird. Die Mitgliedstaaten sehen vor, dass der Inhaber des Sortenschutzrechts, wenn eine solche Lizenz erteilt wird, zur Verwertung der geschützten Erfindung Anspruch auf eine gegenseitige Lizenz zu angemessenen Bedingungen hat.

(3) Die Antragsteller nach den Absätzen 1 und 2 müssen nachweisen, dass

a) sie sich vergebens an den Inhaber des Patents oder des Sortenschutzrechts gewandt haben, um eine vertragliche Lizenz zu erhalten;

b) die Pflanzensorte oder Erfindung einen bedeutenden technischen Fortschritt von erheblichem wirtschaftlichen Interesse gegenüber der patentgeschützten Erfindung oder der geschützten Pflanzensorte darstellt.

(4) Jeder Mitgliedstaat benennt die für die Erteilung der Lizenz zuständige(n) Stelle(n). Kann eine Lizenz für eine Pflanzensorte nur vom Gemeinschaftlichen Sortenamt erteilt werden, findet Artikel 29 der Verordnung (EG) Nr. 2100/94 Anwendung.

Kapitel IV
Hinterlegung von, Zugang zu und erneute Hinterlegung von biologischem Material

Artikel 13

(1) Betrifft eine Erfindung biologisches Material, das der Öffentlichkeit nicht zugänglich ist und in der Patentanmeldung nicht so beschrieben werden kann, dass ein Fachmann diese Erfindung danach ausführen kann, oder beinhaltet die Erfindung die Verwendung eines solchen Materials, so gilt die Beschreibung für die Anwendung des Patentrechts nur dann als ausreichend, wenn

a) das biologische Material spätestens am Tag der Patentanmeldung bei einer anerkannten Hinterlegungsstelle hinterlegt wurde. Anerkannt sind zumindest die internationalen Hinterlegungsstellen, die diesen Status nach Artikel 7 des Budapester Vertrags vom 28. April 1977 über die internationale Anerkennung der Hinterlegung von Mikroorganismen für Zwecke von Patentverfahren (im folgenden „Budapester Vertrag" genannt) erworben haben;

b) die Anmeldung die einschlägigen Informationen enthält, die dem Anmelder bezüglich der Merkmale des hinterlegten biologischen Materials bekannt sind;

c) in der Patentanmeldung die Hinterlegungsstelle und das Aktenzeichen der Hinterlegung angegeben sind.

(2) Das hinterlegte biologische Material wird durch Herausgabe einer Probe zugänglich gemacht:

a) bis zur ersten Veröffentlichung der Patentanmeldung nur für Personen, die nach dem innerstaatlichen Patentrecht hierzu ermächtigt sind;

b) von der ersten Veröffentlichung der Anmeldung bis zur Erteilung des Patents für jede Person, die dies beantragt, oder, wenn der Anmelder dies verlangt, nur für einen unabhängigen Sachverständigen;

c) nach der Erteilung des Patents ungeachtet eines späteren Widerrufs oder einer Nichtigerklärung des Patents für jede Person, die einen entsprechenden Antrag stellt.

(3) Die Herausgabe erfolgt nur dann, wenn der Antragsteller sich verpflichtet, für die Dauer der Wirkung des Patents

a) Dritten keine Probe des hinterlegten biologischen Materials oder eines daraus abgeleiteten Materials zugänglich zu machen und

b) keine Probe des hinterlegten Materials oder eines daraus abgeleiteten Materials zu anderen als zu Versuchszwecken zu verwenden, es sei denn, der Anmelder oder der Inhaber des Patents verzichtet ausdrücklich auf eine derartige Verpflichtung.

(4) Bei Zurückweisung oder Zurücknahme der Anmeldung wird der Zugang zu dem hinterlegten Material auf Antrag des Hinterlegers für die Dauer von 20 Jahren ab dem Tag der Patentanmeldung nur einem unabhängigen Sachverständigen erteilt. In diesem Fall findet Absatz 3 Anwendung.

(5) Die Anträge des Hinterlegers gemäß Absatz 2 Buchstabe b) und Absatz 4 können nur bis zu dem Zeitpunkt eingereicht werden, zu dem die technischen Vorarbeiten für die Veröffentlichung der Patentanmeldung als abgeschlossen gelten.

Artikel 14

(1) Ist das nach Artikel 13 hinterlegte biologische Material bei der anerkannten Hinterlegungsstelle nicht mehr zugänglich, so wird unter denselben Bedingungen wie denen des Budapester Vertrags eine erneute Hinterlegung des Materials zugelassen.

(2) Jeder erneuten Hinterlegung ist eine vom Hinterleger unterzeichnete Erklärung beizufügen, in der bestätigt wird, dass das erneut hinterlegte biologische Material das gleiche wie das ursprünglich hinterlegte Material ist.

Kapitel V
Schlussbestimmungen

Artikel 15

(1) Die Mitgliedstaaten erlassen die erforderlichen Rechts- und Verwaltungsvorschriften, um dieser Richtlinie bis zum 30. Juli 2000 nachzukommen. Sie setzen die Kommission unmittelbar davon in Kenntnis.

Wenn die Mitgliedstaaten diese Vorschriften erlassen, nehmen sie in den Vorschriften selbst oder durch einen Hinweis bei der amtlichen Veröffentlichung auf diese Richtlinie Bezug. Die Mitgliedstaaten regeln die Einzelheiten der Bezugnahme.

(2) Die Mitgliedstaaten teilen der Kommission die innerstaatlichen Rechtsvorschriften mit, die sie auf dem unter diese Richtlinie fallenden Gebiet erlassen.

Artikel 16

Die Kommission übermittelt dem Europäischen Parlament und dem Rat folgendes:

a) alle fünf Jahre nach dem in Artikel 15 Absatz 1 vorgesehenen Zeitpunkt einen Bericht zu der Frage, ob durch diese Richtlinie im Hinblick auf internationale Übereinkommen zum Schutz der Menschenrechte, denen die Mitgliedstaaten beigetreten sind, Probleme entstanden sind;

b) innerhalb von zwei Jahren nach dem Inkrafttreten dieser Richtlinie einen Bericht, in dem die Auswirkungen des Unterbleibens oder der Verzögerung von Veröffentlichungen, deren Gegenstand patentierfähig sein könnte, auf die gentechnologische Grundlagenforschung evaluiert werden;

c) jährlich ab dem in Artikel 15 Absatz 1 vorgesehenen Zeitpunkt einen Bericht über die Entwicklung und die Auswirkungen des Patentrechts im Bereich der Bio- und Gentechnologie.

Artikel 17

Diese Richtlinie tritt am Tag ihrer Veröffentlichung im Amtsblatt der Europäischen Gemeinschaften in Kraft.

Artikel 18

Diese Richtlinie ist an die Mitgliedstaaten gerichtet.

Einführung

Menschenrechtsübereinkommen zur Biomedizin

Die „Convention on Human Rights and Biomedicine“ wurde am 19. November 1996 vom Council of Europe angenommen. Dieses Übereinkommen wurde bis zum 31. Januar 2002 von einer Vielzahl von Ländern gezeichnet bzw. ratifiziert und in Kraft gesetzt (http://conventions.coe.int/Treaty/EN/cadreprincipal.htm). Unter anderen hat Deutschland die Konvention noch nicht unterschrieben.

Die nachfolgende deutsche Übersetzung des „Übereinkommens zum Schutz der Menschenrechte und der Menschenwürde im Hinblick auf die Anwendung von Biologie und Medizin: Übereinkommen über Menschenrechte und Biomedizin (früher: Bioethik-Konvention)“ ist vom 4. April 1997 datiert. Die Originalversion ist auf den Internetseiten des Europarates unter http://conventions.coe.int/Treaty/EN/cadreprincipal.htm einzusehen.

Am 12. Januar 1998 wurde die Konvention durch das „Zusatzprotokoll zum Übereinkommen zum Schutz der Menschenrechte und der Menschenwürde im Hinblick auf die Anwendung von Biologie und Medizin über das Verbot des Klonens von menschlichen Lebewesen“ ergänzt.

Wenn die Richtlinie auch noch nicht in allen europäischen Staaten in Kraft getreten ist, so basieren auf ihr doch schon alle neuen europarechtlichen Maßnahmen, zum Beispiel auch die Richtlinien zur klinischen Prüfung.

Übereinkommen zum Schutz der Menschenrechte und der Menschenwürde im Hinblick auf die Anwendung von Biologie und Medizin: Übereinkommen über Menschenrechte und Biomedizin (früher: Bioethik-Konvention)

vom 19. November 1996

(Englische Originalversion unter http://conventions.coe.int/Treaty/EN/cadreprincipal.htm)

Präambel

Die Mitgliedstaaten des Europarats, die anderen Staaten und die Europäische Gemeinschaft, die dieses Übereinkommen unterzeichnen –

eingedenk der von der Generalversammlung der Vereinten Nationen am 10. Dezember 1948 verkündeten Allgemeinen Erklärung der Menschenrechte;

eingedenk der Konvention vom 4. November 1950 zum Schutze der Menschenrechte und Grundfreiheiten;

eingedenk der Europäischen Sozialcharta vom 18. Oktober 1961;

eingedenk des Internationalen Paktes über bürgerliche und politische Rechte und des Internationalen Paktes über wirtschaftliche, soziale und kulturelle Rechte vom 16. Dezember 1966;

eingedenk des Übereinkommens vom 28. Januar 1981 zum Schutz des Menschen bei der automatischen Verarbeitung personenbezogener Daten;

eingedenk auch des Übereinkommens vom 20. November 1989 über die Rechte des Kindes;

in der Erwägung, dass es das Ziel des Europarats ist, eine engere Verbindung zwischen seinen Mitgliedern herbeizuführen, und dass eines der Mittel zur Erreichung dieses Zieles darin besteht, die Menschenrechte und Grundfreiheiten zu wahren und fortzuentwickeln;

im Bewusstsein der raschen Entwicklung von Biologie und Medizin;

überzeugt von der Notwendigkeit, menschliche Lebewesen in ihrer Individualität und als Teil der Menschheit zu achten, und in der Erkenntnis, dass es wichtig ist, ihre Würde zu gewährleisten;

im Bewusstsein, dass der Missbrauch von Biologie und Medizin zu Handlungen führen kann, welche die Menschenwürde gefährden;

bekräftigend, dass die Fortschritte in Biologie und Medizin zum Wohl der heutigen und der künftigen Generationen zu nutzen sind;

betonend, dass internationale Zusammenarbeit notwendig ist, damit die gesamte Menschheit aus Biologie und Medizin Nutzen ziehen kann;

in Anerkennung der Bedeutung, die der Förderung einer öffentlichen Diskussion über Fragen im Zusammenhang mit der Anwendung von Biologie und Medizin und über die darauf zu gebenden Antworten zukommt;

von dem Wunsch geleitet, alle Mitglieder der Gesellschaft an ihre Rechte und ihre Verantwortung zu erinnern;

unter Berücksichtigung der Arbeiten der Parlamentarischen Versammlung auf diesem Gebiet, einschließlich der Empfehlung 1160 (1991) über die Ausarbeitung eines Übereinkommens über Bioethik;

entschlossen, im Hinblick auf die Anwendung von Biologie und Medizin die notwendigen Maßnahmen zu ergreifen, um den Schutz der Menschenwürde sowie der Grundrechte und Grundfreiheiten des Menschen zu gewährleisten,

sind wie folgt übereingekommen:

Kapitel I
Allgemeine Bestimmungen

Artikel 1
Gegenstand und Ziel

Die Vertragsparteien dieses Übereinkommens schützen die Würde und die Identität aller menschlichen Lebewesen und gewährleisten jedermann ohne Diskriminierung die Wahrung seiner Integrität sowie seiner sonstigen Grundrechte und Grundfreiheiten im Hinblick auf die Anwendung von Biologie und Medizin.

Jede Vertragspartei ergreift in ihrem internen Recht die notwendigen Maßnahmen, um diesem Übereinkommen Wirksamkeit zu verleihen.

Artikel 2
Vorrang des menschlichen Lebewesens

Das Interesse und das Wohl des menschlichen Lebewesens haben Vorrang gegenüber dem bloßen Interesse der Gesellschaft oder der Wissenschaft.

Artikel 3
Gleicher Zugang zur Gesundheitsversorgung

Die Vertragsparteien ergreifen unter Berücksichtigung der Gesundheitsbedürfnisse und der verfügbaren Mittel geeignete Maßnahmen, um in ihrem Zuständigkeitsbereich gleichen Zugang zu einer Gesundheitsversorgung von angemessener Qualität zu schaffen.

Artikel 4
Berufspflichten und Verhaltensregeln

Jede Intervention im Gesundheitsbereich, einschließlich Forschung, muss nach den einschlägigen Rechtsvorschriften, Berufspflichten und Verhaltensregeln erfolgen.

Kapitel II
Einwilligung

Artikel 5
Allgemeine Regel

Eine Intervention im Gesundheitsbereich darf erst erfolgen, nachdem die betroffene Person über sie aufgeklärt worden ist und frei eingewilligt hat.

Die betroffene Person ist zuvor angemessen über Zweck und Art der Intervention sowie über deren Folgen und Risiken aufzuklären.

Die betroffene Person kann ihre Einwilligung jederzeit frei widerrufen.

Artikel 6
Schutz einwilligungsunfähiger Personen

(1) Bei einer einwilligungsunfähigen Person darf eine Intervention nur zu ihrem unmittelbaren Nutzen erfolgen; die Artikel 17 und 20 bleiben vorbehalten.

(2) Ist eine minderjährige Person von Rechts wegen nicht fähig, in eine Intervention einzuwilligen, so darf diese nur mit Einwilligung ihres gesetzlichen Vertreters

oder einer von der Rechtsordnung dafür vorgesehenen Behörde, Person oder Stelle erfolgen.

Der Meinung der minderjährigen Person kommt mit zunehmendem Alter und zunehmender Reife immer mehr entscheidendes Gewicht zu.

(3) Ist eine volljährige Person aufgrund einer geistigen Behinderung, einer Krankheit oder aus ähnlichen Gründen von Rechts wegen nicht fähig, in eine Intervention einzuwilligen, so darf diese nur mit Einwilligung ihres gesetzlichen Vertreters oder einer von der Rechtsordnung dafür vorgesehenen Behörde, Person oder Stelle erfolgen.

Die betroffene Person ist soweit wie möglich in das Einwilligungsverfahren einzubeziehen.

(4) Der Vertreter, die Behörde, die Person oder die Stelle nach den Absätzen 2 und 3 ist in der in Artikel 5 vorgesehenen Weise aufzuklären.

(5) Die Einwilligung nach den Absätzen 2 und 3 kann im Interesse der betroffenen Person jederzeit widerrufen werden.

Artikel 7
Schutz von Personen mit psychischer Störung

Bei einer Person, die an einer schweren psychischen Störung leidet, darf eine Intervention zur Behandlung der psychischen Störung nur dann ohne ihre Einwilligung erfolgen, wenn ihr ohne die Behandlung ein ernster gesundheitlicher Schaden droht und die Rechtsordnung Schutz gewährleistet, der auch Aufsichts-, Kontroll- und Rechtsmittelverfahren umfasst.

Artikel 8
Notfallsituation

Kann die Einwilligung wegen einer Notfallsituation nicht eingeholt werden, so darf jede Intervention, die im Interesse der Gesundheit der betroffenen Person medizinisch unerlässlich ist, umgehend erfolgen.

Artikel 9
Zu einem früheren Zeitpunkt geäußerte Wünsche

Kann ein Patient im Zeitpunkt der medizinischen Intervention seinen Willen nicht äußern, so sind die Wünsche zu berücksichtigen, die er früher im Hinblick auf eine solche Intervention geäußert hat.

Kapitel III
Privatsphäre und Recht auf Auskunft

Artikel 10
Privatsphäre und Recht auf Auskunft

(1) Jeder hat das Recht auf Wahrung der Privatsphäre in bezug auf Angaben über seine Gesundheit.

(2) Jeder hat das Recht auf Auskunft in bezug auf alle über seine Gesundheit gesammelten Angaben. Will jemand jedoch keine Kenntnis erhalten, so ist dieser Wunsch zu respektieren.

(3) Die Rechtsordnung kann vorsehen, dass in Ausnahmefällen die Rechte nach Absatz 2 im Interesse des Patienten eingeschränkt werden können.

Kapitel IV
Menschliches Genom

Artikel 11
Nichtdiskriminierung

Jede Form von Diskriminierung einer Person wegen ihres genetischen Erbes ist verboten.

Artikel 12
Prädiktive genetische Tests

Untersuchungen, die es ermöglichen, genetisch bedingte Krankheiten vorherzusagen oder bei einer Person entweder das Vorhandensein eines für eine Krankheit verantwortlichen Gens festzustellen oder eine genetische Prädisposition oder Anfälligkeit für eine Krankheit zu erkennen, dürfen nur für Gesundheitszwecke oder für gesundheitsbezogene wissenschaftliche Forschung und nur unter der Voraussetzung einer angemessenen genetischen Beratung vorgenommen werden.

Artikel 13
Interventionen in das menschliche Genom

Eine Intervention, die auf die Veränderung des menschlichen Genoms gerichtet ist, darf nur zu präventiven, diagnostischen oder therapeutischen Zwecken und nur dann vorgenommen werden, wenn sie nicht darauf abzielt, eine Veränderung des Genoms von Nachkommen herbeizuführen.

Artikel 14
Verbot der Geschlechtswahl

Die Verfahren der medizinisch unterstützten Fortpflanzung dürfen nicht dazu verwendet werden, das Geschlecht des künftigen Kindes zu wählen, es sei denn, um eine schwere, erbliche geschlechtsgebundene Krankheit zu vermeiden.

Kapitel V
Wissenschaftliche Forschung

Artikel 15
Allgemeine Regel

Vorbehaltlich dieses Übereinkommens und der sonstigen Rechtsvorschriften zum Schutz menschlicher Lebewesen ist wissenschaftliche Forschung im Bereich von Biologie und Medizin frei.

Artikel 16
Schutz von Personen bei Forschungsvorhaben

Forschung an einer Person ist nur zulässig, wenn die folgenden Voraussetzungen erfüllt sind:

i) Es gibt keine Alternative von vergleichbarer Wirksamkeit zur Forschung am Menschen;

ii) die möglichen Risiken für die Person stehen nicht im Missverhältnis zum möglichen Nutzen der Forschung;

iii) die zuständige Stelle hat das Forschungsvorhaben gebilligt, nachdem eine unabhängige Prüfung seinen wissenschaftlichen Wert einschließlich der Wichtigkeit des Forschungsziels bestätigt hat und eine interdisziplinäre Prüfung ergeben hat, dass es ethisch vertretbar ist;

iv) die Personen, die sich für ein Forschungsvorhaben zur Verfügung stellen, sind über ihre Rechte und die von der Rechtsordnung zu ihrem Schutz vorgesehenen Sicherheitsmaßnahmen unterrichtet worden, und

v) die nach Artikel 5 notwendige Einwilligung ist ausdrücklich und eigens für diesen Fall erteilt und urkundlich festgehalten worden. Diese Einwilligung kann jederzeit frei widerrufen werden.

Artikel 17
Schutz einwilligungsunfähiger Personen bei Forschungsvorhaben

(1) Forschung an einer Person, die nicht fähig ist, die Einwilligung nach Artikel 5 zu erteilen, ist nur zulässig, wenn die folgenden Voraussetzungen erfüllt sind:

i) Die Voraussetzungen nach Artikel 16 Ziffern i bis iv sind erfüllt;

ii) die erwarteten Forschungsergebnisse sind für die Gesundheit der betroffenen Person von tatsächlichem und unmittelbarem Nutzen;

iii) Forschung von vergleichbarer Wirksamkeit ist an einwilligungsfähigen Personen nicht möglich;

iv) die nach Artikel 6 notwendige Einwilligung ist eigens für diesen Fall und schriftlich erteilt worden, und

v) die betroffene Person lehnt nicht ab.

(2) In Ausnahmefällen und nach Maßgabe der durch die Rechtsordnung vorgesehenen Schutzbestimmungen darf Forschung, deren erwartete Ergebnisse für die Gesundheit der betroffenen Person nicht von unmittelbarem Nutzen sind, zugelassen werden, wenn außer den Voraussetzungen nach Absatz 1 Ziffern i, iii, iv und v zusätzlich die folgenden Voraussetzungen erfüllt sind:

i) Die Forschung hat zum Ziel, durch eine wesentliche Erweiterung des wissenschaftlichen Verständnisses des Zustands, der Krankheit oder der Störung der Person letztlich zu Ergebnissen beizutragen, die der betroffenen Person selbst oder anderen Personen nützen können, welche derselben Altersgruppe angehören oder an derselben Krankheit oder Störung leiden oder sich in demselben Zustand befinden, und

ii) die Forschung bringt für die betroffene Person nur ein minimales Risiko und eine minimale Belastung mit sich.

Artikel 18
Forschung an Embryonen in vitro

(1) Die Rechtsordnung hat einen angemessenen Schutz des Embryos zu gewährleisten, sofern sie Forschung an Embryonen in vitro zulässt.

(2) Die Erzeugung menschlicher Embryonen zu Forschungszwecken ist verboten.

Kapitel VI
Entnahme von Organen und Gewebe von lebenden Spendern zu Transplantationszwecken

Artikel 19
Allgemeine Regel

(1) Einer lebenden Person darf ein Organ oder Gewebe zu Transplantationszwecken nur zum therapeutischen Nutzen des Empfängers und nur dann entnommen werden, wenn weder ein geeignetes Organ oder Gewebe einer verstorbenen Person verfügbar ist noch eine alternative therapeutische Methode von vergleichbarer Wirksamkeit besteht.

(2) Die nach Artikel 5 notwendige Einwilligung muss ausdrücklich und eigens für diesen Fall entweder in schriftlicher Form oder vor einer amtlichen Stelle erteilt worden sein.

Artikel 20
Schutz einwilligungsunfähiger Personen

(1) Einer Person, die nicht fähig ist, die Einwilligung nach Artikel 5 zu erteilen, dürfen weder Organe noch Gewebe entnommen werden.

(2) In Ausnahmefällen und nach Maßgabe der durch die Rechtsordnung vorgesehenen Schutzbestimmungen darf die Entnahme regenerierbaren Gewebes bei einer einwilligungsunfähigen Person zugelassen werden, wenn die folgenden Voraussetzungen erfüllt sind:

i) Ein geeigneter einwilligungsfähiger Spender steht nicht zur Verfügung;

ii) der Empfänger ist ein Bruder oder eine Schwester des Spenders;

iii) die Spende muss geeignet sein, das Leben des Empfängers zu retten;

iv) die Einwilligung nach Artikel 6 Absätze 2 und 3 ist eigens für diesen Fall und schriftlich in Übereinstimmung mit der Rechtsordnung und mit Billigung der zuständigen Stelle erteilt worden, und

v) der in Frage kommende Spender lehnt nicht ab.

Kapitel VII
Verbot finanziellen Gewinns; Verwendung eines Teils des menschlichen Körpers

Artikel 21
Verbot finanziellen Gewinns

Der menschliche Körper und Teile davon dürfen als solche nicht zur Erzielung eines finanziellen Gewinns verwendet werden

Artikel 22
Verwendung eines dem menschlichen Körper entnommenen Teils

Wird bei einer Intervention ein Teil des menschlichen Körpers entnommen, so darf er nur zu dem Zweck aufbewahrt und verwendet werden, zu dem er entnommen worden ist; jede andere Verwendung setzt angemessene Informations- und Einwilligungsverfahren voraus.

Kapitel VIII
Verletzung von Bestimmungen des Übereinkommens

Artikel 23
Verletzung von Rechten oder Grundsätzen

Die Vertragsparteien gewährleisten einen geeigneten Rechtsschutz, der darauf abzielt, eine widerrechtliche Verletzung der in diesem Übereinkommen verankerten Rechte und Grundsätze innerhalb kurzer Frist zu verhindern oder zu beenden.

Artikel 24
Schadensersatz

Hat eine Person durch eine Intervention in ungerechtfertigter Weise Schaden erlitten, so hat sie Anspruch auf angemessenen Schadensersatz nach Maßgabe der durch die Rechtsordnung vorgesehenen Voraussetzungen und Modalitäten.

Artikel 25
Sanktionen

Die Vertragsparteien sehen angemessene Sanktionen für Verletzungen von Bestimmungen dieses Übereinkommens vor.

Kapitel IX
Verhältnis dieses Übereinkommens zu anderen Bestimmungen

Artikel 26
Einschränkungen der Ausübung der Rechte

(1) Die Ausübung der in diesem Übereinkommen vorgesehenen Rechte und Schutzbestimmungen darf nur insoweit eingeschränkt werden, als diese Einschränkung durch die Rechtsordnung vorgesehen ist und eine Maßnahme darstellt, die in einer demokratischen Gesellschaft für die öffentliche Sicherheit, zur Verhinderung von strafbaren Handlungen, zum Schutz der öffentlichen Gesundheit oder zum Schutz der Rechte und Freiheiten anderer notwendig ist.

(2) Die nach Absatz 1 möglichen Einschränkungen dürfen sich nicht auf die Artikel 11, 13, 14, 16, 17, 19, 20 und 21 beziehen.

Artikel 27
Weiterreichender Schutz

Dieses Übereinkommen darf nicht so ausgelegt werden, als beschränke oder beeinträchtige es die Möglichkeit einer Vertragspartei, im Hinblick auf die Anwendung von Biologie und Medizin einen über dieses Übereinkommen hinausgehenden Schutz zu gewähren.

Kapitel X
Öffentliche Diskussion

Artikel 28
Öffentliche Diskussion

Die Vertragsparteien dieses Übereinkommens sorgen dafür, dass die durch die Entwicklungen in Biologie und Medizin aufgeworfenen Grundsatzfragen, insbesondere in bezug auf ihre medizinischen, sozialen, wirtschaftlichen, ethischen und rechtlichen Auswirkungen, öffentlich diskutiert werden und zu ihren möglichen Anwendungen angemessene Konsultationen stattfinden.

Kapitel XI
Auslegung des Übereinkommens und Folgemaßnahmen

Artikel 29
Auslegung des Übereinkommens

Der Europäische Gerichtshof für Menschenrechte kann, ohne unmittelbare Bezugnahme auf ein bestimmtes, bei einem Gericht anhängiges Verfahren, Gutachten über Rechtsfragen betreffend die Auslegung dieses Übereinkommens erstatten, und zwar auf Antrag der Regierung einer Vertragspartei nach Unterrichtung der anderen Vertragsparteien, des nach Artikel 32 vorgesehenen und auf die Vertreter der Vertragsparteien beschränkten Ausschusses, wenn der Antrag mit Zweidrittelmehrheit der abgegebenen Stimmen beschlossen worden ist.

Artikel 30
Berichte über die Anwendung des Übereinkommens

Nach Aufforderung durch den Generalsekretär des Europarats legt jede Vertragspartei dar, in welcher Weise ihr internes Recht die wirksame Anwendung der Bestimmungen dieses Übereinkommens gewährleistet.

Kapitel XII
Protokolle

Artikel 31
Protokolle

Zur Weiterentwicklung der Grundsätze dieses Übereinkommens in einzelnen Bereichen können Protokolle nach Artikel 32 ausgearbeitet werden.

Die Protokolle liegen für die Unterzeichner dieses Übereinkommens zur Unterzeichnung auf. Sie bedürfen der Ratifikation, Annahme oder Genehmigung. Ein Unterzeichner kann die Protokolle ohne vorherige oder gleichzeitige Ratifikation, Annahme oder Genehmigung des Übereinkommens nicht ratifizieren, annehmen oder genehmigen.

Kapitel XIII
Änderungen des Übereinkommens

Artikel 32
Änderungen des Übereinkommens

(1) Die Aufgaben, die dieser Artikel und Artikel 29 dem „Ausschuss" übertragen, werden vom Lenkungsausschuss für Bioethik (CDBI) oder von einem anderen vom Ministerkomitee hierzu bestimmten Ausschuss wahrgenommen.

(2) Nimmt der Ausschuss Aufgaben nach diesem Übereinkommen wahr, so kann, vorbehaltlich des Artikels 29, jeder Mitgliedstaat des Europarats sowie jede Vertragspartei dieses Übereinkommens, die nicht Mitglied des Europarats ist, im Ausschuss vertreten sein und über eine Stimme verfügen.

(3) Jeder in Artikel 33 bezeichnete oder nach Artikel 34 zum Beitritt zu diesem Übereinkommen eingeladene Staat, der nicht Vertragspartei des Übereinkommens ist, kann einen Beobachter in den Ausschuss entsenden. Ist die Europäische Gemeinschaft nicht Vertragspartei, so kann sie einen Beobachter in den Ausschuss entsenden.

(4) Damit wissenschaftlichen Entwicklungen Rechnung getragen werden kann, überprüft der Ausschuss dieses Übereinkommen spätestens fünf Jahre nach seinem Inkrafttreten und danach in den von ihm bestimmten Abständen.

(5) Jeder Vorschlag zur Änderung dieses Übereinkommens und jeder Vorschlag für ein Protokoll oder zur Änderung eines Protokolls, der von einer Vertragspartei, dem Ausschuss oder dem Ministerkomitee vorgelegt wird, ist dem Generalsekretär des Europarats zu übermitteln; dieser leitet ihn an die Mitgliedstaaten des Europarats, die Europäische Gemeinschaft, jeden Unterzeichner, jede Vertragspartei, jeden nach Artikel 33 zur Unterzeichnung eingeladenen Staat und jeden nach Artikel 34 zum Beitritt eingeladenen Staat weiter.

(6) Der Ausschuss prüft den Vorschlag frühestens zwei Monate nach dem Zeitpunkt, zu dem der Generalsekretär ihn nach Absatz 5 weitergeleitet hat. Der Ausschuss unterbreitet den mit Zweidrittelmehrheit der abgegebenen Stimmen angenommenen Text dem Ministerkomitee zur Genehmigung. Nach seiner Genehmigung wird dieser Text den Vertragsparteien dieses Übereinkommens zur Ratifikation, Annahme oder Genehmigung zugeleitet.

(7) Jede Änderung tritt für die Vertragsparteien, die sie angenommen haben, am ersten Tag des Monats in Kraft, der auf einen Zeitabschnitt von einem Monat nach dem Tag folgt, an dem fünf Vertragsparteien, darunter mindestens vier Mitgliedstaa-

ten des Europarats, dem Generalsekretär ihre Annahme der Änderung mitgeteilt haben.

Für jede Vertragspartei, welche die Änderung später annimmt, tritt sie am ersten Tag des Monats in Kraft, der auf einen Zeitabschnitt von einem Monat nach dem Tag folgt, an dem die betreffende Vertragspartei dem Generalsekretär ihre Annahme der Änderung mitgeteilt hat.

Kapitel XIV
Schlussbestimmungen

Artikel 33
Unterzeichnung, Ratifikation und Inkrafttreten

(1) Dieses Übereinkommen liegt für die Mitgliedstaaten des Europarats, für die Nichtmitgliedstaaten, die an seiner Ausarbeitung beteiligt waren, und für die Europäische Gemeinschaft zur Unterzeichnung auf.

(2) Dieses Übereinkommen bedarf der Ratifikation, Annahme oder Genehmigung. Die Ratifikations-, Annahme- oder Genehmigungsurkunden werden beim Generalsekretär des Europarats hinterlegt.

(3) Dieses Übereinkommen tritt am ersten Tag des Monats in Kraft, der auf einen Zeitabschnitt von drei Monaten nach dem Tag folgt, an dem fünf Staaten, darunter mindestens vier Mitgliedstaaten des Europarats, nach Absatz 2 ihre Zustimmung ausgedrückt haben, durch das Übereinkommen gebunden zu sein.

(4) Für jeden Unterzeichner, der später seine Zustimmung ausdrückt, durch dieses Übereinkommen gebunden zu sein, tritt es am ersten Tag des Monats in Kraft, der auf einen Zeitabschnitt von drei Monaten nach Hinterlegung seiner Ratifikations-, Annahme- oder Genehmigungsurkunde folgt.

Artikel 34
Nichtmitgliedstaaten

(1) Nach Inkrafttreten dieses Übereinkommens kann das Ministerkomitee des Europarats nach Konsultation mit den Vertragsparteien durch einen Beschluss, der mit der in Artikel 20 Buchstabe d der Satzung des Europarats vorgesehenen Mehrheit und mit einhelliger Zustimmung der Vertreter der Vertragsparteien, die Anspruch auf einen Sitz im Ministerkomitee haben, gefasst worden ist, jeden Nichtmitgliedstaat des Europarats einladen, dem Übereinkommen beizutreten.

(2) Für jeden beitretenden Staat tritt dieses Übereinkommen am ersten Tag des Monats in Kraft, der auf einen Zeitabschnitt von drei Monaten nach Hinterlegung der Beitrittsurkunde beim Generalsekretär des Europarats folgt.

Artikel 35
Hoheitsgebiete

(1) Jeder Unterzeichner kann bei der Unterzeichnung oder bei der Hinterlegung seiner Ratifikations-, Annahme- oder Genehmigungsurkunde ein Hoheitsgebiet oder mehrere Hoheitsgebiete bezeichnen, auf die dieses Übereinkommen Anwendung findet. Jeder andere Staat kann bei der Hinterlegung seiner Beitrittsurkunde dieselbe Erklärung abgeben.

(2) Jede Vertragspartei kann jederzeit danach durch eine an den Generalsekretär des Europarats gerichtete Erklärung die Anwendung dieses Übereinkommens auf jedes weitere in der Erklärung bezeichnete Hoheitsgebiet erstrecken, für dessen internationale Beziehungen sie verantwortlich ist oder für die sie befugt ist, Verpflichtungen einzugehen. Das Übereinkommen tritt für dieses Hoheitsgebiet am ersten Tag des Monats in Kraft, der auf einen Zeitabschnitt von drei Monaten nach Eingang der Erklärung beim Generalsekretär folgt.

(3) Jede nach den Absätzen 1 und 2 abgegebene Erklärung kann in bezug auf jedes darin bezeichnete Hoheitsgebiet durch eine an den Generalsekretär gerichtete Notifikation zurückgenommen werden. Die Rücknahme wird am ersten Tag des Monats wirksam, der auf einen Zeitabschnitt von drei Monaten nach Eingang der Notifikation beim Generalsekretär folgt.

Artikel 36
Vorbehalte

(1) Jeder Staat und die Europäische Gemeinschaft können bei der Unterzeichnung dieses Übereinkommens oder bei der Hinterlegung der Ratifikationsurkunde bezüglich bestimmter Vorschriften des Übereinkommens einen Vorbehalt machen, soweit das zu dieser Zeit in ihrem Gebiet geltende Recht nicht mit der betreffenden Vorschrift übereinstimmt. Vorbehalte allgemeiner Art sind nach diesem Artikel nicht zulässig.

(2) Jeder nach diesem Artikel gemachte Vorbehalt muss mit einer kurzen Darstellung des betreffenden Rechts verbunden sein.

(3) Jede Vertragspartei, welche die Anwendung dieses Übereinkommens auf ein in der in Artikel 35 Absatz 2 aufgeführten Erklärung erwähntes Hoheitsgebiet er-

streckt, kann in bezug auf das betreffende Hoheitsgebiet einen Vorbehalt nach den Absätzen 1 und 2 machen.

(4) Jede Vertragspartei, die einen Vorbehalt nach diesem Artikel gemacht hat, kann ihn durch eine an den Generalsekretär des Europarats gerichtete Erklärung zurücknehmen. Die Rücknahme wird am ersten Tag des Monats wirksam, der auf einen Zeitabschnitt von einem Monat nach dem Eingang beim Generalsekretär folgt.

Artikel 37
Kündigung

(1) Jede Vertragspartei kann dieses Übereinkommen jederzeit durch eine an den Generalsekretär des Europarats gerichtete Notifikation kündigen.

(2) Die Kündigung wird am ersten Tag des Monats wirksam, der auf einen Zeitabschnitt von drei Monaten nach Eingang der Notifikation beim Generalsekretär folgt.

Artikel 38
Notifikationen

Der Generalsekretär des Europarats notifiziert den Mitgliedstaaten des Rates, der Europäischen Gemeinschaft, jedem Unterzeichner, jeder Vertragspartei und jedem anderen Staat, der zum Beitritt zu diesem Übereinkommen eingeladen worden ist,

a) jede Unterzeichnung,

b) jede Hinterlegung einer Ratifikations-, Annahme-, Genehmigungs- oder Beitrittsurkunde;

c) jeden Zeitpunkt des Inkrafttretens dieses Übereinkommens nach Artikel 33 oder 34;

d) jede Änderung und jedes Protokoll, die nach Artikel 32 angenommen worden sind, sowie das Datum des Inkrafttretens der Änderung oder des Protokolls;

e) jede nach Artikel 35 abgegebene Erklärung;

f) jeden Vorbehalt und jede Rücknahme des Vorbehalts nach Artikel 36;

g) jede andere Handlung, Notifikation oder Mitteilung im Zusammenhang mit diesem Übereinkommen.

Zu Urkund dessen haben die hierzu gehörig befugten Unterzeichneten dieses Übereinkommen unterschrieben.

Geschehen zu Oviedo (Asturien) am 4. April 1997 in englischer und französischer Sprache, wobei jeder Wortlaut gleichermaßen verbindlich ist, in einer Urschrift, die im Archiv des Europarats hinterlegt wird. Der Generalsekretär des Europarats übermittelt allen Mitgliedstaaten des Europarats, der Europäischen Gemeinschaft, den Nichtmitgliedstaaten, die an der Ausarbeitung dieses Übereinkommens beteiligt waren, und allen zum Beitritt zu diesem Übereinkommen eingeladenen Staaten beglaubigte Abschriften.

Zusatzprotokoll zum Übereinkommen zum Schutz der Menschenrechte und der Menschenwürde im Hinblick auf die Anwendung von Biologie und Medizin über das Verbot des Klonens von menschlichen Lebewesen

vom 12. Januar 1998

Die Mitgliedstaaten des Europarats, die anderen Staaten und die Europäische Gemeinschaft, die dieses Zusatzprotokoll zu dem Übereinkommen zum Schutz der Menschenrechte und der Menschenwürde im Hinblick auf die Anwendung von Biologie und Medizin unterzeichnen –

in Anbetracht wissenschaftlicher Entwicklungen auf dem Gebiet des Klonens von Säugetieren, insbesondere durch Embryoteilung und Kerntransfer;

eingedenk des Fortschritts, den manche Klonierungstechniken an sich für den wissenschaftlichen Kenntnisstand und seine medizinischen Anwendungen bringen können;

in der Erwägung, dass das Klonen von menschlichen Lebewesen technisch möglich werden kann;

in der Erkenntnis, dass eine Embryoteilung auf natürliche Weise zustande kommen und manchmal zur Geburt genetisch identischer Zwillinge führen kann;

in der Erwägung, dass jedoch die Instrumentalisierung menschlicher Lebewesen durch die bewusste Erzeugung genetisch identischer menschlicher Lebewesen gegen die Menschenwürde verstößt und somit einen Missbrauch von Biologie und Medizin darstellt;

in Anbetracht der ernsten Schwierigkeiten medizinischer, psychologischer und sozialer Art, die eine solche bewusste biomedizinische Praxis für alle Beteiligten mit sich bringen könnte;

in Anbetracht des Zwecks des Übereinkommens über Menschenrechte und Biomedizin, insbesondere des Grundsatzes in Artikel 1, der den Schutz der Würde und der Identität aller menschlichen Lebewesen zum Ziel hat,

sind wie folgt übereingekommen:

Artikel 1

Verboten ist jede Intervention, die darauf gerichtet ist, ein menschliches Lebewesen zu erzeugen, das mit einem anderen lebenden oder toten menschlichen Lebewesen genetisch identisch ist.

Im Sinne dieses Artikels bedeutet der Ausdruck „menschliches Lebewesen, das mit einem anderen menschlichen Lebewesen ‚genetisch identisch' ist" ein menschliches Lebewesen, das mit einem anderen menschlichen Lebewesen dasselbe Kerngenom gemeinsam hat.

Artikel 2

Von den Bestimmungen dieses Protokolls darf nicht nach Artikel 26 Absatz 1 des Übereinkommens abgewichen werden.

Artikel 3

Die Vertragsparteien betrachten die Artikel 1 und 2 dieses Protokolls als Zusatzartikel zu dem Übereinkommen; alle Bestimmungen des Übereinkommens sind entsprechend anzuwenden.

Artikel 4

Dieses Protokoll liegt für die Unterzeichner des Übereinkommens zur Unterzeichnung auf. Es bedarf der Ratifikation, Annahme oder Genehmigung. Ein Unterzeichner kann dieses Protokoll nicht ratifizieren, annehmen oder genehmigen, wenn er nicht zuvor oder gleichzeitig das Übereinkommen ratifiziert, angenommen oder genehmigt hat. Die Ratifikations-, Annahme- oder Genehmigungsurkunden werden beim Generalsekretär des Europarats hinterlegt.

Artikel 5

(1) Dieses Protokoll tritt am ersten Tag des Monats in Kraft, der auf einen Zeitabschnitt von drei Monaten nach dem Tag folgt, an dem fünf Staaten, darunter mindestens vier Mitgliedstaaten des Europarats, nach Artikel 4 ihre Zustimmung ausgedrückt haben, durch das Protokoll gebunden zu sein.

(2) Für jeden Unterzeichner, der später seine Zustimmung ausdrückt, durch das Protokoll gebunden zu sein, tritt es am ersten Tag des Monats in Kraft, der auf einen Zeitabschnitt von drei Monaten nach Hinterlegung der Ratifikations-, Annahme- oder Genehmigungsurkunde folgt.

Artikel 6

(1) Nach Inkrafttreten dieses Protokolls kann jeder Staat, welcher dem Übereinkommen beigetreten ist, auch diesem Protokoll beitreten.

(2) Der Beitritt erfolgt durch Hinterlegung einer Beitrittsurkunde beim Generalsekretär des Europarats und wird am ersten Tag des Monats wirksam, der auf einen Zeitabschnitt von drei Monaten nach ihrer Hinterlegung folgt.

Artikel 7

(1) Jede Vertragspartei kann dieses Protokoll jederzeit durch eine an den Generalsekretär des Europarats gerichtete Notifikation kündigen.

(2) Die Kündigung wird am ersten Tag des Monats wirksam, der auf einen Zeitabschnitt von drei Monaten nach Eingang der Notifikation beim Generalsekretär folgt.

Artikel 8

Der Generalsekretär des Europarats notifiziert den Mitgliedstaaten des Rates, der Europäischen Gemeinschaft, jedem Unterzeichner, jeder Vertragspartei und jedem anderen Staat, der zum Beitritt zu dem Übereinkommen eingeladen worden ist,

a) jede Unterzeichnung;

b) jede Hinterlegung einer Ratifikations-, Annahme-, Genehmigungs- oder Beitrittsurkunde;

c) jeden Zeitpunkt des Inkrafttretens dieses Protokolls nach den Artikeln 5 und 6;

d) jede andere Handlung, Notifikation oder Mitteilung im Zusammenhang mit diesem Protokoll.

Zu Urkund dessen haben die hierzu gehörig befugten Unterzeichneten dieses Protokoll unterschrieben.

Geschehen zu Paris am 12. Januar 1998 in englischer und französischer Sprache, wobei jeder Wortlaut gleichermaßen verbindlich ist, in einer Urschrift, die im Archiv des Europarats hinterlegt wird. Der Generalsekretär des Europarats übermittelt allen Mitgliedstaaten des Europarats, den Nichtmitgliedstaaten, die an der Erarbeitung dieses Protokolls teilgenommen haben, jedem zum Beitritt zu dem Übereinkommen eingeladenen Staat und der Europäischen Gemeinschaft beglaubigte Abschriften.

Verordnung (EG) Nr. 469/2009 des Europäischen Parlaments und des Rates

vom 6. Mai 2009

über das ergänzende Schutzzertifikat für Arzneimittel

(ABl. L 152 vom 16.6.2009, S. 1)

zuletzt geändert durch Verordnung (EU) 2019/933 vom 20. Mai 2019

(ABl. L 153 vom 11.6.2019, S. 1)

Das Europäische Parlament und der Rat der Europäischen Union –

gestützt auf den Vertrag zur Gründung der Europäischen Gemeinschaft, insbesondere auf Artikel 95,

auf Vorschlag der Kommission,

nach Stellungnahme des Europäischen Wirtschafts- und Sozialausschusses[1]),

gemäß dem Verfahren des Artikels 251 des Vertrags[2]),

in Erwägung nachstehender Gründe:

(1) Die Verordnung (EWG) Nr. 1768/92 des Rates vom 18. Juni 1992 über die Schaffung eines ergänzenden Schutzzertifikats für Arzneimittel[3]) wurde mehrfach und erheblich geändert[4]). Aus Gründen der Übersichtlichkeit und Klarheit empfiehlt es sich, die genannte Verordnung zu kodifizieren.

(2) Die Forschung im pharmazeutischen Bereich trägt entscheidend zur ständigen Verbesserung der Volksgesundheit bei.

(3) Arzneimittel, vor allem solche, die das Ergebnis einer langen und kostspieligen Forschungstätigkeit sind, werden in der Gemeinschaft und in Europa nur weiterentwickelt, wenn für sie eine günstige Regelung geschaffen wird, die einen ausreichenden Schutz zur Förderung einer solchen Forschung vorsieht.

(4) Derzeit wird durch den Zeitraum zwischen der Einreichung einer Patentanmeldung für ein neues Arzneimittel und der Genehmigung für das Inverkehrbringen desselben Arzneimittels der tatsächliche Patentschutz auf eine Laufzeit verringert, die für die Amortisierung der in der Forschung vorgenommenen Investitionen unzureichend ist.

(5) Diese Tatsache führt zu einem unzureichenden Schutz, der nachteilige Auswirkungen auf die pharmazeutische Forschung hat.

[1]) ABl. C 77 vom 31.3.2009, S. 42.

[2]) Stellungnahme des Europäischen Parlaments vom 21. Oktober 2008 (noch nicht im Amtsblatt veröffentlicht) und Beschluss des Rates vom 6. April 2009.

[3]) ABl. L 182 vom 2.7.1992, S. 1.

[4]) Siehe Anhang I.

(6) Es besteht die Gefahr, dass die in den Mitgliedstaaten gelegenen Forschungszentren nach Ländern verlagert werden, die einen größeren Schutz bieten.

(7) Auf Gemeinschaftsebene sollte eine einheitliche Lösung gefunden werden, um auf diese Weise einer heterogenen Entwicklung der nationalen Rechtsvorschriften vorzubeugen, die neue Unterschiede zur Folge hätte, welche geeignet wären, den freien Verkehr von Arzneimitteln innerhalb der Gemeinschaft zu behindern und dadurch das Funktionieren des Binnenmarktes unmittelbar zu beeinträchtigen.

(8) Es ist deshalb notwendig, ein ergänzendes Schutzzertifikat für Arzneimittel, deren Vermarktung genehmigt ist, vorzusehen, das der Inhaber eines nationalen oder europäischen Patents unter denselben Voraussetzungen in jedem Mitgliedstaat erhalten kann. Die Verordnung ist deshalb die geeignetste Rechtsform.

(9) Die Dauer des durch das Zertifikat gewährten Schutzes sollte so festgelegt werden, dass dadurch ein ausreichender tatsächlicher Schutz erreicht wird. Hierzu müssen demjenigen, der gleichzeitig Inhaber eines Patents und eines Zertifikats ist, insgesamt höchstens fünfzehn Jahre Ausschließlichkeit ab der ersten Genehmigung für das Inverkehrbringen des betreffenden Arzneimittels in der Gemeinschaft eingeräumt werden.

(10) In einem so komplexen und empfindlichen Bereich wie dem pharmazeutischen Sektor sollten jedoch alle auf dem Spiel stehenden Interessen einschließlich der Volksgesundheit berücksichtigt werden. Deshalb kann das Zertifikat nicht für mehr als fünf Jahre erteilt werden. Der von ihm gewährte Schutz sollte im Übrigen streng auf das Erzeugnis beschränkt sein, für das die Genehmigung für das Inverkehrbringen als Arzneimittel erteilt wurde.

(11) In dem besonderen Fall, in dem ein Patent bereits aufgrund einer spezifischen einzelstaatlichen Rechtsvorschrift verlängert worden ist, ist eine angemessene Begrenzung der Laufzeit des Zertifikats vorzusehen.

Erwägungsgrund der Verordnung (EU) 2019/933

(1) Gemäß der Verordnung (EG) Nr. 469/2009 des Europäischen Parlaments und des Rates*) kann für jedes im Hoheitsgebiet eines Mitgliedstaats durch ein Patent geschützte Erzeugnis, das vor seinem Inverkehrbringen als Arzneimittel Gegenstand eines verwaltungsrechtlichen Genehmigungsverfahrens gemäß der Richtlinie 2001/82/EG**) oder 2001/83/EG***) des Europäischen Parlaments und des Rates ist, nach den Bedingungen der

*) Verordnung (EG) Nr. 469/2009 des Europäischen Parlaments und des Rates vom 6. Mai 2009 über das ergänzende Schutzzertifikat für Arzneimittel (ABl. L 152 vom 16.6.2009, S. 1).

**) Richtlinie 2001/82/EG des Europäischen Parlaments und des Rates vom 6. November 2001 zur Schaffung eines Gemeinschaftskodexes für Tierarzneimittel (ABl. L 311 vom 28.11.2001, S. 1). Die Richtlinie 2001/82/EG wird mit Wirkung vom 28. Januar 2022 durch die Verordnung (EU) 2019/6 des Europäischen Parlaments und des Rates vom 11. Dezember 2018 über Tierarzneimittel und zur Aufhebung der Richtlinie 2001/82/EG (ABl. L 4 vom 7.1.2019, S. 43) aufgehoben und ersetzt.

***) Richtlinie 2001/83/EG des Europäischen Parlaments und des Rates vom 6. November 2001 zur Schaffung eines Gemeinschaftskodexes für Humanarzneimittel (ABl. L 311 vom 28.11.2001, S. 67).

genannten Verordnung ein ergänzendes Schutzzertifikat (im Folgenden „Zertifikat“) erteilt werden.

(2) Die Verordnung (EG) Nr. 469/2009 zielt durch die Gewährung eines zusätzlichen Schutzzeitraums darauf ab, in der Union die zur Entwicklung von Arzneimitteln erforderliche Forschung und Innovation zu fördern und dazu beizutragen, die Verlagerung der Arzneimittelforschung zu Standorten außerhalb der Union, die möglicherweise einen größeren Schutz bieten, zu verhindern.

(3) Seit der Annahme des Vorgängers der Verordnung (EG) Nr. 469/2009 im Jahr 1992 haben sich die Märkte erheblich weiterentwickelt, und insbesondere in Ländern außerhalb der Union (im Folgenden „Drittländer“), in denen der Schutz nicht existiert oder abgelaufen ist, ist ein enormes Wachstum bei der Herstellung von Generika und insbesondere von Biosimilars und bei der Herstellung ihrer Wirkstoffe zu verzeichnen.

(4) Dass in der Verordnung (EG) Nr. 469/2009 keine Ausnahmeregelung von dem Schutz durch das Zertifikat vorgesehen ist, hatte die unbeabsichtigte Folge, dass in der Union niedergelassene Hersteller von Generika und Biosimilars diese Generika und Biosimilars in der Union nicht einmal für den Zweck der Ausfuhr in Drittlandsmärkte, in denen kein Schutz existiert oder in denen der Schutz abgelaufen ist, herstellen konnten. Ebenso werden Hersteller von Generika und Biosimilars daran gehindert, diese zum Zwecke der Lagerung für einen begrenzten Zeitraum vor dem Ablauf des Zertifikats herzustellen. Diese Umstände erschweren diesen Herstellern im Gegensatz zu Herstellern mit Sitz in Drittländern, in denen kein Schutz existiert oder in denen der Schutz abgelaufen ist, den Markteintritt in der Union unmittelbar nach Ablauf des Zertifikats, da sie nicht in der Lage sind, ihre Produktionskapazität für die Ausfuhr oder den Eintritt in den Markt eines Mitgliedstaats aufzubauen, bis der durch das Zertifikat gebotene Schutz abgelaufen ist.

(5) Durch diese Umstände entstehen den in der Union niedergelassenen Herstellern von Generika und Biosimilars erhebliche Wettbewerbsnachteile gegenüber Herstellern mit Sitz in Drittländern, die weniger oder gar keinen Schutz bieten. Die Union sollte für Ausgewogenheit dahingehend sorgen, dass einerseits gleiche Wettbewerbsbedingungen für diese Hersteller bestehen und andererseits die ausschließlichen Rechte von Zertifikatsinhabern in Bezug auf den Unionsmarkt im Wesentlichen garantiert sind.

(6) Ohne ein Eingreifen könnte die Existenzfähigkeit der in der Union niedergelassenen Hersteller von Generika und Biosimilars bedroht sein, was Folgen für die gesamte pharmazeutische industrielle Basis der Union haben könnte. Diese Situation könnte sich auf das reibungslose Funktionieren des Binnenmarktes auswirken, da den Herstellern neue Geschäftsmöglichkeiten für Generika und Biosimilars entgingen, was innerhalb der Union zum Rückgang der damit zusammenhängenden Investitionen führen und der Schaffung neuer Arbeitsplätze im Wege stehen könnte.

(7) Die zügige Markteinführung von Generika und Biosimilars in der Union ist wichtig, um insbesondere den Wettbewerb zu stärken, die Preise zu senken und für tragfähige Gesund-

heitssysteme und für besseren Zugang der Patienten in der Union zu erschwinglichen Arzneimitteln zu sorgen. Wie wichtig solch eine zügige Markteinführung ist, hat der Rat in seinen Schlussfolgerungen vom 17. Juni 2016 zur Verstärkung der Ausgewogenheit der Arzneimittelsysteme in der Union und ihren Mitgliedstaaten hervorgehoben. Die Verordnung (EG) Nr. 469/2009 sollte deshalb dahingehend geändert werden, dass die Herstellung von Generika und Biosimilars für die Ausfuhr und Lagerung unter Beachtung dessen gestattet wird, dass die Rechte des geistigen Eigentums auch künftig einer der Eckpfeiler von Innovation, Wettbewerbsfähigkeit und Wachstum auf dem Binnenmarkt sind.

(8) Ziel dieser Verordnung ist es, die Wettbewerbsfähigkeit der Union zu fördern, wodurch das Wachstum und die Schaffung von Arbeitsplätzen auf dem Binnenmarkt gestärkt und ein Beitrag zu einer breiteren Versorgung mit Erzeugnissen unter einheitlichen Bedingungen geleistet werden kann, indem den in der Union niedergelassenen Herstellern von Generika und Biosimilars gestattet wird, in der Union Erzeugnisse oder diese Erzeugnisse enthaltende Arzneimittel für die Ausfuhr auf die Märkte von Drittländern, in denen kein Schutz besteht oder in denen der Schutz abgelaufen ist, herzustellen, wodurch diese Hersteller gleichzeitig dabei unterstützt werden, auf den Märkten dieser Drittländer in wirksamen Wettbewerb zu treten. Durch diese Verordnung sollte solchen Herstellern außerdem gestattet werden, Erzeugnisse oder diese Erzeugnisse enthaltende Arzneimittel, für eine festgelegte Zeit, bevor das entsprechende Zertifikat abläuft, in einem Mitgliedstaat herzustellen und zu lagern, damit sie es bei Ablauf des Zertifikats auf dem Markt aller Mitgliedstaaten einführen können (Tag-1-Markteintritt in der EU) und so dabei unterstützt werden, in der Union unmittelbar nach Ablauf des Schutzes in einen wirksamen Wettbewerb zu treten. Diese Verordnung sollte auch die Bemühungen der Union im Bereich der Handelspolitik ergänzen, offene Märkte für in der Union niedergelassene Hersteller von Erzeugnissen oder Arzneimitteln, die diese Erzeugnisse enthalten, sicherzustellen. Im Laufe der Zeit sollte der gesamte pharmazeutische Sektor in der Union von dieser Verordnung profitieren, weil sie allen Akteuren, auch neuen Akteuren, die Möglichkeit bietet, die neuen Chancen für sich zu nutzen, die der sich schnell verändernde globale Arzneimittelmarkt bietet. Darüber hinaus würde das allgemeine Interesse der Union gefördert, da durch die Stärkung der in der Union niedergelassenen Lieferketten für Arzneimittel und durch die Möglichkeit der Lagerung zur Vorbereitung des Eintritts in den Unionsmarkt nach Ablauf dieses Zertifikats Arzneimittel nach diesem Ablauf für Patienten in der Union besser zugänglich würden.

(9) In diesen besonderen und begrenzten Fällen und zur Schaffung gleicher Wettbewerbsbedingungen zwischen in der Union niedergelassenen Herstellern und in Drittländern niedergelassenen Herstellern ist es angebracht, eine Ausnahme für den durch ein Zertifikat verliehenen Schutz vorzusehen, um die Herstellung von Erzeugnissen oder diese Erzeugnisse enthaltenden Arzneimitteln zum Zweck der Ausfuhr in Drittländer oder deren Lagerung und alle damit verbundenen, für die Herstellung oder die eigentliche Ausfuhr, oder die eigentliche Lagerung unbedingt erforderlichen Handlungen in der Union zu ermöglichen, wenn diese Handlungen ansonsten die Zustimmung eines Zertifikatsinhabers erfordern

würden (im Folgenden „verbundene Handlungen"). Solche verbundenen Handlungen könnten beispielsweise den Besitz, das Anbieten, die Lieferung, die Einfuhr, die Verwendung oder die Synthese eines Wirkstoffes zum Zwecke der Herstellung eines Arzneimittels oder die zeitweilige Lagerung oder die Werbung zum ausschließlichen Zweck der Ausfuhr in Drittländer umfassen. Diese Ausnahmeregelung sollte auch für verbundene Handlungen Dritter gelten, die in einem Vertragsverhältnis zu dem Hersteller stehen.

(10) Die Ausnahmeregelung sollte für ein Erzeugnis oder ein dieses Erzeugnis enthaltendes Arzneimittel gelten, das durch ein Zertifikat geschützt ist. Sie sollte ebenso gelten für die Herstellung des betreffenden Erzeugnisses und des dieses Erzeugnis enthaltenden Arzneimittels, im Hoheitsgebiet eines Mitgliedstaats.

(11) Die Ausnahmeregelung sollte nicht erlauben, dass ein zum Zwecke der Ausfuhr in Drittländer oder zur Lagerung mit dem Ziel des Tag-1-Markteintritts in der EU hergestellte Erzeugnis oder dieses Erzeugnis enthaltende Arzneimittel mittelbar oder unmittelbar nach der Ausfuhr auf dem Markt eines Mitgliedstaats, in dem ein Zertifikat gilt, in Verkehr gebracht wird, noch sollte sie zur Wiedereinfuhr eines solchen Erzeugnisses oder dieses Erzeugnis enthaltenden Arzneimittels auf den Markt eines Mitgliedstaats führen, in dem ein Zertifikat gilt. Außerdem sollte sie nicht für Handlungen oder Tätigkeiten gelten, die der Einfuhr von Erzeugnissen oder diese Erzeugnisse enthaltenden Arzneimitteln in die Union nur zum Zwecke der Neuverpackung und Wiederausfuhr dienen. Die Ausnahmeregelung sollte sich außerdem nicht auf die Lagerung von Erzeugnissen oder Arzneimitteln, die diese Erzeugnisse enthalten, zu anderen als den in dieser Verordnung festgelegten Zwecken erstrecken.

(12) Indem der Anwendungsbereich der Ausnahmeregelung auf die Herstellung zum Zwecke der Ausfuhr in Drittländer oder auf die Herstellung zum Zwecke der Lagerung und auf die für eine solche Herstellung oder eigentliche Ausfuhr oder Lagerung unbedingt erforderlichen Handlungen beschränkt wird, sollte die Ausnahmereglung dieser Verordnung nicht im Widerspruch zur normalen Verwertung des Erzeugnisses oder des dieses Erzeugnis enthaltenden Arzneimittels in dem Mitgliedstaat stehen, in dem das Zertifikat gilt, das heißt zum grundlegenden ausschließlichen Recht des Zertifikatsinhabers, das betreffende Erzeugnis herzustellen, um es während der Laufzeit des Zertifikats auf dem Markt der Union in Verkehr zu bringen. Außerdem sollte diese Ausnahmeregelung die berechtigten Interessen des Zertifikatsinhabers nicht unangemessen beeinträchtigen und zugleich den berechtigten Interessen Dritter Rechnung tragen.

(13) Für die Ausnahmeregelung sollten wirksame und verhältnismäßige Sicherungsmaßnahmen gelten, um die Transparenz zu verbessern, den Inhaber eines Zertifikats bei der Durchsetzung seines Schutzes in der Union zu unterstützen, die Erfüllung der in dieser Verordnung festgelegten Voraussetzungen zu überprüfen und das Risiko der widerrechtlichen Umlenkung auf den Unionsmarkt während der Geltungsdauer des Zertifikats zu verringern.

(14) In dieser Verordnung sollte für den Hersteller, d.h. die in der Union ansässige Person, in deren Namen die Herstellung eines Erzeugnisses oder eines dieses Erzeugnis enthaltenden

Arzneimittels zum Zwecke der Ausfuhr oder der Lagerung vorgenommen wird, eine Informationspflicht vorgesehen werden. Der Hersteller kann die Herstellung direkt vornehmen. Die Informationspflicht sollte darin bestehen, dass der Hersteller verpflichtet wird, der für den gewerblichen Rechtsschutz zuständigen Stelle, oder einer anderen benannten Behörde, die das Zertifikat in dem Mitgliedstaat erteilt hat (im Folgenden „Behörde“), in dem die Herstellung erfolgen wird, bestimmte Informationen zur Verfügung zu stellen. Zu diesem Zweck sollte ein Standardformular bereitgestellt werden. Die Informationen sollten vor dem erstmaligen Beginn der Herstellung eines Erzeugnisses oder eines dieses Erzeugnis enthaltenden Arzneimittels, in dem entsprechenden Mitgliedstaat oder aller verbundenen Handlungen vor der Herstellung, je nachdem, was früher eintritt, übermittelt werden. Die Informationen sollten aktualisiert werden, soweit und sobald das sachdienlich ist. Die Herstellung eines Erzeugnisses oder eines dieses Erzeugnis enthaltenden Arzneimittels, und die damit verbundenen Handlungen, einschließlich jener in anderen Mitgliedstaaten als dem Mitgliedstaat der Herstellung, falls das Erzeugnis in diesen anderen Mitgliedstaaten ebenfalls durch ein Zertifikat geschützt ist, sollten nur dann in den Anwendungsbereich der Ausnahmeregelung fallen, wenn der Hersteller die Mitteilung der Behörde des Mitgliedstaats der Herstellung übermittelt und wenn der Hersteller den Inhaber des in dem entsprechenden Mitgliedstaat erteilten Zertifikats unterrichtet hat. Erfolgt die Herstellung in mehr als einem Mitgliedstaat, so sollte in jedem dieser Mitgliedstaaten eine Mitteilung vorgeschrieben sein. Im Interesse der Transparenz sollte die Behörde verpflichtet werden, die eingegangenen Informationen und das Übermittlungsdatum dieser Informationen so bald wie möglich zu veröffentlichen. Die Mitgliedstaaten sollten vorsehen können, dass für die Mitteilungen und deren Aktualisierungen eine einmalige Gebühr erhoben wird. Die Höhe dieser Gebühr sollte so festgesetzt werden, dass sie die Verwaltungskosten der Bearbeitung der Mitteilungen und Aktualisierungen nicht übersteigt.

(15) Der Hersteller sollte dem Zertifikatsinhaber außerdem durch geeignete und dokumentierte Mittel mitteilen, dass er beabsichtigt, gemäß der Ausnahmeregelung ein Erzeugnis oder ein dieses Erzeugnis enthaltendes Arzneimittel herzustellen, indem er dem Zertifikatsinhaber dieselben Informationen zur Verfügung stellt, die er der Behörde mitgeteilt hat. Diese Informationen sollten sich auf das beschränken, was erforderlich und angemessen ist, damit der Zertifikatsinhaber beurteilen kann, ob die durch das Zertifikat gewährten Rechte eingehalten werden, und sie sollten keine vertraulichen oder sensiblen Geschäftsinformationen enthalten. Das Standardformular könnte auch genutzt werden, um den Zertifikatsinhaber zu informieren, und die übermittelten Informationen sollten aktualisiert werden, soweit und sobald es angezeigt ist.

(16) Im Falle etwaiger verbundener Handlungen vor der Herstellung eines Erzeugnisses oder eines dieses Erzeugnis enthaltenden Arzneimittels, sollte in der Mitteilung der Name des Mitgliedstaats angezeigt werden, in dem die erste verbundene Handlung erfolgen wird die andernfalls die Zustimmung des Zertifikatsinhabers erfordern würde, da diese Information für den Zeitpunkt der Mitteilung relevant ist.

(17) Wenn eine örtliche Genehmigung für das Inverkehrbringen oder etwas Gleichwertiges für ein bestimmtes Arzneimittel in einem bestimmten Drittland veröffentlicht wird, nachdem die Mitteilung an die Behörde übermittelt wurde, sollte die Mitteilung unverzüglich durch Aufnahme der Nummer dieser Genehmigung für das Inverkehrbringen oder etwas Gleichwertiges aktualisiert werden, sobald sie öffentlich verfügbar ist. Wenn die Nummer der Genehmigung für das Inverkehrbringen oder etwas Gleichwertiges noch nicht veröffentlicht ist, sollte der Hersteller verpflichtet sein, diese Nummer in der Mitteilung anzugeben, sobald sie öffentlich verfügbar ist.

(18) Werden diese Anforderungen im Verhältnis zu einem Drittland nicht eingehalten, so sollte sich das aus Gründen der Verhältnismäßigkeit nur auf die Ausfuhren in dieses Land auswirken, die somit nicht durch die in dieser Verordnung vorgesehene Ausnahmeregelung begünstigt werden sollten. Der in der Union niedergelassene Hersteller sollte dafür verantwortlich sein, sich zu vergewissern, dass in einem Ausfuhrland kein Schutz besteht oder bereits abgelaufen ist, oder ob der Schutz Beschränkungen oder Ausnahmeregelungen unterliegt.

(19) Eine Mitteilung an die Behörde und die Übermittlung der entsprechenden Informationen an den Zertifikatsinhaber könnte während des Zeitraums zwischen dem Tag des Inkrafttretens dieser Verordnung und dem Tag vorgenommen werden, ab dem die in dieser Verordnung vorgesehene Ausnahmeregelung für das betreffende Zertifikat gilt.

(20) Diese Verordnung sollte dem Hersteller als Voraussetzung für die Nutzung der Ausnahmeregelung bestimmte Sorgfaltspflichten auferlegen. Der Hersteller sollte verpflichtet sein, die Personen in seiner Lieferkette in der Union, einschließlich des Exporteurs und der Person, die die Lagerung vornimmt, mithilfe geeigneter und dokumentierter, insbesondere vertraglicher, Mittel darüber zu informieren, dass das Erzeugnis oder das Arzneimittel das das Erzeugnis enthält, unter die in dieser Verordnung vorgesehene Ausnahmeregelung fällt und dass die Herstellung zum Zwecke der Ausfuhr oder der Lagerung erfolgt. Für Hersteller, die diese Sorgfaltspflichten nicht erfüllen, sowie für Dritte, die eine verbundene Handlung im Mitgliedstaat der Herstellung oder einem anderen Mitgliedstaat, in dem ein Zertifikat zum Schutz des Erzeugnisses gilt, vornehmen, sollte die Ausnahmeregelung nicht gelten. Der Inhaber des entsprechenden Zertifikats hätte daher Anspruch auf die Durchsetzung seiner Rechte aus dem Zertifikat, unter gebührender Beachtung der in der Richtlinie 2004/48/EG des Europäischen Parlaments und des Rates*) vorgesehenen allgemeinen Verpflichtung, von Klagemissbrauch abzusehen.

(21) Diese Verordnung sollte für Erzeugnisse oder diese Erzeugnisse enthaltende Arzneimittel, die zur Ausfuhr bestimmt sind, Kennzeichnungsvorschriften für Hersteller enthalten, um mittels eines Logos die Identifizierung solcher Erzeugnisse oder solcher Arzneimittel als ein ausschließlich zum Zwecke der Ausfuhr in Drittländer bestimmtes Erzeugnis zu

*) Richtlinie 2004/48/EG des Europäischen Parlaments und des Rates vom 29. April 2004 zur Durchsetzung der Rechte des geistigen Eigentums (ABl. L 157 vom 30.4.2004, S. 45).

erleichtern. Die Herstellung zum Zwecke der Ausfuhr und verbundene Handlungen sollten nur dann unter die Ausnahme fallen, wenn das Erzeugnis oder das Arzneimittel, das das Erzeugnis enthält, in der in dieser Verordnung vorgesehenen Art und Weise gekennzeichnet ist. Diese Kennzeichnungspflicht sollte keine Auswirkungen auf die Kennzeichnungsvorschriften in Drittländern haben.

(22) Alle Handlungen, die nicht unter die Ausnahmeregelung dieser Verordnung fallen, sollten im Geltungsbereich des durch ein Zertifikat gewährten Schutzes verbleiben. Jede Umlenkung eines im Rahmen der Ausnahmeregelung hergestellten Erzeugnisses oder dieses Erzeugnis enthaltenden Arzneimittels auf den Unionsmarkt sollte während der Laufzeit des Zertifikats auch künftig verboten sein.

(23) Diese Verordnung gilt unbeschadet anderer Rechte des geistigen Eigentums, durch die andere Aspekte eines Erzeugnisses oder eines dieses Erzeugnis enthaltenden Arzneimittels, geschützt sein könnten. Diese Verordnung berührt nicht die Anwendung von Unionsrechtsakten zur Verhinderung von Verstößen und zur Erleichterung der Durchsetzung von Rechten des geistigen Eigentums berühren, einschließlich der Richtlinie 2004/48/EG und der Verordnung (EU) Nr. 608/2013 des Europäischen Parlaments und des Rates*).

(24) Diese Verordnung lässt die Vorschriften über das individuelle Erkennungsmerkmal gemäß der Richtlinie 2001/83/EG unberührt. Der Hersteller sollte sicherstellen, dass zum Zwecke der Ausfuhr gemäß der vorliegenden Verordnung hergestellte Arzneimittel kein aktives individuelles Erkennungsmerkmal im Sinne der Delegierten Verordnung (EU) 2016/161 der Kommission**) tragen. Gemäß der genannten delegierten Verordnung gilt jedoch die Vorschrift, ein solches aktives individuelles Erkennungsmerkmal anzubringen, für Arzneimittel, bei denen die Absicht besteht, sie nach Ablauf des entsprechenden Zertifikats auf dem Markt eines Mitgliedstaats in Verkehr zu bringen.

(25) Diese Verordnung berührt nicht die Anwendung der Richtlinien 2001/82/EG und 2001/83/EG, insbesondere nicht die Anforderungen an die Erlaubnis zur Herstellung von zur Ausfuhr hergestellten Arzneimitteln. Das umfasst die Einhaltung der Grundsätze und Leitlinien guter Herstellungspraxis für Arzneimittel und den ausschließlichen Einsatz von Wirkstoffen, die gemäß der guten Herstellungspraxis und Vertriebspraxis für Wirkstoffe hergestellt und vertrieben wurden.

(26) Um die Rechte der Zertifikatsinhaber zu schützen, sollte die in dieser Verordnung vorgesehene Ausnahmeregelung nicht auf Zertifikate anwendbar sein, die am Tag des Inkrafttretens dieser Verordnung bereits gelten. Damit die Rechte der Zertifikatsinhaber

*) Verordnung (EU) Nr. 608/2013 des Europäischen Parlaments und des Rates vom 12. Juni 2013 zur Durchsetzung der Rechte geistigen Eigentums durch die Zollbehörden und zur Aufhebung der Verordnung (EG) Nr. 1383/2003 des Rates (ABl. L 181 vom 29.6.2013, S. 15).

**) Delegierte Verordnung (EU) 2016/161 der Kommission vom 2. Oktober 2015 zur Ergänzung der Richtlinie 2001/83/EG des Europäischen Parlaments und des Rates durch die Festlegung genauer Bestimmungen über die Sicherheitsmerkmale auf der Verpackung von Humanarzneimitteln (ABl. L 32 vom 9.2.2016, S. 1).

nicht übermäßig eingeschränkt werden, sollte die Ausnahmeregelung auf Zertifikate anwendbar sein, die ab dem Tag des Inkrafttretens dieser Verordnung angemeldet werden. Da ein Zertifikat nach Ablauf der gesetzlichen Laufzeit des Grundpatents gilt, was unter Umständen erst verhältnismäßig lange nach dem Anmeldedatum des Zertifikats eintritt, und um das Ziel dieser Verordnung zu erreichen, ist es gerechtfertigt, dass sich diese Verordnung für einen bestimmten Zeitraum auch auf Zertifikate erstreckt, die vor dem Tag des Inkrafttretens dieser Verordnung angemeldet wurden, aber vor diesem Tag noch nicht gilt, und zwar unabhängig davon, ob diese Zertifikate vor diesem Tag erteilt wurden. Für Zertifikate, die ab dem Tag des Inkrafttretens dieser Verordnung bereits gelten, sollte die Ausnahmeregelung deshalb vom 2. Juli 2022 an gelten. Mit dem Konzept des „bestimmten Zeitraums" für jedes einzelne Zertifikat, das ab dem Tag nach dem Tag des Inkrafttretens dieser Verordnung gilt, sollte sichergestellt werden, dass die Ausnahmeregelung je nach dem Datum, zu dem ein Zertifikat beginnt, seine Wirkung zu entfalten, und je nach seiner Laufzeit schrittweise auf ein solches Zertifikat angewandt wird. Durch eine solche Anwendung der Ausnahmeregelung würde dem Inhaber eines Zertifikats, das am Tag des Inkrafttretens dieser Verordnung erteilt wurde aber noch nicht gilt, eine angemessene Übergangszeit für die Anpassung an die geänderten rechtlichen Rahmenbedingungen eingeräumt und gleichzeitig sichergestellt, dass die Ausnahmeregelung Herstellern von Generika und Biosimilars ohne übermäßige Verzögerung zugutekommt.

(27) Ein Antragsteller stellt den Antrag üblicherweise in jedem Beantragungsmitgliedstaat ungefähr am gleichen Tag. Aufgrund der unterschiedlichen nationalen Verfahren für die Prüfung der Anträge kann der Tag der Erteilung des Zertifikats jedoch von Mitgliedstaat zu Mitgliedstaat erheblich variieren, wodurch Unterschiede in der Rechtsstellung des Antragstellers in den verschiedenen Mitgliedstaaten, in denen das Zertifikat beantragt wurde, entstehen würden. Die Anwendung der Ausnahmeregelung auf der Grundlage des Tages der Anmeldung eines Zertifikats würde daher Einheitlichkeit fördern und das Risiko von Ungleichheiten begrenzen.

(28) Die Kommission sollte in regelmäßigen Abständen eine Bewertung dieser Verordnung vornehmen. Gemäß der Interinstitutionellen Vereinbarung vom 13. April 2016 über bessere Rechtsetzung*) sollte sich diese Bewertung auf die fünf Kriterien Effektivität, Effizienz, Relevanz, Kohärenz und Mehrwert stützen und die Grundlage für die Abschätzung der Folgen von Optionen für weitergehende Maßnahmen bilden. Bei dieser Bewertung sollten einerseits die Ausfuhr in Drittländer und andererseits die Auswirkungen der Lagerung auf einen rascheren Eintritt von Generika und insbesondere Biosimilars in die Märkte in der Union so bald wie möglich nach dem Ablauf eines Zertifikats berücksichtigt werden. Diese regelmäßige Bewertung sollte auch die Auswirkungen dieser Verordnung auf die Herstellung von Generika und Biosimilars in der Union durch in der Union niedergelassene Hersteller von Generika und Biosimilars berücksichtigen. Dazu müsste festgestellt werden, ob eine zuvor

*) ABl. L 123 vom 12.5.2016, S. 1.

außerhalb der Union erfolgende Herstellung in die Union verlagert wird. Bei dieser Bewertung sollte insbesondere die Wirksamkeit der Ausnahmeregelung im Hinblick auf das Ziel überprüft werden, weltweit gleiche Wettbewerbsbedingungen für Hersteller von Generika und Biosimilars in der Union wiederherzustellen. Ferner sollten die Auswirkungen der Ausnahmeregelung auf die Erforschung und die Herstellung innovativer Arzneimittel durch Zertifikatsinhaber in der Union untersucht und die unterschiedlichen Interessen, insbesondere die öffentliche Gesundheit, die öffentlichen Ausgaben und in diesem Zusammenhang der Zugang zu Arzneimitteln in der Union, gegeneinander abgewogen werden. Außerdem sollte bei der Bewertung untersucht werden, ob der Zeitraum, der für die Herstellung von Generika und Biosimilars zum Zwecke der Lagerung vorgesehen ist, ausreicht, um das Ziel des Tag-1-Markteintritts in der EU zu erreichen, und inwieweit sich das beispielsweise auf die öffentliche Gesundheit auswirkt.

(29) Da das Ziel dieser Verordnung, nämlich die Wettbewerbsfähigkeit der Union auf eine Weise zu fördern, dass für die Hersteller von Generika und Biosimilars in der Union die gleichen Wettbewerbsbedingungen geschaffen werden wie für ihre Mitbewerber in Drittlandmärkten, in denen der Schutz nicht existiert oder abgelaufen ist, indem Vorschriften erlassen werden, mit denen die Herstellung eines Erzeugnisses oder eines dieses Erzeugnis enthaltenden Arzneimittels, während der Laufzeit des entsprechenden Zertifikats ermöglicht wird, und bestimmte Informations-, Kennzeichnungs- und Sorgfaltspflichten für Hersteller vorgeschrieben werden, die von diesen Vorschriften Gebrauch machen, von den Mitgliedstaaten nicht ausreichend verwirklicht werden kann, sondern vielmehr wegen seines Umfangs und seiner Wirkungen auf Unionsebene besser zu verwirklichen ist, kann die Union im Einklang mit dem in Artikel 5 des Vertrags über die Europäische Union verankerten Subsidiaritätsprinzip tätig werden. Entsprechend dem in demselben Artikel genannten Grundsatz der Verhältnismäßigkeit geht diese Verordnung nicht über das für die Verwirklichung dieses Ziels erforderliche Maß hinaus.

(30) Diese Verordnung steht im Einklang mit den Grundrechten und Grundsätzen, die mit der Charta der Grundrechte der Europäischen Union (Grundrechtecharta) anerkannt wurden. Insbesondere zielt diese Verordnung darauf ab, sicherzustellen, dass die in Artikel 17 und 35 der Grundrechtecharta verankerten Rechte auf Eigentum und auf Gesundheitsvorsorge in vollem Umfang gewahrt bleiben. Mit dieser Verordnung sollten die Kernrechte aus dem Zertifikat beibehalten werden‘ indem die in dieser Verordnung vorgesehene Ausnahmeregelung auf die Herstellung eines Erzeugnisses oder eines dieses Erzeugnis enthaltenden Arzneimittels, beschränkt wird, die nur zum Zwecke seiner Ausfuhr aus der Union oder zum Zwecke seiner Lagerung für einen begrenzten Zeitraum mit dem Ziel des Eintritts in den Unionsmarkt nach Ablauf des Schutzes erfolgt, sowie auf die Handlungen, die für eine solche Herstellung oder für die eigentliche Ausfuhr oder die eigentliche Lagerung unbedingt erforderlich sind. Angesichts dieser Grundrechte und Grundsätze geht diese Ausnahmeregelung nicht über das hinaus, was notwendig und angemessen ist, um das übergeordnete Ziel dieser Verordnung zu erreichen, nämlich die Wettbewerbsfähigkeit der Union zu stärken,

indem Standortverlagerungen abgewendet werden und den in der Union niedergelassenen Herstellern von Generika und Biosimilars ermöglicht wird, einerseits auf schnell wachsenden Märkten in der Welt, auf denen kein Schutz besteht oder auf denen der Schutz bereits abgelaufen ist, und andererseits zum Zeitpunkt des Ablaufs der Geltungsdauer des Zertifikats auf dem Unionsmarkt wettbewerbsfähig zu sein. Die positiven wirtschaftlichen Auswirkungen der Ausnahmeregelung müssen genutzt werden, da die Union sonst Gefahr läuft, ihre Position als Zentrum für pharmazeutische Entwicklung und Produktion erheblich zu schwächen. Es ist daher angemessen, diese Ausnahmeregelung einzuführen, um die Wettbewerbsposition von in der Union niedergelassenen Herstellern von Generika und Biosimilars in Drittländern, deren Märkte dem Wettbewerb in jedem Falle offen stehen, zu stärken, wobei Umfang und Dauer des durch das Zertifikat in der Union gewährten Schutzes unberührt bleiben. Die Angemessenheit der Maßnahme wird außerdem sichergestellt, indem geeignete Sicherheitsvorkehrungen getroffen werden, durch die die Inanspruchnahme der Ausnahmeregelung reguliert wird. Den Behörden sollte mit dieser Verordnung genügend Zeit dafür eingeräumt werden, die notwendigen Vorkehrungen für die Entgegennahme und Veröffentlichung von Mitteilungen zu treffen,

haben folgende Verordnung erlassen:

Artikel 1
Definitionen

Im Sinne dieser Verordnung bezeichnet der Ausdruck

a) „Arzneimittel“ einen Stoff oder eine Stoffzusammensetzung, der (die) als Mittel zur Heilung oder zur Verhütung menschlicher oder tierischer Krankheiten bezeichnet wird, sowie einen Stoff oder eine Stoffzusammensetzung, der (die) dazu bestimmt ist, im oder am menschlichen oder tierischen Körper zur Erstellung einer ärztlichen Diagnose oder zur Wiederherstellung, Besserung oder Beeinflussung der menschlichen oder tierischen Körperfunktionen angewandt zu werden;

b) „Erzeugnis“ den Wirkstoff oder die Wirkstoffzusammensetzung eines Arzneimittels;

c) „Grundpatent“ ein Patent, das ein Erzeugnis als solches, ein Verfahren zur Herstellung eines Erzeugnisses oder eine Verwendung eines Erzeugnisses schützt und das von seinem Inhaber für das Verfahren zur Erteilung eines Zertifikats bestimmt ist;

d) „Zertifikat“ das ergänzende Schutzzertifikat;

e) „Antrag auf Verlängerung der Laufzeit“ einen Antrag auf Verlängerung der Laufzeit des gemäß Artikel 13 Absatz 3 dieser Verordnung und Artikel 36 der Verordnung (EG) Nr. 1901/2006 des Europäischen Parlaments und des Rates vom 12. Dezember 2006 über Kinderarzneimittel[5]) erteilten Zertifikats.

f) ‚Hersteller‘ eine in der Union ansässige Person, in deren Namen die Herstellung eines Erzeugnisses oder eines dieses Erzeugnis enthaltenden Arzneimittels, zum Zwecke der Ausfuhr in Drittländer oder der Lagerung erfolgt.

Artikel 2
Anwendungsbereich

Für jedes im Hoheitsgebiet eines Mitgliedstaats durch ein Patent geschützte Erzeugnis, das vor seinem Inverkehrbringen als Arzneimittel Gegenstand eines verwaltungsrechtlichen Genehmigungsverfahrens gemäß der Richtlinie 2001/83/EG des Europäischen Parlaments und des Rates vom 6. November 2001 zur Schaffung eines Gemeinschaftskodexes für Humanarzneimittel[6]) oder der Richtlinie 2001/82/EG des Europäischen Parlaments und des Rates vom 6. November 2001 zur Schaffung eines Gemeinschaftskodexes für Tierarzneimittel[7]) ist, kann nach den in dieser Verordnung festgelegten Bedingungen und Modalitäten ein Zertifikat erteilt werden.

Artikel 3
Bedingungen für die Erteilung des Zertifikats

Das Zertifikat wird erteilt, wenn in dem Mitgliedstaat, in dem die Anmeldung nach Artikel 7 eingereicht wird, zum Zeitpunkt dieser Anmeldung

a) das Erzeugnis durch ein in Kraft befindliches Grundpatent geschützt ist;

b) für das Erzeugnis als Arzneimittel eine gültige Genehmigung für das Inverkehrbringen gemäß der Richtlinie 2001/83/EG bzw. der Richtlinie 2001/82/EG erteilt wurde;

c) für das Erzeugnis nicht bereits ein Zertifikat erteilt wurde;

d) die unter Buchstabe b erwähnte Genehmigung die erste Genehmigung für das Inverkehrbringen dieses Erzeugnisses als Arzneimittel ist.

[5]) ABl. L 378 vom 27.12.2006, S. 1.
[6]) ABl. L 311 vom 28.11.2001, S. 67.
[7]) ABl. L 311 vom 28.11.2001, S. 1.

Artikel 4
Schutzgegenstand

In den Grenzen des durch das Grundpatent gewährten Schutzes erstreckt sich der durch das Zertifikat gewährte Schutz allein auf das Erzeugnis, das von der Genehmigung für das Inverkehrbringen des entsprechenden Arzneimittels erfasst wird, und zwar auf diejenigen Verwendungen des Erzeugnisses als Arzneimittel, die vor Ablauf des Zertifikats genehmigt wurden.

Artikel 5
Wirkungen des Zertifikats

(1) Vorbehaltlich der Bestimmungen des Artikels 4 gewährt das Zertifikat dieselben Rechte wie das Grundpatent und unterliegt denselben Beschränkungen und Verpflichtungen.

(2) Abweichend von Absatz 1 schützt das in Absatz 1 genannte Zertifikat nicht vor bestimmten Handlungen, die ansonsten die Zustimmung des Zertifikatsinhabers erfordern würden, wenn folgende Bedingungen erfüllt sind:

a) Die Handlungen umfassen

i) die Herstellung eines Erzeugnisses oder eines dieses Erzeugnis enthaltenden Arzneimittels, für den Zweck der Ausfuhr in Drittländer oder

ii) jede damit verbundene, für die Herstellung in der Union oder die eigentliche Ausfuhr unbedingt erforderliche Handlung gemäß Ziffer i oder

iii) die Herstellung eines Erzeugnisses oder eines dieses Erzeugnis enthaltenden Arzneimittels, frühestens sechs Monate vor Ablauf des Zertifikats, um es im Herstellungsmitgliedstaat zu lagern und nach Ablauf des entsprechenden Zertifikats in den Mitgliedstaaten in Verkehr zu bringen oder

iv) jede damit verbundene Handlung, die für die Herstellung in der Union gemäß Ziffer iii oder für die eigentliche Lagerung unbedingt erforderlich ist, sofern diese verbundene Handlung frühestens sechs Monate vor Ablauf des Zertifikats durchgeführt wird.

b) Der Hersteller übermittelt durch geeignete und dokumentierte Mittel der in Artikel 9 Absatz 1 genannten Behörde des Mitgliedstaats, in dem die Herstellung erfolgen wird, und dem Zertifikatsinhaber die in Absatz 5 des vorliegenden Artikels genannten Informationen spätestens drei Monate vor dem Datum des Beginns der Herstellung in diesem Mitgliedstaat oder spätestens drei Monate vor der ersten verbundenen Handlung, die beide vor dieser Herstellung erfolgen und andernfalls durch den durch ein Zertifikat verliehenen Schutz untersagt wären, je nachdem, welcher Zeitpunkt früher liegt.

c) Ändern sich die in Absatz 5 des vorliegenden Artikels aufgeführten Informationen, so setzt der Hersteller die in Artikel 9 Absatz 1 genannte Behörde in Kenntnis und benachrichtigt den Zertifikatsinhaber, bevor diese Änderungen wirksam werden.

d) Im Falle von – in Buchstabe a Ziffer i dieses Absatzes genannten – Erzeugnissen oder diese Erzeugnisse enthaltenden Arzneimitteln, die zum Zwecke der Ausfuhr in Drittländer hergestellt werden, stellt der Hersteller sicher, dass an der äußeren Verpackung des Erzeugnisses oder des dieses Erzeugnis enthaltenden Arzneimittels, ein Logo nach der in Anhang I enthaltenen Vorlage und, wenn durchführbar, an dessen Primärverpackung angebracht wird.

e) Der Hersteller erfüllt Absatz 9 dieses Artikels und, gegebenenfalls, Artikel 12 Absatz 2.

(3) Die in Absatz 2 genannte Ausnahmeregelung gilt für keine Handlung oder Tätigkeit, die der Einfuhr von Erzeugnissen oder diese Erzeugnisse enthaltenden Arzneimitteln in die Union lediglich zum Zwecke der Umverpackung, Wiederausfuhr oder Lagerung dient.

(4) Die Informationen, die dem Zertifikatsinhaber für die Zwecke des Absatzes 2 Buchstaben b und c übermittelt werden, werden ausschließlich verwendet, um zu überprüfen, ob die Anforderungen dieser Verordnung eingehalten wurden, und gegebenenfalls gerichtliche Schritte wegen Verstoßes gegen die Anforderungen einzuleiten.

(5) Die Hersteller stellen folgende Angaben gemäß Absatz 2 Buchstabe b bereit:

a) Name und Anschrift des Herstellers;

b) die Angabe, ob die Herstellung zum Zwecke der Ausfuhr, der Lagerung oder der Ausfuhr und der Lagerung erfolgt;

c) Mitgliedstaat‘ in dem die Herstellung und, je nach Sachlage, die Lagerung vorgenommen wird, und der Mitgliedstaat‘ in dem die etwaige erste verbundene Handlung vor dieser Herstellung vorgenommen wird;

d) Nummer des im Herstellungsmitgliedstaat erteilten Zertifikats und die Nummer des Zertifikats, das in dem Mitgliedstaat der etwaigen ersten verbundenen Handlung vor dieser Herstellung erteilt wird; und

e) bei Arzneimitteln, deren Ausfuhr in Drittländer vorgesehen ist, die Nummer der Genehmigung für das Inverkehrbringen oder etwas dieser Genehmigung Gleichwertiges in jedem Ausfuhrdrittland, sobald diese öffentlich verfügbar ist.

(6) Für die Zwecke der Mitteilung an die Behörde nach Absatz 2 Buchstaben b und c verwendet der Hersteller das in Anhang -Ia dieser Verordnung enthaltene Standardformular.

(7) Werden die Anforderungen des Absatzes 5 Buchstabe e in Bezug auf ein Drittland nicht eingehalten, so wirkt sich das nur auf die Ausfuhren in dieses Drittland aus; für diese Ausfuhren kann die Ausnahmeregelung dementsprechend nicht in Anspruch genommen werden.

(8) Der Hersteller stellt sicher, dass die gemäß Absatz 2 Buchstabe a Ziffer i hergestellten Arzneimittel kein aktives individuelles Erkennungsmerkmal im Sinne der Delegierten Verordnung (EU) 2016/161 der Kommission[8]) trägt.

(9) Der Hersteller trägt durch geeignete und dokumentierte Mittel dafür Sorge, dass alle Personen, die mit ihm in einem Vertragsverhältnis stehen und Handlungen nach Absatz 2 Buchstabe a vornehmen, in vollem Umfang darüber informiert sind,

a) dass diese Handlungen Absatz 2 unterliegen,

b) dass das Inverkehrbringen, die Einfuhr oder die Wiedereinfuhr des Erzeugnisses oder des dieses Erzeugnis enthaltenden Arzneimittels gemäß Absatz 2 Buchstabe a Ziffer i oder das Inverkehrbringen des Erzeugnisses oder des dieses Erzeugnis enthaltenden Arzneimittels gemäß Absatz 2 Buchstabe a Ziffer iii eine Verletzung des in Absatz 2 genannten Zertifikats darstellen könnten, soweit und solange dieses Zertifikat gilt.

(10) Absatz 2 gilt für Zertifikate, die am 1. Juli 2019 oder danach beantragt werden. Absatz 2 gilt ferner für Zertifikate, die vor dem 1. Juli 2019 beantragt wurden und die an diesem Tag oder danach gelten. Absatz 2 gilt für solche Zertifikate erst ab dem 2. Juli 2022. Absatz 2 gilt nicht für Zertifikate, die vor dem 1. Juli 2019 gültig sind.

[8]) Delegierte Verordnung (EU) 2016/161 der Kommission vom 2. Oktober 2015 zur Ergänzung der Richtlinie 2001/83/EG des Europäischen Parlaments und des Rates durch die Festlegung genauer Bestimmungen über die Sicherheitsmerkmale auf der Verpackung von Humanarzneimitteln (ABl. L 32 vom 9.2.2016, S. 1).

Artikel 6
Recht auf das Zertifikat

Das Recht auf das Zertifikat steht dem Inhaber des Grundpatents oder seinem Rechtsnachfolger zu.

Artikel 7
Anmeldung des Zertifikats

(1) Die Anmeldung des Zertifikats muss innerhalb einer Frist von sechs Monaten, gerechnet ab dem Zeitpunkt, zu dem für das Erzeugnis als Arzneimittel die Genehmigung für das Inverkehrbringen nach Artikel 3 Buchstabe b erteilt wurde, eingereicht werden.

(2) Ungeachtet des Absatzes 1 muss die Anmeldung des Zertifikats dann, wenn die Genehmigung für das Inverkehrbringen vor der Erteilung des Grundpatents erfolgt, innerhalb einer Frist von sechs Monaten nach dem Zeitpunkt der Erteilung des Patents eingereicht werden.

(3) Der Antrag auf Verlängerung der Laufzeit kann gestellt werden, wenn ein Zertifikat angemeldet wird oder die Anmeldung des Zertifikats im Gange ist und die entsprechenden Anforderungen von Artikel 8 Absatz 1 Buchstabe d bzw. Artikel 8 Absatz 2 erfüllt sind.

(4) Der Antrag auf Verlängerung der Laufzeit eines bereits erteilten Zertifikats ist spätestens zwei Jahre vor Ablauf des Zertifikats zu stellen.

(5) Unbeschadet des Absatzes 4 ist für die Dauer von fünf Jahren nach Inkrafttreten der Verordnung (EG) Nr. 1901/2006 der Antrag auf Verlängerung der Laufzeit eines bereits erteilten Zertifikats spätestens sechs Monate vor Ablauf des Zertifikats zu stellen.

Artikel 8
Inhalt der Zertifikatsanmeldung

(1) Die Zertifikatsanmeldung muss enthalten:

a) einen Antrag auf Erteilung eines Zertifikats, wobei insbesondere anzugeben sind:

   i) Name und Anschrift des Anmelders;

   ii) falls ein Vertreter bestellt ist, Name und Anschrift des Vertreters;

iii) Nummer des Grundpatents sowie Bezeichnung der Erfindung;

iv) Nummer und Zeitpunkt der ersten Genehmigung für das Inverkehrbringen des Erzeugnisses gemäß Artikel 3 Buchstabe b sowie, falls diese nicht die erste Genehmigung für das Inverkehrbringen in der Gemeinschaft ist, auch Nummer und Zeitpunkt der letztgenannten Genehmigung;

b) eine Kopie der Genehmigung für das Inverkehrbringen gemäß Artikel 3 Buchstabe b, aus der die Identität des Erzeugnisses ersichtlich ist und die insbesondere Nummer und Zeitpunkt der Genehmigung sowie die Zusammenfassung der Merkmale des Erzeugnisses gemäß Artikel 11 der Richtlinie 2001/83/EG bzw. Artikel 14 der Richtlinie 2001/82/EG enthält;

c) falls die in Buchstabe b genannte Genehmigung nicht die erste Genehmigung für das Inverkehrbringen dieses Erzeugnisses als Arzneimittel in der Gemeinschaft ist, die Angabe der Identität des so genehmigten Erzeugnisses und der Rechtsvorschrift, auf deren Grundlage dieses Genehmigungsverfahren durchgeführt wurde, sowie eine Kopie der betreffenden Stelle des amtlichen Mitteilungsblatts, in dem die Genehmigung veröffentlicht wurde;

d) falls in der Zertifikatsanmeldung eine Verlängerung der Laufzeit beantragt wird:

i) eine Kopie der Erklärung über die Übereinstimmung mit einem gebilligten und ausgeführten pädiatrischen Prüfkonzept gemäß Artikel 36 Absatz 1 der Verordnung (EG) Nr. 1901/2006;

ii) falls erforderlich, zusätzlich zu der Kopie der Genehmigung für das Inverkehrbringen gemäß Buchstabe b den Nachweis, dass das Erzeugnis in allen anderen Mitgliedstaaten gemäß Artikel 36 Absatz 3 der Verordnung (EG) Nr. 1901/2006 zugelassen ist.

(2) Ist eine Zertifikatsanmeldung im Gange, so enthält ein Antrag auf eine verlängerte Laufzeit nach Artikel 7 Absatz 3 die in Absatz 1 Buchstabe d dieses Artikels genannten Angaben und einen Hinweis darauf, dass eine Zertifikatsanmeldung im Gange ist.

(3) Der Antrag auf Verlängerung der Laufzeit eines bereits erteilten Zertifikats enthält die in Absatz 1 Buchstabe d genannten Angaben und eine Kopie des bereits erteilten Zertifikats.

(4) Die Mitgliedstaaten können vorsehen, dass für die Zertifikatsanmeldung und den Verlängerungsantrag eine Gebühr zu entrichten ist.

Artikel 9
Einreichung der Zertifikatsanmeldung

(1) Die Zertifikatsanmeldung ist bei der für den gewerblichen Rechtsschutz zuständigen Behörde des Mitgliedstaats einzureichen, der das Grundpatent erteilt hat oder mit Wirkung für den das Grundpatent erteilt worden ist und in dem die in Artikel 3 Buchstabe b genannte Genehmigung für das Inverkehrbringen erlangt wurde, sofern der Mitgliedstaat zu diesem Zweck keine andere Behörde bestimmt.

Der Antrag auf Verlängerung der Laufzeit eines Zertifikats ist bei der zuständigen Behörde des betreffenden Mitgliedstaats zu stellen.

(2) Ein Hinweis auf die Zertifikatsanmeldung wird von der in Absatz 1 genannten Behörde bekannt gemacht. Der Hinweis muss zumindest die folgenden Angaben enthalten:

a) Name und Anschrift des Anmelders;

b) Nummer des Grundpatents;

c) Bezeichnung der Erfindung;

d) Nummer und Zeitpunkt der Genehmigung für das Inverkehrbringen gemäß Artikel 3 Buchstabe b sowie das durch die Genehmigung identifizierte Erzeugnis;

e) gegebenenfalls Nummer und Zeitpunkt der ersten Genehmigung für das Inverkehrbringen in der Gemeinschaft;

f) gegebenenfalls die Angabe, dass die Anmeldung einen Antrag auf Verlängerung der Laufzeit enthält.

(3) Absatz 2 findet auf den Hinweis auf einen Antrag auf Verlängerung der Laufzeit eines bereits erteilten Zertifikats sowie dann Anwendung, wenn eine Zertifikatsanmeldung im Gange ist. In dem Hinweis ist zudem anzugeben, dass ein Antrag auf eine verlängerte Laufzeit des Zertifikats eingereicht worden ist.

Artikel 10
Erteilung des Zertifikats oder Zurückweisung der Zertifikatsanmeldung

(1) Erfüllen die Zertifikatsanmeldung und das Erzeugnis, das Gegenstand der Anmeldung ist, die in dieser Verordnung festgelegten Voraussetzungen, so erteilt die in Artikel 9 Absatz 1 genannte Behörde das Zertifikat.

(2) Vorbehaltlich des Absatzes 3 weist die in Artikel 9 Absatz 1 genannte Behörde die Zertifikatsanmeldung zurück, wenn die Anmeldung oder das Erzeugnis, das Gegenstand der Anmeldung ist, nicht die in dieser Verordnung festgelegten Voraussetzungen erfüllt.

(3) Erfüllt die Zertifikatsanmeldung nicht die in Artikel 8 genannten Voraussetzungen, so fordert die in Artikel 9 Absatz 1 genannte Behörde den Anmelder auf, innerhalb der gesetzten Frist die festgestellten Mängel zu beseitigen oder die Gebühr zu entrichten.

(4) Werden innerhalb der gesetzten Frist die nach Absatz 3 mitgeteilten Mängel nicht beseitigt oder wird die nach Absatz 3 angeforderte Gebühr nicht entrichtet, so wird die Anmeldung zurückgewiesen.

(5) Die Mitgliedstaaten können vorsehen, dass die Erteilung des Zertifikats durch die in Artikel 9 Absatz 1 genannte Behörde ohne Prüfung der in Artikel 3 Buchstaben c und d genannten Bedingungen erfolgt.

(6) Die Absätze 1 bis 4 gelten entsprechend für den Antrag auf eine Verlängerung der Laufzeit des Zertifikats.

Artikel 11
Bekanntmachung

(1) Ein Hinweis auf die Erteilung des Zertifikats wird von der in Artikel 9 Absatz 1 genannten Behörde bekannt gemacht. Der Hinweis muss zumindest die folgenden Angaben enthalten:

a) Name und Anschrift des Inhabers des Zertifikats;

b) Nummer des Grundpatents;

c) Bezeichnung der Erfindung;

d) Nummer und Zeitpunkt der in Artikel 3 Buchstabe b genannten Genehmigung für das Inverkehrbringen sowie das durch die Genehmigung identifizierte Erzeugnis;

e) gegebenenfalls Nummer und Zeitpunkt der ersten Genehmigung für das Inverkehrbringen in der Gemeinschaft;

f) Laufzeit des Zertifikats.

(2) Ein Hinweis auf die Zurückweisung der Zertifikatsanmeldung wird von der in Artikel 9 Absatz 1 genannten Behörde bekannt gemacht. Der Hinweis muss zumindest die in Artikel 9 Absatz 2 genannten Angaben enthalten.

(3) Die Absätze 1 und 2 gelten für Hinweise darauf, dass eine Verlängerung der Laufzeit eines bereits erteilten Zertifikats gewährt oder dass der Antrag auf eine derartige Verlängerung zurückgewiesen wurde.

(4) Die in Artikel 9 Absatz 1 genannte Behörde veröffentlicht so bald wie möglich die in Artikel 5 Absatz 5 genannten Informationen zusammen mit dem Datum ihrer Übermittlung. Außerdem veröffentlicht sie so bald wie möglich alle Änderungen dieser Informationen, die gemäß Artikel 5 Absatz 2 Buchstabe c übermittelt werden.

Artikel 12
Gebühren

(1) Die Mitgliedstaaten können vorsehen, dass für das Zertifikat Jahresgebühren zu entrichten sind.

(2) Die Mitgliedstaaten können vorsehen, dass für die Mitteilungen gemäß Artikel 5 Absatz 2 Buchstaben b und c Gebühren zu entrichten sind.

Artikel 13
Laufzeit des Zertifikats

(1) Das Zertifikat gilt ab Ablauf der gesetzlichen Laufzeit des Grundpatents für eine Dauer, die dem Zeitraum zwischen der Einreichung der Anmeldung für das Grundpatent und dem Zeitpunkt der ersten Genehmigung für das Inverkehrbringen in der Gemeinschaft entspricht, abzüglich eines Zeitraums von fünf Jahren.

(2) Ungeachtet des Absatzes 1 beträgt die Laufzeit des Zertifikats höchstens fünf Jahre vom Zeitpunkt seines Wirksamwerdens an.

(3) Die in den Absätzen 1 und 2 festgelegten Zeiträume werden im Falle der Anwendung von Artikel 36 der Verordnung (EG) Nr. 1901/2006 um sechs Monate verlängert. In diesem Fall kann die in Absatz 1 dieses Artikels festgelegte Laufzeit nur einmal verlängert werden.

(4) Wird ein Zertifikat für ein Erzeugnis erteilt, das durch ein Patent geschützt ist, für welches vor dem 2. Januar 1993 nach den einzelstaatlichen Rechtsvorschriften eine Verlängerung gewährt oder ein Verlängerungsantrag gestellt wurde, so wird die Laufzeit dieses Zertifikats um die Zahl der Jahre verkürzt, die eine zwanzigjährige Laufzeit des Patents übersteigt.

Artikel 14
Erlöschen des Zertifikats

Das Zertifikat erlischt

a) am Ende des in Artikel 13 festgelegten Zeitraums;

b) bei Verzicht des Inhabers des Zertifikats;

c) bei nicht rechtzeitiger Zahlung der in Übereinstimmung mit Artikel 12 festgesetzten Jahresgebühr;

d) wenn und solange das durch das Zertifikat geschützte Erzeugnis infolge Widerrufs der betreffenden Genehmigung oder Genehmigungen für das Inverkehrbringen gemäß der Richtlinie 2001/83/EG oder der Richtlinie 2001/82/EG nicht mehr in den Verkehr gebracht werden darf. Über das Erlöschen des Zertifikats kann die in Artikel 9 Absatz 1 dieser Verordnung genannte Behörde von Amts wegen oder auf Antrag eines Dritten entscheiden.

Artikel 15
Nichtigkeit des Zertifikats

(1) Das Zertifikat ist nichtig,

a) wenn es entgegen den Vorschriften des Artikels 3 erteilt wurde;

b) wenn das Grundpatent vor Ablauf seiner gesetzlichen Laufzeit erloschen ist;

c) wenn das Grundpatent für nichtig erklärt oder derartig beschränkt wird, dass das Erzeugnis, für welches das Zertifikat erteilt worden ist, nicht mehr von den Ansprüchen des Grundpatents erfasst wird, oder wenn nach Erlöschen des Grundpatents Nichtigkeitsgründe vorliegen, die die Nichtigerklärung oder Beschränkung gerechtfertigt hätten.

(2) Jede Person kann bei der nach den einzelstaatlichen Rechtsvorschriften für die Nichtigerklärung des entsprechenden Grundpatents zuständigen Stelle einen Antrag auf Nichtigerklärung des Zertifikats stellen oder Klage auf Nichtigkeit des Zertifikats erheben.

Artikel 16
Widerruf der Verlängerung der Laufzeit

(1) Die Verlängerung der Laufzeit kann widerrufen werden, wenn sie im Widerspruch zu Artikel 36 der Verordnung (EG) Nr. 1901/2006 gewährt wurde.

(2) Jede Person kann einen Antrag auf Widerruf der Verlängerung der Laufzeit bei der nach einzelstaatlichem Recht für den Widerruf des entsprechenden Grundpatents zuständigen Stelle einreichen.

Artikel 17
Bekanntmachung des Erlöschens oder der Nichtigkeit

(1) Erlischt das Zertifikat gemäß Artikel 14 Buchstabe b, c oder d oder ist es gemäß Artikel 15 nichtig, so wird ein Hinweis hierauf von der in Artikel 9 Absatz 1 genannten Behörde bekannt gemacht.

(2) Wird die Verlängerung der Laufzeit nach Artikel 16 widerrufen, so macht die in Artikel 9 Absatz 1 genannte Behörde einen Hinweis hierauf bekannt.

Artikel 18
Rechtsbehelf

Gegen die im Rahmen dieser Verordnung getroffenen Entscheidungen der in Artikel 9 Absatz 1 genannten Behörde oder der in Artikel 15 Absatz 2 und Artikel 16 Absatz 2 genannten Stellen können dieselben Rechtsbehelfe eingelegt werden, die nach einzelstaatlichem Recht gegen ähnliche Entscheidungen hinsichtlich einzelstaatlicher Patente vorgesehen sind.

Artikel 19
Verfahren

(1) Soweit diese Verordnung keine Verfahrensvorschriften enthält, finden auf das Zertifikat die nach einzelstaatlichem Recht für das entsprechende Grundpatent geltenden Verfahrensvorschriften Anwendung, sofern das einzelstaatliche Recht keine besonderen Verfahrensvorschriften für Zertifikate vorsieht.

(2) Ungeachtet des Absatzes 1 ist das Einspruchsverfahren gegen ein erteiltes Zertifikat ausgeschlossen.

Artikel 20
Zusätzliche Bestimmungen über die Erweiterung der Gemeinschaft

Unbeschadet der übrigen Bestimmungen dieser Verordnung gelten folgende Bestimmungen:

a) Für jedes durch ein geltendes Grundpatent geschützte Arzneimittel, für das nach dem 1. Januar 2000 eine erste Genehmigung für das Inverkehrbringen als

Arzneimittel erlangt wurde, kann in Bulgarien ein Zertifikat erteilt werden, sofern die Anmeldung des Zertifikats binnen sechs Monaten nach dem 1. Januar 2007 eingereicht wird.

b) Für jedes in der Tschechischen Republik durch ein geltendes Grundpatent geschützte Arzneimittel, für das eine erste Genehmigung für das Inverkehrbringen als Arzneimittel,

   i) nach dem 10. November 1999 in der Tschechischen Republik erlangt wurde, kann ein Zertifikat erteilt werden, sofern die Anmeldung des Zertifikats binnen sechs Monaten nach dem Zeitpunkt, zu dem die erste Genehmigung für das Inverkehrbringen erlangt wurde, eingereicht wird;

   ii) frühestens sechs Monate vor dem 1. Mai 2004 in der Gemeinschaft erlangt wurde, kann ein Zertifikat erteilt werden, sofern die Anmeldung des Zertifikats binnen sechs Monaten nach dem Zeitpunkt, zu dem die erste Genehmigung für das Inverkehrbringen erlangt wurde, eingereicht wird.

c) Für jedes durch ein geltendes Grundpatent geschützte Arzneimittel, für das in Estland vor dem 1. Mai 2004 eine erste Genehmigung für das Inverkehrbringen als Arzneimittel erlangt wurde, kann ein Zertifikat erteilt werden, sofern die Anmeldung des Zertifikats binnen sechs Monaten nach dem Zeitpunkt, zu dem die erste Genehmigung für das Inverkehrbringen erlangt wurde, eingereicht wird oder im Falle von Patenten, die vor dem 1. Januar 2000 erteilt wurden, binnen des Sechsmonatszeitraums gemäß dem Patentgesetz vom Oktober 1999.

d) Für jedes durch ein geltendes Grundpatent geschützte Arzneimittel, für das in Zypern vor dem 1. Mai 2004 eine erste Genehmigung für das Inverkehrbringen als Arzneimittel erlangt wurde, kann ein Zertifikat erteilt werden, sofern die Anmeldung des Zertifikats binnen sechs Monaten nach dem Zeitpunkt, zu dem die erste Genehmigung für das Inverkehrbringen erlangt wurde, eingereicht wird; dessen ungeachtet muss die Anmeldung des Zertifikats binnen sechs Monaten nach dem Zeitpunkt, zu dem das Patent erteilt wurde, eingereicht werden, wenn die Genehmigung für das Inverkehrbringen vor der Erteilung des Grundpatents erlangt wurde.

e) Für jedes durch ein geltendes Grundpatent geschützte Arzneimittel, für das in Lettland vor dem 1. Mai 2004 eine erste Genehmigung für das Inverkehrbringen als Arzneimittel erlangt wurde, kann ein Zertifikat erteilt werden. Sollte die in Artikel 7 Absatz 1 vorgesehene Frist abgelaufen sein, kann innerhalb von sechs Monaten, beginnend spätestens ab 1. Mai 2004, ein Zertifikat angemeldet werden.

f) Für jedes Arzneimittel, das durch ein geltendes, nach dem 1. Februar 1994 angemeldetes Grundpatent geschützt ist und für das in Litauen vor dem 1. Mai 2004 eine erste Genehmigung für das Inverkehrbringen als Arzneimittel erlangt wurde, kann ein Zertifikat erteilt werden, sofern die Anmeldung des Zertifikats binnen sechs Monaten nach dem 1. Mai 2004 eingereicht wird.

g) Für jedes durch ein geltendes Grundpatent geschützte Arzneimittel, für das nach dem 1. Januar 2000 eine erste Genehmigung für das Inverkehrbringen als Arzneimittel erlangt wurde, kann in Ungarn ein Zertifikat erteilt werden, sofern die Anmeldung des Zertifikats binnen sechs Monaten nach dem 1. Mai 2004 eingereicht wird.

h) Für jedes durch ein geltendes Grundpatent geschützte Arzneimittel, für das in Malta vor dem 1. Mai 2004 eine erste Genehmigung für das Inverkehrbringen als Arzneimittel erlangt wurde, kann ein Zertifikat erteilt werden. Sollte die in Artikel 7 Absatz 1 vorgesehene Frist abgelaufen sein, kann innerhalb von sechs Monaten, beginnend spätestens ab 1. Mai 2004, ein Zertifikat angemeldet werden.

i) Für jedes durch ein geltendes Grundpatent geschützte Arzneimittel, für das nach dem 1. Januar 2000 eine erste Genehmigung für das Inverkehrbringen als Arzneimittel erlangt wurde, kann in Polen ein Zertifikat erteilt werden, sofern die Anmeldung des Zertifikats binnen sechs Monaten nach dem 1. Mai 2004 eingereicht wird.

j) Für jedes durch ein geltendes Grundpatent geschützte Arzneimittel, für das nach dem 1. Januar 2000 eine erste Genehmigung für das Inverkehrbringen als Arzneimittel erlangt wurde, kann in Rumänien ein Zertifikat erteilt werden. Sollte die in Artikel 7 Absatz 1 vorgesehene Frist abgelaufen sein, kann innerhalb von sechs Monaten, beginnend spätestens ab dem 1. Januar 2007, ein Zertifikat angemeldet werden.

k) Für jedes durch ein geltendes Grundpatent geschützte Arzneimittel, für das in Slowenien vor dem 1. Mai 2004 eine erste Genehmigung für das Inverkehrbringen als Arzneimittel erlangt wurde, kann ein Zertifikat erteilt werden, sofern die Anmeldung des Zertifikats binnen sechs Monaten nach dem 1. Mai 2004 eingereicht wird, einschließlich der Fälle, bei denen die in Artikel 7 Absatz 1 vorgesehene Frist abgelaufen ist.

l) Für jedes durch ein geltendes Grundpatent geschützte Arzneimittel, für das in der Slowakei nach dem 1. Januar 2000 eine erste Genehmigung für das Inverkehrbringen als Arzneimittel erlangt wurde, kann ein Zertifikat erteilt werden, sofern die Anmeldung des Zertifikats binnen sechs Monaten nach dem Zeitpunkt eingereicht wurde, zu dem die erste Genehmigung für das Inverkehrbringen erlangt wurde, oder innerhalb von sechs Monaten ab dem 1. Juli 2002, wenn die Genehmigung vor diesem Datum erteilt wurde.

Artikel 21
Übergangsvorschriften

(1) Diese Verordnung findet weder Anwendung auf Zertifikate, die vor dem 2. Januar 1993 in Übereinstimmung mit dem einzelstaatlichen Recht eines Mitgliedstaats erteilt wurden, noch auf Zertifikatsanmeldungen, die in Übereinstimmung mit diesem Recht vor dem 2. Juli 1992 eingereicht wurden.

Im Falle Österreichs, Finnlands und Schwedens findet diese Verordnung keine Anwendung auf Zertifikate, die vor dem 1. Januar 1995 in Übereinstimmung mit dem einzelstaatlichen Recht dieser Staaten erteilt wurden.

(2) Diese Verordnung findet auf ergänzende Schutzzertifikate Anwendung die vor dem 1. Mai 2004 nach Maßgabe der einzelstaatlichen Rechtsvorschriften der Tschechischen Republik, Estlands, Zyperns, Lettlands, Litauens, Maltas, Polens, Sloweniens und der Slowakei und vor dem 1. Januar 2007 nach Maßgabe der einzelstaatlichen Rechtsvorschriften Rumäniens erteilt wurden.

Artikel 21a
Bewertung

Spätestens fünf Jahre nach dem in Artikel 5 Absatz 10 genannten Datum und anschließend alle fünf Jahre führt die Kommission eine Bewertung von Artikel 5 Absätze 2 bis 9 und Artikel 11 durch, um zu beurteilen, ob die mit diesen Bestimmungen verfolgten Ziele erreicht wurden, und legt dem Europäischen Parlament, dem Rat und dem Europäischen Wirtschafts- und Sozialausschuss einen Bericht über die wichtigsten Ergebnisse vor. Zusätzlich zur Bewertung der Auswirkungen der Ausnahmeregelung für die Herstellung zum Zwecke der Ausfuhr wird insbesondere geprüft, welche Auswirkungen die Herstellung zum Zwecke der Lagerung mit dem Ziel, das Erzeugnis oder das dieses Erzeugnis enthaltende Arzneimittel nach Ablauf des entsprechenden Zertifikats in den Mitgliedstaaten in Verkehr zu bringen, auf den Zugang zu Arzneimitteln und die öffentlichen Gesundheitsausgaben hat, und ob die Ausnahmeregelung und insbesondere der in Artikel 5 Absatz 2 Buchstabe a Ziffer iii vorgesehene Zeitraum ausreicht, um die in Artikel 5 genannten Ziele, einschließlich im Bereich der öffentlichen Gesundheit‘ zu erreichen.

Artikel 22
Aufhebung

Die Verordnung (EWG) Nr. 1768/92, in der Fassung der in Anhang I aufgeführten Rechtsakte, wird aufgehoben.

Verweisungen auf die aufgehobene Verordnung gelten als Verweisungen auf die vorliegende Verordnung und sind nach Maßgabe der Entsprechungstabelle in Anhang II zu lesen.

Artikel 23
Inkrafttreten

Diese Verordnung tritt am zwanzigsten Tag nach ihrer Veröffentlichung im Amtsblatt der Europäischen Union in Kraft.

Diese Verordnung ist in allen ihren Teilen verbindlich und gilt unmittelbar in jedem Mitgliedstaat.

Anhang I

Aufgehobene Verordnung mit Liste ihrer nachfolgenden Änderungen (gemäß Artikel 22)

Verordnung (EWG) Nr. 1768/92 des Rates
(ABl. L 182 vom 2.7.1992, S. 1)

Beitrittsakte von 1994,
Kapitel XI Buchstabe F Abschnitt I
(ABl. C 241 vom 29.8.1994, S. 233)

Beitrittsakte von 2003,
Anhang II Kapitel 4 Buchstabe C Abschnitt II
(ABl. L 236 vom 23.9.2003, S. 342)

Beitrittsakte von 2005,
Anhang III Kapitel 1 Abschnitt II
(ABl. L 157 vom 21.6.2005, S. 56)

Verordnung (EG) Nr. 1901/2006 des Europäischen Parlaments und des Rates (ABl. L 378 vom 27.12.2006, S. 1) — nur Artikel 52

Anhang -I

Logo

Dieses Logo ist in schwarz und so groß anzubringen, dass es hinreichend erkennbar ist.

Anhang -Ia

Standardformular für die Mitteilung gemäß Artikel 5 Absatz 2 Buchstaben b und c

Bitte kreuzen Sie das entsprechende Kästchen an.	☐ Neue Mitteilung ☐ Aktualisierung einer bestehenden Mitteilung	
a) Name und Anschrift des Herstellers	…	
b) Herstellungszweck	☐ Ausfuhr ☐ Lagerung ☐ Ausfuhr und Lagerung	
c) Mitgliedstaat, in dem die Herstellung vorgenommen werden soll, und Mitgliedstaat, in dem die (etwaige) erste verbundene Handlung vor der Herstellung stattfinden soll	Herstellungsmitgliedstaat	…
	Mitgliedstaat der (etwaigen) (ersten verbundenen Handlung)	…
d) Nummer des im Herstellungsmitgliedstaat erteilten Zertifikats und Nummer des im Mitgliedstaat der (etwaigen) ersten verbundenen Handlung vor der Herstellung erteilten Zertifikats	Im Herstellungsmitgliedstaat erteiltes Zertifikat	…
	(Im Mitgliedstaat der (etwaigen) ersten verbundenen Handlung vor der Herstellung erteiltes Zertifikat)	…
e) Bei Arzneimitteln, die in Drittländer ausgeführt werden sollen, Nummer der Genehmigung für das Inverkehrbringen oder etwas einer solchen Genehmigung Gleichwertiges in jedem Ausfuhrdrittland	…	
	…	
	…	

Anhang II

Entsprechungstabelle

Verordnung (EWG) Nr. 1768/92	Vorliegende Richtlinie
–	Erwägungsgrund 1
Erwägungsgrund 1	Erwägungsgrund 2
Erwägungsgrund 2	Erwägungsgrund 3
Erwägungsgrund 3	Erwägungsgrund 4
Erwägungsgrund 4	Erwägungsgrund 5
Erwägungsgrund 5	Erwägungsgrund 6
Erwägungsgrund 6	Erwägungsgrund 7
Erwägungsgrund 7	Erwägungsgrund 8
Erwägungsgrund 8	Erwägungsgrund 9
Erwägungsgrund 9	Erwägungsgrund 10
Erwägungsgrund 10	–
Erwägungsgrund 11	–
Erwägungsgrund 12	–
Erwägungsgrund 13	Erwägungsgrund 11
Artikel 1	Artikel 1
Artikel 2	Artikel 2
Artikel 3 einleitende Worte	Artikel 3 einleitende Worte
Artikel 3 Buchstabe a	Artikel 3 Buchstabe a
Artikel 3 Buchstabe b Satz 1	Artikel 3 Buchstabe b
Artikel 3 Buchstabe b Satz 2	–
Artikel 3 Buchstaben c und d	Artikel 3 Buchstaben c und d
Artikel 4 bis 7	Artikel 4 bis 7
Artikel 8 Absatz 1	Artikel 8 Absatz 1
Artikel 8 Absatz 1a	Artikel 8 Absatz 2
Artikel 8 Absatz 1b	Artikel 8 Absatz 3
Artikel 8 Absatz 2	Artikel 8 Absatz 4
Artikel 9 bis 12	Artikel 9 bis 12
Artikel 13 Absätze 1, 2 und 3	Artikel 13 Absätze 1, 2 und 3
Artikel 14 und 15	Artikel 14 und 15

Verordnung (EWG) Nr. 1768/92	Vorliegende Richtlinie
Artikel 15a	Artikel 16
Artikel 16, 17 und 18	Artikel 17, 18 und 19
Artikel 19	–
Artikel 19a einleitende Worte	Artikel 20 einleitende Worte
Artikel 19a Buchstabe a Ziffern i und ii	Artikel 20 Buchstabe b einleitende Worte Ziffern i und ii
Artikel 19a Buchstabe b	Artikel 20 Buchstabe c
Artikel 19a Buchstabe c	Artikel 20 Buchstabe d
Artikel 19a Buchstabe d	Artikel 20 Buchstabe e
Artikel 19a Buchstabe e	Artikel 20 Buchstabe f
Artikel 19a Buchstabe f	Artikel 20 Buchstabe g
Artikel 19a Buchstabe g	Artikel 20 Buchstabe h
Artikel 19a Buchstabe h	Artikel 20 Buchstabe i
Artikel 19a Buchstabe i	Artikel 20 Buchstabe k
Artikel 19a Buchstabe j	Artikel 20 Buchstabe l
Artikel 19a Buchstabe k	Artikel 20 Buchstabe a
Artikel 19a Buchstabe l	Artikel 20 Buchstabe j
Artikel 20	Artikel 21
Artikel 21	–
Artikel 22	Artikel 13 Absatz 4
–	Artikel 22
Artikel 23	Artikel 23
–	Anhang I
–	Anhang II

Mitteilung der Kommission
vom 30. Dezember 2003
über Paralleleinfuhren von Arzneispezialitäten, deren Inverkehrbringen bereits genehmigt ist

KOM (2003) 839

Inhaltsverzeichnis

Seite

Zusammenfassung

Diese Mitteilung ist eine Aktualisierung der Mitteilung der Kommission von 1982 zum selben Thema und soll eine Anleitung für die praktische Anwendung der Rechtsprechung des Europäischen Gerichtshofs auf nationale Maßnahmen im Zusammenhang mit Paralleleinfuhren aus einem Mitgliedstaat in den andern von Arzneispezialitäten sein, deren Inverkehrbringen im Einfuhrmitgliedstaat bereits genehmigt ist.

Gemäß Artikel 28 EG-Vertrag ist die Paralleleinfuhr eines Arzneimittels eine erlaubte Handelsform innerhalb des Binnenmarkts und unterliegt den Ausnahmeregelungen in Bezug auf den Schutz der Gesundheit und des Lebens von Menschen und den Schutz des gewerblichen und kommerziellen Eigentums gemäß Artikel 30 EG-Vertrag.

Verfügen die zuständigen Behörden des Einfuhrmitgliedstaats infolge des erstmaligen Inverkehrbringens eines Erzeugnisses in diesem Mitgliedstaat bereits über die zum Schutz der öffentlichen Gesundheit erforderlichen Informationen, kann für ein parallel eingeführtes Arzneimittel eine Genehmigung nach einem verhältnismäßig „einfacheren" Verfahren (im Vergleich zum Genehmigungsverfahren für das Inverkehrbringen) erteilt werden, vorausgesetzt

- für das Inverkehrbringen des eingeführten Erzeugnisses liegt im Ausfuhrmitgliedstaat eine Genehmigung vor;
- das eingeführte Erzeugnis gleicht im Wesentlichen einem Erzeugnis, für das im Einfuhrmitgliedstaat bereits eine Genehmigung vorliegt.

Die Paralleleinfuhr eines Arzneimittels ist selbst dann möglich, wenn die Referenzgenehmigung zurückgezogen wurde, und die Genehmigung für Paralleleinfuhren darf nur dann zurückgezogen werden, wenn eine solche Maßnahme aus Gründen des Schutzes der öffentlichen Gesundheit gerechtfertigt ist.

Von den Rechtsvorschriften eines Mitgliedstaats im Hinblick auf geschütztes gewerbliches und kommerzielles Eigentumsrecht darf nicht Gebrauch gemacht werden, um sich der Einfuhr eines vom Eigentümer dieses Rechtes oder mit dessen Einwilligung auf dem Markt eines anderen Mitgliedstaats rechtmäßig vertriebenen Erzeugnisses zu widersetzen. Außerdem darf der Markeninhaber von seinem Recht nicht Gebrauch machen, um das Umpacken eines parallel eingeführten Erzeugnisses zu unterbinden, wenn

- der Gebrauch des Markenrechts durch den Inhaber, unter Berücksichtigung des von ihm angewandten Vermarktungsverfahrens, zur künstlichen Abschottung der Märkte zwischen den Mitgliedstaaten beiträgt;

- das Umpacken den Originalzustand der Ware nicht beeinträchtigen kann;
- auf der neuen Verpackung angegeben ist, von wem das Erzeugnis umgepackt worden ist;
- das umgepackte Arzneimittel nicht so aufgemacht ist, dass dadurch der Ruf der Marke und ihres Inhabers geschädigt werden kann; und
- der Markeninhaber unterrichtet wird, bevor das umgepackte Erzeugnis zum Kauf angeboten wird.

1. Einführung

Diese Mitteilung richtet sich vor allem an nationale Verwaltungsbehörden, mit Paralleleinfuhren von Arzneispezialitäten beschäftigte Wirtschaftsbeteiligte[1]), Unternehmen und pharmazeutische Betriebe im Allgemeinen. Sie ist eine Aktualisierung der Mitteilung der Kommission von 1982 zum selben Thema[2]) und soll eine Anleitung für die praktische Anwendung des Grundsatzes des freien Warenverkehrs auf nationale Maßnahmen im Zusammenhang mit Paralleleinfuhren aus einem Mitgliedstaat in den andern von Arzneispezialitäten sein, deren Inverkehrbringen im Einfuhrmitgliedstaat bereits genehmigt ist. Insbesondere wird auf die Rechte und Pflichten der beteiligten Parteien hingewiesen sowie auf die Gewährleistungen, auf die sie nach dem Gemeinschaftsrecht Anspruch haben.

Seit der Annahme der Mitteilung von 1982 hat der Europäische Gerichtshof seine Rechtsprechung auf diesem Gebiet deutlich weiterentwickelt und eine Reihe von Fragen bezüglich der Erfordernisse und Verfahren für die Genehmigung von Paralleleinfuhren[3]), des Gebrauchs einzelstaatlicher Patentrechte[4]) sowie des Umpa-

[1]) Arzneispezialitäten sind alle Arzneimittel, die im Voraus hergestellt und unter einer besonderen Bezeichnung und in einer besonderen Aufmachung in den Verkehr gebracht werden; Arzneimittel sind alle Stoffe oder Stoffzusammensetzungen, die als Mittel zur Heilung oder zur Verhütung menschlicher Krankheiten bezeichnet werden. Alle Stoffe oder Stoffzusammensetzungen, die dazu bestimmt sind, im oder am menschlichen Körper zur Erstellung einer ärztlichen Diagnose oder zur Wiederherstellung, Besserung oder Beeinflussung der menschlichen physiologischen Funktionen angewandt zu werden, gelten ebenfalls als Arzneimittel. Richtlinie 2001/83/EG (ABl. L 311 vom 28.11.2001, S. 67–128). Was Tiere anbelangt, so gelten dieselben Definitionen für Tierarzneimittel, Richtlinie 2001/82/EG (ABl. L 311 vom 28.11.2001, S. 1–66).

[2]) ABl. C 115 vom 6.5.1982, S. 5.

[3]) Rechtssache 247/81 Kommission gegen Deutschland (1984) Slg. 1111, C-201/94 Smith & Nephew (1996) Slg. I-5819, C-94/98 Rhône-Poulenc (1999) Slg. I-8789, C-172/00 Ferring (2002) Slg. I-6891.

[4]) Rechtssache 434/85 Allen & Hansburys (1988) Slg. 1245, C-191/90 Generics (1992) Slg. 5335, verbundene Rechtssachen C-267 und 268/95 Merck gegen Primecrown (1996) Slg. I-6285.

ckens, der Umetikettierung und der Verwendung einzelstaatlicher Marken[5]) geklärt. Gleichzeitig hatten weitere Entwicklungen auf Ebene des Gemeinschaftsrechts bedeutende technische und wirtschaftliche Auswirkungen auf den Handel mit Arzneispezialitäten und es wird erwartet, dass die EU-Erweiterung weitere Herausforderungen mit sich bringen wird.

Diese Mitteilung, die sich hauptsächlich auf die Entwicklung der Rechtsprechung des Gerichtshofes stützt, befasst sich nicht mit Fragen, die in anderen Gemeinschaftsvorschriften behandelt werden, insbesondere im Hinblick auf das erstmalige Inverkehrbringen eines Arzneimittels[6]), auf Wettbewerb oder Fragen, mit der sich die Mitteilung der Kommission über den Binnenmarkt für Arzneimittel von 1998[7]) befasst, außer, wenn solche Fragen vom Gerichtshof in seiner Rechtsprechung im Bereich der Paralleleinfuhren behandelt worden sind. Speziell hingewiesen wird auf in jüngerer Zeit erlassene Urteile, die die Bedingungen verdeutlichen, unter denen das Umpacken des parallel eingeführten Arzneimittels objektiv notwendig ist, damit dieses Zugang zum Einfuhrmitgliedstaat erhält. Die Bedeutung der Rechtsprechung des Gerichtshofes wird durch die Erläuterung dieser Bedingungen und ihrer Anwendung im fünften Teil dieser Mitteilung hervorgehoben.

Der Begriff „Einfuhr" wird aus praktischen Gründen im Zusammenhang mit innergemeinschaftlichem Handel verwendet, obwohl argumentiert werden könnte, dass der Begriff infolge der Entwicklung des Binnenmarkts größtenteils bedeutungslos geworden ist.

2. Paralleleinfuhren und freier Warenverkehr

Gemäß Artikel 28 EG-Vertrag ist die Paralleleinfuhr eines Arzneimittels eine erlaubte Handelsform innerhalb des Binnenmarkts und unterliegt den Ausnahmeregelungen in Bezug auf den Schutz der Gesundheit und des Lebens von Menschen und den Schutz des gewerblichen und kommerziellen Eigentums gemäß Artikel 30 EG-Vertrag.

[5]) Verbundene Rechtssachen C-427, 429 & 436/93 Bristol-Myers Squibb (1996) Slg. I-3457, Rechtssache C-232/94 Rhône-Poulenc (1996) Slg. I-3671, C-379/97 Pharmacia & Upjohn (1999) Slg. I-6927, C-143/00 Boehringer etc. (2002) Slg. I-3759, C-443/99 Merck, Sharp und Dohme gegen Paranova (2002) Slg. I-3703.

[6]) Richtlinie 2001/83/EG (ABl. L 311 vom 28.11.2001, S.67–128), zuletzt geändert durch die Richtlinie 2003/63/EG (ABl. L 159 vom 27.6.2003, S. 46–94), Richtlinie 2001/82/EG (ABl. L 311 vom 28.11.2001, S. 1–66).

[7]) KOM (1998) 588 endg. – 25.11.1998.

Der Parallelhandel ist eine erlaubte Form des Warenverkehrs zwischen den Mitgliedstaaten der Europäischen Union. Er wird als „parallel“ bezeichnet, da er außerhalb des von den Herstellern oder Erstlieferanten für ihre Erzeugnisse in einem Mitgliedstaat aufgebauten Vertriebsnetzes – und in den meisten Fällen parallel dazu – stattfindet und Erzeugnisse betrifft, die in jeder Hinsicht den durch die Vertriebsnetze abgesetzten gleichen.

Der Parallelhandel beruht auf dem Grundsatz des freien Warenverkehrs im Binnenmarkt (Artikel 28–30 EG-Vertrag). Im pharmazeutischen Bereich profitiert er von Preisabweichungen, wenn Mitgliedstaaten die Preise der auf ihren jeweiligen Märkten abgesetzten Arzneimittel festlegen oder anderweitig kontrollieren[8]). Der Europäische Gerichtshof hat wiederholt bestätigt, dass Arzneimittel nicht von den Binnenmarktvorschriften ausgenommen sind[9]) und hat staatliche Maßnahmen verurteilt[10]), die Paralleleinfuhren von Arzneimitteln ohne entsprechende Begründung einschränken. Der Gerichtshof hat erklärt, dass gemäß Artikel 30 EG-Vertrag bestimmte Maßnahmen von Mitgliedstaaten zur Einschränkung von Paralleleinfuhren aus Gründen des Schutzes des gewerblichen und kommerziellen Eigentums und des Schutzes der Gesundheit und des Lebens von Menschen gerechtfertigt sein können.

[8]) Die Mitgliedstaaten können die Preise auf dem Wege von Erstattungspraktiken direkt oder indirekt festlegen, um allen Bürgern gleichberechtigten Zugang zu Arzneimitteln und die finanzielle Stabilität ihrer Sozialversicherungsträger zu gewährleisten. Der Gerichtshof hat bestätigt, dass die Mitgliedstaaten bei fehlender Harmonisierung befugt sind, angesichts dieser legitimen Besorgnis die Preise für Arzneimittel festzulegen, vorausgesetzt, bei einem solchen Vorgehen wird nicht von Rechts wegen oder tatsächlich zwischen heimischen und eingeführten Erzeugnissen unterschieden und der angegebene Preis ist rentabel – Rechtssache 181/82 Roussel Laboratoria (1983) Slg. 3849 und Rechtssache 249/88 Kommission gegen Belgien (1991) Slg. I-1275. Was insbesondere den Markt für rezeptpflichtige Arzneimittel betrifft, kann das staatliche Eingreifen darin bestehen, ein Arzneimittel von der Erstattung auszuschließen. Eine solche Einschränkung ist nur gerechtfertigt, wenn: (a) eine Diskriminierung aufgrund des Ursprungs des Erzeugnisses unterbleibt, (b) sie auf objektiven und überprüfbaren Kriterien beruht und (c) Verfahren bestehen, anhand derer etwaige Verzerrungen beseitigt werden können – Rechtssache 238/82 Duphar (1984) Slg. 523. Weitere prozedurale Voraussetzungen ergeben sich aus der Richtlinie 89/105/EWG (ABl. L 40 vom 11.02.1989, S. 8–11).

[9]) Der Gerichtshof hat festgestellt, dass es in diesem Zusammenhang „ohne Bedeutung ist, dass infolge hoheitlicher Maßnahmen der Preisaufsicht im Ausfuhrland die Preise für das Erzeugnis in dem Mitgliedstaat, aus dem ausgeführt, und dem Mitgliedstaat, in den eingeführt wird, auseinandergehen.“ – Rechtssache 15/74 Centrafarm gegen Sterling (1974) Slg. 1147. Dieser Grundsatz wurde in den verbundenen Rechtssachen C-267/95 und C-268/95, Merck gegen Primecrown, (1996) Slg. I-6285, Absatz 47 bestätigt; siehe auch Rechtssache C-436/93 Bristol-Myers Squibb gegen Paranova, (1996) Slg. I-3457, Rechtssache 16/74, Centrafarm und De Peijper gegen Winthrop (1974) Slg. 1183.

[10]) Wenn eine Einschränkung des Parallelhandels auf von Unternehmen getroffene Maßnahmen zurückzuführen ist, wie doppelte Preisauszeichnung oder die Einschränkung der Lieferungen an die Großhändler, muss dies nach den Wettbewerbsregeln der Gemeinschaft (Artikel 81–82 EG-Vertrag) untersucht werden.

3. Schutz der Gesundheit und des Lebens von Menschen – Genehmigung des Inverkehrbringens

Ein Arzneimittel kann aufgrund einer Genehmigung parallel eingeführt werden, die gemäß einem „vereinfachten" Verfahren erteilt wird, nach dem der Antragsteller weniger Angaben machen muss als bei einem Antrag auf Erteilung einer Genehmigung für das Inverkehrbringen.

Im Allgemeinen kann ein Arzneimittel ohne eine – hauptsächlich dem Schutz der öffentlichen Gesundheit dienende – Genehmigung für das Inverkehrbringen nicht auf den Markt eines Mitgliedstaats gebracht werden. Genehmigungen für das Inverkehrbringen werden entweder auf nationaler oder auf Gemeinschaftsebene erteilt[11]).

Nach der Rechtsprechung des Gerichtshofs[12]) gibt es jedoch Ausnahmen von diesen Regeln, die sich aus den Bestimmungen des EG-Vertrags über den freien Warenverkehr ergeben. Nationale Behörden dürfen Paralleleinfuhren nicht behindern, indem sie von den Paralleleinführern die Einhaltung der selben Vorschriften verlangen wie jene, die für Unternehmen gelten, die zum ersten Mal eine Genehmigung für das Inverkehrbringen eines Arzneimittels beantragen[13]), vorausgesetzt, eine solche Ausnahme von den normalerweise für Genehmigungen für das Inverkehrbringen geltenden Vorschriften stellt keine Beeinträchtigung des Schutzes der öffentlichen Gesundheit dar.

Insbesondere wenn die zuständigen Behörden des Einfuhrmitgliedstaats infolge des erstmaligen Inverkehrbringens eines Erzeugnisses in diesem Mitgliedstaat bereits

[11]) Richtlinie 2001/83/EG, Artikel 6 Absatz 1: Ein Arzneimittel darf in einem Mitgliedstaat erst dann in den Verkehr gebracht werden, wenn von der zuständigen Behörde dieses Mitgliedstaats nach dieser Richtlinie eine Genehmigung für das Inverkehrbringen erteilt wurde oder wenn eine Genehmigung für das Inverkehrbringen nach der Verordnung (EWG) Nr. 2309/93 erteilt wurde. In Artikel 8 der Richtlinie werden die Angaben, die der zuständigen Behörde zur Erlangung einer Genehmigung für das Inverkehrbringen zu übermitteln sind, genau aufgeführt. Die Richtlinie wurde durch die Richtlinie 2003/98/EG, ABl. L 33, 8.2.2003, S. 30–40 und Richtlinie 2003/63/EG, ABl. L 159, 27.6.2003, S. 46–94, geändert. Die entsprechenden Vorschriften in der Richtlinie 2001/82/EG sind die Artikel 5 und 12.

[12]) Rechtssachen 104/75 De Peijper (1976) Slg. 613, C-201/94 Smith & Nephew and Primecrown (1996) Slg. I-5819, C-94/98 Rhône Poulenc (1999) Slg. I-08789 und C-172/00 Ferring (2002) Slg. I-6891.

[13]) Dies bedeutet in der Praxis, dass der Paralleleinführer die Unterlagen für das Arzneimittel im Allgemeinen oder für eine bestimmte Partie, die nur über den Hersteller des Arzneimittels oder den Genehmigungsinhaber erhältlich sind, nicht vorlegen muss. Sonst hätten der Hersteller oder der Genehmigungsinhaber die Paralleleinfuhren verhindern können, indem sie sich einfach weigern, die erforderlichen Unterlagen vorzulegen – Rechtssache 104/75 De Peijper (1976) Slg. 613.

über die zum Schutz der öffentlichen Gesundheit erforderlichen Informationen verfügen, kann für ein parallel eingeführtes Arzneimittel eine Genehmigung[14]) gemäß einem verhältnismäßig „vereinfachten" Verfahren erteilt werden[15]), vorausgesetzt

– für das Inverkehrbringen des eingeführten Erzeugnisses liegt im Ausfuhrmitgliedstaat eine Genehmigung vor;

– das eingeführte Erzeugnis gleicht hinreichend einem Erzeugnis, für das im Einfuhrmitgliedstaat bereits eine Genehmigung vorliegt, auch wenn es Unterschiede bei den verwendeten Hilfsstoffen gibt.[16])

Der Gerichtshof hat die Frage der Gleichartigkeit durch die Feststellung klargestellt, dass die zwei Erzeugnisse nicht in allen Punkten übereinstimmen, jedoch zumindest nach der gleichen Formel und unter Verwendung des gleichen Wirkstoffs hergestellt worden sein sowie die gleiche therapeutische Wirkung haben müssen[17]).

[14]) Terminbezogene Fragen, wie die Frage der Fristen, innerhalb deren die nationalen Behörden einem Antragsteller antworten muss, der eine Genehmigung für Paralleleinfuhren beantragt sowie die Geltungsdauer derartiger Lizenzen müssen noch geklärt werden. In Bezug auf die erste Frist ist darauf hinzuweisen, dass gemäß Artikel 18 der Richtlinie 2001/83/EG ein Mitgliedstaat innerhalb von 90 Tagen die Entscheidung eines anderen Mitgliedstaats zur Genehmigung eines Arzneimittels anerkennen muss. Somit lässt sich argumentieren, dass 45 Tage eine angemessene Frist für die Anwendung eines vereinfachten Verfahrens für die Entscheidung über den Antrag auf Erteilung einer Genehmigung für Paralleleinfuhren sind. Für die Geltungsdauer der Genehmigungen siehe Anmerkung 21.

[15]) „Wenn nämlich die Gesundheitsbehörden des Einfuhrmitgliedstaats aufgrund eines Antrags auf Genehmigung für das Inverkehrbringen der betreffenden Arzneispezialität bereits über alle für die Untersuchung der Wirksamkeit und der Unschädlichkeit des Arzneimittels als unentbehrlich angesehenen pharmazeutischen Angaben verfügen, so ist es offensichtlich für den Schutz der Gesundheit und des Lebens von Menschen nicht notwendig, dass sie von einem zweiten Wirtschaftsteilnehmer, der eine den erwähnten Kriterien entsprechende Arzneispezialität eingeführt hat, verlangen, ihnen nochmals die oben genannten Angaben zu unterbreiten", Rechtssache C-201/94, Smith & Nephew and Primecrown, Slg 1996 I-5819.

[16]) Die Tatsache, dass der Hersteller des eingeführten Erzeugnisses derselbe ist, der auch das im Bestimmungsmitgliedstaat bereits vermarktete Erzeugnis herstellt, oder dass sie zu derselben Gruppe gehören oder, im Falle unabhängiger Unternehmen, dass sie einen Vertrag mit demselben Lizenzgeber geschlossen haben, wurde vom Gerichtshof im Zusammenhang mit der Frage der Ähnlichkeit auch in den Rechtssachen 104/75, De Peijper, Slg. 1976, 613, und C-201/94, Smith & Nephew and Primecrown, Slg. 1996, I-5819, berücksichtigt.

[17]) Rechtssache C-201/94, Smith & Nephew and Primecrown, Slg. 1996, I-5819. Zu der Bedingung betreffend die Formel eines Erzeugnisses hat der Gerichtshof später entschieden, dass die nationalen Behörden verpflichtet sind, ein parallel importiertes Arzneimittel nach den Vorschriften über Paralleleinfuhren dann zuzulassen, wenn sie davon überzeugt sind, dass dieses Arzneimittel trotz des Bestehens von Unterschieden bei den Hilfsstoffen keine Probleme für die Volksgesundheit aufwirft, Rechtssache C-94/98, Rhône Poulenc, Slg. 1999, I-08789.

Dass ein Arzneimittel, das hinreichend dem parallel eingeführten gleicht, im Einfuhrmitgliedstaat bereits eine Genehmigung für das Inverkehrbringen erhalten hat, setzt nicht unbedingt voraus, dass diese „Referenz"-Genehmigung zum Zeitpunkt der Einfuhr noch gültig sein muss. Insbesondere hat der Gerichtshof festgestellt, dass die Paralleleinfuhr eines Arzneimittels auch möglich ist, wenn die Referenzgenehmigung zurückgezogen wurde, und die Genehmigung für Paralleleinfuhren darf gemäß Artikel 30 EG-Vertrag nur dann zurückgezogen werden, wenn eine solche Maßnahme aus Gründen des Schutzes der öffentlichen Gesundheit gerechtfertigt ist[18]). Es kann vernünftigerweise angenommen werden, dass die gleichen Grundsätze gelten, wenn die Referenzgenehmigung für das Inverkehrbringen eines Arzneimittels im Ausfuhrmitgliedstaat noch gültig ist, jedoch im Einfuhrmitgliedstaat ausläuft[19]), so dass eine neue Version in Verkehr gebracht wird.

Dieser Fall tritt ein, wenn eine Referenzgenehmigung für das Inverkehrbringen im Einfuhrmitgliedstaat aus anderen Gründen als dem Schutz der öffentlichen Gesundheit zurückgezogen wird und das eingeführte Erzeugnis im Ausfuhrmitgliedstaat aufgrund der in diesem Staat erteilten Genehmigung für das Inverkehrbringen weiterhin rechtmäßig vertrieben wird. Dies ist zum Beispiel der Fall, wenn eine neue Version eines Arzneimittels in einem Mitgliedstaat in Verkehr gebracht wird, während die alte Version weiterhin aus einem anderen Mitgliedstaat eingeführt wird.

Der Gerichtshof hat festgestellt[20]), dass nicht durch den Widerruf einer Bezugszulassung allein die alte Version des Arzneimittels hinsichtlich ihrer Qualität, Wirksamkeit und Sicherheit in Frage gestellt wird. Es wurde bestätigt, dass die zuständigen Behörden des Einfuhrmitgliedstaats die Maßnahmen treffen müssen, die für die Kontrolle der Qualität, der Wirksamkeit und der Sicherheit der alten Version des Arzneimittels erforderlich sind und dass dieses Ziel nichtsdestotrotz durch Maßnahmen erreicht werden muss, die die Einfuhr der Arzneimittel weniger beschränken als das automatische Erlöschen der Genehmigung für die Parallelein-

[18]) Rechtssachen C-172/00, Ferring, Slg. 2002, I-6891, und C-15/01, Paranova, Slg. 2003.

[19]) Artikel 24 der Richtlinie 2001/83/EG sieht Folgendes vor: „Die Genehmigung ist fünf Jahre gültig; sie kann auf mindestens drei Monate vor ihrem Ablaufen zu stellenden Antrag des Inhabers für jeweils fünf Jahre verlängert werden; diese Verlängerung erfolgt nach einer von der zuständigen Behörde vorzunehmenden Prüfung der Unterlagen, die insbesondere eine Übersicht über den Stand der Angaben zur Pharmakovigilanz und die übrigen für die Arzneimittelüberwachung maßgebenden Informationen enthalten.", ABl. L 311 vom 28.11.2001, S. 67–128. Die entsprechende Vorschrift in der Richtlinie 2001/82/EG ist Artikel 28.

[20]) Rechtssachen C-172/00, Ferring, Slg. 2002, I-6891 und C-15/01, Paranova, Slg. 2003.

fuhr. Eine Möglichkeit, ein solches Ziel zu erreichen, ist die Zusammenarbeit mit den nationalen Behörden der übrigen Mitgliedstaaten durch den Zugang zu den vom Hersteller oder anderen Unternehmen seiner Unternehmensgruppe für die alte Version vorgelegten Unterlagen und Daten in den Mitgliedstaaten, in denen diese Version noch auf der Grundlage einer gültigen Zulassung weitervertrieben werden[21]).

Außerdem hat der Gerichtshof ausgeführt, dass Beschränkungen der Einfuhr der alten Version gerechtfertigt sein können, wenn nachgewiesen werden kann, dass aufgrund des Nebeneinanders der beiden Versionen auf dem gleichen Markt tatsächlich eine Gefahr für die öffentliche Gesundheit besteht. Es ist jedoch in erster Linie Sache der zuständigen Behörden des Einfuhrmitgliedstaats, das Bestehen und die Realität der Gefahr zu beurteilen, und es genügt zur Rechtfertigung des Verbots, die alte Version einzuführen, nicht, dass der Inhaber der Zulassung für die neue und die alte Version des Arzneimittels eine solche Gefahr nur behauptet.

Wurde ein Arzneimittel auf Gemeinschaftsebene genehmigt[22]), ist die Genehmigung für das Inverkehrbringen für die gesamte Gemeinschaft gültig. Parallel vertriebene zentral zugelassene Arzneimittel, die mit den vom Hersteller vertriebenen

[21]) Der Gerichtshof ist in den verbundenen Rechtssachen 87 und 88/85, Legia und Gyselinx Slg. 1986, 1707, auf den Grundsatz der Zusammenarbeit zwischen den Behörden der Mitgliedstaaten eingegangen. Danach kann argumentiert werden, dass die nationalen Behörden, als allgemeine Regel, bei der Genehmigung eines Antrags auf Paralleleinfuhren die Dauer nicht bis zum Auslaufen der ursprünglichen Genehmigung für das Inverkehrbringen begrenzen dürfen. Jedenfalls für den Fall, dass die Gesundheitsbehörden des betroffenen Mitgliedstaates in Erwägung ziehen, dass, in bestimmten Fällen und bei Vorliegen klar umrissener Gründe, das Fehlen von Verpflichtungen des Inhabers der zurückgenommenen Vertriebsgenehmigung zur Arzneimittelüberwachung auch die Gewährleistung des Gesundheitsschutzes mit umfasst, müssen die Behörden auch in der Lage sein, die entsprechenden Maßnamen ergreifen zu können, namentlich, sofern erforderlich, die Frist der Importgenehmigung entsprechend der Gültigkeit der Vertriebsgenehmigung zu kürzen (vgl. Urteil vom 16.10.2003 in der Rs. C-223/01, AstraZeneca A/S, noch nicht in der offiziellen Sammlung veröffentlicht). Der Fall betraf die Erteilung einer Genehmigung für ein Generikum und nicht eine Importgenehmigung. Eine Entscheidung des Gerichtshofs in der Frage, ob dieses Prinzip auch auf Parallelimporte Anwendung findet, steht noch aus.

[22]) Die Genehmigung auf Gemeinschaftsebene wird nach dem in der Verordnung (EWG) Nr. 2309/93, ABl. L 214 vom 24.8.1993, S. 1–21, vorgesehenen Verfahren erteilt. Die Verordnung (EG) Nr. 2309/93 war Gegenstand der Mitteilung der Kommission über die gemeinschaftlichen Zulassungsverfahren für Arzneimittel aus dem Jahr 1998 (98C 229/03). Die Mitteilung bietet auch eine Anleitung für das Verfahren der gegenseitigen Anerkennung der Richtlinien 2001/83/EG und 2001/82/EG.

identisch sind[23]), sind Gegenstand ein und derselben Genehmigung für das Inverkehrbringen. Der Parallelgroßhändler kann daher gemäß gemeinschaftlichem Arzneimittelrecht das Arzneimittel direkt auf den Markt bringen und parallel vertreiben. Er kann dies auch tun, wenn der Inhaber der Genehmigung für das Inverkehrbringen das entsprechende Erzeugnis aus dem einen oder anderen Grund noch nicht auf einen bestimmten nationalen Markt gebracht hat.

4. Schutz und Erschöpfung gewerblicher und kommerzieller Eigentumsrechte

Der Eigentümer eines durch die Rechtsvorschriften eines Mitgliedstaats geschützten gewerblichen und kommerziellen Eigentumsrechts kann sich nicht auf diese Rechtsvorschriften berufen, um sich der Einfuhr eines vom Eigentümer dieses Rechtes oder mit dessen Einwilligung auf dem Markt eines anderen Mitgliedstaats rechtmäßig vertriebenen Erzeugnisses zu widersetzen.

Arzneimittel sind im Allgemeinen Gegenstand gewerblicher und kommerzieller Eigentumsrechte, d. h. von Patenten und Marken, die im Wesentlichen nationaler Art sind[24]). Sie können vor den nationalen Behörden und Gerichten geltend gemacht werden, um den Verkauf von gegen diese Rechte verstoßenden eingeführten Arzneimitteln auf dem nationalen Markt zu verhindern.

Der Bestand der gewerblichen und kommerziellen Eigentumsrechte wird durch den EG-Vertrag nicht berührt; ihre Ausübung kann jedoch beschränkt werden, wenn sie gegen das wesentliche Ziel des Vertrages, die nationalen Märkte zu einem Binnenmarkt zu vereinen, verstößt. Der Gerichtshof hat festgestellt[25]), dass Be-

[23]) In der Rechtssache T-123/00, Thomae/Kommission, Slg. 2002, II-5193, stellte das Gericht fest, dass Erwägungen, die an den Einheitscharakter der Gemeinschaftszulassung und das grundlegende Prinzip des freien Warenverkehrs anknüpfen, die Schlussfolgerung zulassen, dass ein Arzneimittel, für das ein Antrag auf Gemeinschaftszulassung gestellt wird, grundsätzlich eine einheitliche Verpackungsaufmachung in Bezug auf Farbe, Logo, Format und Gestaltung aufweisen muss. Der Gerichtshof stellte jedoch auch fest, dass unter außergewöhnlichen Umständen die Verpackungsaufmachung unterschiedlich sein kann. In dem betreffenden Fall ging es um den Zulassungsinhaber und nicht um einen Parallelhändler.

[24]) Siehe jedoch auch Verordnung (EG) Nr. 40/94 des Rates vom 29. Dezember 1993 über die Gemeinschaftsmarke, ABl. L 11 vom 14.1.1994, S. 1, und den Vorschlag für eine Verordnung des Rates über das Gemeinschaftspatent, ABl. C 337 E vom 28.11.2000, S. 278.

[25]) Siehe u. a. Rechtssache 78/70, Deutsche Grammophon gegen Metro, Slg. 1971, 487, und Rechtssache 102/77, Hoffmann-La Roche, Slg. 1978, 1139.

schränkungen des freien Warenverkehrs zum Schutz des gewerblichen und kommerziellen Eigentums nur zulässig sind, soweit sie zur Wahrung der Rechte gerechtfertigt sind, die den spezifischen Gegenstand dieses Eigentums ausmachen[26]).

Diese Regel ist als Grundsatz der Erschöpfung gewerblicher und kommerzieller Eigentumsrechte bekannt[27]). Gemäß diesem Grundsatz kann sich der Eigentümer eines durch die Rechtsvorschriften eines Mitgliedstaats geschützten gewerblichen und kommerziellen Eigentumsrechts nicht auf diese Rechtsvorschriften berufen, um sich der Einfuhr eines vom Eigentümer dieses Rechtes oder mit dessen Einwilligung auf dem Markt eines anderen Mitgliedstaats rechtmäßig vertriebenen Erzeugnisses zu widersetzen. Das Recht gilt als erschöpft, sobald das Erzeugnis irgendwo in der Gemeinschaft auf den Markt gebracht worden ist.

Ein gewerbliches Eigentumsrecht gilt auch dann als erschöpft, wenn ein Erzeugnis, das der Eigentümer des gewerblichen Eigentumsrechts zuerst in einem Mitgliedstaat vertreibt, in dem es geschützt ist, und dann in einem anderen Mitgliedstaat, in dem es nicht geschützt ist: der Eigentümer des Rechts kann die Paralleleinfuhr des Erzeugnisses aus letzterem Mitgliedstaat in den ersteren nicht verhindern[28]).

Eine wichtige, wenn auch nur vorübergehende Ausnahme von dieser Regel, die sich in den Diskussionen um die G10 Medizininitiative herausgestellt hat[29]), ergibt

[26]) „Der spezifische Gegenstand des (gewerblichen) Eigentums ist die Garantie, dass der Patentinhaber zum Ausgleich für seine schöpferische Erfindertätigkeit das ausschließliche Recht erlangt, gewerbliche Erzeugnisse herzustellen und erstmals in den Verkehr zu bringen, mithin die Erfindung entweder selbst oder im Wege der Lizenzvergabe an Dritte zu verwerten, und dass er ferner das Recht erlangt, sich gegen jegliche Zuwiderhandlung zur Wehr zu setzen“, Rechtssache 15/74, Centrafarm gegen Sterling Drug, Slg. 1974, 1147, bestätigt durch verbundene Rechtssachen C-267/95 und C-268/95, Merck gegen Primecrown, Slg. 1996, I-6285.

[27]) Dieser allgemeine Grundsatz, der auf der Unterscheidung zwischen dem Bestehen und der Ausübung von Patentrechten basiert, wurde in den europäischen Rechtsvorschriften über das gewerbliche Eigentum verankert. Siehe hierzu Artikel 7 der Richtlinie 89/104/EWG des Rates vom 21. Dezember 1988 zur Angleichung der Rechtsvorschriften der Mitgliedstaaten über die Marken (ABl. L 40 vom 11.12.1989, S. 1), der die Rechtsprechung des Gerichtshofs vor allem in folgenden Rechtssachen aufnimmt: Rechtssache 15/74, Centrafarm gegen Sterling, Slg. 1974, 1147, Rechtssache C-10/89, CNL-SUCAL gegen HAG GF, Slg. 1990, I-3711, und Rechtssache C-9/93 IHT Internationale Heiztechnik gegen Ideal Standard, Slg. 1994, I-2789.

[28]) Rechtssachen 187/80, Merck gegen Stephar, Slg. 1981, 2603, C-10/89 HAG, Slg. 1990, 3711, C-191/90, Generics and Harris Pharmaceutical, Slg. 1992, 5335, verbundene Rechtssachen C-267/95 und C-268/95, Merck gegen Primecrown, Slg. 1996, I-6285.

[29]) Siehe Mitteilung der Kommission „Die pharmazeutische Industrie Europas zum Wohl der Patienten stärken: was zu tun ist“, KOM (2003) 383.

sich mit dem Beitritt der neuen Mitgliedstaaten 2004, d. h. der Tschechischen Republik, Estlands, Lettlands, Litauens, Ungarns, Polens, Sloweniens und der Slowakei[30]). Im Beitrittsvertrag ist ein besonderer Mechanismus vorgesehen[31]), durch den Paralleleinfuhren aus den vorgenannten neuen Mitgliedstaaten verhindert werden, bis das Patent oder der Ergänzende Schutz des betreffenden Arzneimittels in diesen Mitgliedstaaten auslaufen[32]).

5. Markenschutz und Umpacken

Der Markeninhaber darf von seinem Markenrecht nicht Gebrauch machen, um das Umpacken eines parallel eingeführten Erzeugnisses zu unterbinden, wenn

- der Gebrauch des Markenrechts durch den Inhaber zur künstlichen Abschottung der Märkte zwischen den Mitgliedstaaten beiträgt,
- das Umpacken den Originalzustand der Ware nicht beeinträchtigen kann,
- auf der neuen Verpackung angegeben ist, von wem das Erzeugnis umgepackt und hergestellt wurde,
- das umgepackte Arzneimittel nicht so aufgemacht ist, dass dadurch der Ruf der Marke und ihres Inhabers geschädigt werden kann und
- der Markeninhaber unterrichtet wird, bevor das umgepackte Erzeugnis zum Kauf angeboten wird.

Unter gewissen Umständen[33]) ist das Umpacken des Erzeugnisses und das Wiederanbringen der Marke oder ihre Ersetzung durch eine für dasselbe Erzeugnis im

[30]) Ein Patent oder ein ergänzender Schutz könnten in den beiden anderen neuen Mitgliedstaaten Malta und Zypern erlangt worden sein, die daher nicht in der Liste enthalten sind.

[31]) „Im Falle der Tschechischen Republik, Estlands, Lettlands, Litauens, Ungarns, Polens, Sloweniens oder der Slowakei kann sich der Inhaber eines Patents oder eines Ergänzenden Schutzzertifikats für ein Arzneimittel, das in einem Mitgliedstaat zu einem Zeitpunkt eingetragen wurde, als ein entsprechender Schutz für das Erzeugnis in einem der vorstehenden neuen Mitgliedstaaten nicht erlangt werden konnte, oder der vom Inhaber Begünstigte auf die durch das Patent oder das Ergänzende Schutzzertifikat eingeräumten Rechte berufen, um zu verhindern, dass das Erzeugnis in Mitgliedstaaten, in denen das betreffende Erzeugnis durch ein Patent oder Ergänzendes Schutzzertifikat geschützt ist, eingeführt und dort in den Verkehr gebracht wird; dies gilt auch dann, wenn das Erzeugnis in jenem neuen Mitgliedstaat erstmalig von ihm oder mit seiner Einwilligung in den Verkehr gebracht wurde.“, Beitrittsakte, Dritter Teil, Titel II, Anhang IV Kapitel 2 „Gesellschaftsrecht“, AA2003/ACT, Anhang IV, S. 2499, unterzeichnet am 16. April 2003 in Athen.

[32]) Diese neuen Mitgliedstaaten haben im Zeitraum zwischen 1991 und 1994 neue Patentschutzrechte eingeführt.

[33]) Zum Beispiel Anforderungen im Zusammenhang mit der Sprache, in der die Kennzeichnung abgefasst werden muss, und den Anweisungen oder nationalen Vorschriften über die Packungsgröße.

Einfuhrmitgliedstaat verwendete andere Marke erforderlich, um das Inverkehrbringen eines parallel eingeführten Erzeugnisses in einem Mitgliedstaat zu ermöglichen. Die Frage wurde vom Gerichtshof behandelt, und es ergaben sich zahlreiche Bedingungen im Hinblick auf die Notwendigkeit und das Ausmaß der Änderungen an der Originalverpackung.

Gemäß Artikel 7 Absatz 2 der Richtlinie 89/104/EWG[34]) findet der Grundsatz der Erschöpfung des Rechts aus der Marke keine Anwendung, wenn berechtigte Gründe es rechtfertigen, dass der Markeninhaber sich dem weiteren Vertrieb der Waren widersetzt, insbesondere wenn der Zustand der Waren nach ihrem Inverkehrbringen verändert oder verschlechtert ist. Der Gerichtshof hat anerkannt, dass Artikel 7 der Richtlinie die Frage der Erschöpfung der Markenrechte für in der Gemeinschaft vertriebene Erzeugnisse umfassend regelt, jedoch gleichzeitig festgestellt, dass die Richtlinie wie alle anderen abgeleiteten Rechtsvorschriften im Lichte der Vorschriften des EG-Vertrags über den freien Warenverkehr und insbesondere Artikel 30[35]) ausgelegt werden muss. Dies erklärt sich dadurch, dass eine Richtlinie, außer im Rahmen dessen, was der Vertrag zulässt, keine Behinderungen des innergemeinschaftlichen Handels rechtfertigen kann[36]).

Es wurde bereits erwähnt, dass die Abweichung vom Grundsatz des freien Warenverkehrs zum Schutz des gewerblichen und kommerziellen Eigentums[37]) nur erlaubt ist, wenn sie zur Wahrung der Rechte gerechtfertigt ist, die den spezifischen Gegenstand dieses Eigentums ausmachen. Der Gerichtshof hat festgestellt, dass der spezifische Gegenstand eines Warenzeichens insbesondere darin besteht, dem Inhaber das ausschließliche Recht zu verleihen, das Warenzeichen beim erstmaligen Inverkehrbringen eines Erzeugnisses zu benutzen, und dass er dadurch vor Konkurrenten geschützt wird, die die Stellung und den Ruf des Warenzeichens durch den Vertrieb widerrechtlich mit diesem Warenzeichen versehene Erzeugnisse zu missbrauchen suchen[38]). Demgemäß besteht die Hauptfunktion des Warenzeichens

[34]) ABl. L 40 vom 11.12.1989, S. 1.

[35]) Verbundene Rechtssachen C-427/93, C-429/93 und C-436/93, Bristol-Myers Squibb und andere, Slg. 1996, I-3457.

[36]) Nach der Rechtsprechung des Gerichtshofs in der Rechtssache C-51/93, Meyhui gegen Schott Zwiesel Glaswerke, Slg. 1994, I-3879, gilt das Verbot von mengenmäßigen Beschränkungen sowie von Maßnahmen gleicher Wirkung – Artikel 28 EGV – nicht nur für nationale Maßnahmen sondern auch für Maßnahmen der Gemeinschaftsorgane.

[37]) Artikel 30 EG-Vertrag.

[38]) Siehe u. a. die Rechtssachen 16/74, Centrafarm gegen Winthrop, Slg. 1974, 1183, 102/77, Hoffmann-La Roche, Slg. 1978, 1139, und 1/81, Pfizer gegen Eurim-Pharm, Slg. 1981, 2913, bestätigt durch die verbundenen Rechtssachen C-427/93, C-429/93 und C-436/93, Bristol-Myers Squibb und andere, Slg. 1996, I-3457.

darin, dem Verbraucher die Ursprungsidentität des Erzeugnisses zu garantieren, indem ihm ermöglicht wird, dieses Erzeugnis ohne Verwechslungsgefahr von Erzeugnissen anderer Herkunft zu unterscheiden sowie auch dem Verbraucher zu gewährleisten, dass an dem Erzeugnis nicht durch einen Dritten ohne Zustimmung des Warenzeicheninhabers ein Eingriff vorgenommen wurde, der den Originalzustand des Erzeugnisses berührt hat[39]).

Daraus folgt, dass der Markeninhaber von seinem Markenrecht nicht Gebrauch machen darf, um das Umpacken zu unterbinden, wenn

- der Gebrauch des Markenrechts durch den Inhaber, unter Berücksichtigung des von ihm angewandten Vermarktungsverfahrens, zur künstlichen Abschottung der Märkte zwischen den Mitgliedstaaten beiträgt;
- das Umpacken den Originalzustand der Ware nicht beeinträchtigen kann;
- auf der neuen Verpackung angegeben ist, von wem das Erzeugnis umgepackt und hergestellt wurde;
- das umgepackte Arzneimittel nicht so aufgemacht ist, dass dadurch der Ruf der Marke und ihres Inhabers geschädigt werden kann; und wenn
- der Markeninhaber unterrichtet wird, bevor das umgepackte Erzeugnis zum Kauf angeboten wird[40]).

Der Gerichtshof hat jedoch auch festgestellt, dass die Voraussetzung der Notwendigkeit nicht erfüllt ist, wenn der Paralleleinführer das Umpacken des Erzeugnisses, das Wiederanbringen der Marke oder ihre Ersetzung ausschließlich deshalb vornehmen möchte, um einen wirtschaftlichen Vorteil zu erlangen. In diesem Fall kann der Markeninhaber rechtmäßig von seinem Recht Gebrauch machen, die vorgenannten Handlungen zu verhindern.

Ob ein Umpacken gemäß den nachstehend genannten Bedingungen objektiv notwendig ist, ist in jedem Fall nach den zum Zeitpunkt des Inverkehrbringens des Arzneimittels im Einfuhrmitgliedstaat gegebenen Umständen zu beurteilen.

[39]) Siehe Anmerkung 38.

[40]) Diese Voraussetzungen sind vom Gerichtshof seit der Rechtssache 102/77, Hoffmann-La Roche, Slg. 1978, 1139, in einer Reihe von Urteilen erläutert worden. Siehe insbesondere Rechtssache 1/81, Pfizer gegen Eurim-Pharm, Slg. 1981, 2913, verbundene Rechtssachen C-427/93, C-429/93 und C-436/93, Bristol-Myers Squibb und andere, Slg. 1996, I-3457, Rechtssache C-379/97, Upjohn, Slg. 1999, I-6927, Rechtssache C-443/99, Merck, Sharp & Dohme, Slg. 2002, I-3703, und Rechtssache C-143/00, Boehringer, Slg. 2002, I-03759.

5.1 Künstliche Abschottung des Binnenmarkts

Dies ist der Fall, wenn der Markeninhaber das gleiche Arzneimittel in unterschiedlichen Packungen und/oder unter einer anderen Marke in verschiedenen Mitgliedstaaten in den Verkehr gebracht hat[41]) und Packungen der im Ausfuhrmitgliedstaat vertriebenen Größe im Einfuhrmitgliedstaat aus verschiedenen Gründen nicht vertrieben werden können[42]). Außerdem hat der Gerichtshof festgestellt, dass daraus, dass eine der vielen Größen der im Einfuhrmitgliedstaat vertriebenen Ware auch im Ausfuhrmitgliedstaat vertrieben wird, nicht geschlossen werden kann, dass ein Umpacken der Ware nicht notwendig ist. Es läge nämlich auch eine Abschottung der Märkte vor, wenn der Einführer die Ware nur in einem Teil des Marktes für diese Ware vertreiben könnte.

Es muss beachtet werden, dass unter allen Umständen ein Umpacken nur erlaubt ist, wenn es notwendig ist. Wenn zum Beispiel das eingeführte Erzeugnis durch das einfache Anbringen neuer Aufkleber an der Originalverpackung oder das Einlegen eines neuen Beipack- oder Informationszettels tatsächlichen Zugang zum Markt eines Mitgliedstaates erhalten kann, dann kann sich der Markeninhaber dem Umpacken in der Tat widersetzen, soweit es nicht objektiv notwendig ist.

Der Gerichtshof hat den Begriff „tatsächlicher Zugang" klargestellt und erklärt[43]), dass auf einem Markt oder einem beträchtlichen Teil dieses Marktes ein so starker Widerstand eines nicht unerheblichen Teils der Verbraucher gegen mit Etiketten überklebte Arzneimittelpackungen bestehen kann, dass von einem Hindernis für den tatsächlichen Zugang zum Markt auszugehen ist. Daher kann sich der Markeninhaber unter diesen Umständen dem Umpacken nicht widersetzen.

[41]) Die Frage der Ersetzung der Marke durch die vom Markeninhaber im Bestimmungsmitgliedstaat verwendete Marke wurde vom Gerichtshof in der Rechtssache C-379/97, Upjohn, Slg. 1999, I-6927, behandelt.

[42]) Die künstliche Abschottung des Marktes muss nicht notwendigerweise unmittelbar dem Markeninhaber anzulasten oder von ihm beabsichtigt sein, sondern kann auch durch Faktoren wie die vom Gerichtshof angeführten verursacht werden: weil es eine Regelung gibt, nach der nur Packungen einer bestimmten Größe zulässig sind oder weil eine entsprechende nationale Praxis besteht, weil Vorschriften der Krankenversicherungen die Erstattung der Krankheitskosten von der Packungsgröße abhängig machen, oder weil feste ärztliche Verschreibungsgewohnheiten bestehen, die u.a. auf durch Berufsverbände und Krankenversicherungsträger empfohlenen Normgrößen basieren.

[43]) Rechtssache C-443/99, Merck, Sharp & Dohme, Slg. 2002, I-3703.

5.2 Beeinträchtigung des Originalzustands der Ware

Mit „Beeinträchtigung des Originalzustands der Ware“ ist der Zustand der Ware in der Verpackung gemeint. Der Zustand der Ware wird nicht als beeinträchtigt betrachtet,

- wenn sich das Umpacken nur auf die äußere Verpackung bezieht, während die innere Verpackung unberührt bleibt, oder
- wenn das Umpacken von einer Behörde daraufhin überwacht wird, dass die einwandfreie Beschaffenheit der Ware gewährleistet ist.

Aus der Rechtssprechung des Gerichtshofs geht hervor, dass das Herausnehmen von Blisterstreifen, Flaschen, Ampullen oder Inhalatoren aus ihrer äußeren Originalverpackung und ihr Umpacken in eine neue äußere Verpackung den Originalzustand der in der Verpackung enthaltenen Ware nicht beeinträchtigen können. Dasselbe gilt für das Anbringen von Aufklebern auf Flaschen, Ampullen oder Inhalatoren, das Einlegen eines neuen Beipack- oder Informationszettels in der Sprache des Einfuhrmitgliedstaats oder das Beilegen eines zusätzlichen Artikels (z. B. eines Sprühgeräts), der nicht vom Markeninhaber stammt.

Andererseits hat der Gerichtshof bestätigt, dass der Originalzustand der Ware in der Verpackung mittelbar beeinträchtigt werden kann, wenn zum Beispiel

- die äußere oder innere Verpackung der umgepackten Ware oder ein neuer Beipack- oder Informationszettel bestimmte wichtige Angaben nicht enthält oder aber unzutreffende Angaben über die Art der Ware, ihre Zusammensetzung, ihre Wirkung, ihren Gebrauch oder ihre Aufbewahrung enthält, oder
- ein vom Einführer in die Verpackung eingelegter zusätzlicher Artikel, der zur Einnahme und zur Dosierung des Arzneimittels dient, nicht der Gebrauchsanweisung und den Dosierungsempfehlungen des Herstellers entspricht.

5.3 Angaben über den Umpacker und Hersteller der Ware

Da es im Interesse des Markeninhabers liegt, den Verbraucher nicht zu der Annahme zu veranlassen, er sei für das Umpacken verantwortlich, muss auf der äußeren Verpackung deutlich angegeben sein, von wem das Erzeugnis umgepackt worden ist. Die Angabe muss so aufgedruckt sein, dass sie ein normalsichtiger Verbraucher bei Anwendung eines normalen Maßes an Aufmerksamkeit verstehen kann. Hat der Parallelimporteur außerdem einen zusätzlichen Artikel, der nicht vom Markeninhaber stammt, in die Verpackung eingelegt, so hat er dafür zu sorgen, dass die Herkunft dieses Artikels in einer Weise angegeben wird, die den Eindruck ausschließt, dass der Markeninhaber dafür verantwortlich ist.

Es kann jedoch nicht verlangt werden, auf der Verpackung außerdem ausdrücklich anzugeben, dass das Umpacken der Ware ohne Zustimmung des Markeninhabers erfolgt ist, da eine solche Angabe den irreführenden Eindruck erwecken könnte, die umgepackte Ware sei nicht völlig ordnungsgemäß.

5.4 Aufmachung der umgepackten Ware

Der Gerichtshof hat bestätigt, dass, auch wenn auf der Verpackung steht, von wem die Ware umgepackt worden ist, nicht ausgeschlossen werden kann, dass eine unzureichende Aufmachung der umgepackten Ware dennoch den Ruf der Marke und damit ihres Inhabers schädigt. In einem solchen Fall hat der Markeninhaber ein durch den spezifischen Gegenstand des Markenrechts bedingtes berechtigtes Interesse daran, sich dem Vertrieb der Ware widersetzen zu können. Bei der Beurteilung der Frage, ob die Aufmachung der umgepackten Ware geeignet ist, den Ruf der Marke zu schädigen, sind die Art der Ware und der Markt, für den sie bestimmt ist, zu berücksichtigen[44]).

5.5 Vorherige Unterrichtung des Markeninhabers

Der Markeninhaber muss unterrichtet werden, bevor das umgepackte Erzeugnis zum Kauf angeboten wird. Außerdem kann er verlangen, dass der Einführer ihm vor dem Vertrieb ein Muster der umgepackten Ware liefert, damit er nachprüfen kann, ob das Umpacken nicht in einer Weise vorgenommen wird, die den Originalzustand der Ware unmittelbar oder mittelbar beeinträchtigt, und ob deren Aufmachung nach dem Umpacken nicht den Ruf der Marke schädigt[45]). Erfüllt der Paralleleinführer[46]) diese Bedingung nicht, kann sich der Markeninhaber dem Inverkehrbringen des umgepackten Arzneimittels widersetzen.

[44]) Die Verbraucher sind besonders anspruchsvoll, was die Qualität und Unversehrtheit von Arzneimitteln angeht, und beschädigte, minderwertige oder unsaubere Verpackungen könnten den Ruf der Marke schädigen. Die Anforderungen an die Aufmachung eines umgepackten Arzneimittels unterscheiden sich, je nachdem, ob das Erzeugnis an Krankenhäuser oder über Apotheken an die Verbraucher verkauft wird. Im ersten Fall werden die Erzeugnisse den Patienten von Fachleuten verabreicht, für die die Aufmachung von untergeordneter Bedeutung ist, im zweiten Fall ist die Aufmachung für die Verbraucher von größerer Bedeutung.

[45]) Dieses Erfordernis bietet dem Markeninhaber außerdem bessere Möglichkeiten, sich gegen Nachahmungen zu schützen.

[46]) Es genügt nicht, dass der Markeninhaber von anderer Seite unterrichtet wird, z. B. von der Behörde, die den Parallelimport genehmigt, Rechtssache C-143/00, Boehringer, Slg. 2002, I-03759.

Beide Beteiligte müssen sich jedoch in redlicher Weise bemühen, die berechtigten Interessen des Anderen zu achten. Demzufolge muss dem Markeninhaber eine angemessene Frist eingeräumt werden, damit dieser das Erzeugnis prüfen kann, bevor er auf die Unterrichtung reagiert, wobei aber auch das Interesse des Paralleleinführers berücksichtigt werden muss, das Erzeugnis so bald wie möglich nach Erlangung der erforderlichen Genehmigung von der zuständigen Behörde in Verkehr zu bringen. In der Rechtssache Boehringer[47]) hat der Gerichtshof festgestellt, dass eine Frist von 15 Arbeitstagen angemessen erscheint, wenn der Paralleleinführer dem Markeninhaber zusammen mit der Unterrichtung ein Muster des umgepackten Arzneimittels übersandt hat. Der Gerichtshof fügte hinzu, dass es, da diese Frist Hinweischarakter hat, dem Paralleleinführer freisteht, eine kürzere Frist zu gewähren, und dem Markeninhaber, eine längere als die vom Paralleleinführer eingeräumte Frist für die Reaktion in Anspruch zu nehmen.

Es ist zu beachten, dass bei Paralleleinfuhren von Arzneimitteln, die unter die Ausnahme gemäß dem Beitrittsvertrag 2003 fallen, der Paralleleinführer seine Absicht einen Monat vorher ankündigen muss[48]).

5.6 Genehmigung auf Gemeinschaftsebene

Ist ein Arzneimittel auf Gemeinschaftsebene genehmigt worden[49]) bezieht sich die nach der Verordnung Nr. 2309/93 erteilte Genehmigung für das Inverkehrbringen auf die betreffende spezifische Verpackung, die für das Arzneimittel im Genehmigungsantrag vorgeschrienben ist. In der Genehmigung wird die Verpackungsgröße des Arzneimittels festgelegt.[50]) Der Gerichtshof hat festgestellt, dass die spezifischen und detaillierten Vorschriften für die Verpackung, mit denen einer Irreführ-

[47]) Rechtssache C-143/00, Boehringer, Slg. 2002, I-03759.

[48]) „Jede Person, die ein Arzneimittel im Sinne des vorstehenden Absatzes in einen Mitgliedstaat einzuführen oder dort zu vermarkten beabsichtigt, in dem das Arzneimittel Patentschutz oder den Ergänzenden Schutz genießt, hat den zuständigen Behörden in dem die Einfuhr betreffenden Antrag nachzuweisen, dass der Schutzrechtsinhaber oder der von ihm Begünstigte einen Monat zuvor unterrichtet worden ist." (Beitrittsakte, Dritter Teil, Titel II, Anhang IV, Kapitel 2 „Gesellschaftsrecht" AA2003/ACT, Anhang IV, S. 2499, unterzeichnet am 16. April 2003 in Athen.

[49]) Die Genehmigung auf Gemeinschaftsebene erfolgt nach dem in der Verordnung (EWG) Nr. 2309/93 des Rates, ABl. L 214 vom 24.8.1993, S. 1–21, vorgesehenen zentralisierten Gemeinschaftsverfahren.

[50]) Nach Artikel 9 Absatz 3 und Artikel 10 Absatz 1 sowie Artikel 11 Unterabsatz 2 der Verordnung (EWG) Nr. 2309/93 enthält der Anhang der Genehmigung den Entwurf des Texts der Aufmachung und des Beipackzettels, vorgestellt laut Richtlinie 92/27/EWG (jetzt Richtlinie 2001/83/EG, Artikel 54 – 69. Daher sind die der Arzneimittelverpackung aufzudruckenden Angaben und Informationen beziehen sich deshalb speziell auf diese Verpackung, da sie deren Verpackungsgröße und unmittelbare Verpackung, die gemäß Artikel 6 Absatz 1 der genannten Verordnung im Genehmigungsantrag festgelegt sind, zur Grundlage haben.

rung des Verbrauchers vorgebeugt und so die öffentliche Gesundheit geschützt werden soll, einer Zusammenfassung und Umetikettierung der Verpackungen dieser Arzneimittel entgegenstehen[51]). Der Gerichtshof führte jedoch weiter aus, dass eine neue Verpackung geschaffen werden kann, wenn dieses Umpacken objektiv erforderlich ist[52]), um dem eingeführten Erzeugnis tatsächlichen Zugang zum Markt dieses Staates zu verschaffen.

Obwohl keine weitergehende Genehmigung erforderlich ist, sollen die Gemeinschaft (in Praxis: Europäische Agentur für die Beurteilung von Arzneimitteln – EMEA) sowie die nationalen Behörden derjenigen Mitgliedstaaten, in denen das jeweilige Medikament parallel vertrieben wird, von dem Parallelimport in Kenntnis gesetzt werden, um einerseits der EMEA die Möglichkeit zu geben, die Einhaltung der Bestimmungen des gemeinschaftlichen Zulassungsverfahrens zu überprüfen und andererseits den nationalen Behörden zu ermöglichen, den Markt zu überwachen (Chargenidentifikation, Arzneimittelüberwachung) und eine post-marketing-Kontrolle auszuüben (Mitteilung der Kommission über die gemeinschaftlichen Zulassungsverfahren für Arzneimittel, ABl. C 229 vom 22.07.1998, S. 4–17).[53])

6. Schlussfolgerungen

Seit der Annahme der Mitteilung der Kommission von 1982 hat der Gerichtshof zahlreiche Fragen bezüglich Paralleleinfuhren von Arzneimitteln behandelt und bestätigt, dass für ein parallel eingeführtes Arzneimittel eine Genehmigung nach einem vereinfachten Verfahren gewährt werden kann, wenn die Behörden des Einfuhrmitgliedstaats bereits über die zum Schutz der öffentlichen Gesundheit erforderlichen Informationen verfügen. Dies ist der Fall, wenn für das Inverkehrbringen des eingeführten Erzeugnisses im Ausfuhrmitgliedstaat bereits eine Genehmigung vorliegt und das eingeführte Erzeugnis hinreichend einem Erzeugnis gleicht, für das im Einfuhrmitgliedstaat bereits eine Genehmigung vorliegt. Demzufolge hat der Gerichts-

[51]) Rechtssache C-433/00, Aventis Pharma Deutschland, Slg. 2002, I-7761.

[52]) Die Umstände, die zum Zeitpunkt des Inverkehrbringens im Einfuhrmitgliedstaat vorherrschen, werden ebenfalls nach den in der Rechtsprechung des Gerichtshofs genannten Kriterien gewürdigt, siehe hierzu Anmerkung 38.

[53]) Die Kommission schlägt vor, dieses System im Rahmen der gegenwärtigen Überarbeitung der pharmazeutischen Rechtsvorschriften (Art. 76 (3) der Richtlinie 2001/83/EG und Art. 57 (1) (n) der vorgeschlagenen Verordnung zur Ersetzung der Verordnung 2309/93/EWG) verbindlich auszugestalten. Die Kommission hat im November 2001 ein Paket zur Überarbeitung der pharmazeutischen Rechtsvorschriften vorgeschlagen, welches eine Verordnung zur Ersetzung der Verordnung 2309/93/EWG sowie eine Richtlinie zur Anpassung der Richtlinien 2001/83/EG und 2001/82/EG (KOM (2001) 404 endg.) umfasst. Das Paket befindet sich derzeit in der zweiten Lesung im Europäischen Parlament 2001/0252 (COD), 2001/0253 (COD) und 2001/0254 (COD)).

hof festgestellt, dass, wenn die Genehmigung für das Inverkehrbringen im Einfuhrmitgliedstaat aus anderen Gründen als dem Schutz der öffentlichen Gesundheit zurückgezogen wird, die Genehmigung für die Paralleleinfuhr gültig bleibt. Eine weitere Entwicklung, die wesentlich zur Rechtssicherheit und damit zum reibungslosen Funktionieren des Binnenmarkts beigetragen hat, ist die Reihe von Urteilen des Gerichtshofs in Bezug auf das Umpacken eines parallel eingeführten Erzeugnisses. Der Gerichtshof hat klargestellt, dass der Schutz eines Markenrechts nicht unbegrenzt gilt und insbesondere nicht zur künstlichen Abschottung des Binnenmarkts beitragen darf. Daher kann der Paralleleinführer eine Arzneispezialität umpacken und die Marke wiederanbringen oder auch durch die auf dem Einfuhrmarkt übliche ersetzen, vorausgesetzt, das Umpacken bringt keine Beeinträchtigung des Originalzustands des Erzeugnisses und keine Schädigung des Rufs der Marke und ihres Inhabers mit sich. Weitere vom Gerichtshof bestätigte Bedingungen sind, dass auf der neuen Verpackung anzugeben ist, von wem das Erzeugnis umgepackt wurde und dass der Markeninhaber unterrichtet werden muss, bevor das umgepackte Erzeugnis zum Kauf angeboten wird.

Dennoch sind nicht alle Fragen in Bezug auf Paralleleinfuhren vom Gerichtshof behandelt worden. Mit fortschreitender Entwicklung des Binnenmarkts tauchen ständig neue Fragen auf, und alte Antworten müssen weiter präzisiert werden. Während alle Beteiligten im Rahmen des Binnenmarkts ihre berechtigten Interessen verfolgen, bilden die Einhaltung der bestehenden Vorschriften und die fortdauernde Zusammenarbeit zwischen den Gemeinschaftsinstitutionen, den nationalen Behörden und den Marktbeteiligten weiterhin eine solide Grundlage für die Lösung der noch verbleibenden Probleme.

Anhang

Fragen und Antworten

An wen richtet sich diese Mitteilung?

Sie richtet sich an die nationalen Verwaltungsbehörden, aber auch an Unternehmen und Einzelpersonen, die mit dem Inverkehrbringen von Arzneimitteln zu tun haben.

Wie kann sie mir nützlich sein?

Die Entscheidungsträger und die nationalen Verwaltungsbehörden, die sich mit Anträgen auf Genehmigung von Paralleleinfuhren befassen, können durch Bezugnahme auf die Rechtsprechung des Gerichtshofs Lösungen für komplexe Probleme finden und die Marktbeteiligten können sich genau über die Rechte und Pflichten informieren, die sich aus dem Grundsatz des freien Warenverkehrs ergeben.

Sind Paralleleinfuhren legal?

Paralleleinfuhren sind legal, sie sind eine direkte Folge von Preisunterschieden und der Entwicklung des Binnenmarktes, der den freien Warenverkehr garantiert. Allerdings müssen, wie immer, auch hier bestimmte Voraussetzungen erfüllt sein, vor allem das Anliegen des Gesundheitsschutzes.

Aber bedeutet das Wort „parallel" nicht doch etwas nicht ganz Legales?

Absolut nicht. Es bedeutet lediglich, dass ein Arzneimittel außerhalb des Vertriebsnetzes des Herstellers oder seines Lizenzinhabers in den Verkehr gebracht wird. In jedem Fall handelt es sich aber um ein identisches oder ein hinreichend ähnliches Erzeugnis.

Ist dann der Ausdruck „Ähnlichkeit" bzw. „Gleichartigkeit" nicht ziemlich zweideutig?

Im Gegenteil. Der Begriff wurde vom Gerichtshof zum Nutzen der Patienten und der nationalen Gesundheitsbehörden geklärt. Insbesondere hat der Gerichtshof festgestellt, dass das parallel eingeführte Erzeugnis (d. h., nachdem der Einfuhrmitgliedstaat eine erste Genehmigung für das Inverkehrbringen erteilt hat) nicht in allen Punkten mit dem bereits vom Hersteller in den Verkehr gebrachten Erzeugnis übereinstimmen muss, jedoch mindestens nach der gleichen Formel und unter Verwendung des gleichen Wirkstoffs hergestellt worden sein und die gleiche therapeutische Wirkung haben muss.

Kann der Einfuhrmitgliedstaat nicht trotzdem Paralleleinfuhren untersagen oder einschränken?

Das kann der Mitgliedstaat in der Tat, vorausgesetzt, er weist nach, dass eine etwaige Einschränkung aus Gründen des Schutzes der Gesundheit und des Lebens von Menschen oder des Schutzes des gewerblichen und kommerziellen Eigentums (d. h. Patente und Marken) gerechtfertigt ist. Die nationalen Behörden müssen auch nachweisen, dass derartige Maßnahmen notwendig und verhältnismäßig sind.

Wie lassen sich die Gesundheit und das Leben der Menschen wirksam schützen?

Den Mitgliedstaaten stehen verschiedene Instrumente und Verfahren zur Verfügung, um die öffentliche Gesundheit zu schützen. Hierzu gehört, dass das Inverkehrbringen von Arzneimitteln nur nach einer gründlichen Prüfung genehmigt wird. Nachdem die Genehmigung einmal erteilt wurde, wäre es aber unnötig, unverhältnismäßig, zeitaufwändig und kostspielig, wenn das Arzneimittel das gleiche Verfahren noch einmal durchlaufen müsste. Deshalb können die nationalen Behörden bestätigen, dass ein parallel importiertes Arzneimittel mit dem Arzneimittel hinreichend identisch ist, für das die Genehmigung bereits erteilt wurde, oder diesem zumindest in den wesentlichen Punkten ähnlich ist. Der Paralleleinführer muss dann im Rahmen eines sehr viel einfacheren Verfahrens alle notwendigen Informationen vorlegen, um nachzuweisen, dass die oben genannten Voraussetzungen erfüllt sind. Entsprechend wird die Genehmigung für Paralleleinfuhren nicht automatisch zurückgezogen, wenn die erste Genehmigung aus anderen Gründen als aus Gründen des Gesundheitsschutzes zurückgezogen wird.

Kann ein Hersteller Paralleleinfuhren nicht unterbinden oder beschränken?

Der Hersteller oder allgemein der Inhaber eines gewerblichen oder kommerziellen Eigentumsrechts kann sehr wohl die nationalen Behörden oder die Gerichte des Einfuhrmitgliedstaats auffordern, diese spezifischen Rechte zu schützen. Mit anderen Worten kann ein Patentinhaber den Schutz seines ausschließlichen Rechts auf Nutzung seiner Erfindung erlangen, um gewerbliche Erzeugnisse herzustellen und erstmals in den Verkehr zu bringen, also die Erfindung entweder selbst oder im Wege der Lizenzvergabe an Dritte zu verwerten. Entsprechend ist, sobald er sein Erzeugnis zum ersten Mal in den Verkehr gebracht hat, sein ausschließliches Vermarktungsrecht im Binnenmarkt erschöpft, d. h., der Paralleleinführer kann dieses Erzeugnis in einem Mitgliedstaat kaufen und in einem anderen Mitgliedstaat in den Verkehr bringen.

Kann der Paralleleinführer noch weiter gehen und Einfluss auf das Erzeugnis nehmen?

Die Paralleleinführer dürfen die wesentlichen Merkmale des Erzeugnisses nicht verändern; man würde dann möglicherweise ein anderes Erzeugnis erhalten, das nicht mehr unter die Definition der parallel eingeführten Erzeugnisse fallen würde. Es gibt jedoch Umstände (z. B. sprachliche Unterschiede), unter denen bestimmte Veränderungen der Form der Verpackung für das Inverkehrbringen des Arzneimittels im Einfuhrmitgliedstaat als notwendig erachtet werden, um nämlich eine künstliche Abschottung im Binnenmarkt zu verhindern. Aus diesem Grund darf der Paralleleinführer die Verpackung verändern und die Marke auf der neuen Verpackung anbringen oder sie sogar durch die Marke ersetzen, die für dasselbe Erzeugnis im Einfuhrmitgliedstaat verwendet wird, vorausgesetzt, dies beeinträchtigt den Originalzustand des Arzneimittels nicht, auf der neuen Verpackung wird angegeben, durch wen das Erzeugnis umgepackt und hergestellt wurde, die Aufmachung des umgepackten Erzeugnisses ist nicht geeignet, den Ruf der Marke und ihres Eigentümers zu schädigen, und vorausgesetzt, der Eigentümer der Marke wird vor dem Inverkehrbringen des umgepackten Erzeugnisses unterrichtet. Der Gerichtshof hat genaue Leitlinien für jede dieser Bedingungen vorgegeben.

Also Ende gut alles gut?

Nicht wirklich. Obwohl der Gerichtshof sich mit sehr vielen Fragen befasst hat und trotz der Gemeinschaftsrechtsvorschriften über allgemeine Fragen im Zusammenhang mit dem Inverkehrbringen von Arzneimitteln, gibt es natürlich noch lange keinen „definitiven“ Leitfaden für Paralleleinfuhren. Ständig tauchen neue Fragen auf, und alte Antworten müssen weiter präzisiert werden. Die Einhaltung der bestehenden Vorschriften und die fortdauernde Zusammenarbeit zwischen den Gemeinschaftsinstitutionen, den nationalen Behörden und den Marktbeteiligten bildeten und bilden eine solide Grundlage für die Lösung der noch verbleibenden Probleme.

Richtlinie 89/105/EWG des Rates
vom 21. Dezember 1988
betreffend die Transparenz von Maßnahmen
zur Regelung der Preisfestsetzung
bei Arzneimitteln für den menschlichen Gebrauch
und ihre Einbeziehung in die staatlichen Krankenversicherungssysteme
(ABl. L 40 vom 11.2.1989, S. 8)

Der Rat der Europäischen Gemeinschaften –

gestützt auf den Vertrag zur Gründung der Europäischen Wirtschaftsgemeinschaft, insbesondere auf Artikel 100a,

auf Vorschlag der Kommission[1]),

in Zusammenarbeit mit dem Europäischen Parlament[2]),

nach Stellungnahme des Wirtschafts- und Sozialausschusses[3]),

in Erwägung nachstehender Gründe:

Die Genehmigung für das Inverkehrbringen von Arzneispezialitäten gemäß der Richtlinie des Rates 65/65/EWG vom 26. Januar 1965 über die Angleichung der Rechts- und Verwaltungsvorschriften für Arzneispezialitäten[4]), zuletzt geändert durch die Richtlinie 87/21/EWG[5]), kann nur aus Gründen der Qualität, Sicherheit oder Wirksamkeit der betreffenden Arzneispezialität verweigert werden.

Die Mitgliedstaaten haben Maßnahmen wirtschaftlicher Art im Zusammenhang mit dem Vertrieb von Arzneimitteln ergriffen, um die Ausgaben des öffentlichen Gesundheitswesens für Arzneimittel besser überschauen zu können. Diese Maßnahmen umfassen die mittelbare oder unmittelbare Kontrolle der Arzneimittelpreise in Anbetracht des unzureichenden oder fehlenden Wettbewerbs und Einschränkungen der Palette der Erzeugnisse, die vom staatlichen Krankenversicherungssystem gedeckt werden.

Das Hauptziel derartiger Maßnahmen ist die Förderung der Volksgesundheit durch die Gewährleistung einer adäquaten Versorgung mit Arzneimitteln zu angemessenen Kosten. Derartige Maßnahmen sollten allerdings auch darauf abzielen, die Leistungsfähigkeit der Produktion von Arzneimitteln zu fördern und Forschung und Entwicklung neuer Arzneimittel zu unterstützen, von denen die Aufrechterhaltung eines hohen Gesundheitsniveaus in der Gemeinschaft letztendlich abhängt.

[1]) ABl. C 17 vom 23.1.1987, S. 6, und ABl. C 129 vom 18.5.1988, S. 14.
[2]) ABl. C 94 vom 11.4.1988, S. 62, und ABl. C 326 vom 19.12.1988.
[3]) ABl. C 319 vom 30.11.1987, S. 47.
[4]) ABl. Nr. 22 vom 9.2 1965, S. 369/65.
[5]) ABl. L 15 vom 17.1.1987, S. 36

Unterschiede bei derartigen Maßnahmen können den innergemeinschaftlichen Handel mit Arzneimitteln behindern oder verfälschen und somit das Funktionieren des gemeinsamen Marktes für Arzneimittel unmittelbar beeinträchtigen.

Ziel dieser Richtlinie ist es, einen Überblick über die einzelstaatlichen Vereinbarungen zur Preisfestsetzung zu erhalten, einschließlich ihres Funktionierens in bestimmten Fällen und aller ihnen zugrundeliegenden Kriterien, und sie allen Teilnehmern am Arzneimittelmarkt in den Mitgliedstaaten allgemein zugänglich zu machen. Diese Angaben sollten veröffentlicht werden.

Als erster Schritt zur Beseitigung dieser Unterschiede erweist sich die Festlegung einer Reihe von Anforderungen als dringend notwendig, die darauf abzielen, sicherzustellen, dass alle Betroffenen überprüfen können, dass die einzelstaatlichen Maßnahmen keine mengenmäßigen Beschränkungen für die Ein- oder Ausfuhr oder Maßnahmen gleicher Wirkung darstellen. Diese Anforderungen beeinflussen jedoch nicht die Politik der Mitgliedstaaten, die für die Preisfestsetzung für Arzneimittel den Regeln des freien Wettbewerbs den Vorrang geben. Diese Anforderungen beeinflussen auch die einzelstaatliche Politik in bezug auf die Preisfestsetzung und das Sozialversicherungssystem nur in dem Maße, in dem dies für die Transparenz im Sinne dieser Richtlinie notwendig ist.

Die weitere Angleichung dieser Maßnahmen muss schrittweise erfolgen,

hat folgende Richtlinie erlassen:

Artikel 1

(1) Die Mitgliedstaaten stellen sicher, dass alle einzelstaatlichen Maßnahmen in Form von Rechts- oder Verwaltungsvorschriften zur Kontrolle der Preise von Arzneimitteln für den menschlichen Gebrauch oder zur Einschränkung der unter ihre staatlichen Krankenversicherungssysteme fallenden Arzneimittel die Anforderungen dieser Richtlinie erfüllen.

(2) Die Definition der „Arzneimittel" in Artikel 1 der Richtlinie 65/65/EWG gilt auch für die vorliegende Richtlinie.

(3) Diese Richtlinie enthält keine Bestimmungen, die das Inverkehrbringen von Arzneispezialitäten zulassen, für die keine Genehmigung gemäß Artikel 3 der Richtlinie 65/65/EWG erteilt wurde.

Artikel 2

Ist das Inverkehrbringen eines Arzneimittels nur dann zulässig, wenn die zuständigen Behörden des betreffenden Mitgliedstaats den Preis dieses Erzeugnisses genehmigt haben, so gilt folgendes:

1. Die Mitgliedstaaten stellen sicher, dass eine Entscheidung über den Preis, der für das Arzneimittel verlangt werden kann, innerhalb von neunzig Tagen nach Eingang des Antrags, der vom Inhaber einer Genehmigung für das Inverkehrbringen gemäß den Vorschriften des betreffenden Mitgliedstaats gestellt worden ist, getroffen und dem Antragsteller mitgeteilt wird. Der Antragsteller macht den zuständigen Behörden ausreichende Angaben. Sind die Angaben zur Begründung des Antrags unzureichend, so teilen die zuständigen Behörden dem Antragsteller unverzüglich mit, welche zusätzlichen Einzelangaben erforderlich sind, und treffen ihre Entscheidung innerhalb von neunzig Tagen nach Erhalt dieser zusätzlichen Einzelangaben. Ergeht innerhalb der vorstehend genannten Frist bzw. Fristen keine Entscheidung, so ist der Antragsteller berechtigt, das Erzeugnis zu dem vorgeschlagenen Preis in Verkehr zu bringen.

2. Eine Entscheidung der zuständigen Behörden, das Inverkehrbringen des betreffenden Arzneimittels zu dem vom Antragsteller vorgeschlagenen Preis nicht zu genehmigen, muss eine auf objektiven und überprüfbaren Kriterien beruhende Begründung erhalten. Der Antragsteller ist über Rechtsmittel und Rechtsmittelfristen zu belehren.

3. Die zuständigen Behörden veröffentlichen wenigstens einmal jährlich in einer geeigneten amtlichen Bekanntmachung eine Liste der Arzneimittel, deren Preis während des Berichtszeitraums festgelegt wurde, zusammen mit den Preisen, die für die betreffenden Erzeugnisse verlangt werden können; sie übermitteln der Kommission diese Liste.

Artikel 3

Ist eine Erhöhung des Preises für ein Arzneimittel nur nach vorheriger Genehmigung der zuständigen Behörden zulässig, so gilt unbeschadet des Artikels 4 folgendes:

1. Die Mitgliedstaaten stellen sicher, dass eine Entscheidung über einen Antrag auf Erhöhung des Preises eines Arzneimittels, der vom Inhaber einer Genehmigung für das Inverkehrbringen gemäß den Vorschriften des betreffenden Mitgliedstaates gestellt worden ist, innerhalb von neunzig Tagen nach Eingang des Antrags getroffen und dem Antragsteller mitgeteilt wird. Der Antragsteller macht den zuständigen Behörden sachdienliche Angaben, die insbesondere Einzelheiten über die Ereignisse enthalten, die nach der letzten Preisfestsetzung für das Arzneimittel eingetreten sind und nach Ansicht des Antragstellers die beantragte Preiserhöhung rechtfertigen. Sind die Angaben zur Begründung

des Antrags unzureichend, so teilen die zuständigen Behörden dem Antragsteller unverzüglich mit, welche zusätzlichen Einzelangaben erforderlich sind, und treffen ihre Entscheidung innerhalb von neunzig Tagen nach Erhalt dieser zusätzlichen Einzelangaben.

Bei einer außergewöhnlich hohen Zahl von Anträgen kann die Frist ein einziges Mal um sechzig Tage verlängert werden. Die Verlängerung ist dem Antragsteller vor Ablauf der Frist mitzuteilen.

Ergeht innerhalb der vorstehend genannten Frist bzw. Fristen keine Entscheidung, so ist der Antragsteller berechtigt, die beantragte Preiserhöhung vollständig anzuwenden.

2. Eine Entscheidung der zuständigen Behörden, die Preiserhöhung nicht oder nur teilweise zu genehmigen, muss eine auf objektiven und überprüfbaren Kriterien beruhende Begründung enthalten. Der Antragsteller ist über Rechtsmittel und Rechtsmittelfristen zu belehren.

3. Die zuständigen Behörden veröffentlichen wenigstens einmal jährlich in einer geeigneten amtlichen Bekanntmachung eine Liste der Arzneimittel, für die während des Berichtszeitraums Preiserhöhungen genehmigt wurden, zusammen mit den neuen Preisen, die für die betreffenden Erzeugnisse verlangt werden können; sie übermitteln der Kommission diese Liste.

Artikel 4

(1) Verfügen die zuständigen Behörden eines Mitgliedstaats einen Preisstopp für alle Arzneimittel oder für bestimmte Arzneimittelkategorien, so überprüft dieser Mitgliedstaat mindestens einmal jährlich, ob nach der gesamtwirtschaftlichen Lage die Beibehaltung des Preisstopps ohne Änderungen gerechtfertigt ist. Innerhalb von neunzig Tagen nach Beginn dieser Überprüfung erklären die zuständigen Behörden, ob und welche Preiserhöhungen oder -senkungen genehmigt werden.

(2) In Ausnahmefällen kann eine Person, die Inhaber einer Genehmigung für das Inverkehrbringen eines Arzneimittels ist, eine Abweichung von einem Preisstopp beantragen, wenn dies durch besondere Gründe gerechtfertigt ist. Diese Gründe sind im Antrag hinreichend darzulegen. Die Mitgliedstaaten stellen sicher, dass eine begründete Entscheidung über jeden derartigen Antrag innerhalb von neunzig Tagen getroffen und dem Antragsteller mitgeteilt wird. Sind die Angaben zur Begründung des Antrags unzureichend, so teilen die zuständigen Behörden dem Antragsteller unverzüglich mit, welche zusätzlichen Einzelangaben erforderlich

sind, und treffen ihre Entscheidung innerhalb von neunzig Tagen nach Erhalt dieser zusätzlichen Einzelangaben. Wird die Ausnahme zugelassen, so veröffentlichen die zuständigen Behörden unverzüglich eine Bekanntmachung der genehmigten Preiserhöhung.

Bei einer außergewöhnlich hohen Anzahl von Anträgen kann die Frist ein einziges Mal um sechzig Tage verlängert werden. Die Verlängerung ist dem Antragsteller vor Ablauf der ursprünglichen Frist mitzuteilen.

Artikel 5

Führt ein Mitgliedstaat ein System mittelbarer oder unmittelbarer Kontrollen über die Gewinne von Personen, die Arzneimittel in den Markt einführen, ein, so veröffentlicht er die nachstehenden Informationen in einer geeigneten amtlichen Bekanntmachung und teilt sie der Kommission mit:

a) in dem betreffenden Mitgliedstaat für die Bestimmung des Gewinns verwendete Methode(n): Verkaufsergebnisse und/oder Ertrag aus Kapitalanlagen;

b) Zielwertrahmen, der Personen, die Arzneimittel in den Markt einführen, in dem betreffenden Mitgliedstaat gegenwärtig eingeräumt wird;

c) Kriterien, nach denen Personen, die Arzneimittel in den Markt einführen, in dem betreffenden Mitgliedstaat Zielwerte für die Gewinnmargen gewährt werden, sowie die Kriterien, nach denen es ihnen gestattet wird, über ihre Zielwerte hinaus Mehrgewinne zu behalten;

d) höchster Gewinnprozentsatz, den Personen, die Arzneimittel in den Markt einführen, in dem betreffenden Mitgliedstaat aufgrund einer Genehmigung über ihre Zielwerte hinaus behalten dürfen.

Diese Informationen werden einmal jährlich sowie bei wesentlichen Änderungen auf den neuesten Stand gebracht.

Wendet ein Mitgliedstaat zusätzlich zu einem System der unmittelbaren oder mittelbaren Gewinnkontrollen ein System der Kontrolle der Preise bestimmter Arten von Arzneimitteln an, die aus dem Anwendungsbereich des Gewinnkontrollsystems ausgenommen sind, so gelten für derartige Preiskontrollen die Artikel 2, 3 und 4. Die Artikel 2, 3 und 4 gelten jedoch nicht, wenn die normale Anwendung eines Systems unmittelbarer oder mittelbarer Gewinnkontrollen ausnahmsweise dazu führt, dass ein Preis für ein einzelnes Arzneimittel festgesetzt wird.

Artikel 6

Ist ein Arzneimittel durch das staatliche Krankenversicherungssystem nur gedeckt, wenn die zuständigen Behörden beschlossen haben, das betreffende Arzneimittel in eine Positivliste der unter das staatliche Krankenversicherungssystem fallenden Arzneimittel aufzunehmen, so gilt folgendes:

1. Die Mitgliedstaaten stellen sicher, dass eine Entscheidung über einen Antrag auf Aufnahme eines Arzneimittels in die Liste der unter das Krankenversicherungssystem fallenden Arzneimittel, der vom Inhaber einer Genehmigung für das Inverkehrbringen gemäß den Vorschriften des betreffenden Mitgliedstaats gestellt worden ist, innerhalb von neunzig Tagen nach Eingang des Antrags getroffen und dem Antragsteller mitgeteilt wird. Kann ein Antrag nach diesem Artikel gestellt werden, bevor die zuständigen Behörden dem Preis zugestimmt haben, der für das Erzeugnis gemäß Artikel 2 verlangt werden soll, oder wird über den Preis eines Arzneimittels und über dessen Aufnahme in die Liste der unter das Krankenversicherungssystem fallenden Erzeugnisse in einem einzigen Verwaltungsverfahren entschieden, wird die Frist um neunzig Tage verlängert. Der Antragsteller macht den zuständigen Behörden ausreichende Angaben. Sind die Angaben zur Begründung des Antrags unzureichend, so wird die Frist ausgesetzt, und die zuständigen Behörden teilen dem Antragsteller unverzüglich mit, welche zusätzlichen Einzelangaben erforderlich sind.

   Lässt ein Mitgliedstaat nicht zu, dass ein Antrag nach diesem Artikel gestellt werden kann, bevor die zuständigen Behörden dem Preis zugestimmt haben, der für das Erzeugnis gemäß Artikel 2 verlangt werden soll, so muss er sicherstellen, dass die Dauer der beiden Verfahren zusammen 180 Tage nicht übersteigt. Diese Frist kann nach Artikel 2 verlängert oder nach Unterabsatz 1 ausgesetzt werden.

2. Eine Entscheidung, ein Arzneimittel nicht in die Liste der unter das Krankenversicherungssystem fallenden Erzeugnisse aufzunehmen, muss eine auf objektiven und überprüfbaren Kriterien beruhende Begründung enthalten; gegebenenfalls sind zugrundeliegende Stellungnahmen oder Empfehlungen von Sachverständigen hierin anzugeben. Der Antragsteller ist über Rechtsmittel und Rechtsmittelfristen zu belehren.

3. Vor dem in Artikel 11 Absatz 1 genannten Zeitpunkt veröffentlichen die Mitgliedstaaten in einer geeigneten amtlichen Bekanntmachung die Kriterien, die die zuständigen Behörden bei ihrer Entscheidung, ein Arzneimittel in die Liste

aufzunehmen oder nicht, zu beachten haben, und teilen sie der Kommission mit.

4. Innerhalb eines Jahres nach dem in Artikel 11 Absatz 1 genannten Zeitpunkt veröffentlichen die Mitgliedstaaten in einer geeigneten amtlichen Bekanntmachung eine vollständige Liste der Erzeugnisse, die unter ihr Krankenversicherungssystem fallen, sowie deren von ihren zuständigen Behörden festgelegte Preise und übermitteln sie der Kommission. Diese Informationen werden mindestens einmal jährlich auf den neuesten Stand gebracht.

5. Eine Entscheidung, ein Erzeugnis aus der Liste der unter das Krankenversicherungssystem fallenden Erzeugnisse zu streichen, muss eine auf objektiven und überprüfbaren Kriterien beruhende Begründung enthalten. Sie ist der zuständigen Person gegebenenfalls mit Angabe zugrundeliegender Stellungnahmen oder Empfehlungen von Sachverständigen sowie unter Belehrung über Rechtsmittel und Rechtsmittelfristen mitzuteilen.

6. Eine Entscheidung, eine Arzneimittelkategorie aus der Liste der unter das Krankenversicherungssystem fallenden Erzeugnisse zu streichen, muss eine auf objektiven und überprüfbaren Kriterien beruhende Begründung enthalten; sie ist in einer geeigneten amtlichen Bekanntmachung zu veröffentlichen.

Artikel 7

Sind die zuständigen Behörden eines Mitgliedstaats ermächtigt, Entscheidungen zu treffen, durch die bestimmte Arzneimittel oder Arzneimittelkategorien von ihrem staatlichen Krankenversicherungssystem ausgeschlossen werden (Negativlisten), so gilt folgendes:

1. Eine Entscheidung, eine Arzneimittelkategorie von dem staatlichen Krankenversicherungssystem auszuschließen, muss eine auf objektiven und überprüfbaren Kriterien beruhende Begründung enthalten; sie ist in einer geeigneten amtlichen Bekanntmachung zu veröffentlichen.

2. Vor dem in Artikel 11 Absatz 1 genannten Zeitpunkt veröffentlichen die Mitgliedstaaten in einer geeigneten amtlichen Bekanntmachung die Kriterien, die die zuständigen Behörden bei ihrer Entscheidung, ein Arzneimittel von dem staatlichen Krankenversicherungssystem auszuschließen oder nicht, zu beachten haben, und teilen sie der Kommission mit.

3. Eine Entscheidung, ein einzelnes Arzneimittel von dem staatlichen Krankenversicherungssystem auszuschließen, muss eine auf objektiven und überprüf-

baren Kriterien beruhende Begründung enthalten. Sie ist der zuständigen Person gegebenenfalls mit Angabe zugrundeliegender Stellungnahmen oder Empfehlungen von Sachverständigen und unter Belehrung über Rechtsmittel und Rechtsmittelfristen mitzuteilen.

4. Innerhalb eines Jahres nach dem in Artikel 11 Absatz 1 genannten Zeitpunkt veröffentlichen die zuständigen Behörden in einer geeigneten amtlichen Bekanntmachung eine Liste der Arzneimittel, die von ihrem Krankenversicherungssystem ausgeschlossen worden sind, und teilen sie der Kommission mit. Diese Informationen werden mindestens alle sechs Monate auf den neuesten Stand gebracht.

Artikel 8

(1) Die Mitgliedstaaten teilen der Kommission vor dem in Artikel 11 Absatz 1 genannten Zeitpunkt die Kriterien mit, welche die zuständigen Behörden für die therapeutische Eingliederung der Arzneimittel beim staatlichen System der Sozialversicherung anwenden.

(2) Die Mitgliedstaaten teilen der Kommission vor dem in Artikel 11 Absatz 1 genannten Zeitpunkt die Kriterien mit, welche die zuständigen Behörden bei der Prüfung zugrunde legen, ob die Preise für Transfers von bei der Herstellung von Arzneimitteln verwendeten aktiven Wirkstoffen oder Zwischenerzeugnissen innerhalb einer Gesellschaftsgruppe angemessen und durchschaubar sind.

Artikel 9

(1) Die Kommission legt dem Rat unter Berücksichtigung der gewonnenen Erfahrungen spätestens zwei Jahre nach dem in Artikel 11 Absatz 1 genannten Zeitpunkt einen Vorschlag mit Maßnahmen für die Aufhebung der noch bestehenden Hemmnisse oder Verzerrungen des freien Verkehrs von Arzneispezialitäten vor, um auch diesen Bereich stärker den normalen Bedingungen des Binnenmarktes anzupassen.

(2) Der Rat beschließt über den Vorschlag der Kommission spätestens ein Jahr nach seiner Vorlage.

Artikel 10

(1) Bei der Kommission wird ein „Beratender Ausschuss für die Durchführung der Richtlinie 89/105/EWG betreffend die Transparenz von Maßnahmen zur Rege-

lung der Preisfestsetzung bei Arzneimitteln für den menschlichen Gebrauch und ihre Einbeziehung in die staatlichen Krankenversicherungssysteme“ eingesetzt.

(2) Der Ausschuss hat alle die Anwendung dieser Richtlinie betreffenden Fragen zu prüfen, die von der Kommission oder auf Antrag eines Mitgliedstaats unterbreitet werden.

(3) Der Ausschuss setzt sich aus je einem Vertreter jedes Mitgliedstaats zusammen. Für jeden Vertreter gibt es einen Stellvertreter. Dieser ist berechtigt, an den Sitzungen des Ausschusses teilzunehmen.

(4) Ein Vertreter der Kommission führt den Vorsitz im Ausschuss.

(5) Der Ausschuss legt seine Geschäftsordnung fest.

Artikel 11

(1) Die Mitgliedstaaten erlassen die erforderlichen Rechts- und Verwaltungsvorschriften, um dieser Richtlinie spätestens am 31. Dezember 1989 nachzukommen. Sie setzen die Kommission unverzüglich davon in Kenntnis.

(2) Vor dem in Absatz 1 genannten Zeitpunkt übermitteln die Mitgliedstaaten der Kommission den Wortlaut aller Rechts- und Verwaltungsvorschriften über Preisfestsetzung bei Arzneimitteln, Gewinne der Arzneimittelhersteller und Erstattung von Arzneimitteln durch die staatlichen Krankenversicherungssysteme. Zusätze und Änderungen dieser Rechts- und Verwaltungsvorschriften sind der Kommission unverzüglich mitzuteilen.

Artikel 12

Diese Richtlinie ist an die Mitgliedstaaten gerichtet.

Mitteilung 86/C 310/08 der Kommission

vom 4. Dezember 1986
zur Frage der Vereinbarkeit der von den Mitgliedstaaten auf dem Gebiet der Arzneimittel-Preiskontrolle und der -Kostenerstattung getroffenen Maßnahmen mit Artikel 30 EWG-Vertrag

(ABl. C 310 vom 4.12.1986, S. 7)

I. Einleitung

Bisher war es üblich, dass ungerechtfertigte Handelshemmnisse von Fall zu Fall durch einzelne Vertragsverstoßverfahren beseitigt wurden. In ihrem „Weißbuch über die Vollendung des Binnenmarkts" (KOM(85) 310) hat die Kommission nunmehr angekündigt, dass sie künftig systematischer vorgehen werde, indem sie allgemeine Mitteilungen veröffentlicht, in denen die Rechtslage insbesondere mit Blick auf die Artikel 30 bis 36 des EWG-Vertrags für einen ganzen Wirtschaftssektor oder hinsichtlich einer bestimmten Art von Hemmnissen erläutert werden soll (Ziffer 155). Zu den Sektoren, die dabei als vorrangig gelten, gehört der Arzneimittelsektor (Ziffer 156).

II. Allgemeine Bemerkungen

Einige seiner Merkmale unterscheiden den Arzneimittelmarkt deutlich von den Märkten anderer Verbrauchsgüter. Zum einen hat der Endverbraucher eines Arzneimittels im allgemeinen nur einen sehr geringen Einfluss auf die Wahl des Arzneimittels, zumindest was die ärztlich verschriebenen Medikamente betrifft. Hinzu kommt, dass die Nachfrage nach einem Arzneimittel normalerweise mit der Behandlung einer bestimmten Erkrankung verbunden ist und die Arzneimittel untereinander nur in geringem Maße austauschbar sind. Zum anderen ist der Arzneimittelmarkt dadurch gekennzeichnet, dass die Einrichtungen der sozialen Sicherheit anstelle der Verbraucher die Krankheitskosten tragen.

Daher ist es verständlich, dass die Mitgliedstaaten versuchen, die Kosten der Ausgaben für Arzneimittel einzudämmen, weil die Allgemeinheit den größten Teil dieser Kosten trägt. Zu diesem Zweck haben die meisten von ihnen Maßnahmen auf dem Gebiet der Preiskontrolle und der Erstattung der Arzneimittelkosten durch die Träger der sozialen Sicherheit getroffen. Diese Maßnahmen sind Teil der Gesundheitspolitik der Mitgliedstaaten und zielen darauf ab, allen Bürgern die bestmögliche Behandlung zuteil werden zu lassen, ohne übermäßige Belastungen für die Volksgemeinschaft hervorzurufen.

Derartige Maßnahmen sind grundsätzlich mit dem Gemeinschaftsrecht vereinbar, sofern ihre beschränkenden Wirkungen für den freien Warenverkehr nicht außer Verhältnis stehen zu dem legitimen Zweck, der damit verfolgt wird. Insbesondere dürfen solche Maßnahmen keine unterschiedliche Behandlung zu Lasten aus anderen Mitgliedstaaten eingeführter Erzeugnisse beinhalten; vor allem dürfen sie nicht dazu führen, dass der Absatz der letzteren unrentabel oder erschwert wird; auch dürfen bestimmte Einfuhrströme nicht unmöglich oder kostenintensiver als andere gemacht werden.

Der Gerichtshof der Europäischen Gemeinschaften hat auf diese Grundsätze insbesondere in zwei Urteilen hingewiesen, die er unlängst in Vorabentscheidungsverfahren erlassen hat (Urteile vom 29. November 1983 in der Rechtssache 181/82 „Roussel“, Slg. 1983, S. 3849 bis 3871, und vom 7. Februar 1984 in der Rechtssache 238/82 „Duphar“, Slg. 1984, S. 523-545). Diese Urteile bieten der Kommission Leitlinien für die Auslegung, mit denen sie eine striktere Kontrolle der Anwendung der Vertragsbestimmungen über den freien Warenverkehr – insbesondere der Artikel 30 bis 36 EWG-Vertrag – gewährleisten kann.

Wie die Kommission in ihrem schon zitierten „Weißbuch über die Vollendung des Binnenmarkts“ angekündigt hat, wird sie dem Rat 1986 einen Richtlinienvorschlag über die Transparenz der Preise für Arzneimittelerzeugnisse und Kostenerstattungen durch die Träger der sozialen Sicherheit übermitteln. Mit der vorliegenden Mitteilung soll nicht den Vorschlägen vorgegriffen werden, die die Kommission bei dieser Gelegenheit formulieren wird. Vielmehr werden darin die Verpflichtungen der Mitgliedstaaten aufgrund der Bestimmungen des EWG-Vertrags selbst dargelegt, wie diese vom Gerichtshof ausgelegt worden sind und wie die Kommission sie in eigener Verantwortung anzuwenden gedenkt, um die Einheit des Binnenmarkts der Gemeinschaft zu verwirklichen.

III. Kontrolle der Arzneimittelpreise

A. Allgemeines

Solange es keine einschlägigen Gemeinschaftsbestimmungen gibt, steht es den Mitgliedstaaten frei, jeweils für ihr Hoheitsgebiet Preiskontrollvorschriften für pharmazeutische Erzeugnisse zu erlassen, vorausgesetzt, dass diese den freien Warenverkehr im Gemeinsamen Markt nicht behindern.

Artikel 30 EWG-Vertrag verbietet im Handel zwischen den Mitgliedstaaten alle Maßnahmen mit gleicher Wirkung wie mengenmäßige Einfuhrbeschränkungen. Nach ständiger Rechtsprechung des Gerichtshofes sind als solche alle Maßnahmen anzusehen, die geeignet sind, den innergemeinschaftlichen Handel unmittelbar oder mittelbar, tatsächlich oder potentiell zu behindern (vgl. Urteil vom 11. Juli 1974 in der Rechtssache 8/74 „Dassonville", Slg. 1974, S. 837-866).

Der Gerichtshof hat erklärt, dass diese Grundsätze auch für Preiskontrollregelungen gelten. Er hat dabei darauf hingewiesen, dass ein unterschiedslos für inländische wie für eingeführte Erzeugnisse geltender Preisstopp zwar als solcher noch keine Maßnahme mit gleicher Wirkung wie eine mengenmäßige Beschränkung ist, dass er jedoch eine solche Wirkung entfalten kann, wenn der Absatz der eingeführten Erzeugnisse aufgrund des Preisniveaus entweder unmöglich gemacht oder gegenüber inländischen Erzeugnissen erschwert wird (vgl. Urteil vom 6. November 1979 in den Rechtssachen 16/79 bis 20/79 „Danis", Slg. 1979, S. 3327-3342).

Handelt es sich dagegen um eine Preisregelung, die für eingeführte und für heimische Erzeugnisse unterschiedliche Maßnahmen vorsieht, so ist dem Gerichtshof zufolge eine solche Regelung als Maßnahme mit gleicher Wirkung wie eine mengenmäßige Beschränkung anzusehen, sofern sie geeignet ist, in irgendeiner Art und Weise den Absatz der eingeführten Erzeugnisse zu benachteiligen (vgl. das vorgenannte Urteil 181/82 „Roussel").

Außerdem hat die Kommission in ihrer Richtlinie 70/50/EWG vom 22. Dezember 1969 (ABl. L 13 vom 19.1.1970) erklärt, dass mit Artikel 30 Maßnahmen unvereinbar sind, die

– nur für eingeführte Waren Mindest- oder Höchstpreise festlegen, unter denen bzw. über denen Einfuhren verboten, eingeschränkt oder Bedingungen unterworfen sind, welche die Einfuhr behindern können;

– für eingeführte Waren weniger vorteilhafte Preise als für die inländischen Waren festlegen;

– eine etwaige Preiserhöhung für eingeführte Waren entsprechend den mit der Einfuhr verbundenen zusätzlichen Kosten und Belastungen unmöglich machen;

– die Preise für Waren je nach dem Gestehungspreis oder der Qualität nur der inländischen Waren in einer solchen Höhe festlegen, dass sich hieraus ein Einfuhrhindernis ergibt.

B. Preisgestaltung

Auf diesem Gebiet müssen im wesentlichen zwei allgemeine Grundsätze beachtet werden: Preiswahrheit und Preistransparenz. Jedes Erzeugnis muss seinen eigenen Preis haben können, der je nach seinen tatsächlichen Kosten nach einer transparenten Berechnungsmethode errechnet wird.

Im allgemeinen ist es Sache der Hersteller und Einführer, die Preise für jedes ihrer Erzeugnisse festzusetzen, die anschließend im Rahmen von Maßnahmen, mit denen eine Preiskontrolle der Arzneispezialitäten gewährleistet werden soll, den staatlichen Behörden zur Begutachtung vorgelegt werden.

Haben die Mitgliedstaaten beim Inverkehrbringen neuer Erzeugnisse begründeten Anlass, von den Unternehmen Angaben über die von diesen geforderten Preise zu verlangen, aufgrund derer sie die einzelnen Preisfaktoren beurteilen können, so müssen sie den Pharmaunternehmen bei dieser Gelegenheit gestatten, die verschiedenen Kostenbestandteile zu berücksichtigen (Forschungsausgaben, Rohstoff- und Verarbeitungskosten, Ausgaben für Werbung, Transport, Kosten und Abgaben bei der Einfuhr usw.).

Jedenfalls darf die Genehmigung für das Inverkehrbringen (im Sinne der Ratsrichtlinie 65/65/EWG vom 26. Januar 1965, ABl. Nr. 22 vom 9. 2. 1965) einer Arzneispezialität ausschließlich aus Gründen der Volksgesundheit versagt, ausgesetzt oder widerrufen werden. Dies bedeutet insbesondere, dass ein Mitgliedstaat eine Genehmigung für das Inverkehrbringen nicht lediglich aus dem Grund versagen, aussetzen oder widerrufen darf, dass ihm der Preis einer Arzneispezialität zu hoch erscheint (vgl. Urteil des Gerichtshofes vom 26. Januar 1984 in der Rechtssache 301/82 „Clin-Midy“, Slg. 1984, S. 251-260).

C. Preisstopp

1. Differenzierter Preisstopp

Zunächst ist klar, dass die Mitgliedstaaten keine Preisregelungen erlassen dürfen, die nur für eingeführte Erzeugnisse gelten und damit Maßnahmen darstellen, die stets gegen Artikel 30 EWG-Vertrag verstoßen, da sie geeignet sind, die eingeführten Erzeugnisse zu benachteiligen, vor allem dann, wenn die festgesetzten Preise die Gestehungspreise nicht decken.

In dem erwähnten Urteil 181/82 „Roussel“ hat sich der Gerichtshof zu einer Preisregelung geäußert, bei der zwischen inländischen und eingeführten Erzeugnissen unterschieden wurde. Nachdem er festgestellt hatte, „dass es nicht um eine Regelung geht, die unterschiedslos für eingeführte wie für inländische Erzeugnisse gilt, sondern um für beide Erzeugnisgruppen unterschiedliche Bestimmungen, die in verschiedenen Verordnungen stehen und auch sachlich voneinander abweichen“, hat er für Recht erkannt, „dass eine derartige Regelung, die zwischen den beiden Erzeugnisgruppen differenziert, als eine Maßnahme mit gleicher Wirkung wie eine mengenmäßige Beschränkung angesehen werden muss, wenn sie geeignet ist, den Absatz eingeführter Erzeugnisse in irgendeiner Weise zu erschweren“. Artikel 30 verbietet demnach, dass ein Mitgliedstaat für pharmazeutische Erzeugnisse eine Sonderregelung trifft, in der auf die Basispreise ab Fabrik Bezug genommen wird, die üblicherweise für die zum Verbrauch in dem Mitgliedstaat der Herstellung bestimmten pharmazeutischen Erzeugnisse berechnet werden, wenn der Regelung für inländische Produkte lediglich ein Einfrieren der Preise auf dem Niveau eines bestimmten Referenzdatums zugrunde liegt (vgl. vorgenanntes Urteil 181/82 „Roussel“).

Nach Auffassung der Kommission ist dagegen nicht davon auszugehen, dass eine Regelung, die die Preise der inländischen Arzneimittel und die Einfuhr- und Vertriebsmargen der eingeführten Erzeugnisse festschreibt, bereits mit Artikel 30 unvereinbar wäre. Eine solche Regelung gäbe den Importeuren entweder die Möglichkeit, die Preise ihrer Erzeugnisse je nach dem Kostenanstieg in dem Mitgliedstaat, in dem sie hergestellt werden, entweder zu erhöhen oder aber davon abzusehen, um ihre Wettbewerbssituation im Vergleich zu den einheimischen Erzeugnissen zu erhalten, deren Preise festgeschrieben sind.

2. Undifferenzierter Preisstopp

Nach der Rechtsprechung des Gerichtshofes ist eine unterschiedslos für inländische wie für eingeführte Erzeugnisse geltende Preisstoppregelung zwar als solche noch keine Maßnahme mit gleicher Wirkung wie eine mengenmäßige Beschränkung, sie kann jedoch eine solche Wirkung entfalten, wenn der Absatz der eingeführten Erzeugnisse aufgrund des Preisniveaus entweder unmöglich oder gegenüber dem inländischer Erzeugnisse erschwert wird (vgl. vorgenanntes Urteil „Danis“).

Dies sei insbesondere der Fall bei einer nationalen Regelung, die die Abwälzung der Preiserhöhung für Importwaren auf die Verkaufspreise ausschließt und dadurch die Preise auf einem derart niedrigen Niveau blockiert, dass die Händler, die die fraglichen Erzeugnisse in den betreffenden Mitgliedstaaten einführen wollen, dies – unter Berücksichtigung der allgemeinen Lage bei Einfuhrerzeugnissen, verglichen mit der bei inländischen Produkten – nur mit Verlust tun könnten oder durch das Niveau der blockierten Preise der einheimischen Erzeugnisse veranlasst werden, letzteren den Vorzug zu geben (vgl. obengenanntes Urteil).

Dies ist bei Regelungen der Fall, die den Preis für Waren nach dem Gestehungspreis der inländischen Waren allein in einer solchen Höhe festlegen, dass sich hieraus ein Einfuhrhindernis ergibt, oder eine etwaige Preiserhöhung für eingeführte Waren entsprechend den mit der Einfuhr verbundenen zusätzlichen Kosten und Belastungen unmöglich machen (vgl. Richtlinie 70/50/EWG der Kommission vom 22. Dezember 1969, ABl. Nr. L 13 vom 19.1.1970).

Der Gerichtshof hat den Mitgliedstaaten jedoch das Recht zugestanden, „die Inflation zu bekämpfen und Maßnahmen zur Eindämmung des Preisanstiegs bei Arzneimitteln – ungeachtet ihrer Herkunft – zu treffen, vorausgesetzt, dies geschieht durch Maßnahmen, die eingeführte Arzneimittel nicht benachteiligen" (vgl. vorgenanntes Urteil 181/82 „Roussel"). Die Kommission behält sich insoweit die Möglichkeit vor zu kontrollieren, ob derartige im allgemeinen Interesse liegende Ziele vorhanden sind, und gegen Maßnahmen einzuschreiten, die andere Ziele verfolgen oder importierte Erzeugnisse benachteiligen.

Die Kommission ist ferner der Ansicht, dass ein Mitgliedstaat die Preise für Arzneimittel nicht so festschreiben kann, dass jedes Abwälzen einer Erhöhung der Herstellungskosten in dem Mitgliedstaat oder einer Änderung der Währungsparitäten auf die Preise der eingeführten Erzeugnisse ausgeschlossen wird.

3. Festschreibung der Gewinnspannen

Die Kommission weist darauf hin, dass gemäß ihrer Richtlinie 70/50/EWG einzelstaatliche Maßnahmen, „die nur für eingeführte Waren Gewinnspannen oder jeden sonstigen Preisbestandteil oder diese unterschiedlich für inländische und eingeführte Waren zum Nachteil der letzteren festlegen, Maßnahmen mit gleicher Wirkung wie mengenmäßige Einfuhrbeschränkungen darstellen".

Andererseits gefährdet die Festsetzung von Höchstmargen für den Vertrieb und den Einzelhandel der inländischen und der eingeführten Arzneimittel prinzipiell den freien Warenverkehr im Gemeinsamen Markt nicht, unabhängig davon, ob die Spanne auf der Grundlage des Warenpreises berechnet ist oder einem festen Betrag entspricht.

Die Höchstmargen für den Vertrieb und den Einzelhandelsverkauf pharmazeutischer Erzeugnisse dürfen allerdings nicht so festgesetzt werden, dass sie bei in einen anderen Mitgliedstaat eingeführten Pharmaerzeugnissen die Einfuhrkosten einschließen. Eine solche Regelung würde dazu führen, dass die Einfuhren aus anderen Mitgliedstaaten beeinträchtigt und die Groß- und Einzelhändler dazu gebracht würden, sich auf dem einheimischen Markt zu versorgen (vgl. Urteil des Gerichtshofes vom 5. Juni 1985 in der Rechtssache 116/84 „Roelstraete", noch nicht veröffentlicht).

Nach Auffassung der Kommission ist die Festlegung der Gewinnspannen bei der Einfuhr mit Artikel 30 EWG-Vertrag nur vereinbar, wenn dadurch den Importeuren die Möglichkeit gegeben wird, die mit der Einfuhr verbundenen Kosten und Belastungen zu decken (vgl. vorgenannte Richtlinie 70/50/EWG) und wenn es parallel dazu eine Regelung zur Festschreibung der Preise der inländischen Erzeugnisse gibt.

4. Überprüfung der Preise und Abweichung von den Festschreibungen

Die Kommission weist die Mitgliedstaaten darauf hin, dass eine Überprüfung der festgesetzten oder eingefrorenen Preise stattfinden muss, wenn die wirtschaftlichen Verhältnisse dies aufgrund von Veränderungen des Marktes erforderlich machen. Wenn sie Preiserhöhungen für die inländischen oder eingeführten pharmazeutischen Erzeugnisse genehmigen, dürfen die Mitgliedstaaten sich indes nicht nur auf die Entwicklung des Gestehungspreises der inländischen Erzeugnisse stützen. Dabei müssen jedenfalls die verschiedenen Kostenbestandteile berücksichtigt werden, um rentable Preise festzusetzen.

Schließlich dürfen die Mitgliedstaaten die Gewährung von Preiserhöhungen oder Abweichungen von der Preisblockade nicht an Bedingungen knüpfen, die nur die auf dem eigenen Staatsgebiet niedergelassenen Unternehmen erfüllen könnten, wie beispielsweise Bedingungen oder Verpflichtungen im Zusammenhang mit der Entwicklung der Forschung, der Schaffung von Arbeitsplätzen, der Durchführung von Investitionen auf dem nationalen Hoheitsgebiet oder der Steigerung der Ausfuhren und der Sanierung der Handelsbilanz.

IV. Erstattung der Arzneimittelkosten

A. Allgemeines

Dem Gerichtshof zufolge sind im Rahmen eines nationalen Systems der Pflichtversicherung gegen Krankheit getroffene Maßnahmen, die den Versicherten das Recht versagen, sich auf Kosten der Krankenversicherung mit namentlich genannten Arzneimitteln zu versorgen, mit Artikel 30 EWG-Vertrag vereinbar, wenn bei der Auswahl der ausgeschlossenen Arzneimittel eine Diskriminierung aufgrund des Ursprungs der Erzeugnisse unterbleibt und diese Auswahl auf objektiven und nachprüfbaren Kriterien beruht, wie zum Beispiel darauf, dass auf dem Markt andere, billigere Erzeugnisse mit gleicher therapeutischer Wirkung erhältlich sind, dass die Maßnahme Erzeugnisse betrifft, die ohne ärztliche Verordnung frei gehandelt werden, oder dass auf diese Weise Medikamente aus arzneimitteltherapeutischen Gründen von der Erstattung ausgeschlossen werden, die zum Schutz der Volksgesundheit gerechtfertigt sind. Es muss jedoch möglich sein, die Listen jederzeit zu ändern, wenn die Einhaltung der betreffenden Kriterien dies verlangt (vgl. vorgenanntes „Duphar"-Urteil).

Diese für den Fall einer Negativliste entwickelten Grundsätze (Auflistung der nicht erstattungsfähigen Arzneimittel) gelten sinngemäß auch im Falle von Positivlisten (Auflistung der erstattungsfähigen Arzneimittel).

B. Anwendung objektiver Kriterien

Der Gerichtshof hat vor allem eine wesentliche Voraussetzung genannt, die die Mitgliedstaaten erfüllen müssen, damit ihre Regelung über die Kostenerstattung von Arzneimitteln mit Artikel 30 vereinbar ist: Die im Fall einer Negativliste ausgeschlossenen oder im Fall einer Positivliste erstattungsfähigen Arzneimittel sind auf der Grundlage objektiver Beurteilungsmaßstäbe unabhängig vom Ursprung der Erzeugnisse zu bestimmen.

Der Gerichtshof hat drei Beispiele objektiver Kriterien genannt, welche die Erstattungsfähigkeit oder Nichterstattungsfähigkeit begründen können:

- das Vorhandensein anderer, billigerer Erzeugnisse mit gleicher Therapiewirkung auf dem Markt;
- es handelt sich um rezeptfreie Medikamente;
- Gründe arzneimitteltherapeutischer Art, die zum Schutz der Volksgesundheit gerechtfertigt sind.

Diese Beispiele geben der Kommission die Möglichkeit, die Voraussetzungen zu verdeutlichen, unter denen die Mitgliedstaaten bestimmte Arzneimittel von der Erstattung ausschließen können.

Der Ausschluss von der Liste der erstattungsfähigen Arzneimittel kann nach Erzeugnisgruppe oder nach Erzeugnis erfolgen, je nachdem ob bestimmte Bedingungen erfüllt sind.

1. Ausschluss von Erzeugniskategorien

Bei der Bestimmung der Gruppen oder Kategorien von Erzeugnissen, die erstattungsfähig oder von der Erstattung ausgeschlossen sind, ist von allgemeinen objektiven Kriterien therapeutischer Art auszugehen. Wenn für die Erstattung therapeutische Klassen bestimmt werden, können sie demnach nicht auf ein einziges Erzeugnis oder einen einzigen aktiven Stoff reduziert werden; denn durch die Zulassung einer Klasse würde dies ermöglichen, ein bestimmtes Erzeugnis zu erstatten und durch den Ausschluss einer anderen Klasse ein anderes Erzeugnis mit gleicher Heilwirkung nicht zu erstatten.

Ist die Erstattung einer therapeutischen Kategorie genehmigt, so müssen nicht notwendigerweise alle Erzeugnisse dieser Kategorie erstattet werden; der gezielte Ausschluss von Erzeugnissen kann dann nur in der nachstehend angegebenen Weise erfolgen.

2. Ausschluss bestimmter Erzeugnisse

Der Ausschluss von der Erstattung oder die Nichtzulassung namentlich genannter Arzneimittel zur Erstattung muss sich auf eine Beurteilung der (wirtschaftlichen) Kosten und des (therapeutischen) Nutzens der Behandlung im Vergleich mit anderen Behandlungen gründen. Diese Beurteilung kann bei Arzneimitteln, deren Wirksamkeit nicht bewiesen wurde oder deren Kosten zu hoch sind, gemäß den Gemeinschaftsrichtlinien zum Ausschluss von der Erstattung und zu bestimmten Indikationen führen, die für die soziale Sicherheit ungerechtfertigte Ausgaben zur Folge haben können.

Ganz allgemein ist die Kommission der Ansicht, dass die Behandlungskosten das einzige Kriterium wirtschaftlicher Art sind, das für die Zulassung zur Erstattung oder den Ausschluss von der Erstattung eines bestimmten Arzneimittels maßgeblich sein darf. Ein Arzneimittel kann somit von der Erstattung ausgeschlossen werden, weil auf dem Markt ein oder mehrere Arzneimittel mit gleicher Heilwirkung erhältlich sind, sofern bei deren Beurteilung die Indikationen und Nebenwirkungen jedes einzelnen Medikaments berücksichtigt werden. Beim Vergleich der Behandlungskosten sind die voraussichtliche Dosierung und Behandlungsdauer zu beachten, die die betreffende Therapiewirkung ermöglichen.

3. Bemerkungen

Der Ausschluss von ohne ärztliche Verordnung frei gehandelten Erzeugnissen von der Erstattung entspricht den oben genannten Grundsätzen (vgl. vorgenanntes Urteil 238/82 „Duphar“).

Für unvereinbar mit diesen Grundsätzen hält die Kommission

– den Ausschluss von der Erstattung für eine oder mehrere therapeutische Klassen von Markenerzeugnissen oder die Zulassung zur Erstattung nur von sog. „generics“ unabhängig von ihren Preisen;
– die ausschließliche Zulassung einer zuvor festgelegten Zahl von Medikamenten zur Erstattung für jede therapeutische Klasse oder alle therapeutischen Klassen.

C. Verfahrensfragen

Nach Auffassung des Gerichtshofes müssen die Kriterien, auf die sich die Mitgliedstaaten beim Ausschluss bestimmter Arzneimittel von der Erstattung stützen, von jedem Einführer nachgeprüft werden können. Außerdem muss es möglich sein, die Listen der erstattungsfähigen oder der von der Erstattung ausgeschlossenen Arzneimittel jederzeit zu ändern, wenn die Einhaltung der betreffenden Kriterien dies erfordert. Die Entscheidungen über die Zulassung zur Erstattung oder den Ausschluss von der Erstattung müssen somit bestimmte Form- und Verfahrensbedingungen erfüllen. Auch in diesem Zusammenhang muss zwischen dem Ausschluss von Erzeugniskategorien und den Einzelentscheidungen für bestimmte Erzeugnisse unterschieden werden.

1. Ausschluss von Erzeugniskategorien

Die oben definierten Entscheidungen über den Ausschluss bestimmter Erzeugniskategorien müssen Gegenstand einer amtlichen Veröffentlichung sein. Falls alle Erzeugnisse, die zu den Erzeugniskategorien gehören, deren Erstattung genehmigt ist, nicht erstattet werden, müssen die Kriterien ebenfalls veröffentlicht werden, die für die Bestimmung der ausgeschlossenen oder der erstattungsfähigen Erzeugnisse zugrunde gelegt werden.

2. Ausschluss bestimmter Erzeugnisse

a) Fristen

Wenn die Mitgliedstaaten mit einem Antrag auf Zulassung eines Arzneimittels befasst werden, müssen sie darüber in einer angemessenen Frist befinden. Nach Auffassung der Kommission sollte diese Frist in keinem Fall 120 Tage überschreiten, also die Frist, die für die Gewährung einer Genehmigung des Inverkehrbringens vorgesehen ist (vgl. Artikel 7 der vorgenannten Richtlinie 65/65/EWG).

b) Begründung

Die Entscheidungen, nach denen bestimmte Erzeugnisse nicht zur Erstattung zugelassen werden, müssen begründet werden. Wird der Ausschluss von der Erstattung darauf gestützt, dass auf dem Markt andere Erzeugnisse mit gleicher therapeutischer Wirkung erhältlich seien, so müssen in der Entscheidung die betreffenden Erzeugnisse, ihr Preis sowie die Angaben über die Dosierung und die Dauer der Behandlung genannt werden, die bei dem Preisvergleich zugrunde gelegt wurden.

c) Meldung und Rechtsmittel

Die Entscheidungen, wonach bestimmte Erzeugnisse nicht zur Erstattung zugelassen werden, müssen den betroffenen Unternehmen unter Angabe der ihnen zur Verfügung stehenden Rechtsmittel und der Fristen, innerhalb derer diese Rechtsmittel eingelegt werden müssen, mitgeteilt werden.

3. Überprüfung der Listen

Wie der Gerichtshof entschieden hat, müssen die Mitgliedstaaten die Listen der Arzneimittel, die von der Erstattung ausgeschlossen oder zur Erstattung zugelassen werden, immer dann ändern, wenn die Einhaltung der betreffenden Kriterien dies erfordert. Dazu müssen die Mitgliedstaaten regelmäßige Überprüfungen der Positiv- und Negativlisten vorsehen.

V. Schlussbemerkung

Die Kommission fordert die Mitgliedstaaten auf, ihre Rechtsvorschriften und ihre Verwaltungspraxis im Lichte der in dieser Mitteilung dargelegten Grundsätze zu überprüfen und sie diesen gegebenenfalls anzupassen. Unabhängig von ihrer obigen Ankündigung, dem Rat in Kürze einen Vorschlag für eine Richtlinie über die Transparenz der Preise für pharmazeutische Produkte und die Erstattungen im Rahmen der sozialen Sicherheit vorzulegen, behält sich die Kommission vor, gemäß Artikel 169 EWG-Vertrag Vertragsverstoßverfahren zu eröffnen oder bereits begonnene Verfahren gegen die Mitgliedstaaten fortzusetzen, die nach ihrer Auffassung den ihnen aufgrund des EWG-Vertrags obliegenden einschlägigen Verpflichtungen nicht nachkommen.

Verordnung (EU) 2016/679
des Europäischen Parlaments und des Rates
vom 27. April 2016
zum Schutz natürlicher Personen bei der Verarbeitung personenbezogener Daten, zum freien Datenverkehr und zur Aufhebung der Richtlinie 95/46/EG (Datenschutz-Grundverordnung)

(ABl. L 119 vom 4.5.2016, S. 1),
berichtigt durch Amtsblatt der EU L 127 vom 23. Mai 2018
(ABl. L 127 vom 23.5.2018, S. 2)*)

*) dieses Dokument finden Sie in der Onlineversion in der jeweils geltenden Fassung